走进释古时代丛书
山东省大舜文化研究会成果

大舜文化学史

孟祥才 著

山东大学出版社

图书在版编目(CIP)数据

大舜文化学史/孟祥才著. —济南:山东大学出版社,2021.11

ISBN 978-7-5607-6515-0

Ⅰ.①大… Ⅱ.①孟… Ⅲ.①舜—文化研究 Ⅳ.①G122

中国版本图书馆 CIP 数据核字(2019)第 283869 号

责任编辑 陈海军 肖淑辉
封面设计 乔 一

出版发行 山东大学出版社
社 址 山东省济南市山大南路 20 号
邮政编码 250100
发行热线 (0531)88363008
经 销 新华书店
印 刷 济南乾丰印刷有限公司
规 格 720 毫米×1000 毫米 1/16
46.75 印张 765 千字
版 次 2021 年 11 月第 1 版
印 次 2021 年 11 月第 1 次印刷
定 价 180.00 元

前　言

自从盘古开天地、三皇五帝到清朝，古代文献中出现频次最多的历史人物是五帝之一的虞舜。但由于他至今仍是史学界多数学者认定的传说中的人物，更由于文献记载的歧异繁复，笼罩在他身上的神秘面纱至今还没有彻底揭开，围绕着他所争议的话题自然持续不断。四千多年尤其是三代以来，虞舜事迹的各种记载、不同诠释、众多争议以及各地不同年代出现的陵庙等纪念物，既形成了内涵丰富的虞舜文化，也相应积累了颇具学术价值的虞舜研究学史。这部学史承载着中国厚重的传统文化，一方面反映着中国政治特别是政治思想的变迁，另一方面也从一个侧面展示了中国学术史的发展进程。

清理虞舜研究学史使我们看到，因为虞舜是传说中的圣帝名王的代表，因为记载他事迹的文献是多头传说即先民口述历史的汇集，因而从源头上展现的歧异就不可避免，进而使后世诠释出现歧异也是顺理成章的。再进一步，随着历史的发展和时代的变迁，万千的政治家和思想家就更能有意或无意地根据需要任意编撰与改铸他的事功和形象，将许多后来人的思想和愿望附丽到他的身上。如此一来，虞舜就一步步脱离本真，成为一个负载着中国厚重传统文化血脉的文化符号，一种博大精深的民族精神的资源。研究、开掘、阐发、弘扬虞舜文化，不仅是构建中国现代社会主义文化所必需，而且对于发挥和促进中国文化软实力走向世界也具有不可估量的积极意义。

改革开放以来，虞舜文化的研究逐渐形成热潮：研究虞舜文化的民间社团不断破茧而出，与之有关的学术研讨会一个接一个地举行。与之对应或疑似对应的考古发掘一再展现新的成果，研究虞舜的论著如雨后春笋般出版面世，对各地虞舜陵庙的祭祀愈来愈升级为政府行为，而海内外的虞舜后裔更是不断聚会，祭先祖，修家谱，助公益，阐释着血缘情、宗族情、爱国情。乘着这股强劲炽烈的东风，湖南舜文化研究会和山东大舜文化研究会顺势而为，先后合作于2009年和2011年编辑和出版了《虞舜大典》古代文献卷和近现代文献卷。这两部总字数超过800万的文献集成，几乎细大不捐地汇集了自先秦至2011年的有关虞舜的重要记载和研究资料，为虞舜文化研究学史提供了基础的条件。这一工程的完成，对于中国的学术史是利在当代、延益千秋的大贡献。对有志于研究虞舜历史和文化的学人来说，这是不能跳过去的文献。

然而，对于一般希望了解虞舜研究学史的读者来说，800万字的篇幅实在太过浩繁，读竟已经不易，从中理出清晰的脉络、寻出发展变化的规律就更难了。为了给读者提供了解和认识虞舜、虞舜文化和虞舜研究学史的简明读物，笔者不揣浅陋，编著了这样一部《大舜文化学史》，从一定意义说，这部书也可以作为《虞舜大典》的导读。

《大舜文化学史》全书基本依时间顺序分为两编15章173节，近80万字。其中古代部分为一编9章131节，近现代部分为一编6章42节。书中几乎对所有记载和评论虞舜的文献都加以简介和评述。由于中国古代思想史和经学史在很大程度上是通过对经书的笺注进行的，所以本书的古代部分比较多地摘录了各朝代经书“传”“注”“解”“释”的内容，这一方面是为了保持经书注释的完整性和连续性，另一方面是为了便于不同“传”“注”“解”“释”之间的比较与核对。在每一时期内容的编排上，为了尽量照顾到经、史、子、集的顺序，有些人物的排列就不能严格按照生卒年的顺序了。为了述论的方便，有些节、目以书系人，有些节、目以人系书。经、史类多以书系人，子、集类多以人系书。对人与书的背景尽量作一简单的介绍，对有些不太重要的人和书，或该人和书的背景资料难以搜寻者，则予以从略。在每一章的最后设一节“综述与综评”，对该时期大舜文化研究学史的主要内容和特点加以简要述评，重点是指出该时期对虞舜的述评有什么进展和创新之点。《大舜文化学史》的近现代部分大体上依时间顺序评述“新史学”派的康有为、梁启超和王国维的观点，接着评述以顾颉刚为代表的“古史辨”的观点，再下来评述1949年前在史学界比较活跃的吕思勉、钱穆、张荫麟、蒙文通、周谷城等老一辈史学家的观点。再后来是评述马克思主义史学代表人物郭沫若、范文澜、吕振羽、翦伯赞、侯外庐等人的学术见解。

篇幅最多的是对改革开放以后众多学者的观点的摘要和述评，这里涉及了150多位学者和他们的论著，凡在2011年前发表过虞舜问题研究论著的学者几乎全部包括在内。最后是从六个方面，即"虞舜的有无和时代定位""虞舜的籍贯、葬地、活动区域及南巡问题""'禅让'的有无和性质""虞舜时代的考古学定位""虞舜的历史功绩""虞舜'明德'的现代价值""虞舜的历史影响"等，对近现代虞舜研究的学术观点进行梳理和评论，算是对近现代的虞舜研究从学术上进行的一个初步总结。"虞舜研究的展望"可以看作全书的结束语，是笔者对未来虞舜研究的期待和向往。

半个世纪以来，我虽然一直从事中国古代史的教学和研究，但先秦史尤其是考古学的功力和知识学术储备都严重不足。只是近几年来，由于参与山东大舜文化研究会的工作，才有意识地读了一些考古报告和有关论著，比较多地接触了虞舜问题的研究成果，特别是仔细地研读了《虞舜大典》所收录的全部文章后，深感写一部《大舜文化学史》十分必要，于是在2012年提出立项并得到山东大舜文化研究会的批准。山东省原副省长、政协副主席、山东大舜文化研究会会长谢玉堂先生非常关注这个项目的进展，给予热情的鼓励和支持。山东大舜文化研究会的其他几位副会长毕泗生、袁庆宏、李鲁烟、高峰岗、王钧林、赵志刚等先生和研究会的工作人员如惠荣荣女士等，也给予诸多帮助和支持，使我以三年的时光完成了这个项目。在本书即将付梓的时候，我对他们的支持和付出谨表衷心谢意！

《大舜文化学史》时间跨度大、内容繁复，涉及哲学、历史学、考古学、文献学、社会学、民族学、文学艺术学、文化人类学等众多学科，以我的理论素养、知识积累和学术水平，深感驾驭之难。这里贡献给读者的只是自己涉猎这一领域的初步总结和思考，肯定有许多错谬之处，恳切期望得到学界同仁和读者的批评！

孟祥才

2016年重阳节

目　录

第一编　中国古代大舜文化学史(先秦至清朝)

第二编　中国近现代大舜文化学史（1912～2010）

第六章　虞舜研究的学术观点梳理

第一编

中国古代大舜文化学史

（先秦至清朝）

第一章 先秦时期文献对虞舜的记述和评论（前21世纪~前221）

第一节 《尚书》的记述

《尚书》是中国历史上流传至今的最早的历史资料，它汇集了夏、商、周三代包括诰、谟、誓、命、典等的最高统治者的文献。另有《尧典》《皋陶谟》等，所谓《虞书》也在其中。经过秦朝“焚书坑儒”的灾难之后，西汉初年的济南人伏生传下《尚书》28篇，即《虞夏书》的《尧典》《皋陶谟》《禹贡》《甘誓》；《商书》的《汤誓》《盘庚》《高宗肜日》《西伯勘黎》《微子》；《周书》的《牧誓》《洪范》《金縢》《大诰》《康诰》《酒诰》《梓材》《召诰》《雒诰》《多士》《毋佚》《君奭》《多方》《立政》《顾命》《鲜（费）誓》《吕刑》《文侯之命》《秦誓》。这就是后世认定的以汉代通用的隶书书写的《今文尚书》。后来，西汉又有五次发现的以秦以前的文字（据王国维考证为先秦的蝌蚪文）书写的《古文尚书》，即孔安国家传《古文尚书》本、刘向所校朝廷“中秘”《古文尚书》本、河间献王《古文尚书》本、张霸所传《古文尚书》本、鲁恭王《古文尚书》本（因发现于孔子宅壁中，又称“孔壁本”）。两汉时期，今、古文《尚书》都在宫廷和社会上流传并且互为辩诘，其中《今文尚书》一直立于学官，居主流地位。《古文尚书》虽只在王莽新朝和东汉时期短暂立于学官，但其在学界的地位却有后来居上之势。

晋室南渡以后，典籍散乱，豫章内史梅赜献给朝廷58篇《古文尚书》。清朝阎若璩的《古文尚书疏证》以细密的考证，证实该书出于梅赜的“伪造”。不过，由于唐代孔颖达作《五经正义》时承认并使用了这个版本，所以它在此后1000多年间得以广泛流传。这部58篇的《古文尚书》除将今文《尚书》的28篇析为33篇外，另加入的25篇是《大禹谟》（列为《虞书》三）、《五子之歌》、《胤征》（列为《夏书》三、四）、《仲虺之诰》、《伊训》、《太甲》三篇、《咸有一德》、《说命》三篇（列为《商书》二、三、四、五、七、八、十二、十三、十四）、《泰誓》三篇、《武成》、《旅獒》、《微子之命》、《蔡仲之命》、《周官》、《君陈》、《毕命》、《君牙》、《冏命》（列为《周书》一、三、五、七、十、十九、二三、二六、二七、二八）。这部伪《古文尚书》尽管出于梅赜的“伪造”，但并非没有史料价值。究其原因，刘起釪这样说：

> 伪孔氏古文是魏晋经学中的一部杰出之作，总结和承袭汉代经学成就，吸收魏和西晋以来各种经说，着重把古文家所推崇的圣道王功贯穿在经文和传注中，再加进自己时代所需的东西，一为惩于王莽、曹丕及本朝之初皆利用《尚书》尧舜成例篡夺政权，为使本朝政权巩固，便特别强调维持封建纲常；一为尽力宣扬尧舜禹汤文武周公之道是一脉相承的。因而在《大禹谟》中给编造了一个舜授与禹的“真言”，即危、微、精、一那四句，这在以后儒家哲学理论中起了不可低估的作用，宋代道学就据此建立起来。而全书用简洁文字作到每句都有解释，几乎达到当时“今译”的地步，这在《尚书》著作中是比以前所有过的都优异的著作，因此被人乐于接受，到立于官学，作为官定课本，就取得《书经》的正统地位传下来。①

这里我们应该特别强调的是，伪《古文尚书》并不是梅赜随意胡编乱造的，而是在很大程度上将以往流传的史料和传说资料连缀编排起来，其文献价值依然值得珍视。其中关于尧舜时代的记载，不少内容已经被司马迁采信，写在《史记·五帝本纪》中。列在《尚书·虞书》第一篇的《尧典》，就是记述尧年老时禅让帝位于舜，以及舜治国理政的一篇典文。其序文说：“昔在帝尧，聪明文思，光宅天下……将逊于位，让于虞舜。”②这篇典文讲了自己在位七十年的施政成绩，所谓“允恭克让，光被四表，格于上下，克明俊德，以亲九族……平章百姓……协和万邦，黎民于变时雍”。接着讲他钦命羲和之四子分掌四岳，使四方得到治理，命鲧治理洪水，因未奏功而被放逐。再后讲他决定将帝位“禅让”于舜：

> 帝曰：咨！四岳。朕在位七十载。汝能庸命，巽朕位。岳曰：否德，忝帝位。曰明明扬侧陋。师锡帝曰：有鳏在下，曰虞舜。帝曰：俞！予闻，如何？岳曰：瞽子，父顽，母嚚，象傲。克谐以孝，烝烝乂，不格

---

① 刘起釪：《尚书源流及传本考》，辽宁大学出版社1997年版，第52～53页。

② （汉）孔安国传，（唐）孔颖达疏，（唐）陆德明音义：《尚书注疏》，影印文渊阁四库全书本。

奸。帝曰:我其试哉。女于时,观厥刑于二女。厘降二女于妫汭,嫔于虞。

曰若稽古,帝舜。曰重华,协于帝。濬哲文明,温恭允塞。玄德升闻,乃命以位。慎徽五典,五典克从。纳于百揆,百揆时叙。宾于四门,四门穆穆。纳于大麓,烈风雷雨弗迷。帝曰:格,汝舜。询事考言,乃言底可绩,三载,汝陟帝位。舜让于德,弗嗣。

这一段记述说,尧在位70年的时候,向四岳征询谁能顺应天命代他行天子之位,四岳就向他推荐了舜,说他是乐官瞽叟的儿子,其父心术不正,其后母善于说谎,其弟象傲慢无礼。而舜却能同他们和睦相处,以自己的孝行美德感化他们,使家务处理得妥善得体,家人也都能改恶从善,没有继续流于奸邪。尧于是决定先试用舜,并将自己的两个女儿嫁给他,以考察他的能力和品行。舜名重华,他接受尧的重托,开始协助尧治理天下。他智慧超群,文理光明,温和恭敬而又公平笃实,具备治理天下的道德和才能。尧于是命他代理天子之位,尧先让舜负责推行德治,舜就以父义、母慈、兄友、弟恭、子孝五种美德教导臣民,臣民全都听从指教,无一违背。接着让舜总管百官,百官也都服从指令,使政事振兴,无一荒废。再后又让舜在明堂四门接待前来朝见的诸侯,结果是诸侯和睦,百事顺畅。最后让舜进入深山密林,经受风雨的考验,舜在烈风雷雨中也不迷失方向。经过三年的考验,尧认为他谋事周到,成绩优异,决定正式将帝位禅让给他。

再后,记载舜接掌帝位至尧去世前二十八年间的行政措施:

正月上日,受终于文祖。在璿玑玉衡,以齐七政。肆类于上帝。禋于六宗。望于山川,遍于群神。辑五瑞,既月,乃日觐四岳群牧,班瑞于群后。岁二月,东巡守,至于岱宗,柴。望秩于山川。肆觐东后。协时月正日,同律度量衡,修五礼五玉。三帛、二生、一死贽。如五器,卒乃复。五月南巡守,至于南岳,如岱礼。八月西巡守,至于西岳,如初。十有一月朔巡守,至于北岳,如西礼。归,格于艺祖,用特。五载一巡守,群后四朝。敷奏以言,明试以功,车服以庸。肇十有二州。封十有二山,浚川。象以典刑。流宥五刑。鞭作官刑。扑作教刑。金作赎刑。眚灾肆赦,怙终贼刑。钦哉,钦哉。惟刑之恤哉!流共工于幽州。放驩兜于崇山。窜三苗于三危。殛鲧于羽山。四罪而天下咸服。

这一段记述说,正月初一,在尧的太庙举行了隆重的禅位典礼。舜继位后,首先观察北斗星的运行规律,举行祭天大典,把继位之事报告上帝。

接着，祭祀天地四时和山川群神。之后，收回尧时颁发给诸侯的信圭，择定吉月吉日，召见四方诸侯和众官员，举行隆重的典礼，再将信圭重新颁发给他们，表示一个新的朝代的开始。这年二月，舜到东方巡视，举行了祭祀泰山的典礼。对其余的山川，则根据其大小和重要程度，给予不同规格的祭祀。接着召见东方诸侯，确定历法，即根据天象，使日月的记时与日月星辰的自然运行相符合，同时统一律、度、量、衡。又制定公、侯、伯、子、男五等礼节，和与之相适应的五种玉圭，规定诸侯以红、黑、白三种颜色的丝绸作为朝觐时的贡礼，卿大夫以活羊羔和雁作为朝觐时的贡礼，士则以一只死雉作为朝觐时的贡礼。待朝觐典礼结束后，便把朝觐时所献玉圭分别退还。五月去南方巡视，到了衡山，使用祭祀泰山的礼仪进行祭祀。八月去西方巡视，到了华山，也使用祭祀泰山的礼仪进行祭祀。十一月去北方巡视，到了恒山，同样用祭祀泰山的礼仪进行祭祀。回朝后，到尧的太庙，用一头牛进行祭祀。之后每五年即对全国巡视一次，四方诸侯分别在四岳庙举行朝觐典礼，向天子报告自己的政绩。天子也认真听取他们的回报，考察他们的行政，把车马服装等奖给有功的诸侯。为了便于管理，开始划定十二州，并在每州的一座大山上封土筑坛，作为祭祀的场所。同时还疏通河道，使流水畅通。建立刑罚制度，在器物上图画五种刑罚的形状，使人民有所警戒。又规定用流放的办法代替五刑，以示宽大。庶人做官享有俸禄，而犯法者处以鞭刑。掌管教化的人犯法时，使用扑刑。犯法者还可用金赎罪。犯小错，或偶尔犯大错，可以赦免；但犯大错而不知悔改者，则加以严惩。所以在使用刑罚时，要小心再小心。对罪大恶极者严惩不贷，把共工流放幽州，把驩兜流放崇山，把三苗驱逐至三危，把鲧流放羽山，同时规定他们永远不得回朝。由于罪人得到了应有的惩罚，天下的人也就心悦诚服了。

最后，记述尧死后舜的行政措施：

二十有八载，帝乃殂落。百姓如丧考妣。三载，四海遏密八音。月正元日，舜格于文祖。询于四岳，辟四门，明四目，达四聪。咨十有二牧，曰：食哉，惟时！柔远能迩，惇德允元。而难任人，蛮夷率服。舜曰：咨！四岳，有能奋庸熙帝之载。使宅百揆，亮采惠畴？佥曰：伯禹作司空。帝曰：俞，咨！禹，汝平水土，惟时懋哉！禹拜稽首，让于稷、契暨皋陶。帝曰：俞，汝往哉！帝曰：弃，黎民阻饥，汝后稷，播时百谷。帝曰：契，百姓不亲，五品不逊。汝作司徒，敬敷五教，在宽。帝曰：皋陶，蛮夷猾夏，寇贼奸宄。汝作士，五刑有服。五服三就，五流有宅，五宅三居。惟明克允。帝曰：畴若予工？佥曰：垂哉！帝曰：俞，咨！垂，汝共工。垂拜稽首，让于殳、斨暨伯与。帝曰：俞，往哉！汝谐。帝曰：畴若予上下草木鸟兽？佥曰：益哉！帝曰：俞，咨！益，汝作朕虞。帝曰：咨！四岳，有能典朕三礼？佥曰：伯夷。帝曰：俞，咨！伯，汝作秩宗。夙夜惟寅，直哉惟清。伯拜稽首，让于夔、龙。帝曰：俞，往，钦哉！帝曰：夔，命汝典乐，教胄子。直而温，宽而栗。刚而无虐，简而无傲。诗言志，歌永言。声依永，律和声。八音克谐，无相夺伦，神人以和。夔曰：於！予击石拊石，百兽率舞。帝曰：龙，朕堲谗说殄行，震惊朕师。命汝作纳言，夙夜出纳朕命，惟允。帝曰：咨！汝二十有二人，钦哉！惟时亮天功。三载考绩，三考，黜陟幽明。庶绩咸熙，分北三苗。舜生三十征庸。三十在位。五十载，陟方乃死。

这段记述说，舜接掌帝位二十八年后，尧去世。百官和人民就像死了父母一样悲痛欲绝，三年之中，全国停止娱乐。守丧三年后的正月初一，舜来到太庙，与四方诸侯共商国家大事，开明堂四门，明察四方政务，倾听四方意见。舜对十二州的官员说："食物是人民之本，而重要的在于颁布历法，安抚远方的臣民，爱护近处的臣民，并顺从他们的意志去处理政务。德行醇厚，才能取信于人，才能使政务达到至善尽美的地步；拒绝任用那些花言巧语的人，边远地方的民族才能对您表示臣服。"舜接着问："唉！四方诸侯之长啊，有谁能奋发努力，发扬先帝事业，能主持政务并帮助百官遵循大法行事呢？"大家都说伯禹担任司空，工作做得很好。舜肯定禹治理洪水的功劳，希望他努力担负责任。禹谦让稷、皋陶，但舜仍然要求他主持国家的行政事务。舜安排弃担任后稷的职务，负责指导植物种植，使人民免于饥饿。舜安排契担任司徒，对官民进行五项教育，使官吏与民众亲近，使君臣、父子、夫妇、长幼、朋友之间和睦恭顺。因为当时蛮夷不仅侵扰华夏，在其国内也胡作非为，抢夺人民财产，舜就安排皋陶担任司法官员，要求他严格执法，根据犯人罪情，使用五种刑罚。罪大者，带到原野上行刑；罪轻者，可分别带到市、朝内行刑。将他们的罪行彰示出来，使人们有所警惕，引以为戒。为表示宽大，也可以用流放代刑：按罪行轻重分五种，分别将其流放到九州之外、四海之内的远近不同的地方。在司法事务上，只有明察案情，处理得当，人民才会信服。舜让垂和他推荐的殳、斨、伯共同担任百工之官，负责领导手工业生产。让益担任虞官，与朱虎、熊罴一起负责管理山林川泽和草木鸟兽。舜又安排伯夷和他推荐的夔和龙负责礼乐方面的事务，他对夔说："命令你去主持乐官，去教导那些青年人，要教导他们正直、温和、宽大而谨慎，性格刚正而不以势凌人，态度简约而不傲慢。要学习诗歌，诗是用来表达感情的，歌则借助语言把某种感情咏唱出来，歌唱的声音不仅要表达思想感情，而且要符合音律。八类乐器要和谐地演奏，不要弄乱了相互的伦次，让神灵和人民听了都感到快乐和和谐。"夔高兴地说："好啊！让我们敲起石磬，奏起乐章，让无知无识的群兽也感动得跳起舞来吧！"舜要求龙做纳言的官职，收集下情上达，同时向下传达上边的命令和指示。最后，舜叮嘱这些担任高官的人说："你们二十二个人，都要恭敬地对待自己的职务，时刻想着接受上天的命令和辅助上天治理臣民。每隔三年，检查一次你们的政绩。凡是有功的人，便表彰提拔；凡是有过错的人，就罢免惩罚。"经过整顿，国家的各项工作都振兴起来，同时把三苗流放到边远的地方。舜三十岁被征用，三十年后接掌帝位，五十年时南巡，登衡山，并死在那里。

《尚书·尧典》的记载，为后世勾勒出虞舜这个五帝之一的历史人物的基本面貌：

他是乐师瞽叟的儿子，生在一个父亲不仁、后母乖戾、弟弟倨傲的家庭，但他却以自己的孝悌之行使这个家庭消除隔阂，成为一个父母慈、儿子孝、兄友弟恭的和睦家庭。这说明他的德行和能力是超群的。

他被推荐给当时的天子，即部落联盟的首领尧，尧认为他是未来部落联盟首领的合适人选，于是试用他代自己理政，并将自己的两个女儿嫁给他。三年试用期间，他以父义、母慈、兄友、弟恭、子孝五种美德教导臣民，指导官吏有条不紊地工作，同时虚心听取四方诸侯的意见，使政事振兴，百废得举，从而使自己通过了考验。

尧将帝位禅让给舜以后，舜祭祀天地神祇，制定历法，巡视四方，划分全国为十二州，加强行政管理。确定礼制，制定法律，惩恶扬善，实现对臣民百姓的有序管理。

尧死后，他进一步加强政务建设，任命二十二人分任行政、民政、司法、教化、礼乐、农业、手工业和山林川泽等各方面的管理，从而使国家和社会进一步步入有序运行的轨道。

所有这一切都说明，虞舜是中国由原始社会向文明社会转换时期的一位做出了卓越贡献的圣帝名王。他建章立制，设官分职，实现了对国家和社会的有效管理。

显然,《尚书·尧典》是记载虞舜事迹的最重要的文献,其主要事功的基本内容、一生活动的基本框架,都是由这篇文献底定的。不可否认,这篇文献肯定经过后人的加工编排,亦或许有枝叶的添加,但是,应该承认,其主要内容应该于史有据。将这篇文献完全判定为后人的伪造,恐怕不是科学的态度。

除《尧典》外,《尚书》的其他篇章也有关于虞舜事迹的记载。如《尚书·虞书·大禹谟》记载舜禅让帝位于大禹和大禹"外布文德教命,内则敬承尧舜"的行政事迹,其中也追述了虞舜孝事父母、以至诚感动有苗的往事:

> 帝初于历山,往于田,日号泣于旻天,于父母。负罪引慝,祇载见瞽瞍,夔夔齐慄,瞽亦允若。至诚感神,矧兹有苗。

如《尚书·周书·周官》则对尧、舜建立官制的贡献给予肯定:"唐、虞稽古,建官惟百。内有百揆四岳,外有州牧侯伯。"正是因为建立了规范化的行政体制,才达到了"庶政惟和,万国咸宁"的目标。该书还对唐、虞行政时与夏、商两代的官制作了比较,认为夏、商用了唐、虞两倍的官员,才达到同样的治理效果,"夏、商官倍,亦克用乂",这就显示了夏、商与唐、虞的差距。由此感慨"明王立政,不惟其官,惟其人",肯定了唐、虞的立政修教成绩显著,是因为用人得当。

第二节 "三礼"和《周易》的记述

"三礼"是指编入十三经的《周礼》《仪礼》《礼记》。

"三礼"中也有关于虞舜事迹的记述。《礼记·檀弓上》记载"舜葬于苍梧之野"①。在《尚书·尧典》中,仅记"五十载,陟方乃死",没有记载具体死时的方位,这里明确记载死亡之地,又说"盖三妃未之从",说明舜的三个夫人没有随他南巡。《礼记·乐记》记载"昔者,舜作五弦之琴以歌《南风》,夔始制乐以赏诸侯"。又记"《韶》,继也",将《韶乐》归于舜的名下。《礼记·中庸》有两段关于舜事迹的记载,都是借助孔子之口说出来的:

> 子曰:舜其大知也与!舜好问而好察迩言,隐恶而扬善,执其两

---

① (汉)郑玄注,(唐)孔颖达疏,(唐)陆德明音义:《礼记注疏》,影印文渊阁四库全书本。

端,用其中于民,其斯以为舜乎!

这是说舜是有大智慧的一个人,好问明察,隐恶扬善,能够掌控过和不及的两端,恰到好处地推行纲纪和政策,使贤与不肖都能发挥作用。具备如此之德,这就是舜呀!

子曰:舜其大孝也与!德为圣人,尊为天子,富有四海之内,宗庙飨之,子孙保之。故大德必得其位,必得其禄,必得其名,必得其寿。

这里集中赞扬舜之孝,认为他之德为圣人,是“尊为天子,富有四海之内,宗庙飨之,子孙保之”和获得位、禄、名、寿的原因。

《礼记·大学》颂扬舜的仁德,认定一人之仁,尤其是一个国君之仁,足以影响天下:

一家仁,一国兴仁;一家让,一国兴让;一人贪戾,一国作乱;其机如此。此谓一言偾事,一人定国。

尧、舜率天下以仁,而民从之;桀、纣率天下以暴,而民从之。其所令,反其所好,而民不从。

是故君子有诸己而后求诸人,无诸己而后非诸人,所藏乎身不恕而能喻诸人者,未之有也。故治国在齐其家。

这一大段是以尧、舜之仁说明身正而行的“内圣外王”之道,阐发的是儒学的中心主旨。这里,儒家学派已经将尧、舜之道纳入自己的思想体系。

《周礼》中涉及舜的资料甚少,只在《春官·宗伯下》中有这样两段文字与舜有些关联:

凡有道者,有德者,使教焉,死则以为乐祖,祭于瞽宗。

以乐舞教国子,舞《云门》《大卷》《大咸》《大磬》《大夏》《大濩》《大武》。①

这里讲乐教,与舜命夔典乐教有关;讲到周朝的七部乐章,《大磬》就是舜乐。另外,在《冬官·考工记》中,记载“有虞氏上陶,夏后氏上匠,殷人上梓,周人上舆”,涉及舜加强督责使陶器质量获得保证的事迹。

《仪礼》中涉及舜的事迹也不多。仅在《学制》中有这样一段:

古之王者建国,君民教学为先。故舜命契曰:百姓不亲,五品不逊,汝作司徒,敬敷五教,在宽。命夔曰:命汝典乐,教胄子。直而温,宽而栗,刚而无虐,简而无傲。诗言志,歌咏言,声依永,律和声。八音

① (汉)郑玄注,(唐)贾公彦疏,(唐)陆德明音义:《周礼注疏》,影印文渊阁四库全书本。

和谐，无相夺伦，神人以和。①

这段话基本抄自《尚书·尧典》。另外，在《士丧礼下》中也记述了"舜葬于苍梧之野"等。

总起来看，"三礼"记载的舜的事迹不多，《周礼》在记述周朝的某些制度时，虽无明指，但将其源头追溯至舜的初创，这在后来的一些注释中讲到了。

现在流传的《周易》一书由两大部分组成：一部分为《易经》，包括六十四卦的卦辞和三百八十四爻的爻辞；一部分为《易传》，是解释卦辞和爻辞的注释和论述，也称"十翼"，即彖辞、象辞、文言、说卦传、序卦传、杂卦、系辞传等。《史记·日者列传》记载："自伏羲作八卦，周文王演三百八十四爻而天下治。"②王充《论衡·对作》说："《易》言伏羲作八卦，前是未有八卦，伏羲造之，故曰作也。文王图八，自演为六十四，故曰衍。"③后世多数学者认为，伏羲作八卦说未必可信，但文王演为六十四卦说可能与史有据。《周易》是用于占卜的书，其中零星记载了一些西周前的史实，关于五帝的记述集中在卷八的一段：

> 神农氏没，黄帝、尧、舜氏作。通其变使民不卷；神而化之，使民宜之。易穷则变，变则通，通则久。是以天祐之，吉无不利。黄帝、尧、舜垂裳而天下治，盖取诸《乾》《坤》。④

这里集中述论黄帝、尧、舜等圣帝名王，顺应历史的发展变化和人民的需要，不断地对国家和社会的各种制度、措施和政策进行变革，从而给百姓带来方便。说明变和通是社会发展的永恒的原则和规律。而对他们所谓"垂裳而天下治"的赞扬，透出的是《周易》作者"无为而治"的政治理想。

第三节 《山海经》的记述

《山海经》是秦汉前流行的一部地理学著作，晋朝郭璞为之作注。因为

---

① （汉）郑玄注，（唐）贾公彦疏，（唐）陆德明音义：《仪礼注疏》，影印文渊阁四库全书本。

② （汉）司马迁撰，（宋）裴骃集解，（唐）司马贞索隐，（唐）张守节正义：《史记》，影印文渊阁四库全书本。

③ （汉）王充：《论衡》，影印文渊阁四库全书本。

④ （汉）郑玄撰，（宋）王应麟编：《周易》，影印文渊阁四库全书本。

其中记述了不少奇闻逸事,《四库全书》将其归于子部“小说家”中的“异闻之属”。全书十八篇,作者不详。王充《论衡·别通》说:“禹主行水,益主记异物,海外山表无所不至,以所见闻作《山海经》。”这一说法得不到多数学者的认可。近代以来,多数学者认为,该书不是出于一人一时之手,而是秦汉以前流行于民间的各种神话传说和地理知识的汇集。其中十四篇是战国时期的作品,《海内经》是西汉初年的作品。由于保存了不少远古的神话传说,该书对研究古代历史、地理、文化、民俗、神话和中外地理都有较高的价值。

《山海经》中数处记述了与舜有关的史迹。

《山海经·中山经》记载洞庭之山,“帝之二女居之”①,二女即尧嫁给舜的两个女儿娥皇、女英,她们死后成为湘水之神湘君。

《山海经·海内南经》记载了舜的葬地,“苍梧之山,帝舜葬于阳。帝丹朱葬于阴”。这个“苍梧之山”就是今湖南宁远的九嶷山。

《山海经·海内北经》记载了五帝时期的几个“台”:“帝尧台、帝喾台、帝丹朱台、帝舜台,各二台,台四方,在昆仑东北。”又记舜之妻:“舜妻登比氏,生宵明、烛光。处河大泽,二女之灵,能照此所方百里。一曰登北氏。”

《山海经·大荒南经》有记载:

> 赤水之东,有苍梧之野,舜与叔均之所葬也。
>
> 大荒之中,有不庭之山,荣水穷焉。有人三身,帝俊妻娥皇,生此三身之国。姚姓,黍食,使四鸟。有渊四方,四隅皆达。北属黑水,南属大荒。北旁名曰少和之渊,南旁名曰从渊,舜之所欲也。
>
> 有载民之国,帝舜生无淫降载处,是谓巫载民,巫载民,朌姓,食谷,不绩不经,服也。不稼不穑,食也。爰有歌舞之鸟,鸾鸟自歌,凤鸟自舞,爰有百兽相群,爰处百谷所聚。
>
> 帝尧、帝喾、帝舜,葬于岳山。

《山海经》的以上记述,再次证实舜的葬地是“苍梧之野”,至于其他关于舜台、沐浴“少和之渊”以及与舜一起生活的“不绩不经”“不稼不穑”的“巫载民”的记载,除了反映作者向往的美好的任自然的生活愿望之外,基本上是神话传说,恐怕于史无据。

---

① (晋)郭璞:《山海经》,影印文渊阁四库全书本。

第四节 《论语》的记述与评论

《论语》是孔子弟子及再传弟子整理编辑的关于孔子与其弟子言行的记录,反映了作为儒家创始人的孔子的思想和风貌。该书记载了不少孔子对舜的记述和评论,展示了当时儒家对尧、舜、禹等圣帝名王由衷的敬畏。

《论语·尧曰》记述尧、舜、禹"禅让"时讲话:

> 尧曰:咨,尔舜,天之历数在尔躬。允执其中,四海困穷,天禄永终。舜亦以命禹。①

尧对舜说的是,我将帝位传给你,你是天命所归,所以你要真诚地把握适中。如果天下陷于穷困,上天赐给你的地位也就永远结束了。舜也将同样的话告诫禹。这段话在《尚书·尧典》中没有记载。《论语》这样记述,是否有所本不得而知,但显示了孔子及其弟子给"禅让"的合法性找到了"天命攸归"这个强大的支点。这一点被后来儒家学派特别是孟子继承并发扬,是他们论证统治权合法性的重要理论。

《论语·泰伯》中,孔子进而赞扬了"禅让"这一君王更替的形式:

> 子曰:"巍巍乎!舜、禹之有天下也,而不与焉。"

孔子认为舜、禹实在太崇高伟大了,因为他们得到天下是靠"禅让"而不是武力夺取,而"禅让"的第一人正是尧,所以孔子将更炽烈的赞美词献给了尧:

> 子曰:"大哉,尧之为君也。巍巍乎!唯天为大,唯尧则之。荡荡乎!民无能名焉。巍巍乎!其有成功也。焕乎,其有文章。"

这里孔子赞扬尧是伟大崇高的君王,如果说只有天最高大,那么只有尧能够效法天。他对百姓的恩德广大无边,老百姓都不知道怎么赞美他了。他的功绩实在崇高莫比,他的礼乐典章制度更是灿烂辉煌啊!

再进一步,孔子赞扬舜的"无为而治",《论语·卫灵公》:

> 子曰:"无为而治者,其舜也与!夫何为哉?恭己正南面而已矣。"

孔子这段话的意思是说,自己无所作为而使天下得到治理的,恐怕只有舜能做到吧?他做了些什么呢?只不过庄重地坐在王位上罢了。孔子

---

① (魏)何晏集解,(宋)邢昺疏,(唐)陆德明音义:《论语注疏》,影印文渊阁四库全书本。

认为,行政的最高境界就是“无为而治”,其核心是君王以自己的“内圣”即崇高的道德形象去感染、引导天下的臣民,使其一切活动都在既定的秩序的范围内和谐运行。而这个境界只有舜做到了。显然,孔子已经将舜推尊为圣王之最了。在另外的地方,孔子将“无为而治”变为“修己以安百姓”,认为达到这个境界并不容易。这在他与子路的一次谈话中说得很明白,《论语·宪问》:

子路问君子,子曰:“修己以敬。”曰:“如斯而已乎?”曰:“修己以安人。”曰:“如斯而已乎?”曰:“修己以安百姓。修己以安百姓,尧、舜其犹病诸!”

这里记述的是,当子路问孔子怎样才算君子时,孔子回答说,要修养自己,保持认真严肃的态度。子路接着问:像这样就行了吗?孔子回答:修养自己,使亲友安乐。子路再问:像这样就行了吗?孔子显然对子路将修养自己看得太容易而有些不满,于是回答说:修养自己,使百姓安乐。使百姓安乐,就是尧、舜还难于做到呢!孔子这样说丝毫没有贬低尧、舜的意思,而是强调修养自己以使百姓安乐是一个崇高且不易实现的目标,就是尧、舜这样的圣君也要经过艰苦的努力才能达到。同样在《论语·雍也》中,孔子对这层意思又作了更明确的表达:

子贡曰:“如能博施于民而能济众者,何如?可谓仁乎?”子曰:“何事于仁,必也圣乎!尧、舜其犹病诸。夫仁者,己欲立而立人,己欲达而达人,能近取譬,可谓仁之方也。”

这里子贡问孔子的意思是,如果有人能博施恩惠给人民而且能周济大众,应该算达到仁人的境界了吧?孔子回答说:那何止是仁人!简直就是圣人了!就是尧、舜也难以做到啊!仁人是这样的人,想自己站得住,同样也使别人站得住,自己想达到的,同时也使别人达到。能够就自身或眼下的事实打比方,可以说就是实践仁道的办法了。这里孔子的主旨是强调“仁”是他心目中为人的最高境界,而仁的最根本的内容就是使大众获得实惠。显然,这里孔子高扬的是他的民本意识,而这种民本意识在舜那里得到了实践。

孔子认为,良好政治的形成需要很多条件,但其中最重要的是识才、选才、用才。他一直强调选取贤才的重要作用,还是在《论语·泰伯》中,他说:

舜有臣五人而天下治。武王曰:“予有乱臣十人。”

孔子曰:“才难,不其然乎?唐虞之际,于斯为盛,有妇人焉。”

孔子说，最难得的是人才。舜只有五位贤明的大臣禹、稷、契、皋陶和伯益，天下就治理好了。周武王也说，他治理天下也就是靠的十位能干的大臣，这其中还有一个女人。尧、舜之际是国家治理得最好的时代，就是因为这时候人才辈出呀。孔子及其弟子还将能不能知人和选取贤才与“仁”联系起来，在《论语·颜渊》中，他与弟子们有这样一段对话：

> 樊迟问仁，子曰：“爱人。”问智，子曰：“知人。”樊迟未达。子曰：“举直错诸枉，能使枉者直。”樊迟退，见子夏，曰：“乡也，吾见于夫子而问智，子曰：‘举直错诸枉，能使枉者直。’何谓也?”子夏曰：“富哉，是言乎！舜有天下，选于众，举皋陶，不仁者远矣。汤有天下，选于众，举伊尹，不仁者远矣。”

这里，弟子樊迟问孔子什么是“仁”？其实在孔子那里，“仁”的含义是很丰富的，但孔子只回答了两个字“爱人”。又问什么是“智”，同样在孔子那里，“智”含义也是多方面的，但孔子也只回答了两个字“知人”，即善于识别人。樊迟对于孔子如此明确的回答仍不知就里，孔子于是进一步解释说：“举用正直的人，罢黜邪恶的人，就能使邪恶的人变正直。”樊迟带着疑惑离开孔子，碰到子夏，就将刚才与老师的对话向子夏复述了一遍，并问子夏老师的话有什么深意？子夏说：“这话寓意深刻啊！舜有了天下，就在众人中挑选人才，把皋陶选出来，使得天下不仁的人远离了。汤有了天下，也在众人中挑选人才，把伊尹选出来，使得天下不仁的人远离了。”这里显示的是孔子及其弟子们对知人选人的极度重视以及对舜善于识人和选人的赞赏。

舜在孔子那里的圣人地位是确定无疑的。在他眼里，舜的一切都是尽善尽美，都是后世为政者的榜样。例如，谈到乐，他就说舜的《韶》尽美尽善，而周武王的《武》却只能达到尽美却达不到尽善。

孔子对舜事迹和品格的褒扬，奠定了舜在儒家心目中的圣人之位。在以后的岁月中，舜在儒家圣人的谱系中一直是不断升华的人物。

第五节　《墨子》的记述与评论

墨学的创始人墨翟，其生活年代在公元前490年到公元前403年之间。他的里籍至今在学术上存在争议，比较流行的是宋人说和鲁人说，其中“鲁人之说最得其实"①。近年不少学者认同山东滕州说。② 墨翟虽然一生没有做官,但由于他与众多弟子组成了一个带有民间秘密结社性质的政治、学术团体,他本人及其弟子又热心参与当时的政治学术活动,他曾"止楚攻宋",还留下了《墨子》一部书,所以在战国初期成为影响很大的学术流派。孟子就曾惊呼:"杨朱、墨翟之言盈天下,天下之言,不归杨则归墨。"③墨家学派究竟反映当时哪个阶级或集团的利益?较多学者认为他们是由小生产者上升而来的士,代表了"农与工肆之人",是当时唯一代表劳动人民的学术流派。墨子同时还是战国时代最伟大的科学家,《墨经》中汇集了相当多的现代物理、光学、数学和军事工程学的理论。墨子曾经将自己的主张归纳为十项"纲领":

凡入国,必择务而从事焉。国家昏乱,则语之尚贤、尚同;国家贫,则语之节用、节葬;国家熹音湛湎,则语之非乐、非命;国家淫僻无礼,则语之尊天、事鬼;国家务夺侵凌,即(则)语之兼爱、非攻。④

从这十大纲领可以看出,墨子既代表了小生产者的美好理想和愿望,如尚贤、非命、节用、节葬、兼爱、非攻等主张;又反映了小生产者的许多不切实际的幻想和局限,如尚同、非乐、尊天、事鬼等信条。

《墨子》一书中载有一些关于舜的事迹和评论。墨子同儒家一样,将舜推尊为古代最为伟大的圣帝名王之一,在《墨子·有染》中,他认为大贤之人的影响对于成就帝王的功业至关重要:"非独染丝然也,国亦有染。舜染于许由、伯阳,禹染于皋陶、伯益,汤染于伊尹、仲虺,武王染于太公、周公,此四王者所染当,故王天下,立为天子,功名蔽天地。"这里的许由、伯阳第一次出现在舜的事迹中,他们都是传说中的人物,是否与舜同时代以及是否影响了舜,似乎难以厘清。他们显然是墨子信手拈来的人物,目的无非是证明他关于"染"的观点。

墨子认为,舜等圣帝名王都主张尊天、事鬼和兼爱:

故昔也三代之圣王,尧、舜、禹、汤、文、武之兼爱天下也从而利之,移其百姓之意焉,率以敬上帝、山川、鬼神,天以为从其所爱而爱之,从其所利而利之,于是加其赏焉。(《墨子·天志下》)

---

① 方授楚:《墨学源流》,中华书局1934年版,第8页。

② 参见张知寒:《墨子里籍新探》,《山东社会科学》1988年第6期。

③ (汉)赵岐注,(宋)孔奭疏、音义:《孟子·滕文公下》,影印文渊阁四库全书本。

④ (战国)墨翟:《墨子·兼爱中》,影印文渊阁四库全书本。

夫爱人利人，顺天之意，得天之赏者，谁也？曰：若昔三代圣王尧、舜、禹、汤、文、武者是也。尧、舜、禹、汤、文、武焉所从事？曰：从事兼，不从事别。兼者，处大国不攻小国，处大家不乱小家，强不劫弱，众不暴寡，诈不谋愚，贵不傲贱。其事上利乎天，中利乎鬼，下利乎人，三利无所不利，是谓天德。（《墨子·天志中》）

墨子认为，舜等圣帝名王都主张“尚贤”并在实践中认真加以贯彻：

故古者圣王之为政，列德而尚贤，虽在农与工肆之人，有能则举之，高予之爵，重予之禄，任之以事，断予之令。曰：爵位不高则民弗敬，蓄禄不厚则民不信，政令不断则民不畏，举三者授之贤者，非为贤赐也，欲其事之成。故当是时，以德就列，以官服事，以劳殿赏，量功而分禄。故官无常贵，而民无终贱。有能则举之，无能则下之。举公义，辟私怨，此若言之谓也。故古者尧举舜于服泽之阳，授之政，天下平；禹举益于阴方之中，授之政，九州成；汤举伊尹于庖厨之中，授之政，其谋得；文王举闳夭、泰颠于罝罔之中，授之政，西土服。故当是时，虽在于厚禄尊位之臣，莫不敬惧而施；虽在农与工肆之人，莫不竞劝而尚意。（《墨子·尚贤上》）

贤者之治国家也，蚤朝晏退，听狱治政，是以国家治而刑法正。……故唯昔三代圣王尧、舜、禹、汤、文、武之所以王天下、正诸侯者，此亦其法已。……古者舜，耕历山，陶河滨，渔雷泽，尧得之服泽之阳，举以为天子，与接天下之政，治天下之民。……然则富贵为贤以得其赏者谁也？曰若昔者三代圣王尧、舜、禹、汤、文、武是也。（《墨子·尚贤中》）

然昔吾所以贵尧、舜、禹、汤、文、武之道者，何故以哉？以其唯毋临众发政而治民，使天下之为善者可得而劝也，为暴者可得而沮也。然则此尚贤者也，与尧、舜、禹、汤、文、武之道同矣。……是故古之圣王之治天下也，其所富其所贵，未必王公大人骨肉之亲，无故富贵面目美好者也。是故昔者舜耕于历山，陶于河濒，渔于雷泽，灰于常阳，尧得之服泽之阳，立为天子，使接天下之政而治天下之民。……能择人而敬为刑，尧、舜、禹、汤、文、武之道可及也。……先王之治天下也，必选择贤者以为其群属辅佐。……是故昔者尧有舜，舜有禹，禹有皋陶，汤有小臣，武王有闳夭、泰颠、南宫括、散宜生，得此……而天下和，庶民阜，是以近者安之，远者归之，日月之所照，舟车之所及，雨露之所渐，粒食之所养，得此莫不劝誉。（《墨子·尚贤下》）

墨子宣传"非乐"的主张,有个叫程繁的人很不理解,就问他:"昔诸侯倦于听治,息于钟鼓之乐;士大夫倦于听治,息于竽瑟之乐;农夫春耕、夏耘、秋敛、冬藏,息于聆缶之乐。今夫子曰'圣王不为乐',此譬之犹马驾而不税,弓张而不弛,无乃非有血气者之所不能至邪?"墨子于是讲了一番"非乐"的道理:

> 昔者尧舜有茅茨者,且以为礼,且以为乐。汤放桀于大水,环天下自立以为王,事成功立,无大后患,因先王之乐,又自作乐,命曰《护》,又修《九招》。武王胜殷杀纣,环天下自立以为王,事成功立,无大后患,因先王之乐,又自作乐,命曰《象》。周成王因先王之乐,又自作乐,命曰《驺虞》。周成王之治天下也,不若武王。武王之治天下也,不若成汤。成汤之治天下也,不若尧、舜。故其乐逾繁者,其治逾寡。自此观之,乐非所以治天下也。(《墨子·三辩》)

上面的记述中,只有"尧举舜于服泽之阳"和舜"灰于常阳"是以前的记载中没有的,但这两个地址的确切位置却不易稽考。除此之外,墨子的记述在舜的史实上没有增加新资料。他也没有对舜的行政、思想和品格进行具体的评论,他给舜安排的任务,就是充当其观点的证据:墨子主张尊天、事鬼和兼爱,舜就是实践这一主张的典范;墨子主张尚贤,舜就主张和实践尚贤;墨子主张非乐,舜即茅茨为礼为乐,实践了他的这一主张。总之,舜的事迹,只是作为他主张的证据存在。为了使舜成为他需要的合格证据,墨子任意改铸舜的形象和思想。例如,其实舜是充分理解乐的作用并致力于作乐的,他留下的《韶》乐不是得到孔子"尽善尽美"的赞誉了么?而在墨子笔下,舜竟然成为他"非乐"理论的拥护者和忠实的实践者了。显然,《墨子》一书中出现的舜的形象,已经离真实的舜渐行渐远了。

第六节 《孟子》的记述与评论

孟子(前372~前289)名轲,邹(今山东邹城)人,为鲁国贵族孟孙氏的后裔。他幼年丧父,家境贫寒,靠母亲纺纱织布维持生计。母亲十分重视对他的教育,留下了"孟母三迁"的佳话。据说,他少年时期曾跟子思的弟子学习,对孔子崇拜得五体投地,自称"私淑弟子"。他后来的经历也与孔子有颇多相似之处。壮年以后聚徒讲学,后来周游列国,经常有数百学生同行，在旅途中随时进行教学活动。孟子热爱教育，对其倾注了深厚的感情，曾说“得天下英才而教育之”是人生最大的乐事。孟子生当战国中期，是孔子之后儒家学派的最著名代表人物，在“百家争鸣”的大潮中，在儒家学派呈现衰颓的情势下，他登上了当时的思想高峰。孟子对许多哲学问题都有深入的思考，他的性善论促进了后世对人性问题的深入探索，构成了我国哲学史发展的必然环节。他的以“仁政”“民本”为核心的政治思想中有更多的积极因素，构成了中国政治思想史上民本主义的主流。尤其是他那自强不息、勇于进取的生活态度，关怀国家、民族命运的责任感以及“富贵不能淫，贫贱不能移，威武不能屈”的大丈夫气概和顶天立地的刚毅精神，都是十分可贵的精神财富。

在先秦经书和诸子中，对虞舜记述和议论最多的首推《孟子》，所以后人有孟子“言必称尧舜”的品评。孟子第一个指出舜出生于诸冯，是东夷之人：

> 孟子曰：“舜生于诸冯，迁于负夏，卒于鸣条，东夷之人也。文王生于岐周，卒于毕郢，西夷之人也。地之相去也，千有余里；世之相后也，千有余岁。得志行乎中国，若合符节，先圣后圣，其揆一也。”（《孟子·离娄下》）

这里，孟子将舜与文王推尊为“先圣”和“后圣”，肯定他们的所作所为几乎一模一样，有着共同的道路。

在《孟子》一书中，我们可以发现孟子是如何精心塑造舜的圣人形象的。

首先，孟子将舜说成是“天命攸归”的天子，他成为人间的帝王，是因为天将天下授予他。请看孟子是怎样得出这一结论的：

> 万章曰：“尧以天下与舜，有诸？”孟子曰：“否。天子不能以天下与人。”“然则舜有天下也，孰与之？”曰：“天与之。”“天与之者，谆谆然命之乎？”曰：“否。天不言，以行与事示之而已矣。”曰：“以行与事示之者，如之何？”曰：“天子能荐人于天，不能使天与之天下；诸侯能荐人于天子，不能使天子与之诸侯；大夫能荐人于诸侯，不能使诸侯与之大夫。昔者，尧荐舜于天，而天受之；暴之于民，而民受之。故曰天不言，以行与事示之而已矣。”
>
> 曰：“敢问荐之于天，而天受之；暴之于民，而民受之，如何？”曰：“使之主祭，而百神享之，是天受之；使之主事，而事治，百姓安之，是民

受之也。天与之，人与之，故曰天子不能以天下与人。舜相尧二十有八载，非人之所能为也，天也。尧崩，三年之丧毕，舜避尧之子于南河之南，天下诸侯朝觐者，不之尧之子而之舜；讼狱者，不之尧之子而之舜；讴歌者，不讴歌尧之子而讴歌舜，故曰天也。夫然后之中国，践天子位焉。而居尧之宫，逼尧之子，是篡也，非天与也。《太誓》曰：'天视自我民视，天听自我民听'，此之谓也。"（《孟子·万章上》）

这里，孟子保留了天这个人格神上帝的权威，继承了周公的"天人感应论"，大谈"天不言，以行与事示之"。继而振振有词地说尧将舜推荐给了天，天就以"行与事"昭示天下，表示了自己对舜继承天子之位的认可：叫舜主持祭祀，所有神明都来享用，这便是天接受了；叫他主持工作，工作搞得很好，百姓很满意，这便是百姓接受了。孟子认为，这就是天授予他，百姓接受他，而不是天子授予他，因为天子不能拿天下授予人。舜帮助尧治理天下二十八年，这不是某一个人的意志所能做到的，而是天意。后来，尧死了，三年之丧完毕，舜为着尧的儿子能够继承天下，自己便逃到南河的南边去。可是，天下诸侯朝见天子，不是到尧的儿子那里，却是到舜那里；打官司的，也不到尧的儿子那里，却到舜那里；歌颂的人，也不歌颂尧的儿子，却歌颂舜。所以说，这是天意。这样，舜才回到首都。如果舜自己居住于尧的宫室，逼迫尧的儿子让位给自己，这就是篡夺，而不是天授了。《泰誓》说过，"百姓的眼睛就是天的眼睛，百姓的耳朵就是天的耳朵"，正是这个意思。这里，孟子尽管保留了天的权威，但他以"天视自我民视，天听自我民听"的古训，最终将百姓的拥戴作为舜继承天子位的最根本的原因，此处透出的显然是孟子强烈的民本意识。

孟子不仅以"天授"肯定舜继承天子之位的合法性，而且充分肯定舜治国、理政、抚民的历史功绩。在批判农家学说时，他有一段雄辩滔滔的议论：

当尧之时，天下犹未平，洪水横流，泛滥于天下，草木畅茂；禽兽繁殖，五谷不登，禽兽逼人，兽蹄鸟迹之道交于中国。尧独忧之，举舜而敷治焉。舜使益掌火，益烈山泽而焚之，禽兽逃匿。禹疏九河，瀹济漯而注诸海，决汝汉，排淮泗而注之江，然后中国可得而食也。当是时也，禹八年于外，三过其门而不入，虽欲耕，得乎？后稷教民稼穑，树艺五谷；五谷熟而民人育。人之有道也，饱食，暖衣，逸居而无教，则近于禽兽。圣人有忧之，使契为司徒，教以人伦，父子有亲，君臣有义，夫妇有别，长幼有序，朋友有信。放勋曰："劳之来之，匡之直之，辅之翼之，使自得之，又从而振德之。”圣人之忧民如此，而暇耕乎？

尧以不得舜为己忧，舜以不得禹皋陶为己忧。夫以百亩之不易为己忧者，农夫也。分人以财谓之惠，教人以善谓之忠，为天下得人者谓之仁。是故以天下与人易，为天下得人难。孔子曰：“大哉尧之为君！惟天为大，惟尧则之，荡荡乎民无能名焉！君哉舜也！巍巍乎有天下而不与焉！”尧舜之治天下，岂无所用其心哉？亦不用于耕耳。（《孟子·滕文公上》）

这就是说，尧在“天下犹未平，洪水横流，泛滥于天下，草木畅茂；禽兽繁殖，五谷不登，禽兽逼人”的关键时刻，举荐舜承担治国抚民的重任。舜没有辜负尧的信任，上任伊始，即举荐益、禹、后稷、契等贤明智慧之人分任方面主官，疏导洪水，驱逐野兽，教民稼穑，制定法规和人伦准则，使社会走上有序运行的轨道，从而建树了巍巍功德。

其次，孟子将舜表彰为大孝之人，是实践孝道伦理的最高典范。

孟子赞扬舜是一个“父母爱之，喜而不忘；父母恶之，劳而不怨”（《孟子·万章上》）的人，说他以虔诚的孝道之心对待父母，父母喜爱他，虽然高兴，但不因此而懈怠；父母厌恶他，虽然忧愁，却不因此而怨恨。终生以得到父母的欢心为指归。所以孟子说：“天下大悦而将归己，视天下悦而归己，犹草芥也，惟舜为然。不得乎亲，不可以为人；不顺乎亲，不可以为子。舜尽事亲之道而瞽瞍厎豫，瞽瞍厎豫而天下化，瞽瞍厎豫而天下之为父子者定，此之谓大孝。”（《孟子·离娄上》）在舜看来，不能得到父母的欢心，不可以做人，不能顺从父母的旨意，不能做儿子。舜竭尽一切心力来侍奉父母，结果他父亲瞽瞍变得高兴了，天下的风俗因此转移；瞽瞍高兴了，天下父子的伦常也由此确定了，这便叫作大孝。相反，虽然帝尧打发他的孩子九男二女跟百官一起带着牛羊、粮食等东西到田野中去为舜服务；天下的士人也有很多到舜那里去，尧也把整个天下让给了舜。舜却只因为没有得到父母的欢心而像鳏寡孤独的人找不着依靠一样不开心。得到天下士人的喜爱，是谁都愿意的，可在舜却不足以消除忧愁；美丽的姑娘是谁都喜爱的，可舜得到了尧的两个女儿做妻子，却不足以消除忧愁；财富是谁都希望得到的，可舜富而至于占有天下，却不足以消除忧愁；尊贵是谁都希望获得的，可舜尊贵至于做了君主，却不足以消除忧愁。这是为什么？因为在舜看来，只有得到父母的欢心才可以消除忧愁。一般人，在幼小的时候，就依恋父母；懂得喜欢女子，便想念年轻而漂亮的人；有了妻子，便迷恋妻室；

做了官，便讨好君主，得不着君主的欢心，便内心焦急得发热；只有最孝顺的人才终身怀恋父母。到了 50 岁的年纪还怀恋父母的，我在伟大的舜身上见到了。接着，孟子又为舜的“不告而娶”进行辩白。再后，又对舜面对父母和弟象凶险地谋害自己而一忍再忍、一让再让的行动进行了淋漓尽致的描绘。可是，当这一连串的谋害全告失败，而舜已经贵为天子的时候，他却没有对父母、兄弟实施报复，而是给予弟弟封地，使之尊贵体面、衣食无虞。这样做让万章很不理解，于是问孟子：“舜把共工流放到幽州，把驩兜发配到崇山，把三苗之君驱逐到三危，把鲧充军到羽山，惩罚了这四个大罪犯，天下便都归服了，这是因为讨伐了不仁的缘故。象该是最不仁的人了吧？舜却以有庳之国来封他。有庳国的百姓又有什么罪过呢？对别人，就加以惩处；对弟弟，就封以国土，难道仁人的做法竟是这样的吗？”显然，万章的追问是以公平为前提的，而孟子却以公平服从于亲亲来为舜的有失公平的做法辩护：“仁人对于弟弟，有所忿怒，不藏于胸中；有所怨恨，不留在胸内，只是亲爱他罢了。亲他，便要使他贵；爱他，便要使他富。把有庳国土地封他，正是使他又富又贵。本人做了天子，弟弟却是一个老百姓，可以说是亲爱吗？”在孟子看来，舜已经把建筑在亲亲基础上的孝悌发挥到极致，身体力行到极致了。

接着，孟子通过回答咸丘蒙的问题，认定舜对父母的孝道达到了“孝子之至”的最高水准：

> 咸丘蒙问曰：“语云：‘盛德之士，君不得而臣，父不得而子。’舜南面而立，尧帅诸侯北面而朝之，瞽瞍亦北面而朝之。舜见瞽瞍，其容有蹙。孔子曰：‘于斯时也，天下殆哉，岌岌乎！’不识此语诚然乎哉？”孟子曰：“否。此非君子之言，齐东野人之语也。尧老而舜摄也。《尧典》曰：‘二十有八载，放勋乃徂落，百姓如丧考妣，三年，四海遏密八音。’孔子曰：‘天无二日，民无二王。’舜既为天子矣，又帅天下诸侯以为尧三年丧，是二天子矣。”
>
> 咸丘蒙曰：“舜之不臣尧，则吾既得闻命矣。《诗》云：‘普天之下，莫非王土；率土之滨，莫非王臣。’而舜既为天子矣，敢问瞽瞍之非臣，如何？”曰：“是诗也，非是之谓也；劳于王事而不得养父母也。曰：‘此莫非王事，我独贤劳也。’故说诗者，不以文害辞，不以辞害志。以意逆志，是为得之。如以辞而已矣，《云汉》之诗曰：‘周余黎民，靡有孑遗。’信斯言也，是周无遗民也。孝子之至，莫大乎尊亲；尊亲之至，莫大乎

以天下养。为天子父，尊之至也；以天下养，养之至也。《诗》曰：'永言孝思，孝思维则。'此之谓也。《书》曰：'祗载见瞽瞍，夔夔齐栗，瞽瞍亦允若。'是为父不得而子也?"(《孟子·万章上》)

这里咸丘蒙提出的第一个问题：舜代尧做了天子，尧便率领诸侯向北面去朝他，舜的父亲瞽瞍也向北面去朝他，舜见了瞽瞍，显得有点局促不安，这是真的吗？这里咸丘蒙提出的问题，或许是真实的历史，或许是自己的假设。但孟子从"天无二日，民无二王"的尊君理念出发，坚决予以否认。咸丘蒙根据《诗·北山》"普天之下，莫非王土；率土之滨，莫非王臣"提出第二个问题：如果舜做了天子，而瞽瞍却不是臣民，又是什么道理呢？孟子先是否认咸丘蒙对《诗·北山》的解释，不正面回答咸丘蒙的问题，而后就是大讲贵为天子的舜以天下养父母，已经达到了孝敬父母的极点："孝子孝的极点，没有超过尊敬他的双亲的；尊敬双亲的极点，没有超过拿天下来奉养父母的。瞽瞍做了天子的父亲，可说是尊贵到极点了；舜以天下来奉养他，可说是奉养的顶点了。"所以这里根本就不存在舜是不是瞽瞍儿子和瞽瞍是不是舜的臣民的问题。人们在阅读《孟子》时，可能不止一次地发现他对经典解释的随意性，其实所有这些解释，都是为宣扬和论证他的基本理论服务的。

大概由于孟子主张无条件地对父母行孝，他的另一个学生桃应就提出了一个特别尖锐的问题，于是师徒之间有了如下一段对话：

桃应问曰："舜为天子，皋陶为士，瞽瞍杀人，则如之何?"孟子曰："执之而已矣。""然则舜不禁与?"曰："夫舜恶得而禁之？夫有所爱之也。""然则舜如之何?"曰："舜视弃天下犹弃敝屣也。窃负而逃，遵海滨而处，终身䜣然，乐而忘天下。"(《孟子·尽心上》)

这自然是一个假设的问题。面对这一问题，孟子给出的答案是从亲亲出发，不惜让舜破坏法律，也不能让他犯法的父亲被绳之以法。而为了维护亲亲的原则，更让舜如弃敝屣一样地抛弃国君的位子。这个假设当然与舜毫无关系。孟子只是借此表达自己的一种理念而已。

正是因为孟子特别重视孝悌伦理，所以他一再颂扬舜在孝悌方面的卓越表现，并归结说："尧、舜之道，孝悌而已。"(《孟子·告子下》)

第三，孟子更多的是揭示和颂扬舜的超乎常人的品德与智慧，如"乐取于人以为善"：

孟子曰："子路，人告之以有过，则喜。禹闻善言，则拜。大舜有大焉，善与人同，舍己从人，乐取于人以为善。自耕稼、陶、渔以至为帝，无非取于人者。取诸人以为善，是与人为善者也。故君子莫大乎与人为善。”（《孟子·公孙丑上》）

这里，孟子先赞扬子路乐于让别人指出他的缺点，赞扬禹向提供善言的人敬礼，接着突出舜对于善言善行虚心接纳的态度：对于行善，他没有别人和自己的区分，抛弃自己的不是，接受人家的是，非常快乐地吸取别人的优点来自己行善。从他种庄稼、做瓦器、做渔夫，一直到做天子，没有一处优点不是从别人那里吸取来的。吸取别人的优点来自己行善，这就是借同别人一道行善。所以君子最高的德行就是借同别人一道行善。

如“倾心向善”：

孟子曰：“舜之居深山之中，与木石居，与鹿豕游，其所以异于深山之野人者几希；及其闻一善言，见一善行，若决江河，沛然莫之能御也。”（《孟子·尽心上》）

这里，孟子赞扬舜对于善言善行的倾心向往和闻之即行的坚决和迅疾，说他好像江河决了口，哗啦啦地狂泻奔流，没有什么力量能够阻止得了。

如“孳孳为善”：

孟子曰：“鸡鸣而起，孳孳为善者，舜之徒也；鸡鸣而起，孳孳为利者，跖之徒也。知舜与跖之分，无他，利与善之间也。”（《孟子·尽心上》）

这里，孟子将善与利对立起来，赞扬舜的努力行善，认为这是区分舜和跖的根本标志。

如“由仁义行”：

孟子曰：“人之所以异于禽兽者几希，庶民去之，君子存之。舜明于庶物，察于人伦，由仁义行，非行仁义也。”（《孟子·尽心下》）

这里，孟子赞扬舜是保持住了人异于禽兽的那点最重要的东西，因此他就成为区别于庶民的君子。他懂得事物的道理，了解人类的常情，所以能够从仁义之路而行，而不是把仁义作为工具、手段使用。他在另一个地方就明确说：“尧、舜，性之也。”意思是尧、舜实行仁义，完全是出于本性。这就是说，舜是从内心服膺仁义的君王，他坚信仁义的真理性，因而心悦诚服地实践仁义。

以上简要摘引和评述了《孟子》一书所记载和评论的有关于虞舜的主要事迹。在孟子心目中，舜是三代之前事迹最丰富、事功最辉煌、品德最高尚的圣帝名王。他记述的舜的事迹大部分都有所本,基本上都出自《尚书》《易传》《左传》《国语》《论语》等典籍,但他的记述尤其是评论,则鲜明地展示出儒家的观点,突出表现在对舜钟情仁义和孝悌理念的张扬。因为儒家正是通过对这些理念的倾情阐发构筑了自己的理论体系,而也正是通过仁义和孝悌使儒家思想与舜这位圣帝名王的思想若合符契地接轨了。

孟子对虞舜的记述和评论,对虞舜的历史诠释具有承前启后的作用。我们不仅在孟子之后的诸子对虞舜的历史诠释中看到孟子的影响,而且在诸如《史记》等史学著作中更能够发现对《孟子》文本的直接袭用。孟子通过对舜的仁义和孝悌理念的张扬,从而借助舜的威名增强了儒家思想的威势,同时也使舜的思想得到进一步的弘扬,使舜的威名得到进一步的放大。虞舜和孟子为代表的儒家,就这样相得益彰地取得了双赢的结果。

第七节 《商君书》的记述与评论

商鞅(前 390 ~ 前 338),战国前期卫国人。因为他是原卫国国君的后裔,所以也叫卫鞅。又因为当时对诸侯国国君的子孙统称公孙,因而也叫公孙鞅。后来他入秦立功,秦孝公将於(今河南内乡东)、商(今陕西商县东南)之地十五邑赐给他,封其为商君,故而又称他为商鞅。

商鞅是战国前期法家的著名代表人物。他先去魏国,为魏惠王服务,因不受重用,又去秦国,得到秦孝公的信任和重用,在秦国主持了十年的变法,全面推行封建化的改革,使落后的秦国后来居上,政治、经济尤其是军事力量迅速发展和增强,为后来秦王政统一全国奠定了坚实的基础。但由于他的改革触犯了旧贵族的利益,秦孝公死后,他死于旧贵族的反噬,遭到车裂的酷刑。

商鞅留下的主要著作是《商君书》。作为前期法家的政治实践家,他在著作中重点论述的是变法与法治的合理性和必要性。比如,在《商君书・更法》中,他就从历史进化论出发,论证没有不变的教、法、礼,认为伏羲、神农之世是"教而不诛",黄帝、尧、舜之世是"诛而不怒",而到周文王、周武王之世就"当时而立法,因事而制礼",使国家和社会的各项礼法制度趋于完备:

> 公孙鞅曰:前世不同教,何古之法?帝王不相复,何礼之循?伏牺、神农教而不诛,黄帝、尧、舜诛而不怒,及至文、武各当时而立法,因

事而制礼。礼法以时而定,制令各顺其宜,兵甲器备各便其用。臣故曰治世不一道,便国不必古。①

商鞅在这里基本将五帝时代作为一个历史阶段看待,显示了他不凡的眼光。进一步他认识到尧、舜时期是"论贤举能而传",不是"私天下",而是"为天下、位天下","明于治乱之道",这种认识是比较接近历史真实的:

故尧、舜之位天下也,非私天下之利也,为天下、位天下也。论贤举能而传焉,非疏父子亲越人也,明于治乱之道也。(《商君书·修权》)

再进一步,他认为,到了阶级社会,为了维护私有财产的不可侵犯,为了国家和社会的有序运行,就必须有"君臣之义、五官之分、法制之禁",否则就是有"尧、舜之智",也不能使国家和社会得到有效治理。这里商鞅已经隐约猜测到,尧、舜时代还不是礼、法等各种制度完备的时代,而是一个主要凭习惯和传统特别是凭君王威望和智慧进行统治的时代:

古者未有君臣上下之时,民乱而不治,是以圣人列贵贱制节爵位,立名号以别君臣上下之义。地广民众万物多,故分五官而守之;民众而奸邪生,故立法制为度量以禁之。是故有君臣之义、五官之分、法制之禁,不可不慎也。处君位而令不行则危,五官分而无常则乱,法制设而私善行则民不畏刑。君尊则令行,官修则有常,事法制明则民畏刑法。制不明而求民之行令也,不可得也;民不从令而求君之尊也,虽尧、舜之智不能以治。明主之治天下也,缘法而治,按功而赏。凡民之所疾,战不避死者,以求爵禄也。(《商君书·君臣》)

这里显示的是商鞅对历史和法治的深刻的认识。

总起来看,《商君书》对舜的事迹没有增加新资料。在商鞅心目中,舜只是一个圣帝名王的符号,而他对这个符号的历史定位是基本准确的,所以在涉及商鞅对舜的评述中,感触最清晰的是极其深切的历史感。

第八节 《庄子》的记述与评论

庄子(约前355~前275),名周,据司马迁《史记·孟子韩非列传》记载,他是宋国蒙人。蒙地的方位,后世学者有安徽、河南、山东三说。比较

---

① (清)严万里:《商君书新校正》,续修四库全书本。

而言，以山东东明说较可信。[1] 庄子与孟子同时而稍后。他的著作《庄子》一书今存 33 篇，其中包括内篇 7，外篇 15，杂篇 11。这些著作与庄子的关系，学术界长期聚讼纷纭。我们认定，全书 33 篇应大部出自庄子之手，也都经过其后学的润色并添加了一些内容，大部分也符合庄子的理念，可视为庄子及其学派的思想资料。庄子是战国时期道家学派的主要代表人物，在老子之后，《庄子》一书以其智慧雄辩、机敏诡异、汪洋恣肆而使道家学派再展辉煌。庄子基本上是一个隐逸之人，远离政坛，与同辈思想界的雄杰之士也很少交往，因而在当时影响不大。

《庄子》一书记述了不少与舜有关的故事和庄子的评论。不过，由于庄子乃道家学派中人，舜如何出场以及担任何样角色，都是由他精心安排的。至于这个角色是否符合舜在历史上的本来面目，他编造的故事是否有历史根据，庄子是不屑顾及的。因为庄子认为国家政权和礼乐行政的出现都是社会的倒退，所以编造了尧、舜让天下的故事：

> 尧以天下让许由，许由不受，又让于子州支父。子州支父曰："以我为天子，犹之可也。虽然，我适有幽忧之病，方且治之，未暇治天下也。"夫天下，至重也，而不以害其生，又况他物乎？唯无以天下为者，可以托天下也。舜让天下于子州支伯，子州支伯曰："予适有幽忧之病，方且治之，未暇治天下也。"故天下，大器也，而不以易生，此有道者之所以异乎俗者也。舜以天下让善卷，善卷曰："余立于宇宙之中，冬日衣皮毛，夏日衣葛絺；春耕种，形足以劳动，秋收敛，身足以休食；日出而作，日入而息，逍遥于天地之间而心意自得，吾何以天下为哉？悲夫子之不知余也。"遂不受，于是去而入深山，莫知其处。舜以天下让其友石户之农，石户之农曰："捲捲乎后之，为人葆力之士也。以舜之德为未至也。于是夫负妻戴携子，以入于海，终身不反也。……舜以天下让其友北人无择，北人无择曰：异哉！后之为人也。居于畎亩之中而游尧之门，不若是而已，又欲以其辱行漫我，吾羞见之。"因自投清泠之渊。[2]

这个故事是说，尧把天下推让给许由，许由拒绝后，又推让给子州支父。子州支父说："要我来做天子，我倒乐意。可是我患有埋在心底的大病，正在医治，没有时间来治理天下呀。"按说天下是最贵重的了吧，但不能

① 参见孟祥才、胡新生：《齐鲁思想文化史》，山东大学出版社 2002 年版，第 403 页。
② （晋）郭象注：《庄子注》，影印文渊阁四库全书本。

为了它而伤害本性，其他东西就更不行了！看来只有不为天下做事的人才可以寄托天下呀。舜让天下给子州支伯，子州支伯说："我恰好患有埋在心底的大病，正在医治，没有时间来治理天下。"说起来天下是个了不起的器物，但不能为了它而变更本性呀。这就是得道的人和流俗的人不同的地方。舜把天下推让给善卷，善卷说："我生在宇宙之中，冬天穿皮毛，夏天穿麻布。春天耕田播种，身体能够承担得起这份辛劳。秋天收获存储，保证了本身的休息和食用。太阳升起时劳作，太阳落山时停手休息，自由自在地生活在天地间，心情愉快舒畅，还要个天下干什么？可叹啊，你并不了解我。"他不仅拒绝接受，还就此逃入深山，谁也不知道他哪里去了。舜又把天下推让给他的朋友石户之农，石户之农说："君王您这个人好勤奋呀，真卖力气！"他认为舜的德性没有修到好处，不便同他打交道，于是丈夫扛、妻子拎地带着孩子奔向海边，再也没有回来。在《天地》篇中，庄子又讲了同样性质的一个故事：

> 尧治天下，伯成子高立为诸侯。尧授舜，舜授禹，伯成子高辞为诸侯而耕，禹往见之，则耕在野。禹趋就下风，立而问焉，曰："昔尧治天下，吾子立为诸侯。尧授舜，舜授予，而吾子辞为诸侯而耕。敢问其故何也？"子高曰："昔尧治天下，不赏而民劝，不罚而民畏。今子赏罚而民且不仁，德自此衰，刑自此立，后世之乱自此始矣。夫子阖行邪？无落吾事！"俋俋乎耕而不顾。（《庄子・天下》）

这个故事说，在尧管理天下的时候，伯成子高受命为诸侯。尧传位于舜，舜传位于禹。伯成子高就辞去诸侯回家种地了。禹去他家拜访的时候，他正在田里劳作。禹趋前紧走几步，站在下手处发问："当初尧管理天下，先生受命为诸侯。尧传位于舜，舜传位于我，先生竟辞去诸侯回家种地，请问这是为什么？"子高说："当初尧管理天下，没有什么奖赏，可人们自行奋进；不施什么惩罚，可人们都知道自律。现在你大行赏罚，可人们做得并不怎么好。德行从此衰败，刑戮从此确立，后来的祸乱也就从此开始了。先生你快走开吧，不要耽误了我的工作。"说完便压着步子耕起地来，不再理睬禹。

以上这些故事，显然是出于庄子的凭空杜撰。他通过这些故事所表达的基本思想是：文明的每一次进步，都是社会发展的一次退步，都是对过去美好社会秩序和美好道德伦理的亵渎与凌辱。所以，当时淡泊名利的正直之士，是羞于同这样的社会合作的，他们宁愿抛弃富贵利禄甚至国君的尊位去过自食其力的躬耕生活。在《天运》篇中，庄子借老聃之口也表述了这样的思想：

孔子见老聃归，三日不谈。弟子问曰："夫子见老聃，亦将何规哉？"孔子曰："吾乃今于是乎见龙。龙，合而成体，散而成章，乘云气而养乎阴阳。予口张而不能嗋，予又何规老聃哉？"子贡曰："然则人固有尸居而龙见，雷声而渊默，发动如天地者乎？赐亦可得而观乎？"遂以孔子声见老聃。老聃方将倨堂而应，微曰："予年运而往矣，子将何以戒我乎？"子贡曰："夫三王五帝之治天下不同，其系声名一也。而先生独以为非圣人，如何哉？"老聃曰："小子少进！子何以谓不同？"对曰："尧授舜，舜授禹，禹用力而汤用兵，文王顺纣而不敢逆，武王逆纣而不肯顺，故曰不同。"老聃曰："小子少进，余语汝三皇五帝之治天下：黄帝之治天下，使民心一，民有其亲死不哭而民不非也。尧之治天下，使民心亲。民有为其亲杀其亲而民不非也。舜之治天下，使民心竞。民孕妇十月生子，子生五月而能言，不至乎孩而始谁，则人始有夭矣。禹之治天下，使民心变，人有心而兵有顺，杀盗非杀人。自为种而天下耳，是以天下大骇，儒、墨皆起，其作始有伦。而今乎妇女，何言哉？余语汝，三皇五帝之治天下，名曰治之，而乱莫甚焉。三皇之知，上悖日月之明，下睽山川之精，中堕四时之施。其知憯于蛎虿之尾，鲜规之兽，莫得安其性命之情者，而犹自以为圣人，不可耻乎？其无耻也！"子贡蹴蹴然立不安。（《庄子·天运》）

这个故事说，孔子拜见老聃回来，三天都没有说话。弟子们于是问："老师见到老聃，对他可有什么教诲的吗？"孔子说他见到老子，犹如见到一条龙，惊得张大嘴巴合不拢，那里还能教诲他？子贡不太相信，说："那么说，人真的像死人一样待着却像龙一样活跃，声音大得像雷却静默得像沉入水底，行动像天那样的吗？赐是不是可以见识见识呢？"于是就以孔子的名义往拜老聃。老聃就在屋里蹲坐着接见了他，轻声说："我年岁大了，你怎么来教导我呢？"子贡说："三皇五帝治理天下并不相同，享受盛名却是一样的，可先生您偏偏说他们不是圣人，这是怎么回事？"老聃说："年轻人向前一点！你怎么说是不同呢？"子贡答道："尧传位给舜，舜传位给禹，禹用力治水，汤用兵伐夏，周文王顺从纣王不敢反抗，武王违反纣王不肯顺从，所以说是不同的。"老聃说："年轻人向前一点，我给你说说三皇五帝的治理天下。黄帝治理天下，让民心齐一，民间有死了双亲而不哭的，人们并不加责难;尧治理天下,让民心亲和,民间有死了双亲而不为服丧的,人们并不加责难;舜治理天下,让民心奋进,民间妇人怀胎十月产子,婴儿五个月就学着说话了,不到两三岁便分清人是哪个,人开始有夭折的了;禹治理天下,弄得人心大变,人各有心,心存敌意,战斗成了平常事,不顺从自己的杀了白杀,天下之中人人自作打算了。因此天下震惊,儒、墨乘机而起,在他们开始出现的时候,便有了同情的人,现在就轮到你了,还有什么说的!我跟你说,三皇五帝治理天下,名义上是治理,其实是最大的扰乱。三皇五帝的智慧,往上遮蔽了日月的光明,往下闭塞了山川的灵气,中间破坏了四时的运行。那种智能比起毒蝎的尾巴、正在捕捉猎物的兽类还要凶狠。不能保持本性的人,自己还觉得是圣人,不也太可耻了吗?真真的无耻呢!"子贡听后脚就像没处放一样站不稳了。这里庄子显然认定,三皇五帝接连相续的历史前进运动是与人类道德的堕落成正比的。他们不是圣人而是罪人。

在《庚桑楚》篇中,他再次借庚桑楚与弟子的对话,表达了"大乱之本,必生于尧、舜之间"的文明退步的理念:

> 弟子曰:"不然。夫寻常之沟,巨鱼无所还其体,而鲵鳝为之制;步仞之丘陵,巨兽无所隐其躯,而狐为之祥。且夫尊贤授能,先善与利,自古尧、舜以然,而况畏垒之民乎?夫子亦听矣。"庚桑子曰:"小子来!夫函车之兽,介而离山,则不免于罔罟之患;吞舟之鱼,砀而失水,则蚁能苦之。故鸟兽不厌高,鱼鳖不厌深。夫全其形生之人,藏其身也不厌深眇而已矣。且夫二子者,又何足以称扬哉?是其于辩也,将妄凿垣墙而殖蓬蒿也。简发而栉,数米而炊,窃窃乎又何足以济世哉?举贤则民相轧,任知则民相盗,之数物者,不足以厚民,民之于利甚勤。子有杀父,臣有杀君,正昼为盗,日中穴阫。吾语汝,大乱之本,必生于尧、舜之间,其末存乎千世之后。千世之后,其必有人与人相食者也。"(《庄子·庚桑楚》)

故事记述的是,老聃弟子庚桑楚住在偏僻的畏垒山里,与一批昏头昏脑的人一起生活。他无为而治,三年间年年大丰收。畏垒之民感激他,要建座庙把他供起来,他很不高兴。弟子们说:"话不能这样说。一丈来长的水沟,大鱼在里面没法转身,小鱼仔就会控制它;几尺高的小山包,大兽没法隐藏,狡猾的狐狸就会在那里作怪。况且尊重贤人,举用能者,扬善兴利,从早年尧、舜时代就是这样,更何况畏垒的百姓呢!老师你就随它去吧!”庚桑子说:“年轻的人这边来!能吞下车子的大兽,如果单身离开山岗,就免不了遭受网罟的祸害;能够吞下船只的大鱼,如果游离了江河,连蚂蚁都能伤害它。所以鸟兽上得越来越高,鱼鳖下得越来越深。那保持身心完整的人,隐藏他个人就只能越深越远了!而且尧、舜两个人,又哪里值得称赞呢!这么说,他们对于是非的辨别,就像错把垣墙凿毁来种杂草一样,挑拣着头发来梳头,数着米粒来烧饭,嘁嘁喳喳,又怎么能造福人世呢?选拔贤人,人们就要互相排挤;任用智者,人们就会尔虞我诈。这几种做法,并不能使百姓得到好处。百姓占便宜的心是迫切的,有的儿子杀死父亲,有的臣子杀死君上;大白天里进行抢劫,正午时分挖墙偷盗。我跟你们这么说,大乱的根源就产生在尧、舜的时候,他们的遗毒要留在千代之后。千代之后,就有人吃人的了。”这位庚桑楚反复申述的,就是文明的进步是祸乱的根源,所以尧、舜不值得赞扬而应该受到谴责。

在《盗跖》一篇中,庄子又借盗跖之口,更明确地表达了同样的思想:

> 尧、舜有天下,子孙无置锥之地;汤、武立为天子,而后世绝灭。非以其利大故邪?且吾闻之,古者禽兽多而人民少,于是民皆巢居以避之,昼拾橡栗,暮栖木上,故命之曰“有巢氏之民”。古者民不知衣服,夏多积薪,冬则炀之,故命之曰“知生之民”。神农之世,卧则居居,起则于于。民知其母不知其父,与麋鹿共处,耕而食,织而衣,无有相害之心。此至德之隆也。然而黄帝不能致德,与蚩尤战于涿鹿之野,流血百里。尧、舜作立群臣,汤放其主,武王杀纣,自是之后,以强凌弱,以众暴寡。汤、武以来,皆乱人之徒也。……尧不慈,舜不孝,尧、舜为帝而雍,非仁天下也,不以美害生也;善卷、许由得帝而不受,非虚辞让也,不以事害己。此皆就其利辞其害,而天下称贤焉,则可以有之,彼非以兴名誉也。(《庄子·盗跖》)

庄子将与社会的文明进步同时出现的弊端完全归咎于文明进步本身,因而对文明进步加以否定当然是错误的,因为文明进步带来的弊端只能在持续的文明进步中加以消除。不过,这里庄子倒是承认了一个基本事实:舜是文明进步阶梯上一个标志性的人物。

从上面这些故事可以看出,在庄子那里,舜并不是历史上真正存在的那个为促进中国古代文明进步做出巨大贡献的人物,而是可以供他任意驱使的文化符号,庄子可以安排他承担自己需要的任何角色。

> 仲尼曰:“人莫鉴于流水而鉴于止水,唯止能止众止。受命于地,

唯松柏独也正，在冬夏青青；受命于天，唯尧舜独也正，在万物之首。幸能正生以正众众生。夫保始之征，不惧之实。勇士一人，雄入于九军，将求名而能自要者而犹若是。”（《庄子·德充符》）

这是庄子让孔子讲的一段话：仲尼说，人不能在流动的水中映照面孔，只能在静止的水面映照。只有静止才能使得众多的静止静止。从地受命的，只有松柏是静止的，它冬夏常青；从天受命的，只有尧舜是静止的。那种保持原始状态的现象，正是无所畏惧的实质。勇敢的人，独自一人就深入千军万马之中。立意于功名而自强奋勉的人还能这样，更何况那把天地作为住所，把万物作为库藏，以躯体为寄寓，耳目为虚设，把各样的认识归结为一而心志还没有丧失的人呢！他希望有那么一天能够大悟，从学的人就是照着这一点来的，他哪里会把外在的事放在心上啊！这里庄子通过孔子之口讲述他树立的“把天地作为住所，把万物作为库藏，以躯体为寄寓，耳目为虚设，把各样的认识归结为一而心志还没有丧失的人”的光辉形象，而这种人的典型代表就是舜。

昔者舜问于尧，曰：“天王之用心何如？”尧曰：“吾不敖无告，不废穷民苦死者，嘉孺子而哀妇人，此吾所以用心已。”舜曰：“美则美矣，而未大也。”尧曰：“然则何如？”舜曰：“天德而出宁，日月照而四时行，若昼夜之有经，云行而雨施矣。”尧曰：“胶胶扰扰乎！子天之合也，我人之合也。”夫天地者，古之所大也，而黄帝、尧、舜之所共美也，故古之王天下者奚为哉？天地而已矣。（《庄子·天道》）

这段尧、舜的对话讲的是，当年舜问尧：“尊贵的君主都是怎样打算呢？”尧说：“我不忽略贫苦无依的人，不抛弃走投无路的群众，哀怜死者，爱护孩童，怜惜妇女，这就是我的打算。”舜说：“您这打算倒也算够好的，但是还不能算大呀。”尧说：“照你看该怎么样？”舜说：“天主动，地主静，日月照耀而四时运行，昼夜交替，云集而雨就降下来了！”尧说：“是不是觉得太繁乱了？你是按天行事，我是依人行事啊。”后面庄子评论道：说起天地来，是早年以为大的，黄帝、尧、舜都是做得很好的。所以早年为天下君王的都来干什么呢？遵从天地就是了。这里庄子又就把黄帝、尧、舜视为顺天地、任自然的实践“无为而治”的大圣人了。

夫虚静恬淡、寂漠无为者，万物之本也。明此，以南乡，尧之为君也；明此，以北面，舜之为臣也。以此处上，帝王天子之德也；以此处下，玄圣素王之道也。（《庄子·天道》）

这段话是庄子借天道讲治道。他认为，虚静、恬淡、寂寞、无为，是事物的根本，也是治道的根本。了解这个道理南面为君，尧是这样做的；了解这个道理北面为臣，舜是这样做的。照这样子位居上位的，是帝王天子的品性；照这样子位居下位的，是极圣而不王的道路。这里，庄子又把尧、舜安排为坚持“无为而治”的君和臣的典型了。不宁唯此，庄子进而推许尧、舜为“大圣”之人，而他们治天下的最大特点就是让百姓迷迷糊糊地照他们的教导生活：

季彻曰：“大圣之治天下也，摇荡民心使之成教易俗，举灭其贼心，而皆进其独志，若性之自为，而民不知其所由然。若然者，岂兄尧、舜之教民，溟涬然弟之哉？欲同乎德而心居矣！”（《庄子·天地》）

其中的意思是，大圣人治理天下，启发民众的心志，使他们坚定信念，改变习俗，一举灭掉他们被损害了的心，而发展他们特有的意志，犹如出自本性那样。民众不知道为什么竟是这样。如果这样，干什么还来尊崇尧、舜教导民众的那一套，迷迷糊糊地照办呢？想着同一品性，心放在上边也就是了。这就是说，尧、舜之类的大圣，他们对民众的教导，着力点在于“举灭其贼心”，即窒息被文明进步扰乱了的心，回归原来的本性，“若性之自为”，原来那个质朴纯净的社会也就随之回归了。

有时庄子安排舜作为一个说教者的角色，如《山木》篇讲的故事：

孔子曰：“敬闻命矣。”徐行翔佯而归，绝学捐书，弟子无挹于前，其爱益加进。异日，桑雽又曰：“舜之将死，真泠禹曰：‘汝戒之哉！形莫若缘，情莫若率。’缘则不离，率则不劳；不离不劳，则不求文以待形；不求文以待形，固不待物。”（《庄子·山木》）

这个故事讲的是，孔子经过桑雽的一番说教，大彻大悟地说，我明白了，我明白了。于是慢吞吞地走了回来，不再学习，甩开了简策，弟子们虽然再也听不到他的说教，但对他的敬爱程度却比以前更深。过了几天，桑雽见到孔子又说：“舜在病危的时候，对禹嘱咐说：‘你要注意阿！外貌最好是保持本色，心境最好是率真。’保持本色就不会离谱，率真就不会多费心力。不离谱不多费心力，就不会找些好看的东西来装点外貌，不找好看的东西来装点外貌，自然也就不装点心境了。”这里的舜变成了一个以庄子的面貌和思想出现的说教者。

有时庄子安排舜作为一个被说教者的角色，如《知北游》篇讲的故事：

舜问乎丞曰：“道可得而有乎？”曰：“汝身非汝有也。汝何得有夫道?”舜曰:“吾身非吾有也,孰有之哉?”曰:“是天地之委形也,生非汝有,是天地之委和也;性命非汝有,是天地之委顺也;子孙非汝有,是天地之委蜕也。故行不知所往,食不知所味。天地之强阳气也,又胡可得而有邪!”(《庄子·知北游》)

这个故事讲的是,舜向丞发问:“道可以拥有吗?”丞说:“你的本身都不是你所有,你怎么会拥有大道?”舜疑惑地问:“我本身不是我所有,是谁所有呢?”丞解释说:“那是天地寄托的形体;生命不是你所有,是天地寄托的和悦之气;命运不是你所有,是天地寄托的适应之力;子孙不是你所有,是天地寄托的蜕变的形体。所以走起来不知到哪里才算一站,住下来不知该干什么,吃喝不知什么叫作滋味。本来是天地强行施放出的一股气,又怎么能够取得而拥有呢?”这里是庄子借丞之口宣扬他的道,即天地是世界万物本原的思想,他给舜安排的角色是一个痴傻的受教者。

另外,《庄子》一书中还有一些篇章提到舜的名字,都是庄子为了论证自己的学说而驱使的文化符号。如《齐物论》记述尧想伐宗脍、胥、敖三个偏远小国,舜劝他不必兴师动众,而应使自己的德行如阳光普照:

故昔者,尧问于舜,曰:“我欲伐宗脍、胥、敖,南面而不释然,其故何也?”舜曰:“夫三子者,犹存乎蓬艾之间,若不释然,何哉?昔者十日并出,万物皆照,而况德之进乎日者乎?”

又如《人间世》说禹、舜将万物之化当作关键,伏羲、燧人将万物之化当作终极:“是万物之化也,禹、舜之所纽也,伏戏、几蘧之所行终,而况散焉者乎?”《徐无鬼》将舜比拟为充满膻气的羊肉,辛辛苦苦却劳而无功:

卷娄者,舜也。羊肉不慕蚁,蚁慕羊肉,羊肉膻也。舜有膻行,百姓悦之,故三徙成都,至邓之虚而十有万家。尧闻舜之贤,举之童土之地,曰冀得其来之泽。舜举乎童土之地,年齿长矣,聪明衰矣,而不得休归,所谓卷娄者也。是以神人恶众至,众至则不比,不比则不利也。故无所甚亲,无所甚疏,抱德炀和以顺天下,此谓真人。于蚁弃知,于鱼得计,于羊弃意。

这里说,辛辛苦苦却劳而无功的人就是舜。羊肉并不喜欢蚂蚁,蚂蚁却喜欢羊肉,因为羊肉膻。舜有膻的品格,所以百姓都喜欢他。他迁徙三次,所到之处,都聚成都邑。到了邓地,竟有人户 10 万多家。尧得知舜的才能,就推荐他到一个寸草不生的地方去,希望他改变那里的条件。舜到了那个地方,年岁越来越大,听力、视力越来越差,但还不能回家休息。这就是辛辛苦苦劳而无功的人。所以圣人是不想招引民众来归的。不想招引民众来归,民众来了也不与之亲近,不与之亲近也就得不到利益了。没有什么太亲近的,没有什么太疏远的,保持着德性,炙热和气以顺和天下,这就叫真人。作为蚂蚁,要抛弃依附膻的智慧;作为羊,要抛弃以膻引蚁的意图,像鱼那样自适其适最为恰当。这里庄子把舜贬为一个辛辛苦苦却劳而无功的人,宣扬的是顺应自然和社会、绝对无所作为的人生哲学。

综上所述,可以看出,《庄子》一书没有增加一条有关舜的历史资料。在他那里,舜就是一个可供随意使用的文化符号,可以任意编排他的故事,安排他的角色,描绘他的风貌。出现在不同篇章里的舜,可以是思想行动完全相反的对立面。但由于舜是推进中国社会迈向文明的圣人,而对文明进步充满敌意的庄子,在骨子里对舜的思想和作为持激烈的批评态度。

在春秋战国时代,参与"百家争鸣"的诸子们都存在将舜符号化的倾向,而其中走得最远的就是庄子。

第九节 《韩非子》的记述与评论

韩非(? ~前233)①,战国时韩国贵族后裔,先秦法家的集大成者。他"为人口吃,不能道说,而善著书"(《史记·孟子韩非列传》)。他曾与李斯一起师事荀子,学问超过李斯。他目睹韩国政治腐败,改革不力,在强秦进攻面前一再割地受辱,忧心如焚,多次上书韩王,提出修明法度、任人唯贤、赏罚分明等富国强兵的建议,但不为韩王采纳。韩非忿激之余,写了《孤愤》《五蠹》《内外储》《说林》《说难》等10余万言,完成了封建法制思想的系统化工作。秦王嬴政读到这些文章后,为其深邃的思想拍案叫绝。为了得到韩非,他不惜发兵向韩国施压,硬是将韩非抢到自己身边。然而,韩非入秦后,却因受到秦王的赏识而遭李斯和姚贾妒忌。在他们的谗言攻势下,韩非死于非命。尽管如此,韩非的学说却成了秦王统一六国和建立专制主义中央集权行政体制的理论基础。

韩非的著作由后人编为《韩非子》,共55篇,其中除掺入数篇法家后学和纵横家的文章外,绝大部分都出自韩非之手。

---

① 韩非的生年众说纷纭,有前281年、前294年、前296年等多说。

韩非作为法家的集大成者，将商鞅的法、申不害的术与慎到的势冶于一炉，建立了完备的封建法制理论。他在著作中多次提到舜，虽然也有基本史实的叙述，但更多情况下是将舜作为一个文化符号使用的。涉及史实的部分，大体来自对《尚书・尧典》的引述，如：

历山之农者侵畔，舜往耕焉，期年甽亩正；河滨之渔者争坻，舜往渔焉，期年而让长；东夷之陶者器苦窳，舜往陶焉，期年而器牢。仲尼叹曰："耕渔与陶非舜官也，而舜往为之者，所以救败也。舜其信仁乎？乃躬耕处苦而民从之。故曰：圣人之德化乎！"①

当舜之时，有苗不服，禹将伐之，舜曰：不可。上德不厚而行武，非道也。乃修教三年，执干戚舞，有苗乃服。（《韩非子・五蠹》）

宓子贱治单父，有若见之曰："子何臞也？"宓子曰："君不知，贱不肖，使治单父，官事急，心忧之，故臞也。"有若曰："昔者舜鼓五弦，歌《南风》之诗而天下治。今以单父之细也，治之而忧，治天下将奈何乎？故有术而御之，身坐于庙堂之上，有处女子之色，无害于治；无术而御之，身虽瘁臞，犹未有益。"（《韩非子・外储说左上》）

在这些篇章中，舜的功绩、德行、治术都是被充分肯定的。

在不少篇章中，舜与其他五帝及禹、汤、文、武等是作为圣帝名王被颂扬的：

明主之道忠法，其法忠心，故临之而法，去之而思。尧无胶漆之约于当世，而道行；舜无置锥之地于后世，而德结。能立道于往古而垂德于万世者之谓明主。（《韩非子・安危》）

这里尧、舜一起被韩非颂扬为"立道于往古而垂德于万世"的明主。

尧欲传天下于舜，鲧谏曰："不祥哉！孰以天下而传之于匹夫乎？"尧不听，举兵而诛杀鲧于羽山之郊。共工又谏曰："孰以天下而传之于匹夫乎？"尧不听，举兵而流共工于幽州之都。于是天下莫敢言无传天下于舜。仲尼闻之曰："尧之知舜之贤，非其难者也。夫至乎诛谏者必传之舜，乃其难也。"一曰："不以其所疑，败其所察，则难也。"（《韩非子・外储说右上》）

这里赞扬了尧的知人之明和禅让帝位于舜的坚定态度以及舜之贤明睿智。

---

① （战国）韩非：《韩非子・难一》，影印文渊阁四库全书本。

圣人德若尧、舜，行若伯夷，而位不载于世，则功不立，名不遂。故古之能致功名者，众人助之以力，近者结之以成，远者誉之以名，尊者载之以势。如此，故太山之功长立于国家，而日月之明久著于天地。此尧之所以南面而守名，舜之所以北面而效功也。（《韩非子·功名》）

这里韩非虽然尊尧、舜为德行盖世的圣人，但将他们成功的原因更多归之于众人之助力和时势条件的铸造。

在有些篇章中，韩非将舜作为历史的一个发展阶段，彰显他历史进化论的正确：

奚谓耽于女乐？昔者，戎王使由余聘于秦，穆公问之曰："寡人尝闻道而未得目见之也，顾闻古之明主得国失国何常以？"由余对曰："臣尝得闻之矣，常以俭得之，以奢失之。"穆公曰："寡人不辱而问道于子，子以俭对寡人，何也？"由余对曰："臣闻昔者尧有天下，饭于土簋，饮于土铏。其地南至交趾，北至幽都，东西至日月之所出入者，莫不宾服。尧禅天下，虞舜受之。作为食器，斩山木而财之，削锯修之迹，流漆墨其上，输之于宫，以为食器，诸侯以为益侈，国之不服者十三。舜禅天下而传之于禹，禹作为祭器，墨染其外而朱画其内，缦帛为茵，蒋席颣缘，觞酌有采而樽俎有饰，此弥侈矣，而国之不服者三十三。夏后氏没，殷人受之，作为大路而建九旒，食器雕琢，觞酌刻镂，四壁垩墀，茵席雕文，此弥侈矣，而国之不服者五十三。"（《韩非子·十过》）

这里借由余与秦穆公的对话，说明国"以俭得之，以奢失之"的道理。由余说，从前尧治理天下的时候，吃饭用土碗，喝水用土罐。但是他的领土南面到交趾，北面到幽都，东、西两面分别到太阳和月亮升起、落下的地方，没有诸侯不归服他的。尧禅让天下，虞舜接受了以后，就制作食器，砍伐山上的木材，用刀、锯砍削锯割成器以后，还把那砍削锯割的痕迹修光，刷上漆和墨，然后送到宫中作为饮食的器皿。诸侯各国都以为他奢侈起来了，不服从的国家就有了十几个。舜禅让天下传给了禹，禹把这些食器作为祭祀用的器皿，用墨染黑它们的外面，里面用红色的朱砂描画，以没有花纹的织布做车垫子，用菰草来装饰边缘，觞、酌等酒杯酒勺上还画有彩色的花纹，而樽杯俎盘等酒具食器上也都有装饰。这就更加奢侈了，因此不服从的国家就有三十几个。夏王朝灭亡后，殷商人接受了天下以后，便制造了天子乘坐的高级大车，树起了有九条飘带的大旗，食用器皿都经过精雕细琢，觞杯酒盏也都经过镂刻墙壁地板也用白垩土刷白，车垫子也雕饰了花纹。这就更加奢侈了，因此不服从的国家达到五十多个。韩非讲的这个故事显然是出于杜撰，目的是说明国家兴由勤俭败由奢的道理。而这里的舜，就成了历史上帝王由俭入奢的开端。

上古之世，人民少而禽兽众，人民不胜禽兽虫蛇，有圣人作，构木为巢，以避群害，而民悦之，使王天下，号曰有巢氏。民食果蓏蜂蛤，腥臊恶臭而伤害腹胃，民多疾病，有圣人作，钻燧取火，以化腥臊，而民说之，使王天下，号之曰燧人氏。中古之世，天下大水，而鲧、禹决渎。近古之世，桀、纣暴乱，而汤、武征伐。今有构木钻燧于夏后氏之世者，必为鲧、禹笑矣。有决渎于殷周之世者，必为汤、武笑矣。然则今有美尧、舜、汤、武、禹之道于当今之世者，必为新圣笑矣。（《韩非子·五蠹》）

韩非这里集中论证他的历史进化论，目的是说明每一个时代都有需要解决的主要问题。尧、舜、汤、武、禹之道尽管在他们的时代是正确的，但拿到今日就不一定适用。所以，“圣人不期修古，不法常可。论世之事，因为之备”的随时代变化而不断变法就是不可疑义的真理。同时，韩非还隐约意识到，历史真实的唯一性和文献记载的多样性是矛盾的，所以真实的尧、舜与文献记载的尧、舜是有距离的：

孔子、墨子俱道尧、舜而取舍不同，皆自谓真尧、舜，尧、舜不复生，将谁使定儒、墨之诚乎？殷、周七百余岁，虞、夏二千余岁，而不能定儒、墨之真；今乃欲审尧、舜之道于三千岁之前，意者其不可必乎！无参验而必之者，愚也；弗能必而据之者，诬也。故明据先王，必定尧、舜者，非愚则诬也。愚诬之学，杂反之行，明主弗受也。（《韩非子·显学》）

这段话的意思是，孔子、墨子都称道尧、舜，但他们所采取和舍弃的主张却不相同，而他们又都说自己的主张是真正尧、舜的思想。尧、舜不可能复生，那将由谁来确定儒、墨哪一家的说法是真的呢？儒家推崇的殷商和周朝到现在七百多年了，墨家向往的虞、夏之际到现在两千多年了，尚且不能断定儒家宣扬的周道、墨家赞颂的夏道在当时的真相；如今要想弄清三千年前的尧、舜之道，恐怕是难以确定的吧？不用事实加以验证就对事物作出决断，是一种愚蠢的行为；不确定事物的真假就把它作为依据，是一种欺骗的行为。所以，那种宣扬并依据先王之道肯定尧、舜事迹的行为，不是愚蠢的就是骗人的。愚蠢骗人的学说，杂乱矛盾的行为，英明的君主是不会接受的。这里，发现矛盾律并不断运用矛盾律批判别人的韩非，自己也陷于矛盾之中。他一会儿推崇尧、舜是圣帝名王，一会儿贬斥他们非圣非贤，一会儿又断言禅让就是篡弑，最后又认定真实的尧、舜难以认识，走向了虚无主义。其实，由于历史运动的单向性和不可重复性，百分之百恢复历史的本来面目是不可能的，但无限接近地恢复历史的本来面目却是完全可能的，而这，正是历史学的任务之一。

在更多的篇章里，韩非对舜或褒或贬，其核心不离对法、术、势理论正确性的论证。

韩非认为，人的本性都是自私的，所以历史上的君王更替根本不可能有“禅让”这种形式。大概到战国时期，尧、舜、禹的依次禅让的传说已经广为流传，韩非却从“人性唯私”的理念出发，大作翻案文章：

> 古之所谓圣君明王者，非长幼弱也，及以次序也；以其构党与，聚巷族，逼上弑君而求其利也。彼曰：何知其然也？因曰：舜逼尧，禹逼舜，汤放桀，武王伐纣，此四王者，人臣弑其君者也，而天下誉之。察四王之情，贪得人之意也；度其行，暴乱之兵也。然四王自广措也，而天下称大焉；自显名也，而天下称明焉。则威足以临天下利足以盖世，天下从之。（《韩非子·说疑》）

在韩非眼里，所有圣君明王都是“逼上弑君而求其利”的唯利是图之辈，所谓尧、舜、禹的禅让的真相就是“舜逼尧，禹逼舜”的逼宫夺位，与“汤放桀，武王伐纣”没有丝毫区别，实质就是“人臣弑其君”的“暴乱之兵”。他们之所以被誉为“圣君明王”，一是因为他们的“自广措”“自显名”，即力度超常的自我宣传，二是“威足以临天下利足以盖世”的威势迫使“天下从之”。

为了论证法治优于人治，韩非在《难一》中讲了舜纠正“历山之农者侵畔”“河滨之渔者争坻”“东夷之陶者器苦窳”之后，激烈批判孔子对舜“圣人之德化”的赞誉：

> 或问儒者曰：“方此时也，尧安在？”其人曰：“尧为天子。然则仲尼之圣尧奈何？圣人明察在上位，将使天下无奸也。今耕渔不争，陶器不窳，舜又何德而化？舜之救败也，则是尧有失也。贤舜，则去尧之明察；圣尧，则去舜之德化；不可两得也。楚人有鬻盾与矛者，誉之曰：‘吾盾之坚莫能陷也。’又誉其矛曰：‘吾矛之利，于物无不陷也。’或曰：‘以子之矛陷子之盾，何如？’其人弗能应也。夫不可陷之盾与无不陷

之矛,不可同世而立。今尧、舜之不可两誉,矛盾之说也。且舜救败,期年已一过,三年已三过。舜有尽寿有尽,天下过无已者,以有尽逐无已,所止者寡矣。赏罚使天下必行之,令曰:'中程者赏,弗中程者诛。'令朝至暮变,暮至朝变,十日而海内毕矣,奚待期年?舜犹不以此说尧令从己,乃躬亲,不亦无术乎?且夫以身为苦而后化民者,尧、舜之所难也;处势而令下者,庸主之所易也。将治天下,释庸主之所易,道尧、舜之所难,未可与为政也。"

在韩非设计的这段儒者与法家的对话中,他运用矛盾律充分论证了在国家治理上"圣人之德化"不可恃,而只有厉行法制才是长治久安之计。他认为,尧为天子,"明察在上位",就应该"将使天下无奸",做到"耕渔不争,陶器不窳",这样又何须舜的德化?如果需要舜去"救败",就说明尧的行政有失。这样,"贤舜"和"圣尧"就"不可两得"了。在讲了"以子之矛陷子之盾"的故事之后,指出"尧、舜之不可两誉",进而指出,依靠舜的德化,需要一至三年才能"救败",而且舜的寿限是一定的,他去世之后怎么办?如果建立法制,有明确的赏罚规则,十日之内存在的问题就解决了,何必等一年?所以韩非最后的结论是,以法治理天下,是"庸主之所易",因而应该以法治取代所谓"圣人之德化"。这里,尧、舜厉行德治的"圣君明王"形象就被彻底颠覆了。

在《难三》中,他借批判孔子的"政在悦近而来远""政在选贤"和"政在节财",又以"舜一从而咸包"论证法家"有术以禁下"和厉行赏罚的重要性:

叶公子高问政于仲尼,仲尼曰:"政在悦近而来远。"哀公问政于仲尼,仲尼曰:"政在选贤。"齐景公问政于仲尼,仲尼曰:"政在节财。"三公出,子贡问曰:"三公问夫子政一也。夫子对之不同,何也?"仲尼曰:"叶都大而国小,民有背心,故曰政在悦近而来远。鲁哀公有大臣三人,外障距诸侯四邻之士,内比周而以其君,使宗庙不扫除,社稷不血食者,必是三臣也,故曰政在选贤。齐景公筑雍门为路寝,一朝而以三百乘之家赐者三,故曰政在节财。"或曰:仲尼之对,亡国之言也。恐民有倍心,而诚说之'悦近而来远',则是教民怀惠。惠之为政,无功者受赏,而有罪者免。此法之所以败也。法败而政乱,以乱政治败民,未见其可也。且民有倍心者,君上之明有所不及也。不绍叶公之明,而使之悦近而来远,是舍吾势之所能禁而使与天下行惠以争民,非能恃势者也。夫尧之贤六王之冠也，舜一从而咸包，而尧无天下矣。有人无术以禁下，恃为舜而不失其民，不亦无术乎？明君见小奸于微，故民无大谋；行小诛于细故，民无大乱。此谓"图难者于其所易也，为大者于其所细也"，今有功者必赏，赏者不德君，力之所致也；有罪者必诛，诛者不怨上，罪之所生也。民知诛罚之皆起于身也，故疾功利于业，而不受赐于君。太上下智有之，此言太上之下民无说也，安取怀惠之民？上君之民无利害，说"以悦近来远"，亦可舍已。

在这段论证势与术足可恃而惠民、节财、选贤靠不住的文字中，韩非将舜安排为一个得到尧的信任却夺取尧的天下的篡政者的角色。在他看来，尽管"尧之贤六王之冠"，可是由于"无术以禁下，恃为舜而不失其民"的错失，他只能眼睁睁地看着舜从他手里取得天下而束手无策。

在《外储说右下》篇中，他又借百姓为秦襄王祷一事，说明"势"的重要：

秦襄王病，百姓为之祷。病愈，杀牛塞祷。郎中阎遏、公孙衍出见之，曰："非社腊之时也，奚自杀牛而祠社？"怪而问之。百姓曰："人主病，为之祷，今病愈，杀牛塞祷。"阎遏、公孙衍说，见王，拜贺曰："过尧、舜矣。"王惊曰："何谓也？"对曰："尧、舜，其民未至为之祷也。今王病而民以牛祷，病愈，杀牛塞祷，故臣窃以王为过尧、舜也。"王因使人问之，何里为之，訾其里正与伍老屯二甲。阎遏、公孙衍媿不敢言。居数月，王饮酒酣乐，阎遏、公孙衍谓王曰："前时臣窃以王为过尧、舜，非直敢谀也。尧、舜病，且其民未至为之祷也；今王病，而民以牛祷，病愈，杀牛塞祷。今乃訾其里正与伍老屯二甲，臣窃怪之。"王曰："子何故不知于此？彼民之所以为我用者，非以吾爱之为我用者也，以吾势之为我用者也。吾释势与民相收，若是，吾适不爱，而民因不为我用也，故遂绝爱道也。"

这个故事说，秦襄王病了，百姓都为他祈祷。不久病好了，百姓又杀牛祭祀社神，兑现祈祷时的承诺。郎中阎遏、公孙衍见了，就问百姓："现在不是社稷祭日和腊月祭日，你们为什么杀牛祭社？"百姓回答："人主病了，我们为他祈祷。现在病好了，我们杀牛祭社，是兑现祈祷时的承诺。"两人听了很高兴，见到秦襄王，就向他拜贺说："您的德行超过尧、舜了！"襄王大惊："这是从何说起？"两人回答："尧、舜在世时，百姓并没有为他的健康祈祷。今日大王生病，百姓就许诺以牛为王祈祷，您病好了，百姓真的杀牛还愿，所以臣以为王的德行超过尧、舜了！"襄王于是使人调查那个里的百姓办的这个事，处罚该里里正与伍屯老二甲。阎遏、公孙衍很惭愧没有站出来为里正与伍老讲情。数月之后，在一次宴会上，襄王饮酒，显得十分快乐。阎遏、公孙衍乘机问王："前些日子臣称颂王的德行超过尧、舜，并不是故意拍马屁。尧、舜病，他的百姓也没有为之祈祷。今王病，百姓许以杀牛祈祷，您病愈后，百姓真的杀牛祭社。但您却为此事处罚该里里正与伍屯老二甲，臣实在感到奇怪不解。"王回答说："先生怎么好不明白？百姓们之所以为我所用，不是因为爱我，而是因为畏惧我的权势。如果我失去权势而示爱百姓，他们也不会为我所用。所以我决心弃绝'爱道'。"这里韩非通过秦襄王再次宣扬，君王和百姓间根本无爱可言，百姓对君王貌似爱的表现只能是面对威势的一种自我保护的策略。在这个故事里，尧、舜只是韩非利用的一个文化符号，已经失去其原本的历史内容。

在《难势》篇中，韩非虽然承认尧、舜是特定时代的贤明君王，但却认为治理国家不能寄托于贤明君王的出现，而只能靠稳定的法、术、势的运用。因为贤明君王不会一代接一代地出现，而国和社会的治理却一刻也不能停：

> 夫良马固车，使臧获御之则为人笑，王良御之而日取千里。车马非异也，或至乎千里，或为人笑，则巧拙相去远矣。今以国位为车，以势为马，以号令为辔，以刑罚为鞭，使尧、舜御之，则天下治，使桀、纣御之，则天下乱，则贤、不肖相去远矣。夫欲追速致远，不知任王良；欲进利除害，不知任贤能，此则不知类之患也。夫尧、舜亦治民之王良也。复应之曰：其人以势为足恃以治官。客曰：必待贤乃治，则不然矣。夫势者，名一而变无数者也。势必于自然，则无为言于势矣。吾所为言势者，言人之所设也。今曰尧舜得势而治，桀得势而乱，吾非以尧、舜为不然也。虽然，非一人之所得设也。夫尧、舜生而在上位，虽有十桀、纣不能乱者，则势治也。桀、纣亦生而在上位，虽有十个尧、舜而亦不能治者，则势乱也。故曰：势治者则不可乱，而势乱者则不可治也。此自然之势也，非人之所得设也。若吾所言谓人之所得势也而已矣，贤何事焉？何以明其然也？客曰：人有鬻矛与盾者，誉其盾之坚，"物莫能陷也"，俄而又誉其矛曰"吾矛之利，物无不陷也"，人应之曰"以子之矛陷子之盾何如"？其人弗能应也。以为不可陷之盾与无不陷之矛，为名不可两立也。夫贤之为势不可禁，而势之为道也无不禁，以不可禁之势，与无不禁之道，此矛盾之说也。夫贤势之不相容亦明矣。

且夫尧、舜、桀、纣千世而一出，是比肩随踵而生也。世之治者不绝于中，吾所以为言势者，中也。中者，上不及尧、舜而下亦不为桀、纣。抱法处势则治，背法去势则乱。今废势背法而待尧、舜，尧、舜至乃治，是千世乱而一治也。抱法处势而待桀、纣，桀、纣至乃乱，是千世治而一乱也。且夫治千而乱一与治一而乱千也，是犹乘骥、駬而分驰也，相去亦远矣。夫弃隐括之法，去度量之数，使奚仲为车，不能成一轮。无庆赏之劝，刑罚之威，释势委法，尧、舜户说而人辨之，不能治三家。夫势之足用亦明矣，而曰必待贤，则亦不然矣。且夫百日不食以待粱肉，饿者不活；今待尧、舜之贤乃治当世之民，是犹待粱肉而救饿之说也。夫曰良马固车，臧获御之则为人笑，王良御之则日取乎千里，吾不以为然。夫待越人之善海游者以救中国之溺人，越人善游矣，而溺者不济矣。夫待古之王良以驭今之马，亦犹越人救溺之说也，不可亦明矣。夫良马固车，五十里而一置，使中手御之，追速致远，可以及也，而千里可日致也，何必待古之王良乎？且御，非使王良也，则必使臧获败之；治，非使尧、舜也，则必使桀、纣乱之。此味非饴蜜也，必苦菜、亭历也。此则积辩累辞，离理失术，两未之议也，奚可以难夫道理之言乎哉？客议未及此论也。

这则颇长的故事说，有人认为，一辆良马匹配的坚固的车子，使拙劣的驭手臧获驾驭就使人讪笑，使优秀的驭手王良驾驭则日行千里。车马没变，或日行千里，或为人讪笑，这就是巧拙的巨大差距。今日将国比喻为车，将势比喻为马，将号令比喻为辔，将刑罚比喻为鞭策，使尧、舜驾驭就天下大治，使桀、纣驾驭就天下大乱。这说明贤与不肖的巨大差距。人们想迅速赶到远方，却不知道任用王良；想进利除害，却不知道任用贤能，这就是不知类的弊端了。尧、舜就是治理百姓的王良呀。又有人反驳说，这个人认为权势可以依靠来治国。而有的论客却说一定要等待有了贤能的人才能把国家治理好，这就不对了。“权势”这个东西，名称虽然只有一个，但它的变化却是无数的。如果认为权势一定属于客观自然的，那就不必讨论了。我所要讨论的权势是人为设定的权势。尧、舜生来处于上位，虽有十个桀、纣所以不能生乱，是因为时代处于“势治”的条件下；桀、纣生来处于上位，虽有十个尧、舜也不能治理好的原因，是因为时代处于“势乱”的条件下。所以说“势治”的时候不可能乱，“势乱”的时候不可能治，但这种势是客观存在的自然之势，不是人随意所能设定的。我所说的势，是指人们能够建立起来的威势，贤人在这里有什么用呢？怎么来说明其中的原因呢？论客说过，有一个卖矛和盾的人，称赞他盾的坚固说“没有什么东西能刺穿它”，又称赞他矛的锋利说“没有什么东西刺不穿”。有人责难他说“用先生的矛刺先生的盾，又怎么样呢？”那人就不能回答了。论客认为不可能被刺穿的盾与没有什么东西不能刺穿的矛在逻辑概念上是不可以同时并存的。贤人是势不可以禁止的，而威势作为一种治国的手段，是没有什么东西不能禁止的；论客将不可以禁止的贤人与有什么不能禁止的威势相提并论，这实在是上述那种关于矛和盾的说法呀。所以贤能与权势的不相容也就很清楚了。况且尧、舜、桀、纣这样的人一千世才出一个，就已经算是肩膀挨着肩膀、脚跟接着脚跟似的密集降生了。而世上的统治者是接连不断地产生于中等人才之中。我之所以要讨论权势问题，就是为了这些资质中等的君主。这些资质中等的君主，与上等的相比还不及尧、舜，与下等的相比也不是桀、纣那样的人。他们如果坚守法度、掌握了权势，就可以把国家治理好，如果违背了法度，丢掉了权势，就会使国家陷于混乱。现在如果抛弃了权势，违背了法度而去等待尧、舜，等待尧、舜来了才能使天下太平，这就是要在一千年的混乱以后才有一世太平。现在如果坚守法度、掌握了权势而去等待桀、纣，到桀、纣来了才能使天下混乱。这太平了一千年才混乱一世和太平了一世而混乱一千年，就像是骑了千里马而背道而驰一样，相差得也实在太远了。如果抛弃了矫正木材的办法，丢掉了测量技术，就是让善于造车的奚仲来制造车子，也做不成一个轮子。如果没有表扬奖赏的勉励、用刑处罚的威慑，抛开了权势，放弃了法治，让尧、舜挨家挨户地去劝说，逐个逐个地去给人们辨析事理，那就连三家人也管不好。所以权势的值得利用也就很明白了。论客认为一定要等待贤人来治理国家，那当然也就不对了。再譬如说，如果一个人一百天不吃东西而去等上等的好米鲜肉，那么这个人也就活不成了；现在如果要等尧、舜那样的贤人来了才能治理今天的民众，这不就如同等待一百天后的上等饭菜来解救饥饿吗！韩非这里将国家和社会的有效治理建立在稳定的法治基础上的思想无疑具有积极意义，但他绝对排斥贤人政治的理念显然是有偏颇的。贤人辈出自然不可能，但选贤的理念和机制却不可或缺。因为选贤与法治并不矛盾而是相得益彰。

韩非有时将尧、舜作为名主赞颂，是因为他们能够“明法”：

圣主明君则不然，内举不避亲，外举不避仇。是在焉，从而举之；

非在焉，从而罚之。是以贤良遂进，而奸邪并退，故一举而能服诸侯。其在记曰：尧有丹朱，而舜有商均，启有五观，商有太甲，武王有管、蔡，五王之所诛者，皆父子兄弟之亲也，而所杀亡其身残破其家者何也？以其害国伤民败法圮类也。观其所举，或在山林薮泽岩穴之间，或在囹圄缧绁缠索之中，或在割烹刍牧饭牛之事。然而明主不羞其卑贱也，以其能，为可以明法，便国利民，从而举之，身安名尊。（《韩非子·显学》）

韩非更多的时候是将尧、舜之道作为法治的对立面批判，是因为在他看来尧、舜的行为违背了法治的准则：

天下皆以孝悌忠顺之道为是也，而莫知察孝悌忠顺之道而审行之，是以天下乱；皆以尧、舜之道为是而法之，是以有弑君，有曲父。尧、舜、汤、武，或反君臣之义，乱后世之教者也。尧为人君而君其臣，舜为人臣而臣其君，汤、武人臣而弑其主，刑其尸，而天下誉之，此天下所以至今不治者也。夫所谓明君者，能畜其臣者也；所谓贤臣者，能明法辟、治官职以戴其君者也。今尧自以为明而不能以畜舜，舜自以为贤而不能以戴尧，汤、武自以为义而弑其君长，此明君且常与而贤臣且常取也。故至今为人子者有取其父之家，为人臣者有取其君之国者矣。父而让子，君而让臣，此非所以定位一教之道也。臣之所闻，曰：臣事君，子事父，妻事夫，三者顺则天下治，三者逆则天下乱，此天下之常道也，明王贤臣而弗易也。则人主虽不肖，臣不敢侵也。今夫上贤任智无常，逆道也；而天下常以为治，是故田氏夺吕氏于齐，戴氏夺子氏于宋。此皆贤且智也，岂愚且不肖乎？是废常上贤则乱，舍法任智则危。故曰：上法而不上贤。记曰：舜见瞽瞍，其容造焉。孔子曰：当是时也危哉！天下岌岌，有道者，父固不得而子，君固不得而臣也。臣曰：孔子本未知孝悌忠顺之道也。然则有道者，进不为臣主，退不为父子耶？父之所以欲有贤子者，家贫则富之，父苦则乐之；君之所以欲有贤臣者，国乱则治之，主卑则尊之。今有贤子而不为父，则父之处家也苦；有贤臣而不为君，则君之处位也危。然则父有贤子，君有贤臣，适足以为害耳，岂得利焉哉！所谓忠臣不危其君，孝子不非其亲。今舜以贤取君之国，而汤、武以义放弑其君，此皆以贤而危主者也，而天下贤之。古之烈士，进不臣君，退不为家，是进则非其君，退则非其亲者也。且夫进不臣君，退不为家，乱世绝嗣之道也。是故贤尧、舜、汤、武而是烈士，天下之乱术也。瞽瞍为舜父，而舜放之，象为舜弟，而舜杀之。放父杀弟，不可谓仁；妻帝二女而取天下，不可谓义。仁义无有，不可谓明。《诗》云：普天之下，莫非王土，率土之滨，莫非王臣。信若《诗》之言也，是舜出则臣其君，入则臣其父，妾其母，妻其主女也。故烈士，内不为家，乱世绝嗣；而外矫于君，朽骨烂肉，施于土地，流于川谷，不避蹈水火，使天下从而效之，是天下遍死而愿夭也，此皆释世而不治是也。世之所为烈士者，虽众独行，取异于人，为恬淡之学而理恍惚之言。臣以为，恬淡无用之教也；恍惚无法之言也。言出于无法，教出于无用者，天下谓之察。臣以为人生必事君养亲，事君养亲不可以恬淡；必以言论忠信法术，言论忠信法术不可以恍惚。恍惚之言，恬淡之学，天下之惑术也。孝子之事父也，非竞取父之家也；忠臣之事君也，非竞取君之国也。夫为人子，而常誉他人之亲曰："某子之亲，夜寝早起，强力生财以养子孙臣妾。"是诽谤其亲者也；为人臣常誉先王之德厚而愿之，是诽谤其君者也。非其亲者知谓其不孝，而非其君者天下贤之，此所以乱也。故人臣毋称尧、舜之贤，毋誉汤、武之伐，毋言烈士之高，尽力守法专心于事主者为忠臣。古者黔首悗密蠢愚，故可以虚名取也。今民儇诇智慧，欲自用，不听上，上必且劝之以赏，然后可进。又且畏之以罚，然后不敢退。而世皆曰许由让天下，赏不足以劝；盗跖犯刑赴难，罚不足以禁。臣曰：未有天下而无以天下为者，许由是也；已有天下而无以天下为者，尧、舜是也；毁廉求财，犯刑趋利，忘身之死者，盗跖是也。此三者，殆物也。治国用民之道也，不以此三者为量。治也者，治常者也；道也者，道常者也。殆物妙言，治之害也。天下太平之士，不可以赏劝也；天下太平之士，不可以为刑禁也。然为太上，士不设赏；为太下，士不设刑，则治国用民之道失矣。（《韩非子·忠孝》）

这一长段的意思是，天下的人都认为孝顺父母、敬爱兄长、忠于君主、服从丈夫的道德准则是正确的，但却没有人去进一步对孝悌忠顺之道加以认真考察，然后再去慎重实行，因此天下就混乱了。天下的人都认为尧、舜之道正确而加以效法，因此才发生了杀死君主、背叛父亲的事情。尧、舜、汤、武或许正是违反君臣之间的道德准则、扰乱后世教令的罪魁祸首。尧本来是君主，却把自己的臣子舜尊奉为君主；舜本来是臣子，却把自己的君主尧贬为臣子；商汤、周武王作为臣子却杀死了自己的君主，还宰割了他们的尸体。对此，天下的人却都加以称赞，这就是天下直到现在都不能得到治理的原因所在。所谓英明的君主,应该是能够控制自己臣子的人;所谓贤能的臣子,应该是能够彰明法律、忠实地履行自己的职守来拥戴君主的人。现在的情形则是,尧自以为明智,却不能对舜加以控制;舜自以为贤能,却不能对尧忠心拥戴;商汤、周武王自以为有道义,却杀了自己的君主。这就是自称为明君的却常常失位,而自称为贤臣的却常常夺取权力的情形。所以直到现在还有做儿子的夺取父亲的家业、做臣子的夺取君主权力的事情发生。照此看来,父亲把家业传给儿子,君主把政权传给臣下,绝不是什么确定名位、统一教令的正确途径。我听说,臣子侍奉君主,儿子侍奉父亲,妻子侍奉丈夫。这三种秩序理顺以后,天下就年年得到治理;如果违背了这三种秩序,天下就会混乱。这是治理天下的永恒法则,就是英明的君主、贤能的臣子也不能加以改变的。如果遵循了这种法则,那么即使君主不够贤明,臣子也不敢侵犯。现在尊尚贤人、任用智者而不遵循这种永恒的政治法则,实在是悖逆之道,而天下的君主却常常将此作为治国的方法。正因为如此,在齐国田氏得以夺取了吕氏的政权,在宋国戴氏得以夺取了子氏的政权。这些人都是有才能又有智慧的人,哪里是既愚蠢又不贤的人呢?由此看来,废弃这种永恒的法则,国家就会发生混乱;舍弃了法制而任用智者,君主就会有危险。所以说,要尊尚法制而不能尊尚贤人。古代的民众勤勉努力而又蠢笨愚昧,因此能够用虚幻的空洞名词来欺骗他们。现在的民众机敏奸猾而又聪慧伶俐,总想自己有所作为,不肯听从君主的命令。所以君主一定要以奖赏的办法劝勉他们,促使他们进取;同时又要用刑罚来威慑他们,使他们不敢后退。但世上的人却都说:"许由毫不可惜地推掉统治天下的权力,可见奖赏不足以鼓励人;盗跖不避危难触犯法律,可见刑罚不足以制约日。"我认为,没有掌握天下的统治权而又不为天下的统治权去做事的,是许由这号人;已经掌握天下的统治权而又不为天下的统治权去做事的,是尧、舜这号人;败坏纯洁的道德准则去谋取财富,触犯刑律去追求私利且不顾个人死活的,是盗跖这号人。这些都是极端危险的行为。治理国家、统治人民的方式是不能把这些极端行为作为标准的。所谓统治措施,针对一般情况而言,所谓治理方式是根据通常情况而言。危险极端的行为和玄妙莫测的言论,都是治理国家和社会的大害。天下那些极端廉直的人士,是难以用奖赏劝勉的;天下那些极端凶恶的人,是不能用刑罚禁止的。然而,如果因为有了极端廉直的人存在就不设立奖赏,因为有了极端凶恶的人存在就不设立刑罚,那也就把治理国家和使用民众的方法丢掉了。

总起来看,《韩非子》中也基本没有增加有关舜的新的历史资料。由于韩非同商鞅、庄子一样将舜作为文化符号使用,所以出现在《韩非子》中的舜的形象就是矛盾的,有时是德行卓异、功绩巍然的圣帝名王,有时又是扰乱国家和社会秩序的罪魁祸首。但所有这一切都围绕着一个中心,即论证他的法、术、势相结合的法家理论是治理国家和社会的唯一正确的学说。

第十节 《荀子》的记述与评论

战国时期,较孟子稍后而与之齐名的另一位儒学大师是荀子,他是孙氏之儒的创始人。荀子(约前316～前235),名况,字卿,又名孙卿,赵国人。他博学多才,少年时期即有名于时。15岁左右,游学于齐国,入稷下学宫。当时正是齐威王当政时期,稷下学宫云集着来自各国的著名学者,轮番讲学,互相辩诘,创造了浓厚的"百家争鸣"的气氛。荀子在这里广采博取,奠定了坚实的基础。大约在公元前279年,荀子离开齐国到楚国。此时,乐毅率燕、赵等五国之师攻齐,连下70余城,稷下学宫的文人学者风流云散。前279年,齐国即墨守将田单大举反击,收复临淄。齐襄王即位,重整稷下学宫,荀子于此时又回到齐国。由于老辈学者都已死去,荀子在稷下学宫"最为老师","齐尚修列大夫之缺,而荀卿三为祭酒焉"(《史记·孟子荀卿列传》)。荀子在齐国生活了十多年,大约在齐襄王死后的前264年,他离开齐国,应邀到秦国考察。他在对秦国的政治、军事、民俗和自然形势等多方面进行了详细考察后,认为经过商鞅变法的秦国蒸蒸日上,已经具备了统一中国的条件。他建议秦昭王重用儒者,"力求止,义求行",用"王道"统一中国。这一主张与秦国推行的霸道的国策相抵触,因而受到冷落。荀子见在秦国无事可为,又返回齐国。此时,齐国最后一个国君田建在位,母后专权,朝政日非。荀子劝说齐相"求贤",刷新国政。因遭谗言,于前255年离齐赴楚,被春申君任为兰陵(今属山东)令。其后,因有人进谗,一度离楚赴赵国,与楚将临武君一起在赵孝成王前议兵。后经春申君敦请,又返回楚国,继续做兰陵令。前238年,春申君死于楚国内乱,荀子也废居兰陵。大约此后不久,这位80多岁的老人就寿终正寝,永远留在兰陵的土地上了。

荀子生活于战国时代的晚期,又长期在当时的学术文化中心的稷下学宫学习和讲学,熟悉各家学说,有着丰厚的学识积累,这就使他有条件对诸子百家学说加以批判地继承,成为一个百科全书式的学者,一个集诸子百家之大成的思想家。郭沫若曾这样评论荀子:"荀子是先秦诸子的最后一位大师,他不仅集了儒家的大成,而且可以说集了百家的大成。……他是把百家的学说差不多都融会贯通了。先秦诸子几乎没有一家没有经过他的批判。……这些固然表示他对于百家都采取了超越的态度,而在他的学说思想里面,我们明显地可以看得出百家的影响。或者是正面地接受与发展,或者是反面的攻击与对立,或者是综合地统一与衍变。"①荀子写了《非十二子》一文,对它嚣、魏牟、陈仲、史鳍、墨翟、宋钘、慎到、田骈、惠施、邓析、子思、孟轲等进行了批判。他以孔子的嫡传自居,以弘扬儒家学说为己任。实际上对孔子的思想也进行了改造,抛弃其"天命论",将"礼"与法衔接起来,把孔子学说改造成适应新兴地主阶级需要的意识形态。所以,"戊戌六君子"之一的谭嗣同在《仁学》中在批判中国两千多年封建社会历史时说:"两千年之政,秦政也;两千年之学,荀学也。"

荀子与孔子、孟子一样,将尧、舜推尊为圣帝名王的楷模。在《成相》篇中,他基本上重复了《尚书·尧典》等文献的资料,承认并赞扬了尧、舜禅让以及尧、舜、禹、后稷、契、夔等的历史功绩:

> 请成相,道圣王,尧、舜尚贤身辞让,许由、善卷重义轻利行显明。尧让贤,以为民,氾利兼爱德施均。辨治上下,贵贱有等,明君臣。尧授能,舜遇时,尚贤推德天下治。虽有贤圣适不遇,世孰知之。尧不德,舜不辞,妻以二女任以事,大人哉舜,南面而立万物备。舜授禹以天下,尚得推贤不失序。外不避仇,内不阿亲,贤者予。禹劳心力,尧有德,干戈不用三苗服。举舜甽亩,任之天下,身休息。得后稷,五谷殖;夔为乐正,鸟兽服;契为司徒,民知孝弟,尊有德。禹有功,抑下鸿,辟除民害逐共工。北决九河,通十二渚,疏三江。②

《成相》篇是荀子编写的歌词,是用韵文的形式宣扬儒家的政治、社会和道德观念。这一段的意思是:请让我唱一支相歌,说说圣明的帝王。尧、舜崇尚贤德人,亲把帝位来相让。许由、善卷志高尚,看重道义轻财利,德行灼灼放光明。尧让帝位给贤人,全是为了老百姓,恩德布

① 《郭沫若全集·历史编》第2卷,人民出版社1982年版,第213页。
② (战国)荀况:《荀子·成相》,影印文渊阁四库全书本。

施民均沾。上上下下都治理，贵贱有别等级分，君臣职责都分明。尧把帝位传给贤能之人，虞舜恰遇大好时机，他推崇重用贤德之人，天下终于获太平。如果圣贤不遇好时机，世上谁知他贤能？尧让贤退位，舜没推辞就做了国君，尧又把两个女儿嫁给他，还托付他治理天下的重任。伟大的人是虞舜啊！南面称王，万物齐备。舜把帝位传给禹，将治理天下的大权交给他。大禹推崇有德之人，任用贤人不失次序，外举不避仇人，内举不私亲友，官位都授予了贤能之人。大禹极尽智慧，唐尧遍施德惠，没有动用武力三苗就诚心归服。尧举虞舜于田间，授予治理天下重任，自己离位去休息。舜用后稷管农务，五谷丰登好收成。舜用夔来做乐正奏乐曲，鸟兽起舞都驯服。舜用契来做司徒，教导百姓知孝弟，人人尊敬有德人。大禹治水立大功，导流洪水消灾情，为民除害，驱逐共工。疏通南北江河洲渚，尽使百姓脱险境。

显然，在《成相》篇中，荀子尽管对虞舜的史迹没有增加任何新资料，但通过他将佶屈聱牙的《尚书》有关文献变成通俗易懂的歌词，无疑对尧、舜真实历史知识的传播和普及起了重要作用。

在《尧问》中，荀子借舜回答尧提出的问题，讲述舜信奉和恪守的政治哲学，即“执一无失，行微无怠，忠信无倦”：

尧问于舜曰：“我欲致天下，为之奈何？”对曰：“执一无失，行微无怠，忠信无倦，而天下自来。执一如天地，行微如日月，忠诚盛于内贲于外，形于四海，天下其在一隅耶？夫有何足致也！”

这里讲的是，尧问舜：“我想招聚天下万民，让他们都来归顺我，应该怎么办呢？”舜回答说：“处理政事要专心致意而没有失误，处理隐秘不为人知的事情也不懈怠，对人忠诚守信而始终如一，这样的话，天下的百姓自然就会来归顺了。处理政事专心致意像天地一样持之以恒，处理隐秘不为人知的事就像日月一样运行不息，忠诚守信充满了内心，又表现在外面，显露于整个天下，那么天下人已经像是在一个居室里面了，招聚万民又哪里用得着费什么力气呢？”这段舜的答词尽管找不到此前的文献根据，但基本上符合舜的思想和执政理念。

然而，在中国历史上，荀子又是明确否认尧、舜禅让说的第一人。在《荀子·正论》中，他说：

世俗之为说者，曰：“尧、舜擅让。”是不然。天子者，势位至尊，无敌于天下，夫有谁与让矣？道德纯备，智慧甚明，南面而听天下，生民之属莫不振动从服以化顺之。天下无隐士，无遗善。同焉者是也，异焉者非也。夫有恶擅天下矣！曰："死而擅之。"是又不然。圣王在上，图德而定次，量能而授官，皆民载其事而各得其宜；不能以义制利，不能以伪饰性，兼以为民。圣王以没，天下无圣，则固莫足以擅天下矣。天下有圣而在后者，则天下不离，朝不易位，国不更制，天下厌然与乡无以异也；以尧继尧，夫又何变之有矣？圣不在后子而在三公，则天下如归，犹复而振之也，天下厌然与乡无以异也；以尧继尧，夫又何变之有矣？唯其徙朝改制为难。故天子生，则天下一隆，致顺而治，论德而定次；死则能任天下者必有之矣。夫礼义之分尽矣，擅让恶用矣哉？曰："老衰而擅。"是又不然。血气筋力则有衰，若夫智虑取舍则无衰。曰："老者不堪其劳而休也。"是又畏事者之议也。天子者，势至重而形至佚，心至愉而志无所诎，形不为劳，尊无上矣。衣被，则服五采，杂间色，重文绣，加使之以珠玉。食饮则重太牢而备珍怪，期臭味，曼而馈，代睪而食，《雍》而彻乎五祀，执荐者百人侍西房。居则设张容，负依而坐，诸侯趋走乎堂下。出户而巫觋有事，出门而宗祝有事，乘大路越席以养安，侧载睪芷以养鼻，前有错衡以养目，和鸾之声步中《武》《象》、驺中《韶》《护》以养耳，三公奉轭持纳，诸侯持轮、挟舆、先马，大侯编后，大夫次之，小侯、元士次之，庶人隐窜莫敢望视。居如大神，动如天帝，持老养衰，犹有善与是者与不？老者休也，休犹有安乐恬愉如是乎？故曰诸侯有老，天子无老；有擅国，无擅天下。古今一也。夫曰"尧、舜擅让"，是虚言也。是浅者之传，陋者之说也。不知逆顺之理，小大、至不至之变者也，未可与及天下之大理者也。世俗之为说者曰："尧、舜不能教化。"是何也？曰："朱、象不化。"是不然也。尧、舜，至天下之善教化者也，南面而听天下，生民之属莫不振动从服以化顺之。然而朱、象独不化，是非尧、舜之过，朱、象之罪矣。尧、舜者，天下之英也；朱、象者，天下之嵬，一时之琐也。今世俗之为说者，不怪朱、象而非尧、舜，岂不过甚矣哉？夫是之谓嵬说。羿、蜂门者，天下之善射者也，不能以拨弓曲矢中；王梁、造父者，天下之善驭者也，不能以辟马毁舆致远；尧、舜者，天下之善教化者也，不能使嵬琐化。何世而无嵬？何时而无琐？自太皞、燧人莫不有也。故作者不祥，学者受其殃，非者有庆。《诗》曰："下民之孽，匪降自天，噂沓背憎，职竞由人。"此之谓也。

这是荀子对当时流行在思想学术界的各种观点的批驳。他先批尧、舜禅让说。他认为,天子的权势和地位都是至高无上的,普天下无与伦比,他能和谁推让呢?尧、舜道德美好完备,智慧超常高明,面南而坐治理天下,天下所有的百姓,人人都惊恐颤动听从归服以至于被感化而依顺他们,天下没有被埋没的人才,没有被遗忘的好人好事。和尧、舜保持一致才是正确的,和他们不同的言行就是错误的,他们又为什么要把天下让给别人呢?荀子接着批判尧、舜去世后禅让说。他认为这种观点也说不通,理由是:圣明的帝王处在君位上,根据人们的德行的高低来确定等级,衡量人们能力的大小来授予官职,使人们各自都能担负起自己的职事,各司其职,各得其所。那些不能用道义来制约私利,不能通过人为的努力来改造本性的,就统统让他们当老百姓。圣明的帝王去世以后,天下就已经没有了圣人,当然也就没有值得把天子之位让给他的人。天下如果有圣人,而又是圣明帝王的后代,那么天下人就不会离心离德,朝廷上各人的官位就不会改变,国家的制度也不会改变,天下的人都顺顺服服地与过去没有什么不同。这是用尧一样的圣王来继承尧的权位,怎么会有什么改变呢?如果继起的圣人不是圣明帝王的后代子孙,而是太师、太傅、太保一类的辅佐大臣,那么天下人随从归服他就像流水归入大海,天下又重新振兴了,人人都顺顺服服地与过去没有什么不同。这是用尧一样的圣王来继承尧的权位,怎么会有什么改变呢?只有改朝换代、变更制度才是困难的事情。所以,圣明的天子活着,天下人就专一地尊崇他,极其顺从而有秩序,人们按照德行的高低来确定各自的等级位次;圣明的天子去世以后,能够担负起治理天下重任的继承人一定会有的,礼义的名分等级全部落实了,哪里还用得着禅让呢?再后,荀子批判年老体衰禅让说。他认为,人的血脉气色筋骨体力倒是有衰退的,至于那智慧、思考能力、判断抉择能力却是不会衰退的。有人说年老的人因为不能忍受劳累而需退下来休息,这只能是怕做事的人的说法。天子,其权势极大而身体又极其安逸轻松,心情十分愉快而志向不受委屈,而且身体不会因为当了天子而劳累,可他们的尊贵则是至高无上的。特别是天子的衣、食、住、行都是当时社会上最顶尖的享受。如此,天子坐着像大神一样尊严,行动像天帝一样自如,扶持老年的生活,保养衰退的身体,还有比这更好的吗?老年人要休息,那休息还有比天子更安定快乐、宁静愉悦的吗?所以说,诸侯有告老退休的,天子没有告老退休的;有诸侯传让国家的,没有天子禅让天下的。这在古今都是一样的。因此,应该说,所谓尧、舜禅让，这是不符合事实的假话，是知识浅薄者的传闻，是孤陋寡闻者的说法。他们不懂得对与不对的道理，不懂得国家与天下、至高无上与不至高无上之间的不同，这些人是无法与他们谈论天下的大道理的。以上荀子对尧、舜禅让说极力否定的理由，一是身居至高无上君位的人不可能随意让出这个有着无尽享受和荣光的、人人觊觎的位子，二是他们死后也不存在禅让之事，三是他们年老力衰但智慧和能力不减亦无须禅让。这里的荀子完全是站在战国当时君王的立场上审视尧、舜禅让的历史。自从"禹传子，家天下"的传统确立以后，经过夏、商、周三代一千五六百年的历史积淀，王权无限、王位世袭，天子、诸侯尊位的嫡长子继承制已经深入人心，被视为不可异议的规制。特别是天子的尊位以及附着于它的无尽荣华富贵，是在世的君王绝不可能随意放弃的。荀子以今证古，以今推古，于是得出尧、舜禅让绝对不存在的结论。这说明荀子还意识不到历史是由低级向高级的发展变化，无法理解今日行不通的制度可能在历史上真实存在过。不过，荀子同庄子、韩非不一样，他坚决维护尧、舜的圣人地位，对有人以丹朱、象没有被感化而断定尧、舜不能感化、教育人的观点进行了批驳。他认为，尧、舜是天下最善于教育感化的人，他们面南治理天下，人人都惊恐颤动而听从归服以至于被感化而依顺他们。丹朱和象没有被教育感化，不是尧、舜的过错，而是丹朱和象的罪过。尧、舜是天下的英杰，丹朱和象是天下最奸诈的人，是行为最卑劣的人。现在社会上那些创立和坚持庸俗学说的人，不责怪丹朱和象，却反过来非议尧、舜，这岂不是大错特错了吗？这就叫作狂妄荒诞的胡说。后羿和逢蒙是天下最善射的人，但他们不能用不正的弓和弯曲的箭去射中微小的目标；王良和造父是天下最善于驾驭车马的人，但他们不能依靠瘸腿的马和破败的车子达到远方的目的地；尧、舜是天下最善于进行教化的人，但他们不能使奸诈卑劣的人受到教育感化。哪个社会没有奸诈的人？哪个时代没有卑劣的人？从伏羲氏、神农氏到现在，哪个时代没有这样的人？所以，那些制造尧、舜不能教化人这种狂妄荒诞观点的人不善，那些接受传播这种观点的人就受到了他们的毒害。反对他们这种观点的人应该值得庆幸。《诗经》上说："百姓的灾难与不幸，并非是从天而降；而是由于人们聚在一起叽叽喳喳，背后互相仇恨，灾祸往往都是由人造成的。"说的就是这种情况。荀子为舜的辩护显然建立在这样一种前提下：舜是完美无缺的大圣人，对他的任何一点非议都必须痛加驳斥。

在其他有关虞舜的记述中，荀子有时也展示一些新的资料，主要是此前文献没有记述的舜与其他人的对话。这些所谓新资料有没有先前的文献作根据,实在难以断定。通过这些资料,荀子重点突出对其品德、思想和智慧的颂扬,捎带着论证已经“援法入儒”的孙氏之儒的正确性。如《解蔽》就赞扬舜的“处一之危”,即固守专一于“道”的原则:

> 昔者舜之治天下也,不以事诏而万物成。处一危之,其荣满侧;养一之微,荣矣而未知。故《道经》曰:“人心之危,道心之微。危微之几,惟明君子而后能知之。”故人心譬如盘水,正错而勿动,则湛浊在下而清明在上,则足以见须眉而察理矣。微风过之,湛浊动乎下,清明乱于上,则不可以得大形之正也。心亦如是矣。故导之以理,养之以清,物莫之倾,则足以定是非决嫌疑矣。小物引之,则其正外易,其心内倾,则不足以决庶理也。故好书者众矣,而仓颉独传者一也;好稼者众矣而,后稷独传者一也;好乐者众矣,而夔独传者一也;好义者众矣,而舜独传者一也。

这段话的意思是,古时候舜治理天下,不必把每件事都告示百姓,而各种事都圆满办成,原因就在于他固守专一于“道”的原则,并且随时保持警惕,所以赞誉充满了左右;他培养专心于道的品德,并且达到了精妙的境界,结果是得到了赞誉他自己还不知道。所以《道经》说:“一般人的心虽有警悟,而只有得道人的心才能达到精妙之境。”这戒惧与精妙的苗头,只有明智的君子才能了解它。所以,人的心就像盘中的水,端正地放着而不去搅动,沉淀的污浊渣滓就在下面,清澈透明的水就在上面,那就能够用来照见胡须眉毛并看清皮肤的纹理了。但如果微风在它上面吹过,沉淀的污浊渣滓就会在下面泛起,清澈透明的水就会在上面被搅乱,那就不能从中见到人体的支撑形态了。人的心也是这样。如果用正确的道理来引导它,用高洁的品德来培养它,不让外物来干扰它,它就完全能够判定是非、决断嫌疑了。但是,即使有很小的事来引诱它,都可能造成对外部的那些本来正确的认识发生变化,心的内部也会出现偏差,就连那些最粗浅的事理也难以判断了。所以,古代喜欢写字的人很多,但只有仓颉一个人的名声流传了下来,这是因为他用心专一;喜欢种庄稼的人很多,但只有后稷一个人的名声流传了下来,这是因为他用心专一;爱好音乐的人很多,但只有夔一个人的名声流传了下来,这是因为他用心专一。爱好道义的人很多,但只有舜一个人的名声流传了下来,这是因为他用心专一。

如《性恶》篇中记述了舜与尧的对话,其实是让舜站出来论证荀子自己

"人性恶"观点的正确性：

> 尧问于舜曰："人情何如？"舜对曰："人情甚不美，又何问焉？妻子具而孝衰于亲，嗜欲得而信衰于友，爵禄盈而忠衰于君，人之情乎？人之情乎甚不美！又何问焉，唯贤者为不然。"

这段对话讲的是，尧问舜："人之常情怎么样？"舜回答说："人之常情很不好，又何必问呢？人们一旦有了妻子儿女，对父母的尊敬就减弱了。人们的嗜好欲望一旦满足了，对朋友的信用就减弱了。人们一旦有了爵位俸禄，对君主的忠诚就减弱了。人之常情啊！人之常情啊！很不好，又何必问呢？只有贤德的人不是这样。"

又如《大略》篇中，在强调礼制和学习重要性的同时，极力赞扬尧、舜治国之道的普世价值，要求君主以尧、舜为楷模，以六经为学习知识的库藏，努力学习他们治国理政的经验，同时督促所有百姓努力学习，弃恶从善，从而使国家和社会在和谐有序的轨道上运行：

> 舜曰："维予从欲而治。"故礼之生，为贤人以下至庶民也，非为成圣也。然而亦所以成圣也，不学不成：尧学于君畴，舜学于务成昭，禹学于西王国。……义与利者，人之所两有也。虽尧、舜不能去民之欲利，然而能使其欲利不克其好义也；虽桀、纣亦不能去民之好义，然而能使其好一不胜其欲利也。故义胜利者为治世，利克义者为乱世。上重义则义克利，上重利则利克义。故天子不言多少，诸侯不言利害，大夫不言得丧，士不通财货。有国之君不息牛羊，错质之臣不息鸡豚，冢卿不修币，大夫不为场园，从士以上皆羞利而不与民争业，乐分施而耻积藏。然故民不困财，贫窭者有所窜其手。文王诛四，武王诛二，周公卒业，至成、康则案无诛已。多积财而羞无有，重民任而诛不能，此邪行之所以起，刑罚之所以多也。上好羞，则民暗饰矣；上好富，则民死利矣。二者，治乱之衢也。民语曰："欲富乎？忍耻矣，倾绝矣，绝故旧矣，与义分背矣。"上好富，则人民之行如此，安得不乱？汤旱而祷曰："政不节与？使民疾与？何以不雨至斯极也！宫室荣与？妇谒盛与？何以不雨至斯极也！苞苴行与？谗夫兴与？何以不雨至斯极也！"天之生民，非为君也。天之立君，以为民也。故古者列地建国，非以贵诸侯而已；列官职，差爵禄，非以尊大夫而已。主道知人，臣道知事。故舜之治天下，不以事诏而万物成。农精于田而不可以为田师，工贾亦然。以贤易不肖，不待卜而后知吉。以治伐乱不待战而后知克。齐人

欲伐鲁,忌卞庄子,不敢过卞。晋人欲伐卫,畏子路,不敢过蒲。不知而问尧、舜,无有而求天府。曰:先王之道,则尧、舜已;六贰之博,则天府已。

在这段话中,荀子先强调礼制和学习的重要性。他指出,舜说:“只有我才能随心所欲地治理天下。”所以,礼制的制定是为了贤人直至普通人的,并不是为了使人都成为圣人,然而它却是使人之所以成为圣人的原因。如果不经过学习,是不能成为圣人的。尧曾向君畴学习,舜曾向务成昭学习,禹曾向西王国学习。这里荀子强调礼制是对所有人行为的规范,强调后天的学习是成为圣人的条件,连尧、舜这样的人也不例外。他接着讲义和利的关系,认为讲求道义和私利,这两方面都是人所固有的。即使是尧、舜这样的贤君也不能消除百姓追求私利的欲望,但他们能够使人们对私利的追求不超过对道义的爱好。即使是夏桀和商纣这样的暴君也不能消除百姓对道义的爱好,但他们能够使百姓对道义的爱好不超过对私利的追求。所以,道义胜过私利时,就是治理得好的社会,私利胜过道义时,就是混乱的社会。君主看重道义,道义就会胜过私利;君主推崇私利,私利就会胜过道义。所以,如果天子不谈论财富的多少,诸侯不谈论有利还是有害,大夫不谈论得到还是失去,士就不会谈论经营财利。拥有国家的君主不养殖牛和羊,出使的臣子不养殖鸡和小猪,相不放高利贷,大夫不筑场种植蔬菜和庄稼,他们都以追求私利为羞耻,不强与百姓争抢职业,他们乐于施舍而以囤积私藏为耻辱。因此,百姓不为钱所困扰,贫穷的人也就不会手足无措了。周文王讨伐了四个国家,武王诛杀了两个人,周公旦完成了称王天下的大业,到成王、康王的时候就没有杀伐的事了。赞美富有的人而看不起贫穷的人,加重百姓的负担而任意惩处不堪负担的人,这就是邪恶的行为产生的根源,也是刑罚繁多的原因。君主好义,百姓就暗自振作、端正自己的行为。君主爱好财富,百姓就会为私利而死。这两点是治和乱的分界。民间俗语说:“要想富贵,就要不顾羞耻,就要舍身忘命,就要与故旧一刀两断,就会与道义背道而驰。”君主喜欢财富,百姓的行为也会如此,天下怎么能不乱呢?商汤因为大旱向神祷告说:“是我的政策不适当吗?是我役使百姓太过分了吗?为什么这么久还不下雨?是我的房舍太华丽了吗?是我的妻妾嫔妃说情请托太多了吗?为什么这么久还不下雨?是贿赂盛行了吗?是诽谤的人发迹吗?为什么这么久还不下雨?”上天生育百姓,并不是为了君主;上天设立君主,却是为了百姓。所以在古代,分封土地,建立诸侯国,并不只是为了诸侯显贵而已;安排设立各种官职,区别爵位与俸禄的等级,并不只是为了使大夫尊贵而已。君主的职责在于认识使用人才,臣下的职责在于处理政事、精通政事。所以,此前舜治理天下,不用事事告诫而各种事情也就办成了。农夫对种地的事情很精通却不能因此而去做管理农业的官吏,工匠和商人也是这样用贤能的人去替换没有德才的人,不用占卜就知道是吉利的。用安定的国家去攻打混乱的国家,不等交战就知道一定能够攻克。齐国人想攻打鲁国,但畏惧卞庄子,所以不敢经过卞城。晋国人想攻打卫国,但畏惧子路,所以不敢经过蒲邑。不懂得治国之道就去请教尧、舜,没有学知识就去求助天子的库藏。这就是说,古代圣王的治国之道,就是尧、舜的治国之道;六经包含的丰富内容,就是天子的库藏。

再如《哀公》谈到舜的地方有两处,一是孔子回答鲁哀公的问题,一是颜渊回答鲁定公的问题,他们都以舜的治国行政为例,说明国君必须约束自己的享受欲望,同时对百姓施仁政。一旦将百姓逼到走投无路的境地,他的统治也就危险了:

> 鲁哀公问舜冠于孔子,孔子不对。三问不对,哀公曰:“寡人问舜冠于子,何以不言也?”孔子对曰:“古之王者,有务而拘领者矣,其政好生而恶杀焉,是以凤在列树,麟在郊野,乌鹊之巢可俯而窥也。君不此问而问舜冠,所以不对也。”……定公曰:“前日寡人问吾子,吾子曰东野毕之驭善则善矣,虽然,其马将失,不识吾子何以知之?”颜渊对曰:“臣以政知之。昔舜巧于使民,而造父巧于使马。舜不穷其民,造父不穷其马,是舜无失民,造父无失马也。今东野毕之驭,上车执辔衔礼正矣,步骤驰骋朝礼毕矣,历险致远马力尽矣,然犹求马不已,是以知之也。”定公曰:“善,可得少进乎?”颜渊对曰:“臣闻之,鸟穷则啄,兽穷则攫,人穷则诈。自古及今,未有穷其下而能无危者也。”

这里讲的第一个故事是,鲁哀公向孔子打听舜的帽子什么样,孔子没有回答。鲁哀公接着连问了三次,孔子还是没有回答。鲁哀公说:“我向先生请教舜戴的帽子是什么样子,先生为什么不回答呢?”孔子回答说:“古代的君王,他们所穿戴的衣物都是非常质朴的,但他们处理政事时却喜欢施行恩惠而厌恶残杀。所以,那时凤凰栖息在树林中,麒麟畅游在郊野中,乌鸦和喜鹊筑的巢,人们低头就能看到。君王不问这些,却问舜的帽子的样式,所以我不回答。”第二个故事是,鲁定公的驭手东野毕管理的马在驾车时挣断缰绳跑了,于是紧急召见颜渊,问他说:"前天我问先生,先生说:'东野毕驾驭车马,善驭倒是善驭,虽然如此,可是他的马将要跑掉。'不知道先生是根据什么预知的?"颜渊说:"我是根据为政治国的道理知道的。从前,舜很巧妙地治理百姓,造父很巧妙地驱使自己的马。舜从来不把百姓逼到无路可走,造父也从来不把马的力气用尽。所以,舜没有失去自己的百姓,造父没有失去自己的马。现在东野毕驾驶车马,上车就拉紧了辔头,马嚼子和马配套都安排得合乎规矩,让马拼命地跑。马急步快驰,训练的各种要求也都达到了,历尽各种艰险到达了很远的地方,马的力气已经用尽了,却还要让马跑个不停,我根据这一点就知道马会逃跑。"鲁定公说:"好,你能稍稍地进一步说说吗?"颜渊回答说:"我听说过:鸟在走投无路的时候就会啄人,野兽在走投无路的时候就会抓人,人在走投无路的时候就会变奸诈。从古到今,还没有人把他的百姓逼得走投无路而自己不遭到危险的。"

从以上引述的荀子对舜的记载和评述,可以看出荀子的儒家立场。尽管他与孟子在一些观点上不尽相同甚至决然对立,但他们在推尊舜作为圣帝名王并毫无保留地颂扬他的功业和品格上则是完全一致的。显然,在铸造舜作为我国文明史开拓者的光辉形象方面,孔子、孟子、荀子起到了不可替代的作用。

第十一节 《吕氏春秋》的记述与评论

《吕氏春秋》,是秦王嬴政(前 259 ~ 前 210)登上王位 9 年间的秦相吕不韦组织宾客编纂的一部书。吕不韦为了给未来统一的大帝国奠定治国理政的官方意识形态,即主导思想,就指示他门下的宾客,集中精力,分工合作,编纂了这样一部"上揆之天,下验之地,中审之人"①的百科全书式的巨著。由于吕不韦希图在该书中网罗尽当时的诸子百家,所以该书大量吸收融会了儒、墨、名、法、道、阴阳等诸多学派的思想学说,呈现明显的杂家色彩,被视为杂家的代表作。

《吕氏春秋》中有 28 处记载了舜的事迹。这些事迹,有的是转述以往

---

① (宋)吕本中:《吕氏春秋集解》,影印文渊阁四库全书本。

文献的记载,有的是转述以往文献记载而略作变异,有的则是以往文献没有记载的。如《去私》记载:“尧有子十人,不与其子而授舜;舜有子九人,不与其子而授禹,至公也。”第一次提到“舜有子九人”。《当染》在论及人们所受影响好坏时,第一次涉及舜受到许由、伯阳“所染”:

> 墨子见染素丝者而叹曰:“染于苍则苍,染于黄则黄,所以入者变,其色亦变,五入而以为五色矣。故染不可不慎也。非独染丝然也,国亦有染。舜染于许由、伯阳,禹染于皋陶、伯益,汤染于伊尹、仲虺,武王染于太公望、周公旦。此四王者,所染当,故王天下,立为天子,功名蔽天地。举天下之仁义显人,必称此四王者。”

《尊师》又说许由是舜的师傅:“帝舜师许由,禹师大成贽,汤师小臣。”而《古乐》则明确记述质是尧、舜时代的音乐家,是舜命他创作了《九招》《六列》《六英》等乐曲:

> 帝尧立,乃命质为乐,质乃效山林溪谷之音以歌,乃以麋輅置缶而鼓之,乃拊石击石以象上帝玉磬之音,以致舞百兽,瞽叟乃拌五弦之瑟,作以为十五弦之瑟,命之曰《大章》以祭上帝。舜立,仰延乃拌瞽叟之所为瑟,益之八弦,以为二十三弦之瑟。帝舜乃令质修《九招》《六列》《六英》,以明帝德。

《安死》论及远古的葬俗,赞扬尧、舜、禹“以俭葬死”的简朴风习,第一次提及“舜葬于纪市”:

> 尧葬于谷林,通树之;舜葬于纪市,不变其肆;禹葬于会稽,不变人徒;是故先王以俭葬死也,非爱其费也,非恶其劳也,以为死者虑也。先王之所恶,惟死者之辱也。发则必辱,俭则不发,故先王之葬,必俭、必合、必同。何谓合?何谓同?葬于山林则合乎山林,葬于阪隰则同乎阪隰,此之谓爱人。

这个“纪市”在什么地方?高诱注“九疑山下有纪邑”,可能在今之湖南宁远九嶷山附近。《贵因》第一次记述舜的“三徙”:

> 三代所宝莫如因,因则无敌。禹通三江五湖,决伊阙,沟回陆,注之东海,因水之力也。舜一徙成邑,再徙成都,三徙成国,而尧授之禅位,因人之心也。

这里在论述“因”的重要性时举例,认为舜通过三徙而赢得人心,而尧之禅让帝位,也恰恰是顺应了人心。

《吕氏春秋》记述舜的事迹,多数是转述以往文献记载而略作变异,如

《上德》记载舜以德服三苗之事，显然来自《尧典》，但加上了孔子的评论：

三苗不服，禹请攻之，舜曰："以德可也。"行德三年，而三苗服。孔子闻之，曰："通乎德之情，则孟门、太行不为险矣。"故曰德之速，疾乎以邮传命。周明堂，金在其后，有以见先德后武也。舜其犹此乎？

如《行论》记述舜对鲧的惩罚，同样来自《尧典》，但鲧的形象却发生了巨大变异，他不是因为治水失败而遭受惩罚，而是因为"怒于尧"不给他三公之位"欲以为乱"：

尧以天下让舜，鲧为诸侯，怒于尧曰："得天之道者为帝，得地之道者为三公。今我得地之道而不以我为三公。"以尧失论，欲得三公，怒甚猛兽，欲以为乱。比兽之角，能以为城；举其尾，能以为旌。召之不来，仿佯于野以患帝。舜于是殛之于羽山，副之以吴刀，禹不敢怨，而反事之。官为司空，以通水潦。颜色黎黑，步不相过，窍气不通，以中帝心。

《吕氏春秋》主要延续儒、墨等学派的传统，将舜作为圣帝名王的楷模极力赞誉。如《贵公》赞颂舜治天下以"公"："昔先圣王之治天下也，必先公。……私利而立公，贪戾而求王，舜弗能为。"如《圜道》赞颂舜"立官以方"，以贤者为后，不肯将帝位传于子孙："舜、禹、汤、武皆然，先王之立高官也，必使之方，方则分定，分定则下不相隐。尧、舜贤主也，皆以贤者为后，不肯与其子孙，犹若立官必使之方。"如《务大》赞颂舜的宏伟志向：

昔有舜欲服海外而不成，既足以成帝矣。禹欲帝而不成，既足以王海内矣。汤、武欲继禹而不成，既足以王通达矣。五伯欲继汤、武而不成，既足以为诸侯长矣。孔墨欲行大道于世而不成，既足以成显荣矣。夫大义之不成，既有成已，故务事大。

这就是说，只有立下大志向，才能成就大的事业；即使大志向未能完全实现，其实际达到的目标也是超凡出众的。再如《处方》赞颂舜治国理政的"抓根本"："今夫射者仪毫而失墙，画者仪发而易貌，言审本也。本不审，虽尧、舜不能以治。故凡乱也者，必始乎近而后及远，必始乎本而后及末。"《自知》赞扬舜的虚心纳谏：

欲知平直，则必准绳；欲知方圆，则必规矩；人主欲自知，则必直士。故天子立辅弼，设师保，所以举过也。夫人故不能自知，人主犹其。存亡安危，勿求于外，务在自知。尧有欲谏之鼓，舜有诽谤之木，汤有司过之士，武王有戒慎之鞀，犹恐不能自知。今贤非尧、舜、汤、武也，而有掩蔽之道，奚繇自知哉？

《有度》赞扬舜的“有度而听”、知其“所未知”以及“通乎性命之情”的品格和能力：

> 贤主有度而听，故不过。有度而以听，则不可欺矣，不可惶矣，不可恐矣，不可喜矣。以凡人之知，不昏乎其所已知，而昏乎其所未知，则人之易欺矣，可惶矣，可恐矣，可喜矣，知之不审也。客有问季子曰：“奚以知舜之能也？”季子曰：“尧固已治天下矣，舜言治天下而合己之符，是以知其能也。”“若虽知之，奚道知其不为私？”季子曰：“诸能治天下者，固必通乎性命之情者，当无私矣。”

《观表》赞扬舜的“先知”来源于他“审征表”即见微知著的能力：

> 圣人之所以过人以先知，先知必审征表。无征表而欲先知，尧、舜与众人同等。征虽易，表虽难，圣人则不可以飘矣。众人则无道至焉。无道至则以为神，以为幸。非神非幸，其数不得不然。

不过，《吕氏春秋》也不把舜视为完人，《举难》就指出他“卑父”：“以全举人固难，物之情也。人伤尧以不慈之名，舜以卑父之号，禹以贪位之意，汤、武以放弑之谋，五伯以侵夺之事，由此观之，物岂可全哉？”《当务》的指责似乎更激烈一些：

> 非六王、五伯，以为“尧有不慈之名，舜有不孝之行，禹有淫湎之意，汤、武有放杀之事，五伯有暴乱之谋。世皆誉之，人皆讳之，惑也。”故死而操金椎以葬，曰“下见六王、五伯，将毁其头”矣。

这里表述的观点显然与儒家拉开了距离。

《吕氏春秋》有些篇章所表述的是道家的理念。如《分职》就大讲君主的“无智”“无能”“无为”，而将“强智”“强能”“抢为”视为臣子的职责：

> 先王用非其有如己有之，通乎君道者也。夫君也者，处虚素服而无智，故能使众智也。智反无能，故能使众能也。能执无为，故能使众为也。无智无能无为，此君之所执也。人主之所惑者则不然，以其智强智，以其能强能，以其为抢为，此处人臣之职也。处人臣之职而欲无壅塞，虽舜不能为。

顺着道家的意念，《不屈》篇还精心编造了一个魏惠王希望让国于惠施而惠施拒不接受的故事：

> 魏惠王谓惠子曰：“上世之有国，必贤者也。今寡人实不若先生，愿得传国。”惠子辞。王又固请曰：“寡人莫有之国于此者也，而传之贤

者,民之贪争之心止矣。欲先生之以此听寡人也。”惠子曰:“若王之言,则施不可而听矣。王固万乘之主也,以国与人犹尚可。今施,布衣也,可以有万乘之国而辞之,此其止之贪争心愈甚也。”惠王谓惠子曰:“古之有国者,必贤者也。夫受而贤者,舜也,是欲惠子之为舜也;夫辞而贤者,许由也,是惠子欲为许由也;传而贤者,尧也,是惠王欲为尧也。”尧、舜、许由之作,非独传舜而由辞也,他行称此。今无其他,而欲为尧、舜、许由,故惠王布冠而拘于鄄,齐威王几弗受;惠子易衣变冠,乘舆而走,几不出乎魏境。

这个故事记述,魏惠王对惠施说:“上世拥有国家的,一定是贤明之人。我愿意将魏国传给先生。”惠施坚决辞谢。惠王再次坚请说:“寡人情愿将国传给贤人,这一举动定会消弭百姓的贪争之心,我希望先生因此听从我的安排。”惠施回答说:“如果因此听从大王的话,我就更不可能接受君位了。大王因为是万乘之主,将国家让给别人犹可说。我惠施不过一介布衣,可以有万乘之国而坚决辞掉,这不更能消弭百姓的贪争之心吗?”惠王进而诚恳对惠施说:“古代拥有国家的,一定是贤明之人。接受国家的贤人,是舜呀,我想使先生成为舜那样的贤人;辞去君位的贤人,是许由呀,先生就想做许由那样的人了;传国的贤人,是尧呀,我惠王就成为尧那样的人啊。”尧、舜、许由的所作所为,不单单是尧禅让舜、舜受君位和许由辞谢,而是有更多的行为和品德值得称赞。现在人们没有尧、舜、许由的行为和品德而欲仿效他们的行为,所以结果大不一样:惠王布冠而被拘禁于鄄城,齐威王几乎不能继承王位,惠施变换衣帽,乘车逃离,差一点就离不开魏国。

还有《离俗》一篇,极力表彰石户之农、北人无择、卞随、务光等一批隐逸之士不屑于世俗富贵利禄的“高节厉行”,虽然没有完全否定尧、舜的入世之行,但也仅仅将其放在次一等的位置上,给以有条件的赞扬:“若夫舜、汤,则苞裹覆容,缘不得已而动,因时而为,以爱利为本,以万民为义。”其道家意识更为明显,几乎是《庄子》所载故事的翻版:

世之所不足者,理义也;所有余者,妄苟也。民之情,贵所不足,贱所有余,故布衣人臣之行,洁白清廉中绳,愈穷愈荣,虽死,天下愈高之,所不足也。然而以理义斫削,神农、黄帝犹有可非,微独舜、汤。飞兔、要褭,古之骏马也,材犹有短。故以绳墨取木,则宫室不成矣。舜让其友石户之农,石户之农曰:“捲捲乎后之为人也!葆力之士也。”以舜之德为未至也,于是乎夫负妻携子以入于海,去之终身不反。舜又让其友北人无择,北人无择曰:“异哉后之为人也!居于畎亩之中,而游入于尧之门,不若是而已,又欲以其辱行漫我,我羞之。”而自投于苍领之渊。汤将伐桀,因卞随而谋,卞随辞曰:“非吾事也。”汤曰:“孰可?”卞随曰:“吾不知也。”汤又因务光而谋,务光曰:“非吾事也。”汤曰:“孰可?”务光曰:“吾不知也。”汤曰:“伊尹何如?”务光曰:“强力忍诟,吾不知其他也。”汤遂与伊尹谋夏伐桀,克之。以让卞随,卞随辞曰:“后之伐桀也,谋乎我,必以我为贼也;胜桀而让我,必以我为贪也。吾生乎乱世,而无道之人再来诟我,吾不忍数闻也。”乃自投于颍水而死。汤又让于务光曰:“智者谋之,武者遂之,仁者居之,古之道也。吾子胡不位之,请相吾子。”务光辞曰:“废上,非义也;杀民,非仁也;人犯其难。我享其利,非廉也。吾闻之,非其义,不受其利;无道之世,不践其土。况于尊我乎?吾不忍久见也。”乃负石而沉于募水。故如石户之农、北人无择、卞随、务光者,其视天下,若六合之外,人之所不能察。其视富贵也,苟可得已,则必不之赖。高节厉行,独乐其意,而物莫之害。不漫于利,不牵于执,而羞居浊世。惟此四士者之节。若夫舜、汤,则苞裹覆容,缘不得已而动,因时而为,以爱利为本,以万民为义。

当然,在《吕氏春秋》的不少篇章中,舜只是作为圣帝名王典型的一个文化符号,随时拿来充当作者论证某一观点的证据,最典型的是《慎人》(一作“顺人”)篇。这篇文章展示的是作者对天时(时势即客观形势)和人为关系的理解,属于历史哲学的范畴:

功名大立,天也。为是故,因不慎其人,不可。夫舜遇尧,天也。舜耕于历山,陶于河滨,钓于雷泽,天下说之,秀士从之,人也。夫禹遇舜,天也。禹周于天下,以求贤者,事利黔首,水潦川泽之湛滞壅塞可通者,禹尽为之,人也。夫汤遇桀,武遇纣,天也。汤、武修身积善为义,以忧苦于民,人也。舜之耕渔,其贤不肖与为天子同。其未遇时也,以其徒属掘地财,取水利,编蒲苇,结罘网,手足胼胝不居,然后免于冻馁之患。其遇时也,登为天子,贤士归之,万民誉之,丈夫女子,振振殷殷,无不戴说。舜自为诗曰:普天之下,莫非王土;率土之滨,莫非王臣。所以见尽有之也。尽有之,贤非加也;尽无之,贤非损也。时使然也。

作者认为,能够成就宏大的功业,是因为天时。如果由此不注重人为,就不对了。舜能够碰上尧,这是天时。以后他躬耕于历山,制陶于河滨,垂钓于雷泽，天下悦服他，智能之士追随他，这是他个人努力的结果。禹能够碰上舜，这是天时。禹以后走遍天下，访求和任用贤明之士，为百姓造福，疏通河流，消除洪水之灾，这一切都是他个人努力的结果。商汤遇到夏桀，武王碰上商纣，这是天时。但商汤和武王修身积善为义，为百姓的疾苦忧心思谋，这一切都是他们个人的努力。舜在从事耕田和渔猎时，其品行与后来做天子是一样的。如果他遇不上尧，也只能与其徒属一起掘地生财，因水之利，编织蒲苇，结网捕鱼，整天忙得手足胼胝，也不过仅能免于冻饿之苦。因为他遇到了尧，命运完全改变，登上天子之位，贤明之士归服，万民赞誉，所有男男女女，都精神抖擞，无限欢乐。舜高兴地写诗说：普天之下，莫非王土；率土之滨，莫非王臣。这就是拥有了一切。拥有一切，他的贤能并没有增加；什么都没有，他的贤能并没有减少。成功缘于天时呀。这里对于天时和人为关系的理解，《吕氏春秋》达到了那个时代的最高水平。不过，《吕氏春秋》在这里将《诗·小雅·北山》中的“普天之下，莫非王土；率土之滨，莫非王臣”硬说成是舜的诗，毋宁说是犯了一个常识性的错误。

另外，《吕氏春秋》的《用众》《谨听》《论大》《本味》《审应》《适威》《召数》等篇还有些关于舜的记载，大都是片言只语，没有太重要的史料和思想价值。

总体说来，《吕氏春秋》在先秦诸子中是涉及舜的史料和评论较多的著作。与其杂家特点相一致，该书在记载和评论舜的问题上也呈现杂家特色，其中儒、道两家的色彩最为鲜明。

第十二节　其他诸子的记述与评论

在先秦诸子中，除以上《论语》《墨子》《孟子》《商君书》《庄子》《韩非子》《荀子》《吕氏春秋》等著作中有较多关于舜的记载和评论外，在《鬻子》《管子》《列子》《邓子》《子华子》《慎子》等著作中，亦有关于舜的零星记载和评论。

《鬻子》一书，据《四库全书总目提要》记载，为春秋时期的楚国贵族鬻熊所著，共 14 篇，唐朝逄行珪注。《汉书·艺文志》载“道家”《鬻子说》22 篇，又“小说家”载《鬻子说》19 篇。以后《列子》、贾谊《新书》对该书均有引述。后世学者对该书的作者和成书年代颇多疑问，疑其为“或唐以来好事之流依仿贾谊所引撰为赝本”，“且其篇名冗赘古无此体，又每篇寥寥数言词旨肤浅，决非三代旧文”。《鬻子》书中仅在《贵道五帝三王周政乙第五》载有这样一段话：“故其道若首，然万世为福，万世为教者，唯从黄帝以下舜、禹以上而已。”①这显然是将黄帝以至尧、舜、禹的时代视为中国历史为万世立法立教的黄金时代。

《管子》一书的作者管仲，字夷吾，春秋时期颍上（今属安徽）人。与齐大夫鲍叔牙友善。公元前686年齐襄公去世，公子小白与公子纠争夺君位。鲍叔牙事小白，管仲事公子纠。最后小白获胜，是为齐桓公。在这场政争中几乎置小白于死地的管仲反而被任为齐相，辅佐齐桓公“九合诸侯，一匡天下”，使齐国成就了春秋首霸的伟业。对于《管子》和管仲的关系，历代学者聚讼纷纭。近年来，由于如山东临沂银雀山汉墓竹简等出土文献的发现，不少学者论定《管子》一书虽然不是管仲一人著述，但与《国语》《左传》《韩非子》和《史记》对勘，却可以确定其中大部分内容都能够反映管仲的思想，其他篇章也基本出自齐国稷下学者的手笔。

《管子》共有5卷载有与舜有关的内容。这些段落从不同层面对舜的事功和品德进行了由衷的赞颂，如《形势解》赞誉他是“天下推之而不倦，誉之而不厌”的“古之明主”：

> 尧、舜古之明主也，天下推之而不倦，誉之而不厌，久远而不忘者，有使民不忘之道也，故其位安而民来之，故曰：久而不忘焉，可以来矣。②

《版法解》赞扬他是一个“能以所不利利人者”的圣君：“凡所谓能以所不利利人者，舜是也。舜耕历山，陶河滨，渔雷泽，不取其利以教百姓，百姓举利之，此所谓能以所不利利人者也。”《枢言》论证礼治和诚信的重要性，将其放在与吃饭同等的位置：

> 万物待治礼而后定。凡万物，阴阳两生而参视，先王因其参而慎所入所出。以卑为卑，卑不可得，以尊为尊，尊不可得，桀、舜是也，先王之所以最重也。得之必生，失之必死者，何也？唯无得之，尧、舜、禹、汤、文、武孝己，斯待以成，天下必待以生，故先王重之。一日不食比岁歉，三日不食比岁饥，五日不食比岁荒，七日不食无国土，十日不

---

① （战国）鬻熊：《鬻子》，影印文渊阁四库全书本。

② （战国）管仲：《管子》，影印文渊阁四库全书本。

食无畴类，尽死矣。先王贵诚信，诚信者，天下之结也。

《霸言》论证尧、舜之理与桀、纣之乱的根本区别在于是否“以人为本”，而以人为本的内容则是“上明”“政平”“教和”“使能”“亲仁”“任贤”，这些政治学的基本内容后来都被儒家吸纳了：

尧、舜之人，非生而理也；桀、纣之人，非生而乱也。故理、乱在上也。夫霸、王之所始也，以人为本，本理则国固，本乱则国危。故上明则下敬，政平则人安土，教和则兵胜敌，使能则百事理，亲仁则上不危，任贤则诸侯服。霸王之形，德义胜之，智谋胜之，兵战胜之，地形胜之，动作胜之，故王之。

《治国》论述粟即粮食进而论及农业生产的重要性，并以“舜一徙成邑，二徙成都，参徙成国”的事实说明“为民除害兴利”是“王之本事”“人主之大务”“治国之道”：

粟也者，民之所归也；粟也者，财之所归也；粟也者，地之所归也。粟多则天下之物尽至矣。故舜一徙成邑，二徙成都，参徙成国，舜非严刑罚重禁令，而民归之矣，去者必害，从者必利也。先王者善为民除害兴利，故天下之民归之。所谓兴利者，利农事也；所谓除害者，禁害农事也。农事胜则入粟多，入粟多则国富，国富则安乡重家，安乡重家则虽变俗俗易习，殴众移民，至于杀之，而民不恶也。此务粟之功也。上不利农则粟少，粟少则人贫，人贫则轻家，轻家则易去，易去则上令不能必行，上令不能必行则禁不能必止，禁不能必止则战不必胜、守不必固矣。夫令不必行，禁不必止，战不必胜，守不必固，命之曰寄生之君。此由不利农少粟之害也。粟者，王之本事也，人主之大务，有人之途，治国之道也。

《管子》没有给舜增加新史料，在其中出现的舜都是圣王的形象，都是为论证他的政治理想服务的。

《邓子》一书的作者邓析，春秋时期郑国人，早期法家代表人物之一，曾作“竹刑”，“其旨同于申、韩”。现存《邓子》只有一卷，共两篇，皆提及舜。《邓子》可能经过后人的整理润色，但主导思想反映的是法家的理念。该书关于舜的记述，都是为其法制理论服务。如《无厚》篇论证法无偏私，以尧、舜不传位自己的儿子为证，由此将尧、舜推尊为法家的先驱了：

天于人，无厚也；君于民，无厚也；父于子，无厚也；兄于弟，无厚也。何以言之？天不能屏勃厉之气，全夭折之人，使为善之民必寿，此于民无厚也；凡民有穿窬为盗者，有诈伪相迷者，此皆生于不足，起于贫穷，而君必执法诛之，此于民无厚也；尧、舜位为天子，而丹朱、商均为布衣，此于子无厚也；周公诛管、蔡，此于弟无厚也。推此言之，何厚之有？①

《转辞》篇有两段提及舜，都是用古今世情差异的对比，说明现在实行法治的必要性；以"舜立诽谤之木"表彰他的为政之勤。特别指明，尧、舜之治的出现是因为有尧、舜这样的圣帝名王，而这样的圣帝名王不是每个时代都能出现，所以他们的"德治"只能是在特殊条件下行得通，而在大多数情况下无法实行。在大多数情况下行得通的只能是法治：

心欲安静，虑欲深远，心安静则心策生，虑深远则计谋成；心不欲躁，虑不欲浅，心躁则精神猾，虑浅则百事倾。治世之礼，简而易行；乱世之礼，烦而难遵。上古之乐，质而不悲；当今之乐，邪而为淫。上古之民，质而敦朴；今世之民，诈而多行。上古象刑而民不犯，教有墨、劓，不以为耻，斯民所以乱多治少也。尧置敢谏之鼓，舜立诽谤之木，汤有司直之人，武有戒慎之铭，此四君子者，圣人也，而犹若此之勤。至于栗陆氏杀东里子，宿沙氏戮箕文，桀诛龙逄，纣刳比干，四主者乱君，故其疾贤若仇，是以贤愚之相觉，若百丈之溪与万仞之山，若九地之下与重山之巅。

夫人情，发言欲胜，举事欲成。故明者不以其短疾人之长，不以其拙病人之工。言有善者，则赏之；言有非者，则罚之。塞邪枉之路，荡淫辞之端。臣下闵之，左右结舌，可谓明君。为善者君与之赏，为恶者君与之罚；因其所以来而报之，循其所以进而答之。圣人因之，故能用之；因之循理，故能长久。今之为君，无尧、舜之才而慕尧、舜之治，故终颠殒乎混冥之中，而事不觉于昭明之术。是以虚慕欲治之名，无益乱世之理也。

邓析的法治思想还不像后期法家商鞅、韩非那样强调法治与德治的对立，而仅仅从时代条件的不同说明两者适应范围的差异，表现了很强的历史感。

《子华子》一书，据传为春秋时期晋国人程本撰，但西汉刘向时已经亡佚，所以《汉书·艺文志》未收录。后来流传的是南宋晁公武最先刊行的版

① （战国）邓析：《邓子》，影印文渊阁四库全书本。

本，因此不少人疑其为后人所托。《四库全书总目提要》认为“其书多采掇黄老之言”，“然商榷治道，大旨皆不诡于圣贤”。该书共有三处提及舜。

《北宫子仕》篇将尧、舜、三代视为“天下和平”的美好时代。而他们之所以能够成就如此美好的时代，就在于推行“无为而治”，即“无意于王而天下治”，做到了“政平”“人平”“心平”：

尧、舜、三代之王也，无意于王而天下治，所循者直道故也，是以天下和平。天下之所以平者，政平也；政之所以平者，人平也；人之所以平者，心平也。夫平犹权衡，然加铢两则移矣。载其所不欲，其为铢两者倍矣。故曰：矜功者不立，虚愿者不至，非惟不足以得福，而行又以召祸。故吾不悦于子之言，今子亦平其所养而直以行之，何往而不得，何营而不就，而又奚以善为，且不可以有为也。尧曰若之何而善于予之事？舜亦曰若之何而善于予之事？是上与下争为善，是两实也，两实则乌得平，平不施焉，则恶得直？失其所以平直，则尧无以为尧矣，舜无以为舜矣。吾子谨志于尧、舜也，而又奚以善为？北宫子之卫，主于叔车氏，叔车氏有宠于卫君，国人害其嬖而将讨之，北宫子喟然叹曰：吾为是违夫子之言也，是以获戾于此也，吾何以卫为政？其所以为臣而归。①

不仅如此，在《虎会问》中，程本还肯定尧、舜善于听取群众意见的胸怀：“昔尧、舜在上，途说而巷议所不废也。”在《晏子问党》中，程本认为以往文献和传说中广为传诵的关于三皇、五帝生活简朴的记载是不存在的，是“腐儒之所守而污俗之所以相欺”的欺人之谈：

三皇、五帝之所留察也何哉？大夫之所谓俭也，夫视入以为出，庾氏之职业也；操赢而制余，商贾子之所为也；中人之家计口然后食，闾里之志也。乃若天子者，大宫也；有天下者，大器也。临万品，御万民，穷天之产，罄地之毛，无有不共，无有不备，此则古今常尊之势也，奈何而以闾里之所志，商贾子之所为，庾氏之职业，仰而议夫尧、舜之量哉？此腐儒之所守而污俗之所以相欺者也。土阶涂桼之说，野人之所称道，而于传所不传者也。本闻之尧居于衢室之宫，垂衣而襞幅遂如神明之居，辑五瑞以见群后，带幅舄而入觐者，如众星之拱北，尧则若固有之也。舜游于岩廊之上，被袗衣而鼓五弦之琴，画日月于太常，备十

① （战国）程本：《子华子》，影印文渊阁四库全书本。

有二章，黼黻玄黄烂如也；出则有鸾和，动则有珮环，步趋中于茎韶之节，舜亦若固有之也。夫尧、舜之备物也如此，而恶有所谓土阶三尺茅茨不翦者，恶有所谓涂髹以自怵戒者，此腐儒之所守而污俗之所以相欺者也。

这里，程本显然以其所见诸侯国君王绮丽奢靡的生活场景为蓝本，想象推断尧、舜作为帝王生活的气派与豪华，恰恰犯了以今证古的大忌。他不知道尧、舜时代的物质生产水平还相当低下，社会财富的积累还不足以支持当时的君王能够得到后世那样的享受。

《列子》一书相传为战国时期的列御寇所撰，《汉书・艺文志》载有《列子》8篇，后亡佚，大多学者认为今传《列子》为魏晋时人杜撰。不过其基本思想倾向接近道家学派，对尧、舜的功业和品德持否定态度。

《列子》中只有三处提及舜。其中《天瑞》篇中的一段文字几乎一字不易地抄自《庄子・知北游》：

舜问乎丞曰："道可得而有乎?"曰："汝身非汝有也，汝何得有夫道?"舜曰："吾身非吾有，孰有之哉?"曰："是天地之委形也。生非汝有，是天地之委和也；性命非汝有，是天地之委顺也。"①

《仲尼》篇中的"尧还宫，召舜，因禅以天下，舜不辞而受之"一段抄自《尚书・尧典》，只有在《杨朱》篇中列子通过杨朱之口展现他在舜问题上的独特视角。他先以"昔者尧、舜伪以天下让许由、善卷，而不失天下，享祚百年"，将传说中的"禅让"否定。接着，又以绝对的相对论否定贤愚贵贱和生死的区别，进而以"死则腐骨"否定尧、舜和桀、纣的区别：

杨朱曰："万物所异者生也，所同者死也。生则有贤愚贵贱，是所异也；死则有臭腐消灭，是所同也。虽然贤愚贵贱非所能也，臭腐消灭亦非所能也，故生非所生，死非所死，贤非所贤，愚非所愚，贵非所贵，贱非所贱，然而万物齐生齐死，齐贤齐愚齐贵齐贱，十年亦死，百年亦死，仁圣亦死，凶愚亦死，生则尧、舜，死则腐骨，生则桀、纣，死则腐骨，腐骨一矣。"

再进一步，列子又借杨朱之口慨叹，人们尽管将"天下之美归之舜、禹、周、孔，天下之恶归之桀、纣"，可是舜、禹生前的刻苦自励、"戚戚然以至于死"的人生历程实在太不值了：

① （战国）列子：《列子》，影印文渊阁四库全书本。

杨朱曰:“天下之美归之舜、禹、周、孔,天下之恶归之桀、纣。然而舜耕于河阳,陶于雷泽,四体不得暂安,口腹不得美厚,父母之所不爱,弟妹之所不亲,行年三十不告而娶,及受尧之禅,年已长,智已衰,商均不才,禅位于禹,戚戚然以至于死,此天人穷毒者也。鲧治水土,绩用不就,殛诸羽山,禹纂业事仇,惟荒土功,子产不字,过门不入,身体偏枯,手足胼胝,及受舜禅,卑宫室,美绂冕,戚戚然以至于死,此天人之忧苦者也。”

这里杨朱对人生价值的感悟,显示了道家个人生命意识的觉醒,显然自有其价值,但是他鼓吹的个体生命价值是以放弃个人对国家和社会的责任而追求其实现,则具有很大的局限,显然不能作为核心价值观念加以提倡。

《慎子》的作者慎到是战国时期赵国人,先秦时期法家的重要代表人物之一,以讲求“势”的理论有名于时,对韩非的法制思想产生了深巨影响。《慎子》一书,《汉书·艺文志》著录42篇,后亡佚。今存7篇为后人辑本,大体能够反映慎到的思想。

《慎子》一书提及舜的篇章只有《君人》中的44个字:

与天下于人,大事也,煦煦者以为惠,而尧、舜无德色;取天下于人,大嫌也,洁洁者以为污,而汤、武无愧容。惟其义也。①

这里慎到对尧、舜的“禅让”和汤、武的征伐都加以肯定,认为都是符合“义”的行动,反映了三代以来传统观念的影响。

第十三节 《楚辞》中的虞舜

《楚辞》中的大部分篇章,如《离骚》《天问》《九歌》《九章》《远游》等是战国时期楚国诗人屈原留下的不朽名篇,是中国文学史上具有里程碑意义的扛鼎之作。其他为宋玉、景差、贾谊、东方朔、王褒、刘向等所作。其中6篇提及舜。

《离骚》中涉及舜的只有两句:“彼尧、舜之耿介兮,既遵道而得路。”②意思是:尧、舜之所以光明圣大,是因为他们循着天地之正路使万事顺畅无

① (战国)慎到:《慎子》,影印文渊阁四库全书本。

② (宋)朱熹集注:《楚辞集注》,影印文渊阁四库全书本。

碍。这里，屈原显然是将舜置于圣德卓越的先王之列的。《天问》中屈原对舜的历史设了三个疑问："舜闵在家，父何以鳏？尧不姚告，二女何亲？舜服其弟，终然为害。何肆犬体，而厥身不危败？"一是舜对自己的家那么忧思尽责，父亲为什么不为他娶妇成家？二是尧不告舜的父母就将自己的两个女儿嫁给舜为妻，她们怎么能与舜的父母亲近？三是舜弟象品质那么恶劣，而舜犹然一切顺从他，最终也没有避免他的戕害。象那么肆其犬豕之心加害于舜，为什么舜都能顺利脱险？屈原这里从人世常情出发，对舜在家庭中的遭际推出疑问，一方面显示了对舜的无限同情，一方面也袒露自己的迷惘：为什么常情下的"不可能"在舜的身上得以变成可能？

宋玉所作的《九辩》提及舜只有两句："尧、舜之抗行兮，瞭冥冥而薄天。尧、舜皆有所举任兮，故高枕而自适。"意思是尧、舜的功业和德行无人可比，辉煌灿烂直薄云天。因为他们举荐了稷、契、禹、益等贤能之士，所以安卧垂拱而天下治理。这里显示的是宋玉对尧、舜的无限敬仰与崇拜。

东方朔所作的《七谏》涉及舜的也只有两句："尧、舜圣已没兮，孰为忠直？尧、舜圣而慈仁兮，后世称而弗忘。"意思是，尧、舜这样的圣帝名王已经远去了，现在世界上还有忠直之人吗？尧、舜圣明而慈爱百姓，所以百姓至今仍把他们赞颂。东方朔的《七谏》刻意模仿屈原的作品，通过对尧、舜的赞颂映照对现实社会的不满。

王褒作的《九怀》提及舜的也只有两句："思尧、舜兮袭兴，幸咎繇兮获谋。悲九州兮靡君，抚轼叹兮作诗。"意思是，向往尧、舜代兴的那个美好的年代，我多么希望能与他们相遇，向他们请教治国理政之道。抒发的是对尧、舜无限向往崇敬的感怀。

刘向所作的《九叹》提及舜的只有一句："旋车逝于崇山兮，奏虞舜于苍梧。"意思是，我驱车离开囚禁驩兜的崇山，到苍梧去向虞舜倾诉。抒发的是刘向个人的祈求与无奈，显示的是他对西汉末年政治混乱的苦闷与彷徨。

显然，《楚辞》中的舜只是诗人们在创作中借用的一个圣帝名王典型代表的文化符号，并不具备学术上的意义。

第十四节　诗歌韵语中的虞舜

先秦时期留下的与舜有关的诗歌韵语不多，而其真实性一直为学者们所怀疑。这里将宋朝郭茂倩编辑的《乐府诗集》中收录的有关舜的诗歌和其他文集中与之有关的诗歌作简单的介绍。

《乐府诗集》收录了舜的五首诗，一是《思亲操》：

陟彼历山兮崔嵬，有鸟翔兮高飞。瞻彼鸠兮徘徊，河水洋洋兮青泠。深谷鸟鸣兮莺莺，设罥张罝兮思我父母。力耕日与月兮往如驰，父母远兮吾当安归。①

这首诗翻译成现代汉语，大意如下：登上那历山啊多么崔嵬，有鸟翱翔啊云间奋飞。远看鸠儿啊徘徊天际，河水浩荡啊清清泠泠。深谷鸟鸣啊声音悲苦，张网待兔啊思念父母。努力耕耘啊日月如驰，牵挂远方的父母啊我当归去。

该诗描绘了舜耕于历山时期，登山远眺，看鸟儿翱翔云天，聆河水浩荡清泠，于是勾起他对父母的深沉怀念，抒发了儿女的孝思之情。

二是《南风歌》两首。其一：

反彼三山兮商岳嵯峨，天降五老兮迎我来歌。有（一作"青"）黄龙兮自出于河，负《书》《图》兮委蛇罗沙。案图观谶兮闵天嗟嗟，击石拊韶兮沦幽洞微。鸟兽跄跄兮凤凰来仪，凯风自南兮喟其增叹。

这首诗翻译成现代汉语，大意如下：返回三山啊商岳多么巍峨，昊天降下五老峰迎我来歌。有黄龙啊跃出黄河，背负《洛书》《河图》啊委蛇罗沙。案图观谶语啊闵天嗞嗟，击石奏《韶》乐啊悠淼洞彻。鸟兽络绎来拜啊凤凰来仪，凯风徐徐自南吹来啊喟然叹息。

该诗描绘了舜巡视三山五岳，在五老峰放声高歌。引得黄龙献《洛书》《河图》，案图观谶语知道上苍悲天愍人。一曲《韶》乐引得鸟兽率舞，凤凰来仪，他也在南风煦煦的吹拂中喟然叹息。

其二：

南风之薰兮，可以解吾民之愠兮。南风之时兮可，以阜吾民之财兮。

翻译成现代汉语，意思是：南风柔和温馨啊，可以解我百姓的忧愁。南风来得及时啊，可以给百姓带来富裕。这显示了舜对百姓的美好祝愿。

三是《卿云歌》三首：

卿云烂兮，纠缦缦兮，日月光华，旦复旦兮。

---

① （宋）郭茂倩辑：《乐府诗集》，影印文渊阁四库全书本。

意思是，美丽的云彩那么灿烂啊，变幻无穷缓缓飘移啊，太阳和月亮交替放出光华，一个黎明接着一个黎明啊。

明明上天，烂然星陈。日月光华，弘于一人。

意思是，明朗无垠的太空，灿然有序地布列着星辰，太阳和月亮的光芒，弘扬着一个人的精神。

日月有常，星辰有行。四时顺经，万姓允诚。于予论乐，配天之灵。迁于贤善，莫不咸听。鼚乎鼓之，轩乎舞之。精华已竭，褰裳去之。

意思是，日月依既定之轨运动，星辰按既定之轨运行。春夏秋冬顺次序更替，千万百姓能够诚实地生活。我所酌定的乐章，匹配者昊天的精灵。趋向贤明至善，没有人不服从。鼓乐齐鸣，舞姿蹁跹。精华已经演奏完备，拎着舞衣悄然离去。

另外，《文心雕龙》的《祝盟第十》载有舜的《祠田》："荷此长耜，耕彼南亩，四海俱有。"①彰显了舜对农业丰收的祝福。后来这首祠田辞被明朝的贺复征编入《文章辨体汇选》中。明朝左克明《古乐府》收录了三首《舜歌》，认定作者为舜和皋陶。《舜歌》"股肱喜哉，元首起哉，百工熙哉"。《赓歌一》"元首明哉，股肱良哉，庶事康哉"。《赓歌一》"元首丛脞哉，股肱惰哉，万事堕哉"。这些诗祈愿君王和臣子的良性互动，谴责君王和臣子的恶性互动。清朝孙之騄辑录的《尚书大传》还收录了舜为作者的《大唐之歌》："舟张辟雍，鸧鸧相从。八风回回，凤皇喈喈。"②这似乎是在大麓之野进行祭祀的一支乐歌，显示了舜与其臣子欢乐的情景。

以上这些记于舜名下的诗作，见于文献记载的年代都晚了至少两千年，所以其真实性大可怀疑。最大的可能是，这些流传的诗作先在民间传播并不断被加工，直至被文人润色收录入文献。在一定意义上，它们都是我们民族的集体创造。

先秦时期，除了以上这些定为舜的诗作外，还有定为其他人名下的一些歌颂舜的诗作。如明朝梅鼎祚收入《古乐苑》的春秋时期齐人宁戚的两首《饭牛歌》，抒发了对尧、舜时代的向往与崇敬：

南山矸，白石烂，生不逢尧与舜禅。短布单衣适至骭，从昏饭牛薄夜半，长夜漫漫何时旦。

---

① （梁）刘勰：《文心雕龙》，影印文渊阁四库全书本。

② （清）孙之騄辑：《尚书大传》，影印文渊阁四库全书本。

出东门兮厉石斑，上有松柏青且阑。粗布衣兮缊缕，时不遇兮尧、舜主。牛夕努力食细草，大臣在尔侧，吾当与尔适楚国。①

同样是郭茂倩《乐府诗集》收录的孔子《获麟歌》，也表达了对尧、舜时代深情怀念："唐虞世兮麟凤游，今非其时来何求，麟兮麟兮我心忧。"

宋朝李昉等编撰的《太平御览》②还收录了春秋时期邓析名下的一首诗："尧、舜至圣，身如脯腊。桀、纣无道，肌肤二尺。"（《太平御览》卷八〇《皇王部五·帝尧陶唐氏》）同样是《太平御览》，在另一处以"古谚文"的名义收录了与这首诗只差一字的诗："尧、舜至圣，身如脯腊。桀、纣无道，肌肤三尺。"（《太平御览》卷三七八《人事部十九·肥》）将尧、舜与桀、纣以圣帝和暴君进行了比较评判。

此外，屈原《九歌·湘君》《九歌·湘夫人》通过对舜的两位夫人的歌颂，同样可视为献给舜三颂歌。

以上这些诗篇，不论其年代定位是否准确，但基本倾向是一致的，这说明舜的圣人地位在春秋战国时代已经成为共识了。

第十五节　综述与综评

先秦时期是有关尧、舜的文献经初步整理并在有限范围内传播的时代，也是尧、舜传说资料在社会各阶层流传并被一些文献收录的时代。不管后人对记载尧、舜事迹的《尚书·尧典》《大禹谟》等提出多少疑问之辞，但有一点应该肯定，它们所记载的基本史实仍然具有相当的史料价值。因为这些文献虽然不可避免地经过后人多次整理润色，然而，它们作为记载尧、舜史迹的最早的文献，其价值是无可替代的。后学对待这些文献不是简单地一笔抹杀，而是对照越来越多的考古资料和其他留传文献进行细密审慎的考辨，进一步理清这一时代的真实历史。

这一时期，大量记载尧、舜事迹和对其进行评论的是诸子。在他们留下的文献中，有关史迹不少超出《尚书》的记载，有的很可能是传说资料的收录，具有相当的可信度；有的是作者想当然地编造，如《庄子》中的许多寓言故事，显然不能作为史迹采信。诸子对尧、舜的评论很多，差异很大，反

① （明）梅鼎祚编：《古乐苑》，影印文渊阁四库全书本。

② （宋）李昉等：《太平御览》，影印文渊阁四库全书本。

映的是鲜明的学派的立场。其中对舜评价最高的是儒家,因为从思想继承的脉络可以看出,儒家从舜的事迹和思想资料中继承和弘扬的东西最多。儒家不仅将尧、舜、禹作为圣帝名王的楷模、把他们的时代作为黄金岁月以浓笔酣墨进行歌颂,而且将其思想作为自己学派理论的源头进行对接。正是儒家的发掘和阐发,“天下明德自虞舜始”的道德理想得以不断发扬光大。墨家对舜评价之高仅次于儒家,他们将自己学派的社会政治理想附着在舜的身上,让其以学派代言人的身份彰显自己学派的辉煌。以庄子为代表的道家学派,对舜采取了激烈批判的态度,因为他们认为自己“无为而治”的政治理想,顺应自然、珍视个体生命的人生理想,与舜强烈的国家社会责任意识、刻苦自励、勇于担当的人生态度是背道而驰的。法家学派对舜的态度是矛盾的:一方面他们将舜作为厉行法治的代表人物,让他站出来为他们的法治理想肆意张扬,另一方面又批判他的德治理念,认为他的理想只能行于一时而不具备普世之用。

这一时期流传的舜本人和其他人涉及舜的诗作,尽管数量不多且存在疑义,但对舜的颂扬却基本一致。

总起来说,先秦时期以《尚书·尧典》《大禹谟》等为代表的舜的基本文献已经整理流传,诸子可能收录了部分民间传说和散见于其他文献的部分资料,并开启了对舜的评论。这一时期,舜的圣帝名王的地位已经得到整个社会的认可,而他作为文化符号的功用也初步显现。

第二章 秦汉时期文献对虞舜的记述和评论(前 221 ~ 220)

第一节 《尚书》孔安国传的记述和评论

孔安国是孔子的后裔,西汉中期山东曲阜人,曾任汉武帝的谏大夫。相传武帝时鲁恭王刘余因扩建王宫坏孔子故居,从墙壁中发现古文《尚书》,由孔安国献给朝廷,由于碰上"巫蛊"之祸,未能立于学官。后来刘歆在中秘校书时发现这部书,上书要求朝廷将其立于学官,引起了一场关于今古文经的争论。后传孔安国有《尚书孔氏传》,宋朝学者开始怀疑,明清学者经考辨,证明该书为后人伪托。不过,唐代孔颖达所作《尚书注疏》就是依据孔安国的传。这里姑且将该传算在孔安国名下予以论列。

在孔安国的"传",即对正文的诠释中,他既提供一些尧、舜新的史迹,又进一步提升尧、舜的圣人形象。如在《尚书·虞书·尧典》的传中,他给出如下史迹兼及评论:

尧年十六以唐侯升文天子,在位七十年,则时年八十六,老将求代。

尧知子不肖,有禅位之志,故明举明人。

无目曰瞽。舜父有目,不能分别好恶,故时人谓之瞽,配字曰瞍,瞍无目之称,心不则德义之经为顽。

尧于是以二女妻舜,观其法度;借二女以治家,观治国。

叹舜能修己行敬以安人,则其所能者大矣。

舜有深智文明温恭之德,信允塞上下。

五典,五常之教,父义,母慈,兄友,弟恭,子孝。舜慎美笃行斯道,举八元使布之于四方,五教能从,无违命。

度百事,总百官,纳舜于此官,舜举八凯,使揆度百事,百事时叙,无废事业。

四门，四方之门。舜流四凶族，四方诸侯来朝者，舜宾迎之，皆有美德，无凶人。

纳舜使大录万机之政，阴阳和，风雨时，各以时节，不有迷错衍伏，明舜之德合于天。

禹治水之后，舜分冀州为幽州、并州，分青州为营州，始置十二州，谓冀、兖、青、徐、荆、扬、豫、梁、雍、并、幽、营也。

尧年十六即位，七十载求禅，试舜三载，自正月上日至崩二十八载，尧死寿一百一十七岁。

禹、垂、益、伯夷、夔、龙六人新命有职，四岳、十二牧凡二十二人，特敕命之。各敬其职，惟是乃能信立天下之功。

舜即位五十年升道南方巡守，死于苍梧之野而葬焉。三十征庸，三十在位，服丧三年，其一在三十之数，为天子五十年，凡寿百一十二岁。

在《尚书·虞书·大禹谟》的传中，他给出如下史迹兼及评论：

舜初耕于历山之时，为父母所疾，日号泣于昊天及父母，克己自责，不责于人。

舜负罪引恶，敬以事见于父，悚惧齐庄父，亦信顺之言，能以至诚感顽父。

在《尚书·周书·周官》的传中，他给出如下史迹兼及评论："尧、舜考古以建百官，内置百揆四岳，象天之有五行，外置州牧十二及五国之长，上下相维，外内咸治。言有法。"

通过孔安国的"传"，不仅使佶屈聱牙、令人难以卒读的《尚书》得以比较顺畅的读通，而且使许多当时已经湮灭的名物制度得以复现，从而为该书的流传创造了条件。更重要的是，通过他的"传"，使尧、舜的事迹更加具体和丰满，某些事项更加明晰，从而使他们的圣王地位进一步巩固和彰显。该"传"提供的资料和观点对后来的史书和子书产生了十分显著的影。

第二节　《新语》《新书》《盐铁论》和《焦氏易林》的记述和评论

陆贾（？～前170），秦汉之际楚国人，他以客卿的身份追随刘邦参加了反秦战争和楚汉战争。由于他学富五车，满腹经纶，且又能言善辩，所以常常被刘邦派出完成各种复杂而艰巨的任务。如在进军咸阳途中，他奉刘邦之命收买守卫峣关的秦将，使之丧失警惕，为起义军攻取峣关创造了有利条件。在楚汉战争中，又是他作为汉军的使者前往楚营，说服项羽释放了被掠为人质的刘邦老父和妻子。西汉皇朝建立后，他在高帝和文帝时两度担任太中大夫，两次出使南越，劝说南越王赵佗归附汉朝，对于缓和汉越关系和维护汉朝南方边境的安宁起了积极的促进作用。

陆贾一介书生，生当战乱年代，开始在刘邦麾下服务，无斩将刈旗之功，两次为官，秩级都不过千石，且为官时间不长，一生的绝大部分时间是做客卿或赋闲家居，最后得以寿终。他显然是一个乐天知命、对功名利禄不十分看重的人。在西汉初年的政治舞台上，他的声势谈不上显赫，但是，在西汉思想文化史上，他却是一个举足轻重的人物。因为他是西汉皇朝统治理论自觉的创造者之一，是当时统治集团中对历史和现实了解最清澈、眼光最远大、最锐敏的人物之一。一部《新语》奠定了他在西汉政治思想史上承前启后的地位。

《新语》一书中，仅在《无为》篇中提及舜：

> 夫道莫大于无为，行莫大于谨敬。何以言之？昔虞舜治天下也，弹五弦之琴，歌《南风》之诗，寂若无治国之意，漠若无忧民之心，然而天下治。周公制作礼乐，郊天地，望山川，师旅不设，刑格法悬，而四海之内，奉供来臻，越裳之君，重译来朝。故无为也乃有为也。秦始皇帝设为车裂之诛，以敛奸邪，筑长城于戎境，以备胡越，征大吞小，威震天下，将帅横行，以服外国，蒙恬讨乱于外，李斯治法于内，事逾烦天下逾乱，法逾滋而奸逾炽，兵马逾设而敌人逾多。秦非不欲为治也，然失之者，乃举措暴众而用刑太极故也。是以君子尚宽舒以苞其身，行中和以致舒远；民畏其威而从其化，怀其德而归其境，美其治而不敢违其禁。民不罚而畏罪，不赏而欢悦，渐渍于道德，被服于中和之所致也。夫法令者，所以诛恶也，非所以劝善也，故曾、闵之孝，夷、齐之廉，岂畏死而为之哉？教化之所致也。故曰尧、舜之民，可比屋而封，桀纣之民，可比屋而诛者，教化使然也。①

这里，陆贾对舜的评论，充分显示出他作为黄老新道家的思想倾向，将

① （汉）陆贾：《新语》，影印文渊阁四库全书本。

舜直认为黄老政治的实践家,“弹五弦之琴,歌《南风》之诗,寂若无治国之意,漠若无忧民之心,然而天下治”,仿佛轻松潇洒地在践行“无为而治”的理念,这显然是扭曲了舜的真实形象。因为舜真实的一生,是兢兢业业、夜以继日、勤苦磨砺、竭诚奋进的一生,几乎没有一天的闲暇,哪里有一点“无为”的影子?陆贾强加给舜他本来没有的思想,将他改铸成黄老政治家的典型形象,目的只有一个,就是为他自己思想的合理性在理论和史实上寻求坚实的支撑。

时代稍后于陆贾的贾谊(前200～前168),西汉洛阳人。少年成名,18岁时就以能诵读诗书、善写文章得到时人的赞誉。廷尉吴公将他推荐给汉文帝,被任为博士,不久迁太中大夫。贾谊聪明绝世、才华横溢、识见超群。在西汉皇朝面临的社会矛盾和阶级矛盾还不太尖锐的文帝时代,他已经看出社会危机的端倪,大声疾呼高层统治者未雨绸缪。政治上,他力主削弱诸侯王,加强中央集权;经济上,他建议“重本抑末”,“驱民归农”;对周边少数民族尤其是匈奴,他主张以武力回击其侵扰,保卫汉政权与百姓的安全。文帝虽然欣赏感佩他的才华,但由于周勃等老臣的从中作梗,他难以得到朝廷的重用,“可怜夜半虚前席,不问苍生问鬼神”。始终未能获得掌控实权的官位,只在两个诸侯王那里做了几年太傅,年纪轻轻即在精神抑郁中死去。他短暂的一生,犹如一颗美丽的彗星,在夜空发出耀眼的光芒后倏然而逝。

贾谊的著作,在《汉书·艺文志》中著录有《诸子略·儒家类》的《贾谊》58篇,即今名为《新书》的著作。另在《阴阳家类》中录有《五曹官制》5篇(班固可能对贾谊的著作权不敢绝对肯定,所以自注“似贾谊所条”),后亡佚。《诗赋略》中录有《贾谊赋》7篇。贾谊的文、赋在明朝张溥的《汉魏六朝百三名家集》和清朝严可均《全汉文》中有辑本。

贾谊尽管英年早逝,但在西汉初年的思想家中,他的政治思想却是体大思精、全面深邃,因而具有独占鳌头之势。

贾谊的《新书》中提及舜的地方有两处,一是《劝学》:

> 谓门人学者,舜何人也?我何人也?夫启耳目,载心意,从立移徙,与我同性。而舜独有贤圣之名,明君子之实;而我曾无邻里之闻、穷巷之知者,独何与?然则舜黾勉而加志,我儃僈而弗省耳。①

① (汉)贾谊:《新书》,影印文渊阁四库全书本。

这里贾谊以自身同舜相比，说明“舜独有贤圣之名”的原因是他自身的永不停息的艰苦努力，劝诱门人学者要像舜那样“黾勉而加志”。贾谊的思想虽然也受到道家学说的影响，但他基本是一个服膺儒学的思想家，所以他特别强调舜的成功是自身努力的结果，从而彰显儒学提倡的积极入世、尽人力而听天命的奋发有为的人生哲学。

二是《修正语上》：

帝舜曰：“吾尽吾敬以事吾上，故见谓忠焉；吾尽吾敬以接吾敌，故见谓信焉；吾尽吾敬以使吾下，故见谓爱焉。是以见爱亲于天下之民，而见贵信于天下之君。故吾取之以敬也，吾得之以敬也；故欲明道而谕教，唯以敬也；故欲明道为忠，必服之。”

这里贾谊记述的这段舜的谈话，在此前的记载中未得见。这种情况，只有几种可能：一是来自口碑传说，此前还未载入文献。二是记载这段话的文献已经亡佚。三是出自贾谊的杜撰。不管那种情况，这段话所表述的尽敬事上、忠信对人、以爱使民、明道谕教等理念，与舜的思想还是衔接的，更与儒家的基本执政理念相一致。与此可以看出，贾谊是从儒学出发对舜的历史和思想进行诠释的。

在汉昭帝始元六年（前 81）朝廷召开的著名“盐铁会议”上，从民间请来的 60 多位贤良文学齐集首都长安，与桑弘羊为代表的政府官员就国家一系列的大政方针，尤其是经济政策进行辩论。会议的主持人是丞相田千秋。由于他知道贤良文学的后台是最具权势的大司马大将军霍光，而这场辩论的背后，隐藏着霍光与桑弘羊的极其尖锐的矛盾。所以他从头至尾，对所辩议题不赞一词，简直是静如处子，“当轴处中，括囊不言，容身而去”①。参与这次会议的贤良文学的姓名大部分失计，仅在《盐铁论·杂论》中出现了“贤良茂陵唐生、文学鲁万生之伦”这样两个代表人物。作为在野的有名望的知识分子，这些贤良文学的政治思想反映的与其说是普通百姓的利益，毋宁说是在当时乡村社会中掌握了活语权的豪族地主和富商大贾的愿望。因为这些人中的大部分显然有着豪族地主和富商大贾的出身背景，而在“罢黜百家，独尊儒术”的思想文化政策形成的时代氛围里，他们的意见包裹着儒家的装束出场就是顺理成章的了。

在这场辩论中，双方同时提及舜的时候只有一次：

---

① （汉）桓宽：《盐铁论》，影印文渊阁四库全书本。

文学曰：皋陶对舜在知人，惟帝其难之。洪水之灾，尧独愁悴而不能治，得舜、禹而九州宁。故虽有尧之明君，而无舜、禹之佐，则纯德不流。《春秋》刺有君而无臣。先帝之时，良臣未备故邪？臣得间，得舜、禹而鲧殛、驩兜诛，赵简子得叔向而盛，青肩诎曰："未见君子，不知伪臣。"《诗》云："未见君子，忧心忡忡；既见君子，我心则降。"此之谓也。

丞相史曰：尧任鲧、驩兜，得舜、禹而放殛之以其罪，而天下咸服，诛不仁也，人君用之齐民。而颜异，济南亭长也，先帝举而加之高位，官至上卿，狄山起布衣为汉议臣。处舜、禹之位，执天下之中，不能以治而反坐讪上，故驩兜之诛加而刑戮至焉。贤者受赏而不肖者被刑，固其然也。文学何怪焉。（《盐铁论·杂论》）

在这场辩论中，文学和丞相史之间对舜的认定是没有矛盾的，即都承认舜是尧的良臣。他们的区别是，文学强调良臣的作用，认为有了良臣就一定有良好政治。而丞相史则强调刑罚惩恶对于良好政治的重要性，认为只有"贤者受赏而不肖者被刑"才能激励臣子努力向善、改恶从善，也才有良好政治。

梁（今河南商丘）人焦赣字延寿，生活于文景时期，生卒年不详。曾师从孟喜学《易》，后在《易》上独立门派的京房即是他的弟子。他著有《焦氏易林》一书传世。该书多处提及舜，基本上都是将舜作为圣人赞颂。如该书卷一《讼之第六》《贲》"紫阙九重，尊严在中。黄帝、尧、舜，履行至公。冠带垂衣，天下康宁"①、《否之第十二》《观》"天之奥隅，尧、舜所居。可以存身，保我邦家"、卷二《复之第二十四》《大过》"尧、舜、禹、汤，四圣敦仁。允施德音，民安无穷。旅人相望，未同朝卿"等，皆是相同的调子。

第三节　《韩诗外传》的记述和评论

《韩诗外传》的作者韩婴，是西汉初年燕（今河北）人。他是著名的经学家，今文经学韩诗派的创始人。据《汉书·艺文志》记载，他著有《内传》四卷，《外传》六卷。南宋以后仅存《外传》。流传至今的《外传》共10卷，内容是杂述古事古语，每一条都引《诗经》的文句相印证，保存了不少

① （汉）焦赣：《焦氏易林》，影印文渊阁四库全书本。

古代史实。

由于韩婴是西汉初年著名的经学家,他当然自觉地继承孔子、孟子等先秦儒家代表人物的尧、舜观,一方面抄录儒家经典论述的有关尧、舜的基本史迹,如他在《韩诗外传》卷三中说"舜生于诸冯,迁于负夏,卒于鸣条,东夷之人也"①,"《传》曰:舜弹五弦之琴,以歌《南风》,而天下治"(《韩诗外传》卷四);一方面将他们置于圣王之尊位,极力颂扬。如颂扬舜的自奉简约:

《传》曰:昔者舜甑盆无膻,而下不以余获罪;饭乎土簋,啜乎土型,而农不以力获罪;麑衣而盬领,而女不以巧获罪;法下易由,事寡易为功,而民不以政获罪。故大道多容,大德多下,圣人寡为,故用物常壮也。《传》曰:《易》简而天下之理得矣。诗曰:政有岐之行,子孙保之。

颂扬舜的"喻教"于民而不轻易动用杀罚的手段:

当舜之时,有苗不服。其不服者,衡山在南,岐山在北,左洞庭之波,右彭泽之水,由此险也,以其不服。禹请伐之,而舜不许,曰:"吾喻教犹未竭也。"久喻教而有苗民请服,天下闻之,皆薄禹之义而美舜之德。诗曰"载色载笑,匪怒伊教",舜之谓也。问曰:"然则禹之德不及舜乎?"曰:"非然也。禹之所以请伐者,欲彰舜之德也,故善则称君,过则称己,臣下之义也。假使禹为君舜为臣,亦如此而已矣。夫禹可谓达乎为人臣之大体也。"

通过颜渊与鲁定公的对话,颂扬舜的"工于使人",即爱惜民力的行政方针:

颜渊侍坐鲁定公于台,东野毕御马于台下。定公曰:"善哉!东野毕之御也。"颜渊曰:"善则善矣,其马将佚矣。"定公不说,以告左右曰:"闻君子不谮人,君子亦谮人乎?"颜渊退,俄而厩人以东野毕马佚闻矣。定公揭席而起,曰:"趣驾召颜渊。"颜渊至,定公曰:"乡寡人曰:'善哉!东野毕之御也。'吾子曰:'善则善矣,然则马将佚矣。'不识吾子以何知之?"颜渊曰:"臣以政知之。昔者舜工于使人,造父工于使马。舜不穷其民,造父不极其马。是以舜无佚民,造父无佚马。今东野毕之上车,执辔衔体正矣,周旋步骤朝礼毕矣,历险致远,马力殚矣,然犹策之不已,所以知佚也。"定公曰:"善,可少进。"

---

① (汉)韩婴:《韩诗外传》,影印文渊阁四库全书本。

颜渊曰："兽穷则啮，鸟穷则啄，人穷则诈。自古及今，穷其下能不危者，未之有也。《诗》曰'执辔如组，两骖如舞'，善御之谓也。"定公曰："寡人之过矣。"（《韩诗外传》卷二）

他还通过子夏讲诗，将根本与尧、舜无涉的《诗经》硬说其"上有尧、舜之道"，从而彰显尧、舜之道的无比法力：

子夏读诗已毕，夫子问曰："尔亦何大于诗矣？"子夏对曰："诗之于事也，昭昭乎若日月之光明，燎燎乎如星辰之错行，上有尧、舜之道，下有三王之义，弟子不敢忘，虽居蓬户之中，弹琴以咏先王之风，有人亦乐之，无人亦乐之，亦可发愤忘食矣。《诗》曰：衡门之，下可以栖迟；泌之洋洋，可以乐饥。"（《韩诗外传》卷四）

韩婴善于编撰故事，通过故事显示他要传达的寓意。如他编撰了一个舜尽孝的故事：

曾子有过，曾皙引杖击之仆地，有间乃苏，起曰："先生得无病乎？"鲁人贤曾子，以告夫子，夫子告门人："参来，汝不闻昔者舜为人子乎？小棰则待笞，大杖则逃，索而使之未尝不在侧，索而杀之未尝可得。今汝委身以待暴怒，拱立不去，非王者之民，其罪何如！"（《韩诗外传》卷八）

这个故事展示了舜尽孝的灵活性：对于父亲的无理责罚，既不直接对抗，又不绝对逆来顺受，而是灵活应对。他还编撰了一个魏文侯与狐卷子对话的故事，其中举舜为子贤和兄贤的典型，目的是论证"望人者不至，恃人者不久。君欲治从身始，人何可恃乎"的道理：

魏文侯问狐卷子曰："父贤足恃乎？"对曰："不足。""子贤足恃乎？"对曰："不足。""兄贤足恃乎？"对曰："不足。""弟贤足恃乎？"对曰："不足。""臣贤足恃乎？"对曰："不足。"文侯勃然作色而怒曰："寡人问此五者于子，一一以为不足者，何也？"对曰："父贤不过尧，而丹朱放；子贤不过舜，而瞽瞍顽，兄贤不过舜，而象傲；弟贤不过周公，而管叔诛；臣贤不过汤、武，而桀、纣伐。望人者不至，恃人者不久。君欲治从身始，人何可恃乎？"（《韩诗外传》卷八）

与绝大多数思想家和学者一样，韩婴在不少情况下将舜作为一个圣帝名王的符号使用。如在卷三中，他讲了"君子行不贵苟难，说不贵苟察，名不贵苟传，惟其当之为贵"的道理。认为申徒狄"负石而赴河"的义无反顾，邓析、惠施"山渊平，天地比，齐秦袭，入乎耳出乎口，钩有须卵有毛"的强词夺理，以及“盗跖吟口”，都是舜、禹这样的“君子不贵”的，因为这些“非礼义之中”，而君子要的是礼义的担当。最后，韩婴特别强调自己的儒家立场，要求儒家信徒应该“上法舜、禹之制，下则仲尼之义”，对“饰邪说，文奸言，以乱天下，欺惑众愚”的十子谬说进行猛烈批判，以除“天下之害”，使“圣人之迹”得到最大程度的彰显。

> 夫当世之愚，饰邪说，文奸言，以乱天下，欺惑众愚，使混然不知是非治乱之所存者，则是范雎、魏牟、田文、庄周、慎到、田骈、墨翟、宋钘、邓析、惠施之徒也。此十子者，皆顺非而泽，闻见杂博，然而不师上古，不法先王。按往旧造说，务自为工，道无所遇，而人相从。故曰十子者之工说，说皆不足合大道，美风俗，治纪纲。然其持之各有故，言之皆有理，足以欺惑众愚，交乱朴鄙，则是十子之罪也。若夫总方略，一统类，齐言行，群天下之英杰，告之以大道，教之以至顺，隩穾之间，衽席之上，简然圣王之文具，沛然平世之俗趋，工说者不能入也，十子者不能亲也。无置锥之地而王公不能与争名，则是圣人之未得志者也，仲尼是也，舜、禹是也，仁人将何务哉？上法舜、禹之制，下则仲尼之义，以务息十子之说，如是者，仁人之事毕矣，天下之害除矣，圣人之迹著矣。(《韩诗外传》卷四)

第四节　《淮南鸿烈》的记述和评论

刘安(前 179 ~ 前 122)，西汉开国皇帝刘邦的孙子，其父是淮南王刘长。文帝十六年(前 164)，刘安得承父爵为淮南王。武帝元狩元年(前 123)，因参与谋反事发自杀身亡。在西汉数以十计的诸侯王中，刘安是最钟情学问而且也是最有学问的一个人。他“为人好读书”，“招致宾客方术之士数千人”①，一起切磋学问，从事著述。其中有号曰“八公”的高才苏非、李尚、左吴、陈由、伍被、毛周、雷被、晋昌。据《汉书》本传、《汉书·艺文志》等记载，他的著作达数十种，但流传至今的只有完整的《淮南鸿烈》和《周易淮南九师道训》《庄子要略》《庄子后解》《蚕经》《淮南枕中记》《淮南万毕术》等残篇的辑本。

---

① (汉)班固:《汉书·淮南衡山济北王传》，影印文渊阁四库全书本。

《淮南鸿烈》又名《淮南子》，全书21卷，是刘安及其宾客集体创作的一部书，是西汉初年新道家即黄老之学的代表作之一，同时也是具有百科全书性质的一部划时代意义的巨著。在汉代的著作中，该书是提及舜最多的著作之一，共有12卷20余次记述舜的事迹和对他进行评论。

《淮南鸿烈》尽管是新道家的代表作，但其对舜的评论却与《庄子》拉开了一定的距离。与《庄子》对舜持激烈的批评态度不同，它将舜置于大圣人的地位，对他的事功和品格极尽颂扬。如《本经训》赞颂他与尧在鸿蒙初开时期领导民众战胜自然灾害、创造良好的生产和生活环境的历史功绩：

> 逮至尧之时，十日并出，焦禾稼，杀草木，而民无所食。猰貐、凿齿、九婴、大风、封豨、修蛇皆为民害。尧乃使羿诛凿齿于畴华之野，杀九婴于凶水之上，缴大风于青邱之泽，上射十日而下杀猰貐，断修蛇于洞庭，擒封豨于桑林，万民皆喜，置尧以为天子。于是天下广狭、险易、远近，始有道里。舜之时，共工振滔洪水，以薄空桑，龙门未开，吕梁未发，江淮通流，四海溟涬，民皆上邱陵，赴树木。舜乃使禹疏三江五湖，辟伊阙，导廛涧，平通沟陆，流注东海，鸿水漏，九州干，万民皆宁其性，是以称尧、舜以为圣。①

如《原道训》肯定舜的“无治”“而无不治”，《诠言训》赞扬“舜弹五弦之琴，而歌《南风》之诗，以治天下”“位愈尊而身愈佚，身愈大而事愈少”的行政风格：

> 昔舜耕于历山，期年而田者争处硗埆，以封壤肥饶相让；钓于河滨，期年而渔者争处湍濑，以曲隈深潭相予。当此之时，口不设言，手不指麾，执玄德于心，而化驰若神。使舜无其志，虽口辩而户说之，不能化一人。是故不道之道，莽乎大哉！夫能理三苗，朝羽民，徙裸国，纳肃慎，未发号施令而移风易俗者，其唯心行者乎？法度刑罚，何足以致之也！是故圣人内修其本，而不外饰其末，保其精神，偃其才智。故漠然无为，而无不为也；澹然无治，而无不治也。所谓无为者，不先物为也；所谓无不为者，因物之所为。所谓无治者，不易自然也；所谓无不治者，因物之相然也。
>
> 圣人守其所以有，不求其所未得。求其所无，则所有者亡矣；修其所有，则所欲者至。故用兵者，先为不可胜，以待敌之可胜也；治国者，

---

① （汉）刘安：《淮南鸿烈解》，影印文渊阁四库全书本。

> 先为不可夺，以待敌之可夺也。舜修之历山，而海内从化；文王修之岐周，而天下移风。使舜趋天下之利，而忘修己之道，身犹弗能保，何尺地之有！……舜弹五弦之琴，而歌《南风》之诗，以治天下。周公殽臑不收于前，钟鼓不解于县，以辅成王而海内平。匹夫百亩一守，不遑启处，无所移之也。以一人兼听天下，日有余而治不足，使人为之也。处尊位者如尸，守官者如祝宰。尸虽能剥狗烧彘，弗为也，弗能无亏；俎豆之列次，黍稷之先后，虽知弗教也，弗能害也。不能祝者，不可以为祝，无害于为尸；不能御者，不可以为仆，无害于为佐。故位愈尊而身愈佚，身愈大而事愈少。

这里显示的无疑是《淮南子》的学派立场，因为它认为最好的政治是“无为而治”，而舜就是实施“无为而治”的典型。与老庄的绝对“无为而治”不同，《淮南子》又吸取了法家“势”的理念，认为舜所以能够顺利地治理天下，是因为他“南面王”，占据了最高的位子，才能“处便而势利”：

> 故世治则愚者不得独乱，世乱则智者不能独治。身蹈于浊世之中，而责道之不行也，是犹两绊麒麟，而求其致千里也。置猨槛中，则与豚同，非不巧捷也，无所肆其能也。舜之耕陶也，不能利其里；南面王，则德施乎四海。仁非能益也，处便而势利也。（《淮南子·俶真训》）

《淮南子》还进一步对“无为而治”进行新的诠释：“若吾所谓无为者，私志不得入公道，嗜欲不得枉正求，循理而举事，因资而立权，推自然之势，而曲故不得容者，故事成而弗伐，功立而名弗有，非谓其感而不应，攻而不动者。”（《淮南子·修务训》）适应事物的规律，顺势而为，就是“无为而治”，这就与庄子将“无为而治”解释为绝对的一无所为划清了界限。由此出发，它将深情的赞颂送给了尧、舜为代表的那个兢兢业业、夜以继日、积极而为的圣人群体：

> 或曰：“无为者，寂然无升，漠然不动，引之不来，推之不往。如此者，乃得道之像。”吾以为不然。尝试问之矣：“若夫神农、尧、舜、禹、汤，可谓圣人乎？”有论者必不能废。以五圣观之，则莫得无为明矣。古者，民茹草饮水，采树木之实，食蠃蠬之肉。时多疾病毒伤之害，于是神农乃始教民播种五谷，相土地宜燥湿肥硗高下，尝百草之滋味，水泉之甘苦，令民知所避就。当此之时，一日而遇七十毒。尧立孝慈仁爱，使民如子弟。西教沃民，东至黑齿，北抚幽都，南道交趾。放驩兜于

崇山，窜三苗于三危，流共工于幽州，殛鲧于羽山。舜作室，筑墙茨屋，辟地树谷，令民皆知去岩穴，各有家室。南征三苗，道死苍梧。禹沐浴淫雨，栉扶风，决江疏河，凿龙门，辟伊阙，修彭蠡之防，乘四载，随山刊木，平治水土，定千八百国。汤夙兴夜寐，以致聪明，轻赋薄敛，以宽民氓，布德施惠，以振困穷，吊死问疾，以养孤孀。百姓亲附，政令流行，乃整兵鸣条，困夏南巢，谯以其过，放之历山。此五圣者，天下之盛主，劳形尽虑，为民兴利除害而不懈。奉一爵酒不知于色，挈一石之尊则白汗交流，又况赢天下之忧，而海内之事者乎？其重于尊亦远也！……且古之立帝王者，非以奉养其欲也，圣人践位者，非以逸乐其身也。为天下强掩弱，众暴寡，诈欺愚，勇侵怯，怀知而不以相教，积财而不以相分，故立天子以齐之。为一人聪明而不足以遍照海内，故立三公九卿以辅翼之。绝国殊俗，僻远幽间之处，不能被德承泽，故立诸侯以教诲之。是以地无不任，时无不应，官无隐事，国无遗利。所以衣寒食饥，养老弱而息劳倦也。若以布衣徒步之人观之，则伊尹负鼎而干汤，吕望鼓刀而入周，伯里奚转鬻，管仲束缚，孔子无黔突，墨子无暖席。是以圣人不高山，不广河，蒙耻辱以干世主，非以贪禄慕位，欲事起天下利，而除万民之害。盖闻传书曰："神农憔悴，尧瘦臞，舜霉黑，禹胼胝。"由此观之，则圣人之忧老百姓甚矣。故自天子以下至于庶人，四肢不动，思虑不用，事治求澹者，未之闻也。……若夫尧眉八彩，九窍通同，而公正无私，一言而万民齐；舜二瞳子，是谓重明，作事成法，出言成章；禹耳参漏，是谓大通，兴利除害，疏河决江；文王四乳，是谓大仁，天下所归，百姓所亲；皋陶马喙，是谓至信，决狱明白，察于人情；禹生于石；契生于卵；史皇产而能书；羿左臂修而善射。若此九贤者，千岁而一出，犹继踵而生。今无五圣之天奉，四俊之才难，欲弃学而循性，是谓犹释船而欲蹍水也。(《淮南子·修务训》)

《淮南子》进而赞颂尧、舜为代表是圣人群体"公而忘私"、虚心纳谏、自奉简约、一切为百姓着想的"非道不言，非义不行"的行事原则和卓越品格：

尧之有天下也，非贪万民之富而安人主之位也，以为百姓力征，强凌弱，众暴寡，于是尧乃身服节俭之行，而明相爱之仁，以和辑之。是故茅茨不剪，采椽不斫，大路不画，越席不缘，大羹不和，粢食不毇。巡狩行教，勤劳天下，周流五岳。岂其奉养不足乐哉！

举天下而以为社稷，非有利焉。年衰志悯，举天下而传之舜，犹却行而脱蹝也。……古者天子听朝,公卿正谏,博士诵诗,瞽箴师诵,庶人传语,史书其过,宰彻其,犹以为未足也,故尧置敢谏之鼓,舜立诽谤之木,汤有司直之人,武王立戒慎之鞀。过若毫厘,而既已备之也。夫圣人之于善也,无小而不举;其于过也,无微而不改。尧、舜。禹、汤、文、武皆坦然天下而南面焉。当此之时,鼛鼓而食,奏《雍》而彻,已饭而祭灶,行不用巫祝,鬼神弗敢祟,山川弗敢祸,可谓至贵矣。然而战战慄慄,日慎一日。由此观之,则圣人之心小矣。《诗》云"惟此文王,小心翼翼,昭事上帝,聿怀多福",其斯之谓欤!武王伐纣,发钜桥之粟,散鹿台之钱,封比干之墓,表商容之闾,朝成汤之庙,解箕子之囚,使各处其宅,田其田,无故无新,唯贤是亲,用非其有,使非其人,晏然若故有之。由此观之,则圣人之志大也。文王、周公观得失,遍览是非,尧、舜所以昌,桀、纣所以亡者,皆著于明堂,于是略智博闻,以应无方。由此观之,则圣人之智员矣。成、康继文、武之业,守明堂之制,观存亡之迹,见成败之变,非道不言,非义不行,言不苟出,行不苟为,择善而后从事焉。由此观之,则圣人之行方矣。(《淮南子·主术训》)

继而赞颂尧、舜"禅于家国""忧而守之""乐与贤终,不私其利"的绝世风范:

凡人各贤其所说,而说其所快。世莫不举贤,或以治,或以乱,非自遁,求同乎己者也。己未必得贤,而求与己同者,而欲得贤,亦不几矣!使尧度舜则可,使桀度尧,是犹以升量石也。……勇士一呼,三军皆辟,其出之也诚。故倡而不和,意而不戴,中心必有不合者也。故舜不降席而王天下者,求诸己也。故上多故,则民多诈矣,身曲而景直者,未之闻也。说之所不至者,容貌至焉;容貌之所不至者,感忽至焉。感乎心,明乎智,发而成形,精之至也。可以形势接,而不可以照忌。戎翟之马,皆可以驰驱,或近或远,唯造父能尽其力,三苗之民,皆可使忠信,或贤或不肖,唯唐、虞能齐其美。……心之精者,可以神化,而不可以导人;目之精者,可以消泽而不可以昭忌。在混冥之中,不可谕于人。故舜不降席而天下治,桀不下陛而天下乱,盖情甚乎叫呼也。无诸己,求诸人,古今未之闻也。……禹不再受命,尧、舜传大焉,先形乎小也。刑于寡妻,至于兄弟,禅于家国,而天下从风。……有道之世,以人与国;无道之世,以国与人。尧王天下而忧不解,授舜而忧释。忧而守之,而乐与贤终,不私其利矣。(《淮南子·缪称训》)

与老庄卑视贤者不同,《淮南子》十分赞赏识贤、用贤:“昔尧之佐九人,舜之佐七人,武王之佐五人,尧、舜、武王于九、七、五者不能一事焉,然而垂拱受成功焉,善乘人之贤也。”(《淮南子·道应训》)在《泰族训》中,它论述了“得其人则举,失其人则废”的行政规律,同时也赞颂舜的“无为而治”,批判了秦始皇的大有为而治的弊端,再次回到它钟情的黄老政治的理念:

> 然得其人则举,失其人则废。尧治天下,政教平,德润洽,在位七十载,乃求所属天下之统,令四岳扬侧陋,四岳举舜而荐之尧。尧乃妻以二女,以观其内;任以百官,以观其外。既入大麓,烈风雷雨而不迷,乃属以九子,赠以昭华之玉,而传天下焉。以为虽有法度,而朱弗能统也。夫物未尝有张而不弛,成而不毁者也。唯圣人能盛而不衰,盈而不亏。……周公诛管叔、蔡叔,以平国弭乱,可谓忠臣也,而未可谓弟也。汤放桀,武王诛纣,以为天下去残除贼,可谓惠君,而未可谓忠臣矣。乐羊攻中山未能下,中山烹其子而食之以示威,可谓良将,而未可谓慈父也。故可乎可,而不可乎不可;不可乎不可,而可乎可。舜、许由异行而皆圣,伊尹、伯夷异道而皆仁,箕子、比干异趋而皆贤。故用兵者,或轻或重,或贪或廉,此四者相反,而不可一无也。……舜为天子,弹五弦之琴,歌《南风》之诗,而天下治。周公肴臑不收于前,钟鼓不解于悬,而四夷服。赵政昼决狱而夜理书,御史冠盖接于郡县,覆稽趋留,戍五岭以备越,筑修城以守胡,然奸邪萌生,盗贼群居,事愈烦而乱愈生。……夫观逐者于其反也,而观行者于其终也。故舜放弟,周公杀兄,犹之为仁也;文公树米,曾子架羊,犹之为知也。……夫水出于山而入于海,稼生于田而藏于仓。圣人见其所生而知其所归矣。故舜深藏黄金于崭岩之山,所以塞贪鄙之心也。

在《齐俗训》中,它赞扬尧治理天下之时任用舜、契、禹、后稷、奚仲等贤人的事迹,赞扬“昔舜葬苍梧,市不变其肆;禹葬会稽之山,农不易其亩,明乎死生之分,通乎侈俭之适者也”的参透生死的大智和胸怀。在《氾论训》中,则更进一步,认定尧、舜、禹、汤、文、武之类大圣人所以能够在不同情势下都获得成功,原因在于“得王道”并且能够“因时变而制礼乐”。而对这些大圣人也不能求全责备,必须着眼其大而宽容其小,这样才能对他们获得全面而准确的认识:

> 古之制,婚礼不称主人,舜不告而娶,非礼也。立子以长,文王舍伯邑考而用武王,非制也。礼三十而娶,文王十五而生武王,非法也。

> 夏后氏殡于阼阶之上，殷人殡于两楹之间，周人殡于西阶之上，此礼之不同者也。有虞氏用瓦棺，夏后氏堲周，殷人用椁，周人墙置翣，此葬之不同者也。夏后氏祭于暗，殷人祭于阳，周人祭于日出以朝，此祭之不同者也。尧《大章》，舜《九韶》，禹《大夏》，汤《大濩》，周《武象》，此乐之不同者也。故五帝异道，而德覆天下；三王殊事，而名施后世，此皆因时变而制礼乐者。……昔者神农无制令而民从，唐虞有制令而无刑罚，夏后氏不负言，殷人誓，周人盟。逮至当今之世，忍詢而轻辱，贪得而寡羞，欲以神农之道治之，则其乱必矣。……夫神农、伏羲不施赏罚而民不为非，然而立政者不能废法而治民；舜执干戚而服有苗，然而征伐者不能释甲兵而制强暴。由此观之，法度者，所以论民俗而节缓急也；器械者，因时变而制宜适也。……国之所以存者，道德也；家之所以亡者，理塞也。尧无百户之郭，舜无置锥之地，以有天下。禹无十人之众，汤无七里之分，以王诸侯。文王处岐周之间也，地方不过百里，而立为天子者，有王道也。夏桀、殷纣之盛也，人迹所至，舟车所通，莫不为郡县，然而身死人手，而为天下笑者，有亡形也。故圣人见化以观其征，德有盛衰，风先萌焉。故得王道者，虽小必大；有亡形者，虽成必败。……自古及今，五帝、三王未有能全其行者也。故《易》曰："《小过》亨，利贞。"言人莫不有过，而不欲其大也。夫尧、舜、汤、武，世主之隆也；齐桓、晋文，五霸之豪英也。然尧有不慈之名，舜有卑父之谤，汤、武有放弑之事五，伯有暴乱之谋。是故君子不责备于一人，方正而不以割，廉直而不以切，博通而不以訾，文武而不以责。……故未有功而知其贤者，尧之知舜；功成事立而知其贤者，市人之知舜也。为是释度数而求之于朝肆草莽之中，其失人也必多矣，何则？能效其求，而不知其所以取人也。

最后，《淮南子》回到对人生观的认识，认为人生的最高境界是做"无累之人"，即放弃对"耳目之欲""躬体之便"的追求，视富贵利禄为粪土。而尧、舜就是这样的人，所以他们能够做到"不以天下为贵"。《精神训》如此论述：

> 人之所以乐为人主者，以其穷耳目之欲，而适躬体之便也。今高台层榭，人之所丽也。而尧朴桷不斫，素题不枅；珍怪奇异，人之所美也；而尧粝粢之饭，藜藿之羹；文绣狐白，人之所好也，而尧布衣掩形，鹿裘御寒。养性之具不加厚，而增之以任重之忧。故举天下而传之于

舜,若解重负然。非直辞让,诚无以为也。此轻天下之具也。……尧不以有天下为贵,故授舜。公子札不以有国为尊,故让位。子罕不以王为富,故不受宝。务光不以生害义,故自投于渊。由此观之,至贵不待爵,至富不待财。天下至大矣,而以与佗人;身至亲矣,而弃之渊。外此,其余无足利矣。此之谓无累之人,无累之人,不以天下为贵矣。

总起来看,《淮南子》尽管将舜置于圣人的崇高地位,认可此前所有关于舜的事功和嘉言懿行的记载,但它基本上是从黄老的视角对舜进行论述和评论,硬是将舜变成了一个黄老之学的践行者,这就使舜受到不同程度的扭曲,从而具有了符号的意义。

第五节 《史记》的记述和评论

西汉时期,产生了我国古代历史上最伟大的史学巨著《史记》,它的作者就是被誉为“中国历史学之父”的司马迁。司马迁,字子长,西汉左冯翊夏阳(今陕西韩城)人。生卒年史传无明确记载,据王国维考证,其生年当在汉景帝中元五年(前 145 年),卒年大约与汉武帝相同,约六十岁。他的父亲司马谈为西汉太史令,是一位在自然科学、哲学、史学等方面都有相当造诣的学者,著有《论六家要旨》一文,分析战国诸子各家的长短得失,对道家特别推崇,这对司马迁产生了很大影响。司马迁少年时即随父到长安。他十岁诵古文,博览群书。二十五岁开始游历,足迹至江淮、齐、鲁等地。后任郎中,以职务之便,到过西南的巴、蜀、昆明,西方的空峒(今甘肃东南),北方的涿鹿和九原(今河北北部和内蒙古南部),东临大海的胶东、琅邪、扬州、会稽等郡。广泛的读书和游历,使他获得渊博的文献资料和生动丰富的感性知识,加深了对许多政治、经济、军事、文化以及诸多社会问题的认识,为写《史记》准备了条件。元封元年(前 110 年),司马迁三十六岁时其父病逝,临终留下遗嘱要求他撰写一部通史。元封三年(前 108 年),司马迁继任太史令,开始了《史记》的写作。天汉三年(前 98 年),因他为兵败降匈奴的李陵讲了几句公道话,触怒了汉武帝,被下狱处以腐刑。面对这一奇耻大辱,司马迁隐忍苟活,把全部精力用于著书。太始四年(前 93 年),基本上完成了这部“究天人之际,通古今之变,成一家之言”(《史记·太史公自序》)的历史巨著。

《史记》最早称《太史公书》，直到魏晋时期才以《史记》名书。《史记》记事上起传说中的黄帝，下迄西汉武帝，约三千余年的历史。全书分十二本纪、十表、八书、三十世家、七十列传，共一百三十篇，是我国第一部纪传体的通史。其中“本纪”是帝王的传记，它以事系年，成为全国性的编年大事记，是全书的总纲。“世家”是王侯封国、开国功臣和有特殊影响人物的传记。“传”是将相功臣、社会各阶层代表人物的传记。“世家”“列传”都是以事系人。“表”是以表格的形式谱列年爵、事件及人物，用以标明各主要历史事件的时间位置，以展示治乱兴亡的概略。“书”记载典章、制度、经济、天文、地理和艺术等内容，如《礼书》述礼仪，《乐书》论音乐，《律书》谈音律，《历书》记历法，《天官书》汇集古代天文知识，《封禅书》诏录历代帝王对各种鬼神的祭祀，《河渠书》记载主要水利工程，《平准书》记述汉代社会经济状况，特别是汉朝经济政策的演变。

司马迁是中国历史上第一个将舜的事功和思想进行系统全面梳理的史学家。在《史记·五帝本纪》中，舜成为事迹最丰满的“圣帝”：

帝尧者，放勋。其仁如天，其知如神。就之如日，望之如云。富而不骄，贵而不舒。黄收纯衣，彤车乘白马。能明驯德，以亲九族。九族既睦，便章百姓。百姓昭明，合和万国。……尧曰：“嗟！四岳：朕在位七十载，汝能庸命，践朕位？”岳应曰：“鄙德忝帝位。”尧曰：“悉举贵戚及疏远隐匿者。”众皆言于尧曰：“有矜在民间，曰虞舜。”尧曰：“然，朕闻之。其何如？”岳曰：“盲者子，父顽，母嚚，弟傲，能和以孝，烝烝治，不至奸。”尧曰：“吾其试哉。”于是尧妻之二女，观其德于二女。舜饬下二女于妫汭，如妇礼。尧善之，乃使舜慎和五典，五典能从。乃遍入百官，百官时序。宾于四门，四门穆穆，诸侯远方宾客皆敬。尧使舜入山林川泽，暴风雷雨，舜行不迷。尧以为圣，召舜曰：“女谋事至而言可绩，三年矣。女登帝位。”舜让于德不怿。正月上日，舜受终于文祖。文祖者，尧大祖也。于是帝尧老，命舜摄行天子之政，以观天命。舜乃在璿玑玉衡，以齐七政。遂类于上帝，禋于六宗，望于山川，辩于群神。揖五瑞，择吉月日，见四岳诸牧，班瑞。岁二月，东巡狩，至于岱宗，柴，望秩于山川。遂见东方君长，合时月正日，同律度量衡，修五礼、五玉、三帛、二生、一死为挚，如五器，卒乃复。五月，南巡狩；八月，西巡狩；十一月，北巡狩；皆如初。归，至于祖祢庙，用特牛礼。五岁一巡狩，群后四朝。遍告以言，明试以功，车服以庸，肇十有二州，决川。象以典刑,流宥五刑,鞭作官刑,扑作教刑,金作赎刑,眚灾过,赦;怙终贼,刑。钦哉,钦哉,惟刑之静哉!驩兜进言共工,尧曰不可而试之工师,共工果淫辟。四岳举鲧治鸿水,尧以为不可,岳强请试之,试之而无功,故百姓不便。三苗在江淮、荆州数为乱。于是舜归而言于帝,请流共工于幽陵,以变北狄;放驩兜于崇山,以变南蛮;迁三苗于三危,以变西戎;殛鲧于羽山,以变东夷;四罪而天下咸服。尧立七十年得舜,二十年而老,令舜摄行天子之政,荐之于天。尧辟位凡二十八年而崩。百姓悲哀,如丧父母。三年,四方莫举乐,以思尧。尧知子丹朱之不肖,不足授天下,于是乃权授舜。授舜,则天下得其利而丹朱病;授丹朱,则天下病而丹朱得其利。尧曰"终不以天下之病而利一人",而卒授舜以天下。尧崩,三年之丧毕,舜让辟丹朱于南河之南。诸侯朝觐者不之丹朱而之舜,狱讼者不之丹朱而之舜,讴歌者不讴歌丹朱而讴歌舜。舜曰"天也",夫而后之中国践天子位焉,是为帝舜。

虞舜者,名曰重华。重华父曰瞽叟,瞽叟父曰桥牛,桥牛父曰句望,句望父曰敬康,敬康父曰穷蝉,穷蝉父曰帝颛顼,颛顼父曰昌意:以至舜七世矣。自从穷蝉以至帝舜,皆微为庶人。舜父瞽叟盲,而舜母死,瞽叟更娶妻而生象,象傲。瞽叟爱后妻子,常欲杀舜,舜避逃,及有小过,则受罪。顺事父及后母与弟,日以笃谨,匪有解。舜,冀州之人也。舜耕历山,渔雷泽,陶河滨,作什器于寿丘,就时于负夏。舜父瞽叟顽,母嚚,弟象傲,皆欲杀舜。舜顺适不失子道,兄弟孝慈。欲杀,不可得;即求,尝在侧。舜年二十以孝闻。三十而帝尧问可用者,四岳咸荐虞舜,曰可。于是尧乃以二女妻舜以观其内,使九男与处以观其外。舜居妫汭,内行弥谨。尧二女不敢以贵骄事舜亲戚,甚有妇道。尧九男皆益笃。舜耕历山,历山之人皆让畔;渔雷泽,雷泽上人皆让居;陶河滨,河滨器皆不苦窳。一年而所居成聚,二年成邑,三年成都。尧乃赐舜絺衣,与琴,为筑仓廪,予牛羊。瞽叟尚复欲杀之,使舜上涂廪,瞽叟从下纵火焚廪。舜乃以两笠自扞而下,去,得不死。后瞽叟又使舜穿井,舜穿井为匿空,旁出。舜既入深,瞽叟与象共下土实井,舜从匿空出,去。瞽叟、象喜,以舜为已死。象曰:"本谋者象。"象与其父母分,于是曰:"舜妻尧二女,与琴,象取之。牛羊仓廪予父母。"象乃止舜宫居,鼓其琴。舜往见之。象愕不怿,曰:"我思舜正郁陶。"舜曰:"然,尔其庶矣。"舜复事瞽叟爱弟弥谨。于是尧乃试舜五典百官,皆治。昔高阳氏有才子八人，世得其利，谓之“八恺”。高辛氏有才子八人，世谓之“八元”此十六族者，世济其美，不陨其名。至于尧，尧未能举。舜举八恺，使主后土，以揆百事，莫不时序。举八元，使布五教于四方，父义，母慈，兄友，弟恭，子孝，内平外成。昔帝鸿氏有不才子，掩义隐贼，好行凶慝，天下谓之浑沌。少皞氏有不才子，毁信恶忠，崇饰恶言，天下谓之穷奇。颛顼氏有不才子，不可教训，不知话言，天下谓之梼杌。此三族世忧之。至于尧，尧未能去。缙云氏有不才子，贪于饮食，冒于货贿，天下谓之饕餮。天下恶之，比之三凶。舜宾于四门，乃流四凶族，迁于四裔，以御螭魅，于是四门辟，言毋凶人也。舜入于大麓，烈风雷雨不迷，尧乃知舜之足授天下。尧老，使舜摄行天子政，巡狩。舜得举用事二十年，而尧使摄政。摄政八年而尧崩。三年丧毕，让丹朱，天下归舜。而禹、皋陶、契、后稷、伯夷、夔、龙、垂、益、彭祖自尧时而皆举用，未有分职。于是舜乃至于文祖，谋于四岳，辟四门，明通四方耳目，命十二牧论帝德，行厚德，远佞人，则蛮夷率服。舜谓四岳曰：“有能奋庸，美尧之事者，使居官相事？”皆曰：“伯禹为司空，可美帝功。”舜曰：“嗟，然！禹，汝平水土，维是勉哉。”禹拜稽首，让于稷、契与皋陶。舜曰：“然，往矣。”舜曰：“弃，黎民始饥，汝后稷播时百谷。”舜曰：“契，百姓不亲，五品不驯，汝为司徒，而敬敷五教，在宽。”舜曰：“皋陶，蛮夷猾夏，寇贼奸轨，汝作士，五刑有服，五服三就；五流有度，五度三居；维明能信。”舜曰：“谁能驯予工？”皆曰垂可。于是以垂为共工。舜曰：“谁能驯予上下，草木鸟兽？”皆曰益可。于是以益为朕虞。益拜稽首，让于诸臣朱虎、熊罴。舜曰：“往矣，汝谐。”遂以朱虎、熊罴为佐。舜曰：“嗟！四岳，有能典朕三礼？”皆曰伯夷可。舜曰：“嗟！伯夷，以汝为秩宗，夙夜维敬，直哉维静絜。”伯夷让夔、龙。舜曰：“然。以夔为典乐，教稚子，直而温，宽而栗，刚而无虐，简而无傲；诗言意，歌长言，声依永，律和声，八音能谐，毋相夺伦，神人以和。”夔曰：“於！予击石拊石，百兽率舞。”舜曰：“龙，朕畏忌谗说殄伪，振惊朕众，命汝为纳言，夙夜出入朕命，惟信。”舜曰：“嗟！女二十有二人，敬哉，惟时相天事。”三岁一考功，三考绌陟，远近众功咸兴。分北三苗。此二十二人咸成厥功：皋陶为大理，平，民各伏得其实；伯夷主礼，上下咸让；垂主工师，百工致功；益主虞，山泽辟；弃主稷，百谷时茂；契主司徒，百姓亲和；龙主宾客，远人至；十二牧行而九州莫敢辟违；唯禹之功为大，披九山，通九泽，决九河，定九州，各以其职来贡，不失厥宜。方五千里，至于荒服。南抚交阯、北发，西戎、析枝、渠廋、氐、羌，北山戎、发、息慎，东长、鸟夷，四海之内，咸戴帝舜之功。于是禹乃兴《九招》之乐，致异物，凤皇来翔。天下明德皆自虞帝始。舜年二十以孝闻，年三十尧举之，年五十摄行天子事，年五十八尧崩，年六十一代尧践帝位。践帝位三十九年，南巡狩，崩于苍梧之野。葬于江南九疑，是为零陵。舜之践帝位，载天子旗，往朝父瞽叟，夔夔唯谨，如子道。封弟象为诸侯。舜子商均亦不肖，舜乃豫荐禹于天。十七年而崩。三年丧毕，禹亦乃让舜子，如舜让尧子。诸侯归之，然后禹践天子位。尧子丹朱，舜子商均，皆有疆土，以奉先祀，服其服，礼乐如之。以客见天子，天子弗臣，示不敢专也。

在《夏本纪》中，司马迁又将舜诛治水不成功的鲧，之后举荐禹治水成功并禅让帝位于他的历史，作了较《五帝本纪》更详尽的记述：

当帝尧之时，鸿水滔天，浩浩怀山襄陵，下民其忧。尧求能治水者，群臣四岳皆曰鲧可。尧曰："鲧为人负命毁族，不可。"四岳曰："等之未有贤于鲧者，愿帝试之。"于是尧听四岳，用鲧治水。九年而水不息，功用不成。于是帝尧乃求人，更得舜。舜登用，摄行天子之政，巡狩。行视鲧之治水无状，乃殛鲧于羽山以死。天下皆以舜之诛为是。于是舜举鲧子禹，而使续鲧之业。尧崩，帝舜问四岳曰："有能成美尧之事者使居官？"皆曰："伯禹为司空，可成美尧之功。"舜曰："嗟，然！"命禹："女平水土，维是勉之。"禹拜稽首，让于契、后稷、皋陶。舜曰："女其往视尔事矣。"禹为人敏给克勤；其德不违，其仁可亲，其言可信；声为律，身为度，称以出，亹亹穆穆，为纲为纪。禹乃遂与益、后稷奉帝命，命诸侯百姓兴人徒以傅土，行山表木，定高山大川。禹伤先人父鲧功之不成受诛，乃劳身焦思，居外十三年，过家门不敢入。薄衣食，致孝于鬼神。卑宫室，致费于沟淢。陆行乘车，水行乘船，泥行乘橇，山行乘檋。左准绳，右规矩，载四时，以开九州，通九道，陂九泽，度九山。令益予众庶稻，可种卑湿。命后稷予众庶难得之食。食少，调有余相给，以均诸侯。禹乃行相地宜所有以贡，及山川之便利。……帝舜谓禹曰："汝亦昌言。"禹拜曰："於，予何言！予思日孳孳。"皋陶难禹曰："何谓孳孳？"禹曰："鸿水滔天，浩浩怀山襄陵，下民皆服于水。予陆行乘车，水行乘舟，泥行乘橇，山行乘檋，行山刊木。与益予众庶稻鲜食。

以决九州致四海，浚畎浍致之川。与稷予众庶难得之食。食少，调有余补不足，徙居。众民乃定，万国为治。”皋陶曰：“然，此而美也。”禹曰：“於，帝！慎乃在位，安尔止。辅德，天下大应。清意以昭待上帝命，天其重命用休。”帝曰：“吁，臣哉！臣哉！臣作朕股肱耳目。予欲左右有民，女辅之。余欲观古人之象，日月星辰，作文绣服色，女明之。予欲闻六律五声八音，来始滑，以出入五言，女听。予即辟，女匡拂予。女无面谀，退而谤予。敬四辅臣，诸众谗嬖臣，君德诚施皆清矣。”禹曰：“然，帝即不时，布同善恶则毋功。”帝曰：“毋若丹朱傲，维慢游是好，毋水行舟，朋淫于家，用绝其世。予不能顺是。”禹曰：“予辛壬娶涂山癸甲，生启予不子，以故能成水土功。辅成五服，至于五千里，州十二师，外薄四海，咸建五长，各道有功。苗顽不即功，帝其念哉。”帝曰：“道吾德，乃女功序之也。”皋陶于是敬禹之德，令民皆则禹。不如言，刑从之。舜德大明。于是夔行乐，祖考至，群后相让，鸟兽翔舞，《箫韶》九成，凤皇来仪，百兽率舞，百官信谐。帝用此作歌曰：“陟天之命，维时维几。”乃歌曰：“股肱喜哉，元首起哉，百工熙哉！”皋陶拜手稽首扬言曰：“念哉，率为兴事，慎乃宪，敬哉！”乃更为歌曰：“元首明哉，股肱良哉，庶事康哉！”又歌曰：“元首丛脞哉，股肱惰哉，万事堕哉！”帝拜曰：“然，往钦哉！”于是天下皆宗禹之明度数声乐，为山川神主。帝舜荐禹于天，为嗣。十七年而帝舜崩，三年丧毕，禹辞避舜之子商均于阳城。天下诸侯皆去商均而朝禹。禹于是遂即天子位，南面朝天下，国号曰夏后，姓姒氏。

在《秦始皇本纪》中，司马迁记载秦始皇在二十八年（前219）“浮江，至湘山祠”时，由博士口中得知，湘君是尧女。他“行至云梦，望祀虞舜于九疑山”。这说明，最迟至秦朝，对舜及其二妃的祭祀已经在民间甚至国家的层面进行了。

在《乐书》中，司马迁热切赞颂了舜乐：

昔者舜作五弦之琴，以歌《南风》。……凡音由于人心，天之与人有以相通，如景之象形，响之应声。故为善者天报之以福，为恶者天与之以殃，其自然者也。故舜弹五弦之琴，歌《南风》之诗而天下治；纣为朝歌北鄙之音，身死国亡。舜之道何弘也？纣之道何隘也？夫《南风》之诗者，生长之音也，舜乐好之，乐与天地同意，得万国之驩心，故天下治也。夫朝歌者不时也，北者败也，鄙者陋也，纣乐好之，与万国殊心，诸侯不附，百姓不亲，天下畔之，故身死国亡。

在《陈杞世家》中，司马迁记载了舜的后裔承传的历史。

如果说，《尚书·尧典》等篇章奠定了虞舜历史的文献基础，那么，司马迁的《史记·五帝本纪》等篇章则是在先秦时期虞舜历史的文献资料和口碑传说资料的基础上，对虞舜历史进行的一次具有里程碑意义的系统全面的梳理和综述。作为一位前无古人的历史学家，司马迁对他以前流传的文献资料和口碑传说资料进行了一番严格、审慎、细密和理性的考辨，经过去伪存真、去粗取精的改造制作，将自己认为靠得住的资料作了精心编排，从而给后世留下一个接近真实的虞舜。他的这番良苦用心通过《史记·五帝本纪》的"太史公曰"作了认真的申述：

> 学者多称五帝，尚矣。然《尚书》独载以来；而百家言黄帝，其文不雅驯，荐绅先生难言之。孔子所传《宰予问五帝德》及《帝系姓》，儒者或不传。余尝西至空峒，北过涿鹿，东渐于海，南浮江淮矣，至长老皆各往往称黄帝、尧、舜之处，风教固殊焉，总之不离古文者近是。予观《春秋》《国语》，其发明《五帝德》《帝系姓》章矣，顾弟弗深考，其所表见皆不虚。《书》缺有间矣，其轶乃时时见于他说。非好学深思，心知其意，固难为浅见寡闻道也。余并论次择其言尤雅者，故著为本纪书首。

通过司马迁的记述，虞舜的历史更加丰满、充实、生动、形象，具备了较前更清晰可信的眉目：

第一，舜是中国原始社会末期没有氏族贵族身份的"庶人"，即一介平民。他不幸生长在一个"父顽，母嚚，弟傲"的家庭，却"能和以孝，烝烝治，不至奸"，获得了良好的社会声望。同时在耕历山、渔雷泽、陶河滨的一系列生产活动中显示了卓越的才能。这是他被四岳推荐给帝尧作为继承人的个人的品德和能力方面的条件。

第二，舜的家庭条件之凶险的情况更加具体、鲜活。后母、父和同父异母弟数次设计陷害：火焚仓廪、落井填土、夺财占妻等，面对如此违背伦理常情的迫害，舜却能一忍再忍，以德报怨，"复事瞽叟爱弟弥谨"，从而感动顽劣，化解矛盾，换得家庭和睦。

第三，尧在选定舜为帝位继承人之后，对他进行了多批次、多方面严酷的考验：深入高山密林，接受风雨雷霆的洗礼；管理百官，治民理政，确定历法，制礼作乐，制定法度，统一度量衡；四方巡视，规划行政区划，祭祀天地山川、先祖神祇；以杀、流、放等手段惩罚恶人，理顺与北狄、南蛮、西戎、东夷的关系；举荐贤能，将禹、皋陶、契、后稷、伯夷、夔、龙、朱虎、熊罴、垂、益等22人安排在发挥他们所长的岗位上，使行政、民政、司法、礼乐、外事、农业、手工业、山泽等各项事业获得良好的管理和有序的发展。特别是惩罚治水不成功的鲧而任用其子禹踵继其业，使肆虐多年的洪水得以治理，从而为百姓的生产和生活的正常进行创造了条件。正是这些政绩显示了舜超越众人的才干，使他成为万众瞩目的帝尧的不可替代的继承人。

第四，尧禅让帝位于舜，舜禅让帝位于禹，在中国历史上创造了“禅让”即传贤的典型模式，说明在原始社会向文明社会过渡的时期，中国确实存在过“军事民主制”这样的部落联盟首领的机制。经过后人的理想化衍义，被推尊为最为人们所向往的政治制度，对后世产生了深远影响。

第五，舜确定了以仁德礼乐和刑罚惩戒相结合的治国理念，一方面要求政府树立“以民为本”的理念，善待百姓，德化为先，为他们创造良好的生产生活条件，“天下明德皆自虞帝始”。一方面坚持法治，毫不手软地惩治恶人，用强力维护正常的社会秩序。这一治国理念对中国古代政治和社会的影响同样是深巨的。

第六，《史记·五帝本纪》等篇章奠定了虞舜历史的基本框架和评论基准，后世对虞舜历史的述评大体在这个既定的框架和基准内进行。这无疑显示了司马迁对虞舜历史和虞舜文化研究的创始和奠基之功。

第六节　《说苑》《新序》《列女传》的记述和评论

刘向（前79～前8），字子政，本名更生，沛（今江苏丰县）人，汉高祖刘邦同父少弟楚元王刘交的玄孙。宣帝时以任宗正的父亲刘德之荫仕为辇郎，进入朝廷服务，累迁谏大夫、郎中、给事黄门、散骑谏大夫给事中。他治《春秋穀梁传》，曾讲论五经于石渠阁，以学问享誉朝野。元帝时得太傅萧望之、少傅周堪赏识，出任宗正，进入九卿之列。不久因上书弹劾外戚许、史两家骄纵不法和中书宦官弘恭、石显专权自恣，被下狱治罪，之后免为庶人十多年。成帝时起用，任为郎中，先领护三辅都水，转升光禄大夫，最后官至中垒校尉。此时的汉王朝，已经是江河日下。不仅元、成等皇帝在品格和才能上与乃祖相比大大退化，而且操持政柄的外戚和宦官更是在腐败的路上竞奔。刘向对此，看在眼里，急在心头，于是利用自己在经史等学问方面的优势，以阴阳灾异推论时政得失，屡屡上书言事，猛烈抨击外戚专权，又通过大量著述论述治道人心，期望挽救西汉王朝的颓势。河平三年(前26)，刘向受诏领校中秘藏书，组织指导一批专业人员对汉室所藏典籍进行全面整理、编次和校定，撰《别录》一书，成为中国古典文献学的奠基人。

刘向是西汉思想文化史上学识最渊博的大学者，在经学、史学、文学、文献学等领域以及天文历法等自然科学方面均取得卓越成就，留下一大批著作。据《汉书·艺文志》记载，他的著作，在《六艺略·书类》录有《五行传记》11卷；在《诸子略·儒家类》录有《新序》《说苑》《世说》《列女传颂图》共67卷；在《诸子略·道家类》录有《说老子》4篇；在《诗赋略》录有赋33篇。另外，在《隋书·经籍志》还录有《刘向谶》1卷、《列士传》2卷、《列仙传》2卷、《世本》2卷、《七略别录》20卷、《刘向集》6卷。此外，题名刘向者还有《五经杂义》《五经通义》《五经要义》《老子传》等。后人还辑录其散篇成《周易刘氏义》《春秋穀梁传说》等。不过，刘向的著作大部分散佚，今存者主要是《新序》《说苑》《列女传》及其他著作的辑本。这是研究他政治思想的主要依据。

在《说苑》《新序》和《列女传》中，刘向通过几个故事或引述某人的话语，数次提及舜。这些故事和话语，有的抄自以前的文献，有的可能是收录流传于民间的传说经过刘向的整理加工，有的则可能是出于刘向自己的编撰。如在《新序·杂事第五》讲的那个颜渊与鲁定公关于东野毕御马的故事，就是基本抄自《韩诗外传》卷二。《新序·杂事第一》中讲的舜"耕稼陶渔而躬孝友"的故事，显然是抄自此前的许多文献，只是在评论中借孔子之口表彰舜"孝弟之至，通于神明，光于四海"的品格。如在《列女传》中，他提供了一个关于舜的孝行和与尧之二女的较完整的故事，使此前语焉不详的史迹趋于完善，这里明显有他梳理加工的痕迹：

> 虞二妃者，帝尧之二女也，长娥皇，次女英。舜父顽母嚚，父号瞽瞍，弟曰象，敖游与嫚，舜能谐柔之，承事瞽瞍以孝。母憎舜而爱象，舜犹内治，靡有奸意。四岳荐之于尧，尧乃妻以二女，以观厥内。二女承事舜于畎亩之中，不以天子之女故而骄盈怠嫚，犹谦谦恭俭，思尽妇道。瞽瞍与象谋杀舜，使涂廪，舜归告二女曰："父母使我涂廪，我其往。"二女曰："往哉！"舜既治廪，乃捐阶，瞽瞍焚廪，舜往飞出。象复与

父母谋使舜浚井，舜乃告二女，二女曰："俞，往哉！"舜往浚井，格其出入从掩，舜潜出。时既不能杀舜，瞽瞍又使舜饮酒，醉将杀之，舜告二女，二女乃与舜药浴汪，遂往，舜终日饮酒不醉。舜之女弟系怜之，与二嫂谐。父母欲杀舜，怒之不已，舜犹不怨。舜往于田号泣，日呼旻天，呼父母，惟害若兹，思慕不已，不怨其弟，笃厚不怠。既纳于百揆，宾于四门，选于林木，入于大麓。尧试之百方，每事常谋于二女。舜既嗣位，升为天子，娥皇为后，女英为妃。封象于有庳，事瞽瞍犹若焉。天下称二妃聪明贞仁。舜陟方死于苍梧，号曰重华。二妃死于江湘之间，俗谓之湘君。君子曰：二妃德纯而行笃。《诗》云"不显惟德，百辟其型"，之此之谓也。颂曰：元始二妃，帝尧之女；嫔列有虞，承舜于下；以尊事卑，终能劳苦；瞽瞍和宁，卒享福祐。①

由于刘向完全继承儒家的理念，所以在每个故事中都将舜作为尽善尽美的大圣人并通过他的行政来证明儒家理论的正确性。如在《说苑·杂言》中记述"舜耕之时，不能利其都人，及为天子，天下戴之。故君子穷则善其身，达则利于天下"②，以证明儒家强烈的社会责任意识和积极进取的人生态度。在《说苑·君道》中，借禹之口说出"尧、舜之人，皆以尧、舜之心为心"，称颂尧、舜与百姓水乳交融的关系。又借河间献王所讲的故事，表彰舜以仁爱为怀的胸襟：

河间献王曰："尧存心于天下，加志于穷民，痛万姓之罹罪，忧众生之不遂也。有一民饥，则曰此我饥之也；有一人寒，则曰此我寒之也；一民有罪，则曰此我陷之也。仁昭而义立，德博而化广；故不赏而民劝，不罚而民治。先恕而后教，是尧道也。当舜之时，有苗氏不服，其所以不服者，大山在其南，殿山在其北，左洞庭之波，右彭蠡之川。因此险也，所以不服，禹欲伐之，舜不许，曰：'谕教犹未竭也。'究谕教焉，而有苗氏请服，天下闻之，皆非禹之义而归舜之德。"

同是在《说苑·君道》中，他通过伊尹之口，表彰尧、舜、禹的举贤，以凸显儒家"明君在上，慎于择士，务于求贤"的理念：

汤问伊尹曰："三公九卿，二十七大夫，八十一元士，知之有道乎？"伊尹对曰："昔者尧见人而知，舜任人然后知，禹以成功举之。夫三君之举贤，皆异道而成功，然尚有失者，况无法度而任己，直意用人，必大

① （汉）刘向：《列女传》卷一《母仪传·有虞二妃》，影印文渊阁四库全书本。
② （汉）刘向：《说苑》卷一七《杂言》，影印文渊阁四库全书本。

失矣。故君使臣自贡其能，则万一之不失矣，王者何？以选贤。夫王者得贤材以自辅，然后治也，虽有尧、舜之明，而股肱不备，则主恩不流，化泽不行。故明君在上，慎于择士，务于求贤，设四佐以自辅，有英俊以治官，尊其爵，重其禄，贤者进以显荣，疲者退而劳力，是以主无遗忧，下无邪慝，百官能治，臣下乐职，恩流群生，润泽草木。昔者虞舜左禹右皋陶，不下堂而天下治，此使能之效也。"

在《说苑·修文》中，他通过孔子对音乐的评论，论证舜"积正合仁，履中行善，而卒以兴"和纣"好慢淫荒，刚厉暴贼，而卒以灭"的道理：

子路鼓瑟，有北鄙之声，孔子闻之曰："信矣，由之不才也！"冉有侍，孔子曰："求来，尔奚不谓由夫先王之制音也？奏中声，为中节，流入与南，不归于北。南者生育之乡，北者杀伐之域。故君子执中以为本，务生以为基，故其音温和而居中，以象生育之气也。忧哀悲痛之感不加乎心，暴厉淫荒之动不在乎体，夫然者，乃治存之风，安乐之为也。彼小人则不然，执末以论本，务刚以为基，故其音湫厉而微末，以象杀伐之气。和节中正之感不加乎心，温俨恭庄之动不存乎体，夫杀者乃乱亡之风，奔北之为也。昔舜造《南风》之声，其兴也勃焉，至今王公述而不释；纣为北鄙之声，其废也忽焉，至今王公以为笑。彼舜以匹夫，积正合仁，履中行善，而卒以兴，纣以天子，好慢淫荒，刚厉暴贼，而卒以灭。今由也，匹夫之徒，布衣之丑也，既无意乎先王之制，而又有亡国之声，岂能保七尺之身哉？"冉有以告子路，子路曰："由之罪也！小人不能，耳陷而入于斯。宜矣，夫子之言也！"遂自悔，不食七日而骨立焉，孔子曰："由之改过矣。"

在《说苑·反质》中，刘向对舜耕历山、渔雷泽、陶河滨的史迹进行了诠释，认为所有这些行动都是为了"救败"，即救百姓的"离诚就诈，弃朴而取伪"：

历山之田者，善侵畔，而舜耕焉；雷泽之渔者，善争陂，而舜渔焉；东夷之陶器窳，而舜陶焉。故耕渔与陶非舜之事，而舜为之，以救败也。民之性皆不胜其欲，去其实而归之华，是以苦窳之器，争斗之患起，争斗之患起，则所以偷也。所以然者何也？由离诚就诈，弃朴而取伪也，追逐其末而无所休止。圣人抑其文而抗其质，则天下反矣，《诗》云："尸鸠在桑，其子七兮；淑人君子，其仪一兮。"《传》曰："尸鸠之所以养七子者，一心也；君子之所以理万物者，一仪也。以一仪理物，天心也;五者不离,合而为一,谓之天心。在我能因自深结其意于一,故一心可以事百君,百心不可以事一君,是故诚不远也。夫诚者一也,一者质也;君子虽有外文,必不离内质矣。”

这里显示的是刘向作为统治阶级的一员将圣人和百姓截然分为两极的阶级偏见。

第七节　《论衡》的记述和评论

王充(27～101),字仲任,东汉会稽上虞(今属浙江)人,青年时曾受业太学,师事班彪。40岁前一直在县、郡、州任功曹之类属官。辗转丹阳、九江、庐江等郡,最后任扬州治中。章和二年(88)辞官家居。后虽以才学特诏公车征,但因病未能成行,错过了任较高秩级官吏的机会。王充一生刻苦读书,勤于著述。据记载有《论衡》85篇,《讥俗》《节义》12篇,《政务》(篇数不详)一书,《备之》《禁酒》2篇,《养性书》16篇,《六儒论》1篇。另有《果赋》1篇。后来仅《论衡》一书流传于世,其余皆亡佚。

在东汉思想家中,王充的《论衡》一书是提及舜最多的著作之一。

王充作为一位颇具理性思考的学者,以常识、理性和形式逻辑为武器,在《论衡》中竭力对以往记载舜的文献进行严格的审视,千方百计寻找其中的破绽,指出失实之处。如在卷四《书虚》篇中,就指出“舜至苍梧,禹到会稽”的巡守不符合事实,而是出于治水的需要;指出“舜葬于苍梧,象为之耕;禹葬会计,鸟之田”违背常识,是“失事之实,虚妄之言”:

儒书言舜葬于苍梧,禹葬于会稽者,巡狩年老,道死边土,圣人以天下为家,不别远近,不殊内外,故遂止葬。夫言舜、禹实也,言其巡狩虚也。舜之与尧,俱帝者也,共五千里之境,同四海之内,二帝之道,相因不殊。《尧典》之篇,舜巡狩,东至岱宗,南至霍山,西至太华,北至恒山,以为四岳者,四方之中,诸侯之来,并会岳下,幽深远近,无不见者。圣人举事,求其宜适也,禹王于舜事无所改,巡狩所至,亦复如舜。舜至苍梧,禹到会稽,非其实也,实舜、禹之时,鸿水未治,尧传于舜,舜受为帝,与禹分部行治鸿水,尧崩之后,舜老亦以传于禹,舜南治水,死于苍梧,禹东治水,死于会稽,贤圣家天下,故因葬焉。吴君高说会稽本山名,夏禹巡守,会计于此山,因以名郡,故曰会稽。夫言因山名郡,可也；言禹巡狩会计于此山，虚也。巡狩本不至会稽，安得会计于此山，宜听君高之说，诚会稽为会计，禹到南方何所会计？如禹始东死于会稽，舜亦巡狩至于苍梧，安所会计？百王治定则出巡，巡则辄会计，是则四方之山皆会计也。百王太平，升封太山，太山之上封可见者，七十有二，纷纶湮灭者，不可胜数。如审帝王巡狩则辄会计，会计之地，如太山封者，四方宜多，夫郡国成名，犹万物之名，不可说也，独为会计立欤？周时旧名吴越也，为吴越立名，从何往哉？六国立名，状当如何？天下郡国，且百余县邑，出万乡亭，聚里皆有号名，贤圣之才莫能说，君高能说会计，不能辨定方名，会计之说，未可从也。巡狩考正法度，禹时吴为裸国，断发文身，考之无用，会计如何？《传》书言舜葬于苍梧，象为之耕；禹葬会计，鸟之田。盖以圣德所致，天使鸟兽报祐之也。世莫不然，考实之殆虚言也。夫舜、禹之德，不能过尧，尧葬于冀州，或言葬于崇山，冀州鸟兽不耕，而鸟兽独为舜、禹耕，何天恩之偏驳也？或曰舜、禹治水不得宁处，故舜死于苍梧，禹死于会稽，勤苦有功，故天报之；远离中国，故天痛之。夫天报舜、禹，使鸟田象耕，何益舜、禹？天欲报舜、禹，宜使苍梧、会稽常祭祀之，使鸟兽田耕，不能使人祭，祭加舜、禹之墓田，施人民之家，天之报祐圣人，何其拙也，且无益哉！由此言之，鸟田象耕，报祐舜、禹，非其实也，实者，苍梧多象之地，会稽众鸟所居，《禹贡》曰"彭蠡既潴，阳鸟攸居"，天地之情，鸟兽之行也。象自蹈土，鸟自食苹，土蹶草尽，若耕田状，壤靡泥易，人随种之，世俗则谓为舜、禹田，海陵麋田，若象耕状，何尝帝王葬海陵者邪？

在卷七《道虚》篇和《语增》篇中，他指出"言尧、舜若腊与腒，桀、纣垂腴尺余"是言过其实，而对尧、舜自奉之俭的描绘同样不符合事实：

《传》语曰：尧、舜之俭，茅茨不剪，采椽不斫。夫言茅茨采椽，可也；言不剪不斫，增之也。《经》曰：弼成五服。五服，五采服也。服五采之服，又茅茨采椽，何宫室衣服之不相称也？服五采，画日月星辰，茅茨采椽，非其实也。

在卷八《儒增》篇中，他认为儒书所称颂的舜的时代"一人不刑，刑错不用"完全是毫无根据的过誉，是一种绝对化的说辞。他用《尚书·尧典》等文献记述的资料进行了辨析：

儒书称：尧、舜之德，至优至大，天下太平，一人不刑。又言：文、武之隆，遗在成、康，刑错不用四十余年。是欲称尧、舜，褒文武也。夫为言不益，则美不足称；为文不渥，则事不足褒。尧、舜虽优，不能使一人不刑；文、武虽盛，不能使刑不用。言其犯刑者少，用刑希疏，可也；言其一人不刑，刑错不用，增之也。夫能使一人不刑，则能使一国不伐；能使刑错不用，则能使兵寝不施。案：尧伐丹水，舜征有苗，四子服罪，刑兵设用。成王之时，四国篡畔，淮夷、徐戎并为患害。夫刑人用刀，伐人用兵，罪人用法，诛人用武。武、法不殊，兵、刀不异。巧论之人，不能别也。夫德劣故用兵，犯法故施刑。刑与兵犹足与翼也，走用足，飞用翼，形体虽异，其行身同。刑之与兵，全众禁邪，其实一也。称兵之不用，言刑之不施，是犹人耳缺目完，以目完称人体全，不可从也。人桀于刺虎，怯于击人，而以刺虎称谓之勇，不可听也。身无败缺，勇无不进，乃为全耳。今称一人不刑，不言一兵不用；褒刑错不用，不言一人不畔，未得为优，未可谓盛也。

在卷八《艺增》篇中，王充又对“尧、舜之民可比屋而封”的赞誉之词提出疑义，认为这种情况在事实上是难以出现的。况且，“比屋”与“荡荡乎民无能名”也是互相矛盾的：

《论语》曰：大哉！尧之为君也。荡荡乎民无能名焉。《传》曰：有年五十击壤于路者，观者曰“大哉！尧德乎！”击壤者曰：“吾日出而作，日入而息，凿井而饮，耕田而食，尧何等力！”此言荡荡无能名之效也。言荡荡可也，乃欲言民无能名，增之也。四海之大，万民之众，无能名尧之德者，殆不实也。夫击壤者曰“尧何等力”，欲言民无能名也。观者曰“大哉！尧之德乎”，此何等民者，犹能知之。实有知之者，云无，竟增之。儒书又言：尧、舜之民可比屋而封。言其家有君子之行，可皆官也。夫言可封，可也；言比屋，增之也。人年五十为人父，为人父而不知君，何以示子？太平之世，家为君子，人有礼义，父不失礼，子不废行。夫有行者有知，知君莫如臣，臣贤能知君，能知其君，故能治其民。今不能知尧，何可封官？年五十击壤于路，与竖子未成人者为伍，何等贤者？子路使子羔为郈宰，孔子以为不可：未学，无所知也。击壤者无知，官之如何？称尧之荡荡，不能述其可比屋而封；言贤者可比屋而封，不能议让其愚而无知之。夫击壤者，难以言比屋，比屋难以言荡荡，二者皆增之所由起，美尧之德也。

在卷十八《齐世》篇和卷十九《宣汉》篇中，王充又对时人过誉尧、舜而贬低现今帝王的倾向提出疑义，虽然其中不乏他有意歌颂和谄媚当今帝王的用心，但终究显示了他历史进化论的目光，总体上还是值得肯定的：

语称上世之时，圣人德优而功治有奇。故孔子曰：大哉！尧之为君也！唯天为大，唯尧泽之。荡荡乎民无能名焉！巍巍乎其有成功也！焕乎其有文章也！舜承尧，不堕洪业；禹袭舜，不亏大功。其后至汤，举兵伐桀，武王把钺讨纣，无巍巍荡荡之文，而有动兵讨伐之言。盖其德劣而兵试，武用而化薄。化薄，不能相逮之明验也。及至秦汉兵革云扰，战力角势，秦以得天下。既得，天下无嘉瑞之美，若叶和万国、凤皇来仪之类，非德劣不及功薄不若之征乎？此言妄也。夫天地气和即生圣人，圣人之治即立大功。和气不独在古先，则圣人何故独优？世俗之性，好褒古而毁今，少所见而多所闻。又见经传增贤圣之美，孔子尤大尧、舜之功；又闻尧、禹禅而相让，汤、武伐而相夺。则谓古圣优于今，功化渥于后矣。夫经有褒增之文，世有空加之言，读经览书者所共见也。孔子曰：纣之不善，不若是之甚也。是以君子恶居下流，天下之恶皆归焉。世常以桀、纣与尧、舜相反，称美则说尧、舜，言恶则举桀、纣。孔子曰纣之不善不若是之甚也，则知尧、舜之德不若是其盛也。尧、舜之禅，汤、武之诛，皆有天命，非优劣所能为，人事所能成也。使汤、武在唐虞亦禅而不伐，尧、舜在殷周亦诛而不让。盖有天命之实，而世空生优劣之语。言叶和万国，时亦有丹朱；凤皇来仪，时亦有有苗。兵皆动而并用，则知德亦何优劣而小大也？世论桀、纣之恶甚于亡秦。实事者，谓亡秦恶甚于桀、纣。秦、汉善恶相反，犹尧、舜、桀、纣相违也。亡秦与汉皆在后世，亡秦恶甚于桀纣，则亦知大汉之德不劣于唐虞也。唐之万国固增而非实者也。有虞之凤皇，宣帝已五致之矣。孝明帝符瑞并至，夫德优故有瑞，瑞钧则功不相下。宣帝、孝明如劣不及尧、舜？何以能致尧、舜之瑞光？武皇帝龙兴凤举，取天下若拾遗，何以不及殷汤、周武？世称周之成、康不亏文王之隆，舜巍巍不亏尧之盛功也。方今圣朝，承光武袭孝明，有浸酆溢美之化，无细小毫发之亏，上何以不逮舜、禹？下何以不若成、康？世见五帝、三王事在经传之上，而汉之记故尚为文书，则谓古圣优而功大，后世劣而化薄矣。[①]（《论衡》卷一八《齐世》）

另外，王充还对以往文献记载的史迹通过辨析进行新的诠释，如对“夔

① 另《宣汉》篇更多辨析古今瑞应的不同，以此彰显汉代的兴盛。

一足”给出的新解：

唐虞时，夔为大夫，性知音乐，调声悲善，当时人曰：调乐如夔，一足矣。世俗传言夔一足。案：秩宗官缺，帝舜博求，众称伯夷，伯夷稽首，让于夔龙。秩宗，卿官，汉之宗正也。断一足，非其理也，且一足之人，何用行也。（《论衡·书虚》）

这样的新解尽管没有成为学术界的共识，但作为一种学术见解却一直被后来的学术界一再引述。

王充以上对以往文献记载失实或夸大之处进行的辨析大多数都是有道理的，显示了他的不迷信古人、独立思考、敢于对儒家权威挑战的可贵品格，但有些评判也反映了他对历史认识的局限，即对历史由低级向高级的发展还不能在宏观上准确地把握。如对记载尧、舜自奉简约的“茅茨不剪、采椽不斫”的辨正，就是以三代以后君王的实际享用否定五帝时代君王的简朴生活。他不知道，消费，无论是对于君王还是普通百姓，都是一个历史概念，是被时代严格限定的。尧、舜的简约是当时生产力发展水平低下限定的结果，而且，就是尧、舜如此俭朴的生活水平，也肯定高出当时一般氏族成员许多。这在很大程度上与个人品格没有太大关系。

虽然王充不认同以往文献对尧、舜失实或夸大的记载，但这并不影响他将尧、舜置于圣帝名王的尊位：“圣王莫过尧、舜，尧、舜之治，最为平矣。”（《论衡·是应》）正因为这样，他对以往记载舜的绝大多数文献基本上是予以认可的。如在卷一《气寿》中，他就认可了后世颇有争议的尧、舜的高寿记录：“《尧典》曰朕在位七十载，求禅得舜，舜征，三十岁在位，尧退而老，八岁而终，至殂落九十八岁。未在位之时必已成人，今计数百有余矣。又曰舜生三十征庸，三十在位，五十载陟方乃死，过百岁矣。”在卷十六《乱龙》篇中认可了舜的异于常人之处：“舜以圣德，入大麓之野，虎狼不犯，虫蛇不害。禹铸金鼎，象百物，以入山林，亦辟凶殃。论者以为非实，然而上古久远，周鼎之神不可无也。”同时，王充还为舜的史迹增添了新的材料。如卷二《率性》记述舜与鲧的冲突，颇具神秘色彩，或许这是他收集的流传于民间的传说：

尧以天下让舜，鲧为诸侯，欲得三公而尧不听。怒其猛兽，欲以为乱，比兽之角，可以为城，举尾以为旌，奋心盛气，阻战为强。夫禽兽与人殊形，犹可命战，况人同类乎？推此以论，百兽率舞，潭鱼出听，六马仰秣，不复疑矣。异类以殊为同，同类以钧为异，所由不在于物，在于

人也。凡含血气者，教之所以异化也，三苗之民或贤或不肖，尧、舜齐之，恩教加也。(《论衡·率性》)

在《知实》篇中，王充以“圣人不能先知”的理由为舜看似陷父亲和弟弟于不义境地的行为辩护，显示了他为维护舜的圣人尊位而煞费苦心：

孔子曰：孝哉，闵子骞！人不间于其父母昆弟之言。虞舜大圣，隐藏骨肉之过，宜愈子骞。瞽瞍与象使舜治廪、浚井，意欲杀舜。当见杀己之情，早谏豫止。既无如何，宜避不行，若病不为。何故使父与弟得成杀己之恶，使人闻非父弟，万世不灭？以虞舜不豫见，圣人不能先知。(《论衡·知实》)

然而，使王充始料不及的是，他的如此的辩护恰恰是降低了舜的圣人地位，一个不能“豫见”的人还算得上圣人吗？

另外，王充在《刺孟》篇中以五帝在时间上的连接相续，批驳孟子“五百必有王者兴”的观点，指出其经不起史实的检验，显示了他对这一段历史比较准确而清晰的认知：

夫孟子言五百年有王者兴，何以见乎？帝喾王者，而尧又王天下；尧传于舜，舜又王天下；舜传于禹，禹又王天下。四圣之王天下也，继踵而兴。禹至汤且千岁，汤至周亦然，始于文王，而卒传于武王。武王崩，成王、周公共治天下。由周至孟子之时，又七百岁而无王者。五百岁必有王者之验，在何世乎？云“五百岁必有王者”，谁所言乎？论不实事考验，信浮淫之语；不遇去齐，有不豫之色；非孟子之贤效与俗儒无殊之验也？五百年者，以为天出圣期也，又言“以天未欲平治天下也”，其意以为天欲平治天下，当以五百年之间生圣王也。如孟子之言，是谓天故生圣人也。然则五百岁者，天生圣人之期乎？如是其期，天何不生圣？圣王非其期故不生，孟子犹信之，孟子不知天也。“自周已来，七百余岁矣，以其数则过矣；以其时考之，则可矣”，何谓“数过”？何谓“时可”乎？数则时，时则数矣。数过，过五百年也。从周到今七百余岁，逾二百岁矣。设或王者生失时矣，又言“时可”，何谓也？云五百年必有王者兴，又言其间必有名世，与王者同乎？异也？如同，为再言之？如异，名世者，谓何等也？谓孔子之徒、孟子之辈，教授后生，觉悟顽愚乎？已有孔子，已又以生矣。如谓圣臣乎？当与圣同时，圣王出，圣臣见矣。言五百年而已，何为言其间？如不谓五百年时，谓其中间乎？是谓二三百年之时也，圣不与五百年时圣王相得。夫如是，孟子言其间必有名世者，竟谓谁也？夫天未欲平治天下也。如欲治天下，舍予而谁也？言若此者，不自谓当为王者，有王者，若为王臣矣。为王者臣，皆天也。已命不当平治天下，不浩然安之于齐，怀恨有不豫之色，失之矣。(《论衡·刺孟》)

不过，在《论衡》中，王充在提及舜的时候，更多情况下是让舜为他的思想和理论服务。如在哲学上他坚持自然无为的观点，在政治上推崇“无为而治”的黄老之学，于是黄帝、尧、舜就成了顺应自然、“与天地合其德”的“无为而治”的实践者：

《易》曰：黄帝、尧、舜垂衣裳而天下治。垂衣裳者，垂拱无为也。孔子曰：大哉！尧之为君也！惟天为大，惟尧则之。又曰：巍巍乎！舜、禹之有天下也，而不与焉。周公曰：上帝引佚。上帝，谓虞舜也。虞舜承安继治，任贤使能，恭己无为而天下治。虞舜承尧之安，尧则天而行，不作功邀名，无为之化自成，故曰“荡荡乎，民无能名焉”。年五十者击壤于途，不能知尧之德，盖自然之化也。《易》曰：大人与天地合其德。黄帝、尧、舜，大人也，其德与天地合，故知无为也。天道无为，故春不为生，而夏不为长，秋不为成，冬不为藏。阳气自出，物自生长；阴气自起，物自成藏。汲井决陂，灌溉园田，物亦生长，沛然而雨，物之茎叶根垓，莫不洽濡。程量澍泽，孰与汲井决陂哉！故无为之为大矣。本不求功，故其功立；本不求名；故其名成。沛然之雨，功名大矣，而天地不为也，气和而雨自集。(《论衡·自然》)

王充以命定论解释社会历史的发展和个人的生死祸福、功名利禄的差异，将个人的主观努力与个人命运的顺和逆完全切割开来：“尧、舜之禅，汤武之诛，皆有天命，非优劣所为、人事所能成也。”(《论衡·齐世》)“夫贤君能治当安之民，不能化当乱之世。……由此言之，教之兴废，国之安危，皆在命时，非人力也。”“昌衰兴废，皆天时也。……故治非贤圣之功，衰乱非无道之致。国当衰乱，圣贤不能盛；时当治，恶人不能乱。世之治乱，在时不在政；国之安危，在数不在教。贤不贤之君，明不明之政，无能损益。”(《论衡·治期》)在他看来，个人命运的不同完全是由偶然的“遇”达成的，而如何因应这种“遇”则是因为个体秉“道”的粗细不同区分的：

夫能御骥騄者，必王良也；能臣禹、稷、皋陶者，必尧、舜也。御百里之手，而以调千里之足，必有摧衡折轭之患；有接具臣之才，而以御大臣之知，必有闭心塞意之变。故至言弃捐，圣贤距逆，非憎圣贤，不甘至言也。圣贤务高，至言难行也。夫以大才干小才，小才不能受，不遇固宜。以大才之臣遇大才之主，乃有遇不遇。虞舜、许由、太公、伯夷是也。虞舜、许由俱圣人也，并生唐世，俱面于尧。虞舜绍帝统，许由入山林。太公、伯夷俱贤也，并出周国，皆见武王，太公受封，伯夷饿死。夫贤圣道同，志合趋齐，虞舜、太公行耦，许由、伯夷操违者，生非其世，出非其时也。道虽同，同中有异，志虽合，合中有离。何则？道有精粗，志有清浊也。许由，皇者之辅也，生于帝者之时；伯夷，帝者之佐也，出于王者之世。并由道德，俱发仁义，主行道德，不清不留，主为仁义，不高不止，此其所以不遇也。尧溷，舜浊，武王诛残，太公讨暴，同浊皆粗，举措均齐，此其所以为遇者也。故舜王天下，皋陶佐政，北人无择深隐不见；禹王天下，伯益辅治，伯成子高委位而耕。非皋陶才愈无择，伯益能出子高也，然而皋陶、伯益进用，无择、子高退隐，进用行耦，退隐操违也。退隐势异，身虽屈，不愿进；人主不须其言，废之，意亦不恨，是两不相慕也。（《论衡·逢遇》）

王充比较舜与孔子命运的差异，在卷二《幸偶》中，他用舜之“幸偶”与孔子之“不幸偶”进行了诠释：

虞舜圣人也，在世宜蒙全安之福。父顽、母嚚、弟象敖狂，无过见憎，不恶而得罪，不幸甚矣！孔子，舜之次也，生无尺土，周流应聘，削迹绝粮。俱以圣才，并不幸偶，舜尚遭尧受禅，孔子已死于阙里。以圣人之才，犹不幸偶庸人之中，被不幸偶，祸必众多矣。

在王充看来，舜、禹之所以能够通过禅让得到天下的大位，也是由于偶然因素即“丹朱为无道”和“商均行不轨”决定的：“尧命当禅舜，丹朱为无道；虞统当传夏，商均行不轨。非舜、禹当得天下，能使二子恶也，美恶是非，适相逢也。”（《论衡·偶会》）王充进而将这种偶然因素决定的“遇”与“时”等同起来，并且认为所有这一切都是由于命中注定的：“虞舜为父弟所害，几死再三，及遇唐尧，尧禅舜立为帝。尝见害，未有非；立为帝，未有是。前时未到，后则命时至也。”（《论衡·祸虚》）而只要命中注定，不管遭遇多少磨难，“时”终有一大会到来：

舜未逢尧，鳏在侧陋，瞽瞍与象谋欲杀之，使之完廪火燔其下，令之浚井土掩其上，舜得下廪不被火灾，穿井旁出不触土害。尧闻征用，试之于职官，治职修事无废乱；使入大麓之野，虎狼不搏，蝮蛇不噬，逢烈风疾雨行不迷惑。夫人欲杀之不能害，之毒螫之野禽虫不能伤，卒

受帝命,践天子祚。(《论衡·吉验》)

不过,王充有时也自相矛盾,当他强调教化的功用时,尧、舜是证据;当他强调社会治乱由命定而与教化无关时,尧、舜同样是证据:

尧、舜为政,民无狂愚。《传》曰:尧、舜之民可比屋而封,桀、纣之民可比屋而诛。斯民也,三代所以直道而行也。圣主之民如彼,恶主之民如此,竟在化,不在性也。(《论衡·率性》)

世谓古人君贤,则道德施行,施行则功成治安;人君不肖,则道德顿废,顿废则功败治乱。古今论者,莫谓不然,何则?见尧、舜贤圣致太平,桀、纣无道致乱得诛。如实论之,命期自然,非德化也。(《论衡·治期》)

这里的尧、舜已经变成王充手中的文化符号,由他任意调配使用了。

从上面的记述和评判可以看出,王充作为东汉时代最具批判力和最勇敢的学者,的确在尧、舜问题上做出了一些超迈前人的贡献。然而,由于他在社会历史观方面陷入命定论的泥潭,就使他的认识不可避免地剑走偏锋,这样一来,就使他很难对舜的历史地位和历史贡献进行更深入更准确的评判。

第八节　《汉书》和《白虎通义》的记述和评论

班固(32～92),字孟坚,是东汉初年著名学者班彪的长子。他9岁能属文,诵诗赋。16岁即入太学,博览群籍,九流百家之言无不穷究,颇为当时人所钦重。显然,班固的资质、优势在于读书为文做学问,且生当东汉光、明、章三代社会稳定、经济繁荣的岁月里,正可以平静的心态从事学术文化的创造。然而,班固更感兴趣的却是参与政治,梦寐以求的是官场的权势、利禄和荣光,因而不断结交权贵就成为他乐此不疲的活动。永平初年,东平王刘苍以当今皇帝之弟任骠骑大将军,大权在握,一言九鼎,是一个能给人带来富贵利禄的大人物。班固以布衣之身,向他上书,推荐人才,希冀刘苍赏识他的才干,但未获青睐。他只能继续以太学生的身份度过寒窗苦读与著述的凄清时光。在这之后,他开始接续父亲撰写《汉书》。永平五年(62),因有人告发他私自改作国史而被捕入狱。但因祸得福,真相查明后,明帝欣赏他的才华,任命他为兰台令史,使其开始了20余年潜心著述《汉书》的生涯。正是这20多年的辛勤劳作,使他写出了中国第一部断代史的辉煌巨著,奠定了他在中国史学史上不可替代的地位。不过,班固在守住清贫,努力著述的同时,并没有忘记寻机为当今朝廷献上深情的颂歌,更没有忘记有朝一日得到当权者的拔擢而平步青云。其间,他写过洋洋洒洒、辞采华美的《两都赋》,极力称颂东汉创业的艰辛与伟大,赞美洛阳的雄奇壮伟,阔大宏丽。汉章帝即位后,由于他"雅化文章",对班固倍加宠幸,"数入读书禁中,或连日继夜,每行幽狩,辄献上赋颂,朝廷有大议,使难问公卿,辩论于前,赏赐恩宠甚渥"(《后汉书·班固传》)。然而,在章帝眼里,班固始终不过是一个文学侍从,尽管宠爱有加,却压根不想委他军国重任。建初三年(78),他擢升玄武司马,也只是一个秩级比千石的宫门卫士长,在高官如云的京城中,实在微不足道。而这一年,班固已经47岁,对自己的前程无耐而茫然。和帝即位的永元元年(89),班固望眼欲穿的机会终于等来了:车骑将军窦宪统兵北征匈奴,他被任命为中护军随军出征。他满以为自己飞黄腾达的机遇降临了,所以卖力为窦宪服务,对其征伐北匈奴的并不光彩的胜利极尽讴歌颂赞誉。然而,由于窦宪作为外戚专权自恣,大大激化了与皇室的矛盾,所以当永元四年(92)率军凯旋回朝时,等待他的却是和帝与宦官精心策划的诛杀。班固作为窦宪的党羽也沦为阶下囚,因为与之有隙的洛阳令种兢借机报复,使一代良史在惊悸与悔恨中死于狱中。

班固的《汉书》记述西汉与王莽新朝(前206~23)的历史,在涉及舜的史迹和评论上基本承袭了《帝系》《史记》的有关记载。如在《武帝纪》中,记载武帝南巡时"望祀虞舜于九嶷"。在《律历志》中,抄录《帝系》关于舜世系的记载。在《艺文志》中,认定尧、舜是儒家思想的源头流之一:

> 儒家者流,盖出于司徒之官,助人君顺阴阳明教化者也。游文于六经之中,留意于仁义之际。祖述尧、舜,宪章文武,宗师仲尼,以重其言,于道最为高。孔子曰:如有所誉,其有所试。唐虞之隆,殷周之盛,仲尼之业,已试之效者也。然惑者既失精微,而辟者又随时抑扬,违离道本,苟以哗众取宠,后进循之,是以五经乖析,儒学浸衰,此辟儒之患。

《汉书》涉及舜最多的篇章是与王莽有关的记载。如《元后传》中收录了王莽撰写的《自本》一文,将黄帝和虞舜认作祖宗:

> 黄帝姓姚氏,八世生虞舜,舜起妫汭,以妫为姓。至周武王封舜后

妫满于陈，是为胡公，十三世生完，完字敬仲，奔齐，齐桓公以为卿，姓田氏。十一世，田和有齐国，世称王，至王建为秦所灭。项羽起，封建孙安为济北王。至汉兴，安失国，齐人谓之“王家”，因以为氏。

王莽将自己家族的源头接续到虞舜那里，而当今的刘姓皇帝却是尧之后。既然昔日尧禅帝位于舜创造了一桩千年称颂的历史佳话，那么，今日刘氏皇统通过复制尧、舜禅让变成王氏皇统应该是顺理成章的美谈吧。王莽在《策命》中说：

帝王之道，相因而通。盛德之祚，百世享祀。予惟黄帝、帝少昊、帝颛顼、帝喾、帝尧、帝舜、帝夏禹、皋陶、伊尹，咸有圣德，假于皇天，功烈巍巍，光施于远，予甚嘉之，营求其后，将祚厥祀。惟王氏虞帝之后也，出自帝喾；刘氏尧之后也，出自颛顼。(《汉书·王莽传中》)

之后王莽安排了各圣帝、名王、名臣的后继者并给予相应的封爵，以便将自己的篡汉烘托成唐、虞之世再现的气氛。

王莽代汉是尧、舜禅让历史的第一次精心复制，这说明传统力量的无比强大。但正如马克思所精辟指出的：“黑格尔在某个地方说过，一切伟大的世界历史事变和人物，可以说都出现两次。他忘记补充一点：第一次是作为悲剧出现，第二次是作为笑剧出现。”①班固以他准确沉实的笔触，将作为笑剧出现的王莽代汉的禅让戏作了忠实的记录。

与班固有密切联系的还有一部书，这就是《白虎通义》。

两汉统治者为了使经学神学化和一统化，多次组织经师讨论经义异同，并出席作出裁决。建初四年(79)，汉章帝在白虎观召集儒生“正经义”，“讲论五经异同”，最后由他裁定，成为钦定经义。事后由班固加以整理，称《白虎通德论》，简称《白虎通义》或《白虎通》。该书继承董仲舒神学目的论的世界观，以谶解释经典，使之具备国家法典的地位，标志了今文经学神学化的完成。《白虎通义》涉及舜的记载不太多，也没有增加新的史料，与以前不同的是它对与舜有关的圣人、号、谥、礼乐等的诠释。如《德论》下解释“圣人”：“圣人者何？圣者通也，道也，声也。道无所不通，明无所不照，闻声知情，与天地合德。日月合明，四时合序，鬼神合吉凶。《礼别名记》曰：五人曰茂，十人曰选，百人曰俊，千人曰英，倍英曰贤，万人曰杰，万杰曰

---

① [德]马克思：《路易·波拿巴的雾月十八日》，《马克思恩格斯选集》第1卷，人民出版社2012年版，第668页。

圣。"①之后将伏羲、神农、黄帝、尧、舜、禹、皋陶、周文王、武王都排进"圣人"行列。接着又说"圣人"的面貌形体与众不同：

又圣人皆有表异，《传》曰：伏羲禄衡连珠，唯大目鼻龙伏，作《易》八卦以应枢；黄帝颜得天匡阳，上法中宿，取象文昌；颛顼戴午，是谓清明，发节移度，盖象招摇；帝喾骈齿，上法月参，康度成纪，取理阴阳；尧眉八彩，是谓通明，历象日月，璇玑玉衡；舜重瞳子，是谓玄景，上应摄提，以象三光。（《白虎通义》卷下《德论·圣人》）

这种解释，无疑大大神化了"圣人"，从而将他们与一般人区别开来。不仅如此，依照《白虎通义》的观点，一切与帝王有关的事物都是神秘而神圣的。黄帝、颛顼、帝喾、尧、舜这五帝的名字就大有深意：

帝王者何号也？号者功之表也，所以表功明德，号令臣下者也。德合天地者称帝，仁义合者称王，别优劣也。……五帝者何谓也？《礼》曰：黄帝、颛顼、帝喾、帝尧、帝舜，五帝也。《易》曰：黄帝、尧、舜氏作。《书》曰：帝尧、帝舜。黄帝中和之色，自然之性，万世不易。黄帝始作制度，得其中和，万世常存，故称黄帝也。谓之颛顼何？颛者专也，项者正也，能专正天人之道，故谓之颛顼也。谓之帝喾者何也？喾者极也，言其能施行穷极道德也。谓之尧者何？尧犹峣，峣也，至高之貌，清妙高远、优游博衍众圣之主，百王之长也。谓之舜者何？舜犹僢僢也，言能推信尧道而行之。（《白虎通义》卷下《德论·号》）

《白虎通义》引述《礼记·谥法》，将尧、舜认作谥号：

谥者何也？谥之为言，引也，引列行之迹也，所以进劝成德，使上务节也。……《礼记·谥法》曰：翼善传圣谥曰尧，仁圣盛明谥曰舜，慈惠爱民谥曰文，强理劲直谥曰武。（《白虎通义》卷下《德论·谥》）

又引述《礼记》，将黄帝、帝喾、尧、舜、禹的"乐"作一番解释：

《礼记》曰：黄帝乐曰《咸池》，颛顼乐曰《六茎》，帝喾乐曰《五英》，尧乐曰《大章》，舜乐曰《萧韶》，禹乐曰《大夏》，汤乐曰《大护》，周乐曰《大武》……黄帝曰《咸池》者，言大施天下之道而行之天之所生地之所载，咸蒙德施也。颛顼曰《六茎》者，言和律历以调阴阳，茎者著万物也。帝喾曰《五英》者，言能调和五声以养万物调其英华也。尧曰《大章》，大明天地人之道也。舜曰《萧韶》者舜能继尧之道也。（《白虎通

① （汉）班固：《白虎通义》卷下《德论·圣人》，影印文渊阁四库全书本。

义》卷下《德论·礼乐》)

此外,还对巡狩以及舜何以葬于苍梧进行解释。显然,《白虎通义》之所以如此深文周纳地在帝号、谥号、礼乐、巡视等问题上作文章,其目的就是从不同方面、不同层次使与圣帝名王有关的事物神秘化、神圣化,在天下臣民中制造对他们的崇敬之情和迷信心理,以维系和稳定帝王对天下臣民的统治。

第九节　《法言》《越绝书》《潜夫论》《中论》《独断》《风俗通义》的记述和评论

《法言》的作者扬雄(前53~18),字子云,蜀郡成都(今四川成都郫都区)人。青年时代的他以模仿司马相如之赋开始了自己的文学生涯。在故乡获得一些名声后,他在40岁的时候到京师长安寻求发展,但一直在郎官的位子上不得升迁,直至王莽新朝时才得到一个秩级千石的大夫的官职。扬雄既然在仕途上无所作为,就只能在学问上刻意追求。他“好古而乐道,其意欲求文章成名于后世”。因而刻苦读书,勤奋写作,一生留下了不少著述和文章。他仿《易》而作《太玄》,仿《论语》而作《法言》,仿《仓颉》而作《训纂》,仿《虞箴》而作《州箴》,仿《离骚》而作《反离骚》,仿司马相如之赋而作《羽猎》《甘泉赋》《河东赋》《长杨赋》四赋。《法言》阐发了他的政治社会和人生理念。在扬雄的著作中,只在《法言·孝至》中提及舜,全部是颂扬之词。一是赞美舜的孝亲,二是赞扬舜的禅让,三是称颂舜当政时代的社会达到的“泰和”之境:

孝莫大于宁亲,宁亲莫大于宁神,宁神莫大于四表之欢心。撰孝至孝,至矣乎!一言而该,圣人不加焉。父母,子之天地欤!无天何生?无地何形?天地裕于万物乎?万物裕于天地乎?裕父母之裕,不裕矣。事父母自知不足者,其舜乎?不可得而久者,事亲之谓也。孝子爱日,孝子有祭乎?有斋乎?夫能存亡形、属荒绝者,惟斋也。故孝子之于斋,见父母之存也。是以祭不宾。人而不祭,豺獭乎?或问曰:死生尽礼,可谓能子乎?曰:石奋、石建,父子之美也;无是父,无是子;无是子,无是父。或曰:必也两乎?曰与尧无子、舜无父,不如尧父舜子也。……尧、舜之道皇兮,夏、殷、周之道将兮,而以延其光兮。或曰:何谓也?曰尧、舜以其让,夏以其功,殷、周以其伐。或曰食如蚁,衣如华，朱轮驷马，金朱煌煌，无已泰乎？曰：由其德，舜、禹受天下不为泰；不由其德，五两之纶，半通之铜，亦泰矣。……或问太和，曰：其在唐、虞、成周乎？观《书》及《诗》，温温乎，其和可知也。①

《越绝书》的作者是东汉时期的袁康，此人大概是吴越人士，生卒年不详。该书主要记载春秋晚期吴、越争霸的史迹，其中的《吴内传》提及舜，除了记载舜"兄狂"为此前所有文献未有外，其他内容主要是赞颂舜的孝行。文中"尧有不慈之名"和"舜有不孝之行"都是正话反说：

尧有不慈之名。尧太子丹朱倨骄，怀禽兽之心，尧知不可用，退丹朱而以天下传舜，此之谓尧有不慈之名。舜有不孝之行。舜亲父假母，母常杀舜，舜去耕历山，三年大熟，身自外养，父母皆饥；舜父顽，母嚚，兄狂、弟傲，舜求为变心易志；舜为瞽瞍子也，瞽瞍欲杀舜未尝可得，呼而使之未尝不在侧，此舜有不孝之行。舜用其仇而王天下者，言舜父瞽瞍用其后妻常欲杀舜，舜不为失孝行，天下称之，尧闻其贤，遂以天下传之，此为王天下，仇者舜后母也。②

《潜夫论》的作者王符（约 85～162），字节信，安定临泾（今甘肃镇原）人，生平事迹已不可详考。据《后汉书》本传记载，他"少好学，有志操，与马融、窦章、张衡、崔瑗等友善。安定俗鄙庶孽，而符无外家，为乡人所贱。自和、安之后，世务游宦当途者更相荐引，而符独耿介不同于俗，以此遂不得升进。志意蕴愤，乃隐居著书 30 余篇，以讥当时失得，不欲彰显其名，故号曰《潜夫论》，其指讦时短，讨谪物情，足以观见当时风政"③。王符终生不仕，隐居家乡，埋首做学问，对经、史、子、集无所不窥，既钟情儒术，又着意申、商、韩非等的刑名之学，特别关注当时的政治状况和社情民意。他倾一生精力撰写的《潜夫论》36 篇，展现了他对东汉末年腐败政治、黑暗社会现实的痛彻针砭，同时也展示了他具有浓烈"民本"意识的政治理想。

《潜夫论》中有三篇提及舜，基本上都是将其置于大圣人的位子上，用以论证自己的政治和社会方面的思想。在《潜夫论·潜叹》中，他为了论证尧知人之明和舜之"德音发闻"，硬是改变此前文献记载的群后推荐舜给尧

---

① （汉）扬雄撰，（晋）李轨、（唐）柳宗元注：《扬子法言》卷一〇《孝至》，影印文渊阁四库全书本。

② （汉）袁康、吴平：《越绝书》卷三《吴内传》，影印文渊阁四库全书本。

③ （南朝宋）范晔：《后汉书》卷七九《王符传》，影印文渊阁四库全书本。

的史迹，而杜撰出完全相反的“群后不肯荐舜，而反称共、鲧之徒”的说辞，从而突出尧力排众议举舜的“君明不可欺”的形象：

昔唐尧之大圣也，聪明宣昭。虞舜之大圣也，德音发闻。尧为天子，求索贤人，访于群后，群后不肯荐舜，而反称共、鲧之徒。赖尧之圣，后乃举舜，而放四子。夫以古圣之质也，尧聪之明也，舜德之彰也，君明不可欺，德彰不可蔽也，质鲜为佞而位者，尚直若彼；今夫列士之行，其不及尧、舜也远矣，而俗之荒唐世法滋彰，然则求贤之君，哀民之士其相合也，亦必不几矣。①

为了论证君明在于兼听，君暗由于偏信，王符称颂尧、舜的“明目”和“达聪”，从而使“共、鲧之徒弗能塞”，同时通过与秦二世之偏信赵高被欺蒙而致死灭的对比映照，进一步彰显尧、舜之明：

国之所以治者，君明也；其所以乱者，君暗也。君之所以明者，兼听也；所以暗者，偏信也。是故人君通必兼听，则圣日广矣；庸说偏信，则愚日甚矣。《诗》云：“先民有言，询于刍荛。”夫尧、舜之治，辟四门，明四目，达四聪，是以天下辐辏而圣无不照；故共、鲧之徒弗能塞也，靖言庸回弗能惑也。秦之二世，务隐藏己，而断百僚，隔捐疏贱而信赵高，是以听塞于贵重之臣，明蔽于骄妒之人，故天下溃叛，弗得闻也。皆高所杀，莫敢言之。周章至戏乃始骇，阎乐进劝乃后悔，不亦晚矣。故人兼听纳下则贵臣不得诬，而远人不得欺也；慢贱信贵，则朝廷谠言无以至，而洁士奉身伏罪于野矣。（《潜夫论·明暗》）

最后，王符借问答形式，颂扬尧、舜犹如两株前后相续的光明之烛，“二圣相德而致太平之功”，共同创造了光耀千古的唐尧、虞舜时代：

庚子问于潜夫曰：“尧、舜道德，不可两美，实若韩子戈伐之说邪？”潜夫曰：“是不知难而不知类。今夫伐者盾也，厥性利；戈者矛也，厥性害。是戈为贼伐为仁也，其不俱盛，固其术也。夫尧、舜之相于，人也，非戈与伐也，其道同仁，不相害也。舜伐何如弗得俱坚？尧伐何如不得俱贤哉？且夫尧、舜之德，譬犹偶烛之施明于幽室也，前烛即尽照之矣，后烛入而益明。此非前烛昧而后烛彰也，乃二者相因而成大光，二圣相德而致太平之功也。是故大鹏之动，非一羽之轻也；骐骥之速，非一足之力也。众良相德，而积施乎无极也。尧、舜两美，盖其则也。”伯

---

① （汉）王符：《潜夫论》卷二《潜叹》，影印文渊阁四库全书本。

叔曰："吾子过矣。韩非之取矛盾以喻者，将假其不可两立，以诘尧、舜之不得并之势。而论其本性之仁与贼，不亦失是譬喻之意乎？"（《潜夫论·释难》）

著作《中论》的徐干（171～218），字伟长，北海剧（今山东昌乐西）人。少时聪慧过人，博览群书。灵帝之后，董卓带兵入洛阳，挟持皇室去长安。关东地方军阀联合讨伐董卓，长安、洛阳一线狼烟四起，血雨腥风。徐干怀着"乱世独善其身"之志，隐居不仕，以读书自娱。建安年间，曹操统一北方，政治渐上轨道。他认为展示自己才能的时机到了，才应征进入曹操父子麾下做幕僚。建安十三年（208）前，徐干应曹操之邀，出任司空军谋祭酒掾属、五官中郎将文学。当时曹丕任五官中郎将，徐干作为建安七子之一在他幕中服务。因为都喜好文学，彼此结下了深厚的情谊。但徐干淡泊功名利禄，热衷于读书思考，写下了《中论》二卷20篇。建安二十二年（218），发生大的疾疫，徐干和建安七子中的陈琳、应玚、刘桢一时俱逝。曹丕评价他"怀文抱质，恬淡寡欲，有箕山之志，可谓彬彬君子矣。著《中论》二十余篇，辞义典雅，足传于后"①，显示了他的知人之明。

徐干的《中论》有两篇提及舜。一篇讲个人修身的重要，认为能够使乡党称善而不是遭谤，关键在于个人持久坚持修身养性，舜就是一个典型：

盖闻舜之在乡党也，非家馈而户赠之也，人莫不称善焉；象之在乡党也，非家夺而户掠之也，人莫不称恶焉。由此观之，人无贤愚，见善则誉之，见恶则谤之，此人情也，未必有私爱也，未必有私憎也。今夫立身不为人之所誉，而为人之所谤者，未尽为善之理也。

尽为善之理，将若舜焉，人虽与舜不同，其敢谤之乎？故语称救寒莫如重裘，止谤莫如修身，疗暑莫如亲冰，信矣哉。②

另一篇论证"求之有道，得之有命"的理念，认为一个人的成功必须具备两个条件，一是通过修身、学习和磨练，具备高尚的道德和卓越的才能，二是碰上机遇即"有命"，而舜就是既"有道"又"有命"的幸运儿：

故舜为匹夫，犹民也，及其受终于文祖，称曰予一人，则西王母来献白环；周公之为诸侯，犹臣也，及其践明堂之阼，负斧扆而立，则越裳氏来献白雉。故身不尊则施不光，居不高则化不博。《易》曰"《丰》，

① （晋）陈寿撰，（宋）裴松之注：《三国志·魏书》卷二一《王卫二刘传》，影印文渊阁四库全书本。

② （汉）徐干：《中论》卷上《虚道》，影印文渊阁四库全书本。

亨无咎,王假之勿忧,宜日中”,身尊,居高之谓也。斯事也,圣人之所务也。虽然,求之有道,得之有命。舜、禹、孔子,可谓求之有道矣;舜、禹得之,孔子不得之,可谓有命矣。非惟圣人,贤者亦然。稷、契、伯益、伊尹、傅说,得之者也;颜渊、闵子骞、冉耕、仲弓,不得者也。故良农不患疆场之不修,而患风雨之不节;君子不患道德之不建,而患时世之不遇。《诗》曰“驾彼四牡,四牡项领;我瞻四方,蹙蹙靡所骋”,伤道之不遇也。岂一世哉!岂一世哉!(《中论·爵禄》)

著作《独断》的蔡邕(132~192),字伯喈,陈留圉(今河南杞县南)人,著名的文学家和书法家。灵帝时做议郎,因上书言时政得失获罪,被流放朔方(今内蒙古乌拉特前旗南)。遇赦后,为躲避宦官迫害,流亡江湖十多年。董卓专权时,被任为侍御史、左官中郎将。董卓被诛后,他作为与党被司徒王允下令逮捕,死于狱中。他的文章、书法冠绝一时,曾参与“熹平石经”的书丹。其著作汇为《蔡中郎集》,后亡佚,今有辑本传世。其中的《独断》对远古至东汉的名物制度进行诠释,如对帝王名号、称谓、乐章等的解释都涉及舜,在对历代帝王所承之“运”和氏号的梳理中,确立了舜的位置和称谓:

《易》曰:帝出于震。震者,木也。言宓牺氏始以木德王天下也。木生火,故宓牺氏没,神农氏以火德继之。火生土,故神农氏没,黄帝以土德继之。土生金,故黄帝没,少昊氏以金德继之。金生水,故少昊氏没,颛顼氏以水德继之。水生木,故颛顼氏没,帝喾氏以木德继之。木生火故,帝喾氏没,帝尧氏以火德继之。火生土,故帝舜氏以土德继之。土生金,故夏禹氏以金德继之。金生水,故殷汤氏以水德继之。水生木,故周武以木德继之。木生火,故高祖以火德继之。伏牺为太昊氏,炎帝为神农氏,黄帝为轩辕氏,少昊为金天氏,颛顼为高阳氏,帝喾为高辛氏,帝尧为陶唐氏,帝舜为有虞氏,夏禹为夏后氏,汤为殷商氏,武王位周,高祖为汉。①

《风俗通义》的作者应劭,字仲远,汝南南顿(今河南项城西南)人,献帝时曾任泰山太守,所著《汉官仪》和《风俗通义》保存了远古至东汉的不少历史资料,尤其在名物制度方面多有记载和诠释。如对“五帝”的解释,就是接续《白虎通义》而作进一步的发挥:

---

① (汉)蔡邕:《独断》卷下,影印文渊阁四库全书本。

《易传》《礼记》《春秋》《国语》、太史公记黄帝、颛顼、帝喾、帝尧、帝舜,是五帝也。谨按《易》《尚书大传》:天立五帝以为相,四时施生,法度明察,春夏庆赏,秋冬刑罚。帝者任德设刑,以则象之,言其能行天道,举错审谛。黄帝始制冠冕,以垂衣裳;上栋下宇,以避风雨;礼文法度,兴事创业。黄者,光也,厚也,中和之色,德四季,与地同功,故先黄以别之也。颛者专也,顼者信也,言其承易文之以质,使天下蒙化,皆贵贞悫也。喾者,考也,成也,言其考明法度,醇美喾然,若酒之芬香也。尧者高也,饶也,言其隆兴焕炳,最高明也。舜者推也,循也,言其推行道德循尧续也。①

在其他篇章中,如对管、琴、萧等乐器的考释,对麓、墟、泽等地理名词的诠解,都与舜联系在一起。另外,《正失》篇同意孟子关于"尧、舜不胜其美,桀、纣不胜其恶"的观点,《乐正和夔一足》同意王充对"夔一足"的解释,都不失为一种理性的思考。

总起来看,以上著作对舜的记述基本没有提供新材料,其评论也是在将舜推尊为圣帝名王的前提下,将其作为证据使用,深入和突破自然都谈不到。

第十节 郑玄《周易》《礼记》和《周礼》注的记述和评论

郑玄(127 ~200),字康成,北海高密(今属山东)人,两汉经学的集大成者。他自幼聪慧,13 岁诵读《五经》,16 岁已是博学多识,被乡里目为神童。20 岁时被任命为乡啬夫,但很快辞职,开始了纯正学者的生涯。"玄少为乡啬夫,得休归,常诣学官,不乐为吏,父数怒之,不能禁,遂造太学受业。"进入太学后,他如鱼得水。先师事京兆第五元,学习《京氏易》《公羊春秋》《三统历》《九章算术》。又师事东郡张恭祖,学习《周官》《礼记》《左氏春秋》《韩诗》《古文尚书》。这一阶段的刻苦攻读,使他熟悉了今古文经的主要经典,为以后会通今古文经打下了坚实的基础。后又拜古文经大师马融为师,夜以继日,潜心研读,学问大进。数年后,当他辞师东归时,傲视群伦的马融也对他刮目相看,叹息自己的学问被郑玄带到了东方。郑玄返回故里后,"家贫,客

① (汉)应劭:《风俗通义》卷一《五帝》,影印文渊阁四库全书本。

耕东莱,学徒相随已数百千人”(《后汉书·郑玄传》)。不久,“党锢之祸”发生,尽管郑玄没有参与官僚和太学生反对宦官的斗争,但因为他与原北海相杜密有旧,也被牵连进去,遭禁锢14年。对于官欲熏心的人来说,这14年肯定是痛苦难熬的日子,但郑玄却将其变成排除干扰、潜心学问的美好岁月。他“隐修经学,杜门不出”(《后汉书·郑玄传》),并通过与今文经学大师何休的论战,进一步壮大了古文经学的声威,使古文经学压倒了今文经学。黄巾起义爆发后,党锢解除。郑玄受到地方官和朝廷的极大礼遇,屡次被征召,都被他婉言谢绝。最后朝廷征他为大司农,他虽勉强赴任,但很快“以病令还家”。建安五年(200)六月,他以74岁高龄辞世。消息传出,其受业弟子同声悲悼,《后汉书·郑玄传》载“自郡守以下尝受业者,缞绖赴会千余人”。作为一介儒生,郑玄的确是生荣死哀了。

郑玄是两汉经学的最后一位大师,也是结束两汉经学的一位里程碑式的伟大人物。

郑玄的学识,突出表现在他对群经的注释。据《后汉书·郑玄传》记载,郑玄注释的经典有《周易》《尚书》《毛诗》《仪礼》《礼记》《论语》《孝经》《尚书大传》《中候》《乾象历》等。郑玄注经的最显著特点,一是对经书文本进行整理,用今古文互校、不同版本互校的办法,整理出一个在文字上比较可信的定本。二是力摈门户之见,不盲从师说,广采群言,出以已意,兼采古今,择善而从。他一反今文经师烦琐的章句式注经模式,力求简明扼要、融会贯通,把重点放在要点难点的诠释上,使注文简洁明晰,因而比较便于经生的学习。

郑玄所注经书,不少已经亡佚,今存者主要是《礼记》和《周礼》,其《周易》的注只有宋朝王应麟所辑的一个残本《周易郑康成注》①,其中三处提及舜,一处注释“《乾》:用九,见群龙无首,吉”,认为“六爻皆体龙,群龙之象也”,而“舜既受道”,也就应群龙之象了。第二处是释《随》,认定是成功之象,以“昔舜慎徽五典,五典克从;纳于百揆,百揆时序;宾于四门,四门穆穆”体察其意。第三处是在释“《系辞》:一君二民,君子之道也;二君一民,小人之道也”的时候,郑玄对尧、舜和三代的辖地面积进行了测算:

> 一君二民,谓黄帝、尧、舜;谓地方万里,为方千里者百。中国之民居七千里,七七四十九,方千里者四十九;夷狄之民,居千里者五十一,

① (宋)王应麟:《周易郑康成注》,影印文渊阁四库全书本。

是中国夷狄，二民共事一君。二君一民，谓三代之末，以地方五千里，一君有五千里之土，五五二十五，更足以一君二十五，始满千里之方，五十乃当尧、舜一民之地，故云二君一民。

这种解释，显然是想当然的理想化臆测，是不足为凭的。

郑玄在《礼记》注中数次提及舜，主要是史实的解释。如《礼记·檀弓》上注"舜葬于苍梧之野，盖三妃未之从也"时指出，"舜征有苗而死，因留葬焉"。由于"古者不合葬"，而合葬之习自周公开始，所以舜的夫人都未与之合葬。帝喾、尧皆四妃，舜因不告而娶，只有三妃。在注释"乐也者，乐其所自成"时，他注为"作乐缘民所乐于己之功，舜之民乐其绍尧而作《大韶》"。在注释"舜作五弦之琴以歌《南风》"时，他注曰："南风，长养之风也，以言父母之长养己，其辞未闻也。"这种说法与此前的解释不同。对孔子赞扬舜的话"舜其大知也与！舜好问而好察迩言，隐恶而扬善，执其两端，用其中于民，其斯以为舜乎！"他的注是："迩，近也。近言而善，易以进又察而行之也。两端，过与不及也。用其中于民，贤与不肖皆能行之也。斯此也，其德如此，乃号为舜，舜之言，充也。"如此解释，比较贴近本意，其他几处注释，也大都能贴近本意。

郑玄的《周礼》也有数处提及舜，如《春官·宗伯下》注释"以乐舞教国子，舞《云门》《大卷》《大咸》《大磬》《大夏》《大获》《大武》"时，指出"《大磬》，舜乐也，言其德能绍尧之道也"。对《冬官·考工记第六》之"有虞氏上陶，夏后氏上匠，殷人上梓，周人上舆"，他这样注：

官各有所尊王者，相变也。舜至质，贵陶器，甒大瓦棺是也；禹治洪水，民降丘宅土卑宫室，尽力乎沟洫而尊匠；汤放桀，疾礼乐之坏而尊梓；武王诛纣，疾上下失其服饰而尊舆。

这种解释显然也具有理想化色彩，究竟距事实多远，似不好猜度。

第十一节　赵岐《孟子章句》的记述和评论

赵岐（约108～201），字邠卿，东汉京兆长陵（今陕西咸阳东北）人，著名经学家，曾任并州刺史、议郎、太常等职。他是第一个为《孟子》作注的人，他撰写的《孟子章句》奠定了《孟子》注释的基础，为历代研究孟子的学者所重视。

在先秦诸子中,《孟子》是提及舜最多的著作之一,赵岐的《孟子》注自然也较多地涉及了舜。其主要内容有两部分,一是对文句的解释,如《万章章句上》的注,对其与父母兄弟的关系作了较详细的说明:

言舜自怨遭父母见恶之厄而思慕也。

言为人所悦,将见禅为天子,皆不足以解忧,独见爱于父母为可以解己之忧。

舜父顽母嚚,常欲害舜,告则不听其娶,是废人之大伦,以怨怼于父母也。

舜诛四佞,以其恶也。象恶亦甚,而封之,仁人用心当如是乎?罪在他人当诛之,在弟则封之。

孟子言仁人于弟,不问善恶,亲爱之而已。封者欲使富贵耳。身既已为天子,弟虽不仁,岂可为匹夫?象不得施教于其国,天子使吏代其治,而纳贡赋与之,比诸见放也。有庳虽不得贤君,象亦不侵其民也。

虽不使象得豫政事,舜以兄弟之恩,故常常见之无已,故源源而来,与流水之与源通。不及贡者,不待朝贡诸侯常礼乃来也。其间岁岁自至京师,谓若天子以政事接见有庳之君者,实亲亲之恩也。

尊之至,瞽叟为天子之父;养之至,舜以天下富奉养其亲。

这里集中解释舜的孝事父母和友爱兄弟,可以看得出,其中为了将舜封弟之事说得合情合理,赵岐实在是用尽了心机。另一部分,则是对舜的尊仰和颂扬。如《离娄章句上》注,赞扬"舜以不顺亲意为非人子。……尽其孝道而顽父致乐,使天下化之为父子之道者,定也"。《离娄章句下》注赞扬"舜明庶物之情,识人事之序",《尽心章句上》注舜"居深山之中……其所以异于深山之野人者几希"一段时,赞扬说:

舜虽外与野人同其居处,闻人一善言则从之,见人一善行则识之,沛然不疑,若江河之流,无能御止其所欲行也。

其他类似的例子还很多。总之,由于《孟子》的记述和宣扬,舜的事迹和精神得以广泛传播和弘扬,而由于赵岐的《孟子》注的问世和流布,舜的事迹和精神得到更广泛的传播和弘扬,从而使舜作为中国古代圣帝名王的杰出代表之一,在中国历史上和中国人民心目中立下不拔之基。

第十二节　碑文、祭文和诗歌韵语中的虞舜

秦汉时期流传下来的有关舜的碑文、祭文和诗歌韵语很少,仅有二诗一颂一铭。刘向的《有虞二妃颂》是一首四言诗,写得古朴质醇,体现了他在《有虞二妃》一文中对这两位夫人的崇敬之情:

元始二妃,帝尧之女。嫔列有虞,承舜于下。

以尊事卑,终能劳苦。瞽叟和宁,卒享福佑。

(《古列女传》卷一《母仪传·有虞二妃》)

刘熊渠的《舜庙怀古》载于明朝万历年间的《九疑山志》,因该诗为较为成熟的五言诗,又与《全唐诗》载的"无名氏"所作《永州舜庙》仅个别文字稍有差异,所以学者怀疑该诗的真实性。但因《九疑山志》已载,姑且录之于此,仅算一种说法吧:

游湘有余怨,岂是圣人心。竹路猿啼古,祠宫蔓草深。素风传旧俗,异迹开荒林。巡守去不返,烟云愁至今。九疑天一畔,山尽海沉深。(明万历《九疑山志》卷七《赋诗》)

全诗的调子低沉而悲凄,三叹而有余哀。这其实是对舜南巡的误读,因为巡视地方是舜作为君王的重要职责,他不顾年老力衰而毅然南巡,最后葬身九嶷山,正表明舜的责任意识和勠力勤政的行政风格,应该充满豪迈悲壮之气。

东汉崔骃写了《南巡颂》,其《序》说:"建初九年,秋谷始登,犹斯嘉时,举先王之大礼。假于章陵,遂南巡楚路,临江川以望衡山,顾九嶷叹虞舜之风。是时庶绩咸熙,罔可黜陟。"颂辞展示的是昂扬激越的调子:

惟休蒸之鸿德,允天覆而无遗。壮云行之博惠,淑雨施于黎庶。

(《汉魏六朝百三家集》卷一二《汉崔骃集》)

应该说,崔骃的《南巡颂》比较能够体现舜南巡的意义,充满了浩荡雄壮之气,显示了舜老骥伏枥、志在千里的抱负。

东汉蔡邕有《九疑山铭》传世,为四言古体诗:

岩岩九疑,峻极于天。触石肤合,兴播连云。时风嘉雨,浸润下民。

芒芒南土,实赖厥勋。逮于虞舜,圣德光明。克谐顽傲,以孝烝烝。

师锡帝世,尧乃受征。受终为祖,璇玑是承。泰阶以平,人以有终。

遂葬九疑，解体而升。登此崔嵬，托灵神仙。（《蔡中郎集》卷六）

铭文歌颂了舜的不世之功和孝亲谐弟的优秀品格，企望他像黄帝死后羽化登仙一样，“解体而升”，成为升入天堂的永恒的神灵。

第十三节　综述与综评

秦汉时期，对虞舜的记述与评论较之先秦时期有了新的进展，最突出的表现就是司马迁在《史记·五帝本纪》中对此前流传的有关舜的文献进行了第一次全面的整合与梳理，使之成为五帝中资料最为丰富的一帝，从而建立起虞舜历史叙述的基本框架。后来对于虞舜的述论无论发生多大变化，总体上都没有超出这个框架，而只是在这个框架内使之进一步丰满。这是司马迁在虞舜研究学史上立下的不朽之功。

秦汉时期的许多著作都涉及虞舜的记述和评论，《尚书》孔安国传、《新语》《新书》《盐铁论》《焦氏易林》《韩诗外传》《说苑》《新序》《列女传》等，不仅或多或少地增添了一些有关舜的新材料，而且在评论上也有某些新的进展。郑玄的经书注释，在涉及舜的有关资料的解释上比较接近本真。而蔡邕的《独断》则在名物制度的诠释上使人们对舜的定位进一步明晰。两汉提及虞舜较多的两部书，《淮南鸿烈》以黄老之学观照虞舜，在将其置于圣人之位的前提下，有意让其向黄老思想靠拢，给他的行政打上浓重的黄老政治的色彩。《论衡》一书虽然不否认虞舜的圣人地位，但能从常识、形式逻辑和理性出发，敢于对此前的不合常理的记载进行辩驳。《白虎通义》标志了今文经学法典化的完成，它通过对与舜有关的圣人、号、谥、礼乐等的诠释，进一步奠定舜的圣人地位。《潜夫论》《中论》等著作在对东汉晚期政治和社会的判中，更多地将虞舜作为圣帝名王的符号使用。班固的《汉书》尽管没有直接涉及虞舜事迹的记载，但它第一次指明虞舜思想是儒家学说的源头，特别是通过对王莽篡汉全过程的详细记述，展示了一次古老禅让制度的喜剧复制，彰显了此一制度作为传统的巨大张力。

第三章　魏晋南北朝时期文献对虞舜的记述和评论(221～589)

第一节　《孔丛子》《孔子家语》的记述和评论

《孔丛子》一书,旧题孔子六世孙孔鲋(约前264～前208)所撰。孔鲋,字甲,生活于秦汉之际,曾参加秦末陈胜领导的反秦起义军,被任为博士,后与陈胜一起死难。该书其实并非孔鲋所撰,而是出自三国魏国的王肃(195～256)。王肃,字子雍,东海郡(今山东郯城)人,出自官僚世家,是权臣司马昭的岳父,官至中领军,加散骑常侍。他是三国时代著名经学家,他混一今古文,综合各家经义,遍注群经,刻意与郑玄之学对立,史称"王学"。他托名孔鲋作《孔丛子》,又作《孔子家语》,目的是进一步强化孔子的圣人形象。两书是三国时期涉及虞舜最多的著作之一。

《孔丛子》有五篇多处提及舜。由于作者的儒家立场,舜自然被置于圣人的地位倍加颂扬。如《论〈书〉》中有两段颂扬舜既"受命于人",其行事又"应乎天""合于天":

> 子张问曰:"圣人受命必受诸天,而《书》云受终于文祖,何也?"孔子曰:"受命于天者,汤、武是也;受命于人者,舜、禹是也。"夫不读《诗》《书》《易》《春秋》,则不知圣人之心,又无以别尧、舜之禅,汤、武之伐也。
>
> 宰我问《书》云:"纳于大麓,烈风雷雨弗迷,何谓也?"孔子曰:"此言人事之应乎天也。尧既得舜,历试诸难,已而纳之于尊显之官,使大录万机之政,是故阴阳清和,五星不悖,烈风雨各以其应,不有迷错愆伏,明舜之行合于天也。"①

---

① (汉)孔鲋:《孔丛子》卷上《论〈书〉》,影印文渊阁四库全书本。

此处对“纳于大麓”作了新的解释。《孔丛子》还通过孔子之口，扬儒而抑法，认为礼乐之治“百世不辍”，是长久之计，而任法之治虽然可收立竿见影之效，但却难以避免人亡法熄的局限，所以只能收短期之效：

子思问于夫子曰：“伋闻夫子之诏，正俗化民之政，莫善于礼乐也。管子任法以治齐而天下称仁焉，是法与礼乐异用而同功也，何必但礼乐哉？”子曰：“尧、舜之化，百世不辍，仁义之风远也。管仲任法，身死则法息，严而寡恩也。若管仲之知足以定法，材非管仲而专任法，终必乱成矣。”（《孔丛子·记问》）

不过，《孔丛子》也并不完全否定刑罚，而是认定刑罚只是作为“佐教”发挥其第二位的功能：

子张问曰：“尧、舜之世，一人不刑而天下治，何则？以教诚而爱深也。龙子以为一夫而被以五刑，敢问何谓？”孔子曰：“不然。五刑所以佐教也，龙子未可谓能为书也。”（《孔丛子·论书》）

《孔丛子》也如此前的一些文献，为舜的“不告而娶”进行辩护：

子张问曰：“礼，丈夫三十而室。昔者舜三十征庸，而《书》云有鳏在下曰虞舜，何谓也？曩师闻诸夫子曰：‘圣人在上，君子在位，则内无怨女，外无旷夫。’尧为天子而有鳏在下，何也？”孔子曰：“夫男子二十而冠，冠而后娶，古今通义也。舜父顽母嚚，莫克图家室之端焉，故逮三十而谓之鳏也。《诗》云娶妻如之何，必告父母。父母在则宜图婚，若已殁则已之娶必告其庙。今舜之鳏乃父母之顽嚚也，虽尧为天子，其如舜何？”（《孔丛子·论书》）

其实，所有这些辩护都是以今例古的误读。因为三代以来，婚礼，特别是社会上层的婚礼已经形成一套十分烦琐的规程，以此观照舜与二妃的婚礼，实在是太简单而不合规范了。他们不知道，原始社会中相当长的历史时期，可能根本就没有婚礼一说。比照当今的婚礼而要求给舜的看似不合规程的婚姻一个合乎情理的说法，就只能想当然地寻找一些理由了。

《孔丛子》提及舜的更多的内容，是在赞扬孔子及其弟子的时候将他作为圣人牵出的。如《嘉言》中苌弘对刘文公赞扬孔子“有圣人之表”时，顺便肯定了“尧、舜、文、武之道”是治国的最理想之道。在《论〈书〉》中，孔子认为“帝《典》见尧、舜之圣”，而“百兽率舞”则是“善政之化乎物”的体现。子夏对《书》的赞颂超过孔子对《书》的赞颂，认为它“昭昭然若日月之代明，离离然若星辰之错行，上有尧、舜之道，下有三王之义”。其他篇章，有的赞扬尧、舜的举人之明，有的展示子思对今人能否实行“尧、舜、文、武之道”的认识：

孟轲问子思曰：“尧、舜、文、武之道，可力而致乎？”子思曰：“彼人也，我人也，称其言，履其行，夜思之，昼行之，滋滋焉，汲汲焉，如农之赴时，商之趋利，恶有不至者乎？”（《孔丛子·居术》）

王肃在编纂这个故事时犯了一个常识性的错误：子思去世时孟子还没有降生，他们两人怎么会有一次阴阳两隔的对话呢？

王肃撰写的《孔子家语》一书颇为后世学者诟病，其实这部书对保存流传于世间的孔子及其后裔的资料还是有贡献的。这部书的资料来源一是以前的文献，如《尚书》《左传》《国语》《史记》等，如卷五的《颜回》就是全文抄录刘向的《新序》。二是流传民间的口碑资料。三是王肃本人的杜撰。而第三部分在全书中占的分量并不多。较多的是王肃对舜的赞誉，这些赞誉有的抄自以前的文献，有的是以前文献的进一步条理，更多的是王肃自己的话语。

《孔子家语》提及舜的篇章充满对舜的颂扬。如卷一《王言解》借孔子之口赞扬舜是“不劳不费之明王”，而其中讲的那些行政措施基本上出于杜撰：

曾子曰：“不劳不费之谓明王，可得闻乎？”孔子曰：“昔者帝舜左禹而右皋陶，不下席而天下治。夫如此，何上之劳乎？政之不中，君之患也。令之不行，臣之罪也。若乃十一而税，用民之力岁不过三日，入山泽以其时，而无征关讥市，廛皆不收赋，此则生财之路，而明王节之，何财之费乎？”①

如卷八《辩乐解》通过评论舜的《南风》之诗，赞扬他“德如泉流”“积德含和”，所以他“其兴也勃焉”。卷四《五帝德》借孔子之口赞扬舜“孝友闻于四方，陶渔事亲，宽裕而温良，敦敏而知时，畏天而爱民，恤远而亲近”的品格和才能。而卷二《好生》又借孔子之口赞扬舜的“好生”之德：

鲁哀公问于孔子曰：“昔者舜冠，何冠乎？”孔子不对。公曰：“寡人有问于子而子无言，何也？”对曰：“以君之问，不先其大者，故方思所以为对。”公曰：“其大何乎？”孔子曰：“舜之为君也，其政好生而恶杀，其任授贤而替不肖，德若天地而静虚，化若四时而变物，是以四海承风，

① （魏）王肃：《孔子家语》卷一《王言解》，影印文渊阁四库全书本。

畅于异类，凤翔麟至，鸟兽驯德。无他也，好生故也，君舍此道而冠冕是问，是以缓对。”（《孔子家语·好生》）

最后，王肃借孔子之口特别赞扬了舜在行孝时的灵活善变和拿捏得体，既使自己不失“烝烝之孝”，又不“陷父于不义”的尴尬之境，从而树立了一个区别于愚孝的典范孝子的光辉形象：

子曰：“汝不闻乎？昔瞽叟有子曰舜，舜之事瞽叟，欲使之未尝不在于侧，索而杀之未尝可得，小棰则待过，大杖则逃走。故瞽叟不犯不父之罪，而舜不失烝烝之孝。今参事父，委身以待暴怒，殪而不避，既身死而陷父于不义，其不孝孰大焉！汝非天子之民也，杀天子之民其罪奚若？”曾参闻之，曰：“参罪大矣！”遂造孔子而谢过。（《孔丛子·六名本》）

王肃在《孔丛子》《孔子家语》两书中尽管没有增加有关舜的新资料，所述故事之中也有违背史实的想当然杜撰，但其评论基本能够紧守传统儒家的立场，为后来的研究者提供了有益的资鉴，起了承前启后的作用，还有其值得肯定之处。

第二节 《博物志》《拾遗记》《搜神记》《古今注》《异苑》《述异记》《金楼子》《齐民要术》的记述和评论

张华（232～300），字茂先，范阳方城（今河北固安南），西晋大臣、文学家，历官中书令、散骑常侍、都督幽州诸军事、侍中、中书监、司空等。后为赵王司马伦和孙秀所杀。他以博洽著称，所著《博物志》汇集了不少典故和名物制度方面的资料。其中四处提及舜，比较有价值的，一是尧、舜时的地理：

中国之域，左滨海，右通流沙，方而言之万五千里，东至蓬莱，西至陇右，后跨京北，前及衡岳。尧、舜时万里，三代时七千里，亦无常，随德优劣也。尧别九州，舜为十二州。①

二是斑竹的来历：“尧之二女，舜之二妃，曰湘夫人。舜崩，二妃啼，以涕挥竹，竹尽斑。”（《博物志》卷六）这一传说可能久在民间流传，至此被张

① （晋）张华：《博物志》卷一，影印文渊阁四库全书本。

华记载于文献。

王嘉(？ ~390),字子年,十六国时前秦陇西安阳(今甘肃渭源)人。作为方士,他先在东阳居住,后在终南山隐居修炼,有弟子数百人追随左右。符坚屡征不出,后被姚苌杀害。他撰写的《拾遗记》汇集了不少神话志怪故事。佛教自东汉传入中国以后,到魏晋南北朝时期得到迅速传播,在其刺激影响下,土生土长的道教亦获得长足发展。佛教宣扬生死轮回、善恶报应,道教讲好人好报,得道成仙升天。与之相配合,各种神怪成仙升天的故事也应运而生。其中的一个重要方面,就是神化远古圣帝名王和已逝帝王臣僚,编造他们神奇怪异的故事。王嘉的《拾遗记》就是这方面的代表之一。在该书中,他编造了一个与舜有关的宝玛瑙瓮的故事:

> 有丹丘之国献玛瑙瓮,以盛甘露。……当黄帝时,玛瑙瓮至,尧时犹存,甘露在其中盈而不竭,谓之宝露,以班赐群臣。至舜时,露已渐减,随帝世之污隆,时淳则露满,时浇则露竭。及乎三代,减乎陶唐之庭,舜迁宝瓮于衡山之上,故衡山之岳有宝露坛。舜于坛下起月馆,以望夕月,舜南巡至衡山,百辟群后皆得露泉之赐。时有云气生于露坛,又迁宝瓮于零陵之上,舜崩瓮沦于地下。至秦始皇通汨罗之流为小溪,迳从长沙至零陵,掘地得赤玉瓮,可容八斗,以应八方之数,在舜庙之堂前,后人得之,不知年月。至后汉东方朔识之,朔乃作宝瓮铭,曰:"宝云生于露坛,祥风起于月馆;望三壶如盈尺,视八鸿如萦带。"三壶,则海中三山也。一曰方壶,则方丈也;二曰蓬壶,则蓬莱也;三曰瀛壶,则瀛洲也。形如壶器。此三山上广中狭下方,皆如工制,犹华山之似削成。八鸿者,八方之名,鸿大也。登月馆以望四海,三山皆如聚米萦带者矣。①

这个故事此前的文献没有记载,可能完全出于王嘉的杜撰。其中所谓玛瑙瓮并没有流传下来,而东方朔的时代也错成了东汉,放在他名下的《宝瓮铭》,《汉书·东方朔传》也没有记载。下面的故事,记载了舜与五老的神秘交往以及苍梧之野神鸟的奇异之举。前一故事,可能受汉高帝时"商山四皓"的影响,后一故事则是此前象、鸟为舜耕田一事的异化:

> 虞舜在位十年,有五老游于国都,舜以师道尊之,言则及造化之始。舜禅于禹,五老去,不知所从。舜乃置五星之祠以祭之,其夜有五

① (前秦)王嘉撰,(梁)萧绮辑编:《拾遗记》卷一,影印文渊阁四库全书本。

长星出，薰风四起，连珠合璧，祥应备焉。……舜葬苍梧之野，有鸟如雀，丹州而来，吐五色之气，氤氲如云，名曰凭霄，雀能群飞，衔土成丘坟。此鸟能反形变色集于峻林之上，在木则为禽，行地则为兽，变化无常，常游丹海之际，时来苍梧之野，衔青砂珠积成垄阜，名曰珠丘。其珠轻细，风吹如尘，起名曰珠尘。今苍梧之外，山人采药，时有得青石，圆洁如珠，服之不死，带者身轻。故仙人方回《游南岳七言》赞曰："珠尘圆洁轻且明，有道服者得长生。"(《拾遗记》卷一)

另一则"孝养之国"的故事，记载舜受尧禅让时这个"冀州之西二万里"的国家曾来朝贺，这显然受《山海经》的启发，以舜时的灵异之现，彰显舜"圣德之所洽，群祥咸至"的盛况。

还有一则鲧变玄鱼参与其子禹治水的故事，同时神化了舜、鲧和禹：

尧命夏鲧治水，九载无绩，鲧自沉于羽渊，化为玄鱼，时扬鬐振鳞，横游波上，见者谓河精。羽渊，与河海通源也。海民于羽山之中修立鲧庙，四时以致祭祀，常见玄鱼与蛟龙跳跃而出，观者惊而畏之。至舜命禹疏川奠岳，济巨海则鼋鼍而为梁，逾峻山则神龙而为驭，行遍日月之墟，惟不践羽山之地，皆圣德感鲧之灵化，其事互说，神变犹一，而色状不同，玄鱼黄熊，四首相乱，传写流文，鲧字或鱼边玄也。(《拾遗记》卷二)

干宝，字令升，东晋新蔡(今属河南)人，著名的史学家、文学家，他写的《搜神记》是魏晋南北朝时期神怪灵异故事的代表作。其中卷八记载"虞舜耕于历山，得玉历于河际至岩，舜知天命在己，体道不倦"①，这显然是为神化舜而编造的故事。

崔豹是东晋惠帝时人，生卒年、籍贯均不详。记在他名下的《古今注》列入杂家系列。该书卷上《舆服》记载："五明扇，舜所作也。既受尧禅，广开视听，求贤人以自辅，故作五明扇焉。"②南朝宋时刘敬叔撰的《异苑》，记述了不少神怪故事，有些涉及舜，如卷八记载衡阳山、九嶷山的舜庙有灵，每次太守祭祀时"则闻弦歌之声"③，还说东汉章帝时零陵文学曾在道县的舜祠下掘得白玉管，是舜时西王母所献。这些很可能出自民间传说。任昉(460～508)，字彦升，乐安博昌(今山东寿光)人，南朝著名文学家，历仕宋、

---

① (晋)干宝：《搜神记》卷八，影印文渊阁四库全书本。

② (晋)崔豹：《古今注》卷上《舆服》，影印文渊阁四库全书本。

③ (南朝宋)刘敬叔：《异苑》卷一，影印文渊阁四库全书本。

齐、梁三朝，以擅长散文有名于时。他撰写的《述异记》，记述了会稽山虞舜巡守台、湘水之畔的相思宫、望帝台以及斑竹、九嶷山舜草等古迹。

萧绎即是南朝梁朝的孝元帝，在位仅四个年头（552～555），他撰写的《金楼子》，“其书于古今闻见事迹、治忽贞邪，咸为苞载，附以议论劝戒兼资，盖亦杂家之流”（《四库全书》子部十《提要》）。其中对舜事迹的记述，在延续以前文献的基础上，多有演义，如说舜的相貌“身长六尺，面颔无毛”，将其他圣人也描绘得奇形怪状、丑陋不堪：

> 子思云尧身长十尺，眉乃八采；舜身长六尺，面颔无毛。禹、汤、文、武、周公，或勤思劳体，或折臂望阳，或秃骭背偻，圣贤在德岂在貌乎？①

其事迹中，舜耕历山，增添“耕地得金枝银节”；除西王母遣使“来献白环之玦”外，又增“绥耳贯胸之民来献珠虾”；还有“入九疑山，置铜剑一枚，化为砾”以及“商均一名章鷁”等：

> 帝舜有虞氏，龙颜大口，圆天日角，出额重鼻，足履龟文，目重瞳子，身长九尺一寸，常梦击天鼓。母曰握登，早终。瞽瞍更娶生象，象傲，瞽瞍顽，后母嚚，咸欲杀舜。使舜入井，舜凿井旁行二十里，以孝闻。三十而帝尧问可用者，四岳咸举舜，尧于是降以女娥皇、女莹，配之妻舜，以观其内；使九男与处，以观其外。二女不敢以贵骄事舜亲戚，甚有妇道。尧九男皆益笃。舜耕于历山，历山之人皆让畔，耕地得金枝银节；渔于雷泽上，人皆让居；陶于河滨，河滨器皆不苦窳。一年而所居成聚，二年成邑，三年成都。尧乃试舜五典，百官皆治，布五教于四方。尧乃老，使舜摄行天子政，巡狩，得举用事。卿云出，景星见，西王母使使乘白鹿，驾羽车，建紫旗，来献白环之玦，益地之图；乘黄之驷，绥耳贯胸之民来献珠虾。既陟帝位，以土承火，都平阳，命禹为司空，弃为后稷，契为司徒。咎繇为士，垂为共工，益为朕虞，伯夷为秩宗，夔为典乐，龙为纳言。庶绩咸熙，群瑞毕集；《萧韶》九成，凤凰来仪；击石拊石，百兽率舞。生子商均不肖，舜复禅禹。入九疑山，置铜剑一枚，化为砾。今济南历城有祠，太阳山有虞氏三石阙也。禹即位后十五年，舜乃殂。禹让商均，避之阳城，天下不归商均而之禹。初，商均一名章鷁。（《金楼子》卷一《兴王》）

---

① （梁）萧绎：《金楼子》卷四《立言》，影印文渊阁四库全书本。

为了证明舜的远见卓识,又演绎出如何对待“紫舌之民”一事:

尧问舜:“紫舌之民,不可与语。若何?”舜曰:“君若远鉴,必知通塞,紫舌之民,何难合同?”余以为善对。故管仲曰:“放老马得迷道,随蚁壤得水穴也。”(《金楼子》卷四《立言》)

对于帝尧之二女,也演绎出新的情节,以彰显她们的聪明才智:

有虞二妃者,帝尧之二女也,长曰娥皇,次曰女英。四岳荐舜于尧,尧乃妻以二女,以观厥内。事舜于畎亩之中,事瞽瞍不以天子之女,故而骄盈怠慢犹谦让恭俭,思尽妇道。瞽瞍使涂廪,舜归告二女:“父母使我涂廪,我其往?”二女曰:“衣鸟工往。”舜既治廪,瞽瞍焚廪,舜飞去。舜入朝瞽瞍,使舜浚井,舜告二女,二女曰:“往哉,衣龙工往。”舜往浚井,石殒于上,舜潜出其旁。迨既纳于百揆,宾于四门,选林木入于大麓,每事常谋于二女。舜既嗣位,升为天子,娥皇为后,女英为妃。封象于有庳。二妃聪明贞仁,舜陟方,死于苍梧,号曰重华。二女死于江湘之间也。(《金楼子》卷四《后妃》)

另外,在北魏时贾思勰撰写的农书《齐民要术》中,也提及舜,借范子之口赞扬“尧、舜、禹皆有预见之明,虽有凶年而民不穷”①。

以上著作中涉及舜的时候,因受佛教、道教神异故事的影响,有一种倾向比较明显:在颂扬的总趋势下,进一步神化其事迹,同时演绎出新的情节和新的故事。

第三节 《刘子》的记述和评论

《刘子》的作者是北齐的刘昼(514~565),他字孔昭,渤海阜城(今河北交河)人,著名文学家,著有《六合赋》《高士不遇传》《金箱璧言》《刘子》(又名《刘子新书》)。《刘子》一书多处提及舜,但基本没有增添新史料,而是将舜等作为圣帝名王的符号论证他的某些观点。例如,与王充相近,他笃信命相,认为人的“贤愚贵贱,修短吉凶”皆由“生之本”的“命”决定,而这个无形的命却能够由有形的“相”表现出来。所以圣君贤相就生有与众不同的相:

---

① (北魏)贾思勰:《齐民要术》卷三《杂说》,影印文渊阁四库全书本。

命者生之本也，相者助命而成者也。命则有命不形于形，相则有相而形于形。有命必有相，有相必有命。同禀于天，相须而成也。人之命相，贤愚贵贱，修短吉凶，制气结胎受生之时。其真妙者，或感五帝三光，或应龙迹奇梦；降及凡庶，亦禀天命，皆属星辰，其值吉宿则吉，值凶宿则凶。受气之始，相命既定，即鬼神不能移改，而圣智不能回也。华胥履大人之迹而生伏羲，女娲感瑶光贯日而生颛顼，庆都与赤龙合而生唐尧，握登见大虹而生虞舜，修纪见洞流星而生夏禹。……若此之类，皆圣贤受天瑞相而生者也。相者或见肌骨，或见声色，贤愚贵贱，修短吉凶，皆有表诊。故五岳崔嵬有峻极之势，四渎皎洁有川流之形，五色郁然有云霞之观，五声铿然有钟磬之音，善观察者，犹风胡之别刃，孙阳之相马，览其机妙，不亦难乎？伏羲日角，黄帝龙颜，帝喾鸢肩，颛顼骿骭，尧眉八采，舜目重瞳，禹耳三漏，汤肩二肘，文王四乳，武王骈齿，孔子返宇，颜回重瞳，皋繇鸟喙，若此之类，皆圣贤受天殊相而生者也。舜目重瞳是至明之相……①

这种对人们“贤愚贵贱，修短吉凶”不同命运的解释自然是不正确的，因为它将命相视为人们命运的决定因素，从而排除了社会条件和人的主观能动性的互动在造就命运中的作用。刘昼的政治思想接近法家，所以他一方面赞扬“尧、舜异道而德盖天下”的德治，肯定“舜执干戚而服有苗”的不战而屈人之兵，一方面又坚持法术的不可须臾离，肯定常态下法术的作用：

法术者，人主之所执，为治之枢也。术藏于内随务应变，法设于外适时御人。人用其道而不知其数者，术也；悬教设令以示人者，法也。人主以术化世，犹天以气变万物，气变万物而不见其象，以术化人而不见其形。故天以气为灵，主以术为神，术以神隐成妙法，以明断为工。淳风一浇，则人有争心，情为既动则立法以检之，建国君人者虽能善政，未有弃法而成治也。故神农不施刑罚，而人善为政者不可废法而治人；舜执干戚而服有苗，征伐者不可释甲而制寇。立法者譬如善御，察马之力揣途之数，齐其衔辔以从其势，故能登坂赴险无覆轶之败，乘危涉远无越轨之患。君犹御也，法犹辔也，人犹马也，道犹轨也，理犹执辔也。执辔者欲马之遵轨也，明法者欲人之循治也，辔不均齐马失轨也，法不适时人乖理也。是以明主务循其法，因时制宜，苟利于人，

① （北齐）刘昼：《刘子》卷五《命相》，影印文渊阁四库全书本。

不必法古，必害于事不可循旧。夏、商之衰，不变法而亡；三代之兴，不相袭而王。尧、舜异道而德盖天下，汤、武殊治而名施后代。由此观之，法宜变动，非一代也。（《刘子》卷三《法术》）

其他方面，《刘子》又从民为君体、君为民心出发，肯定孔子在君民关系上"草从风偃"的观点，认为人性可以改变，关键是如何"染化"：

君以民为体，民以君为心。心好之身必安之，君好之民必从之，未见心好而身不从，君欲而民不随也。人之从君如草之从风，水之从器，故君之德风之与器也，人之情草之与水也。草之戴风，风惊东则东靡，风惊西则西靡，是随风之东西也；水之在器，器方则水方，器圆则水圆，是随器之方圆也。下之事上，其所行，犹影之随形，响之应声，言不虚也。上所好物，下必有甚。……尧、舜之人可比屋而封，桀、纣之人可接屋而诛，非尧、舜之民性尽仁义，而桀、纣之人生辄奸邪，而善恶性殊者，染化故也。是以明君慎其所好以正时俗，树之风声以流来世。（《刘子》卷三《从化》）

《刘子》推崇"大义灭亲"，将"虞舜之放弟象傲"作为事例，但认为只有在"相权义重"的情况下才可以实施。它也反对即使对圣人也不能求全责备，因为"尧、舜、汤、武之圣不能免于嫌谤，桓、文、伊、管之贤不能无纤瑕之过"（《刘子》卷五《妄瑕》）。他还从"设广听之术，开嘉言之路"出发，赞扬尧、舜、汤、武所实行的措施：

是以明者纳规于未形，采言于患表，从善如转圜，遣恶如仇敌，正音日闻于耳，祸害逾远于身。昔尧设招谏之鼓，舜树诽谤之木，汤立司过之士，武王置诫慎之鞀，以圣哲之神鉴，穷机洞微，非有毫厘之谬也，犹设广听之术，开嘉言之路，岂不贻厥将来表正言之益耶？（《刘子》卷六《贵言》）

最后，《刘子》认为在一个人欲横流的世界上，战争是不可避免的，几乎所有的圣帝名王都进行过征战，"舜征有苗"即是一个例子。但是，战争的目的是"禁暴而讨乱"，而不是"耗财以害民"，所以即使进行的战争是正义的，也不能追求"百战百胜"，而必须追求"不战而胜"：

太古淳朴，民心无欲，淳浇则争起，而战萌生焉。神农氏弦木为弧，剡木为矢，弧矢之利，以威天下。其后蚩尤强暴，好习攻战，销金为刃，割革为甲，而兵遂兴矣。黄帝战于涿鹿，颛顼争于不周，尧战丹水，舜征有苗，夏讨有扈，殷攻葛伯，周伐崇侯，夫兵者凶器，财用之蠹而民之残也。五帝、三王弗能弭者,所以禁暴而讨乱,非欲耗财以害民也,然众聚则财散,锋接则民残,势之使然也。故兵贵伐谋不重交刃,百战百胜非用兵之善也;善用兵者不战而胜善之善也。(《刘子》卷八《兵术》)

这一观点显然是把握了《孙子》的精髓。在那个战乱频仍的时代,是有积极意义的。

第四节 《论语集解义疏》的记述和评论

《论语集解》的作者何晏(? ~249),字叔平,三国魏南阳宛县(今河南南阳)人,东汉末大将军何进之孙,曾随母被曹操收养。少年时文才出众,姿仪秀美,尚魏公主,累官至尚书。他与夏侯玄、王弼倡导玄学,开一代新的学风,是魏晋玄学的创始人之一。后因党与曹爽,被司马懿杀害。作为著名玄学家,他在两汉经学渐趋式微的情况下,"援老入儒",宣扬"天下万物以无为本",主张"无为而治",勤于著述,留下《道德论》《无名论》《无为论》和《论语集解》等著作。

何晏的《论语集解》在《八佾》《雍也》《泰伯》《颜渊》《宪问》《卫灵公》《尧曰》等七篇中提及舜。其注比较简单,多引孔安国等前人的传注而稍作发挥,正是在其发挥中稍稍显示了向玄学的倾斜。如注《八佾》"子谓《韶》尽美矣,又尽善也":"孔安国曰:《韶》,舜乐名也,谓以圣德受禅,故曰尽善也。"注《卫灵公》"子曰:无为而治者,其舜也与!夫何为哉?恭己正南面而已矣":"言官得其人,故无为而治也。"①而在一些并不涉及舜的注中,向玄学的倾斜似乎更明显一点。

《论语义疏》的作者皇侃(488~545),南朝吴郡(今江苏苏州)人,梁时的经学家。曾任国子助教、员外散骑侍郎。他精于《三礼》《论语》《孝经》等,《论语义疏》是其代表作。他一改汉儒注重名物训诂的解经风格,以老、庄玄理解经,展示了新的学风。

如果说《论语集解》的注比较简单且向玄学的倾斜还不明显,那么,《论语义疏》较《论语集解》不仅大大扩展了篇幅,增加了内容,而且玄学的色彩

① (魏)何晏集解,(梁)皇侃义疏:《论语集解义疏》,影印文渊阁四库全书本。

也更加鲜明了。如在注疏《论语·八佾》"子谓《韶》尽美矣,又尽善也。谓《武》尽美矣,未尽善也者"时,写了这样一大段文字:

疏:子谓至善也,云子谓《韶》尽美矣,又尽善也者。此详虞、周二代乐之胜否也。《韶》,舜乐名也。名也,夫圣人制乐,随人心而为名。韶,绍也。天下之民乐舜揖让绍继尧德,故舜有天下而制乐名《韶》也。美者,堪合当时之称也;善者,理事不恶之名也。夫理事不恶,亦未必会合当时,会合当时亦未必事理不恶,故美善有殊也。《韶》乐所以尽美又尽善,天下万物乐舜继尧而舜从民受禅,是会合当时之心,故曰尽美也。揖让而代,于事理无恶,故曰尽善也云。谓《武》尽美矣,未尽善也者,《武》,武王乐也,天下之民乐武王干戈,故乐名《武》也。天下乐武王从民而伐纣,是会合当时之心,故尽美也,而以臣伐君于事理不善,故云未尽善。(《论语集解义疏》卷二《八佾》)

这里就出现了"人心""理事""天下万物"等概念,对乐的论述深入到事理人心的层次了。在对《论语·泰伯》的"子曰:巍巍!舜、禹之有天下也,而不与焉"注疏时,一直围绕着"逢时遇世"的理念进行,而不是像汉儒那样仅限于对字词和名物的训释:

疏:"子曰"至"与焉",此美舜、禹也,舜、禹亦古圣天子也,巍巍高大之称也,言舜、禹逢时遇世,高大可美也。舜受尧禅而有天下,禹受舜禅而有天下,此二圣得时有天下,并非身所预求,而君自禅之也。一云孔子叹已不遇见舜、禹之时也,若逢其时,则已宣道当用也。故王弼曰逢时遇世,莫如舜、禹也。江熙曰舜禹受禅有天下之极。故乐尽其善,叹不与并时,盖感道契在昔,而理屈当今也。(《论语集解义疏》卷四《泰伯》)

在对《论语·卫灵公》的"子曰:无为而治者,其舜也与!夫何为哉?恭己正南面而已矣"注疏时,使用了"情虑"的概念:

疏:子曰至已矣,云子曰云云者,舜上受尧禅于己,已又下禅于禹,受授得人,故孔子叹舜无为而能治也。云夫何云云者,既受授善得人无劳于情虑,故云夫何为哉?既垂拱而民自治政,所以自恭敬而居天位,正南面而已也。蔡谟曰谟昔闻过庭之训于先君,曰尧不得无为者,所承非圣也;禹不得无为者,所授非圣也。今三圣相系,舜居其中,承尧授禹,又何为乎?夫道同而治,异者时也,自古以来,承至治之世,接二圣之间,唯舜而已,故特称之焉。(《论语集解义疏》卷八《卫灵公》)

《论语义疏》较之《论语集解》更显著的不同是它之疏更全面而翔实，不放过每一个字词。如以上征引的这一段，《论语集解》的注用了12个字，而《论语义疏》之疏用了近200个字，两者相差近17倍。比较典型的还有《论语·尧曰》一章，注用了274个字，而疏则用了近2000字，两者相差5倍多。下面全文征引这一段，借以窥视疏的全貌与风格：

疏："尧曰"至"民悦"，云尧曰者，称尧之言教也。此篇凡有三章，虽初称尧曰，而宽通众圣，故其章内并陈二帝三王之道也。就此一章中，凡有五重，自篇首至天禄永终为第一，是尧命授舜之辞；又下云舜亦以命禹为第二，是记者序舜之命禹亦同尧命舜之辞也；又自予小子履至万方有罪在朕躬为第三，是汤伐桀告天之辞；又自周有大宾至在予一人为第四，是明周武伐纣之文也；又自谨权量至章末为第五，明二帝三王虽有揖让与干戈之异，而安民取治之法则同也。又下次子张问孔子章，明孔子之德同于尧、舜诸圣也。上章诸圣所以能安民者，不出尊五美，屏四恶，而孔子非不能为之，而时不值耳。故师资殷勤，往反论之也。下又一章不知命无以为君子也，此章以明孔子非不能为，而不为者，知天命故也。云咨尔舜者，自此以下，尧命舜以天位之辞也。咨，咨嗟也；尔，汝也；汝，汝于舜也。舜者，谥也。尧名放勋，谥曰尧。也舜名重华，谥曰舜也。《谥法》云翼善传圣曰尧，仁盛圣明曰舜也。尧将命舜，故先咨嗟，叹而命之，故云咨汝舜也。所以叹而命之者，言舜之德美兼合，用我命也。云天之历数在尔躬者，天，天位也，历数谓天位列次也；尔，汝也，躬，身也。尧命舜曰，天位列次，次在汝身，故我今命授与汝也。云允执其中者，允，信也；执，持也；中，谓中正之道也。言天位运次既在汝身，则汝宜信执持中正之道也。云四海困穷者，四海，谓四方蛮夷戎狄之国也，困极也，穷尽也，若内执中正之道则德教外被四海，一切服化莫不极尽也。云天禄永终者，永，长也；终，犹卒竟也。若内正中国，外被四海，则天祚禄位长，卒竟汝身也。执其中则能穷拯四海，天禄所以长终也。云舜亦以命禹者，此弟二重，明舜让禹也。舜受尧禅，在位年老而让于禹，亦用尧命已之辞以命于禹也，故云舜亦以命禹也。所以不别为辞者，明同是揖让而授也，当云舜曰咨尔禹天之历数以下之言也。云曰予小子履者，此第三重，明汤伐桀也，伐兴授异，故不因前揖让之辞也。浇淳既异，揖让之道不行，禹受人禅而不禅人，乃传位与其子孙，至末孙桀无道，为天下苦患，汤有圣德，应天从民，告天而伐之，此以下是其辞也。予，我也；小子，汤自称，谦也；履，汤名也。将告天，故自称我小子而又称名也。云敢用玄牡者，敢，果也；玄，黑也；牡，雄也。夏尚黑，尔时汤犹未改夏色，故犹用黑牡以告天，故云果敢用于玄牡也。云敢昭云云者，昭，明也；皇，大也；后，君也；帝，天帝也。用玄牡告天，而云敢明告于大大君天帝也。云有罪不敢赦者，汤既应天，天不赦罪，故凡有罪者则汤亦不敢擅赦也。云帝臣云云者，此明有罪之人也；帝臣，谓桀也，桀是天子，天子事天，犹臣事君，故谓桀为帝臣也。不蔽者，言桀罪显著天地，共知不可隐蔽也。云朕躬有罪无以万方者，朕，我也；万方，犹天下也。汤言我身若自有罪，则我自有当之，不敢关预于天下万方也。云万方有罪在朕躬者，若万方百姓有罪，则由我身也；我为民主，我欲善而民善，故有罪则归责于我也。云周有云云者，此第四重，明周家法也，此以下是周伐纣誓民之辞也。舜与尧同是揖让，共用一辞；武与汤同是干戈，故不为别告天之文而即用汤之告天文也，而此述周誓民之文，而不述汤誓民文者，《尚书》亦有《汤誓》也，今记者欲互以相明，故下举周誓则汤其可知也。周，周家也；赉，赐也。言周家受天大赐，故富足于善人也。或云周家大赐财帛于天下之善人，善人故是富也。云虽有云云者，已上《尚书》第六《泰誓》中文，言虽与周有亲，而不为善则被罪黜，不如虽无亲而仁者，必有禄爵也。云百姓云云者，此武王引咎自责辞也。江熙曰自此以上至“大赉”，周告天之文也，自此以下所修之政也。禅者有命无告，舜之命禹，一准于尧，周告天文少其异于殷，所异者如此，存其体不录修也。侃按汤伐桀辞皆云天，故知是告天也；周伐纣文句句称人，故知是誓人也。云谋权量者，此以下第五重，明二帝三王所修之政同也，不为国则已，既为便当然也。谨，犹慎也；权，称也；量，斗斛也，当谨慎于称尺斗斛也。云审法度者，审犹谛也，法度谓可治国之制典也，宜审谛分明之也。云修废官者，治故曰修，若旧官有废者，则更修立之也。云四方之政行矣者，自谨权以下若皆得法，则四方风政，并服行也。云兴灭国者，若有关为前人非理而灭之者，新王当更为兴起之也。云继绝世者，若贤人之世被绝不祀者，当为立后系之，使得仍享祀也。云举逸民者，若民中有才行超逸不仕者，则躬举之于朝廷为官爵也。云天下之民归心焉者，既能兴继举，故为天下之民皆归心襁负而至也。云所重民食丧祭者，此四事并又治天下所宜重者也。国以民为本，故重民为先也;民以食为活,故次重食也;有生必有死,故次重于丧也;丧毕为之宗庙以鬼享之,故次重祭也。云宽则得众者,为君上若能宽,则众所共归,故云得众也。云敏则有功者,君行事若仪用敏疾,则功大易成,故云有功也。云公则民悦者,君若为事公平,则百姓皆欢悦也。(《论语集解义疏》卷一〇《尧曰》)

从一定意义上讲,《论语义疏》开宋儒注疏的先河,主要从义理方面对舜进行评说,皇侃的贡献是不能抹杀的。

第五节 《帝王世纪》《高士传》与《水经注》的记述和评论

皇甫谧(215~282),字士安,魏、晋间安定朝那(今甘肃平凉西北)人,著名医学家,其著作《甲乙经》,总结了此前针灸学的成就。另有《帝王世纪》《高士传》《玄晏春秋》等史学著作,在当时和以后有一定影响。

《帝王世纪》记述了古帝王事迹,其中对舜的记载比较翔实,大体上综合了此前《尚书》、诸子和《史记·五帝本纪》等文献的成果:

舜,姚姓也。其先出自颛顼,颛顼生穷蝉,穷蝉有子曰敬康,生勾芒,勾芒有子曰桥牛,桥牛生瞽瞍,妻曰握登,见大虹,意感而生舜于姚墟,故姓姚,名重华,字都君,龙颜大口,黑色,身长六尺一寸,有圣德,始迁于负夏,贩于顿丘,债于傅虚。家本冀州,每徙则百姓归之。其母早死,瞽瞍更娶,生象傲,而父顽母嚚,咸欲杀舜。舜能和谐,大杖则避,小杖则受。年二十始以孝闻。尧以二女娥皇、女英妻之,见舜于贰宫,设飨礼送为宾主,南面而问政,为司徒、太尉,试以五典,有大功。二十梦眉长与发等。尧乃赐舜以昭华之玉,老而命舜代己摄政。明年正月上日,始受终于文祖,太尉行事。尧崩,三年丧毕,以仲冬甲子月次于毕始即真。以土承火,色尚黄。乃询四岳,辟四门,明四目,达四聪,东巡狩,登南山,观河洛,受图书,褒赐群臣。尊任伯禹、稷、契、皋陶、伯益,时有苗氏负固不服,禹请征之,舜曰:“我德不厚,行武非道也。吾其敷吾德也。”乃修教三年,执干戚而舞之,有苗请服。立诽谤之木,申命九官十二牧及殳斨朱虎熊罴等二十五人,三载一考绩,黜陟幽明。于是俊乂在官,群后德让,百僚师师。以五采章施于五色为服,以六律、五声、八音协治用之，和洽烝民。乃粒万邦作乂，庶绩咸熙。乃作《大韶》之乐，《萧韶》九成，凤凰来仪。击石拊石，百兽率舞。故孔子称《韶》尽美矣，又尽善也。景星曜于房，群瑞毕臻，德被天下。初，舜既践帝位，而父瞽瞍尚存，戴天子车服而朝焉，天下大之。故曰：大舜都于咸阳，或营蒲坂，妫汭嫔于虞，故因号有虞氏。二妃，元妃娥皇无子，次妃女英生商均，次妃登北氏生二女霄明、烛光，有庶子八人，皆不肖。故以天下禅禹。舜年八十即真，八十三而荐禹，九十五而使禹摄政。摄五年，有苗氏叛，南征，崩于鸣条，年百岁，殡以瓦棺，葬于苍梧九嶷山之阳，是为零陵，谓之纪市，在今营道县，下有群象为之耕。①

《帝王世纪》与此前记载不同的是，增加了“都于咸阳”“崩于鸣条”“次妃登北氏生二女霄明、烛光，有庶子八人，皆不肖”等内容。

《高士传》有四处提及舜，基本抄自此前的文献，主要记述尧、舜让帝位于善卷、子州支父、石户之农、蒲衣子的故事，字里行间显示了皇甫谧对这些隐士的歆慕和向往。

《水经注》的作者郦道元(466或472～527)，字善长，北魏范阳涿县(今属河北)人，著名地理学家、文学家，官至御史中尉、关右大使，以执法严峻著称。后被雍州刺史杀害。所著《水经注》是兼具文学价值的地理学巨著。

在《水经注》中，与舜相联系的一些地名被考证和确认。在卷四《河水》篇中，考定蒲坂(今山西永济西)附近的陶城即是舜都：

其水西南流，西流注于河，河水又南迳陶城西。舜陶河滨，皇甫士安以为定陶不在此也。然陶城在蒲坂北，城即舜所都也，南去历山不远，或耕或陶，所在则可，何必定陶方得为陶。舜之陶也，斯或一焉，孟津有陶河之称盖从此始。②

在这一篇中，郦道元还对周处《风土记》所记舜葬上虞《今属浙江》，所耕历山在始宁、剡二县界上之说进行了辩证，认为“不近情”，不可信。

在卷八《济水》篇中，作者对济南的历山与舜的关系不置可否：“济水……俗谓之为娥姜水，以泉源有舜妃娥英庙故也。城南对山，山上有舜祠，山下有大穴，谓之舜井，抑亦茅山禹井之比矣。《书》舜耕历山，亦云在此，所未详也。”在卷九《沁水》篇中，记述了上党泽氏县境有濩泽，即舜所渔

① (宋)李昉等：《太平御览》卷八一《皇王部·帝舜有虞氏》，影印文渊阁四库全书本。

② (北魏)郦道元：《水经注》卷四《河水》，影印文渊阁四库全书本。

雷泽。卷十一《易水》篇认为《中山记》所述蒲阴有舜氏甘泉及二妃庙，难以确认。其他还记漯水、渭水、颍水、沔水、淮水、渐水等流经处都有舜的古迹，对其真实性皆不置可否。另卷二十四《瓠子河》篇，记述瓠子河即濮水，其流经处与舜有关的遗迹较多：

瓠河又左迳雷泽北，其泽薮在大成阳县故城西北十余里，昔华胥履大迹处也。其陂东西二十余里，南北十五里，即舜所渔也，泽之东南即成阳故县。……雷泽西南十许里有小山，孤立峻上，亭亭杰峙，谓之历山。山北有阜南属，迤泽之东北有陶墟，缘生言舜耕陶所在。

卷三十八《湘水》篇记述舜的遗迹也较多：

"湘水出零陵始安县阳海山……东北过零陵县东……又东北过泉陵县西。"营水出营阳泠道县南山，西流，迳九疑山下。蟠基苍梧之野，峰秀数郡之间，罗岩九举，各导一溪，岫壑负阻，异岭同势，游者疑焉，故曰九疑山。大舜窆其阳，商均葬其阴。山南有舜庙，前有石碑，文字缺落，不可复识。自庙仰山极高，直上可百余里，古老相传，言未有登其峰者。山之东北泠道县界，又有舜庙，县南有舜碑，碑是零陵太守徐俭立。……营水又北流，注于湘水。湘水又东北，与应水合……应水又东南流，迳有鼻墟……言象所封也。山下有象庙。

"又东北过重安县东，又东北过酃县西，承水从东南来注之。"承水出衡阳重安县西邵陵县界邪姜山，东北流至重安县，迳舜庙下，庙在承水之阴……为南岳也。山下有舜庙，南有祝融冢。

"又北过罗县西，溳水从东来流注。"湘水……其水上承大湖，湖水西流，迳二妃庙南，世谓之黄陵庙也。言大舜之陟方也，二妃从征，溺于湘江，神游洞庭之渊，出入潇湘之浦。

可以看出，凡郦道元认为各地舜的故迹比较真实者，其记述都较为翔实；凡他认为讹传者，则粗粗几笔带过。他认定的古迹虽不一定完全准确，但多数与史有据，这反映了深厚的学养和不凡的眼光。

第六节 《竹书纪年》《晋书》《宋书》《魏书》《北齐书》《北史》的记述和评论

晋咸宁五年(279)或太康元年(280)，在汲郡的战国时期的魏安釐王的墓中出土了编年体的《竹书纪年》,共12篇,记述五帝起至战国魏襄王二十年(前299)这一时段的历史。收录入《四库全书》的《竹书纪年》是沈约的注本。其中的"帝尧陶唐氏"记载"七十年春正月,帝使四岳锡虞舜命"及"七十三年春正月,舜受终于文祖"的事迹。而在"帝舜有虞氏"项下,则对舜的事迹有更翔实的记载:

母曰握登,见大虹,意感而生舜于姚墟。目重瞳子,故名重华,龙颜大口,黑色,身长六尺一寸。舜父母憎舜,使其涂廪,自下焚之,舜服鸟工衣服飞去。又使浚井,自上填之以石,舜服龙工衣自傍而出。耕于历,梦眉长与发等,遂登庸。元年己未,帝即位,居冀,作《大韶》之乐。即帝位,蓂荚生于阶,凤凰巢于庭。击石拊石,以歌《九韶》,百兽率舞,景星出于房,地出乘黄之马。

三年命皋陶作刑。九年西王母来朝。西王母之来朝,献白环、玉玦。十四年,卿云见,命禹代虞事。在位十有四年,奏钟石笙管未罢,而天大雷雨,疾风登屋拔木,桴鼓播地,钟乱行,舞人顿伏,乐正狂走,舜乃堵,持衡而笑曰:"明哉!天下非一人之天下也,亦乃见于钟石笙筦乎?"乃荐禹于天,使行天子事也。于时和气普应,庆云兴焉,若烟非烟,若云非云,郁郁纷纷,萧索轮囷。百工相和而歌《庆云》,帝乃倡之曰:"庆云烂兮,纠缦缦兮,日月光华,旦复旦兮。"群臣咸进,顿首曰:"明明上天,烂然星陈,日月光华,弘于一人。"帝乃再歌曰:"日月有常,星辰有行,四时从轻,万姓允诚。于予轮乐,配天之灵迁于圣贤,莫不咸听。鼙乎鼓之,轩乎舞之,精华以竭,褰裳去之。"于是八风循通庆云丛聚,蟠龙奋迅于其藏,蛟鱼踊跃于其渊,龟鳖咸出其穴。迁虞而事夏,舜乃设坛于河,依尧故事。至于下昃,荣光休至,黄龙负图,长三十二尺,广九尺,出于坛畔,赤文绿错,其文言"当禅禹"。

十五年,帝命夏后,有事于太室。十七年春二月,入学,初用万。二十五年,息慎氏来朝,贡弓矢。二十九年,帝命子义钧,封于商。三十年葬后育于渭。三十二年,帝命夏后总师,遂陟方岳。三十三年,春正月,夏后受命于神宗,遂复九州。三十五年,帝命夏后征有苗,有苗氏来朝。四十二年,玄都氏来朝,贡宝玉。四十七年,冬,陨霜,不杀草木。四十九年,帝居于鸣条。五十年,帝陟,义钧封于商,是谓商钧,后育娥皇也。鸣条有苍梧之山，帝崩，遂葬焉。今海州。[1]

这里，《竹书纪年》提供了与《史记·五帝本纪》所记载的舜事迹的略有差异的版本，其中的神怪色彩超过《史记》。这种情况的出现，一种可能是战国时期《竹书纪年》作者的演绎。一种可能是沈约综合秦汉时期谶纬神学的有关资料加以演绎。其目的都是神化舜的形象。

唐朝房玄龄等撰著的《晋书》，记述了两晋165年的历史。其中《武帝纪》《律历志》涉及虞舜，皆抄自以前的文献。只《礼志》上记述魏朝将舜作为始祖祭祀：

> 景初元年十月乙卯，始营洛阳南委粟山为圆丘。诏曰："昔汉氏之初，承秦灭学之后，采摭残缺，以备郊祀。自甘泉后土，雍宫五畤，神祇兆位，元多不经见，并以兴废无常，一彼一此，四百余年，废无禘礼，古代之所更立者，遂有阙焉。曹氏世系出自有虞氏。今祀圜丘以始祖帝舜配，号圜丘曰皇皇帝天。方丘所祭曰皇皇后地，以舜妃伊氏配。……"十二月壬子冬至，始祀皇皇帝天于圜丘，以始祖有虞帝舜配。[2]

这是自春秋陈国、战国田齐、西汉王莽自认虞舜之裔以后，曹魏再一次奉虞舜为始祖。

南朝梁代沈约所撰《宋书》，记述了刘宋一朝60年的历史。其中《乐志》讲到笙、箫、管、篪等乐器与舜的关系，以前的文献大都有记载。但《符瑞志》上的记载，则在以前文献的基础上增添了不少新的情节：

> 帝舜有虞氏，母曰握登，见大虹意感，而生舜于姚墟。目重瞳子，故名重华。龙颜大口，黑色，身长六尺一寸。舜父母憎舜，使其涂廪，自下焚之，舜服鸟工衣服飞去。又使浚井，自上填之以石，舜服龙工衣自傍而出。耕于历山，梦眉长于发等。及即帝位，蓂荚生于阶，凤凰巢于庭，击石拊石，百兽率舞，景星出房，地出乘黄之马，西王母献白环、玉玦。舜在位十有四年，奏钟石笙筦未罢，而天大雷雨，疾风发屋拔木，桴鼓播地，钟磬乱行，舞人顿伏，乐正狂走。舜乃拥璿持衡而笑曰："明哉！夫天下非一人之天下也，亦乃见于钟石笙筦乎！"乃荐禹于天，使行天子事。于时和气普应，庆云兴焉，若烟非烟，若云非云，郁郁纷纷，萧索轮囷，百工相和而歌《庆云》。帝乃倡之曰："庆云烂兮，纠缦缦兮。日月光华，旦复旦兮。"群臣咸进，稽首曰："明明上天，烂然星陈。

① (梁)沈约：《竹书纪年》卷上，影印文渊阁四库全书本。
② (唐)房玄龄：《晋书》卷一九《礼志》，影印文渊阁四库全书本。

日月光华，弘予一人。"帝乃再歌曰："日月有常，星辰有行。四时从经，万姓允诚。于予论乐，配天之灵。迁于圣贤，莫不咸听。鼚乎鼓之，轩乎舞之，精华以竭，褰裳去之。"于是八风修通，庆云丛聚，蟠龙奋迅于其藏，蛟鱼踊跃于其渊，龟鳖咸出其穴，迁虞而事夏。舜乃设坛于河，依尧故事。至于下昃，荣光休气至，黄龙负《图》，长三十二尺，广九尺，出于坛畔，赤文绿错，其文言当禅禹。①

这一大段记载，显系抄自《竹书纪年》。由于沈约本人就是《竹书纪年》的注者，这段充满神怪色彩的符瑞究竟与他是什么关系，实在大可考究。这些符瑞在使舜的神性上升的同时，却不可避免地降低了舜的人文意蕴。

北齐魏收撰写的《魏书》，记述了北魏157年的历史。其中没有增添舜的资料，也没有对舜进行评论，只是记述了太祖、太宗、世祖、高祖四朝祭祀舜庙的情况。另外，隋朝李百药撰写的《北齐书》记载了该朝对舜的祭祀。唐朝李延寿撰写的《北史》记述了魏孝文帝"诏求舜后，获东莱人妫苟之，复其家毕世，以彰盛德之不朽"②。这说明，由少数民族统治者建立的北朝政权在不断汉化的过程中，已经自觉地接受汉族传统的人文始祖，自认是中华民族的一员。

第七节　碑文、祭文和诗歌韵语中的虞舜

魏晋南北朝时期，纪念舜的碑文流传下来的只有一篇，这就是北魏温子升撰写的《舜庙碑》，其文如下：

怀山不已，龙门未辟。大道御世，天下为公。感梦长人，明扬仄陋。厘降二女，结友九男。执耜历山，耕夫所以让畔。施罟雷泽，渔父于是让川。亦既登庸，以之纳录。九官咸事，百揆时叙。有大功于当世，集历数而在躬。受文祖之命，致昭华之玉。班五瑞于群后，禋六宗于上玄。舞干戚而远夷宾，弃金璧而幽灵应。青云浮洛，荣光塞河。符瑞必臻，休祥咸萃。以君人之大德，为帝王之称首。陟方之驾遂往，苍梧之窆不归。爰自先民，实存旧庙。既缉药房，遂镇瑶席。龙驾帝服，盖依俙于慕舜。交鼓絙瑟，仿佛于闻《韶》。其辞曰：

① （梁）沈约：《宋书》卷二七《符瑞志上》，影印文渊阁四库全书本。
② （唐）李延寿：《北史》卷三《魏本纪第三》，影印文渊阁四库全书本。

虹气降灵，姚墟诞圣。树荫未徙，帝图已定。乃宾四门，以齐七政。天眷功高，民归德盛。治既荡荡，化亦巍巍。《南风》在咏，西环有归。嶷山永逝，湘水长违。灵宫肃肃，神馆微微。①

碑文全面集中地记述了舜的“荡荡”功业和“巍巍”盛德，表述了后人对舜的景仰和崇敬，创造了后代碑文的基本范式，其影响是深远的。

魏晋南北朝时期，诗人留下一批对虞舜和二妃赞颂的诗篇和赞文。其中曹植的《帝舜赞》主要赞颂他的功业：“颛顼之族，重瞳神圣。克协顽嚚，应唐莅政。除凶举俊，以齐七政。应历受禅，显天之命。”②而其《豫章行》则在对虞舜、姜太公生而逢时和孔子生不逢时的慨叹中寄寓着自己不被重用的悲戚之感：

穷达难豫图，祸福信亦然。虞舜不逢尧，耕耘处中田，太公未遭文，渔钓终渭川。不见鲁孔子，穷困陈蔡间。周公下白屋，天下称其贤。（《曹子建集》卷六《豫章行》）

曹丕也写了一首《清调曲》，咏叹“得人则安，失人则危。唯贤知贤，人不易知”（《曹子建集》卷二五《秋胡行》）的古训。在魏、晋换代之际，党与曹魏的嵇康不满司马氏的专权，他写的两首涉及尧、舜的诗，与其说实是对尧、舜的歌颂，毋宁说是发泄对现实的愤怒——《惟上古尧舜》：“二人功德齐均，不以天下私亲。高尚简朴兹顺，宁济四海烝民。”《唐虞世道治》：“万国亲亲无事，贤愚各自得志。晏然逸豫内忘，佳哉尔时可喜。”（《汉魏六朝百三家集》卷三五《魏嵇康集》）

晋朝的夏侯湛写的《虞舜赞》，主要歌颂尧、舜的禅让和“垂拱临民”的统治方式：

有虞愔愔，揖让鼓琴。垂拱临民，咏彼南音。世澄道玄，天下混心。民思王度，如玉如金。③

晋朝的庾阐写的《虞舜像赞并序》是这一时期赞颂虞舜的最长的一篇铭文，全面赞颂了舜“功格于天”“法施于民”的“名教彰于至治，王道焕乎无穷”的理想政治：

夫至道玄妙，非器象所载；灵化潜融，非轨迹所传。故道资冲朴，

---

① （明）张溥辑：《汉魏六朝百三家集》卷一〇八《魏温子升集》，影印文渊阁四库全书本。

② （魏）曹植：《曹子建集》卷七《帝舜赞》，影印文渊阁四库全书本。

③ （明）梅鼎祚编：《西晋文集》卷一二《虞舜赞》，影印文渊阁四库全书本。

则谓之三皇;德彼群生,则号称舜禹。是以先王因其会通,制为准极,功格于天,则配于上帝,法施于民,则载在祀典,然后名教彰于至治,王道焕乎无穷。故兹堂之构也有自来矣!然树寝所以栖神,而寝非神之所期;立像所以表德,而像非德之所在。若乃废其轨景,洞其玄真,虽冥照之鉴独朗天下,恶乎注其耳目哉!遂乃显图灵像,廓其庙坛,俾天光焜于宇宙,南风散乎五弦,岂谓神道之妙可寄之于有涯哉!盖亦畅悠悠者之心也。其辞曰:

玄像焜耀,万物含灵。飞龙在天,阳德文明。神道虽寂,务由机生。拥琴高咏,寄和五声。玄风既畅,妙尽无名。民鉴其朗,孰测窈冥。①

另有梁朝大文豪庾信的《舜舞干戚》,一诗,集中歌颂舜的"拱己无为":

平风变律,击石来仪。先齐七政,更服三危。

朱干独舞,玉戚空麾。《南风》一曲,拱己无为。(《汉魏六朝百三家集》卷一一一中《庾信集》)

这一时期,还有不少诗篇是歌咏舜之二妃娥皇、女英的。如晋朝临淄的女诗人左芬写了《虞舜二妃赞》:

妙矣二妃,体灵应符。奉嫔于妫,光有此虞。沅湘示教,灵德永敷。(欧阳询《艺文类聚》卷一五《后妃部》)

梁朝的吴均写了《登二妃庙》:

朝云乱人目,帝女湘川宿。折菡巫山下,采荇洞庭腹。故以轻薄好,千里命舻舳。何事非相思,江上葳蕤竹。(《汉魏六朝百三家集》卷一〇一《吴筠集》)

所有这些诗篇都抒发了对二妃的仰慕与思念,她们已经被置于人神同体的尊位,成为歌颂和吟咏的对象。

第八节　综述与综评

魏晋南北朝时期的三个半世纪,是中国历史上陷于南北分裂和少数民族入主中原混战不休的时期。一方面是南方的汉族政权延续并发展着传

① (唐)欧阳询:《艺文类聚》卷一一《帝王部一》,影印文渊阁四库全书本。

统的汉族文化,一方面是北方的少数民族政权在不断地汉化中被先进的汉族文化所同化。南北之间不断缩小着的文化差距,成为后来隋唐又一次实现中国大一统的重要条件。这一时期,有关文献对舜的记述和评论就表现出一些新的特点。

魏晋南朝,舜的圣人地位得以延续和加强。出自王肃之手的《孔丛子》和《孔子家语》,延续着先秦秦汉儒学的传统,进一步神化尧、舜。同时,由于该时期佛教和道教迅速发展,就使尧舜的事迹带上志怪故事的色彩,《博物志》《拾遗记》《搜神记》《述异记》等是这一倾向的代表。同时,由于玄学思潮盛极一时,就使对舜的评论带上义理的色彩,何晏的《论语集解》、皇侃的《论语义疏》是这一倾向的代表。这一时期,考古学上的重要成就是《竹书纪年》的发现,由此使舜的事迹有了一个编年的记载。不过,由于该文献经沈约注后符命神怪的成分和暴力征伐的成分大大增加,使后来这一倾向无形中得到加强。而此一时期的诗文创作,对舜作为圣人的歌颂较前更加彰显。

北朝的少数民族政权在不断汉化的过程中加强了对中华民族作为一个共同体的认同,同时也就认同了尧、舜作为中华人文始祖的地位,这表现在他们,尤其是北魏政权举行越来越规范的对尧、舜的国家祭祀。北朝学者对舜的记述和评论基本延续着先秦和秦汉的文献成果,没有增加多少新东西,不过,郦道元的《水经注》在记述舜的事迹时结合有关地区的历史地理进行了比较严格的考释,这为后世越来越严密的史实考证开了先河,其积极作用是显而易见的。

第四章　隋唐五代时期文献对虞舜的记述和评论(589～960)

第一节　孔颖达《尚书注疏》与《礼记注疏》对舜的记述和评论

孔颖达(574～648),字冲远,冀州衡水(今属河北)人。生于北朝,入隋后,选为"明经",曾任河内郡博士。唐朝初年,历任国子博士、国子司业、国子祭酒等职,是隋末唐初经学方面的领军人物。他奉唐太宗之命主编的《五经正义》,成为各级学校法定的教科书,同时也作为科举取士的标准。由于该书融合南北经学,其注释继承了秦汉以来的成果,为后来历代学者所尊崇,在中国思想文化史上产生了深远影响,发挥了不可替代的作用。

孔颖达的《尚书注疏》综合汉儒和魏晋南北朝时期诸儒的注疏,旁征博引,将他能够见到的几乎所有著作都加以引证,从文献的角度对有关史实,尤其是名物制度进行了全面系统的梳理,为后学学习和了解历史真相提供了较完备的资料。其中涉及舜的注释和评论集中于《虞书》的《尧典》《舜典》《大禹谟》和《夏书·益稷》《周书·周官》。如对《虞书·尧典》中"帝曰:咨!"至"帝曰:钦哉!"一段,《注疏》作了如下诠释:

《正义》曰:帝以鲧功不成,又已年老,求得授位明圣,代御天灾,故咨嗟汝四岳等。我在天子之位七十载矣,言已年老不堪在位;汝等四岳之内有能用我之命,使之顺我帝位之事,言欲让位与之也。四岳对帝曰:我等四岳,皆不有用命之德,若使顺行帝事,即辱于帝位。言已不堪也。帝又言曰:汝当明白举其明德之人于僻隐鄙陋之处,何必在位之臣乃举之也。于是朝廷众臣乃与帝之明人曰:有无妻之鳏夫,在下民之内,其名曰虞舜。言侧陋之处有此贤人。帝曰:然我亦闻之,其德行如何?四岳又对帝曰:其人,愚瞽之子,其父顽,母嚚,其弟字象,性又傲慢,家有三恶,其人能谐和以至孝之行,使此顽嚚傲慢者,皆进进于善以自治，不至于奸恶，言能调和恶人，是为贤也。帝曰：其行如此，当可任用，我其召而试之哉！欲配女与试之也，即以女妻舜。于是欲观其居家治否也。舜能以义理下二女之心于妫水之汭，使行妇道于虞氏。帝叹曰：此舜能敬其事哉！叹其善治家，知其可以治国。故下篇言其授以官位而历试诸难。《传》《正义》曰：遍检今之《书》传，无尧即位之年。孔氏博考群书，作为此《传》，言尧年十六，以唐侯升为天子，必当有所案据，未知出何书？计十六为天子，其岁称元年，在位七十载，应年八十五。孔云八十六者，《史记》诸书皆言尧帝喾之子，帝挚之弟，喾崩挚立，挚崩，乃传位于尧。然则尧以弟代兄，盖逾年改元，据其改元年，则七十载，数其立年，故八十六。下句求人巽位，是老将求代也。此经文承续，用不成之下计。治水之事，于时最急，不求治水之人，而先求代己者，尧以身既年老，臣无可任，治水之事非己所能，故求人代己，令代者自治。是虞史盛美舜功，言尧不能治水，以大事付舜，美舜能消大灾，成尧美也。巽，顺，《易·说卦》文。帝呼四岳言，汝能庸命？四岳自谦言己否德，故知汝四岳，言四岳能用帝命，故帝欲使之顺行帝位之事，将使摄也。在位之臣，四岳为长，故让位于四岳也。……《史记·五帝本纪》云尧知子丹朱之不肖，不足授天下，于是权授舜，授舜则天下得其利而丹朱病，授丹朱则天下病而丹朱得其利。尧曰：终不以天下之病而利一人，而卒授舜以天下。是尧知子不肖而禅舜之意也。《文王世子》论举贤之法云：或以事举，或以言扬。扬亦举也，故以举解扬。经之扬字，在于二明之下。《传》进局字于两明之中，经于明中宜有扬字。言明，举明人于侧陋之处。明下有扬，故上阙扬文，《传》进举于明上，互文以足之也。侧陋者，僻侧浅陋之处。意言不问贵贱，有人则举，是令朝臣广求贤人也。尧知有舜而朝臣不举，故令广求贤以启之；臣亦以尧知侧陋有人，故不得不举舜耳。此言尧知子不肖，有志禅位，然则自有贤子，必不禅人。授贤爰自上代，尧、舜而已，非尧舜独可，彼皆不然，将以子不肖，时无圣者，乃运值污隆，非圣有优劣。而纬候之书附会其事，乃云河洛之符，名字之录，何其妄且俗也。师，众，锡，与，《释诂》文。无妻曰鳏。《释名》云：愁悒不寐，目恒鳏鳏然。故鳏字从鱼，鱼目恒不闭。《王制》云：老而无妻曰鳏。舜于时年未三十，而谓之鳏者，《书传》称孔子对子张曰：舜，父顽母嚚，无室家之端，故谓之鳏。鳏者，无妻之名，不拘老少。少者无妻可以更娶，老者即不复更娶，谓之天民之穷，故《礼》举老者耳。《诗》云：何草不玄，何人不鳏。暂离室家，尚谓之鳏，不独老而无妻始称鳏矣。《书传》以舜年尚少为之说耳。虞氏舜名者，舜之为虞，犹禹之为夏。外传称禹，氏曰有夏，则此舜氏曰有虞。颛顼已来，地为国号，而舜有天下，号曰有虞氏，是地名也。王肃云：虞，地名也。皇甫谧云尧以二女妻舜，封之于虞，今河东太阳山西虞地是也。然则舜居虞地，以虞为氏，尧封之虞为诸侯，及王天下遂为天子之号，故从微至著常称虞氏。舜为生号之名，前已具释。《传》又解众人以舜与帝，则众人尽知有舜，但舜在下人之中，未有官位，众臣德不及之，而位居其上，虽知舜实圣贤，而耻已不若，故不举之。以帝令举及侧陋意，谓帝知有舜，乃不获已而言之耳。知然者，正以初不荐举，至此始言明，是耻已不若，故不早举。舜实圣人而连言贤者对，则事有优劣，散即语亦相通。舜谓禹曰：惟汝贤，是言圣德称贤也。《传》以师为众臣，为朝臣之众，或亦通及吏人。王肃云古者将举大事，讯群吏，讯万人。尧将让位，咨四岳，使问群臣，众举侧陋，众皆愿与舜。尧计事之大者，莫过禅让，必应博询吏人，非独在位。王氏之言得其实矣。郑以师为诸侯之师，帝咨四岳，遍访群臣，安得诸侯之师独对帝也。俞，然，《释言》文。然其所举，言我亦闻也，其德行如何，恐所闻不审，故详问之。尧知有舜，不召取禅之而访四岳，令众举荐者以舜在卑贱，未有名闻，率暴禅之，则下人不服。故郑玄《六艺论》云若尧知命在舜，舜知命在禹，犹求于群臣，举于侧陋，上下交让，务在服人。孔子曰：民可使由之，不可使知之，此之谓也，是解尧使人举舜之意也。《周礼》乐官有瞽蒙之职，以其无目，使眂瞭相之，是无目曰瞽，又解称瞽之意。舜父有目，但不能识别好恶，与无目者同，故时人谓之瞽，配字曰瞍，瞍亦无目之称，故或谓之为瞽瞍。《诗》云"蒙瞍奏公"，是瞍为瞽类。《大禹谟》云"只载见瞽瞍"，是相配之文。《史记》云：舜父，瞽瞍。盲以为瞽，瞍是名，身实无目也。孔不然者，以经说舜德行，美其能养恶人，父自名瞍，何须言之若实。无目即是身有固病，非善恶之事，辄言舜是盲人之子，意欲何所见乎？《论语》云未见颜色而言谓之瞽，则言瞽者非谓无目。《史记》又说瞽瞍使舜上廪，从下纵火焚廪；使舜穿井，下土实井。若其身自能，然不得谓之无目，明以不识善恶，故称瞽耳。心不则德义之经，为顽，僖三十四年《左传》文。象，舜弟之字。以字表象，是人之名号，其为名字未可详也。《释训》云：善兄弟为友。孟子说象与父母共谋杀舜，是傲慢不友，言舜父母与弟并皆恶也。此经先指舜身，因言瞽子；又称父顽者，欲极其恶，故文重也。谐，和；烝，进，《释诂》文。上历言三恶，此美舜能养之，言舜能和之，以至孝之行和顽嚚昏傲，使皆进进于善道，以善自治，不至于奸恶；以下愚难变化，令慕善，是舜之美行，故以此对尧。案《孟子》及《史记》称瞽瞍纵火焚廪，舜以两笠自扞而下；以土实井，舜从旁空井出；象与父母共分财物。舜之大孝升闻天朝，尧妻之二女，三恶尚谋杀舜，为奸之大，莫甚于此。而言不至奸者，此三人性实下愚，动罹刑网，非舜养之，久被刑戮，犹尚有心杀舜，余事何所不为。舜以权谋自免厄难，使瞽无杀子之愆，象无害兄之罪，不至于奸恶，于此益验。终令瞽亦允若，象封有鼻，是不至于奸恶也。言欲试舜者，下言妻舜以女，观其治家，是试舜观其行迹也。马、郑、王本说此经，皆无帝曰，当时庸生之徒漏之也。郑玄云试以为臣之事，王肃云试之以官，郑、王皆以《舜典》合于此篇，故指历试之事充此试哉之言。孔据古今别卷，此言试哉，正谓以女试之，既善于治家，别更试以难事，与此异也。《左传》称宋雍氏女于郑庄公，晋伐骊戎，骊戎男女以骊姬。以女妻人谓之女，故云女妻也。刑，法，《释诂》文。此已下皆史述尧事，非复尧语。言女于时，谓妻舜于是，故《传》倒文以晓民，尧于是以二女妻舜。必妻之者，舜家有三恶，身为匹夫，忽纳帝女，难以和协，观其施法度于二女，以法治家观治国，将使治国，故先使治家。敌夫曰妻，不得有二女，言女于时者，总言之耳。二女之中，当有贵贱长幼，刘向《列女传》云二女，长曰娥皇，次曰女英，舜既升为天子，娥皇为后，女英为妃。然则初适舜时，即娥皇为妻，郑不言妻者，不告其父不序其正。又注《礼记》云舜不告而娶，不立正妃。此则郑自所说，未有《书》《传》云然。案《世本》，尧是黄帝玄孙，舜是黄帝八代之孙，计尧女于舜之曾祖，为四从姊妹，以之为妻，于义不可，《世本》之言未可据信。或者古道质故也。降，下，《释诂》文。《周礼》九嫔之职，掌妇学之法，嫔是妇之别名，故以嫔为妇。厘降，谓能以义理下之。则女意初时不下，故《传》解之言舜为匹夫，帝女下嫁，以贵适贱必自骄矜，故美舜能以义理下帝女尊亢之心于所居妫水之汭，使之服行妇道于虞氏。虞与妫汭为一地，见其心下乃行妇道，故分为二文。言匹夫者，士大夫已上则有妾媵，庶人无妾媵，惟夫妻相匹，其名既定，虽单亦通谓之匹夫匹妇。妫水在河东虞乡县山西,西流至蒲坂县,南入于河,舜居其旁。周武王赐陈胡公之姓为妫,为舜居妫水故也。舜仕尧朝,不家在于京师,而令二女归虞者,盖舜以大孝示法,使妻归事于其亲,以帝之贤女,事顽嚚舅姑,美其能行妇道,故云嫔于虞。二女行妇道,乃由舜之敬故。帝言钦哉,叹能修己行敬以安民也。能修己及安人,则是所能者大,故叹之。《论语》云修己以安百姓,尧、舜其犹病诸,《传》意出于彼也。

这一长篇注释,主要析解尧和舜的关系以及与之有关的一些问题,其中绝大部分内容对于理解这段史实无疑有着解惑的作用。然而,这里也暴露了孔颖达释经的一个致命的缺陷,他老是拿后世才有的名物制度去解释尧、舜时代的历史,往往犯以今例古或以今范古的错误,如以《周礼》记载的婚姻制度去规范舜与二妃的婚姻,显然是强古以就今,这自然难以揭示当时的历史真相。

《舜典》的注释内容更加丰富,如对"肇十有二州。封十有二山,浚川。象以典刑。流宥五刑。鞭作官刑。扑作教刑。金作赎刑。眚灾肆赦,怙终贼刑。钦哉,钦哉,惟刑之恤哉！流共工于幽洲[州]。放驩兜于崇山。窜三苗于三危。殛鲧于羽山。四罪而天下咸服"一段是这样注释的:

《疏》:"肇十"至"咸服",《正义》曰:史言舜既摄位,出行巡守,复分置州域,重慎刑罚,于禹治水后,始分置十有二州,每州以大山为镇,殊大者十有二山。深其州内之川,使水通利。又留意于民,详其罪罚,依法用其常刑,使罪各当,刑不越法。用流放之法宽宥五刑。五刑虽有犯者,或以恩减降,不使身服其罪,所以流放宥之。五刑之外,更有鞭作治官事之刑;有扑作师儒教训之刑;其有意善功,恶则令出金赎罪之刑;若过误为害,原情非故者,则缓纵而赦放之;若怙恃奸诈,终行不改者,则贼杀而刑罪之。舜慎刑如此,又设言以诫百官曰:"敬之哉！敬之哉！惟此刑罚之事最须忧念之哉！"令勤念刑罚,不使枉滥也。又言舜非于摄位之后方始重慎刑罚,初于登用之日即用刑当其罪,流徙共工于北裔之幽州,放逐驩兜于南裔之崇山,窜三苗于西裔之三危,诛殛伯鲧于东裔之羽山。行此四罪,各得其实,而天下皆服从之。《传》"肇始"至"二州",《正义》曰"肇,始",《释诂》文。《禹贡》治水之时,犹为九州,今始为十二州,知"禹治水之后也"。禹之治水,通鲧九载,为作十有三载,则舜摄位元年九州始毕。当是二年之后,以境界太远,始别置之。知"分冀州为幽州、并州"者,以王者废置,理必相沿。《周礼·职方氏》九州之名有幽、并，无徐、梁。周立州名必因于古，知舜时当有幽并。《职方》幽、并山川于《禹贡》皆冀州之域，知分冀州之域为之也。《尔雅·释地》九州之名于《禹贡》无梁、青，而有幽、营，云“燕曰幽州，齐曰营州”。孙炎以《尔雅》之文与《职方》《禹贡》并皆不同，疑是殷制。则营州亦有所因，知舜时亦有营州。齐即青州之地，知分青州为之。于此居摄之时，始置十有二州，盖终舜之世常然。宣三年《左传》云“昔夏之方有德也，贡金九牧”，则禹登王位，还置九州，其名盖如《禹贡》，其境界不可知也。《传》“封大”至“通利”，《正义》曰《释诂》云“冢，大也”，舍人曰“冢，封之大也”，定四年《左传》云“封豕长蛇”相对，是“封”为大也。《周礼·职方氏》每州皆云“其山镇曰某山”，扬州会稽，荆州衡山，豫州华山，雍州吴山，冀州霍山，并州恒山，幽州医无闾，青州沂山，兖州岱山，是周时九州之内最大之山。舜时十有二山，事亦然也。州内虽有多山，取其最高大者以为其州之镇，特举其名，是殊大之也。其有川，无大无小，皆当深之，故云“浚川”，有“流川则深之，使通利也”。《职方氏》每州皆云其川、其浸，亦举其州内大川，但令小大俱通，不复举其大者，故直云濬之而已。《传》“象法”至“越法”，《正义》曰《易·系辞》云“象也者，象此者也”，又曰“天垂象，圣人则之”，是象为仿法，故为法也。五刑虽有常法，所犯未必当条，皆须原其本情，然后断决。或情有差降，俱被重科；或意有不同，失出失入，皆是违其常法。故令依法用其常刑，用之使不越法也。《传》“宥宽”至“五刑”，《正义》曰“宥，宽”，《周语》文。“流”谓徙之远方；“放”，使生活，以流放之法宽纵五刑也。此惟解以流宽之刑，而不解宥宽之意。郑玄云“其轻者或流放之，四罪是也”，王肃云“谓君不忍刑杀，宥之以远方”，然则知此是据状合刑，而情差可恕，全赦则太轻，致刑则太重，不忍依例刑杀，故完全其体，宥之远方。应刑不刑，是宽纵之也。上言“典刑”，此言“五刑”者，其法是常，其数则五，“象以典刑”谓其刑之也，“流宥五刑”谓其远纵之也。“流”言五刑，则“典刑”亦五，其文互以相见。王肃云“言宥五刑，则正五刑见矣”，是言二文相通之意也。“典刑”是其身，“流宥”离其乡，流放致罪为轻，比鞭为重，故次“典刑”之下。先言“流宥”，鞭扑虽轻，犹亏其体，比于出金赎罪又为轻，且《吕刑》五罚虽主赎五刑，其鞭扑之罪亦容输赎，故后言之。此正刑五与流宥鞭扑俱有常法，“典”字可以统之，故发首言“典刑”也。

《传》“以鞭”至“之刑”,《正义》曰此有鞭刑,则用鞭久矣。《周礼·条狼氏》“誓大夫曰,敢不关,鞭五百”,《左传》有鞭徒人费、圉人荦是也,子玉使鞭七人,卫侯鞭师曹三百,日来亦皆施用。大随造律,方使废之。“治官事之刑”者,言若于官事不治则鞭之,盖量状加之,未必有定数也。《传》“扑榎”至“挞之”,《正义》曰《学记》云“榎楚二物,以收其威”,郑玄云“榎,榣也。楚,荆也。二物可以扑挞犯礼者”,知“扑”是榎楚也。既言“以收其威”,知“不勤道业则挞之”,《益稷》云“挞以记之”。又《大射》《乡射》皆云司马播扑,则扑亦官刑。惟言“作教刑”者,官刑鞭扑俱用,教刑惟扑而已,故属扑于教。其实官刑亦当用扑,盖重者鞭之,轻者挞之。《传》“金黄”至“赎罪”,《正义》曰此以“金”为黄金。《吕刑》“其罚百锾”,《传》为“黄铁”,俱是赎罪而金铁不同者,古之金银铜铁总号为金,别之四名耳。《释器》云“黄金谓之荡,白金谓之银”,是黄金白银俱名金也。《周礼·考工记》攻金之工筑氏为削,冶氏为杀矢,凫氏为钟,栗氏为量,段氏为镈,桃氏为剑,其所为者有铜,有铁,是铜铁俱名为金,则铁名亦包铜矣。此《传》“黄金”,《吕刑》“黄铁”,皆是今之铜也。古之赎罪者皆用铜,汉始改用黄金,但少其斤两,令与铜相敌。故郑玄驳《异义》言“赎死罪千锾,锾六两大半两,为四百一十六斤十两大半两铜,与金赎死罪金三斤为价相依附”。是古赎罪皆用铜也。实谓铜而谓之金、铁,知《传》之所言谓铜为金铁耳。汉及后魏赎罪皆用黄金,后魏以金难得,合金一两收绢十匹。今律乃复依古,死罪赎铜一百二十斤,于古称为三百六十斤。孔以锾为六两,计千锾为三百七十五斤,今赎轻于古也。误而入罪,出金以赎,即律“过失杀伤人,各依其状以赎论”是也。《吕刑》所言“疑赦”乃罚者,即今律“疑罪各从其实,以赎论”是也。疑谓虚实之证等,是非之理均,或事涉疑似,旁无证见,或虽有证见,事非疑似,如此之类,言皆为疑罪。疑而罚赎,《吕刑》已明言,误而输赎,于文不显,故此《传》指言误而入罪以解此“赎”。鞭扑加于人身,可云“扑作教刑”,金非加人之物,而言“金作赎刑”,出金之与受扑俱是人之所患,故得指其所出,以为刑名。《传》“眚过”至“杀之”,《正义》曰《春秋》言“肆眚”者,皆谓缓纵过失之人,是“肆”为缓也,“眚”为过也。《公羊传》曰“害物曰灾”,是为害也。宣二年《左传》晋侯杀赵盾,“使鉏麑贼之”,是“贼”为杀也。此经二句承上“典刑”之下,总言用刑之要。过而有害,虽据状合罪，而原心非故，如此者当缓赦之。小则恕之，大则宥之，上言“流宥”“赎刑”是也。怙恃奸诈，欺罔时人，以此自终，无心改悔，如此者当刑杀之。小者刑之，大者杀之，上言“典刑”及“鞭”“扑”皆是也。经言“贼刑”，《传》云“刑杀”，不顺经文者，随便言之。“钦哉！钦哉！惟刑之恤哉！”此经二句，舜之言也。不言“舜曰”，以可知而略之。舜既制此典刑，又陈典刑之义，以敕天下百官，使敬之哉，敬之哉，惟刑之忧哉。忧念此刑，恐有滥失，欲使得中也。《尧典》言共工之行云“静言庸违，象恭滔天”，言貌象恭敬，傲狠漫天，足以疑惑世人，故流放也。《左传》说此事言“投诸四裔”。《释地》云“燕曰幽州”，知“北裔”也。“水中可居者曰洲”，《释水》文。李巡曰“四方有水，中央高，独可居，故曰洲”。天地之势，四边有水，邹衍书说“九州之外有瀛海环之”，是九州居水内，故以州为名，共在一州之上，分之为九耳。州取水内为名，故引《尔雅》解州也。“投之四裔”，“裔”训远也，当在九州之外，而言“于幽州”者，在州境之北边也。《禹贡》羽山在徐州，三危在雍州，故知北裔在幽州。下三者所居皆言山名，此共工所处不近大山，故举州言之。此流四凶在治水前，于时未作十有二州，则无幽州之名，而云“幽州”者，史据后定言之。共工象恭滔天而驩兜荐之，是“党于共工，罪恶同”，故放之也。《左传》说此事云“流四凶族，投诸四裔”，则四方方各有一人，幽州在北裔，雍州三危在西裔，徐州羽山在东裔，三方既明，知崇山在南裔也。《禹贡》无崇山，不知其处，盖在衡岭之南也。《传》“三苗”至“西裔”，《正义》曰昭元年《左传》说自古诸侯不用王命者，“虞有三苗，夏有观扈”，知三苗是国，其国以三苗为名，非三国也。杜预言“三苗地阙，不知其处”，三凶皆是王臣，则三苗亦应是诸夏之国入仕王朝者也。文十八年《左传》言“缙云氏有不才子，贪于饮食，冒于货贿，侵欲崇侈，不可盈厌，聚敛积实，不知纪极，不分孤寡，不恤穷匮，天下之民以比三凶，谓之饕餮”，即此三苗是也。知其然者，以《左传》说此事言“舜臣尧，流四凶族浑敦、穷奇、梼杌、饕餮，投诸四裔，以御螭魅”，谓此驩兜、共工、三苗与鲧也。虽知彼言四凶，此等四人，但名不同，莫知孰是，惟当验其行迹，以别其人。《左传》说穷奇之行云“靖谮庸回”，《尧典》言共工之行云“静言庸违”，其事既同，知穷奇是共工也。《左传》说浑敦之行云“丑类恶物，是与比周”，《尧典》言驩兜荐举共工，与恶比周，知浑敦是驩兜也。《左传》说梼杌之行言“不可教训，不知话言，傲狠明德，以乱天常”，《尧典》言鲧之行云“咈哉，方命圮族”，其事既同，知梼杌是鲧也。惟三苗之行《尧典》无文，郑玄具引《左传》之文乃云“命驩兜举共工，则驩兜为浑敦也，共工为穷奇也，鲧为梼杌也，而三苗为饕餮亦可知”，是先儒以《书》《传》相考，知三苗是饕餮也。《禹贡》雍州言“三危既宅，三苗丕叙”，知三危是西裔也。《传》“方命”至“海中”，《正义》曰“方命圮族”是其本性；“绩用不成”，试而无功。二者俱是其罪，故并言之。《释言》云“殛，诛也”，《传》称流四凶族者，皆是流而谓之“殛窜放流，皆诛”者，流者移其居处，若水流然，罪之正名，故先言也。放者使之自活，窜者投弃之名，殛者诛责之称，俱是流徙，异其文，述作之体也。四者之次，盖以罪重者先。共工滔天，为罪之最大。驩兜与之同恶，故以次之。《祭法》以鲧障洪水，故列诸祀典，功虽不就，为罪最轻，故后言之。《禹贡》徐州云“蒙羽其艺”，是羽山为东裔也。《汉书·地理志》羽山在东海郡祝其县西南，海水渐及，故言在海中也。《传》“皆服”至“见之”，《正义》曰此四罪者征用之初即流之也，舜以微贱超升上宰，初来之时，天下未服，既行四罪，故天下皆服舜用刑得当其罪也。自“象以典刑”以下，征用而即行之，于此居摄之后，追论成功之状。故作者先叙典刑，言舜重刑之事，而连引四罪，述其刑当之验，明此诸事皆是征用之时所行，于此总见之也。知此等诸事皆“征用所行”者，《洪范》云“鲧则殛死，禹乃嗣兴，”僖三十三年《左传》云“舜之罪也殛鲧，其举也兴禹”，襄二十一年《左传》云“鲧殛而禹兴”，此三者皆言殛鲧而后用禹，为治水是征用时事，四罪在治水之前，明是“征用所行”也。又下云禹让稷、契、皋陶，帝因追美三人之功，所言稷播百谷、契敷五教、皋陶作士皆是征用时事，皋陶所行“五刑有服”“五流有宅”即是“象以典刑”“流宥五刑”，此为征用时事足可明矣。而郑玄以为“禹治水事毕，乃流四凶”，故王肃难郑言：“若待禹治水功成，而后以鲧为无功殛之，是为舜用人子之功而流放其父，则禹之勤劳适足使父致殛，为舜失五典克从之义，禹陷三千莫大之罪，进退无据，亦甚迂哉！”

显然，这一大段的注疏显示了孔颖达在经学和史学上的学养和功力。这一段加标点符号后仅 97 字，而他的注疏（加标点符号）就达 4478 字，超过原文的 46 倍。对其中涉及的十二州的方位以及与九州的关系，对典刑、流宥五刑、鞭作官刑、扑作教刑、金作赎刑等刑律的内容与实施程序和方法，对“四凶”所涉及的人及其与舜的关系，都在对勘比较各种文献资料的基础上，进行了详博的考证，达到了那个时代的最高水平。不过，由于孔颖达缺乏历史进化的眼光，老是用以今例古的方法评判古人古事，所以其推出的有些结论就难免凿枘之嫌了。

孔颖达所作的《礼记注疏》中也涉及对舜的记述和评论。其中卷七《檀弓上》涉及舜死葬苍梧之野和三个夫人的问题，卷二十四《礼器》涉及舜制礼之事，卷三十八涉及舜时之乐，对“昔者，舜作五弦之琴以歌《南风》，夔始制乐以赏诸侯”他是这样注疏的：

《正义》曰此一节论《乐记》第四章，名为《乐施》，施者，用于天下，此章中明乐施被之事也。本是第三，前既推礼章为第三，此为第四，亦明礼乐既备，后乃施布天下也。自此至“知其行也”，此一节特明圣人制乐以赏诸侯，其功大者其乐备。“昔者，舜作五弦之琴以歌《南风》”者，五弦，谓文武二弦，唯宫、商等之五弦也。《南风》，诗名，是孝子之诗。南风，长养万物，而孝子歌之，言己得父母生长，如万物得南风生也。舜有孝行，故以此五弦之琴歌《南风》之诗，而教天下之孝也。此诗今无，故郑注云“其辞未闻也”。案《世本》云“神农作琴”，今云舜作者，非谓舜始造也，正用此琴特歌《南风》，始自舜耳。或五弦始舜也。“夔始制乐以赏诸侯”者，夔是舜典乐之官，名夔，欲天下同行舜道，故歌此《南风》以赏诸侯，使海内同孝也。然乐之始，亦不正在夔也，正是夔始以此诗与诸侯。《正义》曰“夔欲舜与天下之君共此乐”者，舜既独歌《南风》，夔为典乐之官，欲令舜与天下诸侯共歌此《南风》之乐，故制此《南风》之乐以赏诸侯。云“其辞未闻也”者，此《南风》歌辞未得闻也。如郑此言，则非《诗·凯风》之篇也。熊氏以为《凯风》，非矣。案圣证论引《尸子》及《家语》难郑云“昔者舜弹五弦之琴，其辞曰：‘南风之薰兮，可以解吾民之愠兮。南风之时兮，可以阜吾民之财兮。’郑云‘其辞未闻’，失其义也”，今案马昭云“《家语》王肃所增加，非郑所见”，又《尸子》杂说，不可取证正经，故言“未闻”也。

这一注疏可算对舜与《南风》之诗的新解。在卷五十二《中庸》、卷六十《大学》中，孔颖达通过注疏对舜“好问而好察迩言，隐恶而扬善，执其两端，用其中于民”和“率天下以仁”的品格和行政理念予以高度褒扬。另外，与孔颖达同时的贾公彦也是一位有名于时的经学家，在其所作的《周礼注疏》中，对舜乐《大磬》进行了解读。孔颖达注疏的最大特点是旁征博引，几乎穷尽他看到的所有资料。这种注经方法尽管能够给读经者以翔博的知识，但却难以避免烦琐杂芜的弊端。

第二节　隋唐子书的记述和评论

隋唐时期有十余种子书对舜有所记述和评论，其中有些是将舜作为圣帝名王或大孝典型的文化符号

《颜氏家训》的作者颜之推(531～约590年以后)，字介，琅邪(今属山东临沂)人，北齐文学家，早年仕南朝梁元帝，任散骑侍郎，江陵被西魏军攻破后，投奔北齐，官至黄门侍郎、平原太守。齐亡入周，任御史上士。入隋后被太子召为学士，590年后以疾卒。他重视对子弟的家族教育，写了《颜氏家训》一书，成为家训方面的代表作。该书内容丰富，堪称那个时代的百科全书，但核心内容是教导子弟以儒家思想作为安身立家的根本。书中没有对舜的专门论述，只是在行文中顺便提及。例如，在提及家教的重要时，说“止凡人之斗阋，则尧、舜之道，不如寡妻之诲谕”①。又如认为，学问包罗万象并不断发展变化，不是尧、舜、周、孔所能全部包括的：

> 三世之事，信而有征，家世归心，勿轻慢也。其间妙旨，具诸经论，不复于此，少能赞述；但惧汝曹犹未牢固，略重劝诱尔。原夫四尘五荫，剖析形有；六舟三驾，运载群生；万行归空，千门人善，辩才智惠，岂徒七经、百氏之博哉？明非尧、舜、周、孔所及也。(《颜氏家训》卷下《归心》)

《法苑珠林》的作者释道世，字元恽，是唐朝上都西明寺的活尚。该著作成书于高宗总章元年(668)，共120卷。内容“大指以佛经故实分类编排，推明罪福之由，用生敬信之念”②，是宣扬生死轮回、善恶报应的佛教经典。其中卷六十二的《舜子有事父之感》是一个杜撰的善恶报应的故事：

> 舜父有目失，始时微微，至后妻之言，舜有井穴乏，舜父在家贫厄，邑市而居。舜父夜卧，梦见一凤凰，自名为鸡，口衔米以哺己，言鸡为子孙，视之是凤凰。《黄帝梦书》言之，此子孙当有贵者，舜占犹也。比年籴稻谷，中有钱，舜也，乃三日三夜仰天自告过，因至是听常与市者

---

① (隋)颜之推:《颜氏家训》卷上《序致篇》,影印文渊阁四库全书本。

② (唐)释道世:《法苑珠林》“提要”,影印文渊阁四库全书本。

声，故二人，舜前舐之，目霍然开见舜，感伤市人。大圣至孝道所神，明矣。

撰写《长短经》的赵蕤，字太宾，唐朝梓州（今四川三台）人。该书写成于开元四年（716），共9卷，内容是“谈王伯经权之要”，“大旨主于实用，非策士诡谲之谋。其言故不悖于儒者，其文格亦颇近荀悦《申鉴》、刘劭《人物志》”①。该书也没有专门对舜的事功进行评述，只是在行文中将舜作为圣王或能臣的典型用于论证他的观点。例如，他在论证天子应该“无为而治”时，将舜作为能臣的代表之一：

臣闻老子曰：以政理国，以奇用兵，以无事取天下。荀卿曰：人主者以官人为能者也，匹夫者以自能为能者也。傅子曰：士大夫分职而听，诸侯之君分土而守，三公总方而议，则天子拱已而正矣。何以明其然耶？当尧之时，舜为司徒，契为司马，禹为司空，后稷为田官，夔为乐正，倕为工师，伯夷为秩宗，皋陶为理官，益掌驱禽，尧不能为一焉，奚以为君而九子者为臣，其故何也？尧知九赋之事，使九子各授其事，皆胜其任以成九功，尧遂乘成功以王天下。（《长短经》卷一《大体》）

在《论士》中，他强调君子只有被明主重用、占据“势”位才能发挥他的超人的才智：“君子能因人主之政朝以和百姓，润众庶而不能自饶其家，势不便也。故舜耕于历山，恩不及州里；太公屠牛于朝歌，利不及于妻子。及其用也，恩流八荒，德溢四海。故舜假之尧，太公因之周文，君子能修身以假道，不能枉道而假财。”（《长短经》卷一《论士》）

撰《续孟子》的林慎思，字处中，唐朝长乐（今属福建）人，咸通十年（869）进士。曾任秘书省校书郎、兴平尉、尚书水部郎中、守万年县令，死于黄巢之乱。其书2卷14篇，“大抵因孟子之言推阐以尽其义，独其不自立论，而必假借姓氏，类乎庄、列之寓言”②。如卷下《咸丘蒙八》借孟子对舜之孝行进行评论：

咸丘蒙问曰：“吾闻诸仲尼，立身扬名以显父母，孝之终也。舜瞽叟有不父之名，何也？”孟子曰：“瞽叟不父，天显之也。天生大孝于舜，使化天下之人也，故不生于帝裔，而生于庶人；不事于常父，而事于瞽叟。生帝裔则身先贵也，身先贵则何以育兆人乎？事常父则心先安也，心先安焉能成大化之节乎？是以取庶人之穷以处舜，则使舜无怠

① （唐）赵蕤：《长短经》“提要”，影印文渊阁四库全书本。

② （唐）林慎思：《续孟子》“提要”，影印文渊阁四库全书本。

矣。命瞽叟之恶以化舜，则使舜无怨矣。然后率天下之为人子者，得不慕舜之行邪？戒天下之为人父者得不惩瞽叟之恶邪？所以舜有大孝之名，由瞽叟化之；瞽叟有不父之名，由天显之。”

这种杜撰的评论，将舜与瞽叟的行为都说成上天的安排，实际上降低了舜的孝行的社会意义和榜样的力量。比较而言，《庄暴十二》对舜、鲧、禹关系的评论则显示出林慎思的水平：

庄暴问孟子曰：“鲧遭舜殛，禹受舜禅，其为孝乎？”孟子曰：“禹之孝，在乎天下，不在乎一家也。夫鲧遭舜殛公也，禹受舜禅亦公也。舜不以禹德可立而不殛鲧，是无私于禹也；禹不以父仇可报而不受禅，是无私于舜也。且舜哀天下之民于垫溺也，命禹治之，禹能不私一家之仇，而出天下之患也，此非禹之孝在乎天下而不在乎一家欤？苟私一家之仇而忘天下之患，则何以为禹之孝？”故孔子曰“禹吾无间然矣”，其是之谓乎！

这里林慎思将舜与禹处理彼此关系的思考都与“公”字联系在一起，是否反映当时的历史真实是很难说的，但作为后人附加给舜和禹的东西无疑提升了两人的道德层次，对于他们在后世人们心目中的形象，这里的升华显然具有积极意义。

撰《苏氏演义》的苏鹗，字德祥，唐朝武功（今陕西武功西）人，光启（885～888）中登进士第，生卒年、仕进履历皆不详。该书二卷，对唐朝以前的史实尤其是“典制名物具有考证”，“训诂典核，皆资博识”①。如对尧、舜、禹的禅让问题就进行了颇有见地的考证：

尧禅位于舜，舜复禅位于禹，经史称其圣德，《汲冢竹书》乃云：尧禅位后为舜王之，而相州汤阴县遂有尧城；舜禅位后为禹王之，而任昉云朝歌有狱基，为禹置虞舜之宫。刘子玄引《竹书》以为摭实，非也。夫尧、舜、夏禹圣人也，以禅代为盛德，后圣仰而傚之。凡善恶必书，谓之良史。汤、武王圣人也，汤放桀于南巢，武王伐纣，伯夷、叔齐不食周粟，而经史不为之讳，则岂独讳舜、禹之事，而反褒之乎？知小说者之为滥矣。盖尧之耄，舜功之高；舜之耄，禹功之高。耄者必怠于政事，功高者人心之所归，圣人知进退存亡之道，将以副天下人之心，不得不禅其位也。后儒意以为篡夺而取禅代之名，如曹孟德、司马仲达之流，

---

① （唐）苏鹗：《苏氏演义》“提要”，影印文渊阁四库全书本。

则不然也。既退之后，无视事，无听政，必处数十亩之宫，数雉之城，以兵卫护之，将奉其旧君也，而后人睹其余址，不以为圣人避燥湿居退休之所，遂谓之尧城、舜宫，若舜为禹王，又安得南巡乎？《述异记》云会稽山有虞舜巡狩台，下有望陵祠，帝舜南巡葬于九疑，民为立祠。又云湘水去岸三十里有相思宫、望帝台，昔舜南巡狩而没，葬于苍梧之野，尧二女娥皇女英追之不及，相与恸哭，泪下沾竹，悉成斑文。又禹迁舜于苍梧，皆非稽古之谈。若有迁徙之事，必有鸩毒之患。则安得终于寿考？（《苏氏演义》卷上）

苏鹗在这里极力辨明：尧、舜、禹的禅让确切无疑，不是后人的杜撰或伪饰；这种禅让是由于他们“知进退存亡之道……不得不禅其位”，所以不必为此而刻意拔高尧、舜的道德水准；禅让与后世的“篡夺”不是一回事。这些观点反映了他对禅让的极具理性的理解，值得珍视。

撰《素履子》的唐朝人张弧，曾任官将仕郎、试大理寺评事，里籍和生卒年皆已不可考。所著《素履子》，“其词义平近，出于后代，不能与汉魏诸子抗衡，故自宋以来不甚显于世，宋濂作《诸子辨》亦未之及。然其援引经史，根极理道，要皆本圣贤垂训之旨，而归之于正，亦儒家者流也”①。该书将舜作为“履德”“履孝”“履仁”“履乐”的典型加以颂扬：

素履子曰：太上贵德，德者众善所归，百福所集。昔舜有膻德而人归之如蚁，膻不慕蚁而蚁慕膻，舜不慕民而民慕德。……古昔帝王，皆立德以垂教。（《素履子》卷上《履德》）

素履子曰：经云，夫孝天之经也，地之义也，人之行也。兼曰，夫孝德之本，教之所由生，治国治家者，立德为先，立德之本，孝之为始。昔舜、禹有至德至孝，存身立德而成皆以孝行，舜让而尊，故云先王有至德要道。以顺天下，民用和睦，上下无怨，孝之始也。孝感天地，应乎神明，天子孝，龟龙负图，庶人孝，草木荣茂。（《素履子》卷上《履孝》）

素履子曰：古者尝草之君，教民粒食而止杀，至仁之化也。黄帝为民除害，杀蚩尤，至仁之教也。大罗氏作网罟，除禽兽之害，至仁之用也。尧、舜用八元、八恺，明四目，达四聪，至仁之治也。（《素履子》卷上《履仁》）

素履子曰：夫乐者，天地四时之和也，故律吕调则阴阳和，五音调

① （唐）张弧：《素履子》“提要”，影印文渊阁四库全书本。

则四时叙，是故古昔帝王制礼作乐以化民也。是以黄帝曰《云门》，颛顼曰《六莖》，帝喾曰《五英》，尧曰《咸池》，舜曰《大韶》，禹曰《大夏》，汤曰《大濩》，武王曰《大武》，皆八代之乐也。用彰其德，以明其功。故天地四时，皆顺从其化。（《素履子》卷上《履乐》）

张弧的论述，在理论上没有创新之处，都是儒家理念的复述，而所提及的舜也是作为圣帝名王的符号使用。但他将舜推尊为"履德""履孝""履仁""履乐"的典型，则可看作儒家对舜品格的一次系统调理与归纳。

撰《兼明书》的丘光庭，为唐、五代之际的乌程（今浙江湖州）人，生卒年不详，官太学博士。所著《兼明书》对五帝至春秋的古史、《周礼》等经书以及《论语》《孝经》《尔雅》《文选》等典籍进行了较多的考证。书中涉及舜的问题有三处：

一是对五帝的考证，他肯定孔安国的意见而否定司马迁和郑玄的说法：

郑康成以黄帝、少昊、颛顼、帝喾、唐尧、虞舜为五帝六人，而云五帝者，以其俱合五帝座星也。司马迁以黄帝、颛顼、帝喾、唐尧、虞舜为五帝，孔安国以少昊、颛顼、高辛、唐、虞为五帝。明曰：康成以女娲为皇，轩辕为帝，按轩辕之德不劣女娲，何故不为称皇而沦之入帝，仍为六人哉？考其名迹，未为允当者也。司马迁近遗少昊而远收黄帝，其为疏略一至于斯，安国精详可为定论。①

对于五帝其人，流传至今的文献有多种说法，之所以如此，根本原因就在于他们基本上都是传说中的人物，而传说作为一个民族的口述历史，在不同地域、不同民族、不同时间会出现不同的版本，当其被记录在文献中时自然也就有了不同的说法。很难说那种更正确、更符合实际。比较而言，司马迁《史记·五帝本纪》的说法较其他诸种说法在后世流传更广泛、认可度更高。

二是认为重华不是舜的名字：

司马迁《史记》以放勋为尧名，重华为舜名，文命为禹名。明曰：皆非也。按《尧典》云"若稽古帝，尧曰放勋，钦明文思安安"，孔安国曰"勋，功也；钦，敬也。言尧放上世之功化，而钦明文思之四德，安天下之当安也"；《舜典》云"若稽古帝舜，曰重华叶于帝"，孔安国曰"华谓

① （唐）丘光庭：《兼明书》卷一《五帝》，影印文渊阁四库全书本。

文德，言其文德光华重合于尧，俱圣明也”；《大禹谟》云“若稽古大禹，文命敷于四海，祇承于帝”，孔安国曰“言其外布文德教命，内则敬承尧、舜也”。据安国所言，当以放勋、重华、文命皆谓功业德化，不言是其名也。或问曰：子何知安国之是而司马之非乎？荅曰：以《尚书》经文知之也。经文上曰是帝尧之位号，下曰是帝尧之功德，若放勋是尧之名，则经当云若稽古帝尧放勋，则放勋当其名处，今放勋乃在曰之下，连于钦明文思，岂名不属于位号而乃冠于功德乎？又《舜典》云重华叶于帝，若重华为名，将何以叶于帝？又《大禹谟》云文命敷于四海，若以文命为名，将何以敷于四海？又《皋陶谟》曰允迪厥德，岂允迪为皋陶之名乎？且子生三月而父为之名，今放勋、重华、文命之义，皆谓圣明功业，岂此三帝即位之后始为名乎？且舜之父母顽嚚，岂知舜之德可继于尧而名之重华乎？若是舜自作，于理固不当如此。验斯枝节，即放勋、重华、文命，非尧、舜、夏禹之名也。故知马迁之非安国之是也。(《兼明书》卷一《放勋、重华、文命非名》)

这里丘光庭否定“放勋为尧名，重华为舜名，文命为禹名”的辩证自然不无道理，但肯定的意见也仍然说得通。作为一种学术观点，它们都有存在的价值。

三是辨明舜弟名象而非“象傲”：

《后汉书》刘表与袁谭曰：昆弟之嫌，未若重华之于象傲。明曰：按《虞书》云“瞽子，父顽，母嚚，象傲”，然则象是舜弟之名，傲是不恭之称，非两字名。(《兼明书》卷五《象傲》)

这里丘光庭的辩证是正确的，不过此前的很多文献已经讲清楚了。以上丘光庭的辩证显示了他在学术上的功力，同时也展现了他的偏见。他不知道，虽然历史事实只有一个是真实的，但学术见解却可以兼容。丘光庭的贡献不在于厘清了多少史实，而在于他在相当大的程度上开启了中国史学的辩证之学。

唐朝失其著者之名的《灌畦暇语》一书，大概出于唐中期的一位知识分子之手，该书“宗旨盖出于黄老而大抵持论笃实，亦不悖于圣贤”①，其中对尧的知人之明、用人之专和舜的聪明才智给予很高的评价：

尧不有其耳目者也，寄其视于舜而四目以明，寄其听于舜而四聪

① (唐)不著撰人：《灌畦暇语》“提要”，影印文渊阁四库全书本。

以达。尧与舜一体之化也,故舜飨大功二十,尧无得而名。

老圃曰:尧、舜之事不可以不察也,无已则有如秦之二世矣。二世唯不能视也,而寄其目于高,庭下步不容跬,高指鹿以为马;二世唯不能听也,而寄其耳于高,盗满山东民胥为刃,而聩不得闻。身死望夷之下,秦祀忽诸,虽菹醢高,庸何能及?故曰:尧、舜之事,不可以不察也。

另有五代时期南唐人谭峭所撰《化书》,在卷四《知人》一节中,认为知人需"观其文章""观其书篆""闻其琴瑟""闻其教令",赞颂舜"之容熙熙然"①,表明他有广泛的人脉。

第三节 《旧唐书》《元和郡县志》《桂林风土记》对舜祭祀的记载

《旧唐书》为后晋刘昫所著,在该书《志》第四《礼仪》四中,记载了唐代对舜等前代圣帝名王的祭祀:"武德贞观之制……帝喾配祭于顿丘,唐尧、契配祭于平阳,虞舜、咎繇配祭于河东,夏禹、伯益配祭于安邑。"②显庆二年(657)六月,当时的礼部尚书许敬宗等在上高宗的奏章中建议对尧、舜、禹、汤、文、武等功烈德著之古帝王三年一祭,"以仲春之月,祭唐尧于平阳,以契配。祭虞舜于河东,以咎繇配。祭夏禹于安邑,以伯益配。祭殷汤于偃师,以伊尹配。祭周文王于酆,以太公配。祭武王于镐,以周公、召公配。祭汉高祖于长陵,以萧何配"。这些记载表明,至少到唐朝,对尧、舜、禹、汤、文、武等圣帝名王的国家祭祀已经制度化、规范化了。

《元和郡县志》的著者李吉甫(758~814),字弘宪,唐朝后期赵州赞皇(今属河北)人,初任太常博士,后任忠州(今四川忠县)刺史等地方官。宪宗即位后,由考功郎中升任中书舍人,参与谋划讨平剑南节度副使刘辟的叛乱。元和二年(807)升任中书侍郎同中书门下平章事(宰相),进入最高决策层,参与讨平镇海节度使李琦的叛乱,接着在一年时间内谋划撤换了36个节度使,使藩镇割据的局面有所改观。转任淮南节度使,在任兴修水利,扩大灌溉面积,促进了地方农业发展。六年后再任宰相,随即裁减冗官

① (南唐)谭峭:《化书》卷四《知人》,影印文渊阁四库全书本。

② (后晋)刘昫晚:《旧唐书》卷二四《礼仪志四》,影印文渊阁四库全书本。

800 人,冗吏 1400 人,并制令魏博节度使田兴听命于朝廷,使衰颓中的唐朝后期政治稍稍出现了振作的气象。他主持编撰的《元和郡县志》是中国第一部记载全国郡县的历史地理著作,对当时全国各郡县的自然地理和历史沿革进行了详细记述。其中记载舜的历史遗迹和纪念物十余处。如认定河南道曹州济阴定陶的陶丘是《帝王世纪》记载的“舜陶于河滨”的地方,河东道濮州雷泽的历山是“舜耕历山,耕者让畔”的地方,姚墟是舜诞生的地方,河东县的妫汭水是舜“厘降二女”的地方,河东州城蒲坂城中有舜庙,城外有舜宅和二妃坛,而县北四十里的陶城是《尚书大传》记载的“舜陶于河滨”的地方,潞州阳城县濩泽是舜渔猎的地方,江南道岳州湘阴县北一百六十三里的青草湖上有舜的二妃冢,池州青阳县北二十里有舜城,相传是舜巡视的地方,永州零陵郡的九疑山是《史记》记载的舜葬地,道州弘道县的斑竹相传是二妃“以手拭泪把竹”而成,延唐县是汉景帝时“零陵文学于冷道舜祠下得玉琯”的地方。这些记载说明,至唐代,舜的历史遗迹和纪念物已经遍布好多地方了。

《桂林风土记》的作者莫休符,里籍与生卒年均不详。只知道他在唐昭宗光化二年(899)以检校散骑常侍守融州刺史时撰写了这本书。该书记载桂林虞山下有舜祠,祠附近有澄潭号皇潭,相传舜南巡时曾游此潭。又记桂林府城北十里有舜妃墓,“冢高十余丈,周回二里余”。还记府城东北尧山有尧庙,“隔大江于舜祠相望”。桂林有如此多的舜的纪念物,显然与这里是舜的南巡之地有关。

第四节　刘知几《史通》的记述和评论

刘知几(661～721)字子玄,唐朝彭城(今江苏徐州)人,著名历史学家。他永隆年间中进士,武后当国时任著作郎、左史等职,兼修国史。中宗时参与撰修《则天皇后实录》。玄宗时期官至左散骑常侍,后被贬为安州都护府别驾。他一生专注史学,通晓此前的各种门类的史学著作,深谙其利弊得失,又因长期参与修史,洞悉官设史局的流弊。他穷毕生精力完成的《史通》一书,是中国第一部史论方面的专著,对历代史书及其体例进行了详尽的评述。他认为一个优秀的史学家必须具备“史才”“史学”“史识”三长,而“史识”尤为重要。史家著书应该秉笔直书,“不掩恶,不属善”,“爱而知其丑，憎而知其善”①，给后世留下真实的历史。

《史通》在卷十三《外篇疑古第三》中涉及尧、舜，均是从疑古出发对古代文献的记载提出质疑。

盖《虞书》之美放勋也云克明峻德，而陆贾《新语》又曰尧、舜之臣比屋可封，盖因《尧典》成文而广造奇说也。按《春秋传》云高阳、高辛二氏，各有才子八人，谓之元凯，此十六族也，世济其美，不陨其名，以至于尧，尧不能举，帝鸿氏、少昊氏、颛顼氏各有不才子，谓之浑沌、穷奇、梼杌，此三族也，世济其凶，增其恶名，以至于尧，尧不能去；缙云氏亦有不才子，天下谓之饕餮，以比三族，俱称四凶，而尧亦不能去。斯则当尧之世，小人君子比肩齐列，善恶无分，贤愚共贯，但《论语》有云舜举咎繇，不仁者远，是则当咎繇未举，不仁甚多，弥验尧时群小在位者矣，又安得谓之克明峻德比屋可封者乎？其疑一也。

刘知几这里举证尧时有“四凶”之类恶臣，质疑尧“克明峻德”“尧、舜之臣比屋可封”的说辞是不顾事实的“虚美”。

《尧典》序又云将逊于位让于虞舜，孔氏注曰尧知子丹朱不肖，故有禅位之志。按《汲冢琐语》云舜放尧于平阳，而书云某地有城以囚尧为号，识者凭斯异说，颇以禅授为疑，然则观此二书，已足为证者矣，而犹有所未睹也，何者？据《山海经》谓放勋之子为帝丹朱，而列君于帝者，得非舜虽废尧仍立尧子，俄又夺其帝者乎？近有奸雄奋发，自号勤王，或废父而立其子，或黜兄而奉其弟，始则示相推戴，终亦成其篡夺，求诸历代往往而有。必以古方今千载一揆，斯则尧之授舜，其事难明，谓之让国，徒虚语耳。其疑二也。

刘知几这里以不同文献记载各异为证，从矛盾的陈述中质疑尧禅让帝位给舜“其事难明”，甚至是“虚语”。

《虞书·舜典》又云五十载陟方乃死，注云死苍梧之野因葬焉。按苍梧者，于楚则川号汨罗，在汉则邑称零桂，地总百越，山连五岭，人风婐划，地气熇瘴，虽使百金之子，犹惮经履其途，况以万乘之君而堪巡幸其国？且舜必以精华既竭，形神告劳，舍兹宝位，如释重负，何得以垂殁之年更践不毛之地？兼复二妃不从，怨旷生离，万里无依，孤魂溘尽，让王高蹈，岂其若是者乎？历观自古人君废逐，若夏桀放于南巢，

① （唐）刘知几：《史通》卷一三《惑经第四》，影印文渊阁四库全书本。

赵嘉迁于房陵，周王流彘，楚帝徙郴，语其艰棘，未有如斯之甚也。斯则陟方之死，其殆文命之志乎？其疑三也。

刘知几这里又对舜南巡死于苍梧的记载提出质疑，认为舜在“垂殁之年更践不毛之地”实在太不合情理，其最大的可能是被禹放逐，“若夏桀放于南巢”。

> 《汲冢书》云舜放尧于平阳，益为启所诛，又曰太甲杀伊尹，文王杀季历，凡此数事，语异正经，其书近出，世人多不之信也。按舜之放尧，文之杀季，无事别说，足验其情，已于此篇前后言之详矣夫。惟益与伊尹受戮，并于正书犹无其证，推而论之，如启之诛益，仍可核也，何者？舜废尧而立丹朱，禹黜舜而立商均，益手握机权，势同舜、禹，而欲因循故事，坐膺天禄，其事不成，自贻伊咎。观夫近古篡夺，桓独不全，马仍反正，若启之诛益，亦犹晋之杀元乎？若舜、禹相代，事业皆成，虽益覆车伏辜，夏后亦犹桓效曹、马，而独致元兴之祸者乎？其疑四也。

刘知几这里对《汲冢书》记载的“舜放尧于平阳，益为启所诛，又曰太甲杀伊尹，文王杀季历”数个与此前文献不同的记载进行辩证，以“近古篡夺”证古代，显示他宁信其有的倾向。

以上四则质疑，显示了刘知几可贵的怀疑精神和理性思考，对后来宋儒的疑经思潮产生了明显的启迪作用。不过，由于他不懂历史是由低级向高级、由简单到复杂的发展过程，不理解今之不可能的事在古代可能出现，今之所无的事在古代可有的道理，因而否定禅让的存在，正是他局限性的表现。

第五节　元结、柳宗元的记述和评论

元结（719～772），字次山，唐朝中期河南（今洛阳附近）人。天宝十二年（753）登进士第。肃宗乾元二年（759）上《时议》三篇，陈述兵势，得到朝廷赏识，被任命为山南东道节度参谋，后拜道州刺史。元结是一位关心民生疾苦和国家安危的官吏和诗人，他的诗文后集结为《次山集》。

由于元结主政的道州境内的九疑山相传是舜的葬地，而他莅任时，这里已经没有任何舜的遗迹和纪念物。他感慨之余，为舜立祠建庙，确认九疑山舜陵之址，开启了后来对舜的祭祀。他撰写的《舜祠表》展示了对舜的高山仰止的崇敬之情：

> 有唐乙巳岁，使持节道州诸军事守道州刺史元结，以虞舜葬于苍梧之九疑之山，在我封内，是故申明前诏，立祠于州西之山南，已而刻石为表。於戏！孔氏作《虞书》，明大舜德及生人之至，则大舜于生人，宜以类乎天地；生人奉大舜，宜万世而不厌，考大舜南巡之年，时已一百一十二岁矣。自中国至苍梧，亦几有万里，苍梧山谷深险可惧，帝竟入而不回。至今山下之人，不知帝居之宫，帝葬之陵。呜呼！在有虞氏之世，人民可夺其君耶？人民于大舜，能忘而不思耶？何为来而不归？何故死于空山？吾实惑而作表，来者游于此邦，登乎九疑，谁能不惑也欤？①

这里元结一连串的诘问，表露了他对舜遗迹泯灭的悲情。按照常理，"德及生人之至"的大舜，应该是生人永远崇拜祭祀的对象，"生人奉大舜，宜万世而不厌"，可偏偏在舜的终老之地，人们却"不知帝居之宫，帝葬之陵"，这不能不让他"惑"而遗憾万分，于是借表而诉衷曲。

立祠庙之后不久，元结又在永泰二年(766)以《论舜庙状》上奏皇帝，要求为祠庙设置免除赋役的"拂洒"户，以保持祠庙的洁净：

> 右，谨按地图，舜陵在九疑之山，舜庙在太阳之溪。舜陵古老以失，太阳溪今不知处。秦汉已来，置庙山下，年代浸远，祠宇不存。每有诏书，令州县致祭，奠酹荒野，恭命而已。岂有盛德大业，百王师表，殁于荒裔，陵庙皆无？臣谨遵旧制，于州西山上已立庙讫。持乞天恩，许蠲免近庙一两家，令岁时拂洒，示为恒式。岂独表圣人至德，及于万代；实欲彰陛下玄泽，及于无穷。谨录奏闻。(《次山集》卷一〇《论舜庙状》)

应该说，唐朝以后对舜遗迹的保护和修缮，以及对舜的国家级祭祀成为"恒式"，元结起了重要作用。作为开端者，他功不可没。

稍后于元结任永州司马的柳宗元(773～819)，字子厚，唐中期河东永济(今属山西)人。21岁中进士，31岁任监察御史里行。顺宗即位后，他参加了主持朝廷政务的王叔文集团，任礼部员外郎。王叔文与柳宗元、刘禹锡等针对唐朝当时的诸多弊端，在政治、经济和军事等方面推行了一系列的革新措施，使唐朝从中央到地方都呈现出一股振作之气。然而，由于受

① (唐)元结：《次山集》卷九《舜祠表》，影印文渊阁四库全书本。

到宦官和旧官僚的联合反对，这场史称"二王八司马"掌控的革新运动仅仅进行了七个月即宣告失败。柳宗元被贬为永州司马，十年后改任柳州刺史，元和十四年(819)死于任上，年仅47岁。柳宗元是唐朝著名的思想家和文学家，诗文俱佳，被后世尊为"唐宋八大家"之一。他的诗文编为《柳河东集》。

柳宗元对舜的事功有自己的评价。在《舜、禹之事》一文中，他这样说：

魏公子丕，由其父得汉禅。还自南郊，谓其人曰：舜、禹之事，吾知之矣。由丕以来皆笑之。柳先生曰：丕之言，若是可也。向者，丕若曰舜、禹之道，吾知之矣。丕罪也。其事则信。吾见笑者之不知言，未见丕之可笑者也。凡易姓授位，公与私，仁与强，其道不同；而前者忘，后者系，其事同。使以尧之圣，一日得舜而与之天下，能乎？吾见小争于朝，大争于野，其为乱，尧无以已之，何也？尧未忘于人，舜未系于人也。尧之得于舜也以圣，舜之得于尧也以圣，两圣独得于天下之上，奈愚人何？其立于朝者，放齐犹曰朱启明，而况在野者乎？尧知其道不可，退而自忘；舜知尧之忘己而系舜于人也，进而自系。舜举十六族，去四凶族，使天下咸得其人；命二十二人，兴五教，立礼刑，使天下咸得其理；合时月，正历数，齐律度量权衡，使天下咸得其用。积十余年，人曰：明我者舜也，齐我者舜也，资我者舜也。天下之在位者，皆舜之人也。而尧聩然，聋其聪，昏其明，愚其圣。人曰：往之所谓尧者，果乌在哉？或曰耄矣，曰匿矣。又十余年，其思而问者加少矣。至于尧死，天下曰：久矣，舜之君我也。夫然后能揖让受终于文祖。禹之与舜也亦然。禹旁行天下，功系于人者多，而自忘也晚。益之自系亦犹是也，而启贤闻于人，故不能。夫其始系于人也厚，则其忘之也迟。不然，反是。汉之失德久矣，其不系而忘也甚矣。宦、董、袁、陶之贼生人盈矣，丕之父攘祸以立强，积三十余年，天下之主，曹氏而已，无汉之思也。丕嗣而禅，天下得之以为晚，何以异夫舜、禹之事耶？然则汉非能自忘也，其事自忘也；曹氏非能自系也，其事自系也。公与私，仁与强，其道不同，其忘而系者，无以异也。尧、舜之忘，不使如汉，不能授舜、禹；舜、禹之系，不使如曹氏，不能授之尧、舜。然而世徒探其情而笑之。故曰：笑其言者，非也。问者曰：尧崩，天下若丧考妣，四海遏密八音三载，子之言忘若甚然，是可不可欤？曰：是舜归德于尧，史尊尧之德之辞者也。尧之老更一世矣，德乎尧者，盖已死矣，其幼而存者，尧不使之思也。不若是,不能与人天下。①

柳宗元这里从曹丕的禅汉说起,中心论点是无论是曹丕的禅汉,还是尧、舜的禅让,都是由于禅让者忘于人,而被禅让者系于人:“凡易姓授位,公与私,仁与强,其道不同;而前者忘,后者系,其事同。”这其中蕴含的“人民拥护”的主旨自然是不错的。然而,柳宗元这里也犯了以今证古的错误。他不了解,尧、舜、禹的时代与曹魏和后来的南朝时代,所处的社会发展阶段根本不同,而表面上相似的禅让却有着本质的不同:尧、舜禅让,既是原始社会军事民主的传统习惯使然,也是尧、舜公而不私的品格使然,他们的禅让是出于完全的自愿,当然也是人心所系。而后来曹魏的代汉和南朝宋、齐、梁、陈、隋的依次相代以及宋代周,尽管都是煞有介事演出的禅让戏,但禅让者是被胁迫,被禅让者是强权,他们演出的禅让戏是强势集团胁迫弱势集团以自愿的形式交出皇位。这里的“人心所系”与尧、舜、禹时代的“人心所系”已经有着天壤之别了。

柳宗元还写了一篇《道州毁鼻亭神记》,记述他的同乡河东薛伯高元和九年(814)任道州刺史时毁掉道州鼻亭神像祠之事,他以完全赞同的立场颂扬这次盛举,因为“象之道,以为子则傲,以为弟则贼”(《柳河东集》卷二八《道州毁鼻亭神记》),根本不值得祭祀,毁掉它是“教孝悌,去奇邪,俾斯人敦忠睦,友悌祇,肃信让,以顺于道”的正确之举。柳宗元的这两篇文章,通过对舜与象两个人物的评价,展示了他的民本意识和弘扬正气、引导百姓一心向善的施政理念。

第六节　韩愈的记述和评论

韩愈(768~824),字退之,唐朝中期河南河阳(今河南孟州市)人。25岁中进士,29岁入仕途。先后任汴州观察推官、四门博士、监察御史,因旱情上书请免赋税、指斥朝廷,被贬山阳令。元和十二年(817),因从裴度平淮西吴元济有功,升任刑部侍郎。但第二年,即因谏迎佛骨,触怒宪宗,被贬潮州刺史。穆宗即位,被召回京,先任兵部侍郎,再转吏部侍郎,57岁卒于任上。韩愈是著名思想家、政治家、文学家,唐代古文运动的倡导者,被

① 《柳河东集》卷二〇《舜、禹之事》,影印文渊阁四库全书本。

后世尊为“唐宋八大家”之首。

韩愈的文章中有四篇提及舜，基本上都是从传统儒家思想出发，将其作为一个圣人典范加以颂扬。如赞扬他责己“重以周”，待人“轻以约”的品格，认为这是他之所以成为圣人的条件：

古之君子，其责己也重以周，其待人也轻以约。重以周，故不怠；轻以约，故人乐为善。闻古之人有舜者，其为人也，仁义人也。求其所以为舜者，责于己，曰：彼人也，余人也，彼能是，而我乃不能是。早夜以思，去其不如舜者，就其如舜者。①

当时，有人问韩愈，“尧、舜传诸贤，禹传诸子”，是不是说明“禹之贤不及于尧与舜”？对这样一个比较棘手的问题，他作了极具智慧的回答，阐明传贤与传子都是正确的道理：

或问曰：尧、舜传诸贤，禹传诸子，信乎？曰：然。然则禹之贤不及于尧与舜也欤？曰：不然。尧、舜之传贤也，欲天下之得其所也；禹之传子也，忧后世争之之乱也。尧、舜之利民也大，禹之虑民也深。曰：然则尧、舜何以不忧后世？曰：舜如尧，尧传之；禹如舜，舜传之，得其人而传之，尧、舜也；无其人而不传，虑其患而不得如己者，禹也。舜不能以传禹，尧为不知人；禹不能以传子，舜为不知人。尧以传舜为忧后世，禹以传子为虑后世。曰：禹之虑民也则深矣，传之子而当不淑，则奈何？曰：时益以难理，传之人则争，未前定也；传之子则不争，前定也。前定虽不当贤，犹可以守法；不前定而不遇贤，则争且乱。天之生大圣也不数，其生大恶也亦不数。传诸人，得大圣，然后人莫敢争；传诸子，得大恶，然后人受其乱。禹之后四百年然后得桀，亦四百年然后得汤与伊尹，汤与伊尹不可待而传也，与其传不得圣人而争且乱，孰若传之子虽不得贤犹可守法。曰：孟子之所谓天与贤则与贤，天与子则与子者，何也？曰：孟子之心，以为圣人不苟私于其子以害天下，求其说而不得，从而为之辞。（《五百家注昌黎文集》卷二《对禹问》）

这里韩愈极力辩明，尧、舜之所以传贤，是因为他们能够认定所传之人的确贤，而传贤“利民也大”；禹由于无法确定可传之人是否贤，传之“则争且乱”，不得已而求其次，于是传子，这个子“犹可以守法”，因而不至于乱，这显示了“禹之虑民也深”。尧、舜、禹的传位方式看似决然不同，但都是以

---

① （唐）韩愈：《五百家注昌黎文集》卷二《原毁》，影印文渊阁四库全书本。

“为民”为出发点。正是这一点决定了尧、舜、禹都是伟大人物，所以都被韩愈编排在他第一个提出的“道统”的链条上。韩愈的诠释透露出他的煞费苦心。因为大多数学者都赞扬“禅让”而非议“传子”，认为前者出于“公心”而后者为了“私利”。可是，自“禹传子，家天下”以后，“传子”就成为强固的不可疑义的历史传统，必须给它一个顺理成章的解释，才能让夏王朝开始的王位、帝位传承披上合法性的外衣。韩愈的诠释，既赞扬了尧、舜的“大公”，又使当朝的合法性得以肯定，充分显示了他的机智和圆融。

在尧、舜问题上，也有使韩愈困惑的地方，如文献一方面赞扬他们“垂裳而治”“无为而理”，一方面又记载他们宵衣旰食地处理众多的政务，这显然是矛盾的。韩愈于是在《进士策问》中要求“二三子其辩焉”：

问：夫子言尧、舜垂衣裳而天下理，又曰无为而理者其舜也欤！《书》之说尧曰亲九族，又曰平章百姓，又曰协和万邦，又曰历象日月星辰，敬授人时，又曰洪水怀山襄陵，下民其咨。夫亲九族，平章百姓，和万邦，则天道授人，时愁水祸，非无事也，而其言曰垂衣裳而天下理者，何也？于舜则曰慎五典，又曰叙百揆，又曰宾四门，又曰齐七政，又曰类上帝、禋六宗、望山川，遍群臣，又曰协时月正日，同律度量衡，五载一巡狩，又曰分十二州、随山浚川、恤五刑、典三礼、彰施五色、出纳五言，呜呼！何其勤且烦如是，而其言曰无为而理者，何也？将亦有深词隐义不可晓邪？抑其年代已远失其传邪？二三子其辩焉。（《五百家注昌黎文集》卷一四《进士策问》）

韩愈还写了《黄陵庙碑》，看起来犹如一篇考证文章：

湘旁有庙曰黄陵，自前古立，以祠尧之二女舜二妃者，庭有古碑，断裂分散在地，其文剥缺，考图记言汉荆州牧刘表景升之立，题曰“湘夫人碑”，今验其文，乃晋太康九年，又其额曰“虞帝二妃之碑”，非景升立者。秦博士对始皇帝云：湘君者，尧之二女舜妃者也。刘向、郑玄亦皆以二妃为湘君，而《离骚·九歌》既有《湘君》，又有《湘夫人》，王逸之解，以湘君者自其水神，而谓湘夫人乃二妃也，从舜南征三苗不返，道死沅湘之间。《山海经》曰：洞庭之山，帝之二女居之。郭璞疑二女者，帝舜之后，不当降小君为其夫人，因以二女为天帝之女。以予考之，璞与王逸俱失也。尧之长女娥皇为舜正妃，故曰君；其二女女英，自宜降曰夫人也，故《九歌》词谓娥皇为君，谓女英为帝子，各以其盛者推言之也。礼有小君，明其正自得称君也。《书》曰舜陟方乃死，《传》

谓舜升道南方以死,或又曰舜死葬苍梧,二妃从之不及,溺死沅湘之间。余谓《竹书纪年》,帝王之没皆曰陟,陟,升也,谓升天也。《书》曰"殷礼陟配天",言以道终,其德协天也。《书》纪舜之没云陟者,与《竹书》《周书》同文也。其下言方乃死者,所以释陟文死也。地之势东南下,如言舜南巡而死,宜言下方,不得言陟方也。以此谓舜死葬苍梧,于时二妃从之不及,而溺死者,皆不可信。二妃既曰以谋语舜,脱舜之厄,成舜之圣,尧死而舜有天下,为天子二妃之力,宜常为神,食民之祭。今之渡湘江者,莫敢不进礼庙下。元和十四年春,余以言事得罪,黜为潮州刺史,其地于汉南海之揭阳,厉毒所聚,惧不得脱死,过庙而祷之,其冬移袁州刺史。明年九月拜国子祭酒。使以私钱十万抵岳州,愿易庙之圮桷腐瓦于州刺史王堪。长庆元年,刺史张愉自京师往。余与愉故善,谓曰:丐我以碑石,载二妃庙事,且令后世知有子名。愉曰:诺。既至州,报曰:碑谨具,遂篆其事,俾刻之。(《五百家注昌黎文集》卷三一《黄陵庙碑》)

因为韩愈之前,学者对湘君、湘夫人的指认就出现了分歧。韩愈在碑文中力辩湘君为娥皇,湘夫人为女英,理由是娥皇为舜正妃,而女英为次妃,因而在称谓上加以区别。其实,由于舜与娥皇、女英都是传说中的人物,即使实有其人,他们之间的关系也没有后来封建王朝森严的制度规定,后人在理解上出现某些分歧是不足为怪的。韩愈的诠释正是以今证古的失误。至于他断定"舜死葬苍梧,于时二妃从之不及,而溺死者,皆不可信",在学术上可备一说,但却不能视之为定论。

第七节　杜牧、陆龟蒙、皮日休的记述和评论

杜牧(803~853),字牧之,唐后期京兆万年(今陕西西安)人。宰相杜佑之孙。26岁中进士。之后十年,辗转于江西、宣歙、淮南等节度使幕府。36岁始为京官,但因受宰相李德裕排挤,只得出京任黄州、池州等地刺史。李德裕遭贬后,他被调回京任司勋员外郎,最后死于中书舍人官位上。杜牧才华横溢,诗文俱佳,是唐后期出类拔萃的大文学家之一。

杜牧只在一篇文章中提及舜,这篇文章就是《三子言性辩》。文中将舜作为性善的代表,他说:"孟子言人性善,荀子言人性恶,杨子言人性善恶

混。……凡言性情之善者多引舜、禹;言不善者,多引丹朱、商均。夫舜、禹二君子,生人已来,如二君子者凡有几人?不可引以为喻。丹朱、商均为尧、舜子,夫生于尧、舜之世,被前化,皆为善人,况生于其室,亲为父子,蒸不能润,灼不能热,是其恶与尧、舜之善等耳,言光明者,岂可引以为喻。人之品类,可与上下者众,可与上下之性,爱怒居多。爱、怒者,恶之端也。荀言人之性恶,比于二子,荀得多矣。"①这里杜牧比较孟子、荀子和杨子的人性论,认为生来为善的尧、舜、禹和生来为恶的丹朱、商均皆是特例,不能作为人性善或人性恶的根据,而大多数人可为善亦可为恶,关键是控制其爱、怒,这就靠后天的修为。而荀子由于重视后天的修为,所以比孟子和杨子都更接近真理。

陆龟蒙,字鲁望,唐后期吴郡(今江苏苏州)人,生卒年不详。因举进士不第,隐居淞江甫里,从事著述。文章结集为《笠泽丛书》《甫里先生集》。其文章大部分为讽刺小品,对唐末日益腐败的政治和每况愈下的世风进行了辛辣的鞭挞。

陆龟蒙在两篇文章中提及舜,都是史实的辩证。如《杂说》对瞽叟、象弟、尧二女与舜的关系提出质疑:

> 先儒曰瞽瞍憎舜,使涂廪浚井,酖于觞酒,欲从而杀之,舜谋于二女,二女教之以鸟工龙工,药浴注豕,而后免矣。夫势之重,壮夫不能不畏;位之尊,圣人不得不敬。况舜摄于天子,顽嚚嫚傲者,独不畏之,又从而杀之耶?且尧之妻二女,帅九子,观舜之德,舜反受教于女子,其术怪且如是,是不教人以孝道,教人以术免也。故尧使勖之,非观德也,何足以天下付?②

在陆龟蒙看来,以舜的聪明睿智和摄天子"势之重""位之尊",根本不可能有瞽瞍、后母和象加害于他的事情发生。这种从情理推断的结论,似乎备学术上的一说。而他的《象耕鸟耘辩》则对象耕鸟耘提出了一种新的解释:

> 世谓舜之在下也,田于历山,象为之耕,鸟为之耘,圣德感召也如是。余曰:斯异术也,何圣德欤?孔子叙《书》,于舜曰濬哲文明圣德。止于是而足矣,何感召之云云乎?然象耕鸟耘之说,吾得于农家,请试辩之。吾观耕者,行端而徐起坺欲深兽,兽之形魁者无出于象,行必

① (唐)杜牧:《樊川文集》卷三《三子言性辩》,影印文渊阁四库全书本。

② (唐)陆龟蒙:《笠泽丛书》卷一《杂说》,影印文渊阁四库全书本。

端，履必深，法其端深，故曰象耕；耘者去莠，举手务疾而畏晚，鸟之啄食，务疾而畏夺，法其疾畏，故曰鸟耘。试禹之绩大成，而后荐之于天，其为端且深，非得于象耕乎？去四凶恐害于政，其为疾且畏，非得于鸟耘乎？不然则雷泽之渔，河滨之陶，一无感召，何也？岂圣德有时而不德耶？孟子曰：尧、舜与人同耳。而好事者张以就其怪，怪非圣人之意也。吾病其书之异端，殴之使合于道，人其从我乎？虽不从吾，亦不能变其说。(《笠泽丛书》卷三《象耕鸟耘辩》)

这种解释似乎亦可备学术上的一说，但对近于神话的传说视为实有其事强行求解，往往费力而难以得到有说服力的结论。

皮日休(834？ ~883 年？)，子逸少，后改袭美，晚唐襄阳(今湖北襄樊)人。出身贫寒，懿宗咸通八年(867)中进士，历任苏州刺史崔璞的军事判官、太常博士、毗陵副使。878 年前后，他参加黄巢起义军，黄巢入长安称帝后，他被任为翰林学士。883 年，黄巢退出长安，皮日休可能在此时死去。皮日休是晚唐时期有影响的文学家，诗文均反映了他对当时腐败政治的批判和对和百姓疾苦同情，同时也显示了他对传统儒家"民本"和"仁政"理想的追求。

在晚唐文学家中，皮日休是提及尧、舜较多的作家之一。他提及尧、舜时，更多的是将其作为圣帝名王的符号使用。如他认为尧、舜之所以受到百姓的拥戴，成为帝王，关键在于他们施仁爱之心仁爱之行于百姓，"圣人不求用而民用之"：

尧为诸侯，非求为天子也，挚之民用之。舜为鳏民，非求为天子也，尧之民用之。或曰："挚善亦尧乎?"曰："亦尧而已矣。"曰："挚与尧，其民俱舍之，则善恶奚分邪?"曰："挚固不仁矣，尧固仁矣。尧仁如是，民尚慕舜，况有君恶于挚？君道不如尧，焉得民用哉？故曰：圣人不求用而民用之，求用而圣人不用之。"曰："若是则孔子奚不用鲁?"曰："用之则鲁化，不用之天下奚化。"①

在他看来，尧、舜不仅施仁爱于百姓，即使对于不服王化的反叛者，也不使用诈谋和征伐的手段使之屈服，如施仁爱使"有苗格焉"就是典型的例子。所以"害诈之心，争伪之智"必然与尧、舜绝缘：

问奕之原于或人，或人曰："尧教丹朱征，丹朱之为是。信固有其

① (唐)皮日休：《文薮》卷三《原用》，影印文渊阁四库全书本。

道焉。”皮子曰:“夫奕之为艺也,彼谋既失,我谋先之。我智既亏,彼智乘之,害也。欲利其内,必先攻外;欲取其远,必先攻近,诈也。胜之势,不城池而金汤焉;负之势,不兵甲而奔北焉。胜不让负,负不让胜,争也;存此免彼,得彼失此,如苏秦之合从,陈轸之游说,伪也。若然者,不害则败,不诈则亡,不争则失,不伪则乱,是奕之必然也。虽奕秋荐出,必用吾言焉。尝试论之。夫尧之有仁义礼智信,性也,如生者必能用手足任耳目者矣,岂区区出其纤谋小智以著其术用争胜负哉?尧之世,三苗不服,以尧之仁,苗之慢,尧兵而熠之。由罗人杀鸺鹠,渔人烹鲲鲕者矣。尧不忍加兵而以命舜,舜不忍伐而敷之文德,然后有苗格焉。以有苗之慢,尚不加兵,岂能以害诈之心,争伪之智,用为战法,教其子以伐根哉?则奕之始作,必起自战国,有害诈争伪之道,当从横者流之作矣。岂曰尧哉?岂曰尧哉?”(《文薮》卷三《原奕》)

而能否成为尧、舜之类的圣贤,皮日休认为关键在于应像尧、舜、禹一样加强自己的修养,“宝乎己”“敬于己”,同时“汲汲于民”,“劳一心而安天下”:

能以心求道者,不曰己乎?能以心为天子为诸侯为贤圣者,不曰己乎?是己之重,不独重于人,抑亦重于道也。尝试论之,能辱己者,必能辱于人;能轻己者,必能轻于人;能苦己者,必能苦于人。为孔、颜者,非他,宝乎己者也;为盗跖者非他,残乎己者也。故古之士,有不出户庭,名重于嵩、衡,道广于溟、渤者,敬于己而已矣。或曰:“所谓敬己者,不曰不能害己乎?如竖貂自宫,能敬己乎?鲍庄刖足,能敬已乎?”曰:“均是敬也,均是害也,其媚与直不同也,所谓敬于己者以道也,害及己者亦以道也。”或曰:“圣人汲汲于民,至若尧如腊,舜如腒,其劳至矣,于已安乎?”曰:“劳者劳于心也,劳一心而安天下。若禹者,股无胈,胫无毛,其劳亦至矣,劳者劳于身也,劳一身而安万世者也。古者有杀身以成仁者,况劳者欤?”呜呼!吾观于今之世,谄颜媮笑,辱身卑己,汲汲于进,如竖貂者几希。(《文薮》卷三《原己》)

然而,即使圣贤如尧、舜,有时也不免遭谤。原因在于民之怨源于自然和社会的不如己意。所以,作为统治者,应该慎之又慎、小心翼翼地回应百姓的诉求,否则,就会自取灭亡:

天之利下民,其仁至矣。未有美于味而民不知者,便于用而民不由者,厚于生而民不求者。然而暑雨亦怨之,祁寒亦怨之,己不善而祸及亦怨之,已不俭而贫及亦怨之。是民事天,其不仁至矣。天尚如此,况于君乎?况于鬼神乎?是其怨訾恨讟,蓰倍于天矣。有帝天下君一国者,可不慎欤?故尧有不慈之毁,舜有不孝之谤,殊不知尧慈被天下而不在子,舜孝及万世乃不在于父。呜呼!舜大圣也,民且谤之,后之王天下,有不为尧、舜之行者,则民扼其吭,捽其首,辱而逐之,折而族之,不为甚矣。(《文薮》卷三《原谤》)

皮日休还对如何行孝进行了辩证,认为行孝的前提是保护好己身,所以舜的"避大杖"就值得肯定:

有天地来,言乎孝者,大曰舜,小曰参。舜承顺父母之道,无不为也。虽俾食于亵器,寝于厕室,犹将顺之,况夫修廪浚井哉?然犹避乎大杖也。虽尝以小杖为顺,则舜修廪可也,浚井可也,设死于大杖,谁养瞽叟哉?参承顺父母之道,无不至也。锄瓜伤根,曾皙杖之,几至于死。是以仲尼不以为孝也,何哉?有参则皙安,无参则皙孤。参顺锄瓜之罪,设死于杖,谁养夫皙哉?夫以二孝之不受重责,恐夫糜骨节臕肢体,有辱于先人也,岂有操其刃剸已肉以为孝哉?夫人之身者父母之遗体也,剸已之肉,由父母之肉也。言一不顺色,一不怡情,尚以为不孝,况剸父母之肉哉?故乐正子春伤足不下堂,汉景不吮孝文之痈。二贤卒成大孝,犹伤足不下堂,吮痈有难色,何者?伤已之足,伤父母之足也;吮父之痈,吮已之痈也。伤之者不敬,吮之者过媟,是以圣贤不为也。今之愚民,谓已肉可以愈父母之病,必剸而饲之。大者邀县官之赏,小者市乡党之誉,讹风习习,扇成厥俗。通儒不以言,执政不以禁。昔墨氏摩顶至踵,断指存胫,谓之兼爱。今之愚民如是,其兼爱邪?设使虞舜糜骨节,曾参臕肢体,乐正子春伤足不爱,汉景吮痈无难,今之有是者,吾犹以为不可,况无是理哉?或执事者严令以禁之,则天下之民保其身,皆父母之身也,欲民为不孝也难矣哉!(《文薮》卷八《鄙孝议上篇》)

另外,皮日休对社会上贵金玉、贱粟帛的风气进行批判,他天真地认为,只要国家为政者下令不准民间藏金玉,百姓就"必贵粟帛弃金玉",而令人痛心的"男不耕而女不织"的社会风气就会改变:

或问:"或者曰:物至贵者金玉焉,人至急者曰粟帛焉。夫一民之饥饥,粟以饱之。一民之寒,须帛以暖之。未闻黄金能疗饥,白玉能免寒也。民不反是贵而贵金玉也,何哉?"曰:"金玉者,古圣王之所贵也。

其在《舜典》则曰修五玉也。其在《春秋》则曰诸侯贡金九牧。禹所以铸鼎象物,玉所以饰礼,金所以备贡。""以斯为贵,贵不多乎?"曰:"舜取五玉以备礼,禹铸九金以为鼎,由言其礼,不为诸侯乎?不为人民乎?苟无粟无帛,是无诸侯与人民也,则五玉、九金,岂徒贵哉?如舜不修五玉,禹不铸九金,三代之祭祀不以玉,货贿不以金矣。由是言之,金玉者,王者之用也。苟为政者下其令,曰'金玉不藏于民家,如有藏者,以盗法治之',民不藏矣。法既若是,民必贵粟帛弃金玉。虽欲男不耕而女不织,岂可得哉?"或曰:"然。"(《文薮》卷三《原宝》)

这种观点显然是中国传统的重农抑商思想的延伸,带有明显的墨家经济思想的烙印。他从百姓日常生活的物质需要出发,认为金玉既不能当饭吃,亦不能当衣穿,没有任何实用价值,其贵于粟帛完全是当政者将其作为"礼之用"人为炒起来的。这样皮相的观察说明他没有认识到金玉作为一般等价物的价值,不知道金玉作为稀有之物的价值随着经济的发展越来越走高的趋势是不以人的意志为转移的。他更不知道,随着社会的发展,百姓的生活除了物质需要外,还有其他文化的精神的需要。看似与物质需要无关的东西,如文学艺术作品就会远远超过衣食的价值。这里,他把"舜取五玉以备礼,禹铸九金以为鼎"的举措视为贵金玉、贱粟帛的始作俑者是没有道理的。此外,皮日休在《原刑》中认定舜为天子不会惩罚犯罪的丹朱,禹为天子,不会惩罚犯罪的商均,则完全是从亲亲尊尊出发的谬见。但在《读〈韩诗外传〉》中对其指责舜的四点缺失的批驳,则显示了维护舜圣王形象的坚决态度:

《韩诗外传》曰:《韶》用干戚,非至乐也;舜兼二女,非达礼也;封黄帝之子十九,非法义也;往田号泣,未尽命也。日休曰:甚哉!《韩诗》之文,悖夫大教。夫尧、舜之世,但务以道化天下,天下嘻嘻如一家室。其化虽至,其制未备,岂可罪以越礼哉?如以《韶》用干戚非至乐,则颛顼之《八风》,高辛之《六筮》不可作矣;如以舜兼二女非达礼也,则尧之世其礼未定,不当责也又宜矣;以封黄帝之子非法义也,则丹朱、商君无封邑,是庶人也。《传》曰:贤者子孙必有土。又曰:公侯之子孙必复其始。夫贤者与公侯,其子孙尚不废,况有熊氏道冠于五帝,化施于千世哉?如以往田号泣未尽命也,则舜之孝道,匪天也,其谁知之?不号泣,则吾恐舜之命不及于尧用。呜呼!韩氏之书,抑百家崇吾道至矣。夫是者,吾将阙然。(《文薮》卷八《读〈韩诗外传〉》)

第八节 敦煌变文的记述和评论

佛教自东汉时期传入中国,历经魏晋南北朝隋唐数百年的传播,流传愈来愈广。寺庙僧侣为了向信众进行教义的宣传,将佛经中的神道故事变成通俗的文体,用讲唱的形式吸引听众,这就是变文。这种形式后来被民间艺人借用来讲唱故事,内容完全超出了佛经的范围,成为唐朝和以后流行的一种文学形式。由于唐朝的变文是直到清朝光绪年间才从甘肃敦煌藏经洞中发现的,所以又称敦煌变文。其中有一篇《舜子变》,就是专门讲舜的故事。

《舜子变》基本上以《史记·五帝本纪》中所记舜的事迹为母本,充分发挥想象,添加不少作料,将其事迹演绎成情节更为生动形象的故事:开始舜侍奉生病的母亲乐登三年,母亲去世后,父亲瞽叟就续娶妻子征求舜的意见,舜当即表态同意:"阿耶若取得计(继)阿娘来,也共亲阿娘无贰!"瞽叟娶得后妻不久,即到寮(辽)阳做生意,临行前嘱咐舜料理家事。说好去一年即归来,但三年仍未归。舜万分思念父亲几至"肠断",于是弹琴倾诉思父之情。恰在此时,门前来了一位老人,捎来瞽叟的书信,舜兴奋异常,急忙向后母跪拜四拜,不料遭后母无端谴责。

从书信得知瞽叟即将回家,后母于是设计陷害舜。她要舜去后园摘桃,自己在树下用金钗刺破脚掌,躺在床上等待瞽叟归来。瞽叟归来后,后母即向他诬告舜故意在桃树下"埋恶刺",致使她两脚被刺成疮。瞽叟偏信,质问于舜,舜明知后母陷害,但为了家庭的安宁,自愿违心承认,于是遭到瞽叟的毒打。他的后母弟象为父亲提供了一根粗大的荆杖,父亲狠狠地将舜打了一顿:"把舜子头发,悬在中庭树地,从项决到脚脥,鲜血遍流洒地。"但因为舜是大孝之人,所以得到神助:

> 瞽叟打舜子,感得百鸟自鸣,慈鸟洒血不止。舜子是孝顺之男,上界帝释知委,化一老人,便往下界,来至方便与舜,犹如不打相似。舜即归来书堂里,先念《论语》《孝经》,后读《毛诗》《礼记》。[①]

后母见毒打未伤及舜的毫毛,就以离开瞽叟相要挟,逼得瞽叟表态一

---

① 刘坚、蒋绍愚主编:《近代汉语资料汇编》(唐五代卷),商务印书馆1990年版,第235页。

切听命于后妻。后妻于是设计了烧仓房的毒计。舜识破该计，就向后母讨了两个笠子，在后母、瞽叟、弟象相继放火烧仓的时候，舜"把二个笠子为凭，腾空飞下仓舍。舜子是有道君王，感得地神拥起，逐(遂)不烧，毫毛不损。归来书堂院里，先念《论语》《孝经》，后读《毛诗》《礼记》"①。

后母见舜未被害死，又生一毒计：让舜淘枯井，命瞽叟以大石填井，使舜毙命于枯井中。这时，上界帝释又前来施救，先是"密降银钱五百文入于井中"，让舜淘得献于后母，期望后母不加害于舜。谁知后母仍然胁迫瞽叟落井下石。这时，"帝释变作一黄龙，引舜通穴往东家井出"。经东家老母相救，并指点他去生母坟墓与生母相见，生母要他去"历山躬耕，必富贵"。

舜去历山躬耕，得到神助，群猪以嘴耕田，"百鸟衔子抛田，天雨浇溉。其岁天下不熟，舜自独丰，得数百石谷米"。舜欲归家，报父母之恩，临渡河，遇几个商人，从他们口中得知，他父双目失明，后母顽愚，"负薪诣市"，弟象疯癫，"极受贫乏，乞食无门"。十年后，舜将米运至自己家乡出卖，正碰上"后母负薪，诣市易米"。舜认识后母，故意将后母买米的钱遗忘在米袋中，如此数次，引起瞽叟怀疑是舜归来。瞽叟与后妻一起至市场，于是父子相认，舜以舌舔父目，使之复明，后母亦恢复正常人性，不再忌恨舜。这时，瞽叟良心发现，集合邻里，持刀要杀后妻，被舜劝止。舜大孝之名，从此传遍天下。帝尧闻知，不仅将二女嫁与舜为妻，而且将帝位也传于他。舜后来又传帝位给夏禹，还留下两首诗：

瞽叟填井自目盲，舜子从来历山耕。
将米冀都逢父母，以舌舐眼再还明。
孝顺父母感于天，舜子淘井得银钱。
父母抛石压舜子，感得井穿东家连。②

这篇《舜子变》颇像一篇完整的小说，贯穿其中的核心思想是善恶报应。这里的舜每遭遇凶险，总有上界帝释前来施救，而猪、鸟等禽兽也施以援手，帮助他耕田撒种，还有生母在关键时刻指点迷津，由此将佛教义理渗透其中。不过，这篇《舜子变》的作者除了粗通一些佛教义理外，对中国的典籍实在知之甚少，连经学常识也不具备，否则，他就不会两次让舜"先念

① 刘坚、蒋绍愚主编：《近代汉语资料汇编》(唐五代卷)，商务印书馆1990年版，第236页。

② 刘坚、蒋绍愚主编：《近代汉语资料汇编》(唐五代卷)，商务印书馆1990年版，第238页。

《论语》《孝经》,后读《毛诗》《礼记》”了。

第九节 碑文、祭文中的虞舜

隋唐五代时期歌颂舜与二妃的碑文、祭文远较汉魏六朝为多。著名文学家韩愈写的《黄陵庙碑》在第六节中已有论述。另有张谓、韩云卿、柳宗元、皮日休等撰写的碑文也各有特色。如张谓的《虞帝庙碑铭并序》,历数了舜的不世功业和以百姓忧乐为忧乐的“合于天”的大德,特别颂扬了他的“以位授人”的禅让之举,抨击了曹氏父子以禅让之名行篡政之实的丑行。对邵阳令宇文宣主持建庙的盛举倍加赞扬,最后以雍雍皇皇的四字铭文抒发了对舜的景仰和对祠庙的礼赞:

尧有天下七十载,将逊于位,久难其人,伯支、许由全其节而固让,羲仲、龢叔审其才而固辞。帝德合于天,天命归于帝。帝尽善也,我其试哉。由是宾于四门,纳于百揆,星辰合度,雷雨不迷。尧之二女厘降于内,尧之九男服勤于外。受昭华之玉,允洽人神;泥封祀之金,大报天地。五臣皆进,明赏也;四族咸黜,明刑也;先质后文,敦俗也;贵德尚齿,优贤也。于斯之时,君明于上,人化于下,山川鬼神,亦莫不宁,鸟兽鱼鳖,众乎咸若。无为而治,其圣也欤!夫以万乘之尊,一人之贵,多见轶其轨度,少能窒其嗜欲。瑶台琼室,尧、舜则茅茨土阶矣;玉食宝衣,尧、舜则藜羔皮裘矣;历代多嫔御,尧、舜顾礼经娶一姓矣;自古好征伐,尧、舜舞干戚怀四夷矣。百姓乐,尧、舜未尝不乐;百姓忧,尧、舜未尝不忧。历数之来,人以位授我;讴歌之去,我以位授人。其来也婴于樊笼,其去也脱于桎梏。形神非吾有,天地之委和;子孙非吾有,天地之委蜕。此其所以禅代也。近日曹丕父子,世为汉贼,当鼎易之时,发荒唐之论,高视前古,大夸群雄,猥以汉魏之间,辄同尧、舜之际,此河伯不知于海,若盗跖自方于仲尼也。古人云尧以义终,舜以勤死,稽诸祀典,永为世教,游夏之徒,岂诬也哉!称尧见囚,小儒之虚诞;为禹所放,曲士之穿凿。攻乎异端,斯害也已。九疑北麓,三湘南滋,帝之遗庙存焉。地僻易芜,徒生荆棘。水深难涉,谁荐苹蘩。先圣不祀,后贤之过。摄邵阳令、前监察御史宇文宣,大树风,教小康黎元,相冈峦,移栋宇,前豁林莽,得爽垲之地焉,下指城隅,见祈祷之人焉。如或宣室,言征閟宫,灵降娥、英,近侍稷、契。旁趋则歌《南风》,觐东后,朝众圣,会群臣。则知汤、武不敢升堂,自愧于廊庑之下;高、光不敢及户,退惭于阃阈之外。成、康、文、景帝所讥焉。谓也无孔氏之祖述,有颜子之希慕。作颂于清芬,勒文于玄石。其铭曰:

系自颛顼,家于勾芒。大口奇表,重瞳异相。俗变山中,风移河上。其器不窳,其人皆让。二年成邑,三年成都。惟彼陶唐,禅于有虞。域中交泰,天下昭苏。彩凤听乐,黄龙负图。其德难名,元功不宰。脱屣城阙,遗形江海。陵庙有依,山川无改。象耕未辍,鸟耘犹在。托此岩阿,神心若何。蒸尝昔少,俎豆今多。百越迢遥,九疑嵯峨。湘云古色,楚水新波。庭罗松桂,森若容卫。檐度风飚,宛如《箫韶》。黎庶以宁,阴阳以调。凭兹圣灵,祚我皇朝。①

这座建在邵阳(今属湖南)的虞帝庙只不过是南方众多祭祀舜的祠庙之一。在与之毗邻的桂林象郡(今广西象州东北),也有地方官李昌巙在大历十一年(776)重修虞帝庙,并请韩云卿撰写了碑铭。这篇碑铭主要记述李昌巙重修虞帝庙的经过和良苦用心,在颂扬舜功业的同时极力颂扬当今朝廷的文治武功:

帝舜有虞氏,南巡狩,崩于苍梧之野,南人怀思,立祠祷祭。历夏、殷、周,秦,距乎有国,凡更十姓,享奠不替。大历十一年,皇族陇西县男兼御史中丞昌巙,领桂林象郡之地。虔祇统命,肃恭神祀,以祠宇隳圮,狭隘朽陋,不足延降神灵,遂谋于州佐县尹,因以俸钱,增新易故,崇垣峻宇,萧屏牖户,有伦有度。垩缮既成,以时昭享,瞻睹门屏,践履阶闼。兢业恂惧肃然,无不加敬。牲牷既设,巫祝斯列,齐庄蠲洁,悫然如享其诚。箫鼓既阕,俎豆斯彻。神人和悦,僾然如受其福。是岁,寇贼歼平,年谷丰稔。五岭之人,阴受帝祉。官属长老,愿刊琢表识,以彰懿烈。其辞曰:

惟虞禅夏,夏德斯沦。更殷历周,以及嬴秦。帝号再尊,帝道莫宣。祀典空存,祀礼无闻。于穆皇家,踵美虞唐。独生淳俭,后嗣其

① (宋)姚铉编:《唐文粹》卷五一《虞帝庙碑铭》,影印文渊阁四库全书本。

昌。明明大君,祜祜俾躬。穆穆宗臣,祗业肃恭。广厦增饰,展礼竭忠。人神胥会。风雨晦蒙。三千年间,礼币贽通。西原寇平,南亩有年。祀事报功,皇灵降臻。佐佐武夫,我战自克。畟畟农耜,我勤乃获。日用游焉,恶知帝力。天人同休,心存影会。诚感昭通,屑易室碍。刊石播美,垂亿千载。①

此外,还有孙樵撰写的《舜城碑》,皮日休撰写的《咎繇碑》和《心箴》,赵观文撰写的《桂州新修尧、舜祠祭器碑》,都从不同的视角歌颂了舜的功业和品德。柳宗元撰写的《湘源二妃庙碑》,记述了元和九年(814)湘源(今广西全州)地方官吏和百姓重修二妃庙的经过,歌颂了二妃的坚贞和"齐圣并名"的盛誉:

元和九年八月二十日,湘源二妃庙灾。司功掾守令彭城刘知刚,主簿安邑卫之武,告于州刺史御史中丞清河崔公能,祗栗厥戒,会群吏洎众工,发开元诏书,惧废守祀,搜考赢羡,均节委积。咸执牍聿,至于祠下。稽度既备,俑役惟时。斩木于上游,陶埴于水涯。乃桴乃载,工逸事遂。庙貌显严,粲然而威。十有一月庚辰,陈奠荐辞,立石于庙门之宇下。惟父子夫妇,人道之大。大哉二神,咸极其会。为子而父尧,为妇而夫舜。齐圣并名,弼成授受。内若嚚瞽,上承辉光。克艰以乂,德罔不至。帝既野死,神亦不返。食于兹川,古有常典。殴祓戾孽,恢宣俶灵。敢或失职,以奸天刑。有翼其恭,有苾其馨。沈牲爰告,即石是铭。铭曰:

渊懿承圣,舜妻尧女。德型妫汭,神位湘浒。揆兹有初,克硕厥宇。唐命秩祀,兹邑攸主。胤于万年,期保永祜。潜火煽孽,炖于融风。毛牷既肆,椒馨爰糈。胤于万年,期保伊祜。潜火煽孽,炖于融风。神用播迁,时罔克粪。邑人群吏,告于君公。廉用积余,以就尔功。桴木负埴,载流于江。既夷以成,崇宇峻墉。洁严清庙,左右率从。神乐来归,徒御雍雍。神既安止,邦人载喜。奉其吉主,以对嘉祉。南风湑湑,湘水如舞。将子无护,神听钟鼓。丰其交报,邦邑是与。刻此乐歌,以极终古。(《粤西文载》卷三七《二妃庙碑铭》)

唐代留下众多歌颂舜与二妃的碑文、祭文说明。这一时期,凡是传说舜与二妃行止所至之处,祭祀他们的祠庙都普遍建立起来,他们作为有功

① 《粤西文载》卷三七。

于国家和百姓的先祖伟人已经牢牢定格于人民心中，成为不可磨灭的民族文化的记忆。

第十节　诗歌韵语中的虞舜

唐朝是中国格律诗最兴盛的时代，诗人数以千计，诗篇数以万计，清朝编撰的《全唐诗》数量超过 5 万首。在这些诗篇中，有超过 120 首涉及舜，再加上涉及舜的赋体韵文，数量超过 130 首、篇。这些诗文中，内容较多的是对舜功业和德行的歌颂，对娥皇、女英命运的悲叹，还有些是借舜和二妃的事迹抒发历史兴亡之感和家国情怀。

唐朝留下的涉及舜和二妃的赋作共七篇，其中以《南风之薰赋》命名的有四篇，《舜歌南风赋》一篇，《舜有膻行赋》一篇，还有一篇《湘妃泣竹赋》。所有这些赋作，都是将舜作为圣君楷模歌颂，如张正元的《南风之薰赋》，将舜的《南风歌》与他的德、仁联系在一起，歌颂德、仁之风一定会带来"时康与俗阜"：

昔者南风和醇，明德惟新。创五法而配夏，感万物以如春。不然者，夔何以得为典乐，舜何以尊为圣人者哉？其风乃周流遐裔，荡涤庶物。廓宇宙以澄清，屏腐余之伊郁。故表太平之至理，卑寰宇之无咈也。且顺而随时曰《巽》，气之相感曰《咸》。合之宁间于幽林旷野，散之何啻乎万壑千岩！当其南正司辰，朱明应节。我风在德，何以验乎枯桑；我风在仁，何必候于空穴。物既斯悦，薰不在乎器，人奚以钦，物莫能同。叶不在乎兰，人何以结。知执德不回，嘉祥有开。始斯人之解愠，倏仪凤以爰来。有孚容若，至德休哉。足以成天下之务，畜天下之财。今国家以义为利，知风之自。实皇猷之穆穆，因皇道之易易。竹帛之功斯在，丝桐之音不坠。夫如是，未有灵瑞之不臻，生成之不遂者也。宁与夫蓬振尘惊，飕飗凄清。或败物者有坠，或中人而丧精。未若我皇内协正德，外和厚生。在乎野而草自偃，入乎林而条不鸣。是则良哉元道，克洽九有。仰南风兮何翕尔而纯和？幸得咏时康与俗阜。

吴仲舒的《南风之薰赋》将舜之《南风》描绘为德风和惠风，能够"使国富以人安""使时和而俗阜"，给国家带来富强，给百姓带来安康：

歌《南风》之薰兮，肇自前烈。美凯风以时兮，流乎俊哲。澹澹荡荡生乎无间，馥馥微微播于有截。故功成作乐而上下昭著，治定制礼而君臣有别。吾亦乘日月之至明，致中和之令节。言而履之万国称庆，动而法之千寮胥悦。此所谓规模帝舜，慰洽吾人。操五弦之琴而八风从律，征三代之乐而六气平均。使天下沛然而有感，穷海外飒尔而知春。至于传之永久，垂之不朽。可以动萌芽，可以荣林薮。薰风之有德也，使国富以人安；薰风之有惠也，使时和而俗阜。若乃焕佳气兮允塞，扫祥烟兮乍开。早绽青门之柳，先惊上苑之梅。晦入阳春之曲，潜吹玉管之灰。此亦韶年之丽景，况有顺时而丰财。或披襟而乍对，或临水而轻拂。承长养则芳气袭于一人，阐煦妪膏露霑于万物。斯以发号施令，前规后监。三农以之协洽，兆人以之无疑。咸如此则典礼备，麟凤至。吾道不乐兮发身有时，薰风自南兮万物咸遂。物本无情，因时而生。百姓日用而不觉，五音岁兆于未萌。傥高飔之借便，顺下风而长鸣。

李夷亮的《南风之薰赋》借南风在自然界的"发地""登天"，"鼓万物以生成"，热切歌颂舜的勤劳庶政和使"泽及幽岩，九区克咸"的不朽功勋：

时之和兮道之至，彼南风兮舒以肆。发于地鼓万物以生成，登于天叶三光而能粹。岂不以律有度而感应，乐无声而大备。郁郁也从四气之攸，分熙熙然见群芳之已遂。若乃涉维夏，背芳晨，蒸人已乂，率土惟淳。云物必书，识烟霞之改旧；君臣有礼，知动植之怀仁。符元化，越洪钧。式观风于我后，终解愠于吾人。伊昔虞帝君临，忧劳是切。将纳隍为己任，垂大训于前烈。援琴写操，知庶政之惟和；负扆居尊，俾含生之是悦。然后泽及幽岩，九区克咸。气扬湮郁，四海无咈。且攸叙于彝伦，故无遗于一物。国家敬授惟明，稽古作程式，宣其和以厚其生。是以东作之勤不遗于帝力，〈南风〉之咏屡起于皇情。亹亹多士，茫茫万有，犹偃草而咸若，沐薰风之自久。惟德斯硕，惟财孔阜。

李叔的《南风之薰赋》同样是将南风与舜德相联系，以和煦的南风促万物之成长，誉舜德之"使五福富昌，万物殷阜"的神力：

至矣哉！如天之君声明化淳。穆南端而作乐，播薰风以养人。顺圣时而和，则气无留慝，解吾氓之愠，故物无不亲。所以应乎品类，遍乎天地。感一德而当阳，处八方之正位。使夫微者必扇，幽者必遂；不以动而有光，和而能至，风之始也。日月贞明，星辰齐平，然后荡荡而起，熙熙而生。触类而煦然长育，无朕而潜来备盈。行而有孚，倚五弦而调四气；广而不费，匝九垓而周八纮。非比夫抵华叶，陵高城，转丛蕙而渥彩，合万籁而成声者也。风之达也，本于元首，播于群有，使五福富昌，万物殷阜。宜其叶无为之大化，匪独革有苗之小丑。亦有广莫北动，阊阖东来；不如自其南而掩器，一其薰而阜财，则知端拱垂黻，化人无拂，则必合其君资其物；岂惟三国不监，二叔不咸，徒偃其禾而表其谗。故我君烈烈行道有截，歌祖德而庶事用康，谐舜乐而鸣琴不彻。被《南风》之溥畅，慰远黎之胥悦。士有欲抟风于九霄，希假势于一挈。①

杨迺的《舜歌南风赋》歌颂舜是“德冠百王”“无为而自理，天纵而多能”“正南面而恭已，懋功千载不咈”的圣帝名王：

巍巍舜德，于今人称。居北极而惟大，歌《南风》以敷宏。歌之伊何？制丝桐而合奏；风之至矣，信长育而有征。兹可谓无为而自理，天纵而多能。美夫诚，发深衷。物能应感。悯沃瘠之劳逸，均阴阳之舒惨。是用作则于世，利之孔多。风咏凯兮，美万物之蕃衍；乐操琴也，佳五声以同和。复而不厌，远而匪他。方将煦妪之为意，岂徒娱乐于斯歌！观其发宫应征，扬清激浊，自南习习，同诗人喻彼棘心；入夜泠泠，异贫士叩其牛角则。则知圣人审音以知政，化俗而作乐者有矣！夫懿其出乎幽谷，应以繁声；若云龙之潜召，同律吕之相生。万籁动，八音清，匪鸣条而扇物，方靡草而作程。是以人荷时康，功归帝力四气以之而不挠，百谷从兹而蕃殖。节有度，守有则，始从迩而及远，终自南而徂北。尔乃匪徐匪疾，乍过乍闻。飒飒轻音，疑少女之初至；泠泠余韵，谓别鹤之求群。亦为父母之罔极，何必声变而成文。是以德冠百王，致成万物，正南面而恭已，懋功千载不咈。

谢观的《舜有膻行赋》歌颂舜的德行和行政犹如膻气对于蝼蚁产生的吸引力，“膏腴及万姓”“沛泽滂四门”，引得四方百姓纷纷来归，出现“四海纷会，千门竞追”“蒸黎子来，蛮夷蚁附”的盛况：

肉不爱蚁，蚁自来依；舜不求人，人自来归。尔则以膻生向慕，我则以思深侧微。祁祁子来，竟欢怀于德饱；侁侁类聚，各霑濡以家肥。是以取喻于彼，欲明于此。播薰风于酷烈，比黎庶于蝼蚁。温恭允塞，谅不阻于幽微；玄德升闻，固无间于遐迩。是故四海纷会，千门竞追。共仰来苏之日，诚非逐臭之时。以孔甘为味，以润下为脂。率从其旨，

① 以上四赋均录自宋代李昉等编《文苑英华》卷一三，影印文渊阁四库全书本。

爰度乃私。应其欲而徇矣，思所利而瞰之。各竭血诚，汝则如饥如渴；无劳肉视，吾乃龙章凤姿。载求而膻不在身，三嗅而膻不在服。在乎安长幼，资亭毒。行叶扬芳，言兰芬馥。以膏腴及万姓，万姓熙熙；以沛泽滂四门，四门穆穆。咸遂其性，各安其族。并饮其风顺雨调，岂止于觞酒豆肉。若乃望之如日，戴之如天。不销不歇，沛然霈然。如此乃闻膻者焉。如或失之于上，迷之于下。四罪之徒，三苗之野。如此乃闻膻之者，喻既斯大，义岂凭虚。以心求芬芳者得，以鼻求芬芳者疏。自发德馨之惠，宁同乳臭之余。服媚媲之而孰可，芬香拟之而岂如。由是蒸黎子来，蛮夷蚁附。八方咸戴其煦育，九土共臻其道路。惠然若归，往也如慕。焕重瞳而日月清朗，齐七政而恩威布濩。至矣哉！巍巍堂堂，可谓承天有裕。

蒋防的《湘妃泣竹赋》通过娥皇、女英二妃对南巡不归的舜的深情怀念，"泪浪浪而千里堕睫，竹冉冉而万点凝苔"，抒发作者自己对他们之间坚贞爱情的礼赞。赋文感情充溢，词彩华美，不啻一曲荡气回肠的爱情颂歌：

昔帝舜之南巡不回，繄二妃兮心伤已摧。对三湘之遥兮积水无际，望九疑之作兮愁云不开。郁丹诚而饮恨，攀绿篠以兴哀。泪浪浪而千里堕睫，竹冉冉而万点凝苔。敛蛾之怨盈臆，如狸之班变色。落红脸而珠影争圆，染碧纤兮缬文交织。夭绍婵娟。呜咽潸然。沥青简兮丹书灿灿，洒绿枝兮白露涟涟。所谓精神达而理归其著，悲哀集而物谢其坚。想夫万里迎秋，重江向夕。引苍翠以歔欷，忽阑干而委积。杖拳然之手，两点垂丝；挥密尔之丛，众痕凝碧。是知至哀必感，有怨必通。竹无情而发外，泪有感而从中。慷慨成行，乍洗龙吟之管；斓斑逶节，如交凤食之丛。宁类夫声伯再怀其梦想，杨朱徒叹其西东。岂无芳菲，渝其霜霰。岂无浩淼，忘其顾眄。是以委檀乐，寄葱蒨。来非鼓瑟，玉箸之滴沥双流；去乃望夫，粉箨之淋漓一变。懿乎岩峦满目，今古含情。事虽迁于岁月，理不昧于坚贞。或剪修竿，对潭中而锦落；或成长簟，施堂上而霞腾。岂不以拂水梢云，逾千越万，庶夫知我者谓我点点而成文，不知我者徒曰青青而怀怨。（以上三赋均录自《文苑英华》卷四三）

唐诗上百篇涉及舜的诗歌，主要内容一是歌颂舜的德行与功业，二是歌颂二妃对舜的赤情与忠贞。诗的体裁遍及当时通行的所有文体，或借物咏人，或咏人及物，面对舜与二妃的众多遗迹和祠、庙、陵墓，抒发着作者的历史兴亡之感和家国情怀，展示着他们对圣君贤相的敬仰和企慕、对美好政治的呼唤与追求，以及“致君尧舜上，再使风俗淳”（杜甫诗）的宏伟抱负。如张谓的《邵陵作》颂扬舜“只为苍生不为身”的献身精神：

尝闻虞帝苦忧人，只为苍生不为身。已到一朝辞北极，何须五月更南巡。昔时文武皆销铄，今日精灵长寂寞。斑竹年来笋自生，白苹春尽花空落。遥望零陵见旧丘，苍梧云起至今愁。唯余帝子千行泪，添作潇湘万里秋。（《文苑英华》卷二九二）

如朱庆余的《舜城怀古》称颂舜的万古帝业：

禅禹逊尧聪，巍巍盛此中。四隅咸启圣，万古赖成功。

道德去弥远，山河势不穷。停车一再拜，帝业即今同。

（《御定全唐诗》卷五五四）

如贯休的《舜颂》称颂舜的功业和德行：

高高历山，有黍有粟。皇皇大舜，合尧玄德。五典克从，四门伊穆。大道将行，天下为公。临下有赫，选贤用能。吾皇则之，无斁无逸。绥厥品汇，光光得一。千幅临顶，十在随跸。大哉大同，为光为龙。吾皇则之，圣谋隆隆。纳隍孜孜，孜孜切切。六宗是禋，五瑞斯列。排麟环凤，披香立雪。四方纳贶，九围有截。昔救世师，降生竺乾。寿春亦然，万年万年。①

如周昙的《虞舜》同样称颂舜的功业：

进善惩奸立帝功，功成揖让益温恭。满朝卿士多元凯，为黜兜苗与四凶。（《御定全唐诗》卷七二八）

如张吉辅的《舜庙怀古》赞颂舜的“玄德长垂范”：

大舜陟方地，疑名更不沈。是非应未定，从古到于今。玄德长垂范，熏风尚满林。殿凉青嶂合，碑峭绿苔深。帝子经湘浦，空余怨慕心。（清嘉庆《九疑山志》卷三《艺文》上）

刘鹭《虞帝庙》既称颂舜的功业，又慨叹舜庙的破败寥落：

诗人如不颂，谁识太平心。石老碑文古，庭芳蚁穴深。白云生绝壑，斑竹锁疏林。行客自南北，青山坞古今。登游寻胜迹，望望日西沉。（清雍正《湖广通志》卷八六）

而胡曾的《苍梧》则流露出无法确定舜陵的遗憾，展现了作者对圣人身

---

① （唐）释贯休：《禅月集》卷五《舜颂》，影印文渊阁四库全书本。

后寥落的悲愤之情：

有虞龙驾不西还，空委《箫韶》洞府间。无计得知陵寝处，愁云长满九疑山。（《御定全唐诗》卷六四七）

唐诗中咏二妃的诗篇大大超过咏舜的诗篇，这大概是因为舜的勤于政务，二妃与之聚少离多，且在舜病逝苍梧时她们也不在身旁的缘故。如李白的《远别离》就是一首三叹而有余哀的对舜与二妃的伤悼之作：

远别离，古有皇英之二女。乃在洞庭之南、潇湘之浦。海水直下万里深，谁人不言此离苦。日惨惨兮云冥冥，猩猩啼烟兮鬼啸雨，我纵言之将何补？皇穹窃恐不照余之忠诚，云凭凭兮欲吼怒。尧舜当之亦禅禹，君失臣兮龙为鱼，权归臣兮鼠变虎。或言尧幽囚，舜野死。九疑联绵皆相似，重瞳孤坟竟何是？帝子泣兮绿云间，随风波兮去无还。恸哭兮也远望，见苍梧之深山。苍梧山崩湘水绝，竹上之泪乃可灭。①

常建的《古意》、李嘉的《江上曲》同样哀叹二妃的赤诚和凄苦：

二妃方访舜，万里南方悬。远道隔江汉，孤舟无岁年。不知苍梧处，气尽呼苍天。愁泪变楚竹，蛾眉丧湘川。后人立为庙，累世称其贤。过客设祠祭，狐狸来坐边。怀古未忍还，猿吟彻空山。（《御定全唐诗》卷一四四）

江山澹澹芙蓉花，江口蛾眉独浣纱。可怜应是阳台女，坐对鸬鹚娇不语。掩面羞看北地人，回首忽作空山雨。苍梧秋色不堪论，千载依依帝子魂。君看峰上班班竹，尽是湘妃泣泪痕。君看峰上班班竹，尽是湘妃泣泪痕。②

杜甫的《湘夫人祠》则悲叹二妃的苍梧恨别离：

肃肃湘妃庙，空墙碧水春。虫书玉佩藓，燕舞翠帷尘。晚泊登汀树，微馨借渚苹。苍梧恨不浅，染泪在丛筠。③

唐诗中有多首《湘灵鼓瑟》，其中以钱起写的情景交融，最具意蕴：

善抚云和瑟，常闻帝子灵。冯夷空自舞，楚客不堪听。逸韵凄金石，清音入杳冥。苍梧来怨慕，白芷动芳馨。流水传湘浦，悲风过洞

① （宋）杨齐贤集注，（元）萧士赟补注：《李太白集分类补注》卷三，影印文渊阁四库全书本。

② （明）高棅编：《唐诗品汇》卷三三《江上曲》，影印文渊阁四库全书本。

③ （唐）杜甫撰，（宋）郭知远集注：《九家集注杜诗》卷三五《湘夫人祠》，影印文渊阁四库全书本。

庭。曲终人不见,江上数峰青。(《文苑英华》卷一八四)

刘长卿写了数首咏二妃的诗,都展现了二妃的凄苦无告之情,如泣如诉,哀婉动人。如《斑竹》:“苍梧千载后,斑竹对湘沅。欲识湘妃怨,枝枝满泪痕。”①如《斑竹岩》:“苍梧在何处,斑竹自成林。点点留残泪,枝枝寄此心。寒山响易满,秋水影偏深。欲觅樵人路,朦胧不可寻。”(《刘随州集》卷六)

卢仝的《秋梦行》通过客梦渡湘水,将二妃对舜的绵绵思念、无限情怀流触笔端:

客行一夜秋风起,客梦南游渡湘水。湘水泠泠彻底清,二妃怨处无限情。娥皇不语启娇靥,女英目成转心惬。长眉入鬓何连娟,肌肤白玉秀且鲜。裴回公咏东方日,沉吟再理《南风》弦。声断续,思绵绵,中含幽意两不宣。殷勤纤手惊破梦,中宵寂寞心凄然。心凄然,肠亦然。寐不寐兮玉枕寒,夜夜夜兮霜似雪。镜中不见双翠眉,台前空挂纤纤月。纤纤月,盈复缺,娟娟似眉意难诀。愿此眉兮如此月,千里万里光不灭。(《御定全唐诗》卷三八八)

刘禹锡写的两首《潇湘神》竹枝词,寄托了对二妃深切的同情和怀念:

湘水流,湘水流,九疑云物至今愁。君问二妃何处所,零陵香草露中秋。斑竹枝,斑竹枝,泪痕点点寄相思。楚客欲蒸人听瑶瑟怨,潇湘深夜月明时。(《刘宾客文集》卷二七)

高骈的《湘妃庙》同样借斑竹抒发二妃的“幽怨”:

帝舜南巡去不还,二妃幽怨水云间。当时珠泪垂多少,直到如今竹尚斑。(《御定全唐诗》卷五九八)

韦庄的《合欢莲华》将“双葩合一枝”的莲华拟人化,作为二妃对舜忠贞爱情的象征:

虞舜南巡去不归,二妃相誓死江湄,空留万古香魂在,结作双葩合一枝。(《浣花集》卷二)

周昙的两首《舜妃》歌颂二妃为“骨化重泉志尚存”的“节高人”:

苍梧一望隔重云,帝子百寻不记春。何事泪痕偏在竹,贞姿应念节高人。潇湘何代泣幽魂,骨化重泉志尚存。若道地中休下泪,不应新竹有泪痕。(《御定全唐诗》卷七二八)

---

① (唐)刘长卿:《刘随州集》卷一《斑竹》,影印文渊阁四库全书本。

唐代咏舜和二妃诗篇如此之多，说明此时的舜和二妃已经化作巨大的文化符号，时时在撞击文人墨客的心灵，当他们谒舜庙，瞻妃祠，渡湘水，登九疑之时，诗的灵感就喷薄而出，化作瑰丽的诗篇。他们的情感得到宣泄，而诗作也与舜和二妃一样成为永恒的文化遗产。

第十一节　综述与综评

隋唐五代时期的近四个世纪，是中国古代历史继两汉之后又一个发展的高峰。盛唐时期的疆域不仅是空前的，而且其经济和文化也创造了极其辉煌的成果，其中的格律诗更是创造了中国诗歌史上古典格律诗不可企及的高峰。在这种情况下，舜与传说中的五帝一起，作为圣帝名王不断出现在经史子集等文献中，被述论和讴歌。由于唐代经学综合魏晋南北朝时期北南经学的成果走向混一，出现了孔颖达的《五经正义》，其中的《尚书注疏》对于舜的事迹作了进一步的系统梳理，将先秦秦汉时期散见于各种典籍中的资料加以排比、穿插、整合，从而使舜的事迹更加丰富系统。唐朝的史书中，地理志类著作，如《元和郡县志》《桂林风土记》等，对散见于各地的舜的遗迹和祭祀的记载较前更加详博，而刘知几的史论著作《史通》则以理性的怀疑的态度对舜的有关史迹进行考据和质疑，开了宋儒疑古的先河。在隋唐的子书中，载有颜之推、韩愈、元结、柳宗元、林慎思、邱光庭、杜牧、陆龟蒙、皮日休等众多思想家和文学家论述舜的文章，其中除了抒发对舜的崇仰和颂扬外，也出现了史实考证和理性质疑的声音，这表明对舜的认识在走向深入。唐朝各地方州府县政府对舜的遗迹和祠庙的祭祀成为常态，许多声情并茂的碑文记录和展示了这方面的盛况。唐朝的文学作品中有一定数量的赋、诗歌、散文以舜和二妃为歌咏对象，李白、杜甫、柳宗元、刘禹锡等都留下了名篇。这一切都在显示，到隋唐时期，舜作为圣帝名王的形象已经在人民心中定格了。

第五章　两宋时期文献对虞舜的记述和评论（960～1279）（上）

第一节　《周易口义》《尚书全解》《尚书精义》等的记述和评论

两宋时期（960～1279）的三个多世纪，是中国思想文化史上的一个重要的发展阶段。思想上，理学逐渐成为主流意识形态。文学上，唐末五代新兴的"词"成为主导文体，宋词创造了词学史上不可企及的高峰。史学上，各种体裁争奇斗艳，创造了中国古代史学上最为繁荣的景观。各种文献对舜的记述和评论也达到了顶峰。

宋朝人几乎在对"五经"的注疏中都提及舜。

在各种《周易》的注疏中，集中提及舜的是胡瑗的《周易口义》。该书是宋倪天隐述其师胡瑗之说而成。胡瑗（993～1059年），字翼之，泰州如皋（今属江苏）人，由范仲淹推荐，自布衣任校书郎，后升任太学博士。《周易口义》中出现的舜主要是作为圣帝名王的符号充当论据。如卷一解释"九二，见龙在田，利见大人"：

> "利见大人"者何？盖凡有大人之德，必须利见有大才大德之君，然后可以行己之道。若舜之得尧，禹之得舜，伊尹之得成汤，傅说之得高宗，吕尚之得周文是也。然则五得天位亦曰利见大人者何？曰：有是君必须有是臣，然后万武可举，天民可治。若尧得舜，舜得禹、皋陶、禹、稷，成汤得伊尹，文王得吕尚是也。

如解释"九五，飞龙在天，利见大人"：

> 孟子曰：尧以不得舜为己忧，舜以不得禹、稷、皋陶为己忧。尧，大圣人也，必得舜；舜，大圣人也，必得禹、稷、皋陶，故可以治。是虽有大

才大德之君,必利见大才大德之臣,然后成天下之治也。①

两宋注释“五经”的著作很多,而提及舜最集中的是在对《尚书》的注疏中。注疏《尚书》的学者很多,流传至今的著作亦卷帙浩繁。因为《尚书》是最早记载舜事迹的文献,从汉儒开始即对该书涉及舜的内容进行诠释,形成了许多歧义观点。两宋所有注疏《尚书》的学者,都必须在前人基础上就该书对舜的记载作出自己的解释,由此推出各人认定的真实的舜。然而,由于每个学者对《尚书》记载的舜的事迹有不同的理解,对所涉词义有不同的解读,结果是出现在每个学者笔下的舜,虽然都是圣帝名王,但大同中的小异就不胜枚举了。

撰写《周易口义》的胡瑗也有《洪范口义》存世,其中提及舜的内容也不少,同样将舜作为圣帝名王的符号充当论据。如解释“曰天子作民父母,以为天下王”:

> 此于皇极之终,又大其皇极之义,人君可不加意哉!夫天生蒸民,有欲无主乃乱,于是命其君而司牧之。民不能自衣,君为劝其蚕而使衣;民不能自食,君为劝其耕而使食;民不自安,君为营栋宇以居之;民不知仁义,君为设庠序以教之。是天子之于兆民,不啻若父母之于赤子,恩爱之甚也。然则天子既为民父母,以为天下之所归往,如何而治?舍皇极之道不可也。故大中之道行,天下无叛道之士,四海无违教之民,皆知礼义,皆为君子也;皇极之道废,则天下未必皆康,四海未必皆安,人党偏者有之,人怨旷者有之。以是观之,欲一民无不得其所欲,一物无不受其赐,舍中道何以哉!故尧、舜以此道而能为二帝,禹、汤、文以此道而能为三王,周公思兼三王致成王于有道,孔子不得其位则著之于六经。不得志者,则可以卷怀于一身;得志者,则可扩充于天下。夫欲极天地之彝伦,治国家之大法,而将登太平之域者,惟用皇极而后可。②

这里胡瑗将皇极之道推尊为放之四海而皆准的唯一真理,而将尧、舜、禹、汤的成功与他们践行皇极之道联系起来,同时将天子的“牧民之义”作了充分的论证。

林之奇,字少颖,号拙斋,福建侯官(今福建福州)人,官至宗正丞。他的《尚书全解》是宋儒诠释《尚书》的第一部力作,《四库全书》提要评价说:

---

① (宋)胡瑗撰,(宋)倪天隐述:《周易口义》卷一,影印文渊阁四库全书本。

② (宋)胡瑗:《洪范口义》卷下,影印文渊阁四库全书本。

“是书颇多异说，如以阳乌地名，三俊为常伯、常任、准人，皆未尝依傍前人。至其辨析已同，贯串史事，覃思积悟，实卓然成一家言。虽真赝错杂，不可废也。”①该书全面检视和利用此前学者研究《尚书》的成果，旁征博引，细密考证，对书中每一个字、词作出自己的解释。如对《尧典》“曰若稽古帝尧，曰放勋”这样解释，力辩放勋、重华、文命非尧、舜、禹之号，而是对其功业和品德的形容之辞：

若稽古者，孔氏曰能顺考古道而行之者。王氏云圣人于古有可稽者，有可若者，李校书推本古文《书》，以“曰”字为胡越之越，与《召诰》“越若来三月同”，此说甚善，当从李校书之说。程氏云若稽古者，史官之体，发论之辞也，史官记载前世之事，若考古某人之事言之，下篇云若稽古帝舜，若稽古大禹，若稽古皋陶，皆谓考古某人之事为如此也。苏氏云史之为此《书》也，谓吾顺考在昔而得其为人之大凡如此，盖此四篇若稽古某人下皆有曰字，故二公之说如此，其说比先儒为优。然而此皆《虞书》也，《虞书》谓尧为古可也，禹、皋陶其时尚存，亦谓之古，可乎？则此说不通。若从《周官》唐虞稽古之文以稽古为尧，则下加曰字又为难说，如允迪厥德，皋陶之言也，谓若稽古皋陶曰可也，放勋、重华、文命以下非尧、舜、禹之言而加曰字，则其义不行，此说为难折，故当阙之以俟知者。放勋，李校书曰放者大而无所不至也。《礼记》曰：夫孝，置之而塞乎天地，溥之而横乎四海，施诸后世而无朝夕，推而放诸东海而准，推而放诸西海而准，推而放诸南海而准，推而放诸北海而准。郑玄云放，犹至也。谓尧有大功也，孔子曰“大哉！尧之为君也，荡荡乎，民无能名焉”，是勋之谓也。此说甚善。孟子以放勋为尧号，放勋曰劳之来之，匡之直之，辅之翼之，又曰二十有八载，放勋乃徂落，屈原曰“为重华而陈词”。孟子、屈原既以放勋、重华为尧、舜之号，而后世以类推之，遂以文命为禹之号，然允迪不可为皋陶之号，其说不通，世人多疑之，诸家之说皆不然。某尝谓郑少梅曰：史官作史之时，盖以是称尧、舜、禹之功德，后人因史官有是称，遂以放勋、重华、文命为尧、舜、禹之号，然允迪不可为皋陶之号，故不可以为称。正如子贡之称夫子曰“固天纵之将圣，又多能也”，盖称夫子之德如此，后世遂称夫子为将圣，与此正同。（《尚书全解》卷一）

① （宋）林之奇：《尚书全解》“提要”，影印文渊阁四库全书本。

如对“慎徽五典，五典克从；纳于百揆，百揆时叙；宾于四门，四门穆穆；纳于大麓，烈风雷雨弗迷”，该书作了自己的解读，将“纳于大麓，烈风雷雨弗迷”诠释为“荐之于天”的祭祀，“使之主祭而百神享之”：

> 伏生以《舜典》合于《尧典》，“慎徽五典”而下合于《尧典》“帝曰钦哉”之文，共为一篇，至孔安国纂壁中《书》始厘而为二，加“乃命以位”上二十八字，由是始为二篇。虽厘为二篇，然“慎徽五典”之文与“帝曰钦哉”之文辞意相接，其实一篇也。故序言“历试诸难”篇中言“乃命以位”，盖尧试舜以难事，凡历数职皆能其官也。慎徽五典，司徒之事也，为司徒而慎徽五典，则五典克从。宅百揆，奋庸熙载之任也，使揆度百事而百事莫不时序。宾于四门，使典领方岳诸侯之事，四岳之职也，宾诸侯于四方之门而四方诸侯来朝者莫不和睦，如诗所谓“有来雍雍，至止肃肃”是也，凡此所谓使之主事而事治也。纳于大麓，所谓荐之于天是也。烈风雷雨弗迷，所谓使之主祭而百神享之是也。孔氏曰：麓，录也，纳舜使大录万机之政。此说不然。《周官》曰：唐虞稽古，建官惟百，内有百揆四岳。则是当尧之时，官无尊于百揆者，大录万机之政，非百揆而何。既已纳于百揆矣，又纳于大麓，必无此理。说者以谓麓，地名也，即《禹贡》所谓“大陆既作”也。又说者以谓麓，泰山之足，若梁父之类，然经无明文，不可得而见。据上文“慎徽五典”而下，既是主事而事治，此必是主祭之事，但不知大麓之祭果何祭也？王氏云：古者易姓告代，必无是理，要之世代绵远，大麓之地与夫祭于大麓，皆不可考，惟孟子使之主祭之言为可凭尔。烈风雷雨弗迷有二说，孔氏谓阴阳和，风雨时，各以其节，无有迷错愆伏，王氏因之，遂以谓之烈而雷雨弗迷者，则阴阳不失序可知矣；太史公以谓山林川泽，烈风雷雨，舜行不迷，而苏氏因之，遂以为洪水为患，使舜入山林相视原隰，雷雨大至，众惧失常，而舜不迷，其度量有绝人者，天地鬼神亦或有以相之。与此二说不同，太史公之言涉于神怪，然而以理揆之亦有未安。夫自“慎徽五典”而下，皆试舜之事，则纳于大麓者，是亦将试之，试之时使入山林川泽，安知天之必有烈风雷雨而视其迷与不迷乎？孔氏谓阴阳和、风雨时，则合乎百神之说，但既曰阴阳和、风雨时，则不应又有烈风雷雨也。程氏曰无烈风雷雨之迷错，其辞亦不顺。惟孙博士推广王氏之说，曰：上天之载无声无臭，所可推者阴阳之气矣。阴阳以散而生风，至于烈风则阴阳之极也。阴阳薄而成雷，阴阳亨而成雨，雷雨则阴阳相成之

极也。阴阳之极多迷而不复常则为物之害，圣人在上，德足以当天心，虽风之烈而雷雨不至于迷而害物，则阴阳之不失其序。此说粗通矣。(《尚书全解》卷二)

这种解读，从学术上可备一说，但总使人生牵强附会之感。又如对“肆类于上帝，禋于六宗，望于山川，遍于群神”，该书解释：

肆，遂也。程氏云：犹后世作文者言于是也。类于上帝，禋于六宗，望于山川，遍于群神，皆以摄位告也。类者，孔氏云摄位事类，其说不然。《周礼肆师》：类造上帝。注云：类，祈，因郊祀而为之。盖郊祀者，祭昊天之常祭也；非常祭而祭告于天，则其礼依郊祀而为之，故谓之类。武王伐商，类于上帝，《王制》曰：天子将出，类于上帝，皆非常祭是也。谓之类上帝者，孔氏云：以摄位告天及五帝。盖五天之说，起于汉而出于纬书，详于郑康成。康成之说曰：昊天上帝，天皇大帝，北辰之星也；五帝，五行精气之神也；东方青帝灵威仰，南方赤帝赤熛怒，中央黄帝含枢纽，西方白帝白招拒，北方黑帝叶光纪。孔氏谓告天及五帝皆本于此，而王肃诸儒皆以为不然，王肃之言是也。士无二王，家无二主，尊无二上，天即帝也，帝即天也，二犹不可，况于五乎？天苍苍而在上，不可得而名言也。自其形体而言之则谓之天，自其主宰而言之则谓之帝，其实一也，必欲指其孰为天，孰为帝，抑何不思之甚也。然而有曰昊天上帝，又有曰五帝。五帝者，赵伯循曰：凡帝必及于五帝者，五帝之功多，遂为五方之主，即《月令》其帝太皡等是也。以其功高，故历代肇于四郊而祀之，次于天帝，此说甚是。类于上帝，但谓摄位告天矣，而曰告天及五帝，此皆汉儒之失。禋于六宗，禋者，精意以享之之谓也。六宗，先儒有九说。孔氏曰：四时也，寒暑也，日月也，星辰也，水旱也。而欧阳、大小夏侯皆云：上不谓天，下不谓地，旁不谓四方，在六者之间助阴阳变化，实一而名六宗。孔光、刘歆谓乾坤六子，水、火、雷、风、山、泽也。贾逵以谓天宗日月星辰，地宗河海岱。马融曰：天地四时。郑玄以谓星辰、司中、司命、风师、雨师。司马彪谓天宗日月星辰寒暑之属也，地宗社稷五祀之属也，四方之宗四时五帝之属，其说近于马融。而孟康谓天地间游神也。纷纷异同，几于聚讼，惟张髦谓三昭三穆学，学者多从其说，王氏程氏亦皆从之。而二苏独取于孔氏而为之说曰：谓古者郊祭天地，必及于天地间所谓尊神者，此禋于六宗，望于山川，遍于群神，盖与类于上帝为一礼耳。《祭法》曰：燔柴于泰坛，祭天也；瘗埋于泰折，祭地也。则此所谓类于上帝者也，埋少牢于泰昭祭时也，相近于坎坛祭寒暑也，王宫祭日也，夜明祭月也，幽宗祭星也，雩宗祭水旱也，则此所谓禋于六宗也。四坎坛，祭四方也，山林川谷邱陵，能出云为风雨见怪物，皆曰神。有天下者祭百神，此所谓望于山川，遍于群神也。《祭法》所叙郊祀天地，从祀诸神之坛位者，此说为得之。而谓从祀天地诸神之坛位，则不然。夫舜之以摄位告，是亦即其常事而告耳，若以谓从祀天地，则泰坛、坎坛之类皆当合为一处，恐无是理也。三昭三穆，然愚亦知其不然者，盖七世之庙自太祖而下谓之六宗则不可，古者祖有功，宗有德，必有德者而宗之，如云周之六宗是也。若以三昭三穆为六宗，则七世之庙皆宗，古无是理也。而苏氏谓受终之初既有事于文祖，其势必及余庙，岂有独祭文祖于齐七政之前，而祭余庙于类上帝之后者乎？以此观之，则张髦之说虽近似，似不可从也。望于山川，遍于群神，孔氏云：九州名山大川五岳四渎之属，皆一时望祭之群神，谓邱陵坟衍，古之圣贤皆祭之，此亦本于《祭法》而为之说也。（《尚书全解》卷二）

这个解读尽管烦琐，但经过他的梳理，历史上诸儒如何诠释六宗，作者给六宗如何定位，基本上清楚了。其他文句的解释大体与上述例子近似。可以看出，《尚书全解》的最大特点是一个“全”字，即将前人的不同解释几乎网罗净尽后，再断以己意：或从某说，或出新意，作为一种学术观点，大都言之成理且持之有故。

撰《尚书精义》的黄伦是福建人，曾举进士，但履官情况不详。《四库全书》提要说：“其书荟萃诸说，依经胪载，不加论断，间或有同异，亦两存之。其所征引自汉迄宋亦极赅博，惟编次不依时代，每条皆首列张九成之说，似即本九成所著《尚书详说》而推广之。”①然而，因为张九成之书已佚，该书存在的价值就凸现了。如对“曰：明明侧陋。师锡帝曰：有鳏在下，曰虞舜。帝曰：俞，予闻，如何？岳曰：瞽子、父顽、母嚚、象傲；克谐以孝，烝烝乂，不格奸”这样诠释：

东坡曰：明其高，明其侧陋，言不择贵贱也。举舜而言其鳏者，欲帝妻之也。然余观众人举舜之意，非特欲帝妻之而已，且欲更试舜以妻子之难也。彼其未娶而处父母兄弟之间，孝友之心尚未散也。古人

① （宋）黄伦：《尚书精义》“提要”，影印文渊阁四库全书本。

云，妻子具而孝衰于亲，以匹夫之贱，更以天子之女处之顽嚚傲很之间，而又在父母兄弟妻子之列，爱妻子则于父母兄弟必有所不终，爱父母必于妻子有所未尽，此天下之最难处也。众人举舜之意，亦岂轻以天下予舜哉？

无垢曰：天下非一人之天下，乃天下之天下也，必尽天下之公议乃可以与之。尧不尽天下之公议遽欲与四岳，何也？曰：四岳，宰相也。宰相为人臣之师，为天下之表，德不足以先天下，才不足以济天下，其可当此位哉？是位至宰相，天下之所心服者也，使尧子贤则已，如其不贤必举位以授下之贤者；使不欲禅位则已，如其禅位，非自四岳始将谁始乎？夫舜之处顽嚚傲很之间，而克尽为人子为人兄之道，尧亦知之旧矣，乃有如何之问，何也？曰此欲显舜之德于天下也。为人子而父心不则德义之经，母口不道忠信之言，为人兄而弟傲慢不恭，舜之不幸可知矣。夫在他人有顽嚚傲很者，远之可也，绝之可也，父母兄弟岂有远之绝之之理乎？然则将何以得其心哉？欲合其心欤，必同其顽嚚傲很可也，此岂可为耶？将洁其身欲，此吾父母吾弟也，吾何忍于父母兄弟问取名乎？此所谓天下之难处也。观舜之用心，真可以为天下法矣。舜如之何？曰：天下自见其顽嚚傲很，吾止见其为吾父母兄弟矣。以事父母之道事之，以友弟之道友之，以吾之爱起父母弟之爱，以吾之敬起父母弟之敬。父子天性也，兄弟天伦也，天性天伦之中无他物也，爱敬而已。特为顽嚚傲很所乱，未有以发之耳。使吾以爱以敬，日渐月摩，时行时止，则顽嚚傲很之气散，而爱敬之心见矣。此“克谐以孝，烝烝乂，不格奸”之意也。烝烝，进也，以言其渐也，爱敬亦不可急也，当优而柔之，使自得之，厌而饫之，使自趋之，若江海之浸，膏泽之润，有不知所以然者，烝烝之义也。“益曰：日号泣于旻天，于父母，夔夔齐慄，瞽亦允若。”号泣，爱也；齐慄，敬也；允，信也；若，顺也。以爱敬发之而顽嚚一变为信顺，此不格奸之说也。呜呼！处父母兄弟之间，一有不得其所，使父母兄弟有恶名著见者，皆人子不孝之罪也。

胡氏曰：自上古以来君天下者，父子相继，惟尧禅舜，舜禅禹，禹乃传子，商、周遂然。故《韩诗外传》曰：五帝官天下，三王家天下；官以传贤，家以传子；传贤为民也，传子为民也。故尧之将禅也先求登庸，则嗣子嚚讼；次求若采，则共工象恭。巽位则四岳否德，明则虞舜在下。舜德未举，尧聪已闻。故曰“明明扬侧陋”，使明明举侧陋之人，必虞舜也。师锡乃曰“有鳏在下曰虞舜”，此则侧陋之人明举之也。

周氏范曰：唐、虞之际君臣之间，何其德之盛而道之公欤？尧为天子，不以传之子而逊于四岳，四岳不以逊位为得而曰“否德忝帝位”，师锡于帝者不以有位之大臣，而以测微之虞舜。盖是时天下之人不以天下为可欲，而以天下为不得已，茅茨土阶非有后世之富贵也，君臣简易非有后世之崇高也，有天下之忧而无天下之乐，有天下之劳而无天下之佚。故以天子之尊而授天下于在下之匹夫，天下不以为异，而大臣亦无觊觎羡慕之心，惟其有至德者，则天下相与推尊之以为君，而无私天下之心，此后世所以不及也。

司马温公曰：所贵于舜者，为其能以孝和谐其亲，使之进进以善自治而不至于恶也。如是则舜为子，瞽瞍必不杀人矣。若不能正其未然，使至于杀人执于有司，乃弃天下窃之以逃，狂夫且犹不然，而谓舜为之乎？是特委巷之言也，殆非孟子之言也。且瞽瞍既执于皋陶矣，舜恶得而窃之，虽负而逃于海滨，优可执也。若曰皋陶外虽执之以正其法，而内实纵之以与舜，是君臣相与为伪以欺天下也，恶得为舜与皋陶哉？又舜既为天子矣，天下之民戴之如父母，虽欲遵海滨而处，民岂听之哉？是皋陶之执瞽瞍，得法而忘舜也，所亡益多矣。

此一大段注释，虽大量引述别人的论述，但其倾向至为明显：尧之妻舜二女，乃在考验他在妻子、父母、兄弟间如何相处和谐。尧、舜禅让之所以顺利进行，是因为君之位“有天下之忧而无天下之乐，有天下之劳而无天下之佚”。而所谓舜窃杀人之瞽瞍而逃纯粹是杜撰的故事，以情理推断绝不可能发生。这种诠释，闪耀着理性的光辉。

其中对“慎徽五典，五典克从；纳于百揆，百揆时叙；宾于四门，四门穆穆；纳于大麓，烈风雷雨弗迷。帝曰：格！汝舜。询事考言，乃言底可绩，三载，汝陟帝位。舜让于德，弗嗣”一大段的解释，较《尚书全解》简洁多了：

东坡曰：巧言令色，帝之所畏也，故以言取人，自孔子不能无失。然圣贤之在下也，其道不效于民，其才不见于行事，非言无自而出之，故以言取人者，圣人之所不能免也。纳之以言，试之以功，自尧、舜以来，未之有改者。尧将禅舜也曰询事考言，乃言底可绩，底之为言，极也。《易》曰穷理尽性以至于命，可谓极矣。君子之于事物也，原其始不要其终，知其一不知其二，见其偏不得其全，则利害相夺，华实相乱焉，能得事之真见物之情也哉？故言可听而事不可行，事可行而功不可成，功可成而民不可安。夫功成而民不安，是功未始成也。舜、禹、皋陶之言，皆成功而民安之者也。无垢曰：既历试诸难三年于此矣，凡所谋议施之有为无不成功者，天意人心已尽归之矣。尧知天人交归位有不可久居者，所以不俟九年三考而有禅位之命也，又曰濬哲文明，温恭允塞，所以能应五典百揆四门大麓之变者，以其发用在让也。惟让则退，退则静而能观；惟让则平，平则安而能定，所以成功者正在此。欲知"濬哲文明，温恭允塞"，试于让而体之。

对"肆类于上帝，禋于六宗，望于山川，遍于群神"一段的解释，较之《尚书全解》更加简洁：

无垢曰：人主乃天地日月五星祖宗神明之主也，岂可轻易哉？主得其人，则天清地宁，日光月明，五星顺轨，祖宗神明各安其分；苟非其人，则天变地动，日月薄蚀，五星失度，祖宗神明皆失其所矣。今舜受终方察玑衡，七政齐矣，是非特五典从，百揆叙，四门穆而已，人意天心一切归之。舜知天位不可辞也，然后肆类于上帝以告天神，禋于六宗以告祖宗，望于山川以告地祇，遍于群神以告有功于社稷者，言已所以受终之意也。又曰：言上帝则日月星辰、司中司命、风师雨师皆在其中矣，言六宗则文祖在其中矣，言山川则社稷、五祀、四方、百物在其中矣，言群神则法施于民、以劳定国、以死勤事、能御大菑、能捍大患者在其中矣。

显然，《尚书精义》与《尚书全解》的明显不同在于它偏重于意义的诠释，而不在于字义的考证，特别不纠缠于名物制度的训释。所以全书言简意赅，要而不繁，重点引导人们理解精义而不拘泥于史实的细枝末节的辨析。

第二节　《尚书详解》《书经集传》《尚书要义》《乐书》等的记述和评论

宋朝有两部《尚书详解》，一部为夏僎所撰，一部为陈经所撰。据《四库全书》提要记载，夏僎，字元肃，号柯山，浙江龙游人，曾举进士。他"少治《尚书》，老而益精，因博采众说，以为是解"。该书于淳熙年间印行，在时澜为之所作的序文中，称赞该书"议论渊深，词气超迈，参与前则有光，顾于后则绝配”。宋南渡以后,治《尚书》之学者多至数百家,最为人所称颂者为林之奇的《尚书全解》,夏僎之书“所采虽兼取二孔、王、苏、陈、程、张氏之说,而折衷于之奇者什之六七”。这说明该书受林之奇影响之深。请看他对“《舜典》曰若稽古,帝舜曰:重华协于帝,濬哲文明,温恭允塞,玄德升闻,乃命以位”的解释:

《尧典》之首言曰若稽古,帝尧曰:放勋钦明文思。《大禹谟》之首言曰若稽古,大禹曰:文命敷于四海,祗承于帝。《皋陶谟》之首言曰若稽古,皋陶曰:允迪厥德,谟明弼谐。盖此人作此书,必先叙此人有此德,体制自应如此也。盖作书者之意谓我顺理而考于上古,得帝舜之行事而载于《书》,《书》曰尧有此文德之光华,舜能重之,协合于帝尧而无异,不惟能重华而已,而且有濬哲文明、温恭允塞之德。濬,深宏也;哲,睿知也;文,文章也;明,聪明也;温,粹和也;恭,恭敬也;允,信当也;塞,充实也。凡此八者,即玄德也,玄,幽远之称,言舜有德而潜修于幽远之处。然舜之德虽韬藏于幽隐之中,而实升闻于天朝,故尧命以位,使之摄行天子之事,即下文所谓徽五典之属也。夫作史者先言重华协于帝,濬哲文明温恭允塞而后言玄德升闻,乃命以位,则舜于登庸之前,其光辉之德固已能重尧之华矣。德既不约而契宜,其虽处侧微而尧独闻而知之也。由是观之,则尧之知舜非闻于言语物色之间也。尧有是德而舜重之,以心相知,则若契券焉。盖有非耳之所能闻,目之所能见者。程氏曰:濬哲文明,温恭允塞八者,以形容其圣德,如称尧曰“钦明文思安安”,称文王曰“徽柔懿恭”,称仲尼曰“温良恭俭让”,皆圣人之德美。此论甚当。王氏云:尧言钦明文思为成德之序,舜言濬哲文明为修为之序,此凿说也。林少颖皆以为尧、舜之德,此说殊可喜。①

这里对“放勋”“重华”的解释显然继承了林之奇的观点,否认其为人名而认定其为对尧、舜功业德行的赞誉。再如对“慎徽五典,五典克从;纳于百揆,百揆时叙;宾子四门,四门穆穆;纳于大麓,烈风雷雨弗迷”的诠释:

慎徽五典,司徒之职也;纳于百揆,奋庸熙载之任也;宾于四门,典领方岳诸侯之事、四岳之职也;纳于大麓,所谓荐之于天是也。凡此盖舜玄德声闻于尧,尧将命之以位,使之兼统众职以验其能否,即上所谓

① (宋)夏僎:《尚书详解》,影印文渊阁四库全书本。

历试诸艰是也。程氏谓五典克从无违教而后浸至于百揆之任,礼待四方诸侯,协和而后至于大麓之任,其意盖谓先使之徽五典,五典从而后使之宅百揆,百揆序而后使之宾四门,四门穆而后使之纳大麓。殊不知上言乃命以位而继以慎徽五典,纳于百揆等事,则是尧既命以位,则五典等事无所不统。舜既兼统庶事,则以之慎美五典之教,而五典克从无违教以之纳于百揆,而百揆时叙无违事以之宾迎诸侯于四门。而四方诸侯来朝者莫不和穆,以之纳于大麓,则虽烈风雷雨不至迷错而害物,是皆帝舜兼统庶事随所施设各底成效,初无浸至之理。故唐孔氏曰:舜既臣尧,无所不统。非五典克从之后方始纳于百揆,非百揆时叙之后方始宾于四门。此说甚当。按《左传》文十八年载高辛氏有才子八人伯奋、仲堪、叔献、季仲、伯虎、仲熊、叔豹、季狸、忠肃恭懿,宣慈惠和,天下谓之八元。舜臣尧举八元,使布五教于四方,内平外成。高阳氏有才子八人苍舒、隤敳、梼戭、大临、龙降、庭坚、仲容、叔达,齐圣广渊、明允笃诚,天下谓之八凯。舜臣尧,举八凯,使主后土,以揆百事,莫不时叙。则徽五典、宅百揆,虽尧以是试舜,舜实举元凯以为之,安得为试诸艰哉?盖将以天下授舜,并以是数事付之,以观舜所以处之之术如何,非欲舜一一躬亲其事也。舜之于此,果能登庸众贤,分治其事,则舜所以处之者,盖有道矣,宜乎尧以天下授之也。纳于大麓说者,不同孔氏谓舜使大录万机之政,即百揆之职也,前既纳于百揆,则此大麓有当为大录万机说者,又谓麓地名,即《禹贡》所谓"大陆既作"。

以上两例,表明夏僎之《尚书详解》的注疏风格:虽博采但基本上宗于林之奇。

另一撰写《尚书详解》的陈经,字显之,一云字正甫,安福(今属江西)人,庆元中进士,官至奉议郎、泉州泊干。《四库全书》提要评论说:"经生于宁宗之世,正蔡氏传初出之时,而此书多取古疏,间参以新意,与蔡传颇有同异。中间每采后世之事以证古经。虽本程氏说《易》之例,然如解说'筑傅岩'条,引伊川访董五经事,似为非体,又论舜放四凶云欲安其居止俾无所忧愁,则于圣人惩恶之义亦有未协。"该书特别重视自己内心的体悟,"尤近于陆九渊'六经注我'之说"。如对"慎徽五典,五典克从;纳于百揆,百揆时叙;宾于四门,四门穆穆;纳于大麓,烈风雷雨弗迷"的注疏:

此以下皆历举舜之事,常人之情得其一未得其二,知于此不知于彼,以舜之圣无所不能,盖其濬哲文明温恭允塞之德,其功用如此。

慎，敬也；徽，美也。君臣父子夫妇长幼朋友，人所常行，谓之五典，舜能敬五典之美而五伦无不顺从，左氏谓无违教也。百揆者，揆度百官之事，尧时宰相之职。纳于百揆，则百揆之事井井有条而不紊，左氏谓无废事也。宾，迎也；四门者，四方诸侯来朝而舜宾迎之，莫不穆穆而和，左氏谓无凶人也。感化之速，与帝尧之九族既睦，百姓昭明同，至诚而不动者，未之有也。纳于大麓，按《史记》，尧使舜入山林川泽，暴风雷雨而弗迷，观此则知事出非常，变起意外，盖卒然临之而不惊不震者也。险夷一节，自非诚之至者，其孰能然？①

这样的注疏简单明了，避免了烦琐考证，以自己之体味给予合乎情理的理解。再如对"正月上日，受终于文祖。在璿玑玉衡，以齐七政。肆类于上帝，禋于六宗，望于山川，遍于群神。辑五瑞。既月乃日，觐四岳群牧，班瑞于群后"一段的注疏：

既不听舜之逊，舜亦不可得而辞矣。正月上日，犹曰朔日也。受终于文祖，乃尧受终也，终始之义甚重。使帝尧在位，政事有阙，民物失所，有私毫之愧心，则不足为善始善终。今也，由即位而至于今日，无一不尽其善，帝尧之责塞矣。文祖者，尧之祖庙，有文德故谓之文祖。尧于此而受终，则舜于此而受始可知。曰受者，如有所受，然非己之所得专也。璿玑玉衡，正天文之器，如后世之浑仪，玑可以运转，玑衡如箫管之状，璿玉者，天象尊严，以珠玉为饰。七政，日月五星，在天之政也。在，察也。璿玑玉衡观七政之运，循其常度无有差错，此所谓齐也人。人君为天地星辰之主，君有阙政则日月薄蚀，星辰变动安得而齐。其意与《尧典》钦若历象同。肆类于上帝，肆，遂也。类者，祀昊天上帝并与五帝而祀之，其牲其器各依其方之色，故曰类。禋于六宗者，精意以享也。六宗，三昭三穆。天子七庙，祀五帝时，其祖已配天矣，故只言六宗。先儒之说不一，欧阳及大小夏侯云：上不谓天，下不谓地，旁不谓四方，在六者之间，助阴阳变化，实一而名六；孔光、刘歆则云乾坤六子；孔安国则云四时寒暑日月星水旱；贾逵则云日、月、星、河、海岱；马融则、地、春、夏、秋、冬；郑康成则云星、河、司中、司命、风师、雨师；惟张髦则以为三昭三穆。今以文势考之，舜即位之初，上告天神，中告人鬼，下告地祇，则六宗当从张髦之说。望于山川者，天子

① （宋）陈经：《尚书详解》，影印文渊阁四库全书本。

祭，四望名山大川五岳四渎既远，则望而祭之。遍于群神，则不特以死勤事能御大灾者祀之，虽《祀典》不载，如《祭法》谓有天下者，祭百神皆遍及之也。曰类，曰禋，曰望，曰遍，各随其宜也。辑五瑞，而下所以觐诸侯之事也。人君为神人之主，即位之初，既致告于神矣，故自此觐诸侯以理人事。五等诸侯所执之玉，如桓圭、信圭之类曰五瑞。辑，敛也；既月，尽正月也。乃日觐四岳群牧。日，日朝觐四岳群诸侯，欲其上下情，亲以观群诸侯之能否，其果皆贤，无所贬黜也，于是以五瑞复还之，故曰班。既辑之复班之，予夺自我故也。此一段自在璿玑而下，见舜之不敢自专也，舜不自专，一听命于天地神，诸侯不自专，一听命于君之辑瑞班瑞然后见，有天下有一国者，皆循天理而无一毫之私矣。

这一大段主要讲舜主持的祭祀，他列举前人理解的差异，在各种观点中选中张髦之说。由于时代久远，舜所主持祭祀的真相已经难以考究，所有后来学者的解释，都是根据周以后的文献推断的。不过，陈经的注疏开了一代新风。此后，宋代的注疏即逐渐摆脱汉儒注经的烦琐风格，直追其意义之底蕴，注入了不少当代的意识。

撰写《书经集传》的蔡沈（1167～1230），字仲默，号九峰，南宋建阳（今属福建）人。终生不仕，曾师事朱熹。庆元六年（1120），他应朱熹之请写《书经集传》，至嘉定二年（1209）完成，整整花去十年之功。他在《自序》中说："文以时异，治以道同。圣人之心见于书，犹化工之妙著于物，非精深不能识也。是《传》也，于尧、舜、禹、汤、文、武、周公之心，虽未必能造其微，于尧、舜、禹、汤、文、武、周公之书，因是训诂亦可得其指意之大略矣。"①显然，该书的主旨是通过训诂直探圣人之心，走的也是"六经注我"之路。如对《尧典》"象以典刑，流宥五刑，鞭作官刑，扑作教刑，金作赎刑，眚灾肆赦，怙终贼刑。钦哉！钦哉！惟刑之恤哉！"一段的注疏：

象，如天之垂象以示人。而典者，常也，示人以常刑，所谓墨、劓、剕、宫、大辟，五刑之正也。所以待夫元恶、大憝、杀人、伤人、穿窬、淫放，凡罪之不可宥者也。流宥五刑者，流遣之使远去，如下文流放窜殛之类也。宥，宽也，所以待夫罪之稍轻，虽入于五刑而情可矜法可疑与夫亲贵勋劳而不可加以刑者，则以此而宽之也。鞭作官刑者，木末垂革，官府之刑也；扑作教刑者，夏楚二物，学校之刑也，皆以待夫罪之轻

① （宋）蔡沈：《书经集传》，影印文渊阁四库全书本。

者。金作赎刑者,金,黄金;赎,赎其罪也。盖罪之极轻,虽入于鞭扑之刑,而情法犹有可议者也。此五句者从重入轻各有条理,法之正也。肆,纵也。眚灾肆赦者,眚谓过误,灾谓不幸,若人有如此而入于刑,则又不待流宥金赎而直赦之也。贼,杀也。怙终贼刑者,怙谓有恃,终谓再犯,若人有如此而入于刑,则虽当宥当赎亦不许其宥不听其赎,而必刑之也。此二句者或由重而即轻,或由轻而即重,盖用法之权衡,所谓法外意也。圣人立法制刑之本末,此七言者大略尽之矣。虽其轻重取舍,阳舒阴惨之不同,然钦哉钦哉惟刑之恤之意,则未始不行乎其间也。盖其轻重毫厘之间各有攸当者,乃天讨不易之定理,而钦恤之意行乎其间,则可以见圣人好生之本心也。据此《经》文,则五刑有流宥而无金赎,《周礼·秋官》亦无其文,至《吕刑》乃有五等之罚,疑穆王始制之,非法之正也。盖当刑而赎则失之轻,疑赦而赎则失之重,且使富者幸免贫者受刑,又非所以为平也。

这里显示出对《尚书》所载舜时刑罚的诠释和理性思考。又如对《尧典》"询于四岳,辟四门,明四目,达四聪"的解释则特别简洁:"询,谋;辟,开也。舜既告庙即位,乃谋治于四岳之官,开四方之门以来天下之贤俊,广四方之视听,以决天下之壅蔽。"展示出理学走向简易的风格。再如对《大禹谟》"人心惟危,道心惟微,惟精惟一,允执厥中"的注疏:

心者,人之知觉主于中而应于外者也。指其发于形气者而言,则谓之人心;指其发于义理者而言,则谓之道心。人心易私而难公,故危;道心难明而易昧,故微。惟能精以察之而不杂形气之私,一以守之而纯乎义理之正,道心常为之主而人心听命焉,则危者安,微者著,动静云为,自无过不及之差而信能执其中矣。尧之告舜,但曰"允执其中",今舜命禹又推其所以而详言之,盖古之圣人将以天下与人,未尝不以其治之之法并而传之,其见于《经》者如此,后之人君,其可不深思而敬守之哉?

简洁的诠释,娓娓的教诫,努力发掘的是所谓"圣人之心",作者撰著的本旨于此得到准确的显现。

撰写《尚书要义》的魏了翁(1178~1237),字华父,号鹤山,南宋邛州浦江(今属四川)人。官至端明殿学士。他推崇朱熹的理学,但强调"心"的作用,其主张又接近陆九渊。关于《尚书要义》的内容与特点,《四库全书》提要指出:"皆摘注疏中精要之语,标以目次,以便简阅。……《尚书》文既聱牙，注疏又复浩汗，学者卒业为艰。了翁汰其冗文，使后人不病于芜杂，而一切考证之实学已精华毕摘，是亦读注疏者之津梁矣。”该书汇集前人注疏精华，断以己意，列出众多小题目，一一加以解释，特别便于初学了解《尚书》涉及的基本史实。如卷一《尧典》“六：古生死同称，故尧、舜或云号，或云谥”条之文：

案《谥法》：翼善传圣曰尧，仁义盛明曰舜。是尧、舜，谥也，故马融亦云谥也。又曰：渊源流通曰禹，云行雨施曰汤，则禹、汤亦是谥法，而马融云禹、汤不在《谥法》，故疑之。《檀弓》曰：死谥，周道也。《周书》谥法周公所作，而得有尧、舜、禹、汤者，以周法死后乃遣，故谓之谥。谥者，累也，累其行而号也，随其行以名之，则死谥犹生号。因上世之生号，陈之为死谥，明上代生死同称。上世质，非至善至恶无号，故与周异。以此尧、舜或云号，或云谥也。①

这是魏了翁对尧、舜“或云号，或云谥”的解释，究竟是否属实，只可备学术上之一说。但对初学者来说，他的解释起码给了他们进一步深入研究的引领。又如卷二《舜典》“六：受终齐政，知其可受，遂遍告上下”条之文：

舜既让而不许，乃以尧禅之，明年正月上日，受尧终帝位之事于尧文祖之庙。虽受尧命，犹不自安，又以璿为玑，以玉为衡者，是为王者，正天文之器也。乃复察此璿玑玉衡，以齐整天之日月五星七曜之政，观其齐与不齐，齐则受之是也，不齐则受之非也。是七政皆齐，知已受为是，遂行为帝之事，而以告摄事类祭于上帝，祭昊天及五帝也。又禋祭于六宗等尊卑之神，望祭于名山、大川、五岳、四渎，而又遍祭于山川、丘陵、坟衍、古之圣贤之群神，以告已之受禅也。

这里将舜接受尧禅让的尊位后正天文之器和举行对群神祭祀的仪式解释清楚了。再如卷二《舜典》“四十：治水是征用时事，四罪在治水前”条之文：

此四罪者，征用之初即流之也。舜以为贱超升上宰，初来之时，天下未服，既行四罪，故天下皆服。如此等诸事，皆征用所行者。《洪范》云鲧则殛死，禹乃嗣兴。僖三十三年《左传》云舜之罪也殛鲧，其举也兴禹。襄二十一年《左传》云鲧殛而禹兴。此三者，皆言殛鲧而后用禹，为治水是征用时事，四罪在治水之前，明征用所行也。又下云禹让稷、契、皋陶，帝因追美三人之功，所言稷播五谷，契敷五教，皋陶作士，

① （宋）魏了翁：《尚书要义》，影印文渊阁四库全书本。

皆是征用时事。皋陶所行五刑有服,五流有宅,即是象以典刑,流宥五刑,此为征用时事,足可明矣。而郑玄以为禹治水事毕,乃流四凶,故王肃难郑,言若待禹治水功成而后以鲧为无功殛之,是为舜用人子之功而流放其父,则禹之勤劳适足使父致殛。为舜失五典克从之义,禹陷三千莫大之罪,进退无据,亦甚迂哉!

魏了翁这里的情理推断显然有其合理之处,但他使用的道德原则却起码是周朝以后通行的,能否规范尧、舜之时人们的行为则大有疑问。所以,他的理解是否反映实情,还是无法确定的。

撰《乐书》的陈旸,字晋叔,北宋闽清(今属福建)人,曾任礼部侍郎,《乐书》是他在建中靖国年间任秘书省正字时所著的一部书,共200卷,“引据浩博,辨伦亦极精审”,集中国古代乐书之大成。该书不少篇章涉及舜与乐的关系。从乐的角度对舜的史迹进行了解读,如卷十五《礼记训义》对《乐记》“昔者舜作五弦之琴,以歌《南风》”这样解释:

顺天地之和莫如乐,穷乐之趣莫如琴。盖八音以丝为君,丝以琴为君,而琴又以中徽为君。所以禁淫邪,正人心者也。洞越练朱之制虽起于羲农,而作五弦以歌《南风》,合五音之调,实始于舜而已。《尔雅·释乐》:宫谓之重商,谓之敏角,谓之经征,谓之迭羽,谓之抑。盖宫音重而尊,商音明而敏,角音约而易制,证音泛而不流,羽音涣散而抑。被之五弦之琴,则五音无适不调矣。舜以之歌《南风》,亦不过咏父母生养之德,以解吾忧而已。何以明之?《凯风》美孝子之尽道,《南陔》美孝子相戒以养,况舜之孝,大足以配天,至足以配地,其歌《南风》之意亦诚在此,岂特解民愠阜民财而已乎?且南风者生养之气,琴者夏至之音,舜以生养之德播夏至之音。始也,其亲底豫而天下化;终也,底豫而天下之为父子者定。古人所谓琴音调而天下治,无若乎五音,其在兹欤?扬子曰:舜弹五弦之琴而天下化。《传》曰:舜弹五弦之琴咏《南风》之诗,不下堂而天下治,自非能乐与天地同意,何以与此?然则舜为《南风》之歌,其兴也勃焉;纣为北鄙之声,其废也忽焉,亦足监矣。由是观之,五弦之琴以应五音,盖不可得而损益也。声存而操变,则有之矣。后世振奇好异之士,或记陶唐氏有少宫少商之调,或托周王有文弦武弦之名,因益之为七弦,以应七始之数,其说盖始于《夏书》而曼衍于左氏《国语》。是不知《夏书》之在治,忽有五声六律八音而无七始，岂为左氏者求其说不得而遂傅会之邪？①

这里既诠释了舜歌《南风》而天下治的意蕴，又厘清了舜的五音与后来“五声六律八音”的关系，从而认定七音为左氏“傅会”。这牵扯到中国乐史的一个公案，陈旸的观点只可备学术上的一种见解而不能算作定论。

又如卷七十五《尚书训义》对《虞书·舜典》的“三载，四海遏密八音”的解释：

先王制为丧服之礼，其恩厚者其服重，故为父斩衰三年，以恩制者也。资于事父以事君而敬同，故为君亦斩衰三年，以义制者也。彼中国之近者，报君之礼盖亦不及如此；若夫四海之远者，其报未必如是之重，姑遏密八音而已。盖乐，出为虚，寓于实，则八音各丽于器，器具而天地万物之声可得而考焉。故物之盛于天地之间，若坚若脆，若劲若韧，若实若虚，若沉若浮，皆得效其响焉，故八物各音而同和也。考之于《经》，尧、舜之时，八音固已大备，后世虽有作者，皆不能易兹八物矣。盖主朔易者，《坎》也，故其音革；为果蓏者，《艮》也，故其音匏；《震》为竹，故其音竹；《巽》为木，故其音木；《兑》为金，故其音金；《乾》为玉，故其音石。瓦，土器也，故《坤》音瓦。蚕，火精也，故《离》音丝，革声隆大，冬至之音也，鼗鼗系焉；匏声崇聚，立春之音也，笙竽系焉；竹声清越，春分之音也，管钥系焉；木声无余，立夏之音也，柷敔系焉；金声春容，秋分之音也，莫尚于钟；石声温润，立冬之音也，莫尚于磬；土声函胡，立秋之音也，莫尚于壎缶；丝声纤微，夏至之音也，莫尚于琴瑟。革失之洪，匏失之长，竹失之高，木失之短，金失之重，石失之轻，土失之下，丝失之细。要之八音，从律而不奸，然后为和乐也。《礼记》八音多矣，曰施之金石，举其始言之；曰匏竹在下，要其终言之；金石丝竹乐之器也，兼始中终言之，并与三者而详言之，《周官》大师之职而已。盖乐器重者从轻，轻者从大，大不逾宫，细不逾羽，细大之中，则角而已。莫重于金，故尚羽；莫轻于瓦丝者石也，故尚角匏竹。非有细大之从也，故尚议革木；非有清浊之变也，故一声。然则金石则土类，西凝之方也，故与土同位于西；匏竹则木类，东生之方也，故与木同位于东；丝成于夏，故琴瑟在南；革成于冬，故鼗鼓在北。大师之序八音，以金石土为先，革丝次之，木匏竹为后者，盖西者秋成之时，声之方也；虚

① （宋）陈旸：《乐书》卷一五《礼记训义·乐记》，影印文渊阁四库全书本。

者乐所自出，声之本也，故音始于木西，成于东。于西，金石先于土者，以阴逆推其所始故也；于东，匏竹后于木者，以阳顺序其所生故也；革丝居南北之正，先革而后丝者，岂亦先虚之意欤？由是推之，尧、舜之乐虽不可详究，其音之大致亦不过如此。

这里陈旸将中国古代的八音与《坎》《艮》《震》《巽》《兑》《乾》《坤》《离》，与器物，与时令，与东西南北等方位对应起来，体现天人合一的传统思想，并认定尧、舜之乐"大致亦不过如此"，这种典型的以今证古的方法作为一种普适法则加以运用是十分危险的。虽然后世从前代发展而来，后世出现的许多事物在前代大都萌生或胚育，但两者却有质的区别，简单认定现存事物都是古已有之，恰恰是一种形而上学的僵化思维。

第三节　司马光《资治通鉴》《稽古录》《家范》《传家集》的记述和评论

司马光（1019～1086），字君实，号迂叟，北宋陕州夏县（今属山西）涑水乡人。著名政治家、思想家和史学家。举进士后，历任天章阁待制兼侍讲知谏院、知永兴军、尚书左仆射兼门下侍郎。他反对王安石变法，是保守派的领袖人物之一。他一生最大的功绩是主持编纂了《资治通鉴》，该书起于战国，终于五代，被誉为中国古代编年体史书的巅峰之作。

《资治通鉴》涉及舜的篇章很少，只在卷七《秦纪》中记述秦始皇巡狩"浮江至湘山祠"①时，因遇大风不能渡，迁怒于湘君，愤而命刑徒伐湘山树。又一次巡狩至云梦，"望祀虞舜于九疑山"。另卷二十一《汉纪》记述汉武帝南巡狩至盛唐时"望祀虞舜于九疑"。在其所著《稽古录》有《有虞氏》上下两篇，是他检视《尚书》和《史记》以及其他文献有关舜的记载，斟酌取舍，断以己意，将认定为舜的真实事迹凝结为一篇简洁的千字文章，将舜作为一个真实的历史人物勾勒出来：

帝舜有虞氏，姚姓，曰重华。其先出于高阳氏，祖曰桥牛，父曰瞽瞍。舜濬哲文明，温恭允塞。父母弟顽嚚不友，日以杀舜为事。舜耕于历山，以失爱与父母。日号泣于旻天，不敢怨怼，失子道负罪引慝，

---

① （宋）司马光：《资治通鉴》卷七《秦纪二》，始皇帝二十八年，影印文渊阁四库全书本。

以事祗见瞽瞍，夔夔齐栗，瞽亦信而顺之弟，象亦化之，不至于大恶。至德升闻，尧既妻以女试之，乃命以位。舜举伯奋、仲堪、叔献、季仲、伯虎、仲熊、叔豹、季狸八元。使布五教于四方。五典克从，内平外成。举苍舒，隤敳、梼戭、大临、庬降、庭坚、仲容、叔达八恺。使揆百事。百揆时序，地平天成。流共工、驩兜、三苗、鲧四凶于四裔，而天下咸服，四门穆穆。阴阳和顺，烈风雷雨弗迷。尧知舜功德大成，欲使陟帝位，舜辞不受，乃使舜摄行天子事，代已巡守，朝四岳诸侯。舜察璿玑玉衡，以齐日月五星之行度，以考正历数。二十有八载，尧乃殂落。舜服丧三年毕，始即天子位，都蒲阪。明四目，达四聪。命禹宅百揆。弃为后稷，播时百谷。契为司徒，敷五教。皋陶作士，典五刑，惟明克允，刑期于无刑。垂共工，益作虞，掌山泽草木鸟兽。伯夷作秩宗，典三礼；夔典乐，教胄子，击石拊石，百兽率舞，《箫韶》九成，凤皇来仪。龙作纳言，出纳惟允。舜上循尧道，下任众贤，恭已南面，无为而治。舜好问而好察迩言，隐恶而扬善。执其两端用其中于民。临下以简，御众以宽，罚弗及嗣，赏延于世。宥过无大，刑故无小。罪疑惟轻，功疑惟重。与其其杀不辜，宁失不经。君臣常相儆戒于朝，禹曰："后克艰厥后，臣克艰厥臣，政乃乂。"益曰："任贤勿贰，去邪勿疑，罔违道以干百姓之誉，罔咈百姓以从己之欲。"皋陶曰："在知人，在安民。"禹曰："知人则哲，能官人安民则惠，黎民怀之，此帝尧所难。"皋陶曰："亦行有九德，亦言其人有德，乃言其行事以验之，曰：宽而栗，柔而立，愿而恭，乱而敬，扰而毅，直而温，简而廉，刚而塞，强而义。彰厥有常，吉哉！三德有家，六德有邦，翕受敷施，九德咸事，俊乂在官。兢兢业业，一日二日万机。无旷庶官，天工人其代之。天聪明自我民聪明，天明畏自我民明威。"帝曰："臣作朕股肱耳目。予违汝弼，汝无面从，退有后言。"禹曰："万邦黎献，共惟帝臣，惟帝时举，敷纳以言，明试以功，车服以庸。"①

帝作歌曰："股肱喜哉！元首起哉！百工熙哉！"皋陶赓之曰："元首明哉！股肱良哉！庶事康哉！"又歌曰："元首丛脞哉！股肱惰哉！万事堕哉！"舜老，有子商均亦不肖，不足传天下，乃命禹摄行天子事。舜命禹征有苗，三旬苗民逆命。益赞于禹曰："惟德动天，无远弗届。

---

① （宋）司马光：《稽古录》卷三《有虞氏上》，影印文渊阁四库全书本。

满招损，谦受益，时乃天道。至诚感神，矧兹有苗。”禹拜昌言，曰：“俞！”班师振旅。帝乃诞敷文德，舞干羽于两阶。七旬有苗格。舜生三十征庸，三十在位，五十载而崩，寿百一十二岁。禹封舜后于虞而客之。及周武王克商，封舜后胡公于陈，赐姓妫氏。孔子曰：后世虽有作者，虞帝弗可及也已矣。（《稽古录》卷四《有虞氏下》）

司马光在其所著的《家范》中，在论及家庭中父子兄弟夫妇等应有的道德时，也有数处提及舜，主要是将其作为为人子、为人父、为人夫的道德楷模、一个永恒的榜样，以之作为论据来增强自己论点的说服力。另外，在《传家集》中，司马光以一个历史学家的眼光，对此前文献记载的舜的某些事迹进行了辩证。如该书卷六十七《子哙》篇中，他对传贤和传子加以评判，内容涉及尧、舜、禹和燕王哙：

尧、舜之圣，非以其能轻天下也，乃以其能重天下也。夫唯重天下，故必得圣人然后授之。禹之传于子，非私也，苟天下无圣人以授之，则非子莫之传矣。夫父之传子，非至禹而后有也，盖自生民以来有国家者，无不然矣。燕哙徒知慕尧、舜之名，不知察尧、舜之实，怵于奸言，以陷于死亡，为天下笑，岂不悲哉！孟子曰：以天下与人易，为天下得人难。岂非以燕哙而知邪？①

这里，司马光将尧、舜、禹认定为绝对无私而以天下安危为重的圣人，他们传贤是对的，传子也是对的，只有燕哙是一个不知传贤、传子真谛的人，才闹出了禅位子之而几至亡国的悲剧。其实司马光也不明白历史上何以出现传贤、传子的区分，面对夏朝以后传子制度的固定化，他只能将两种制度都说成合理的。在《性犹湍水》篇中，他批判孟子和告子的人性论，以瞽叟生舜、舜生商均为例，证明人性既有善亦有恶。在《疑孟·瞽叟杀人》篇中，他认为《孟子》记载的“瞽叟杀人”的假设不存在，只能是“委巷之言”，而非孟子之言：

疑曰：《虞书》称舜之德曰“父顽母嚚象傲，克谐以孝，烝烝乂，不格奸”，所贵于舜者，为其能以孝和谐其亲，使其进退以善自治而不至于恶也。如是，则舜为子，瞽叟必不杀人矣，若不能止其未然，使至于杀人执于有司，乃弃天下窃之以逃，狂夫且犹不为，而谓舜为之乎？是特委巷之言也，殆非孟子之言也。且瞽叟既执于皋陶矣，舜恶得而窃之，

① （宋）司马光：《传家集》卷六七《子哙》，影印文渊阁四库全书本。

虽负而逃于海滨，皋陶犹可执也。若曰皋陶外虽执之以正其法，而内实纵之以予舜，是君臣相与为伪，以欺天下也，恶得为舜与皋陶哉？又舜既为天子矣，天下之民戴之如父母，虽欲尊海滨而处，民岂听之哉？是皋陶之执瞽叟，得法而亡舜也，所亡益多矣。故曰：是特委巷之言，殆非孟子之言也。(《传家集》卷七三《疑孟·瞽叟杀人》)

在《疑孟·虞舜》篇中，他对瞽叟与象谋害舜以及南巡死于苍梧之事提出质疑：

尧以二女妻舜，百官、牛羊事舜于畎亩之中，瞽叟与象犹欲杀之，使舜涂廪而纵火，舜以两笠自扞而下，又使舜穿井而实以土，舜为匿空出佗人井。刿曰：顽嚣之人不入德义则有矣，其好利而畏害则与众不殊也。或者舜未为尧知而瞽叟欲杀之则可矣，尧已知之，四岳举之，妻以二女，养以百官，方且试以百揆而禅天下焉，则瞽叟之心，岂得不利其子之为天子，而尚欲杀之乎？虽欲杀之亦不可得已，藉使得而杀之，瞽叟与象将随踵而诛，虽甚愚人必不为之。此特闾父里妪之言，而孟子信之，过矣。后世又承以为实，岂不过甚矣哉！

舜南巡狩，崩于苍梧之野，葬于江南九嶷，是为零陵。刿曰：昔舜命禹，曰朕耄期倦于勤，汝惟不怠，揔朕师。是以天子为勤，故老而使禹摄也。夫天子之职，莫勤于巡狩，而舜犹亲之，卒死于外而葬焉，恶用使禹摄哉？是必不然。或曰《虞书》称舜陟方乃死，孔安国以为升道南方巡狩而死，《礼记》亦称舜葬于苍梧之野，皆如太史公之言。予独以为不然，何如？曰传记之言，固不可据以为实，藉使有之，又安知无中国之苍梧，而必在江南邪？《虞书》陟方云者，言舜在帝位，治天下五十载，升于至道，然后死耳，非谓巡狩为陟方也。呜呼！遂使后世愚悖之人，或疑舜、禹而非圣人，岂非孔安国与太史公之过也哉？(《传家集》卷七三《疑孟·虞舜》)

司马光的质疑并非没有道理，瞽叟与象谋害舜之事很可能是后世编撰的故事，而舜南巡死于苍梧之事也的确有可疑之处，作为一种学术观点，不能不说司马光的质疑闪现着理性的光辉。

第四节 《资治通鉴外纪》的记述和评论

编《资治通鉴外纪》的刘恕(1032～1078)，字道原，北宋筠州(今江西高安)人,举进士,曾任钜鹿主簿与和川、翁源知县、秘书丞,一生专治史学,是司马光编撰《资治通鉴》的主要助手,尤其精于魏晋以后的史事。在编撰《资治通鉴》的过程中,凡遇疑难问题,司马光都交他处理。《资治通鉴外纪》一书,是他参与编撰《资治通鉴》的副产品,内容是《资治通鉴》所记周威烈王以前的史事汇编。《四库全书》提要虽然指出其"细大不捐,亦未免贪多务得"的缺陷,但也肯定其"于上古之事可信者大书其异同舛互,以及荒远茫昧者,或分註或细书,未尝不具有别裁"的优长。该书对尧、舜的记述,史料搜罗之广博,考证之细密,编排之精心,都堪称空前绝后。请看卷一之《帝尧》篇中与舜有关的记述:

> 尧在位七十年,求巽位,四岳荐舜。昔颛顼生穷蝉,穷蝉生敬康,敬康生句芒,句芒生蟜牛,蟜牛生瞽叟,瞽叟生舜于姚墟。姓姚,字都君,母曰握登。母死,后母生象,父母及象皆下愚不移。瞽叟爱后妻子,常欲杀舜。舜顺事父母与弟,日以笃谨,出田则号泣。年五十犹婴儿慕,好学孝友,宽裕温良。耕于历山,期年而田者争处硗埆,以封壤肥饶相入;渔于雷泽,渔者争处湍濑,以曲隈深潭相予;陶于河滨,河滨器不苦窳;作什器于寿丘,就时于负夏,一年所居成聚,二年成邑,三年成都。二十以孝闻,三十尧闻其贤,征之草茅之中,与之语,礼乐而不逆,道广大而不穷。尧妻二女以观其内,任之百官以观其外,封于虞,为诸侯。昔高阳氏有才子八人,天下谓之八凯;高辛氏有才子八人,天下谓之八元。世济其美,尧不能举,舜举八凯主后土,八元布五教于四方。三载考绩,尧知舜足授天下,以为授舜则天下得其利而丹朱病,授丹朱则天下病而丹朱得其利。尧曰终不以天下之病而利一人,卒授舜,使摄行天子事,舜受终于文祖。鲧播其淫心,称遂共工之过,治水九年,郭洪水而不息,功用不成。舜巡狩四岳,流共工,放驩兜,窜三苗,殛鲧,四罪而天下咸服。或云帝鸿氏、少皞氏、颛顼氏、缙云氏皆有不才子,曰浑敦、穷奇、梼杌、饕餮,尧不能去,舜投诸四裔以御螭魅,即四罪也。帝乃举禹使续鲧之业,鲧殛于羽山以死,鲧作九仞之城,或云禹作城郭。(《吕氏春秋》曰:尧以天下让舜,鲧怒曰"得天之道者为帝,得地之道者为三公",尧为失论欲得三公,怒甚,猛兽欲为乱,比兽之角能以为城,举其尾能以为旌,召之不来,彷徉于野以患帝,舜于是殛之于羽山。禹不敢怨,而反事之,官为司空,以通水潦,颜色黧黑,步不相过,窍气不通,以中帝心。韩子曰:尧

欲传天下于舜，鲧谏曰“不详哉！孰以天下而传之匹夫”，尧不停，举兵杀鲧于羽山之郊。共工又谏，尧又举兵而诛之于幽都。于是天下莫敢言无传天下于舜。仲尼曰：尧知舜贤非其难也，不以所疑败其所察至乎诛谏者，乃其难也）尧有子十人，辟位二十八年，凡在位百年而崩，舜即天子位。①

对以上史迹，刘恕这样评论并对郑玄的品评提出异议：“八凯、八元，尧之诸父昆弟。四凶之罪著于海内。尧知舜于侧微，天下未尽厌服，遗之大功二十，使民臣仰其功业，而郑玄以尧之末年，四凶在朝为亢龙有悔，乌足以知圣人哉？”

再看卷一之《帝舜》篇中关于舜的记述：

帝舜即位之明年，正月元日，格于文祖（元年戊申）。本处虞之妫汭，天下号曰有虞氏，都蒲坂（皇甫谧曰：舜都或言蒲坂，或言平阳，或言潘。潘，今上谷也）。尚赤，其社用土。封尧子朱处丹渊为诸侯，以奉先祀。服其服，礼乐如之，谓之虞宾。天子弗臣，示不敢专也。舜载天子旗，往朝瞽叟，夔夔惟谨如子道。封弟象于有庳，为诸侯，不得有为于其国，天子使吏治其民，而纳其贡税，故谓之放（韩子曰：瞽叟为父而舜放之，象为弟而舜杀之）。舜广开视听，求贤人以自辅，作五明扇，立诽谤木。恭已无为，弹五弦之琴，歌《南风》之诗曰：南风之薰兮，可以解吾民之愠兮；南风之时兮，可以阜吾民之财兮。帅象禹之功，度之于轨仪，莫非嘉绩，克厌帝心。舜美禹能以德修鲧之功，以为司空，赐姓曰姒，封为夏伯，氏曰有夏，谓之伯禹，天下宗之，谓之大禹。祚四岳国，命以侯伯，赐姓曰姜，氏曰有吕，谓其能为禹股肱心膂，以养物丰民人，封于申吕，即伯夷也。禹曰：非予能成，亦大费为辅。舜曰：咨！尔费，赞禹功，其赐尔皂游，尔后嗣将大出。乃妻之姚姓之玉女（皇甫谧曰：赐之玄玉，妻以姚姓之女）。大费拜受。佐舜，能让百物，调训鸟兽而知其言，是为栢翳，舜赐姓嬴。（《郑语》曰：嬴，栢翳之后。《汉书·地里志》曰：秦之先伯益，助禹治水，为舜虞官，养草木鸟兽，赐姓嬴。则栢翳、伯益，乃一人声转，故字异也。《列女传》曰：皋子生五岁而佐禹。曹大家注云：皋子，皋陶之子伯益也。中侯苗兴曰：皋陶之苗为秦。《史记音义》曰：大业是皋陶；大费是伯益，一名栢翳。案《史记》历

① （宋）刘恕：《资治通鉴外纪》卷一《帝尧》，影印文渊阁四库全书本。

叙舜、禹名臣之后，云栢翳之后为秦。有《本纪》“垂、益、夔、龙其后不知所封”，则秦之先栢翳，非伯益也。《尚书》，皋陶、益同佐尧、舜、禹，而诸家或云父子，不可详考）

先颛顼之裔孙曰女修，生子大业，大业取少典之子曰女华，生大费。大费生子二人，一曰大廉，实鸟谷氏；二曰若木，实费氏，其子孙或在中国，或在夷狄。舜以乐教天下，重黎举夔，舜以为乐正，命延益八弦二十三弦之瑟。夔修九招、六列、六英以明帝德，于是正六律，和五声，以通八风，而天下大服。重黎欲益求人，舜曰：乐天地之精得失之节，夔能和之以平天下，一而足矣。弃及契、益、伯夷皆佐禹平水土有功，舜以弃为后稷，契为司徒，益作虞，伯夷作秩宗，皋陶作士，垂作共工，夔典乐教胄子，龙作纳言，四岳十二牧咸成厥功，唯禹之功为大。四海之内咸戴舜之明德。禹既兴《九韶》之乐致异物，天下宗禹之明，度数声乐为山川神主，禹当朝廷尝曰：吾不恐四海之士留于道路，恐其留吾门也。故士皆至舜，以契能和合五教保于百姓，封于商，赐姓子；弃能播殖百谷蔬以衣食民人，封于邰，赐姓姬。弃勤百谷而山死。初舜娶尧二女曰娥皇、女英，女英生商均亦不肖（《帝王世纪》曰：舜长妃娥皇无子，次妃女英生商均，次妃癸比生二女宵明、烛光）；舜子九人，在位三十三载，命禹摄行天子事，正月朔旦受命于神宗，帅百官若帝之初。于时俊乂，百工相和而歌《卿云》，帝倡之曰：卿云烂兮，纠缦缦兮，日月光华，旦复旦兮。八伯稽首曰：明明上天，烂然星陈，日月光华，弘于一人。帝乃再歌，拥旋持衡，枕首而笑曰：时哉！夫天下非一人之天下也，亦见乎钟石竽瑟，乃及鸟兽莫不辟情归意焉。日月有常，星辰有行，四时顺经，万姓允诚，于予论乐，配天之灵，迁于贤圣，莫不咸听。鼚乎鼓之，轩乎舞之，精华已竭，褰裳去之。

有苗氏，左洞庭，右彭蠡，大山在其南北，因险而不服。禹欲伐之，舜不许，曰：吾德不厚而行武，非道也，乃谕教焉。三年，有苗氏请服，天下闻之，皆非禹而归舜之德（《舜典》云“窜三苗于三危”，谓舜居摄之时投窜之于西裔也。又云“庶绩咸熙，分北三苗”，谓舜即位后，三苗复不从化，分北流徙之。《大禹谟》云“帝曰惟时，有苗弗率，汝徂征”，谓禹摄位，受命讨之。郑玄曰：苗民即九黎之后，颛顼诛九黎，其子孙为三国。高辛之衰，又复九黎之恶。尧水，禹摄位，又三诛之。穆王深恶此族三生凶德，故《吕刑》曰“苗民弗用灵，制以刑，惟作五虐之刑曰法”，又曰“汤绝苗民，无世在下”，又曰“苗民无辞于罚，乃绝厥世”。吴起曰：三苗氏左洞庭右彭蠡，德义不修，禹灭之。韦昭曰：三苗，炎帝之后，诸侯也。尧、舜之时，诛讨有罪，废绝其世，不灭其国，立其近亲，绍其先祀。所以有苗国，历代常存，屡不从化。随巢子《汲冢纪年》曰：三苗将亡，天雨血，夏有冰，地坼及泉，青龙生于庙，日夜出，昼日不出。三苗数叛数亡，未知众异，出于何时）禹摄政十七年，舜勤民事，南巡狩，崩于苍梧之野，禹即天子位。（《资治通鉴外纪》卷一《帝舜》）

对尧、舜、禹的功业和德行，刘恕作了极高的评价，基本上还是囿于传统观点：“舜受尧顾托之重，公天下而不私其亲。禹平水土，拯民昏垫，而舜在位五十载，功德浃于众心，故舜巡狩南裔往而不返，欲兆庶专意戴禹，而远迩无徯望之意也。夫尧、舜之德，禹之大功，自生民以来未之有也。”

舜生三十征庸，三十在位（孔安国曰：历试二年，摄位二十八年）五十载，陟方乃死（《谥法》曰受禅成功曰舜，仁圣盛明曰舜。《白虎通》曰：舜犹僢，僢也言能推信尧道而行之。孔安国曰：舜三十征庸，三十在位，服丧三年，其一在三十之数，为天子五十年，凡寿百一十二岁。案《书》称帝乃殂落，百姓如丧考妣，三载，四海遏密八音，言百姓思慕尧德，且明舜虽受终，令天下服丧三年，如继世之礼，故于殂落下终言之。下文云月正元日舜格于文祖，谓尧崩逾年见于文祖庙而改元。孟轲不达此言，以为三载服除后舜格于文祖，乃妄称孔子曰舜既为天子，又帅天下诸侯以为尧三年丧，是二天子矣。若然，当以服除之月至庙，不当用正月元日也。逾年改元，《春秋》常法，迄今如之。轲又云尧、舜、禹崩三年丧毕，舜、禹、益皆避其子，然后践位。且舜正月上日受终文祖，已二十八年，岂容至服除未定，方让其子？孔安国仍轲之谬，乃曰舜服尧丧三年毕，将即政，复至文祖庙。周衰，杨、墨道盛，孟子排而辟之，可谓醇矣！其于论经义、谈世事，知谋往往短局乖戾，陋儒爱其词简意浅，杂然崇尚，固可鄙笑也。司马迁云：舜年三十尧举之，五十摄行天子事，五十八尧崩，六十一代尧践帝位，三十九年崩，亦用孟轲旧说也。郑玄读此经云：舜生三十，谓生三十年也；征庸三十，谓历试三十年也；在位五十载陟方乃死，谓摄位至死为五十年，舜年一百十岁也。皇甫谧曰：舜以尧之二十一年甲子生，三十一年甲午征庸，七十九年壬午即真，百岁癸卯崩，或云舜年一百五岁，亦云一百一十三岁），葬于江南九疑，是为零陵。有虞氏禘黄帝而祖颛顼，郊尧而宗舜，幕能帅

颛顼者也，故报焉。(《资治通鉴外纪》卷一《帝舜》)

从以上《帝尧》《帝舜》两篇的内容可以看出，对尧、舜史迹的叙述，刘恕基本上整合了此前文献资料中他认为合理的部分，对于司马光提出异议的问题，如瞽叟迫害舜之事，他也予以保留。对尧、舜的高龄，他也通过"注"予以认可。这说明，他与此前的所有学者一样，都是将尧、舜作为具体的个人而非一个部族或一个时代。其对尧、舜、禹功业和德行的超常的赞誉，也表明他是一个"远古黄金时代论"者。不过，他的叙述舍弃了不少谶纬迷信和其他不合情理的内容，主观上尽力恢复历史的真相，显示了作为一个严肃的历史学家追求实事求是的识见和素养。

刘恕曰：《六经》惟《春秋》及《易》《彖》《象》《系辞》《文言》《说卦》《序卦》《杂卦》仲尼所作，《诗》《书》仲尼刊定，皆不称三皇、五帝、三王。《易下系》曰：古者包牺氏之王天下也，包牺氏没神农氏作，神农氏没黄帝、尧、舜氏作。载继世更王而无三五之数，或以包牺至舜是为五帝，然孔子未尝道，学者不可附会臆说也。《书》之在孔子前，存于今者无几。《汉·艺文志》"周史《六弢》六篇，惠、襄之间，或曰显王时，或曰孔子问焉"，颜师古曰：即今之《六韬》也。今《六韬》周文王、武王问太公兵战之事，其言鄙俚烦杂，不类太公之语，盖后人依托而为之。按《志》，兵书五十三家，自吴齐孙子已下而无《六弢》，又在儒家，非兵书也。颜说之妄。孔颖达云：《六韬》后人所作，好事者妄云太公，非实事也。班固曰：《礼经》三百，《威仪》三千，及周之衰，诸侯将逾法度，恶其害，己皆灭去其籍，自孔子时而不具，至秦大坏。马融云：秦孝公已下用商君之法，其政酷烈与《周官》相反，故始皇禁挟书，特疾恶，欲绝灭之，搜求焚烧独悉。汉武帝开献书之路，《周礼》出于山岩屋壁，复入秘府，诸儒莫得见焉。孝成时刘歆校秘书，始得列序著于《录》《略》，为众排弃，林硕以为末世渎乱不验之言，作十论七难以诋之。何休亦谓六国阴谋之书，据秦火之余，《周礼》最后出，儒者附益，固非完本。周三百六十官，今乃有三百六十职，冗琐浅陋，可明其伪妄，刘歆不当谓之周公致太平书，而目为六国阴谋，过矣。《管子》亦在孔子前，称明一者皇，察道者帝，通德者王，谋得兵胜者霸，又称五帝、三王。傅子云：管仲之书过半便是后之好事所加，乃说管仲死后事，其《轻重篇》尤复鄙俗。孔颖达曰：世有《管子》书，或是后人所录。故知《六韬》称三皇，《周礼》称三皇、五帝，及管氏书皆杂孔子后人之语，校其岁月，非本书也。先秦之书存于今者,《周书》《老子》《曾子》《董子》《慎子》《邓析子》《尹文子》《孙子》《吴子》《尉缭子》,皆不言三皇、五帝、三王,《论语》《墨子》称三代,《左氏传》《国语》《商子》《孟子》《司马法》《韩非子》《燕丹子》称三王,《穀梁传》《荀卿子》《鬼谷子》《亢仓子》称五帝,《亢仓子》又称明皇圣帝。孔颖达云:《穀梁传》汉初始作,不见经文,故多妄言。陆德明云:谷梁赤乃后代传闻。案《汉》《隋》《唐书》无《亢仓子》,《新唐书·艺文志》云天宝元年诏号《亢桑子》为洞灵真经,求之不获,襄阳处士王士元谓庄子作《庚桑子》,太史公,列子作《亢仓子》,其实一也,取诸子文义类者,补其亡。封演云:王巨源采《庄子·庚桑楚》篇义,茸分为九篇,云其先人于山中得古本,奏上之,敕付学士详议,疑不实,竟不施行,今《亢桑子》三卷是也。惟《文子》《列子》《庄子》《吕氏春秋》《五经纬》始称三皇,《鹖冠子》称九皇。案《文子》称墨子,而《列子》称魏文侯,《墨子》称吴起,皆周安王时人,去孔子没百年矣。《艺文志》《鹖冠子》一篇,楚人居深山以鹖为冠,唐世尝辨此书后出,非古《鹖冠子》,今书三卷十五篇,称剧辛,似与吕不韦皆秦始皇时人,其文浅意陋,非七国时书。《艺文志》云:文子,老子弟子,孔子并时。非也。庄子又在列子后,与《文》《列》皆寓言,诞妄不可为据。秦汉学者,宗其文词富美,论议辩博,故竞称三皇五帝而不究古无其人,仲尼未尝道也。汉夏侯胜、眭孟之徒,以道术立名,其所述著,无谶一言。刘向父子,挍定九流,亦无谶录。故知谶纬起于哀、平间,假托鬼神,妄称祥瑞。王莽好符命,光武以图谶兴,俗儒趋时,其学遂盛。乃云孔子既叙六经,恐后世不能稽同其意,别立纬谶,而《春秋元命包》称公输班、墨翟,又言益州。案班、翟在仲尼之后,汉武帝始置益州。《春秋谶》云尧使共工理水,《诗谶》云蚩尤败然后尧受命,前后颠倒,咸与《经》《传》不合,故名儒以为袄妄,乱中庸之典。司马迁、孔安国皆仕汉武帝,迁据《穀梁传》《荀卿子》等称五帝,不敢信《文》《列》《庄子》《吕氏春秋》称三皇。见百家言黄帝,《左氏传》言高阳高辛氏,《书》始尧、舜,而当时大儒董仲舒亦云"推神农为九皇,改号轩辕谓之黄帝",因存黄帝、颛顼、帝喾、帝尧、帝舜为五帝,迁故作《五帝本纪》;孔安国为博士,考正古文独见《周礼》,据外史"掌三皇五帝之书",《左传》云"左史倚相,能读三坟、五典、八索、九丘","史克曰少皞氏有不才子","郯子曰我高祖少皞挚之立也",安国以《周礼》为古文,而不知《周礼》经周末秦汉增损,伪妄尤多。故《尚书》序云"伏牺、神农、黄帝之书,谓之三坟;少昊、颛顼、高辛、唐、虞之书,谓之五典"孔颖达云"三坟之书在五典之上。数与三皇相当,坟又大名,与皇義相类,故云三皇之书;《尧》《舜典》是二帝之典,推此而上,则五帝当五典,三坟五典已经芟夷存者,二典而已"。《书纬》云"帝喾以上朴略难传,唐、虞以来焕炳可法,禅让之首,至周五代",此皆无所稽据,穿凿妄说耳。史克又云缙云氏,郑子又云共工氏,岂皆帝乎?论者以《世本·帝系》《大戴礼·五帝德》《家语·宰我问》与《史记》本纪同以黄帝为五帝,则三皇乃少一人,故《甄耀度》以燧人,《白虎通》以祝融或以共工同牺、农为三皇。郑玄注《中侯敕省图》引《运斗枢》以伏牺、女娲、神农为三皇,轩辕、少昊、高阳、高辛、陶唐、有虞六代为五帝德,合北辰得天皇之气者皆称皇,协五帝座星者皆称帝,故三皇三而五帝六也。梁武帝以伏牺、神农、燧人为三皇,黄帝、少皞、颛顼、帝喾、帝尧为五帝,而曰舜非三王亦非五帝,与三王为四代而已。郑及诸儒自相讥病,其指不通。《世本》经秦历汉儒者改易,《大戴礼》出于《世本》,《家语》王肃私定以难郑玄,故有冉有问孔子三皇五帝不用五刑。案孔子时未有语三皇五帝,言者皆周末秦已后伪书耳。马昭云:《家语》王肃增加,郑玄非所见。孔颖达云:王肃欲《家语》与《经》《传》符同,故强为之辞,冀合其说。所言虽同司马迁,而不足为迁之助。贾逵云:三坟,三皇之书;五典,五帝之典。延笃言张平子说三坟三礼,礼为人防,《尔雅》曰"坟,大防也",《书》曰"谁能典朕三礼",天地人之礼也,五典,五帝之常道也。马融云:三坟三气,阴阳始生,天地人之气也;五典,五行也。杜预云:皆古书名。汉晋群儒论三坟五典,亦与孔说不同。惟郑玄注《周礼》外史"三皇五帝之书"云:楚灵王所谓三坟五典。此说出于孔安国,非其新意。贾公彦云:孔、郑之说无正文,故延叔坚、马季长所解有异也。或说董仲舒对程雅曰"三皇,三才也;五帝,五常也;三王,三明也;五伯,五岳也。其说全无意义,非仲舒之言也";或曰"《左氏传》《礼记·祭法》有少昊、颛顼、帝喾名号,岂可据《系辞》皆去之,以尧、舜次黄帝,无乃太略乎?"答曰:儒学论议当本于经,顾彪谓正可依经诰大典,不可用传记小说,此言得之。先儒云女娲至无怀氏十五帝,临魁至榆罔七帝承袭牺,农而王,然则少昊已后亦嗣黄帝,如无怀、临魁比也,至尧功德特高,别为一代。又自古以来皆传其子,或以干戈逆取,而尧及舜皆有子择贤而授不私其亲，上古以来二人而已，故可上绍黄帝而继牺、农。《艺文志》云：孝文时得魏文侯乐人宝公献其书，乃《周官·大宗伯》之大《司乐章》也。桓谭《新论》云宝公年百八十岁。武帝时河间献王好儒，与毛生等共采《周官》及诸子言乐事者，取公孙尼子以作《乐记》《大司乐》，舞《云门》以祀天神，《咸池》以祭地，示《大韶》以祀四望，通夏、殷、周为六乐。《乐记》曰“武王封黄帝、尧、舜、夏、殷之后为三恪二王”，后黄帝而及尧、舜，不数少皞、颛顼、帝喾。宝公所传，在秦焚书之前，献王采录古书可以取信，然《大司乐》有《云门》《大卷》《大咸》，而《乐记》有《大章》《咸池》，已差异矣。包牺、神农世远，乐名不见；少皞、颛顼、帝喾承黄帝之后，不特为一代，故无乐名。《孝经钩命决》云：伏牺乐曰《立基》，神农曰《下谋》，祝融曰《属续》。《帝系谱》云伏牺乐曰《扶来》，神农曰《扶持》。《帝王世纪》云：少皞乐曰《九渊》。《乐纬》云：颛顼乐曰《五茎》，帝喾曰《六英》。《汉·礼乐志》云：颛顼作《六茎》，帝喾作《五英》。皆纬书。《帝系谱》《汉志》《世纪》放六乐撰其名，故多差异，非本称也。秦初并六国，丞相等议帝号，曰古有天皇，有地皇，有泰皇，泰皇最贵，臣等上尊号王为泰皇。王曰去泰著皇，采上古帝位号，号曰皇帝。乃知秦以前诸儒或言五帝，犹不及三皇，后代不考，《始皇本纪》乃曰兼三皇五帝号曰皇帝，误也。西汉之末去圣益远，孔安国《尚书传》虽未立于学官，而儒者惑于安国、司马迁二家殊异，又怪《易系》《大司乐》《乐记》尧、舜上继黄帝虽刘歆博物洽闻，疑而未了。故《三统历》本《易》始于包牺，至少皞、颛顼、帝喾，乃曰周迁其乐，故《易》不载而不明言迁乐及不载之义。郑玄注《易系辞》云“金天高阳、高辛，遵黄帝之道，无所改作，故不述焉”。崔灵恩曰：舞乐之始兴于黄帝，其德宜法，远存其后，敬之为恪。颛顼、高阳二代之，虽复为乐进，非始舞之制，又非宜今之用，故越之而用《云门》不立其乐亦不为恪也。熊安生解《礼》，周以黄帝、尧、舜之后为三恪，但云取其制作之人。孔颖达谓《易》，略举五帝之始，终则少皞、颛顼、帝喾，在其间也。历世纷纷，莫知定论，皆泥于旧文，肆为解释，不可强通。《易》云：作八卦，为网罟，取诸《离》。包牺氏也为耜耒，取诸《益》；日中为市，取诸《噬嗑》。神农氏也垂衣裳，取诸《乾》《坤》；为舟楫，取诸《涣》；服牛乘马，取诸《随》；重门击，柝取诸《豫》；为杵臼，取诸《小过》；弧矢，取诸《睽》。黄帝、尧、舜也，至于宫室，取《大壮》；棺椁取《大过》；结绳而治，易之以书契，取诸《夬》。盖世远难明，传闻殊异。仲尼于疑事则阙，而不强为之辞，六事则总言黄帝、尧、舜，三事但曰后世圣人。而孔安国《尚书》序乃曰：伏牺氏造书契以代结绳之政。指言伏牺，与《系辞》文意相反。按《家语》篇后，及《史记·孔子世家》云，安国至临淮太守，蚤卒。《连丛子》有孔臧《报从弟侍中书》，言以隶篆定《尚书》五十余篇，并为之传，即安国也。安国于经义不详，故《书传》多差谬。马、郑、王肃诸儒，悉解《今文尚书》，晋宋后始行学，独有孔《传》因而传之，其学非能优于诸家也。(《资治通鉴外纪》卷一《帝舜》)

刘恕最后这一大段对记述尧、舜事迹的文献的分析和评判，更显示出他不凡的识见和功力。这里他将记述三皇、五帝包括尧、舜事迹的古文献按时间顺序编排，通过前后左右的对比，充分展示其中的杂乱无章和歧义抵牾，从而证明传说中的三皇、五帝具有相当大的不确定性。进而告诉后学，中国人对于远古时代历史的认识仍然处于混沌不明状态。这里展示的怀疑精神对其后的学者显然具有强烈的启迪意义。在后世的不少学者身上，甚至在近代著名的古史辨学派那里，我们依然看到了这种怀疑精神的影响和继承脉络。

第五节 胡宏《皇王大纪》和其他著作的记述和评论

撰著《皇王大纪》的胡宏(1105～1155年，或1102～1161)，字仁仲，南宋崇安(今属福建)人。著名学者胡安国的季子，“二程”的再传弟子。初荫补右承务郎，因秦桧当国，拒绝入仕，以读书著书终其一生，留下《知言》《皇王大纪》等著作。对于《皇王大纪》，《四库全书》提要评论道：“所述上起盘古，下迄周末，前二卷皆粗存名号，事迹帝尧以后始用《皇极经世》编年，博采经传而附以论断。陈振孙《书录解题》讥其惧取庄子寓言及叙邃古之初无征不信，然古帝王名号可考统系斯存，典籍相传，岂得遽为芟削？至其采摭浩繁，虽不免小有出入，较之罗泌《路史》则切实多矣。”较之此前关于尧、舜事迹的记述，该书更加详尽，且均系以年代。请看卷三《五帝纪·帝尧陶唐氏》：

六十一载……初穷蝉生敬康，敬康生勾芒，勾芒生蟜牛，蟜牛生瞽瞍，瞽瞍之妻握登有大虹之祥，而生舜于诸冯之姚墟，故为有姚；居于妫汭，故为有妫。好学乐善，宽裕温良，善与人同，乐取诸人，以为善。学于务成昭，务成昭曰："避天下之逆，从天下之顺，则身修而万物得矣。"握登死，瞽瞍再娶生象，爱象而恶舜，必欲杀之。舜大杖则走，小杖则受，顺适孝慈，欲杀不可得。年二十，孝友闻于人，有友七人焉，雄陶、方回、续牙、伯阳，东（或作陈）不訾、秦不虚（或作宇）、灵甫，常辅翼之。耕于历山，历山之人皆让畔；渔于雷泽，雷泽之人皆让居；陶甄于河滨，器不苦窳。作什器于寿丘，就时于负夏。一迁而所居成聚，二迁成邑，三迁成都，至邓之墟，十有万家。克供子职，号泣于旻天，曰父母之不我爱，于我何加焉？念未顺于父母，如穷人无所归。孟子曰：舜之居深山之中，与木石居，与鹿豕游，其所以异于深山之野人者几希。及其闻一善言，见一善行，若决江河，沛然莫之能御也。尧欲以位让四岳，四岳辞命悉举贵戚及疏远隐匿者，于是众以舜言之于尧。尧曰：然，朕闻之。舜生三十年矣，父母不使娶，尧知舜告则不得娶也，遂女以二女娥皇、女英。九男百官、牛羊仓廪，备以养舜于畎亩之中。舜内行弥谨，厘降二女不敢贵骄，于妫汭事舜亲戚甚有妇道，九男皆益笃。舜事父母弥至，于是瞽瞍信其孝而顺其道焉。舜尚见尧，尧馆甥于贰室，亦飨舜，迭为宾主。①

在叙述了上面的内容之后，胡宏对所谓舜"不告而娶"之事大发了一通议论："子告父母而娶，女氏告父母而妻，此婚礼之常也。若夫圣人不居庙堂之上，而穷居山林，圣人人伦之至而反不得于父母，此则非常之大事也。尧为天子，当此非常之事，岂得不以为急务，是故二圣人略常礼，以天子二女嫁于匹夫。既二女嫔虞瞽瞍底豫，圣人之化行而人伦明于天下。后世岂特不格奸于一家一时而已耶？大哉权乎！去轻以就重，略名以全实，亏小以成大，舍近以图远，圣人之所以变化莫测而天下之所以治也。圣学衰微，当事任者尚变诈，随流俗，急轻而缓重，务名而弃实，知小而昧大，见近而忘远，因循苟且以是为权，兆于灭亡而不悟，悲夫！"这通议论，说明他并不了解尧、舜时代的婚嫁礼仪，而是以周以后的礼仪规范加以比照，因而相信周以后人们对所谓"不告而娶"的说辞。其实，如果真有尧嫁二女于舜之事，当时的婚配礼仪也肯定是简单而随意，绝不会有周以后的繁文缛礼，所以也就不存在所谓"违礼"之事。后世学者挖空心思为"不告而娶"辩解，实在

① （宋）胡宏：《皇王大纪》卷三《五帝纪·帝尧陶唐氏》，影印文渊阁四库全书本。

是无的放矢。至于胡宏借机对当道的指斥，不过是发挥史学的借古讽今“资政”功能而已。

尧问舜曰：“人情如何？”舜对若曰：“天命理微，人心情慢，妻子具而孝衰于亲，嗜欲得而信衰于友，爵禄盈而忠衰于君，操志以事天者其唯君子乎？成性而配天者其唯圣人乎？”舜问于尧曰：“天王之用心何如？”尧曰：“吾不敖无告，不废穷民苦死者，嘉孺子而哀妇人，此吾所以用心已。”舜曰：“美则美矣，而未大也。”尧曰：“然则如何？”舜曰：“天德而出宁，日月照而四时行，若昼夜之有经，云行而雨施矣。”尧曰：“子，天之合也。”与之语礼乐而不逸，道广大而不穷，于是以为大蔚。孟子曰：天下大悦而将归己，视天下悦而归犹草芥也，惟舜为然。不得乎亲不可以为人，不顺乎亲不可以为子，舜尽事亲之道，瞽瞍底豫而天下化，瞽瞍底豫而天下之为父子者定，此之谓大孝。

七十一载，甲寅，尧命舜朝廷之大位，理天下之大事。时高阳氏有才子八人：苍舒、隤敳、梼戭、大临、庬降、庭坚、仲容、叔达，齐圣广渊，明允笃诚，天下谓之八凯；高辛氏有才子八人伯奋、仲堪、叔献、季仲、伯虎、仲熊、叔豹、季狸，忠肃恭懿，宣慈惠和，天下谓之八元，舜悉举而用之。共工者，金天氏子也，毁信废忠，崇饰恶言，靖谮庸回，服谗蒐慝，以诬盛德，天下谓之穷奇，舜北流之于幽陵。驩兜者，有熊氏之子也，掩义隐贼，好行凶德，丑类恶物，顽嚚不友，是与比周，天下谓之浑敦，舜南放之崇山。三苗之君，贪于饮食，冒于货贿，侵欲崇侈不可盈厌，聚敛积实不知纪极，不分孤寡，不恤穷匮，天下谓之饕餮，舜西窜之三危。崇伯鲧不可教训，不知话言，告之则顽，舍之则嚚，傲狠明德，以乱天常，筑堤城以湮洪水，九载绩用弗成，天下谓之梼杌，舜东殛之于羽山。迁四族于四裔，以御魑魅。《虞书·尧典》叙曰：昔在帝尧，聪明文思，光宅天下，将逊于位，让于虞舜，作《尧典》。《尧典》曰：若稽古帝尧，曰放勋，钦明文思，安安，允恭克让，光被四表，格于上下，克明峻德，以亲九族。九族既睦，平章百姓。百姓昭明，协和万邦。黎民于变时雍。乃命羲和，钦若昊天，历象日月星辰，敬授民时。分命羲仲，宅嵎夷，曰旸谷。寅宾出日，平秩东作。日中，星鸟，以殷仲春。厥民析，鸟兽孳尾。申命羲叔，宅南交。平秩南讹，敬致。日永，星火，以正仲夏。厥民因，鸟兽希革。分命和仲，宅西，曰昧谷。寅饯纳日，平秩西成。宵中，星虚，以殷仲秋。厥民夷，鸟兽毛毨。申命和叔，宅朔方，曰幽都。

平在朔易。日短，星昴，以正仲冬。厥民隩，鸟兽氄毛。帝曰：咨！汝羲暨和，期三百有六旬有六日，以闰月定四时，成岁。允厘百工，庶绩咸熙。帝曰：畴咨若时登庸？放齐曰：胤子朱启明。帝曰：吁！嚚讼可乎？帝曰：畴咨若予采？驩兜曰：都！共工方鸠僝功。帝曰：吁！静言庸违，象恭滔天。帝曰：咨！四岳，汤汤洪水方割，荡荡怀山襄陵，浩浩滔天。下民其咨，有能俾乂？佥曰：於！鲧哉。帝曰：吁！咈哉，方命圮族。岳曰：异哉！试可乃已。帝曰：往！钦哉！九载，绩用弗成。帝曰：咨！四岳，朕在位七十载，汝能庸命，巽朕位？岳曰：否德忝帝位。曰：明明扬侧陋。师锡帝曰：有鳏在下，曰虞舜。帝曰：俞？予闻，如何？岳曰：瞽子，父顽，母嚚，象傲，克谐以孝，烝烝乂，不格奸。帝曰：我其试哉！女于时，观厥刑于二女。厘降二女于妫汭，嫔于虞。帝曰：钦哉！

七十二载，尧娶散宜氏女，曰女皇，生子丹朱，丹朱不肖。于是尧生八十七年，老而衰矣，将命舜摄天子事。或曰：奈何舍胤子朱？要曰：私一人病天下可乎？鲧之妻有莘氏女，曰修纪，感流星之祥，生子禹于石纽，长于西羌，师于大成挚，学于西王国，伤先人之非度，将厘改制量，乃潜心图书，南游衡山，东登宛委，见石匮，发之，得金简玉字《洪范》九畴，究天地之理，知万物之性。舜荐禹为司空，往平水土。颛顼裔孙，伯益大费能议百物，尧命益作虞。弃自幼而游戏，树艺五谷辄美，大及长，便弓矢，有殊能，大司马，甚好农事，尧命为后稷，与禹偕行。(《皇王大纪》卷三《五帝纪・帝尧陶唐氏》)

叙述以上事迹后，胡宏又大批司马迁记载“舜入山林川泽”之事，认定那是“齐东野人之语”：“宏闻诸先君子，有曰‘知人之哲无过于尧’，有言丹朱可登庸者已知嚚讼，有言共工若予采者已知其象恭，有言伯鲧可使治水者已知其方命，有言舜可以逊位者则曰俞予闻之矣。妻舜之二女观其刑家，二女嫔虞，瞽瞍底豫而家齐。乃命以位，观其治国，五典克从，百揆时叙，四门穆穆，而国治。纳于大麓，使大录万机之政，观其平天下，无烈风雷雨之迷，天地之和应而天下平。然后授以帝位，此事理之次，不可易者也。司马子长曰：尧使舜入山林川泽，暴风雷雨，舜行不迷，尧以为圣。吁！安得此浅陋之言哉？夫处己之难，莫难于正心诚意；处物之难，莫难于治国平天下。观其家齐国治天下平。则知其意诚心正矣。意诚心正与天地参，不可以有加矣，于是又使入山林川泽，岂所以试乎？且烈风雷雨非可期者也，设若不遇，尧将遂无以知其圣耶？此真齐东野人之语而子长不察也。孟子曰尽信书不如无书，故君子于文词有滞者，取其理与意可矣。”其实“舜入山林川泽”之事，最早的记载应是《舜典》的“纳于大麓，烈风雷雨不迷”，只是对“纳于大麓”有不同的解释，而司马迁将其解释为“入山林川泽”。此事有可能出于后人的杜撰，如果实有其事，司马迁的解释完全能够说得通，而胡宏的解释则不无牵强。

七十三载，尧曰：格，汝舜！询事考言，乃言底可绩，三载，汝陟帝位。舜让于德，弗嗣。尧曰：咨，尔舜！天之历数在尔躬，人心惟危，道心惟微，惟精惟一，允执厥中。四海困穷，天禄永终。尧授终于文祖，舜遂摄天子事。

百有二载，丹朱既除丧，舜委政于禹、皋陶，退避于南河之南。丹朱惟慢游是好，傲虐是作，朋淫于家，天下诸侯朝觐者不之丹朱而之舜，讼狱者不之丹朱而之舜，讴歌者不讴歌丹朱而讴歌舜。（《皇王大纪》卷三《五帝经·帝尧陶唐氏》）

这之后，胡宏又发了一通议论：“尧、舜命舜、禹行天子之事，舜、禹亦既受命行天子之事，及尧、舜既终，又避其子，何哉？人臣至于代天子行天下之政，已亢矣，况又将去人臣以为天子乎？尧、舜之丧甫除，舜、禹政自己出，使丹朱、商均去其宫室，可则可矣，是用九而为首，非所以明微也。故舜、禹避之，以展天下之情，成揖让之礼，其心与计利害辽乎天地之不相及也。使舜、禹而有计利之心，则是以争夺行尚，何授受之有？若夫益，则又异于舜、禹矣。启贤，能敬承继禹之道，益历事三代，年亦老矣，奉身而退，顺天道也。读书者能无以文害辞，无以辞害意，则子舆氏之言，灿然明白无可疑。”这里胡宏极力辩明尧、舜、禹之禅让是出于“大公”而无丝毫“计利之心”，主要是以后世“家天下”社会里的道德原则评价他们的行动，而根本不知道，当时还不存在后世的“公”“私”观念。他们的行动更多受制于当时传统的习俗。

卷四《五帝纪·帝舜有虞氏》除了录《舜典》全文和《大禹谟》全文外，将《庄子》等书的完全属于寓言故事的资料也一并录入。其中最见著者观点的是他的评论：

元载，舜践天子位，都于蒲阪，建旂乘鸾车，号有虞，以土德王。封丹朱于实沈之墟，是为唐，以奉其先祀，服其服，礼乐如之，以客见天子，天子弗臣，示不敢专也。封象于有庳。（《皇王大纪》卷四《五帝

纪·帝舜有虞氏》)

接下来有这样一段评论:

苏黄门曰"世未有不能承其父母而能治天下者",斯言信矣。象日以杀舜为事,固非在妻二女之后,此万章之失也。以象之傲而欲杀舜,世有传之者,安能其必无乎?就其事以处兄弟之间,亦可以为训,不必深辨也。且弟以杀兄为事,在常人则或有报复之心,在贤者则必引咎自责,不藏怒、不宿怨也。在圣人则哀矜而训诱之矣。是舜封象于有庳,使吏治其国而享其衣食租赋,欲常常而见之,使源源而来,友之至也。先儒乃以有庳为今之春陵,吁!舜都蒲阪,使诚封象于是,则欲常常而见之,使源源而来,适以道毙之也,然则有庳当何居?殆畿内之地欤!观此,则汉文之于淮南,晋武之于齐攸,宋太祖之于义康,唐太宗之于元吉,莫不有惭德,可以为世戒矣。

这里特别赞扬"舜封象于有庳",认为体现了以德报怨的"友之至"。最后提及汉文、晋武、唐宗、宋祖的兄弟之残,将其视为"惭德",显示了著者的道德评判。

行戊午历,作布政之宫,曰五府,又曰总章。畏天而爱民,恤远而亲近,好问而好察迩言,隐恶而扬善,执其两端用其中于民,于是日月光华,卿云丛聚,作五弦之琴,咏《南风》之诗曰:南风之薰兮,可以解吾民之愠兮;南风之时兮,可以阜吾民之财兮。巧于使民,不穷其力,天下无佚民。割青州碣石北辽东之地为营州,割冀州恒山以北燕、蓟之地为幽州,割冀太行西北之地为并州。南抚交趾,西发氐羌,北发山戎、息慎,东方岛夷。舜凡有事必咨于大禹、稷、契、皋陶、伯夷、垂、益、后夔,谓之八师。(《虞书·舜典》)

接下来的评论,胡宏又大肆攻讦司马迁《封禅书》关于古代封禅的观点:

"肆类于上帝,禋于六宗",此阙文失其次者也。其文宜曰"受终于文祖,禋于六宗,在璇玑玉衡,以齐七政,肆类于上帝,宜于冢土,望于山川"。《书经》焚毁,伏生耄矣,口授于人,故多阙失也。国有大事,必既告诸祖祢,然后告于天地以及群臣,此礼之常也。故有以六宗为三昭三穆,学者多从其说。孔安国曰:六宗者,四时也,寒暑也,日也,月也,星也,水旱也。夫圣人名必当物,祀上帝而谓之类者,本乎天者咸在其中也。况四时、寒暑、水旱与日月星辰之运,即天神之属,又可分裂各为神乎？古者大旱雩于上帝，不曰雩于旱神，斯可见矣。历代诸儒之说，咸与孔氏不相远，独虞喜以六宗为地，之于理无义，考之于文无征，虽欲取之，其孰信之？又曰舜柴于四岳，所以致吾诚而教诸侯，以必有事也。封十二山，使无牧伐，表识一州之走集，示民之有事也。五载巡狩，周遍天下，礼百神体诸侯以抚兆民，天行健，圣人之行亦健；天心无欲，圣人之心亦无欲；天德日新，圣人之德亦日新。此圣人在位益久，而天下益平治之道也。自史迁著《封禅书》，载管言上古封禅之君七十有二，后世人主希慕之，以为太平盛典，然登不遍于四岳，封非有十二山，入怀宴安，不行五载一巡狩之制，出崇泰奢，无纳言计功行赏之实，镌文告成明示得意，而非所以教诸侯德也，泥金检玉遂其侈心，而非所以教诸侯礼也。心与天道相反，事与圣人相悖，故太平之典方举，而天灾人祸随至者多矣。梁许懋曰：燧人氏之前，世质民淳，安得泥金检玉？结绳而治，安得镌文告成？是故考《舜典》，可以知后世封禅之失。稽懋言，可以知史迁著书之缪，君天下者奈何信史迁而不信孔氏乎？

古代如何封禅，秦始皇时期的儒生们已经聚讼纷纭，司马迁依据《管子》的记述所作的推定虽难以视为定论，但可备一说。后世所以信之多多，大概因为司马迁是一个比较严肃的史学家，他的记述大都是对以往文献对比斟酌、审慎选择的结果。胡宏信孔安国而否定司马迁，当然是一种学术选择，但是否反映历史真相则难以定论。

在引述《虞书・大禹谟》之文以后，胡宏接着记述他心目中的舜的历史：

十九载，甲辰，舜问于善卷曰：子有意于天下乎？善卷曰：予立于宇宙之中，冬日衣皮毛，夏日衣葛絺，春耕形足以劳动，秋收敛身足以休养，日出而作，日入而息，逍遥于天地之间而心意自得，吾何天下为哉？去入深山，莫知其处。他日问其友石户之农，石户之农曰：捲捲乎后之为人，葆力之士也。身负妻载子入海，终身不反。

三十一载，舜子商均，女英所生也，不肖，不可付以天下，舜耄不能亲政，命伯禹摄天子事。伯禹请让于咎繇，舜称美咎繇之休，以尧命已之事命禹，禹再辞又固。舜曰：毋，天之历数在尔躬，人心惟危，道心惟微，惟精惟一，允执厥中。

三十二载，禹遂摄天子事。舜命禹出征三苗，苗民逆命，伯益赞禹班师，振旅而归。舜大敷文德，以绎武备，有苗乃格。

三十三载，（再引述《大禹谟》之文）……

四十八载，舜陟方，葬于鸣条。舜生三十征庸，三十在位。

五十载，陟方乃死。帝厘下土，方设居方，别生分类。作《汨作》《九共》九篇，《稾饫》。孔子曰：君哉！舜也，巍巍乎有天下而不与焉。又曰：无为而治者，其舜也与！夫何为哉？恭己正南面而已矣。又曰：后世虽有作者，虞帝弗可及也已矣。德如天地。化如四时。又曰：舜其至孝矣，五十而慕。孟子曰：舜之饭糗茹草也，若将终身焉，及其为天子也，被袗衣鼓琴，二女果若固有之。孟子曰：大孝终身慕父母，五十而慕者，予于大舜见之矣。是故孝子之至，莫大乎尊亲。尊亲之至，莫大乎以天下养。为天子父，尊之至也，以天下养，养之至也。孟子曰：舜明于庶物，察于人伦，由仁义行，非行仁义也。孟子曰：尧、舜之道，孝悌而已。孟子曰：规矩，方员之至也；圣人，人伦之至也。欲为君尽君道，欲为臣尽臣道，二者皆法尧、舜而已。不以舜之所以事尧事君，不敬其君者也；不以尧之所以治民治民，贼其民者也。孟子曰：智者无不知也，当务之为急；仁者无不爱也，急亲贤之为务。尧、舜之智而不遍物，急先务也；尧、舜之仁不遍爱人，急亲贤也。不能三年之丧而缌小功之察，放饭流歠而问无齿决，是之谓不知务。孟子曰：尧、舜之道，不以仁政不能平治天下，今有仁心仁闻而民不被其泽者，不行先王之道也。圣人既竭心思焉，继之以不忍人之政，然后仁覆于天下。自尧以来九族内睦，百官外正，化行诸侯，流及兆民，皆有君子之行，比屋可封，世莫能继也。

五十载，商均除丧，禹委政于皋陶、伯益，退避于阳城，天下诸侯朝觐讼狱讴歌者，不之商均而之禹。

最后，胡宏的评论，在对尧、舜的功业进行了“有功于天下万世”的赞誉之后，调转笔锋，对“夷戎”佛教的广泛传播和倍受礼赞发出了愤愤不平的声讨：“愚读五帝书，然后知圣人泽及斯民之远也。后世有立功于一时、兴利于一邦者，人犹追思而祀之，是数圣人者，有功于天下万世，曾不得推苗裔，立宗子，建庙廷，春秋四时飨天下之报也。有天下者，端拱九重之内治其国家，上之天文，下之地理，中之人伦，衣食之原，器用之利，法度之彰，礼乐之则，谁推明制作之也，而忘之乎？夷戎之人，驾一偏空说失事理之制，而其神像反得蟠据名山，中华巍业相望，又听其雕梁花栋，群沦灭三纲之人而豢养之，此何道也？其不耕不殖，侵渔民利，耗蠹民财，乃细事耳，为政者恬不以为虑，诸华无人，可悲之甚矣。”

胡宏另著有《五峰集》一书，其收入卷四《皇王大纪论》的《二女嫔虞》《帝舜知人》《六宗之说》《舜、禹避政》《舜封有庳》《马迁封禅》《舜、禹崩葬》《禹灭三苗》，卷五的《舜》等文章，都将《皇王大纪》中的“论曰”摘抄成单篇整合而成。没有多少新意。

胡宏对舜事迹的记述，看起来似乎比刘恕《资治通鉴外纪》更加丰富和详尽，且在议论中又对司马迁和刘恕提出尖锐批评，但他的记述和评论恰恰缺少了司马迁和刘恕的作为严肃历史学家的品格。他取材太宽泛，选材太随意，评论太想当然，这就使其著作的学术价值远逊于他批评的两位历史学家。

第六节 《资治通鉴前编》的记述和评论

撰著《资治通鉴前编》的金履祥（1232～1303），字吉父，宋元之际兰溪（今属浙江）人。南宋末年曾被召为史馆编校，未就职而宋已亡。入元后，他终身不仕，读书著书不辍。除《资治通鉴前编》外，另有《论语集注考证》《孟子集注考证》《仁山文集》等传世。关于《资治通鉴前编》的著作原起，四库全书提要说：“秘书丞刘恕作《外纪》以记前事，顾其志不本于经而信百家之说，不足传信，乃用邵氏《皇极经世》书胡氏《皇王大纪》之例，损益折衷，一以《尚书》为主，下及《诗》《礼》《春秋》，旁采旧史诸子表，年系事后加训释，断自唐尧以下，接于《资治通鉴》，勒为一书。”说明它在一定意义上是纠刘恕《资治通鉴外纪》之偏。由于作者解经好出奇义，虽不无创新之处，但也容易偏离本真。

该书卷二《有虞氏帝舜》，通过对《尚书》中有关尧、舜篇章的解读，除了诠释文本外，更多的是阐发自己的观点。如对：“询于四岳，辟四门，明四目，达四聪”的解释：

> 四岳，累朝元老，其职周知四方，故首询之。辟四门者，来四方之贤；明四目者，察四方之事；达四聪者，通四方之言，皆四岳职也。吕氏曰：舜继尧法度章礼，乐著而又野无遗贤。嘉言罔伏，舜至此复询辟明达，何哉？？天子初政，如日之升方，积阴之后，日之初升，则固光明精

彩矣；若常晴之后，日之朝升，其光明精彩亦自若也。舜之继尧，其常晴之出日与？愚谓天下之大，一日照察之不及，则一日有所遗，是以圣人常虑其不及也，况当初政之日乎？①

又如对“庶顽谗说，若不在时，侯以明之，挞以记之，书用识哉，欲并生哉！工以纳言，时而飏之，格则承之庸之，否则威之”的解释：

有虞之盛，圣人屡以谗说为忧，既圣之，又朴以教刑。盖太平之世，后生小子乃逸乃谚既诞，虽士大夫或不免。后世风流清谈，文词放言，皆此类也。惟圣人则知生于其心，播于其口，必乱于其政，故独忧之，而亦以命禹。侯，射侯也，明教之也。庶顽谗说，教之而以射侯为先，不其迂乎？盖古者世简风质，非有文字之繁，古之教人者其义理寓于礼制，犹今之教人者其义理寓于方册也。故古之教者以射侯，犹今之教人者以数册也。夫射者，体欲其比于礼，节欲其比于乐，正其心而后可中多也，此射之为教，所以先也。纳言即所纳之五言，时而飏之则播之乐以出之，所以教也。射，礼也；纳言，乐也；书识格庸，政也；挞记否威，刑也。礼乐刑政，圣人所以同民心也。百揆之职，无所不总，闻六律五声，所以命夔者也，化庶顽谗说，所以命龙者也，礼所以命秩宗，刑所以命皋陶者也，而皆以命禹，相职无所不统，所以总其纲维而经纬之者与？

再如对尧传舜的著名“十六字心传”“人心惟危，道心惟微，惟精惟一，允执厥中”的解释：

尧之授舜曰允执其中，此授之以治天下之则也。一人之治天下，惟在于持此无过不及之则以裁天下之事，使之各得而已尔。舜之授禹也而益之以三言，而又授之执中之则也。天地一理，运而为阴阳五行之气，其化生斯人也，气以成形而理亦赋焉，而心者，则理气之会而知觉焉者也。人心者，知觉之生乎气，如耳目鼻口四肢与凡攻取之欲是也；道心者，知觉之生乎理，如恻隐羞恶辞让是非之端，盖管乎耳目鼻口四肢者也。生乎气者周亦理之所有而易流于欲，故危；原乎理者摄乎气之中而不充则晦，故微。先言人心而后言道心，盖道心之所以微，亦以人心之危有以微之也。精则察，此念之发人心为道心也。一则守，道心之正而不贰也如此，则自吾心而达之天下，凡所云为皆有以得

① （宋）金履祥：《资治通鉴前编》卷二《有虞氏帝舜》，影印文渊阁四库全书本。

其中矣。中即道之用也。朱子曰:心之虚灵知觉一而已矣,而以为有人心道心之异者,则以其或生于形气之私,或原于性命之正,而所以为知觉者不同,是以或危殆而不安,或微妙而难见耳。人莫不有是形,故虽上智不能无人心;亦莫不有是性,故虽下愚不能无道心。二者杂于方寸之间而不知所以治之,则危者愈危,微者愈微,而天理之公卒无以胜人欲之私矣。精则择夫二者之间而不杂也,一则守其本心之正而不离也,从事于斯无少间断,必使道心常为一身之主,而人心每听命焉,则危者安微者著,而动静云为,自无过不及之差矣。夫尧、舜、禹天下之大圣也;以天下相传,天下之大事也。以天下之大圣,行天下之大事,而其授受之际,丁宁告戒不过如此,则天下之理岂有加于此哉!(《资治通鉴前编》卷二《有虞氏帝舜》)

此类解释,从字义的训释入手,更深入至义理的引申和发挥,不仅与刘恕的《资治通鉴外纪》有异,亦与此前的许多解释不同。不唯如此,金履祥还更多通过"履祥按"阐明自己的观点。如在对"九载三考,黜陟幽明,庶绩咸熙,分北三苗"解释后,又以"履祥按"对此详加辨析:

有苗始末说,说者不同。愚尝综其实,《书》之所称于前曰三苗,于后曰有苗,曰苗民,《书》有异辞,则事有不同矣。盖其始部落不一,总谓三苗,说见《尧纪》。当尧之时,窜三苗于三危,罪其渠魁也。当尧之时,分北三苗,则削其地,分其民,别有部落,离其党类,于以黜陟,亦以销其势也。至其后徂征之时,止曰有苗,曰苗民而不复曰三苗云者,盖已窜之后,既分之余,存者特其一种耳。说者又谓分北之政,在舜季年来格之后,故系之《舜典》之末,是又不然。夫《舜典》之事,初年之事也。古者无事之世,帝王有作其规模设施皆于其初年,自是守之而天下治,虽其间随时消息,盖无几也。舜自初年即政,分命群贤,三考黜陟,庶绩咸熙,独三苗以罪分北,则自余无事可知矣。故终之以陟方,而余不屡书焉。且于《典》曰"庶绩咸熙,分比三苗",于《谟》曰"各迪有功苗顽弗即工",则分比之事为三考黜幽之典,在众功咸熙之后,无疑也,非季年之事也。且季年之事莫大于禅禹,而《典》不书,徂征亦不书,何独与分苗而特书之,然则,典之所书,止其初年之大政,所以权舆五十年之治者也。若征苗之事,则荐禹之余,如舜巡狩四岳、肇州、四罪之政,不系之尧而系之舜者也,不然来格之后,彼既服矣,又从而分北之。所谓如追放豚,既入其苙又从而招之,而谓人为之乎?(《资治

通鉴前编》卷二《有虞氏帝舜》)

显然,金履祥已经注意到各种文献涉及舜的记载有不同的提法,他从历史变迁的角度将各种不同的提法加以辨析,从而基本厘清了尧、舜、禹数百年的较长时期苗族与中原部落联盟关系的变化。显示了作者对历史进程的细致观察和精审把握。

第七节　苏轼、苏辙兄弟的记述和评论

苏轼、苏辙兄弟,北宋眉山(今属四川)人。其父苏洵(1009～1066),字明允,散文大家,曾任秘书省校书郎、文安(今属河北)县主簿,与两个儿子合称“三苏”,俱入“唐宋八大家”。苏轼(1037～1101),字子瞻,号东坡居士。嘉祐年间进士,神宗时期,曾任祠部员外郎,知密州、徐州、湖州,因反对王安石变法,被贬黄州通判。哲宗时期,出知杭州、颍州,晋升礼部尚书,后又遭贬惠州、儋州,最后北归,病逝于常州(今属江苏)。他尽管政治上比较保守,但也有改革弊政的要求,在地方官任上,也为当地百姓办了不少好事。他是三苏中最负盛名的大文豪,诗、词、文中均有脍炙人口的不朽名篇,特别在词的创作上成就卓著,是“豪放派”的创始人。所作散文,词采瑰丽,恣肆汪洋,在“唐宋八大家”中处于前列。苏轼书画俱佳,与黄庭坚、米芾、蔡襄并称“宋四家”。主要著作汇为《东坡全集》。苏辙(1039～1112),字子由,嘉祐年间进士,官至尚书右丞、门下侍郎。政治上倾向保守,文学成就逊于其兄,但著作中也不乏名篇。著作汇为《栾城集》和《栾城后集》。

苏轼所作《古史》卷二《五帝本纪》,论及尧、舜、禹,内容采此前有关古文献的记载,择善融会而成,文笔晓畅通达,夹叙加议。如在叙述完尧的事迹后,他议论说:“四岳荐鲧于尧,尧知鲧之不可用,而屈于四岳,民被其害者九年,后世疑之,知其不可而用之不仁,屈于四岳而不能信不知。予尝论之,水之为害不可一日不治,而人之知治水者,虽圣贤有不能也。是以尧、舜皆不自治,得禹而后济,方禹之未见也,天下言治水者莫如鲧,弃鲧而不试,有不仁焉,斯尧之所以用鲧也欤!”①这样解释还是有说服力的。接着他叙述舜的历史:

① (宋)苏轼:《古史》卷二《五帝本纪》,影印文渊阁四库全书本。

帝舜有虞氏，妫姓，舜父瞽叟，瞽叟父曰桥牛，桥牛父曰勾望，勾望父曰敬康，敬康父曰穷蝉。穷蝉，帝颛顼之子也，自穷蝉至舜，皆微为庶人。舜父病瞽，母亡而更娶生象。父母爱象而恶舜，遇舜不以道，舜事父母抚弟，笃于敬爱，瞽犹不顺。舜往于田，日号泣于旻天，于父母负罪引慝，祗载见瞽叟，夔夔齐栗，瞽亦允若不，至于奸。以是耕于历山，历山之人皆让畔；渔于雷泽，雷泽之人皆让居；陶于河滨，器不苦窳。一年而所居成聚，二年成邑，三年成都。尧闻其贤，妻之二女以观其内，事之九男以观其外，二女不敢以其贵骄，而九男皆益笃。尧知其圣人也，乃命舜慎徽五典，五典克从；纳于百揆，百揆时叙；宾于四门，四门穆穆；纳于大山林麓，烈风雷雨弗能迷也（世或言所谓谓纳于大麓者，太山之麓。帝王禅代，告终之所在，此太山之所以为岱宗者也。然方舜之纳于大麓也，盖未受终于文祖，类于上帝，犹人臣也，而遽告代于太山可乎）。如是三载，尧乃命舜以位，正月上日，受终于文祖。察璇玑玉衡，齐七政，以观天命之逆顺，而天命无违，于是类于上帝，禋于六宗（儒者言六宗皆不同。《礼·祭法》曰：泰昭，祭时也；坎坛，祭寒暑也；王宫，祭日也；夜明，祭月也；幽宗，祭星也；雩宗，祭水旱也。孔安国、王肃以此为六宗。夫言古事，当以古说为近，舍《祭法》不用而以意立说，未可信也。或以乾坤六子、宗庙三昭三穆当之，其数虽合，然自古无祭八卦之文，舜既受终于文祖，然后推考天人，观其逆顺而遍祭之，则三昭三穆，于其祭文祖兼之矣）。望于山川，遍于群神，辑五瑞，以观诸侯之从否，而诸侯莫有不至，于是觐四岳群牧，班瑞于群后。遂以四时巡守方岳，燔柴告至，望秩山川，肆觐诸侯，协时月，正日同律度量衡，修五礼、五玉、三帛、二生、一死贽，如五器，卒乃复归，格于艺祖，用特。五载一巡守，群后四朝，敷奏以言，明试以功，车服以庸。舜举禹使治水，水行地中，建十有二州，封十有二山，浚川，民咸安其生。于是象以典刑，流宥五刑，鞭作官刑，扑作教刑，金作赎刑，眚灾肆赦，怙众贼刑。流共工于幽州，放驩兜于崇山，窜三苗于三危，殛鲧于羽山，四罪而天下咸服。二十有八年而尧崩，舜除三年之丧，正月元日，见于文祖，询于四岳，咨十有二牧，舜自百揆为天子，未有代之者。于是舜问四岳：谁可使宅百揆？皆曰：伯禹作司空，可。帝曰：俞，咨！禹汝平水土，惟时懋哉。禹让于稷、契、皋陶，帝曰：俞，汝往哉！是时弃既已为稷，契既已为司徒，皋陶既已为士矣，舜皆称其功，申命其事，复博访群臣，因其所举而即用之，所举无不贤者。乃以垂为工，以益为虞，以夷为秩宗，以夔典乐，以龙为纳言，凡命四岳、十二牧、九官二十有二人（世咸以四岳为四人，非也。传言“齐许皆四岳之后，姜姓”，盖一人耳）。三载考绩，三考，黜陟幽明，庶绩咸熙，惟三苗之遗民，为恶不悛，乃复分北处之，以散其众。然后四海咸戴舜德，兴《九招》之乐，致异物，凤凰来翔，天下明德皆自虞帝始。舜弟象封于有鼻。舜子商均亦不肖，舜乃命禹曰：朕宅帝位，三十有三载，耄期倦于勤，汝惟不怠，总朕师。禹让于皋陶。舜曰：天之历数在汝躬，汝终陟元后。禹曰：枚卜功臣而从其吉，可也。舜不许。正月朔旦，受命于神宗，率百官若帝之初。神宗者，舜之所宗尧也（舜受命于文祖，禹受命于神宗，盖将以天下与人，必告其所从受天下者也）。舜既老，任禹以政，苗民犹弗率，舜命禹征之。禹伐之三旬，而苗民不服。益赞于禹，称舜之在历山，日号泣于旻天，负罪引慝，而瞽叟允若，至诚感神，矧兹有苗，其有不服者乎？禹用其言而班师，舜乃诞敷文德，舞干羽于两阶，七旬而有苗格（是时舜在位三十三年，德之及物也久矣，以舜之德而诛三苗之虐，以天下之众而伐三苗之微，其为不敌也明矣。然而攻之三旬而不服，引兵而归，舞干羽于两阶，七旬而格之，何也？虽以舜之德，举天下之众而伐之，是以力较之也。以力较之，必其力竭而后服，引兵而归，不较其力而竢之以德，吾无争心而三苗愧耻之心生矣，七旬而后格，虽以为迟，可也）盖舜三十而征庸，摄位三十年即位，五十年都于蒲坂，南巡守崩于苍梧之野，而葬于九疑。禹封其子于虞，有虞氏，世禘黄帝，郊尧，祖颛顼，宗舜报幕。其后有虞思、箕伯、直柄、虞遂、伯戏（虞思封夏，少康者也。其余四人见晏子与叔向言齐事），皆失其世次，至商而封遂（《左传》：舜寘德于遂），至周而封陈，陈敬仲完自陈奔齐，其后代齐。（《古史》卷二《五帝本纪》）

这篇关于舜的历史的述论，取材比较谨慎，舍弃了不少依情理推断即知其荒诞的故事，欲给读者呈现一个真实的舜，显示了作者清醒的理性意识。接着，他批评此前学者在舜问题上的“三妄”，尤其对孟子的观点加以驳议：“学者言尧、舜之事有三妄焉，太史公得其一不得其二。庄子称尧以天下让许由，许由不受，耻之逃隐。庄子盖寓言焉，而后世信之。太史公曰：舜、禹之间，岳牧咸荐，试之于位，典职数十年，功用既兴，然后授政，示天下重器、王者大统，传天下若斯之难，而许由何以称焉。孟子曰：尧将举舜，妻以二女，瞽叟不顺，不告而娶，既而犹欲杀舜而分其室，然舜终不以为怨。余考之于《书》，孟子盖失之矣。世岂有不能顺其父母而能治天下者哉？四岳之荐舜曰‘烝烝乂，不格奸’，益之称舜曰‘夔夔齐栗，瞽亦允若’，则舜之为庶人既已能顺其亲，使不至于奸矣。父母兄弟之际，智力之所不施也，有顽父嚚母傲弟而能和之，以不失其亲，惟至仁能之，此尧之所以用舜而不疑者也。父子相贼，奸之大也，岂其既已用之，而犹欲杀之哉？孟子又言尧、舜、禹之终皆荐人于天，尧崩，舜辟尧子于南河之南，舜崩，禹辟舜子于阳城，天下皆往归之，然后之中国践天子位，禹崩，益辟禹子于箕山之阴，朝觐狱讼者皆不之益而之启，故益不得为天子。以《书》观之，此亦非君子之言也。舜、禹之摄格于祖考，郊祀天地，朝见诸侯，巡守方岳，行天子之事矣，及其终而又辟之，何哉？使舜、禹辟之，天下归之，而其子不顺，将从天下而废其子欤？将奉其子而违天下欤？此事之至逆由辟致之也。至益不度天命而受位于禹，辟之而天下不从，然后不敢为，匹夫犹且耻之，而谓益为之哉？”在孟子的地位已经大大提升的宋代，苏轼敢于批驳他的观点，的确需要一点勇气。不管苏轼的观点是否正确，但在学术上还是可备一说。另外，在《东坡志林》和《东坡全集》中还收录有他论及舜的文章，其中有些是《古史》中“论”的抄录，只有一篇《尧不诛四凶》两书皆收录，似有些新意：

> 《史记·舜本纪》：舜归而言帝，请流共工于幽陵，以变北狄；放驩兜于崇山，以变南蛮；迁三苗于三危，以变西戎；殛鲧于羽山，以变东夷。太史公多见先秦古书，故其言时有可考，以证西汉以来儒者之失。四族者若皆穷奸极恶，则必诛于尧之世，不待舜矣。屈原云“鲧悻直以亡身”，则鲧盖刚而犯上者耳。若四族者皆小人也，则安能以变四夷之族哉？由此观之，四族之诛，皆非诛死，亦不废弃，但迁之远方，为要荒之君长尔。如左氏之言，皆后世流传之过，若尧世有大奸在朝而不能去，则尧不足为尧矣。①

这篇评论，一为尧之圣之为圣辩护，二将“诛四凶”辨证为“迁四凶”，这种解释既有新意，亦可说得通，显示苏轼不囿于成说的创新的勇气和品格。

苏轼有感于当时宋朝对大臣施法过宽、对小民施法过严引发的弊端，在《策别一》文中，他为古代所谓“刑不上大夫”正名，认为五帝与三代时期，

---

① （宋）苏轼：《东坡志林》卷三，影印文渊阁四库全书本。

“公卿大臣有毫发之罪，不终朝而罚随之，是以下之为不善者，亦足以知其无有不罚也。《诗》曰：刚亦不吐，柔亦不茹。夫天下之所谓权豪贵显而难令者，此乃圣人之所借以徇天下也。舜诛四凶而天下服，何也？此四族者天下之大族也。夫惟圣人为能击天下之大族，以服小民之心，故其刑罚至于措而不用”①。后世之人将舜之刑与商鞅、韩非之刑等同，对权贵“刑不上大夫”，对小民重责酷刑，这就是官场腐败、社会乱象丛生的原因。他呼吁“厉法禁自大臣始”，使法律的威慑作用得以正常发挥。

此一看法，前人已经表述过。这里的关键是对“诛”的解释，其目的是保证尧、舜两位圣人的品格和智慧不受损害。在《扬雄言许由》一文中，苏轼激烈批评扬雄关于巢父、许由的观点，认为巢、由、尧、舜、夷、齐、汤、武各自的价值观虽然不同，但都不失为圣人，厚此薄彼没有道理，这里显示了苏轼坚持的多元价值观：

巢、由不受尧禅，尧、舜不害为至德；夷、齐不食周粟，汤、武不害为至仁。故孔子不废是说，曰：《武》尽美矣，未尽善也。扬雄者独何人，乃敢废此？曰：允哲尧禅舜之重则不轻于由矣。陋哉斯言。使夷、齐不经孔子，雄亦且废之矣。世主诚知揖逊之水尚污牛腹，则干戈之粟岂可溷夷、齐之口哉？于此知圣人以位为械，以天下为牢，庶乎其不骄士矣！（《东坡全集》卷九二《扬雄言许由》）

苏辙在其《栾城集》的《新论》中，赞扬尧、舜等圣君关注民生的“长幼之节、生养之道”，所以“尧命羲和历日月以授民时，舜命禹平水土以定民居，命益驱鸟兽以安民生，命弃播百谷以济民饥”。在《〈孟子〉解》中，颂扬尧、舜、汤、文等圣人是“乐天者”：

孟子曰：以大事小者乐天者也，以小事大者畏天者也。乐天者保天下，畏天者保其国。小大之相形，贵贱之相临，其命无不出于天者。畏天者知其不可违，不得已而从之乐天者，非有所畏、非不得已中心诚乐而为之也。尧禅舜，舜禅禹，汤事葛，文王事昆夷，皆乐天者也。②

而在另一篇文章中，苏辙更将舜颂扬为善“观会通以行典礼”的伟人：

舜之为庶人也，父顽母嚚象傲，艰哉，舜之处于其家也！周公之为冢宰也，外则管、蔡谗之，以为将不利于孺子，内则成王疑之，殆哉，周公之立于其朝也。然四岳之称舜曰：烝烝，乂不格奸。诗人之美周公

---

① （宋）苏轼：《东坡全集》卷四七《策别一》，影印文渊阁四库全书本。

② （宋）苏辙：《栾城后集》卷六《〈孟子〉解》，影印文渊阁四库全书本。

曰:“狼跋其胡,载疐其尾,公孙硕肤,赤舄几几。”盖舜与周公,临天下之至变,履天下之大艰,而泰然如拱揖于庙堂之上,跪起于尊俎之间,可不谓善观会通以行典礼也哉!(《栾城第三集》卷六《策问》)

不过,似乎与苏轼不同,苏辙更像一个敢于较真的历史学家。例如,他对《孟子》一书中桃应关于瞽叟杀人的假设也饶有兴趣,不过他似乎是一个“法律至上”者,认为“瞽叟杀人”没有“免于死”的特权:

孟子曰:舜为天子,皋陶为士,瞽叟杀人,皋陶则执之,舜则窃负而逃于海滨。吾以为此野人之言,非君子之论也。舜之事亲,烝烝乂,不格奸,何至于杀人而负之以逃哉?且天子之亲有罪议之,孰谓天子之父杀人而不免于死乎?(《栾城后集》卷六《〈孟子〉解》)

而在有些文章中,他又对禹治水的问题提出质疑:

尧之世,洚水为害,以意言之,尧之为国,当日夜不忘水耳。今考之于《书》,观其为政先后,命羲和正四时,务农事其所先也,末乃命鲧以治水。鲧九年无成功,乃命四岳举贤以逊位。四岳称舜之德曰:父顽母嚚象傲,克谐以孝,烝烝乂,不格奸。尧以为然而用之,君臣皆无一言及于水者。舜既摄事,黜鲧而用禹,洚水以平,天下以安。尧、舜之治,其缓急先后,于此可见矣。使五教不明,父子不亲,兄弟相贼,虽无水患,求一日之安,不可得也。使五教既修,父子相安,兄弟相友,水虽未除,要必有能治之者。昔孔子论政曰:足食,足兵,民信之矣。子贡曰:必不得已而去,于斯三者何先?曰:去兵。曰:必不得已而去,于斯二者何先?曰:去食,自古皆有死,民无信不立。古之圣人,其忧深远虑如此。世之君子,凡有志于治,皆曰富国而强兵。患国之不富而侵夺细民,患兵之不强而陵虐邻国,富强之利终不可得。而谓尧、舜、孔子为不切事情,于乎殆哉!(《栾城后集》卷七《历代论一·尧舜》)

这里表述的观点,仍是儒家传统的“民无信不立”的理念,其将“富国强兵”与“信”对立起来的理论指向,展示的恰恰是儒家“迂远而阔于事情”的弱点。

第八节　《通志》《路史》的记述和评论

撰著《通志》的郑樵(1103 ~1162),字渔仲,南宋兴化军莆田(今属福建)人。一生不应科举,潜心读书著书,学识渊博,天文、地理、生物皆有较高造诣,尤精于史学,著述宏富,《通志》一书网罗各代历史,合为一书,其中的二十略,颇多创新之处。惜其著作大多亡佚,流传至今的只有《通志》和《尔雅注》等数种。

在《通志》卷二《五帝纪第二·帝舜》篇中,郑樵以《尚书》和《史记》记载的尧、舜事迹为基干,补以前其他文献的资料,理出一部他中意的尧、舜历史,其特点是全,但失之庞杂。在叙述的过程中,不时加入"臣谨按",主要是补充资料,间或表述一些自己的观点,如在叙述完舜的历史后,他在"臣谨按"中说:

有虞氏以土德王天下,又按司马迁本《孟子》之言而表里之曰:尧赐舜絺衣与琴,为筑仓廪,与牛羊,瞽瞍尚复欲杀之,使舜上涂廪,瞽瞍从下纵火焚廪,舜乃以两笠自扞而下,去得不死。后瞽瞍又使舜穿井,舜穿井为匿空旁出。舜既入深,瞽瞍与象共下土石实井,舜从匿空出去。瞽瞍、象喜,以舜为已死。象曰:本谋者象。象与其父母分,乃取舜妻二女与琴,而以牛羊仓廪与父母。象乃止舜宫居,鼓其琴。舜往见之,象鄂不怿,曰:我思舜正郁陶。舜曰:然,尔其庶哉。舜复事瞽瞍,爱弟弥谨。又按韦昭曰:三苗,炎帝之后,诸侯也。尧、舜之时诛讨有罪,废绝其世,不灭其国,立其近亲,绍其先祀,所以有苗国历代常存,屡不从化。随巢子《汲冢纪年》曰:三苗将亡,天雨血,夏有冰,地坼及泉,青龙生于庙,日夜出,昼日不出。又按韩子曰:瞽瞍为父而舜放之,象为弟而舜杀之。观此所言,则六经不得,夫子所谓圣人者其难为圣人矣。①

这里郑樵引证此前文献中关于舜的事迹中一些决然相矛盾的资料,慨叹所谓圣人成为一个完美无缺的圣人之难。

撰著《路史》的罗泌,字长源,南宋庐陵(今江西吉安)人。该书成于乾道六年(1170),其书引据之浩博,考证之繁密,大大超过此前的所有著作。但罗泌很难算一个严肃的历史学家,他遇文必引,务求其全,致使书中汇聚了大量荒诞不经的资料,所以《四库全书》提要评论说:"皇古之事,本为茫昧。泌多采纬书,颇不足据。至于《太平经》《洞神经》《丹壶记》之类,皆道家依托之言,乃一一奉为典要,殊不免庞杂之讥。发挥余论,皆深斥佛教,

① (宋)郑樵:《通志》卷二《五帝纪第二·帝舜》,影印文渊阁四库全书本。

而说《易》数篇，乃义取道家。……然引据浩博，文采瑰丽……至其《国名纪》，发挥余论，考证辨难，语皆精，核亦多祛惑持正之论，固未可尽以好异斥矣。”该书卷二十一《后纪十二·疏仡纪·有虞氏》，用了近25000字的篇幅记述舜的事迹，并以“赞曰”抒发了他对舜功业和品格的敬仰之情：

若昔善化，臧用于民，民由不知，孰识其仁。北面朝尧，君臣道盛。齐栗见瞽，父子以定。二女嫔降，夫妇以贞。庳贡源源，兄弟以成。形端表正，万邦作孚，能事毕矣，夫何为乎？①

最后，罗泌讲了他记述这段历史的基本原则是“予言其略，经载其详；予言其详，经载其略。虞策夏前，不著于经，予则详之，而略之于《典》《谟》，故曰予言其略，《经》载其详”。进而对所谓“四凶”“八凯”进行考证并表述了自己的观点：

四凶之去，有尧去之者（四凶，当时世家巨室为政用事者。按《庄子音义》，尧六十年乃放驩兜，六十四年流共工，六十六年窜三苗。按县共工以诽禅窜。今考此年载，似不相合。然《大戴·五帝德》纪云四凶之去，皆尧也。《淮南子》《荀子》《战国策》亦言尧伐驩兜。《荀子》《国策》言禹伐共工。《周语》亦云尧殛鲧，是鲧之殛，非舜明矣。世言鲧以治水无功殛死，尤妄。夫治水纵无成，而仂作九年，亦勤于民事矣。勤于民事者，先王皆祀之，岂有至于殛死者？使鲧不能启其功于前，则禹亦未能速收功于后。故《祭法》云鲧障洪水而殛死，禹能修鲧之功，是鲧非无功也，不能成尔。果以无功殛，则何以见乎夏郊？谓治水殛，吾弗信也）；八元、八凯之用，有尧用之者，而《传》壹之于舜（八元，高卒之子伯奋、仲堪、叔献、季仲、伯虎、仲熊、叔豹、季狸也，当是二母党，故皆以伯、仲、叔、季为号。《书》有朱虎熊罴，说者以为二人，予稽之，四人也。虎为伯虎，熊为仲熊，江东语豹为朱，语者相传，是朱为叔豹也，则熊为季狸必矣。故《人物表》作季熊，盖汉去焚书未久，犹有传习，故尚存一二。但熊当作罴，传写误也。伯奋是弃、契之伦，而叔献则叔戲也，是尧多用之者，若八凯则高阳之子苍舒、隤敳、梼戭、大临、尨降、庭坚、仲容、叔达也。隤敳乃伯益之字，为尧伊衡。服虔以八凯为垂、益之属，杜以为垂、益、皋陶之伦，《正义》乃谓垂、皋陶皆颛顼之后，妄也。垂乃炎帝之后，皋陶乃少昊之后也。杜又以八元为契等，八凯

① （宋）罗泌：《路史》卷二一《后纪十二·疏仡纪·有虞氏》，影印文渊阁四库全书本。

为禹等,盖以《书》言契敷五教,禹平水土,而《传》云举八凯使主后土,举八元使布五教,因谓禹、契在其中。盖八元、八凯,非主一事,云主后土布五教,以事之大者言尔。《五帝德》云尧命伯夷、夔、龙、虞舜、彭祖,杜预谓史尧之言有过辞为稽。庭坚,班固、杜预等以为皋陶字,郑注《论语》以为皋陶号曰庭坚,非也。文公五年,蓼与六灭,臧文仲曰"皋陶、庭坚不祀",是二人也。《书传》本有两举人名与字者,是尧多用之矣)自"有能庸命"至"乃命以位",略是数十年事,而《书》不过数语,可谓略矣。以天下予人异矣,以为不可而谏者多矣,岂直崇鲧之与共工哉?《经》亡见焉,故曰:予言其详,《经》载其略。(《路史》卷二一《后纪十二·疏仡纪·有虞氏》)

如此辩证和理解这些问题,显示了作者学问上的功力和思辨的水平。另外,罗泌还对舜和后裔及其居地进行了考证,对一些在他看来的重要问题作了专题考评,如《稷、契考》认定稷、契与尧同为帝喾之子。《尧、舜、禹非谥辩》认为"死谥,周道也,古者生无爵,死无谥",而尧、舜、禹皆是名而非谥号,放勋、重华则是号而非名。《论舜不出于黄帝》已经发现如果"舜出于黄帝"而妻尧二女则是"玄孙尚高祖姑"之荒诞。《舜不幸以孝名(井廪事)》力辩孟子所言"井廪事"荒诞不经,出于杜撰。《大麓说》则力驳大麓为"领录"的说法,力证其为林大之地。《〈韶〉说》是对舜乐的考证,结论是:"《韶》至矣乎,一代之治至于乐而极矣,而《韶》者又今古乐之独隆者也。"《辩舜帝冢》对舜葬地的不同说法进行详细辨析,认定舜之葬地在"纪市",即安邑(今属山西)。对于"苍梧"则予以否定,理由是:"夫苍梧自非五服,人风婐画,地气高瘴,在虞夏乃无人之境,岂巡狩之所至邪?方尧老舜摄也,于是乎有巡狩之事,今舜既已耄期,倦剧形神,告劳释负而付禹,则巡狩之事禹为之矣,岂复躬巡狩于要荒之外也哉?"这种说法在学术上不无启发意义。《历山》列举全国多处名历山的地方,但并没有肯定那一座历山为真实的舜耕之地,这一方面说明罗泌的审慎态度,另一方面也说明,这的确是一个很难决断的问题。在罗泌的专题论辩中,颇有一些独具新意的内容,如《巽禅非求为异》:

圣人之事,一不幸而庸儒以为美谈,重不幸而奸人事以借口。尧为天下七十载,其明于忧患世故,可谓悉矣。见丹朱之不肖,不可以为天下,于是谋贤而巽之,巽于四岳,四岳不受,然后明扬侧陋始得舜而庇位焉。舜之来也,尧盖不胜其喜也,嫔以二女,宾于四门,置之百揆,纳于大麓，凡可以试其更变而应世者，索为之矣。方是时，尧非固难之也，天下重器，授之不得而轻也。及夫典职数载，绩用既成，于是举天下而付之，其付之也特不异于寄器其邻，颜色不变又非其易之也。得其人则不得而不授也，昔之试，今之授，皆尧之所不得已也。夫以四岳之贤付之以天下，皆能以朝诸侯而不断以予之；以四岳之亲首膺巽命，皆可以承重器而亦断不自受；乃皆属之四海在下之一穷人，然则重华之登举而付之，何心于其间哉？嚚讼嫚？天方废之，尧顾能违之乎？特亦不过行所无事，在贤予贤，在子予子，唯天所命而已矣。夫天之所予，岂偶然哉？必其有德见于天下者也；天之所废，亦岂偶然哉？必其有罪见于天下者也。是故君薨而世子生，且犹不废，以世子为不得罪于天下也，不可予而予，与可予而不予，俱废命也。黄帝而来皆予其子，而武王不以予周公，然则尧、舜岂求为异也邪？借使朱足以授天下，吾知其不以授之舜，使其时而不得舜，吾亦知其必不授朱也，舜之授禹亦若是而已矣。至于后世不求其故，见争倾之患作而尧、舜之道愈隆，则以为有所矫为，乃谆谆以为说而诡特之行行矣。中材之主，循其名而昧其致，不知德之不足事之获已而额额行之，反道饰情以冀一时之名，几何而不乱邪？吴季札废遗言而立王僚，乱者四世；宋宣公舍与夷而立穆公，乱者三世。隐、桓之胥贼之哙之失国，可以鉴矣。是皆乐为尧、舜之禅，而不知其所以禅之所致也。宋襄公将逊目夷，目夷不听，穆公将逊去疾，去疾不听，及楚昭欲逊公子闾而子闾亦不之听，后皆无乱。是三子者非贪于名而为辞也，非恶其富而不为也，诚知一避之为重而国为轻也。使三子者从而利之，则亦频此乱矣。盖尝言之，虚静者可以集事，而无欲者唯可为君。世有得道之士能化黄金，丹砂一锊成金，一锊成白镴，一斤得金四两，及耄求其人而授之，寓其神于风监者数十载矣，其所阅者几千人矣，莫予叶也。一旦得无欲者，然后誓而授之，不得其人，则宁设而不授，何也？惧其黩货妄作而将及祸，失吾知人之监也。夫以烧金之术，而受之者必无欲，而欲之者必不得而受，则巽禅之事从可知矣是。故巽以天下非难也，得其人之为难；以天下巽非贵也，合于义之为贵。尧、舜之事岂求于异而可为哉？德又下衰，乱臣贼子盗窃名器，乃至矫饰诈为，致恶声于圣人。曹丕之攘汉也，登坛而显言曰：尧、舜之事，吾知之矣，爰诋孟轲、荀况以为不通禅代之变而自比于妫汭，纳汉二女明勒丽石，其袭伪业奸以伧囊天下，非唯无耻乃有源流，复以盗贼之行加之圣人，何圣人之不幸邪？呜呼！世无圣人，使尧、舜之道不尊，为此曹玷亵者，庸儒之罪也。昔姚苌固尝令尹伟驰说苻坚，求为尧、舜之事矣，坚且持之曰：姚苌叛贼奈何拟之圣人，夫以苻坚一介妄人，犹知守此，顾儒名而反惑之邪？或曰：若子之诲，则巽禅之事其不可行欤？曰：否，不然也。禅者，圣人之事也，自非得乎圣人，则乱不止也。尧为父，舜为子，择巽禅为可行矣。台尝十复风雷之事，感世之贤君尚慕美谈，多以禅而召乱，而乱臣贼子售其奸者，交援此以自蔽，恐世之君子因以禅为德也，勉为之道。（《路史》卷三六《巽禅非求为异》）

罗泌与后世的几乎所有学者一样，在论及尧、舜禅让之事时，都必须面对一个特别棘手的问题：禅让集中体现了尧、舜的“无私”与“大公”，是他们之所以被尊为圣人的主要根据，而自三代起君王以传子代传贤成为不可异议的历史传统，对于这种显然与禅让相矛盾的制度，还必须予以肯定，否则就有“乱臣贼子”之嫌。然而，对于这种矛盾，作为学者或思想家，你还必须给它一个合理的解释。于是，他们就绞尽脑汁，给出各种各样的答案。罗泌这里给出的答案正是其题目提炼的六个字“巽禅非求为异”。在此题目下，他竭力论证的观点是，尧、舜禅让只是历史上的特例，原因一是他们的儿子不争气，二是他们具有“无私”与“大公”的品格。后世君王的传子制度则是一种常态，而在传子制度的常态下，再玩禅让的把戏，不是如宋宣公和燕哙之矫情，就是如王莽、曹丕之篡政，已经没有任何积极意义和值得肯定之处了。如同所有的解释一样，这里罗泌的解释未能顾及尧、舜禅让的历史条件，而是将后世君王传子的制度认定为自古及今就一直存在的永恒制度。

又如卷四十五《余论八·舜帝无为(为治有序)》载：

为者败矣，而无为之说，为世患尤不浅。虞帝之初，辟四门，明四目，在璇衡以齐七政；类上帝，禋六宗，秩山川而觐群后；协时同律修礼，询岳命揆考绩。其为勤亦至矣，而先圣以为无为而治，代之说者，遂以为放准遗绳，一无所事。如道家者流，所谓无为清虚，放荡汗漫而不可系者，于是滂洋恣肆礼法之外，绌是非，遗成败，听其杂揉而任其所自为权柄纲条，一切委置不之或省，而天下始大乱矣。虞帝之无为，岂如是耶？夫其言曰臣哉邻哉、邻哉臣哉，言臣则吾之邻，而邻则吾之臣，所相附者为相近也。故其告诸臣，曰臣作朕股肱耳目，予欲左右有民汝翼予,欲宣力四方汝为,予欲观象作服汝明,予欲同律声在治忽,以出纳五言汝听,是所谓股肱耳目者,予违汝弼,岂其不事事哉?俾禹司空平水土,弃后稷播百谷,卨司徒敷五教,陶为士理庶狱,垂为工利器用,益为虞若上下,伯夷秩宗典三礼,夔典乐教胄子,龙纳言典出纳,各职其职,然后内外之节得,而帝方以优游岩廊之上,本仁祖义总弘纲而莫敢佚,其为治固有序矣。方鸿水之未平,天下之事固无以大于水,故首命禹。及水既乂,大陆既作,则惟食之为急,故次命稷。富斯可教,故次命卨。徒善不足以为政,故次皋陶。而其化以大行,于是命垂以给其器用,命益以遂其动植,而后神人可得和。故次伯夷成其典礼,又次之夔以兴其乐,而王道此成矣。然而天下之事尤防乎壅,上之不下宣,下之不上达,则政不可得而治,故卒命龙为纳言,而后上下以无壅。一得禹而地平天成,再得陶而民协于中,得稷而蒸民粒,得卨而百姓亲,得益而庶物蕃,得夷而上下让,得夔而庶尹谐夫然。故虞帝得以被袗鼓琴,端拱一室之上而天下治,岂其不有为哉?不自为耳。故曰无为而治者,非无为也,任得其人而无事于屑为也。故用歌曰:陟天之命,股肱喜哉!元首起哉!百工熙哉!盖帝之所以无为而百工熙者,凡以诸侯之汝为、汝翼、汝明、汝听也,岂若是蔑礼节隳形体而自放于绳准之外与!昔者孔子尝欲无言而曰:天何言哉?四时行焉,百物生焉。夫天地以生物为大功者也,其所以行四时,生百物,固未尝有为也,四时时自尔行,万物自尔生而已。天下之人非皆不可有为,亦非皆不可以无为也。有为者商贾之事,而无为者佛、老之事也。商贾、佛、老一身之外,皆越人之肥瘠,而代天地司牧者,天下之人皆吾之人,天下之事皆吾之事,固可以商贾治、佛老治哉!贱商贾,尊佛老,固非至论,用商贾与佛、老治,怨美虽殊,其败事一也。故曰舜之无为,六辔在手;佛、老之无为,丧其两肘,此其所以无用。

罗泌在这里力辩舜之"无为"不是"佛、老之无为",而是"六辔在手"的无为而无不为。他吸收《淮南子·修务训》的观点,认为舜实际上不是无为而是有为,是"本仁祖义总弘纲",庶事有明确分工,让任事官员专司其职,自己因而"得以被袗鼓琴,端拱一室之上而天下治",这样的"无为"与天不言而司四时运行、百物生长一样,绝非一事不作而对国家社会的治理作壁上观。

再如卷四十五《余论八·舜为法于天下》:

古今有异时无异理,彼已有异迹无异心。吾心之所存,即天下之矜式；而今日之所设，即后世之视效也。古之圣人所以独立乎百世之上，而天下后世有所不能遗者，岂他术哉？本乎心之一理而已。圣人者，知夫天下后世之有待于我也，是故致察乎此心者，有不得而尽。盖天下之理契于人心者，即其所以形之吾心者也；惟形之吾心者虽微而无媿，则其所以契之人心者斯悠久而不渝。苟在我者一毫不尽，则推之于彼者斯厌弃而不继矣。音容之前有不约之妙，形迹之表有不言之契，有所待而后从，固不若无所待而自化也。约绳而信，曷若相信于绳约之先；告语而孚，孰若相孚于告语之外邪？古之明王为不少矣，而舜为法于天下，行乎千百世之上，而清风之所存犹足以悚动乎千百世之下，推之而不倦，誉之而不厌，愈久而愈不忘者，惟其有以使民不忘之道，而所以先施之者有由也。仁义之精一之，则舜之动无媿矣，是故未施信于人而人信之；法度彰礼乐著则舜之行无媿矣，是故为法于天下可传于后世，是皆此理之契于人心者也。人有是心，吾有是理，以是理触是心，兹其所以行之万世而无弊与？

罗泌在这里大谈心与理的契合，显示了理学时代观察社会政治问题的新视角。他赞誉“舜为法于天下”，之所以能够“行乎千百世之上”，是因为其“法度彰礼乐”，体现了“仁义之精”，达到了与万民心理的契合，这其中坚持的评判标准实际上仍然是儒家传统的民本理念。

第九节 《太平寰宇记》《元丰九域志》等地理志书的记述和评论

撰著《太平寰宇记》的乐史（930～1007），字子正，北宋抚州宜黄（今属江西）人，著名文学家、地理学家。由南唐入宋后，举进士，历官县主簿、太常博士、水部员外郎。一生勤于读书著书，留下传奇小说多部。其所撰地理学巨著《太平寰宇记》200卷，现存197卷。《四库全书》提要评论说：“其书采摭繁富，惟取赅博，于朝人物一一并登。至于题咏古迹，若张祜金山诗之类，亦皆并录。后来方志必列人物、艺列文者，其体皆本于史。盖地理之书记载至是书而始详，体例亦至是而大变。然史书虽卷帙浩博，而考据特为精核，要不得以末流冗杂追咎滥觞之源矣。”这显然是中国古代地理志方面一部划时代的巨著。

《太平寰宇记》对分布于全国的数十处有关舜的遗迹、文物进行了详细的记述,使读者了解到至从远古至宋朝时期,全国已有近30个路中接近百处的有关舜的文物和传说遗址。其中分布于今之河南、山西、河北、山东和湖南的遗址最多,而西北至陇右,东南至越州,北抵长城,南达珠江,都有舜的零星遗址,这一方面说明真实的舜及其族裔活动的地方主要集中在今之晋、冀、鲁、豫和湘一带,另一方面,舜遗址分布地域之广被,也说明他作为中华民族的人文始祖之一越来越得到更广泛的认同。

主编《元丰九域志》的王存,字敬仲,北宋丹阳(今属江苏)人,中进士后,先任嘉兴主簿,后历官尚书右丞、承议郎知制诰等。他于元丰年间奉命主修全国的地理志书《元丰九域志》,对全国从京畿至各路、府、州、军、县的地理民情、山川物产、文物古迹等均作了详细记述,正如《四库全书》提要对该书的赞誉:"缕析最详,深得古人辨方经野之意,叙次亦简洁有法。……文直事核……最为当世所重。"不过,较之《太平寰宇记》,该书对各地舜遗址的记述相对简略,只记述了京东路西路、河北路西路、陕西路、淮南路东路、荆湖路南路、广南路东路等地所存的遗迹,这种取舍反映了作者对远古史迹谨慎的态度,对比《太平寰宇记》,相当多的舜遗迹被舍弃了,这意味着其认定被舍弃者不足采信。

撰《方舆胜览》的祝穆,字和甫,南宋建阳(今属福建)人,朱熹弟子,曾任迪功郎、兴化军涵江书院山长。所撰《方舆胜览》为南宋辖区十七路所属府、州、军、县的地理志。其中所记述的有关舜的遗迹,大都进行了或详或略的考证,表明了作者的认知倾向,如对道州九疑山的记述:

九疑山在宁远县南六十里,亦名苍梧山,九峰相似,望而疑之,谓之九疑。山有九峰,峰各有一水四水,流灌于南海,五水北注,合为洞庭。其一曰朱明峰,其下湘水源。二曰石城峰,其下淹水源,女冠鲁妙典所居。三曰石楼峰,其下巢水源。四曰娥皇峰,其下池水源。五曰舜源峰,其下瀑水源,亦曰华盖,此峰最高。六曰女英峰,其下砯水源。七曰萧韶峰,其下济水源。八曰桂林峰,其下洑水源。九曰梓林峰,其下浉水源。旧录所载不同,与九峰不相涉。苍梧九疑之辨,《檀弓》云舜死于苍梧之野,晋习凿齿云虞舜葬零陵。《元和郡县志》亦云九疑舜之葬也。按太史公曰"舜南狩行,死于苍梧之野,归葬于江南之九疑,是为零陵",则是舜死于苍梧之野,归葬零陵之九疑。《山海经》云舜之所葬在今道州零陵县界,苍梧九疑,当是两处,后人误引舜死之地,以为舜葬之所耳。太史遍历天下名山大川，必有所据，当从《史记》及《山海经》。①

此外，宋代的一些地方志书，如《会稽志》《会稽续志》《岳阳风土记》等亦记载了当地有关舜的遗迹。其中《会稽志》的撰著者施宿，字武子，南宋湖州（今属浙江）人，历官余姚知县、绍兴府通判。该书记载舜的遗迹最多，不过在考证其史源时，乃指明其附会之处，显示了作者作为历史学家的严肃和求实的学风。如卷九下对"历山"的记述：

历山，在县西北八十里，旧经云在会稽县东南，昔舜耕所也。又云越有历山、舜井、泉田者，以舜之余族所封舜姚姓，故曰余姚。盖其子孙思舜乡，取像于此，亦犹汉新丰之义。盖此山虽非舜之所耕，亦因舜而得名也。②

又如卷十一《桥·上虞县》对"百官桥"的记载：

百官桥，在县西北三十五里。《寰宇记》云：越州余姚舜桥，避丹朱于此，百官候之，故亦名百官桥。晋《太康大记》云：舜避丹朱于此，故名县，百官从之，故县北有桥繇此。《十道志》：上虞县百官桥，一名舜桥。桥虽以舜得名，然谓避丹朱于此，非也。舜生于诸冯，迁于负夏，卒于鸣条，孟子以为东夷之人，《史记》舜耕历山，渔雷泽，陶河滨，其地宜皆在冀方也。今县有舜桥、百官里，以舜支属封于此，故名。

这样记述，显然是比较符合实际的。

第十节 《太平御览》对舜相关资料的汇聚

《太平御览》是北宋太宗命李昉等文臣组织编写的一部数量达千卷的类书，分 55 门，引书浩博，多达 1690 种。其序文自诩该书"自坟、典、丘、索、六经、子、史、稗官丛说、前言往行，并录兼收。以天文、地理、人事、卉木、昆虫，飞走动植类聚群，分纲目贯，具载靡遗，使玩索者属目了心，如指诸掌，譬犹驱云雾而仰日月，诚古今旷典也"③。由于该书是按事类分门别类汇聚其以前的所有文献，就将舜的有关记载几乎全部整合在了一起，给学者研究舜的记载和评论的演变提供了方便。特别是它将一般学者不易

① （宋）祝穆：《方舆胜览》卷二四《道州》，影印文渊阁四库全书本。

② （宋）施宿：《会稽志》卷九《山·余姚县》，影印文渊阁四库全书本。

③ （宋）李昉：《太平御览·黄正色序》，影印文渊阁四库全书本。

见到的一些稀见资料聚拢在一起，省却了寻觅翻检之功，作为一部工具书，为后世的学术研究做出了不可替代的贡献。例如，该书将一些散见的《谶》《纬》之书的资料分别编入各个门类，就使人们了解了这些书对舜的事迹作了那些荒唐的编造。如卷五《天部五·论语谶》："仲尼曰：吾闻尧率舜等游首山观河渚，有五老游河渚，一老曰河图将来告帝期，二老曰河图将来告帝谋，三老曰河图将来告帝书，四老曰河图将来告帝图，五老曰河图将来告帝符。龙衔玉苞，金泥玉检封盛书，五老飞为流星，上入昴。"如卷八《天部八·春秋孔演图》曰："舜之将兴，黄云升于上。"如卷六十一《地部二十六·运斗枢》："舜与诸侯观河洛，有黄龙负图，出置帝前，入水而前去。"如卷八十一《皇王部六·尚书中候考河命》："舜至于下稽，荣光休至。黄龙负卷舒图，出水坛畔，赤文绿错。"如卷八十一《皇王部六·春秋运斗枢》："舜以太尉受号，即位为天子。五年二月，东巡狩至于中月，与三公诸侯临观，黄龙五彩，负图出置舜前。图以黄玉为匣如椟，长三尺广八寸厚一寸，四合而连有户，白玉检，黄金绳之为泥封，两端章曰'天黄帝符玺'五字，广袤各三寸，深四分，鸟文。舜与大司空禹、临侯望博等三十人集发，图玄色而绨状可舒卷，长三尺二寸，广九寸，中有七十二帝地行之制，天文官位度之差。"

以上这些谶纬的材料纯粹是随心所欲地胡编乱造，是经学神学化过程中的一股浊流，在舜文化发展过程中没有发挥丝毫好的作用。其唯一的功用是提供了认识那个时代的思想文化背景。

第十一节　《节孝语录》《东原录》《儒志编》《公是弟子记》的记述和评论

《节孝语录》的撰著者徐积，字仲车，北宋山阳（今江苏淮安）人，中进士后，于元祐初年任扬州司户参军，后历任楚州教授、和州防御推官、宣德郎监中岳庙。该书为其平时讲学的记录，由门人江端礼录存。《四库全书》提要认为其论经多怪异之说，但又肯定他"笃于躬行，粹于儒术，大致皆论事论人，无空谈性命之说，盖犹近于古之儒家"。

徐积认为，尧、舜之所以为圣人，是因为在"纵横反复，不主故常"的变革时代，他们的所行"皆合道"。《中庸》一书所以特别赞扬舜和颜渊，是因为他们是"至诚"而明、"积仁累义"的圣人：

《中庸》所以独取舜、颜渊者，所以为中庸之法也。盖自诚明者，圣人也。舜、颜渊积勤不已而至，非至诚不能也。舜自匹夫积仁累义至于圣人，使其父母为圣人之父母，使其父母为天子之父母，至于以天下养其父母，其积德可知。孔子曰吾见其进，则子之至诚亦可知矣。①

徐积在赞颂尧、舜的"仁民爱物经纶世变之道"时，还就《尚书》的篇目编排顺序进行了一番近于深文周纳的猜测：

《书》者，天子之事也，终于文侯之命也，费、秦二《誓》何以与焉？盖《书》之文乃旧史之文，其篇章之次第乃孔子删而定之，故断自唐虞，所以明治世教化之本。然《尧典》亦谓之《虞书》者，以尧所以治天下之道，非舜以成之，则其仁民爱物经纶世变之道，不得而显也。然尧、舜之时道隆也，故大禹、皋陶之《谟》皆谓之《虞书》。《夏书》以往，有戒之深旨焉，故《夏书》之末继之以《商书》，以商警夏也；《商书》之末继以周者，以周警商也；周之末继以《文侯之命》，所以警周也。其意以为周德既衰而晋强盛矣，宜知所以杜绝篡乱也。又继以费，所以见鲁公之僭，又继以秦，以见秦之强大，皆以警于周，而周不悟，所以卒为秦所灭。故曰费、秦二《誓》所以戒周，亦所以警后世也。(《节孝语录》)

其实，《尚书》的篇目编排顺序是依据了时代顺序，其中并不存在徐积所开掘出的"深意"，他之如此解经，不过是在寻找"微言大义"的方法指导下自觉或不自觉走入歧途而已。

龚鼎臣所撰《东原录》，对《尚书》的解释亦近徐积，学术价值不高。

《儒志编》的撰著者王开祖，字景山，北宋永嘉(今浙江温州)人，皇祐五年(1053)进士，只任过试秘书省校书郎、佐处州丽水县之类小官。"既而退居郡城东山，设塾授徒，从受业者常数百人，学者尊之为儒志先生，年三十二而卒。"《儒志编》是他"生平讲学之语"，"以讲明圣道为事，虽其立说未必能尽归精当，而阐明理道，不惑岐趋，不可谓非豪杰之士也"(《四库全书总目提要·儒志编》)。显然，该书的主要内容是就某些儒学的重要问题阐明自己的观点，同时对另外一些观点进行批判。例如，他特别尊孔，认为孔子超过尧、舜、禹、汤、文、武：

夫人又谓孔子贤于尧、舜、禹、汤、文、武远矣，彼数君有天下，既没或庙于陈，或庙于冀，或庙于亳，或庙于周，而天下不得而通祀焉；孔子

① (宋)徐积撰，江端礼编：《节孝语录》，影印文渊阁四库全书本。

既没，于今举天下郡邑得立庙而时祀之，上至天子北面而行礼焉，岂不过于数君也哉？呜呼！谓功德过于尧、舜，孟子得之矣。谓庙祠之建通天下得而奉之，韩子失之哉！孔子之道又岂止得通天下庙祀，然后过于数君耶？①

尽管如此，王开祖对尧、舜的尊崇几乎是无条件的。如他赞颂舜舞干羽而服有苗，极力突显以“仁圣之德”服天下的理念：

或曰干羽之舞，果格苗之道乎？曰：格苗不在干羽之舞，子之言信也。然苗之所以服我者，班师而已。舜大圣人也，为天下之君，禹大臣也，奉君命以行师，其举苗犹反掌耳。然自以为克之以威，彼必不服，意吾德有未至乎，何苗之逆也！退而自悔，然后苗服焉。夫以天下之大，士师之众，仁圣之德，问罪于苗之民，不服犹且班师，此服苗之心也。是故服天下之心不以威，以威服人未有能服人者也，夫以德用威且不可，况以暴用师乎？

如他赞颂尧、舜、禹的知人之明、用人之专和禅让之德：

或曰：昔群臣荐舜于尧，尧曰我其试哉，《书序》亦曰历试诸难，夫试者非圣人之事，以天下与人而试之，何也？曰：是圣人之用也，非试也。尧之在位也久，其流泽于民也深，天下之人知尧而不知舜，尧舜于畎亩之中，授以天下之事，一日以嗣位告，则众且哗，虽尧莫之能遏也。曰我其试哉，民未忘乎尧也，舜既理天下之政，其膏泽流于民，无异乎尧之君天下，由是天下归舜也，曰我君也，尧然后授之以位而去之，故曰试焉，非一日之谓也。曰：尧之试舜也，既闻命矣，敢问舜之禅禹不言试，何也？曰：当尧之时，洪水逆行，天下愁病，帝命禹治之。禹由是蹈险阻，疏九川，导九河，驱鼋鼍、蛟龙之属放诸海，汲汲然尽力于外，三过其门而不入，及水功既成，民始获陆行而宇居，禹之功被天下，民之视禹也无异于视舜也。《书》曰洚水警予，成允成功，惟汝贤；予懋乃德，嘉乃丕绩，天之历数在尔躬，汝终陟元后。禹之功被于民也，大民之归之也顺，不待终试而天下安之矣。舜授位而去，然尤患天下之议也，巡狩于外以逊之。《书》曰五十载陟方乃死，此之谓也。夫圣人之用也有迹，无迹则亦未免乎天下之议也。

又如其颂扬“虞舜之朝”全国上下、整个社会充满“上兴逊则下德厚”的

① （宋）王开祖：《儒志编》，影印文渊阁四库全书本。

良好道德风尚：

古之圣人起，必曰受天下，不曰取天下。《诗》曰“厥德不回，以受方国”，文王之谓也，已矣乎！吾不得而见之也。昔者虞舜之朝，劳者逊功，贤者逊德，故天下之人化之；耕者逊畔，行者逊途，商逊利于市，工逊技于肆，下莫不兴逊以事其上，已矣乎！吾不得而见之也。夫上兴逊则下德厚，故君子入其朝，睹百官之有逊者，不问其国治矣。

再如颂扬舜创造了“善忘吾势”的良好政治氛围，从而使人人得以毫无顾忌地“尽善言”。而尧、舜之时也并非废除了刑罚，只不过执行了德主刑辅的治国之策，即“恩胜刑”的“仁政”罢了：

舜为天子，尽得天下之善言者，无他，善忘吾势而已。昔者居雷泽，今也庙廊之上；昔者野人相与游，今也南面而朝诸侯。其居处礼制则异，而其气则同也。人何惮而不尽言乎？圣人藏用于言表，而使后世达者自得之，非自得而指之则惑，惑则乱，乱则不智莫大焉。

尧、舜之仁未必不用刑也，盖有恩以胜之；桀、纣之暴，未必不用恩也，盖有刑以胜之。恩胜刑谓之仁，刑胜恩谓之暴，仁、暴之分，在恩刑之相胜耳。

最后，王开祖对舜之类圣君的“乐”进行辨析，认为他们不是因“尊为天子，富有四海”的权势和富贵而乐，而是因为所具有的高尚道德境界，所谓“道无负于天，德无惭于民”而乐：

或曰：尊为天子，富有四海，不亦乐乎？曰：中有乐乎耳，非乐乎有天下也，乐养天下也。昔虞舜起畎亩之中，居尧之位，罢朝则鼓琴，愉愉如也，非乐为天子也，道无负于天，德无惭于民，以道德乐于中是也，以位乐乎哉！曰：然则舜无忧乎？曰：当其未得天下之善言，则忧不得，既得之，又何忧哉？（以上均来自《儒志编》）

《公是弟子记》的作者刘敞（约 1008 ~ 1069），字原父，北宋临江新喻（今江西新余）人。官至集贤院学士、判南京御史台。他长于春秋学，力图摆脱传统束缚，重新审视以往的经学，开批判汉儒的先声。《公是弟子记》一书采用先生与弟子问答方式，展示作者的一系列观点。

刘敞将君王和政治家分成“任天下之忧者”和“苦天下之重者”，前者的代表是伊尹，后者的代表是舜、禹：

任天下之忧者，相天下者也；苦天下之重者，君天下者也。任天下之忧者，非忧败也，言以己为天下法；苦天下之重者非实可苦也，言富贵之非已。伊尹非忧天下,任天下之忧者也,故举于畎亩而相汤;舜、禹非乐天下苦天下之重者也,故受天下禅也。①

如此分析,看起来比较新鲜,实际上泯灭了时代的差异。因为伊尹的勇于任事和舜、禹的乐于禅让,都是在不同的时代背景下发生的,不能用一个尺度衡量。《公是弟子记》还有不少涉及舜的篇章,基本上是以舜作为圣帝名王的符号使用的。如他反对孟子"人之性善,人之性皆可以为尧、舜"的观点,实际上继承的是董仲舒的"性三品"的人性等级观念:

> 孟子曰人之性善,人之性皆可以为尧、舜,孟子可谓言过其实矣。人之性善,且有上,有中,有下;于上也又有上焉,于中也又有中焉,于下也又有下焉,九品也。故上者圣,中者君子,下者有常。不及乎圣而为仁,不及乎君子而为善,不及乎有常而为齐民。故性不同也而善均,善不同也而性均,故人不可以为尧、舜,犹尧、舜不可为人也。寿莫如召公不能至乎圣而止,天莫如颜子亦不能至乎圣而止,使召公而天,使颜子而寿,其材亦若是而止矣。此性之不可过也,人何可为尧、舜哉?故开难到之期者,人不能信也,人不能信者,学不能益也。(《公是弟子记》卷一)

这里孟子强调的是人的善端的发挥,而刘敞强调的是人性的固化。比较而言,孟子的观点从学术上讲尽管大有商量的余地,但他认为人通过主观努力可以达到圣人的境界,其中的积极意义还是值得肯定。刘敞还在多个地方谈到"无为而治",舜都是作为圣人符号出现的:

> 孔子曰无为而治者,其舜也与!如何斯可谓之无为矣?曰:因尧之臣,袭尧之俗,用尧之政,斯孔子谓之无为也。正朔无所改,制度无所变,教令无所易,恭已正南面而已矣。孔子曰巍巍乎舜、禹之有天下也,而不与焉。王者承极敝之后者则新之,改正朔以新其时也,异徽号服色以新其目也,殊声音律吕之变以新其耳也,一制度法令以新其俗也,非所谓无为也。孔子曰唐虞禅,夏后继,汤、武伐,其义一也。(《公是弟子记》卷一)

这里刘敞强调,君王是"无为而治"还是"有为而治",关键在于所处时代的不同,继"圣治"可以无为,继"极敝"则必须革新而有为。但在有的地方,刘敞又认为黄帝、尧、舜真的像天地一样的"无为":

---

① (宋)刘敞:《公是弟子记》卷一,影印文渊阁四库全书本。

或曰：黄帝、尧、舜垂衣裳而天下治，盖取诸《乾》《坤》，何谓也？曰：无为而已矣。天无为四时行焉，地无为百货出焉，君无为百官治焉，何为哉！（《公是弟子记》卷一）

这里刘敞理念中的“无为”等同于“任自然”，即让事物依其本性自然而然地发展运行，不要人为横加干预。最后，刘敞又将“无为”解释为“无不为”，并将其认定为“圣王之道，仁人之守”，而舜在这里又作为忠于职守的典型出现：

永叔曰：老子贵无为，然则极老子之无为，且将大不为国，小不为家，开口而哺，仰人而食，安坐徒处而已矣。刘子曰：非也，贵无为者以其可以无不为也，无不为者惟无为独也，此圣王之道，仁人之守，非老子之蔽。知老子之蔽者，其绝圣弃智，绝仁弃义，绝仁弃礼，号不可以教者也。老子为柱下史矣，未尝以无为废其职，然则无为非所以废职也，舜耕，而化陶，而化渔，而化贾，而化知，夫无为也，故能屡化。不夫无为也，踬于物久矣。（《公是弟子记》卷四）

刘敞笃信“不在其位，不谋其政”的岗位责任意识，认定每一个人只思考本职范围内的事情就可以了，越位思考没有必要。当舜处于深山之中时，他只要思考如何尽孝道就是“职思其忧”了：

舜在深山之中，伊尹耕有莘之野，说筑傅岩之野，亦忧天下乎？曰：不忧也。奚为不忧？贤者之生于世也，世乱固坐而视之乎？曰：天子忧天下，诸侯忧其国，大夫忧其政，士忧其职，庶人忧其业，天下已定矣。非其忧而忧之，乱也。天下固乱而又乱之，是以使天下多事也。《诗》云“职思其忧”，君子岂无所忧哉？亦思其职而已矣。或问舜、伊尹、傅说之职，曰舜职其孝，伊尹职其耕，说职其筑。（《公是弟子记》卷二）

另外，刘敞在论述“时”“常”和“权”等概念时也拉出舜作佐证：

舜之受天下也礼辞，禹之受天下也固辞，益之受天下也终辞，非苟降杀也，时也，圣人从时。（《公是弟子记》卷二）

刘子曰：常事，礼也；变事，权也。尧禅舜，舜禅禹，汤放桀，武王杀纣，伊尹放太甲，周公摄成王，权也。圣人仁人无所不用权，惟圣人仁人然后可以用权。（《公是弟子记》卷三）

刘敞这里将社会处于正常状态下的运行称为“常”，在这种情况下，君王的活动一切尊礼而行即可。而将社会处于变革的状态称为“变事”，在这种情况下，君王的活动就不必尊礼而需用权，也可以叫“从时”。在他看来，尧、舜禅让，就是典型的用权和“从时”了。

历代学者和思想家对《孟子》一书中关于“瞽瞍杀人”如何处置的孟子答案评论各异，有些人甚至提出尖锐的质疑，但刘敞却是一个坚定的拥孟派：

> 或问：孟子曰舜为天下，皋陶为士，瞽瞍杀人，则如之何？孟子曰舜视弃天下犹敝屣也，窃负而逃，遵海滨而处中终身，䜣然乐而忘天下。故父子天性也，孟子可谓知舜矣。（《公是弟子记》卷三）

对于这个法律与道德冲突的“假设”，在中国古代社会的法律制度和伦理语境中，永远不可能有一个标准答案。

第十二节　《张子全书》的记述和评论

《张子全书》的撰著者张载（1020～1077），字子厚，北宋凤翔府郿县（今属陕西）横渠镇人，宋代著名的唯物主义理学家，主要著作有《易说》《正蒙》《经学理窟》《文集》等，《张子全书》为后人集录。因为他及其弟子多为关中人，他创立的学派称为“关学”。

《张子全书》中有不少提及舜的篇章。作为儒家传统的坚定捍卫者，该书充分肯定舜的圣帝名王的尊位和不世之功，将其置于古代七位所谓“作者”的帝王之列：

> 作者七人，伏羲、神农、黄帝、尧、舜、禹、汤，制法兴王之道，非有述于人者也。①

> 作者七人，伏羲也，神农也，黄帝也，尧也，舜也，禹也，汤也。所谓作者，上世未有作而作之者也。伏羲，始服牛乘马者也。神农，始教民稼穑者也。黄帝，始正名百物者也。尧，始推位、舜始封禅者也。尧以德，禹以功，故别数之，汤，始革命者也。若谓武王为作则，武王已是述汤事也。若以伊尹为作则，当数周公，恐不肯以人臣谓之作。若孔子自数为作，则自古以来，实未有如孔子者，然孔子已自言述而不作也。（《张子全书》卷一二《语录》）

张载以发展进化的理念看待远古的历史，认为文章礼乐有一个由无到

① （宋）张载：《张子全书》卷三《正蒙·作者第十》，影印文渊阁四库全书本。

有、由简渐繁的发展变化过程，而尧、舜等圣人的贡献就在于顺应历史的发展进行不断的变革，即通过不断的“通其变”“革其不类”，“使民宜之”：

上古无君臣尊卑劳逸之别，故制以礼，垂衣裳而天下治。必是前世未得如此，其文章礼乐简易朴略，至尧则焕乎其有文章。然传上世者，止是伏牺、神农，此仲尼道古也；犹据闻见而言，以上则不可得而知，所传上世者，未必有自从来如此而已。安知其间，固尝有礼文，一时磨灭耳；又安知上世，无不如三代之文章者乎？然而如《周礼》则不过矣，可谓周尽，今言治世且指尧、舜而言，可得传者也。历代文章自夫子而损益之，见其礼而知其政，闻其乐而知其德，不可加损矣。（《张子全书》卷一—《君逸臣劳》）

“神农氏没，黄帝、尧、舜氏作，通其变使民不倦，神而化之使民宜之。”鸿荒之世，食足而用未备。尧、舜而下通其变而教之也，神而化之使不知所以然，运之无形以通其变，不类革之，使民宜之也。（《张子全书》卷一—《易说下·系辞上》）

张载特别颂扬舜的品格“与人为善”“孝悌”“濬哲文明温恭允塞”：

稽众舍己，尧也；与人为善，舜也。

别生分类，孟子所谓明庶物察人伦者与！象忧喜，舜亦忧喜，所过者化也，与人为善也，隐恶也，所觉者先也。（《张子全书》卷三《正蒙·作者第十》）

钦明文思尧德也，濬哲文明温恭允塞舜德也，舜之德与尧不同。盖圣人有一善之源，足以兼天下之善，若以字之多寡为德之优劣，则孔子温良恭俭逊又多于尧一字，至于八元、八凯，齐圣广渊、明允笃诚、忠肃恭懿、宣慈惠和，则其字又甚多，如是反过于圣人，如孟子言尧、舜之道，孝悌而已，盖知所本。（《张子全书》卷四《诗书》）

他认为，舜之孝较之“待烹”的晋太子申生高出一筹，因为舜是理性的孝：

不弛劳而底豫，舜其功也；无所逃而待烹，申生其恭也。舜尽事亲之道，而瞽瞍底豫，其功大矣。故事天者，尽事天之道而天心豫焉，则亦天之舜也。申生无所逃而待烹，其恭至矣，故事天者，夭寿不贰而修身以俟之，则亦天之申生也。（《张子全书》卷一《西铭》）

张载进一步认识到，舜等圣人之所以具有如此高尚的品格，根本原因在于他们坚持“立本”，“畜德”“择善”“尽义”，同时持之以恒、坚持不倦地

"修持"：

孔子、文王、尧、舜，皆则是在此立志，此中道也，更勿疑圣人。于此上别有心，人情所以不立，非才之罪也。善取善者虽于不若已采取，亦有益心，苟不求益，则虽与仲尼处何益？君子于不善，见之犹求益，况朋友交相取益乎？人于异端，但有一事存之于心，便不能至理，其可取者亦耳，可取者不害为忠臣孝子。

立本既正，然后修持。修持之道，既须虚心，又须得礼，内外发明，此合内外之道也。当是畏圣人之言，考前言往行以畜其德，度义择善而行之。致文于事业而能尽义者，只是要学，晓夕参详比较，所以尽义。惟博学然后有可得以参较琢磨，学博则转密察，钻之弥坚于实处，转为实，转诚，转信，故只是要博学，学愈博则义愈精微。舜好问，好察迩言，皆所以尽精微也，舜与仲尼心则同，至于密察处，料得未如孔子。大抵人君则有辅弼，疑丞中守至正而已。若学者，则事必欲皆自能，又将道辅于人，舜为人君，犹起于侧微。(《张子全书》卷五《诗书》)

应该指出，《张子全书》中提及舜，更多的是作为圣君符号使用，论证的是张载指向的某一个问题，并不涉及对舜的具体评价，如在论述"愿欲无穷尽"时，他讲了下面一段话：

可愿可欲，虽圣人之知不越，尽其才以勉焉而已。故君子之道四，虽孔子自谓未能博施、济众、修己、安百姓，尧、舜病诸。是知人能有愿有欲，不能穷其愿欲。(《张子全书》卷三《正蒙·作者第十》)

在这里，舜只是美好理想往往难以完全实现的一个证据。又如他在论述人们面对"命运"的无奈与乏力时，就以尧、舜时期也有贤人不被赏识和重用为例：

贤者，在尧、舜之世，亦有不得遇者，亦有甚不幸者，是亦有命也，即智之于贤者，不获知也。(《张子全书》卷一二《语录》)

再如，他在论述德、性命、气、天理与生死、富贵等的关系时，就拿"舜、禹有天下而不与焉"为佐证：

德不胜气，性命于气；德胜其气，性命于德；穷理尽性，则性天德。命天理气之不可变者，独死生修夭而已。故论死生则曰有命，以言其气也；语富贵则曰在天，以言其理也。此大德所以必受命。《易》简理得而成位乎？天地之中也，所谓天理也者，能悦诸心，能通天下之志之理也。能使天下悦且通，则天下必归焉；不归焉者，所乘所遇之不同，如仲尼与继世之君也，舜、禹有天下而不与焉者，正谓天理驯致非气禀当然，非志意所与也。必曰舜、禹云者，余非乘势，则求焉者也。（《张子全书》卷二《正蒙·诚明》）

类似的例子还有不少。

第十三节　《皇极经世书》的记述和评论

撰著《皇极经世书》的邵雍（1011～1077），字尧夫，北宋著名哲学家。他先世居范阳（今河北涿州），后随父迁共城《今河南辉县》。是《周易》研究领域中象数之学的代表之一。他构筑了以"太极"为中心的宇宙模式和"皇、帝、王、霸"的历史退化论。主要著作除《皇极经世书》外，还有《伊川击壤集》等。

在《皇极经世书》中，邵雍推出了五帝（黄帝、颛顼、帝喾、尧、舜）和禹在位的确切年代和年龄。由于基本出于臆断，所以不被严肃的史学著作采信。

《皇极经世书》对舜的评论并不多，而在仅有的一些评论中，舜也只是论证他政治观和历史观的一个圣帝名王的符号。如在论述朝代更替的形式时，他认为德高于功，功高于放，放高于杀。舜以德而得以禅让形式从尧那里获得帝位，自然是顶尖级的帝王：

昔者孔子语尧、舜，则曰垂衣裳而天下治，语汤武则曰顺乎天而应乎人，斯言可以该古今帝王受命之理也。尧禅舜以德，舜禅禹以功。以德帝也，以功亦帝也，然而德下一等，则入于功矣。汤伐桀以放，武伐纣以杀。以放王也，以杀亦王也，然而放下一等，则入于杀矣。是知时有消长，事有因革，前圣后圣，非出乎一途哉？①

邵雍慨叹利害遮蔽人们的意识，扭曲人们对贤愚的认知。在这里，舜再次作为符号出现：

贤愚，人之本性；利害，民之常情。虞舜陶于河滨，傅说筑于岩下，天下皆知其贤，而百执事不为之举者，利害使之然也。吁！利害丛于中，而矛戟森于外，又安知有虞舜之圣而傅说之贤哉？河滨非禅位之

① （宋）邵雍：《皇极经世书》卷一二《观物》，影印文渊阁四库全书本。

所，岩下非求相之方，昔也在亿万人之下，而今也在亿万人之上，相去一何远之甚耶？然而必此云者，贵有名者也。(《皇极经世书》卷一二《观物》)

邵雍又从《韶》《武》之乐引申至对历史人物舜、武王、管仲、桓公和狄人的评价：

仲尼曰：《韶》、尽美矣，又尽善也，《武》尽美矣，未尽善也。又曰：管仲相桓公，霸诸侯，一匡天下，民到于今受其赐，微管仲吾，其被发左衽矣。是知武王虽不逮舜之尽善尽美，以其解天下之倒悬，则下于舜一等耳；桓公虽不逮武之应天顺人，以其霸诸侯一匡天下，则高于狄亦远矣。以武比舜，则不能无过；比桓，则不能无功。以桓比狄，则不能无功；比武，则不能无过。(《皇极经世书》卷一二《观物》)

这里他再次将舜推尊为尽善尽美的历史伟人，将舜代表的时代推尊为历史的黄金时代，显而易见，贯穿其中的是历史退化论。就此而言，邵雍较之他同时代的许多历史学家和思想家，在历史认识上大大落伍了。邵雍对"瞽瞍杀人"而舜"弃天下如敝屣"的评论，在对舜的褒扬中透出的是一个隐于市的知识分子的幻想：

瞽瞍杀人，舜视弃天下犹弃敝屣也，窃负而逃，遵海滨而处，终身訢然，乐而忘天下。圣人，虽天下之大，不能易天性之爱。(《皇极经世书》卷一三《观物外篇上》)

第十四节 《帝学》《续博物志》《梦溪笔谈》《麈史》《珩璜新论》《吕氏杂记》的记述和评论

撰著《帝学》的范祖禹，字淳父，北宋华阳(今四川成都)人，嘉祐八年(1063)进士，历官翰林学士，出知陕州，不久即谪宾化而卒。《帝学》是他和其他臣子在元祐年间为哲宗讲经、史时所编辑的圣君资料以及讲述者的评判合并而成，主旨是讲述古代圣君如何修身齐家治国平天下。《四库全书》提要对该书评价甚高："其开陈治道，区别邪正，辨释事宜，平易明白，洞见底蕴，虽贾谊、陆贽不是过。"

《帝学》多次提及舜，都是将他作为帝王的楷模，企望当今皇帝向他学习：

臣祖禹曰:……故学者所以致知、诚意、正心、修身、齐家、治国、明明德于天下,尧舜之道是也。帝王之学,所以学为尧、舜也,尧、舜亦学于古先圣王而已。其在《易》曰:进德修业,学以聚之,问以辨之。其在《书》曰:若稽古。其在《诗》曰:正家以风天下,此文王之学也。扬雄曰:适尧、舜、文王者为正道。后世学尧、舜而及之者,惟文王。故孔子祖述尧、舜,宪章文武而习周公,其他皆非道也。①

显然,与此前的著作相比,《帝学》在舜文化研究上没有增加新东西。

《续博物志》为北宋李石所撰,其中讲到历山,据《水经注》所载,一在历城,一在上虞。他认为,孰是孰非,后人不易定夺。其实,历山何止这两处?历山之多,只能从剖析传说作为民族口述历史得到合理诠释。

北宋沈括在《梦溪笔谈》中,考证认定尧之二女为舜妃的记载大为谬误:“考其年岁,帝舜陟方之时,二妃之齿已百岁矣。后人诗骚所赋,皆以女子待之,语多渎慢,皆礼义之罪人也。”②这一点此前的学者早已指明。

北宋王得臣的《麈史》认为舜之《韶乐》引来“百兽率舞,凤凰来仪”是真实的:

瓠巴鼓瑟而游鱼出听,伯牙鼓琴而六马仰秣,其感物如此,况以舜之乐乎?然则百兽率舞,凤凰来仪,不足怪矣。故施于人则庶尹允谐,于神则祖考来格。呜呼!非舜曷以至此?③

王得臣此论不过重复前人不只一次地论述,这些论述都是相信怪异现象的真实。究其实,这种异常现象不可能出现,而真实的情况应该是古人模仿鸟兽的舞蹈。

北宋孔平仲在《珩璜新论》中对荀子的“非孟”进行诠释时,将两人在尧、舜禅让问题上的不同认识作为主因:“荀卿何为非孟子?曰:夫以周公为不恭不俭,以尧、舜为非禅,则亦宜乎其非孟子也。”④这种比较是有见地的。

北宋吕希哲在其所撰的《吕氏杂记》中,将先觉、后觉、性、道等引入对圣王的评论中:

王圣美尝云:尧、舜、禹皆圣人也,而尧为先觉;文、武、周公皆圣人

---

① (宋)范祖禹:《帝学》卷一,影印文渊阁四库全书本。

② (宋)沈括:《梦溪笔谈》卷三《辨证一》,影印文渊阁四库全书本。

③ (宋)王得臣:《麈史》卷一《音乐》,影印文渊阁四库全书本。

④ (宋)孔平仲:《珩璜新论》,影印文渊阁四库全书本。

也，而文王为先觉。舜、禹、汤、武王、周公，待尧、伊尹、文王觉之而后觉者也。

尧、舜性者也，至俟命而已矣。汝州云：尧、舜性与道合者也，其于为善则无意于为善也，如此然后与道合。汤、武则初未能尽合道，学而知之，反而至于此，然后为圣人。①

这种以先觉、后觉、性、道等理学注重的概念作为标准评价历史人物，不管是否科学，总算是增添了新视角，具有一定的积极意义。

第十五节　《闻见后录》《晁氏客语》《上蔡语录》《学林》的记述和评论

撰著《闻见后录》的邵博，字公济，北宋共城（今河南辉县）人。出身理学世家，其父为邵伯温，其祖父则是大名鼎鼎的邵雍。因其父曾撰《闻见录》，邵博之作，以续父书为职志，故称《闻见后录》。该书记载他同时代政坛和思想文化界许多名人对历史、现实和理学等不少问题的观点。其中多处论及舜，如对《尚书》等文献记载的舜巡守的事迹提出质疑：

舜一岁而巡四岳，南方多暑，以五月之暑而南至衡山；北方多寒，以十一月之寒而至常山，世颇疑之。《汉书·郊祀志》武帝自三月出行，封禅，又北海至碣石，又巡辽西，又历北边，又至九原，五月还甘泉，仅以百日行万八千余里，尤荒唐矣。②

因为性、命、理、欲等是理学家论述的核心概念，他记述的司马光的《疑孟》亦涉及这些概念。书中记述，司马光既批判告子的性无分善不善，也不认同孟子的性善论，似乎持人性善恶固化论。证据是："瞽瞍生舜，舜生商均，岂陶染所能变乎？……丹朱、商均自幼及长日所见者尧、舜也，不能移其恶，岂人之性染有不善乎？"同时，司马光又以与仁义的关系作标准，将君王分为"尧、舜性之""汤、武身之""五霸假之"三种类型，认为"性得而身行之"的"尧、舜、汤、武"是成功的典型，而"假之者"的五霸由于对仁义是"文具而实不从"，所以走向失败是必然的：

疑尧、舜性之也，汤、武身之也，五霸假之也，曰：所谓性之者，天予

① （宋）吕希哲：《吕氏杂记》卷上，影印文渊阁四库全书本。

② （宋）邵博：《闻见后录》卷一〇，影印文渊阁四库全书本。

之也；身之者，亲行之也；假之者，外有之而内实亡也。尧、舜、汤、武之于仁义也，皆性得而身行之也，五霸则强焉而已矣。夫仁者，所以治国家而服诸侯也，皇帝王霸皆用之，顾其所以殊者，大小高下远近多寡之间耳。假者，文具而实不从之谓也，文具而实不从，其国家且不可保，况能霸乎？虽久假而不归犹非其有也。（《闻见后录》卷一一）

邵博似乎认同司马光的观点。他对《孟子》一书关于尧、舜、禹的记载特别不满意，屡屡提出质疑。他从理性出发，认定“舜避尧之子于南河之南，禹避舜之子于阳城”的记载根本就是子虚乌有，完全是出于孟子的臆断。因为如果真是如此，则必然陷“圣人作伪者”的境地：

或问：禹荐益于天下，七年，禹崩，三年之丧毕，益避禹之子于箕山之阴，朝觐讼狱者不之益而之启，讴歌者不讴歌益而讴歌启，曰吾君之子也，有诸？曰：禹不知启贤邪？知而且以传益邪？父不知子，安用明哉？知其贤，天下终归之，而让以为名，是伪也。孰谓圣人而不明且伪也？夫益亦不知启贤，不辞于禹，禹崩而后避之，以蹈舜、禹之迹，又终不得为舜、禹，其无惭乎？益与稷、皋陶，一体人也，不宜如是，且吾夫子未之言也。或曰：然则舜避尧之子于南河之南，禹避舜之子于阳城，如何？曰：尧不听舜让，舜受终于文祖；舜不听禹让，禹受命于神宗。或二十有八载，或十有七年，历数在躬既决定矣，天下之心既固结矣，又可避乎？舜、禹未尝避也。由孟子之言，则古之圣人作伪者也。王莽执孺子手，流涕嘘唏，何足哂哉？（《闻见后录》卷一二）

而在邵博看来，《孟子》关于瞽叟迫害舜的记载更是出于“委巷之说”，孟子将其作为实事予以记载，至少反映了他“之听不聪”：

或曰：父母使舜完廪，捐阶，瞽叟焚廪；使浚井，出从而掩之；象曰谟盖都君，咸我绩，牛羊父母，仓廪父母，干戈朕，琴朕，弤朕，二嫂使治朕栖，象往入舜宫，舜在床琴，象曰郁陶思君尔，忸怩，舜曰惟兹臣庶，汝其于予治。有诸？曰：《书》云瞽子，父顽母嚚象傲，克谐以孝，烝烝乂，弗格奸。又曰象罪引慝，只载见瞽叟，夔夔齐栗，瞽叟亦允若。是瞽叟未尝欲杀舜也。瞽叟欲杀舜，刃之可也，何其完廪、浚井之使乎？其亦有所虑矣。象犹能虑，则谓二嫂者，帝女也，夺而妻之可乎？尧有百官牛羊仓廪备以事于畎亩之中，而不能卫其女乎？虽其见夺，又无吏士无刑法以治之乎？舜以父母之不爱，号泣于旻天，父母欲杀之，幸而得脱而遽鼓琴，何其乐也。是皆委巷之说，而孟子之听不聪也。

(《闻见后录》卷一二)

宋代学者对《孟子》一书中桃应假设"瞽叟杀人",问孟子舜应如何处置的师徒对话一事比较感兴趣,不断有人提出辨证。《闻见后录》卷十三记载了刘中原父一篇题为《明舜》的文章,认为"舜为天子,瞽叟必不杀人",即使瞽叟真的杀了人,依据儒家"为尊者讳,为亲者讳,为贤者讳"的原则,皋陶也不会对他绳之以法,更不会有舜将其父"窃负而逃"的事情发生,显然,所谓舜"窃负而逃"的处置办法只能是孟子想当然的设计。而这个设计却是"察而不尽理,权而不尽义":

> 桃应问于孟子,曰"舜为天子,皋陶为士,瞽叟杀人则如之何?"曰"执之而已矣"。"然则舜不禁与?"曰"舜安得而禁之哉?夫有所受之也""然则舜如之何?"曰"窃负而逃,遵海滨而处终身,䜣然乐而忘其天下"。刘子曰:孟子之言,察而不尽理,权而不尽义。孝子之事亲也,既外竭其力,又内致其志,不使其亲有不义之名,不使其人有间非之言。瞽叟使舜涂廪从而焚之,乃下使浚井从而掩之乃出,舜往于田,日号泣于旻天,夔夔齐栗,瞽叟亦允若。《书》曰"父顽母嚚弟傲,克谐以孝,烝烝乂,不格奸",由是观之,舜为天子,瞽叟必不杀人也。仲尼之作《春秋》,为尊者讳,为亲者讳,为贤者讳,故以子则讳父,以臣则讳君,岂独《春秋》然哉?难为士者亦然,故必原父子之亲,君臣之义以听之。昔者商鞅之作法也,太子犯之,鞅曰太子君之贰也,不可以刑,刑其傅与师,鞅之法刻矣,然而犹有所移。由是观之,瞽叟杀人,皋陶必不执也。叶公子高问于孔子,曰吾党直躬者,其父攘羊而子证之,何如?孔子曰不可,吾党之直者异于是,父为子隐,子为父隐。由是观之,瞽叟杀人,皋陶虽执之,舜必不听也,舜岂以天下有所受顾临其亲哉?夫圣人莫大焉,天子莫尊焉,以天下养莫备焉,德为圣人,尊为天子,以天下养,然而不能使其亲无一朝之患,是则非舜也。知圣人之德,知天子之尊,知天下养之备焉,而不知天子父之贵也而务持执之,是则非皋陶也。无其事云尔,有其事,奚至于窃负而逃,遵海滨而处。故曰孟子之言察而不尽理,权而不尽义。夫衡之为物也,徒悬则偏而倚,加权焉则运而平,一重一轻之间,圣人权之时也。请问权?曰皋陶不难弃士,不过失刑而已矣;以君臣权之,天下之为君臣者,必定义莫高焉,舜不难弃位,不过隐法而已矣;以父子权之,天下之为父子,者必悦仁莫盛焉。故善为政者,无以小妨大,无以名毁义,无以术害道,无以所贱干所贵。迁

其身有以利天下则为之，贬其名有以安天下则为之，其唯舜、皋陶乎？

右刘中原父《明舜》。（《闻见后录》卷一三）

另外，邵博还对舜的年龄120岁提出质疑，对舜封象于有庳提出疑义，因为“有庳距舜之都平阳，越在江湖万里之外，如曰欲常常而见，源源而来，亦劳矣”（《闻见后录》卷二六），事实上是不可能的。

总之，《闻见后录》对古文献记载的舜的事迹提出种种质疑，反映了宋代理学家可贵的怀疑精神。他们总是从理性出发，审视此前文献记载的真实性，重新作出自己的判断，而不是盲从圣人之论。

北宋晁说之在《晁氏客语》一书中数处提及舜，在推崇他实践道、德、仁、义、礼的品格时，特别赞扬他执法过程中所遵循的原则：“称尧、舜，不曰刑必当罪赏必当功，而曰罪疑惟轻功疑惟重，与其杀不辜宁失不轻，异乎后世刻核之论矣！”①这其中蕴含的精神与现代法律有相通之处。

撰著《上蔡语录》的谢良佐，字显道，北宋上蔡人，中进士后，曾于建中靖国年间初官京师，因“召对忤旨”，被贬“出监西京竹木场”，不久又因事被废为民，之后读书讲学，终身未再仕。《上蔡语录》记载了他讲学时的话语，其中赞扬舜的“不矜不伐”、无有夸心，“立己与物……与天为一处”的品格。

撰著《学林》的王观国，北宋长沙（今属湖南）人，曾任左承务郎、知汀州宁化县，主管劝农公事兼兵马监押。《学林》涉及舜的事迹，多从古文献记载的歧义中寻找破绽，以便辨析史实真相。如卷一《孔子生》篇，比较《史记·五帝本纪》和《尚书·舜典》记载舜年龄的差异，认定孔子所定之书《尚书·舜典》所记112岁为真，而《史记·五帝本纪》所记百岁不足信。这种以孔子之书为标准的标准显然也是有问题的，且舜之超百岁的高龄无论出自何种记载，都是值得怀疑的。又如卷二他将《国语》记载的“鲧化黄熊”和《拾遗》记载的“鲧化玄鱼”批为“怪诞不经”，虽不失为理性思考，但却不了解神话传说与真实历史的区别。在其他卷中，他还对《史记·五帝本纪》记载的五帝年龄、辈分的舛误进行辨析，对各种九州、十二州的记载进行比较勘实，都有相当见地。

① （宋）晁说之：《晁氏客语》，影印文渊阁四库全书本。

第十六节 《紫微杂说》《省心杂言》《猗觉寮杂记》《能改斋漫录》的记述和评论

撰著《紫微杂说》的吕本中，北宋东莱（今山东莱州）人，曾任官中书舍人。他在书中对《孟子》“桃应问”作出了自己的诠释：

> 孟子桃应问一章，王介甫、刘原父皆不以为然。刘原父论齐国夏卫曼姑帅师围戚，曼姑受命而立，辄其不可以围戚，何也？或问乎“孟子曰舜为天子，皋陶为士师，瞽瞍杀人，则执之乎？孟子曰执之”，今以蒯聩为瞽瞍，以辄为舜，以曼姑为皋陶，此孟子之义，已曰孟子未尽于义也。伯夷、叔齐让国不取，饿于首阳之下，终身䜣然，以谓求仁得仁，故无怨也。夫不以能有其国家为贵，而以全其志义为安，故孔子称之。舜有天下，瞽瞍杀人，是亦将且循，伯夷之义安在？其循有司之法，而以己之贵加其亲，此不为知春秋。欧阳公论柴守礼杀人事，世宗不问为知权也，以为天子有宗庙社稷之重，百官之卫，朝廷之严，无有窃负而逃之理。范淳夫以此章为非孟子语也，程正叔以为此语有悞谬处。荥阳公常言介甫、原父皆以孟子答之为非，曷不曰是舜为天子，瞽瞍杀人，皋陶亦不得执，此二公之论也，予闻之师友，曰：是不然。圣贤立教，务成其善而已，言不委曲则理不明。今曰舜为天子，瞽瞍杀人，皋陶不得而执，而学者何问焉？若必以是答之，是亦二公而已矣，何以为孟子？何以知其然？齐宣好乐与勇，好货与色，以常人论之，皆在所不答，而孟子告之，如此亦委曲以导其志，使其趋于善而已。不然，何以为孟子？然则桃应之问，孟子之答，亦尽夫世人委曲之意，而使之趋正道也。尔若以为不然，则问者为不必问，答者为不必答也。①

其实，孟子桃应问一章，本来就是孟子对一个假设问题的回答，孟子借此所阐发的是亲亲高于法、亲情高于尊位，为亲亲可以牺牲一切。孟子根本就没有考虑此事能不能发生，此前关于此事能不能、应不应发生的争论，在吕本中看来皆是文不对题的无谓之争。应该说，他的理解比较接近孟子。

---

① （宋）吕本中：《紫微杂说》，影印文渊阁四库全书本。

撰著《省心杂言》的李邦献，北宋怀州（今河南泌阳）人，官至直敷文阁。在他的书中，对舜的直接评论很少，较多的是借舜之名号阐发一些道理。如：

为善者不云利，逐利者不见善，舜、跖之徒自此分。

强辨者饰非，不知过之可改；谦恭者无诤，知善之可迁。善恶在自为，父子不相授。尧为父而有丹朱，舜为子而有瞽瞍，尧与贤易，舜克谐以孝难。

舜耕于历山，伊尹耕于莘野，圣贤力田见于经传，后世以文学明道，其弊至于菽麦不分，岂止不知稼穑艰难也，哀哉！①

撰著《猗觉寮杂记》者朱翌，字新仲，号灊山居士，北宋舒州（今安徽潜山）人，政和年间得中进士，南渡后官中书舍人。他在《猗觉寮杂记》力辨尧、舜、禹、汤皆为名字，认定其他解释都是错误的：

古人以放勋、重华、文命为尧、舜、禹之名，如《中候》云重华舜名，《帝系》云禹名文命，皆非也。此言尧、舜、禹之德耳。又以尧、舜、禹、汤为谥，如曰"翼善传圣曰尧，仁义盛时曰舜，渊源通流曰禹，云行雨施曰汤"之类，皆非也。尧、舜、禹、汤，四君之名耳。谯周以尧为号，亦非也。传曰陶唐氏、有虞氏、夏后氏，殷人，是唐、虞者所起之地，因以为姓氏，所谓胙之土而命之氏也。尧、舜、禹、汤则名无疑也。《谥法》世传以为周公所作，以予观之，谥尧为传圣，谥禹为渊源通流，皆后人仿尧、禹之事撰成耳。若果以为谥，则自三代以下未有用此谥者。且如周之文、武、成、宣，谥也，故汉有文、武、宣、成帝，若谓史不当书尧、舜名，则文王昌、武王发，何尝不以名书也。陶虞为始起之地更无疑，唐则封晋也，晋诗云有尧之遗风，虞则虢之邻也。何以知尧、舜为名，以曰"有鳏在下曰虞舜"知之也，舜在侧微时，安得有生号死谥也？又何以知唐、虞为姓，孔子云"尧年十六以唐侯升为天子"知之也。《正义》虞氏舜，名舜之为虞，犹禹之为夏也。颛顼以来，地为国号，皇甫谧云河东太阳山西，虞地也。然则舜居虞以虞为氏，尧封之虞为诸侯，及王天下遂为天子之号，此说是也。若云禹为王号之名，则非也，是直名耳，何为王号哉？②

朱翌所辨析的问题，唐宋以来为较多的学者所关注，各种观点往复辩

---

① （宋）李邦献：《省心杂言》，影印文渊阁四库全书本。

② （宋）朱翌：《猗觉寮杂记》卷下，影印文渊阁四库全书本。

驳，作为学术观点似乎都有言之成理的存在价值。朱翌所持观点的合理之处在于，他认定谥号为周以后实行，所以将尧、舜、禹定为谥号显然说不通。不过，由于周以前的文献很多经过后人加工润色，因而增加了考定其真相的难度。

撰著《能改斋漫录》的吴曾，字虎臣，南宋崇仁（今属江西）人，官至工部郎中，出知严州。《能改斋漫录》一书涉及舜的篇章仅六则，其中三篇颂扬舜的政绩和美德，另外三篇皆是考证性文字如卷五《辨误·湘君湘夫人》辨舜有三妃，卷十《议论·辩四族》不同意苏轼"四凶"诛于尧之时的判断，根据是《左传》记载的"投诸四裔以御魑魅"，他认为这种说法更接近事实。其实这类问题后人有多种解读，究竟何者为历史真实，实在是不易坐实的。

第十七节　《东园丛说》《辩言》《刍言》《示儿编》的记述和评论

撰著《东园丛说》的李如篪，号东园，南宋括苍（今浙江临海、仙居间）人，曾任桐乡县丞。其书仅在卷中《瞽瞍底豫》篇中论及舜，较详细地阐明了"天下明德自虞帝始"的原因：

> 《书》云："帝初于历山，往于田，号泣于旻天，负罪引慝，祗载见瞽瞍，夔夔齐栗，瞽瞍亦允若。"允之为言，信也；若之，为言顺也。言瞽瞍见舜纯孝如此，亦为之感动，而信之顺之也。方在历山之时，已能以至诚感动瞽瞍而使之信顺，象之傲慢，于此亦必少悛矣。故师锡帝曰："有鳏在下，曰虞舜，父顽母嚚象傲，克谐以孝，烝烝乂，不格奸。"夫人日与善人居，则不能不化而善；与恶人居。则不能不化而恶，况乎终日与顽嚚傲狠者居，日以戕贼杀害者之为务，虽以贤智者处于此地，岂能不为之动心而起忿懑之心哉？忿懑之心一萌，则至于奸矣。惟舜大孝之诚，根于天性，如真金之在镕，百炼而不可变易，故能烝烝以自治不至于奸，其于父子兄弟之间，能尽其道如此。尧又欲观其所以处室家者，于是以二女妻之，以观其内行，而二女果不敢恃其贵骄，事舜亲戚甚有妇道，《书》所谓嫔于虞者是也。夫夫妇妇、父父子子、兄兄弟弟，各得其所，而人道极矣，故尧举天下而付之。孟子曰"舜尽事亲之道而瞽瞍底豫，瞽瞍底豫而天下化，瞽瞍底豫而天下之为父子者定"，孟子

之所谓“底豫”，即《书》之所谓“允若”者也。盖尝谓父慈子孝兄友弟恭，人伦之常道，中人皆足以服行，惟舜遭人伦之变，厥父母厥弟不惟不慈不恭而已，日以杀之为快，而舜则惟尽其在己者，而不顾其在彼者，至诚所格而瞽瞍亦为之悦豫，三纲五常之道至此而益明矣，至此而臻其极致矣。故史称明德自虞帝始，非谓尧以上明德不著于天下，正谓虞舜遭人伦之变而克尽其道，使三纲五常之义一定而不可变，自虞帝始，谁曰不然哉？①

这是对“天下明德自虞帝始”的第一次比较深入和透辟的诠释，将舜之大孝与古代中国社会核心价值观“三纲五常”联系在一起，如此就使“明德”奠基于最坚实的基础之上，从而深固不摇了。

撰著《辩言》的员兴宗，南宋人，里籍与生卒年皆不详。其书致力于经、史种种问题的辨析。如力辨《大戴礼》所记之后稷、契、尧为帝喾之三子为非。认定《书》载“四凶”及苏轼的解释不可靠：“凡四罪之刑，放最轻，流次之，窜次之，殛最重焉。舜服天下以此，夫岂轻加鲧殛刑乎？”批驳“荀子曰入孝出悌人之小行也”：

充匹夫之所以诚身者，此二物而已，及其至也，超然尧、舜矣，故孟子曰“尧、舜之道孝悌而已矣”，尧、舜之道不过此，卿如何其小之也。②

撰著《刍言》的崔敦礼，祖籍河北，南渡后与弟敦诗同登绍兴进士，官至诸王宫大小学教授。其书中有三节提及舜，都是作为圣帝名王的典型代表出现。例如，他在论述“刑者少则民为耻”“法严则犯者多”的道理时，将舜之治视为“刑宽”的典型，而将秦朝之治视为“法严”的典型，其效果是截然不同的：

医之活人，方也，杀人，亦方也；人君治天下，法也，乱天下，亦法也。方能治病，不能尽天下之病，遇病而不通于方，杀人矣；法能制变，不能尽天下之变，遇变而不通于法，乱天下矣。是故上医无专方，非无良方也，忧用方者也；圣人无定法，非无善法也，忧用法者也。九人履，其一跣焉，则跣者耻；九人跣，其一履焉，则履者不能为俗。赭衣墨服，舜之刑宽矣，而民愈避；断支体，残肌肤，秦之法严矣，而民愈犯。民非畏宽而易严也，法宽则刑者少，刑者少则民为耻矣；法严则犯者多，犯

① （宋）李如篪：《东园丛说》卷中《瞽瞍底豫》，影印文渊阁四库全书本。

② （宋）员兴宗：《辩言》，影印文渊阁四库全书本。

者多则民为玩矣。舜之民十人而九履者也,秦之民十人而九跣者也。①

又如他将尧、舜作为“乐于仁”的典型,将桀、纣作为“乐于暴”的典型,二者的结局就是存与亡:

为其所好,辍其所恶,行其所乐,戒其所惧,有心所同然也。尧、舜者乐于仁者也,桀、纣者乐于暴者也,尧、舜恶于仁不为仁矣,桀、纣恶于暴不为暴矣。是故治国者乐其所以存,乱国者乐其所以亡。(《刍言》卷上)

再如,他在论述良好的政治不是要求众人达到极少数人才能达到的境界,而是要求大多数人都能达到的限度,这就是所谓“善俗”。这里他举的例子是“避尧而洗耳,非舜而投渊”的“亢节”之士,这类人尽管被人称誉,却只能是少数人的“极端”之行,根本不是大多数人仿效的榜样:

避尧而洗耳,非舜而投渊,士之亢节也,圣人不以责人行;推处妖祥,达视千里,人之极智也,圣人不以责人术;山渊平,天地并,世之强辩也,圣人不以责人言;连机运开,阴闭幻错,工之奇巧也,圣人不以责人艺。亢节者,不可为民化也,极智者不可为民修也,强辩者不可为民听也,奇巧者不可为民业也。跂之而易及也,虑之而易知也,言之而易行也,为之而易能也,夫是之谓善俗。(《刍言》卷上)

总起来看,崔敦礼所论述的基本上属于政治学的范畴,应该说,其中展示的政治智慧达到了较高的水准。

撰著《示儿编》的孙奕,字季昭,号履斋,南宋庐陵(今江西吉安)人,生卒年不详。其书《自序》明示:“考评经传,渔猎训诂,非敢以污当代英明之眼,姑以示之子孙,故名曰《示儿编》。”(《四库总目提要·示儿编》)书中涉及舜的内容,一为史实的考证与辨析,如卷二《九官相逊不相逊》:

“舜命九官,济济相逊,和之至也”,刘向此言,古今以为真得九官之用心。然禹、垂、益、伯夷,固相逊矣,若稷、契、皋陶、夔、龙,皆不见其相逊之辞,何耶?且以此之逊是,则彼之不逊非,以彼之不逊是,则此之逊非,曰皆是也。夫舜之命禹、垂、益、伯夷也。皆出于佥言,惟其出于佥言,故不容于不相逊;至于稷、契、皋陶之与夔、龙也,则不待于佥言,惟其不待于佥言,故不用于相逊。然则相逊者所当然,其不相逊者亦所当然,皆无一毫之伪者也,所以众贤和于朝,独为称首。②

---

① (宋)崔敦礼:《刍言》卷上,影印文渊阁四库全书本。

② (宋)孙奕:《示儿编》卷二《九官相逊不相逊》,影印文渊阁四库全书本。

这里孙奕对刘向“舜命九官，济济相逊”的说法加以辨析，认为舜命九官，并非全是“济济相逊”，而是有相逊有不相逊，这是因为任命方式决定的，都不妨碍他们作为贤者的地位和品格。

一为颂扬舜的品格，如卷六《舜为法于天下》，将其置于“人伦之至”的圣贤楷模的绝顶：

舜为法于天下，可传于后世。舜遭人伦之变，而不失天理之常，故事顽嚚之亲而尽子道，封傲狠之弟而尽兄道，刑于二女而尽夫道，历试诸艰而尽臣道，凡人伦之至者，舜无一之不善也。宜乎可为天下后世之法也。（《示儿编》卷六《舜为法于天下》）

第十八节　程大昌《考古编》《演繁露》的记述和评论

撰著《考古编》和《演繁露》的程大昌为南宋人，生卒年与里籍均不详。《考古编》“杂论经义异同，及记传谬误多所订证”。《演繁露》是他推演董仲舒《春秋繁露》所写的一部书，“所演虽非仲舒本意，而名物典故考证详明，实有资于小学”（《四库总目提要·考古编·演繁露》）。

《考古编》对与舜有关的“象刑”进行考释，认为前人的诠释皆脱离本意，尤其是将其释为“画衣冠异章服而民不犯”更是一种想当然的臆测。他经过对有关文献的详细梳理，认定“象刑”已是后世三代刑罚的雏形，肉刑、赎刑、死刑都已经实施。推测当时国家行政体制已经初步建立，法律制度也初具规模，程大昌的理解应该是比较接近事实的。《考古编》还对“三宅三俊”的官制进行考释，《演繁露》对“如五器卒乃复”的舜行政时的用玉制度进行辨析，其观点在学术上都可备一说。程大昌对舜的论述集中在对“无为”的理解。在他看来，孔子和扬雄关于舜“无为”的理解都是有偏颇的，而后世对“无为”的理解更是“不入于扬子，则入于释氏”，距本旨更远。实际上，舜的一生勤于政务，操劳不已，一直处于大有为的状态：

孔子曰：无为而治者，其舜也欤！夫何为哉？恭已正南面而已矣。扬雄以其意见言之曰：袭尧之爵，有尧之道，法度彰，礼乐著，垂拱而视，天民之阜也无为矣。雄之若言，殆重华协帝之义疏耳！而非舜之所以无为也。竟水功，制象服，举十六相，去四凶，肇十有二州，封十有二山，浚川，皆非尧故，而又时巡考制，一岁之间车辙马迹，率常周遍天下，安得谓为垂拱坐视也耶？孟子曰：舜明于庶物，察于人伦，由仁义行，非行仁义也。夫惟察知事物情状，而循理以行不自作为，其斯以为无为也欤？故由仁义行，虽曰知至至之，而实非自为如此之仁，自为如此之义也。《易》之无思无为，箕子之无作好恶，成王之无作聪明，圣人之无常心，皆一致也。若曰心思作为，言语好恶，悉屏除谢绝，付之无有，直偶人矣，而治道安所自出也。孟子曰：舜居深山之中，与木石居，与鹿豕游，其所以异于野人也几希；及其闻一善言，见一善行，沛然若决江河，莫之能御也。方其理，不当作则忘世自适，非独不异野人，亦将不异于土石，无为之至矣。举世言行，苟有一善，则果于有行，如江河沛然，莫之御遏，则其作为孰勇于是？《系辞》之赞《易》，曰：无思也，无为也，寂然不动，感而遂通天下之故。又曰：圣人以此洗心，退藏于密，吉凶与民同患。夫其既洗而寂，其密也，其不动也，人以为土石野人也，及应感而通与，与民同患，人以为江河沛然也，而木石江河不殊一舜。故曰：在已无居，形物其著，其动若水，其静若镜，其应若响，古之圣人莫不皆然，而舜特其可得而见者也。世之言无为者，不入于扬子，则入于释氏。扬之说虽与孔子异见，亦未失理也；释之说，则弃人伦，蔑礼法，以空为主，自空以上无指焉，施诸一夫独善者，犹不害也，若举而措诸天下，则应感出治，以何为宗哉？关尹喜之言曰：知而忘情，能而不为，真知真能也；发无知何能情，发不能何为，聚块也，积尘也虽无为而非理也。揆之于《易》，有藏有感者之言也。若遇事当应犹其寂然，则聚块积尘而已耳，天下何赖焉。故夫水土稼穑，礼乐刑政，舜皆能之，而能不为也，以其该而照其偏焉。稷、契、皋、夷、夔，孰可尸是？孰可主彼？当其可而授之模，不强其所不能为，不致其所不可遂，则凡所分命，亦非舜而自为区处也。因事而择人，因人而授任，理固如是也。使舜不能高出其表而见其当然，则区处之初已大失当，况自亲之欤？故曰发无知何能为，则又并与无为之所自出而言之矣。世谓老、释一律，吾不信也，及其以此之为而致无为，则孔子之谓恭已正南面而已者，其何所似哉？释囚封墓，散财发粟，列爵分土，敦信明义，纷纷更刱，而犹曰垂拱以治，其真垂拱哉？①

检视此前文献资料，可以明晰，在关于舜的“无为”与否的认识上，一直

① （宋）程大昌：《考古编》卷五《舜》，影印文渊阁四库全书本。

存在两种不同的看法:一是将他视作“无为而治”的典型,仿佛他终生弹五弦之琴,歌《南风》之诗,在悠然自在的状态下实现了对国家和社会的完美治理。二是将他视为勤政有为的典型,日夜孜孜,废寝忘食,最后以百岁高龄还风尘仆仆于南巡的崎岖道路上,终致以身殉职于苍梧之野。程大昌显然坚持后一种观点。其实,这两种认识都只是强调和夸大了舜的一个侧面。认为他“无为”的人,着眼于他放手任用一批能干的臣子,各司其职地专注某一方面的事务,而舜似乎在高拱无为中成为圣君。认为他大有为的人,则着眼于舜的具体行政活动,满眼都是他忙碌的身影,这当然只能与有为连在一起。实在说来,无为与有为皆是春秋以后的概念,是后人用以对舜的认识和评价。一个君王,既不能绝对无为,放弃属于自己的职守;亦不必事必躬亲,绝对有为。能够将无为与有为有机结合在一起,一方面掌控大政方针,保证既定航向;一方面使臣子各司其职,保证具体工作有条不紊地进行。帝王政治学的奥妙正在无为与有为的恰巧运思。

另有南宋的高似孙著《纬略》一书,对湘君、昭华玉等进行考释。有陈叔方著《颍川语小》,对姓、氏进行诠解,认为舜姚姓虞氏,其后人封于陈,“则是陈与虞同姓而异氏”。

第十九节　《二程遗书》《二程外书》《二程粹言》的记述和评论

程颢、程颐兄弟合称“二程”,是北宋著名的理学家,宋代理学的主要奠基人。因为《二程遗书》《二程外书》都是朱熹编纂,所以放在这里论述。

程颢(1032～1085),字伯宁,学者称“明道先生”。程颐(1033～1107),字正叔,学者称“伊川先生”。他们是亲兄弟,洛阳(今属河南)人。他们同为周敦颐的弟子,既长期浸淫于传统儒学,又长期受佛学的影响。他们在政治上基本属于司马光为首的保守派,理学上属于客观唯心主义。其主要著作编为《二程全书》,包括《二程遗书》《二程外书》《明道文集》《伊川文集》《程氏经说》《二程粹言》等。

二程论及舜的内容主要涉及两个方面:一是史实的辨析,如否认孟子所言的“舜完廪浚井之说”:

孟子言舜完廪浚井之说,恐未必有此事,论其理而已。尧在上而使百官事舜于畎亩之中，岂容象得以杀兄，而使二嫂治其栖乎？学孟子者，以意逆志可也。①

又如，对尧不诛“四凶”而由舜诛“四凶”的诠释，是由于“四凶”在尧时未显其恶，而在舜时却“始怀愤怨不平之心而显其恶”：

> 四凶之才皆可用，尧之时圣人在上，皆以其才任大位，而不敢露其不善之心，尧非不知其不善也，伏则圣人亦不得而诛之。及尧举舜于匹夫之中而禅之位，则是四人者，始怀愤怨不平之心而显其恶，故舜得以因其迹而诛窜之也。（《二程遗书》卷五）

> 问：“四凶，尧尧不诛而舜诛之，何也？”曰：“四凶皆大才也，在尧之时未尝为恶，尧安得而诛之？及举舜加其上，然后始有不平之心而肆其恶，故舜诛之耳。”曰：“尧不知四凶乎？”曰：“惟尧知之。”“知其恶而不去何也？”曰：“在尧之时，非特不为恶，亦赖以为用。”（《二程遗书》卷一八）

再如，对“纳于大麓”的解释，认定司马迁的《史记·五帝本纪》的记述不符合事实。这并不是“二程”的创新，而是对前人诠释的引用：

> 纳于大麓，麓足也，百物所聚，故麓有大录万机之意。若司马迁谓纳舜于山麓，岂有试人而纳于山麓耶？此只是历试舜也。（《二程遗书》卷一八）

还有对“舜不告而娶”的辩解，与前人不同的是，他认为是“尧以君命命瞽瞍”，实际上等于告诉了瞽瞍，完全符合“君臣父子夫妇之道”：

> 或问：“舜不告而娶，为无后也，而于拂父母之心孰重？”子曰：“非直不告也，告而不可，然后尧使之娶耳。尧以君命命瞽瞍，舜虽不告，尧固告之矣，在瞽瞍不敢违，而在舜为可娶也。君臣父子夫妇之道于是乎皆得。”曰：“然则象将杀舜，而尧不治焉，何也？”子曰：“象之欲杀舜，无可见之迹，发人隐慝而治之，非尧也。”②

显而易见，上述解释有些是合理的，有些则是“二程”的推断，如“尧以君命命瞽瞍”在此前文献中就没有记载。从以上解释中，可以看出，这时的“二程”已经完全认定舜是没有任何缺失的圣人，凡是此前文献中有损于其形象的记载，他们要么予以否定，要么挖空心思找一个理由加以辩解，目的只有一个，就是维护舜完美无缺的圣人形象。例如，他们为舜“何为不能化

---

① （宋）朱熹编：《二程遗书》卷四《游定夫所录》，影印文渊阁四库全书本。

② （宋）杨时编：《二程粹言》卷下，影印文渊阁四库全书本。

商均”辩解：

问：“舜能化瞽象使不格奸，何为不能化商均？”曰：“所谓不格奸者，但能使之不害己，与不至大恶也。若商均则不然，舜以天下授人，欲得如己者，商均非能如已尔，亦未尝有大恶。大抵五帝官天下，故择一人贤于天下者而授之；三王家天下，遂以与子。论其至理，治天下者，当得天下最贤者一人，加诸众人之上，则是至公之法。后世既难得人而争夺兴，故以与子，与子虽是私，亦天下之公法，但守法者有私心耳。”(《二程遗书》卷一八)

又以秉气之不同为尧、舜“生朱、均”辩护：

天地之间皆有对，有阴则有阳，有善则有恶。君子小人之气常停，不可都生君子，但六分君子则治，六分小人则乱，七分君子则大治，七分小人则大乱。如是，尧、舜之世不能无小人，盖尧、舜之世只是以礼乐法度驱而之善，尽其道而已。然言比屋可封者，以其有教，虽欲为恶，不能成其恶。虽尧、舜之世，然于其家，乖戾之气亦生朱、均，在朝则有四凶久而不去。(《二程遗书》卷一五)

不仅如此，他们甚至认为舜所达到的高度已经是不可企及的巅峰，原因是“气之不齐，理之常也”：

或问：“后世有作，虞帝弗可及，何也？”子曰：“譬之于地，肇开而种之，其资毓于物者，如何其茂也，久则渐磨矣。虞舜当未开之时，及其聪明如此，其盛宜乎，后世莫能及也。胡不观之，有天地之盛衰，有一时之盛衰，有一月之盛衰，有一辰之盛衰，一国有几家，一家有几人，其荣枯休戚未有同者。与阴阳消长，气之不齐，理之常也。”(《二程粹言》卷下)

二是对舜的无条件的由衷颂扬。他们将尧舜视为“生而知之”的圣人，将其推至圣帝名王排序的最高端：

子曰：“尧、舜生而知之者也，汤、武学而至之者也。文之德似尧、舜，禹之德似汤、武，虽然皆圣人也。”(《二程粹言》卷下)

进而甚至认为“尧、舜之道止于孝弟，孝弟非尧、舜不能尽”：

鲍若雨、刘安世、刘安节数人，自大学谒告，来洛见伊川，问：“尧、舜之道，孝弟而已矣，尧、舜之道何故止于孝弟？”伊川曰：“曾见尹焞否？”曰：“未也。”请往问之，诸公遂来见和静，以此为问。和静曰：“尧、舜之道止于孝弟，孝弟非尧、舜不能尽，自冬温夏凊、昏定晨省，以至听于无声，视于无形。又如事父孝故事天明，事母孝故事地察，天地明察，神明彰矣。直至通于神明，光于四海，非尧、舜大圣人，不能尽此。”复以此语白伊川，伊川曰：“极是，纵使某说，亦不过此。”①

总起来看，“二程”论及的舜，是一个高端的圣人形象，唯其如此，舜也就更多具有符号的意义。

第二十节　朱熹的记述和评论

朱熹(1130～1200)，字元晦，南宋婺源(今属江西)人，曾任秘阁修撰、知府等职。他通过拜李侗为师，全面继承和发展了二程的学说，是宋明理学中影响最大的客观唯心主义的代表，世称“程朱理学”，他是孔子之后对我国思想文化影响最大的学者和思想家，明清两代被确立为儒学正宗。主要著作有《四书章句集注》《周易本义》《诗集传》《楚辞集注》以及后人编辑的《晦庵先生朱文公文集》《朱子语类》等。

朱熹著作中涉及舜的篇章主要集中在《近思录》《杂学辨》，尤其是《朱子语类》中。该书是他与弟子或友人讨论学问的记录，随问而答，海阔天空。涉及舜的篇章虽不少，但很少是专门论及舜的问题，只在卷八十七《礼四·小戴礼》论及谥号时，他认定尧、舜、禹只是名而非谥号，对此前这一争论不休的问题表明了自己的观点：

死谥，周道也。史云夏、商以上无谥，以其号为谥，如尧、舜、禹之类。看来尧、舜、禹为谥也，无意义。尧字从三土，如土之尧然而高；舜只是花名，所谓颜如舜华之舜；禹者兽迹，今篆文禹字如兽之迹，若死而以此为谥号也无意义。况虞舜侧微时已云有鳏在下曰虞舜，则不得为死而后加之谥号矣。看来尧、舜、禹只是名，非号也。②

这种观点，朱翌在《猗觉寮杂记》一书中已经论述过。在论及《孟子》一书关于“瞽瞍杀人”的问题时，朱熹借机将他理解的法与情、权制与变通的关系作了阐述，表达了与此前学者不同的观点：

问：“瞽瞍杀人，在皋陶则只知有法而不知有天子之父，在舜则只知有父而不知有天下，此只是圣贤之心，坦然直截，当事主一，不要生

① (宋)朱熹编：《二程外书》卷一二《传闻杂记》，影印文渊阁四库全书本。
② (宋)黎靖德：《朱子语类》卷八七《礼四·小戴礼》，影印文渊阁四库全书本。

枝节否?”曰:“孟子只是言圣贤之心耳。圣贤之心合下,是如此权制有未暇论。然到极不得已处,亦须变而通之。盖法者天下公共,在皋陶亦只得执之而已。若人心不许舜弃天下而去,则便是天也,皋陶亦安能违天?法与理便即是人心底,亦须是合下,有如此底心,方能为是权制。今人于事合下,无如此底心,其初便从权制去,则不可。”(《朱子语类》卷六〇《孟子·尽心上》)

在其他论述天、道、性、命、理、气、器、天理、人欲等理学基本范畴和《易》《诗》《书》《礼》《乐》《春秋》《大学》《中庸》《论语》《孟子》等典籍时,朱熹或信手拈来,将舜作为圣人符号说明自己的观点,或解释典籍,对涉及舜之事迹时作出合乎自己需要的诠释。例如,在论述人性无不善的命题时,他将所谓尧、舜相传的“十六字心传”拿来作根据,将其推尊为“万善皆备”的圣人:

学者须是求放心,然后识得此性之善。人性无不善,只缘自放其心,遂流于恶。天命之谓性,即天命在人便无不善处,发而中节亦是善,不中节便是恶。人之一性完然具足,二气五行之所禀赋,何尝有不善人。自不向善上去,兹其所以为恶尔。韩愈论孟子之后不得其传只为后世学者不去心上理会,尧、舜相传不过论人心道心精一执中而已。天下只是善、恶两端,譬如阴阳在天地间,风和日暖,万物发生,此是善底意思。及群阴用事,则万物彫瘁,恶之在人亦然。天地之理,固是抑遏阴气,勿使常胜,学者之于善恶,亦要于两夹界处,拦截分晓,勿使纤恶间绝善端。动静日用,时加体察,持养久之,自然成熟。

圣人相传只是一个字,尧曰钦明,舜曰温恭。圣敬日跻君子,笃恭而天下平。(《朱子语类》卷一二《学六》)

圣人万善皆备,有一毫之失,此不足为圣人。常人终日为不善,偶有一毫之善,此善心生也。圣人要求备,故大舜无一毫厘不是,此所以为圣人,不然又安足谓之舜哉。(《朱子语类》卷一三《学七》)

在论述天下“亘古今”只是一个理的理学核心观念时,他又认定尧、舜、文、武、周公、孔子所秉持的只是“一个道理”,而这个道理就是父慈、子孝、君仁、臣忠。为此,他将这一观点充分地阐发了一番:

道者,古今共由之理,如父之慈,子之孝,君仁臣忠,是一个公共底道理,德便是得此道于身,则为君必仁、为臣必忠之类,皆是自有已,方解恁地。尧所以修此道而成尧之德,舜所以修此道而成舜之德,自天地以先，羲、黄以降，都即是这一个道理，亘古今未尝有异，只是代代有一个人出来做主，做主便即是得此道理于已，不是尧自是一个道理，舜又是一个道理，文王、周公、孔子又别是一个道理、老子说先道而后德，它都不识分做两个物事，便将道做一个空无底物事看，吾儒说只是一个物事，以其古今公共是这一个，不著人身上说谓之道德，即是全得此道于已。它说先道而后后德，先德而后仁，先仁而后义，若离了仁义便是无道理了，又更如何是道。(《朱子语类》卷一三《学七》)

在论述“穷理尽性以至于命”的理念时，朱熹也以舜的事亲尽孝作为例子，进行了酣畅淋漓的辨析：

伯丰问：“穷理尽性以至于命，程、张之说孰是?”曰：“各是一说。程子皆以见言，不如张子有作用。穷理是见，尽性是行，觉得程子是说得快了。如为子知所以孝，为臣知所以忠，此穷理也；为子能孝，为臣能忠，此尽性也。能穷此理，充其性之所有，方谓之尽。以至于命，是拖脚，却说得于天者。尽性，是我之所至也；至命，是说天之所以予我者耳。昔尝与人论舜事，舜尽事亲之道而瞽瞍底豫，瞽瞍底豫而天下化，瞽瞍底豫而天下之为人父子者定。知此者，是穷理者也；能此者，尽性者也。”(《朱子语类》卷七七《易十三》)

朱熹在阐发中庸的道理时，将其定义为“平常”，并认定无论多大的事件，只要是“事理当然而无诡异”就是平常，也就是中庸了，而“尧、舜禅受，汤、武放伐”如此惊天动地的大事，亦包括在内：

问：“中庸之庸平常也，所谓平常者，事理当然而无诡异也，或问言既曰当然，则自君臣父子日用之常，以至尧、舜之禅受，汤、武之放伐，无适而非平常矣。窃谓尧、舜禅受，汤、武放伐，皆圣人非常之变，而谓之平常，何也?”曰：“尧、舜禅受，汤、武放伐，虽事异常，然皆是合当，如此便只是常事。如伊川说经权字，合权处即便是经。铢曰：程《易》说《大过》，以为‘大过’者，常事之大者耳，非有过于理也，圣人尽人道非过于理，是此意否？曰：正是如此。”(《朱子语类》卷六二《中庸一》)

朱熹与“二程”等理学家一样，对尧、舜、禹等圣帝名王的赞颂和推崇是无条件的。他们可能对其事迹的某一点或某个问题产生疑问，但对他们的圣人地位是没有丝毫怀疑的，他甚至认为这些圣帝名王、圣人智者的出现是天定的：

“天不生仲尼，万古长如夜”，唐子西尝于一邮亭梁间见此语。季通云："天先生伏羲、尧、舜、文王，后不生孔子亦不得，后又不生孟子亦不得，二千年后又不生二程亦不得。"（《朱子语类》卷九二《孔、孟、周、程》）

因而不时发出由衷的赞美之词：

又问："以舜聪明睿智，由仁义行，何待好问、好察迩言，隐恶扬善，又须执两端而量度以取中？"曰："此所以为舜之大知也。以舜之聪明睿智如此，似不用着力乃能下问，至察迩言又必执两端以用中，非大知而何？盖虽圣人，亦合用如此也。"（《朱子语类》卷六三《中庸二》）

第二十一节　洪迈与项安世的记述和评论

洪迈，字景卢，南宋鄱阳（今属江西）人，生卒年不详。绍兴十六年（1146）中进士后，曾任官端明殿学士。他撰著的《容斋随笔》至《容斋五笔》共74卷，内容博杂，"自经史诸子百家以及医卜星算之属，凡意有所得，即随手札记，辩证考据，颇为精确"（《四库全书总目提要·容斋随笔》）。

《容斋随笔》各卷，涉及舜者不多，其中多为史实的辩证，如在《容斋续笔》卷十二《古迹不可考》篇中，作者已经看出许多远古时代的古迹可能出于附会：

郡县山川之古迹，朝代变更，陵谷推迁，盖已不可复识。如尧山、历山，所在多有之，皆指为尧、舜时事，编之《图经》。会稽禹墓，尚云居高邱之颠，至于禹穴则强名一罅，不能容指，不知司马子长若之何可探也？舜都蒲坂，实今之河中，所谓舜城者，宜历世奉之唯谨。按张芸叟《河中五肥记》云：蒲之西门，所由而出者，两门之间，即舜城也，庙居其中。唐张洪靖守蒲，尝修饰之。至熙宁之初，垣墉尚固，曾不五年，而为埏陶者尽矣，舜城自是遂废。①

再如《容斋三笔》卷五的《舜事瞽叟》，作者对《孟子》中所记述的舜与瞽叟关系以及所谓"瞽叟杀人"等事迹提出质疑：

《孟子》之书上配《论语》，唯记舜事多误。故自国朝以来，司马公、李泰伯及吕南公皆有疑非之说。其最大者，证万章涂廪、浚井、象入舜

① （宋）洪迈：《容斋随笔》卷一二《古迹不可考》，影印文渊阁四库全书本。

宫之问以为然也。《孟子》既自云尧使九男事之,二女女焉,百官牛羊仓廪备,以事舜于畎亩之中,则井、廪贱役,岂不能使一夫任其事?尧为天子,象一民耳,处心积虑杀兄而据其妻,是为公朝无复有纪纲法制矣!六艺折中于夫子,四岳之荐舜,固曰瞽子,父顽、母嚚、象傲,克谐以孝,烝烝乂,不格奸。然则尧试舜之时,顽傲者既已格乂矣。舜履位之后,命禹征有苗,益曰:"帝初于历山,往于田,日号泣于旻天,于父母,负罪引慝,祗载见瞽瞍,夔夔齐慄,瞽亦允若。"既言允若,岂得复有杀之之意乎?司马公亦引九男、百官之语,烝烝之对,而不及益赞禹之辞,故详叙之以示子姪辈,若司马迁《史记》、刘向《列女传》所载,盖相承而不察耳。至于桃应有瞽叟杀人之问,虽曰设疑似而请,然亦可谓无稽之言。孟子拒而不答可也,顾再三为之辞,宜其起后学之惑。

(《容斋随笔》卷五《舜事瞽叟》)

继而在同书卷十一《天文七政》中,又对"七政"的不同解释提出自己的看法:

《尚书·舜典》以齐七政,孔安国本注谓日月五星也。而马融云七政者北斗七星,各有所主,第一主日,第二主月,第三曰命火,谓荧惑也;第四曰煞土,谓填星也;第五曰伐水谓辰星也;第六曰危木,谓岁星也;第七曰罚金,谓太白也。日月五星各异,故曰七政。《尚书大传》一说又以为七政者,谓春、秋、冬、夏、天文、地理、人道,所以为政也,人道正而万事顺成。三说不同,然不若孔氏之明白也。(《容斋随笔》卷一一《天文七政》)

另外,在《容斋五笔》卷十中,洪迈还对《唐尧无后》提出质疑和不平。所有这一切,显示了他从理性出发的追求事实真相的执着和努力。

项安世,字平甫,南宋松阳(今浙江丽水西)人,生卒年不详。淳熙二年(1175)进士,历官校书郎、池州通判。其《项氏家说》和《项氏家说附录》中有些涉及舜的内容,大部分是对舜的事功和品格的礼赞。如颂扬舜的大智、贤明、大孝、大德和隐恶扬善:

子曰:舜其大知也与!舜好问而好察迩言,隐恶而扬善,执其两端用其中于民,其斯以为舜乎!

犹曰古之人有能之者,大舜是也。大智非强明自用之智也,下文所言者是也。好问而好察迩言,隐恶而扬善,其好善也如此,知不足以言之也执;执其两端用其中于民,不主一说,惟善之从,其从善也如此,行不足以言之也。此舜之所以为大知也。

子曰：舜其大孝也与！德为圣人，尊为天子，富有四海之内，宗庙飨之，子孙保之，故大德必得其位，必得其禄，必得其名，必得其寿。故天之生物，必因其材而笃焉，故栽者培之，倾者覆之。《诗》曰："嘉乐君子，宪宪令德；宜民宜人，受禄于天；保佑命之，自天申之。"故大德者必受命。

知至于舜谓之大知，行至于舜谓之大孝，舜为人道之极，万世仰之不可加也。①

特别肯定舜"罔愆"的行政理念，赞扬他"赏当功罚当罪，不杀无辜，不失有罪"，在执法的过程中坚持"罪疑惟轻，功疑惟重"的原则：

安世尝谓：惟皋陶最善称舜者，夫舜之德至难名也，皋陶特立罔愆二字以为总目，谓其凡事并无过失，则舜之终身本末皆备于此矣。然尝疑之，今之言举事无失者，必以为精明之极，而皋陶言舜之无失，乃以简宽得之，则已与常说大异矣。至指陈其简宽之实迹，则曰罪疑惟轻，功疑惟重，与其杀不辜，宁失不经，则又近于瞶瞶者。夫治天下者，必使赏当功罚当罪，不杀无辜，不失有罪，则可谓无失矣。而舜之于功罪，不能使赏罚之必当，而但能使疑者之蒙私；不能使罪人之必得，而但能使无辜之不见杀，皋陶以此为舜之无所过失之验，是则其所为无失者，特不失其仁厚之本心而已。故其末继之曰：好生之德，洽于民心。兹用不犯于有司，此则其罔愆之主意也。世之治乱皆系于人主之聪与否，古今之言聪明者未有过于舜者，而舜之为治，乃不能自保其无疑与失也，其可保者，独吾之好生之心不疑不失而已。后之人自视聪明孰与舜多，而必欲其赏罚之必行，功罪之必得，是欲以己之所为，求胜于舜也，舜必不可胜，则其所刑杀过差多矣。此申、商之所以得罪于万世也，不然，则信赏必罚天下至明之政也，而何亡人之国若是之亟哉？孔子以用中于民为舜之大知，其意深矣。(《项氏家说》卷三《说经篇·帝德罔愆》)

在项安世看来，舜的法治思想中似乎已经有着"疑罪从无"观念的萌芽了。另外，《项氏家说》也有些考辨文字，如对远古时期"姓以别同异，氏以定亲疏"的辨析，对舜的妫姓和有虞氏二者的联系和区别作了说明：

① (宋)项安世：《项氏家说附录》卷二《中庸臆说》，影印文渊阁四库全书本。

古者姓与氏为二，后世姓与氏为一。姓者诸眷之所同，氏者一房之所独。姓以别同异，氏以定亲疏，皆不可无也。如妫姓之生众矣，凡居于妫汭者，不知其几族，皆同姓也，而于诸妫之中，有虞氏焉，则舜之家所独称也。故《书》载尧之嫁女，曰厘降二女于妫汭嫔于虞。言妫以著姓，明自祁适妫，所以正婚姻之礼也；言虞以别氏，明所归之族，所以详室家之辨也。古人于此谨矣，后世直以氏为姓一家，百族同用一氏，亲疏远近更无分别，则与古之用姓同矣。故史臣书之，皆曰姓某氏，见姓之与氏自是为一，不可复知也。（《项氏家说》卷三《说经篇·姓氏》）

同时还对“九功九德”的内容进行了辩证：

舜之九功，即禹之八政也。府以积贮言之，于五行之外，增谷为六者，当时水土之政，主为谷也。政以施行言之，金、木、土各以其类，增而为八者，天下已平，为万世法则，宾、祀、教、刑森然并举，皆不可略也。九功则用五行以治谷，用谷以治三事，自粗而至精也；八政则五行各致其用，精粗并举，而三事在其中矣。宾、祀、教、兵、刑皆以正德，司空以利用食货以厚生也。皋陶之九德，即禹之三德也。宽、柔、愿皆柔克也，简、刚、强皆刚克也，乱、扰、直皆正直也，乱，训治；扰，训驯。治且驯则无事矣。禹衍而为五以明己之治，皋陶析而为九以察人之德，故其目为愈详也。要之，五行之理，圣贤皆体而用之，至禹而后极上极下，而备衍之，以成一家之言耳。（《项氏家说》卷三《说经·九功九德》）

第二十二节　王楙、张淏、刘昌诗、叶大庆、赵彦卫的记述和评论

王楙，字勉夫，南宋长洲（今江苏苏州）人，生卒年不详。他一生“养母不仕，惟杜门著述，当时称为讲书君”，所著《野客丛书》共30卷，“是书皆考证典籍异同”（《四库全书总目提要·野客丛书》）。如卷八考证了南岳、首阳、历山、涂山等地名的多指及其变化和确切方位。卷二十六在《录尚书事》篇中，对“舜纳大麓”之义进行辨析：

汉置录尚书，盖取舜纳大麓之义，此汉儒释经之蔽。按《书》本意，

麓即林麓，非他意也。太史公曰："尧使舜入山林川泽，暴风雷雨，舜行不迷。"此说正得《经》意。释者乃谓舜大录万机之政，阴阳和，风雨时，其凿甚矣。是习闻当时之说尔。领尚书事，自武帝时置，历世不改，如张安世、霍光、王凤、师丹所除，是也。至章帝时乃改为录尚书事，以赵憙等为之。章帝盖专其一时之权，以一字易之，不知权重无以复加，贻患于后世，其权在三公上，每少帝立则置之，犹古者冢宰总己之义。魏晋之世，权臣移鼎之衅往往由此，吁可叹也！今州官有录事，县吏有押录，恐承此名。①

汉以后关于大麓的两种解释一直在争议中反复，显然，司马迁为代表的观点更符合实际，而将其解释为"大录万机之政"者实在有点离谱了。

南宋人张淏在《云谷杂记》中对《孟子》记载的"尧使九男二女事舜于畎亩"中的"九男"进行了合理解释。刘昌诗在《芦浦笔记》中记录了桂林尧庙的碑文，但认为此尧乃山神而非五帝中的唐尧。

叶大庆著有《考古质疑》一书，对古文献记载的不少人、事、名物制度等进行考释，序文称赞该书"考订详密，援引该博，而议论精确，往往出人意表"。其中对"舜耕鸟耘田""舜葬苍梧象为之耕"以及尧、舜"五年一巡守"之事进行了考辨。赵彦卫著有《云麓漫抄》一书，其中对《孟子》所记载舜事提出质疑：

《经》曰"瞽子，父顽母嚚象傲，克谐以孝，烝烝乂不格奸"，古文简奥，学者当于圣人分上体贴，方见得舜。盖舜有顽嚚之父母，傲慢之弟，而能尽孝，曲意承顺，内则得其欢心，外则使无犯于乡曲，盛德日著，尧闻之妻以二女，即后世尚主之意。尧非不能召舜而留于帝室，以舜有父母，故又以二女嫔之，家齐身正举而加之上位，孟子曰"舜尽事亲之道而瞽叟底豫，瞽叟底豫而天下化"，此语得之，岂复有浚井、捐廪、就时、受杖等事？此皆是将小夫贱隶事体贴圣人，孟子又复书之何耶？使其嫂果治栖，所谓百官尧遣以随主者，主为强暴攘略，百官乌得不以上闻，而尧亦岂能但已也？可发一笑。②

此前的学者已经提出过同样的质疑，他们显然对《孟子》记载的不合理处心生疑忌，希冀通过辨析还原历史真相。这种努力是可贵的，值得肯定。

---

① （宋）王楙：《野客丛书》卷二六《录尚书事》，影印文渊阁四库全书本。

② （宋）赵彦卫：《云麓漫抄》卷一〇，影印文渊阁四库全书本。

第二十三节　真德秀《大学衍义》《西山读书记》的记述和评论

真德秀，字希元，南宋浦城（今属福建）人，庆元五年（1199）进士，历官南剑州判官、太学正、博士、秘书省正字兼检讨玉牒、秘书郎、军器少监、起居舍人、太常少卿、江东转运副使、知隆兴府、湖南安抚使、知潭州、中书舍人、礼部侍郎，绍定年间拜参知政事，晋资政殿直学士。他力主抗金和进行革新，为百姓做了不少兴利除弊的好事。他一生著述丰硕，其中《大学衍义》《西山读书记》提及舜的篇章较多，几乎对“五经”“四书”中所有涉及舜的篇章都进行诠释。其中不少地方引经据典，尤其引证宋儒如朱熹之论以增强论证的力量。如对所谓尧、舜、禹“十六字心传”的解释：

> 臣按“人心惟危”以下十六字，乃尧、舜、禹传授心法，万世圣学之渊源，人主欲学尧、舜，亦学此而已矣。先儒训释虽众，独朱熹之说最为精确。夫所谓形气之私者，指声色臭味之欲而言也；性命之正者，指仁义礼智之理而言也。声色臭味之欲皆发于气，所谓人心也；仁义礼智之理皆根于性，所谓道心也。今即人主一身言之，宫室之欲其安，膳服之欲其美，与夫妃嫔侍御之奉，观逸游田之乐，此人心之发也，是心为主而无以裁制，则物欲日滋，其去桀、纣不远矣。知富贵之不可恃而将之以忧勤，知骄侈之不可肆而节之以恭俭，知旨酒厚味为迷心之鸩毒思所以却之，知淫声美色为伐性之斧斤思所以远之，此道心之发也，是心为主而无以汩丧，则理义日充，其去尧、舜不远矣。人心之发，如銛锋，如悍马，有未易制驭者，故曰危；道心之发，如火始然，如泉始达，有未易充广者，故曰微。惟平居庄敬，自持察一念之所从起，知其为声色臭味而发，则用力克治不使之滋长，知其为仁义礼智而发，则一意持守不使之变迁。夫如是，则理义常存而物欲退听，以之酬酢万变，无往而非中矣。盖主于中则曰道心，形诸用则曰中道，本非二事也，欲学尧、舜者，其惟用力于此乎？①

这里，真德秀显然将这“十六字心传”视为“道”即整个宇宙真理的最经

---

①　（宋）真德秀：《大学衍义》卷二《帝王为学之本 · 尧舜禹汤文武之学》，影印文渊阁四库全书本。

典的表述了。这种诠释也展示了宋儒以义理解经的特色：将自己的理解强加给经典而又硬指为经之本意。又如对《舜典》"象以典刑，流宥五刑，鞭作官刑，扑作教刑，金作赎刑，眚灾肆赦，怙终贼刑，钦哉钦哉！惟刑之恤哉！流共工于幽州，放驩兜于崇山，窜三苗于三危，殛鲧于羽山，四罪而天下咸服"的诠释：

臣按：此帝舜摄位时事也。象以典刑，谓揭常刑之法以示人，如天之垂象，使易避而难犯也。五刑，刑之重者也，罪虽重而情可矜，则宥之以流。鞭扑，刑之轻者也。过本轻而情又可原，则许之以赎，赎去赦无几矣。不即赦而犹赎者，过虽轻犹欲其知悔也，遽赦之则悔无从生矣。过误致灾，愿民之不幸者也，故赦之，此所谓圣人之仁。负恃罔悛，奸民之无良者也，故刑之，此所谓圣人之义。春生秋杀一出无，心而钦哉钦哉，未尝不惟刑之恤也。曰钦曰恤之二言，百圣相传此其心法，而用刑特一事尔。四凶之罪不加以五者之正刑，而止从流宥，既仁之至逆；诸四夷不与同中国，又义之尽。所罪者四人而天下无不服者，非舜刑之，天下实刑之也。流放窜殛，旧说以为诛杀，非也。傥果诛之，则于市于朝而不于四裔矣。大率曰流曰放，若今之安置居住；曰窜曰殛，若今之羁管编隶。(《大学衍义》卷二五《格物致知之要三・审治体・德刑先后之分》)

如此理解，尽管与此前的不少解释颇显歧义，但其彰显舜圣人"仁至义尽"之德的意图则暴露无遗了。再如，他对《孟子》一书中"人之所以异于禽兽者几希，庶民去之，君子存之。舜明于庶物，察于人伦，由仁义行，非行仁义也"的诠释，虽然全部都是引述别人之论，但他之强调舜之"仁义行"而达到"无亏欠"的最高境界的目的已经实现了：

朱子曰："人物之生同得天地之理，以为性同得天地之气，以为形其不同者，独人于其间得形气之正，而能有以全其性，为少异耳。虽曰少异，然人物之所以分，实在于此。众人不知此而去之，则名虽为人，而实无以异于禽兽。君子知此而存之，是以战兢惕厉，而卒能有以全其所受之理也。明则有以识其理，察则有以尽其理，之详物理固非度外，而人伦尤切于身，故其知之有详略之异。在舜则皆生而知之也，由仁义行非行仁义，则仁义已根于心而所行皆从此出，非以仁义为美而后勉强行之，所谓安而行之也，此则圣人之事，不待存矣。"尹氏曰："存之者君子也，存者圣人也，由仁义行，存者能之。舜明于庶物，察于人伦，明察，是见得事事物物之理，无一毫之未尽，所谓仁义者，皆不待求之于外，此身此心便浑然都是仁义。”“惟舜便由仁义行，他人须穷理，知其为仁为义，从而行之。且如仁者安仁，知者利仁，既未能安仁，亦须是利仁，利仁岂不是好底，知仁之为利而行之，不然则以人欲为利矣。”南轩曰：“由仁义行非行仁义者，行仁义犹为二物也；由仁义行则如目视而耳听，手持而足履，无非是矣，若舜者可谓全，其所以为人者而无亏欠矣，未至于舜，皆为未尽也。”①

在论及舜的篇章中，真德秀对舜的事功和品格作了顶尖级的无以复加的颂扬，其中特别重视的是舜的孝德，在对“舜尽事亲之道而瞽瞍底豫，瞽瞍底豫而天下化，瞽瞍底豫而天下之为父子者定，此之谓大孝”进行诠释时，颂扬舜是“大孝”的典型代表，真正做到了“圣人之尽性”：

瞽瞍至顽，尝欲杀，舜至是而底豫焉，《书》所谓不格奸，亦允若是也，盖舜至此而有以顺乎亲矣，是以天下之为人子者，知天下无不可事之亲，顾吾所以事之者未若舜耳，于是莫不勉勉而为孝，至于其亲亦底豫焉，则天下为父者亦莫不慈，所谓化也。子孝父慈各止其所而无不安其位之意，所谓定也。为法于天下，可传于后世，非止一身一家之孝而已。此所以为大孝。李氏曰：“舜之所以能使瞽瞍底豫者，尽事亲之道，共为子职，不见父母之非而已。”昔罗仲素语此云：“只为天下无不是底父母。”了翁闻而善之，曰：“唯如此而后天下之为父子者定。”彼臣弑其君，子弑其父者，常始于见其有不是处耳。

帝使其子九男二女，百官牛羊仓廪备，以事舜于畎亩之中，天下之士多就之者，帝将胥天下而迁之焉。为不顺于父母，如穷人无所归。天下之士悦之，人之所欲也，而不足以解忧；好色，人之所欲，妻帝之二女，而不足以解忧；富，人之所欲富，有天下而不足以解忧；贵，人之所欲，贵天子而不足以解忧。人悦之、好色、富贵，无足以解忧者，惟顺于父母可以解忧，人少则慕父母，知好色则慕少艾，有妻子则慕妻子，仕则慕君，不得于君则热中。大孝终身慕父母，五十而慕者，予于大舜见之矣。

言常人之情因物有迁，惟圣人为能不失其本心也。言五十者，舜摄政时年五十。五十而慕，则其终身慕可知矣。此章言舜不以得众人

① （宋）真德秀：《西山读书记》卷九《仁义》，影印文渊阁四库全书本。

之所欲为己乐，而以不顺乎亲之心为己忧，非圣人之尽性，其孰能之？

（《西山读书记》卷一一《父子》）

这里真德秀将“大孝终身慕父母”作为人之为人的最高道德信条，显示了宋儒在各种道德信条中的取舍。其所以如此，是因为忠君的对象是可以随时转换的，而父母却是永远不能转换的。由于真德秀当时身居高位，他的意见具有导向的作用，在一定意义上具有左右舆论的能力，所以他对舜的事功和品格的诠释就具有了主流意识形态的地位，因而所产生的影响是一般学者所不及的。真德秀诗文俱佳，诗文汇为《文章正宗》，其中《对禹问》一文，对“尧、舜传诸贤，禹传诸子”的矛盾作了如下诠释：

或问曰：“尧、舜传诸贤，禹传诸子，信乎？”曰：“然。”“然则禹之贤不及于尧与舜也欤？”曰：“不然。尧、舜之传贤也，欲天下之得其所也。禹之传子也，忧后世争之之乱也。尧、舜之利民也大，禹之虑民也深。”曰：“然则尧、舜何以不忧后世？”曰：“舜如尧，尧传之；禹如舜，舜传之。得其人而传之，尧、舜也；无其人虑其患而不传者，禹也。舜不能以传禹，尧为不知人；禹不能以传子，舜为不知人。尧以传舜为忧后世，禹以传子为虑后世。”曰：“禹之虑也则深矣，传之子而当不淑，则奈何？”曰“时益以难理，传之人则争未前定也，传之子则不争前定也。前定虽不当贤，犹可以守法；不前定而不遇贤，则争且乱。天之生大圣也不数，其生大恶也亦不数，传诸人得大圣，然后人莫敢争，传诸子得大恶，然后人受其乱。禹之后四百年然后得桀，亦四百年然后得汤与伊尹，汤与伊尹不可待而传也，与其传不得圣人而争且乱，孰若传诸子虽不得贤犹可守法。”曰：“孟子之所谓天与贤则与贤，天与子则与子者，何也？”曰：“孟子之心，以为圣人不苟私于其子以害天下，求其说而不得，从而为之辞。”①

传贤与传子的矛盾自三代以后即一直困扰着万千的政治家和思想家。自从禹传子的制度确立以后，几乎无人敢于撼动这个制度，传子也就成为人们认可而铁定为天经地义的制度。然而，传子的弊端却一再显现出来，从而让人们不断回首和向往那个已经消失的禅让制度。然而，传贤与传子又是明显对立而互相排斥的制度，可创造这样两种制度的尧、舜、禹已经被推尊为不容置疑的圣人，在他们的圣人地位不可动摇的前提下，思想家们

① （宋）真德秀：《文章正宗》卷一三《对禹问》，影印文渊阁四库全书本。

必须找到一个两者都是正确选择的说词。真德秀的解释"与其传不得圣人而争且乱,孰若传诸子虽不得贤犹可守法",巧妙地否定了孟子的"天与"论,将传子制度置于无可奈何的不得已而求其次的位置上,无疑显示了他的政治智慧。

第二十四节　滕珙《经济文衡后集》《经济文衡续集》的记述和评论

滕珙,字德章,号蒙斋,南宋婺源(今属江西)人,淳熙十四年(1187)进士,曾任合肥(今属安徽)令。与其兄滕璘俱为朱熹弟子。他著述的《经济文衡后集》《经济文衡续集》中有不少论及舜的篇章,其大旨皆在于论证朱熹的天理人欲之辩。如他驳斥苏轼《舜纪》的文章,即是对苏轼"以世俗不诚之心度圣贤"的攻讦,认为圣人取予之间,显示的是对天理人欲的恰切把控,"当行而行,当止而止"就是正确的抉择:

> 《舜纪》所论三事。其一许由是已,然当全载史迁本语以该卞随、务光之流,不当但斥一许由而已也。然太史公又言箕山之上有许由冢,则又明其实有是人,亦当世之高士,但无尧让之事耳。此其曲折之意,苏子亦有所未及也。其一瞽象杀舜,盖不可知其有无。今但当知舜之负罪引慝,号泣怨慕,象忧亦忧,象喜亦喜,与夫小杖则受,大杖则走,父母欲使之未尝不在侧,欲求杀之则不可得而已尔,不必深辩瞽象杀舜之有无也。其一舜、禹避朱、均而天下归之,则苏子虑其避之足以致天下之逆;至益避启而天下归启,则苏子又讥其避之为不度而无耻。于是凡孟子、史迁之所传者,皆以为诞妄而不之信。今固未暇质其有无,然苏子之所以为说者类皆以世俗不诚之心度圣贤,则不可以不之辩也。圣贤之心纯然无欲,岂有取天下之意哉?顾辞让之发,则有根于所性而不能已者,苟非所据,则虽卮酒豆肉犹知避之,况乎秉权据重而天下有归己之势,则亦安能无所惕然于中而不远引以避之哉?避之而彼不吾释,则不获已而受之,何病于逆?避之而幸其见舍,则固得吾本心之所欲,而又何耻焉?唯不避而强取之乃为逆,偃然当之而彼不吾归乃可耻耳。如苏子之言,则是凡世之为辞让者,皆阴欲取之而阳

为逊避,是以其言反于事实至于如此,而不自知其非也。舜、禹之事,世固不以为疑,今不复论;至益之事则亦不能无惑于其说者,殊不知若太甲贤而伊尹告归,成王冠而周公还政,宣王有志而共和罢,此类多矣!当行而行,当止而止,而又何耻焉?苏子盖贤共伯,而尚何疑于益哉?若曰受人之寄,则当遂有之而不可归,归之则为不度而无耻,则是王莽、曹操、司马懿父子之心,而杨坚夫妇所谓骑虎之势也。乃欲以是而语圣贤之事,其亦误矣。①

滕珙似乎对“十六字心传”特别有兴趣,在几个地方,以不同的视角精心加以论证。如在《答陈同父》一文中,将这“十六字心传”认作“尧、舜、禹相传之密旨”,中心是“尽去人欲而复全天理”,而这正是天下国家治乱安危所系:

此段专谓圣人教人,必欲尽去人欲而全天理,来书“心无常泯,法无常废”一段乃一书之关键。鄙意所同未有多于此段者也,而其所异亦未有甚于此段者也。盖有是人则有是心,有是心则有是法,固无常泯常废之理,但谓之无常泯即是有时而泯矣,谓之无常废即是有时而废矣。盖天理人欲之并行,其或断或续,固宜如此。至若论其本然之妙,则惟其天理而无人欲,是以圣人之教人,必欲其尽去人欲而复全天理也。若心则欲其常不泯,而不恃其不常泯也。法则欲其常不废而不恃其不常废也。所谓“人心惟危,道心惟微,惟精惟一,允执厥中”者,尧、舜、禹相传之密旨也。夫人自有生而梏于形体之私,则固不能无人心矣,然而必有得乎天地之正,则又不能无道心矣。日用之间,二者并行,迭为胜负,而一身之是非得失,天下之治乱安危,莫不系焉。是以欲其择之精,而不使人心得以杂乎道心;欲其守之一,而不使天理得以流于人欲,则凡其所行无一事之不得其中,而于天下国家无所处而不当。夫岂任人心之自危而以有时而泯者为当然,任道心之自微,而幸其须臾之不常泯也哉?夫尧、舜、禹之所以相传者既如此矣,至于汤、武则闻而知之而又反之,以至于此者也。夫子之所以传之颜渊、曾参者,此也;曾子之所以传之子思、孟轲者,亦此也。故其言曰:一日克己复礼,天下归仁焉。又曰:吾道一以贯之。又曰:道不可须臾离也,可离非道也,是故君子戒谨乎其所不睹,恐惧乎其所不闻。又曰:其为气

---

① (宋)滕珙:《经济文衡后集》卷二《辩苏子〈舜纪〉所论三事》,影印文渊阁四库全书本。

也至大至刚，以直养而无害，则塞于天地之间。此其相传之妙，儒者相与谨守而共学焉，以为天下虽大，而所以治之者不外乎此。然自孟子既殁，而世不复知有此学，一时英雄豪杰之士，或以资质之美、计虑之精，一言一行偶合于道者盖亦有之；而其所以为之田地根本者，则固未免乎利欲之私也。（《经济文衡后集》卷三《论尧舜禹相传之旨·答陈同父》）

而在对南宋皇帝的上书中，他则在劝勉皇帝摈弃“老子、释氏之书”的同时，将“精一”诠释为“致知格物”，将“执中”诠释为“正心诚意”，敦请皇帝认识“至精至一”的真谛，“独得乎尧、舜、禹、汤、文、武、周公、孔子之所传”，就能“应当世无穷之变”：

臣闻尧、舜、禹之相授也，其言曰：“人心惟危，道心惟微，惟精惟一，允执厥中。”夫尧、舜、禹皆大圣人也，生而知之，宜无事于学矣，而犹曰精，犹曰一，犹曰执者，明虽生而知之，亦资学以成之也。陛下圣德纯茂，同符古圣，生而知之，臣所不得而窥也。然窃闻之陛下毓德之初，亲御简策衡石之程，不过讽诵文辞，吟咏情性而已，比年以来圣心独诣，欲求大道之要，又颇留意于老子、释氏之书，疏远传闻，未知信否？然私独以为若果如此，则非所以奉承天锡神圣之资，而跻之尧、舜之盛者也？盖记诵华藻，非所以探渊泉而出治道；虚无寂灭，非所以贯本末而立大中。是以古者圣帝明王之学，必先格物致知以极夫事物之变，使事物之过乎前者，义理所存，纤微毕照，瞭然心目之间，不容毫发之隐，则自然意诚心正，而所以应天下之务者，若数一二、辨黑白矣。苟惟不学与学焉而不主乎此，则内外本末颠倒缪戾，虽有聪明睿智之资，孝友恭俭之德，而智不足以明善，识不足以穷理，终亦无补乎天下之治乱矣。然则人君之学与不学，所学之正与不正，在乎方寸之间，而天下国家之治不治，见乎彼者如此其大，所系岂浅浅哉？《易》所谓差之毫厘，谬以千里，此类之谓也。盖致知格物者，尧、舜所谓精一也；正心诚意者，尧、舜所谓执中也。自古圣人口授心传而见于行事者，惟此而已。至于孔子，集厥大成，然进而不得其位以施之天下，故退而笔之以为六经，以示后进之为天下国家者于其间，语其本末终始先后之序尤详且明者，则今见于戴氏之记，所谓《大学》篇者是也。故承议郎程颢与其弟崇政殿说书颐，近世大儒，实得孔、孟以来不传之学，皆以为此篇乃孔氏遗书，学者所当先务，诚至论也。臣愚，伏愿陛下捐去旧习无用浮华之文,攘斥似是而非邪诐之说,少留圣意于此遗经,延访真儒深明厥旨者,置诸左右以备顾问。研究充广,务于至精至一之地,而知天下国家之所以治者不出乎此,然后知体用之一原,显微之无间,而独得乎尧、舜、禹、汤、文、武、周公、孔子之所传矣。于是考之以六经之文,监之以历代之迹,会之于心,以应当世无穷之变。以陛下之明圣,而所以浚其源辅其志者如此其备,则其所至,岂臣愚昧所能量哉?

(《经济文衡续集》卷一《圣学类·论古今帝王务学之要》)

这显然已经将"十六字心传"纳入"致知格物"和"正心诚意"的程朱理学的框架。最后,他又通过"论人心道心之别",鼓吹"守其本心之正",以天理战胜人欲,使人心听命于道心,从而做到无论行政还是做人处事都能"无过不及":

臣谨按《尚书》,舜告禹曰:"人心惟危,道心惟微,惟精惟一,允执厥中。"夫心之虚灵知觉,一而已矣,而以为有人心道心之别者,何哉?盖以其或生于形气之私,或原于性命之正,而所以为知觉者不同,是以或危殆而不安,或精微而难见耳。然人莫不有是形,故虽上智不能无人心;亦莫不有是性,故虽下愚不能无道心。二者杂乎方寸之间而不知所以治之,则危者愈危,微者愈微,而天理之公卒无以胜乎人欲之私矣。精则察夫二者之间而不杂也,一则守其本心之正而不离也。从事于斯无少间断,必使道心常为一身之主,而人心每听命焉,则危者安,微者著,而动静云为,自无过不及之差矣。(《经济文衡续集》卷四《正心类·论人心道心之别》)

第二十五节　《乐庵语录》《密斋笔记》《学斋占毕》《鹤林玉露》《贵耳集》《木钟集》《脚气集》《宾退录》的记述和评论

龚昱,字立道,南宋昆山(今属江苏)人,他从学李衡,乐庵为李衡讲学之地,《乐庵语录》便是记录李衡平日讲学之语。从李衡刻意模仿孔子讲学的这些话语中,可以看出他对舜的评价超过尧、禹、汤、文:

孟子言舜为法于天下,而不数尧、禹及汤、文者,盖以舜当人伦之变而能每事尽道也。以父子则有瞽瞍,以兄弟则有象,起于侧陋而一旦立尧之朝，则君臣之间为甚难；以匹夫而妻帝之二女，则夫妇之间为甚难；与四凶之徒群居而杂处，则所谓朋友者，亦不可以一朝居也，惟舜皆能处之以道，故于人伦上了无一毫之累。此其所以能为法于天下。①

李衡对前人赞扬舜执政时的一些断语也进行辨析，如对“野无遗贤”和“无为而治”的看法就比较理性与符合事实：

尧、舜之世，野无遗贤，先朝说书谓贤者皆在朝，若只恁地说，则田野间不复有贤。唐、虞之盛，风俗醇厚，虽樵夫莫不谈王道，虽执耒耜者亦知歌颂圣人之盛德。是知田野间往往皆贤者，尧、舜岂能尽用之，今曰野无遗贤，乃是不遗其大者，如皋、夔、稷、契诸公是也。若其余，如何收拾得尽？

老氏言圣人，处无为之事，事须是处置得下，方可无为，如舜命九官，咨四岳，天下事皆一一处置了，然后能恭己南面。（《乐庵语录》卷三）

《密斋笔记》的撰著者谢采伯，在书中对“舜之五刑”进行了考证，认为“流宥五刑”是为了对付三苗，其中包括劓、刖、宫、大辟等肉刑。

《学斋占毕》的著者为史绳祖，他在书中考定“舜七始咏”，为“天地四时人之始，以为乐名”，还对洪迈在《容斋五笔》中指责《孟子》记舜事之误进行辨证，认为误解了孟子。

撰著《鹤林玉露》的罗大经，字景纶，南宋庐陵（今江西吉安）人，生卒年及事迹均不详，有记载说他曾任容州法曹掾。他在书中以别样视角看待尧、舜传贤不传子的事件：

尧不以天下与丹朱而与舜，世皆谓圣人至公无我，知爱天下而不知爱其子。余谓帝尧此举，固所以爱天下也，尤所以爱丹朱也。异时云行雨施，万国咸宁，虞宾在位，同其福庆，则安家而厚苍生，两得之矣；若使其以傲虐之资，轻居臣民之上，则毒痡四海，不有南巢之放，必有牧野之诛，尚得为爱之乎？曾子曰君子爱人以德，庞德公曰吾遗子孙以安，尧、舜之于子，亦不过爱之以德，遗之以安耳。故爱子者，人之常情也，尧、舜岂外人之常情以为异哉？故其书曰《典》。②

这里罗大经显然是以传子之情度禅让之事，他不知道禅让是特殊历史

---

① （宋）李衡：《乐庵语录》卷二，影印文渊阁四库全书本。

② （宋）罗大经：《鹤林玉露》卷一二，影印文渊阁四库全书本。

条件下出现的一种事物，当这种历史条件消失之后，传子就是一种社会认可的似乎天经地义的制度，无论儿子是恶魔还是智力低下，帝王们也一定将大位传给他们，尧、舜所谓爱子的思想和举动再也不会重现了。

撰著《贵耳集》的张端义，字正夫，自号荃翁，南宋郑州（今属河南）人，居于苏州。因“应诏”上书违逆“圣意”“坐妄言”，被罚至韶州安置。此书即在韶州所作。他在书中对尧、舜禅让作了高度赞扬：

尧、舜授受相传，至禹传之子。东坡云：“尧、舜虑天下也深，大禹虑后世也远。”尧曰“咨！尔舜！天之历数在尔躬，允执其中”；舜命禹“人心惟危，道心惟微，惟精惟一，允执厥中”，舍此别无他语。禹之传则曰“有典有则，贻厥子孙”；《商书》则曰“垂裕后昆，俾辅予尔后嗣，启迪后人”；《周书》则曰“欲至于万年，惟王子子孙孙，永保民启，佑我后人”；《诗》云“干禄百福，子孙千亿”“既受帝祉，施于孙子”“文王孙子”“有商孙子”。吁！尧、舜之世，未尝有一语及子孙，则知天下乃天下之公器，天下共之；三代之后，子孙之念重，所以汤放桀，武王伐纣，周之平王东迁，子孙贤不肖可知矣。自秦、汉以下，哀、殇、恭、冲，悲夫！①

这里张端义对尧、舜禅让的认识显然较罗大经更肤浅，因为他把禅让仅仅归结为个人品格使然，而根本不知道这是特定历史条件下形成的制度。

撰著《木钟集》的陈埴，字器之，南宋永嘉（今浙江温州）人。曾举进士，授通直郎，是出于朱熹之门的理学家。他在书中多处赞誉尧、舜，对一些记述作出自己的解释，如：“舜能使瞽瞍之不格奸，而不能化商均之不肖，何哉？不格奸亦谓能感动其慈爱之心至于和豫，使父子如初耳；非谓能移其气性，使作圣贤。”②但也对孟子的论述发出质疑之词，如“尧、舜与贤，禹传之子。孟子以舜、禹为相历年多，伯益为相历年少，使舜、禹而施泽未久，尧、舜岂舍子而授之？”（《木钟集》卷二）另外，他也对舜南巡、葬苍梧的记载持怀疑态度：

闽广号百粤之地，至秦始皇方开辟为郡，虞、夏之迹决不至此。禹迹曾至会稽，犹可言也；若苍梧以为舜所葬，此必无之理。舜既禅位于禹，何缘复自巡狩至于南蛮之地，且葬于此。后人以《书》有陟方乃死

---

① （宋）张端义：《贵耳集》卷中，影印文渊阁四库全书本。

② （宋）陈埴：《木钟集》卷五，影印文渊阁四库全书本。

一语，而傅会之。不知陟方，即升遐上仙之异名耳。(《木钟集》卷五)

这种观点，前人已有多次表述，应该说其怀疑不无道理。

撰著《脚气集》的车若水，字清臣，号玉峰山民，南宋黄岩(今属浙江)人。此书据其儿子惟一《跋》记载，作成于咸淳甲戌年间，因病脚气，"作书自娱"，故名曰《脚气集》。该书中对《汲冢书》记载的"舜囚尧，禹放舜"以及刘知几的肯定性理解提出激烈的反对意见。因为在正统儒家看来，这显然是对圣人的诬蔑：

> 沈继祖丑诋晦翁，以求官爵，自不足道，李果斋作《年谱》备载之，谓削之反涉忌讳，此说不然。《汲冢书》所谓舜囚尧，禹放舜之类，千载而下，忽然有个轻薄子如刘知几者出来，与之敷演，虽曰无伤于日月之明，然害理不少，害人心不少。曹操曰：舜、禹之事，吾知之矣。若当时见刘知几许多说话，岂不更无藉耶？①

撰著《宾退录》的赵与旹，字行之，宋宗室贵族，为太祖赵匡胤的七世孙，理宗宝庆二年(1226)进士。他在书中极力辩证湘君、湘夫人只是湘水之神，绝对与尧之二女即舜之二妃无涉：

> 《山海经》：洞庭之山，帝之二女居之。郭氏注云：天帝之二女而处江为神。即《列仙传》江妃二女也。《离骚·九歌》所谓湘夫人称帝子者，是也。而《河图玉版》曰：湘夫人者，帝尧女也。秦始皇浮江至湘山，逢大风而问博士湘君何神，博士曰：闻之尧二女，舜妃也，死而葬此。《列女传》曰：二女死于江湘之间，俗谓为湘君。郑司农亦以舜妃为湘君。说者皆以舜陟方而死，二妃从之，俱溺死于湘江，遂号湘夫人。按《九歌》湘君、湘夫人，自是二神，江湘之有夫人，犹河洛之有虑妃也。此之为灵，天地并矣，安得谓之尧女？且既谓之尧女，安得复总云湘君哉？何以考之？《礼记》曰舜葬苍梧二妃不从，明二妃生不从征，死不从葬，义可知矣。即令从之，二女灵达，鉴通无方，尚能以鸟工龙裳救井廪之难，岂当不能自免于风波，而有双沦之患乎？假复如此，《传》曰生为上公，死为贵神，《礼》五岳比三公，四渎比诸侯，今湘川不及四渎，无秩于命祀，而二女帝者元后，配灵神祇，无缘当复下降小水而为夫人也。参伍其义，义既混错，错综其理，理无可据，斯不然矣。原其致谬之由，由乎俱以帝女为名，名实相乱，莫矫其失，习非胜是，终

---

① (宋)车若水：《脚气集》，影印文渊阁四库全书本。

古不悟，可悲矣。其说最近理，而古今传《楚词》者未尝及之，书于此以祛千载之惑。张华《博物志》多出于《山海经》，然末卷载湘夫人事，亦误以为尧女也。①

自秦汉以来一直存在关于湘君、湘夫人为何神的争论，学者们煞有介事，争论不休。其实大家都忽略了一个前提：神话故事本来就是附会而来，又不断在附会中变异。后人不断将自己的理解和愿望附会到某个载体上，从而形成了不同的说法。学者应该研究变异背后的时代原因，而不应该纠缠于那种说法更真实，因为真实可能根本就不存在。

① (宋)赵与旹:《宾退录》卷五，影印文渊阁四库全书本。

第六章　两宋时期文献对虞舜的记述和评论(960~1279)(下)

第一节　王应麟《困学纪闻》和《通鉴地理通释》的记述和评论

王应麟(1223~1296),字伯厚,号深宁居士。先世居浚仪(今河南开封),后迁居庆元(今浙江鄞州区),淳祐进士,官至礼部尚书兼给事中,南宋著名学者。他学识渊博,对经、史、子、集均有深入研究,尤其长于考释历史事实、名物制度、地理方位等,著有《困学纪闻》《玉海》《诗考》《诗地理考》《汉书艺文志考证》《通鉴地理通释》等著作。

《困学纪闻》对涉及舜的史实、政治、礼乐制度、地理方位等问题,进行了比较详细的考释,并断以己意。如对《史记·五帝本纪》记载的尧、舜关系提出质疑:

> 三代世表:稷、契皆为帝喾之子,尧亦帝喾之子。《左传》正义曰《世族谱》取《史记》之说,又从而讥之。案鲧则舜之五世从祖父也,而及舜共为尧臣,尧则舜之三从高祖而妻其女,此《史记》之可疑者。①

对于尧、舜辈分的差异,此前的学者已经提出异议。他们的通病在于将尧、舜等看成一个具体的人而不是一个部落或一个时代,为了使史实不生抵牾,只能加大他们的年龄。其实,只要将尧、舜等认作一个部落或一个时代,这些抵牾也就自然消失了。

再如,对舜在位年限、舜与妫姓的关系和舜的葬地进行辨证:

> 舜年二十以孝闻,年三十尧举之,年五十摄行天子事,年六十一代尧践帝位,践帝位三十九年。《书》正义曰:舜年六十二为天子。《大禹谟》:朕宅帝位三十有三载,乃求禅禹。《孟子》云:舜荐禹于天十七年。

---

① (宋)王应麟:《困学纪闻》卷一一《考史》,影印文渊阁四库全书本。

是在位五十年明矣。《史记》皆谬。

舜居妫汭，其后因姓妫氏。《左传》正义曰：《世本》舜姓姚氏，虞思犹姓姚也，至胡公周乃赐姓为妫，谓胡公之前已姓妫，妄也。（《困学纪闻》卷一一《考史》）

舜葬苍梧山野，薛氏曰《孟子》以为卒于鸣条，《吕氏春秋》舜葬于纪，苍梧山在海州界，近莒之纪城，鸣条亭在陈留之平丘。今考《九域志》，海州东海县有苍梧山。（《困学纪闻》卷五《仪礼》）

以上辩证起码在学术上是说得通的。即如舜的葬地问题，历来众说纷纭，王应麟倾向于海州东海县之苍梧山，似乎更容易接受和理解。

最后，他考证出“《九招》作于帝喾之时，舜修而用之”：

《九韶》之舞，注云当为《大韶》。愚谓《九韶》之名尚矣，不必改字。《说苑》：孔子至齐郭门之外，遇一婴儿挈一壶，相与俱行，其视精，其心正，其行端，孔子谓御曰趣驱之，趣驱之，《韶》乐方作，孔子至彼闻《韶》，三月不知肉味。齐景公作《徵招》《角招》，盖舜乐之存者。刘原父云：《九招》者，九名予识其三焉，祈、徵、角之谓也。《山海经》：夏后开得《九辩》《九歌》以下，始歌《九招》于大穆之野。《帝王世纪》：启升后十年舞《九韶》。《史记》禹乃兴《九招》之乐。《索隐》曰：即舜乐《箫韶》九成。艾轩谓劝之以《九歌》，即《九招》之乐。《吕氏春秋》：帝喾命咸黑作为舞声，歌《九招》《六列》《六英》；帝舜令质修《九招》《六列》《六英》以明帝德。然则《九招》作于帝喾之时，舜修而用之。（《困学纪闻》卷四《周礼》）

《九韶》也是一个聚讼纷纭的问题，因为其资料都是出于后世的追忆，而且都是由现存的礼乐资料上推断远古的史讯，其中不乏臆猜的成分。所以，后人对各种观点的判定只能看其合理性的维度。这里王应麟的猜度尽管也经过严密的考证，但也只能作为一种观点存在，而不是一种坐实的判断。

王应麟的《通鉴地理通释》是一部考释中国历史地理的巨著，谈到著作原起，他在《自序》中说：

余闲居观《通鉴》，将笺释其地名，举纲提要，首以州域，次以都邑，推表山川，参以乐毅王朴之崇论宏议，稽《左氏》《国语》《史记》《战国策》《通典》所叙历代形势，以为兴替成败之鉴。大易设险，守国春秋，书下阳彭城虎牢之义也。河湟复而唐衰，燕、代割而辽炽，述其事终焉。若昔对白题，羊肠帝丘内黄问松亭柳河者，以该洽见称，今岂无其人乎？孤陋寡闻，未免阙误，以俟博雅君子。山河不改，陵谷屡迁，亦以发鉴古之一慨。①

显然是想通过历史地理的变迁，总结兴亡成败的经验和教训。该书对与舜有关的十二州、舜帝都、苍梧、沅湘等进行了详细考释，每一项都列举此前古文献的有关记载，让读者了解依时间顺序出现的不同记述，以显示其变化。如卷一《历代州域总叙上·舜十二州》：

冀、兖、青、徐、扬、荆、豫、梁、雍、幽、并、营，孔氏云：禹治水之后，舜分冀为幽、并，分青为营。马氏云：禹平水土，置九州，舜以冀州之北广大分置并州，燕、齐辽远，分燕为幽，齐为营。《汉·地理志》云：尧遭洪水，天下分绝为十二州，禹平水土，更制九州，列五服。与孔、马之说异。愚谓《舜典》言肇十有二州，咨十有二牧，而后命禹平水土，当以《汉志》为正。郑氏谓分卫为并，燕以北为幽，分齐为营。朱氏谓分冀东恒山之地为并，又东北医无闾之地为幽，又青之东北辽东等处为营，而冀止有河内之地，今河东一路是也。刘氏云：冀州之域大于九州，于是分为幽、并，以此二州北扞夷狄，使不得接于王畿。《书大传》《虞》《夏》传云：兆十有二州。注：兆，域也，为营域以祭十二州之分星也。

（《通鉴地理通释》卷一《历代州域总叙上·舜十二州》）

第二节　罗壁《识遗》的记述和评论

《识遗》的撰著者罗璧，字子苍，号默耕，南宋新安（今属河南）人。他“宗仰程朱之学”，认为“夫子之道至晦翁而集大成，诸家经解自晦翁断定然后一出于正”，他的《识遗》一书，“多引经述史，考订异同，而不屑为性命之空谈，故其议论往往精博”（《四库全书总目提要·识遗》）。罗璧《识遗》中涉及舜的篇章，大多能从情理或常识出发，对有关记述加以辨析。如卷一《书史讹名》篇，辩证尧、舜、禹为谥、为号、为名的争议，结论是“尧、舜、禹、汤为号无义，名或近是”，是说得通的：

尧、舜、禹、汤，或以为四圣人名，或以为谥，或以为号。以为谥者，

---

① （宋）王应麟：《通鉴地理通释·自序》，影印文渊阁四库全书本。

谥法始周，古未有也。以为号者，索之旧说，谓孟子称尧曰放勋，舜曰都君，屈原称舜曰重华，《书中候》称禹曰文命。盖放勋谓尧能依仿上世之功化，重华谓舜继尧重光，文命谓禹布文德为则。尧、舜、禹、汤为号无义，名或近是。况尧命舜之辞，曰咨汝舜，舜命臣曰咨汝禹，若稷、契，则知舜、禹尽名也。汤名，《论语》著曰予小子履，《世本》乃谓汤名天乙，皇甫谧《世纪》谓名履字天乙。至舜命弃为稷，养官也，在当时以稷与禹、皋陶并称名，已觉混，及他书，凡称弃者并曰稷；不知夏以前杞柱为稷，殷兴始废柱以弃代，谓稷可代弃名，非也。①

又如卷一《十六相四凶》对"五帝"普遍的高寿以及"八元""八恺""四凶"的传递提出质疑，更凸显其理智：

《五运历谱》载黄帝之子相承四百年，次颛帝（即高阳氏）在位七十八年，次帝喾高辛在位七十年，次唐尧在位七十年，以其数考之，意子孙至舜时已六百一十余年。

称舜举十六相，去四凶族。苍舒至叔达八人为高阳氏之才子，天下谓之八元（如《历谱》之数，八人至舜时已二百一十余年）；伯奋至季狸八人为高辛氏之才子，天下谓之八恺（如《历谱》之数，八人至舜时已一百四十年）；少皞有不才子曰穷奇（至舜时已一百六十余年），帝鸿氏有不才子曰浑敦，颛顼氏有不才子曰梼杌（至舜时皆二百一十余年），缙云氏有不才子曰饕餮（《历谱》曰缙云氏黄帝臣，至舜时亦六百余年），窃意舜时未必皆尚有其人。虽古人多寿，然数人者不皆寿，纵寿亦未必如此其久也。若曰自其世济美恶者言之，绵历六百余年之远，未必代代皆元恺，人人为凶类也。夫谓之世济者，世代相仍，积累皆然也。不思尧、舜大圣生朱、均；瞽、鲧顽圮生舜、禹，父子相去一间，圣愚悬隔。禹治水可谓有大功于世，启、少康之外咸无可称。文武之兴，后稷稼穑之休烈犹有存者，成、康、宣王外可数无几焉。以帝王之胄犹若此，彼十六相世为元、凯，四凶族代为恶人，吾不信也，况更历六百余年，谓之元、凯，其间岂无一凶德，败祖宗之美；谓之凶族，其间岂无一良善，掩前人之愆。谓皆自其世济而言之，亦非也。

对"五帝"普遍高寿以及"八元""八恺"等提出质疑并不自罗璧始，此前已有不少清醒之士对其中明显的抵牾处提出疑义。他们展示的怀疑精

① （宋）罗璧：《识遗》卷一《书史讹名》，影印文渊阁四库全书本。

神是可贵的，但他们并不知道造成这种舛误的原因。因为中国古史的“五帝”系统是后人依据传说的资料编制的，他们根本不了解五帝是一个历史时代，其间的部落纠合、所谓帝王更替，是非常复杂的过程，有些环节已经湮灭。后人的强行连缀不可避免地出现众多违背常识、互相抵牾的节点。不过，罗璧从其所在时代的伦理道德出发论析舜与禹的关系，就显示了非历史主义的呆气：

尧使鲧治水，鲧堙洪水，汩陈其五行。复以命禹，胼手胝足之，不惮将以盖父之愆也。及鲧殛死，禹为鲧子，以情义处之，纵无说以全其父，疑亦不恝于其亲者，虽鲧以罪殛，禹无可辞，但人子之心欲处之而安，当以去之为得。或曰舜不以鲧故废禹，公也；禹若为鲧故弃舜，私也。圣人天地之为量，不可以私心窥也。愚谓公私之辨可有，父子之伦不可昧。孔子曰：食夫稻，衣夫锦，女安则为之。圣人处事，但欲求之心而安。桃应问：瞽叟杀人则如之何？孟子答以弃天下犹敝屣。盖谓舜当此时，可以无天下，不可以无父，义有重于得也。噫！禹吾无间然矣，父子大伦也，圣人当有说以处。（《识遗》卷五《禹事舜》）

不要说鲧、禹是否父子关系尚有疑义，即使真的是父子关系，当时是否有后世的伦理观念更值得怀疑。以后世的伦理观念规范尧、舜时代的父子关系，当然只能得出令人尴尬的结论。同卷的《尧、舜病博施》篇认为尧、舜博施实在是力不从心，这是对尧、舜施政的理想化，而将其作为鄙夷秦皇、汉武开拓疆域的理由，更是没有道理的：

天不能长春而不冬，常旸而不雨。日月不照，覆盆之下，生长不施；霜雪之时，虽天地之大，犹有余憾。尧、舜其仁如天，岂不欲衣帛食肉均于老幼，而养有所不给，故五十衣帛，七十食肉，王政必为之规；岂不欲疲癃残疾、鳏寡孤独均获畅遂，而禀气不足，不能移其赋受之偏；岂不欲穷发之比，不毛之地均入抚绥，而风气所限，不容不听之要荒之外。故博施济众，尧、舜亦病。秦皇、汉武乃欲威服荒远以示无外，岂不缪哉？（《识遗》卷五《尧、舜病博施》）

第三节　田锡、夏竦、孙复的记述和评论

田锡，北宋学者，生卒年、里籍均不详。在其著作《咸平集》中，只有一

处提及舜，即对“妖不胜德论”进行批驳时，以舜征三苗作为一个力证。他的结论是“妖必胜德”，而胜妖只能靠征伐和严刑：

《书》曰妖不胜德，锡谓理未当也。若谓妖不胜刑，可也。何哉？不忠之臣，国之妖也；不孝之子，家之妖也。唐、虞之时，四凶为妖，尧、舜之德，岂能胜之？卒用刑而流之窜之，然后天下咸服。既而禹继尧、舜，嗣总大位，不能以德胜防风氏，果明其罪诛而胜之。其后尹谐之妖成汤诛之，潘止之妖文王灭之，管、蔡之妖周公戮之。尧、舜、成、汤、文王、周公尚不能以德胜而刑胜之，况伯宗之直欲胜三郤之暴乎？仲章之贤欲加鄞舒之戈乎？伍相之忠欲敌伯嚭之佞乎？益不能也。惟明者能辨之，有权者得诛之，明与权相济，妖与德相敌。苟明不照微，权不在己，虽有盛德，岂能胜妖乎？听而不聪则妖言入，视而不明则妖色造。好讦似直言，好谗若忠告，言之妖也；貌厉而内荏，色取仁而行违，色之妖也。朱云知张禹之妖不能逐，是明有余而权不足也；德宗惑卢杞之妖不忍弃，是权有余而明不足也。或曰：苗民不宾，舜舞干羽，七旬来格，岂非德胜乎？锡谓非也。当始征之际，苗民有辞，舜为之退，然后来格，盖三苗不欲因伐而降也。若然，则圣人之德素被于天下，何必七旬之间，益修文教方化匪人？盖被舜之征，因而来服也。亦犹崇侯作乱，文王因垒而降，若使文王退而修德，不复再驾，崇亦弗宾也。少正卯，一奸雄尔，孔子未为司寇，尚不能以德胜之，矧苗民、崇侯，奄有邦国，虽虞舜、文王，谓以德胜，未之信也。圣人犹然，况仁贤乎？自古君子寡而小人众，独立其德不为妖胜者，鲜矣。故锡谓妖必胜德。①

显然，田锡这里阐发的是典型的法家理论，在儒家思想成为主流意识形态的情况下，如此大胆批驳儒家学说，毫无顾忌地弘扬法家学说，实在需要一点反潮流的精神。

《文庄集》的撰著者夏竦（985～1051），字子乔，北宋江州德安（今属江西）人，曾任参知政事、陕西经略安抚使、枢密使等高官。在北宋政争中与范仲淹、富弼、欧阳修等改革派对立，他“为人无足取，其文章则辞藻赡逸，风骨高秀”（《四库全书总目提要·文庄集》），具有一定影响。他的《文庄集》中有一篇名为《舜无为禹勤事功德孰优论》的文章，将舜作为“无为而治”的典型，同时将禹作为“勤事功”的典型。他认为，二者的不同在于君臣

---

① （宋）田锡：《咸平集》卷一〇《妖不胜德论》，影印文渊阁四库全书本。

分工的差异，其中很难区分优劣，而是在其位则谋该位所规定之政，君王无为治天下，臣子有为勤事功，都可以“谓之盛德”：

天生烝民，立之司牧，宝曰天子。天子必张官设吏，布德行惠以怀万民，驱之四方上下，惟其所从，在其治一也，而其道固不可同矣。三、五之君，其治之至，其德之盛，际天接地，垂映列辟者，皆曰舜、禹，则舜、禹可以谓之盛德。夫舜以无为而治天，下禹以勤事而陟元后，然则无为、勤事，其有隆杀矣。夫圣人功业既殊，教化皆异，其德隆者其功逸，其德杀者其功劳，逸者合于造化而及于物者也，劳者滞于形器而立事者也。故言事者，劳逸之际不可不察也。夫无为者逸也，何以逸？能任人也。圣人劳于求贤，逸于得士。当有虞氏纳于大麓，遂陟帝位，任四岳以主内事，任十二牧以秉外政，任大禹、垂、益、伯夷、夔、龙以平水土，以典礼乐，以掌山泽，以治百工；故可凝旒垂纩而御遐迩，当宁深拱而行教化，德与天道契乎渊默。《诗》云“不识不知，顺帝之则”，《书》云“知人则哲，能官人，安民则惠”，《易》曰“垂衣裳而天下治”，其是之谓矣。夫勤事者，劳也，劳者何？盖自任也。圣人忧勤以图治，躬亲以底绩。当夏后氏受帝之命，乂厥水土，乘四载而导江河，别九州而差贡赋，任其桑土，分其土宜，闻启之泣而不归，栉风沐雨而无倦，授元圭而告成功，以声身而为律度，故能功著万世，济于生民。《诗》云“弗躬弗亲，庶民弗信”，又云“小心翼翼”，其是之谓乎？故圣贤之言舜也，则称其德曰“无为而治者其舜乎？”又曰“舜有五臣而天下治”；言禹则称其功曰“尽力乎沟洫”，又曰“微禹之功，吾其为鱼矣”。盖德者形而上者也，功者形而下者也，立德立功之道，其殊久矣，况禹受舜命，而告厥成功乎？①

这里反映的其实是黄老政治的理念。

孙复(992～1057)，字明复，北宋晋州平阳(今山西临汾)人，曾任官殿中丞。

北宋景祐二年(1035)，石介在京东路奉符(今山东泰安)创建泰山书院，请孙复主持书院的教学工作，由此形成了由书院主持、受业门人和支持赞助者结成的学术团体，被称为“泰山学派”。这个学派在北宋初年的思想史上是一个领军的团队，对宋代理学的形成起了开山作用。他与胡瑗、石

① (宋)夏竦:《文庄集》卷二〇，影印文渊阁四库全书本。

介并称“宋初三先生”，他们坚守儒学关心国脉民命的担当精神和社会责任意识，反对佛教和道教“去君臣之礼”的说教，抨击“福祸报应”“生死轮回”等思想。孙复的主要著作有《春秋尊王发微》等。

《孙明复小集》是孙复的部分论文结集，其中多次提及舜。如在《信道堂记》中，他继韩愈之后杜撰了一个由尧、舜、禹、汤、文、武、周公、孔子、孟轲、荀卿、扬雄、王通、韩愈创造承传的“道统”，认定那是一个“无进也，无退也，无毁也，无誉也，唯道所在”的绝对真理传授系统。在《寄范天章书一》中，他极力赞誉太学的重要性，认为那是“教化之本根，礼义之渊薮，王道之所由兴，人伦之所由正，俊良之所由出”的基地，而这个基地所讲之学就是“舜、禹、文、武之学”，最终目的就是“教吾宋公卿大夫之子弟为舜、禹、文、武公卿大夫之子弟，然后以舜、禹、文、武之道，上致吾君为舜、禹、文、武之君也；既致吾君为舜、禹、文、武之君，然后以舜、禹、文、武之道，下跻吾民为舜、禹、文、武之民也”，此而可见舜在孙复心目中的崇高位置。对于尧、舜关系，孙复极力批判认为尧不举贤、不去恶、无所作为、“非圣人”的观点，而是肯定尧之所作所为在于给舜提升威望、增强权力，从而为其顺利继承帝位创造条件：

> 尧以上圣之资，居天子之位，可生也，可杀也，可兴也，可废也。彼八凯、八元者，天下共知其善也，尧岂反不知之哉？知之反不能举耶？彼三苗、四凶者，天下共知其恶也，尧岂反不知之哉？知之反不能去耶？若知其善而不能举，知其恶而不能去，则知尧亦非圣人矣，《书》何以谓之聪明文思光宅天下者乎？噫！彼八凯、八元者，尧非不能举也，能举而不举也；三苗、四凶者，尧非不能去也，能去而不去也。能举而不举，能去而不去者，权也。尧以天下至广，神器至重，朱既不肖，弗堪厥嗣，故命于舜。舜起于微陋，虽曰睿圣，然世德弗耀，四岳、十二牧未尽服其德，九州四海未尽蒙其泽，不可遽授之以大位也。若遽授之，则四岳、十二牧，其尽臣之乎？九州、四海，其尽戴之乎？不臣不戴，则争且叛矣。尧惧其如是也，非权何以授之？于是潜神隐耀，厥用弗彰，以观于舜；故八凯、八元虽积其善而不举也，三苗、四凶虽积其恶而不去也；尧若尽举八凯、八元，尽去三苗、四凶，则舜有何功于天下也？是故尧不举而俾舜举之，尧不去而俾舜去之，俟其功著于天下，四岳、十二牧莫不共臣之，九州、四海莫不共戴之，然后授之大位，绝其争且叛也。非尧谁能与于此？故孔子曰：大哉！尧之为君也。巍巍乎惟天为大，

惟尧则之。荡荡乎民无能名焉，巍巍乎其有成功也，焕乎其有文章，盖言尧以权授舜，其道宏大高远之若是，而人莫有能见其迹者。而先儒称尧不能举不能去，妄哉！①

这里孙复将尧的看似不举贤、不去恶、无所作为的举动归结为"用权"，而且是故意为之，这种推断而出的结论显然是孙复的自我作尧，看似合情合理，实际上却难以坐实，因为尧背后的动机是不能仅靠推断就能展现的。

孙复认为，舜达到了"圣人之极致"的地位，因为他制定的"君君、臣臣、上下、贵贱之序"的制度"虽后世有作千制万度，无以逾于此"：

舜既受命，庸十二相，放四凶也，以帝天下之制，犹有未至者焉，乃穷神极虑以增以益。夫所谓帝天下之制者，君君、臣臣、上下、贵贱之序，久久不相渎者是也。厥初生民，冥焉而无知，浩焉而无防，蘖蘖群群，孰君孰师，与鸟兽无别。黄帝观乾坤，创法度，衣之裳之，以辨君臣，以正上下，以明贵贱，由是帝天下之制从而著焉。黄帝创之于前，帝尧奉之于后，然二帝之间，厥制未尽。黄帝取《乾》《坤》分上下为一人之服，以至于尧无所增益。逮乎虞舜，再觐厥象以尽其神，谓五等之制不可不正也；于是分其命数，异其等威，殊其采章，以登以降，自公而下杀之以两；然后一人之服五等之制焕然而备，俾臣无以僭其君，下无以陵其上，贱无以加其贵，僭陵篡夺之祸不作；虽四海之广，亿兆之众，上穆下熙，可高拱而治。故《易》曰"黄帝、尧、舜垂衣裳而天下治"，皋陶曰"天命有德，五服五章哉"是也。若五等之制非由虞帝而备，则《易》何以兼言夫舜？《皋陶谟》何系之于《虞书》耶？或曰舜以三十登庸，三十在位，五十载陟方乃死，且舜自历试与居摄三十年在天子之位，又五十年，其八十年间，作事垂法为万世利者多矣。今子称舜，止以因一人之服，增五等之制者何？愿闻其说。曰：善乎子之问也。吾之所言，圣人之极致也。夫乾者君之道，坤者臣之道，衣上而裳下者《乾》《坤》之象也。衣可加之乎裳，示君之可加于臣也；裳之不可加于衣，示臣之不可加于君也。圣人南向而治天下，久久不相渎者，始诸此也。故舜增五等之制，自上而下，俾贵贱之序益明，天子之位益尊，此舜所以杜万世僭陵篡夺无穷之祸也。虽后世有作千制万度，无以逾于

① （宋）孙复：《孙明复小集·尧权议》，影印文渊阁四库全书本。

此矣。故曰:吾之所言者,圣人之极致也。(《孙明复小集·舜制议》)

三代以后的学者,对舜的赞誉尽管几乎都是无条件的,但一般都是放在尧、舜、禹、汤、文、武、周公、孔子的系列中,很少将他排在最高的独尊之位,而到了孙复这里,他就将舜推尊到极致。不仅如此,他也对此前学者热议的舜"无为而治"问题提出自己的看法:

> 无为者,其虞氏之大德欤?非旷然不为也。始不求于天下而天下自归之,终不授于天下而天下自授之,自生民以来虞氏一人而已。昔在历山而耕焉,雷泽而渔焉,河滨而陶焉,当是时也,彼孰有意于天下哉?及夫孝德升闻,尧遽以天下禅之,舜既受尧禅,夙夜兢兢,惧德弗类,以天下者尧之天下也,不以尧之道治之,则其天下之民有不得其所者矣。于是尽履尧之道行之,俾其天下之民不异于尧之世也。舜居位既久,复以尧之天下尧之道,尽与之禹,此舜之德其可谓大德也矣。夫舜之天下,尧之天下也;舜之道,尧之道也。舜始得之于尧,而终传之禹,此舜之无所为也章章矣。噫!上无尧,下无禹,孰可高视而称于无为哉?上尧而下禹,舜所以得高视而无为也。不然,则孔子上顾伏羲,下讫文、武,笔于大经,为万世法,何不曰:无为而治者伏羲也,黄帝也,尧也,禹也,汤也,文、武也,止曰其舜也欤哉?若以无为为旷然而不为,则《书》何曰"齐七政,类上帝,禋六宗"?又曰"觐四岳,班瑞于群后";又曰"东巡守至于岱宗,协时月正日,同律度量衡,修五礼五玉";又曰"南巡狩至于南岳,西巡狩至于西岳,北巡狩至于北岳";又曰"肇十有二州,封十有二山";又曰"流宥五刑";又曰"流共工,放驩兜,窜三苗,殛鲧";又曰"询四岳辟,辟四门,明四目,达四聪";又曰"禹平水土";又曰"黎民阻饥,后稷播植百谷";又曰"百姓不亲,五品不逊";又曰"蛮夷猾夏,寇贼奸";以至"五十载陟方乃死"之类;此舜有为,其繁也如是之甚矣。且《书》者,圣笔亲删也。孔子睹舜之有为其繁也如是之甚,安可反谓之无哉?由是观之,则知无为者,非旷然而不为也。
>
> (《孙明复小集·无为指上》)

这里孙复对"无为而治"的观点显然有别于此前的所有解读。他认定舜是既无为而又有为,所谓无为是指他始终尊尧之道,且将天下"始得之于尧,而终传之禹",没有任何谋自己私利的行为,这就是"高视而无为";所谓有为是指他夙夜孜孜,无一刻闲暇,"非旷然而不为也"。他实际上认为,舜的行政是无为和有为的和谐统一,是无为其表,有为其里,而作为君王必须

勤政为先,将无为理解为佛、老的无所作为是错误的:

无为之道,其至矣哉!非虞帝孰能与于此。后之帝天下者,不思虞帝之德而慕虞帝之无为,吾未见其可也。三代而下,不思虞帝之大德而冒虞帝之无为者众。以世之憸佞媮巧之臣,或启导之,既不陈虞帝之大德,以左右厥治,则枉引佛、老虚无清净报应因果之说,交乱乎其间,败于君德,吁可痛也!观其惑佛、老之说,忘祖宗之勤,罔畏天命之大,靡顾神器之重,委威福于臣下,肆宴安于人上,冥焉莫知其所行,荡焉莫知其所守,曰我无为矣;至纲颓纪坏,上僭下逼,昏然而不寤者,得不痛哉!且夫天下之广,亿兆之众,一日万几,兢兢翼翼,犹惧不逮,而佛、老之说其可惑乎?祖宗之勤其可忘乎?天命之大其可罔畏?神器之重其可罔顾?肆于人上乎斯何沉惑,不闻如是甚也。昔秦始、汉武,始则惑于虚无清净之说,终则溺于长生神仙之事;梁武、齐襄、姚兴,始则惑于因果报应之说,终则溺于解脱菩提之事;卒皆沦胥以亡,势不克救,此简策具载,可覆而验也。惟汉赖高祖除秦之暴,功宏德茂,天未厌绝,兹亦幸而已,何足尚哉?吾尝求无为之端,且病历代诸儒不能扬孔子之言,铺而明之,俾其炳炳如也,故佛、老之徒得以肆其怪乱之说,厕于其间,为千古害。故尽扩其说之所以然,作无为指庯,为帝天下者戒。(《孙明复小集·无为指下》)

可以看出,孙复通过对舜"无为而治"的诠释,坚持了儒学奋发有为的对于国家、社会和百姓的责任意识。

第四节 黄庶、王令、余靖、刘敞的记述和评论

黄庶,字亚夫,北宋分宁(今江西修水)人,庆历二年(1042)进士,历官一府三州,皆为从事,最后摄知康州,是著名江西诗派领军人物黄庭坚之父。他的《伐檀集》多处提及舜。如在《善恶有余解》中,他对"尧而丹朱,瞽瞍而舜"这一似乎反常的现象作出自己新的解释:

《易》曰:积善之家必有余庆,积不善之家必有余殃。至于尧而丹朱,瞽瞍而舜,人惑焉。解曰:尧之善及天下,丹朱恃焉而日进于恶,其庆不足销,故不肖;瞽瞍之不善天下闻,而惧及其身,而进于德,其殃不足销。故名列五帝,孰谓之庆,瞽瞍之殃无余也?世之言曰瞽、鲧有积

善，又曰善恶无余，异哉！①

这种解释，无论正确与否，都是前人没有说过的。而在《过箕山说》一文中，他又对许由拒绝尧让天下一事给出自己的诠释：

予尝出箕山之下，望许由冢，其日又过颍山，与客休于木交荫，客有问曰："许由何人也？"予曰："古之贤人也。"客曰："尧尝以天下让之者三，而由去之入箕山，洗其耳于颍水，至死不出，其视天下之人虽蹈水火，不啻若越人之父视燕子之瘠，不以屑意，夫贤者，宜不若是。"予曰："尧之时，天嗅舜之德矣，十六子者舜嗅其才矣，此许由所以踏箕山又洗耳，示尧以不复出也。且使丹朱不肖，无舜以堪天之命，其下无十六子者可以任舜之事，则吾知由也虽焦毛发濡手足以奔天下之急不肯辞，矧其位耶？"客以为然。既归，书其所以语客者，以为《过箕山说》。（《伐檀集》卷下《过箕山说》）

所谓尧三让天下于许由，本来就是庄子编撰的一个寓言故事，展示他对政治权力的不屑。黄庶将其作为真实的历史，而将许由置于一个晓天之意、识舜之才的大智之人的尊位，足以显示其书呆子的迂腐之气。在《过韶石说》一文中，黄庶借《韶》乐歌颂舜"举八元、八凯，去四凶，敷五教，明五刑"，"卒至于比屋可以封，而垂拱无为"的治绩，叹息今不如昔的现实，抒发其对现实社会的失望之情：

韶石，参错布列，掘起且秀，远近皆可爱，为川陆上下者观游之胜。旧说帝舜南巡，奏《韶》乐于此，因名焉。古今往来者，莫不踟蹰顾盼，既嘉石之可爱，又恨《韶》乐不可复见，至于叹息者多矣。且《韶》之所以为《韶》也，抑有以也。舜为天下，其治之大要，举八元、八凯，去四凶，敷五教，明五刑而已。卒至于比屋可以封，而垂拱无为。故《韶》者，乃舜一时天下至和大治之音尔，彼兽率舞凤来仪，使无之不害为《韶》也。假舜也，其始不能举八元、八凯与去四凶，又不能敷五教、明五刑以为治，且安能使比屋可以封，而垂拱无为也，则其乐也，乌得谓之《韶》哉？夫举八元、八凯进贤也，去四凶退不肖也，敷五教纳民于善也，明五刑去其恶也，后世有天下之君，能进贤退不肖，使郡守县令，台阁之间庙堂之上，无不得其人，能敷五教，使父父、子子、兄兄、弟弟、夫夫、妇妇无不得其和，能明五刑，使其民悉迁善远罪，中外遐迩无不畏

① （宋）黄庶：《伐檀集》卷下《善恶有余解》，影印文渊阁四库全书本。

戒如是，而天下不至和大治，盖未之有也。从而播之八音，饰以五声，文以六律，是亦一时之《韶》矣，何必舜也。予之官番禺，道出石下，追古今往来者之意，为之说云。(《伐檀集》卷下《过韶石说》)

这里暴露的恰恰是儒家学者对尧、舜时代的理想化，说明他们对真实的远古历史的认识还处于蒙昧状态。

王令，先字钦美，后王萃为其改字逢原。北宋元城(今河北大名)人，后随其叔父迁居广陵(今山东寿光东北)。他少年时虽不检点，但很快折节向学，显示了过人的才华，得到王安石的赏识，促成妻吴氏之妹与之结为夫妻。但天不假年，王令以 28 岁之年病逝。他的文章汇为《广陵集》。该集中有两篇涉及舜的文章。一篇《德禄》，驳斥"大德必得其位，必得其禄，必得其名，必得其寿"[1]的观点，认为只有舜应验，而孔子、伯夷、柳下惠、颜渊、冉伯牛这些大德之人皆不应验。一篇《让德》，认为"让德"不见得就是美德，圣贤之人当大位，是应该承担的社会责任，应该毫不犹豫地像尧、舜那样担当起来，没有必要故作谦虚而让其他人，为让而让，就流于虚伪了。王令这里显示的是儒家一直高扬的家国情怀和社会责任意识：

问：让者，天下之盛德而圣人之所推高也，然而吾德当圣贤，固有其事而弗让也。伊尹尝曰"惟尹暨汤受天明命"，周公曰"在予小子旦"，孔子曰"文不在兹乎"，孟子曰"舍我其谁哉"，盖吾德当之圣贤，固有其事而弗让也。若尧以天下归之舜，舜曰德弗嗣；舜以天下归之禹，禹曰德罔克；然二圣人者，若其德诚不足以当天下之任，则并时而在舜、禹之上者，谁欤？苟无其人，其伪让乎？且尧之命舜以相天下，而不闻有辞；至舜命禹，而以相让之稷、契暨皋陶，垂又让于殳斨、伯与，益又让于朱虎、熊罴，伯夷又让夔、龙而让其秩宗焉。舜之命官，必当厥德而裁诸位者也，四人者，宜如舜之宅相而弗让可也，反固辞者何欤？然又终不闻易四人之位，以遂其称，如稷、契、夔、皋陶，今犹见之《书》而列于二十有二人之职。至于殳斨、伯与、朱虎、熊罴，又不见舜以垂益之推避，而卒任其人以成其让道而列于是职，盖其才各称而不可易也。然则四人者，是伪辞欤？孔子曰夔达乐而不达礼，而伯夷乃让以典礼焉，又岂举尔所知乎？或曰尧、舜之朝，其臣虽有盛德，犹不敢当盛位，盖其道之素行也。然伊尹、周公登师保之位，未闻稽首推避

① (宋)王令：《广陵集》卷三〇《德禄》，影印文渊阁四库全书本。

如古四人者，孔子、孟子自任天下之道，而不曰有人焉。语曰泰伯可谓盛德，谓其能以天下让也，夫其能让则其不让者所不直欤？不然则己德当焉，皆宜固有其事而弗辞可也。（《广陵集》卷三《让德》）

余靖(1000～1054)，字安道，北宋韶州曲江(今属广东)人，天圣二年(1024)进士，先任官右正言、知制诰，因为范仲淹遭贬仗义执言，出知古州经略，后转任广西南路安抚使，参与平定侬智高起事，升任工部侍郎。英宗时官至工部尚书。他的《武溪集》中有《尧、舜非谥论》一文，认定“谥兴于周”，尧、舜为名而非谥。《三统论》一文则认为三统说自三代开始，尧、舜以上与三统不沾边：

夫王者受命，必先改正朔易服色者，盖示民之有初也。故三统之义于是彰焉。然而先儒论止及三王之世，是以夏之寅而黑，商之丑而白，周之子而赤，可得而述也；至于尧、舜而上，则虽仲尼之说亦无闻。岂非旨深而意远乎？而汉郑康成之徒，则据此而逆推，以为舜与周同，尧与商同，高辛氏乃与夏同，正朔三而止，文质再而复，自古而然也；非但不经，抑亦于帝王之道，有所昧焉。尝试论之。夫帝王步骤不同，文质亦异。三皇正历，岁准摄提，古之为君，因民而治，故唐虞以上无变易，逮夏后之继统也，自以德衰不及二帝，又知夫时将醨矣，必示之以制度，故其沿革颇渐于文，是以小正之说，尚黑之义，于是著焉。然而服色有所尚，而正朔不必改也，但纪之于政令而已。故仲尼称述三代，则曰“行夏之时”，盖以其合于古而得天数也。《礼》因于虞而不言其所损益者，盖谓此乎？及汤、武之革命，既以兵胜，俗又寖弊，欲示民以改作，而新其耳目，俾知夫令出诸己，故有服色之变，又以服色之制，本象于正朔，商人以建丑而易寅，新其令也；尚白而变黑，象其朔也，周之尚赤而建子由是兴。然三王之易服改正，必取三微之月，盖以君之出令，象岁功阳气之始也，足以垂训于百王，文质制度于斯备矣。后王虽兴制作，不出于此也。故仲尼曰“其或继周者百世可知”，其此之谓矣。夫谓正朔三而止者，月过三微不可以垂法也，斯亦王者之制耳，安可及于上古哉？且五帝之书，二《典》存焉，其尧之书则曰“敬授人时”，顺历数也。又曰“日中星鸟以正仲春，日短星昴以正仲冬”，此则分至之候，正在四仲，契古历而符夏正也。又乌闻建丑之说乎？舜在璿玑以齐七政，审己之德当天心与不尔。至于历数，亦不异于尧，又曷睹建子之言乎？及其制服，则曰观古人之象，故山龙日月之数，较然可知也，又何服色之改乎？然则五帝之德淳，三王之俗薄，德淳则制简，俗薄则政备，故三统之义起于三代，而自太昊或推五德之运者，盖顺天之数也，正朔则无所更焉。至三王则政有偏矣，夫有偏则有弊，故后之兴者，必举其偏而救其弊也。若谓文质可推于上古，是则夏尚忠，商尚质，周尚文，此三正者又何行于帝王之代乎？斯见其不然也。自秦汉以下，服色但依于五胜，此又不可推于三王，亦明矣。康成既已失之，而杜祐、孔颖达之徒复引为证，贻误后学，甚矣夫！①

这里余靖词费滔滔所论证的，其实是一个假问题。因为事实上压根就不存在所谓三统、三正，三代之所谓三统、三正同样是汉代人推出来的。既然可以上推三代入三统、三正的规制，自然郑康成也可以推尧、舜入此规制；既然三代匹配三统、三正是人为强加的，尧、舜当然也可以强加。余靖在此问题上误入迷途，关键失误在于将三代与三统、三正的联系当成真的，而不知道这个人为构筑的系统本身就是假的。

刘敞（约1008～1069），字原父，世称“公是先生”，北宋临江新喻（今江西新余）人。历官集贤院学士、判南京御史台。他撰著的《公是集》“好与先儒立异，而淹通典籍，具由心得，究非南宋诸家游谈无根者比，故其文湛深，经术具有本原。敚序称其合众美为已用，超伦类而独得，瑰伟奇特，放肆自若。又称其考百子之杂博，六经可以折衷，极帝王之治功，今日可以按行学圣人而得其道”（《四库全书总目提要·公是集》）。他开宋儒批判汉儒的先河，以怀疑的理性精神，力求对经典作出新的诠释。在《贤论》中，他认为人君之贤自身，远不如识贤和用贤，从而达到“目不自视明者效之，耳不自听聪者效之，口不自言智者效之，心不自虑圣者效之”的最理想效果，而舜之所以成为大圣人，就是因为他“不欲其身贤”，而是“好察迩言，所举而用者二十有二人”，察贤、识贤、重用贤，达到了“天下治”的目标。在《明舜》一文中，他对《孟子》中的一个论题提出了与孟子完全不同的观点：

桃应问于孟子曰：“舜为天子，皋陶为士，瞽叟杀人，则如之何？”曰：“执之而已矣。”“然则舜不禁欲？”曰：“舜安得而禁之哉？夫有所受之也。”“然则舜如之何？”曰：“窃负而逃遵海滨而处终身，䜣然乐而忘其天下。”刘子曰：孟子之言察而不尽理，权而不尽义。孝子之事亲也，既外竭共力，又内致其思，不使其亲有不义之名，不使其人有间非

---

① （宋）余靖：《武溪集》卷四《三统论》，影印文渊阁四库全书本。

之言。瞽叟使舜涂廪从而焚之乃下，使浚井从而掩之乃出，舜往于田，日号泣于旻天，夔夔齐栗，瞽亦允若。《书》曰"父顽母嚚弟傲，克谐以孝，烝烝乂不至奸"，由是观之，舜为天子，瞽叟必不杀人也。仲尼之作《春秋》，为尊者讳，为亲者讳，为贤者讳，故以子则讳父，以臣则讳君，岂独《春秋》然哉？虽为士者亦然，故必原父子之亲、君臣之义以听之。昔者商鞅之作法也，太子犯之，鞅曰太子君之贰也，不可以刑，刑其傅与师。鞅之谓刻矣，然而犹有所移，由是观之，瞽叟杀人，皋陶必不执也。公子高问于孔子曰："吾党有直躬者，其父攘羊，而子证之，何如？"孔子曰："不可，吾党之直也异于是，父为子隐，子网父隐。"由是观之，瞽叟杀人，皋陶虽执之，舜必不听也。舜岂以天下有所受顾临其亲哉？夫圣人莫大焉，天子莫尊焉，以天下养莫备焉，德为圣人，尊为天子，以天下养，然而不能使其亲无一朝之患，是则非舜也；知圣人之德，知天子之尊，知天下养之备，然而不知天子父之贵也，而务搏执之，是则非皋陶也。无其事云尔，有其事，奚至于窃负而逃遵海滨而处？故曰孟子之言察而不尽理，权而不尽义。夫衡之为物也，徒悬则偏而倚，加权焉则运而平，一重一轻之间，圣人权之时也。请问权，曰：皋陶不难弃士，不过失刑而已矣；以君臣权之，天下之为君臣者必定，义莫高焉，舜不难弃位，不过隐法而已矣；以父子权之，天下之为父子者必悦，仁莫盛焉。故善为政者，毋以小妨大，毋以名毁义，毋以术害道，毋以所贱干所贵。迂其身有以利天下则为之，贬其名有以安天下则为之，其惟舜、皋陶乎？①

这里他大胆批评孟子"察而不尽理，权而不尽义"，认为："舜为天子，瞽叟必不杀人"；即使瞽叟真的杀了人，按照"为尊者讳，为亲者讳，为贤者讳"的《春秋》之义，皋陶也不会去抓他；即使瞽叟真的杀了人，"德为圣人，尊为天子，以天下养"的舜也断不会允许皋陶去逮捕自己的父亲，也就没有"窃负而逃遵海滨而处"的事情发生。显然，刘敞这里使用的是秦汉以来的法律和道德原则，而孟子使用的是战国时代的法律和道德原则。而这个问题只是一个假设，刘敞和后来的学者之所以不断就这个问题给出不同的答案，是因为这个假设的问题深深牵扯古代社会道德和法律的冲突。刘敞也对舜死苍梧一事作出自己的诠释：

---

① （宋）刘敞：《公是集》卷四七《杂著·明舜》，影印文渊阁四库全书本。

舜以天下让禹，十有七年而死于苍梧。苍梧，夷也，去中国万有余里。欲天下之一乎禹也。周公继文、武，摄天下七年，制礼作乐，反政于成王，使其子伯禽就封于鲁，而已居成周，死葬于毕，欲天下之一乎周也。舜、周公同道，舜君也，周公臣也，舜周公易地而处则皆然，然则尧何以不去中国死夷狄乎？曰：舜之相尧也，二十有八载，德施于民也，长功见于民也大，天下忘尧焉。尧之子不肖，《书》曰"罔水行舟，罔昼夜额额，朋淫于家"，天下疾焉，故尧崩三年，四海遏密八音，如是而已，不能有加矣。禹之举也由舜，其相舜也不能若舜之久，舜之子又不若丹朱之甚不肖也，天下不以为戒，虽舜死天下将不忘舜，是以舜去中国焉，去中国而天下一乎禹矣。或曰：舜勤民而野死。曰：有天下以与圣人，不使后世万姓被其害也而去之，可不谓勤民乎？或曰：舜死于巡狩征有苗。曰：不然也。尧以天下让舜，使舜巡四岳，《书》"二十有八载，帝乃徂落"；舜以天下让禹，使禹征三苗，《书》曰"苗民逆命，禹乃班师，布文德"。夫尧、舜未尝不巡狩伐无道也，抑既让天下矣，则无所事天下，夫舜何为而巡狩且伐三苗乎？然则古之有是说也，何故？曰：昔者晋文公召天子以会诸侯，《春秋》为之讳曰"狩于河阳"，然则舜不能忽然违天下而去，将托于狩而至苍梧也。舜之让，《春秋》之讳，圣人之意也。孟子曰"前圣后圣，其揆一也"。昔者太王之子曰太伯、仲雍、王季，王季有圣子曰文王，太王欲传之；太伯、仲雍知之，因采药而去，以窜于荆、吴之间。然则圣贤之所以让其国家天下于圣人者，亦必有道矣。孔子曰：太伯可谓至德也已矣，三以天下让，民无得而称焉。(《公是集》卷四七《舜死》)

"舜死苍梧"是舜的事迹中容易引发人们怀疑的一桩公案。后人的解释多种多样，归结起来，不外乎下列数种：一是此事是真实的，苍梧之地就是今之广西一带；二是此事纯粹出于杜撰，舜既已禅让帝位，何必再以百岁高龄去瘴疠肆虐的苍梧巡视？苍梧之地直至秦汉时期仍被人们视为畏途，尧、舜时代的中原人不可能走到那里；三是苍梧之地根本就不是今之广西一带，而是今之山东、江苏交界的东海一带。刘敞显然属于第一种，确信此事为真，但他对舜南巡原因的解释却推高了舜的形象。他认为，舜"去中国而天下一乎禹"，是为了使禹不受掣肘地顺利执政："然则舜不能忽然违天下而去，将托于狩而至苍梧也。舜之让，《春秋》之讳，圣人之意也。"这种解释与其说是体现了舜的本意，毋宁说是出于刘敞的深文周纳。

第五节　欧阳修的记述和评论

欧阳修(1007～1072),字永叔,号醉翁、六一居士。北宋庐陵(今江西吉安)人。24岁中进士后,曾任枢密副使和参知政事之类高官。他早年支持范仲淹改革弊政,晚年又与司马光一起反对王安石变法,摇摆于革新和保守之间。他是著名文学家、史学家,北宋文坛的领袖,曾发起文风改革运动,诗、词、文创作都取得显著成就,是唐宋八大家之一。其《醉翁亭记》《秋声赋》《朋党论》成为中国文学史上不朽的名篇,《稽古录》也是有见地的史学著作。诗、词、文结集为《文忠集》。

欧阳修在数篇文章中提及舜,有的是作为圣人代表的例证,如在《朋党论》中,他认为真正有朋的是以义结合的君子,以利为朋的小人则不成其为朋,因为他们能见利结为朋,更能因利而散朋。只有以义结合的君子之朋,才能持久不变。尧、舜与他们君臣的结合就是这种君子之朋的典范:"尧之时,小人共工、驩兜等四人为一朋,君子八元、八凯十六人为一朋。舜佐尧,退四凶小人之朋,而进元、凯君子之朋,尧之天下大治。及舜自为天子,而皋、夔、稷、契等二十二人并列于朝,更相称美,更相推让,凡二十二人为一朋,而舜皆用之,天下亦大治。"[①]在《三年无改问》一文中,他认为《论语》记载的孔子之言"三年无改于父之道,可谓孝矣",是有偏颇的,因为每个人的父亲千差万别,如果摊上一个无道之父,你能三年无改其无道吗?"禹承尧、舜之业,启嗣之,无改焉可也。武王继文之业,成王嗣之,无改焉可也。使舜行瞽之不善,禹行鲧之恶,曰俟三年而后改,可乎?不可也。"(《文忠集》卷六〇《三年无改问》)这里的舜是作为大孝之人的典型出现的。以上两篇文章,显示了欧阳修雄辩滔滔的为文风格。作为一个历史学家,欧阳修同时展示了他的清醒、理性和追求事实真相的治史风格。他发现《史记·五帝本纪》所载五帝世系的混乱不堪,尧、舜、禹等个个离谱的高寿,于是在《帝王世次图序》和《后序》两文中加以认真辨证:

> 尧、舜、禹、汤、文、武,此六君子者可谓显人矣。而后世犹失其传者,岂非以其远也哉?是故君子之学,不穷远以为能,而阙其不知,慎

---

① (宋)欧阳修:《文忠集》卷一七《朋党论》,影印文渊阁四库全书本。

所传以惑世也。方孔子时，周衰学废，先王之道不明，而异端之说并起。孔子患之，乃修正《诗》《书》、史记，以止纷乱之说，而欲其传之信也。故略其远而详其近，于《书》断自唐、虞以来，著其大事可以为世法者而已。至于三皇五帝君臣世次皆未尝道者，以其世远而慎所不知也。孔子既没，异端之说复兴，周室亦益衰乱。接乎战国，秦遂焚书，先王之道中绝。汉兴久之，《诗》《书》稍出而不完。当王道中绝之际，奇书异说方充斥而盛行，其言往往反自托于孔子之徒，以取信于时。学者既不备见《诗》《书》之详，而习传盛行之异说，世无圣人以为质，而不自知其取舍真伪。至有博学好奇之士，务多闻以为胜者，于是尽集诸说，而论次初无所择，而惟恐遗之也。如司马迁之《史记》是矣。以孔子之学，上述前世，止于尧、舜，著其大略，而不道其前。迁远出孔子之后，而乃上述黄帝以来，又详悉其世次，其不量力而务胜，宜其失之多也。迁所作《本纪》，出于《大戴礼》《世本》诸书，今依其说，图而考之。尧、舜、夏、商、周，皆同出于黄帝。尧之崩也，下传其四世孙舜，舜之崩也，复上传其四世祖禹，而舜、禹皆寿百岁。稷、契于高辛为子，乃同父异母之兄弟，今以其世次而下之，汤与王季同世。汤下传十六世而为纣，王季下传一世而为文王，二世而为武王，是文王以十五世祖臣事十五世孙纣，而武王以十四世祖伐十四世孙而代之王，何其缪哉！呜呼！尧、舜、禹、汤、文、武之道，百王之取法也。其盛德大业见于行事，而后世所欲知者，孔子皆已论著之矣。其久远难明之事后世不必，知不知不害为君子者，孔子皆不道也。夫孔子所以为圣人者，其智知所取舍，皆如此。（《文忠集》卷四三《帝王世次图序》）

余既略论帝王世次而见《本纪》之失，犹谓文、武与纣相去十五六世，其缪较然不疑；而尧、舜、禹之世相去不远，尚冀其理有可通，乃复以《尚书》孟子、孔安国、皇甫谧诸书，参考其寿数长短，而尤乖戾不能合也。据《书》及诸说云尧寿一百一十六岁，舜寿一百一十二岁，禹寿百岁。尧年十六即位，在位七十年，年八十六始得舜而试之，二年乃使摄政，时舜年三十，居试、摄通三十年而尧崩。舜服尧丧三年毕，乃即位，在位五十年而崩。方舜在位三十三年命禹摄政，凡十七年而舜崩。禹服舜丧三年毕，乃即位，在位十年而崩。由是言之，当尧得舜之时，尧年八十六，舜年二十，以此推而上之，是尧年五十七已见四世之玄孙生一岁矣。舜居试摄及在位通八十二年，而禹寿百岁。以禹百年之间推而上之，禹即位及居舜丧通十三年，又在舜朝八十二年，通九十五年，则当舜摄试之初年禹才六岁，是舜为玄孙年三十时，见四世之高祖方生六岁矣。至于舜娶尧二女，据图为曾祖姑。虽古远世异，与今容有不同，然人伦之理乃万世之常道，必不错乱颠倒之如此。然则诸家世次，寿数短长之说，圣经之所不著者，皆不足信也决矣。（《文忠集》卷四三《后序》）

这里欧阳修已经认识到，由于年代久远，三皇五帝为代表的远古时代的真实情况，后人已经很难彻底厘清了，所以孔子"修正《诗》《书》、史记，以止纷乱之说，而欲其传之信也。故略其远而详其近，于《书》断自唐、虞以来，著其大事可以为世法者而已。至于三皇五帝君臣世次皆未尝道者，以其世远而慎所不知也"。但到了汉代，司马迁硬是要给古史理出一个世系传承的系统，结果就是他的《史记·五帝本纪》所记述的五帝系统破绽百出、抵牾迭现："汉兴久之，《诗》《书》稍出而不完。当王道中绝之际，奇书异说方充斥而盛行，其言往往反自托于孔子之徒，以取信于时。学者既不备见《诗》《书》之详，而习传盛行之异说，世无圣人以为质，而不自知其取舍真伪。至有博学好奇之士，务多闻以为胜者，于是尽集诸说，而论次初无所择，而惟恐遗之也。如司马迁之《史记》是矣。"如此清醒的认识，理性的评判，实开宋代疑古之先河。

第六节　释契嵩、郑獬、陈舜俞、陈襄的记述和评论

释契嵩，"姓李氏，字仲灵，自号潜子，藤州镡津（今广西藤县）人，七岁出家，通经书章句，肆意游览。庆历间至杭州，乐其风土，因居灵隐寺。皇祐间入京师，作万言书上之，仁宗赐号明教大师，寻，还山而卒"。他的文章，汇为《镡津集》，中心主旨是"明儒、释之一贯，以与当时排佛者抗"，虽然"大抵偏驳不可信，而其笔力雄伟，辩论蜂起，实能自成一家之言"（《四库全书总目提要·镡津集》）。作为一个有学问的僧人，释契嵩尽管在主观意识上坚持佛教的立场，但由于长久浸淫儒学，不知不觉中也产生了对儒学的信仰。所以他在论及一些政治观念时，也不时流露出对儒学基本理念的认同，其中对舜的许多看法，都没有越出儒家的传统理论。例如，他认为"大政"就是"大公"，而尧、舜就是"大公"的代表："大政言其大公也。大公之

道在乎天，则君子不苟能也，小人不苟争也。德裕君则君之，德裕臣则臣之，何必苟能？得其生泽生之，得其死则死之，何必苟争？世无苟且，则法无所闲也；人无争夺，则兵无所起也，尧、舜之所以揖让治也。大公者何？推至诚而与天下同适也。……尧命四正，其人称也，物所以遂其时焉，民所以得其死生焉；舜命九官、四岳、十二牧，其人当也，故其政亦臻也，教亦显也。尧有子曰朱，舜有子曰均，二子道不足以在位也，乃以天下之贤人也，故授之舜也，授之禹也，盖以天下为公，而天下之人之民孰为有苟私而争也。”①他虽然将尧、舜推尊为最了不起的圣人，将他们的禅让推尊为“让”的最高级别，但同时认为不能将他们的禅让完全归结为个人品格高尚，而应该更多地归因于时代条件，这就是“以时而让”：

世所谓让者，宜有轻重，而学者混一而论之于礼无别，则后世何以取法乎？若夫天子，以其天下让诸侯，以其国让卿大夫，以爵位让士庶，以名利让，是皆有所以而让之者也。其所以让之得其正，则其礼可取也；所以让之不得其正，则其礼何所取乎？夫让也，有以时而让者，有以义而让者，有以名而让者，有以势而让者，有以苟而让者。以时让者仁，以义让者劝，以名让者矫，以势让者穷，以苟让者乱。鲁之隐公其苟让者也，汉之孝平其势让者也，吴季札、曹子臧其名让者也，太伯、伯夷其义让者也，尧、舜其时让者也。尧之时大同，其时可让，故逊于贤而天下戴其仁也，故曰以时让者仁。禹之世浸异，其时不可让于人，故其子承之，而天下亦戴其仁也。太伯、伯夷以贤相推，而其义可让也，让之足以劝百世，故曰以义让者劝。季札、子臧，当列国相争而父子交残，乃以让名奋所以矫激其时也，故曰以名让者矫。汉之孝平，迫于强臣之势，而其身穷困殆不能振，遂以其天下让，故曰以势让者穷。鲁之隐公不以正让，非其人而苟去之，卒至乎淫乱，故曰以苟让者乱。孟子曰“天与贤则与贤，天与子则与子”，荀子曰“尧、舜禅让，是不然也，天子势位至尊，无敌于天下者，夫有谁与让矣”，扬子曰“允哲尧，擅舜之重，则不轻于由矣”，韩子曰“尧、舜之传贤也，欲天下得所也”，然四子皆不达乎圣贤之时也，其言孰为详乎？如尧非其时，则岂肯以天下让于他人乎？使禹得尧之时，而天下岂及其子乎？所谓尧、舜、禹其奋于万世之上者，正以其时而为之者也，尧、舜、禹其圣之时者也。呜

① （宋）释契嵩：《镡津集》卷五《大政》，影印文渊阁四库全书本。

呼！后世者，其人自私甚乎禹之时也，而传授者不能本禹。曰：吾慕尧、舜为之禅让，是亦妄矣，其知时乎？（《镡津集》卷六《评让》）

这里释契嵩的论证中，已经蕴含着时代决定论的因子了，这应该是最难能可贵的理念。这一理念，在另一篇文章中有着更明确的表述。他认为，此前关于“禹传子”的说法是不准确的，因为根据《孟子》和《史记·夏本纪》的记载，禹同尧、舜一样遵循了传贤的传统，将君位传给了益，但百姓却不拥护益而拥戴禹的儿子启，从而开启了传子的传统，这其中的决定因素是“天下之人”：“夫天下者，天下之天下也，与贤与子而圣人岂苟专之而为计乎？苟当其时天下之人欲以天下与之贤，而尧、舜虽欲传子，不可得也；当其时，天下之人欲以天下与之子，禹虽欲传贤亦不可得也。故时当与贤则圣人必与之贤，时当与子则圣人不能不与之子，人之传天下也，正谓顺乎时数人事而已矣。”（《镡津集》卷一八《非韩中·第九》）这里张扬的是“天视自我民视，天听自我民听，天聪明自我民聪明”的古老的“民本”意识。在《刑势》一文中，他赞誉尧、舜的“用刑”是“以德不以势”，所以虽也用刑而“天下不怨”，这里推崇的依然是儒家的“德主刑辅”的理论。而在《好善赞》一文中，他又将舜推尊为“古之好善人”“古之圣人”，颂扬舜“当尧之世，克谐以孝，烝烝乂，不格奸，天下不归乎朱而归乎舜，而天下岂有善于舜者也，及其闻一善言，见一善行，若决江河，沛然莫之能御也”。在《非韩》的一组文章中，他对力斥佛、老的韩愈极尽讽刺挖苦之能事：“韩子自谓比之圣贤，正直不徇邪斥佛，何遽乞灵于妇人之鬼耶?”（《镡津集》卷一八《非韩中·第十二》）同时，其认同“黄陵二妃之庙”祭祀的并非舜之二妃，而是“天帝之女”，这种说法，此前已经有人确认。

郑獬，字毅夫，北宋安陆（今属湖北）人，皇祐五年（1053）进士第一，先任陈州通判，继而入直集贤院，任知制诰。英宗即位后，因数上疏论事，出知荆南，还判三班院。神宗初，召拜翰林学士，权知开封府，因反对王安石新法，出知杭州，继而徙知青州，最后卒于提举鸿庆宫任上。《宋史》本传“称其文章豪伟峭整，议论剀切，精练民事”。其《郧溪集》中有两篇文章涉及舜：一篇《震说》，通篇以天人感应论解释雷震，说舜时有四震，是天展示“舜威”。一篇《四凶解》，对尧不诛“四凶”而留待舜诛之之事进行诠释，认为尧与舜的行政都体现圣人的品格和智慧，而在诛“四凶”问题上的处置也是恰到好处，尧之不诛而留待舜诛，其中也不存在“权”的问题：

尧果不能去四凶乎？非不能也，以有舜也。尧之大忧，在不得舜，既已得舜，则天下之事举矣。善人者将自进，而恶人者将自诛，亦何必尧亲去之也。于时尧老矣，已老且倦，则万几之大，必有窳而不启者，乃咨嗟众臣，将求天下圣人而禅以天下之大位，以持其窳而不起者。乃得舜，既摄治，而四凶之恶适以暴发，由是一取而锄去之，则四凶之去，固在舜不在尧，理然也。必责尧之不能去四凶，犹之责舜不堙水也。尧之不去四凶以有舜也，恶之未肆也，而无舜则尧自去之矣；舜不堙水以有禹也，如无禹，则舜自堙之矣。故四凶之去舜事也，能不能不在尧也。圣人初作，欲揭天下之大法，必有首诛焉，使天下慑然骨次而心謦，则其鼓号令不须力而天下可服也。周公相周，则以管、蔡为首诛，而天下不为周公服者，无有也；孔子作鲁司寇，以少正卯为首诛，而鲁不为孔子服者，无有也。则舜之于四凶，岂独异周公、孔子哉？一诛恶而天下定，圣人之机用深矣。故曰尧之大忧在不得舜，如得舜则天下之事皆举，善人者皆进，而恶人者皆诛，安在乎尧亲去之也。或曰：有说者谓尧不自诛之而俾舜诛者，尧权也，尧将禅舜，恐天下尚未服，故豢而遗诸舜诛之，用以威天下之未服者也。曰：奚有是耶？是逆诈于圣人也。使继尧者有不能，则或遗之以树威，今舜已能继矣，又曷席此为权耶？借尧已自诛四凶，舜乃即位，天下果有未服者，亦自能起而诛之矣。未服者诛，则天下亦自服舜矣。舜之摄治三十年，未闻有不服者也。说者果有是，是不以圣人期舜也。①

郑獬这种解释，没有多少新意，因为前人已经从不同的视角将此意表述过。

陈舜俞，生卒年、里籍均不详，北宋学者。他少时就学于胡瑗和欧阳修，而与司马光、苏轼等人相友善。他"毅然有经世志，所进万言策，自比于贾生"，曾任屯田员外郎、知山阴县、光禄丞、寿州判官、天台、四明知州等职。他贬死后，苏轼在文章中称颂"其学术才能兼百人之器，慨然将以身任天下事"。(《四库全书总目提要·都官集》)其《都官集》中有《说宥》一文，对汉朝以来司法中的一再行赦提出不同意见。认为古代"有宥而无赦"，"舜受命，诛殛放流者四人而天下服，未闻赦也"，"舜为君，皋陶为士师，天下宜无刑，犹曰罪疑惟轻，立法以教后世也"。② 他将尧、舜时代的法制理想

---

① (宋)郑獬：《郧溪集》卷一八《四凶解》，影印文渊阁四库全书本。

② (宋)陈舜俞：《都官集》卷七《说宥》，影印文渊阁四库全书本。

化，对后世的行赦持绝对否定的态度，显然是一种偏颇。

陈襄，字述古，北宋侯官（今福建福州）古灵村人，庆历二年（1042）中进士，历官浦城尉、右司郎中、枢密直学士。他政治上比较保守，反对王安石变法。其著作汇为《古灵集》，在《策题》一文中，他特别推崇舜的知人善任："主道莫大于知人。尧授舜天下，而舜举八元、八凯，以敷五典，以叙百揆，流四凶于四裔之外，而海内臣服，君子以为知务矣。"①

第七节　曾巩、王安石的记述和评论

曾巩（1019～1083），字子固，北宋南丰（今属江西）人。嘉祐年间进士，官至中书舍人。他是名列唐宋八大家的著名文学家。政治上倾向变革，得到王安石的赏识。主要著作汇为《元丰类稿》，其中涉及舜的有两篇文章，一篇是他诠释《尚书·洪范》的《洪范传》，一篇是《齐州二堂记》。在《洪范传》中，曾巩将舜作为圣帝名王的代表，热情颂扬他的品格和事功。如：

> 盖诚明者，不思而得，尧、舜性之是也。所谓诚者，天之道也。有自明诚者，思之弗得弗措也，汤、武身之是也。所谓思诚者，人之道也。然而尧、舜、汤、武之德其至，皆足以动容周旋中礼，则身之者终亦不思而得之也。尧、舜性之矣……昔舜治天下以诸侯百官，而总之以四岳，舜于视听，欲无蔽于诸侯百官，则询于四岳，欲无蔽于四岳，则辟四门，欲无蔽于四门，则明四目，达四聪。夫然故舜在士民之上，非家至户察而能立于无蔽之地，得其要而已矣。其曰明四目、达四聪者，舜不自任其视听，而因人之视听以为聪明也。不自任其聪明而因之于人者，固君道也。非君道为然也，不自任其聪明而因之于人者，固天道也。故曰：天聪明自我民聪明，又曰：惟天聪明，惟圣时宪。舜于聪明，下尽人，上参天，斯其所以为舜也。舜之时至治之极也，人岂有欺舜者哉！舜于待人，亦岂疑其欺己也！②

如此毫无保留地颂扬，反映的是曾巩所继承的传统儒家理念。

《齐州二堂记》是曾巩应齐州太守之邀，为"历山之堂"和"泺源之堂"撰写的碑文，现在该碑依然树立在济南趵突泉畔的泺源堂边。在这篇文章

---

① （宋）陈襄：《古灵集》卷一三《策题》，影印文渊阁四库全书本。
② （宋）曾巩：《元丰类稿》卷一〇《洪范传》，影印文渊阁四库全书本。

中,他依据《虞书》《孟子》及《五帝纪》,考证济南城南的历山即舜当年所耕之处:

齐滨泺水,而初无使客之馆,使客至,则常发民调材木为舍以寓,去则撤之,既费且陋。乃为徙官之废屋,为二堂于泺水之上以舍客,因考其山川而名之。盖《史记·五帝纪》谓"舜耕历山,渔雷泽,陶河滨,作什器于寿丘,就时于负夏"。郑康成释历山在河东,雷泽在济阴,负夏卫地;皇甫谧释寿丘在鲁东门之北河滨,济阴定陶西南陶丘亭是也。以予考之,耕稼陶渔皆舜之初,宜同时,则其地不宜相远,二家所择雷泽、河滨、寿丘、负夏,皆在鲁、卫之间,地相望,则历山不宜独在河东也。孟子又谓舜东夷之人,则陶渔在济阴,作什器在鲁东门,就时在卫,耕历山在齐,皆东方之地,合于孟子。按《图》《记》皆谓《禹贡》所称雷首山在河东,妫水出焉,而此山有九号,历山其一号也。予观《虞书》及《五帝纪》,盖舜娶尧之二女,乃居妫汭,则耕历山盖不同时,而地亦当异。世之好事者,乃因妫水出于雷首,迁就附益,谓历山为雷首之别号,不考其实矣。由是言之,则《图》《记》皆谓齐之南山为历山,舜所耕处,故其城名历城,为信然也。今泺上之北堂,其南则历山也,故名之曰"历山之堂"。按《图》,泰山之北,与齐之东南诸谷之水西北汇于黑水之湾,又西北汇于柏崖之湾,而至于渴马之崖。盖水之来也众,其北折而西也悍疾尤甚,及至于崖下则泊然而止。而自崖以北至于历城之西,盖五十里,而有泉涌出,高或致数尺,其旁之人名之曰趵突之泉。齐人皆谓尝有弃糠于黑水之湾者而见之于此,盖泉自渴马之崖潜流地中,而至此复出也。趵突之泉冬温,泉旁之蔬甲经冬常荣,故又谓之温泉。其注而北,则谓之泺水,达于清河以入于海,舟之通于济者,皆于是乎出也。齐多甘泉,冠于天下,其显名者以十数,而色味皆同,以予验之,盖皆泺水之旁出者也。泺水尝见于《春秋》鲁桓公十有八年"公及齐侯会于泺",杜预释在历城西北入济水,自王莽时不能被河南,而泺水之所入者,清河也。预盖失之。今泺上之南堂,其西南则泺水之所出也,故名之曰"泺源之堂"。夫理使客之馆而辨其山川者,皆太守之事也,故为之识,使此邦之人尚有考。熙宁六年二月己丑记。(《元丰类稿》卷一九《齐州二堂记》)

曾巩这里对历山的考证,作为一种学术观点具有较强的说服力,对后世产生了深远的影响。

王安石(1021~1086),字介甫,号半山,北宋抚州临川(今属江西)人,著名政治家、思想家和文学家。他于庆历年间中进士后,历县、州主官,熙宁年间,两度拜相,主持历史上有名的“熙宁新法”,对改变北宋积贫积弱的弊端起了重要作用,但由于保守派的反对而中途夭折。他认为,社会是不断发展变化的,因而政治、经济和思想文化也应该适应不断变化的社会而进行变革,并提出了“天变不足畏,祖宗不足法,人言不足恤”的观点。他的诗、词、文皆具有自己的特色,是唐宋八大家之一。其著作汇为《临川集》《临川集拾遗》《三经新义》等。

王安石的著作中有不少地方提及舜,但基本上都不是将其作为中心人物进行论述,而是在论及其他人物时将其推尊为圣帝名王的代表。如在《夫子贤于尧、舜》一文中,尽管他承认尧、舜的圣王之位,但又认为孔子的伟大超过尧、舜,因为孔子“集诸圣人之事,而大成万世之法”。在《夔说》一文中,他以夔的典乐为切入点,赞誉舜的知人善认:

> 借使禹不能总百揆,稷不能富万民,契不能教,皋陶不能士,垂不能共工,伯夷不能典礼,然则天下乱矣。天下乱而夔欲击石拊石,百兽率舞,其可得乎?故曰为之者众臣也。使舜不能用是众臣,则是众臣亦不能成其功矣,故曰非众臣之所能为也,为之者舜也。夫夔之所以称其乐之和美者,岂以为伐耶?盖以美舜也。孔子之所谓“将顺其美”者,其夔哉!①

在《性说》中,王安石认同孔子“性相近也,习相远也”的观点:“尧之朱、舜之均,固吾所谓习于恶而已者;瞽瞍之舜、鲧之禹,固吾所谓习于善而已者。”在《策问之九》一文中,他将黄帝、尧、舜任作“垂裳而治”的典型:

> 问:《易》曰“黄帝、尧、舜垂衣裳而天下治,盖取诸《乾》《坤》”,说者曰:垂衣裳以辨贵贱,《乾》《坤》,尊卑之义也。夫垂衣裳以辨贵贱,自何世始?始于黄帝,独曰黄帝可也;于尧、舜,曰尧、曰舜可也。兼三世而言之,吾疑焉。(《临川文集》卷七〇《策问之九》)

显然,在王安石心目中,只有黄帝、尧、舜够得上“垂裳而治”的赞誉,而三代之君就是等而次之了。

① (宋)王安石:《临川文集》卷六八《夔说》,影印文渊阁四库全书本。

第八节　孔文仲、华镇、沈括、文彦博的记述和评论

《清江三孔集》是北宋清江新喻（今江西新余）孔文仲、孔武仲、孔平仲兄弟三人的诗文集。孙文仲，字经父，嘉祐六年（1061）进士，官中书舍人。孙武仲，字常父，嘉祐八年进士，官礼部侍郎。孙平仲，字毅父，治平二年（1645）进士，官金部郎中。他们兄弟与苏轼、苏辙同时，并以文章名一世，所以黄庭坚有“二苏联璧，三孔分鼎”的赞语。《清江三孔集》中有一篇《舜论》，专门对舜所谓的“无为而治”进行诠释：

> 孔子曰：无为而治者，其舜也与！由斯语以观之，则舜之为舜，宜其沉默不言乎！明堂之上，天下之事未尝掛于耳目，入于念虑，然后谓之无为可也。及考之于《书》，则曰舜在位七十载耄期倦于勤。夫劳心庶政之间，以至于倦于勤，岂所谓无为者哉？曰：古之所谓无为者，非废弛万事而无所用心于其间也，谓乎不为事之首耳。盖天下之理，有经始之时，有守成之际。方其经始之时，修礼乐之废亡，革政刑之僭滥，全可用之器，复久旷之官，风俗已败者持之使成纲纪，已疏者辑之使密；方是之时，虽欲无为，不可得已。若夫守成之际则异于此，礼乐有定制，政刑有定法，器有常用，官有常守，风俗已善，纲纪已修，加之累黍不足以为烦，杀之铢两不足以阙事；方是之时，虽欲有为不可得也。舜之所治者尧之天下也，尧以圣人之德享位长久也，其风化法度行于天下可谓备矣。舜虽圣人，欲增尧之所为不可也，欲省尧之所为又不可也，则不过承其已备之法，讲明开布之而已。则舜之为天下，未尝为事之首也，此所谓无为矣，而其渠渠于天下之务者，未尝已也；故五载一巡守以考诸侯之治，自仲春以至仲冬，由东岳以至北岳，犯冒寒暑，涉履山川，是舜未尝安处于京师，以忽天下之事而不为也。苗民者南州之小国，而征苗者又舜之末年也，而舜之行师之事亲命于禹，及其不克也，则又舞干羽于两阶，以悦来之。苗之区区，而舜犹未尝藐然于心，况其太者邪？是舜未尝宴安于深宫，以忽宗庙社稷之计而不为也。然则所谓无为者，不为事之首而已。不惟舜而已，古之为政者皆若是也。故尧之为君，洪水既平之后，后稷富民而契教之，则天下固已无事矣，此尧无为之时也；及考之《孟子》，则其劳之，来之，匡之，直之，辅

之，翼之者，未尝废焉。成王之时，承文、武之业，守积治之余，管、蔡已诛，商奄既殄，则天下已无事矣，此成王无为之时也；而周公授之以典礼三百，其视朝告朔，事天地交百神，亲诸侯抚夷狄者，未尝废焉。故曰：王省惟岁。夫岁功不息，则王者之事亦未尝止也。由此观之，则舜无为之意可知也已。而后世中才之君，如汉之孝文、唐之明皇，惑于无为之说而不考其实，遂欲以清净寂寞治天下，或终于无功，或至于衰乱，呜呼！彼岂知舜无为之意哉？①

这里对舜的所谓“无为而治”提出新解，即忠实遵行尧时的制度，执行尧时的既定政策方针，而不标新立异搞自己的一套新政，“所谓无为者，不为事之首而已”。但在实际政务上，舜又是一位“未尝已”的勤政之人。这种诠释，在学术上似可备一说。

华镇，字安仁，北宋会稽（今浙江绍兴）人，元丰二年（1079）进士，官至朝奉大夫、知漳州军镇。诗文汇为《云溪居士集》，“其学术大抵以王安石为宗”，“诗文则才气丰蔚，词条畅达，虽不足与欧、曾、苏、黄比絜长短，而在元丰、元祐之际，亦裒然自成一家”（《四库全书总目提要·云溪居士集》）。华镇没有专论舜的文章，只是在一些篇章中提及舜，如在《浑天论》中，认为“舜之璿玑玉衡，理亦当然为浑天者”，显然是一种附会之词。在《聪明论》中，他将尧、舜视为世上最聪明之人：“荡荡乎难名，巍巍乎有功，立乎百王之上者，莫盛于尧、舜，言尧舜之德，亦曰‘昔在帝尧，聪明文思’，又曰‘虞舜侧微，尧闻之聪明而已。非独言尧、舜者之为然，下及三代之令君，凡有见称于书传，莫不以聪明为首。”②在《上湖南提刑安学士书》一文中，则将舜任命皋陶作士作为他“慎重于用刑”的根据。在《问历代巡狩制度因革策》一文中，认定“巡狩者，前世之大经，百王之通法”，而舜则是中国古代巡狩制度的创始人。

沈括（1031～1095年），字存中，北宋杭州钱塘（今浙江杭州）人，嘉祐年间进士，历官提举司天监、翰林学士、三司使、知延州等，曾参与王安石变法。是著名的政治家和科学家，著作汇为《梦溪笔谈》《长兴集》等。他的著作中仅一处提及舜，即在《〈孟子〉解》中，他将舜推尊为“求仁义而为之”的大圣人和具有超过禹和子路的品德优势：

子路人告之以有过则喜，禹闻善言则拜。大舜有大焉，善与人同，

---

① （宋）孔文仲等：《清江三孔集》卷二《舜论》，影印文渊阁四库全书本。

② （宋）华镇：《云溪居士集》卷一九《聪明论》，影印文渊阁四库全书本。

舍己从人，乐取于人以为善，己有善则愿以与人，人有善则乐取于己，皆有为也，则舍己而从人，兼有三者，舜其所以为大欤！①

文彦博（1006～1097），字宽夫，北宋汾州介休（今属山西）人，曾任参知政事、宰相等高官，封潞国公。他是当时保守派的代表人物之一，反对王安石变法。其著作汇为《潞公文集》。由于文彦博较长时期处于高官显爵的尊位，得以伴驾皇帝身旁，有机会时时对皇帝进言，所以他对尧、舜事功的阐述总能从实用的层面切入。例如，他将尧、舜二《典》作为帝王“垂世立教”的“规范”，要求当今皇帝认真学习遵循：

伏睹《尚书》序曰：仲尼讨论坟典，断自唐虞以下，讫于周。所以尧、舜二《典》为《书》之首篇，垂世立教，示人主以规范，帝王之制坦然明白，可举而行。尧、舜二《典》并云曰：若稽古帝尧、帝舜。以谓二帝，并能顺考古道而行之。乃知人主之圣，必由稽古。②

文彦博将舜的功劳归结为十二项，但将重点放在“得人”“任人”：

虞舜之德，重华协帝，故列于二《典》。后世作者，虽三王之盛，不可及已。篇之所载，命禹作司空而下，至于四岳、十二牧，官得其人，庶绩咸治。流放共工、驩兜，窜三苗、殛鲧四凶人而天下咸服。故曰：舜有大功二十，兹所以重华协帝。（《潞公文集》卷三一《进〈尚书〉〈孝经〉解·〈舜典〉》）

臣某曰：舜既绍尧，熙帝之载，以谓治天下者，必先任人，人有善恶，必须审知。故曰“在知人，在安民”，故曰“知人则哲，安民则惠，黎民怀之”。苟不知人，则贤愚善恶混淆不分，盖善恶不可并用，恶人道长则善人道消，当须屏去奸恶，可以登用善良。故其始也，先去四凶而天下服。然后咨询岳、牧，而用禹、稷、皋、夔而下二十有二人，天下大治。又命龙作纳言，戒敕之曰“朕塈谗说殄行，震惊朕师，汝作纳言，夙夜出纳朕命惟允”。谗邪之人，专在谮毁善良，舜深疾之，纳言喉舌之官，出纳王命，必在忠信，故舜受命而切戒之。隋唐以来，纳言之名不改，隶门下省。至于本朝，颇循唐制，以侍中为门下省官长，侍郎为贰，并为执政官，所选益重，必协佥论。又曰“三载考绩，三考，黜陟幽明”，古之任官。（《潞公文集》卷三一《又进〈尚书〉二〈典〉义劄子·〈舜典〉》）

---

① （宋）沈括：《长兴集》卷一九《〈孟子〉解》，影印文渊阁四库全书本。

② （宋）文彦博：《潞公文集》卷三一《又进〈尚书〉二〈典〉义劄子》，影印文渊阁四库全书本。

由于孔子曾经讲过舜“无为而治”的话，所以后世的政治家和思想家即使对这种观点持不同意见，一般也不作正面批评，而是在诠释“无为”这一理念上阐发自己的观点。文彦博同样沿着这个路子行事，先将“无为而治”解释为“先有为而致无为”：

臣顷因奏事，亲闻德音谓古称无为而治，当先有为而致无为。臣虽即时仰对，曰：虞舜垂裳而治者，亦皆先有为而后无畏，诚如圣意。臣退而伏思，曰：陛下有尧、舜求治之心，而臣愚无皋、夔致君之术。夙夕惭惧，启处不遑。又以奏对之际，蹇讷未周，谨寻前典所述虞舜之德，著于简牍，仰尘览观，庶几愚忠，上裨圣政。仲尼曰：无为而治者，其舜也与！夫何为哉？恭己正南面而已。先儒之解以谓任官得其人，故无为而治，考于《虞书》，则舜之治也，流共工于幽州，以其心狠貌恭，足以惑世也；放驩兜于崇山，以其掩义隐贼，党于共工也；窜三苗于三危，以其贪冒食货，崇侈不才也；殛鲧于羽山，以其顽嚚傲狠，治水无功也，四罪而天下咸服，兹所谓去邪不疑，而罚当其罪也。于是询四岳以谋政治，辟四门以求众贤，明四目，达四聪，以广视听于天下，命禹作司空以平水土，弃为后稷以播百谷，契作司徒以敷五教，皋陶作士以典五刑，垂作共工，益作朕虞，伯夷作秩宗以典三礼，夔典乐以教胄子，龙作纳言出纳朕命惟允，既命以官，因戒敕之曰各恭其职，乃能立天下之功；然后三载考绩，三考，黜陟幽明，庶绩咸熙。兹所谓任贤勿贰而官得其人也。夫明四目，达四聪，去四凶，命庶官，其勤至矣，得不为之先有为乎？及夫庶绩熙熙，天下服，垂衣裳正南面而已，得不谓之后无为乎？臣究观经史之载，舜之至德也，有大功二十；举十六相去四凶也。十六相，谓八八凯、稷、契、皋、夔之伦。去四凶，则朝廷无奸邪之党；十六相，则左右皆贤哲之辅，如是而天下不治者，未之有也。故后世圣帝明王，莫不劳于求贤而逸于致治，劳于求贤则先有为也，逸于致治则后无为也。恭以陛下，绍祖宗之丕基，行尧、舜之至化，黜邪远佞，去四凶之志也；求贤审官，举十六相之意也。然而一日万务，尚劳宵旰，兹乃臣愚不称职之效也。臣以为方今之务，正在谨守祖宗之成法，使爵赏刑罚不失其当耳。爵赏当则奸邪无功者不敢侥幸而希进，刑罚当则贵近有罪者不敢请求而苟免，纪纲正而朝廷尊号令行而天下服。如此则陛下高拱穆清之中无为而与虞帝比隆，而下视三代之盛矣。（《潞公文集》卷九《进无为而治论》）

又在另一个场合，将君道解释为“无为”，而将臣道解释为“有为”：

臣读汉史晁错之策，云：五帝神圣，其臣莫能及，故自亲事。臣谓错之言乖谬颇甚，因试论之。夫《易》之《乾》曰：天道也，君道也。《坤》曰：地道也，臣道也。天地既位，君臣之象著矣；君臣交济，邦家之治隆矣。而错乃云臣不及君，故自亲事。然则古之圣帝明王，安用辅相而致治乎？所谓五帝者，尧舜为圣之优，故仲尼删《诗》《书》则断自唐、虞。为万世法。二《典》之载，则尧有命羲和为天地四时之官，允厘百工，庶极咸熙；舜则命禹平水土，弃为稷官，契为司徒，皋陶作士，垂为共工，益为朕虞，伯夷秩宗，夔典乐，龙纳言，皆选于众而后用其人各任以职，且云佥曰汝谐，慎柬之至也。所以百工允厘，熙帝之载如此，则尧、舜果自亲事乎？仲尼曰：舜何为哉，端拱正南面而已。错所谓自亲事，岂非乖谬乎？若后之人君谓错言为是，乃以一身一心两耳两目独任自用，以周天下之万务，岂不殆哉？又将使厥后自圣，无复察迩言好问之裕。仲尼云“一言几于丧邦”者。谓“人莫己若”则错之言，亦几于兹乎？臣故著论，深切以明之，庶几有所补益。（《潞公文集》卷二四《进史论》）

这种诠释，总体上没有超越前人，因为类似的观点此前的学者已经多次表述过。

第九节　范纯仁、徐积的记述和评论

范纯仁，字尧夫，是范仲淹的次子，元祐时期官至尚书右仆射，因“党祸”贬为永州的地方官，后被召回任文华殿大学士，赠开府仪同三司，其“谋国忠恳，殊有父风”（《四库全书总目提要·范忠宣集》）。其著作汇为《范忠宣集》，其中《进〈尚书〉解》表述自己对尧、舜、禹、皋陶、益、稷等人物的评论，而进呈这一组文章的目的，主要是让当今皇帝了解尧、舜时期君臣相处的原则与技巧：

臣近奉德音，俾将前世君臣议论谏争之言编次进呈。臣以史籍浩博，采掇未能遽就，而君臣之际，莫盛于尧、舜三代，故取《尚书》自古君臣相饬戒之言关于治道者，录为三十章。仍于每章之后，辄有解释，或用孔氏注意，或与孔说不同，但取理当义通，以伸裨补之诚。幸陛下赦其愚，而少垂采择，亦圣人不以人废言之义也。①

用众贤、舍己从人的事迹，告诫当今皇帝“为君之难”，恳望他警醒自诫，不要“忽天下之务”：

孔子曰“为君难，为臣不易”，如知为君之难也，不几乎一言而兴邦乎？又君牙曰“思其艰以图其易，民乃宁”，故虽舜、禹在上而不敢忽天下之务，复相戒以艰难，信乎君臣之不易也。善言不隐，则贤者皆进；用众舍己，则君上无过；困穷不废，则不困穷者可知。以舜之大圣而称此，可见惟尧为能，又见乎为君之难也。（《范忠宣集》卷九《进尚书》）

在其他一些段落，则借助“益以戒舜”的话，称颂“益能尽言，舜能善听”的为臣为君之道；借助皋陶赞扬舜“帝德罔愆，临下以简，御众以宽，罚弗及嗣，赏延于世。宥过无大，刑故无小，罪疑唯轻，功疑唯重，与其杀不辜，宁失不经”的施政原则，论证“宽则得众”“唯好生之德可以服民心”的理念；借助舜“舞干两阶而有苗遂格”的事迹，论证“文教之可以服远，至诚之可以感物”的道理。如在引述《皋陶谟》中的有关段落，借助尧、舜、禹的事迹论证帝王“久行慎思”和“兢兢业业”的重要性，借助“天视”“民视”“天听”“民听”的理论，论述帝王必须“以民之视听为天之视听”“民之可畏如畏天”的民本理念。《益稷》则借助禹与舜的对话，阐发“君正则臣直”“君臣相亲则事治”以及君臣如手足的君臣协和的原则。借助皋陶与舜的对话，阐发“君有明德则良臣获进，君道烦细则万事堕惰”的为君之道。以上内容显示，范纯仁是将舜的言行作为圣君的表征而引为自己的证据的，对于舜本身的历史和思想以及前人在舜问题上的一系列分歧，他似乎没有兴趣，因而均未置一词。

徐积，北宋学者，生卒年、里籍均不详。“少力学，受业于胡瑗之门”，“事母以纯孝”，“立身亦坚苦卓绝，盖古所谓独行之士”。他留下的《节孝集》“其文虽雅俗兼陈，利钝互见……而大致醇正，依经立训，不失为儒者之言”（《四库全书总目提要·节孝集》）。在他的著作中，有几篇答辩文章涉及舜，总的立意是舜为圣人典型，孟子关于舜的观点都是正确的。如他将舜誉为“自诚明”的圣人：

《中庸》所以独取舜、颜渊者，所以为《中庸》之法也。盖自诚明者，圣人也。舜、颜渊积勤不已，而至非至诚不能也。舜自匹夫积仁累义

① （宋）范纯仁：《范忠宣集》卷九《进〈尚书〉解》，影印文渊阁四库全书本。

至于圣人,使其父母为圣人之父母,使其父母为天子之父母,至于以天下养其父母,其积德可知。①

《孟子》一书中桃应关于瞽瞍杀人的假设被后世学者屡屡作为辩题,并有不同的回答。徐积也给出自己的回答,为孟子回答的正确性辩疑:

身不行,道不行于妻子,况天下乎?事盖有不幸而有之者,舜为天子,皋陶为士,瞽瞍杀人,为舜者宜何如?安坐而视之乎?不可也;置之于法乎?不可也;枉天下之法乎?不可也。三者俱不可,为舜者宜如何?固将负而逃之也。岂舜之得已哉?事盖有不幸而有之也。以父子言之,孝也;以天下言之,公也;以万世言之,教也。不得曰以一父之私而忘天下也。天下安有无父之人哉?其得天下以孝也,其失天下者亦以孝也,舜之所以为舜也,孟子之言是也。(《节孝集》卷三一《语录》)

在《荀子辩》中,徐积批驳荀子的性恶论,揭示了该论在逻辑上的自相矛盾,彰显孟子性善论的正确。同时,他对荀子拉舜为自己的性恶论辩护给以有力的反诘:

荀子曰:尧问于舜,人情何如?舜对:人情甚不美,妻子具而孝衰于亲,嗜欲得而信衰于友,爵禄盈而忠衰于君。辩曰:荀子载尧、舜之言,则吾不知也。至于妻子具而孝衰于亲,则是妻子未具而尝有孝矣;嗜欲得而信衰于友,则是嗜欲未得而尝有信矣;爵禄盈而忠衰于君,则是爵禄未盈而尝有忠矣。则是天下之性未尝无孝,未尝无信,未尝无忠,而人之性果善矣。其所以不善者,外物害之也,岂性之罪哉?学荀子者,以吾言为如何?(《节孝集》卷二九《荀子辩》)

这里所引《荀子》书中尧、舜对话,显然是出于荀子的杜撰。徐积姑妄言之,借此揭破性恶论的虚妄。

第十节　刘弇、吕陶、周行己、晁说之的记述和评论

刘弇,字伟明,北宋安福(今属福建)人,元丰二年(1079)进士,复中博学宏词科。先任峨眉知县,继而转任博士,元符改元,进呈《南郊大礼赋》,

① (宋)徐积:《节孝集》卷二八《答舜问》,影印文渊阁四库全书本。

升任秘书省正字、实录院检讨。著作汇文《龙云集》。该书仅在卷二十八《策问中·第一》文中提及舜，主旨是批判时人的崇古贱今观念：

问：古人有言，当君而誉尧、舜，犹人子对厥亲而反誉他人之父。如孝文则曰务卑之而已，毋甚高论，然则近功急效，古人良有取乎尔也。前日业文之士，往往以不谈尧、舜三代为耻，而其后世治功，轩轩如刘汉、李唐，则类以为不足称述，而一切谢去，有甚于仆道之刍狗。夫孟子言必称尧、舜，汉人欲举明主于三代之隆，兹诚示庶兆不朽之懿尚也。若乃汉之文、景、武、宣，唐之太宗、明皇，虽弗逮尧、舜三代明甚，然岂无一日之长耶？要亦有所谓不可诬者矣。国家七圣继绳，神谋睿虑，所以陶冶斯民而绵长久者甚备，则尧、舜三代之治，信已复见吾世矣。至于刘汉、李唐，平时掌于运天下者，于今独无可追录者乎？若曰汉杂霸道，唐不纯乎道德之序，无足道者，是夸说耳。①

这里刘弇虽然没有完全否认后世对所谓“尧、舜、三代之隆”的理想化描绘，但要求实事求是地肯定刘汉、李唐以及当今朝代所取得的成就，这种瞻前的理念是值得重视的。

吕陶，字元钧，号净德，北宋成都（今属四川）人。据《四库全书总目·浮德集》记载，他是皇祐中进士，熙宁间复登制科，历官给事中，改集贤院学士、知陈州。绍圣末坐党籍贬。徽宗初复集贤殿修撰、知梓州，致仕卒。虽然他政治上比较保守，反对王安石变法，但秉性抗直，遇事敢言，所陈论多切国家大计。他对尧、舜的看法，别有见地。在《唐虞论》中，他认为尧、舜的实际功业“不过命官分职，以礼乐刑政为之”，而所以“号为至治”，在于“凡所为人情之所难者，其心举能为之”，即始终保持一颗“以天下为忧，不以位为乐”的诚心：

夫昔者，尝闻尧、舜之为君，当时号为至治之极，而后世有不可及之名。乃观传记，以求之夫所为然者，而见其行事，不过命官分职，以礼乐刑政为之，具举而措之，悉有条目，窃以为尧、舜之治，其迹如此而已，亦非有以大过于人者。而当时号为至治，后世不可及，则又何哉？即而推之，盖凡所为人情之所难者，其心举能为之焉耳。且尧自唐侯而升天子，舜以匹夫而有天下，向也处乎一国，耕于畎亩之中，今也居乎四海之上，享有生民之奉，如固有之而未尝少慊焉。是以土阶三尺，

① （宋）刘弇：《龙云集》卷二八《策问中·第一》，影印文渊阁四库全书本。

茅茨不剪,饭土铏啜水,而谓之中礼;九男二女,百官牛羊,仓廪之盛,而忧不见爱于父母,彼岂以天下动其心哉?以钦明文思温恭允塞之德,临可封之民,成无为之功,而兢然于日行其道,以天下为忧,不以位为乐耳;与其臣下相博谋议,则吁俞训饬,尽夫君臣之义,抑又作歌以戒以示,奉若天命,顺时慎徽,安不忘危之意,彼岂以其心易乎天下哉?尧、舜之所以冠百王而为人主之师者,不在其外而在其终也。孟子曰:服尧之服,行尧之行,是尧而已。又曰:舜何人也,子何人也。夫资有二帝之资,行之至而熟谓不可乎?

这里着重揭示的是吕陶服膺的由内圣而外王的儒学的核心价值。

周行己,字恭叔,北宋永嘉(今属浙江)人,元祐六年(1091)进士,历官秘书省正字、乐清知县、太学博士。他学于"二程",但开南宋永嘉学派之先河。其文汇为《浮沚集》,其中《经解》一文,认为舜之所以成为大圣之人,在于他笃行"修身践言":

修身践言,谓之善行,行修言道,礼之质也。

孳孳为善者,舜之徒也;孳孳为利者,跖之徒也。天下莫不为善,岂人人为舜也欤哉?非也,方其为善,其心则舜之心也。天下莫不为利,岂人人为跖也欤哉?非也,方其为利,其心则跖之心也。故人不可以不为善也,虽小善而必为,然后能为大善。舜之所以为舜者,以其乐取诸人以为善,闻一善言,见一善行,从之莫能御也。然则如之何斯可以为善矣?曰修身也,践言也。修身者必敬,践言者必忠。忠与敬者,善之大端,入德之要也。故曰:修身践言谓之善行,行笃敬则行修矣,言忠信则言道矣。故曰:义以为质,礼以行之。又曰:忠信之人可以学礼。此行修言道,所以为礼之质也。苟无其质,虽习于《曲礼》,威仪之多,君子不谓之知礼。①

周行己这里以舜为例,阐发的是偏重于行即实践的意义,而这一倾向后来在永嘉学派的代表人物陈亮那里得到了进一步的弘扬。

晁说之,字以道,北宋开封(今属河南)人,少慕司马光为人,故自号景迂。元丰五年(1082)进士,靖康初年召为著作郎,试中书舍人兼太子詹事,建炎初升任徽猷阁待制。他博览群书,尤长于经术,但因其著作中表述了与孟子不同的观点,被高宗勒令致仕。他的《景迂生集》卷十四有《申刘》一

① (宋)周行己:《浮沚集》卷二《经解》,影印文渊阁四库全书本。

文，就刘恕对《孟子》所记舜的事迹提出的辩证意见表述了自己的看法：

说之十余年来，始不惑于孟子，为之辨正大端，自谓悉矣。及见刘道原说“月正元日，舜格于文祖”，是尧崩逾年事，不待三年丧毕，其斥孟子甚明，且罪孔安国仍轲之缪，乃大耸叹，恨不得道原而在北面师事焉。然道原意有所遗者，辄申之。尧知其子不肖，不足以传天下，幸而得舜以授之，舜既摄二十八载之久矣，乃复待尧三年丧毕，避之南河之南，是尧之子才足以传天下欤？尧远能知舜而近于其子则不知耶？贼父子之恩而渎君臣之义，莫此为甚！尧苟不知其子，舜乃独知之，为舜者曷不让之于摄政之初，使尧见之，乃有待毕三年之丧，即位之初，弃宗庙百官而逝耶？无乃舜之是举也伪欤？天下至重器，授受至重事，何容伪毫发哉？后世乱臣贼子，接踵奋袂而起，舜或倡之耶？舜于是上不诚于尧，下惑斯民，以天下为市而术取之耶？丹朱不肖子也，一日见舜避之远，乃起而言，曰天下吾家之世有也，至我始不身之耶？吾父虽欲授舜，而舜不敢居以避我，我何为不如舜之志也。且舜之志，天下志也，我之受宜则舜以天下病而利丹朱一人，岂尧之所以知舜之心哉？如丹朱曰舜之避我虽远，如吾父命何？天下之朝觐狱讼讴歌顾可欺哉？必以天下奉舜，是舜非受天下于尧，乃受之丹朱也。丹朱不知为，舜亦何憾，彼朝觐狱讼者必忿然而争，争必至于兵，丹朱将不保其躯矣，舜欲利丹朱而实欲杀之也。舜之南河之日，天下祸乱肇耶？夫既不忍尧之子而避之矣，其之中国践天子位，则顾众人之情而不待丹朱之一言，不若其初不避之愈，而徒以暴丹朱之不肖耶？此非常大事，其后禹、益又皆例之耶？《书》虽残编，不应如此大事略无所著。见其荐益事，则温公辨之矣。①

综观晁说之的意见，他认为孟子所述舜之受禅的情节与《书》之所记有明显增益，而这些增益，如舜避尧之子丹朱的情节显然是不合理的。他敢于怀疑孟子，显示了可贵的理性。不过，他与孟子一样，他们都以家天下的视野去观察和评论禅让这种特殊的制度，因而要么否认这种制度的存在，要么归结为个人的品格，所有这些解释其实都远离了事情的真相和本质。

---

① （宋）晁说之：《景迂生集》卷一四《申刘》，影印文渊阁四库全书本。

第十一节　杨时的记述和评论

杨时(1053～1135),字中立,北宋南剑州将乐(今属福建)人,著名理学家,官至龙图阁直学士,晚年隐居龟山,学者称其为"龟山先生"。他就学于"二程",为程门四大弟子之一。其著作汇为《龟山集》。

《龟山集》载有较多论及舜的篇章,他继承孔孟等儒家创始人的观点,将尧、舜、禹定为君王的楷模,要求后世君王以他们为榜样治国理政。如《经筵讲义·〈尚书〉"吉人为善"节》说:"舜为法于天下,可传于后世,孔子于禹无间然,人君所当法者,舜、禹而已。"①又如《〈神宗日录〉辨》所记:

上问:唐太宗何如主?对曰:陛下当以尧、舜为法,唐太宗所为不尽合法度。末世学士大夫,不能通知圣人之道,故常以尧、舜为高而不可及,不知圣人经世立法,常以中人为制也。夫道,止于中而已矣。圣人经世立法,非固贬损,以中人为制道,固然也。故尧、舜、禹三圣相授,皆曰允执厥中而已。盖立法失中,其过与不及,皆非圣人之道也。

(《龟山集》卷六《〈神宗日录〉辨》)

杨时对以前文献记载的舜的事迹很少辩证,只对所谓"象杀舜"之事给出了自己的解释:

问:象日以杀舜为事,而舜终不为所杀,何也?曰:尧在上,天下岂容有杀兄者乎?此语自是万章所传之谬,据所载,但云象傲而已。观万章之言,傲何足以尽之,其言杀舜之时,尧已妻之二女,又使其子九男百官皆事舜于畎亩之中,象必不敢。但万章所问,其大意不在此,故孟子当时亦不暇辨。(《龟山集》卷一〇《语录一》)

此解与孟子对舜的认识,似乎稍有疏离。不过,在舜的认识上,他还是基本上依据孔、孟的意见而作进一步的阐发。例如,他认为"尧、舜之道岂远乎哉?,孝弟而已矣"(《龟山集》卷八《〈孟子〉解》),"舜、跖之分,利与善之间也",又如说:"孟子称舜,象忧亦忧,象喜亦喜,此语最宜味之。夫舜之意,唯恐不获于象也,则象喜舜自喜,夫岂有伪乎?是之谓不藏怒,不宿怨。"(《龟山集》卷一〇《语录一》)再如说:

---

① (宋)杨时:《龟山集》卷五《经筵讲义·〈尚书〉"吉人为善"节》,影印文渊阁四库全书本。

舜之臣子十有二人，而孔子曰舜有臣五人而天下治。所谓五人者，孟子所言者是也。夫洪水横流，草木畅茂，禽兽逼人，则禹虽欲施功未可也。故孟子论五人者，命益使烈山泽而焚之，在禹之先；天下既平，则命益若鸟兽草木，乃在皋陶之后。盖治人与若鸟兽草木，其先后之常序宜如此也，不同亦时焉而已矣。（《龟山集》卷八《〈孟子〉解》）

杨时对舜的认识是体现孔、孟核心思想的，是他反复强调对“执一”和“时中”等理念的观点：

古者左史记言，右史记动，书者记言之史也。上自唐、虞，下迄于周，更千有余年，圣贤之君继作，其流风善政可传于后世者，具载于百篇之《书》，今其存者五十有九篇。予窃以一言蔽之，曰中而已矣。尧之咨舜曰“天之历数在尔躬，允执其中，四海困穷，天禄永终”，舜亦以命禹，夫三圣相授，盖一道也。贵为天子，而以天下与人，穷为匹夫而受人之天下，其相与授受之际，岂不重哉？而所言止此，《仲虺之诰》称汤曰“建中于民”，箕子为武王陈《洪范》曰“皇建其有极”，然则帝之所以为帝，王之所以为王，率此道也。予故以一言蔽之，曰中而已矣。夫所谓中者，岂执一之谓哉？亦贵乎时中也。时中者，当其可之谓也。尧授舜，舜授禹，受而不为泰；汤放桀，武王伐纣，取而不为贪。以至为臣而放其君非篡也，为弟而诛其兄非逆也。《书》之所载，大伦大要，不越是数者，以其事观之，岂不异哉？圣人安为之而不疑者，盖当其可也。是《尧典》之书，为让舜而作，而其名谓之《典》，言大常也。盖苟当其可，虽以天下与人，犹为常而已。后世昧执中之权，而不知时措之宜，故徇名失实，流而为子哙之让，白公之争，自取绝灭者，有之矣。至或临之以兵而为忠，小不可忍而为仁，皆失是也，又乌足与论圣人之中道哉？（《龟山集》卷二五《〈书义〉序》）

总体上看，杨时文章中涉及舜的篇章尽管不算少，但由于他主要依傍孔、孟等传统儒学的观点，自己的创新甚少，所以学术上难以有突破性进展。不过，他的着重点不在于舜本身，而在于如何以舜的事迹和精神映照对比现实，从而达到古为今用的目的。

第十二节　黄裳、陈渊、刘子翚、范浚、史尧弼的记述和评论

黄裳,字冕仲,北宋南平(今属福建)人,元丰五年(1082)进士第一,官至礼部尚书。其著作汇为《演山集》,其中只在《〈论语〉〈孟子〉义·当务之为急》一文中提及尧、舜,是将他们作为善于识人用人的君王典型推出来的:

> 尧之仁忧以天下,忧其不得舜而已;舜之仁忧以天下,忧其不得禹而已。洪水横流而民有垫溺之忧,禽兽逼人而民有伤害之忧,五谷不登而民有饥饿之忧,方是之时,苟使许行之徒墨者夷之为天下计,则彼将劳苦顿瘁,且与四忧之民为辄中鲋,相濡以湿,相煦以沫,自以为鳏而后已,乌足以为仁哉?尧、舜不然,尧使一人,舜使四人,得益而伤害之忧忘,得禹而垫溺之忧忘,得稷而饥饿之忧忘,得契而近于禽兽之忧忘,然则二帝之宅厥心,可谓真智者也。……尧宅心于舜,而五臣为之用;舜宅心于禹,而八官为之用。①

黄裳这里坚持儒家的积极有为的入世精神,批判许行、墨家和道家的治世方略,彰显的是仁民爱物的理念。所以,他在另一篇文章中进一步明确说:"尧、舜,充仁之端者也,故曰欲为君尽君道,欲为臣尽臣道,二者皆法尧、舜而已。"(《演山集》卷五七《杂说》)

陈渊,字知默,一字几叟,北宋沙县(今属福建)人,杨时弟子,绍兴七年(1137)诏举直言极谏之士,由胡安国推荐,任御史,继而转任右正言,最后升任宗正少卿。因敢于直言,以忤当道,不获大用。他愤而榜所居之室曰"默堂",诗文汇为《默堂集》,"其文章皆明白剀切,足以见其气节"(《四库全书总目提要·默堂集》)。在《论考实》一文中,他赞颂了尧、舜在用人上实行的"考实"原则:

> 尧、舜号为知人,而《书》之所称,曰明试以功,车服以庸,夫明试以功,考其实也,车服以庸,因其实而用之耳。若舜之在下,尧既闻其聪明矣,又历试之;至于用鲧亦然,四岳举之,尧曰方命圮族,既而曰试可

---

① (宋)黄裳:《演山集》卷四〇《〈论语〉〈孟子〉义·当务之为急》,影印文渊阁四库全书本。

乃已。自今观之,若舜者宜不待试,而若鲧者又不必试,然且云尔者,考其实而已。唯考其实,故舜之圣终有以底绩,而鲧之不肖不能逃其罪于九载之后也。①

刘子翚,字彦冲,北宋崇安(今属福建)人,曾任兴化军通判,后因疾归里,筑室屏山,读书写作以终。在《圣传论》一文中,他将“十六字心传”作为尧、舜、禹的“圣传”,而这个“圣传”在历史上数度迷失,只是到孔子才又引归会通:

> 《书》曰惟精惟一,此相传之密旨也。昧乎一,则莫知元本;滞乎一,则入于虚妙。悦于谈听而不可用,岂所谓允执厥中耶?《易》曰天下之动,贞夫一者也,随动而一,非舍此合彼也,且性外无物,安得有二?一者道也,能一者心也,心与道应,尧、舜所以圣也。一之所通,初无限量,敛之方寸,寂然而已。感而遂通,未常变易,意形而自绝,思正而忽无,缓而不怠,急而不危,应而不随,受而不蓄,此尧、舜之心所以常一也。心之不一,因有见焉,见立情迁,莫知主宰。违从欣厌之所萦拂,忧惧哀乐之所移换,事有百千万绪,心亦百千万变,顷刻之间,不能自定,求其际天地,亘古今,岂不难哉?尧、舜、禹口传而心受也,三圣既没,斯道散于百家荡于末流,匿于学者见闻之外数百年。汤出,引而归之,会而通之,故懋昭大德,建中于民。汤没,又散于百家,荡于末流,匿于学者见闻之外数百年。文王出,引而归之,会而通之,故纯一不已,仪刑万邦,文、武、周公口传而心受也。三圣又没,邪朋邪诐翼诐,幅裂鼎沸,莫可谁何。孔子出焉,气足以压其声焰,量足以吞其区穴,排异如摧枯拉朽,引同如川流海会,其言有曰“吾道一以贯之”,此祖述尧、舜之妙也。②

他呼吁君王臣子学者学为尧、舜,必须兢兢孳孳,日复日,年复年,将那个“惟精惟一”学到手。显然,刘子翚这里表述的是接近理学中“心学”一派的理念。

范浚,字茂名,南宋兰溪(今属浙江)人,绍兴中举贤良方正,因厌恶当时秦桧柄政,拒不赴任,以家居读书写作终老。其著作汇为《香溪集》。其中有一篇《去四凶辨》,认为尧时不诛四凶,是因为“彼四凶恶未稔,天下未尽闻”,而真正值得怀疑的倒是为什么尧用鲧治水九年不见成效,尧却对其

---

① (宋)陈渊:《默堂集》卷一四《论考实》,影印文渊阁四库全书本。

② (宋)刘子翚:《屏山集》卷一《圣传论·尧舜》,影印文渊阁四库全书本。

仍加容忍？另有一篇《〈尧典〉论》，称颂尧、舜禅让出于“公利”，他们的所作所为既符合天道，亦符合地道和人道：

夫子序《书》，辞严旨奥，不越数言，而终篇大义灿然可明。若序《尧典》言“昔在帝尧，聪明文思，光宅天下，将逊于位，禅于虞舜”，则尧之广大同天，始能格于上下，协和万邦，终能求贤于侧陋，授以天下，盛德大业已备见矣。合世邪说横议，诋诬大圣，谓尧幽囚，谓舜臣尧，怪妄百出，特考是数言，而唐、虞禅绍之美昭若白日，纷纷不攻自破。盖功成者去，天道固然，尧将逊位不以授丹朱而授舜，是谓天下为公之道，故曰将逊于位，禅于虞舜，圣言折衷尧舜之道益明。于是又曰“惟天为大，惟尧则之”，对宰我之问亦云“陶唐其仁如天”。孟子推其说，则曰“为天下得人者谓之仁”。盖尧以天下授丹朱，则丹朱利而天下病；以天下授舜，则天下利而丹朱病。尧曰吾终不以天下之病利一人，卒授舜以天下。方其念丹朱与天下利病，孰轻孰重？苟怀一毫有我之心，则视利天下不足以病其子，视利其子虽病天下不屑也。惟尧无我，视天下犹吾子也，视利天下犹利吾子也，如是则吾子与天下何择焉，所利者众则为之耳。且授舜之利，公利也；授丹朱之利，私利也。不以私利易公利，此天心也，此其所以能视天下犹吾子而则天之大，为天下得舜而如天之仁也。同天如此，故聪无不闻，明无不见，文无不被，思无不通，而其神能光宅天下也。夫以尧、舜圣德光明盛大，胡可以管窥蠡测妄议涯畛？而世儒谓尧行天道以治人，舜行人道以奉天，是不惟不知尧、舜，抑亦不知道，又不知天人也。《易·系辞》曰“一阴一阳之谓道”，推本而言之也；又曰“立天之道曰阴与阳，立地之道曰柔与刚，立人之道曰仁与义”。三者一道也，在天则谓之天道，在地则谓之地道，在人则谓之人道。扬雄曰“善言天地者以人事，善言人事者以天地”，故合天地人而言之，其致一也。古之王者，必承天意以从事，是天理即人事也；王者欲有所为，必求端于天，是人事即天理也。又况圣人和同天人之际，使之无间，先天而天弗违，后天而奉天时，圣人所行动无非天，谓尧行天道，岂与人事异耶？谓舜行人道，岂与天道异耶？苟谓尧命羲和钦若昊天，历象日月星辰，为行天道耶？则敬授人时而天与人一矣；苟谓以闰月，定四时成岁，为行天道耶？则允厘百工庶绩咸熙，而天与人一矣；苟谓舜纳于百揆，百揆时叙，宾于四门，四门穆穆，为行人道耶？则烈风雷雨弗迷，而人与天一矣；苟谓舜咨十有二人各钦其职，为行人道耶？则惟时亮天工，而人与天一矣。①

范濬这里借尧、舜所论述的是天、地、人合一的理论，是理学家真理唯一论的阐发与彰显。

史尧弼，字唐英，南宋眉州（今四川眉山）人，"登第后未授官而卒也。尧弼天姿踔绝，其诗纵横排宕，摆脱恒蹊；其论策诸篇明白晓畅，澜翻不穷，亦有不可羁勒之气。大抵有其乡苏氏之遗风"（《四库全书总目提要·莲峰集》）。其著作汇为《莲峰集》，其中在论述尧、舜、禹、三代的文章《唐虞三代纯懿论》中，第一次提出了"纯懿之道"的概念，将其作为由圣心出发扩而大之于礼乐刑政的绝对真理，是"唐、虞、三代治天下之妙用"：

所以致天下之治在道，所以行天下之道在心，古之圣人修之，身举而措之天下国家，至粹至美而丝毫之无杂，至久至远而须臾之无间，夫岂有他哉？其心术之妙，见于天下，有不可得而名言者，天下之人见其然而昧其所以然也。于是言动求之而不得，礼乐求之而不得，度数求之而不得，则以为圣人之心或几乎隐，而不知其心术至粹至美至久至远者，未尝不行于日用之际，未尝不行于天地之间。凡所以育万物而抚四海者，盖无往而非纯懿也，岂可以言动之端，礼乐之具，度数之末，而求尽其妙哉？深知乎此，而唐、虞、三代之所谓纯懿者，如取诸目，如指诸掌，王道之论有未尽者，请因而毕之纯懿之道，帝王之心也，其本出于心，其用达于天下，尧不得之无以为尧，舜不得之无以为舜，禹、汤、文、武不得之无以为禹、汤、文、武。然而天下之人，皆知纯懿而不知其所以为纯懿者，不能论圣人之心故也。夫纯懿之在心而不在政，自心而发于政，则唐、虞三代之纯懿可得而见也；自政而求其心，则唐、虞、三代之纯懿不可得而见也。尧之理阴阳，舜之叙百揆，禹之修九功，汤之正六事，文王之和庶狱，武王之范九畴，天下之事无不毕举。当是时，民休而不役，刑寝而不试，礼乐则兴，学校则辟，此皆其纯懿之发于政者，天下可得而见也。至于正心诚意之本，修于宫庭屋漏之间，勤于夙夜旰食之际，诚明以得之，中和以养之，仁义以行之，礼乐以文之，其于为善，动容周旋，颠沛造次，无一毫违于道者。及其发于至幽而见于至著也，不令而人信，不威怒而人感，无声臭之可接，无始卒之可穷，此其纯懿之本于心者，天下不可得而见也。故尧之心见于钦明，

① （宋）范濬：《香溪集》卷一〇《〈尧典〉论》，影印文渊阁四库全书本。

其所以钦明者不可见；舜之心见于濬哲，其所以濬哲者不可见；禹见于无间，所以为无间者不可见；汤见于日跻，所以为日跻者不可见；文、武见于式孚下土，所以为式孚者不可见。夫是以其用不可测，而其功不可穷，非真心之如此，而动如此，而静如此，而始如此，而唐、虞、三代治天下之妙用也，论唐、虞、三代之纯懿而不论其心，是言乾而不言健，言坤而终一于纯懿而不可见者，孰能与于此哉？

史尧弼这个神秘而囊括了一切真理的"纯懿之道"，实际上就是理学家们一再标榜的那个宇宙的永恒真理的"理"。

第十三节　张九成、冯时行、张纲、王之望的记述和评论

张九成，字子韶，自号无垢居士。其父祖辈为开封人，后徙居钱塘（今浙江杭州）。他少时受业于杨时，"研精经学，于诸经皆有训释"，"卓然不愧为大儒"。绍兴二年（1132）中进士后，先任镇东军签判，继任宗正少卿兼侍讲，代理刑部侍郎。不久被秦桧诬以"谤讪朝政"的罪名，谪居南安军十四年。秦桧死后，又任过知温州丐祠的小官。死后赠太师，封崇国公。其著作汇为《横浦集》。他在一组《书》《传》统论和《〈孟子〉拾遗》的的文章中，多次论及尧、舜、禹等圣帝名王。

张九成在《〈尧典〉论》一文中，认定《尧典》出自远超司马迁、班固的"舜时史官"，内容则是治国理政之"常道"：

《尧典》之名，乃舜时史官所立也。舜大圣人也，其史官岂司马迁、班固流哉？余味此名，乃知当时史官识虑之高远也。何以言之？孔安国曰：少昊、颛顼、高辛、唐虞之书，谓之五典，言常道也。是典之为义，特载帝尧常事而已；今观其所载，皆后世人主勉强劳苦，终未能仿佛其万一者，而曰常道，则其意所责于后世人主者，其亦不浅也。夫其所载者，"钦明文思"以下，以言尧之德如此，岂常事哉？"克明俊德"以下。以言尧之用贤如此，岂常事哉？"乃命羲和"以下，以见尧之同天，亦岂常事耶？"畴咨若时"以下，以见尧之知人，此亦岂常事耶？"朕在位七十载"以下，以见尧之识变，此亦岂常事耶？顾此数事，皆光明俊伟超诣硕大卓卓乎群圣之上而不可及，乃以谓常道，意欲后世人主读此书

者，味此名者，抚心自问，曰：吾之德果如尧乎？吾之用贤果如尧乎？同天如尧乎？知人识变如尧乎？审曰能之，不足高也，特人主常道尔；如未能焉，宜如何哉？余以是知舜之史官，决非司马迁、班固流也。①

在《〈舜典〉论》中，张九成认为舜之行政措施皆“朝廷之大务，天下之伟观”，实在不能以“常道”视之，而之所以将其认定为“常道”，目的是启迪后世为君者不可“少肆”：

《舜典》一篇所纪，载舜之德，舜之历试，舜之摄位，舜之察天，舜之祭祀，舜之朝觐，舜之巡狩，以至分州定山川，谨刑罚，去四凶，尽下情，戒诸侯，命九官，北三苗，皆朝廷之大务，天下之伟观。自匹夫而登庙堂，其规为矩画，有足以耸动天下，若素所更练者，此岂常道也哉？而史官亦称之为典，以是知人主之职不易为也。尧、舜之盛，仅免过而已矣，谓之常道，岂无意哉？后世有天下者，其可少肆乎？（《横浦集》卷六《书传统论·〈舜典论〉》）

在《〈大禹谟〉论》中，张九成盛赞大禹的历史功绩，同时极力夸赞作史者的“经营用意”，“岂迁、固所能万一哉！此所以为唐、虞之史官也”。这里张九成一连在几篇文章中颂扬“唐、虞之史官”超过了司马迁和班固，显然是出于一种偏见：尧、舜、禹时代是后世永远不可企及的盛世，所以记录这个时代的史官自然也是后世史官不可企及的。这种历史退化论在《〈甘誓〉论》中表述得更为直白：“尧禅舜，舜禅禹，其俗成矣。大道之行，天下为公，选贤与能，至禹乃传其子，虽曰天命，而德自此衰矣。”（《横浦集》卷六《书传统论·〈甘誓论〉》）而在《〈汤誓〉论》中则进一步发出了悲愤的怒吼：

余读尧、舜二典以还，初见《甘誓》而怅然，曰去尧、舜未远而有此举，尧舜之风不复有矣。既又读《胤征》，则又异焉，去尧、舜未远，已有篡弑挟天子令诸侯之事，使章怀读之必不忍闻，使贾谊读之必至于痛哭流涕。尚有说者，曰羿凶人也，安知义理？今读《汤誓》乃公然以臣伐君，取天下而有之，其惊骇耳目震动心志，益又甚矣！伊尹、成汤皆圣人也，圣人而为此举，此所以愈可怪骇也。呜呼！使启知太康不肖，择圣贤而授之，使尧、舜之风相踵不绝，安得有胤征、汤誓之事乎？此余所以深悲也。（《横浦集》卷六《书传统论·〈汤誓论〉》）

张九成一直怀着这种今不如昔的理念和情绪读书思考，并观照历史和

---

① （宋）张九成：《横浦集》卷六《书传统论·〈舜典论〉》，影印文渊阁四库全书本。

观察现实,从他那里发出的自然只能是悲愤之音了。

冯时行,字当可,南宋璧山(今属重庆)人。绍兴年间任丹稜令,继而出守蓬黎州,最后任提点成都刑狱公事。曾居县北缙云山授徒,因以为号。在宋、金关系上,他属于抗战派,曾因痛斥秦桧主持的和议遭贬。著作汇为《缙云文集》。在其中的《舜命夔典乐教胄子》一文中,他探索尧、舜时代的贵族子弟教育,认为其内容一定是乐章:

> 尧、舜之时,无六经诸子百家,欲教胄子,将以何书?……乐章也。诗言志,歌永言。志者心之所之,所之有二,正与邪而已。孝、悌、恭、俭、慈、爱、忠、信,正之类也;淫、侈、悖、慢、骄、矜、诡、诈,邪之类也。诗言志,所言正之类也,必非邪之类也。自童蒙使之诵习正言,既诵习必从而歌之,又从而被之金石管弦,邪心何自而生?此教也,教由外也,举其外如此,必能感发其中心,所谓乐则生,生则乌可已者。此所以教也。①

这显然是一种想当然的理想化的说法。冯时行之类将尧、舜时代视为黄金时代的学者,总是以理性化的思维推断彼时的一切事物。尧、舜时代究竟有没有学校教育还是一个有待证实的问题,至于教育内容,更是不易确证。所以,冯时行的看法只能是一种没有事实支持的猜测。

张纲,字彦正,南宋金坛(今属江苏)人,大观、政和间,试舍法三中首选,因与蔡京、王黼不合,倍受压抑。南渡后因与秦桧有隙,遂致仕家居。秦桧死后,被起用,官至参知政事。其著作汇为《华阳集》。其中有《进故事·三》一文,以舜之行政"临下以简,御众以宽"映照后世的横征暴敛,透出的是儒家传统的民本和廉政意识:

> 臣观古之治民者,薄其赋敛,取之以什一,则以富其财也;宽其征役,使之以时,而丰年不过三日,则以优其力也。民之所以为生者,财与力而已矣。舜不穷其民,盖知其本之所在。观其临下以简,御众以宽,则凡穷民之政,必无有也。②

王之望,字瞻叔,南宋襄阳谷城(今属湖北)人,后寓台州。绍兴八年(1138)进士,累官至太府少卿。孝宗即位后,升任户部侍郎,继而任川陕宣谕使、参知政事。乾道元年(1165)起任福建安抚使加资政殿大学士,移知温州。其著作汇为《汉滨集》。

王之望一方面具有宋儒的怀疑精神,如他对《书》所认定的"帝道简而

---

① (宋)冯时行:《缙云文集》卷四《舜命夔典乐教胄子》,影印文渊阁四库全书本。

② (宋)张纲:《华阳集》卷二一《进故事·三》,影印文渊阁四库全书本。

王制加”就提出异议：

问：自三皇而来，历帝与王，下逮五霸，其事远矣，而见于六经之籍、孔孟之言者，不为不详要，其间容有可议者。《书》曰唐、虞稽古建官惟百，夏、商官倍是，则帝道简而王制加详矣。然舜以礼乐分命二官，而周并总于一卿；舜分天下为州十二，而三代合为九州，果孰为简孰为详乎？①

但另一方面，他又坚信尧、舜是完美无缺的圣人，在《初除左谏议大夫上殿奏议》中，他高度颂扬“尧、舜之道甚大而易行，尧、舜之政甚简而易为”，是所有后世君王学习的榜样和行政的楷模：

或者以尧、舜为不可及，欲致君尧、舜者，谓之责难于君，臣以为不然。尧、舜之道甚大而易行，尧、舜之政甚简而易为，顾后世不之察耳。尧、舜之道行于其躬者惟孝，施于其下者惟仁，陛下既允蹈之，一无所难，信乎甚大而易行矣。尧、舜之政在于官人，而官人之道在于“敷奏以言，明试以功”而已。尧告舜曰“询事考言乃言底可绩”，禹于皋陶亦云此，所谓敷奏以言者也；舜命禹作司空，曰“汝平水土成允成功”，称皋陶曰“汝作士，明刑弼教，民协于中，时乃功”，此明试以功者也。……共工静言庸违象恭滔天，而驩兜乃叹美其方鸠僝功，欲尧之用之，而尧竟不从，此言之不验者也。四岳荐鲧治水，尧曰咈哉方命圮族，九载绩用弗成，此功之不效者也。舜既承尧，首正四凶之罪，天下咸服，尧、舜之政，岂不甚简而易为乎？（《汉滨集》卷七《初除左谏议大夫上殿奏议》）

第十四节　王十朋、薛季宣、员兴宗、游酢、林之奇、林亦之的记述和评论

王十朋，字龟龄，南宋乐清（今属浙江）人，绍兴二十七年（1157）进士，官至龙图阁学士，主要著作汇为《梅溪集奏议》《梅溪前集》《梅溪后集》等。

王十朋颇具有宋儒的怀疑精神，因而对舜的“协帝”和武王的“善继”提出不同看法：

---

① （宋）王之望：《汉滨集》卷三《策问》，影印文渊阁四库全书本。

臣闻舜受尧之天下，序《书》者美之曰“重华协于帝”，武王继文王而有天下，记《礼》者美之曰“善继人之志，善述人之事”。说者谓尧之所为如是，而舜亦如是，故谓之协帝；文王之所为如是，而武王亦如是，故谓之继述。臣尝考其行事，乃不然。尧之时有八元、八凯者，天下谓之才子，尧不能用，至舜乃举而用之，号十六相；有共工、驩兜、伯鲧、三苗者，天下谓之四凶，并在尧朝，尧不能去，至舜乃流逐放窜，殛之而天下咸服。文王在商之末，三分天下有其二，而终身执臣礼以事纣，执至武王嗣位之初，乃会八百诸侯，兴仁义之师以伐之，天下遂一统于周。舜之所以协尧，武王之所以继文者，如斯而已矣，曷尝泥其行事之迹哉？①

显然，王十朋认为新继位的帝王根据变化了形势改变前一代帝王的政策措施，不必“泥其行事之迹”是正确的。然而，他对《左传》以及《竹书纪年》等出土文献对尧、舜事迹记载上与《尚书》的差异提出异议，认为那是有违“圣治”的胡说八道。这就将《典》《谟》视为永恒不变的标准：

问：世之语治者，必曰尧、舜二帝之事业，备见于《典》《谟》，灿若日星，千载之所同仰也。然后世有断简出于枯冢，异论起于弄笔，生诬盛德而惑信书，庸可以不辨？尧授舜，舜授禹，逊位传贤，最为帝王之美事，而《琐语》有舜放尧之说，大戾于孔氏之书。论者遂援囚尧之地，疑重华之不臣；因苍梧之巡，疑文命之异志。果如其言，则将逊于位，逊德弗嗣，稽首固辞，皆当时之饰伪乎？帝王之圣，莫大于知人，尧、舜俱以聪明称者，盖在于此。然左氏载季文子之言，谓尧有元恺，尧不能举，有四凶不能去；语称舜举皋陶不仁者远，说者遂谓君子小人比肩同列于尧世，皋陶未举之前而不仁者甚多；果如其言，则克明俊德与夫明目达聪，又皆虚语乎？不特此也。夫子尝称尧、舜垂衣裳而天下治，及其序《书》，则不见其无为之迹，于《尧典》，则载其亲九族、和万邦，于其始命羲和授人时于其中，咨四岳治洪水于其终；于《舜典》，又载其齐七政、类上帝、命九官、五载一巡守于受命之后，尧、舜之时亦多事矣。垂衣而治，果如是乎？《书》经圣人之手，而言迹犹不同，况责后世之异论乎？以尧、舜之圣，断无可疑之实如《汲书》之诬、唐人之疑者，然不可无说以破之。至如《系辞》之称与《书》矛盾，必有深辞奥旨，又不可以不究也。（《梅溪集奏议》卷一四《策问》）

---

① （宋）王十朋：《梅溪集奏议》卷一《上殿劄子（三首之一）》，影印文渊阁四库全书本。

这充分表明,王十朋的某些怀疑是在肯定尧、舜作为大圣人的前提下提出来的,当文献资料和论述超越了有损于尧、舜的大圣人形象的底线,他又坚决加以排拒和摒斥。同时,他对以往文献记载的某些舜的事迹也进行新的诠释,如对"善与人同"就给出了与前人不同的说法:

大舜善与人同,非与人同为善也,盖能与人同而不立异耳。古之独行之士,皆好立异而不与人同,如申徒狄之介,于陵仲子之廉,尾生之信,屈原之清,皆能为人所不能为,然非可传可继之法,君子不取焉。彼以立异为有过于人,而不知适所以自小也。舜取诸人以为善,尽事亲之理以为孝,由孝悌之道以为仁义,是皆人之所可为者舜亦从而为之,人之所不可为舜亦不为之矣,此所谓善与人同。然舜善与人同,而众人卒不能自同乎?舜者何耶?舜其即同乎人者而行之不息,此所以为大圣人。众人一作焉,一息焉,甚者一暴而十寒焉,初与舜同而卒与舜异,非舜之不同乎人,人自不同之耳。子贡赎人而不受金,是子贡之不与人同也;鲁人猎较孔子亦猎较,是孔子善与人同也。贤人好与人异,而圣人常与人同,舜、孔子为大圣人者,非由乎异,而大者同焉而已矣。故曰大舜有大焉,又曰大哉,孔子语曰晏平仲善与人交,孟子曰大舜善与人同。善者,能也,语意正相类。(《梅溪集奏议》卷一九《大舜善与人同说》)

这里王十朋提出了一个重要观点,作为君王,要善于在最重要、最普遍的事情上与最大多数人达成共识并采用一致的行动,而不是处处通过标新立异显示自己的与众不同。因为君王应该成为百姓的领袖,体现百姓的意志,反映百姓的要求,只有"善与人同",才能得到百姓的拥戴。

薛季宣,字士龙,号艮斋,南宋永嘉(今属浙江)人。其父做过起居舍人。绍兴二十九年(1159),他年甫17岁即入荆南帅幕府,为之撰写机要文字,不久调任鄂州武昌令,又因宰相王炎推荐,改知常熟县,继而入为大理寺主簿,再升大理正,知湖州。乾道元年(1165)迁知常州,未上任即逝去。其著作汇为《浪语集》。他仅在《〈中庸〉解》一文中对舜的记述表示了一些个人的看法。如不同意舜"执其两端用其中于民":

天下之理未有无二端者,好问而察迩言,遏恶而扬善,此执两端而用中之道也。欲求中而二端之弃,吾见其执一而非中也。①

---

① (宋)薛季宣:《浪语集》卷二九《〈中庸〉解》,影印文渊阁四库全书本。

员兴宗，字显道，南宋仁寿（今属四川）人。未第时读书九华山，因以自号。经人推荐，被任为教授，继而任著作郎、国史编修、实录院检讨。乾道中因上疏弹劾贵幸，被贬奉祠去润州侨居，最后终老于该地。其著作汇为《九华集》。他对舜的治策高度赞扬，认为具备了忠、质、文所有要素：

五典从则百姓有以亲我，四门宾则诸侯有以顺我，谗说殄行既塈之则举世无以惑我，传称其无为恭己正南面而已，此至质之体也。是以忠质之意，已默寓于舜，非独善其身，其善天下盖不少也。然则舜之治体止于忠质而已乎？恐不止于忠质已也。观其雍容庙堂，造次颠沛之间，则有尽于文而不自已者。璿玑玉衡，以齐七政，时则有钦天之文；类帝、格祖、柴望、巡狩，时则有祭五祀之文；五瑞、五玉、三帛、二生、一死贽，侯射车服，时则有尚贤之文；六律、五声、八音、绘服、章十有二，时则有礼乐之文。其政绸缪委曲节文如此，又何文之美也？呜呼！求舜之政，已默具忠、质、文之体，然后世诸儒不以三者名之，天下亦不以三者名之，何也？盖元气兼阴阳，而元气未可指以阴阳名也；舜政兼忠、质、文，而舜政未可指以忠、质、文名也。猗与此，舜之所以高视天下而独冠也哉？①

游酢，字定夫，北宋建阳（今属福建）人，元丰五年（1082）进士，建中靖国初历官监察御史，宣和初终于知濠州任上。其著作汇为《游廌山集》。其中对以往文献记载的舜之事迹提出了自己的看法：

孟子言舜完廪浚井之说，恐未必有此事，其理而已。尧在上，而使百官事舜于畎亩之中，岂容象得以杀兄，而使二嫂治其栖乎？学孟子者，以意逆志可也。

四凶之才皆可用，尧之时圣人在上，皆以其才任大位，而不敢露其不善之心。尧非不知其不善也，伏则圣人亦不得而诛之，及尧举舜于匹夫之中而禅之位，则是四人者始怀愤怨不平之心，而显其恶，故舜得以因其迹而诛窜之也。②

此类看法，以往学者已经表述过，游酢的意见无非是进一步强调了此种观点而已。

林之奇，字少颖，号拙斋，南宋侯官（今福建福州）人，官至宗正丞。其著作汇为《拙斋文集》，其中在《论为君之道莫先于仁义》一文中，他将尧、舜

---

① （宋）员兴宗：《九华集》卷九《忠质文之治策》，影印文渊阁四库全书本。

② （宋）游酢：《游廌山集》卷一《师语三》，影印文渊阁四库全书本。

定位为“自古为君之盛”的楷模，认为他们相传的“执中之要”就是仁义：

孟轲与人君言必称尧、舜。自古为君之盛，未有过尧、舜者，轲之言必称焉，斯为言之至也。……尧、舜、禹三圣，相授一道，其言惟曰允执其中而已。自禹以是传之汤、文、武、周公，孔子传之孟轲，然后发挥乎列圣所传执中之要，以晓当世曰仁义，轲之言不出乎仁义，是所谓必称尧、舜也。立人之道曰仁与义，人之所以与天地并立为三者，非仁义无以为也，故允执其中者无他，惟躬行仁义之实。上以配乎天之阴阳，下以配乎地之柔刚，则中道卓然而常存矣。轲之学独得尧、舜之正传者……圣人之道，仁义之言，必君如尧、舜然后能用。……中心无为，虚一而静，如止水之湛然不动，如磐石之介然不移，则因心所爱，爱无非仁；称事所宜，宜无非义。允执其中如尧、舜，而仁义不可胜用矣。盖自其寂然不动而言则曰执中，自其感而遂通而言则曰仁义，以此事天而与天不息，以此事地而合地无疆。①

这种理解，在宋儒中是比较普遍的。

林亦之，字学可，号月渔，南宋福清（今属福建）人，是林光朝的弟子和传人，“以辟异端，明正学为己任，其文章亦以峻洁简峭为工”，显然属于南宋理学的正统派。其文章汇为《纲山集》，其中《论舜》一文重点论证舜非生知而为学知，并且舜之为圣人，关键在于他“无所慕，亦无所恶”，所以他的伟大才“千载有如皦日”：

古今之论圣人者，莫不以圣人为生知，非自于学问而然也，窃谓此言，乃祸天下之言也。舜为圣人矣，舜无一日而不学，此舜之所以为舜也。舜之所学，无书传可见，孟子论舜谓如深山野人，吾尝即是而知舜之所学。夫人小富贵，则容色更改非如曩时，意气扬扬不可拘束，又况朝而茅檐暮而黄屋夜，而藜羹昼而玉食，而气象常如深山野人，非其所学有至于是，岂无所动其心？此而不足以动吾之心，则凡而一切皆不能动吾之心，非其所见有大于尧之天下，乌能如是乎？古人之学，必至于此，然后谓之至。学未至于此，其英雄豪杰虽出于百王之上，亦不足道也已。舜之微时，所谓耕稼陶渔莫不自为之，是舜于此时已然，终其身不复有他想矣，耕田捕鱼，可以老可以死，无有余不足之事。及其为天子也，我犹夫人也，我何所加益焉？故处天下之极贵，而其心常如在

① （宋）林之奇：《拙斋文集》卷五《论为君之道莫先于仁义》，影印文渊阁四库全书本。

田舍时也，是穷亦舜也，贵亦舜也，穷之与贵，一去一来，而舜则无穷也。古今人物，如巢、许、长沮、桀溺、荷蓧文人、四皓、严子陵、陶渊明之徒，是亦无所动其心者，彼以山林为可慕，轩裳为可恶。有慕之之心，又有恶之之心，是动其心者也。舜则无所慕，亦无所恶，故无所动其心，是之谓圣人也。舜之此心，盖与天地鬼神为同本，愚夫愚妇为同出，朽枝槁叶为同根，至乎此者谓之圣人，知乎此者谓之贤人。同此宇宙，谁独且无是心哉？学者能于一食息之顷，静而存之，则舜之此心去之千载有如皦日也。①

第十五节　廖行之、周必大、杨万里、黄幹、陈淳的记述和评论

廖行之，字天民，其先人居延平，五季时徙于衡州（今湖南衡阳），他于淳熙甲辰年中进士，任岳州巴陵尉，以亲老辞官归故乡，继而被授宁乡主簿，未赴任，终老于家。其著作汇为《省斋集》。廖行之是一个对历史上的君王继承制度进行深入思考的学者，他在正统问题上遇到解不开的死结：尧、舜传贤与三代以后的传子本来是相矛盾的，但都被说成"有道"的继承，究竟如何解释呢？他于是在《问正统策》一文中发出了疑问：

> 问：自三才奠列君与天地俱尊，以为天下万类之宗主，正统所在，天下归之，庖牺氏始有号见焉，岂天下以是名其尊欤？抑其自名也？自皇之号既立于后，曰帝曰王，皆名也，则奚其异而曰以道以德以业言者，果当时称号之意欤？其亦后世逆料而为之说欤？然而君天下者非徒名也，亦必有道矣。尧、舜氏始不私其有，择贤以传天下，学者皆言揖逊之事昉于此，岂古者诚未之有，及尧、舜而创见欤？何其盛德至高而不可及也？然二《典》第记尧、舜相与授受之大略，而亦不言揖逊自尧、舜始，何耶？后之学者亦何所见，而谓始于尧、舜耶？禹能当舜与贤之举所守一道，然而与子之事为万世不易之法，三王祖之历世绵长，此天下之大经也。孟子论之乃悉，举而一归之天，圣人之心固与天一，尧、舜、禹授受之道，恶可以同异观欤？抑天之道每与圣人相，因而不

① （宋）林亦之：《纲山集》卷三《论舜》，影印文渊阁四库全书本。

可以常情论也?①

这里廖行之触及的是统治权的合法性问题,由于历史上政权取得的方式各异,又要给这些不同方式得来的政权一个合法性的说明,最后只能采取孟子的最无疑义而又是最有疑义的说法,“举而一归之天”。另外,在《问君相策》中,他又针对君臣关系这个十分敏感的问题提出他的困惑,尧、舜、禹是处理君臣关系的楷模,他们做到了“君臣明良”“同心相须”,创造了“轨范万世,卓乎不可及”的典范。而后世即使最英明的君王在处理君臣关系上也达不到那种水平,使“尧、舜、禹之意,辽乎不可复”:

> 问:君为元首,臣为股肱,言其一体相待而成,汉儒为是论,果古人之意欤?舜有天下,得五臣以为之辅,政立化成,又为元首股肱之歌,以申其相与图治之意,胥训胥戒,率是道也,可以传之无穷,殆非止汉儒之论也。君臣明良,轨范万世,卓乎不可及也。舜以授禹,仍其复相,无所更为,其真有得于授受之一道欤?后世推尊大禹,谓为三王之祖,不归诸他而必本于得皋陶焉,元首股肱之相须以立,不可诬已。盖自舜选于众,举皋陶以自辅,而又以辅禹,基四百载之王业,圣贤相遇,同心而治,明效大验,若此而《传》言十六相之举,乃谓尧不能而舜举之,追观舜世,四岳之任无异于尧,而谓尧不能,其果可与论尧、舜之心耶?由舜、禹、皋陶而遡之,殆不可以殊观也。汉世有谓独难任之人,可以助戆者尔,至文帝益明习国家事,则专为丞相者,乃多智有余之陈平,何也条侯守法之相,顾谓其鞅鞅不可臣少主?古人相须之理果如是欤?唐以太宗之明,李勣之忠,犹出之外以待异时复之,谓人主用大臣必如是然后有恩。尧、舜、禹之意,辽乎不可复欤?……敢问尧、舜之得四岳,舜、禹之得皋陶,其知而用之者以何道?而四岳之事,尧、舜、皋陶之事,舜、禹其事业之可传者,果何取欤?夫君臣之际,同心相须,何者能信而久,久而有成?

廖行之的困惑之所以成为中国古代政治家、思想家和历史学家解不开的心结,原因有二,一是他们将尧、舜、禹之时的所谓君臣关系过于理想化;二是在专制主义中央集权的行政体制下,君臣之间的权力分割和有序运行很难找到一个长时期不变的平衡点。

周必大(1126～1204),字子充,南宋庐陵(今江西吉安)人,绍兴二十一

---

① (宋)廖行之:《省斋集》卷九《策问·问正统策》,影印文渊阁四库全书本。

年(1151)进士,历官权给事中、中书舍人、枢密使左丞相,后以观文殿大学士出判潭州,封益国公。著作汇为《益国周文忠公全集》,简称《文忠集》。其中《家塾策问》中一篇涉及舜,主要讲述刑罚存在的重要性,否定了关于舜时"画衣冠而民不犯"的记述:

问:帝王之世,刑罚未尝废,特在乎钦恤明允而已。盛德莫如虞舜,太平莫知周成,然五刑有服,五服三就,五流有宅,五宅三居,所以待蛮夷猾夏、寇贼奸宄者备矣。……若乃画衣冠而民不犯,何以有四凶之诛?刑措不试四十余年,何以有管、蔡之辟?夫近而大臣,亲而诸侯,犹未免于刑罚,谓愚民何?①

杨万里(1127~1206),字廷秀,号诚斋,南宋吉水(今属江西)人,绍兴进士,曾任秘书监,力主抗金。他是著名诗人,与尤袤、范成大、陆游并称"南宋四大家"。其著作汇为《诚斋集》,其中涉及舜的内容不少,但多数为对以前一些文献记载的解释,观点重复前人者居多。只在《千虑策·驭吏下》一文中,将尧、舜作为行政的典型,一方面肯定严刑的重要性;一方面更肯定比严刑更重要的非刑杀的治理方法,反映的是儒家传统的德主刑辅的理念:

臣闻尧、舜在上,亦不能使天下必不为恶,夫欲使天下必不为恶者,止于严刑而已矣,过是则无术焉。而严刑者,又不可以常用,时用则王,常用则亡。盖刑者,圣人不得已之具,而严刑者,又天下所甚不乐之政。以吾之不得已而行天下之所甚不乐,虽尧、舜能不穷耶?故夫流放窜殛者,尧、舜之刑也,此非不严也然,使尧、舜朝行之又暮行之,臣恐有如武王数纣之虐者议其后矣。是故尧、舜亦不能使天下必不为恶,何者?严刑不可以常用也。然而尧、舜杀一二人而天下治,此独何术也?盖尧、舜之所以治,有所不杀而甚于杀,有所不刑而甚于刑。忠肃恭懿者尧、舜既相之,明允笃诚者尧、舜又相之,则夫不忠、不肃、不笃、不诚者,何必尽杀而尽刑也哉?屏而弃之足矣。②

黄干,字直卿,号勉斋,南宋闽县(今福建福州)人,少年时受业于朱熹,深受器重,成为朱熹的女婿。宁宗朝补将仕郎,历官知汉阳军、知安庆府,最后以主管亳州明道宫致仕。其著作汇为《勉斋集》,其中多篇文章论及舜,如《圣贤道统传授总叙说》:

---

① (宋)周必大:《文忠集》卷一二《家塾策问七首》,影印文渊阁四库全书本。

② (宋)杨万里:《诚斋集》卷八九《千虑策·驭吏下》,影印文渊阁四库全书本。

有太极而阴阳分，有阴阳而五行具。太极，二五妙合而人物生，赋于人者秀而灵，精气凝而为形，魂魄交而为神，五常具而为性，感于物而为情，措诸用而为事物之生也，虽偏且塞，而亦莫非太极二五之所为，此道原之出于天者然也。圣人者又得人中之秀而最灵者焉，于是继天立极而得道统之传，故能参天地，赞化育，而统理人伦，使人各遂其生，各全其性者，其所以发明道统，以示天下后世者，皆可考也。尧之命舜则曰允执厥中者，无所偏倚，无过不及之名也。存诸心而无偏倚，措之事而无过不及，则合乎太极矣，此尧之得于天者，舜之得统于尧也。舜之命禹，则曰人心惟危，道心惟微，惟精惟一，允执厥中，舜因尧之命而推其所以执中之由，以为人心形气之私也，道心性命之正也，精以察之，一以守之，则道心为主，而人心听命焉，则存之心，措之事，信能执其中，曰精曰一，此又舜之得统于尧、禹之得统于舜者也。其在成汤，则曰以义制事，以礼制心，此又因尧之中、舜之精一，而推其制之之法，制心以礼，制事以义，则道心常存而中可执矣，曰礼曰义此又汤之得统于禹者也。其在文王……①

这里黄榦将尧、舜传下的以十六字心传表述的神秘的道统归为“太极”，给出了一个理学的诠释，同时将周敦颐、“二程”、朱熹作为接续孟子的道统传人，从而建立了从远古至南宋的真理传授系统。在《孟子说》中，他又对孟子“道性善而言必称尧、舜”的联系进行了解读：

或问：孟子道性善而言必称尧、舜者，何也？曰：性善者以理言之，称尧、舜者质其事以实之，所以互相发明也。其言盖曰，知性善则有以知尧、舜之必可为矣，知尧、舜之可为，则其于性善也信之愈笃，而守之益固矣。（《勉斋集》卷三《孟子说》）

显而易见，在宋儒那里，孟子的地位得到空前提高，其与尧、舜的联结也更加紧密了。

陈淳，字安卿，南宋漳州龙溪（今福建漳州）人，少习举子业，后投朱熹门下读书，深得其学说精髓，成为南宋著名理学家之一。晚年恩授迪功郎、泉州安溪主簿，但未就任而病逝。其著作汇为《北溪大全集》，其中《详集注与点说》一文，将尧、舜的行政与功业全部归因于对“天理”的掌握和运用，不仅使尧、舜提升至“天理”的境界，又使“天理”的放之四海而皆准从尧、舜

---

① （宋）黄榦：《勉斋集》卷三《圣贤道统传授总叙说》，影印文渊阁四库全书本。

那里得到了最好的证明：

天理自然流行圆转，日用万事无所不在，吾心见之明而养之熟，随其所处从容洒落，而无一毫外慕之私，然后有以契乎天理自然流行之妙，在在各足而无处不圆，尧、舜之所以为尧、舜者，不能加毫末于此矣。如尧自明德亲族，平章协和以往，小而析因夷隩之授其时，大而传贤以天与，无非浑然此理也。舜之饭糗茹草，若将终身焉，则此理行乎贫贱之中者也。及被袗、鼓琴、二女婐，若固有之，则此理行乎富贵之中者也。人悦富贵好色无足以解忧，惟顺于父母可以解忧，则此理行乎事亲之中者也。象忧亦忧，象喜亦喜，则此理行乎兄弟之中者也。凡所谓五典而天叙，五礼而天秩，五服而天命，五刑而天讨，于天下事事物物无一不从容乎天理之自然，而舜皆无纤毫容私焉。如孔子之志，老者安之，朋友信之，少者怀之，亦无非对时育物，使之各遂其天理而无咈焉尔，与尧、舜同一道也。若曾点之言志，盖有见乎此？故不必外求，而惟即吾身之所处，而行吾心之所乐，从容乎事物之中，而洒落乎事物之表，固非滞著以为卑，而亦非放旷以为高；固非窘迫而有所助，而亦非脱略而有所忘，此正有与物为春并育同乐之意，即尧、舜之气象，而夫子之志也。推此以往，随其所应，触处洞然，冰融冻释，小而洒扫进退三千之仪，大而军国兵民百万之务，何所而非此理？何所而非此乐哉？故尧、舜事业，于此可卜，其必优为之矣若。①

在《孟子说天与贤与子可包韩子忧虑后世之义》一文中，陈淳对韩愈的“尧、舜传贤为忧后世，禹传子为虑后世”之说进行深入论证，认为“孟子天与贤则与贤，天与子则与子”的说辞较韩愈更圆满和周到、深刻：

韩子说尧、舜传贤为忧后世，禹传子为虑后世，是就人事见定说，固为亲切；孟子天与贤则与贤，天与子则与子，是就原头说，尤为精到。若韩子说则不到上面一著，孟子说则可以包韩子之义。其实忧后世而传贤，虑后世而传子，皆莫非天也，非尧、舜、禹所能容一毫忧虑之私于其间也。盖使天不与贤，则尧、舜岂能违天独私忧后世而必与贤哉？天不与子，则禹岂能违天独私虑后世而必与子哉？故与贤与子者，天也。忧后世虑后世者，圣人所以奉天命祇惕寅畏之意也。其忧，乃天理之发，当然之忧而非私忧，其虑，乃天理之发，当然之虑，而非私虑，

① （宋）陈淳：《北溪大全集》卷八《详集注与点说》，影印文渊阁四库全书本。

皆圣人性情之正也。韩子识未及此，乃以孟子之说为非，则失之矣。（《北溪大全集》卷八《孟子说天与贤与子可包韩子忧虑后世之义》）

陈淳这里谈论的是统治权合法性问题。他意识到韩愈的说法蕴含的逻辑矛盾，而体味孟子之论在承认“天理”存在的前提下更能为统治权的合法性提供无可辩驳的证明，由此转换出他的孟子包容韩愈论。

第十六节　杨简、蔡戡、魏了翁的记述和评论

杨简（1141～1225），字敬仲，南宋慈湖（今属浙江）人，陆九渊弟子，因筑室慈湖，号慈湖先生。官至宝谟阁学士。在宋代理学中，属于“心派”的著名代表人物之一。著作汇为《慈湖遗书》。其中在《家记二・论〈书〉〈诗〉》中，对《尧典》所记载之尧、舜事迹进行了全面训释，如提出“时”“是”与“道”互通的观点，认为尧、舜的成功在于抓住了时，即掌控了道：

《尧典》帝曰“畴咨若时登庸”，《益稷》帝庸作歌，曰“敕天之命惟时惟几”，又曰“庶顽谗说若不在时”，《尚书》率以“时”为“是”，盖古语也。《尧典》上无所承，忽曰谁乎嗟哉，有谁顺是者乎吾将登用之，盖时即道也。舜之所以光天之下者，此也；黎献之所以有功者，此也。丹朱反此也，禹荒度土功用此也，皋陶祇叙此也，祖考以此而来格，群后以此而德让，凤凰因此而来，百兽以此而舞，庶尹由此而谐，敕正天命惟此而已。惟此为几，谓为庶政之几，盖天地间惟有此道而已。三才万化，万物万事万理，皆不出此道，得此则吉则治，失此则凶则乱，唐、虞君臣朝夕之所谋谟经营，无出此道。“是”犹“此”也，故当时相与诏，告惟曰时，犹曰此也。时即道之异名，此道非言意之所能名，后乃取道路无所不通人所共由之义，初无形体之可执，至于曰时，则尤不滞于言意，妙哉！时之为言也，非大圣，畴能为是言？《易》多曰此，此即时。漆雕开亦曰“吾斯之未能信是也”，是音之轻清者，谓道也。古罕言道，虞、夏之际始间言之。舜曰若不在时，又曰惟时惟几，皆所以言道。道之为言，终不若时之为义，浑然不分事理，帝知若时者，诚未易得，故问其次谁能顺予事者。采，事也。次问事，则知时，道也（互见训语）。①

① （宋）杨简：《慈湖遗书》卷八《家记二・论〈书〉〈诗〉》，影印文渊阁四库全书本。

又如，杨简将舜之"录万几"解释为"视听言动念虑"，将"禋于六宗"诠释为祭上天、祭寒暑、祭日、祭月、祭星和祭水旱。将"象以典刑"的流、宥、鞭、扑、赎、眚灾肆赦诠释为"实不刑"，将舜的"食哉惟时，柔远能迩；惇德允元，而难任人，蛮夷率服"的本意浓缩为"修身为先，尊贤次之"等，从而彰显儒家传统的德主刑辅的理想。杨简还从主观的"心"决定一切出发，将尧、舜、禹、皋、益的所谓"戒谨恐惧"的"无私好，无私恶，无私喜，无私怒，无私取，无私去"的心视为"无党王道荡荡，无反无侧王道正直"的根本条件：

> 《书》曰"后克艰厥后，臣克艰厥臣，猗欤至哉！"此尧、舜、禹、皋、益相与议论之大旨，而后世君臣往往下视此等语，以为特言其浅者耳，特言其见于临政事者耳，必别有妙者，如"惟精惟一，允执厥中"方可为至论。吁！尧、舜、禹、皋、益有二心乎？临民出政时有一心，穷深极微时又一心乎？人有二心，且不能以为人，而可以为尧、舜、禹、皋、益乎？精一之论，卒于钦谨，卒于敬修；谓钦谨敬修，又特言其浅者，则有浅有深，谓之一可乎？益曰："戒哉！儆戒无虞，罔失法度，罔游于佚，罔淫于乐"；又曰"无怠无荒"。益岂侮其君，谓不足以语夫深者，而姑以其浅者告乎？皋陶曰："谨厥身修"，又曰"无教逸欲"，又曰"兢兢业业"，又曰"同寅协恭"，何数圣人者无他奇谋伟论，而谆谆惟以戒谨恐惧为首语也？於乎！尧之所以为尧，舜之所以为舜，禹之所以为禹，皋陶、益之所以为皋陶、益，岂非以此心而已乎？戒谨恐惧，此心存乎？放逸慢易，此心存乎？知放逸慢易心易失，则戒谨恐惧此心之存可知矣。惟得此心者，方知此心之出入；惟识此心者，方知此心之存不存。不识此心者，安知之也？不知者，胡不于戒谨恐惧时，而默察其所以然乎？方谨恐惧时，此心放乎？不放乎？纷扰乎？不纷扰乎？有计较乎？无计较乎？支离乎？不支离乎？此时之心，可谓尧、舜、禹、皋、益之道心矣，可谓精一矣，可谓中矣，可谓天下之所同然者矣。是心也，无私好，无私恶，无私喜，无私怒，无私取，无私去，可谓无偏无党王道荡荡，无反无侧王道正直。庶政庶事皆建此极，设官分职莫匪尔极，粒我烝民莫匪尔极，皋陶之刑使协于中，岂非此极？皇建此极而天下之民不协于极者，无是理也。唐、虞之所以比屋可封者，此也；成周之所以人人有士君子之行者，此也。谓克艰之语为特其浅近者，遏绝天下后世之良心，长后世非僻之心。（《慈湖遗书》卷八《家记二·论〈书〉〈诗〉》）

由此，杨简将对尧、舜的诠释全面纳入他钟情的心学体系。

蔡戡,字定夫,其先兴化军仙游(今属福建)人端明殿学士襄之四世孙,祖蔡绅,绍兴中任左中大夫时定居常州武进县(今属江苏)。蔡戡青年时因门荫补溧阳尉,后中乾道丙戌进士甲科,历官宝谟阁直学士、京兆尹、京西运判、广东运判、湖北总领、广西经略、淮西总领。著作汇为《定斋集》,其中有多篇文章谈及舜。在《崇节俭》中,颂扬舜、禹相继,"莫不以俭为先",要求当今天子百官效法前贤,为百姓节俭。在《正心术》一文中,则将尧、舜、禹相递及的"心传"归结为"中",进而引申为"正",赋于君心之正以绝对的力量,显示了宋代理学家对精神力量的推尊与迷信:

> 臣闻尧之传舜,舜之传禹,见于《书》也。天之历数在汝躬,汝终陟元后,人心惟危,道心惟微,惟精惟一,允执厥中,见于《论语》也。尧曰咨尔舜,天之历数在尔躬,允执其中,舜亦以命禹,夫三圣相传心术之妙,不过曰中而已。汉武即位之初,亲策多士,董仲舒告以正心以正朝廷,正朝廷以正百官,正百官以正万民。盖上天之灾祥,下民之休戚,人才之邪正,天下之治乱,系于人君之心,一念虑之发,虽若甚微,幽显之间其应如响。惟人君者,当宅心于正道之中,非正勿视,非正勿听,非正勿言,非正勿动,一心既正,则邪佞谗谄不得而入,声色货利不得而摇,以视则明,以听则聪,言可为则,动可为法,举而措之,则朝廷万事无不归于正,四方远迩无不一于正,天下不足为矣。①

魏了翁(1178～1237),字华父,号鹤山,南宋邛州蒲江(今属四川)人,庆元五年(1199)进士,历官资政殿学士、福建安抚使。他推崇朱熹的理学,也强调"心"的作用,接近陆九渊学派。著作汇为《鹤山集》。作为一个具有怀疑精神的历史学家,他对舜的有关文献记载坚持辩而后信,如《师友雅言上》:

> 舜生于诸冯,迁于负夏,卒于鸣条,孟子说得分晓。南巡死苍梧,二妃从而投江,皆诞妄。自太史公好奇,失之。②

> 舜南巡时已一百岁,二妃度亦百岁上下,又后人谓舜死,二妃至湘,泪斑竹。帝出巡,妃嫔何得从行?必无此。舜卒于鸣条,当以《孟子》为正。(《鹤山集》卷一〇九《师友雅言下》)

此类怀疑之论,并不是魏了翁首次提出,不过,这种从常识出发的怀疑可以随时提醒人们,必须谨慎理性地对待文献资料。

---

① (宋)蔡戡:《定斋集》卷六《正心术》,影印文渊阁四库全书本。

② (宋)魏了翁:《鹤山集》卷一〇八《师友雅言上》,影印文渊阁四库全书本。

第十七节　程珌、姚勉、阳枋、徐经孙的记述和评论

程珌，字怀古，南宋徽州宁（今属安徽）人，绍熙四年（1193）进士，历官昌化主簿、建康府教授、知富阳县、宗正寺主簿、枢密院编修、秘书监丞、江东转运判官、浙西提举常平、秘书省著作郎、国子司业兼国史编修、中书舍人、礼部侍郎、刑部尚书、礼部尚书、翰林学士、知福州兼福建安抚使、龙图阁学士、端明殿学士。其著作汇为《洺水集》，其中有对尧、舜、禹的专文评论。无论就史实的辩证，还是对"微言大义"的开掘，这些评论都显示了作者超出同时代人的功力。

程珌的《讲义·尧典》一文，将尧在中国历史上的诸多首创之功归纳为六项，其中特别指出尧禅舜是"开万世揖逊之法"，认为自尧之后，"若修身，若齐家，若治国平天下，大纲大目，罔不毕举"：

> 三皇远矣，少昊、高辛之世，生人未滋，帝业未钜，风俗简陋，制度阔疏，朴而未雕，伉而未文，故其书无大可录者。天右斯人，笃生有尧，尧继帝挚之后，纪纲三才，恢张万化，立人治，明天道，以为天下后世法程者，灿然有伦，此夫子定《书》所以断自尧始，而扬雄亦曰"法始乎伏羲而成乎尧，匪宓匪尧，礼义哨哨"，非虚言也。今取《尧典》一篇读之，始终相维，纲目具举。次一曰"放勋钦明，文思安安，允恭克让，光被四表"，此尧所以开万世进德之法也。次二曰"亲睦九族，平章百姓，协和万邦"，此尧所以开万世立人治之端也。次三曰"乃命羲和，钦若昊天，分命仲叔，使司四时"，此尧所以开万世明天道之本也。次四曰"畴咨若时登庸，畴咨若予采咨，四岳汤汤，洪水方割，有能俾乂"，此尧所以开万世用贤之法也。次五曰"咨四岳，朕在位七十载，有能庸命逊朕位"，按《史记》，尧为帝喾之子帝挚之弟继兄，则禅代之事未之前闻，至尧乃慨然以天下而授之舜，此尧所以开万世揖逊之法也。次六曰"厘降二女于妫汭，嫔于虞"，此尧所以开万世王姬下嫁之法也。若修身，若齐家，若治国平天下，大纲大目，罔不毕举，惟天为大，惟尧则之，夫子序《书》，断自尧始，其以此欤？学者穷经，要须先观一篇终始大概，则篇中章句，自可迎刃而解。此愚所以略其章句而首叙一篇大旨也。若夫所谓"昔在帝尧，聪明文思，光宅天下，将逊于位，让于虞舜，作《尧

典》”，此一篇之序也，马融、王肃以为孔子所作，而孔安国《正义》亦以为然，盖惟圣人足以论圣人，非孔子笔力，孰能序此？自“若稽古”以下，则史官之辞也。虽然，此尧书也而谓之虞，或者以之咎安国，至比《三国志》以曹操为魏始，晋史以司马懿为晋始，非也。盖《尧典》一书，虽尧之事，而秉笔记录，则舜时史官也，故谓之虞，尧、舜一体，夫亦安所嫌哉？说者又谓尧为名，放勋为号，亦非也。考之谥法“翼善传圣曰尧”，至于释名，则又以为尊高峣峣，然则尧固美名矣，又何号焉？上古之世，生死同称，死而谥，周道也。人君之有尊号，则又始于汉哀帝耳，尧、舜之时，安得有是哉？此亦不可以不辨。①

对尧、舜、禹名号的辨析，此前的学者已经发表过各种不同看法，程珌的意见前人也已经表述过，只是他认为尊号始自汉哀帝，似乎为第一次提出的看法。

程珌在《讲义・舜典》一文中，发掘尧传舜之苦衷，颇有点心理分析的意蕴，对舜功业的概括，则简洁而中肯：

天下，大物也，尧无故而予之舜，舜无故而受之尧，人顾不震且骇哉？今观《舜典》一篇，载舜之事亦多矣，孔子叙《书》不言其他，而以历试诸难一语断之，吁！若孔子足以察尧之心矣。且尧非不知四岳之不足禅也，而逊之岳；非不知舜之可举也，而隐之，何也？盖以天下而与庶人，古无是事也，故尧之逊必自四岳始，岳必不敢当也，尧始示其意，曰明明扬侧陋，四岳知尧之意，不间乎庶人也，故始言有鳏在下曰舜；然则尧之属意于舜也久矣，而岂在师锡之后哉？然犹以诸难试之，所以暴舜之德于天下，使人人见之，人人知之，而后天下可以无一人之异议。谓夫治道之本，莫先乎人伦也，故首命之徽典；百官之任，莫重于宰相也，故次命之宅揆；礼典之行，莫始乎朝廷也，故次命之宾四门；天地百神莫难于主祭也，故又纳之于大麓。凡天下之所谓难者，悉以授舜，舜亦以身任之，徽典而人从，居揆而事叙，宾四门而穆穆，是人受之也；纳于大麓而烈风雷雨弗迷，是天受之也。天受之，人受之，然后在尧可以无虑，在舜可以无愧矣。舜自即政之后，齐七政，类上帝，巡四岳以观风，朝群牧以考政，制车服以劝功，明典刑以威恶，命伯以典礼，命夔以典乐，以至百工之事、治水之事、川泽林衡之官，各有纪叙，森然

---

① （宋）程珌：《洺水集》卷六《讲义・尧典》，影印文渊阁四库全书本。

不可乱;凡尧之有所待而未及为者,舜悉为之,尧之已为而未备者,舜则备之。刑赏既立,礼乐既彰,然后益信尧为天下得人矣。舜之施设虽不止此,要其出治之本原,则不过乎此,毋庸多论。至于始终大概,则有不可不言者,请因先儒之论而发明之。夫子序《舜典》曰"虞舜侧微,尧闻之聪明",孟子又曰"舜居深山之中,与木石居,与鹿豕游",又曰"饭糗茹草,若将终身",则知舜之在当时,一匹夫尔;而《帝系》等书以为颛帝生穷蝉,穷蝉生敬康,敬康生句芒,句芒生蟜牛,蟜牛生瞽瞍,瞽瞍生舜。史迁亦以为尧为黄帝之孙,舜为黄帝八世之孙,孔颖达引左氏之言,以为至瞽瞍其国乃除,信斯言也,则自瞽瞍而上皆有国邑以相传袭,何可谓之侧微?不然左氏所记梼杌、饕餮之徒,亦必纪其为帝王之系,何独瞽瞍莫有记其所自来者哉?孔孟之言信而有证,则舜之始可以无疑者矣。说者又谓舜巡守南方,至苍梧而不返,自唐韩愈固以为不然,然未有以孟子之言为证者。孟子之言,曰舜生于诸冯,迁于负夏,卒于鸣条。鸣条在河北,而苍梧在岭,南地理辽绝如此,此不然一也;且舜既禅位,则禹为君矣,巡守之事于舜何预?此不然二也;使舜而果南巡,则至于霍山,之去苍梧尚千余里,胡为巡守讫事,乃复遍历遐陬乎?此不然三也。先儒之论明白如此,学者尚何疑焉?(《洺水集》卷六《讲义·舜典》)

程珌在文中肯定《尚书》对舜事迹的叙载,而否定司马迁在《史记·五帝本纪》的记述,前人对此已经有所论析。司马迁之失误,在于将多头传说的资料硬是按万世一系的理念强行编排,致使后人不难发现其矛盾而予以辩驳。

程珌在《颖演古史论三圣授受》一文中,对尧舜传贤而禹传子的史实给出了自己的解释:在认可尧、舜、禹都是无可争议的大圣人的前提下,肯定他们的行为都是"用心均之为公":

孟子言尧、舜、禹之终,皆荐人于天。尧崩,舜避尧子于南河之南,舜崩,禹避舜子于阳城,天下皆往归之,然后之中国,践天子位;禹崩,益避禹子于箕山之阴,朝觐讼狱者不之益而之启,故益不得为天子。以《书》观之,恐非孟子之言也。盖舜、禹之摄,格于祖考,郊祀天地,朝见诸侯,巡守方岳,行天子之事久矣,及其终而又避之,何哉?至益不度天命而辄受于禹,已而天下不归之,然后不敢为此,匹夫之所不为也,而谓益为之哉?古史又云尧、舜传之贤而禹传之子,后世以是而贬

> 禹,此以好异议圣人耳。昔者汤有伊尹,武王有周公,而周公又武王之弟也,汤不以予其臣,武王不以予其弟,诚以子之才不至于乱天下,则无事乎授之他人而以为异也。故夫尧、舜之传贤,是不得已而已,禹之不以天下授益,非益不足授也,亦非禹私于子也,盖启足以为天下故也。使尧之丹朱,舜之商均,仅可以守天下,则尧肯传之舜,舜肯传之禹哉?是说也,盖亦以常情而窥尧、舜、禹,而不知三圣人之用心均之为公而已矣。(《洺水集》卷二八《史说·颖滨古史论三圣授受》)

这样的解释,显然是离开历史条件的想当然,因为他根本不懂得历史条件的制约,而将其归因于一种道德自觉。

姚勉,字述之,一字成一,南宋高安(今属江西)人。宝祐元年(1253)以词赋擢等、廷对万言策第一,被任为校书郎兼太子舍人。其著作汇为《雪坡集》。其中《论〈史记〉〈世本〉》一文,对《史记》记载远古史迹的讹误提出了批驳:

> 或问:尧以二女妻舜,信乎?曰:信。《书》载之,《史》述之,奚而不信?《史》可不信,《书》可不信乎?曰:然则《史》谓尧,黄帝四代孙,舜,黄帝八代孙,是同出黄帝之胄也;且尧女乃舜之从祖姑也,八代孙可娶四代孙女乎?曰:否。吾固曰《史》可以不信,《书》不可不信也。八代四代孙之说,载之《书》乎?载之《史》乎?《书》固不载之也,《史》则缪矣,缪乌可信哉?且《史》之说本于谁乎?盖本之于《帝王》《世本》等书也。《世本》等书非出于六经,非出于夫子,曲儒末学,讹诞相承之言耳,奚其信?苟以为信,则《史》又尝曰契十四世而有汤,稷十六世而有文王,且谓稷、契皆帝喾之子,盖兄弟也,十六世距十四世才两世耳,而周之两世乃经商之六百年,契之十四世何促?稷之十六世何长耶?吾是以知其系之不然也。使尧、舜均为黄帝之孙,则固天子之胄,八代去四代亦未大远,尧何以得自唐侯而为天子,舜何以居侧陋而鳏在下耶?皆天子之子孙,相去未远,一何贵而一何贱耶?舜果尧之族,则尧欲逊以位,直以授之家人耳,又何必咨四岳而扬侧陋耶?吾是以知其必不然也。且后世谓天下之人皆出于黄帝者,其说尤缪。开天辟地以来,帝王不可考据,夫子所称而可信者,黄帝之前固自有伏牺、神农也。伏牺、神农之时,人之类多矣,今而曰天下之人皆出于黄帝,则伏牺、神农固无后也耶?伏牺、神农时之人之,固无后也耶?①

---

① (宋)姚勉:《雪坡集》卷三九《论〈史记〉〈世本〉》,影印文渊阁四库全书本。

姚勉抓住《史记》记载的关于黄帝、尧、舜、禹以及夏、商、周三代历史的许多矛盾和破绽，对司马迁编排的中国古史系统提出一连串质疑，反映了宋代学者的怀疑精神，但他不了解，司马迁的失误在于以秦汉统一帝系的理念去规范上古的实际上的多元系统，这种费力不讨好的“拉郎配”终究是要被戳穿的。

阳枋，字宗骥，初名昌朝，南宋巴川（今重庆铜梁东南）人，居字溪小龙潭之上，因以自号。端平元年（1234）冠乡选，淳祐四年（1244），以蜀难免入对，赐同进士出身，一直在州县任小吏，最后以学官加朝奉大夫致仕。其著作汇为《字溪集》，其中《说经·子曰舜其大知也与章》一文，将舜的“大智”归结为“与人为善”，展示了对舜认识的另一种视角：

> 子曰：“舜其大知也与！”舜好问而好察迩言，是不以一己之知为知，以天下之知为知，此舜之所以为大知也。好问者，非区区强好之也，乃其本心喜闻乐道，自然之好也。舜其大知，大与小对，便属阳属天，无所不包，无有不善。言有不善虽是恶而舜能隐之，在舜又是善，人言既不善，舜隐不称而扬其言之善，则不善者亦内自知愧而言必惟其善，此皆与人为善，神化之妙，不只扬善，是与人为善。①

徐经孙，字中立，初名于柔，宝庆二年（1226）进士，历官浏阳主簿、国子博士兼资善堂直讲、监察御史、福建提点刑狱、安抚使、秘书监兼太子谕德、宗正少卿、起居舍人、刑部侍郎、端明殿大学士等，其著作汇为《矩山存稿》，其中《崇政殿经筵〈尚书〉讲议》，记载了他对皇帝讲授“帝曰：咨，四岳！朕在位七十载，嫔于虞。帝曰：钦哉！”一段时的发挥。他特别推崇《尧典》中尧试舜而“验之闺门”，认为此举的深意在于体现“修身治国平天下之序”：

> 臣闻修身乃齐家之本，家齐乃国治之基。父尧子舜，古今盛事，而求其所以相授受者，乃不过修身齐家得之，有如师锡之言方发，予闻之语已随。以此见大舜虽在侧陋之中，而玄德无不上闻；帝尧虽居黄屋之邃，而天听无不下彻。以圣遇圣，固应尔也。然帝俞之而问之，岂非欲因此而审其德欤？今岳之荐舜也，不称其濬哲，不称其文明，不称其温恭允塞，故独举其难事之亲与不恭之弟，舜处其间，上友下顺，使之进于善，不至奸，以此为荐舜之原而已。至于尧之试舜也，则又未试以五典，未试以百揆，未试以宾门纳麓，方且验之闺门，观其仪法，及舜能

① （宋）阳枋：《字溪集》卷七《说经·子曰舜其大知也与章》，影印文渊阁四库全书本。

以理降其骄贵之心，使之行圭水之汭，则又以钦哉美之，以此为试舜之实而已。呜呼！《大学》言治国平天下，必以修身齐家为首，孟子推天下工家之本，亦以在家在身言之。盖未有身不修而能齐其家者，未有家既齐而国不可治，天下不可平也。《尧典》一篇，始叙尧治，终述舜禅，而其于修身治国平天下之序，惟此一说，盖克明峻德，尧之天下不难平矣。呜呼！尧平时用功之序如此，故于舜之孝、钦两尽，而知其身之修，于舜之克谐厘降而知其家之齐，于是而授以天下，可不谓天下得人乎？《百篇》，帝王之轨范；《尧典》，《百篇》之冠冕，子思、孟子所论之次序，尽此而已。后之欲治国平天下者，盍于是究心焉？①

这里徐经孙将《尚书》视为“帝王之轨范”，又推尊《尧典》为“《百篇》之冠冕”，目的是将尧、舜之治纳入修身治国平天下这一内圣外王的理论框架，从而树立尧、舜作为儒家最理想的圣君典范形象。

第十八节　文天祥与《十先生奥论注》前后集的记述和评论

文天祥（1236～1283），字履善，又字宋瑞，南宋庐陵（今江西吉安）人，宝祐四年（1256）登进士第一，官至少保右丞相兼枢密使，封信国公。他坚决主张抗元，面对蒙古铁骑，领导南宋军民殊死奋战，数陷危境，愈挫愈奋，最后督兵潮州，失败被执，囚于大都三年，拒绝一切威胁利诱，壮烈就义于柴市，成为中国人民心目中的民族英雄。其著作汇为《文山集》。其中《御试策一道》一文，简直就是一曲激情澎湃、庄严华美、酣畅淋漓的尧舜颂歌：

臣闻帝王行道之心，一不息而已矣。尧之兢兢，舜之业业，禹之孜孜，汤之慄慄，文王之不已，武王之无贰，成王之无逸，皆是物也。三坟远矣，五典犹有可论者。臣尝以五典所载之事推之，当是时，日月星辰之顺以道而顺也，鸟兽草木之若以道而若也，九功惟叙以道而叙也，四夷来王以道而来王也，百工以道而熙，庶事以道而康，光天之下至于海隅苍生，盖无一而不拜帝道之赐矣。垂衣拱手，以自逸于土阶岩廊之上，夫谁曰不可，而尧、舜不然也。方具考绩之法，重于三岁，无岁而敢

① （宋）徐经孙：《矩山存稿》卷二《崇政殿经筵〈尚书〉讲议》，影印文渊阁四库全书本。

息也；授历之命，严于四时，无月而敢息也；凛凛乎一日二日之戒，无日而敢息也。此犹可也，授受之际，而尧之命舜，乃曰允执厥中，夫谓之执者，战兢保持而不敢少放之谓也。味斯语也，则尧之不息可见已。河图出矣，洛书见矣，执中之说未闻也，而尧独言之。尧之言赘矣，而舜之命禹，乃复益之以人心惟危、道心惟微、惟精惟一之三言，夫致察于危微精一之间，则其战兢保持之念，又有甚于尧者，舜之心其不息又何如哉！是以尧之道化，不惟验于七十年在位之日，舜之道化，不惟验于五十年视朝之时。读万世永赖之语，则唐、虞而下数千百年间，天得以为天，地得以为地，人得以为人者，皆尧、舜之赐也。①

显然，文天祥与两宋的文人学士一样，将“危微精一”的“心传”视为永世不竭、万古长青、放之四海而皆准的绝对真理了。

《十先生奥论注》是南宋时期建阳麻沙坊印制的一部书，汇集了“二程”、张耒、杨时、朱熹、张栻、吕祖谦、杨万里、胡寅、方恬、陈傅良、叶适、刘穆元、戴溪、张震、陈武、郑湜诸人所作之论文，分类编排并之加以注释。书中选取的吕祖谦和陈傅良的文章有涉及尧舜的内容。

吕祖谦(1137～1181)，字伯恭，学者称“东莱先生”，南宋婺州(今浙江金华)人，曾任著作郎兼国史院编修，与朱熹、张栻齐名，称“东南三贤”。他主张学以致用，调和朱、陆矛盾。主要著作有《东莱集》《东莱左传博议》等。在《历代圣君论·尧舜》一文中，他并未对尧、舜的事迹、功业和思想进行论述，而是抓住“道离于天下”作文章：

道离于天下，或者圣人为之也，亦时之变为之也。……昔者，尧以是道而传之舜则曰中，舜以是道而传之禹则亦曰中，中果何物耶？意者尧不免于强名，而舜不过于循袭也。夫强名以言道，循袭以语人，非意也，势也。河、洛出矣，八卦具矣，而中之名未立也，虽然，言之可矣。尧之命，自中之外则无说，而舜则有曰人心、道心也，危微、精一也，营营然若虑夫其择之不精也。其语之者不详也，其守之者不固也，继而曰无稽之言勿听也，弗询之谋勿庸也。吁！强名而言中，亦既赘矣，而奚至于是哉？吾深悲夫舜之时不逮夫尧也，自尧、舜而有执中之说、精一之说，然后有吾道一以贯之之说，有喜怒哀乐未发之说，已而为性善性恶之说，为善恶混之说，而道始益离矣。嗟乎！固忧乎后世之不知

① (宋)文天祥:《文山集》卷三《御试策一道》，影印文渊阁四库全书本。

中也，而中之名立；舜固虑夫后世之失中也，而精一之说立，二说立而后世之说卒以穷。吾又悲夫尧、舜之不得以归乎天也，不特此也，九畴之锡禹，得之无说也，而箕子则反复言之，未几汉儒得窃之以文其诞，而皇极之道孤，向非箕子开其源，而汉儒何以承其流也？噫！彼箕子又何等时耶？吾固曰道离于天下，非圣人者为之也，亦时之变为之也。①

吕祖谦这里表述的是典型的历史退化论，他认为道是一个只可意会、不可言传的绝对真理，"执中之说、精一之说"的表述已经与道拉开了距离，而后世变幻不定的表述更是一步步远离了道。这种远离"非圣人者为之"，而是无可奈何的"时之变为之"。在《历代圣君论·大禹》一文中，吕祖谦以一个新的视角看待尧舜禹时期的征苗之战，认为由于"圣人无心"，召来了后世无数的"有心"的征伐，从此使历史上战乱不断，百姓不得安宁：

圣人之举事，亦难乎其始也。曷难乎其始也？始者终之的，而创者述之表也。始者创之，终者述之，吾见创之者一线，而述之者滔天也。嗟乎！圣人则亦无心待天下来世而已矣，奈之何天下后世之不以无心待圣人也。盖尝读书而至于苗，未尝不悲舜而叹禹也。舜，圣人也；禹，亦圣人也，而有心乎哉？苗之不率，非一日也，在尧之时则然也，尧尝一遏绝之矣而苗不悟，舜尝一分北之矣而苗复不悟。然则尧、舜何汲汲于苗之悟也？悟不悟无足介也，而鳏寡则有辞也，庶戮则无辜也，民弃则弗保也，尧、舜无心于苗而有心于民也。徂征之举，盖再悟之也。嗟乎！圣人其亦待苗以速化，而示以无心之太过也欤？吾闻圣人无心也以有心，议圣人者凡民也，奈之何其不以无心议之也？彼固谓揖逊之治，征伐则未见也；都、俞之化，誓师则未闻也。征伐未见而见于舜，誓师未闻而闻于禹，则是起戎者舜先之，而召乱者禹首之也。虽然，苗逆命犹可也，苗不逆命，则舜之征也为无名，禹之班也为无功，而益之赞也为不切矣。夫起戎而至于无名，召乱而至于无功，吾固悲夫圣人以无心之用而得有心者之议也。嗟乎！圣人亦不计后世之议此也。夫有心于伐人者，其筹之必工也，其计之必审也，工而审焉者，故其胜必决，胜而必者，功巧于中人者之为也，然则圣人固巧于中人也哉？圣人宁可以失师之名归之已，而不忍中人以图幸也。吾固

① （宋）不著编人：《十先生奥论注前集》卷一《历代圣君论·尧舜》，影印文渊阁四库全书本。

曰:圣人无心也,有心者之议不计也。吾亦不责有心者之议,而叹圣人不幸而有苗也。向使无苗,则无征,无征则无誓,征、誓之名不立,吾知舜可以游乎尧之天,禹可以游乎舜之天,而天下来世有心者之议,皆可以相忘于不可致诘之域矣!惜也,以舜、禹之无心而不得以遂乎此也。是故自夫有舜之征,然后有胤侯之征,成汤之征,武王之征,虽征其所可征,然征之名此乎出也;自夫有禹之誓,然后有甘野之誓、鸣条之誓、孟津之誓,虽誓其所当誓,然誓之名此乎立也。舜、禹之心,夫岂以征誓而示后世也哉?吾固悲夫始者之一线而终者之滔天也,吾固曰圣人无心也,有心者之议不计也,吾亦不责有心者之议,而叹圣人不幸而有苗也。(《十先生奥论注前集》卷一《大禹》)

这里隐含着对圣人深深的抱怨,仿佛只要尧舜禹时期不发生征苗之战,后世的征伐就可避免。这种观点显然是远离社会历史的一厢情愿,因为战争不是某个圣人的心血来潮,也不是某个恶人的恶作剧,而是具有深刻社会和阶级根源的必然现象。吕祖谦的观点展现的是终日处于书斋中的知识分子的"迂远而阔于事情"的形象。

陈傅良,字君举,南宋温州瑞安(今属浙江)人。历官泰州教授、福州通判、知桂阳军、提举常平茶盐、湖湘转运判官、秘书少监兼实录院检讨、起居舍人、中书舍人、知泉州等,是一个热心国事、关注民瘼的好官,也是著名的理学家。著有《春秋后传》《止斋文集》等。他选入《十先生奥论注后集》的《七圣论·尧、舜》一文,慨叹圣人与风俗之变的关系,对比尧、舜行政的风格和事功,贬尧褒舜之意跃然纸上:

风俗之变,圣人起之也,故夫圣人有所利于天下者,必有所病于天下。……昔者观《书》至于尧,未尝不惑之也。共工之欺尧,知之矣而去之不以时,四岳举鲧,尧曰不可,而岳犹曰试鲧,尧听之未害。及鲧用而无成,则岳之责也奚辞而尧不加,夫知其欺而纵之,不若未之知,犹惮也,责之无辞而难之,则是苟有辞者莫得而诘之也已。然则宜去弗去,宜责弗责,亦奚以厉天下者?呜呼!尧非不知其无以厉天下,或者将有以议己也,而犯人之议也弗恤而且安之,唯忧天下之变,而不敢震之也。一传至舜,四凶之未诛诛之,十六相之未举举之,夫族大难去而新进者易疑,舜奋焉,去人之难而进其所疑,动之以其所未尝而收天下之权,而天下健其诛之之快而决其举之之骤,而舜之法始详于天下。噫!详天下之法者,舜也;而斫天下之朴者,亦舜也。孔子之论姚、舜

曰:大哉!尧之为君。君哉!舜也。盖思尧也夫!其叹舜也夫!(《十先生奥论注后集》卷五《七圣论·尧舜》)

此前,在尧、舜的对比研究中,既有贬尧褒舜者,亦有为尧辩护不遗余力者,更多的是赞同尧、舜一体圣人者。陈傅良的观点在贬尧褒舜论者中具有代表性,如果以文献为依据,他的意见还是理由充分的。

第十九节 碑文、祭文和诗歌韵语中的虞舜

南宋皇帝理宗赵昀曾作《御制御书道统十三赞并序》,其中对舜的赞语是:

于皇圣德,至孝尽伦。所以为大,乐善取人。惟精惟一,帝心之纯。垂拱无为,尧道是循。①

皇帝出面写下如此崇高的赞语,说明舜在宋代的升值。此前,张栻任静江(今广西临桂)知府,他重修唐朝兴建的虞帝庙,并请朱熹写了《静江府虞帝庙碑》。碑文记述了重修该庙的经过,最后以一首四言诗作为献给舜的颂歌:

虞山之土,灕水之浒,谁修虞祀,《九歌》招舞。有翼张侯,牧此南州,怀帝之仁,答其祐休。载瞻祠宇,颓剥支柱,明灵弗蠲,淫傲骈伍。乃教纲纪,乃夷乃攻,乃堂乃基,峻宇崇墉。帝降不迟,四门穆穆,侯乐其成,来馈来祝。惟帝之德,规圆矩方,即物而则,大伦以光。爰自侧微,动植潜被,恭己当天,云行雨施。惠于来世,亿万斯年,穹天博地,峙乐流川。矧是卉裳。旧惟声教,愀然见之,兴起则效。子隆于孝,臣力其忠,侯拜稽手,惟帝之功。②

宋代留下的诵颂舜及其二妃的诗文甚多,绝大多数内容是称颂舜的重大功业、崇高品德和二妃的痴心与殉情,悲叹人心不古、世风日下的现实,呼唤尧舜时代的重现。其中,范仲淹的《尧舜帅天下以仁赋》是对尧、舜的一曲激越而高昂的颂歌:

穆穆虞舜,巍巍帝尧。伊二圣之仁化,致四海之富饶。协和万邦,

① (宋)潜说友:《咸淳临安志》卷一一《御制御书道统十三赞并序》,影印文渊阁四库全书本。

② (宋)朱熹:《晦庵集》卷八八《静江府虞帝庙碑》,影印文渊阁四库全书本。

盖安人而为理。肆觐群后,但复礼以居朝。当其如天者尧,继尧者舜。守位而时既相接,行仁而性亦相近。内睦九族,善邻之志咸和;外黜四凶,有勇之风遐振。聪明作圣,濬哲如神。一则命羲和而钦历象,一则举稷、契而演丝纶。孰谓各行其道,但见同致于仁。谤木设时,恻隐之情旁达;薰弦奏处,生成之惠皆臻。民保淳和,政无谲诈。实博施而可大,亦无为而多暇。茅茨何耻,方不富以为心;璿玑有伦,惟罕言而自化。故得兆民就日,万国慕膻。诚同心而同德,又何后而何先。水沴久忧,曷三月而违也;朝纲历试,非一日而用焉。然则帝者民之宗焉,仁者教之大也。帝居大于域内,仁为表于天下。咨询四岳,何异乐山之情;统御八元,允谓长人之美。夫五帝之最,百王之宗。物无不遂,贤无不从。于以见昭德于文思,于以见播美于温恭。殊途同归,皆得其垂衣而治;上行下效,终闻乎比屋可封。大哉!光宅无私,文明由已。稽陶唐之道,法有虞之理,是则万汇熙熙,咸颂声而作矣。①

刘攽的《皋陶戒舜在知人赋》则是对舜知人善任,"择善而从""执两用中""因众以宁""与人为善"的知贤、用贤理念和措施的褒扬:

惟舜德所以大圣,非自为,其与人而同者,盖择善而从之。执两竭而用其中,志存乐取;见一行而莫之御,群岂遐遗,缅思古人,实惟虞氏。审万物之备我,体至人之无已。盖夫虑善以动,则自用者小焉;与人同功,而任事者贵矣。察言好问,但见其闻斯行之;明目达聪,孰有夫怨乎不以。若乃耕稼以力,陶渔是亲,试诸难而兴事,纳于麓以明。民然后讴歌之,所属历数之暨身。曷注措之天,若奚持循之日新。夫何为哉,徒正面而恭已;弗可及已,常稽众以从人。且夫群于人者,物莫能离;同于善者,德有常主。故我总万汇以兼载人,自一言而汎取。克谐于帝,是以谓之重华;尚论其人,斯弗忘于稽古。譬夫山岳之高也,其积以细;江海之大也,其受以虚。盖与其足已而弗及夫,孰若忘怀而有余,求福不回;顾明德之若此,乐告以道。靡寸长之失于,然则一心之所谋,其智也浅;一力之所济,其功也鲜。故道莫贵于因众以宁,德莫大乎与人为善。不然者,安得侧微在下,九男顺而服从;登庸受终,五臣与而丕显。大矣哉!不震不盈,不伐不矜,肆昊天之眷命,实亿姓之与能。是以姒氏承风,闻昌言而亟拜;子渊希德,聆介善而服

① (宋)范仲淹:《范文正别集》卷二《尧舜帅天下以仁赋》,影印文渊阁四库全书本。

膺。世之人行已也，专改过而吝，以出众兮为可任，以逊志兮为必信。然后知善与人同，巍巍乎其斯以为舜。①

另外，颂舜之文还有舒亶撰写的《舜琴歌〈南风〉赋》，称颂舜那篇《南风》之诗是“导乐理之淳淳，达孝思之进进。内将报德之罔极，外以格民之大顺”的琴意之宏文。王十朋的《会稽风俗赋》从会稽风俗联系舜的事迹，凸现对舜“不生于是，则游于是”的倾情，显示了作者对地方历史文化的用情之钟。

当然，诵颂舜的诗词更多。如陈舜俞的《黄陵庙》，赞颂舜南巡不归的悲壮之举：

明月辉在天，落日光转地。天维地轴千万年，粉篁尚有春风泪。苍梧茫茫九疑高，湘江之水多怒涛。袗衣不和，御琴弦绝，黄陵庙碑已裂。春禽啼，秋叶飞，行人舟楫去复返，虞舜南巡胡不归。②

欧阳修的《留题齐州舜泉》，歌颂舜的“垂衣而治”“功高德大被万世”，同时肯定齐州（今山东济南）与舜的密切关系：

岸有时而为谷，海有时而为田。虞舜已殁三千年，耕田浚井虽鄙事，至今遗迹存依然。历山之下有寒泉，向此号泣于旻天。无情草木亦改色，山川惨淡生云烟。一朝垂衣正南面，皋夔稷契来联翩。功高德大被万世，今人过此犹留连。齐州太守政之暇，凿渠开沼疏清涟。游车击毂惟恐后，众卉乱发如争先。岂徒邦人知乐此，行客亦为留征轩。（《文忠集》卷九《留题齐州舜泉》）

邵雍的《善恶吟》则是另一种视角，通过尧、舜与瞽、鲧的身后对比，直问世间善恶报应的存在：

瞽鲧有子，尧舜无嗣。余庆余殃，何故如此？尧舜无子，瞽鲧有嗣，福善祸淫，何故如此？③

这里的恶人瞽、鲧有福有嗣，好人尧、舜无子无嗣（指没有将帝位传给儿子），实际上是说冥冥中有一个神秘的命运决定人的生死祸福，而佛教宣扬的善恶报应是不靠谱的。

曾巩写的《舜泉》一诗，将飞溅的一泓泉水，讴歌为大舜的千年余泽：

---

① （宋）刘攽：《彭城集》卷二《皋陶戒舜在知人赋》，影印文渊阁四库全书本。

② 《张园淦文集 · 四编 · 永乐大典方志辑本》，北京燕山出版社 2006 年版，第 753 页。

③ （宋）邵雍：《击壤集》卷一五《善恶吟》，影印文渊阁四库全书本。

山麓旧耕迷故垄，精干余汲见飞泉。清涵广陌能成雨，冷浸平湖别有天。南狩一时成往事，重华千古似当年。更应此水无休歇，余泽人间世世传。(《元丰类稿》卷七《舜泉》)

林同写的《孝诗》两首，一首写尧，一首写舜，将道、天、孝悌连在一起：

道之大原出于他，尧以是道传之舜。尧舜之道，孝悌二亿矣。道原自天出，尧以是相传。曰孝悌而已，人人具此天。大孝终身慕父母，予于大舜见之矣。孩提知所爱，妻子具而衰。大孝终身慕，予于舜见之。①

苏辙在济南写了两首歌颂舜的诗篇，都与泉有关。一首《答文与可以六言诗相视因道济南事作》(十首之二)，其中有“舜井溢流陌上，历山近在城头”(《栾城集》卷六)，表明舜井、历山这些舜的标志物都在济南。另一首《舜泉诗》，更是赞颂大舜英灵护泉的神力：

历山岩岩，虞舜宅焉。虞舜徂矣，其神在天。其德在人，其物在泉。
神不可亲，德用不知。有冽斯泉，下民是祇。泉流无疆，有永我思。
源发于山，施于北河。播于中逵，汇为澄波。有鳖与鱼，有菱与荷。
蕴毒是泄，污浊以流。埃壒消亡。风火灭收。丛木敷荣，劳者所休。
谁为旱灾，靡物不伤。天地耗竭，泉亦沦亡。民咸不宁，曰不享耶?
时雨既澍，百谷既登。有流泫然，弥坎而升。沟洫满盈，虾黾沸腾。
匪泉实来，帝实顾余。执其羔豚，蘋藻是菹。帝今在堂，泉复如初。

(《栾城集》卷一八《舜泉诗》)

周必大的《舜五弦琴铭》，由挥五弦琴，歌《南风》之诗，颂扬舜“事亲爱民”“惟孝与仁”的不朽精神：

大哉虞舜，重华帝尧。功去四凶，德格三苗。曰元曰恺，服休于位。
曰夷曰夔，乐作礼制。八音既谐，神人既和。六府三事，时皆可歌。
帝心益谦，不有其美。思制雅琴，以寓厥旨。乃命峄阳，输尔孤桐。
乃命海岱，檿丝其供。良材告备，大智以创。薄言鼓之，疏越憀亮。
帝在岩廊，拱手垂裳。乃奏斯琴，其音远扬。叩商叩宫，小廉大浊。
心和手敏，愉醉深樱。孰匪制器，孰匪审音。事亲爱民，则惟斯琴。
事亲伊何，歌此《南风》，长养恩厚，如风之功。爱民伊何，薰风是咏。

---

① (宋)陈起编:《江湖小集》卷九五《孝诗》，影印文渊阁四库全书本。

既阜尔财，亦鲜其愠。琴具五弦，弦具五声。五声之间，有孝有仁。
在昔庖牺，制琴之始。惟孝与仁，舜极其美。厥后周文，足琴之弦。
惟孝与仁，莫如舜先。乐由心作，德以音著。勒铭昭之，万世无斁。

（《文忠集》卷九二《舜五弦琴铭》）

真德秀的《西山心经赞》，诠释了“万世心学，此其渊源”的十六字“心传”的内容，赞颂了它“维此道心，万善之主”的神力：

舜禹授受，十有六言。万世心学，此其渊源。人心伊何，生于形气。
有好有乐，有忿有懥。惟欲易流，是之谓危。须臾或放，众慝从之。
道心伊何，根于性命。曰义曰仁，曰中曰正。惟理无形，是之谓微。
毫芒或失，其存几希。二者之间，曾弗容隙。察之必精，如辨白黑。
知及仁守，相为始终。惟精故一，惟一故中。圣贤迭兴，体姚法姒。
提纲挈维，昭示来世。戒惧谨独，闲邪存诚。曰忿曰欲，必窒必惩。
上帝寔临，其敢或贰。屋漏难隐，宁使有愧。四非当克，如敌斯攻。
四端既发，皆扩而充。意必之萌，云卷席撤。子谅之生，春嘘物茁。
鸡犬之放，欲其知求。牛羊之牧，濯濯是忧。一指肩背，孰贵孰贱。
箪食万钟，辞受必辨。克治存养，交致其功。舜何人哉？期与之同。
维此道心，万善之主。天之予我，此其大者。敛之方寸，太极在躬。
散之万事，其用弗穷。若宝灵龟，若奉拱璧。念兹在兹，其可弗力。
相古先民，历历相传。操约施博，孰此为先。我来作州，茅塞是惧。
爰辑格言，以涤肺腑。明牕棐几，清画垆熏。开卷肃然，事我天君。①

释文珦的《尧任舜禹行》歌颂了尧、舜、禹的功绩，赞扬他们联手创造了一个“圣化日熙”的最美好的时代：

尧任舜禹，圣化日熙。二臣至德，惟尧克知。明良胥会，徽庸弗疑。
佐命垂统，股肱纲维。行尧之道，蚤夜孳孳。上齐七政，大录万机。
与人为善，念兹在兹。举相去凶，咨牧授时。执德于心，其化若驰。
洪水滔天，浩浩无涯。下民昏垫，荒度为宜。乃乘四载，奠决刊随。
栉风沐雨，手胼足胝。四海会同，九泽具陂。诞敷文德，帝命是祇。
翔泳咸若，凤皇来仪。尧嘉厥功，翕受敷施。同声相应，百僚师师。
是知官人，安危之基。用贤则安，用佞则危。惟彼陶唐，百工允厘。
后世有述，先天弗违。能赏能禅，缵承伏牺。为民之极，黄收纯衣。

---

① （宋）真德秀：《心经·西山心经赞》，影印文渊阁四库全书本。

明并日月，照临无私。不言而治，端拱无为。民无能名，荡荡巍巍。

惟天为大，惟尧则之。先圣斯言，当深致思。或未之思，室是远而。①

刘志行的《舜洞秋风》颂扬舜的南巡，肯定这是“尘世开盲聋”的盛举：

当年大驾巡南中，薰兮时兮歌《南风》。

太音九奏凤凰集，真与尘世开盲聋。

重华远矣成飞仙，湘灵洒泪秋风前。

天荒地老不可诘，秋风满树凄寒蝉。②

在大量与舜有关的诗词中，咏二妃的内容占了相当大的部分，这显然是传说中的二妃南下寻夫不见而泪染斑竹的故事深深触动了诗人的内心。周渭的《湘妃庙》，抒发了目睹泪痕斑斑的修竹而触发的怀古之幽思：

代变时迁事迹存，见来谁不暗消魂。

上程此日湘江过，依旧修篁有旧痕。③

杨杰的《过黄陵庙》咏叹了“帝车不还”、二妃“魂断九疑”的千古悲情：

黄陵二妃庙，客过动愁颜。湘水有时尽，帝车何日还。

血斑千亩竹，魂断九疑山。欲问苍梧事，白云生栋间。④

华镇的《湘江二妃庙》同样咏叹二妃“遗恨未消”的悲剧：

帝子灵祠古，秋风更寂寥。门临湘水迴，路指舜陵遥。

宝瑟知何在，英魂不可招。年年添泪竹，遗恨未应消。（《云溪居士集》卷七《湘江二妃庙》）

张耒的《斑竹》以一个历史学家的眼光审视这种自然界的竹子，提出了自己的疑问与解答：

重瞳陟方时，二妃盖老人。安肯泣路旁，洒泪留丛筠？

频疑葛陂化，点点留斑鳞。慎勿脱水去，入世多埃尘。⑤

传说凝聚着一个民族美好的愿望与期待，历史学家尽管可以脱去罩在上面不断附加厚重的光影，追求历史的真相，但需要明白，传说是一个民族的口述历史，其不断叠加的内容中有着真实历史的吉光片羽。

---

① （宋）释文珦：《潜山集》卷一《尧任舜禹行》，影印文渊阁四库全书本。

② （清）汪森：《粤西诗载》卷六《舜洞秋风》，影印文渊阁四库全书本。

③ 《张园淦文集·四编·永乐大典方志辑本》，北京燕山出版社 2006 年版，第 753 页。

④ （宋）杨杰：《无为集》卷五《过黄陵庙》，影印文渊阁四库全书本。

⑤ （宋）张耒：《柯山集》卷七《斑竹》，影印文渊阁四库全书本。

韩元吉的《湘竹赋》，以充满激情的灿然笔触，颂扬大舜的丰功伟绩和与二妃的坚贞爱情，抒发作者深切的怀念之情：

余怀古而不见兮，将吊舜于九疑。望湘江之沄沄兮，惮褰裳而涉其涯。款二女于丛祠余怀古而不见兮，将吊舜于九疑。望湘江之沄沄兮，惮褰裳而涉其涯。款二女于丛祠兮，庭有翠篠而参差。睨枝干之烂斑兮，淡猩血之淋漓。手欲触而不敢兮，心欲置而复思。故老审余以前闻兮，此皇英之泪痕。帝遐征而不复兮，泪潺湲于竹根。朝日暴而不灭兮，严霜洗而不昏。度凄风之萧瑟兮，如有余哀之远闻。彼圣人其亡欲兮，岂暱嬖而惑私。虽嫠者其抱情兮，何一哀之至于斯。夜将寐而太息兮，梦恍惚其见之。委玉佩以弦琴兮，有美一人其颀颦。青蛾而启皓齿兮，肃予前而致辞。曰吾父之至仁兮，择吾嫔于有虞。惟虞之能继帝兮，功甚巍而不居。艺稷黍于艰难兮，派百川而东驰。制礼乐与法度兮，世盖跻于极治。忧勤终终以损寿兮，南巡五月其未已。乘白云以逍遥兮，无复帝车之可还。悼予躬之至弱兮，抚予娣而长叹。考殂落而夫逝兮，予之息又不令。天下其将安归兮，生民又安取正息。既不任于養养兮，嗟予死其孰瘥。天既高而莫升兮，地之厚其可入蹇。念此以长号兮，涕交堕而弗知。滋草木以如雨兮，与江水之争流。惟此君其谅余兮，含余泪之莫收。历千祀而弗改兮，亦其节之素修。彼昧者其腾口兮，殆妃嫔之后先抑。予哭犹罔于夜兮，顾于此则岂然。嗟神言之谆谆兮，羌不知其梦也。且端拂以求诸神兮，虽龟荚其不贰也。退而告于君子兮，咸举以为信也。遂再拜而谢之兮，吾将敬而植此也。①

朱熹《题尤溪宗室所藏二姬图·湘君》描绘了二妃望夫不归的悲苦之思："夫君行不归，日夕空凝伫。目断九嶷岑，回头泪如雨。"（《晦庵集》卷一〇）

毕田的《大哀州》寓情于景，摹写了二妃对舜"望断楚云"的思念：

玉辇南巡去不还，翠娥望断楚间。
波寒剩写哀弦怨，露冷偏滋泪篠斑
一水盈盈伤远目，九峰巙巙惨愁颜。
荒洲千古凄凉地，半掩空祠向暮山。②

① （宋）韩元吉：《南涧甲乙稿》卷一《湘竹赋》，影印文渊阁四库全书本。

② （明）李蓑编：《宋艺圃集》卷一《毕田三首·大哀州》，影印文渊阁四库全书本。

马大同《谒舜祠》六首之一，也是一首抒发二妃离情别恨的诗章：

二妃千古恨难刊，不谓南巡遂不还。

空使湘江江上竹，至今犹染泪痕斑。①

释文珦的《墨水仙》同样是写二妃思舜的咏情之作："二妃泣苍梧，泪多衣袂黑。犹似不忘君，垂头情脉脉。"(《潜山集》卷一一《墨水仙》)

李曾伯的《湘竹》也是一首咏二妃泪洒斑竹的诗篇，与上面单纯地写二妃思念之情的诗不同，这里作者发问的是二妃是否有怨意："纹竹起嫔虞，因怀二女居。君泪夫人泪，思欤抑怨欤?"②

总起来看，宋代歌咏舜的诗文不比唐朝少，但基本内容不脱歌颂功业和悼念二妃与舜的生离死别之情。在两宋政治家和思想家的眼里，舜已经是定格的圣人，而他与二妃的爱情也被定格为典范，用以咏叹悲歌。

第二十节　综述与综评

两宋三百多年的历史，尽管与北方少数民族的冲突不断，先是与契丹建立的辽对峙，继而与女真建立的金和党项建立的西夏在战和交替中共存和发展，最后是在与蒙元王朝的激烈对战中走向灭亡。但是，这一阶段却是中国历史上经济空前发展和文化空前繁荣的时代。一方面，理学作为主流意识形态极大地强化了对传统儒家政治理念和道德理想的张扬；一方面又在"格物致知"的知识追求中强化了对流传下来的古代文献的审视，发展出一种可贵的怀疑精神。在此背景下，两宋学人对舜文化的研究和探索就进入了一个新阶段。

两宋学人将儒家经典扩大至十三经，即《诗》《书》《易》《周礼》《仪礼》《礼记》《春秋公羊传》《春秋穀梁传》《春秋左氏传》《孝经》《尔雅》《论语》《孟子》，对所有经书的注疏都有许多家。而经书中凡是涉及尧、舜的内容，注释者都给出一个史实和义理的判断。这些注释中不少显示对史实的怀疑和对义理的辨证。几乎对舜的所有事迹都有人提出疑义。如对舜在五帝系统中的排序、"父顽、母嚚、弟傲"、娶尧之二女为妻、禅帝位前的一系列

---

① (清)张大煦修，欧阳泽闿纂：光绪《宁远县志》卷二下《建置・祠祀》，清光绪二年(1876)刻本。

② (宋)李曾伯：《可斋杂稿续稿后》卷一〇《湘竹》，影印文渊阁四库全书本。

考验、南巡死于苍梧之野等，都提出不同看法，显示了不迷信古人，不迷信古书，一切都要放在理性天平上重新衡定的追求精神。

两宋是中国历史上史学最发达的时代之一。一方面，司马光、刘恕、皇甫谧、胡宏、邵雍等人，将历史上几乎所有的舜的文献进行综合、爬梳、考证、排比，力图将上古历史排出一个较司马迁《五帝本纪》更合情理的顺序和年代，将舜的史迹理出一个丰富而又可信的系统。另一方面，更多的历史学家对舜的史迹进行严格的考释，找出文献记载中的许多矛盾抵牾之处，力图恢复历史的本来面目。他们的努力，不啻将舜的历史，特别是舜的资料来了一个彻底的大梳理、大审核、大总结，为后人的进一步研究和开拓创造了一个新的前进的平台，功不可没。

虽然两宋学人对舜的认识和研究展现了较前人更多的理性，但这丝毫不能动摇舜的圣人地位。在两宋政治家、思想家和文学家的眼里，舜依然是一位光芒四射的伟人，是一位事功卓著、品格超群的圣帝名王。在数量众多的诗文中，他依然被浓笔酣墨地歌颂和褒扬。在众多为他修建的祠庙中，他的金身雕像前依然香火不断。更重要的是，这一时期，他的陵庙已经被认定于九嶷山，对他的祭祀已经上升至国家的层面了。

第七章　辽金元时期文献对虞舜的记述和评论(907～1368)

第一节　王若虚、郝经的记述和评论

辽朝(907～1125)大体与北宋同时存在，金朝(1115～1234)大体与南宋相始终，元朝则大体上是继宋之后统一中国的一个王朝。他们虽然都是少数民族建立的政权，然而，由于其本民族的思想文化资源相对匮乏，在进入中原地区成为汉族百姓的统治者以后，他们只能接受汉文化。在其统治时期，汉文化继续发展和传播，到后来，这些征服者基本上都被汉文化征服了。如此一来，舜文化在辽元金时期依然受到关注。

由于辽朝管辖的土地偏在北方，受汉文化影响的时间和地域相对较少，所以留下的文献也相对较少。因此，至今几乎找不到这一朝记述的研究舜的资料。金的疆域较辽更深入中原地区，受汉文化的影响较辽更广泛和深入，所以留有一些舜文化的资料。元朝统治整个中国的时间虽然不足百年，但因为其疆域囊括了整个宋朝的版图，所以汉族知识分子在此时期留下的有关舜文化的资料就较辽、金丰富得多。

王若虚(1174～1243)，字从之，号慵夫、滹南遗老，金朝藁城(今属河北)人。承安年间进士，官至翰林直学士。金亡后隐居不仕。他是金朝最著名的文学家和学者，所著《五经辨惑》，对汉、宋儒者的经解提出批评。其著作汇为《滹南集》。他从揭示以前有关舜史籍记载的矛盾入手，提出自己的见解。如对《史记·五帝本纪》的辨证：

《舜典》称四罪而天下咸服，言刑之当而已。《史记·帝尧本纪》云舜言于帝，请流共工于幽陵以变北夷，放驩兜于崇山以变南蛮，迁三苗于三危以变西戎，殛鲧于羽山以变东夷。至《舜纪》则引《左传》所载浑沌、穷奇、梼杌、饕餮之事，云流凶族于四裔以御魑魅。文虽差殊，其为四罪一也。一则曰变四夷,一则曰御魑魅,舜之意果安在哉?盖二者皆陋说,不足取焉。且此事止当作《舜纪》而复见于尧,止当从经而反取于《传》《纪》之语,不亦冗而杂乎?①

这里,他肯定了《经》即《舜典》的记载,否定了《左传》和《史记》的记载。又如在《诸史辨惑》中,他对尧、舜的禅让给出了自己的解释:

五帝之名,《史记》以黄帝为首,《书》序以少昊为首,其说不同。要之,少昊,黄帝之子;颛顼,黄帝之孙、帝喾,黄帝之曾孙;而帝尧,喾之子也。初皆传之子孙,至于尧、舜其子不肖,不足以付大器,乃始有禅让之事。斯政变得已之变,而或者遂云五帝官天下,三王家天下,何其妄也!(《滹南集》卷一二《诸史辨惑》)

这种解释是将传子作为常态,所以在他眼里禅让就成为权宜。由于他同其他人一样不了解社会发展的顺序,其解释也只能远离事实真相。再如他在《杂辨》中对舜名下臣子的辨证:

舜命群臣,自伯禹而下二十二人,姓名职掌见于《虞书》,班班可考也。而《左传》载季文子八凯、八元之说,何所本哉?杜氏以八凯为垂、益、禹、皋陶之伦,八元为稷、契、朱虎、熊罴之属。盖妄想配合耳。且《书》言禹作司空宅百揆,契为司徒敷五教,而文字则云使八凯主后土以揆百事,使八元敷五教于四方,是八凯同任禹之职而八元并预契之政也,无乃戾乎?其言四凶,亦与《书》不合,此殆诬谬而杜氏强为解释,无足凭焉。学者盍亦言乎《经》而已。(《滹南集》卷三二《杂辨》)

总起来看,王若虚是一个典型的信《经》派。殊不知,《经》自有其可信之处,亦有其可疑之处。正确的态度应该是当信则信,当疑则疑,而无论信、疑,都应该建立在坚实考证的基础上。

郝经(1223～1275),字伯常,金末元初泽州陵川(今属山西)人。金亡后,他较早依附忽必烈。元朝建立后,任翰林院侍读学士,对元朝采纳部分汉法起到促进作用。晚年以元使者使宋,被宋朝扣留于真州十五年。后被释北归,当年病逝。他是元朝初期最有影响的汉族知识分子之一,有著作《续后汉书》《陵川集》等。他认为舜是"有大功大利及于万世者":"任禹而平水土,任稷而烝民粒,任契而五品逊,去四凶而天下安。"②后世之所以动

① (金)王若虚:《滹南集》卷九《〈史记〉辨惑·采摭之误辨》,影印文渊阁四库全书本。

② (金)郝经:《陵川集》卷一九《论学》,影印文渊阁四库全书本。

乱不止，是因为人们没有向舜学习和实践舜的行政理念。他推尊尧、舜为空前绝后的圣人：

生民之制，至于尧、舜，古有不平有不备，及此而平矣备矣；有不至而有不尽，及此而至矣尽矣。此二圣者，生民之极也。故孔子曰尧、舜垂裳而天下治，盖取诸《乾》《坤》，盖生民以来至于尧、舜，始并《乾》《坤》而为三也。（《陵川集》卷一九《时务》）

显然，郝经坚持的是历史退化论，他将黄金时代许给上古三代，而认为汉以后的历史一代不如一代。由于缺乏历史进化的意识，他一方面将上古三代理想化，一方面被后世的乱象影响成了绝对的悲观主义者。

第二节 《书义矜式》的记述和评论

《书义矜式》的作者王充耘，他的这部著作是元代流传至今的唯一一部注释《尚书》的著作。该书的最大特点是突出义理的阐发，继承了宋儒的注释风格并进一步发扬光大。例如，在注释《舜典》"慎徽五典，五典克从；纳于百揆，百揆时叙；宾于四门，四门穆穆；纳于大麓，烈风雷雨弗迷"一段时，开始先有一段议论：

克尽乎人事之常而不乱乎天道之变，此圣人之事也。盖圣人必有过人之才，必有绝人之量。以过人之才而治天下之事，事未见其有不治者也；有绝人之量而遇非常之变，亦未见其有震惧失常者矣。古之人有能之者，其惟舜乎！是以帝尧使之慎徽五典而五典以之克从，使之揆度庶政而庶政以之而时叙，宾于四方之门而四方由是而穆穆，纳于大麓之间遇烈风雷雨之变而行亦不迷焉。吁！主天下之事而各得其治，遇天道之变而不失其常，非固聪明诚智确乎其不乱者，其孰能与于斯？《舜典》其意以此。①

又如注释"惇德允元，而难任人，蛮夷率服"一段时，其通篇都是议论：

为民上者能亲君子而远小人，则无远而不服矣。夫远人之服岂有他哉？亦在举措得宜有以当其心故耳，宜夫帝舜以为长民告也。夫其有德者知所亲，仁人者知所信，而包藏凶恶者知所以拒绝也，则君子进

① （元）王充耘：《书义矜式》卷一《舜典》，影印文渊阁四库全书本。

而小人退矣。诚如是，虽以蛮夷之远，亦相率而服从，中国其有不治者乎？帝舜以此而告十二牧焉，可谓得为政之本矣。昔者鲁哀公尝问孔子以何为则民服，孔子告以举直错诸枉则民服，举枉错诸直则民不服，至哉斯言也，可谓得天理之情之至者矣。盖人情莫不好直而恶枉，故举错得宜，则犁然足以当人心，天下孰不为之悦服；一失其当，则好人所恶，恶人所好，是谓拂人之性矣，虽一夫犹不可强服，尚安能得天下之心哉？况夫亲贤臣远小人，国之所以兴隆；亲小人远贤智，国之所以倾覆，其所系者犹重也。为十二牧者各私一州之土，各子一州之民，于此宜何如其尽心哉？仁义礼智根于心而令闻广誉施于身，此其为有德者也，吾则尊其位重其禄所以厚之者无不至也。慈祥恻怛能存不忍人之心，宽裕温柔能行不忍人之政，此其为仁人也，吾则任之而勿贰，委之而勿疑，所以信之者极其专也。虽然，有德者在所亲矣，天下岂皆有德者乎？固有貌似庄重而心实险狡者矣，谓之任人可也；仁厚者在所信矣，天下岂皆有仁厚者乎，固有外为温柔而内实残酷者矣，谓之任人可也。彼固善于逢迎而吾则听察必审而不敢轻，彼固易于投合而吾则遴选必严而不敢忽，所谓难之者，此也。诚如是而所用者必君子，而天下得以被其休；所去者必小人，而四方不致被其毒。朝廷清明，纪纲振举，治化洋溢乎中国而施及于蛮貊……(《书义矜式》卷一《舜典》)

这一大段实际是王充耘发挥传统儒学对于用人原则的阐发，其中虽然没有多少创新之处，但联系当时元朝用人注重民族畛域的政策，这种议论不啻是汉族知识分子的委婉抗议。

再如解释《大禹谟》中的所谓十六字心传“人心惟危，道心惟微，惟精惟一，允执其中”：“存于内者守乎理之政，接于外者绝乎人之私，此圣人传心之要也。盖圣人之所以为圣者，以其内外之交相养乎！昔者舜之命禹，谓夫人心本一。囿乎形气则为人心，本乎性命则为道心，心非道则无所主而愈危，道非人则无所寓而愈微，诚能精以察之，一以守之，则此心所存纯乎天理之正，而此心所守莫非至中之体，允执其中，又安有过不及之失哉?”(《书义矜式》卷一《舜典》)基本上是宋代理学关于人心道心的阐发。王充耘注释《书》的长处在于阐发义理，而短处在于缺少了宋儒的怀疑精神，所以创新甚少。因此，尽管他的著作在一定意义上补了元代的空白，但由于没有创造的火花，其在思想史、学术史上都难以占有一席之地。

第三节 《历代通略》《史纂通要》的记述和评论

元朝陈栎的《历代通略》一书对尧、舜都作为顶级圣人进行了评判，其对尧的评判是“德莫盛，治莫加，在位莫久，享年莫寿，盛矣哉亘古！今不能及也”。对舜的评判是：

虞舜继尧而帝，孔子称其无为而治以其绍尧，极治之后无事乎作为也。然舜之有为，皆在摄位二十八年中矣。任四岳，命九官，咨十二牧，用君子也。罪四凶，去小人也。事难事之亲而瞽叟厎豫，除难除之患而洪水以平，功以九叙，故《韶》乐以九成，尽善尽美，亘古莫及。尧以大圣人作于前，舜以大圣人继于后，前后二百年间，泰和极治，城天地间贞元会合之一大幸会也。在位并居摄八十年，寿百有十年，仰视帝尧，重华匹林，亦盛矣哉！①

在他看来，尧、舜是中国历史上圣帝名王中的双子星座，其他人都难以望其项背。这种认识构成了中国古代历史认识的主流，是古代迷信的一项重要内容。

元朝人胡一桂撰著的《史纂通要》一书，继承宋代学者的怀疑精神，对中国历史上的许多人和事进行了考订，贯彻其中的是可贵的理性精神。对舜的历史，一方面揭示司马迁《史记·五帝本纪》记载的矛盾扞搁之处；另一方面肯定舜的事功和德行，力求还原历史真相和对其作出实事求是的评价。例如，他对司马迁记载的舜的世系提出质疑：

《史记》：重华父瞽瞍，瞽瞍父桥牛，桥牛父句望，句望父敬康，敬康父穷蝉，穷蝉父颛顼，颛顼父昌意，昌意黄帝之子。愚按：《史记》帝王世次，昌意曾孙敬康，与尧四从兄弟，为舜高祖，则舜为尧四世从孙，与尧同时，尧以二女嫁之，是舜以曾祖姑为妻，已若可疑。又禹与尧亦四从兄弟，舜亦禹四世从孙，乃先授尧之天下，而后授之禹。又舜五世从孙，乃殛五世从祖于羽山。……然则太史公帝王世纪，恐未足据也。②

但胡一桂对《书》所记载的舜的事迹则深信不疑，在复述了舜的事迹

① （元）陈栎：《历代通略》卷一《虞舜》，影印文渊阁四库全书本。

② （元）胡一桂：《史纂通要》卷一《帝舜》，影印文渊阁四库全书本。

后，赞颂说：

天下之广，万事之众，初不以身亲之也。五十年间有天下，而己若不与，岂非其得为君之道若是乎。居摄之前，右任臣道之劳，即位以后，可见君道之逸。迨夫耄期之后，禹摄位之时，虽有征苗之事，而班师舞羽，已为之来格。盖至于此，德洽民心而有司不犯，恩被动植，至海隅苍生，盛矣哉！太和之极也。(《史纂通要》卷一《帝舜》)

同时，对舜传禹之十六字心传也给予特别高的评价：

盖尝观尧、舜、禹三圣授受，尧之命舜曰允执厥中，舜之命禹复益以三言者，盖以中之为道，汩于人心之危者易陷，隐于道心之危者难明，故必察之以精而不杂，守之以一而不离，则危者安，微者著，自无过不及之差。信能执乎此中，则天下之大，以之传贤者此中也。此舜所以别白人心、道心之危、微，而且诲之以精一，用工之要者，其虑至深远矣。吁！精者，明也，即尧之所谓明德。一者，诚也，即尧之所谓钦敬，此十六字之传，为万世心学之要曾谓圣圣相授，徒恃势位之尊土宇之广云乎哉？(《史纂通要》卷一《帝舜》)

显然，胡一桂采取的是以经证史的方法，敢疑史而不敢疑经，说明他的思想还是被禁锢在经的神圣上，所以他的怀疑精神是不彻底的，因而也就认可黄金时代定格于三皇五帝时代的观点。

第四节　许衡、王义山的记述和评论

许衡(1209～1281)，字仲平，号鲁斋，宋元之际河内(今河南沁阳)人，著名学者。元朝建立后，与刘秉忠一起为之制定朝仪官制，奠定其“立国规模”。官至集贤大学士兼国子祭酒。他是元代理学的代表人物，为推动元朝统治者接受汉文化起了重要的促进作用。其著作汇为《鲁斋遗书》。许衡著作中涉及舜的篇章不多，只在他讲《大学》《中庸》的时候，将其作为圣帝名王的代表顺便提及。如《〈大学〉直解》在解释“尧、舜帅天下以仁，而民从之，桀、纣帅天下以暴，而民从之”时说：“尧、舜是自古两个圣君，帅是帅领，桀、纣是两个无道的君。……尧、舜之为君，他躬行仁爱于上，天下之人见他所行的是仁也，都去学他行仁，这是尧、舜帅天下以仁而民从之；桀纣之为君，他自行暴虐于上，天下之人见他所行的是暴也，都去学他行暴，这是桀、纣帅天下以暴而民从之。”①这都是用大白话对学生讲解经典，近于今天的将古文译成现代汉语，其中缺乏的是理论的深入和开拓。

王义山撰著的《稼村类稿》，收录他讲学的稿本，涉及舜的内容不少。其中有史实的辨证、史迹的诠释、意义的引申。如讲《论语》“子在齐闻《韶》，三月不知肉味”，就详细考证了《韶》乐的来历及其与舜的关系。讲《孟子》“人之有道也，饱食暖衣逸居无教，则近于禽兽。圣人忧之，使契为司徒，教以人伦，父子有亲，君臣有以义，夫妇有别，长幼有序，朋友有信”时，旁征博引，将“天下明德自虞帝始”作了极其充分的论证：

> 方尧之时，洪水横流氾滥于天下，草木畅茂禽兽逼人，尧独忧之，举舜而敷治焉。舜使益掌火，益烈山泽而焚之，禽兽逃匿；禹疏九河，沦济、漯而注诸海，排淮、泗而注之江，水土而既平矣，民不可以无衣食也；后稷教民稼穑，树艺五谷，五谷熟而民人育，是道之而生养遂也。人之有道也，饱食暖衣逸居无教，则近于禽兽，圣人忧之，使契为司徒，教以人伦，是教之而伦理明也。夫人莫患乎生养不遂而伦理不明也，人之所以异于禽兽者，以伦理明耳。当是时，水自水耳，人心之五常无恙也，盖洪水能为世变之变，而不能人心之五常。舜之所以命契为司徒使之教者，舜特过为之虑耳，岂有尧、舜之民而待于较哉？《书》所谓百姓不亲，五品不逊，亦过为之虑耳，岂有尧、舜之民而不亲逊者哉？人心之五常，与生俱生，不以水而消长也，契亦不过因其父子有亲，而使之知所谓亲；因其君臣有义，而使之知所以义；因其夫妇、长幼、朋友有别、有序、有信，而使之知所谓别，所谓序，所谓信。学者莫把有字作寻常读过，有着固有者也，非外铄我也。②

王义山一方面肯定舜明德的功劳，另一方面又肯定这些德本来就是尧、舜之民已经具备的，契的作用无非是将固有的恢复起来罢了。接着，他又将舜在孝、悌方面的贡献加以强调：

> 舜于五常之中所以处人伦之变者二，父子也兄弟也。人莫不有父子，舜之父子则不然也，父顽母嚚，舜可谓甚不幸矣，舜则曰吾为人子而子职不共，父母之不我爱宜也，父母何心哉？魏鹤山云：亲则譬天也，天之于物，栽者培之，倾之覆之，取之自彼，天何心焉？亲之于子，贤则亲之，无能则下之，致知自己，亲何心焉？故古今无未定之天，亦

① （元）许衡：《鲁斋遗书》卷四《〈大学〉直解》，影印文渊阁四库全书本。

② （元）王义山：《稼村类稿》卷一六《讲义》，影印文渊阁四库全书本。

无难事之亲，舜岂无能而取薄于亲哉？舜大圣人也，舜则曰我无能焉，安有父母而不是者，自克谐以孝，烝烝乂，不格奸，而后舜得以游夫父子之天矣。人莫不有兄弟也，舜之兄弟则不然也，象日以杀舜为事，往入舜宫，“郁陶忸怩”，四子不多见于经与子，惟见于《孟子》五子之歌，皆弟告兄之辞，象至不仁，郁陶忸怩亦不能泯于口，此时之象非前日之象矣，于此见羞恶之心不以象而亡也。（《稼村类稿》卷一六《讲义》）

这里他完全继承孟子的论述方向，对舜的孝、悌进行了新的解释，从而在相当大的程度上让舜的事功和德行纳入理学的解释框架。

第五节　姚燧、刘将孙、刘岳申、陈栎的记述和评论

姚燧撰写的《牧庵集》中有一篇《武陵县重修虞帝庙记》，其中记述了武陵（今湖南常德）在一次洪水之后重修虞帝庙的经过。但该碑文的绝大部分像一篇考证文章。其首先是对尧、舜、禹的名字进行考证，力主放勋、重华、文命非其名，而尧、舜、禹就是他们的本名。接着，对舜的年龄、崩葬和二妃故事加以辨证：

奚以惟帝舜崩葬与二妃事，他经于《书》凿枘者多。《虞书》曰舜生三十征庸，三十在位，五十载陟方乃死，崩未知地也。至孟子始曰舜卒于鸣条。鸣条在安邑，甚迩蒲坂，以避尧子南河之南例之，帝固未尝远所都也。然最《虞书》，实百一十年，孔安国以为百一十二年，自今积之，询考底绩三载，陟帝位二十八载，丧尧三载，在位三十三载，荐虞于天十七年而崩，所谓三载皆再期耳。由置底绩，在征庸，在位之间，故多书二年，优未大远。《纪》以为二十以孝闻，三十尧举之，五十摄行天子事，五十八尧崩，六十一代尧，三十九年南巡守，崩于苍梧之野，葬于江南九疑，是为零陵。总之才百年。郑玄则“征庸二十”为句，摄位至崩共五十年，总之才百年，与《纪》皆不足十年。如《纪》则举之十九年无所事，摄位九年，丧尧三年，为天子四十年。玄则登庸二十年无所事，摄位丧尧三十年，为天子二十年，宜唐孔颖达皆排而谬之。又《大戴》止言葬苍梧之野，《家语》则以为陟方岳，死苍梧之野而葬。故《纪》遂曰南巡守，不知荐禹十七年之中，当三巡守，帝皆亲之耶？独崩年往也？如皆亲之，禹何为哉？崩年往也，于时百一十年矣，必将以岁

二月柴岱宗，岱宗之去南岳，何啻逾五千里，不勤心于万机，倦于九十三而不倦于百一十年也。《檀弓》亦云舜葬于苍梧之野，盖三妃未之从也。玄以为帝喾、帝尧皆四妃，舜无正妃，奴止三妃，三天子之女不为正妃，则正妃将待何人为哉？……王逸不详未之从为不祔合，而曰帝征有苗，二女从之不能及，道死沅湘之中，又曰坠于湘水之渚，固已自二其说。且有苗已来格，分北而窜之三危矣，岂侮帝老，复逆命耶？其烦六师，投帝以艰，禹何为哉？又二女者在嫠降时，或上下少帝十岁，方幼艾也，至是崩年皆妪，然而聃矣，中原无急变，帝何为不及将二妃，二妃何为不及从，必追之而取道死水乎？①

由于尧、舜之事主要来自传说，而传说在流传过程中一方面不断变异；另一方面又不断添加新的材料，从而使不同来路的记述出现抵牾之处。此前的不少学者已经发现这种矛盾，写了一些质疑的文章。姚燧的质疑既反映了他求真的努力，又显示了他对传说资料认识的偏颇。

刘将孙撰著的《养吾斋集》中有一篇《责难陈善闭邪如何论》，主要议论致君尧、舜，臣子应该怎么做的问题。他从孟子"人皆可以为尧、舜"出发，认为"人未有不可为尧、舜，而为人臣者不可不尧、舜其君，以后世之君而尧、舜之不可不谓之不难，以尧、舜之道与人同，则亦不可谓之难"，要求臣子必须"陈善闭邪"，使人主闻大道之要，摒除私欲，以达尧、舜之境。

刘岳申撰写的《申斋集》中有一篇《性存说》，借尧、舜、禹、汤、文、武、周公等圣人论述他的人性论，其中说：

使尧、舜、禹、稷、汤、文、武、周公，不得志行乎中国而仅仅为孔子，其生知安行者固不为之减少；使孔子而为尧、舜、禹、稷、汤、文、武、周公，又岂有增多于其生知安行者哉？故圣人者，其心所存即为道，所欲即为义，其德之润身者即为富之润屋，其动容周旋中礼即其盛德之至，此所谓天所畀付，天理之在人无穷达无得志不得志者也。②

这就是说，圣人之善性与生俱来，无论面对的条件如何，他都能展现其善性的光辉。他所阐发的显然是孟子的性善论。陈栎撰写的《定宇集》中有一篇论述十六字心传的文章，其中说：

人心生于情欲之私，道心原于性命之正，心之所发，虽有情与性之殊，能精且一而明诚之兼尽，则性其情而情其性，而无过不及之中在是

① (元)姚燧：《牧庵集》卷五《武陵县重修虞帝庙记》，影印文渊阁四库全书本。
② (元)刘岳申：《申斋集》卷三《性存说》，影印文渊阁四库全书本。

矣，此舜所以发明尧之一言以授禹也。夫心之虚灵知觉，其本一而已矣，而其用之发，则有人心道心之分。虽上智不能无人心，以人不能无情欲之私也；虽下愚不能无道心，以人无不禀此性命之正也。然情欲之动易危而不安，性命之发易微而难著，危者愈危则微者愈微，而天理之公，卒不能胜人欲之私矣。诚能精以致其明，而察夫情与性之间，而不杂一，以致其诚，以守夫性情之正而不离，则危者安、微者著。道心之正足以宰制夫人心，人心之发无不听命于道新，情之发皆性之正，人心之动皆道心之纯，是所谓性与情者也。虽不规规然求以执守夫中，而动静云为之间，自无过不及之差，中道不期其合而自无不合矣。圣人之所以为圣，自安然而行之而合于中焉。其曰允执云者，盖圣人不自圣之圣心，虽无待于执实自谦而谓之执云耳。尧以是传之舜，惟曰允执其中而有余；舜以是传之禹，非加以微危精一则不足。

这里陈栎借尧、舜论述他的性情论，认为人人都具备与生俱来的性与情，只要能够禀性之正，就是掌握了道心，从而控制住情使之远离情欲之私。这些理念基本上都属于理学的性情论，对人们加强自我修养不无借鉴意义。

第六节　欧阳玄、胡行简、危素的记述和评论

欧阳玄(1274～1358)，字原功，号圭斋，元朝浏阳(今属湖南)人，祖籍庐陵(今江西吉安)，欧阳修之后。延祐年间进士，官至翰林学士承旨。他曾在文宗时主持修纂《经世大典》，在顺帝时主持修纂宋、辽、金三史。著作汇为《圭斋文集》，其中有一篇对策的文章借尧、舜等圣帝名王的事迹，阐发做君王的理论。他认为“舜、文之道布在典策，陛下既慕舜、文，亦法其所为而已矣”。

撰著《樗隐集》的胡行简，其文集中的两篇文章《稽古斋记》和《友古斋记》，都论及“尧、舜之道孝、悌而已”：

夫尧、舜与人同耳，古之人可为尧、舜，吾独不为尧、舜乎？士生斯世，得天地之气以成形，得天地之理以为性，古之人非有异乎今也，今之人非不能如古也。尧、舜之道，孝、悌而已矣。今即其书而观之，于尧则曰克明峻德以观九族也，于舜则曰慎徽五典五典克从也，尧、舜之

治天下所以为帝者之盛,咸以是而推之耳。士而法乎尧、舜,得志则行道以济时,不得志则修身见于世,其道亦不出乎孝悌。①

生乎今之世,欲友乎古之人,要必自知行始,然将何以用吾力也?亦曰尧、舜之道孝悌而已矣。夫孝于亲,友于兄弟,日用之所常行,夫人而能之也,奚独尧、舜热哉?尧也,舜也,其知生知,其行安行,知之极其至,行之极其至耳。(《樗隐集》卷三《友古斋记》)

胡行简将尧、舜之道概括为孝悌,接续的是孔子的"夫子之道",认为尧、舜之道是从宗法血缘纽带生发出来的。

撰写《说学斋稿》的危素(1303~1372),字太朴,元末明初金溪(今属浙江)人。曾仕于元朝,入明后任翰林侍讲学士,是著名文学家和书法家。除《学说斋稿》外,还有《云林集》名世。在《怀德书院记》一文中,他竭力为皋陶正名,认为"唐、虞之世,道在皋陶":"伯、禹之劳绩著于皋陶,皋陶之知见则密于伯、禹,伯、禹之功天下所共知,皋陶之功非虞帝与伯、禹不知也。"②他的观点有一定道理,在舜的臣子中,皋陶法制建设上起了无可替代的作用。

第七节　方回《续古今考》的记述和评论

方回(1227~1307),字万里,号虚谷,宋末元初歙县(今属安徽)人。南宋景定年间进士,任严州(今浙江建德)知州时降元,授建德路总管,不久被罢官,以平民身份终老。他是当时著名的学者,《四库全书总目》评价道:"学问议论,一尊朱子,崇正辟邪,不遗余力,居然醇儒之言。"著作今存《桐江集》和《桐江续集》。其中的《续古今考》汇集了考证古史的文章。他熟悉古代经典,对与舜有关的历史进行了较详尽的考证。如关于刑法,他认为"五刑四罪自《舜典》始,皋陶作士,大舜同":

紫阳方氏曰:《舜典》曰"象以典刑,流宥五刑,鞭作官刑,金作赎刑,眚灾肆赦,怙终贼刑,钦哉钦哉!惟刑之恤哉!"回按《尚书》有史官,书帝王之言,《尧典》多有"帝曰"字,《舜典》有"帝曰格汝舜",亦尧曰也,后舜格于文祖,继以咨十有二牧,单书"曰"字,乃舜曰也。蛮夷率服之下,始书"舜曰"字,而后皆书"帝曰",皆舜也。书"曰"者,皆

---

① (元)胡行简:《樗隐集》卷二《稽古斋记》,影印文渊阁四库全书本。
② (元)危素:《说学斋稿》卷一《怀德书院记》,影印文渊阁四库全书本。

尧、舜所言也，余皆史官之所书。如“象以典刑”至“怙终贼刑”七句下，忽有“钦哉钦哉惟刑之恤哉”九字，孔《传》云陈典刑之义，敕天下使敬之，忧欲得中，如此则“象以典刑”以下七句，非史官所书，乃舜之所言乎？“钦哉钦哉惟刑之恤哉”，此必舜所自言，却又无“舜曰”字，下文“流共工于幽州，放驩兜于崇山，窜三苗于三危，殛鲧于羽山，四罪而天下咸服”，回谓此史官所书，而流放窜殛，四罪之始也。“象以典刑”一句，孔《传》谓法用常刑，以象为法，以典为常，无后世赭衣之说。流宥五刑，谓以流放之法宽五刑，似谓舜于墨、劓、剕、宫、大辟之刑，以流放宽之，减等之甚者也。下五句，《传》皆是。舜首咨禹，次咨弃、契，第四咨皋陶，曰“蛮夷猾夏，寇贼奸宄，汝作士”，申尧时之命也。五刑有服，《传》谓：墨、劓、剕、宫、大辟；服，从也。言得轻重之中。正此一句不分晓。五就三服，《传》谓：服，罪也，行刑当就三处，大罪于原野，大夫于朝，士于市。五流有宅，五宅三居，《传》谓不忍加五刑，则流放之若四凶者，五刑之流各有所居，五居之差有三等之居，三等，大罪四裔，次九州之外，次千里之外。惟明克允，《传》文尤不分晓。此八句，舜口所云也。回所以书此，尧以前不可考，始自舜始。①

再如“舜、皋陶论刑”：

《禹谟》“舜帝曰：皋陶，惟兹臣庶罔，或干予正，汝作士，明于五刑，以弼五教，期于予治，时乃功懋哉！皋陶曰：帝德罔衍，临下以简，御众以宽，罚弗及嗣，赏延于世，宥过无大，刑故无小，罪疑惟轻，功疑惟重，与其杀不辜，宁失不经”，好生之德，洽于民心，兹用不犯于有司。紫阳方氏曰：罪疑惟轻，功疑惟重，孔《传》刑疑附轻，赏疑从重，忠厚之至。东坡应制科秘阁六论，刑赏忠厚之至，此一题也。回味此一章，何其忠厚之至耶？孔《传》“刑期于无”，此一句解非是。孔谓虽或行刑杀，以刑止杀，终无死者。舜上文谓“惟兹臣庶罔，或干予正”，未见得是杀以止杀，舜意欲刑之为刑，设而不作耳。（《续古今考》卷三七《舜皋陶论刑》）

不管方回的解释是否准确，他认定舜和皋陶在中国古代法制建设上的开创之功是正确的。中国古代社会在由蒙昧向文明的转化过程中，法制的出现是一个重要标志，而舜和皋陶正是法制建设的两个关键人物。这一点，此前的许多学者也认识到了。

---

① （元）方回：《续古今考》卷三七《五刑四罪自舜典始皋陶作士大舜同》，影印文渊阁四库全书本。

第八节 碑文、祭文和诗歌韵语中的虞舜

元代在大都(今北京)修复了唐朝就存在而在金朝已经倾圮的虞帝庙碑,王恽应命为之写了一篇纪念文字,其中的歌词充溢着对舜功业和德业的赞颂:

帝降诸冯,东方人兮。幽幽深山,鹿豕群兮。耕稼陶渔,至为帝,风动八区,烝乂一兮。矧惟析津,帝经制兮。物不苦窳,化泥土兮。圣灵在天,濡鸿私兮。阜财解愠,南薰时兮。鸢飞鱼跃,日用而不知兮。风移俗变,天理存厥彝兮。燕人怀思,歆明德而祀兮。八音廷陈,凤来仪兮。九疑云深,望何依兮。我赓九歌,言匪空兮。皇天降衷,克绥惟帝聪兮。恫彼下民,中庸其鲜充兮。呜呼!胡能一天下之虑,允执其中兮。①

另有刘杰为桂林(今属广西)帝舜庙写的碑文,记述了元朝湖广平章额尔济讷修复该庙的过程,期望"民观像思德,复还世道于雍熙"。(《粤西文载》卷三八《帝舜庙碑》)

辽代没有留下有关舜的诗文,金代相对就较多了。如大诗人元好问就有两首歌颂舜和湘夫人的诗,都是上乘之作。《舜泉效远祖道州府君体》一诗,抒发作者面对舜泉荒颓的无奈与感慨,愿以己之力恢复泉水的昔日风貌,并期望陪泉终老,其实内心呼唤的是舜帝时代的清明、隆盛与辉煌:

重华初侧陋,尝耕历山田。至今历下城,有此东西泉。丧乱二十载,祠宇为灰烟。两泉废不治,渐著瓦砾填。蛙跳聚浮沫,羊饮留余膻。我行历荒基,涕下何涟涟。舜不一井庇,下者何有焉。帝功福万世,帝泽润八埏。要与天地并,宁待一水传。甘棠思邵伯,自是古所然。我欲操畚锸,浚水及其原。再令泥浊地,一变清冷渊。青石垒四周,千祀牢且坚。石渠漱清溜,日听薰风弦。便为泉上叟,杯饮终残年。②

《湘夫人咏》则通过对秋日湘水和九疑山的描绘,抒发自己对舜帝和二

---

① (元)王恽:《秋涧集》卷五四《大都复虞帝庙碑》,影印文渊阁四库全书本。

② (金)元好问:《遗山集》卷二《舜泉效远祖道州府君体》,影印文渊阁四库全书本。

妃的思念之情：

木兰芙蓉满芳洲，白云飞来北渚游。千秋万岁帝乡远，云来云去空悠悠。秋风秋月沅江渡，波上寒烟引轻素。九疑山高猿夜啼，竹枝无声堕残露。（《遗山集》卷六《湘夫人咏》）

元朝留下的歌咏舜的诗文数倍于金朝，主要内容仍是对舜与二妃的歌颂。如许衡的《唐虞》一诗就颂扬尧、舜的禅让：

唐尧一百载，虞舜五十年。禅让官天下，有子不相传。①

大诗人王恽《和虞帝庙吊古》歌颂舜幽野分治、玄德共瞻的勋业：

分开幽野自虞分，上海雄沉载厚坤。玄德共瞻天北极，殿基空对苑西门。苍梧云驾无从叫，翠琰颜书固可尊。闻说二陵堪比德，东风啼损杜鹃魂。（《秋涧集》卷一七《和虞帝庙吊古》）

大诗人张养浩的《过舜祠》则叹息舜祠的荒芜和“太古淳风叫不还”的悲愤之情：

太古淳风叫不还，荒祠每过为愁颜。苍生有感歌谣外，黄屋无心揖让间。一井尚存当日水，九嶷空忆旧时山。能令子孝师千古，蒜叟元来不是顽。②

张翌的《虞帝庙祀歌》以楚辞体的诗行、浪漫的笔触将历史与现实交融在一起，既歌颂虞舜的功绩和他与二妃的美好爱情，又将虞庙的如梦如幻的祭祀场景作了酣畅淋漓的描绘：

雷夏泽兮河滨，爰筑宫兮妥皇灵。以陶以渔兮厥民孔宁，山川如故兮有怀古人。思亲兮知天伦，和兄弟兮宜家人。令闻不已兮惟德之纯，享予肆祀兮万世不泯。崇基兮言言，维松柏兮既坚。挺挺兮旅楹，神肃然兮来庭。载龙旗兮霓旌，广牡兮毂烝。甘醴惟厚兮旨且清，笾豆静兮苾苾芬芬。神其歆兮黍稷非馨，锡兹纯嘏西惠式均。贻我来牟兮迄康年，九歌一阕兮于荐斯牲。帝子降兮有妫，嫔于虞兮言归。六珈兮副祎，玉珮兮陆离。亲承兮结褵，与君兮一齐。匊芳椒兮成居，擗蕙兰兮为帷。诸娣从兮祁祁，雍雍肃肃兮左右攸宜。内朝退兮委蛇，陪黼座兮晏娭。酒香兮牲肥，钟鼓乐兮昭歌。问公桑兮治丝，织縰纮兮垂衣。相我室家兮福禄是釐，九歌再阕兮右享元妃。馆甥二室兮陶

① （元）许衡：《鲁斋遗书》卷一〇《唐虞》，影印文渊阁四库全书本。

② （元）张养浩：《归田类稿》卷一九《七言律诗一·过舜祠》，影印文渊阁四库全书本。

唐，谁其媵兮女英。伣天妹兮定厥祥，有美同居兮志同行。制芰荷为衣兮芙蓉为裳，君之袂兮不如娣之袂良。揄翟兮葱珩，八鸾兮跄跄，御彩霓兮来帝旁，何为鼓瑟兮，流湘南，国虽乐兮不如帝乡。桂栋兮兰堂，荪壁兮药费，肃祀事兮孔明，举匏尊兮嘉荐令，房献茧兮承筐。朱绿兮玄黄，烂昭昭兮黼黻文章。女心伤悲兮祁尔福庆，九歌三阕兮媲于娥皇。①

程端礼的《送赵子采赴都言各路立帝师尧舜庙》一诗借赵子采赴京向朝廷建议在各路立尧舜庙之事，抒发自己的感慨，期望皇帝以尧舜为行政的榜样，臣子以致君尧舜为职志，共同创造一个“万世长雍熙”的盛世：

赵侯嗫歇嗜骇俗，开卷不作竖儒读。治道上下三千年，得失照卜如龟烛。太息者六笑贾傅，八事为律轻主父。每言论事在正本，余似牛毛何足数。尧舜帝师万事赖，孔孟称述何能外。子孙世昧不可封，祀绝不祠事为大。宜令礼官郡立祠，俾知报本有所思。人臣致君必尧舜，勋业未至非皋夔。使民必为尧舜民，共知孝悌徐行推。刑措德洽俗自厚，凤凰览德将来仪。我言似迂众所嗤，正欲人心镃其基。淫祠庙塔遍天下，大功大德祭乃隳。詎之蚩蚩谄非鬼，性善诳惑无由知。皇元治具已毕张，惟此未举宁非亏。泰定圣神方御极，六甲肇子开昌期。诏下四海求直言，我今走陈无庸迟。此令我言会有合，坐令万世长雍熙。坐令万世长雍熙，我归耕凿老不辞。今侯去去维其时，且倒玉瓶鄞江湄。②

舒頔写的《湘妃怨》和叶懋写的《九疑山行》将湘水、斑竹和九疑山与舜及其二妃联系在一起，寄情于景，情景交融，对传说中巡守途中死于苍梧的大舜和寻夫不遇而死的湘妃寄予深切的同情和思念。

湘江清，湘月明，月明不照湘妃心。水清翻污湘妃裙。九疑云深苍梧死，万古千秋只如此。含双泪，竹上弹，至今湘竹留斑斑，空令后世人长叹。③

君不见，湘江之水秋沄沄，凤凰叫断苍梧云。孀娥恸哭几千载，竹

① (清)岳濬等修，杜诏等纂：《(雍正)山东通志》卷三五《艺文志·虞帝庙碑》，影印文渊阁四库全书本。

② (元)程端礼：《畏斋集》卷一《送赵子采赴都言各路立帝师尧舜庙》，影印文渊阁四库全书本。

③ (元)舒頔：《贞素斋集》卷五《湘妃怨》，影印文渊阁四库全书本。

间之泪犹纷纷。夏王掩泣伤黎兆，《箫韶》不作乾坤老。莘野孤儿泣槁桑，首阳饿骨埋秋草。秋黯黯，秋云阴，妖狐夜走猩猩吟，碧峰九点翠烟墨，零陵古窆应难寻。《南风》之琴竟何在，湘江水阔愁如海。①

李昱的《薰风》一诗，歌颂了舜时代财阜民富、"教兴""薰蒸"的盛世之景：

舜殿《南风》何太好，阜财解愠意相仍。五弦琴内声初起，三尺阶前教已兴。比屋有民皆长养，康衢无处不薰蒸。兰台此日雌雄赋，宋玉多才亦浪称。②

与历代诗人一样，元代诗人对二妃咏赞的诗篇数量超过了对舜的咏赞，其中不少展现在咏竹的诗篇中。如贡师泰的《墨竹》：

攲枕梦江涛，潇湘生晚绿。二妃邈何许，千里一黄鹄。

又如贡性之的《题竹》：

美人环佩玉玲珑，骑得青鸾下碧空。
寂寞湘魂招不返，凤箫声断月明中。

又如陈基的《题管夫人竹》《题赵魏公墨竹》：

绮窗春影绿婆娑，梦作轻云覆碧波。
日莫是谁调锦瑟，一江烟雨泣湘鄂。

魏公仙者徒，清风动千古。梦断江南春，飘飘游帝所。钧天张乐如洞庭，十二参差鸾凤鸣。归来记得当时曲，写作湘灵鼓瑟声。高秋素壁合萧飒，仿佛凉风起阊阖。满天明月浸鸥波，岁晏怀人霜露多。

又如唐肃的《张云门雨竹》：

龙驾飞来帝子双，春云漠漠暗湘江。
江神启路篚灵雨，湿透前头翡翠撞。

又如成廷珪的《题宋子章竹》：

黄陵只在断云西，苦竹丛深望欲迷。
帝子不归春又晚，满林烟雨鹧鸪啼。

又如周伯琦的《题右丞相墨竹赠集贤学士吴行可》：

相君手种双琅玕，灵根得地元气蟠。清风白昼埽阴曀，虚心劲节参云端。凤池幽赏忽见此，箫韶隐隐来鹓鸾。天真洒落运生意，笔力浩瀚回狂澜。伯夷高洁伊尹任，中立不倚世所难。瀛洲老仙永为好，

---

① （清）史简编：《鄱阳五家集》卷一一《九疑山行》，影印文渊阁四库全书本。
② （元）李昱：《草阁诗集》卷五《薰风》，影印文渊阁四库全书本。

直道相期保岁寒。①

又如胡助的《墨雨竹》:

江浦涓涓雨叶垂,两竿倚玉凤栖枝。

天寒翠袖春风涩,恰似湘妃泣舜时。②

以上这些诗篇或借咏物抒情,或以咏物寄情,巧妙地将竹与二妃和舜联结在一起,极力赞颂二妃对舜的赤诚和坚贞,展布着作者的感喟,寄寓着作者的价值理性。

第九节　综述与综评

金元时期的中国,中华传统文化尽管继续还存在和发展。但是,由于主要当权者是少数民族,一方面他们本身的汉文化修养较差;另一方面,他们对汉族知识分子总是怀着偏见和一定程度的敌意,致使这一时期文化的发展与汉族统治者当权的时代有着明显的差距。这一时期既没有出现超迈前朝的思想家,也没有出现超迈前朝的史学家,都是能力平平,在气势、学问和识见等诸多方面较前朝都逊色得多。因而这一时期舜文化的研究成果量少而质亦不高,基本上没有超越前代的水平。

金朝尤其是元朝,在歌咏舜和二妃的诗文创作方面留下一批较有水平的作品。一些著名的诗人如元好问、王恽、张养浩等都有这方面的诗作传世。这其中的原因大概是因为诗歌创作相对自由,偶有感触即可随时而发,很快形成文字,较之经学的注释需要较丰厚的积累和刻苦的功夫。另外,在金元时期,汉族知识分子处于受压状态,而对舜及其盛世的颂扬正可寄托自己的家国情怀和曲折表达自身对现实的不满。

---

① 以上诗词均来自清代陈邦彦编校的《御定历代题画诗类》(影印文渊阁四库全书本)。

② (元)胡助:《纯白斋类稿》卷一三《墨雨竹》,影印文渊阁四库全书本。

第八章　明朝时期文献对虞舜的记述和评论(1368～1644)

第一节　明朝皇帝对舜的祭祀

明朝(1368～1644)是中国古代社会后期历时276年的一个皇朝,其政治、经济和思想文化都呈现出封建社会后期的特征。特别在思想文化领域,理学占据绝对统治地位,所以对舜文化的记述和研究都显示了理学浓重的影响。

从唐玄宗开始,对舜陵的祭祀提高到最高级,不仅派出礼部尚书之类的高官前往致祭,而且以皇帝的名义发布御制祭文。宋、元两朝尽管中断了皇帝发布御制祭文的仪式,但舜陵所在地的官府基本上按时进行祭祀。到了明朝,几乎所有的皇帝都发布御制祭文,并定时派遣官员在舜陵前进行隆重的祭祀活动。明太祖朱元璋在洪武四年(1671)派遣翰林院国史编修雷敢代表他前往舜陵,宣读了以他的名义发布的《御制祭舜陵文》:

朕生后世,为民于草野之间,当有元失驭,天下纷纭,乃乘群雄大乱之秋,集众用武,荷皇天后土眷佑,遂平暴乱,以有天下,主宰庶民,今已四年矣。君生前世,作蒸民主,大德无穷,垂法至今,后人不忘者,以其量同天地故也。朕典百神之祀,考君陵墓在此,然相去三千余年,观于帝《典》,大哉盛德,非天者何!虽窃慕于心,奈禀性之愚,时有古今,民俗亦异。仰为圣谟,万世所法,特遣官奠祀修陵。至灵不昧,尚其鉴纳焉。尚飨!(明万历《九疑山志》卷一《皇朝御制祭舜陵文》)

这篇祭文虽不必出自他之手,但还是反映了草莽皇帝的风格,质朴直白,自信、得意之情溢于言表。不过,尽管朱元璋承认尧、舜、禹的大圣人地位,但对他们的事迹也敢于提出异议。在一次向群臣提出的问题中,他就坦然道出自己的疑问:

唐尧、虞舜之《书》,凡儒者皆诵之明之。二帝,乃大圣人也。其为寿也高，其在位也久，以其大智则化被天下，以其德则泽及万物，其为至智者不言可知矣，其为圣德也不待辞而昭明矣。夫何不丹、均之化？慈不及之？虽《书》载丹、均之不才，犹且不能使人无惑也；且禹亦圣人也，功被天下，法唐、虞之制规矩焉，国祚延长，当衰老之际，天下何不益之让？乃启有之者何？①

这种问题只有朱元璋之类草莽皇帝敢提出来，这说明他并不迷信古人，而是在理性思考中。后来继承皇帝位子的朱氏子孙中，没有一个人继承乃祖的风格，他们都在循规蹈矩中打发自己的日子。他的儿子朱棣做皇帝后，也派遣翰林院官员前去致祭，祭文就恢复了古奥典丽的程式：

仰惟圣神，继天立极，功被生民，万世永赖。予祗承祖训，获承大统，式严礼事，用祈佑我国家，永底升平。（明万历《九疑山志》卷一《皇朝御制祭舜陵文》）

其后的明朝皇帝为宣宗朱瞻基、英宗朱祁镇、代宗朱祁钰、宪宗朱见深、孝宗朱祐樘、武宗朱厚照、世宗朱厚熜、穆宗朱载垕、神宗朱翊钧，他们都有所谓的《御制祭舜陵文》，文字大同小异，最后都是求舜帝"永祚我邦国"。这也说明到明朝对舜的国家祭祀已经规范化，舜的圣人地位已经在国家的层面上底定了。

第二节 《尚书考异》《尚书疑义》《尚书日记》《孝经集传》《古微书》的记述和评论

梅鷟，明朝旌德（今属安徽）人，正德年间举人，官至南京国子监助教、盐课司提举。他受宋代朱熹等人的影响，撰有《尚书考异》《尚书谱》等书，对所谓孔壁古文和伪《古文尚书》表示怀疑。如在《尚书考异》中，他认定《舜典》为增益之文：

《孟子》引《尧典》曰："二十有八载，放勋乃徂落。"邾、鲁相去地近，孟子生距孔子时未远，子思、曾子又嫡传，岂孟子所传《尚书》顾脱《舜典》二字，必俟秦火之余数百年后土壁所藏之本，然后增此二字邪？且伏生年已九十，当其传晁错时固在文景世，考其生之辰犹在秦火未

① （明）姚士观等编校：《明太祖文集》卷一〇《问尧舜禹启》，影印文渊阁四库全书本。

燃之前。今马迁《史记》亦以“慎和五典”接于尧善之之下未尝分，则伏生所传之本正孟子所传之本，而安国所传之本决非孔壁所藏之本。安国所传之本既非孔孟相传之本，则《尧典》二字诀为赝增可知矣。……初未尝伪为“曰若稽古”以下二十有八字。犹有使人合前段而观其文理血脉之意，及姚方兴增二十有八字之后，而《舜典》遂与《尧典》抗而分为二篇，愈远愈失真矣。学者当知张霸、孔安国等增《舜典》二字，赝也，其为圣经之害犹潜也；至姚方兴增“曰若”以下二十有八字，赝之赝也，则其为圣经之害益以深矣，所以弥近理而大乱真者也。世之儒者何苦信此假饰之浮云，以蔽离吾圣经之白日也邪？①

这种观点继承了宋儒的怀疑精神，为后来清代阎若璩等人判定古文《尚书》为伪书的张本。再如，他否认“人心惟危，道心惟微，惟精惟一，允执其中”为舜传之禹的所谓“十六字心传”：

“允执其中”尧之言也，见《论语·尧曰第二十》。夫尧之一言至矣尽矣，而舜复益之以三言者，先儒以为所以发明乎，尧之一言必如是而后可庶几矣。自今考之，惟“允执其中”一句为圣人之言，其余三言盖出《荀子》，而钞略掇拾胶粘而假合之者也。《荀子·解蔽篇》曰：昔者舜之治天下也，不以事诏而万物成，处一之危，其荣满侧，养一之危，荣矣而未知，故道经曰“人心之危，道心之微”，危微之几，惟明君子而后能知之。荀卿称道经曰，初未尝以为舜之言，作古文者见其首称舜之治天下，遂改二“之”字为二“惟”字，而直以为大舜之言。……《孟子》叙尧、舜至于孔子，以为见而知之。韩昌黎谓尧传之舜，舜传之禹、汤、文、武、周公、孔子者，皆言其圣圣相承，其行事出于一律，若其转相付授然耳，岂真有所谓口传面命邪？道者众人公共之物，虽愚不肖可以与之能行，而谓圣人私以相授者，妄也。汤、文、孔子相去数百岁，果如何以传授也邪？若谓其可传，则与释氏之传法传衣者无以异，恐圣人之所谓道者不如是也。（《尚书考异》卷二《舜典》）

这样的考据也许会引来激烈的反对意见，但我们却应该承认，如此认识毕竟传达了一种颇有见地的学术观点。所谓十六字心传是否就是尧、舜、禹神秘的心传灵经，本身实在具有许多可疑之处。而韩愈将其深化为绝对真理在人间传递，更是一种想当然的杜撰。梅鷟这里展示的是清醒的

① （明）梅鷟：《尚书考异》卷二《舜典》，影印文渊阁四库全书本。

理性,值得肯定。

马明衡,字子莘,莆田(今属福建)人,正德丁丑(1517)进士,官至监察御史。他受业于王守仁,闽中有王氏学自他而始。他的《尚书疑义》秉持王阳明的怀疑精神,对《尚书》记载的许多历史事件提出异议。如对《舜典》的有无,与梅鷟取同一态度,认为"百揆"不是具体官名,而是百官的总称。对"纳于大麓"也提出了自己的解释:

如注家云大录万几之政,阴阳和风雨时以见,其德之动天,亦觉牵强。然马、郑相传,皆以麓为山足,自是皆以舜为入山主山虞之事,而烈风雷雨弗能迷,蔡引《易》"不丧匕鬯"之言以为得其说。夫以不震惧于风雷之变,此常人皆能之,以是形容圣人之德,亦是细事,似不足以言圣人者,而乃特言之何耶?此皆是难晓处。或者当时偶有是事,而并叙之耳,非以是为足以进圣人也。若必为之解,意当洪水为害之时,有大深山之中气候不常,风雷骤雨飘荡震溺,民苦其害而不能平,使舜治之而其害息,差为圣人之事耳。①

如此解释可备一说,但马、郑之说似乎更接近真实情况,不宜轻易否定。再如,他对舜之流共工、放驩兜、窜三苗、殛鲧之事提出的与前人不同的看法:

舜之流共工、放驩兜、窜三苗、殛鲧,诸家论说多端。或以尧不能去至舜乃能去之,是以舜之才乃胜于尧也;或以尧能容之舜独不能容,是以尧之德为盛于舜也。是皆出于揣量事迹而不得圣人之心,圣人之心可容则容之,可去则去之,何尝有一毫著意于其间哉?在尧之时,虽知其不才然恶迹未著,尧则容之,尧何尝有一毫著意于其间而恐人议己不能去也;在舜之时,亦知其才有可用但必恶迹已著,舜则去之,舜何尝有一毫著意于其间而恐人议己不能容也。使尧之时恶已著,尧亦必去之矣,尧之不去,所以知其恶之未著也;使舜之时恶未形,舜亦必容之矣,舜之不容,所以知其恶之已著也。或曰:若程子之说,谓尧之时圣人在上,皆以其才任大位,而不敢露其不善之心,及尧举舜匹夫之中而禅之位,则是四人者始怀愤怨之心而而显其恶,故舜得以因其迹而诛窜之,其亦然乎?曰:此必非程子之言……程子见道,当必识得圣人之心,圣人之心不如世俗之心也。以舜之盛德而授位,天下之人

① (明)马明衡:《尚书疑义》卷一《舜典》,影印文渊阁四库全书本。

皆能知之，四凶之才而有不知耶？特其恃才妄作无能改于其德，才之大则其为害亦大，故舜不得不去之耳。然舜此时是摄政，自然禀尧之命也。大抵观圣人之事，须要得圣人之心，不得其心而徒揣摩其迹，虽穷岁月，费辞说，何自能明哉？今观四凶之事，亦不必论其摄政不摄政，不必究其怀愤不怀愤，不必疑其能去不能去，不必揣其才胜与德优，只是有罪则当去，未有罪则当容，圣人之心，鉴空衡平、随物应之而已。尧固如是，舜亦如是，虽千万世之心亦如是也。（《尚书疑义》卷一《舜典》）

马明衡这里所表述的是理学家对圣人尧、舜的无比尊崇之意，即圣人之心无论在什么时候、对什么事情上都是绝对正确和不容怀疑的。马明衡还对顺殛鲧之事提出异议：

窃以殛鲧之事亦有可疑。先儒谓《禹贡》之书作于尧世，若果尔，则禹有安天下之功而不保其父，岂所以为子？舜亦知其有大功矣，而不能遂人爱父之心，亦岂善处人父子之间耶？……今以大略推之，鲧之治水禹当未任职也，方命其圮族绩既弗成，显戮之加天罚所不赦者，禹时固不得而窃之；迨夫禹既任职之后，光昭先德，其勤至于启呱呱而泣弗子，惟荒度土功者，禹之心不无有所为也。既而功既大成，天下怀之，禹之道已显元后之陟亦有不得而辞者。此时不知鲧尚在否？若其尚在，则当有涤荡之典，若其已死，则当有表异之恩，夫然后禹始可以无终天之恨而安受元后之陟矣。然此今皆不可知，惟以事理推之如此。（《尚书疑义》卷一《舜典》）

王樵，字明逸，金坛（今属江苏）人，嘉靖丁未（1547）进士，官至南京右都御史。其著作《尚书日记》在前人注释的基础上，对《尚书》进行全面而系统的解说，“是书虽为举业而设，而于经旨实多所发明，可谓斟酌于古今之间而得其通者，固非剽翙疏浅诸家所能及也”（《四库全书总目提要·尚书日记》）。例如，他对《舜典》的“三载考绩”至“分北三苗”一段是这样解释的：

孔氏曰：三年有成，故以考功，九岁则能否幽明有别，黜退其幽者，升进其明者。考绩法明，众功皆广，三苗幽暗，君臣善否，分北流之，不令相从。正义曰：自此以下，史述舜事，非帝语也。言帝命群官之后，经三载乃考其功。三年一闰，天道成，人亦可以成功，故以三年考校其功之成否。九年三考则人之能否可知。幽明有别，黜退其幽者，或夺其官爵，或徙之远方；升进其明者，或益其土地，或进其爵位。考绩法明，人皆自励，故得众功皆广也。分北三苗，即是黜幽之，故言于考绩之下。前四罪时，三苗之君窜之西裔，更绍其嗣，不灭其国，帝即政之后复不从化，是暗当黜之。其君臣有善有恶，复分北之。北，背也，善留恶去，使分背也。帝既责成于岳牧九官，使人得其职各尽其能，帝何为哉？主天下之公议而居无事以临之，居无事以待有事，约而易操者功，状明黜陟，信而已矣。人之立心行事未必皆有恒也，至于九年不变则终不变矣。故黜陟行焉，赏罚明信，人人力于事功，故庶绩咸熙，而三苗亦因以分北，善者愿安于政教，恶者自分于放流，盖陟得行于其明，而黜得行于其幽矣。蔡氏所谓卒言其效者得之，此自夷狄向化之事，于考绩黜陟何预而以为其效？盖公道昭明，人心自服，吾所以董正庶官之典，并施于向之负固不服之人，则他可知矣。孔《疏》以分北即黜幽之事，意以于时幽之可黜者，独三苗而已，似不必然也。按《尧典》曰“敷奏以言，明试以功，车服以庸”，此即考课诸侯之法，计即考课岳牧九官，前此亦已应有其法，设官分职与随事考成，一时并有，非命官之后始立考绩黜陟之法也。但三载考绩三考黜陟之期，恐出舜之所定耳。此与五载一巡守群后四朝之例同，皆舜所定。故史官记之，若循袭常事，固不书也。居位久而受任专，立法宽而责成远，莫如唐、虞之时，至于成周已不能同。……北字从两人相背，象形亦会意，人道面南背北，故堂北曰背，战败曰北，败为北者，谓背而走也。分北，言分其党相背而去，如今诸处降人，例以南北更调安置，分散其类，不使聚处一地也。

三苗之事错见于《经》，今定其次。“苗顽弗即工”，此禹治水时事。窜三苗于三危，此舜摄位时事。“三危既宅，三苗丕叙”，此禹治水后事。“命禹徂征”，此禹摄位时事。“七旬有苗格”，此禹班师后事。“分北三苗”，此苗来格后事。始之不即工者，以其举国而言也。舜之所窜者其君也，《禹贡》所记“既宅丕叙者”，以其窜于三危者而言也。禹以“苗不即工欲帝念哉”，而帝答以“皋陶方施象刑惟明”，正窜三苗时事，此后徂征来格分背，则皆其旧都也。先儒谓始特窜其君不灭其国犹立其嗣，复不从化乃徂征而分北之。《吕刑》谓“遏绝苗民无世在下”，则以分背以后而言也。计苗之事终帝舜之世而始定，何则窜者初年，分北者末年也？今南徼戎索之夷仍以苗为号者，盖袭其称，非必古三苗之种类也。①

以上王樵对"三载考绩"与舜的关系作了详细的说明,赞扬了唐、虞之世在官吏任命和使用上"居位久而受任专,立法宽而责成远"的优良传统。对"分北三苗"的经过及其与舜、禹的关系进行了细致的层次分明的考订,使人们对此事件有了一个明晰的了解。这也显示了作者诠释经典的风格:平实、详尽,在继承基础上创新。

《孝经集传》的撰著者黄道周(1585~1646),字幼平,福建漳浦人,天启年间进士。崇祯朝任右中允,因上疏怒斥大臣杨嗣昌,被谪戍广西。清兵入关后,任南明弘光政权的礼部尚书。南京失守后,与郑芝龙在福建拥立隆武帝,坚持抗清。他自请至江西征集军队,路经婺源时被清兵俘获,解至南京,不屈就义。他在文中盛赞舜"得仁":

> 曾子曰:君子以仁为尊。天下之为富,天下之为贵,何为富,则仁为富也;何为贵,则仁为贵也。昔者,舜,匹夫也,土地之厚,得而有之;人徒之众,得而使之,舜惟仁以得之也。是故君子脱富贵必勉于仁也。②

撰《古微书》的孙瑴,字子双,华容(今属湖北)人。其所著《古微书》辑录了大量汉代纬书的资料,为后世研究这一课题提供了方便。其中的《尚书纬》辑录了不少有关尧、舜的纬书资料,从中可以窥视当时人是对尧、舜如何神化的。如《尚书·考灵曜》:

> 在璇玑玉衡以齐七政,璿玑未中而星中是急,急则日过其度,不及其宿。璿玑中而星未中是舒,舒则日不及其度,夜月过其宿。璿玑中而星中是周,周则风雨时,则草木蕃盛,而百谷熟,万事康也。
>
> 按罗苹《路史》注:尧历象立其数,舜玑衡立其器。璿生于渊,月魄终焉,阴精之纯也。玉生于山,虹气藏焉,阳精之纯也。玑运于上,以璿为之衡。望乎下,以玉为之取,则乎阴阳之运也。尧正经星,舜齐纬星,所以相济。器出于人,故占之以齐七政于上;数出于天,故推之以授人时于下。③

再如,同书卷三五《雒书纬·灵准听》:

> 舜长九尺,太上员首龙颜,日衡方庭,甚口,面颔亡髦,怀珠握褒,

---

① (明)王樵:《尚书日记》卷二《舜典》,影印文渊阁四库全书本。

② (明)黄道周:《孝经集传》卷四《广扬名章第十四》,影印文渊阁四库全书本。

③ (明)孙瑴:《古微书》卷二《尚书·考灵曜》,影印文渊阁四库全书本。

形卷娄，色黳露，目童重曜，故曰舜而原曰重华。禹身长九尺有六，虎鼻河目，口齿鸟啄，耳三扇载成，钤襄玉斗，玉骭履已。

有人方面日衡，重华（衡，有骨表如日也，眉上曰衡。重华，重童子）握石，椎怀神珠（椎，读锤，锤平轻重也。握，谓知玉衡之道。怀神珠，喻有圣性也）。璿玑玉衡以齐七政，历象日月星辰。正月上日，舜受终，凤皇仪，黄龙感，朱草生，蓂荚孳。西王母授益地图（西王母得益地之图来献）。

如此记述和解释显然是循着纬书路子而来的神秘化的运思。因为在纬书的制作者和信奉者看来，既然尧、舜是神灵，从他们出生到行事，所以一切都必须异于常人。因此，将他们的一切都塑造成与众不同的怪异就是顺理成章了。

第三节 《明一统志》《江汉丛谈》《桂胜》《徐霞客游记》《（万历）九疑山志》《无锡县志》的记述和评论

《明一统志》是吏部尚书兼翰林院学士李贤等人奉敕撰写的明朝地理志，在英宗朝完成进献。该书在 14 府中记载了 23 处舜的祠、墓、庙等遗迹，北至北京，南至广西，东至山东，西至陕西，地域遍及黄河、长江、珠江三大流域，可见其事迹传播之广。

陈士元撰写的《江汉丛谈》是一部偏重考据史事名物典章制度的随笔，其中对舜陵和舜妃的考证颇有见地。其中对九疑山舜陵提出的否定意见道理就比较充分：

仁卿问舜陵，答曰：《永州志》云帝舜陵在九疑山，一名永陵。《礼记·檀弓》云舜葬苍梧之野。司马子长（迁）《史记》云舜南巡，崩于苍梧之野，归葬零陵之九疑。又载于《家语》《皇览》《竹书》《世纪》，而乐子正（史）《太平寰宇记》、张叔范（埏）《零陵志》、杨廷秀（万里）《挥麈录》、（王仲言明清亦有《挥麈录》，无舜陵事）、吴格甫（致尧）《九疑考古》并述之。楚灵王作台象焉（《国语》吴王夫差将伐齐，申胥谏曰：昔楚灵王筑台于章华之上，阙为石郭，陂汉，以象帝舜。注云：舜葬九疑山，其水旋丘下，故壅汉水，使旋石郭，以象之也）。秦皇、汉武皆尝望祀。宋置守陵五户，国朝布在《祀典》，仍建庙箫韶峰下。余谓舜葬九疑非实。孟子言舜卒于鸣条,今安邑有舜墓,又有鸣条陌,是其证也。而郑康成(玄)乃以鸣条为南夷地,谬矣。舜既禅禹,岂复巡狩于荒服外哉?《书》云陟方乃死,说者以陟方为巡狩。韩退之(愈)云地倾东南南巡非陟也,陟者升也,方乃死者,释陟为死也。苏子瞻(轼)亦云陟方犹升遐乃死为章句。后世遂以为经文,故汲书《纪年》帝王之崩皆曰陟。《书》云在位五十载陟者,纪舜之崩也,何谓南巡哉?他传又云舜伐苗民,崩于苍梧。夫伐苗者禹也,已窜三危矣,何得劳无为之舜于耄期时耶?欧阳永叔(修)诗云"虞舜老倦勤,荐禹为天子;岂复有南巡,迢迢渡湘水"是也。都玄敬(穆)《听雨记谈》云:史言舜南巡,崩于苍梧之野,今舜冢乃在零陵之九疑,九疑去南岳千有余里,苍梧在广西域内,去九疑又数百里,《书》云舜南巡守至于南岳,岂又幸九疑,遂崩而葬其地乎?孟子言舜卒于鸣条,鸣条在东方夷服,今又不闻有舜陵。孟子去古未远,而传闻犹未免若此,况后世乎?是玄敬亦有疑于九疑舜陵也。①

作者进而怀疑九疑山舜陵或许是舜子商均的葬地,后世误为舜陵。接着他又以《山海经》等书的歧异记载作为否定零陵为舜陵的佐证:

又按舜陵,载在《山海经》者,非一说也。《海内南经》苍梧山帝葬其阳,又《大荒南经》帝舜葬于岳山,又《海内北经》有舜台,台即陵也。又《海内·朝鲜记》南方苍梧之泉,其中有九疑山,舜之所葬,在长沙零陵界中。夫《山海经》,世称伯益作,而长沙零陵乃秦汉郡名,则知此书多为后人附益,而九疑舜陵渺不可信矣。又《宝椟记》云舜葬于苍梧,有鸟自丹州而来,吐气名曰冯霄,能衔土成丘坟,舜墓鸟所营也。《集仙录》又云舜瞑目端坐,乘空而至南方之国,其中有九疑山焉,历数既往,归理兹山。《集仙录》云王妙想,苍梧女道士也,住黄庭观,见空中大仙,谓妙想曰吾乃帝舜耳,昔劳厌万国,养道此山云云,乃命侍臣以驻景灵九授妙想,妙想仙去,兹山以舜修道之所,故曰道州营道县。《真源赋》云舜因南巡,走马逐鹿,同飞苍梧,莫之所去。王仲任(充)《论衡·书虚篇》云舜葬苍梧,象为之耕。四说尤妄诞,不足辩。

在同一卷的《舜妃》文中,陈士元同样以不同文献的歧异记载否定了有关舜之二妃祠、墓等古迹的真实性。但作者没有区分真实历史与历史传说

① (明)陈士元:《江汉丛谈》卷一《舜陵》,影印文渊阁四库全书本。

的区别，他要求历史传说如同真实历史一样经得起推敲和考证，必然将所有传说判为虚妄。他不知道，记载的歧义正是一切传说的共性和特征，因为传说的多元性和流传过程中的不断变异势必造成歧义和抵牾。如果因此否定传说蕴涵的历史真实性那就是一种苛求了。

张鸣凤的《桂胜》记述了桂州（今广西桂林一带）的名胜古迹，其中有关尧、舜的遗迹和祠庙显示了这里的历史与舜的密切联系，说明远古时代中原文化已经在这里产生了深刻的影响。

徐宏祖的《徐霞客游记》是明朝最著名的一部地理学著作，该书以极其生动的笔触记述了湖北、湖南和广西有关舜的遗迹，展示了这里与中原地区的血肉联系。

蒋镄的万历《九疑山志》一书，汇集了历代九疑山地区关于舜的记载和遗迹，为理清这里在远古时期与中原地区的文化联系提供了重要资料。

不知何人撰修的《无锡县志》记载了自晋宋以来惠山变为历山，随之有附会的舜田、舜井的出现，作为个案，其展示了传说在地域上不断扩展的路径。对于认识各地的传说具有启示意义。

第四节　《西铭述解》《通书述解》《丹铅余录》《丹铅续录》《丹铅总录》的记述和评论

撰写《西铭述解》《通书述解》的曹端（1376～1434），字正夫，渑池（今属河南）人。学宗朱熹，维护儒学的正统地位，反对佛、老。在《西铭述解》中对舜极尽赞扬，认为舜的功绩是“不弛劳而底豫”：“舜尽事亲之道，而瞽瞍底豫，其功大矣。故事天者尽事天之道，而天心豫焉，则亦天之舜也。”①在《通书述解》中，他将伏羲、神农、黄帝、尧、舜、禹、汤、文、武、周公排列为中国的圣人，认为圣人之道就是“仁义中正”。他们为天下制定了礼仪法度：“古者圣王，谓伏羲、神农、黄帝、尧、舜、禹、汤、文、武之圣而王天下者，心天地之心，道天地之道，而为人伦之至，建中和之极，所以制为礼仪法度。”②其中尧、舜又是圣中之圣：“尧，唐帝名。舜，虞帝名。二帝乃五帝之盛帝，百圣之至圣，为人伦之至，为君道之极焉。”他的著作汇为《曹月川

① （明）曹端：《西铭述解》，影印文渊阁四库全书本。

② （明）曹端：《通书述解》，影印文渊阁四库全书本。

集》,其中,他对与舜有关的几个概念作了自己的解释:

所谓己,舜所谓人心也;所谓礼,舜所谓道心也;所谓克复,舜所谓精一也;所谓为任仁,舜所谓执中也。千圣相传,盖不出乎此也。①

撰写《丹铅余录》《丹铅续录》《丹铅总录》的杨慎(1488～1559),字用修,号升庵,四川新都人。正德年间试进士第一,任翰林院修撰。他是明朝著名文学家,诗、词、散文俱佳,有著作100余种,后人辑为《升庵集》。他涉及尧、舜的文章多为史实辨证。如对"纳于大麓,烈风雷雨弗迷"的解释:

《孔丛子》:宰我问《书》云,纳于大麓,烈风雷雨弗迷,何谓也?孔子曰此言人之言,应乎天也。尧既得舜,历试诸难,使大录万机之政,是故阴清阳和,五星来备,风雨各以其应,不有迷错愆伏,明舜之行合于天也。此说与《注》《疏》合意,古相传如此。今以大麓为山麓,是尧纳舜于荒险之地,而以狂风霹雳试其命,何异于茅山道士之斗法哉?②

这种解释不过是重复前人已有的意见,其实两种解释都有道理。又如他对舜、禹受禅而避尧、舜之子的说法提出疑义:

尧授舜,舜授禹,舜、禹受尧、舜,天下非私也,何有避之理?受终于文祖,受命于神宗,天之历数在尔躬,见于《尚书》,著于《论语》矣,何至孟子乃有此论乎?舜受尧之天下不以为泰,孟子既言之矣,如其不当受,则显辞于庭,何必俟君薨而后避;如其当受而伪为逊避,则如曹操、司马懿,鬼蜮狐媚之术也,而谓舜、禹为之乎?且尧、舜不以天下私其子,恐以一人病天下也,舜、禹固私丹朱、商均,为一人之私德,而忘天下之大计,又岂圣人之心乎?今日方避明日偃然又来,是何举措乎?至谓益避禹之子,尤为无稽,禹未尝禅于益,孟子尝曰"唐、虞禅,夏后、殷、周继矣",何其言之自相戾乎?《孟子》于《武成》取二三策,善观《孟子》者,例是可也。《荀子》云《孟子》略法先王,而不知其统此类之谓乎?③

舜、禹受禅而避尧、舜之子的说法来源于孟子,孟子如此解读是因为他用自己当时的君位继承制度和伦理观念去理解禅让,希图给当时人一个可以理解的诠释。再如,他对《孟子》所记"桃应问"瞽瞍杀人之事,也提出自己的见解:

---

① (明)曹端:《曹月川集·语录》,影印文渊阁四库全书本。

② (明)杨慎:《丹铅余录》卷九,影印文渊阁四库全书本。

③ (明)杨慎:《丹铅续录》卷一,影印文渊阁四库全书本。

问有所不必答，不答是也；答之非也，不答可也。两儿论日，孔子不答，其事有无不可知，传之者正以见圣人存而不论也。孟子于桃应之问，不答可也，必再三言之，愈起后人之议，是不若不答之为愈也。予又思为之说曰：人之杀人者，虽在凶悖，然亦必有由，非有犯之，则有求而不得也。瞽瞍既为天子父尊之至，谁则犯之？以天下养何求不得，而杀人耶？使瞽瞍而兽也，猘犬也，醉象也，则不可驯；兽而少有知，则梁、鸯之虎可媚也，况亦人类乎？即使其果杀人，则议贵之辟，在臣下且然，乌有天子之父，一犯法而遽拘于狴犴，亲伏欧刀乎？即使皋陶果执之，舜果逃也，则大宝将安归，士师将何以自解于天下乎？桃应之言，果如小儿之辨，惜乎孟子不能如孔子之不应也。或曰此非孟子之言，盖法家者流剿入之，以尊其说，观者不知择焉，亦自陷于诐放矣。（《丹铅续录》卷一）

杨慎对于史实的辨证，显然是对孟子的误读。因为“桃应问”是一种假设，孟子只是对假设的回应，显示的是孟子对孝道的极度看重。

第五节　《疑耀》《名义考》《徐氏笔精》《卮林》《震泽长语》《名疑》《说略》《骈志》的记述和评论

张萱撰写的《疑耀》一书对有关尧、舜的史事进行了许多考辨。如他力证舜有兄妹，认为九疑山的舜陵、洞庭湖畔的湘妃墓均为后人伪托。他对“大麓”亦提出自己的看法：

《书》尧纳舜于大麓，孔安国辈以为大录万机之政，而桓谭《新论》亦以为领录天下之事，若今之尚书然。故东汉始以牟融录尚书事，盖本于此，后代多因之，故有以大麓为三公之位者，王克己非之矣。张九成曰：处之深林大泽之间，谓观圣人者，皆当自难堪处观之耳。尧之知舜，岂待以难堪者试之哉？惟《大传》尧推尊舜，属以诸侯，致天下于大麓之野，应劭云麓者林之大也。郑康成云山足曰麓，罗长源得之其说，曰古者天子以大事命诸侯，则为坛于国之外，尧聚诸侯，以命舜陟位居摄，致天下之事，欲天下诸侯皆明知舜之受命也，是可以剖千古之惑。但长源又云因地譬意，大麓者，大录天下事也，是又于前妄未尽祛也。余谓纳于大麓，烈风雷雨不迷者，或当纳麓之时，适有烈风雷雨，而舜偃然自若，殊无惊怖，见其镇定耳。夫雷震虩虩，不丧匕鬯，舜能不迷于烈风雷雨，此非超越寻常，足以当天下之大任者乎？故舜之授禹，亦有纳烈风雷雨之事，盖告终易代，皆上关天意，尧授舜，舜授禹，而纳于大麓，皆有烈风雷雨，或天以此而试舜、禹，亦未可知。故当此受禅之日，烈风雷雨不迷，是足以任天下之大，而天遂与之矣。如后代有禅位者，登坛之日，雷雨震电遂至颠踬不能成礼者，视舜、禹之不迷，益可见也。此谓天以此试舜、禹，理或有之，而尧以此试舜，舜以此试禹，则后儒之妄也。①

前人对“纳于大麓”的解读基本上是两种意见：一曰放之深山大泽，一曰录万机。而张萱这里认为是受禅之日天突施烈风雷雨而试舜、禹，将其归入神秘的天意，这显然是一种最不靠谱的诠释。在《疑耀》卷六中，他又为尧、舜辨诬，猛烈批判《竹书纪年》的记载：

尧、舜、禹以圣人为之君，又以圣人为之臣，禅受之际，昭著往策，岂复纤芥可疑？而《竹书纪年》谓尧之末年德衰，为舜所囚，故相之汤阴有囚尧城；又谓舜既囚尧，遂堰塞丹朱，使父子不相见，故鄄城西又有堰朱城。琐语因之，亦曰舜放尧于平阳，而认昉《记》亦以朝歌有狱基，禹囚舜故地也。于是刘知几遂疑舜废尧，既立其子俄又夺之。嗟！嗟！尧、舜、禹而犹不免于稗官小说之妄议，又何怪乎秦火耶？余按《竹书纪年》出于魏晋间，是时魏晋得国，无不篡弑者，知无以自解于世，而逢君之臣，伪撰此书，为主分谤耳。《竹书》又云殷仲壬即位亳，其卿士伊尹相之，仲壬崩，太甲立，伊尹放太甲于桐，乃自立，后三年太甲潜出，自桐杀伊尹，立其子伊陟、伊奋，命复其父之田而中分之。夫太甲、伊尹之事见于《尚书》《孟子》者不可信耶？《左传》曰伊尹放太甲而相之，卒无怨色，杜预乃以《竹书》而疑伏生之《尚书》为有昏妄，则以小人心置君子腹者，不独刘知几矣。（《疑耀》卷六《尧舜被诬》）

《竹书纪年》记载的五帝与三代事与《尚书》《孟子》《左传》等有异，引发了魏晋之后的不少讨论。张萱这里为尧、舜辨诬，主要不是史实的辨证，而是将尧、舜作为道德完人而力主排除不利他们形象的记载，显示的是儒家学者的传统立场。

撰写《名义考》的周祈，蕲州（今属湖北）人，生卒年、生平事迹均不详。

---

① （明）张萱：《疑耀》卷二《大麓辨》，影印文渊阁四库全书本。

有人称他为“周大夫”，又有人说他曾为民部郎。在其著作《名义考》中，他对与舜有关的地名、人事等如薰风、三危、舜陵、陟方狱、沧浪、苍梧、鸣条、熊耳、四凶、三苗、瞽瞍等进行了考证，其中对“四凶”的解释有别于前人：

帝鸿氏有不才子曰浑沌，少昊氏有不才子曰穷奇，颛顼氏有不才子曰梼杌，缙云氏有不才子曰饕餮，谓之四凶。按帝鸿氏继黄帝而为君，缙云氏帝鸿氏之子，与少昊俱去舜三百余岁，颛顼亦去舜二百余岁，四凶何若是之寿耶？必四氏之后有若人耳，非子也。浑沌，驩兜也；穷奇，共工也；梼杌，鲧也；饕餮，三苗也。训者谓浑沌为不开通，穷奇为其行穷其好奇，梼杌为顽凶无畴匹，贪财为饕，贪食为餮，不知穷奇兽名，状如牛蝟毛，音如嗥狗，食人，人斗乃助不直者；饕餮，兽之嗜食者，古者象于彝鼎以为食戒；浑沌，水不通也；梼杌，断木也。四凶有似于四者，因以目之也。①

此种解释，似可备一说。

撰写《徐氏笔精》的徐𤊹，字维起，更字兴公，闽县（今属福建）人。《徐氏笔精》涉及舜的只有两则考证，其中“焚廪浚井”条，以“万章引《书》以问孟子”为佐证，肯定确有其事而非“臆说”。

撰《卮林》的周婴，字方叔，莆田（今属福建）人，曾任上犹知县。在《卮林》一书中，他对“四凶”问题作了详细考证。

艾千子评墨曰：尧不诛四凶而舜诛之，以是为尧、舜之优劣，陈大士、章大力常言之，此量天测海之论也。考之于《书》，舜生三十征庸，三十在位，所谓在位，言居摄也。《孟子》亦曰舜相尧二十有八载，记舜之居摄三十年中，其间人才之用舍奚止，如汉文帝、唐贞观开元、宋仁宗，享国久而事多，兴废沿革，史不绝书者比乎？鲧之绩用勿成，仅九载耳，九载之外，尧能待舜之即位至于三十年，民之为鱼也久矣。而后尧之殂落，而乃不用之耶？然则四凶之用也，四凶之诛也，皆在尧之朝舜居摄之年，尧总其成，舜相之而已矣。迩年邪说盛行，乃有此论，真世道人心之忧也，不容不辨。……

商口：案《国语》太子晋口有崇伯鲧，播其淫心，遂称共工之过，尧用殛之于羽山。《左传》太史克曰舜臣尧，宾于四门，流四凶族；又子产曰昔尧殛鲧于羽山。《大戴礼》孔子曰：“尧流共工于幽州以变北狄，放

① （明）周祈：《名义考》卷五《四凶》，影印文渊阁四库全书本。

驩兜于崇山以变南蛮，杀三苗于三危以变西戎，殛鲧于羽山以变东夷。”《庄子》曰：“尧于是放驩兜于崇山，投三苗于三危，流共工于幽都，此不胜天下也。”《荀子·议兵》曰：“尧伐驩兜，舜伐有苗，禹伐共工。”《韩非子》曰：尧欲传天下于舜，鲧谏曰“不祥哉！孰以天下传之匹夫乎！”尧不听，举兵而诛杀鲧于羽山之郊；共工又谏曰“孰以天下而传于匹夫乎”，尧不听，又举兵而诛共工于幽之都。于是天下莫敢言无传天下与舜。《淮南·修务训》曰：“尧立孝慈仁舜，使民如子弟，放驩兜于崇山，窜三苗于三危，流共工于幽州，殛鲧于羽山。”《说苑》曰：“尧诛四凶以惩恶。”《汉书》鲍宣书曰：“尧放四罪而天下服。”《后汉书》樊儵曰：“唐尧大圣，尚优游四凶之狱，使天下咸知，然后殛罚。”又何休《左氏膏肓》曰：“孔子云荡荡乎唯天为大，唯尧则之。”今如《左氏》，尧在位数十年，久抑元、恺而不能举养，育凶人为民害而不能去，则孔子称尧虚言也。桀、纣为恶，一世则诛四凶，历世而无诛放，《易》云积不善之家必有余殃，虚言也。曹植赞尧，亦曰“克平共工，万国同尘”。又何孟春《余冬序录》曰：“《传》谓舜诛共、鲧，非也。”鲧之诛，尧之命也，事非出尧，则禹于舜为父仇，禹事仇哉？韩非有言云云，韩书不足据，以理而断之，吾深然其言。据此，则古以四凶为尧所去者，多矣。艾子岂从其说乎？然孔氏《书》四罪疏云：洪范曰鲧则殛死，禹乃嗣兴，《左传·僖三十三年》“舜之兴也殛鲧，其举也兴禹”，《襄二十一年》又云“鲧殛禹兴”，此皆言殛鲧而后用禹，是四罪在治水之前明，是征用时所行也。郑玄以为禹治水事毕乃流四凶，王肃难云：若用禹功成而后以鲧为无功殛之，是舜用人子之功而流放其父，则禹之勤劳适足使父致殛，舜失五典克从之义，禹陷三千莫大之罪矣。而于《左传·文十八年》，《正义》曰“圣主莫过于尧，审官王政所急，大圣之朝不才总萃，虽曰帝其难之，复何甚也?”此四凶者，才寔中品，虽行有不善，未为大恶。故能仕于圣世，致位大官，自非圣舜登庸，大禹致力，则滔天之害未或可平，以舜、禹之成功，见此徒之多罪，勋业既谢，愆衅自生，为圣所诛，其咎盖大，此似以元圭既告，四慝乃除，即孔氏亦不能明也。夫谓禹已奏功，彼乃蔽罪，诚为謷说。顾谓征用时事，则为不然，何者？《虞书》舜受终文祖，类禋望遍，巡狩方岳，始有四凶之诛。孔安国曰：终，谓尧终帝位之事。孔颖达曰：类禋望遍，告受禅也，夫禅则以位受矣。孔子曰唐、虞禅，自孟子而始言摄。其后孔安国、司马迁之徒，不得不从，不知孟以辨博折群言，与尼父、虞史之论不合也。魏、晋、宋、齐、梁、陈六代，即祚咸作禅文，欲以比德唐、虞，遡隆舜、禹，未闻禅后而汉献、魏奂、晋恭、宋顺、齐宝融、梁方智，犹得干预新政也。即以摄言之，百官总已，国命独持，周公之制礼作乐，何曾复关孺子？孔子却莱夷诛少正，曷尝必告季桓？宋缪之摄也，宋之政与夷不与闻；鲁隐之摄也，鲁之事桓公不得问。倘此既履藉听断，而彼犹拱手画诺，是为佐命之臣，又非摄代之义矣，相之与摄，正不可同日而语。《孟子》既言舜摄，又言相尧，亦自矛盾耳。《史记》云尧荐舜于天，尧辟位凡二十八年而崩。据此则舜虽执权，尧已巽位矣。又云舜巡狩归而言于帝，请流四凶。按尧求禅之年，耄期逾六，舜四巡而归，尧年九十有一矣。岂少壮宽慈，至此而乃惨礉少恩乎？且既已避位，又闻其政，孟氏所谓二天子也。郑玄云舜不刑四人者，以为尧臣不忍刑之，此犹为舜解嘲，亦可见四夷之投，尧不与闻矣。王粲《难太平论》亦曰：圣莫盛于尧，而四族凶佞，帝舜因之，而三苗叛戾。而陆德明《庄子音义》乃曰尧六十年放驩兜于崇山，六十四年流共工于幽州，六十六年窜三苗于三危，与《虞书》《孟子》《史记》又异，不知复何案据也。夫古今之言六艺者，折衷于仲尼之徒，《论语》曰舜有天下，举皋陶，不仁者远矣。皋陶即八恺之庭坚也，不仁者远，非四凶之诛乎？予反覆其事，尚有可征者。《史记》称尧仁如天，智如神，其人盖宽荡意多，严烈气少。故熙绩若采必咨臣岳，蒐慝虽集山薮自弘，朝无刑辟之官，国无缨鞸之典。及舜召试，日阴未移，娥、英已降，三载始竟，天下胥迁，可谓悦贤如加膝，去佞如拔山，各有当也。至舜而英毅之风渐开，精严之道兼用，御大宝兮守金镜，操太阿兮握魁柄。故孔颖达以为舜自受终后，万事皆自主之。但行巡狩不禀尧命，予谓不但是也。践位之后，敕命二十二人，惟禹、益、垂、夷、岳牧咸荐，其他十有八人，独断独命，不复询谋。至总师归，禹受神宗，仅遣征苗，余权弗假，年百十余，苍梧零陵，翠华躬狩，其聪明神武，古今莫并也。自孔、孟之书推美虞夏，其后百家之言，如《竹书》云舜囚尧，偃塞丹朱，不使与父相见，故《括地志》鄄城县有囚尧城，又有偃朱城。《史通》引《琐语》，云舜放尧于平阳，其地有城曰囚尧。韩非云瞽瞍为舜父而舜放之，象为舜弟而舜杀之，放父杀弟不可为仁，妻帝二女而取天下不可为义。《越绝》云尧有不慈之名，舜有不孝之行。孔颖达又按《世本》，尧是黄帝玄孙，舜是黄帝八代之孙，尧女于舜之曾祖为四从姊妹，以之为妻，于义不可。《世本》之言难信，或者古道质故也。此等书在今，皆为诽谤圣人，得罪名教，学者口噤于诵，耳畏于闻，愤悱之徒，怀疑满腹，虽有喙三尺，不敢更端，若此非一矣。窃案《吕氏春秋》，尧以天下让舜，鲧为诸侯，怒于尧曰：得天之道为帝，得地之道为三公，我今得地道而不为三公。以尧为失论，欲为乱，比兽角为城，举其尾为旌，召之不来，仿佯于野。舜于是殛之于羽山，副之以吴刀。《书》疏云：舜以侧微，起升上宰，初来之时，天下未服，既行四罪，故天下咸服，用刑之当也。予因思舜扬畎亩，共、驩之徒，相与目摄，不行意表之事，不足夺天下之情。诸人素宦于朝，威名久著，附丽拥佑，实繁有徒。是时二八既登，羽翼已备，且群牧群后奉之于外，五刑五宅载之于内，于是而四人分崩，播越裔土矣。咸服者，盖慑其用威，未必钦其不滥也。夫共工静言象恭，罪安所据；驩兜举人不用，反与同辜。崇伯绩用弗成，顾犹能障洪水，为禹修功之地，乃皆使之流离囚锢，毕命无人之乡。三苗之行，孔颖达云《尧典》无文，先儒以《左传》相考，知是饕餮，此亦以臆疑人。案《博物志》及郭璞《山海经注》，尧以天下让舜，三苗之君非之，帝杀之，有苗之民叛入南海，为三苗国。盖亦以议沮揖让得戾，新朝由此言之四罪之施，当乎？否与？且兜惟以保任共工一言撄罪，则鲧之用也，四岳强请，言愈切至，海宇愁垫，实岳之由。是宜先为羽渊波臣，而终偃然南面。岂非否德之让，意存姁汭克谐之对，恩不可忘，特盖其罪而不以宣，与暮世加恩举主，至同罔极，四岳之贷，实为滥觞也已。太公始封于齐，诛狂矞华士，营荡潘阯，亦四罪而齐人偲之，岂其效舜之英威乎？抑诸家言禹治洪水，三载功成，于时已有八议之法矣，流沙既被，羽山可返，而不闻舜施议功之恩，禹陈议亲之请者，岂羽泉之熊已化辽东之鹤无归与？后世暱其门生故吏，又不同者，亦千载之疑端也，请更一扬搉之。①

明朝人似乎也对“诛四凶”的问题特别有兴趣，周婴在这里几乎引证了此前所有关于“诛四凶”的文献，通过对勘比较，他认为比较合理的解释应该是：“诛四凶”是舜居摄期间发生的，由舜主持而经尧同意的，所以不能以此判断尧、舜的是非短长；“诛四凶”时，禹尚未奉命治水并立下不世之功，禹的治水是在鲧被诛之后，否则鲧被治罪就是不可理解的；一切有悖于上

① (明)周婴：《卮林》卷七《四凶》，影印文渊阁四库全书本。

述叙事的记述都是不符合事实的臆猜,或是“齐东野人语”,都是不可信的。周婴的论述显示了他坚持的基本原则:凡是能证明尧、舜为圣人的文献都是真实的,凡是有损于尧、舜圣人形象的文献都是不可靠的。这里展示的无疑是他传统儒家的立场,而这种立场无疑是一种迷信。

撰写《震泽长语》的王鏊,字济之,吴(今江苏苏州)人。成化年间乡试、会试均第一,廷试获第三名。历任侍讲学士、少詹士、吏部右侍郎、左侍郎、户部尚书、文渊阁大学士。《震泽长语》是他退休家居时写的读书笔记,其中力辩舜崩之苍梧只能是在孟子所说的鸣条附近,不可能是九疑之苍梧:

> 史载舜南巡崩于苍梧之野,葬于九疑。《礼记》亦云舜葬苍梧之野,二妃未之从也。元次山尝谓九疑深险,舜时年一百一十二岁,何为来此?司马光亦云虞舜倦勤,荐禹为天子,岂复南巡远渡湘水?韩昌黎谓《书》言陟方乃死,地势东南下,若苍梧不得言陟方也。其见卓矣。又谓《竹书纪年》凡帝王之殁曰陟,而后言方乃死,所以明陟之为死也,语何赘耶?或谓陟方犹升遐也,下云乃死亦赘。孟子谓舜卒于鸣条,固当以为正。汤与桀战于鸣条,则去中原不远。《家语·五帝德篇》曰舜陟方岳,死于苍梧之野而葬焉。吏侍何孟春注《家语》,谓陈留县平邱有鸣条亭,海州东海县有苍梧山,去鸣条不远,乃知所谓苍梧,非九疑之苍梧也。①

以九疑之苍梧为舜的死地,的确有不少难解之处。对于王鏊提出的疑义,前人也多次提及。其实,由于舜是传说中的人物,作为中华民族的人文始祖之一,不少地方附会他的生地和死地都是一种文化现象,过于深究,反而难以获得正确的认识。

撰写《说略》的顾起元,对于舜的死葬之地也提出了自己的看法:

> 孟子曰:“舜生于诸冯,迁于负夏,卒于鸣条,东夷之人也。”诸冯、负夏、鸣条,皆在河南、北,故葬于纪,所谓纪市也。今帝墓在安邑而安邑,有鸣条陌,去纪才两舍。《竹书》《郡国志》等,皆言帝葬苍梧,则自汉失之,至郑康成,遂以鸣条为南夷之地。夫苍梧,自非五服,人风婐画,地气高瘴,在虞夏乃无人之境,岂巡狩之所至耶?方尧老舜摄也,于是乎有巡狩之事,今舜既已耄期,释负而付禹,岂复躬巡狩于要荒之外哉?是以刘知几之徒,得以厉王流彘,楚帝迁郴,及夏桀、赵嘉之事,

---

① (明)王鏊:《震泽长语》卷上《经传》,影印文渊阁四库全书本。

而疑舜、禹之明德。尝考之象封有鼻，故墓在于始兴；义均封于商，故女英之冢在商。其余支庶，或封巴陵，或食上虞，采西城，邑池阳，与夫怀戎、衡山、长沙、无锡，故其墓或在江华，或在巴陵、上虞。……禹为天下，帝之诸子分适它国，其之巴陵者癸比氏盖从之，故其墓在于巴陵。帝之三妃不得皆后于帝死，盲既葬于陈仓，则其先死矣。既黄、英各自有墓，则黄陵为癸比之墓审矣。虞帝之坟，在在有之。盖古圣王久于其位，赴格之日，殊方异域，无不为位而坟土，以致其哀敬，非一所也。颛、喾、尧、汤之墓，传皆数出，汉远郡国，皆起国庙，亦若是也。是则九疑之陵，或弟象之国所封崇尔，不然商均窆也。《大荒南经》云："赤水之东，苍梧之野，舜子商均之所葬。"《九疑山记》亦谓商均窆其阴，岂非商均徙此因葬之，后世遂以为虞帝坟耶？又考《大传》《符子》之书，虞帝逊禹于洞庭，张乐成于洞庭之野，于是望韶石而九奏，则帝盖尝履洞庭而乐韶石，亦既逊位而归国矣。故《集仙录》言帝得修身之道，治国之要，瞑目端坐，冉冉乘空而至南方之国，入十龙之门，泛昭回之河，其中有九疑山焉，历数既往，归理兹山，是则九疑之游，特梦想之所届者。是以蔡邕《九疑碑》乃云"解体而升"，而胡曾《九疑碑图》且谓"今无复墓"，然则苍梧之藏，有其语而已矣。河中之垄，焉可诬也。世远论略，李白云"重瞳孤坟竟何是"，则虞帝之冢不明，自昔以为恨也。《书》云陟方乃死，说者以陟方为巡狩，孔氏谓升道南方以死，韩愈非其说，曰"地倾东南，南巡，巡非陟也，陟者升也，方乃死者，所以释陟为死者"，苏轼亦谓陟方犹升遐，乃死为章句，后学误以为经文。《书》云"商礼陟配天，惟新陟王"，故《汲纪年》帝王之没皆曰陟，然则在位五十载陟者，为纪帝之没，明矣。①

排除其中的神道迷信之论可以看出，顾起元的高明之处在于他已经意识到，传说中的圣帝名王之所以葬地众多，一是因为其子孙在封地建墓祭祀，二是因为各地臣子百姓也就地筑墓建祠以寄托哀思。而多年之后，谁也分不清哪个是真坟，哪个是假坟，于是就有了后来聚讼纷纭的争议。

《骈志》的作者陈禹谟围绕舜的事迹和遗迹进行了许多考据。其中对传说的"象耕""鸟耘"给出了自己的解释：

舜耕历山，鸟为之耘；禹葬会稽，鸟为之耘。《文粹》陆龟蒙曰："世

---

① （明）顾起元：《说略》卷七《史别上》，影印文渊阁四库全书本。

谓舜之在下也,田于历山,象为之耕,鸟为之耘。"吾得于农家,请试辩之。吾观耕者,行端而徐起,垡欲深,兽之形魁者无出于象,行必端,履必深,法其端深,故曰象耕;耘者去莠,举手务疾而畏晚,鸟之啄食务疾而畏夺,法其疾畏,故曰鸟耘。试禹之绩,大成而后荐之于天,其为端且深,非得于象耕乎?去四凶恐害于政,其为疾且畏,非得于鸟耘乎?好事者张以其怪,非圣人之意也。按《论衡》云:传书言舜葬于苍梧,象为之耕;禹葬会稽,鸟为之田。盖以圣德所致,天使鸟兽报祐之也,世莫不然考实之,殆虚言也。①

此种解释尽管亦可备一说,但总是想当然。作者虽然理性地认为此类记载"殆虚言",然而,他很难找到正确的解读。因为他不知道神话传说时代人们的思维方式,他们是借神力来完成想象中的活动。

第六节 《图书编》和《通雅》的记述与评论

章潢的《图书编》是一部较全面记述中国明代以前历史的著作。与舜有关的篇章除了记述历山、九疑山等古遗迹外,还对五帝及三代世系进行了较详细的梳理:

仲尼叙《书》,断自唐、虞。因上古世系不可详,三帝三王以来,其书契可考而知,原其宗派,同以黄帝为祖也。《史记》:尧、舜、禹,其先皆出自颛顼。《尧纪》曰:颛顼生帝喾,帝喾生尧;《舜纪》曰:颛顼生穷蝉,穷蝉生敬康,敬康生勾芒,勾芒生矫牛,矫牛生瞽瞍,瞽瞍生舜;《禹纪》曰:颛顼生鲧,鲧生禹。今自颛顼考之,至尧为三世,至舜七世,禹亦三世,是尧、禹、与舜之高祖敬康,均为大功从兄弟,尧、禹视舜则四世曾从孙也。《史记》:禹年一十六岁诸侯,尊立。《皇极经世》以为时甲辰岁也,在位七十二年崩,又甲辰至乙卯也,实记八十八岁,《史记》注乃云尧寿一百九十八岁,误矣。且舜于尧老居摄,史谓三十登庸时也,二十有八载,放勋徂落,史谓践天子位时也。又六十一年,舜百有十岁,以禅于禹,禹在位七十七年,寿百岁。通前者之说,知禹年七十三岁始受禅,其少舜盖三十七岁,而舜之少尧则二十七岁。舜相尧,禹

① (明)陈禹谟:《骈志》卷一《甲部上》,影印文渊阁四库全书本。

相舜，固尝都俞吁咈，相会一堂，今曰舜谓尧为四世从祖，犹为不通。禹生晚矣，亦曰为舜四世从祖，若相先后百十年之人，得乎？然且信如所载，则尧二女，舜之曾从姑也，鲧为舜之五世从祖也，娶之殛之，姑置勿论，然宗派已历五世。其间行辈世齿不甚相悬绝，孰有为曾孙者，乃及见曾从姑时犹处子，亦犹及与五世从祖同朝哉？又《史记》：帝喾元妃姜嫄生子稷，次妃简狄生子契。是稷、契本兄弟，于尧、禹亦兄弟也。契之后十四世，汤受命为商稷之后，十五世，文王受命为周。今考之，自契至汤，历夏十七君，四百五十八年，世数犹为可议；自稷至文王，历夏、商四十一君，计一千一百余年，孰谓父子相继，仅多商之一世乎？《诗》传又谓至武王十三世，此史迁所以不足据也。孟子曰：尽信书不如无书，况《书》止记其典、谟、训、诰，而未记其世系哉？①

章潢的上述对于尧、舜、禹、夏、商、周等世系的辨析，其实前人已经多次涉及，他们都发现《史记・五帝本纪》以及夏、商、周三代世系的错讹，指出其不合理处，但他们都没有找出错讹的原因。其实，错在司马迁硬要将原始社会至奴隶社会转化时期中国各部落独自的多元传承捏合成黄帝作为始祖的一元传承，这种以史观改铸史实的结果必然是漏洞百出。有着史学大智慧的司马迁何以如此为自己留下明眼人不须费力就能抓住的把柄？原因可能是，他太想梳理出中国古代的历史统系，太在意“成一家之言”那个诱人的目标了。

撰写《通雅》的方以智（1611 ~ 1671），字密之，号曼公，桐城（今属安徽）人。生当明、清之际，崇祯朝进士，曾任翰林院检讨。与陈贞慧、吴应箕、侯方域合称“明季四公子”。清兵入关后，他在广东出家为僧。方以智是一个百科全书式的学者，在天文、地理、历史、文学、物理、生物、医药等诸多领域均有建树。在代表作《通雅》中，方以智对五帝时期的职官进行了有益的探索：

黄帝有五官九工，少昊五正，唐、虞有六官九官。《史记》黄帝建立五行，于是有天地神祇物类之官，是谓五官。《管子》《吕览》皆言黄帝五官以正人位。《文选》王融策文“九工开于黄序”，注：黄帝也，云官有五人，有同德四人，合为九。少昊五正，见于蔡墨之说，五行正也。《通典》尧置天地四时之官为六卿，舜为六官以正天地四时，《说苑》曰尧时

① （明）章潢：《图书编》卷七八《唐虞夏商周世系》，影印文渊阁四库全书本。

舜为司徒,契为司马,禹为司空,稷为田畴,夔为乐正,吹为工师,伯夷为秩宗,皋陶为大理,益掌殴禽,为九职。刘向《传》"舜命九官,济济相让。注:禹司空,弃后稷,契司徒,咎繇士,垂共公,益虞,伯夷秩宗,夔典乐,龙纳言。《周礼》梳曰:尧、舜官号稍改,其时官名,盖曰稷,曰司徒,是天官稷也,地官司徒也。又云:命羲和、仲叔使分主四方。注:仲叔亦羲和之子。尧既分阴阳四时,又命四子为之官,掌四时者字曰仲叔,则掌天地者其曰伯乎?是有六官,分命仲叔,注云:官名盖春为秩宗,夏为司马,秋为士,冬为共工,通稷为司徒,是六官之名。郑玄分阴阳为四时者,分高辛时重黎之天地官使兼主四时耳;共工,注:水官也;尧天官为稷,又司徒士,此三官是尧时事,舜述前功。秩宗,舜时官也,惟无夏官之名。《夏传》曰:司马在前,则羲叔为夏官,是司马也。郑玄曰:初晓冬官为共工,舜举禹治水,尧知其必成功,故改命司空,以官名宠异之,非常官也。禹登百揆之任,舍司空之职为共工与虞垂益是也。始羲和之时主四岳者,谓之四伯,后分至八伯,尧初天官为稷,至试舜谓之百揆,舜命禹为之,即天官也。崔灵恩曰:舜改地官为司徒,秋官为士,冬官为司空,春官秩宗。①

五帝时期的职官制度究竟如何,学者只能根据现有文献进行推断,方以智梳理的这个系统作为一种学术观点,对后世显然具有启发意义。但是,他的这个梳理主要是依据《周官》前推的,而《周官》是否为西周官制的准确记录,还难以认定。因此,五帝时代的官制研究可能还有很长的路要走。

第七节 苏伯衡、孙作、刘炳、周是修、王行、宋濂、吴伯宗、方孝孺的记述和评论

苏伯衡的《苏平仲文集》、孙作的《沧螺集》、刘炳的《刘彦昺集》、周是修的《刍荛集》、工行的《半轩集》、宋濂的《文宪集》、吴伯宗的《荣进集》、方孝孺的《逊志斋集》等都有涉及舜的内容。其中,刘炳在《刘彦昺集》中颂扬"三才合德说",以"禅""伐"对应"经""权",认定尧、舜、汤、武都是"与天

① (明)方以智:《通雅》卷二三《官制》,影印文渊阁四库全书本。

地合德”的圣人：

> 尧、舜受禅，民之幸也，圣人之大公，中庸之道也，经也。汤、武放伐，民之幸也，圣人之不幸，时中之道也，权也。守经行权，待时而动，顺天应人，奉天时也。故圣人与天地合德。①

刘炳表述了一个儒家传统的观点：圣人干什么、怎么干，都是非“经”即“权”，都是“与天地合德”。因为在儒家看来，“禅让”固然反映“禅让”者的“大公”“无私”的胸怀和高尚品格，但伐桀、纣之类恶君的武力诛杀同样彰显诛伐者应天顺民的英明决断和大智大勇。

方孝孺(1357～1402)，字希直，又字希古，浙江宁海人。明初开国重臣宋濂的弟子，建文帝当国时任侍讲学士，坚持和实践儒家忠信重如山的信条。燕王发动夺位之战，在夺取南京后，他坚拒为之起草登位诏书，被灭十族八百余口。他熟读儒家经典，但以清醒的理性对待其中的记述，如在他设计的“策问”中就对五帝三王的世系之紊乱提出疑义：

> 问：孔子删《诗》《书》，断自唐、虞以下，其事详矣。至于二帝、三王系之所自，未尝稍及之，盖慎其疑也。及汉太史迁为三代世表，乃称尧、舜、禹、稷、契皆黄帝之后，何所征而言欤？尧以二女女舜，咨询群臣，皆谓有鳏在下曰虞舜，尧未尝识也，使舜与尧同族，尧治天下以亲九族为首，其有弗识之者乎？迁谓黄帝生玄嚣，玄嚣生桥极，桥极生高辛，高辛生放勋；黄帝生昌意，昌意生颛顼，颛顼生穷蝉，穷蝉生敬康，敬康生句芒，句芒生桥牛，桥牛生瞽瞍，瞽瞍生舜。自黄帝至尧四世，而至舜乃八世，其世数之疏数姑未论，乌有圣人而娶四世之祖姑乎？舜百有十岁，而崩时禹年七十，固未耄老也，而迁乃谓禹为昌意之曾孙，则于尧四从昆弟，于舜为高大父行矣，安有四世之从孙年有百余岁，而传天下于四世之高祖乎？黄帝至夏桀二十四世，至汤一十九世，汤又传二十九世而为纣，二代总之千一百二年，而武王乃以黄帝一十九世孙，而代皇帝四十六世孙纣，何、夏、商、周世次久速不同至此乎？二帝、三王之道，学者所宜尽心，而其事之难知有如是者，皆不可不讲也，愿闻所以折衷。②

司马迁在《五帝本纪》《夏本纪》《殷本纪》和《周本纪》中标列的世系，由于都从黄帝算起，所以出现一系列矛盾和抵牾，此问题一直困扰着秦汉

---

① (明)刘炳：《刘彦昺集》卷九《杂文·三才合德说》，影印文渊阁四库全书本。

② (明)方孝孺：《逊志斋集》卷六《策问十二首》，影印文渊阁四库全书本。

以后的学者。方孝孺这里指出的问题并没有超出前人，而只是表明他对历史问题的认真和严肃。其实所有这些问题都源于司马迁硬是将不同来路的记载和传说捏合在黄帝一系的统绪中，如果将五帝和夏、商、周还原为各自不同的部落或氏族，这个问题就迎刃而解了。

第八节　刘球、程敏政、倪岳、蔡清、李东阳、孙绪的记述和评论

刘球，字求乐，更字廷振，安福（今属福建）人。永乐辛丑进士，授礼部主事，以杨士奇荐，入侍经筵。改侍讲后，因得罪宦官王振被下诏狱，不久即被王振党羽马顺杀害。王振及其党羽被惩治后，刘球也平反昭雪，景泰初赠翰林学士，谥忠愍。其著作汇编为《两溪文集》。

在《两溪文集》收录的“讲章”中有他对皇帝讲《尚书》和“四书”的篇章，涉及对舜的看法。如在讲《尚书》“帝曰：咨！四岳，有能典朕三礼？佥曰：伯夷。帝曰：俞！咨，伯汝作秩宗，夙夜惟寅，直哉惟清。”他在著作中有下面一段话：

这是《尚书·舜典》记载帝舜即位后命官典礼的事。咨是访问，四岳是官名，三礼是祀天神、享人鬼、祭地祇三件的礼。帝舜访问四岳如今群臣中谁能掌我三礼的事？佥曰：伯夷，佥是众人共说，伯夷是人名，四岳与在朝众臣都说伯夷这个人可典三礼。帝曰：俞！咨，伯汝作秩宗。俞，是应答他，说的是秩宗，便是典三礼的官。如今太常寺卿，帝舜说众人所荐的是，遂命伯夷做秩宗。又告诫伯夷说，夙夜惟寅直哉惟清，夙夜是早夜，寅是畏敬，直是心无私曲，清是洁净不为物欲所污，帝舜说感格神明只在存心，心若不知敬畏，稍有些私曲便为物欲污染，怎么感格得神明？伯夷！尔当自早至晚，常存敬畏的心，端端正正无一毫私曲，则心上自然清洁，不容那物欲污染，这等呵方可感格得神明。臣闻帝王主典天地百神，故朝廷之礼惟祭祀为重，然必有官专掌其事，此所谓秩宗是已。帝舜咨问四岳，任之伯夷，可谓审矣，而其告诫之际，拳拳以寅为说，欲其持敬存心于平日，而后可以感格神明。帝舜在位五十年，郊则天神格，庙则人鬼享，固其大德足以祈天永命，亦必伯夷有以相成之也。《书》曰“惟天无亲，克敬惟亲”，又曰“鬼神无

常，享享于克”，诚祭祀是国家的重事，伏惟圣明留意。①

对《尚书·舜典》中这段话的讲述，重点是解释“夙夜惟寅，直哉惟清”，要求心存敬畏。无一毫私曲，不受物欲污染，保持主观意识的纯正清明，展现的是宋儒的“正心诚意”的基本理念。

对《大禹谟》中“人心惟危，道心惟微，惟精惟一，允执厥中。无稽之言勿听，弗询之谋勿庸”一段，刘球是这样解释的：

这是《大禹谟》篇史臣记帝舜将传位与禹，先告以治天下的道理，这几句是帝王治道源头最切要的说话，如何是“人心惟危，道心惟微”，这心字从人知觉上说，其发于私欲上的便是人心，其发于天理上的便是道心，如眼里要看着好颜色，耳里要听着好声音，口里要吃着好滋味，身体要得闲散，自便此皆从人欲上发来，这个心易私而难公，故危殆而不安，这便是“人心惟危”。若遇颜色，于道理不当看的不看，声音于道理不当听的不听，滋味于道理不当吃的不吃，身体于正事当为的不肯闲散怠惰了，此皆从天理上发来的。这个心难明而易昧，故微妙而难见，便是“道心惟微”。如何是“惟精惟一，允执厥中”，是说能于人心、道心两件中间明白审察，知得那个是人心，那个是道心，这便是“惟精”。既审察得明白了，却把道心常常做定主宰，人心都听道心使唤，不妄想不妄为，这便是“惟一”。这等呵一动、一静、一云、一为，处置天下的事都合道理，自无过的，也无不及的，这便是“允执厥中”。舜把这道理告禹，着他存养此心以为治的根本，又恐禹于听言处事上或不当，不免有过有不及处，所以又与说听言处事的道理如何，是无稽言勿听，弗询之谋勿庸。舜的意思说：凡治天下，古先圣人都有成法，人的言语是考究古人的才可听。若是出一人私见无所考究，不可轻易听他，这便是“无稽之言勿听”。又说人君所行的事，要合得天下人心，人的所谋出于众人公心才可用。若出于一人见识不咨于众谋，不可轻易用他，这便是“弗询之谋勿庸”。精以审之，一以守之，则心里所存的都合道理，言不轻听，谋不轻用，则外面所行的都合道理。自内及外都无差失，天下岂有不治，这是帝舜告禹的深意。臣谨按“允执厥中”这一言，尧以命舜，至舜亦以命禹，又加之以此三言，所言虽多于尧，其道不出乎中之一字。后来成汤懋昭大德建中于民，武王访道于箕子，有曰皇

① (明)刘球:《两溪文集》卷一《讲章·尚书》，影印文渊阁四库全书本。

建其有极，极便是这中。唐、虞、三代，盛时天下国家长治久安，皆由人君处心行事合乎中道。后世人君，处心行事不由中道，所以功效不及前古盛时。为人君的，诚能讲学以求中之理，力行以求中之实，则二帝三王之治可复。伏惟皇明留意。（《两溪文集》卷一《讲章·尚书》）

所谓“十六字心传”，是自宋儒以来众多学者不断诠释的议题。这里刘球的解释也基本沿着宋儒的路数，要求君王的视、听、言、动都符合天理即道心的规范，这也就是那个“极”和“中”，贯穿古今、充塞宇宙的永恒的绝对真理。

刘球在讲述《中庸》中的“仲尼祖述尧、舜，宪章文、武；上律天时，下袭水土”一段话时，赞扬“圣人之道至尧、舜而大明，如尧之克明峻德以亲九族而黎民于变，舜之重华协帝慎徽五典五典克从，此其所以为人道之极”。结合上面的讲述，这充分显示了刘球遵循的是传统儒家，尤其是宋儒的基本理论。不过，他对经典的解释较以前更口语化，更平实质朴，更通俗易懂，这对经典的普及显然是有利的。

程敏政，字克勤，休宁（今属安徽）人。幼以神童召试诏读书翰林院中，成化丙戌（1466）进士，先授编修，最后任礼部右侍郎。他编辑的《新安文献志》收录了新安历代文人学士的文章，其中有些文章涉及舜，如宋代程大昌《考古编·舜论》就是一篇具有代表性的文章，本书已在前面作过征引评论。程敏政的文章汇编为《篁墩文集》，其中收录的《青宫直讲》是他为皇帝讲授五经、四书的讲稿，不少内容涉及舜。如讲《中庸》的“舜其大孝也与”，就以“德为圣人”“尊为天子”“富有四海之内”“宗庙飨之”“子孙保之”五个方面作为舜大孝的根据。接着又解释“舜尽事亲之道而瞽瞍底豫，瞽瞍底豫而天下化，瞽瞍底豫而天下之为父子者定，此之谓大孝”一段，进一步强调舜之尽孝“为万世法”：

瞽瞍是舜的父名，底是致，豫是悦，定是各止其所的意思。孟子又说帝舜的道理已尽到至极处，故瞽瞍虽至顽，这时节都致到和悦的去处，这便是底豫。只因瞽瞍一底豫了，凡天下为人子的，知天下无有不事的亲，都仿效舜之所为无有不孝，为父的也都底豫无有不慈，这便是化。瞽瞍一底豫了，凡天下为父的慈，为子的孝，子孝父慈各止其所，无有不安其位的，这便是定。舜之孝至于如此，为法于天下可传于后世，非止一身一家之孝而已，所以唤做大孝。盖处人伦之常者易，处人伦之变者难，舜处人伦之变而能尽其孝，故孟子举之以为万世法。①

讲《尚书》“五载一巡守，群后四朝，敷奏以言，明试以功，车服以庸”一段，程敏政是这样解释的：

这是《舜典》篇史臣记当时天子巡守诸侯朝觐的事。巡守是天子巡行诸侯所守的国土，朝是诸侯来朝于天子，帝舜时定制五年之间天子巡守一遍。二月到东方，五月到南方，八月到西方，十有一月到北方；巡守回来后第一年，东方诸侯来朝，第二年南方诸侯来朝，第三年西方诸侯来朝，第四年北方诸侯来朝，这是“五载一巡守，群后四朝”。天子巡行那一方，先祭告皇天上帝，望祭一方山川。然后接见诸侯，考验他天时正与不正，礼乐制度合与不合。若有不同的都改正归一，这是天子巡守的事，已在上文说了。诸侯来朝时，天子使他敷陈为治的道理，若敷陈得有理，又显试他功迹如何？若果然有功于民，天子便赐他车马衣服旌异他，这是诸侯来朝的事，故曰“敷奏以言，明试以功，车服以庸”。臣谨按，先儒解这一段书，说天子、诸侯虽有尊卑，一往一来礼无不答，是以上下交通而远近洽和，故在帝舜之时，远方诸侯皆得亲见以询治道，况在王朝公卿，其朝夕谋议于一堂之上，心孚意契，从可知矣。三代圣王礼而行之，此所以成雍熙泰和之治，而非后世之所以能及也。（《篁墩文集》卷五《尚书一》）

在讲解“帝曰：咨！四岳，有能典朕三礼？佥曰：伯夷。帝曰：俞！咨，伯汝作秩宗。夙夜惟寅，直哉惟清。伯拜稽首，让于夔、龙。帝曰：俞，往钦哉”一段时，他说了下面的话：

这是《尚书·舜典》篇史臣记帝舜命官典礼的事。咨是嗟叹，四岳是官名，以一人而掌诸侯四方之事，故谓之四岳。典，解做主字。三礼是祀天神、享人鬼、祭地祇这三件大礼。帝舜问四岳之官，说如今群臣中那一个能为我主三礼之事？佥曰伯夷，佥是众共之词，伯是爵，夷是名，四岳与在朝小大之臣，都说道群臣之中惟有伯夷这个人可以主三礼之事。帝曰：俞！咨，伯汝作秩宗。俞，解做然字。秩宗，是典三礼的官名，在周为宗伯，在后世为礼部、太常之职。谓之秩宗，言其职当叙次百神而以宗庙为主。盖百神中其位次或尊或卑，其祀典当因当章，其礼乐度数可隆可杀，都要处得停当方为称职，故帝舜然其言，以

① （明）程敏政：《篁墩文集》卷五《孟子》，影印文渊阁四库全书本。

为举得伯夷最是，乃嗟叹呼其爵而不名，说如今特命尔做秩宗之官，又告戒他说夙夜惟寅直哉惟清。夙夜是早晚，寅是敬畏，直是无私曲，清是洁清。帝舜说与神明相交只在一心尔，伯夷当一日之间无论早晚，常存敬畏以直其内，不使有一些私曲，则此心自然结清无一些物欲来污染，这等方可以交于神明。伯拜稽首，让于夔、龙。稽首是首至地，让是推以与人，夔、龙是二臣名。伯夷闻帝舜之命，恐当不得此任，遂拜稽首，说这个职事惟夔与龙可做，请让与这二人。帝曰俞往钦哉，帝舜说你让得也当，只是夔、龙这两个人虽贤，也未能过尔，故然其举不听其让，复戒勉之，说汝伯夷往任是职，当要常存敬畏之心，不可一毫怠忽，故曰往钦哉。(《篁墩文集》卷五《尚书二》)

在讲解《孟子》"知者无不知也，当务之为急；仁者无不爱也，急亲贤之为务。尧、舜之知而不遍物，急先务也；尧、舜之仁不遍爱人，急亲贤也"这段话时，程敏政说了如下一段话：

这是《孟子·尽心》篇，说仁知之理至大至博所行却有个切要处。知者是有知识的人，当务是当行的事，孟子说有知识的人，心体光明，于天下之事固无不知。若所行，不论缓急先后都一齐做去，亦何以为知？必须将要紧的事先着力去行，紧要的事既行，其余逐旋整理，则事无有不治而其知也大矣。所以说知者无不知也，当务之为急。仁者是有仁德的人，贤是贤人君子，孟子说有仁德的人，存心广大，于天下之人固无不爱。若不分别贤愚善否都一例相看，亦何以为仁。必须亲信贤人君子而委任之，贤人君子既用，下人自然得所，则恩无有不洽，而其仁也博矣。所以说仁者无不爱也，急亲贤之为务。孟子既说仁知之理，又把尧、舜所行来证，说有知识的人莫如尧、舜，尧舜于天下之事，非件件去理会他，如历象，治水，齐七政，询四门，都是先把紧要的事行，若件件去亲自理会，则日精神有所不逮，岂得谓之知？又说有仁德的人莫如尧、舜，尧、舜于天下之人，非个个去抚摩他，如访问四岳大臣，举用八元、八恺，都先是亲信贤人君子使之分理，若个个去亲自抚摩，则事势有所不周，岂得谓之仁？所以说尧、舜之知而不遍物，急先务也；尧、舜之仁不遍爱人，急亲贤也。臣谨按《孟子》此章推明仁知之理，皆本于孔门《论语》之言。《论语》说务民之义，敬鬼神而远之，可谓知矣，此则曰当务之为急，谓之当则必有个不当处。盖人君所当务者人事，所不当务者淫祀。若传务淫祀则惑于鬼神，而于人道当行的事反不暇为，这便是不知。如敬天勤民乃当务之大者，诚知天心之喜怒不测，淫祀不可以享天，惟务谨身修德以尽敬天的实事，则上帝感格，灾变不生；民生之休戚不常，淫祀不足以福民，惟务省事节用以尽勤民的实事，则下民爱戴，祸乱不作。这便是人君之大知。

《论语》说舜有天下选于众，举皋陶不仁者远矣，此则曰急亲贤之为务。谓之亲则必有个当疏处，盖人君所当亲者贤臣，所当疏者小人。若亲近小人则蔽其聪明，虽有仁民爱物的心也无所施，这便是不仁。如任相隆儒乃亲贤之大者，诚知夫君德之成否在儒臣，将那贤者置之左右，择异端之流自疏。由是所闻的皆嘉言，而仁之道愈明；天下之安危在大臣，将那贤者委以心腹，则邪佞之人自疏。由是所行的皆善政，而仁之用愈广。这便是人君之至仁。然当务之为急亲贤之为务，急之一字贯于仁知二者之间，则又见夫当务之外皆可缓的事，在乎举此措之耳；亲贤之外皆可缓的人，在乎推恩及之耳。孟子垂训后世之意，何其至哉？仰惟皇上居尧、舜之位，崇仁知之德，致谨于云为之际，加察于用舍之间，使敬天勤民所务者无不急之事，任相隆儒所亲者无不贤之人，则治隆俗美，上比唐、虞。臣等不胜颙望之至。(《篁墩文集》卷八《孟子》)

程敏政上述对《尚书·舜典》和《孟子》的解释，突出了舜的知人之明和亲贤为“当务之为急”的理念。因为他面对的受众主要是皇帝，所以要强调舜治国理政的经验，而这其中最重要的内容是如何选人用人。他显然认定，恰恰是在这一方面，舜的行政实践提供了典范。所以，在对两书中两段文字的解读中，他对这个问题特别着力，并鼓励皇帝领导国家和社会达到“治隆俗美，上比唐、虞”的境界。

撰写《青溪漫稿》的倪岳，在其著作中收录的讲解“四书”“五经”的讲稿中多次提及舜，如在讲《论语》的“子曰：无为而治者其舜也与！夫何为哉？恭己正南面而已矣”这段话时，他这样解释：

这是《论语》第十五篇孔子称赞帝舜的言语，无为是无所作为，治是天下平治。人君君临天下，一日二日万几，必须兢兢业业有所作为，如何却说无为而治？孔子的意思，盖说圣人德极其盛，足以感动人心，天下的百姓自然人人向化，所以不待有所作为而天下自无不治。譬如天以一元之气默运于上，自然四时流行万物发生，天何尝有一毫安排布置来，这便是无为而治。自古三皇五帝都是圣人，惟舜继帝尧之位以有天下，尧是大德的圣人，舜也是大德的圣人，以圣继圣，自然不见他有为的形迹，而帝舜又能任用那许多贤才，如大禹平水土，后稷播百谷，把土谷的事都付托与大禹、后稷这两个人；皋陶明刑，契敷五教，把刑教的事都付托与皋陶、契这两个人；至于伯夷典礼，后夔典乐，益典山泽，垂典百工，龙作纳言，与那天下的方岳侯伯，都付托得人。舜但考察贤否，举行黜陟之典，一一推心委任要其成功，所以当时庶绩咸熙，万邦咸宁，全不见他有为之迹，这便可见无为而治者，惟舜为然尔。恭己是敬德的容貌，南面是人君听治之位，人君向明而治，故称南面。孔子又说帝舜无为而治，人既不见其有为之迹，所可见的不过只是圣人敬德的容貌，观其端冕凝旒处九重之上，垂衣拱手居五位之尊，身心内外恭敬谨严，一毫邪僻之事不干于中，一时惰慢之气不形于外，这便是恭己正南面的气象。谓之而已矣者，竭尽无余之辞，盖言帝舜恭己正南面之外，别无所为，所以赞其德极盛治极隆，而非其他帝王可比也。臣尝考之《舜典》所载，帝舜之时，朝觐巡狩，封山浚川，举元、凯，诛四凶，皆在摄位二十八载之间，固不可谓之无为，及其一践天子之位，不过只是命九官，咨十二牧而已，真可谓无为而天下自治矣。然其所以能成无为之治者，实本于任贤，而其所以能知贤才而任之者，又本于敬德，皆非偶然之所致也。后之人君欲敬德者，必绝耳目之玩而游佃土木之役不兴，禁侈靡之习而珍奇诡异之物不御，出入起居之必时，发号施令之惟一。如此则心有所主，是非易明，所用必贤，非贤不用，又必远邪佞之徒，使正人不至于间沮，斥谗谮之说，俾君子不至于动摇，如此则事有所托。政务修举，君德流行，民心感化，而天下之大不待有为而自治矣。然则欲法帝舜之无为，当以任贤为本；欲法帝舜之任贤，当以敬德为先，诚于德无不敬贤无不任，则天下自理，治化自隆，帝舜无为之盛，不在有虞而又在今日矣，伏惟圣明留意。①

“无为而治”是历代学者一再解释的与舜有关的一个重要理念。与此前的许多学者一样，倪岳一方面要顺着孔子的思路将舜肯定为“无为而治”的典范；另一方面又感到舜实际上是一个励精图治、宵衣旰食的人有为的勤政之君。他必须使这两者统一起来，找到一个结合点，给人们一个可以接受的合理解释。可以看出，他的解释基本上没有超出前人。

① （明）倪岳：《青溪漫稿》卷一〇《论语讲章》，影印文渊阁四库全书本。

撰写《虚斋集》的蔡清，"字介夫，晋江(今属福建)人，成化甲辰进士，官至江西提举副使，以守正忤宁王宸濠，将中以罪，谢病归。越数月，起为南京国子监祭酒，未及上而卒。万历中赐谥文庄"(《四库全书总目提要·虚斋集》)。在《虚斋集》卷一收录有《皋陶执瞽瞍疑》，对《孟子》中记载的这一问题推出质疑：

> 桃应问曰："舜为天子，皋陶为士，瞽瞍杀人则如之何?"孟子曰："执之而已矣。"执之之说，愚犹未能释然也。夫舜，君也；皋陶，臣也。臣之于君，犹子之于父也。瞽瞍实舜之父，则亦皋陶之大父也，不然，亦非皋陶之属而为皋陶者，乃但知有舜而不知有舜之父，知有其父而不知有父之父，执之而已矣。愚恐皋陶于此或有所不安也，非惟不能安，其势必至于使舜窃负以逃，而舜之逃实皋陶驱之也，则一时之天地神人其将委之谁乎？为匹夫复仇，固义也。以一匹夫之故，而遂废天地神人所依归之圣主，于权衡得乎？孔子曰父为子隐，子为父隐，直在其中矣。舜父杀人，皋陶必执而戮之，舜亦听其执而不禁焉，如此乃得为直乎？夫皋陶明刑以弼教也，使天子之父杀人，为之臣子者必执而甘心焉，斯亦可以为教否乎？凡此，皆愚之所展转于心，而未能是得圣贤之意者也。然则桃应之问也，孟子答之当云何？窃意孟子当时只可答云：若舜为天子，其父必无杀人之事也。如此则绝不费辞，而已足以倒桃应之问矣。设桃应复曰：瞽瞍向者尚欲杀舜矣，何以谓其必无杀人之事也？则将应之曰：欲杀舜者未底豫之日也，瞽瞍之未底豫也，舜方如穷人之无所归，其肯安受尧之天下乎？既受尧之天下，则瞽瞍底豫矣，瞽瞍既底豫，又安有杀人之事也。设桃应复曰：瞽瞍未底豫，舜尝妻帝之二女而不告矣，受尧之天下，又安知其必底豫而后可也？则将应之曰：不告而娶为无后也，孟子固有是说矣。然无后与无亲，其罪恐未易差等。此又愚之所未能释然者也，且不得乎亲不可以为人，又可为天下君乎?①

这也是一个前人多次论及的涉及法纪与亲情冲突的问题。孟子一面要求社会上所有人都要遵守法纪，同时又要求所有人都要尊重伦理亲情。假设瞽瞍杀人，作为法官的皋陶只能依法纪将他逮捕，而作为儿子的舜又应该顾及亲情放弃君位带父亲逃走。孟子的处理方式不断引来后世学者

---

① (明)蔡清：《虚斋集》卷一《皋陶执瞽瞍疑》，影印文渊阁四库全书本。

的讨论，给出不同的答案。因为这是一个假设的问题，实际上是一个如何处理法纪与亲情冲突的问题。此前的回答基本分成两派，一偏重法纪，一偏重亲情。蔡清的回答是，这是根本不可能发生的事情，所以一切讨论都无必要。

撰写《怀麓堂集》的李东阳（1447～1516），字宾之，号西涯，湖广茶陵（今属湖南）人。天顺年间进士，官至吏部尚书，华盖殿大学士。因依附宦官刘瑾，为时人所不齿。其诗文在当时颇有影响，被称为“茶陵派”的代表人物之一。他在给皇帝讲授《孟子》时涉及对舜的看法。如讲“圣人有忧之，使契为司徒教以人伦，父子有亲，君臣有义，夫妇有别，长幼有序，朋友有信”这一段时，重点解释了舜使契为司徒教民五伦的内容和意义：

> 这章书是《孟子·万章》篇孟子答陈相，说帝尧治天下教民复其常性意思。圣人指帝舜说，契是舜臣名，司徒是舜时官名，专管教民的事，人伦是人之彝伦固有的道理，即下文五件便是。孟子因陈相说许行之道要与民并耕而食，因晓教他说圣人治天下只是教养二字。帝舜圣人，因帝尧举用使禹治洪水，益治山泽，民得其养，又恐民饱食暖衣逸居而无教则近于禽兽，深以为忧，乃使契做司徒之官以教天下，且说契把甚么教他，只是将民原禀受于天的五件彝伦，人性中固有的道理，是那五件？父子有亲，君臣有义，夫妇有别，长幼有序，朋友有信。人之有生至亲的莫如父子，有父子便自然有个亲爱的道理，为父的自然慈悯他的儿子，为子的自然孝顺他的父母，都是亲爱上发出来，这便是父子有亲。有天下便有君臣，君臣便自然有个义合的道理。为君的以义使臣事，不合义则不可使他；为臣的以义事君，义有不合则不可苟禄，都从义上发出来。这便是君臣有义。有夫妇便自然有个分别道理，夫妇相处，恩义亲密，中间却有分限。夫是夫，妇是妇，不相渎乱，这便是夫妇有别。有长幼便自有个次序的道理，长幼相接等级不同，中间却有个次第不相侵犯，这便是长幼有序。有朋友便自然有个信实的道理，朋友相交彼此来往，诚信交孚，不相疑忌，不相欺诳，这便是朋友有信。这五件人伦，都是人禀受于天固有的道理，只因饱暖安逸为私欲所遮蔽，将本心都丧失了。圣人教民提撕警觉，引掖开导他，使他每各自完复了那本然之性，所以风俗醇厚，天下治安，圣人忧民之心方可以少释矣。使天下有一人不复其性，则圣人之忧不止也，是固不可与民并耕，而亦何暇于耕乎？臣按圣人治天下有君、师之责，君主养、

师主教二者，治天下之大道也。孟子告陈相虽是一时辟邪扶正之辞，实乃万世君天下者之枢准也。夫以四海之广，兆民之众，虽尧、舜盛时，犹不免于五品之不逊，今国家承平百有余年，民情久而易迁，法令久而易玩，岂无一人不复其性者？仰惟皇上，缵祖宗之洪基，膺君师之大任，忧民之念思切渊衷。伏望以身为教而示民之可从，以道为治而化民之弗率，唐、虞之治将复见于今日矣！①

显然，在李东阳看来，五伦规定了君臣、父子、夫妇、长幼、朋友这五种关系的基本原则，而这些基本原则“实乃万世君天下者之枢准”。只要这些基本原则得到遵守，社会就会有序运行。在对“孟子曰：不孝有三，无后为大，舜不告而娶，为无后也，君子以为犹告也”一段的解释时，他这样说：

后是后嗣，不告是不告父母，娶是娶妻。孟子说按古礼，凡人不孝的事有三件，阿意曲从陷亲不义是一件不孝，家贫亲老不为禄仕是二不孝，不娶无子绝先祖祀是三不孝。这三件中，惟有无后嗣一件是大不孝。盖子孙所以报本追远在于祭祀，若是不娶妻不生子，绝了祖父的祭祀，不孝的事，岂有大于此者？故虞舜承帝尧的命娶了二女，不曾告他父亲瞽叟得知，娶妻大事，岂有不告父母之理？只是瞽叟为父大不慈，若是告知必然不要他娶，不娶必然绝了后嗣，得罪反重，故不敢告也。然舜虽不告，君子论他则以为与告了的一般。盖天下之道有正有权，正者万世之常，权者一时之用。告者礼也，不告者权也，礼而得中则不离于正矣。然常道人皆可守，权非圣人不能用，若父之不慈不至瞽叟，子之大孝不及虞帝，却欲不告而娶，则是天下罪人，又不可一概而论也。

李东阳认为孟子对舜“不告而娶”的辩护涉及正与权的关系，在特殊情况下，违正用权无可厚非。因为没有权，正也就不存在了，用权终究还是为了正。这种解释应该说体认了孟子的“通权达变”的真意。在对“舜尽事亲之道而瞽叟底豫，至此之谓大孝”一段的解释时，他说：

瞽叟是舜父的名，底是至，豫是悦，定自各止其所的意思。孟子因说帝舜之孝，又推广说舜能得亲之欢，又能谕亲于道，事亲的道理，已尽到至极处。故瞽叟虽至顽，这时节都至到和悦的去处，这便是底豫了。只因瞽叟一至底豫，凡天下为人子的知天下无有不可事的亲，都

① （明）李东阳：《怀麓堂集》卷九五《经筵讲章》，影印文渊阁四库全书本。

仿效舜而为孝,及至他为父的也都厎豫无有不慈,这便是化。瞽叟一厎豫了,凡天下为父的慈,为子的孝,子孝父慈,各止其所,无有不安其位的意思,这便是定。舜之孝至于如此,为法于天下,自可传于后世,非止一身一家之孝而已,所以称作大孝。盖凡处人伦之常者易,处人伦之变者难。舜处人伦之变而能尽其孝,故孟子举之为万世法也。

李东阳顺着孟子的思路将舜之孝推至孝之极,从而为天下之孝树立了一个最高标准,所以才能称之为"大孝"。而孝道的确立,恰恰抓住了农业宗法社会最根本的稳定器,因而中国古代几乎所有朝代都不倦地提倡孝的伦理。

李东阳上述涉及舜的观点,总体上说较前没有大的突破。因为作为一个御前高官和儒家学者,他几乎没有自己创新的空间,所以除了不断复述前人的理念外,也就难以有所作为了。

撰写《沙溪集》的孙绪,字诚甫,自号沙溪,故城(今属河北)人,弘治己未进士,官至太仆寺卿。在《沙溪集·杂著》中,他对"尧、舜传贤,禹则传子"作了这样的解释:

尧、舜传贤,禹则传子,纷纭之说,自孟子而始定,然亦有未尽然者,故韩子、苏子又从而为之辞,自万章之问,至苏子之辨,其说有四。万章以为德衰,孟子以为天命,韩子以为忧后世,苏子以为不立异。夫德衰之说诚陋矣,孟子归于天,吾心亦微有芥蒂焉。盖尧、舜之传贤,禹之传子,皆已定于生前,岂待身死之后听其天命之自归乎?韩子之言近正,苏子之言近情,然皆非圣人之心也,圣人之心不若是之屑屑也。盖圣人以天下为公,视贤与子一也,贤可传而传,不以传贤为殊而害天下之公;子可传而传,不以传子为私而忌形迹之嫌。圣人之视天下犹其视斯道也。昔吾夫子岂不欲以道授孔鲤哉?高坚之妙在回,一贯之悟在参,而鲤不与焉。使鲤如回如参,则道统之传在鲤矣;使丹朱、商均如舜如禹,则天位之传在二子矣。尧、舜、禹之传天下,如吾夫子之传道,知此则知彼矣。①

实在说来,从传贤到传子是中国古代社会政治制度的具有里程碑意义的变化,中国古代所有学者的解释皆是从为圣人辩护出发的不得要领的说辞。在他们看来,因为尧、舜、禹都是圣人,所以他们传贤、传子都是一本于

① (明)孙绪:《沙溪集》卷一六《杂著·无用闲谈》,影印文渊阁四库全书本。

大公,而不知道导致从传贤到传子的制度变革的根本原因是社会的发展变化,与个人品格基本没有关系。孙绪的解释更是离题愈远,他把君位的传递与道统的传递混为一谈,是将两个不可比的事物硬拉在一起了。

第九节　章懋、郑善夫、李梦阳的记述和评论

撰写《枫山集》的章懋在其中的《〈书〉论》一文中,他以尧、舜禅让和汤、武放伐为“权”,以传子、臣忠为“经”,认为人人必须守经,而只有圣人能权:

> 圣人之经,将以垂训天下后世也。经而不训,何以经为是。故其道易行,其事易为,郑依乎中庸,不贵苟难,使天下后世之人,无智愚贤不肖,皆可得而学焉者也。《书》之为经,帝王治天下之大经大法具焉。吾意夫子所录,必期之为法于天下传于后世者也,然有不能无疑者。君臣父子,定位为不易之常也,君令臣从,父传子继,道之经也。舜、禹受终受命之礼,具于《典》《谟》,汤、武鸣条、牧野之事,商、周之《书》详焉。若此者非常不经,果可以为寻乎?曰:圣人之经,乌有不可训者?特在乎学者察而识之耳。天下之事有常有变,而处事之术有经有权,尧、舜、朱、均之父子,汤、武、辛、癸之君臣,变也,非常也,未易以经言也。自尧、舜视之,则全父子之恩者吾之私,而为天下得人者公也,吾不可以私而害公;自汤、武视之,则守君臣之分者吾之私,而为天下去暴者公也,吾不可以私而废公。于是不得已而禅授焉,放、伐焉者,权也。权虽非常行,固不可以为训,然使天下后世知夫不幸而遭人伦之变者,有权以处之而不至于穷,是独不可以训耶?曰:使人人而权焉,则燕哙可尧、舜,莽、丕可舜、禹,而胜、广、项籍之徒皆汤、武矣。率天下之人而祸仁义者,未必非帝王之《书》也。圣经垂训,果若是乎?曰:《经》之所录,盖亦著夫圣人处变之道,而垂训之意微寓乎其间耳,非曰人人而可权也。桐宫之事,孟子以为有伊尹之志,则可而致辟管叔,虽周公亦不能无过,故必有舜、禹之德,而天之历数在焉,然后足以当尧、舜之让;苟恶不辛、癸,心非汤、武,而欲援鸣条、牧野以实口,则是天下之罪人也,而可乎?故曰权非圣人不能用也。曰:权必圣人用之而众人不得用焉,则是尧、舜、汤、武之事不可法,夫子虽著于《经》亦虚文

耳，其所以为训安在？曰：恶是何言也？尧、舜之事，不以训人之父而可以训其子；汤、武之事，不以训人之臣而可以训其君。为子者曰吾不可以朱、均，吾而朱、均则父必尧、舜矣；为君者曰吾不可以辛、癸，吾而辛、癸则臣其汤、武乎？于是莫不惧焉以自修，处仁迁义皆为君子之归，而君君、臣臣、父父、子子相安于太古无事之天，此独非圣经之训耶？彼以为帝王之事，非中庸之道不可以训者，非知《书》者也。①

章懋的上述观点反映了处于常态下的思想家们面对的悖论：一方面忠、孝、节、义是当时社会提倡的核心价值理念，不容许任何臣子产生觊觎君位的非分之想；一方面又要肯定汤放桀、武王伐纣是正义之举，所以必须在二者之间找到一个平衡点，于是就有了"经"与"权"的互动。其实，思想家们心里都明白，在中国历史上，改朝换代是常态，无论是汤、武还是莽、丕，是刘邦还是朱元璋，不论他们用什么手段，只要拿到皇帝位子，就具有了合法性，而"经""权"之论，不过是对历史的一种看似合理的解说而已。

撰写《少谷集》的郑善夫，字继之，闽县（今福建福州）人，弘治十八年（1505）进士，授户部主事，改礼部。以建言遭廷杖，寻乞归。不久又被荐任职南京刑部，旋改吏部郎中。他在《少谷集》卷一六《〈易〉论》中用《易》的变易观点，将尧、舜禅让解释为"权"，将三代传子解释为"常"，与章懋的观点相近：

易，变易也。物极则反，《泰》《否》相乘，时之至，天地不能已也。尧、舜最善用易，尧、舜尽圣人之权者也。羲、黄相继至尧、舜之世，值乎极也，则反之以朱、均，尧、舜能祈天永命而权之以禅受，以济其极，是明夺天地之变而反之正也。故曰：圣人赞天地之化育，三代圣人则道乎其常矣。②

李梦阳（1473～1530），字天赐，又字献吉，号空同子，庆阳（今属甘肃）人。弘治进士，曾任户部郎中，因反对宦官刘瑾下狱。刘瑾被惩治后，再次起用任江西提学副使。他是明朝著名文学家，前七子之一。著作汇为《空同集》，其中《外篇》有三条涉及舜的问题。一条是：

或问舜入井以孔出。空同子曰：既入井顾安所得孔哉？即有孔象，独不知邪？曰：若是，舜胡由出？曰神为之也。汉高大风破围，光武六月之冰，宋康王泥马渡河，古来真天子怪异多矣，况舜哉？此等不

---

① （明）章懋：《枫山集》卷三《〈书〉论》，影印文渊阁四库全书本。

② （明）郑善夫：《少谷集》卷一六《〈易〉论》，影印文渊阁四库全书本。

可知亦不可穷。①

舜入井而成功逃脱的故事显系后人杜撰,是经不起推敲的。这里李梦阳求助于神灵,说明他无法给出一个令人满意的答案。二条是:

言治者必曰唐、虞,何也?圣人久于其道而天下化成也。尧在位一百一年,舜在位八十年,又禹继之则二百余年矣。即有尧、舜而年或不及,则于变亦难。孔子"王者必世而后仁",谓此也。②

李梦阳在这里将后世"言治者必曰唐、虞"的原因归于他们在位时间长,他不明白那是后世人的一种理想寄托。唐、虞年代久远,且事迹若明若暗,从而给人们留下想象的空间。于是,唐、虞盛世的各种美好事物都能联翩出笼。三条是:

舜、禹有天下而不与,孟子所谓若固有之者。注曰"不以位为乐",非也。乐者对忧之名,不以位乐,以位忧乎?既若固有,则忧乐具泯,岂必不乐而后为不与哉?独言舜、禹者,以其得天下易也。③

李梦阳此处对孟子的理解并不准确。孟子认为,舜、禹拥有天下而不占有和享受它,而是以这个位子为百姓谋福利,与其说乐,不如说忧。李梦阳认为,舜、禹"得天下易"说明他对禅让的真相是相当隔膜的。

第十节　王守仁、杨慎、孙承恩、王世贞的记述和评论

王守仁(1472～1528),字伯安,余姚(今属浙江)人,因曾筑室故乡的阳明洞中读书修行,世称"阳明先生"。早年因反对宦官刘瑾擅权,被贬为龙场(今贵州修文)驿丞。后由于平叛有功,被封为新建伯,官至南京兵部尚书。他是明代著名思想家,心学派的重要代表人物。其著作汇为《王文成全书》。他从"心外无理""心外无物"和"致良知"出发,对与舜有关的问题进行诠释。如他这样解释舜的"孝"和瞽瞍的"慈"以及舜与象之间的纠结:

乡人有父子讼狱,请诉于先生,侍者欲阻之,先生听之,言不终辞,其父子相抱恸哭而去。柴鸣治入问曰:先生何言致伊感悔之速?先生曰:我言舜是世间大不孝的子,瞽瞍是世间大慈的父。鸣治愕然,请问。先生曰:舜常自以为大不孝,所以能孝;瞽瞍常自以为大慈,所以

① (明)李梦阳:《空同集》卷六五《外篇·化理下篇》,影印文渊阁四库全书本。
②③ (明)李梦阳:《空同集》卷六五《外篇·治道篇第四》,影印文渊阁四库全书本。

不能慈。瞽瞍只记得舜是我提孩长的，今何不曾豫悦我，不知自心已为后妻所移了，尚谓自家能慈，所以愈不能慈；舜只思父提孩我时如何爱我，今日不爱，只是我不能尽孝，日思所以不能尽孝处，所以愈能孝，及至瞽瞍底豫时，又不过复得此心原慈的本体。所以后世称舜是个古今大孝的子，瞽瞍亦做成个慈父。

先生曰：烝烝乂，不格奸，本注说象已进进于义，不至大为奸恶，舜征庸后象犹日以杀舜为事，何大奸恶如之？舜只是自进于乂，以乂薰烝不去正他奸恶。凡文过掩慝，此是恶人常态，若要指摘他是非反去激他恶性。舜初时致得象要杀己，亦是要象好的心太急，此就是舜之过处，经过来乃知功夫只在自己，不去责人所以致得克谐，此是动心忍性增益不能处。古人言语，俱是自家经历过来，所以说得亲切，遗之后世曲当人情，若非自家经过，如何得他许多苦心处。①

这里王守仁将孝和慈还原为舜和瞽瞍的主观体认，由此让舜认为自己是“世间大不孝的子”，进而动心忍性实践常人难以做到的孝行。而对象的恶行，则是通过促起自身的觉悟加以改正，达到兄弟之间的“克谐”。这种解读已经将舜及其周围人的活动纳入了他的思想体系。王守仁刻意阐发尧、舜为中国历代最伟大圣人和最伟大思想的文章，集中于一篇《谏迎佛疏》。原来，当时的明朝皇帝准备派人去西方迎迓佛教，王守仁听说后，便激起了与当年韩愈《谏迎佛骨表》时一样的愤怒之情。于是，他冒着犯逆鳞的危险，写了这篇上疏，其中将佛教与尧、舜之道作了全方位的对比，全面阐发了他心目中的尧、舜之道：

臣请为陛下言其好佛之实。陛下聪明圣知，昔者青宫，固已播传四海。即位以来，偶值多故，未暇讲求五帝、三王神圣之道。虽或时御经筵，儒臣进说，不过日袭故事，就文敷衍，立谈之间，岂能遽有所开发？陛下听之，以为圣贤之道不过如此，则亦有何可乐？故渐移志于骑射之能，纵观于游心之乐，盖亦无所用其聪明施其才力，而偶托寄于此。陛下聪明，岂固遂安于是，而不知此等皆无益有损之事也哉？驰逐困惫之余，夜气清明之际，固将厌倦日生，悔悟日切，而左右前后，又莫有以神圣之道为陛下言者。故遂远思西方佛氏之教，以为其道能使人清心绝欲，求全性命以出离生死，又能慈悲普爱，济度群生，去其苦

① （明）王守仁：《王文成全书》卷三《语录三》，影印文渊阁四库全书本。

恼而跻之快乐。今灾害日兴,盗贼日炽,财力日竭,天下之民困苦已极,使诚身得佛氏之道而拯救之,岂徒息精养气保全性命?岂徒一身之乐?将天下万民之困苦,亦可因是而苏息,故遂特降纶音,发币遣使,不惮数万里之遥,不爱数万金之费,不惜数晚生灵之困斃,不厌数年往返之迟久,远迎学佛之徒,是盖陛下思欲一洗旧习之非,而幡然于高明光大之业也。陛下试以臣言反而思之,陛下之心,岂不如此乎?然则圣知之开明,善端之萌蘖者,亦岂过为谀言以佞陛下哉?

陛下好佛之心诚至,则臣请毋好其名而务得其实,毋好其末而务求其本。陛下诚欲得其实而求其本,则请毋求请佛而求诸圣人,毋求诸外夷而求诸中国,此又非臣之苟为游说之谈以诳陛下。臣又请得而备言之。

夫佛者,西方之圣人;圣人者,中国之佛也。在彼西方,则可用佛氏之教以化导愚顽;在我中国,自当用圣人之道以参赞化育。犹行陆者必用车马,渡海者必以舟航。今居中国而师佛教,是犹以车马渡海。虽使造父为御,王良为右,非但不能利涉,必且有沉溺之患。夫车马本致远之具,岂不利器乎?然而用非其地,则技无所施。陛下若谓佛氏之道,虽不可以平治天下,或亦可以脱离一身之生死。虽不可以参赞化育,而时亦可以导群品之嚣顽,就此二说,亦复不过得吾圣人之余绪。陛下不信,则臣请比而论之。臣亦窃尝学佛,最所尊信,自谓悟得其蕴奥,后乃窥见圣道之大,始遂弃置其说。臣请毋言其短,言其长者。夫西方之佛,以释迦为最,中国之圣人,以尧、舜为最,臣请以释迦与尧、舜比而论之。夫世之最所崇慕释迦者,莫尚于脱离生死,超然独存于世。今佛氏之书具载始末,谓释迦住世说法四十余年,寿八十二岁,而没则其寿亦诚可谓高矣;然舜年百有十岁,尧年一百二十岁,其寿比之释迦则又高也。佛能慈悲,施舍不惜头目脑髓,以救人之急难,则其仁爱及物,亦诚可谓至矣,然必苦行于雪山,奔走于道路,而后能有所济。若尧、舜则端拱无为而天下各得其所,惟克明峻德以亲九族则九族既睦,平章百姓则百姓昭明,协和万邦则黎民于变时雍,极而至于上下,草木鸟兽无不咸若,其仁爱及物,比之释迦,则又至也。佛能方便说法,开悟群迷,戒人之酒,止人之杀,去人之贪,绝人之嗔,其神通妙用,亦诚可谓大矣,然必耳提面诲而后能。若在尧、舜,则光被四表格于上下,其至诚所运自然,不言而信,不动而变,无为而成,盖与天地合其德，与日月合其明，与四时合其序，与鬼神合其吉凶，其神化无方而妙用无体，比之释迦，则又大也。若乃诅咒变幻，眩怪捏妖，以欺惑愚冥，是故佛氏之所深排极诋，谓之外道邪魔，正与佛道相反者，不应好佛而乃好其所相反，求佛而乃求其所排诋者也。

陛下若以尧、舜既没，必欲求之于彼，则释迦之亡亦已久矣。若谓彼中学佛之徒，能传释迦之道，则吾中国之大，顾其无人能传尧、舜之道者乎？陛下未之求耳。陛下试求大臣之中，苟其能明尧、舜之道者，日日与之推求讲究，乃必有能明神圣之道，致陛下于尧、舜之域者矣。故臣以为陛下好佛之心诚至，则请毋好其名而务得其实，毋好其末而务求其本，务得其实而求其本，则请毋求诸佛而求诸圣人，毋求诸外域而求诸中国者，果非妄为游说之谈以诳陛下者矣。陛下果能以好佛之心而好圣人，以求释迦之诚而求诸尧、舜之道，则不必涉数万里之遥，而西方极乐只在目前，则不必糜数万之费，毙数万之命，历数年之久而一尘不动，弹指之间，可以立跻圣地，神通妙用，随形随足，此又非臣之缪为大言以欺陛下，必欲讨究其说，则皆凿凿可证之言。孔子云“我欲仁斯仁至矣，一日克己复礼而天下归仁”，孟轲云“人皆可以为尧、舜”，岂欺我哉？陛下反而思之，又试以询之大臣，询之群臣，果臣言出于虚缪，则甘受欺妄之戮。臣不知讳忌，伏见陛下善心之萌，不觉踊跃喜幸，辄进其将顺扩充之说，惟陛下垂察，则宗社幸甚！天下幸甚！万世幸甚！（《王文成公全书》卷九《谏迎佛疏》）

其实，王守仁所发扬光大的宋明“心学”一派在构筑自己的思想体系时，自觉不自觉地吸收了不少佛学的义理。然而，他们在骨子里却坚决维护中国固有传统思想文化的主导地位，尤其维护其作为政治上的指导原则，所以对佛学的基本教义产生天然的排拒情绪。王守仁在这里所阐发的尧、舜之道已经不是本真意义的尧、舜思想，而是中国传统政治学说的一种经典表述。

孙承恩（1485～1565），字贞父，南直隶华亭（今上海松江）人，正德六年（1511）进士，官至礼部尚书兼翰林学士，掌詹事府。他的文章汇为《文简集》。其中的《鉴古韵语·虞舜帝》一篇对舜极尽颂扬。还有一首诗歌颂舜的“克尽君道”：

克尽为君道，无如帝有虞。执中遵圣轨，大智秉谦虚。
端拱雍容日，时巡治理余。典谟焕千古，仿佛见都俞。

接着，他赞扬舜“绍执中之传，廓大知之用，经天纬地，讨罪制刑，定朝巡，考法度，咨岳牧，命九官，凡君道之当尽者，悉以次举矣。极有为于前，享无为于后”，励精图治，将有为与无为恰到好处地结合起来。另一首诗歌颂舜的“明德身为范”：

明德身为范，人文日与开。《韶》鸣灵鸟至，干舞远人来。

龙衮辉宸极，南薰惬圣怀。泰和千载遇，稽首咏康哉。①

接着颂扬舜的文治：“以明德先天下，制礼作乐，人文日宣，凤凰仪而有苗格，垂衣拱手端已无为，弹五弦之琴，歌《南风》之诗，天下向化，世称泰和之治者，必先唐、虞，可谓千古独盛者矣。”

孙承恩在讲解《孟子》关于舜“顺父母”时，讲了一大段“性分之内”和“性分之外”的道理：

帝使其子九男、二女、百官、牛羊、仓廪备以事舜于畎亩之中，天下之士多就之者，帝将胥天下而迁之焉，为不顺于父母，如穷人无所归。天下之士悦之，人之所欲也，而不足以解忧；好色，人之所欲，妻帝之二女，而不足以解忧；富，人之所欲，富有天下，而不足以解忧；贵，人之所欲，贵为天子，而不足以解忧。人悦之、好色、富贵，无足以解忧者，惟顺于父母可以解忧。

孟子因万章疑舜为怨其亲，故引舜之事推其心以晓之。说道昔者帝尧因四岳荐舜能尽孝可太用，乃使其子九男、二女与百官、牛羊、仓廪俱各全备于以给其任使，丰其食用，以事舜于畎亩之中，舜之所居一年成聚，二年成邑，三年成都，天下之士多愿就之者，尧以舜这等贤圣，乃将相视天下而移以与舜焉。然舜为不顺于父母，如穷困之人无所依归，其怨慕迫切之甚如此。夫天下之士悦之人之所欲，舜为天下所归而不足以解其；好色人之所欲，妻帝之二女而不足以解忧；富而有财人之所欲，舜受尧之禅，富有四海而不足以解忧；贵而有爵人之所欲，舜践尧之位贵为天子而不足以解忧。人悦之、好色、富贵这数件，皆极天下之可欲，然圣人视之只如浮云然，举无足以解忧者，惟是以不得乎亲不可以为人，不顺乎亲不可以为子，必得顺得父母而致其欢悦，斯可以解其忧耳。孟子推原这几句说话，可谓真知大舜之心者矣。是知天下之事，有在性分之外者，有在性分之内者，前面许多可欲之事皆是性分

① （明）孙承恩：《文简集》卷二《鉴古韵语·虞舜帝》，影印文渊阁四库全书本。

之外的。至于父子之亲,乃是与生俱生不可解于心者,常人重外物而轻性分,圣人惟只是见得一个性分在我当尽,更不知其他,此所以天理人伦之正也。为人君者,要在此处讲求,体认真切着实躬行,则一善立而百善从,可以通神明,可以刑四海,治天下亦不难矣。(《文简集》卷七《孟子讲章一道》)

孙承恩从儒家"内圣外王"的理论出发,解释舜所刻意追求的孝道是属于"性分之内"的"天理人伦之正",认为只有追求"性分之内"所获得的满足才是真正的满足,而"性分之外"的荣华富贵都是身外之物,不应该成为人生追求的目标。这种将精神和物质严格区分的理论有其积极的一面,但如果走向绝对化,则显然也是一种偏颇。

撰写《弇州四部稿》的王世贞(1526~1590),字元美,号凤洲、弇州山人,南直隶太仓(今属江苏)人。嘉靖进士,官至南京刑部尚书。他激烈抨击严嵩父子的罪恶,在朝野颇有清望。他是明朝著名文学家,与李攀龙同为"后七子"的代表,在诗、文和戏剧创作方面均取得显著成绩。他的《弇州四部稿》中的《札记内篇》《札记外篇》和《宛委余编》中,收录有论及舜的内容。如《札记内篇》:

尧崩舜避尧之子,舜崩禹避舜之子,禹崩益避禹之子,而天下有与有不与也,是上下相狙以诈也,何异莽丕哉?故夫孟氏者,得圣人之心而舛其迹者也。瞽瞍杀人,咎繇执之,非臣道也;窃父而逃,遵海滨而处,非君道也。语心则可。①

王世贞提出了对舜、禹行动的怀疑,显示了清醒的理性之思。又如《札记外篇》:

尧、舜之禅也,舜、禹将无德之乎?曰:奚为而不德也,为天下德之也;如其身,将汤德桀,武德纣矣。

尧、舜、禹之禅受也,汤、武之征诛也,伊尹之放君也,箕子、微子之降敌也,周公之摄阼也,孔子之欲赴佛肸公山弗狃也,唯圣人能为之,贤者则弗许也。比干之剖也,伯夷之饿也,贤者能为之,圣人则弗必也。

这里显示了王世贞将尧、舜、禹推尊为圣人且与贤人区别开来的意向。尽管他对文献记载的某些尧、舜、禹的事迹表示了一定程度的怀疑,但总体

---

① (明)王世贞:《弇州四部稿》卷一三九《札记内篇》,影印文渊阁四库全书本。

上并不否认他们作为圣人的崇高地位。这正是他维护儒家传统观念的体现。

第十一节　胡应麟、高攀龙、于慎行、冯从吾的记述和评论

胡应麟(1551～1602),字元瑞,更字明瑞,号石羊生,又号少室山人,浙江兰溪人,万历丙子(1576)举人。他博览群书,勤奋著述,“记诵淹博实亦一时之翘楚”,其著作汇为《少室山房集》。不过,他的著作中涉及舜的内容并不多,只在一篇短文中对尧将二女嫁舜为妻之事提出疑义:

> 《山海经》云洞庭之山,帝之二女居之,是在九江之间,出入必以飘风暴雨。按二女之辨,历世纷纷,景纯独谓天帝之女,似为有见。第云湘川不及四渎,尧女既为舜妻,安得下降小水而为夫人,此又首尾衡决之论。夫尧女舜妻不当下降小水,迺天帝之女不尤贵乎?总之荒唐悠谬,无事致详也。①

此类传说和神话故事本不宜作为真实历史加以考据,胡应麟从历史的角度指出其荒唐悠谬。但他并不知道,从传说和神话的角度看,其存在就具有了合理性。

高攀龙(1562～1626),字存之,又字云从、景逸,无锡(今属江苏)人,万历年间进士。熹宗时官至左都御史,因反对魏忠贤被革职。后与顾宪成等在无锡东林书院讲学,抨击时政,被奉为“东林党”的首领之一。1626年,在魏忠贤党羽前去逮捕他时投水而死。他是明朝著名文学家,文章汇为《高子遗书》。

《高子遗书》仅一处提及舜:

> 元亨利贞,皆善也。元而亨而利而贞,贞而复元,故曰继之者善。元始之,故曰善之长。天地一阖一辟,吾人一呼一吸,继继而不已者,皆是此件,故曰生生之谓易。孟子道性善而必称尧、舜者,何也?性无象,善无象,称尧、舜者,象性善也。若曰如是如是云尔,此须在思虑未起时认取,思虑未起时便是此件。刚健中正、纯粹精求,与尧、舜一毫

---

① (明)胡应麟:《少室山房集》卷九九《二女辩》,影印文渊阁四库全书本。

不同者，不可得也；及动念便差，动步便差，求与尧、舜一毫相同者，不可得也。繇其同，故人皆可为；繇其不同，故不可不为。何以为之？曰：尧、舜所不为者，断不可为，所以为尧、舜也。①

这里高攀龙以《易》的“元亨利贞”诠释尧、舜的善，要求人们在“思虑未起时”认取尧、舜之善，为尧、舜之可为，不为尧、舜所不为，才能达到“所以为尧、舜”的目标。

于慎行(1545～1607)，字可远，又字无垢，东阿(今山东平阴)人。17岁中举，隆庆二年(1568)中进士，授编修，参与《明穆宗实录》的修撰。后任日讲官。历任侍讲学士、礼部右侍郎、吏部左侍郎，掌詹事府，再升礼部尚书。后因建言早立东宫而被免职，家居十余年。万历三十三年(1605)，再次出山，掌詹事府。不久加太子少保兼东阁大学士，入参机务，但很快病逝。他一生博览群书，著作等身，诗文俱佳，与临朐的冯琦被推尊为文坛领袖。于慎行在其著作《读史漫录》中对古文献所记载的尧、舜、禹的事迹持怀疑态度，显示了清醒的理性思考：

世之传古帝王者，类多诡异不经。想皆春秋、战国时好事者所为，其谬不可尽辨。如皇甫谧云：“尧初生时，其母在三河之南，寄于尹长孺之家，故从母所居为姓。”此尤可笑。尧即帝喾之子，其母帝妃，安得寄民间以生？且长孺姓字，似汉以下人，不类三代，何况唐虞之上乎？

《世纪》：黄帝姓公孙氏，又长于姬水，因姬为姓。黄帝二子，一曰昌意，一曰玄嚣，生蟜极，蟜极生高辛，是为帝喾，帝喾生帝尧，一曰昌意，昌意生高皇，是为颛顼，颛顼生穷蝉，穷蝉生敬康，敬康生句望，句望生桥牛，桥牛生瞽瞍，瞽瞍生舜。以世系考之，鲧乃尧之诸父，稷契皆尧之同产，而舜则尧之族玄孙也。此其世系名字，皆不可确知，然相传必有所据。当是时，皇王之胄多矣，独举舜而授之，或以其同出黄帝与？②

此处的考辨既反映了于慎行的理性思考，又表现了他在很大程度上信古的局限。他基本上还不能脱离司马迁万世一系的大一统观念。舜既然是东夷之人，怎么能与黄帝连上血统？在司马迁和于慎行看来，没有黄帝血统，是不可能继承帝位的。

冯从吾(1556～1627)，明末学者，文章汇为《少墟集》。涉及尧、舜的篇

---

① (明)高攀龙：《高子遗书》卷二《札记》，影印文渊阁四库全书本。

② (明)于慎行：《读史漫录》，齐鲁书社1996年版，第1～2页。

章较多,大都是将他们作为圣人来颂扬。如“舜虽遭父顽弟傲,自舜视之不知其为顽为傲,只知道自家要孝要悌,所以为古今大圣”,赞扬舜无条件地笃信和践履孝和悌。又如他说:

亲亲而仁民,仁民而爱物,此自古圣贤相传正脉。尧、舜以此帝,汤、武以此王,伊、周以此相,孔、孟以此师,自古及今,此脉常在,人皆可以为尧、舜,正在于此。第尧、舜能知扩而充之,故可以保四海;途人不知扩而充之,至于不能事父母。夫父母至亲也,而至于不能事,又何论民物?然其所以不能事父母者,乃不知扩而充之之过,非本来无此心也,或者至此不免于疑而不信,故孟子以孩提知爱,稍长知敬验之。夫世岂有孩提而不知爱,稍长而不知敬之人乎?尧、舜此心,途人亦此心人,皆可以为尧、舜,诚可以深信而无疑矣。知爱知敬之心人原皆有之,而不验之孩提稍丈,则人不信其皆有,此孟子不得已提醒人心处。识得此心便是仁,扩充得此心便是为仁,遇亲而亲莫知其所以亲,遇民而仁莫知其所以仁,遇物而爱莫知其所以爱,总之从此知爱知敬一念中流出。故曰尧、舜其心至今在此,自古圣贤相传之正脉,诚不在语言文字间也。吾辈为学,正当在此处识取方可。①

其文阐发孟子关于尧、舜“仁民而爱物”的基本理念是“自古圣贤相传正脉”,并认定这种理念的“扩而充之”是尧、舜之成圣的根本原因。

第十二节　凌义渠、黄淳耀、王彝的记述和评论

凌义渠,字骏甫,乌程(今属浙江)人,天启乙丑年(1625)进士,官至大理寺卿。其文汇为《凌忠介公集》,其中的《君臣皆法尧、舜解》一文解释了历代君臣都打着“法尧、舜”的旗号,而实际作为全然背弃尧、舜的历史真相,因而收不到尧、舜之治的效果。这就是所谓“借二圣以藏身”,也就是“桀、跖可饰尧、舜之衣冠”。凌义渠这里提出了一个屡屡出现的历史现象:尧、舜已经成为当权者欺骗百姓的伪饰,后世真正法尧、舜的君臣已经是凤毛麟角了。

夫君臣之并立天地间也,自尧、舜而已然矣。第语以君法尧,臣法

---

① (明)冯从吾:《少墟集》卷三《读〈论语〉下》,影印文渊阁四库全书本。

舜,谁不奉若拱璧,而还问其何以为君?何以为臣?法尧安在?法舜安在?则未免骤夺其所据,恐相顾而恧然内怵,恤然不自解者多矣。此千古之恒言,所以为千古之秘密也,何以解之?解之曰:亦如当年之封山浚川,九官十二牧,步亦尧而趋亦舜乎?此猎其粗矣,而非其神明之所留也。抑解之曰:击壤之化再赓《南风》之歌,聿起必无名之荡荡,不与之巍巍,始足以几尧、舜乎?此得其似矣,而非其精神之所届也。夫君臣之局畴自起哉?其初于侪众中宛然对峙耳。拥之以为君而群下罔不俯首听命者,此非威劫之术驭之也,有所以君也;至臣退伏茨檐之下,混迹俦伍之间,视君不啻辽隔矣,而各能自输其所媚,此非名啖之爵饵之也,有所以臣也。故君有疾苦臣则拊之,君有嗜欲臣则调之,君有血气臣则揉之,亦曰此血气嗜欲种种疾苦原未始颛属之君,往往君未颦而臣已恻然如刺于肌肤,君未喟而臣已介然蚤觉其痛痒。此无他,气之所合势自不得而分,即势有时分谊自不得不合也。至问君之为颦为喟,又往往不自行其意,而常迎物以为施。故能为四方纲纪者,必有以燕其臣;能媚及庶人者,必有以尊其君。自昔尧、舜之治不再得矣,至尧、舜之法可再失乎?将法其为耶?为者不更设之局也;将法其道耶?夫君臣间安有理道之可居,所争者内外欺慊之辨而已。使君实从宗社安危起念,即一语一言犹将谨持其终始,而一时为臣者,果得沓沓泄泄仅侈万年之觞否?使君实从民生悲愉起念,即一丝一粒犹将徐偵其出入,而一时为臣者,果得吮髓剥夫如秦越之肥瘠不关否?使君实从万几得失起念,即一喜一嗔皆将自护其神明,而一时为臣者果得植党背公挟恩仇而私报复否?数者有一于此,此之谓亵君,亵其可以为尧之君,即亵其可以为舜之臣也。盖道常留余地以自宽,名实易至于相混,故桀、跖可饰尧、舜之衣冠,唯心不逗一缄以自恕,片念不得以相蒙。故尧、舜不争途人之轨辙,听天下共往共来,而举足可践,举目可瞩者,此尧、舜也,何其法之易也;亦听千古共芜共塞,而君不必止仁,臣不必止敬者,亦此尧、舜也,何其法之难也。虽然,非独此也,内朱、均外四凶,在尧、舜之时,犹自不免梗于法,而况其他乎?故吾不暇以圣人望人,第以尧责君自不得不居已于舜,固未有舍一切事功之外虚言报称。若后世之依附名理者,借二圣以藏身,而法之所以真实可久变动不测者,诚有所未审也,是为解。①

黄淳耀(1605～1645),字蕴生,南直隶嘉定(今属上海)人。崇祯十六年(1643)中进士后,未入仕,归乡继续研读经籍。第二年,李自成起义军攻陷北京。福王在南京重建明政权后,他也未去应选做官。清军陷南京、嘉定后,他与弟渊耀一同于僧舍自缢身亡。其著作汇为《陶庵全集》。其中对争论不休的尧、舜、禹、汤为名、为号、为谥号的问题,给出自己回答:

> 尧、舜、禹、汤,或以为谥,或以为皆名,或以尧、舜、禹为名,汤为号。余谓皆非也。谥法起于周公,以尧、舜、禹、汤为谥者固不足据,而以“有鳏在下曰虞舜”及“来禹”等文证其为名,则亦非也。史传多追称之词,如《左传》石碏称陈桓公方有宠于王,《战国策》冯暖谓梁王曰齐放,其大臣孟尝君,此类甚多,二《典》亦当时史臣所记,舜、禹皆追称耳。以来禹为君称臣名,则禹敷土为臣书君名乎?尧之祖称艺祖、文祖,尧称神宗,岂得君臣皆名,漫无所别乎?孔子于老、彭已不斥其名,如尧、舜、禹果名,岂得屡见于《书》乎?按秦始皇制曰朕闻上古有号无谥,中古有号死而以行为谥,则尧、舜、禹、汤皆号也,生为号,死为谥。②

此一争论在历史上持久不衰,黄淳耀这里所表述的观点虽不一定准确,但亦可作一家之言存留。

王彝,字常宗,生于明朝末年。其先蜀人,本姓陈氏,父仕元为昆山教授,遂迁嘉定(今属上海)。王彝的著作汇为《王常宗集》,其中仅在《圣贤行道说》中谈及尧、舜:

> 尧、舜世多圣贤,九官特知名,而其余弗传,岂无皋、夔者焉。世有桀、纣,尧、舜其汤、武;世无桀、纣,商、周其唐、虞。尧之政舜攸作,舜政既成授之禹。舜卒鸣条,为东夷之地。彼苍梧有窴,盖象封有畀,舜衣冠葬是。③

这些条目反映了王彝对尧、舜的认识基本上都是前人论点的重复。

---

① (明)凌义渠:《凌忠介公集》卷五《君臣皆法尧舜解》,影印文渊阁四库全书本。

② (明)黄淳耀:《陶庵全集》卷四《〈史记〉评论·五帝本纪》,影印文渊阁四库全书本。

③ (明)王彝:《王常宗集》卷三《圣贤行道说》,影印文渊阁四库全书本。

第十三节 碑文、祭文和诗歌韵语中的虞舜

明朝从朱元璋起至万历皇帝,几乎每代都遣礼臣前往九疑山,对舜帝陵隆重祭祀,留下一批御制祭祀文。这些文章基本上都是一个模式,歌颂舜的功业和德行更是千篇一律。除此之外,出于文人之手的祭陵记和碑文则各有特色,显示了对舜的各有侧重的评价。

曾鹤龄撰写的《祀舜陵记》:

舜为万世所宗之圣,而其死与葬,皆有可疑。《书》言舜南巡至于南岳,则南岳者,舜巡守所止也。今其陵乃在九疑,去南岳千有余里,此其可疑一也。史言舜崩于苍梧之野,今苍梧乃在广西,去九疑又五六百里,此其可疑二也。孟氏言舜崩于鸣条,鸣条在东方徼外,今不闻有舜冢,此其可疑三也。《书》又言舜三十登庸,三十在位,五十载陟方乃死,则是在位通八十年,蔡邕《九疑山铭》言舜尸解升天,此其可疑四也。疑者虽多,解者率无的论。以予观之,舜既巡守至于南岳,其或事毕又幸九疑,遂崩而葬其地也。苍梧在当时,隶零陵郡,亦未尝一日释去。今《零陵志》载舜厌治天下,修道于九疑,后遂仙去,而未可知。据史与《书》,其述略同,而鸣条之说出于孟氏,盖有不可晓者。若《零陵志》及蔡邕之《铭》,灼然不足辨矣。自古圣人,有生必有死,岂有修道化去之事也。九疑在宁远县南七十里,人迹罕至,故凡有事于此者,礼成即去,皆不暇志其事。予奉命代祀,既毕,有来请曰:斯乃今之盛事,不可无记。遂谨记之,曰:皇帝始遣臣来祀,实宣德元年二月十一日也。其所告则即位改元之事,其所赍则香币祝文,其礼则用太牢,其祀之日则四月庚辰,其陪祀官则宁远县令刘董,臣则为翰林院修撰鹤龄。①

这篇《祀舜陵记》更像是一篇考证文章,显示了作者对舜葬地的审慎推求。著名文学家和学者薛瑄写的《济南府重修舜庙碑》则着重记述了山东巡抚等官员谋划修庙的经过,碑文同时也对舜的功德大加赞扬:

夫舜之所以为大圣者,以其文人伦之至,而精一执中乃万世道统

---

① (明)黄宗羲编:《明文海》卷三六〇《记三十四》,影印文渊阁四库全书本。

之源，禹、汤、文、武之君，皋陶、伊、傅、周、召之臣，孔、曾、思、孟以及周、程、张、朱之圣贤，虽行道明道之功不同，而其相传之法宝皆遡其流，是其功被天下万世者，曷有穷极哉?①

韩文撰写的《增修尧、舜、禹碑记》则记述了将在平阳(今山西临汾)原有的合老君祠、伯王祠、玉皇阁、尧王祠、舜祠、禹祠于一庙的祠庙加以改造，成为专门祭祀尧、舜、禹的庙宇的经过。

明朝留下的颂扬舜，尤其是其二妃的诗歌特别多。其中单独颂扬舜的反而不是太多，而这方面诗歌的内容也较雷同，即着重颂扬他的功业。如王渐逵的《韶石铭并序》即借韶石着力颂扬舜的功绩：

惟皇舜既摄元位，躬历数受于文祖，乃朝群岳以厘庶政，观风于多方。于是岁仲春二月，东巡狩于岱宗，柴燔于名山大川，以协天时，以修人纪，敦礼明政，以宪于东后。岁五月仲夏，复南巡于明都，迄衡岳，沿湖相，上陟九疑，乃历郴、桂，又其南抵于曲江之滨，受觐于皇冈。群后群牧毕会，圭璧琮璜，五瑞三帛，侍于荒坰。南蛮贡琛，惟瑶琨象犀，具皇舜，乃矢文德，舞《韶》于皇冈之阳。凤凰来仪，百兽跄跄，群后荒服，罔不丕格以逊。皇舜曰：都！予闻惟帝祗承明德，不宝异物，予其懋哉！乃归觐于群牧，归贡于荒蛮之长。三让弗克，委而去之，乃陟方西，惟皇既西，群后蛮荒，亦各抵厥疆。众物抛于水湄，粤古迄今，遂成灵异。天帝乃命祝融，司护永奠厥荒，以风于多邦。某谓皇德广运，后之士庶或测识，曰为韶石，曰为香炉，相传以伪，兹为湮哉！乃敬述其事而铭之，其辞曰：

洪荒之余，宣命之纪。肇其元圣，中天而起。维彼元圣，德配彼天。重华协光，放勋是禅。帝曰汝舜，予耄于勤。尔巽朕位，万邦皇君。厥位既摄，乃陟群方。修礼同度，迄彼南荒。维皇宁止，南荒嘉祉。群后敷功，蛮方聿至。其至惟何，格兹文命。维琛祗德，克让以敬。维德维宝，不珍异物。苍璧奇皇，载堙以汩。浈水溶溶，皇冈葱葱。亿万斯年，维皇之宫。灵涉自天，百世之下。锡我元元，草木夭乔。山川冲郁，维皇之光。衍此遐福，溟东小臣。勒此芜文，昭皇之德，以诏后人。(《明文海》卷一二四《韵石铭》)

王佑的《舜庙》则是借苍梧的舜庙颂扬舜的功绩和抒发自己的感悟：

① (明)薛瑄:《敬轩文集》卷二一《济南府重修舜庙碑》，影印文渊阁四库全书本。

南海苍梧万里遥，重华遗迹在山椒。地灵尚忆迎龙鼓，天籁如闻奏凤《韶》。大禹玄圭功已告，二妃斑竹恨难消。小臣再拜瞻龙衮，但觉薰风满袖飘。（《粤西诗载》卷一五《舜庙》）

孙承恩的《鉴古韵语·虞舜帝》和《古像赞·帝舜》是对舜文治武功的最简洁的概括和礼赞：

克尽为君道，无如帝有虞。执中遵圣轨，大智秉谦虚。端拱雍容日，时巡治理余。典谟焕千古，仿佛见都俞。明德身为范，人文日与开。《韶》鸣灵鸟至，干舞远人来。龙衮辉宸极，南薰惬圣怀。泰和千载遇，稽首咏康哉。（《文简集》卷二《鉴古韵语·虞舜帝》）

大孝格天，玄德配帝。精一执中，圣学攸始。焕乎文章，巍巍成功。千万世下，仰瞻无穷。（《文简集》卷四一《古像赞·帝舜》）

沈炼《咏怀》诗中的第十三首是对舜功业的深情咏颂：

大舜居东夷，耕稼承二亲。傲弟不为咈，中心但安仁。一朝遘王历，得之河水滨。天命既有赫，覃思安万民。四岳一以举，鸣珮为王臣。敷言共光被，纯德无缁磷。委顺同大化，千古称其真。①

严震直的《苍梧舜庙》和《泊梧州》是对舜南巡不归的深沉悼念：

大舜南巡竟不还，至今遗庙落空山。南薰亭上琴中益，都在蛮烟瘴雨间。

夜泊梧州江水边，九疑山下水连天。南巡帝辇今何在，万壑松萝锁翠烟。（《粤西诗载》卷二三）

陈凤梧面对历城县学的舜帝碑写了《圣贤赞·帝舜赞》，极力颂扬舜奠定了“万世纲常”：

重华协帝，授受于唐。惟精惟一，睿哲文明。两阶干羽，《九韶》凤凰。恭己南面，万世纲常。［（清）雍正《山东通志》卷三五《圣贤赞·帝舜赞》］

邓云霄的《谒舜祠四首》一面颂扬舜的千秋功业，一面抒发自己的家国之思：

帝德光千古，遗踪在九疑。搴芳荐瑶席，浊桂礼彤墀。百兽犹环舞，群山相向悲。欲知龙蜕处，高峰觅铜碑。俎豆传虞代，苹蘩肃汉

① （明）沈炼：《青霞集》卷五《咏怀三十首·其十三》，影印文渊阁四库全书本。

宫。岂应迷冢墓，或恐葬衣冠。松韵如听乐，瑶歌似舞干。寄言吊古客，当作鼎湖看。万里辞黄屋，千秋寄碧岑。莫嫌山庙冷，方称士阶心。木石时为偶，英皇恨转深。微闻松竹里，恍惚凤仪音。翠辇虚驰道，玄泉不复通。国家同弃屣，日月见重瞳。山鬼幽篁里，鹧鸪秋雨中。峰头帝子泪，又洒在丹枫。（明万历《九疑山志》卷八《诗·谒舜祠四首》）

管大勋的《恭祭虞陵三章》既颂扬舜的不朽功业，又记述祭陵的盛况，传达出洋溢的喜庆气氛：

於皇赫兮帝灵，德广运兮好生。协巍焕兮重华，开景会兮文明。
格两阶兮有苗，狩八埏兮洞庭。遵岳南兮戾止，向阊阖兮遐升。
垂功德兮用世，妥冈陵兮不崩。峨庙貌兮炯光，修祀典兮尝烝。
台小子兮德凉，被帝命兮南征。过灵祠兮问俗，采兰芳兮展情。
日始夏兮乾阳，日惟吉兮时良。云火生兮郁炎，礼乐举兮铿锵。
玉瑞陈兮璀璨，椒桂奠兮芬芳。七弦调兮风和，六舞谐兮凤翔。
发骏奔兮上下，载拜跪兮趋跄。格英爽兮明德，顾予祀兮洋洋。
神居歆兮陶陶，倏回銮兮逍遥。测诸源兮沄沄，瞻九峰兮峣峣。
神何依兮峻极，山何疑兮光昭。既屏营兮送之，睹徘徊兮见招。
恍承训兮曰咨，嗟下民兮尔劳。式有位兮无懈，永终誉兮夙宵。
钦受辞兮旁皇，仰重瞳兮寂辽。托斯文兮告虔，庶邃古兮神交。

（清嘉庆《九疑山志》卷三《艺文上·恭祭虞陵三章》）

邝露的《虞山谒舜祠》同样颂扬舜的功业和鸟耘龙御的神话：

荒服垂衣日，三苗格命年。鸟耘千亩藉，龙御九疑烟。
蒲坂征云外，苍梧落照边。何人抚瑶瑟，离恨隔湘川。①

明代诗人更多地咏诵舜与二妃的爱情，他们从不同的角度审视这个凄美的爱情故事，不断为之发出哀婉的叹息。就连身为皇帝的朱元璋也在《咏李白游洞庭湖》一诗中发出对这个爱情故事的赞美之词：“苍梧山色水何分，碧镜澄湖杳渺云。惟有古人堪羡处，湘妃犹自望虞君。”（《明太祖文集》卷二〇《咏李白游洞庭湖》）

夏原吉的《潇湘夜雨》则将二妃南来寻夫不得相见与黄昏风雨、斑竹泪痕联系在一起：“二女南来正断魂，那堪风雨又黄昏。潇潇无限相思泪，都

① （明）邝露：《峤雅》卷二《虞山谒舜祠》，影印文渊阁四库全书本。

作江边竹上痕。"①

由于二妃与斑竹有着紧密的联系,所以咏二妃的诗歌很多是借竹咏叹。如朱元璋的著名谋士刘基的四首歌咏二妃的诗都离不开竹。如《竹枝歌》:"阳台云雨漫荒唐,巫峡啼猿枉断肠。莫向苍梧山下去,九疑愁色满潇湘。"②

如《题墨竹》:"苍梧山下无穷竹,尽是湘妃泪种成。烟雨不销千古恨,佩环虚度九秋声。见愁牧竖乘时伐,可待伶伦学凤鸣。独立凄凉对图画,为君惆怅一沾缨。"(《诚意伯文集》卷一《题墨竹》)

如《题竹木石图》:"古木萧森傍水限,凤凰飞去不飞回。披烟细看苍莨叶,知是湘君泪湿来。"(《御定历代题画诗类》卷八二《题竹木石图》)

如《画竹歌》:

我所思兮在潇湘,苍梧九疑渺无际,但见绿竹参天长。上有寒烟凝不飞,下有流水声琅琅。中有万古不尽离别泪,化作五色丹霞浆。穿崖贯石出厚地,风吹露涤宵有光。我欲因之邀凤凰,天路修阻川无梁。孰知画史解人意,能以造化归毫芒。虚堂无人白日静,使我顾盼增慨慷。我所思兮杳茫茫,山中紫筍春可茹,归来无使遥相望。(《御定历代题画诗类》卷七五《画竹歌》)

孙蕡写的《湘妃曲》则细致地描绘洞庭秋水、月夜玉笛、湘灵哀歌、清泪洒竹,将一幅哀婉凄清、朦胧隐约的相思画展现在人们面前:

沅江木叶下,洞庭秋水多。湘灵美清夜,隐约倚层阿。冰雪耀玉容,远山敛翠娥。风鬟散香雾,美盼溢回波。明珰结珠珮,鲛绡夹素罗。金支色璀璨,翠蕤光荡摩。小环奏玉箫,双成鼓云和。瑶管杂哀怨,清弹间啸歌。妙曲随风扬,余音泛流霞。林端舞鸾鹄,水际起蛟鼍。问汝何所思,慨叹慕重华。轩车去杳邈,黄陵起嵯峨。汀洲生蘼芜,松柏掛女萝。清涕下洒竹,斓斑隐成花。日暮天气肃,星移岁蹉跎。灵荃不可见,婉娈悲如何。九原傥可作,千载复来过。③

胡奎写了不少歌咏二妃的诗篇,将湘水、九疑、洞庭、斑竹连缀成一幅幅哀婉、凝重的画面,抒发着自己对历史深沉的思考。如《湘灵操》和《题雪峰》:

---

① (明)夏原吉:《忠靖集》卷六《潇湘夜雨》,影印文渊阁四库全书本。
② (明)刘基:《诚意伯文集》卷二《竹枝歌》,影印文渊阁四库全书本。
③ (明)孙蕡:《西庵集》卷二《湘妃曲》,影印文渊阁四库全书本。

湘之水兮潺潺，湘之竹兮斑斑。湘之女兮绿云间，望重华兮不复还。九嶷兮苍苍青，猨啼兮夜何长。折琼芳兮寄远，鼓瑶瑟兮心依依。湘之水兮清泱泱，二妃夜泣青筼筜。斑竹清泪流不尽，五十哀弦瑶瑟冷。鹧鸪啼处数峰青，一夜月明悲洞庭。①

湘妃庙前江水深，鹧鸪夜啼斑竹林。峰头积雪高千丈，不隔思家一寸心。（《斗南老人集》卷五《题雪峰》）

又如《湘妃泣竹》《湘妃》《题竹》等：

湘竹斑斑楚水流，湘娥夜泣楚云秋。直叫积泪成江水，一滴春痕一滴愁。（《斗南老人集》卷五《湘妃泣竹》）

竹上斑斑泪，重华去不还。鸣条何处是，肠断九嶷山。（《斗南老人集》卷六《湘妃》）

江上零妃过，秋风响佩环。骑龙向何处，只在九嶷山。雨后翠寒生，鹧鸪鸣晚晴。湘妃江上过，环佩落秋声。（《斗南老人集》卷六《题竹》）

蓝智的《湘阴舜妃庙》和卓敬的《墨竹》则都是描绘虞舜与二妃的相思之悲苦哀怨：

虞帝南巡日，英皇北望时。翠华春不返，碧草暮相思。万里重湖水，空山二女祠。沉珠真自惜，埋玉竟谁知。斑竹留双泪，苍梧隔九疑。天涯龙驭远，镜里凤情悲。巫雨凄残梦，湘云蔼暝姿。渚芳迎集佩，波影动灵旗。惨淡思《韶》舞，凄凉咏《楚辞》。空余清夜瑟，幽怨托哀丝。（《蓝涧集》卷七《湘阴舜妃庙》）

洞庭木落水生波，斜月虚窗露气多。虞帝不归秋色晚，满江烟雨泣湘娥。（《御定历代题画诗类》卷七七《墨竹》）

李梦阳的《怀湘曲》和《湘妃怨》同样展示了二妃的相思哀怨：

湘筠寒翠满，白日起秋云。美人杳何处，江气长氤氲。手持紫玉管，遥望青霞君。蔼蔼波水暮，何由致殷勤。②

采兰湘北沚，搴木澧南浔。渌水含瑶影，微风托玉音。云起苍梧夕，日落洞庭阴。不知篁竹苦，惟见泪斑深。（《空同集》卷一七《湘妃怨》）

张凤翔的《湘妃祠》，以秋风、湘水、愁云、清霜衬托着二妃对南征不返

① （明）胡奎：《斗南老人集》卷二《湘灵操》，影印文渊阁四库全书本。

② （明）李梦阳：《空同集》卷一六《怀湘曲》，影印文渊阁四库全书本。

的舜的无限怀念和不尽的愁思：

虞帝南征不复归，湘君日暮啼青衣。秋风娜娜湘水冷，愁云化作清霜飞。清霜著草草欲死，著竹竹黄印斑紫。苍梧云色凝不流，夫君渺渺云上头。曼声浣月正愁绝，何处雌凰声不歇。蟠龙起舞潭水波，幽吟咽咽生盘涡。痴云作雨老天泣，竹中奈此双愁娥。（《石仓历代诗选》卷四七一《湘妃祠》）

总起来看，明代对舜与二妃的歌咏离不开颂扬舜的功业和哀叹他们生死离别的悲凄，将帝王伟业与人间真情结合起来，抒发着作者自身的感喟，搭建起历史与现实沟通的心灵之桥。

第十四节　综述与综评

明朝总体上是一个大气、恢宏的王朝，它的统治者对舜的祭祀较前朝不仅在规格有所提升，而且更加规范，成为朝廷大典之一。朱元璋及其后继者几乎都以皇帝之尊献上对舜的颂歌。这说明他们越来越意识到黄帝、尧、舜、禹、汤、文、武、周公这些圣帝名王都是具有永恒魅力的旗帜，不停地神化他们的形象，牢牢树立他们在天下臣民中的地位，歌颂他们的功业和品格，将自己和自己掌控的皇朝定位为他们的继承者，这是建设国家和社会的核心价值体系，也是巩固自己的统治所必需的。

明朝是将宋朝的程朱理学法典化和凝固化的时代。因而，在对经书中有关舜的文献的诠释上，只能重复宋儒的基本观点，而鲜有创新。特别是明儒在很大程度上抛弃了宋儒可贵的怀疑精神和创新意识，其在学术上不可能有多少进展。明代的史学与宋代相比也大为逊色，因而在舜的史学研究上也不可能取得新的进展。这样就使明朝在大舜文化的学术研究上成为一个比较平庸的时代，既没有具有划时代意义的著作，也缺乏理论和学术上的亮点。诗文创作方面尽管数量不少，但也没有赢得时人和后人赞叹的鸿篇巨制，甚至缺乏使人难以忘怀的警语佳句。如此，明朝在大舜文化的研究上，就只能作为一个灰色的时代匆匆而过，有愧于近三百年的光风霁月。

第九章　清朝时期文献对虞舜的记述和评论(1644~1911)

第一节　《尚书稗疏》《尚书古文疏证》《尚书古文冤词》的记述和评论

在清朝初年,对《尚书》的研究涉及舜的历史真相和评论者,王夫之的《尚书稗疏》、阎若璩的《尚书古文疏证》和毛奇龄的《尚书古文冤词》等著作有着独特的贡献。

王夫之(1619~1692),字而农,号姜斋,又号船山,湖南衡阳人。他自幼好学,博览群书,青年时中举,具有强烈的国家、民族和社会的担当意识。1644年清兵入关后,他曾在家乡起兵抵抗,失败后逃到广东肇庆投奔明永历政权,被任命为行人司行人。后因不满于小朝廷的腐败,他上书要求改革,受到当权者的迫害,险些丧命。后隐居衡阳石船山,读书著书,留有上百种著作,是明清之际最有建树的唯物论思想家。

《尚书稗疏》是王夫之研究《尚书》的一部著作,其中对《虞书·尧典》的"妫汭"、《舜典》的"四门大麓""类上帝、遍群神""巡守""百姓、遏密""文祖""猾夏""伯与""三十在位"等作了重点考释。在对前人成果加以全盘检视的基础上,提出自己的观点。不论这些观点正确与否,都可备一说。如对聚讼纷纭的"大麓",他就给出如下看法:

> 若大麓之纳,古今积疑。以理求之,孔《传》所谓大录万几之政者是已。其以为主祭者,不知所主何祭?小祭祀之事,本有司之职。纳者,非所职而纳之谓,小祀不得言纳。若大祭祀,则惟天地之祭,不于庙中。按《礼》,郊祀社稷,在丧犹越绋而行事。天子岁一见帝,固不容摄,其有摄者,则后世一切苟简之为。尧未耄,舜未摄,即欲试舜,其奈何亵天地而趋苟简乎?以人事言之,则试舜为重;以事天较之,则试舜为轻矣。且麓者,山足也。圜丘方泽,坛皆在郊。郊者,坰之外也。为

高必因丘陵，为下必因川泽。山既非下，足抑非高，安得即坡陀以为坛乎？王氏曰：大麓，泰山之麓。后世封禅之说，附会于此。封禅之说虽出不经，然且陟泰山之巅，升中而告成，犹依附于本天亲上之义，奈何圣人之于大礼，反面高山而祀于其足耶？若司马迁、苏辙以为入山林相视原隰，则于时鲧方治水，不当命舜侵官使。然则鲧罪亦有所分，而羽山之殛独委之鲧，以冀天下之咸服，难矣！又天下之大，洪水之滥，禹八年而始得其条理。舜三年之中，最后纳麓，计其为期，不满一岁，安得尽穷原隰之形势？且洪水怀山，何有于麓？即云水所不至，而麓处势卑下，林木郁奔，所视不能及远，不登其巅，乃循其麓，曾何异于面墙？况乎遇烈风雷雨而惧者，圣人之所以敬天威也。若登高山，入深林，曾无惧于风雷者，血气之勇、娇饰之士皆能为之。蔡氏醇谨之儒，或所未辨，而谓非聪明诚一、确乎不乱者不能，则夏侯玄胜于孔子，而唐庚贤于王吉矣。司马迁好言禨祥，而后世儒者又因六代闰主假录尚书之名，文致其攘夺，因绌大麓而从山麓之说。不知尧且以天下与舜，而何有于大录？惩篡夺者之逼上，并欲灭帝迁天下之迹，将后世有罗吉之钳网，遂谓孔子之不为司冦；有八王之擅争，遂谓周公之未辅成王、诛二叔，若遇风雷不迷，固不如孔《传》阴阳和、风雨时之说为得正，而无事以椒邱䜣之勇、张绪之达，拟大舜之德也。①

这种看法否定了大麓为山足的观点，与此前一些学者的意见相近，但较之前人的论证更细密周延，更具说服力。

阎若璩(1636～1704)，字百诗，号潜丘，山西太原人，后迁居江苏淮安。清初著名的经学家，曾参与徐乾学主持的《大清一统志》的撰修工作。他长于考据，《尚书古文疏证》是其代表作。这部旁征博引、论证细密的巨著，以确凿无误的证据判定了东晋梅赜所献的《古文尚书》是伪书，在《尚书》学史上具有里程碑意义。他的考证论证了《古文尚书》所记载的不少关于舜的事迹是后世窜入的，这就等于对舜的事迹的形成在时间上进行了一次系统的梳理，在舜文化学史上做出了重大贡献。例如，对于“焚廪掩井”一事，阎若璩作了如下考辨：

或问：焚廪掩井，程子谓其未必有是事，金仁山谓瞽象之欲杀舜在其初年之间，而尧之举舜则在其克谐之后，《史记》反复重出而莫之辨，孟子

① (明)王夫之：《尚书稗疏》卷一《舜典》，影印文渊阁四库全书本。

当时亦不与万章辨其失者，盖孟子不在于辨世俗传讹之迹，而在于发明圣人处变之心，苟得其心，则其事迹之有无俱不必辨也，子何复有取于是说与？余曰：朱子著《孟子或问》，载林氏语颇异《集注》。林氏引司马、苏氏、程子而历折之不具述，只以“帝使其子九男”节有为不顺于父母语，“天下大悦而将归己”节有不得乎亲语。方尧之试舜，舜尚在畎亩之中，后举而加诸上位，然后如《书》所云慎徽五典为司徒之官，纳于百揆为宰相之任也，则舜当为都君时，尚未离畎亩，正号泣怨慕，岂能即得其亲之心者？盖久之，久之而后瞽瞍底豫，故曰“五十而慕者，予于大舜见之矣”。尧之欲妻舜，舜不告而娶，以为告则不得娶，是予不能得之于父也，尧亦知告焉则不得妻，是君并不能得之于臣也，其顽至此，则既娶之后，犹复欲杀之而分其室，《史记》之言，固未为无据也。不格奸者，林氏谓但能使之不陷于刑戮。唐孔氏谓此三人性实下愚，动罹文网，非舜养之，久被刑戮，舜以权谋自免厄难，使瞽无杀子之愆，象无害兄之罪，不至于名奸恶，于此益验。余亦谓“不格奸”与“允若”二字自有浅深之不同，不格奸者在舜为庶人之时，亦允若者在舜为天子往朝瞽瞍之日。《史记》所载舜格亲次第正自不诬，不然人诬瞽瞍以朝舜，孟子则辨其必无，诬舜以放象，孟子则辨其未尝有，凡于世俗传讹之迹，未有不辨而明之，以晓天下后世者，岂有知其不然而故设言其理，上以诬圣贤下以惑天下后世哉？林氏之见卓且绝矣。①

经过一番认真考辨，阎若璩对司马迁在《史记·五帝本纪》中关于舜事迹的记载持肯定态度：“《汉书·儒林传》安国授都尉朝，而司马迁亦从安国问，故迁书载《尧典》《禹贡》《洪范》《微子》《金縢》诸篇多古文说。余尝取迁书所载诸篇读之，虽文有增损，字有通假，义有补缀，及或随笔窜易以就成己一家，言而要班固曰多古文说，则必出于古文而非后托名古文者所可并也。”（《尚书古文疏证》卷二）接着录入《史记·五帝本纪》有关舜的全部文字记载。这显然是一个经学家和历史学家实事求是的郑重态度。再如，其考证稷、契与禹的关系：

舜之佐二十有二人，其最焉者九官，又其最焉者五臣，而五臣之中禹为最，稷、契次之，皋陶次之，益又次之，此定评也。当舜问谁可宅百揆，佥举禹，禹拜稽首让于稷、契暨皋陶，则可知也已矣。胡舜欲荐禹

① （清）阎若璩：《尚书古文疏证》卷二，影印文渊阁四库全书本。

于天，禹唯諄諄，然皋陶是让而并不复及稷、契焉，何哉？或曰：稷、契皆尧之亲弟，计其年已高，其或不逮是时也而卒，禹故弗及，不然，禹岂遗贤者哉？然愚考之《春秋》内外《传》，展禽曰"夏之兴也，周弃继之，故祀以为稷"，詹桓伯曰"我自夏以后稷，魏骀芮岐毕吾西土也"，祭公谋父曰"昔我先世，后稷以服事虞、夏"，稷固逮禹之世即降，而迁《书》亦云"契兴于唐、虞、大禹之际，功业著于百姓"，又云"后稷之兴，在陶唐、虞、夏之际，皆有令德"。吾意此二臣，纵未必入夏朝，要当禹摄天子政，天下有浸浸然归于夏之势，此二臣必在。故诸《书》俱斥言之，伪作《大禹谟》者，止缘庄八年《传》有引《夏书》曰"皋陶迈种德，德乃降"，遂援之以作让皋陶，而不知与当日人物情事，脱漏者多矣。（《尚书古文疏证》卷四）

总之，关于今古文《尚书》的争论，阎若璩作出了一个令当时和后世绝大多数学者服膺的结论。同时，他也厘清了舜的基本事实。

不过，学术上的争论是没有止境的。紧接着阎若璩的《尚书古文疏证》，毛奇龄推出了《尚书古文冤词》来全面反驳阎若璩的观点。毛奇龄（1623～1713），字大可，号初晴，又以郡望称"西河先生"，浙江萧山人。清康熙时曾任翰林院检讨、明史馆纂修官等职，是当时颇有名气的经学家和文学家。他的《尚书古文冤词》尽管搜罗丰富博杂，辩才滔滔，但难以驳倒阎书，徒留下一个费力不讨好的学术记录而已。

第二节 《禹贡锥指》《洪范正论》的记述和评论

胡渭（1633～1714），初名谓生，字朏明，号东樵，浙江德清人。曾与阎若璩一起参与徐乾学主持的《大清一统志》的撰修工作。是清朝著名的经学家和地理学家。他的《禹贡锥指》是一部历史地理学名著，较系统地梳理了《尚书·禹贡》所涉及的地理知识 。《尚书·禹贡》的成书年代存在很大的争议，尤其是其涉及的十二州是否就是禹时代的中国疆域，更是令许多学者生疑。胡渭的梳理比较准确地诠释了十二州的方位以及有关的历史事件，标志了中国人在战国时期对于自己国家的地理认识。由于《禹贡》多涉及舜的事迹，所以该书也展示了胡渭对舜的认识。关于舜的南巡及其到达的地域，《禹贡锥指》一书是这样诠释的：

舜葬于苍梧之野，见《礼记》，儒者多疑之。《史记》云：舜践帝位三十九年，南巡狩，崩于苍梧之野。则舜在位止三十九年，寿止九十九岁，明与《尚书》五十载陟方之文牴牾矣，巡狩之有无又安足辨邪？周洪谟《读书录》曰：按舜年九十三，自谓倦于勤而命禹居摄，岂有百九岁之后而又南涉大江，深入蛮夷之地哉？为此说者惑于《书》“陟方乃死”之文耳。要之舜都蒲坂，距鸣条二百余里，《孟子》云“卒于鸣条”者得之。今按尧在位七十载，而举舜又三载，受终于文祖，下文言祭祀朝觐巡狩之事，皆舜代为之。尧甫七十三岁即不复巡守，而舜乃百有九岁南巡至岭南瘴疠之乡，岂舜之精神独厚邪？抑尧之德不若舜而早倦于勤邪？如以《礼经》为不可违，则先儒固尝言《檀弓》有可疑者矣；如以《史记》为不可背，则司马迁之谬误前人所以正之者非一端矣，何独于此不能释然也。

韩退之以六经之文为诸儒倡，人皆信之，其《酬张韶州》诗云：“暂欲系船韶石下，上宾虞舜整冠裾。”近有援此以证南巡之事者。余按：《水经注》：利水南迳韶石下，其高百仞，广圆五里，两石对峙，相去一里，小大略均似双阙，名曰韶石。《元和志》云：在韶州曲江县东北八十里，高七十五丈。并无舜奏乐之说。至《寰宇记》始云：韶州科斗劳水间有韶石，舜南游登此石奏乐，因名。乐史书成于宋初，其言率本唐人，盖上宾虞舜之句所从出也。然退之雅不信南巡之说。《黄陵庙碑》云：《书》曰“舜陟方乃死”，《传》谓“舜升道南方以死”，或又曰“舜死葬苍梧，二妃从之不及，溺死沅湘之间”，余谓《竹书纪年》帝王之没皆曰“陟”，陟，升也，谓升天也。《书》曰：殷礼陟配天。言以道终，其德协天也。《书》纪舜之没云陟者，与《竹书》《周书》同文也，其下言方乃死者，所以释陟为死也。地之势，东南下，如言舜南巡而死，宜言下方，不得言陟方也。以此谓舜死葬苍梧，于时二妃从之不及而溺者，皆不可信。此退之不信南巡之明证也。九疑之葬，二妃之溺，韶石之奏，斑竹之痕，皆以南巡为根柢，南巡之事虚则其余皆不足辨矣。诗人托兴稗官小说皆可用，安得援以说经，如必据此驳彼，则《送惠师》诗云“斑竹啼舜妇”，即撰《黄陵碑》者之所作也，岂亦可据诗以驳文邪？《檀弓》曰“二妃未之从”，而退之《祭张员外文》云“二妃行迷，泪踪染林”，则又将据文以驳礼邪？司马公诗曰“虞舜在倦勤，荐禹为天子，岂有复南，巡迢迢渡湘水”。张文潜诗曰“重瞳陟方时，二妃盖老人，安肯泣路傍，洒泪留丛筠”。王伯厚云：二诗可以祛千载之惑。

自两汉以降，岭南之风气渐移，犀象毒冒珠玑银铜果布之凑于是乎在，魁奇忠信材德之民于是乎生，一以为脂膏之地，一以为文献之邦，下逮唐世，濒海之饶有加于昔人之之南海者，若东西州焉，而余谓不在九州之限，或謷余粤产多才，将释憾于子，可奈何？余曰：知道者必无此憾，不然，则杜君卿先已当之矣，夫何惧？三代已下，东南日辟，西北日荒，此古今消长之大运，风俗与世为推移，圣人因时而立政，使尧、舜复生于今，亦必以岭南为一州。吾所言者，《禹贡》之疆域耳，西北之日荒者不得推而弃诸九州之外，则东南之日辟者亦不得引而纳诸九州之内，就经说经，唯期不背于理，徇当世之人情而曲为之迁就，可乎哉？①

胡渭的以上论述显示了一个严肃的历史学家严谨求实的学风。舜的南巡以及其间产生的那些神话传说故事，明显是违背历史常识的。若将其归入神话的范围，人们会感佩创造者的想象力，但一定要认定其为真实的历史，则很难求实。

胡渭的另一部名曰《洪范正论》的书，是对《尚书·洪范》篇的论辩。其中不少地方涉及舜的事迹及其评价。胡渭尽管是一个严肃的历史学家，在自己的研究中贯彻实事求是的原则。但他同时又是一个经学家，对儒家的基本理念深信不疑，所以在舜的评价问题上，他意在维护舜的圣人地位。他对“五福，一曰寿，二曰富，三曰康宁，四曰攸好德，五曰考终命”的解释如下：

《简端录》云：终，尽也；命者，所得于天也。尧、舜百年，孔子七十，颜子三十二，均为尽其所得于天也。此说甚善。……林氏云：董仲舒曰：尧、舜行德泽民仁寿，桀、纣行暴则民鄙夭。夫仁寿鄙夭虽若制之于天，非人力所能为也，然尧、舜之世泽民仁寿，非其生而皆仁寿也，尧舜之治天下，彝伦攸叙，休征时至，则不期于仁寿而自仁寿也；桀、纣之世则民鄙夭，非其生而鄙夭也，桀、纣之治天下彝伦攸斁，咎征相仍，则不期于鄙夭而自鄙夭也。故仁寿鄙夭虽本于天而君实制其命，故《易》之论天地曰：鼓万物而不与圣人同忧。言天地之于物，仁寿鄙夭任其自尔无所容心，至于圣人则有忧患于其间，故能裁成辅相以立生民之

① （清）胡渭：《禹贡锥指》卷一九，影印文渊阁四库全书本。

命,向用五福威用六极,此圣人之忧患也。渭按:林氏此论虽亦归重人主而未尝不推本于天,立言庶几无弊。以福极为天地之无心,向威为圣人之忧患,则可谓能钩其玄矣。人之福极皆出于天命,所谓莫之为而为、莫之致而至者也。君相虽云造命,岂能举天下之人锡之福而去其极,但王者向威之心观民以考已,则固欲其有福而无极耳,盖至诚无息之道薰蒸透彻,使太和之气充塞于宇宙,则天之所以生人者当必福多而极少,百年累洽诚有是理。然天地之大,人犹有所憾,博施济众,尧、舜其犹病诸,何则?心无穷而力有限也。禹、箕之意,亦唯欲建极之君常存此向威之心钦钦焉,不敢一日稍自纵逸耳,原不限定天下之人皆有福而无极,然后为无愧于锡之治也。①

他这里讲天命和人为,即客观必然性与人的主观能动性的关系,颇显示出一些辩证意识。他将尧、舜与桀、纣对立,极力说明好的政治能致"仁寿",而坏的政治必致"鄙夭",由此彰显尧、舜为圣人的原因。

第三节　方苞《钦定四书文》与程大中《四书逸笺》的记述和评论

方苞(1668~1749),字灵皋,号望溪,安徽桐城人。清康熙进士,官至礼部侍郎,著名文学家和经学家,桐城派的创始人。他奉旨编纂的《钦定四书文》成为朝廷钦定的教科书。他在编定的《钦定四书文》四部明朝本和一部《钦定四书文·本朝四书文》中,精心选定明清两代最有代表性的注解,为通过学校传播主流意识发挥了重要作用。如《钦定四书文·本朝四书文》的《论语》注解"巍巍乎舜、禹之有天下"一节选的是杨大鹤的注解:

独称二圣之高,不以天下系其心也。夫以天下之大,而不足以系其心,非舜、禹其谁能之?夫子所以有巍巍之叹耳。且夫身世之际,苟为吾之所有,虽一物而莫解于心,非智不足,所居之卑也。夫惟圣人能不震于所有,故非常之遇卒然投之,若固有焉,而惟圣人能不滞于所有,故四海之奉终身享之,如无有焉,亦足见其高不可尚已。何言之?己大而物小,则物不得而加我矣。人世之富贵福泽,原挟其厚力,以夺

① (清)胡渭:《洪范正论》卷五,影印文渊阁四库全书本。

斯人之性情，其相加正不小也，处己稍即于靡，而进退初无以自主；己重而物轻，则己遂得而胜物矣。圣贤之势位功名，偏极其崇高，以衡此中之道德，其相胜正不轻也，性量未居其正，而志气岂易于孤行。巍巍乎其惟舜、禹乎，舜、禹固有天下也，舜、禹盖有天下而不与者也。神器至贵，然安然而致之，或可适然而淡之，故语尊优不侈之事于从容世及之朝，似犹力所及也。舜、禹之兴，亦既岳牧咸荐矣，试之于职然后总师，考之于天然后在位，可不谓难与！富贵何足撄心，而人情所在乐享者，恒在平昔艰难之处，拱手而观万国之同，谓藉是以偿吾劳也，而舜、禹如此，正不啻其淡也，巍巍乎以有天下，若斯之难而不与焉。帝王大统，然久属意中之事，反可作度外之观，故语崇高不炫之能于大勋渐集之世，亦或力所及也。舜、禹之兴，夫固尺土不阶矣，耕田之子一朝而揖让，罪人之隶一朝而代终，可不谓易与！富贵初无殊致，而人情所震荡者，乃在生平遇合之奇，布衣而应历数之归，谓始愿初不及此也，而舜、禹于此，正不啻度外也，巍巍乎以有天下，若斯之易也而不与焉。先斯民之忧而忧，不后斯民之乐而乐，两朝之天下，皆禹自平自成于其手，而卒菲恶之不捐，其淡泊为何如也！若夫华虫粉米，事事有帝王御世之荣，若未可同类拟焉，而实何与也。耕山渔泽之身，极之被袗歌风而总归于一致，盖少一天下而不为之减，多一天下而不为之增，惟此为绝耳矣。不再计而受之人，亦不旋踵而授之人，百年之天下，只舜自取自舍于其中，而成号令之的嬗，非达观不至此也！若夫关石和钧，事事有子孙传世之计，若未可同年语也，而竟何与也。受终改物以来，迹其饮食宫室而无改于其旧，盖即夏后有天下之事，而圣人初无利天下之心，可不谓卓绝者乎！巍巍其为舜、禹乎！①

这显然是对舜、禹的最据说理性的礼赞。既然历代儒学大师都将尧、舜、禹、汤、文、武、周公作为圣人的标杆赞颂，而教科书里的文章理应更加精准。杨大鹤的这段文字无疑是连皇帝也钦准的颂词，这说明其集中了历代诠释的精华而又达到了时代的要求。

又如《钦定四书文·本朝四书文》的《论语》注解“无为而治者”一节选取的是储欣的注解：

无为仅得一帝，其治象可想见也。夫无为而治，殆难言之，夫子独

① （清）方苞：《钦定四书文·本朝四书文》卷四，影印文渊阁四库全书本。

归之舜，所可想见者，第恭己之象耳，他何为哉？且帝王南面而莅天下，时势不同，同归于治而已，而劳逸分焉。其逸而治者圣人之德，尤圣人之遇也惟然，故其治无迹可见，而仅得其象与慨想之间。吾尝上下千古，而叹无为而治者难其人也。今夫亶聪明而作元后，圣人特擅有为之材，造草昧而奋经纶天下，又胥特有为之烈，于是有躬居南面，早作夜思而天下未即治者焉。或治矣而未洽，洽矣而日有不暇给，典籍所载可考而知，甚矣无为而治者之难其人也。由今思之，其舜也与！舜以协帝之德，而适绍帝之成其所谓宾门、纳麓、封山、浚川诸务，不过竭乃股肱，上襄光被，而异日适承其休，则夫劳于始而逸于终，圣人之遇未有若是之奇也。舜以官人之得而享得人之乐，其所谓敷土、播谷、明伦、弼教，诸臣不过一经简命，奉以终身，而继此别无推择，此又劳于求而逸于任，圣人之遇未有若者之盛也。暇想其时，天地平成，民物安阜，举天下之大，无一事一物向有待于圣人之为，而圣人复何为哉？以其身托之乎巍巍之上，以其心运之乎业业之中，其存诸神明者不可窥，而被诸事功者又无可执，恭己正南面无为者之治象，如是而已。嘉谟之陈，尚交儆于无怠无荒，乃天下之太平，翔洽亦已久矣。开明堂以朝群后，四方万国奔走偕来，而圣人抚五辰以临之，当日所目及者此象也，今日所神往者亦此象也。帝歌之作，犹敕天于惟几惟康，乃有虞之垂裳布化，不再更矣。坐廊庙而念苍生，解愠阜财，斯须不释，而圣人挥五弦以致之，千载以上所目击者，此象之外无他也。噫！至矣。夫帝王亦期于能治耳，无为而治与有为而治，一也。然孰如舜之德遇兼隆，旷世而一觏也乎！（《钦定四书文·本朝四书文》卷六）

“无为而治”是孔子给舜治国的一个定评。因为孔子晚年对道家“任自然”和“无为而治”的理念与心戚戚焉，所以就将舜的行政树为“无为而治”的典型。但由于舜一生都在宵衣旰食地工作，百岁以后还风尘仆仆于南巡的艰难途程，将其硬说成“无为而治”实在不易周延，故而此前的思想家和学者中就有不少人认为舜不是“无为而治”，而是真正的“有为而治”。然而，因为孔子的圣人之尊已经底定，敢于否定他意见的人越来越少，学者的任务就是如何将舜树立为“无为而治”的典型而又让人们认可。此前已经有不少学者给出了自己的诠释，这里选定储欣的注解，应该是所有注解中最有说服力的。

因为“四书”中记述舜的事迹最多的是《孟子》，方苞就选取了对“诗曰永言孝思”“舜发于畎亩之中”“舜之居深山之中”“鸡鸣而起”的一家或多家注解，其中对“桃应问曰”一章选取的是熊伯龙的注解：

> 大贤之断虞事，存其论可也。夫杀人者死，岂以律天子之父哉？皋必执，舜必逃，亦正告天下为然饵。且处臣子之间，恒人能见及者，理也，事也。不能见及者，心也。究极于心，前此不必有事，后此不必据其理而论断，臣子必不可无是心，此圣贤之论难创，而实不易也。如子舆氏设论虞廷一狱，舜天子也，瞽叟天子父也，以天子父杀人，必欲抗天子，杀天子之父，是犯不可释，以诛可释也。且为天子不能庇天子父，弃天下不得为天子，反欲以天子之逃庇其父，何异授人以戈、挥止其刃哉？虽然，执是以论，臣必不能行之君，子亦必不能行之父；反是以勘，臣不如是设心，必无以为臣，子不如是设心，必无以为也。今夫为天子臣，必不敢执天子父，此其心知有天子，尔为臣而但知有天子，天子之外，安有事天子者哉？盖奉天子敢执天子之父者，此臣即奉天子，不独可杀天子之父者，亦此臣使知至尊莫如天子父，而杀人无辜则可执，亦何至立人之朝，即无以执持于君前也。凡人父实有子，必谓有天下不敢议吾父，此其心乃重视天下，尔为子而重视天下，天下之外，亦安有事吾父者哉？盖以有天下见父可免于天下者，此子即以有天下，使父不免于天下者，亦此子使知难忘莫如天下，而窃负而逃则如徙，又何至为人之子，必无以明乐于父侧也。然则使瞽叟实有是杀，皋陶实有是执，舜实有是逃，将皋陶视天子之父等于匹夫，舜之弃天下终以父为天下逋逃之罪人，法之可诛，且不在瞽叟而在皋陶与舜。使瞽叟实有是杀，谓皋陶难以言执，舜难于言逃，将臣幸天子之父杀人可以结天子，子憾父为天子之父杀人，终无以谢天下。法之可诛，即在处心，并不必期问执与不执，逃与不逃，君父虽不幸，亦何有此臣子哉？此子舆氏之论，甚创甚不易也。（《钦定四书文·本朝四书文》卷一四）

对于桃应的这个设问，孟子作出了自己的回答，而在孟子之后的两千多年间，学者们又给出了不同的答案，其中的关节点在于认清法律和亲情孰重孰轻。依照儒家一惯将亲亲置于法律之上的逻辑，孟子自然让舜抛弃君位负瞽瞍远遁。而其后的学者认为法重于礼者，则反对舜放弃君位；认为礼重于法者，则认可孟子的处理；认为礼法应该互补者，则要求在二者中间找到平衡点；更有一些人认为这是根本不可能发生的事情。熊伯龙这里的解释突出了“甚创甚不易”的窘境，展现了在情与法之间的心理煎熬。显然，他的回答较前人的解释更深入了一步。

程大中在《四书逸笺》中注释《孟子》时，汇集了其他文献的一些资料。同时也表达了他自身的见解，而这些理解基本上是以今例古，如认定舜既有弟又有兄和妹，舜为尧"居丧"三年，等等。再如，他抄录不知何处的资料："舜以玉策书圣臣之名，金策书贤臣之名，银策书功臣之名，水晶策书才臣之名，众臣则书于木策"①，这显然是想当然地编造。

第四节 《御批历代通鉴辑览》《（康熙）御批资治通鉴纲目前编》《世宗宪皇帝御制文集》《御制文》初集、二集、三集的记述和评论

傅恒等纂修的《御批历代通鉴辑览》作为当时法定的历史教科书，推广到社会和学校中，这是以皇帝之尊统一历史认识的一种措施。该书依据《尚书》、先秦诸子（尤其是《孟子》）、《史记》等资料的记载，对尧、舜事迹加以整理编排，选取当时学界较认可的史料，从而推出尧、舜的历史。其基本指导原则是维护他们作为圣帝名王的尊位。其对舜的赞语是这样写的：

> 帝濬哲文明，温恭允塞，临下以简，御众以宽。德若天地而静虚，化若四时而变物，是以四方风动，畅于异类，凤翔麟至，鸟兽驯德。年二十以孝闻，三十尧举之，五十摄天子事，六十一代尧践帝位，践位四十八年，年百有十岁南巡，遂崩于苍梧之野。三年丧毕，禹避帝之子于阳城。天下诸侯不归帝之子而归禹，禹乃即位为夏后氏。②

《（康熙）御批资治通鉴纲目前编》一书则以康熙皇帝"御批"的形式编选了一批前人的文章，总的要求是符合"圣治"的需要，宣扬传统的历史观。在"史论"中引"静轩周氏曰"阐发对舜的评价如下：

> 明君以求言为急，圣学以得贤为要。不求言则聪明必为之壅蔽，不得贤则政事必为之堕弛。故谏诤辅弼之臣，非人臣之利，乃社稷之福也，人君之所当重也。帝舜以生知安行之圣，非学知利行之质，不以己之聪明为聪明，而必求人之聪明；不以己之贤圣为贤圣，而必求人之贤圣。立诽谤之木于国都，虽言涉诽谤不罪也，岂若后世有诽谤妖言

① （清）程大中：《四书逸笺》卷六《四书人物遗事·舜》，影印文渊阁四库全书本。
② （清）傅恒等：《御批历代通鉴辑览》卷一《有虞氏》，影印文渊阁四库全书本。

之令乎？传曰舜好问而好察迩，言执其两端用其中于民，其恭己无为而天下自治矣。弹五弦之琴，歌《南风》之诗，气象何从容也。观其南风之薰可以解吾民之愠，惟恐民之不乐生息而致贫窭也。民已安矣而犹以为未安，治已治矣而犹以为未治，圣人不自满足谦尊而愈光之意，可见矣。呜呼！视听求贤自辅，而又歌解愠、阜财之诗，一举而听言求贤，恤民之事皆在其中，宜乎恭己无为，垂衣裳而天下治也。圣人道大德宏，有如是哉！①

《世宗宪皇帝御制文集》是雍正皇帝的文集，其中的《执中成宪御论》是他对舜的评论：

《家语》舜之为君也，其政好生而恶沙，其任授贤而替不肖，德若天地而静虚，化若四时而变物，是以四方风动，畅于异类，凤翔麟至，鸟兽驯德，无他，好生故也。虞舜宽裕而温良，敦敏而知时，畏天而爱民，恤远而亲近。虞舜好生而恶杀，盖生者发育长养之意，是以圣人好之；杀者闭藏收敛之威，是以圣人恶之。二者皆天地四时之功用，故下文曰德若天地而静虚，化若四时而变物。盖天地以静虚伪德，故其生杀也，以神应而无心。四时以变物为能，故其生杀也，亦化行于不悖。观风霆雨露之兼，施秋肃春温之迭嬗，则知天地四时之有杀，正天地四时之恶杀，正天地四时之好生也。圣人合天地四时以为心，故恶杀而不能用杀。如四凶之诛，五刑之作，皆尧、舜好生恶杀之实心实政，若务好生之虚名，而以无杀为恶杀，则其流必出于姑息之一途，政宽民慢如水弱之玩而多死，是非真能恶杀，乃适成其为好杀也，岂天地好生恶杀之心？岂圣人好生恶杀之道乎？帝尧之言，曰一人有罪，此我陷之也。惟存此心，然后可以恶杀。盖明罚敕法正以遏恶扬善，顺天命期于人人皆知远杀，其斯为真能恶杀者乎！②

雍正皇帝这番借舜好生恶杀的议论，透出的是他对自己嗜杀成性的诠释。生杀是一对矛盾体，各以对方为存在的前提：因为好生必须敢杀，只有敢杀才能真正好生。离开了杀无所谓生，只有杀恶才能促生。雍正的议论反映了儒法结合、外儒内法是秦汉以降中国政治理论的核心理念。

乾隆皇帝的《御制文》初集、二集、三集是他“经筵御论”的结集，汇集了

① (清)《(康熙)御批资治通鉴纲目前编》卷首《总论 · 史论》，影印文渊阁四库全书本。

② 《世宗宪皇帝御制文集》卷九《执中成宪御谕》，影印文渊阁四库全书本。

他读经典的思考。如讲到"舜明于庶物,察于人伦,由仁义行,非行仁义也"一段时,他说:

明以识事物之理,察以尽人伦之详,察虽若精于明,然事物原不出人伦之外也。处人伦之间而能尽人伦之详者,莫过于舜,故孟子曰由仁义行非行仁义也。盖由仁义行则仁义与己为一,行仁义则己与仁义为二。仁者安仁,无所勉强,而所行无非仁,能仁而安,有不能义者乎?知者利仁,则是知其为利而行之者,其视从容中道由由仁义而行,浑然无间不待用力者,则有别矣。《易》曰"同归而殊途,一致而百虑",不察于人伦之间而尽仁义之详者,乌足与言内圣外王之道也耶!①

乾隆对"仁义行"和"行仁义"的区分反映了他对"内圣外王"之道的理解,他认为"仁义行"是发自内心的行动,而"行仁义"则更多的是实践仁义的外部展现。舜是"仁义行"的一个典型。

乾隆在《御制文二集》卷三《论重瞳》中讲了他对"重瞳"的理解:

史出于经,经莫古于《尚书》。《易》虽始自伏羲,然伏羲但画卦而无辞,文王、周公则已后焉。故纪事之书,必以《典》《谟》为信而可征,溯而上之三坟十级纪,或出后人耳食之辞矣。《典》《谟》之记尧、舜,亦惟载放勋、重华之实政,无所谓八彩、重瞳之语也。自庄、列谬悠之说兴,而好奇炫古者无不极其诡僻谲诞之撰述,思以尊古圣实则诬古圣也,而司马迁乃至称舜重瞳子,项羽亦重瞳子,且以谓或其苗裔,吁可怪哉!审如是,则虞遂、箕伯、胡公实舜后也,千百年之间,何无一人重其瞳者?夫重瞳者何?盖谓目明耳,如日重光、月重轮之类,非必有二日两月并照于天也。且人之生也,五官四肢百骸各有定体,异此则为怪异鬼物,圣之为圣不系此也。故辟四门,明四目,舜之重瞳即在此。项羽有范增不能识,即可定为非重瞳,而岂在两瞳子之在目中乎?甚其说者,且以谓舜之重瞳并立,羽之重瞳上下立,夫羽之瞳或有见者,舜之瞳有谁曾见哉?此真不直一噱矣。至仓颉四目之说,亦谓其始制文字,教后世有并明之德耳,又岂真有四目生其面乎?

乾隆从常识的角度出发对"重瞳"进行解释,说明他摆脱神仙怪异而尊重理性。至于世界上有没有"重瞳"之人,最好让生物学家予以解释。不可否认,舜本身就是一个传说中的人物,而他的事迹在流传过程中又不断被

① 《御制文初集》卷一,影印文渊阁四库全书本。

后人附加一些怪异的传说，而乾隆皇帝的可贵之处在于，他自觉跳出怪异，恢复对舜的理性认识。在《御制文三集》中，他对舜的事迹中的“焚廪浚井”同样持怀疑态度：

辨古人之事而不折中于理，虽有悬河之口炙毂之智，徒资踳驳而无当于事，如舜之焚廪浚井是矣。夫此事始于万章而成之于司马迁，遂令后世咸以为必有，而余则以为必无，亦微折中于理而已。夫舜大孝者也，蒸蒸乂不格奸，是瞽叟与象亦有所回心矣。于是帝妻以二女，百官、牛羊、仓廪备，则是时叟与象亦不能使之完廪浚井矣。且捍笠而下，匿空而出，是舜预有防矣，有所防非孝子之心也，申生且弗为，而谓舜为之乎？使叟、象果有其事，舜亦惟叩首泣血求之于叟而已，求而弗得，舜亦必不为勇于从而顺命，将陷父于不慈，所为小杖则受，大杖则走，舜亦必有以处此矣。孟子之对咸邱蒙，不曰齐东野人之语乎？然则万章之问，亦当以齐东野人之语折之而不答，何必废辞？后世若刘知几、苏辙、罗泌，虽皆见及此而未尝折衷于理，以谓必无其事，且费辞。

乾隆如此理性地对待舜的问题，可能是乾嘉时期的学风对这位皇帝也产生了影响。这正应了黑格尔的一句名言：人们克肖于他们的时代，甚于自己的生身父母。

第五节　《尚书七篇解义》《溶村集》《尚书地理今释》的记述和评论

李光地（1642～1718），字晋卿，号厚庵，福建安溪人。清康熙进士，官至文渊阁大学士。他是清朝著名理学家，学宗程朱，曾奉命主编《性理精义》《朱子大全》等书，著有《榕村全集》等。他的《尚书七篇解义》是对《尧典》《舜典》《大禹谟》《益稷》《禹贡》《洪范》《皋陶谟》的解释，其中大部分都涉及尧、舜。他的解释以理学的基本理念为指导，以阐发义理为主轴，行文简要，突出核心内容。如解释《舜典》中的“曰若稽古，帝舜曰重华，协于帝，濬哲文明，温恭允塞，玄德升闻，乃命以位”：

濬哲文明亦言存诸心者，温恭允塞亦言著诸身者，然濬之深而哲，文之盛而明，则外者备矣；温而本于恭，信而处于实，则内者形矣。

又如解释"慎徽五典,五典克从;纳于百揆,百揆时叙;宾于四门,四门穆穆;纳于大麓,烈风雷雨弗迷":

五典克从则齐家之效,百揆时叙则治国之征,四门穆穆则又足以平天下之验也,与《尧典》之义同。烈风雷雨弗迷者,因适有是事见舜之事天者如事亲,威怒之加敬而不失其度,是孝之成也。

再如解释"象以典刑,流宥五刑,鞭作官刑,朴作教刑,金作赎刑,眚灾肆赦,怙终贼刑,钦哉钦哉,惟刑之恤哉":

朱子曰:"象刑者五刑,国之常刑也,其可矜者则以流宥之;鞭扑,官府学校之刑也,其可矜者则金以赎之。过误不幸者纵赦,有恃不悛者加刑,所以权衡于五者之内,钦慎哀恤之意常流通于七者之中。"愚按末二语,史者赞舜之仁也。

再如解释《大禹谟》中一段:"帝曰:来,禹!泽水儆予,成允成功,惟汝贤。克勤于邦,克俭于家,不自满假,惟汝贤。汝惟不矜,天下莫与汝争能。汝惟不伐,天下莫与汝争功。予懋乃德,嘉乃丕绩,天之历数在汝躬,汝终陟元后。人心惟危,道心惟微,惟精惟一,允执厥中。无稽之言勿听,弗询之谋勿庸。可爱非君?可畏非民?众非元后,何戴?后非众,罔与守邦?钦哉!慎乃有位,敬修其可愿,四海困穷,天禄永终。惟口出好型戎,朕言不再。知禹曰:枚卜功臣,惟吉之从。帝曰:禹!官占惟先蔽志,昆命于玄龟。朕志先定,询谋佥同,鬼神其依,龟筮协从,卜不习吉。禹拜稽首,固辞。帝曰:毋!惟汝谐。"释文是这样的:

此记舜再命禹摄位之事而因传以心法治法,鲁论以为即尧命舜者也。有人则有心,而道具焉,一而已矣。然人者,形也;心者,神也;道者,性也。妙合以凝而精粗本末分矣。形有迹性无象,心之神明则出入有无之间而兼体之者也。自其因形以发,则曰人心口鼻耳目四肢之欲是也;自其根性而生,则曰道心仁义礼智之良是也。形交于物而引于物,故我为物役则危矣;性本于天而命于天,故人与天远则微矣。精者察其机辨,人心所以差之介一者,存其诚保道心所自具之真也;中者理之极致,《易》所谓天德天则者也。存而体者则立天下之大本,察而由之则成天下之大经。惟精惟一则即所以执其中者,非精一之外别有执中之事也。稽者稽于古,询者询于今,道者人心之所同然,无古今一也。故有精一之学又当稽询而审处之,《中庸》所谓好问好察,执其两端用其中于民者,舜之事也。可爱者君,以其众所戴也;可畏者民,为其邦所以守也。可愿即可爱也，敬修其可爱者，则众惟元后之戴矣。若民困穷则天禄将去，邦谁与守，可畏孰其甚焉？夫圣人之爱民出自道心之至仁，非惧其天禄之去而后为之者也。然圣人者吉凶与民同，患不言及吉凶祸福之几，则闻者无所儆戒。知者闻之，反之于身而自求多福焉；不知者闻之，屑屑于防患猜物，权诈兵刑将由此起。故帝云：我言亦止于是矣，不必谆谆也。①

以上数段比较充分地展现了李光地的释经风格，他从理学的义理出发，通过对尧、舜事迹的解读，证明理学义理的正确性，以确立其作为永恒真理的万古不灭之义。另外，李光地的《榕村集》中也收有他解经的文章，如卷十八《二典》论及唐、虞之政：

孟子曰："尧以不得舜为己忧，舜以不得禹、皋陶为己忧。"是善读书者也，是故《尧典》以举舜终，《舜典》以命二十二人终。虽然，正邪不并立，君子小人不兼进，故共、驩、伯鲧之既辨，然后舜可得而举也；四罪之既加，然后二十二人可得而用也。又其上则经纬天地之事，故历象授时《尧典》先焉，齐七政，封山浚川《舜典》先焉，若其本则皆圣人之德为之。故赞尧者首曰峻德，而其效至于百姓昭明黎民于变也；赞舜者首曰玄德，而其效至于百揆时叙四门穆穆也、观二篇所记可谓至约矣，而尧、舜之道备焉。故曾子固谓当时史者亦圣人之徒，岂不信哉？抑二篇之事不同而其体如一，盖其本末先后有如前之所言，则尧之道舜不能易，尧、舜之道天下万世不能易也审矣！不修德则不能敬天，不能敬天则不能遏恶扬善退小人而进君子，不遏恶扬善退小人而进君子而曰致治如唐、虞之盛者，此后世所以日远于唐、虞之治而不可复也夫！②

这一段诠释唐、虞之政，将尧、舜标榜为圣帝名王的楷模，将唐、虞之政树为盛世的标杆，这种完全理想化的理解实际上远离了历史事实。不过对于传统儒学的理念来说，这样的理解却正在其学术规范之中。

卷二十三《尧典》论及舜之孝弟：

"克谐以孝，烝烝乂，不格奸"，似当专承象傲而言，盖谐之一字非所以用于事亲，而奸之一字亦非所以施于父母也。夫父母之不爱舜，以有象耳，使舜不能与象和谐，则益拂父母之心，安能孝乎？故能和谐于象者，乃其所以尽孝也。象之奸甚矣，骤欲格而正之，适长其恶耳，

① （清）李光地：《尚书七篇解义》卷一，影印文渊阁四库全书本。

② （清）李光地：《榕村集》卷一八《二典》，影印文渊阁四库全书本。

舜惟以和气薰蒸而嘿治之而不格正其奸恶，如《孟子》万章所述之事虽未必有之，然亦可想见其亲爱和厚而无几微藏怒宿怨之心也。人不能顺于父母者，由不能和于兄弟也，不能和于兄弟者，由不能刑于寡妻者，故凡人之情，有妻子而友爱薄，友爱薄而孝道疏矣。尧闻舜之孝友又闻其有鳏，故曰：我其试哉！欲试其既有妻室而能孝友之不衰也。

这一段显示了李光地对孝弟关系的理解：由弟能更好地推及于孝，因为兄弟和谐最能获得父母的欢心。具体到舜与父母和象的关系，他的这种理解究竟与历史真实有多大距离是很有疑问的。

蒋廷锡的《尚书地理今释》是对《尚书》所涉及的地名进行古今对应和诠释的一本书。在将尧、舜事迹所涉及的地名对勘今之地名时，相当多的学者有不同指认，所以他的今释也只能算作一家之言。例如，他认定三苗在"今湖广武昌、岳州二府，江西九州府地"，三危在"今陕西嘉峪关外废沙州卫界"，羽山在"今山东兖州府沂水东南一百里，接郯城县及江南淮安府海州赣榆县界"，历山在"今山西平阳府蒲州南三十里"，等等。学术界对此有多种说法。不过，应该承认的是，他的解释绝大多数还是有道理的。

第六节　《唐虞考信录》《古文尚书辨伪》的记述和评论

崔述(1740~1816)，字武承，号东壁，直隶大名(今属河北)人，乾隆朝举人。曾在福建任知县。三十而后，从治经入手进而治史。他博览群书，对先秦古史进行详博的考辨。他怀疑史书而笃信经书，于是以经为准而对古史加以考疑、考信，留下了一批以《考信录》命名的著作，如《唐虞考信录》《三代考信录》《丰镐考信录》《洙泗考信录》等，近代学者将其汇编为《崔东壁遗书》。他是乾嘉学派著名代表人物之一，其涉猎的学问和治学方法对中国近代史学的发展产生了深刻影响。

《唐虞考信录》一书几乎对尧、舜有关的史迹都进行了考证，从一定意义上说，这是对此前混乱歧义的尧、舜事迹的一次总清理。他对古文《尚书》中将《尧典》分成《尧典》和《舜典》提出自己的看法，认为尧、舜之典不可分：

伏生所传今文《尚书》，有《尧典》，无《舜典》。孔安国、杜林等所传《古文尚书》，于《尧典》外别有《舜典》一篇而残缺不全，不行于世。

东晋以后，伪《古文尚书》出，有《大禹谟》以下二十五篇，仍无《舜典》。至齐代，有姚方兴者，称于大航头得“曰若稽古帝舜”以下二十八字，乃割《尧典》“慎徽五典”以下置于其后，谓之《舜典》，其本渐传于北。至唐，孔颖达遂黜孔、杜相传古本而遵之作《正义》，至今相沿用之。余按：尧、舜之事果分二典，则《尧典》当尽于尧殂落后，岂有尧尚为天子，舜但摄政，而遽以其事属之《舜典》？崇臣当祧君，舜逼之邪？众弃之邪？虽后世阿世之史官不至此。悖礼伤教，其谬一也。《尧典》首云“曰若稽古帝尧”，故其后文承之以“帝”称尧而不复名。《舜典》首云“曰若稽古帝舜”，则其后文亦当以帝称舜，乃上自帝舜，下自帝尧，帝者谁耶？称名不正，其谬二也。“帝曰钦哉”与“慎徽五典”，前后文义相承也。乃画《尧典》至“钦哉”止，则《尧典》文散漫无尾，而“慎徽五典”等语无所因，文理不通，其谬三也。《孟子》云：“《尧典》曰：‘二十有八载，放勋乃殂落，百姓如丧考妣，三载，四海遏密八音。’”然则秦火以前原通为《尧典》不分《舜典》矣。梁武帝云“伏生误合五篇，皆文相承接，《舜典》首有‘曰若稽古’，伏生虽昏耄，何容合之”，然则孔门所授果分《舜典》，传经者必不通以为《尧典》矣。故“尧”之称止于篇首一见，而舜于尧崩之后尚称舜，格于文祖曰“舜”，咨于四曰“舜”，咨禹以下蒙上咨岳之文乃称为“帝”，而及其陟仍曰“舜”，不若尧之殂落称为“帝”也。何者？此篇《尧典》，故于舜必别白言之，义例甚明，后之学者自不察耳。曰：然则二帝何以合为一《典》也？曰：天下之所以治，万古之所以开，由于禹、稷、契、皋陶诸圣人，而诸圣人之用由于舜，舜之举由于尧，故《虞书》记天下之治必归公功于尧，而记尧之功必放于舜命百官熙绩之后，然后尧得人之仁可见也。尧之逊位也，曰：汝能庸命巽朕位？舜之命官也，曰：有能奋庸熙帝之载？然则一篇之中所命皆尧之命，所为皆尧之事，舜特终尧之事云尔，舜固不自有其功也。二帝之身虽巽，二帝之治则相首尾，史臣不得而分之也，故并舜之事而统名之曰《尧典》，称尧则足以兼舜，称舜则足以兼尧也。《史记》于两人事相首尾则为合传，夫《尧典》亦若是而已矣。曰：舜之事统于《尧典》，尧之典何以反属之《虞书》也？曰：《虞书》者，兼《九共》《汩作》《皋陶谟》等而统命之也，诸篇皆记虞事，无涉于唐，不可通名为《唐书》；而虞之成功实始于尧，《尧典》实兼虞事，故以《尧典》冠《虞书》也。余初为《考信录》，放司马氏《本纪》，分唐、虞为二，既十余年，始自觉其谬，乃因《尚书》之旧合为一云。①

在尊经的前提下，崔述对从《尧典》分出《舜典》的古文《尚书》作了彻底的否定，同时对将《尧典》归入《虞书》的合理性进行了极具说服力的论证。又如他对“流四凶本尧心”的阐发，基本上廓清了人们对这一问题的疑问：

此其记放齐、驩兜及鲧之用，何也？曰：所以为举舜张本，亦所以为流四凶之张本也。朱既不足以付大事，而共工、驩兜相与比周，鲧功又不克成，是以尧之心迫欲得一人以代己而敷治也。共工、驩兜皆为尧所斥绝，即鲧之用亦非尧意，是以舜摄政后流之放之于远方也。曰：然则尧何以不流放之而必待夫舜也？曰：当尧之时，或其才有可取，罪尚未著，犹欲冀其成功，望其悔过；及舜摄政后而情状日以显著，功既难冀其成，过亦无望其悔，然后流之放之。但《电》文简质，未及详载其由耳，非尧不能去，必待舜而后去之也。盖尧之心但欲庶绩咸熙，黎民所得，原不私此数人，故舜流之放之而无所嫌。故《虞书》于舜未摄政之先记此数章，以见四凶之流放本皆尧之心，舜特体尧之心，终尧之事，以成尧之美，而初未尝反尧之政也。由是言之，知尧之心者莫如舜，而能知尧、舜之心者莫如作《尧典》之人，然则此篇亦非圣人不能为矣。

（《唐虞考信录》卷一）

与尊经相反，崔述对于许多非经书记载的舜的事迹持怀疑态度。例如，对所谓“历山让畔之说”，他就提出了反对意见：

《史记·五帝本纪》云：“舜耕历山，人皆让畔；渔雷泽，人皆让居；陶河滨，器皆不苦窳。一年而所居成聚，二年成邑，三年成都。”余按：此皆后人追美舜德之词，不必实有其事。舜尚不能化象之傲，历山、雷泽之人岂皆贤而无肖哉？“成邑”“成都”，即《孟子》“士多就之”之意而极为形容者。都、邑、聚，皆后世之名，显为后人所撰，非古本有是语也。大抵称古人者多过其实，以舜之不顺乎亲也，则谓舜既升庸之后，瞽瞍犹欲杀之；以舜之德能型俗也，则谓舜当耕稼穑之时，人已化而归之。试比而观之，无乃感一家太难而感一方太易乎？且孔子恶乡原，《孟子》称“士憎兹多口”，故曰“不如乡人之善者好之，其不善者恶之”，“有不虞之誉，有求全之毁”。虽上古人情淳笃，与后世不同，要未

① （清）崔述：《唐虞考信录》卷一，丛书集成初编本。

敢信为必然也。故不载。(《唐虞考信录》卷一)

对舜、象异母之说,其亦提出异议:

《史记》云:“舜母死,瞽瞍更娶妻而生象;爱后妻子,常欲杀舜。”余按《史记》此文采之《书》及《孟子》,而《书》《孟子》皆未言为后母。则《史记》但因其失爱故亿之耳。郑武姜恶庄公而欲立共叔段,隋文帝以独孤后之言立广而废勇,岂必皆异母哉?汉刘表其妻生子琦、琮,后妻蔡氏之姪,琮妻也,遂爱琮而谮琦,而世俗相传,谓琦与琮异母,亦以其爱故亿之也。吾恶知舜之于象不亦如琦之于琮乎?《经》既无文,阙之不失为慎。(《唐虞考信录》卷一)

再如,对“不告而娶”“完廪浚井”以及《左传》《孟子》《史记》等书的诸多记载的不实之处都有辨证。其中对“完廪浚井”的辨证,崔述先引司马光的辩说,再加以详细论证:

余按《经》曰:“克谐以孝,烝烝乂,不格奸。”舜之德能感其父母使不至于奸,安有不能感其父母使不杀己者乎?瞽瞍且欲杀舜,何以谓之不格奸;舜且不能使瞽瞍不欲杀己,何以能使之不格奸哉?舜既见举受官,则慎徽五典,纳百揆,宾四门,将惟日不足,何暇闲居家中而完廪、浚井而鸣琴也?使瞽瞍之掣舜肘至此,舜亦安能为尧尽职乎?象之恶舜,虽封之犹不使得有为于其国,况乃使之治己臣庶,使象得肆其虐,彼臣庶何罪焉?盖舜之家事见于《经》者,“父顽,母嚚,象傲”而已,因其顽嚚而傲也,遂相传有不使娶之说,相传有欲杀舜之事。谚曰“尺水丈波”,公明贾曰“以告者过”也,天下事之递述而递甚其词者往往如是,君实之辨是也。程子、苏氏亦皆以此事为乌有。故今列之存疑。但君实、子由皆讥《孟子》之言之失,程子亦有“以意逆志”之说,而按此文乃万章之语,《孟子》但云“象喜亦喜”,明圣人于弟子之无藏怒耳,非必谓万章所言历历皆实事。况《孟子》七篇乃门人所记,亦未必无遗漏润色,恐不当遂以是疑《孟子》也。(《唐虞考信录》卷一)

他甚至对《尧曰》篇命舜词“咨尔舜:天之历数在尔躬!允执其中。四海困穷,天禄永终”提出质疑:

按汉儒所传之古文《尚书》(谓《史》《汉》所称,马、郑所传之孔壁古文,非隋刘焯所传之伪古文孔氏《传》),二帝、三王之言具在也。尧之让岳也,曰:“朕在位七十载,汝能庸命巽朕位?”其授舜也,曰:“询事考言,乃言底可绩,三载,汝陟帝位。”皆欲其代己熙庶绩以安天下耳,未尝以天下为重而欲常保而无失也。舜之咨岳也,曰"有能奋庸熙帝之载",其庆载歌也,曰"股肱喜哉,元首起哉,百工熙哉",惟欲熙庶绩以终尧之功耳,亦未尝以天下为重而欲常保而无失也。下至汤、武之誓,亦但以救民拨乱为言,绝无一毫沾沾于天位之心。逮成王时,周公、召公迭进相诫,始多儆以保守先业之难,此为守成之主,贤人以降言耳,固不足为唐、虞大圣人道也。然周公之《立政》《无逸》犹全微露其意,惟《召诰》乃谆焉。吾故读《尚书》而有以知夫帝王之升降,圣贤之深浅也。孔子曰:"巍巍乎舜、禹之有天下而不与焉。"孟子曰:"舜视弃天下犹弃敝屣也。"又曰:"遵海滨而处,终身欣然,乐而忘天下。"然则天禄之去留,初不在舜意念中也明矣。今《论语》所载尧命舜之词,乃云"四海困穷,天禄永终",尧授舜以天下,岂但欲其不令四海困穷;舜之不令四海困穷,又岂徒为永终天禄计哉?且舜固尝"让于德,弗嗣"者也。舜之命禹也,禹让之于稷、契、皋陶;命伯夷也,伯让之于夔、龙;垂则让之殳、斨、伯与;益则让之朱、虎、熊、罴。是知古之圣人,其于进退得失之际无容心焉。故舜之命之,亦止告以"汝平水土,惟时懋哉","夙夜惟寅,直哉惟清"而已,不惕之以失职之罚也。"三载考绩"虽有"黜陟"之文,然此特为庶官言之,非此数圣人亦特此而后勉也。舜方让而不居,而尧乃以"天禄永终"戒之,是何其待舜之太薄也邪?《孟子》曰"天与贤则与贤,天与子则与子",又曰"莫之为而为者天也",此特事后推原其故云尔;若禅让时,则曰"慎徽五典,五典克从;纳于百揆,百揆时叙",不征之于天也。其后三王誓师,始称天以令众。然曰"威侮五行,怠弃三正",乃曰"天用剿绝其命";曰"有夏多罪,天命殛之",必曰"夏王率遏众力,率割夏邑,有众率怠弗协",曰"时日曷丧,予及汝皆亡",未有不征之于人事而徒索之于杳冥者,何者?天道远,人道迩;天无迹而难凭,人有为而共见,岂有置人事不言而但以历数为据,使后世暗干者得借为口实乎!……(《唐虞考信录》卷二)

崔述对《尚书》和先秦古籍中几乎所有关于尧、舜事迹的记载都提出了与众不同的见解。他认为"群牧"未有定数,《史记》所记"五岳"之名不足据,《左传》所记八元、八恺失实,肇十二州以前无九州,而十二州之名也无可考,《左传》所言殛鲧之事荒诞,其记"四凶"不过是传闻,殛鲧兴禹非一时事,益掌火在作虞前,尧时歌谣如《击壤》等"皆后人所拟作",伯翳非益,益非皋陶子,夔一足非指人,九官非一时所命,等等。对于不少问题,他进行

了重点的辨证。他考定“舜立朝覲巡狩之制”:

《尧典》于舜摄政之日,何以详记朝觐巡狩也?曰:朝觐巡狩之制始于舜也。自尧以前,圣帝迭兴,其时亦必有朝觐巡狩之事,但尚未有定制;到舜而后垂为常典,故记之也。曰:天下政事多矣,舜之摄之,必有大变革,大号令,以新天下之耳目,而所记他事殊少,独记朝觐巡狩乃过半焉,何也?曰:此圣人御天下之要道也。盖天子以一人而临四海,虽有如天之仁,而远方遐国,穷簷蔀屋,势不能以周知,故所重惟在“明”,是以称尧之德先以“钦明”,述尧之事先以“克明峻德”,纪尧之命官先以“辟四门,明四目”也。然天下之大,何以明之?今夫人主数与其大臣接,则宦官宫妾左右之臣不能欺矣;然则人主数与天下牧民之吏接,则大臣不能欺可知也;人主数与天下耆老庶民接,则牧民之吏亦不能欺可知也。是故朝觐巡狩者,天子所以为明也。盖以天下之广,诸侯之众,其仁与暴、勤与惰、政事之修举废坠,天子皆无由知之。虽有百即墨大夫,而不胜毁言之日闻;虽有百阿大夫,而不胜誉言之日至。虽尧、舜之臣必无壅蔽者,然圣人之心常以不能周知天下为惧,故使之岁一朝以尽诸侯之情而考其职。又虑其暴而饰为仁,惰而饰为勤,废坠而饰为修举也,故又五岁一巡狩,以尽天下耆老庶民之情而证所述之职之虚实。由是言之,朝觐之典,非以媚天子、效嵩呼也,将以询其政事也,故《孟子》曰“诸侯朝于天子曰‘述职’”,述职者,述所职也。巡狩之典,非以极游观、博景物也,将以验其政事也,故《孟子》曰“天子适诸侯曰‘巡狩’”,巡狩者,巡所狩也。盖尧、舜虽躬圣人之德,而常恐天下之一民一物不得其所,故子贡曰“博施于民而能济众,何如”,孔子曰“尧、舜其犹病诸”。惟其病也,是以定为朝觐巡狩之永制也。后世相沿日久,以为典礼固然,能知圣人之深意者少矣。盖圣人之明有二:曰用人,曰察吏,二者交互为用,不可偏废。故《尧典》于舜摄政时纪察吏之事,必终之以“敷奏以言,明试以功”,所以明徒察之无益也;于舜即位后纪用人之事,必终之以“三载考绩,黜陟幽明”,所以明徒用之未周也。(《唐虞考信录》卷二)

再如,他考定“尧让舜非传舜”:

《尚书大传》云:“尧为天子,丹朱为太子,舜为左右。尧知丹朱之不肖,必将坏其宗庙,灭其社稷,而天下同贼之,故尧推尊舜而尚之,属诸侯焉。”《史记·五帝本纪》云:“尧知子丹朱不肖,不足授天下,授舜,则天下得其利而丹朱炳;授丹朱,则天下病而丹朱得其利。尧曰:‘终不以天下之病而利一人。’卒授舜以天下。”由是世之论者皆谓尧舍其子丹朱而以天下与舜。余按:不以天下与子,自古圣人皆然,不独尧也。盖上古之时,诸侯各有其国,各子其民,有大德之圣人出焉则相率而归之,圣人没则已耳;非若后世创业之主以兵受命,征伐攻取而后能得天下,而子孙世守其业者比也。是以上古有天下者,其前皆无所受,其后皆无所授。自羲、农、黄帝以降皆若是而已矣,非尧以丹朱不肖故独不传之子也。且尧亦未尝传天下于舜也,尧之初意但欲让舜以天下耳。故《尧典》曰“咨,四岳,朕在位七十载,汝能庸命巽朕位”,又曰“格汝舜:询事考言,乃言底可绩,三载,汝陟帝位”,是尧本期得舜之后即以天下与之,但以舜不肯受而让于德弗嗣,不得已乃使舜受终摄政,至尧崩而后践位焉,初非虑身后之天下无所属而始属之舜也。曰:尧不虑身后之天下无所属,何为汲汲焉以天下与舜也?曰:此尧之所以为大也。尧以天下未治,故授之舜使治之也。盖尝洪荒世,天下未平,生民多患,人犹蠢蠢焉去禽兽不甚远。此之为治,犹辟荒田而驭生马,不但非一圣人所能独理,亦并非数十年所能奏功。使非尧与舜两大圣人,耘锄驯扰相继于百五十载之久,则治功不成。且夫禹、皋、稷、契数圣人者,亘古不再得之人也,而非尧七十载之培植涵濡则无以钟其秀,非舜八十载之试功考绩则无以尽其材。是以尧之治至于“于变时雍”,而犹以为未足,自惟年老不能终其事,乃咨于众而得舜于畎亩之中,授之天下而使治之。虽舜不肯陟帝位而受,终摄政固已代尧敷其治,至尧崩而天下诸侯卒共戴舜以为天子,然后水土平。礼乐兴,庶绩咸熙而开万世无穷之业,使后世贤圣之君有所遵守以安其民。由是言之,生万世之人者天也,治万世之人者尧也,尧之心一天而已矣。故孔子曰:“唯天为大,唯尧则之。”此尧之所以创前古所未有而授舜以天下也。是故尧之所以为圣,在乎能为天下得舜而不在乎能以天下与人。《孟子》曰:“以天下与人易,为天下得人难。”圣人之视天下,犹敝屣也,其去其留,无所关其意焉。当其生也且欲巽位,况其子与天下之利病,尚何待于较量?《大传》所言固与圣人之心刺谬,即《史记》以为不私其子者其视尧亦甚浅盖二子皆以己之心揣度圣人而为之说,而不知圣人天地日月之心之不如是也。后之人不肯细绎《经》文,尧让舜以天下非传舜以天下,又不知尧所以与舜天下之故,但见舜继尧为天子,遂以

《大传》《史记》之言为实，误谓尧不传子而传之舜，不以为善为子谋，则以为不私其子，因而以之度舜，遂并以之疑禹。圣人之心之晦于后世也久矣！故今于尧首发明之，而概不载后人揣度之言。（《唐虞考信录》卷二）

崔述的这一段论述中有些认识是深刻的，如"不以天下与子，自古圣人皆然"一句，他觉察到古代有一个部落酋长选举的军事民主时代，将这一酋长选代方式硬是归结为圣人的高尚道德使然，就显示了儒生的迂腐之处。因为他以"家天下"的思维去理解禅让，就只能从道德的层面找原因，也就无法准确理解和解释历史了。

与"尧让舜非传舜"相联系，崔述提出"舜无禅禹之事"的观点：

自秦、汉以来，世之论者皆谓尧以天下与舜，舜以天下与禹。故世所传东晋古文《尚书·大禹谟》云："帝曰：'格汝禹，朕宅帝位三十有三载，耄期倦于勤，汝惟不怠，总朕师。'正月朔旦，受命于神宗，率百官若帝之初。"余按：尧以天下与舜，诚有之矣；若舜以天下与禹，以《经》考之则殊不然。尧之禅舜也，《经》书之详矣。曰："帝曰：'咨，四岳，朕在位七十载，汝能庸命巽朕位？'"是尧未得舜而久欲以天下与人矣。曰："师锡帝帝曰：'有鳏在下，曰虞舜。'帝曰：'我其试哉！'"是尧举舜之意即欲以天下与之矣。曰："帝曰：'格汝舜，询事考言，乃言底可绩。三载，汝陟帝位。'舜让于德，弗嗣。正月上日，受终于文祖。"是尧既试舜，欲与以天下，舜让不肯受，而尧乃使之摄政也。自舜即位以后，但记其询岳，咨牧，命官，考绩，而禅禹之事未有一言及之者，则舜未尝以帝位授禹明矣。以天下授人，千古之大事也。尧之授舜也，言之详，词之累；舜果亦以天下授禹，何得终舜之身略之而不记乎？《典》者，所以记事也；《谟》者，所以载言也。《典》犹《春秋》也，事无大小必书；《谟》犹训诰之文也，取其言之足为世法而已，其人之事不载之于篇中也。故《尧典》于二帝四岳九官之事无不书者，《皋陶谟》则但载皋陶之言而明刑作相之事皆不列焉。舜果尝授禹以天下，其事当载于《典》，不当载于《谟》明矣。今《典》反不言而《谟》反有之，然则是伪撰《尚书》者习于世俗所传舜禅于禹之言而采摘《传》、《记》、诸子之为以补之耳，乌足为据也哉！《孟子》曰："帝使其子九男二女，百官牛羊仓廪备，以事舜于畎亩之中，将胥天下而近之焉。"又曰："舜受尧之天下，不以为泰。"而独于舜，禹未有一言及其授受者。《孟子》曰："尧以不得舜为己忧,舜以不得禹、皋陶为己忧。”于舜之得人乃以禹、皋陶并称,则舜、禹之事与尧、舜之事固不得而同矣。盖自舜崩之后,天下诸侯皆归于禹,皋陶、稷、契皆让于禹,禹辞之不获而遂受朝觐,治其狱讼耳。故禹终身不称“帝”而称“王”。何者?二帝之德虽以为继,禹谦不敢遂陟帝位与尧、舜齐,但以天下无主,姑称王以镇抚之,所谓“天下归往谓之王也”也。不然,尧以帝位授舜而舜帝,舜亦以帝位授禹而禹何以独不帝而王也哉?曰:尧既以天下授舜矣,舜何为不以天下授禹?然则舜之圣将不逮尧乎?且舜既不授禹,将授之商均乎?曰:天下者,天之天下也,非天子之所得而予夺者也。是以唐、虞以前天子未有以天下授人者,各自以其德服之而已,不强身后之天下使之从一人也。惟尧以洪水未平,生民未安而礼乐亦未与,己不能终其事,故举舜而授之,使代己治天下。若舜之世,则洪水固已平矣,生民固已安矣,礼乐固已与矣初无所待于人之终其事也;身没之后,听天下之自归于有德可也,舜不比挟天之天下而自授之人以示其恩也。盖尧之禅舜乃创前古未有之奇,故二帝合为一书而统名《尧典》。明乎两帝之犹一代也,不可以此为例而谓有一天子必复传之一天子也。……且尧之使舜摄政也,在位七十二载,其年固已老矣,而舜年始三十有二,故尧以身后之事属之。若禹之年则与舜相近,舜没后甫十年而禹没矣,舜安治己之必先禹而没,而预以身后之事属之也哉?尧之世,大臣贤者莫如四岳,尧固已让之而辞之矣,共、驩之属则罪人也,其余无可与舜肩随者,故舜之受禅无嫌焉。若禹、皋陶、稷、契、夔、益之伦,则其年与名位略相埒,虽禹之功德尤茂而亦比肩伯仲也,即舜独拔禹而授之帝位,恐禹此时亦未必遂受也。由是言之,尧之禅舜,特也;舜之未尝禅人,常也。自古天子皆然也。后人但见商、周之继,而遂以为自尧以前亦然;但见舜、禹之相继为天子,而遂以为尧传之舜,舜传之禹。舜既然矣,禹何以独不然,由是传贤传子之疑纷纷于世。故必明于舜、禹之事,然后禹、启之事可迎刃而解。(《唐虞考信录》卷四)

这样,崔述实际上否定了禅让之说。接下来,他对“十六字心传”“舜伐三苗”以及“舜崩苍梧”之说等皆持否定态度,显示了他信今文《尚书》而排拒古文《尚书》的坚定态度。

《唐虞考信录》一书确实反映了崔述作为一个经学家和史学家求实求真的治学态度,但也突显出了他的局限。他总是以今例古,没有从历史发展变化的角度去看待制度的变迁。同时,他对今文经的绝信和对其他记载的怀疑也是一种偏见,限制了他对历史的深入认识。其实,古文经和其他史书记载的有别于今文经的史迹,有些同样接近真实的历史。

崔述还著有《古文尚书辨伪》一书,可以看作是《唐虞考信录》的姊妹篇。该书较之阎若璩的《尚书古文疏证》更进一步地揭示了古文《尚书》的资料来源,将与尧、舜有关的史迹进行了辨证,同样是对尧、舜问题的一次较为彻底的廓清。

第七节　马骕《绎史》的记述和评论

马骕(1621~1673),字宛斯,又字聪御,山东邹平人。顺治朝进士,曾任淮安(今属江苏)推官和灵璧(今属安徽)知县。他是清初著名历史学家,一生致力于先秦历史的研究,以《绎史》和《左传事纬》名世,有“马三代”之称。他的《绎史》一书为纪事本末体,网罗汇集了上古三代史的主要文献资料,加以剪裁编排,为当世和后来的研究者提供了极大的方便。

马骕《绎史》的第十卷《有虞纪》将《史记》《帝王世纪》《越绝书》《淮南子》《书》《尸子》《荀子》《庄子》《汉书》《尚书大传》《吕氏春秋》《管子》《新书》《韩诗外传》《高士传》《墨子》《礼记》等书中有关舜的资料加以有序编排,向人们展示他心目中舜的历史与思想。他最后总结说:

> 匹夫而有天下,自舜始也。尧知其子不肖,以为授贤则天下;利,授子则丹朱利而天下病,终不以天下之病而利一人,故授舜而不疑,至公也。舜在侧陋,以纯孝格亲,玄德升闻,岳牧咸荐,使之主事而事治,使之主祭而鬼神享讴歌狱讼,虽避之而不能也,至德也。当是时,俊乂登朝,化洽四海,赓歌喜起揖让,庙堂之上,有更姓之名而无改物之实,故唐、虞犹一家也,非甚盛德而能若此乎?据《史记》所序叙,黄帝以至三王,皆同族异号,舜亦黄帝苗裔,盖尧之群从玄孙属也。先儒非之,曰以尧、舜为同族,则二女之妻几于嬻姓乱序,舜为父母所恶,屡濒于死,耕稼陶渔,必待四岳之荐而后用,则不得谓之九族既睦。故《路史》考据《国语》,以为舜之系出于虞幕五帝之中,独不祖黄帝,其说甚备,可谓信而有征矣。余因是而反复详究,不独舜不祖黄帝,即颛顼亦不当祖黄帝,既颛顼不祖黄帝,则夏后氏亦不当祖黄帝矣。曷言之?《国

语》史伯之言，曰成天地之大功者，其子孙未尝不章，虞、夏、商、周是也。虞幕能听协风以成乐物生，夏禹能平水土，商契能和合五教，周弃能播植谷疏，其后皆为王公侯伯。《左传》史赵之言，曰自幕至于瞽叟无违命，舜重之以明德，是舜之祖幕，审矣！《国语》又曰幕能帅颛顼者也，《左氏传》又曰陈颛顼之族也，是幕之祖颛顼，亦审矣！《史记》之误，由于轻信《世本》，果如《世本》所言，黄帝至尧五世，至舜则九世，颛顼至禹三世，至舜则七世，何舜独年代之数而尧、禹年代之旷邪？盖《世本》一书出于周末，采记前代之世次，必多遗脱，《史记》用之而不知察也。周历千余年而十五世，论者皆知其疏矣，尧、禹之祖能必其不疏乎？少昊之为帝，史且遗之矣，诸世代之微者，能必其不遗乎？虽然，世代之疏漏则有之矣，至如穷蝉以下诸名必非凿空增设，再加以虞幕而幕，又未必即颛顼之子穷蝉之父也，若是，则舜之世代与尧、禹益相悬绝矣，何能同时授受？余故知前代之世次必有遗脱也，抑尝考之《汉书》，曰黄帝之子清阳，其子孙名挚，以金德王，号曰金天氏，是少昊氏乃黄帝之后裔而非其子也。《国语》曰少昊氏之衰，九黎乱德，颛顼受之，盖少昊氏，一代之通称，非当世而遽衰也。然则颛顼之去黄帝，中间旷隔，何得为黄帝之孙昌意之子？《山海经》言黄帝生昌意，昌意生韩流，韩流生颛顼，韩流或作乾荒。按《山海经》所载，古帝子孙率多简略，安知乾荒之外，不更有所遗乎？且颛顼与帝喾，亦未必亲相接承也，不知传历几世而后高辛氏兴，将帝喾上至黄帝，又不止三世而已矣。古之帝王，一代之兴，必建立名号，至如世之相承，则因之而不改，故太昊十五世皆袭庖牺氏之号神农八世皆以炎帝称，何独黄帝之后，伯仲子孙递相授受，必世世殊称易号运，而列为五帝也哉？《春秋命历序》曰：黄帝传十世，少昊传八世，颛顼传二十世，帝喾传十世，此虽纬谶杂说，不足深信，然而足以补迁《史》之疏，济诸说之穷，似未可尽弃也。又《汉书》帝系，曰颛顼五世而生鲧，即鲧非颛顼之子，是夏之上世，史有遗脱矣。《左传》称高阳氏才子八恺，高辛氏才子八元，此十六族者世济其美，若即为二帝之子，则高阳八子何其寿？高辛巴子岂其尧之诸帝邪？盖二氏之族党，犹言颜氏有八贤也，故杜氏注云皆其苗裔。夫高辛之苗裔，尧未能举，是喾尧亦非父子相承，或高辛氏历世既久，及挚而衰，尧始起而代之，是尧之上世，史亦有遗脱矣。若此，则唐、尧、夏后之世代可以相值，即曰尧、舜同出于黄帝，固已旷代疏绝，犹鲁之于宋、秦之于赵也。《传》曰黄帝之子二十五人,同姓者二人而已,异姓则异德,男女相及以生民也。《记》曰系之以姓而弗别,虽百世而婚姻不通者,周道然也。若如鲁、宋、秦、赵,久为异姓别宗,则尧亦何嫌于二女之嫔虞,而又何必疑于舜之降在匹庶,尧不能亲睦也哉?至于禘郊祖宗之制,则《礼》有明文矣。《大传》曰"禘者,禘其祖之所自出,以其祖配之",况神不歆非类,礼不祭非鬼,有虞氏之禘黄帝而郊喾,祖颛顼而宗尧也,其于报亲绍尧之义,两不相违,不必攻《戴记》之失而曲折言之,固已畅然矣。不然,疑舜之祖,将并疑高阳夏后之祖,夫岂史迁同族异号之说,茫然无所原本而肆为妄谬,以待后人之摘发哉?惜乎诸儒疑统系之舛,而未及察世代之疏,仁山金氏发其端,而未究其所以然也。①

在上述这段话中,马骕对文献中有关舜的世系和事迹的记载中的诸多矛盾给出自己的解释。他的高明之处在于,他不是见到矛盾即否定史迹的真实性,而是在指出文献记载的缺陷的基础上力图恢复历史的本来面目。他指出,司马迁等人的记载中可能存在脱漏和错讹,要求人们对这些脱漏和错讹给予体谅和理解。但由于他未总结历史发展的规律,更不知道传说在多头演进中出现歧异的必然性,特别是不理解司马迁等人按照大一统观念整齐中国的传说资料时无法避免矛盾和扞格。不过,在当时的历史条件下,他的诠释已经超过了前代,说明他在虞舜问题上的历史认识达到了空前的水平。

第八节　顾祖禹《读史方舆纪要》的记述和评论

顾祖禹(1631～1692),字景范,祖籍江苏无锡,生于江苏常熟,后又移居无锡城东之宛溪,因而学者称其为"宛溪先生"。他幼承家学,熟读经史,曾漫游神州不少地方。明朝灭亡后,他隐居不出,笔耕不辍。从顺治十六年(1659)至生命之终的三十多年间,他一直潜心研究中国的历史地理,著成当时中国历史地理的代表作《读史方舆纪要》。

《读史方舆纪要》记述了当时中国各府、州、县的行政区划和城邑设置

① (清)马骕:《绎史》卷一〇《有虞记》,影印文渊阁四库全书本。

的历史变迁，凡涉及传说中的舜的史迹之地，皆加以说明，从而留下了一幅他比较认定的舜的行止地图。例如，在山东，他记载了与舜有关的多处地方：济南的历山（舜耕处）、舜庙、舜井、娥英庙，曹州（今菏泽）的历山、雷泽（舜耕处和渔处），定陶的陶丘（舜陶处），东昌府（今聊城）的姚墟（舜生地）、尧城、偃朱故城（丹朱之邑）、历山、雷泽、陶墟，登州（今蓬莱）府有殛鲧的羽山。另外，还有辽东（今辽宁）都指挥使司的广宁卫（今辽宁锦州）有舜封的十二山。在山西，书中记述了与舜有关的多处地方：平阳府（今临汾）的蒲州（今永济西南）有舜都蒲阪城和历山、沩汭水（舜娶二妃处）、舜井、陶城和雷泽；解州安邑（今运城）有鸣条冈，是《孟子》记载的舜的葬地；闻喜县的董泽是"舜封董氏豢龙之所"；绛州垣曲县（今垣曲东南）有诸冯山，即《孟子》记载的舜的生地。在湖广（今湖南、湖北），记述了与舜有关的多处地方：衡山，舜巡狩的南岳；九疑山，舜的葬地；岳州府澧州慈利县（今属湖南）有崇山，即舜放驩兜处；长沙府湘阴县（今属湖南）有黄陵山，上有舜二妃墓；湘江支流名哀江，是二妃哀思舜之地；常德府沅江县（今湖南益阳北）有重华城，被认定为虞舜古城；永州府应阳县（今湖南零陵）有鼻墟，即舜封象处；道州（今湖南宁远一带）有庳国地，是舜封象地，有鼻亭，亦为舜封象地，有玉琯岩，为舜祠后石室，得十二玉琯之地。在浙江，书中记述了与舜有关的两处地方：一为绍兴府余姚县，以舜支庶封于此而得名；二为上虞县，亦因舜支庶封于此而得名，县内一百官桥亦名舜桥。在广东，书中记述了与舜有关的两处地方：一处在韶州府曲江县笔峰山有舜泉，韶石山有如双阙对峙的两巨石，为舜登临奏《韶》乐处。另一处在英德县南山有鸣弦峰，传说为舜南巡弹琴处。在广西，书中记述了与舜有关的三处地方：桂林府临桂县（今广西桂林）有虞山、舜潭、舜祠和尧山；灵川县有舜华山和舜池；柳州府融县（今融水苗族自治县）有圣山，其上有舜祠。

与明、清两代的志书相比，《读史方舆纪要》记述的与舜有关的古迹显然少得多。这种情况或许表明，作为一个严肃认真的历史学家，顾祖禹对传说中的圣帝名王的史迹存有很多疑问，因而在记述时采取较慎重的态度，尽量少记或不记，以免给地方留下争议的根据。再就是他以个人之力，所用材料来自文献记载。他很少有机会到全国各地游览和访谈，对不少文献的记载持审慎态度，这可能也是他少记或不记的原因吧。

第九节 （雍正）畿辅、江南、江西、浙江、湖广、山东、山西、陕西、甘肃、广东、广西等地通志、《钦定大清一统志》《（嘉庆）九疑山志》《（光绪）宁远县志》的记述和评论

清朝雍正时期，各省区在官方的督导下修了大量通志，这些志书对各地的山川名胜、历史人物、风土人情等的记载务求其详，因而形成对各地有关舜的文物古迹的一次总检括。由此我们可以了解，到清朝中叶，舜的文物古迹已经遍布长城内外和黄河、长江、珠江三大流域等广袤的中国大地。

赵宏恩等监修的《畿辅通志》记载了保安州（今河北涿鹿北）和定州（今河北定县）的多处历山、舜井、舜泉和虞舜庙以及潘县故城的舜都，唐县的舜庙，开州（今河南濮阳）的历山、舜祠，密云县境的共城（舜流放共工之地）。

赵宏恩等监修的《江南通志》记载了常熟（今属江苏）的虞山和舜井，常州（今属江苏）的舜山，无锡（今属江苏）的历山，海州（今属江苏）的羽山（舜殛鲧处），寿州（今安徽寿县）的舜哥山，建德县（今属浙江）的历山、舜王桥，江阴（今属江苏）的东、西舜城和舜井，池州（今属安徽）的尧城、舜城。

尹继善等监修的《江西通志》记载了万安的韶山，相传舜南巡奏《韶》乐之地，抚州免水山又称尧山，有庙供奉尧、舜、禹，临川尧山庙则供奉尧、舜、禹。

嵇曾筠等监修的《浙江通志》记载了余姚县作为舜支庶居地的众多舜迹历山、象山、舜井，会稽县的谷米山、舜山、舜江皆舜耕之地，上虞县的象田山、舜井、握登山、圣母庙，舜桥、粟里（相传舜储粟处），绍兴会稽山有虞舜巡狩台、虞舜庙、握登圣母庙。

迈柱等监修的《湖广通志》记载了随州（今属湖北）的历山，湘阴县（今属湖南）的黄陵山、二妃庙，衡阳县（今属湖南）的雨母山舜南巡处、舜庙、舜井，临武县（今属湖南）有舜峰山（舜南巡处）、舜峰隘、舜祠、舜岩、舜水，零陵县（今属湖南）有舜庙，焦山有舜南巡憩息所，东安（今属湖南）有舜峰、舜庙，道州（今湖南道县）有虞舜庙、皋陶庙、斑竹岩、鼻墟、鼻亭祠相传为二妃追舜处，宁远县（今属湖南）有九疑山、舜帝陵、舜帝庙、玉琯岩、舜源水，蓝山县（今属湖南）有舜庙、皇英祠、夔庙，邵阳县（今属湖南）有大舜庙，巴陵

县(今湖南岳阳)君山有湘妃庙、二妃墓,蒲圻县(今属湖北)有舜帝庙,均州(今属湖北)有舜耕处。

岳濬等监修的《山东通志》记载了济南历城的历山、舜庙、舜田、舜井、娥英庙,沂州府兰山县(今临沂兰山区)的舜歌城,曹州府(今菏泽)有历山、帝舜庙、重华书院。

觉罗石麟等监修的《山西通志》记载了翼城历山、舜王坪、姚墟,垣曲县瞽冢山(又曰鸣条山)(相传瞽叟葬此),又有诸冯山、历山、舜王坪、舜井、娥皇、女英祠、淘米泉、帝乡泉。长子县有丹朱岭、苍梧山、舜墓,永宁县有《吕梁碑》,记虞帝世系;阳城县有河、泽相传为舜渔、陶之处,沁水县有历山、舜庙、陶壑;永济县有蒲阪,为尧、舜、禹建都处,有历山、妫汭二水、舜井、舜原(舜出生地)、舜庙、雷泽;临晋县有陶城,南对蒲津关,相传为舜制陶的地方;猗氏县有鸣条冈,其上有舜陵;代州有舜山、舜井、舜庙、舜子寺;安邑县有鸣条冈、舜陵和祭祀尧、舜、禹的三圣庙;平陆县有吴山,上有虞城;浑源州有飞石窟,相传为舜巡狩地;祁县有祭祀尧、舜的二帝行祠;洪洞县有舜庙、娥皇、女英祠;太平县有帝舜庙、古虞官庙、伯益墓;岳阳县有帝舜庙;介休县有源神庙,祀尧、舜、禹三圣;河曲县有舜庙。

由于历史上记载舜陵的地方很多,而实际的舜陵只能有一个或根本就没有,所以不时有学者写出辨证文章,试图给舜陵一个确切的定位。《山西通志》收录了清代张京俊的《舜陵辨》一文,全面深入地辨证舜的九处葬地中只有安邑的舜陵是真的,其余葬地尤其是九疑山之零陵完全是后人附会。

> 安邑县治西北三十里曲马村,有鸣条冈,舜陵在焉。湖广永州府九疑山亦有舜陵,历代祀典致其下,千古之疑也。窃尝考之,古祭不墓,故帝王陵寝不见于古文。元魏太和,始诏祀尧于平阳,舜于河东,禹于安邑,汤于汾阴。至唐代宗永泰二年,诏道州舜庙蠲近庙佃户充扫除,从刺史元结之请也。又唐张谓《道州舜庙碑》云旧无陵庙,天子有事,皆于山下行之,因建庙焉,此永州有舜庙之始。宋建隆中复诏天下,于帝王陵墓设守视禁樵苏,自太昊以下十六帝,各给守陵五户,此永州有舜陵之始,盖遵《史记》之文也。按帝舜卒葬之说,见于古文者凡九。《尚书》:舜三十征庸,三十在位,五十载陟方乃死。《礼记·祭法》:舜勤众事而野死。《檀弓》:舜葬苍梧之野,盖二妃未之从也。《国语》:展禽曰舜勤众事而野死。《孟子》:舜生于诸冯,迁于负夏,卒于鸣条。《山海经》载舜陵不一,《海内南经》云:苍梧山,帝舜葬于阳,丹朱

葬于阴;《大荒南经》云:南海之中,有氾天之山,赤水穷焉,赤水之东,有苍梧之野,舜与均叔之所葬也;又云:帝尧、帝舜、帝喾葬于狱山;《海内经》又云:南方苍梧之丘,苍梧之渊,其中有九疑山,舜之所葬,在长沙零陵界中。《孔子家语》:帝命二十二臣率尧旧职,恭己而已,平地成天,巡狩四海,五载一始,三十年在位,嗣帝,五十载陟方岳,死于苍梧之野而葬焉。《竹书纪年》云:四十九年,帝居于鸣条,五十年陟。司马《史记》:舜践位三十九年,南巡狩,崩于苍梧之野,葬于九疑,是曰零陵。此九书之中,《尚书》尚矣,言死而不言其地。《檀弓》为合葬者引,虽云苍梧,未可便谓是南荒之苍梧。《礼记》《国语》之言,其叙致似出一手,不知展禽之引古礼欤?抑汉儒取《国语》之言杂入《礼经》耶?曰勤众事而野死,为《祭法》引之也。夫舜命官分职,平地成天,此舜事也,若以南巡为勤众事抑末矣,则二书所云勤众事勤民事者,恐亦未可以南巡实之也。若《山海经》则博而不伦,《家语》则取《尚书》《檀弓》《国语》之言而杂著之,益非有见也。《孟子》《史记》二书之是非既辨,则千古之疑剖矣。窃以为孟子之言必有确据,《檀弓》《国语》,在孟子时恐尚未有南巡之解,即有之,亦孟子所不取也。秦火之余,典籍阙略,其作《史记》,取《国语》《世本》《国策》而成之,其云南巡狩崩苍梧葬九疑者,不无可议。夫《尚书》既云"格汝禹,朕宅帝位三十有三载,耄期倦于勤,汝惟不怠,总朕师"。又曰"正月朔旦,受命于神宗,率百官若帝之初",是禹既已摄行天子事矣,今曰南巡狩,是百一十岁之天子,尚驱车南荒,则禹所摄者何事?一可议也。且天子七月而葬,同轨毕至,今云葬九疑,当时诸侯悉赴南荒耶?抑不赴耶?苍梧尚在九疑南五百里,何不即葬于苍梧,而复有九疑之返耶?是又可议也。且以《尚书》陟方为巡狩,蔡九峰注亦疑之矣,窃惟五十载陟方一句,是总叙舜位之年,非谓此时巡狩也,夫叙历位之年,何以云陟方?盖以陟方为天子事,岳牧不得而同之,故以此叙历年,犹云五十载为天子也。然倦勤之后,何以系帝载,亦犹帝摄行二十载,尧未尝去天子位也。今《史记》巡狩二字,实本之陟方,即使不诬,而"南"之一字又何所本乎?是又可议也。若是则子长之言,似不得与孟子较短长矣!独可疑者,子长生长龙门,去鸣条不二百里,何以舍安邑之舜陵不言,而远取南荒为哉?其五帝赞云:余尝西至崆峒,北过涿鹿,东渐于海,南浮江淮矣,所至长老皆各往往称黄帝、尧、舜之处,风教固殊焉,总之不离古文者近是。夫曰近是，则亦未尝必以为是也。晋太康中，盗发魏襄王冢，得竹简书数车，纪年自黄帝至周赧王之十二年，《舜纪》云：四十九年，帝居于鸣条，五十年陟。与《孟子》适合。魏承晋霸之余，居三圣故都，文物之备可知，《竹书》之言，非无据也。若是，则舜之不葬永州而葬安邑之鸣条，确矣。尝见李卓吾有《洞庭湘妃辨》，亦云舜陵在安邑，考辨甚悉，似无剩义，而徐司马又益以所闻。兹述支辨，亦窃欲附益云尔。①

再后，张京俊又写了《舜陵后辨》，进一步指出孔安国和司马迁认为舜葬零陵的失误：

舜之不葬零陵，余既言之矣，他日读西汉书，乃知子长所从误由于孔安国也。西汉《儒林传》曰：孔氏有《古文尚书》，安国以今文读之，遭巫蛊，朝廷多事，未立于学宫，而司马迁亦从安国问，故迁《书》载《尧典》等篇多古文说。今按安国注《尚书》"五十载陟方"云：方，道也，舜在位五十载，升道南方巡狩，崩于苍梧之野而葬焉。此子长《史记》南巡狩崩苍梧之所本，非古史传文有据，乃得于孔安国之经解也。安国之说既误子长，然安国又有所从误也。安国，孔子世孙，宰我、檀弓皆孔子弟子，二戴之《礼》，述宰我《五帝德》及《檀弓》篇皆有舜葬苍梧之文，想安国之时，鸣条之苍梧湮没无传，而南方之苍梧窃附其名，故误指为南巡也，独不谓古文方国，秦汉郡邑，二千年来得仍而不变乎？且言苍梧而不言方国，则是天子畿内地也。安国以秦汉郡邑之名，驱《尚书》陟方从其说，不大误乎？《孔子家语》载《五帝德》一篇，乃增"陟方岳"三字。又变《尚书》之文矣，其亦出于安国乎？夫辨者如射覆，得实如发覆，覆之既发，辨可勿用矣。两存之者，盖非辨无以洗群书之疑，非考实无以明辨之果是也。事理之核，自有冥合如程伯淳之数仓柱，人心之灵未可尽误也，然则安邑之舜陵果是乎？《孟子》叙伐桀之事，曰自牧宫，《书》曰自鸣条，则鸣条，牧宫宫名也，盖郊外之离宫也。《竹书》曰：舜暮年居于鸣条。注云鸣条有苍梧山，则舜之卒于鸣条葬于苍梧，非有异也矣。《晋书》谓安邑旧舜都，非无见也。《风土记》曰旧说舜葬上虞，其言亦可释也。虞，盖舜始封之邑，又舜子均叔之封也，若谓会稽之上虞则非也。今蒲州东南八十里有苍陵谷，去妫汭水不远，王肃曰妫汭虞地名，则苍陵谷亦古虞地也。今中条山，以《竹书》断之，

① （清）觉罗石麟等修：《山西通志》卷一七九《辨证四 · 张京俊舜陵辨》，影印文渊阁四库全书本。

古必有苍梧之名，故《檀弓》等书，皆云舜葬于苍梧，亦非诬言也。彼零陵之说，诚荒唐矣。（《山西通志》卷一七九《辨证四·舜陵后辨》）

应该承认，作为舜葬安邑说的代表，张京俊的辨证是相当有说服力的。不过，他不明白的就是安邑的舜陵实际上也是象征性的。因为安邑的舜葬地也是元魏所定，其时距舜的崩逝时间至少已经过去三千年，所以安邑的舜陵也是后人附会的产物。全国各地的舜陵为什么越来越多？原因其实再简单不过。既然舜是中华民族的人文始祖之一，各地的民众都有权利设祠立庙祭祀，久而久之，舜的祠庙墓地就遍地开花，而所有这些看似煞有介事的墓地，实际上没有一个是真的。

刘于义等纂修的《陕西通志》记载了西乡县的虞舜庙，兴安州的虞庙、妫墟（相传为舜生地），西城县的虞舜祠，长武县的英皇庙，商州的女英冢等。查郎阿等纂修的《甘肃通志》记载了沙州卫的三危和敦煌县的三危山都是相传舜窜三苗的地方。郝玉麟等纂修的《广东通志》记载了曲江县舜峰寺、皇舜祠。金鉷等纂修的《广西通志》记载了临桂县的尧山、虞山、舜祠，灵川县的舜山、舜池、双女冢，苍梧县的舜陵，融县的舜庙以及灌阳县的舜帝庙等。

乾隆时期和珅等监修的《钦定大清一统志》，也记载了大体与以上志书相同的舜的文物古迹。嘉庆时期吴绳祖重编、樊在廷纂辑的《九疑山志》，记载了该地区与舜有关的山水陵墓、祠庙及其他文物古迹。光绪时期张大煦等纂修的《宁远县志》，记载了该县与舜有关的文物古迹，特别是详细记载了明、清两代朝廷对舜帝陵越来越密集、规格越来越高的祭祀盛况。在明朝277年中有祭祀12次，平均23年一次，主祭官员级别最高者为太常寺少卿，一般都是翰林院编修之类的较低级官员。清朝从建立至光绪元年的232年中，共有祭祀36次，平均6年多一次，主祭官员大多数都是侍郎、左都御史、国子祭酒、布政使、都统、总兵之类的文武高官。这突出表明，舜作为中华民族人文始祖的地位得到官方的不断肯定和认可。

第十节　顾炎武《日知录》的记述和评论

顾炎武（1613～1682），字宁人，江苏昆山亭林镇人，故称“亭林先生”，明清之际的著名思想家和学者。他早年参加“复社”，揭露和抨击宦官把持下朝政的黑暗统治。清兵入关后,他的嗣母以身殉国。他先是参加昆山、嘉定一带抗清的武装起义,失败后十谒明陵,遍游华北,所至收集资料,考察地理风俗民情,特别致力于边防和西北地理的研究。他一面垦荒种田,一面纠合同志,从事复兴明朝的活动。他学识渊博,对经史百家、音韵训诂、典章制度、天文地理、兵农水利等均有精湛研究,开清朝一代"朴学"之风。著作有《日知录》《天下郡国利病书》《肇域志》等。

顾炎武的《日知录》汇集了他治经史的文章,其中一些篇章涉及对舜有关问题的认识。如《帝王名号》一篇就考证了尧、舜、禹皆为名:

> 尧、舜、禹皆名也,古未有号,故帝王皆以名记,临文不讳也。考之《尚书》,帝曰格汝舜,格汝禹,名其臣也;尧崩之后,舜与其臣言,则曰帝;禹崩之后,《五子之歌》则曰皇祖,《胤征》则曰先王,无言尧、舜、禹,不敢名其君也。自启至发,皆名也,夏后氏之季而始有以十干为号者。①

对于这个在历史上争论不休的问题,顾炎武的观点可能是最接近历史真实的。他特别推崇尧、舜之道为孝弟,并认定这是仁之本:"尧、舜之道,孝弟而已矣。是故克明俊德以亲九族,九族既睦平章百姓,百姓昭明协和万邦,黎民于变时雍,此之谓孝弟,为仁之本。"他还对不少问题提出了与以前圣贤学者不同的意见,如湘君、湘夫人,他认为与舜及其二妃没有任何关联,其所有关联的记载皆出于后人的附会。对舜与父母的关系,他的意见也与孟子相左:

> 《虞书》所载,帝曰:予闻,如何? 岳曰:瞽子父顽母嚚象傲,克谐以孝,烝烝乂,不格奸。是则帝之举舜,在瞽瞍底豫之后。今孟子乃谓九男二女、百官、牛羊、仓廪,备以事舜于畎亩之中,犹不顺于父母,而如穷人无所归,此非事实。但其推见圣人之心若此,使天下之为人子者,处心积虑必出乎此,而后为大孝耳。(《日知录》卷七)

再如,他认为舜封象有庳,尽管有庳位于辽远的三苗荒服之地,也是合乎情理,原因是中原地区可封之地已经很少。在《尧冢灵台》一文中,他坚决否定了《竹书纪年》关于"舜囚尧"的记载:

> 舜陟方乃死,见于《书》;禹会诸侯于涂山,见于《传》。惟尧不闻有巡狩之事。《墨子》曰:"尧北教乎八狄,道死,葬蛩山之阴;舜西教乎七

① (明)顾炎武:《日知录》卷二《帝王名号》,影印文渊阁四库全书本。

戎，道死，葬南己之市；禹东教乎九夷，道死，葬会稽之山。”此战国时人之说也。自此以后，《吕氏春秋》则曰“尧葬于谷林”，太史公则曰尧“作游成阳”，刘向则曰“尧葬济阴”，《竹书纪年》则曰“帝尧八十九年作游宫于陶，九十年帝游居于陶，一百年帝陟于陶”，《说文》“陶再成丘也，在济阴，有尧城，尧尝三居，故尧号陶唐氏”，而尧之冢始定于成阳矣。但尧都平阳，相去甚远，耄期之年，禅位之后，岂复有巡游之事哉？囚尧偃朱之说，并出于《竹书》，而鄄城之迹亦复相近……《诗》《书》所不载，千世之远，其安能信之？《山海经·海外南经》“狄山，帝尧葬于阳”，注：《吕氏春秋》曰尧葬谷林，今成阳县西、东阿县城次乡中、赭阳县湘亭南皆有尧冢。《临汾县志》曰：尧陵在城东七十里，俗谓之神，陵高一百五十尺，广二百余步，旁皆山石，惟此地为平土，深丈余，其庙正殿三间，庑十间，山后有河一道，有金泰和二年碑记。窃考舜陟方乃死，其陵在九疑；禹会诸侯于江南计功而崩，其陵在会稽；惟尧之巡狩不见经传，而此其国都之地，则此陵为尧陵无疑也。（《日知录》卷二二）

顾炎武在有关舜的问题上的倾向表明，作为一个实事求是的学者，他的研究成果一方面显示他精审的治学态度，另一方面也显示他唯经是信的偏见。这就使他的观点也难免偏颇。

第十一节 《管城硕记》《香祖笔记》《分甘余话》的记述和评论

《管城硕记》，是徐文靖的一部读书笔记。其中，他在读《尚书·舜典》时，考证“受终于文祖”之文祖，不应是尧始祖之庙，而应该是“明庭之南府”。这一说法似是以后来的明堂类比，不见得符合事实。对“五十载，陟方乃死”，考证“方”为“道”，意思是“升道南方巡狩，死于苍梧之野而葬焉”，这一说法在文义上是说得通的。他在读《楚辞》时，力辩湘君、湘夫人与舜之二妃无关：

《九歌》之有湘君、湘夫人，是二神，江湘之有夫人，犹河洛间之有宓妃也，此之为神与天地并矣，安得谓之尧女？《礼记》曰：舜葬苍梧，二妃不从。明二妃生不从征，死不从葬，义可知矣。即令从之，二妃灵达,岂当不能自免于风波而有双沦之患?假复如此,《礼》"岳视三公,渎视诸侯",今湘川不及四渎,无秩于命祀,而二女帝者之后,配灵神祈,无缘当复下降小水而称夫人也。《帝王世纪》曰:女英墓在商州,盖舜崩之后,女英随子均徙于封所,故卒葬在焉。《竹书纪年》曰:帝舜三十年,葬后育于渭。沈约注曰:后育,娥皇也。帝舜五十年,陟方乃死,后已死二十年矣,何从与女英溺于湘江而改称为湘君耶?逸注以娥皇、女英堕湘水溺焉,妄矣。①

从文献辨证的角度衡量,这种说法或许有道理。但湘君、湘夫人与舜之二妃联系在一起,纯粹出于神话传说,因而不能以历史事实规范。

王士祯,原名士禛,因避雍正(胤禛)讳,先改士正,乾隆时奉命改为士祯。字子真,又字贻上,号阮亭,又号渔洋山人,山东新城(今桓台)人。顺治朝进士,官至刑部尚书。他是清代著名诗人和学者,门生众多,著作丰硕,影响巨大。著有《带经堂集》《池北偶谈》《居易录》《渔洋山人精华录》等。

王士祯在其著作《香祖笔记》里谈及舜,对《史记》等文献的有关记载提出异议:

东坡谓:《史记》舜请"流共工于幽陵,以变北狄;殛鲧于羽山,以变东夷"云云,屈原云鲧悻直以亡身,则鲧乃刚而犯上者耳,若四族皆小人,安能变四裔之俗哉?盖四族之诛皆非诛死,但迁之远方,为要荒之君长尔。此论与《竹书纪年》黜崇伯鲧合,而《史记》乃附会以浑敦、穷奇、梼杌、饕餮恶兽之名,杜预又以梼杌为鲧,若然则所谓不可教训,不知话言,不惟方名圮族而已,四岳何为而举?而尧何为而姑试之耶?皆不可通。《韩非子》又谓尧欲传天下于舜,鲧与共工谏,尧不听,举兵而诛鲧于羽山,诛共工于幽州。《吕氏春秋》则谓尧以天下让舜,鲧为诸侯怒欲为乱,比兽之角能以为城,举其尾能以为旌,舜于是殛之羽山。审若是,则尧、舜揖让而先以征诛,而舜乃以私憾杀鲧,何以服天下?由是黄熊、元鱼、黄龙诸妄说,纷纷而起,禹何其不幸哉?《楚辞》注尧长放鲧于羽山,绝在不毛之地,三年不舍其罪,与东坡之说相近,差可信。②

诛"四凶"这一公案人见人殊,其真相之有无实在难以判断。王士祯表

① (清)徐文靖:《管城硕记》卷一四《楚辞集注一》,影印文渊阁四库全书本。

② (清)王士祯:《香祖笔记》卷九,影印文渊阁四库全书本。

达的是与苏东坡相同的观点,反映了他们维护圣人神圣形象的深层意蕴。

在《分甘余话》中,王士祯批驳了认为尧、舜为谥号的观点:

> 昔人或以尧、舜为谥,人多疑其说。刘原父《五十谥法》一篇又云:"神化无方曰尼,耄期称道余曰聃,危言日出曰周。"然则周公、孔子及老子,皆以谥称乎?较尧、舜之说尤穿凿而妄矣!且历代以来,亦曾有谥尧、舜、周、尼、聃者否?……①

应该说,他的辩驳是有力的。

第十二节 《全史日至源流》《正蒙初义》《皇极经世书解》《六艺之一录》的记述和评论

许伯政的《全史日至源流》考察了尧舜时期的历法。他认定:"帝尧有虞氏经世,定为丙戌元年,在位五十载。《舜典》在璇玑玉衡以齐七政,正当尧老舜摄之时,殆承黄帝盖天之制而增修之,益加精密焉,此后世浑天气象之祖也。"②此说究竟是否科学尚难以判断,但作者恢复五帝历法的努力应该值得赞许。

王植在《正蒙初义》中认为在中国历史上只有七个圣人是"未有作而作之者",即历史的创新者:

> 作者七人:伏羲、神农、黄帝、尧、舜、禹、汤,制法兴王之道,非有述于人也。《张子语录》:"作者七人:伏羲也,神农也,黄帝也,尧也,舜也,禹也,汤也。"所谓作者,上世未有作而作之者也。伏羲,始服牛乘马者也。神农,始教民稼穑者也。黄帝,始正名百物者也。尧,始推位舜始封禅者也,尧以德禹以功,故别数之。汤,始革命者也。若谓武王为作,则武已是述汤事也。若以伊尹为作,则当数周公,恐不肯以人臣谓之作。若孔子自数为作,则自古以来,实未有如孔子者,然孔子已是言述而不作也。③

这显然是肯定这些君主在历史上的划时代贡献和具有里程碑意义。他将这些传说与真实的人物混在一起,予以偶像化的提升,展示的是传统

---

① (清)王士祯:《分甘余话》卷三,影印文渊阁四库全书本。

② (清)许伯政:《全史日至源流》卷首下,影印文渊阁四库全书本。

③ (清)王植:《正蒙初义》卷一〇《作者篇第十》,影印文渊阁四库全书本。

儒学的历史观和政治观。王植在他的另一部书《皇极经世书解》中，进一步展示了自己的历史评论。他往往引述以往著名圣贤名家、文人学者的观点，然后以“愚按”对这些论述进行评论，表明自己的看法。以下是他对于尧、舜、汤、武的评价：

昔者孔子语尧、舜，则曰垂裳而天下治，语汤、武则曰顺乎天而应乎人，斯言可以该古今帝王受命之理也。尧禅舜以德，舜禅禹以功。以德帝也，以功亦帝也，然而德下一等则入于功矣。汤伐桀以放，武伐纣以杀。以放王也，以杀亦王也，然而放下一等则入于杀矣。是指时有消长，事有因革，前圣后圣，非出于一途也？①

他将德、功、放、杀作为依次排列的四个层次，而同时将尧、舜、汤、武依次置于这四个层次之列，显示的仍然是“德主刑辅”的儒学老谱。再如，他对尧举舜、汤举傅说这样评论：

贤愚，人之本性；利害，人之常情。虞舜陶于河滨，傅说筑于岩下，天下皆知其贤，而百执事不为之举，利害使之然也。吁！利害丛于中而矛戟森于外，又安知有虞舜之圣而傅说之贤哉？河滨非禅位之所，岩下非求相之方，昔也在亿万人之下，今也在亿万人之上，相去一何远之甚也。然而，必云此者，贵有名者也。（《皇极经世书解》卷七《观物内篇之七》）

上述评论显示了王植的历史智慧。但是，由于他与其他古代的学者一样，都对尧、舜当时的历史真相缺乏了解，也就只能在以今例古的标准下猜度古人。这样一来，他们就很难对历史有一个接近真实的认识。

倪涛在《六艺之一录》中汇集了全国各地保存的历代有关虞舜的碑碣文字，对于研究对虞舜祭祀的历史提供了重要史料。

第十三节　《午亭文编》《粤西文载》的记述和评论

《午亭文编》一书，是陈廷敬讲经文稿的汇编，其中论及他对尧、舜的评价：

唐、虞之际盛矣，尝窃以谓此天人之介，君子小人消长之关，而天

---

① （清）王植：《皇极经世书解》卷七《观物内篇之七》，影印文渊阁四库全书本。

下治乱之所由分也。当尧之时，四凶、五臣并列，而驩兜举共工比周为党，五臣虽各率其职，未闻有能明其为凶而放殛之者，则天人消长治乱之关，其故岂其微哉？盖尧知舜久矣，以为非舜则四凶不能诛，而五臣不能尽其才，尧若曰与其诛四凶，不若登用舜。呜呼！此尧之所以为君之大也。当其时，驩兜居中而三苗负固于外，鲧方以洪水自重以妒天下，虽以尧之圣而不能迟回审顾于其间者，盖待凶人若斯之难也。尧若以谓及吾之身而制之，使犹不得逞也，然庶几其有悔心乎？既不得逞而有悔心，吾与斯人亦相忘于大化之中而已矣，即非然者，有舜在焉，舜之心犹吾之心也，至是而终无悔心之萌矣，举而诛之不见其有震惊之迹，而措天下于磐石之安。是以孔子赞尧之大，而又曰无为而治者其舜也与！夫舜有为而曰无为，圣人之心如天，天之心无为，圣人之心亦无为。当尧之时四凶可以不必诛，当舜之时四凶不得不诛，皆天也，非人之所能为也。故舜之无为，犹尧之无得而名也。舜登用而四凶诛，五臣各得尽其才，君子道长小人道消，天下极治而无乱者，本尧用舜以诛四凶之故也。非然者，则天人消长之关，可胜言哉？观尧之所以待四凶与所以用舜者，然后知尧之为君之大也。①

陈廷敬对尧、舜的评价颇具哲学意蕴，但其本旨却不离孟子一切皆“天为之”的基本观念。他认为尧、舜依照天的旨意行事，各人完成自己应该完成的任务，而殊途同归地都成就为圣人的典型。陈廷敬并不认同《舜典》不能单独存在而只是《尧典》之一部分的观点，他这样诠释二者的关系：

《虞书》者舜史臣所记，首《尧典》者尊尧也，《舜典》而尊尧，故先《尧典》而《舜典》系焉，故曰尊尧也。尊尧而不别之以为《唐书》者，何也？曰尊之也，亲之也，舜之于尧，义则君臣，恩则父子，君臣主义，父子主恩。尊尧而曰《虞书》者，若将引为一体，联为一家，合而同焉。不欲离而异焉，惧以君臣之义掩父子之恩也，不然者，虽以舜之史臣，独不可纪尧之行事特为一《书》，如后世修胜国之史者乎？故不别为《书》者，尊之至也，亲之至也，是以观《舜典》，而尊尊亲亲之道备焉。（《午亭文编》卷二八《经解·尧典》）

这里陈廷敬对《尧典》《舜典》与《虞书》关系的说明，完全以西周以后形成的尊尊亲亲的伦理观念为出发点，从而在深文周纳中将本来简单的问

① （清）陈廷敬：《午亭文编》卷二八《经解·尧典》，影印文渊阁四库全书本。

题复杂化了。其实,这个问题在阎若璩等人那里已经讲清楚了:今文经无《舜典》,其内容附于《尧典》中,后来人编辑《古文尚书》的时,将《舜典》独立出来,后人再从中生出新意,都是想当然的附加。

汪森编辑的《粤西文载》收录了历代一些关于舜的资料,其中明朝蒋冕写的《苍梧九疑之辨》,认为苍梧、九疑是两个地方,司马迁《史记》记载的“舜南巡行,死于苍梧之野,归葬于零陵之九疑山”①是准确的。同是明朝的魏濬写的《虞山尧山辨》,认为舜的葬地苍梧山绝不应该在辽远的南方,他肯定“海州东海县有苍梧山,海州近莒之纪城,去鸣条不远,合之《孟子》,此说近是”。这种说法前人已经表述过。魏濬接着说:“但以舜尝有南巡之事,桂州遂名山为虞,而建庙以祀舜。黄潭萦于虞山之后,亦曰皇泽潭,皆以舜得名,遂因舜而有尧山,以其与虞山正相望也。尤可异者,灌阳遂有禹庙,岭右,《禹贡》不载,履迹实所未至,古人遗迹,创自一人附会后,遂转相谬讹,率多类此。”②这实在是将中国到处都有圣帝名王遗迹的原因说到点子上了。

第十四节　碑文、祭文和诗歌韵语中的虞舜

中国古代王朝对舜陵的祭祀,以清朝的次数最多,规格最高,留下的祭陵文也最丰硕。其中,顺治皇帝一篇,康熙皇帝九篇,雍正皇帝二篇,乾隆皇帝十二篇,嘉庆皇帝五篇,道光皇帝五篇,咸丰皇帝二篇,同治皇帝二篇,光绪皇帝六篇,宣统皇帝一篇,共四十三篇。这些祭文都大同小异,除了赞颂舜的功德,主要是阐明自己“受天明命”的威德和功劳,是皇帝向臣民宣示自己膺承大统的正义性与合法性。如顺治皇帝的祭陵文:

> 自古帝王,受天明命,继道统而新治统。圣贤代起,先后一揆,功德载籍,炳如日星。朕诞膺天眷,绍缵丕基。景慕前徽,图追芳躅。明禋大典,亟宜肇隆。敬遣专官,代将牲帛,爰修殷荐之诚,用展仪型之志。伏惟格歆,尚其鉴饷。③

顺治皇帝在文中极力宣示的是清朝“受天明命,继道统而新治统”的正

---

① (清)汪森编:《粤西文载》卷五八《苍梧九疑之辨》,影印文渊阁四库全书本。

② (清)汪森编:《粤西文载》卷五八《虞山尧山辨》,影印文渊阁四库全书本。

③ (清)卞宝第、李瀚章等修,曾国荃、郭嵩焘等纂:光绪《湖南通志》卷七三《祀典二》,清光绪十一年(1885)刻本。

义性与合法性，表明其继承的是尧、舜、禹以来的中国道统。再看康熙皇帝的祭陵文：

朕惟自古历代帝王，继天立极，功德并隆，治统道统，昭垂奕世。朕受天眷命，绍缵丕基。庶政方亲，前徽是景，明禋大典，亟宜肇修。拜将牲帛，爰昭殷荐之忱，聿修尊崇之礼，伏惟格歆，尚其鉴飨。（清光绪《湖南通志》卷七三《祀典二》）

以后康熙皇帝的祭陵文更多地将他治国理政的功绩昭告全国臣民。如康熙二十一年(1682)的祭陵文：

朕惟自古帝王，受天显命，继道统而新治统。圣贤代起，先后一揆，成功圣德，炳如日星。朕诞膺眷佑，临制万方，扫灭凶残，廓清区宇，告功古后，殷礼肇称。敬遣专官，代将牲帛，爰修殷荐之诚，用展景行之志。仰企明灵，尚其鉴飨。①

这是向臣民宣示他剿灭"三藩"的战绩。又如康熙三十六年(1697)的祭陵文：

自古帝王，受天景命，制治绥猷，必禁暴除残，以乂安黎庶。缅怀往烈，道实同符。朕钦承帝祉，临御九围。兹以狡寇跳梁，亲征漠北，荡涤寇氛，廓清边徼，永靖兵革。以与普天率土，乐育太和。敬遣专官，代将牲帛，昭告古先哲后。虔修禋祀，式彰安攘之模，用展景行之志。仰企明灵，尚其鉴飨。（清光绪《湖南通志》卷七三《祀典二》）

这是向臣民宣示他征服漠北蒙古的战绩。再如康熙四十二年(1703)的祭陵文：

朕惟自古帝王，继天立极，出"震"承"乾"，莫不道洽寰区，任周遐迩。朕钦承丕绪，抚驭兆民，思致时雍，常殷惕厉，历兹四十余载。今岁时届五旬，宵旰竞竞，无敢暇逸，渐致民生康阜，世运升平。顷因淮、黄告成，亲往巡历，再授方略，善后是期。睹民志之欢欣，滋朕心之轸恤，遄回銮驭，大沛恩膏。用遣专官，敬修祀典，默赞郅隆之治，益弘仁寿之休。尚鉴精忱，俯垂昭格。（清雍正《湖广通志》卷首）

这是向臣民宣示他治下国泰民安的盛世之景。

在清代，祭陵最多的乾隆皇帝，祭文内容更多的是宣扬他治下的文治武功和人寿年丰。如乾隆二十年(1755)的祭文：

---

① （清）迈柱修，夏力恕纂：雍正《湖广通志》卷首，清雍正十一年(1733)刻本。

惟自古帝王，建极乘时，绥猷驭世。制临无外，德威之福远者神；教化有原，孝道以尊亲为大。典型在昔，实天经地义之丕昭；佑启方来，惟文治武功之交凛。兹以平准葛尔大功告成，加上皇太后徽称，神人庆洽，中外蒙庥。敬遣专官，用申禋祀，伏惟鉴格。（清嘉庆《九疑山志》卷一《御祭文》）

又如乾隆五十年（1785）的祭文：

惟自古帝王，体元赞化，建极绥猷，泽被民生，勋垂奕世。简编明备，累朝之治法传；弓剑留藏，千古之英灵如在。兹当鸿图锡羡，凤纪增绵，懋举崇仪，特申昭告。缅当日之鹰图受箓，每深景仰之忱；抚此时之集嘏凝禧，弥切祗肃之念。冀佑郅隆之运，永贻仁寿之庥。式荐精英，惟祁鉴格。（清嘉庆《九疑山志》卷一《御祭文》）

再如乾隆五十五年（1790）的祭文：

惟自古帝王，膺图抚运，建极宜民。泽洽当时，声教动寰瀛之慕，勋垂奕世，典章昭方册之贻。思英爽以长存，秩春秋而匪懈。兹以朕八旬展庆，万国胪欢，懋举崇仪，特申昭告。荷蕃厘于昊纬，益缅皇春帝夏之隆；仰景行于前朝，倍殷夕惕朝乾之志。尚其来格，鉴此惟馨。（清嘉庆《九疑山志》卷一《御祭文》）

这些祭文都洋溢着乾隆皇帝志得意满、兴高采烈、神情飞扬、气宇轩昂的语调，显示了盛世之君的心态。

嘉庆皇帝的祭文开始变调，显示如临深渊、如履薄冰的警觉：

功存宇宙，留百世之松楸；德在山河，有两楹之俎豆。兴怀往烈，肃奉精禋。朕以藐躬，初承大统，自今日宵旰食，兢业方殷；念古来帝绪王猷，典型不远。既切景行之幕，宜修秩祀之文。敬遣祠官，虔申礼奠。眷藏弓之有地，邈矣风徽；问宰木以何年，佳哉葱郁。神其佑饷，福我寰区。（清光绪《湖南通志》卷七三《祀典二》）

道光皇帝的祭陵文则适逢对天山南北回部的用兵取得胜利，因而充塞欢乐的调子：

惟帝王治奉三无，功彰九伐。诘兵戎而肄武，骏烈绥戡；扬弧矢以宣威，鸿猷震迭。兹凶酋剪灭，疆土盂安。昭耆定于极边，共觇一道同风之盛；缅声灵于列代，益著万代向化之庥。敬荐馨香，伏祁昭鉴。（清光绪《湖南通志》卷七三《祀典二》）

鸦片战争发生在道光二十年（1840），此后清朝进入多事之秋，中国近代历史也面临空前的巨变。然而,在此后相当长的时间内,清朝的当权派仍在旧轨道上懵懂地打发岁月。咸丰十年(1860),皇帝祭文依然是一派欢乐的调子:

膺图抚运,创垂之统绪常昭。锡福诚民,嬗易而后先合揆。惟帝王肇开鼎祚,递握乾符,典章窥制作之精,声教永渐摩之泽。缅先民之矩矱,方策如新;奉累祀之馨香,羹墙可接。兹以朕三旬介祉,九寓胪欢。敷惠阊于遐区,企仪型于往哲。薪传遥溯,盖钦百世之隆规;芗合告虔,庶迓万年之禔福。载陈芬苾,尚冀歆依。①

光绪十六年(1890),光绪皇帝的祭文则有了忧患意识:

勋垂宇宙,典型昭方策之贻;庆协神人,俎豆展山陵之祀。惟帝王建中立极,抚世绥猷,德泽被乎寰区,规范光乎来叶。朕诞膺景命,式缵丕基,仰慕前徽,勤求上理。缅廿三君之骏烈,想皇煌帝谛之同符;殚十六载之小心,矢夕惕朝乾而靡懈。兹以二旬展庆,万宇胪欢,特遣专官,用申昭告。希咸五登三之治,景行维般;际重熙累洽之期,蕃厘永锡。尚祁来格,鉴此惟馨。(采自九疑山舜陵碑)

光绪三十一年(1905)的祭陵文特标出慈禧七十大寿志庆之事,显示这位垂帘太后的薰炎已经弥漫到舜帝陵的空域:

惟帝王膺图御宇,握镜临民。德溥海隅,沦洽遍当时之泽;功垂天壤,辉煌贻奕世之庥。思英爽以长存,肃烝尝而罔懈。兹以慈禧端佑康颐昭豫庄诚寿恭钦献崇熙皇太后七旬展庆,万宇胪欢,懋举崇仪,特申昭告。荷蕃厘于昊綍益缅蟠天际地之隆;仰茂椉于前朝,用纾涓日练时之敬。尚祁来格,鉴此惟馨。(采自九疑山舜陵碑)

宣统皇帝登基伊始,即遣派永州镇总兵前往祭陵,祈求舜帝的英灵佑护已经处于风雨飘摇中的王朝:

缅怀洪业,丕基遽嬗于累朝;景慕前徽,郅治渐臻于上理。惟帝王建极承时,绥猷御宇。裕经纶于自古,宏启佑于方来。朕以藐躬,继登大宝。伏念膺图之始,宜修致礼之诚。特遣专官,用申祗告。典型在望,监成宪以无衍;肸蠁遥通,肃明禋而有格。尚祈昭格,来饷苾芬。(采自九疑山舜陵碑)

中国古代王朝对舜陵的祭祀以清朝为最多最隆,这或许与清朝皇帝是

---

① 李毓九修,徐桢立纂:《宁远县志》卷五《祠祀上》,1942年石印本。

少数民族有关。因为舜一直被汉民族奉为人文始祖，为了拉近与汉民族的距离，当年的匈奴族已经自认是“虞帝之苗裔”了。而今，汉化程度极高的满族统治者更愿意借此机会对舜多加礼遇，以便与汉民族共认祖先。

清朝留下的讴歌舜的诗词数量同样创历代之最，尽管其中有特色、创新意者甚少。诗词的内容无非是颂扬舜的功业和德行以及想象中的二妃与舜的缠绵悱恻的爱情。其中最突出的是酷爱附庸风雅、写诗数量居历代之最的乾隆皇帝，也留下不少颂扬舜的诗篇。例如，《谒舜庙》一诗云：“孝称千古独，德并有唐双。历下仪型近，城中庙貌庞。春风余故井，云气护虚窗。缅继百王后，钦瞻心早降。”①如《右唐尧》：“居深山中荷天宠，依石孱颜木拥肿。闻善若决江河涌，沛然莫之能御壅。升闻玄德投艰重，危微心传开道统。举八元恺光尧踵，五刑七政修以并。《南风》解阜时机奉，《九韶》正律来仪凤。青宫重华额斗拱，高山仰止心翘竦。”②

乾隆的诗虽然艺术性不高，但对舜表达的“高山仰止”的思想还能充分显露出来。曾参与舜陵陪祀的李应期写的《皇帝遣官画九疑山图歌以记之》，描绘了九疑山与舜有关的文物古迹和山川自然风光：

> 今皇一统靖烽烟，绘图海内名山川。楚南方广属地偏，丹崖耸耸多奇巅。衡山屹屹戴星躔，七十二峰袤相连。虞帝南巡度陌阡，翠花莫返邃龙渊。九疑崇嶐势插天，举头瞩目形相然。玉琯之岩轩且妍，传言王母献诸筵。奚生所得不虚传，蔡邕笔力为铭镌。紫霞高出舜陵前，古木修森石磴悬。悠然如磬俯鸣泉，有台有像三千年。蝌蚪字迹剥石荐，岩前乳石下垂田。大者华表小者拳，丹青碧绿五色全。神工不能喻其鲜，崖中乳实左右边。倾斜幻阒绝跻搴，投炬而入见月穿。无为天柱杂缀篇，名人手泽尚未干。玉楼箫韶万寿联，女英娥皇峙集贤。杞桂二林相后先，石楼石城势危颠。朱明日照舜源漩，龙岩临水卦峰坚。白马二峰自并肩，五臣笔架金印圆。鳌头淹口为邑颧，九峰之胜过龙眠。画中莫尽山水缘，即此图名山气宣。上陈睿览见飞仙，宸游即在御榻前。何事蓬莱把云骞，车书之同不异焉。（《宁远县志》卷二二《文摭下》）

徐旭旦《秋祀舜陵》、钟人文的《恭祀虞陵》描绘了祭祀舜陵的盛况：

> 凤笙导入重华宫，杉木阴森解愠风。日映红云开紫殿，香飘绛节

① （清）爱新觉罗·弘历：《御制诗二集》卷三《谒舜庙》，影印文渊阁四库全书本。
② （清）爱新觉罗·弘历：《御制诗四集》卷四九《右唐尧》，影印文渊阁四库全书本。

引青童。山川不改秋容肃，俎豆长祈岁月丰。阶下荆蛮歌万舞，至今犹想格苗功。

苍梧崩葬自何年，振古如兹荐豆笾。山立千官朝寝殿，松流古韵杂宫悬。芳苹洁藻春秋候，荆舞蛮歌陟降前。将事微臣深庆幸，至今犹得仰中天。（清嘉庆《九疑山志》卷四《艺文下》）

李承纲的《斑竹岩》抒发了对二妃与舜生死离别的悲情：

九疑袤延数十里，传昔龙髯堕湘水。二妃血泪临空挥，竹上分明今尚紫。鸾驭当年过洞庭，迤逦便造空山里。登岩恸哭断柔肠，至情感召非凡理。舜源峰下古祠南，异穴天开擅绝美。一径云深碧草荒，遗迹隐约犹可指。山花终古恋帝王，野鸟至今悲帝子。嘉名肇锡自何人，中天风景长如此。颇闻好古刘长卿，五字诗工过苏李。穷岩千古有辉光，读罢象魂呼欲起。我求凭吊意忡忡，至圣精灵常戾止。秋风林下佩环声，月明想象来芳趾。（清嘉庆《九疑山志》卷四《艺文下》）

景星的《舜庙》颂扬了舜的功德，描绘了祭陵的盛况：

上日宏图禅，中天景连隆。一人兼授受，千古仰明聪。忆昔陶渔贱，偏遭井廪穷。力田鳏在下，谟盖象居功。蒸人亲心顺，升闻睿鉴通。馆甥厘二女，宅帝率群工。水土平成奏，君臣喜起同。无为神肃穆，不与德渊冲。北极勤宁倦，南巡祚竟终。攀髯龙驭远，回首翠华空。云黯苍梧白，斑凝碧竹红。薰琴成绝调，湘瑟写幽衷。异域悲藏剑，蛮方泣堕弓。几疑留寝庙，万壑闷玄宫。殿宇形巍焕，冈峦气郁葱。深山仍木石，大麓自雷风。历代馨香存，熙朝俎豆崇。春秋严巨典，苹藻竭微忠。先甲明禋肃，良辰淑景融。鸾旂来缥缈，凤管响珑璁。端冕瞻遗像，垂裳意圣躬。拜扬趋下吏，歌舞列傜童。诚感祈昭格，神应泯怨恫。灵坛欣执事，愿祝岁年丰。（清光绪《宁远县志》卷二下《建置・祠祀》）

何绍基的《舜陵》则在颂扬舜的功德的同时，慨叹他南巡不归、葬所迷茫：

衡山之阳帝攸宇，南面无为万方睹。九疑陵庙乃北乡，魂兮归来恋中土。神器有托有何憾，天下臣民泪如雨。记从受命神宗后，万机大录已授禹。帝因耄期代巡狩，亦借游观节倦苦。有帝封邑百里近，汤沐无劳璧假许。初致山祇效玉琯，遂使苗民格干羽。山国俗不隔时代，二三千载犹父祖。至今春秋肃祀享，尚感遗风献歌舞。南方畏神兼服教，何异冀都星拱聚。古皆有死葬者藏，神归于天掩其腐。委蜕于斯盖未命，九州何适非扆宁。后世山陵示不广，饰观讵止封与树。同治初年遣祭告，承宣恽公奉香俎。野人看山乃先至，未由伏瞻盛仪举。皇华未临特静旷，游屐方贪蹑深阻。三日风雨任豗逐，岩峦已可谈其粗。吁嗟涂山会玉帛，南征不归踵前武。禹穴窆石今尚在，我尝手拓笔可数。亦如承帝曰咨岣嵝碑，留俟学童借稽古。岂若重华天子体魄严且神，万代茫茫迷处所。(《宁远县志》卷二二《文摭下》)

李家麒的《舜陵》发出的也是对舜和二妃命运的悲叹：

帝子不可见，苍梧何苍苍。大野缈千里，愁云白日黄。九峰插霄汉，终古疑相望。下有重瞳陵，寒封阅沧桑。神邱殊难指，隐见真无常。古祠悲风雨，乃在山之阳。双槠大十抱，叶叶含冰霜。青檞高百丈，天灯炯夜光。侗傣勤修酌，俎豆存蛮荒。忆昔南巡狩，翠盖来仓皇。遗弓遂不返，二女心悲伤。香脂洒斑竹，潇潇忽成行。黄陵子规泣，声声哀断肠。宝琴弹再鼓，幽怨鸣清湘。尧囚舜野死，其言殊荒唐。遗庙衔峰阴，岂无山精藏。我来四千岁载，跪进溪毛芳。方令元载洽，祀造稽成章。南薰歌一曲，凤凰千仞翔。想见有苗格，干羽两阶扬。(清光绪《宁远县志》卷四下《山川·陵墓》)

清朝诗人对二妃的歌咏几乎超过对舜的礼赞，大概因为这其中有着对忠贞爱情的赤衷，于是以斑竹为题的诗篇就积案盈箱了。如欧阳泽闿的《斑竹岩》写道：

化工造物日不足，佳水佳山无一复。佐以岩壑更幽怪，欲令游客穷双目。九疑峦峰亦大好，紫霞玉琯皆矗矗。泪痕渍人湘云深，二女峰前长斑竹。斑竹瑟瑟几千年，如松依涧兰生谷。岩壁苔藓映古苍，紫筍芒棱青簇簇。蛮烟蜒雨洒琅轩，奂翠新妆整膏沐。二妃仙驭邈无期，古篆摩岩不可读。祗今岩畔轻尘土，年年抽玉供樵牧。苍梧云影护冥冥，空寄相思泪一掬。潇江潇飒秋毫寒，仿佛犹和幽弦哭。(清光绪《宁远县志》卷四上《山川·题咏》)

李绍白的同题诗：

终古魂栖处，空山咽暮云。无言悲楚竹，有泪泣湘君。点点都成血，斑斑尽是纹。珮环明月夜，惆怅影难分。(清光绪《宁远县志》卷四上《山川·题咏》)

总起来看，清朝虽然对舜陵的祭祀已经上升到国家祭祀的层面，并且形成更规范化的运作。但其祭文也已经越来越程式化，翻来覆去就是那么几句颂舜的谀词，而更多的是表述本朝的功德和期冀，缺少创新的东西。颂舜诗歌的数量尽管大大超过前代，乾隆皇帝甚至也带头创作，但却找不到多少出色的好诗。在舜的问题上，除了重复前人的颂词，这一代人似乎已经没有新话可说了。

第十五节　综述与综评

清朝对舜陵的祭祀不仅接踵前代，将其提升至国家祭祀的层面，而且进一步实现了规范化的运作。这种对舜作为中华民族人文始祖的进一步认定，一方面大大提高了舜的历史地位，一方面也拉近了中国各民族的距离，对于增强民族凝聚力、维护多民族国家的统一和团结无疑具有积极意义。

清朝兴起的乾嘉学派，对中国古代文献资料进行了全面的总结式地整理、考据和诠释，取得了巨大的成就。其中对舜的研究影响最大的，一是阎若璩的《尚书古文疏证》，二是崔述的《考信录》。前者通过对古文《尚书》各篇章和资料来源的考辨，无形中对舜的事迹的形成在时间上进行了一次系统的梳理。后者以今文经为标的，通过对先秦经、史、子书的细密深入的考辨，在相当大的程度上恢复了舜的文献记载的本来面目，给近代以后对舜的问题进行更科学的研究创造了条件。另外，尽管马骕的《驿史》未对以往的文献进行评判，但对以往文献的精审编排却客观上昭示了他的认可度，特别是给后学提供了较完备的资料。顾祖禹的《读史方舆纪要》是一部严肃的历史地理著作，他记述的虞舜活动的地理轨迹虽然比其他志书为少，但反映的是他对待传说中的人物及其事迹的审慎态度，反而增加了该著作的可信度。

清朝的全国性志书的编纂和地方志书的编纂都取得了空前的成就。尤其是雍正一朝，地方志的编纂更是全面开花，以省区为单位的地方志几乎全部完成编纂和出版。这些地方志对全国各地有关舜的文物古迹作了详尽的记述，从而给舜文化的传播分布提供了一幅翔实的地图。

第二编

中国近现代大舜文化学史

（1912～2010）

第一章 “新史学”观照下的虞舜研究

第一节 康有为认定尧舜等“皆百家所托”

康有为(1858~1927),又名祖诒,字广厦,号长素,广东南海人,出身于大地主家庭。其父早逝,祖父康赞修做过连州等地的教谕、训导之类低级官吏。叔祖康国器曾追随曾国藩,效命湘军,参加镇压太平军的战争,官至福建按察使,由此使康家成为南海举足轻重的名门望族。康有为从小受到良好教育,熟读经书,钟情今文经学,成为近代今文经学的巅峰式人物。在清朝末年满清政府日益腐败和民族危机的刺激下,在侵华的欧美殖民者经营的工商业和城市管理所展示的优越性的启迪下,康有为萌生了强烈的维新变法意识,期望通过改良的途径引导中国走上资本主义发展道路。为此,他在1884年开始编著《人类公理》,即后来出版的《大同书》,1891年撰写《新学伪经考》,1892年撰写《孔子改制考》。这些著作基本概括了他的哲学、政治和历史观点,奠定了他改良主义的理论基础。1895年,他借参加北京会试之机,联合齐集北京的举人,发动了著名的“公车上书”,使维新运动登上政治舞台。1898年,他又领导了声势浩大的“百日维新”,使维新运动正式进入政治、经济和文化领域。然而,由于阻挠改革的顽固派力量远远超过维新派,而维新派本身又存在许多局限,这次维新运动被慈禧太后为首的顽固派血腥镇压,康有为亡命海外,“戊戌六君子”走向刑场。这一时期,康有为不愧为站在时代潮头推动历史前进的先进中国人的代表。20世纪初,中国进入资产阶级革命的时代,康有为组织“保皇党”,与孙中山为代表的革命派对抗,成为逆历史潮流而动的落伍的人物。1917年,他还参加了张勋发动的复辟清废帝宣统的闹剧,终于被历史所唾弃。

康有为不是严格意义上的历史学家,但他的不少著作都涉及对历史上诸多问题的看法。在《新学伪经考》中,他对当时封建统治者视为神圣不可侵犯的古文经典《左传》《逸礼》《毛诗》等进行了猛烈批判,一口咬定这些经典都是西汉末年的刘歆为了迎合王莽篡汉而谬托圣人制造的“伪书”，根本无足凭，不可信。在《孔子改制考》中，他将孔子塑造为春秋时期矢志改革的通天教主和为万世作法的“素王”。他认定《易》《礼》《春秋》等今文经典，都是孔子为托古改制的需要而创造的，尧、舜、禹等圣帝名王也不过是孔子理想的寄托，历史上是否实有其人是很难证实的。他在引证《韩非子·显学》“孔子、墨子俱道尧舜，而取舍不同，皆自谓真尧舜。尧舜不复生，将谁使定儒墨之诚乎？”作为自己立论的根据，又引证孔子、墨子的不同说法和《五帝德》《帝系》《世本》《史记》《管子》《易纬·办终备》《礼纬·稽命证》等关于所谓伏羲以来历史记载的歧义，最后得出尧舜等“皆百家所托”的结论：

> 黄帝之言，皆百家所托。荐绅为孔子后学，茫昧之说，故难言之。东、西、南、朔言黄帝、尧、舜风教皆殊，盖事迹已远，皆百家所托，故言人人殊。韩非所谓尧舜不可复生，谁使定尧舜之真也。见于他说，皆百家所托。其实黄帝尧舜之事，书缺有间，茫昧无稽也。①

在《孔子改制考》的另一节中，康有为又认定孔子“托尧舜以行民主之太平”：

> 尧舜为民主，为太平世，为人道之至，儒者举以为极者也。然吾读《书》，自《虞书》外，未尝有言尧舜者。《召诰》曰：“我不可不监于有夏，亦不可不监于有殷。”又曰：“我不敢知曰，有夏服天命，惟有历年。”又曰：“丕若有夏历年，式勿替有殷历年。”《多方》曰：“非天庸释有夏，非天庸释有殷。”《立政》曰：“古之人迪惟有夏，亦越成汤戚，丕厘上帝之耿命。”皆夏殷并举，无及唐虞者。盖古者大朝，惟有夏殷而已，故开口辄引以为鉴。
>
> 尧舜在洪水未治之前，中国未辟，故《周书》不称之。惟《周官》有“唐虞稽古，建官惟百”之言，然是伪书，不足称也。……若《虞书》《尧典》之盛，为孔子手作。……《孝经纬》所谓“托先王以明权”。孔子拨乱升平，托文王以行君主之仁政，尤注意太平，托尧舜以行民主之太平。②

---

① 康有为：《孔子改制考》，转引自《虞舜大典·近现代文献卷》（七），岳麓书社2011年版，第8页。

② 康有为：《孔子改制考》，转引自《虞舜大典·近现代文献卷》（四），岳麓书社2011年版，第325页。

撇开康有为力倡孔子托古改制的政治意蕴不谈,他将上古传说一笔抹杀,将尧舜硬说成是孔子伪托的观点显然是一种历史虚无主义。他不知道,由于传说是多头来源,产生歧义是很正常的,所以不能因为歧义的记载就否定它与真实历史的联系。不过,康有为敢于如此发声,其积极意义也值得肯定。首先,他的这种非常可怪的论断具有振聋发聩、打破偶像、解放思想的作用。其次,他接续宋儒的怀疑精神,重新审视中国古代的历史和文化,给晚清思想学术界注入一股新风,启迪了梁启超等人发起新史学运动,促进了中国古代学术向近代学术的转型,进而影响了后来古史辨派的崛起。这种积极意义还是应该肯定的。

第二节　梁启超的"新史学"及其对虞舜的记述和评论

在晚清,发起"新史学"运动的是康有为的大弟子、最得意的门生梁启超。

梁启超(1873~1929),字卓如,号任公,又号饮冰室主人。广东新会人。自幼聪慧,被乡里目为神童。11岁中秀才,16岁中举人。后追随康有为,积极投入变法维新运动,在戊戌变法中成为康有为最得力的助手,在维新理论的宣传上起了无可替代的作用。"百日维新"失败后亡命日本,创办《清议报》和《新民丛报》,继续宣传变法图强,同时输入西方资产阶级的政治、哲学、经济、社会、历史、文学等理论,对中国近代的思想启蒙发挥了重要作用。中国资产阶级革命运动兴起后,他与康有为站在一起,鼓吹"保皇",反对革命,在与革命派的大论战中,他是代表保皇派出场的挂帅人物。辛亥革命后,他数次参加北洋政府,历任司法、财政总长。在光怪陆离的北洋政潮中,极尽纵横捭阖之能事,被时人讥讽为研究系翻云覆雨的政客。但其爱国情怀和进取意识始终激扬澎湃。1917年以后,梁启超彻底退出政坛,开始了最后十多年的学术生涯,也创造了自己生命史上最后的辉煌。

在中国近代史上,梁启超是一位勤奋好学、才华横溢、学识渊博、成绩卓著的学者。著述超千万字,内容涉及哲学、史学、文学、新闻、经济、法律、道德、宗教等许多学科。时间上囊括古今,地域上兼及中外。尤其在先秦、明清和近代学术思想研究方面,留下一大批颇有见地的著作,产生了极其巨大的影响。1920年后,他写了《太古及三代载记》《春秋载记》和《战国载记》,比较系统地论述了先秦的历史。他用进化论作为研究上古史的武器,以发展的眼光考察了中国原始社会的基本状况以及由原始社会向奴隶社会的过渡。他分析比较考证了我国历代留下的关于远古时代的神话传说资料,驳斥了封建史家对于原始社会过于理想化的描述,也驳斥了西方殖民主义者杜撰的中国文化西来说,以有力的论据证明中国文化的多元化起源和走向融合统一的发展。他认为传说中的三皇五帝的世系谱牒纯是后人杜撰,"皆由以后世之大一统政象,推诸古而强求其合"。实际上"古代群族并立,地丑德齐,率土一王,绝无其事"①。因而应该恢复原始社会的本来面目,不要把神话传说当成信史,刻意搜求,妄加论证。他说:"诚能熟察部落政治之状态,则观载籍中所传古酋种姓之繁多,推见初民万芽齐茁之象,观其递兴迭作,可想见诸部落交通竞争之迹。因其异说之繁絮,益知其年代之绵远。如是则古史之印象,既已略具矣。"②但梁启超承认,依据当时的考古资料,"则不能不承认吾族之宅斯土已在五万年以上。故所传'九头''十纪'等神话,虽不敢认为史实,然固足为我族渊源悠远之一种暗示",所以认定中华民族应该是多元一体的格局。

中华民族,由同一祖宗血胤衍生耶?抑自始即为多元的结合?据旧史则唐虞夏商周秦,皆同祖黄帝;而后世所传姓谱,大抵非太岳胤孙,即高祖苗裔;似吾族纯以血缘相属而成立。然即以《史记》所纪而论,既已世次矛盾,罅漏百出,后乎此者,弥复难信。且如商周之时诗,诵其祖德曰"天命玄鸟,降而生商",曰"厥初生民,时维姜嫄",使二代果为帝喾之胤,诗人何至数典而忘,乃反侈陈种种神秘以启后世"圣人无父感天而生"之怪论?故知古帝王之所自出,实无从考其渊源;揆度情理,恐各由小部落崛起,彼此并无何等系属。盖黄河流域一片大地,处处皆适于耕牧;邃古人稀,尽可各专一壑,耦俱无猜;故夏商周各有其兴起之根据地,商周在虞夏时固已存在,但不必为虞夏所分封。此等小部落,无虑千百;而皆累千百年世其业,若近代之"土司"。诸部落以联邦式的结合,在"群后"中戴一"元后",遂以形成中华民族之骨干。③

梁启超的上述民族观显示了比较现代的史学意识,基本上摆正了尧、舜在中国历史上的真实位置。与此同时,梁启超还对今古文《尚书》的问题

---

①③ 《太古及三代载记》,《饮冰室合集·专集之四十三》。

② 《纪夏殷王业》,《饮冰室合集·专集之四十四》。

进行了辨析，这等于对尧、舜的文献资料进行了一次重新检查和审视。

第三节　王国维对虞舜的认定和评论

王国维(1877～1927)，字静安，又字伯隅，号观堂、永观，浙江海宁人。中国近代著名历史学家、古文字专家。在古文字、古器物、汉魏碑刻、居延汉简、敦煌文献以及商周史、汉唐史、西北史地和蒙古史方面，均取得巨大成就，在国内外学术界产生了深巨影响。

从古史研究的方法看，王国维的最大贡献是发明了“二重证据法”，即通过考古资料与文献的互证确定史实的真实与虚假。在《古史新证》一书中，他对古人对待文献资料的态度进行评判说：

> 太史公作《五帝本纪》，取孔子所传《五帝德》及《帝系姓》而斥不雅驯之百家言，于《三代世表》，取《世本》而斥黄帝以来皆有年数之谍记，其术至为谨慎。然好事之徒世多有之，故《尚书》于今古文外在汉有张霸之《百两篇》，在魏晋有伪孔安国之书。《两百》虽斥于汉，而伪孔书则六朝以降行用迄于今日。又汲冢所出《竹书纪年》，自夏以来皆有年数，亦谍记流亚。皇甫谧作《帝王世纪》亦为五帝三王尽加年数。后人乃复取以补太史公书。此信古之过也。至于近世，乃知孔安国本《尚书》之伪，《纪年》之不可信。而疑古之过，乃并尧舜禹之人物而亦疑之。其于怀疑之态度及批评之精神不无可取，然惜于古史材料未尝为充分之处理也。吾辈生于今日，幸于纸上之材料外更得地下之新材料。由此种材料，我辈固得据以补正纸上之材料，亦得证明古书之某部分全为实录，即百家不雅驯之言亦不无表示一面之事实。此二重证据法惟在今日始得为之。虽古书之未得证明者不能加以否定，而其已得证明者不能不加以肯定，可断言也。①

接着，他鉴定纸上材料，认为《尚书》中的《尧典》《皋陶谟》《禹贡》《甘誓》《汤誓》等篇可能是后世重编，但至少也是周初人所作，其他《商书》《周书》的资料基本都是“当时所作”，其价值应该肯定。对《诗》《易》《五帝德》《帝系姓》《春秋》《左氏传》《世本》《竹书纪年》《战国策》《史记》等与尧、舜

① 顾颉刚编著:《古史辨》第1册，朴社1926年版，第215页。

有关的资料也一一加以检视,确定其年代和价值。最后,他肯定甲骨文、金文作为史料的重要性。显然,王国维对尧、舜虽然没有讲述多少具体意见,但他肯定尧、舜是真实存在的历史人物,并以“二重证据法”的方法论给坐实这两个人物指出了方向,这种贡献已经是具有划时代意义了。王国维开近代考古学的先河,他同梁启超等人一起,开启了将中国古代史学转向现代史学的进程。

第二章 “古史辨派”与信古、释古派在虞舜问题上的论辩

第一节 疑古思潮与“古史辨派”的崛起

“古史辨派”是顾颉刚(1893～1980)在20世纪20年代创立的一个史学流派。这个学派是在1915年开始的新文化运动的影响下,特别是在五四运动的启迪下,继承宋学的理性怀疑精神,继承乾嘉学派考证经史的实事求是精神,在西方自由民主精神和治学方法的启导下,出现和形成的一个以考证古史真相为职志的学派。1923年,顾颉刚与钱玄同讨论《诗》说及群经辨伪问题的信中论古史的部分,被胡适以《与钱玄同先生论古史书》的题目在当年的《读书杂志》第九期发表。在这封信中,顾颉刚正式推出“层累地造成的中国古史”这一著名学说。这一学说包括三点基本内容:(1)时代愈后,传说中的古史期愈长。(2)时代愈后,传说中的中心人物越放越大。(3)在这上面,即使不知道某一事件的真确状况,但可知道某一事件在传说中的最早的情况。文章甫出,立即在学术界引起巨大反响,刘掞藜、胡廑人、柳诒征诸人立即发文反驳,于是掀起了长达数十年的关于中国古史的论战,中国学术界几乎与史学沾边的人都卷入进去,形成影响深远的一场学术论争。顾颉刚在后来的文章中提出,为廓清传统古史的迷雾,必须打破四个传统观念,即打破民族一元论,打破地域向来一统论,打破古史人化论,打破古代为黄金时代论。再后,顾颉刚打算对中国传统的古史体系进行系统清理,在《古史辨》第二册的自序中可知,他准备写一部《古史考》,对若干重大问题进行系统研究。在《古史辨》第四册序文中,他就明确推出编写四个考:一曰《帝系考》,辨明古代帝王的系统及年历事迹;二曰《王制考》,辨明三代文物制度的由来及其异同;三曰《道统考》,辨明帝王的心传及其圣贤的学派;四曰《经学考》,辨明经书的构成及其演变。为此,顾颉刚几乎对所有先秦古籍都进行了考证辨析。后来,随着时间的推进,众多学

者参与了对一系列古史问题的论辩,《古史辨》也不断将这些论文分册出版,到1941年,《古史辨》出版到第七册,共收录论文350篇,计300多万字,展示了这场论辩的实绩。

尽管反对顾颉刚及其学派的人在学术观点上不无可取之处,但他们往往站在传统思想卫道的立场上发声,这种维护旧制度和旧思想的出发点显然是逆时代潮流而动。古史辨派的思想和学术更多地得到了当时进步的思想和学术界人士的赞扬。如胡适就肯定《古史辨》"是中国史学界一部革命的书","替中国史学界开了一个新纪元"。[①] 蔡元培则赞扬"层累地造成的古史"说是"颠扑不破的方法"。周予同也认为顾颉刚推出的学说其价值在"治学的态度和方法"[②]。郭沫若评价说:

> 顾颉刚所编著《古史辨》第一册……就我东鳞西爪的检点,我发现了好些自以为新颖的见解,却早已在此书中有别人道破了。……顾颉刚"层累地造成的古史",的确是个卓识。以前因为嗜好的不同,并多少加以感情的作用,凡在《努力周报》上发表的文章,差不多都不曾读过。他所提出的夏禹的问题,在前曾哄传一时,我当时耳食之余,不免还加以讥笑,现在自己研究一番过来,觉得他的识见委实是有先见之明。在现在新的史料并未充足以前,他的论辩自然并未能成为定论,不过在旧史料中凡作伪之点,大体是被他道破了的。[③]

胡绳评价说:

> 我以为,在1925年左右顾颉刚先生在"古史辨"的名义下进行的一些工作是不应当被抹杀的,在这些工作中表现着的所谓"疑古"精神是当时反封建思想的一个侧面。但是我们现在来读《古史辨》的第一册和第二册,可以很明显地看出,在许多地方,史料和历史是被混淆起来了。所谓"古史辨"的工作本是从"辨伪"开始,乃是一种史料考订工作。所谓"层累地造成的古史"只能是史料学范畴内的一个命题,用意在使人不要盲目地信从前人关于古史的各种记载。这个命题对于整理周秦两汉时代的记载古史的文献是有用。虽然整理文献的结果会有助于了解古代历史,但是当然不能把上述命题当作古代历史本身的规律。……《古史辨》第三册顾颉刚先生自序中指出,人们有理由认为

---

① 顾颉刚编著:《古史辨》第2册,第338页。

② 顾颉刚编著:《古史辨》第2册,第321页。

③ 《郭沫若全集·历史编》第1卷,人民出版社1982年版,第302~305页。

他的书其实是“古书辨”，而不是“古史辨”，这只是“研究古史的初步工作”。这个意思我们以为是对的。①

其实，顾颉刚先生为代表的“古书辨派”最大的功绩是对封建史学的冲击，客观上是在思想文化战线上配合了新民主主义的政治革命和思想革命。1980年，顾颉刚在《我是怎样编写〈古史辨〉的》一文中说：“我的《古史辨》工作则是对于封建主义的彻底破坏。我要使古书仅为古书而不为现代的知识，要使古史仅为古史而不为现代的政治与伦理，要使古人仅为古人而不为现代思想的权威者。换句话说，我要把宗教性的封建经典——‘经’整理好了，送进了封建博物馆，剥除它的尊严，然后旧思想不能再在新的时代里延续下去。”②这是顾颉刚对“古书辨派”所作的最后的自我评价，应该说是比较接近事实的。

20世纪80年代，顾颉刚的助手王煦华写了一篇介绍古史辨派的文章，对该派的功绩作了如下概括：创立“层累地造成的中国古史”观，为考辨先秦史材料提出了新的思想方法；突破“考信于六艺”的框框，揭露古史传说中的帝王都有神性，由神而演化为人；破除民族出于一元，地域向来一统的观念，探索古代民族和地域的实际情况；考订古书著作年代，为考辨古史传说的演变提供可靠的依据。最后，作者评价说：

> 一般认为古史辨派在扫荡不科学不合实际的古史传说上作出了贡献，而在建设可信的古史系统上则没有什么成绩。有的甚至认为导致了对古代历史文化认识的空白。其实并非如此。首先，古史辨派对自己的工作有清楚的认识，破坏不可信的伪古史，正是为了建设可信的真古史。他们的破坏，只是使他们各各回复其历史上的地位，还其本来面目。所以他们是为立而破，是破中有立。他们用考证的方式破坏伪古史，就得先弄清楚实际的帝王的世系，民族的分合，疆域的变化，考订古书的年代以及各种典章制度。因此，我们只要仔细阅读他们的一些学术文章，就会发现他们在破坏的过程中确实颇有建树，为后来科学的史学研究廓清了道路。③

20世纪90年代，周予同在《五十年来中国之新史学》一文中这样评价古史辨派：

---

① 胡绳：《枣下论丛》，人民出版社1954年版，第145页。

② 参见顾颉刚：《中国上古史研究讲义》，中华书局1988年版。

③ 王煦华：《古史辨派与先秦史研究》，《文史知识》1986年第6期。

"疑古派"在中国史学史上自有其不可一笔抹煞的业绩,他们继承今文学的思想体系,采用古文学的治学方法,解释宋学的怀疑精神,而使中国的史学完全脱离经学而独立,这在中国学术演进史上不能不与以特书的,至于他们的史料限于记载的书本,他们的研究方法仍不免带有主观的成见,他们的研究范围仅及于秦、汉以前的古史以及若干部文学著作,因之他们的成绩不免消极的破坏多于积极的建设。①

21 世纪初,在《新出土先秦文献与古史传说》一文中,裘锡圭对古书辨派也作出了自己的评判:

20 世纪 20 年代在中国学术界兴起的以顾颉刚为代表的古书辨派,在清末民初的反封建思潮和新传入的西方学术思想的影响下,挣脱传统经学和史学的束缚,主张凭自己的理性对古代典籍和古史传说的真伪和时代作全面的深入的考辨。这种精神是非常好的,至于他们对具体问题的见解,当然有得有失,需要我们批判地加以接受。

根据 20 世纪 70 年代以来出土的先秦秦汉文献来看,古书辨派在古书真伪和时代方面的见解,可以说是失多于得的。而他们在古史传说方面的见解……则可以说是得多于失的。至少可以说,他们考辨古史的成绩大大超过了考辨古籍的成绩。②

这些评价应该说是比较公允和切中肯綮的。

这里我们之所以将"古书辨派"单列一节加以介绍,因为他们从事的古史辩证很多内容都涉及尧、舜等上古人物。了解了"古史辨派"的概况,有助于进一步认识和理解这一学派的人物和反对这一学派的人物以及他们的观点。

第二节　顾颉刚认定尧舜禹为诸子伪托

顾颉刚,名诵坤,字颉刚,江苏苏州人,现代著名历史学家,古史辨派的创始人和领军主帅。他先后在北京大学、厦门大学、中山大学、燕京大学、云南大学、齐鲁大学、国立中央大学、复旦大学、兰州大学、中国

---

① 《周予同经学史论著选集》,上海人民出版社 1996 年版,第 547 页。

② 裘锡圭:《中国古典学重建中应该注意的问题》,《中国出土古文献十讲》,复旦大学出版社 2004 年版,第 14 页。

社会科学院历史研究所等高校和研究机关从事历史教学与研究工作,主编过多种刊物,在历史学、民俗新、民间文学、历史地理学、考古学等领域都有卓越建树。他一方面培养了众多史学人才;一方面留下一大批具有开拓意义的论著,特别是他创立的学派对中国现代史学的发展产生了深远影响,是公认的蜚声中外的史学大师、中国现代史学的奠基人之一。

顾颉刚从他发明的"层累地造成的中国古史"的理论出发,认定尧舜为诸子伪托。为达此目的,第一步是否定记载尧舜文献的时代性和真实性。因为记载尧舜事迹的最早的文献是《尧典》,他就从该书"开刀":

在《孟子》书中曾提及《尧典》这部书。但现存的《尧典》似乎充满着秦、汉统一区宇的气味。……《尧典》中的古史系统,和《孟子》中的古史系统最相近:它把许多古人集合在一个短时期内,但它还不曾想伸展到洪水以前的世界。

接着,他抄录了《尧典》全文,最后得出结论说:

这篇文字,写古代的一班名人聚在虞廷上跄跄济济、相揖相让的样子,真足以表现一个很灿烂的黄金时代。尧、舜的政治所以给后来人认为理想中的最高标准者,就因为有了这篇大文章,可是篇首明言"曰若稽古",足见它并没有冒称尧、舜时的记载。又它把"地平天成"的成绩都归到舜的身上,使得尧只成一个无用的好人,是和《论语》不同而和《孟子》极相像的。这原是说故事的恒例。试看《三国演义》,只为要竭力表章诸葛亮的智谋,便把刘备写成一个忠厚有余而才干不足的人了。①

在否定了《尧典》作为记载尧、舜事迹的权威资料之后,第二步,顾颉刚就明确论定《尧典》是后人编造的伪书。既然书是伪造的,那么,它所记载的舜的事迹也必然完全是出于后人的编造:

从前常以为战国横议,趁口乱道古事,造成了许多"伪事";现在想想,战国时不但随便编造"伪事",而且已在著作"伪书"了。试看舜,在孔子时只是一个没有事迹的故古帝,门弟子问孝的这般多,孔子绝没有说到舜身上,可见舜在那时还没有孝的名望。孔子之后,有人做了一部《尧典》,说了"父顽,母嚚,象傲,克谐以孝"一句话,在做书的人原

① 顾颉刚:《中国上古史研究讲义》,中华书局1988年版,第9页。

是要表出尧举舜的缘故，但舜从此成了一个孝子。到孟子时，大家更造了他许多孝迹，“焚廪捐阶”是他，“号泣旻天”是他，“五十而慕”是他，“不告而娶”是他，“夔夔齐栗”是他，甚而至于代他解决“瞽瞍杀人”的一个问题，可见他那时已做了“唯一的孝的模范人物”了。于是那时就有摹仿了《尚书》语气来给他做伪史的，所以《万章》上的一段酷类《尚书》，不是孟子时的语法。先儒不知，定为“逸《书》”。其实《尚书》上的《尧典》已是伪造，《孟子》上的引文更是因了《尧典》去踵事增华所做，可见那时自有一班专门造伪书的。①

第三步，顾颉刚对古文献中记载舜事迹的扞格矛盾之处加以梳理辨析，借以否定舜事迹的真实性。如他将《帝王世纪》《史记·五帝本纪》等书记载的舜的世系加以辨析，指出其中的不少问题，年龄、与黄帝的世系排序、娶两老和祖姑母做夫人等，实在难以自圆其说。所以顾颉刚认为：“《帝系篇》中除了楚国世系一段无甚疵病之外，其余简直七穿八洞，东倒西歪。这样的一篇文字居然能骗倒二千多年的人，真不能不说是它的幸运了。”②

在《与钱玄同先生论古史书》一文中，顾颉刚系统地梳理传说中的圣帝名王的出场顺序，同时运用“层累地成的中国古史”的理论，既否定这些圣帝名王的真实性，也否定记载他们事迹的古文献如《古文尚书》中《虞书》的真实性，一律斥之为后人的“伪造”。他认定“自西周以至春秋初年，那时人们对于古代原没有悠久的推测”，“他们只是认定一个民族有一个民族的始祖，并没有许多民族公认的始祖”。那时只有一个禹，而这个禹同夏还没有发生关系。从东周至秦汉，圣帝名王按照时间越早越后出的原则联翩而至：

> 东周的初年只有禹，是从《诗经》上推知的；东周的末年更有尧舜，是从《论语》上看到的。……在《论语》之后，尧舜的事迹编造得完备了，于是有《尧典》《皋陶谟》《禹贡》等篇出现。有了这许多篇，于是尧与舜有翁婿的关系，舜与禹有君臣了关系了。……这些问题，都可以证明《尧典》出于《论语》之后（我意，先有了禅让的学说而后有《尧典》《皋陶谟》出来，当作禅让的实证，禅让之说是儒家本了尊贤的主义鼓吹出来的）作《论语》时，对于尧舜的观念还是空空洞洞，只推尊他们做两个道德最高，功绩最大的古王；作了《尧典》等篇，于是尧舜的“文章”

---

① 顾颉刚编著：《古史辨》第1册，朴社1926年版。

② 顾颉刚：《中国上古史研究讲义》，中华书局1988年版。

都有实事可举了。

从战国到西汉,伪史充分的创造,在尧舜之前更加上了多少古皇帝。于是春秋初年号最古的禹,到这时真是近之又近了。自从秦灵公于吴阳作上畤,祭黄帝(见《汉书·郊祀志》。秦国崇奉的神最杂,名目也最诡。秦文公梦了黄蛇作鄜畤,拾得了一块石头作陈宝祠,实在还是拜物教。黄帝之祀起于秦国,说不定黄帝即是"黄龙地螾"之类),经过了方士的鼓吹,于是黄帝立在尧舜之前了。自从许行一辈人抬出了神农,于是神农又立在黄帝之前了。自从《易·系辞》抬出了庖牺氏,于是庖牺氏又立在神农之前了。自从李斯一辈人说"有天皇,有地皇,有泰皇,泰皇最贵",于是天皇、地皇、泰皇更立在庖牺氏之前了。自从《世本》出现硬替古代名人造了很像样子的世系,于是没有一个人不是黄帝的子孙了。自从《春秋命历序》上说"天地开辟,至《春秋》获麟之岁,凡二百二十六万年"于是天皇十二人各立一万八千岁了。自从汉代交通了苗族,把苗族的始祖传了过来,于是盘古成了开天辟地的人,更在天皇之前了。时代越后,知道的古史越前;文籍越无征,知道的古史越多。汲黯说"譬如积薪,后来居上",这是造史很好的比喻。看了这些胡乱伪造的史,《尧典》那得不成了信史!但看了《诗经》上稀疏的史,更那得不怀疑商以前的史呢!①

如此,禹以上的历史经过顾颉刚的一番近乎雄辩滔滔的论证,全都变成了伪史,尧、舜、禹之类传说中的始祖级人物也统统成了伪造的人物。

在尧、舜、禹的事迹中,禅让一事是绕不开的大事,顾颉刚当然得对它作出自己的解释。开始,认为禅让之说"是儒家本了尊贤的主义鼓吹出来的",后来,他又写了《禅让传说起于墨家考》,断定"禅让说是墨家为了宣传他们的主义而造出来的"。"要知道禅让说的是直接从尚贤主义里产生出来;倘没有墨家的尚贤思想,就决不会有禅让的传说!"他对古代的世官制度进行考察,认为在当时的历史条件下,不会从庶人中选拔官员,所以根本不可能产生禅让的制度。春秋时期已经产生了任用贤才的主张,战国时期,世卿世禄制度被打破,任贤使能成为时代潮流,庶人中的出类拔萃者,甚至引车卖浆者流、鸡鸣狗盗之徒也堂而皇之地进入各诸侯国的庙堂。顺应这种历史形势,墨子发明"尚贤""尚同"的学说,并顺此编出尧、舜禅让的

① 顾颉刚编著:《古史辨》第1册,朴社1926年版。

故事:“古者舜耕历山,陶河濒,尧得之服泽之阳,举以为天子,与接天下之政,治天下之民。”(《墨子·尚贤中》)最后,顾颉刚得出结论说:

尧从农夫陶工中举起舜来,把天子让给他,这不是君主选举的先例吗?……陶渔们的地位低极了,天子的地位高极了,然而只要是天下最贤的人,就可以径从最低升到最高,毫不受社会阶级的牵制。这是墨子望天讨价的手段,也是墨子一鸣惊人的手笔。但倘使战国的社会不容许墨子说这番话,墨子也不会这样乱趁口的;就是他敢于乱趁口,也不会有人听信的。所以一定要先有了战国的时势,才会有墨家的主义;有了墨家的主义,才会有禅让的故事。

战国以前的社会建筑在阶级制度上,各阶级的人各有他们的本分,逾越就是罪恶。做官的世世代代做官,平民就使有才能还是一个“小人”。当时理想的政治,只是从贵族世官中选取贤良,任国家的政事,诸侯卿大夫也有时相让,但所让的人只限于同阶级间,没有让给平民的。后来列国互相吞并,土地日就开发,国家的组织严密起来,政治工作不是几个骄奢惯了的贵族所能担任,侯王们就不得不在平民中选拔真才以应时势的需要,阶级制度的基础渐渐动摇了。在这时,墨子就站在时代的前面,倡导彻底的尚贤说。他以某个人在社会上的地位完全应与这个人的能力成正比例:最贤的人做天子,其次做三公诸侯,又其次做乡长里长,没有一些儿冤屈。天子的地位不是世袭的,是前任的天子从平民中选择一个最贤的人出来,让位给他。有什么证据呢?那就是尧舜的禅让。——因为那时人没有时代的自觉,他们不肯说“现在的社会这样,所以我们要这样”,只肯说“古时的社会本来是这样,所以我们要恢复古代的原样”。墨子顺应战国的时势而创立的禅让说必须上托之于古代冥漠中的尧舜,正是战国诸子假造古史以轰动时人的恒例。①

在顾颉刚看来,不仅尧、舜禅让是墨子假造的,就是舜、禹禅让也是孟子等人假造的。他认为,《诗》《书》有九条关于禹的记载,而尧、舜却不见踪影,所以《尚书·尧典》自然也是伪造的。尧、舜、禹发生连带关系是战国时代出现的,这是战国诸子们希望用禅让的办法推出道德和能力高尚的人来收拾当时杀人盈城盈野的惨局:

① 顾颉刚:《禅让传说起于墨家考》,《国立北平研究院史学集刊》1936年第1期。

战国时,各强国的国王都有统一天下的大志,不息的战争攻伐,贵族又是说不尽的豪奢,残伤民命,暴夺民财。人民憔悴于虐政之下,真是创深痛巨。那时的学者看着人民的苦痛,对于政治问题的解决办法非常求得急切。解决方法最直接的无过于革命,革命的事原有汤武的好例在前,所以他们竭力的骂桀纣,颂汤武。但当时人民对于国王,正和现在人民对于军阀一样,虽是痛心疾首到极点,而要自己起来铲除他们的势力终是无力的。他们在这般有心无力的境界中,只有把自己的希望构成一种根本解决的想象,做宣传的功夫。根本解决的想象是什么?乃是政治的道德化。他们想象:若有一个道德最好的天子出来,舍弃了一切的权利,他的目的单是要天下安乐,自然可以"天下为公",没有争夺的事。他们想象:倘若天子的位不是固定的,做天子的必是天下最贤的人,他必能识拔许多贤才做各项的职务,使得天下之民归心,成就最好的政治。这一种想象就是禅让说。

但自古只有父兄传子弟的局面,而没有先圣传后圣的局面,他们鼓吹禅让说是得不到证据的。没有法子,就拉了两个"无能名"的古帝——尧舜——和一个在传说的系统上列于夏初的古王——禹——做他们的鼓吹学说的凭借。好在这几个人的事迹是没有什么确实的记载的,你要那样说就可那样说,你爱那样造可那样造。尧舜禹的关系就因了禅让说的鼓吹而建筑得很坚固了。①

顾颉刚引证《孟子》关于舜禹禅让和禹传子的诠释后,慨叹道:"这一个解释真是何等的美妙!禹是肯荐益的,益是肯选启的,启又是实在得民心的,没有一个人失德,没有一个人贪有天下,然而,'民意'的趋向如此,禅让制便轻轻地改到传子制了!"最后,他总结说:

洪水未平,举贤治之,是禅让制之所由起。启有贤德,传子即是传贤,是禅让制之所由终。这一个起讫的时间,名为禅让时代,公推为人治最美满的时期。一班做伪史家的政论家竭其全力张皇幽眇,编造了无数佳话。尧舜与禹经过了这一番的陶铸,他们就成了拆不开的伴侣;凡是称道一个人,必定联带称道其他二人。比较《诗书》中只说禹而不言尧舜的时候,一般人对于古史的观念真是大不同了……

在这章的终结,我可以大胆地说禹是西周中期起来的,尧舜是春

① 顾颉刚编著:《古史辨》第1册,朴社1926年版。

秋后期起来的，他们本来没有关系。他们的关系是起于禅让之说上，禅让之说乃是战国学者受了时势的刺激，在想象中构成的乌托邦。①

至此，顾颉刚关于尧舜的观点就明确展现出来，这就是：(1)《古文尚书》的所谓《虞书》都是后世假造的；(2)所有禹以后出现的圣帝名王盘古、天皇、地皇、泰皇、庖牺氏、黄帝、颛顼、帝喾、尧、舜以及与他们连带出现的人物鲧、后稷、皋陶等，也都是假造的；(3)参与造假的主要是诸子，尤其是儒、墨以及秦汉时期的方士和儒生；(4)禅让是墨家依据自己学派的理想首先创造的，儒家后来起了推波助澜的作用，历史上根本不存在所谓禅让之事。不管这些观点在当时多么骇人听闻，是否站得住脚，应该说，这些观点对于史学界的思想解放起了重要的推动作用，对于推动中国史学从古代到近现代的转型起了不可替代的作用，其功绩是不可磨灭的。而且，还应该肯定，顾颉刚的不少观点至今还是颠扑不破的，这主要表现在他廓清了古史系统的不少迷雾，开启了还原古史真相的罩门。但是，由于顾颉刚还不能掌握唯物史观和辩证的方法论，其失误也是明显的。第一，正如胡绳所指出，在许多地方，他将史料和历史混淆起来。所谓"层累地造成的古史"只能是史料学范畴内的一个命题，但把这个命题当作古代历史本身的规律就是错误的，而他恰恰是将这一命题当成了历史本身的规律。第二，他的逻辑是，《诗经》没有提及尧、舜，后来的著作就不能提及尧、舜，提及就是造假；战国前的著作没有提及禅让，所以禅让就不存在。他不知道，所谓传说，作为民族的口述历史，很可能是长期在人民的口头传播中存在，在文献中被记载可能很晚，所以不能因为记载晚出，就绝对否定其真实性，否定其与真实历史的血脉联系。第三，按照顾颉刚的观点，商代以前的历史几乎都不可信，但是，商代以前的中国历史肯定是相当绵长，这个历史难道就不能认识了吗？古代学者和思想家罩在远古史上的迷雾固然需要廓清，但真实的历史更要梳理和澄清，而传说资料对厘清古史具有不可替代的作用。所以研究不是一笔抹杀传说资料，而是从中发掘历史的真相，发掘它同真实历史的内在联系。第四，因为夏商以来都是世卿世禄，帝王之位都是在子弟中传递，就断言自古如此吗？恩格斯在《家庭、私有制和国家的起源》一书中已经指明，在原始社会末期存在一个军事

① 顾颉刚编著：《古史辨》第1册，朴社1926年版。

民主制时代,部落联盟的首领是通过民主选举产生的,这酷似传说中的禅让制。私有制出现之前应该有一个长期不知所有制为何物的时代,那时人们没有私有观念,禅让制的存在是完全可能的,轻易否定它,实际上退到了韩非的时代和立场,这显然也不是历史主义的态度。

第三节 胡适对“古史辨派”的力挺

胡适(1891~1962),字适之,安徽绩溪人。青年时曾在中国公学、清华学校就读,1910年赴美留学,先在康奈尔大学学习农学,后转入哥伦比亚大学学习哲学,获哲学博士学位,是美国哲学家杜威的学生,也是杜威实用主义学说在中国的主要传人。胡适于1917年归国后,任北京大学教授,正赶上新文化运动兴起,他积极参与其中,提倡“文学革命”,是新文化运动的领军人物之一。此后,在北洋政府和国民党统治时期,他始终坚持资产阶级自由主义的理想,既反对国民党的专制独裁,又反对中国共产党领导的新民主主义革命。1949年以后,他亡命美国,1958年返回台湾,任“中央研究院”院长。作为一个资产阶级自由主义知识分子,他始终活跃在中国政治学术界的最前沿,演讲、出书、写文章,是许多重要历史事件的参与者,对中国近现代史产生了重要影响。

胡适是顾颉刚在北京大学读书时的老师,此后二者一直保持亦师亦友的关系。顾颉刚的“层累地造成的中国古史”的理论就是在胡适的启发诱导下提出来的。在顾颉刚、钱玄同与刘掞藜、胡堇人的相互辩诘进行了一段时间之后,他写了《古史讨论和读后感》一文,对这场辩论作了初步的总结。他肯定这一论辩的重要意义,认为“这一件事可算是中国学术界的一件极可喜的事,他在中国史学上的重要一定不亚于丁在君先生们发起的科学与人生观的讨论在中国思想史上的重要”。他希望双方平心静气地进行科学的论辩,并指出问题的关键“就是寻求证据,只有证据的充分与不充分是他们论战胜败的标准,也是我们信仰与怀疑的标准”。接着,他批评了刘掞藜关于这场辩论“影响人心”的说法,认定弄清事实真相非但不会对人心产生坏的影响,反而会产生好的影响:

> 否认古史某部分的真实,可以影响于史界,那是自然的事。但这事决不会在人心上发生恶影响。我们不信盘古氏和天皇、地皇、人皇

氏,人心并不因此变坏。假使我们进一步,不能不否认神农黄帝了,人心也并不因此变坏。——岂但不变坏?如果我们的翻案是有充分理由的,我们的翻案只算是破了一件几千年的大骗案,于人心只有好影响而无恶影响。即使我们的证据不够完全翻案,只够引起我们对于古史某部分的怀疑,这也是警告人们不要轻易信仰,这也是好影响……这回的论争是一个真伪问题;去伪存真,决不会有害于人心……上帝的观念固然可以给人们不少的安慰,但上帝若真是可疑的,我们不能因为人们的安慰就不肯怀疑上帝的存在了。上帝且如此,何况一个禹?何况黄帝尧舜?

紧接着,胡适高度评价了顾颉刚"层累地造成的古史"说的积极意义:"顾先生的'层累地造成的古史'的见解真是今日史学界的一大贡献,我们应该虚心地仔细研究他,虚心地试验他,不应该叫我们的成见阻碍这个重要观念的承受。"他将该理论的三个意思加以归纳后,指出"这三层意思都是治古史的重要工具",也可以叫"剥皮主义"。应用于研究传说,作为方法是"颠扑不破"的。他将这一方法总括成下列方式:

(1)把每一件史事的种种传说,依先后出现的次序,排列起来。

(2)研究这件史事在每一个时代有什么样子的传说。

(3)研究这件史事的渐渐演进由简单变为复杂,由陋野变为雅驯,有地方(局部的)变为全国的,由神变为人,由神话变为史事,由寓言变为事实。

(4)遇可能时,解释每一次演进的原因。

他以自己研究井田制度为例,说明顾颉刚归纳的方法是"颠扑不破"的:"尧舜禹的故事,黄帝神农庖牺的故事,汤的故事,伊尹的故事,后稷的故事,文王的故事,太公的故事,周公的故事,都可以做这个方法的实验品。"

最后,胡适批评了刘掞藜的"度之以情,验之以理,断之以证"的治史方法,认为治史只能主要"断之以证",否则,先验的情和理只会影响证的权威。胡适在这篇文章中尽管没有明确表示自己对尧、舜、禹的看法,但其倾向是明显的,这就是支持顾颉刚的意见。因为此前他在讲授"中国哲学史"时已经间接表明态度,他从春秋时期开讲,断然舍弃西周以上历史,说明他对西周以上的历史持怀疑态度。

第四节　钱玄同对虞舜的记述和评论

钱玄同(1887~1939),原名夏,后更名玄同,字德潜,浙江吴兴人。早年留学日本,师事章太炎。历任北京大学、北京师范大学教授。积极参加新文化运动,提倡文字改革,曾创议并参加拟制国语罗马字拼音方案,著有《文字学音篇》等,是当时颇具影响的学者。

钱玄同虽然不是历史学家,但对顾颉刚提出的"层累地造成的古史"说倾力支持,他在《答顾颉刚先生书》中说:

> 先生所说"层累地造成的中国古史"一个意见,真是精当绝伦。举尧、舜、禹、稷及三皇五帝,三代相承的传说为证,我看了之后,惟有欢喜赞叹,希望先生用这方法,常常考察,多多发明,廓清云雾,斩尽葛藤,使后来学子不致再被一切伪史所蒙。我从前以为尧舜二人一定是"无是公""乌有先生"。尧,高也;舜,借为"俊",大也,"尧""舜"底意义,就和"圣人""贤人""英雄""豪杰"一样,是理想的人格之名称而已。中国底历史应该从禹说起。各教都有"洪水"的传说,想来是实有其事的,大概洪水以前便全无历史可稽了。尧舜这两个人,是周人想象洪水以前的情形而造出来的;大约起初是民间底传说,后来那班学者便利用这两个假人来"托古改制"。这类把戏,其实早被韩非戳破了,只因秦汉以后底学者太无见识,糊里糊涂地相信这是真人真史,直到康有为作《孔子改制考》,才把它弄明白了。今读先生之论,证以《长发》和《閟宫》两诗,方知连禹这个人也是很可疑的了。①

显然,钱玄同对顾颉刚观点的支持几乎是无条件的。当刘掞藜、胡堇人等人对顾的观点提出异议时,他撰文批驳,极力维护顾的观点。在《研究国学应该首先知道的事》一文中,他一方面认定"中国的伪书伪物很多,研究国学的第一步便是辩伪",指出胡堇人"相信岣嵝碑真是夏代之物"是被假古董骗了;一方面肯定持怀疑态度对科学研究的意义,因为"'赝鼎'最多的国学界尤非用极炽烈的怀疑精神去打扫一番不可";最后批判二人对古文献的"轻信"导致了他们陷于"考信于《六艺》"的传统见解。在《答顾颉

① 顾颉刚编著:《古史辨》第1册,朴社1926年版。

刚先生书》中，他对《尚书》的怀疑简直超过了顾颉刚：

《书》似乎是"三代"时候的"文件类编"或"档案汇存"，应该认为它为历史。但我颇疑心它并没有成书，凡春秋或战国时人所引《夏志》《周书》等等，和现在所谓《逸周书》者，都是这一类的东西，所以无论今文家说是二十八篇，古文家说是一百篇，都不足信；既无成书，便无所谓完全或残缺。因为它常被称引，于是"托古"的人们不免要来伪造了。现在的二十八篇中，有历史底价值的恐怕没几篇。如《尧典》《皋陶谟》《禹贡》《甘誓》等篇，一定是晚周人伪造的。《逸周书》中，伪篇一定也占了大部分。还有一层，《尚书》即无伪篇，也只是粉饰作伪的官样文章，采作史料必须慎之又慎。前代学者不信任它的，只有一个刘知几。以崔述的勇于疑古，而对于它则深信不疑，这是他被"王道""圣治"底观念所蒙了。①

显而易见，钱玄同的疑古已经超过顾颉刚，他之所以曾经改名"疑古玄同"正是他性格和学术倾向的自然流露。

第五节　刘掞藜、胡堇人、缪凤林对顾颉刚的回应

在顾颉刚为首的古史辨派学者推出他们振聋发聩的论点之后，这犹如爆炸了一枚原子弹，立即在当时的学术界引起了轩然大波。一大批人愤怒回应，其中代表性的人物就是刘掞藜、胡堇人、缪凤林等人。

刘掞藜在《读顾颉刚君"与钱玄同先生论古史书"的疑问》一文中，从顾颉刚对《诗经》一些篇章的解释入手，全面驳斥他对尧、舜、禹等圣帝名王的否定。他列举《诗经》中的《商颂·长发》《鲁颂·閟宫》《大雅·下武》《商颂·玄鸟》《大雅·文王有声》《皇矣》《大雅·文王》《荡》对禹、稷、契、文王等人的记载，诘问顾颉刚：如果说禹是神而不是人，那么，稷、契、文王也都是神不是人吗？对于顾颉刚依《说文》将禹猜测为"大约是蜥蜴之类"的虫，他驳斥说：

这种《说文》迷，想入非非，任情臆造底附会，真是奇得骇人了！……我们要问稷为形声字，是五谷之长，何以不认后稷为植物咧？

---

① 顾颉刚编著：《古史辨》第1册，朴社1926年版。

难道那奇形怪状底象物九鼎上没有稷这种植物么？九鼎上的动物——禹——流传到后来成了真的人王，何以不说稷为九鼎上的植物，流传到后来成了周的祖宗呢？商周追溯禹出于夏鼎，就以为禹是最古的人，应做夏的始祖，安知周不是追溯后稷于九鼎，以为后稷是缵禹的绪而引为他们的始祖呢？……禹是治水敷土，建功立业，铸鼎象物这么一个伟人，流传下来纵有附会，断不至于绝无其人。如果在《诗经》里毫不带有神秘意味底禹尚不信有其人，则天命玄鸟降而生底商和履帝武敏歆而生的后稷更不足信有其人了。《大雅》《小雅》《商颂》《鲁颂》虽把商和后稷说得天花乱坠，安知他们不是伪托？

对于顾颉刚认定尧、舜事迹皆是《论语》之后编造的观点，刘掞藜决不认同，于是力于驳斥：

孔子那时确有《书》这部书。所以孔子揶《书》雅言，他的弟子也拿《书》中语句问难。……孔子对于尧舜禹事有了心得，发为慕叹，而当时又并不诧为无中生有的。今顾君只因为没有看见重重复复地将尧舜禹的事迹写上，遂以为《尧典》《皋陶谟》《禹贡》是在《论语》之后编造完备，那末，我们也没有看见《诗经》上诗篇重重复复地写在《论语》里，我们遂可说"在《论语》之后，后稷文王武王的事迹编造完备了。于是有《生民》《大明》《皇矣》等等出现"吗？

对顾颉刚的其他否定尧、舜存在和《尧典》等篇章出于伪造的观点，他也依据《墨子》《诗经》《论语》等书的内容予以驳正。这些意见尽管不无偏颇，但不少地方确也击中了顾不严谨的弊端，特别是疑古太过的倾向，对于顾进一步完善自己的观点还是有积极启示作用的。在《与顾颉刚讨论古史第二书》中，刘掞藜对顾关于推翻非信史的四条标准加以评判。其中，认定舜时的中国地域南到交趾是可信的，至于顾说古史是由神化至人化的演进，他认为不能绝对化，因为不少神是由人化的：

治理木火土金水的五个官名，叫作句芒、祝融、蓐收、玄冥、后土。作这五个官的人遂是重、该、修、熙、犁、句龙。他们在生时实列氏姓，封为上公，因为他们不失职，后人遂感他们的恩惠，祀为贵神，是尊是奉，所谓贵神的神名，遂是那五个官名，犹之田官之长叫作稷，作稷这官的人死了，后人遂祀这稷官的人为稷神，祀他为神，是由后人感他的恩惠而尊奉的，所以如果后来又有做这官的人功劳更大更密切，后人不惜把后来的这个人祀作神，以代替从前那个祀作神的人，夏祀柱为稷，商以来祀弃为稷便是这个道理。

这里，刘掞藜指出历史上人神交化的现象显然是存在的，但这并不能否定顾指认的上古史神化人的事实。因为上古是一个人神不分的时代，也是统统把祖宗认定为神的时代。在以神为祖宗的时代，从神中找到真实的祖宗是历史学家的任务。最后，刘掞藜讲到对古文献的态度：

我对于经书或任何子书，不敢妄言；但也不敢闭着眼睛，一笔抹杀，总须度之以情，验之以理，决之以证。经过严密的考量印证，不可信的便不信了。但不能因一事不可信，便随便说他事俱不可信；因一书一篇不可信，便随便说他书他篇皆不可信。①

这种态度不能不说还是正确的。1935 年，刘掞藜又写了《儒家所言尧舜禹事伪耶真也》一文，对尧舜禹俊的事迹加以稽考，同时表明自己的观点。他认为，"尧之初政中政之时，群小在位""尧实克明德以使时雍""尧舜禅让之事实真""尧之殂落，非以放死""尧舜禹禅让之事亦真，但舜之崩葬可疑"②。其中，尽管对有些记载如舜葬苍梧之说持怀疑态度，但基本肯定了儒家记载的尧舜禹大部分事迹是真的，显示了维护儒家传统的倾向。

与刘掞藜基本上取同一立场的还有胡廑人。他在顾文发表后，立即写了《读顾颉刚先生论古史书以后》，认为尧舜以后的史料比较接近事实，原因是古代史官父子相传，况列国同时都有史官记录史事，不可能同时就某一事作假。再《尧典》所记天象被后代证实，也说明该书的记载是真实的，并非假造。他特别认定，顾将禹作为蜥蜴之类怪物实在没有道理：

古人一命以上每每铸造重器，各有款识，流传下来，恰是考古的好资料，所以历代学者多很注意。春秋时代那虞夏彝器当然还多。若依顾先生所说"尧舜禹汤系层累地添出"，当时学者岂有不知参考之理。例如九鼎既铸有魑魅罔两等怪物，谅必好有文字说明，何得把鼎上的虫类忽然移到铸鼎人身上作为那人的名字呢？③

如此的诘问，还是有他一定道理的。

再一位与刘掞藜基本上取同一立场的是缪凤林，他在《评马衡〈中国之铜器时代〉》一文中，对马衡推定商周为铜器时代、黄帝铸鼎为"荒诞无稽"的结论大为不满，而认定《世本》记载的燧人造火、伏羲神农作琴瑟、黄帝作

① 刘掞藜：《与顾颉刚讨论古史第二书》，《史地学报》1924 年第 3 卷第 3 号。

② 刘掞藜：《儒家所言尧舜禹事伪耶真也》，《史地学报》1935 年第 2 卷第 8 号。

③ 顾颉刚编著：《古史辨》第 1 册，朴社 1926 年版。

旃冕、伯余作衣裳、共鼓货狄作粥、女娲作笙簧、倕作规矩准绳、垂作耒耜、禹作宫室、奚仲作车，一概是史实。继而在他的《复蒙文通书》中，对顾的“层累地造成的古史”力于驳辩，斥之为“数典忘祖”。

刘掞藜、胡廑人、缪凤林等人对古史辨派的疑古发出了不同的声音，后世治史学史的学者往往将他们归入保守派之列。现在看来，他们对古史辨派的反诘尽管有维护“圣道”的嫌疑，但基本上属于学术论争，其观点也并非一无是处，他们对古文献的审慎态度，对于古史辨派疑古太过倾向的批评，不能不说具有纠偏的作用。他们之间的互相辩诘应该看作是一种良性互动。

第六节　杨宽对虞舜的记述和评论

杨宽（1914～2005），上海青浦人，顾颉刚的学生，古史辨派的重要代表人物之一，发表论文230多篇，以《西周史》《中国上古史导论》《战国史》等著作享誉史学界。1949年以前在任上海市立博物馆馆长期间，为保护毛公鼎等文物做出重要贡献；1949年以后任复旦大学教授、上海社会科学院历史所副所长。他响应顾颉刚的疑古思想和方法，对尧、舜问题提出自己的看法。在《说虞》一文中，他得出“尧舜皆为虞帝而皆即上帝”的结论：

> 五帝尧舜，既皆为上帝而又皆称虞帝，虞当即上天高阳之义。金文于帝之所在曰帝所，亦曰上（详郭沫若氏《周彝铭中之传统思想考》），“虞”既为上天高阳之义，然“虞”之本义无上天高阳意，因疑“虞”即“崇”“崧”之音转。①

接着，他论证“有虞”“羽山”即“有崇”“崇山”，“涂山”即“崇山”，“有苗”即“有崇”，“巫山”即“高唐”“高阳”，“务隅之山”即“帝丘”“空桑之山”。在《读〈禅让传说起于墨家考〉》一文中，他对禅让和尧舜问题又有新的解释：

> 这上帝禅让的神话是怎样发生的呢？据我的推测，这是东西民族混合的结果。颛顼和尧是周人西羌的上帝，帝喾和舜是殷人东夷的上帝，在春秋战国之世，东西民族已经混杂，东西民族的神话也相淆乱，天上的上帝本该只有一个，可是这时因东西民族的混杂，上帝有了两

① 杨宽：《说虞》，《禹贡半月刊》1937年第6、7合期。

个，一个是颛顼——尧，一个是帝喾——舜，怎么办呢？殷人东夷的文化，本来要比周人西羌的高，只因殷人东夷被周人西羌用武力征服了，在政治上不能抬头，因此殷人东夷的宗教也遭受了压迫，殷人东夷的神道，如夷羿之类，都被说成恶神。可是周人武力能征服殷人东夷，文化决不能征服殷人东夷，周人用的文字还是殷人的文字，一切文化也都承袭着殷人，而且时间长久了，民族间的忌恨也慢慢淡薄起来，东周以后，文化中心更向东移，于是殷人东夷的神话又渐渐抬起头来了。结果竟把周人的祖先神后稷也说成了帝喾帝俊的儿子。古史传说里说尧让位于舜，把一切好事都说在舜的身上，怕也是这个原因。①

后来杨宽又写了《尧同舜的关系和五帝同属虞代说》一文，认为“黄帝、颛顼、帝喾等传说之起很晚，这些人本都是各民族的上帝和祖先，本来没有什么时代的先后，战国末人把他们同尧舜合了起来，排成一系，称为五帝，同属虞代，这是很晚的事情”。他认同顾颉刚的禅让出于墨家的观点，认为此一观点由墨家提出后，再加上其他各家，特别是儒家的推波助澜，由此使禅让说蔚为大观：

他们有小说家创作的手腕，有外交家说谎的天才……他们说：舜是从畎亩之中举起来的，伊尹是从庖厨之中拔出来的，傅说是从版筑之间解放出来的，胶鬲是从鱼盐的商场中挑选出来的，所以农夫也可以做天子，厨子、囚徒、鱼贩们也可以做大臣。他们又说：尧把天子让与舜，舜把天子传与禹，所以天子之位不是世袭的，一个天子老了就应该在他的臣民中选择一个最有本事的人，把天下交给他管，这就是所谓“禅让说”。一定要先有了墨子的尚贤主义，然后会发生尧舜的禅让故事。这些故事也都从墨家中流传到儒家……②

在同一篇文章中，他论证“帝俊、帝喾、帝舜为殷人东夷之上帝”，而舜与帝俊、帝喾乃同一个人。显然，杨宽的观点虽然与顾的观点并不完全相同，但在基本方向上则完全一致：尧、舜是由神话传说演化而来，是由神变成的人王，他们不是真实的历史人物。

① 吕思勉等：《古史辨》第7册，开明书店1941年版。

② 吕思勉：《古史辨》第7册，开明书店1941年版。

第七节　童书业对虞舜的记述和评论

童书业(1908~1968),字丕绳,浙江宁波人。他也是古史辨派的重要代表人物之一,是顾颉刚直接培养和提携起来的具有相当实力的历史学家。他先是作为顾颉刚的"私人助理"帮助顾查抄资料,后一直在大学从事历史的教学与研究。1949 年以后在山东大学工作,1968 年 1 月 8 日,因病逝世。他著作等身,代表作有《春秋史》《春秋左传研究》《先秦七子研究》《中国手工业商业发展史》《童书业美术论集》等。

童书业紧跟顾颉刚的"层累"说而又有自己的创造,在他为《古史辨》第七册所作的序中提出用"分化演变说"去补充这个理论,使之更加严密合理:

> 《古史辨》有名的贡献是"累层地造成的古史观",一般人已承认它的价值了,其实这个观念还有应补充的在。因为所谓"累层地造成的古史观"乃是一种积渐造伪的古史观。我们知道,古史传说固然一大部分不可信,但是有意造作古史的人究竟不多,那么古史传说怎样会"累层"起来的呢?我以为这得用分化演变说去补充它。因为古史传说愈分化愈多,愈演变愈繁,这繁的多的,那里去安插呢?于是就"累层"起来了,举个例子来说,春秋以前历史上最高最古的人物是上帝和禹,到了春秋战国间,禹之上又出来了尧舜,这尧舜便是上帝的分化演变,并不是随意假造的。到了战国,尧舜之上又出来了黄帝、颛顼、帝喾等人,这些人又都是尧舜等的分化演变,也并不是随意伪造的。到了战国的末年,五帝之上又出来了三皇,这三皇的传说又都是黄帝等上帝传说和哲理中的名词的演变分化,也并不是完全伪造的。大约演化出现愈后的人物,他们的地位也便愈高愈古;这便产生了"累层地造成"的现象。所以有了分化说,"累层地造成的古史观"的真实性便越发显著;分化说是累层说的原因,累层说则是分化说的结果!①

在《"帝尧陶唐氏"名号溯源》中,他接续顾颉刚,考证是墨家发明了尧舜,于是在夏商周三代之前又凭空加上了一个虞代。但"《墨子》中尧舜的

---

① 吕思勉等:《古史辨》第 7 册,开明书店 1941 年版。

事迹还很空洞”[①],也只有尧舜禅让而没有舜禹禅让。到了“深得墨家的三昧,善于创造古史”[②]的孟子那里,不仅造出了舜禹禅让,还造出了禹传子的故事。在征引了《孟子·万章》中孟子与万章的对话后,他评论说:

“传贤”和“传子”满是天意,不是人力所能改变的。只因舜相尧,禹相舜的年岁长,对于百姓的关系深,而益相禹的年岁短,对于百姓的关系也浅;加之尧舜的儿子都不肖,不足继承天下;而禹的儿子偏偏贤能足以继禹,所以舜禹能受尧舜的禅让,而益没分受禹的天下。这个回答是何等的巧妙!在这段话里就出现了“舜荐禹于天”和“禹避舜之子”等故事;于是以“百里诸侯”起家,受天命征有苗而有天下的禹,也就轻轻地改成了匹夫受天子的荐而有天下的禹了。[③]

再后来,童书业在《“尧舜禅让”说起源的另一推测》一文中,又提出了另外的假设:“尧、舜禅让传说由于田氏代齐,托祖篡位而造说。”他在考察了禅让说的五种假定,即孔子托古改制说、篡夺文饰说、氏族社会王位选举说、墨家托古改制说、神话演变说之后,提出了这种假设。他论述说,田氏为了给自己的代齐提出一个既合理又合法的依据,“就借了尧、舜禅让说来辩护自己的篡位”。田氏先将自己的祖宗说成黄帝、舜,继而编造尧、舜禅让的故事:

舜为尧臣,尧德不如舜,天下归舜,尧即命舜登天子位。

在先秦的书里,我们处处可以发现尧德不如舜、天下归舜的暗示,所谓尧有“十六族而不能举,有四凶而不能去”,“天下同心戴舜”,这恐是一种较原始的传说。而所谓“舜南面而立,尧帅诸侯北面而朝之”,也是齐东野人说的话。……

这种传说因为发生在齐国,而墨子曾仕齐,见齐太王,他自然很可能受齐国史说的薰染。因为尧、舜、禹禅让的故事很合他的尚贤主义,所以他就采取了来,加以渲染、改变,而造成了他特有的禅让故事。过了几时,后来人又补造出舜、禹禅让的故事来,禅让说的成就和演变或许是如此?

禅让说最初只是异姓臣下代君位之说,到了墨家,变成了尚贤选举说,到了儒家,又文以礼让的观念,“禅”的名词就始见于儒家的孟子

---

① 顾颉刚编著:《古史辨》第5册,上海古籍出版社1982年版。

②③ 吕思勉等:《古史辨》第7册,开明书店1941年版。

的书里。①

不难看出，童书业的观点不仅是紧随顾颉刚的，而且在某些方面还能给顾颉刚补漏弥缝，使之更加圆融通达。在顾颉刚的弟子中，能够创造性地做到这一步的，童书业不失为最突出的一个代表。

第八节　杨向奎对虞舜的记述和评论

杨向奎(1910～2000)，河北丰润人，是顾颉刚在北京大学教书时的受业弟子。大学毕业后一直在高校从事历史教学和研究工作。曾在甘肃学院、西北大学、东北大学任教。1946年到山东大学工作，历任山东大学中文系教授、历史系主任、文学院院长、《文史哲》主编。1957年调到中国科学院历史研究所(现属于中国社会科学院)工作，历任研究员、历史研究所学术委员会主任兼任中国社会科学院研究生院教授、博士生导师。他曾任中国人民政治协商会议第五、六届全国委员会委员，国务院学位委员会历史学科第一届评议组成员。他著作颇丰，代表作有《杨向奎学述》《西汉经学与政治》《中国古代社会与古代思想研究》《绎史斋学术文集》《杨向奎学术文选》等。杨向奎是最早起来响应顾颉刚学术观点的学者之一。他与顾颉刚一起撰写了《三皇考》，也是循着疑古的路子，论定三皇是后人的编造。后来他自己写了《禅让传说起于墨家考书后》一文，对郭沫若、钱穆、蒙文通等的禅让观点进行评判。他将对禅让说的解释分为三派：选举说；争夺说；无其事而由儒墨的创造宣传说。之后评论时说：

> 在解释上虽然有三种不同的说法，而在方法上却只有两种罢了：即前两种说法乃对于原来史料先取信任态度而后加以解释，后一种乃先估定此种史料之价值然后考其来源。前者是弥缝工作，后者是史源学。钱、郭二位先生所根据的史料正是顾先生所欲证其伪的，而蒙先生所根据的史料又是足破钱先生等的说法的。夫“所谓一种古史传说之来必有些事实作骨子者，如禅让之说之骨子中为一种选举制度”，那末争夺说之骨子又是些什么呢？我们也没有权力仅信选举说而不信争夺说，打破了守旧的传统观念，《尧典》等书在史料上的价值一定比

① 《童书业史籍考证论集》，中华书局2005年版。

《汲冢书》要高些吗？……

自疑古之说起，今人对于古史之观念已不若前此之固执，而流弊所至乃变昔日之固守为今日之迷缝。固守旧说，其卤莽灭裂之处，后世必有发其覆者；然弥缝的说法，因其较为合理，或能坚人之信，此其弊尤大。顾先生此文却是告知我们，禅让说是如何产生的如何滋长的如何凝成的；……尝怪今之贤者多不愿奠基择料；而只希望造成房屋，材料的朽窳与否一概不计，惟皇皇然发表其建筑计划……①

这分明是向不同意禅让伪造说的学者发出诘问，目的是维护古史辨学派否定禅让说的观点。不过，后来杨向奎变成了释古派，与顾颉刚拉开了距离。1956 年他在《文史哲》发表《应当给"有虞氏"一个应有的历史地位》一文，将虞舜定位为"处于氏族公社逐渐解体的时代"：

在这个时期内，男子家长起着领导的作用，出身与族籍不是依妇女的系统来计算，而只是依男子的系统来计算。对偶家庭发生变化了以富有者（父系家长）为家庭主脑的对偶家庭，转向新式家庭，家长式的家庭了。在中国古代，尤其是有虞氏，有关于"儿女"的传说，应当是由对偶婚姻走向一夫一妻婚姻的过渡形态。②

在列举了传说中有虞氏用火、畜牧、弓矢、陶器的发明之后，他认定有虞氏所在的东夷人处于蒙昧中期到野蛮中期的历史发展阶段，这显然是在用恩格斯《家庭、私有制和国家的起源》所阐发的观点解释历史了。这说明他已经向唯物史观靠拢。

第九节　"古史辨派"殿军刘起釪对虞舜的记述和评论

刘起釪（1917～2015），湖南安化人。他是顾颉刚的学生和学术上的忠实追随者，长期从事历史研究，在先秦史尤其是《尚书》的研究成就卓著，主要著作有《尚书学史》《古史续辨》《尚书源流及传本考》《尚书评述》《春秋三传研究》《顾颉刚先生学述》等。协助晚年的顾颉刚先生完成了《尚书校释译论》。他的著作拓展和深化了顾颉刚的研究成果，是公认的"古史辨派"的殿军。

---

① 吕思勉等：《古史辨》第 7 册，开明书店 1941 年版。

② 杨向奎：《应当给"有虞氏"一个应有的历史地位》，《文史哲》1956 年第 7 期。

刘起釪在与顾颉刚联名出版的《尚书校释译论·尧典·乃命羲和节解说》中，将与古代天文历法有关的问题作了极其精湛透辟的诠释，最后的结论是：

以上这一节说尧任命天文官员、制定历法、指导民事等活动。实际是根据下列七种不同来源、不同时代的古神话和传说等纷歧材料组织在一起的。七种不同材料是：（一）远古关于太阳女神的神话和它经过转化后的传说；（二）远古关于太阳出入和居住地点的神话和它转化地名后的传说；（三）古代对太阳的宗教祭祀有关材料；（四）古代对四方方位神和四方风神的宗教祭祀有关材料；（五）古代对星辰的宗教祭祀及有关观象授时时代的材料；（六）往古不同时代的历法材料；（七）往古不同时代的地名材料及它蒙受时代影响而变迁的材料。本篇作者把这些材料，其中主要先把各种神话和宗教活动的各不同原始资料，生吞活剥地净化为历史资料，按四方和四季整齐地配置起来，经营成一组粲然大备的记载古代敬天理民的最早由观象授时、指导农作以至制定历法的形式严整的文献。既已摆脱神话的面貌，又尽量保存材料的古色古香，意在将真正的远古史料展现出来，使人们相信这篇《尧典》确是可靠的古代典籍。就在这种经过折射的材料里，使我们看到一些极为珍贵的远古传说素材，特别是值得珍视的天文材料。因此这段文字毫无疑问是值得珍视和重视的。

这里把《尧典》中有关古代天文的资料注释得比较清楚。不过他认为这些资料尽管值得珍视，但却证明不是尧、舜时代的文献。在《陟方乃死节解说》中，将舜“南巡苍梧，死葬九疑”的问题加以详细诠释，目的是廓清所谓舜南巡和死葬苍梧的迷雾：

舜南巡苍梧，死葬九疑，二妃从于后，泪滴成斑竹，死为湘水神的神话故事，不应否定它，古代民间自有此故事存在。但作为历史人物的舜，一生活动地区全在黄河下游，未曾远离过此区域。何况历史上直至春秋之世，楚国大抵活动在长江以北，春秋后期至战国以后才逐渐向长江以南扩展。则自春秋以前华夏族之政治势力根本不可能越长江以南，被盛推为“三代圣王”的帝舜不可能到长江以南，更不要说被称为一百多岁的舜还能几千里南巡或南征了。秦汉以后，除鲁西豫东外，尚有河北涿鹿、陕西安康、浙江上虞和余姚等地，都和湖南一样有舜的传说遗迹，那是出于舜的故事深入人心竞相攀附的结果。近年考古发现，江以南各地文化遗存与中原文化遗存有相通之处，那是先民在物质生活方面承受中原影响的文化现象，并不是中原政权就领有南方之地，可以去巡狩、去考绩他们。《尧典》作者搜集各种资料，在历史资料如竹书记载中看到帝王之死称“陟”，自然就采用了。而遇到神话资料要把它历史化，一些神话色彩强的就采用。而网罗天下放失旧闻的司马迁，则把神话故事净化成历史故事，除二妃故事太神化不采用外，而苍梧到汉代已是确知的地方，就把巡狩苍梧的故事作为史实写入《史记》中，因而与《尧典》所载相歧异，耗尽其后经生们的脑汁企图去圆拢它。不知神话自神话，历史自历史，不应当混淆。要知道“巡狩苍梧”是神话，应把它搁置一边；“陟方”是说帝王之死，这是历史资料，应当认可它、相信它。①

这里刘起釪通过对文献和史实的详细辨析，将舜巡狩苍梧和死葬九疑的说法彻底否定，从而将神话传说与真实历史作了明确的切割，基本上廓清了罩在舜死葬问题上的迷雾，恢复了历史真相。

第十节　张维华、王树民对虞舜的记述和评论

顾颉刚提出“层累地造成的古史”说以后，在史学界，乃至整个学术界都产生了大地震般的影响。乘着“五四”之后中国思想学术日趋激进的东风，集合到顾颉刚麾下的人马越来越多，形成了一个松散但学术倾向鲜明的群体，造成他弟子如林的盛况。除童书业、杨向奎、杨宽、谭其骧、侯仁之、史念海、韩儒林、张维华、吴丰培、张江裁、吴晗、翁独健、齐思和、吴世昌、刘厚滋、常惠、许道龄、刘师仪、石赵厚、孙海波、徐文珊、丰家升、白寿彝、王守真、邝平章、顾廷龙、王振铎、杨效曾、王育伊、王树民等人之外，还有一大批追随者。这些人绝大部分与他有师承关系，其他人也大多是他中意的学术人才。其中不少人写过上古史的文章，出版过上古史的著作，或多或少地涉及尧舜问题，基本倾向都是从疑古出发，大致在考订古书古事真伪的范围内爬梳钩沉，立论也大体在顾颉刚设定的框架内。这批人的学术活动使古史辨派有火借风势，愈演愈烈之概。

① 顾颉刚、刘起釪：《尚书校释译论》，中华书局2005年版。

张维华(1902～1987),山东寿光人。1928年毕业于济南齐鲁大学。1931年入燕京大学研究院学习并加入禹贡学会。1933年毕业,获硕士学位,回齐鲁大学任历史系讲师。1936年赴北京禹贡学会工作,协助顾颉刚编辑《禹贡》半月刊。1937年赴河南参加经世学社,主编《经世》刊物。1938年在昆明北平研究院历史考古研究所与顾颉刚、徐旭生一起研究中西交通史。1939年在成都与顾颉刚共同主办齐鲁大学国学研究所,出版《责善》半月刊和齐鲁大学《国学季刊》。新中国成立后,回济南齐鲁大学任文学院院长,兼国学研究所主任。1952年院系调整后,任山东大学历史系教授。他是顾颉刚的及门弟子之一,长期从事战国秦汉史、中国土地制度史、中西交通史的教学与研究工作,在中西交通史研究方面颇有创见,受到史学界重视。主要著作有《明代海外贸易简论》《论汉武帝》《中国长城建置考》《汉史论集》《晚学斋论文集》等。他在《说"天吴"——兼及雷泽》一文中,考定吴回乃虞舜的始祖,该族逐渐由西东迁,最后定居于今之鲁豫交界的濮阳一带,古雷泽即在这里。所以舜的故里负夏,即古瑕丘,也在这里。他考订的吴回作为舜的始祖尽管并未得到学术界较多的回应,但他认定的舜之故里在濮阳却得到了很多学者的认同。

王树民(1911～2014),天津武清人。主要从事文教、编辑、史地研究,发表论文多篇。1949年以后,担任河北天津师范学院史地系教师、河北师范学院历史系(后为河北师范大学历史文化学院)教授等。他的主要学术成就是古籍的整理和点校,《宋史纪事本末》《元史纪事本末》《通志二十略》《戴名世集》《国语集解》等都是经由他点校出版。他还写了《中国史学史纲要》《史部要籍解题》两书,作为高校文科学生的教科书产生了广泛影响。《廿二史札记校证》一书也颇见其功力。在20世纪90年代,他写了《尧舜禹禅让的历史真相》一文,对禅让问题进行了梳理和辩证。他率先认定,"尧、舜、禹禅让,是古代史上一件特别受到重视的大事,与历代父子兄弟相传的惯例决然相反,因而产生不同的说法"。但是,由于"禅让一事,既无当时的文字记录可供分析,也无法从考古发现中寻求踪迹,唯有依据古人的传说,结合古代历史的发展实际,以期得出合情合理的结论"。在分析了各种文献对传说的记载之后,他推断说:

> 我们可以这样设想:尧是在陶唐氏兴盛的时候,从他族方面取得了共主之位,后来又传让给舜。有虞氏在舜以前为共主的机会不能很多,与《五帝德》同时写成的《帝系姓》,在瞽瞍以上,有穷蝉、敬康、句

> 芒、蟜牛等四个名号，都是仅有名号而无事迹者。这样看来，五帝时期，共主之位在各族之间互相转让，原为行之自然者，尧、舜、禹之间的禅让，不过为其最后的两次。这两次何以能够流传下来？因为那时似已有了“瞽史”的官职，瞽史保存了这项重要史实的梗概，到战国时候，由于诸子结合本派的思想理论，将禅让之事说得神乎其神，似乎是高不可及的，以致成为古史上一件难以捉摸的异常之事。①

如此解释自然可备一说。

① 王树民：《尧舜禹禅让的历史真相》，《河北学刊》1999 年第 4 期。

第三章　吕思勉、钱穆、张荫麟、蒙文通、周谷城等的虞舜观

第一节　吕思勉的虞舜观

吕思勉(1884~1957),字诚之,江苏武进(今江苏常州)人。毕生致力于历史的教学和研究,曾在苏州东吴大学、上海沪江大学、光华大学、华东师范大学任教。著有《白话本国史》《吕著中国通史》等通史两部,《先秦史》《秦汉史》《两晋南北朝史》《隋唐五代史》等断代史四部,《中国民族史》《先秦学术概论》《理学纲要》《宋代文学》《制度史五种》等五部专史,另有探讨史学方法论的《历史研究法》《中国史籍读法》《史通评》《文史通义评》等书,编为《史学四种》。他发表在各种报纸杂志的论文,汇编为《吕思勉读书札记》。

吕思勉长于顾颉刚近10岁,是顾的前辈学人,其著述之丰不亚于顾,但在名气和影响上似不如顾。原因很简单:他没有提出具有震撼性的观点。从吕的著作和文章看,他基本上继承了乾嘉朴学的传统,博览群书,特重考据,坚持实事求是的治学原则。因此,他比较容易成为古史辨学派的同路人。他自觉参与了古史辨学派掀起的学术论争,不少论点与顾颉刚殊途同归。在《白话本国史》中,他认定"'唐虞揖让''汤武征诛',都是为公而不为私。实在是儒家的学说,并非实有其事"。由此,他"悟到两种道理":

> 其一,儒家的学说,都是孔子所创造,并没有所谓尧、舜、禹、汤、文、武、周公等等的圣人。后世实行儒家之学,便是实行孔子之学;其"功罪""祸福",一大部分,应当由孔子负其责任。其二,世界究竟是"进化"的,后世总比古人好。譬如"政体",断没有后世是"专制",古时候反有所谓"禅让"之理。

这个结论不是同顾颉刚的观点几乎一样吗！在《古史纪年考》一文中，他对古文献记载的尧、舜、文、武等几乎都是过百年岁的高寿提出疑义，结论是："尧舜以前，帝王年岁，盖全不足信。"①在《禅让说平议》一文中，认定禅让是"后人设说"，绝对靠不住：

> 至诸子书中论尧舜禹事迹近乎争夺相杀者甚多，然皆属后人设说，惟《韩非·说疑》引《记》谓尧有丹朱，舜有商均，启有五观，商有大甲，武有管蔡，五王所诛皆父子兄弟之亲；又《吕览》言鲧难帝舜，或有史实为据耳。说亦见《丹朱傲》条。昔时所疑，盖无甚得当者。惟果谓尧舜禹之禅继，皆雍容揖让，一出于公天下之心，则又不然。《韩子》所引《史记》之文，即其明证。古代史事，其详本不可得闻。诸子百家，各以意说。儒家称美之，以明天下为公之义；法家诋斥之，以彰奸劫弑臣之危；用意不同，失真则一。②

他的方法是从各种文献对勘中发现矛盾，进而从辨析中得出结论。其方法和论断不是与顾颉刚的观点和方法极其近似吗？

第二节　钱穆和张荫麟的虞舜观

钱穆(1895～1990)，字宾四，江苏无锡人，是自学成才的著名历史学家和国学家。他以中学学历开始小学教师生涯，由小学而中学，由中学而大学，先后在燕京大学、北京大学、清华大学、西南联合大学任历史学教授。1949年后去香港创办东亚书院，继而赴台湾任教和从事研究工作。他著作等身，主要著作有《孔子传》《论语新解》《庄老通辨》《朱子学提纲》《国史大纲》《中国学术思想史论丛》《秦汉史》《古史地理论丛》《中国历代政治得失》《中国历史研究法》《中国史学名著》《人生十论》《八十忆双亲·师友杂论》等。

钱穆的学术进步得益于顾颉刚的推荐和提携，但他不属于古史辨派，其基本倾向属于释古并稍稍偏向于信古。他不仅不承认尧、舜、禹的事迹出于后人编造，也不承认"禅让"是托古改制的墨家、儒家所伪造。在《唐虞禅让说释疑》一文中，他认为"王位之继承，自选举转为世袭，亦为各民族共

---

①② 吕思勉等：《古史辨》第7册，开明书店1941年版。

循之轨辙。中国自禹之传启,而传子之局定。禹与启之在当时,其殆如鲜卑之有檀石槐,契丹之有阿保机乎?”由此认识出发,他认定孟子所言禹传子的故事完全真实。他诘问:

苟言儒家托古改制,则孔子虽言尧舜,亦不主废王位之世袭。孔子既不欲改此制,何必多造一谎而托此古?孟子明言舜传禹禹传启皆天而非人,则孟子亦并不主改世袭之制为禅让也。

接着,他论证《尧典》及《孟子》所记之事都是真的:

余读《尧典》,其文虽成于后人,其传说之骨子,则似不得谓全出后人捏造。……《尧典》言巡狩,乃古游牧时代大人集诸部落会猎之制也。春秋此制犹存。匈奴秋马肥大会蹛林亦应如之。以巡狩而封禅,则因会猎而有祭祀也。因封禅而有明堂,明堂在野,其制近穹庐,故有辟雍,则幕野者挖四沟以避雨水也。后人不得其说,而缘饰之以理想之高义。更后之人益不得其说,则谓全属古人之妄造。古今人不相远,岂应古之学人专好造谣乎?古人言尧舜陶渔及舜浚井治廪诸故事,殆亦如乌桓大人各自畜牧营产不相徭之意。陈相称许行之言,亦谓神农与民并耕而食,其传说来源非全无因,而后人各以意粉饰说之,遂致多歧。《孟子》牛羊父母仓廪父母,使二嫂治朕栖,此等语定亦有受,若孟子自造,恐无如此意境。近人全认传说为伪造与说谎,此所以治古史多所窒碍也。①

这里钱穆对传说资料采取比较谨慎的态度,从情理推断出发来看,宁信其有,不信其无,对于古史辨派疑古太过的倾向具有纠偏的作用。他认为,看到古人的说法离开真实就认定古代学人一意造假是没有道理的,原因是没有弄清传说形成的历史:古人的造假几乎都是无意的,而无意的造假正反映了当时人们的历史认识和愿望。这显然是颇有见地的一种观点。后来,钱穆还写了《苍梧九疑零陵地望考》一文,对这些与舜关系密切的地方的位置进行考辨。他考定,苍梧既不是湖南零陵,也不是广西苍梧县,而是位于陕西商县东南的菟和山西境内,根据是《水经注》中的这一段话:“丹水自苍野东历菟和山,疑苍梧之野即苍野,在今陕西商县东南,菟和山西境,故司马氏云左苍梧也。”这样,其葬地九疑山就不可能是湖南道县的那个九疑山了。他认为,舜的葬地应是今之湖北西北部的汉

① 吕思勉等:《古史辨》第7册,开明书店1941年版。

水流域：

按舜冢不远至湖南零陵，不仅无此事实，即谓古人传说所指，亦决不在此。……《尚书》谓舜陟方乃死。房、防、方古字通用。《隋书·地理志》：郧乡有防山。又光迁有防山。又《括地志》："竹山县东南有方城山。"郧房竹山皆境地相接。郧县东北为河南析川县，以丹水故城，并有古丹朱墓。秦始皇至云梦而望祀虞舜于九疑山，以同在今湖北西北部的汉水流域也。屈原居汉北，其为《离骚》，颇及虞舜，亦为地望之近。又按《墨子》："舜西教乎七戎，道死，葬南己之市。"《吕览·安死篇》亦言舜纪市。楚旧都纪郢以别于昭王所迁之鄀郢。舜葬零陵，实近鄀郢。诸家言舜葬纪市，殆亦自此而起。①

钱穆这里的考证应该说具有相当的合理性，可备一说。

张荫麟(1905～1942)，广东东莞人。张荫麟在清华大学求学七年，以史、学、才、识出众知名，与钱钟书、吴晗、夏鼐并称为"文学院四才子"。1933年夏，由美返国，执教于清华大学历史系，主讲中国学术史与宋史等课程。抗战爆发后，曾任国防设计委员会研究员、中央研究院社会科学研究所《中国社会经济史集刊》主编，并先后在《学衡》《清华学报》《东方杂志》《燕京学报》《文史杂志》《国闻周报》等刊物发表论文和学术短文40多篇，深得当时史学界的赏识和称赞。曾应教育部之约编撰高中历史教材《中国史纲》。他积极参与顾颉刚发起的关于古史的论辩，但与之针锋相对。在《评近人对中国古史之讨论》一文中他对顾颉刚"尧舜禹的传说，禹先起，尧舜后起"的说法予以驳斥，认为顾的"尧舜与唐虞无关之说不能成立"，"尧舜的关系起于战国"之说亦不能成立。最后的结论是：

顾氏所谓"禹是西周中期起来的，尧舜是春秋后期起来的，他们本来没有关系"，其说不能成立。其所以致误之原因，半由于误用默证，半由于凿空附会。②

张荫麟对顾颉刚的反驳，指出其在逻辑上的错误以及默证运用不当的失误，都有一定道理，似乎也有助于纠疑古过当之偏颇。

① 《古史地理论丛》，(台北)东大图书公司1982年版。

② 顾颉刚编著：《古史辨》第2册，朴社1930年版。

第三节 蒙文通、刘仁航、蒋应荣的虞舜观

蒙文通(1894~1968),四川盐亭人。从20世纪20年代起即执教于成都大学、成都师范大学、成都国学院、中央大学、河南大学、北京大学、河北女子师范学院等院校,20世纪40年代任四川省图书馆馆长兼华西大学、四川大学教授。1949年以后,任华西大学、四川大学教授,兼任中国科学院历史研究所一所研究员、学术委员,并先后任成都市人民代表、市政协委员、中国民主同盟成都市委和四川省委委员。主要著作有《古史甄微》《辑校李荣老子注》《辑校成玄英老子义疏》《周秦少数民族研究》《经学抉原》等。蒙文通以近世今文经学起家,后转而治史学。他虽然不属于古史辨派,但由于遵循今文家法,颇具疑古精神,所以客观上成为古史辨派的同盟军。他在《驺子论五德之运》和《"五运"说与"五帝""三皇"说》两文中,认定五帝之说是由驺子"五运"之说衍生出来的,后来在五帝之上又加上"三皇",而由于战国时期各诸侯国和学者对三皇五帝的说法不一,于是出现了关于三皇五帝的各种版本。这实际上是证实了古史辨派的观点:三皇五帝是后人造出来的,根本就不是真实的历史。蒙文通在《上古三大民族》一文中较详细地考察了江汉、河洛、海岱三大族群,证实了中国多元一体的民族发展演化史。在《古史甄微》一书中,他通过考察孟子与韩非对尧、舜的不同评价,分析了战国时期对尧、舜的评价实际上形成了南方、三晋、东鲁三个不同的体系,分别以道家、法家和儒家为代表。后来的杂糅混一则是由《吕氏春秋》起,司马迁等继之,遂使先秦以前的古史系统混乱不可理了。

> 盖在战国以前,三方传说,本自分明,述文者各守所闻,不相淆乱。自吕不韦使宾客人人著所闻,集论以为《吕氏春秋》,糅合众说,号为杂家,太史公、淮南子、韩婴、刘向继之,而先秦旧史系统乃不可理。①

蒙文通这里发现并指明了一个重要问题:由于中国文明起源的一体多元,神话传说也是多元的,几乎每个传说背后都对应着一个族群,这就解释了三皇五帝和其他许多历史事件有多种版本的原因。

刘仁航(1884~1938),江苏邳县人。早年在家乡从事教育工作,致力

---

① 《古史甄微》,《民国丛书》第1编第76册,商务印书馆1933年版。

于倡导创建文明新村。离邳后在苏州、上海、南京、徐州等地任教。主要著作有《印度游记》《东方大同学案》《佛教理论学丛书》《孔教辩惑》等30多部行世。在《新人种世界》一文中，对“舜不告而娶”等问题作出新的解释，认为孟子的解释是因为时代错位的理解：

孟子距尧舜已二千年，俗尚大变，而孟子以晚周战国风俗，律二千年之尧舜时代，武断甚矣。其谓“舜不告而娶为无后也”，真杜撰荒唐，今考不告而娶，乃大同世界男女自然交际之正法。而古代唐虞，去古未远，姓氏制度尚未成立，故尧为伊耆氏，育于母家。而《尧典》尧命二女试舜，此等试法，乃为三代下人不可思议。而据《孟子》本书考之，犹有确据。孟子曰：“象曰，牛羊父母，仓廪父母，干戈朕，琴朕，而嫂使治朕栖（就是立刻要娶他两个嫂嫂）。象往入舜宫。”又“象与瞽瞍日以杀舜为事，帝使九男、二女、百官、牛羊，养舜于畎亩之中”。此情理在今日风俗极易解决，亦不用杀舜，但由瞽瞍按七出大礼，不能事舅姑一条，将英、皇谓其不待父母命为苟合淫女，与以一纸休书逐出门外。有皋陶为士，何患不按律判决。胡为日谋杀舜之不惮烦乎？然而尧使二女访舜于野，不嫌唐突，二女也自己出头露面去找男子，以顽嚚老顽固之父母，不敢出休书何也？因当时父母无律可据，且系社会习惯法，故尧舜安之，社会认之，顽嚚父母亦认之，不过止有谋杀舜一策而已。至象闻兄死，观其分配兄之遗产，牛羊仓廪玩具，并及二嫂。想是当时风俗，如匈奴之妻嫂，如“摩西律”，兄死不妻嫂者为有罪。若至今世，虽土匪之无知，亦决不至兄死而娶其嫂。象何至此，必古俗明矣。又云二嫂，可见皇、英平等，尚无妾之名，必古俗也。孟子不通古俗，妄以小康世周公制礼后之眼光，强尧舜行周礼，妄解不告而娶为无后，谬矣，其不通大同世法也。①

刘仁航的解释不见得完全准确，但有一点值得肯定，就是他认为尧舜时代的风俗制度与孟子时代有很大不同，当时的所谓“大同世法”完全可以解释孟子视为不合礼法的现象。

蒋应荣虽不是顾颉刚的弟子，但可算是他坚定的同道，他认为所谓尧舜禅让完全是儒家的伪造。在他看来，既然黄帝以武力征伐天下，传自己的后辈颛顼、帝喾、尧，为什么忽而尧、舜、禹之间来了一个禅让？而至启又

---

① 《东方大同学案》，《民国丛书》第3编第7册，中华书局1926年版。

再恢复传子？“这事与进化的原则，完全不符。由人类进化史上看来，社会的演进，应该渐渐进步，或渐渐退化，万不能说忽然进到顶点，又忽然跌下水平线来，这明显是假；此可知禅让的故事，出于伪造，不是自然而有的。”他把禅让完全看成儒家的伪造：

儒家为宣传尧舜的美德起见，将他们的好处，或放大千倍，或无中生有；把他们的短处，就逞辩遮饰，或销灭擅改；因此尧舜的劣迹，或竟无从查考；因此尧舜的时代，遂变成黄金时代了。其实尧舜禹的为人，又何尝不是醉心权利的恶化分子？

接着，他从文献中找出“尧伐丹水”“舜征有苗”“禹攻有扈”等事迹，然后说：

试想别人的地盘，尧舜等还想染指攘夺，为己据为己有；而他自己的帝位和权利，倒想拱手给人，这话就是小孩儿必不肯信，我们何苦必要信他呢？孔孟二夫子既然把尧舜抬举来，作他们的偶像，所以凡尧舜的侵略行为，都秘而不宣，绝口不谈。因此我们在“四书”里找不到伐丹征苗的事迹，这是孔孟二人的慎重处，也是他们的虚诈处。①

他进而解释儒家这样做的原因：一是“要造成尧舜禹禅让的事迹”；二是“要鼓吹尧舜的人道和仁政”；三是“要造成反对战争的空气”。如此解释，显然进一步筑牢了古史辨的樊篱，将尧舜及其禅让之事完全推翻。

第四节　孟世杰、魏建功的虞舜观

孟世杰在《先秦文化史》一书中，对三皇五帝之记载歧义作了较详细的诠释。他在列举文献关于三皇五帝的多种记载之后，认定“三皇五帝者未必实有其人，不过汉民族国民思想之反映，臆造之架空的理想人物而已”。而这与阴阳五行学说有密切关联：“所谓五帝者，系阴阳五行家学说思想之反映，不必实有其人！”“若三皇者，则又三才思想之反映，所谓天神地祇人鬼者是也。三才之说始见于《易·系辞下传》……后世愈演愈奇，以三才之自然现象，比附于古帝王之人格，于是有天皇到地皇人皇之说：所谓三皇者，即三才之人间化者也。”最后，他诠释说：

---

① 《尧舜禅让问题》，《国立第一中山大学语言历史学研究所周刊》1928年第37期。

> 然则三皇五帝，究宜如何解释？三皇盖取天开于子，地辟于丑，人生于寅之义。五帝则由追溯开化本原，联想而生！——如教民构木为巢，以避爪牙角毒之害，故曰有巢；教民钻木取火，以备火化，故曰燧人；教民佃渔畜牧，以充庖厨，故曰伏羲，又曰庖厨；教民树艺五谷，以资民生，故曰神农；教民造车以任重致远，故曰轩辕；皆先民理想中造出之帝名，未必当时实有其号；寖假而“五行”说出，又从而周纳之；于是五帝之说遂颠扑不破。至数字必以三五算者，则因汉民族思想以奇为阳数，偶为阴数，故尊三重五，《易》曰：“天一地二，天三地四，天五地六，天七地八，天九地十。”是由凡数皆起于奇，由五溯三，渐至于一，即为太极，史家追述开化之初，首论盘古，次及三皇五帝，或由于此！①

这种观点显然可以作为古史辨派的同道出现，因为他将三皇五帝的出现与《易》传的“三才”和阴阳五行连在了一起。

魏建功(1901～1980)，江苏海安人，著名语言学家。曾任北京大学副校长。1955年当选为中国科学院哲学社会科学部委员，1951年加入九三学社。历任九三学社第三、四、五届中央委员会常委，第六届中央委员会委员。他虽然不是历史学家，但在中国古史领域，他基本上是作为古史辨派的同道出场，他在《读〈“帝”与“天”〉》一文中，高度赞扬刘半农和顾颉刚的文章所表述的观点，进而评判说：

> 半农先生指示了我们了解拟人的法则，作伪的因。颉刚兄指示了我们知道拟人的证据，作伪的果。所以，我们读了《帝与天》，再翻开《古史辨》来看，应该更自然的承认古史中尧舜的假托。至于我之想到《尧典》当在秦汉时伪作，实在是(一)赞同颉刚兄的“帝号的作为职位和称谓始于秦”之说。(二)又相信半农先生“拟人”及“神格化的人”的说法，而认为是秦以后人(汉朝是产生伪书的第二个重要时期)假造的、神格化的人，应用当时制度中的帝号而称他的。所以，称“帝”有些神话色彩(也夹了些神话在内)，而那些“人治”“德化”“中央集权”等思想却是现实生活的反映；因此露下了大尾巴在不知不觉之中，没有弥补得好。②

可以看得出，这种观点简直就是顾颉刚论点的进一步申述与发挥。

① 《先秦文化史》，《民国丛书》第4编第38卷，北平文化学社1929年版。

② 顾颉刚编著：《古史辨》第2册，朴社1930年版。

第五节 周谷城、陈登原的虞舜观

周谷城(1898~1996),湖南益阳人。著名历史学家,自1942年秋起,一直在复旦大学执教,任历史系主任、教务长等职,著作等身。曾任全国人大常委会副委员长,中国史学会常务理事兼首任执行主席、中国太平洋历史学会会长、上海市哲学社会科学联合会副主席、上海市历史学会会长。代表作有《中国通史》《世界通史》《论西亚古史的重要性》《中国社会史论》等。周谷城大体可归于释古派。在《中国社会之结构》一书中,他用“贵族政治”诠释了“禅让”这种制度:

> 中国自黄帝至周初的时代,完全是贵族政治最盛的时代。当时之贵族,或拥疆土以自称王;或盘踞中央,以握政权。所谓君主或天子,不过是贵族所选立,其职务亦不过奉行贵族之意旨而已。何以见得当时的君主是由贵族选立的呢?……例如黄帝死了,其元妃之子玄嚣昌意,都不得立;而次妃之子少昊,却能出而代之。后来少昊也不能传位于其子,而昌意之子颛顼却能出而代之。颛顼也不能传位于其子,而玄嚣之孙帝喾却能出而代之。直接的儿子,何以不能承继父亲的大位?没有别的原因,只是被贵族的势力支配住了而已。贵族势力,还有表现更明显的地方。例如帝喾的长子帝挚既立,才过九年,诸侯便把他废了,以立帝尧。废立的事,后世史家可称为大逆不道,而在当时干了却不要紧;盖贵族政治之常习,本是这样。后来尧欲让舜以位,也必先让诸四岳。待四岳举舜,然后试之。这也见得四岳的势力之大了。舜既受了尧禅,自己却又要跑到南河之南去躲避;待朝觐讼狱讴歌等等证明世人都服从了自己的时候,然后再回来践天子之位。禹受舜禅的时候,也是一样。自己先跑到阳城去躲避,也要等到朝觐讼狱讴歌等等足以证明世人都服从了自己的时候,然后才上台。这也见得贵族势力之大。天子即位与否,都要取决于他们的向背——何以见得君主是奉行贵族的意旨呢?例如鲧之为人,本是极坏。然四岳既已荐把尧帝去治水,尧即明知其不可却,不得不曲意遵从。后来舜帝欲授禹等以九官,也必先询于四岳,听他们推荐。由这种种看来,用人行政之权,四岳竟操了大半。四岳究竟是什么?……乃一切诸侯之总代

表，可以裁制中央，左右君主。此殆完全贵族政治也。在贵族政治盛行的时候，天子诸侯君臣之分，并未确定。诸侯之于天子，如同对后世之所谓盟主的一样。这种敷衍和平的局面，直到周室盛行封建制度时才改变。①

显而易见，周谷城对禅让制度的解释是在承认这个制度存在的前提下进行的，由此说明，他不仅承认这个制度，而且承认记载这个制度的《尧典》《孟子》《史记》等文献的真实性。如此一来，周谷城就基本上与信古派贴得更近一些。

陈登原(1900～1975)，浙江慈溪人，东南大学教授。主要著作有《国史旧闻》《中俄关系述略》《荀子哲学》《唐人故事诗》《天一阁藏书考》《中国土地制度》《颜习斋哲学思想述》《金圣叹传》《中国田制丛考》《中国文化史》(上、下册)《古今典籍聚散考》《国名疏故》《中国田赋史》《中国地赋丛钞》《历史之重演》等。在《中国文化史》一书中，认为中国古代历史并非一开始就是大统一的王朝，而是由氏族、部落渐进，逐步由小国林立至诸侯联盟，再到秦的大一统，所以当时也不存在尧舜禅让之事。在引证了各种文献所记载的歧义的说法之后，他的结论是：

> 古代无一统，所谓尧舜，亦不过部落之长。政治组织，方在草昧；为酋长者，非如后世之乘舆警跸，威仪俨然。禅让之事，犹如今日之“乡长辞选”，中世之中正辞征；事有可能，无庸疑怪。若以后世万乘之君，穷淫极欲之主视尧舜，则非不徒不合于古史政治之实，抑亦疑其曷为舍淫欲而去之也。②

陈登原认为禅让不过是古代部落酋长的承袭方式，由于当时酋长并不拥有后世帝王的权利和享受，没有必要推高它的意义。这一观点大致也可以归入释古派。

第六节　丁山、徐中舒、黎东方、吴泽、刘仰之的虞舜观

丁山(1901～1952)，安徽和县人，曾在厦门大学、中山大学教授，与鲁迅、顾颉刚、陈功甫等名家是同事。1929 年至 1932 年任中央研究院历史语

① 《中国社会之结构》，《民国丛书》第 1 编第 77 册，新生命书局 1930 年版。

② 《中国文化史》，《民国丛书》第 1 编第 42 册，世界书局 1933、1935 年版。

言所专任研究员,后20年间,历任中央大学、山东大学教授。在考古学、先秦史、齐鲁思想文化史的研究方面成就卓著。主要学术成就有《说文阙义笺》《数名古谊》《释梦》等专著及论文。有《吴雷考》《新殷本纪》《商周史料考证》《甲骨文所见氏族及其制度》《中国古代宗教与神话考》等著作。丁山在《由陈侯因資敦铭黄帝论五帝》一文中,对各种文献记载的五帝系统进行梳理:

> 考五帝人物,汉以后说者纷歧。有本《易·系辞传》之"庖牺氏没,神农氏作;神农氏没,黄帝、尧、舜氏作";以为庖牺、神农、黄帝、尧、舜为五帝者,刘歆《三统世纪》是已。有跻黄帝为三皇,而以少昊、颛顼、高辛、唐、虞为五帝者,《书》伪孔序是也。有屏帝舜,跻少昊,而以黄帝、少昊、颛顼、帝喾、帝尧为五帝者,梁武帝《通史》(刘恕《通鉴外纪》引)是已。有以德合五帝座为帝,五帝不必五人,而以帝鸿、金天、高阳、高辛、唐、虞六代为五帝者,郑玄《尚书中候纬注》是已。有以五帝非人帝,即四方上帝,其名为青帝灵威仰,赤帝赤熛怒,黄帝含枢纽,白帝白招拒,黑帝汁光纪者,《春秋文耀钩》是已。是皆汉以后之谰言,不足论。①

他认为,"论五帝说来源,要以《大戴礼·宰我问五帝德》及《吕氏春秋·十二纪》为最古"。《五帝德》记载的五帝是黄帝、颛顼、帝喾、尧、舜。《吕氏春秋·十二纪》以五神配五帝太昊、炎帝、黄帝、少昊、颛顼。其结论是:(1)陈完为陈胡公后,胡公为帝舜后,舜为黄帝后,齐威王即黄帝后。(2)《国语》《帝系》《世本》相传之古帝王世系密合,可证《国语》诸书所述古帝王世系,皆本于周之列国史记,世系名号,虽或乖误,其大体则可信。(3)黄帝为前子孙尊祖配天,措庙立主之号,非皇天上帝。(4)殷人所祭四方神帝,皆割裂《国语》,附会人帝为神帝,黄帝、颛顼非由神帝变为人帝。(5)明堂五神,皆有人可考,非神非怪,吕氏附会为五神,最为荒谬!(6)契、夔、舜、帝俊、颛顼,皆《卜辞》一名分化。这些结论,与顾颉刚的观点有较大差异,走的基本是释古的路子。但在《中国古代宗教与神话考》一书中,他是将尧、舜为代表的五帝放在神话传说之列的,他在详细考察了先秦诸子和经书对尧、舜的具有相当差异的记载后,总结说:

> 纵横家心目中的尧舜,是平民天子,任贤使能,善于用兵的大政治

---

① 丁山:《由陈侯因資敦铭黄帝论五帝》,《历史语言研究所集刊》第3卷第4分册,1934年。

家。法家心目中的尧舜，是明法禁之令，违令者虽有功必诛的大刑法家。道家心目中的尧舜，是被蚁附的羊膻，想敝屣天下，欲退不能的有道之士。墨家心目中的尧舜，是耕稼陶渔生产技艺领导人民，上下一致刻苦生活的贤君。儒家心目中的尧舜，则是孝悌齐家、忠敬爱民的圣君。总而言之，尧舜的人格与政治，是跟着晚周诸子思想的本体随时变化因人而异其趣的。即以禅让的故事言之，儒家说为民求贤，道家说是为个人清静养生，法家说是迫于不得已。以死葬的制度言之：儒家说三年之丧是发于人民自然的悲哀情绪；墨家则说他们随死随葬，无所谓三年之丧。从这些矛盾的传说看，自然要引起康有为“托古改制”的结论，更引起顾颉刚否定尧舜是古代人的议论了。

这无疑揭示了尧舜在后世思想家那里的形象是他们根据自己的学说随心所欲塑造的。之后，他另辟蹊径，考定舜为“南方之神”，再后引出其最经典的结论是“尧舜禅让即春归夏至寓言”：

假定上文所论，尧即“东皇大一”，舜为“南方曰粦”之说为不巨谬，则尧为春神，舜为夏神，儒、道、墨、杂诸家所传说“尧禅天下于舜”的故事，正是春归夏至寓言，不必论其是非、辨其有无了。①

如此论断，显然是否定了尧舜作为真实历史人物的存在。观点尽管比较奇异而新鲜，但在学术上也能说得过去。

徐中舒（1898～1991），安徽怀宁人，毕业于清华研究院后，一直任四川大学教授。长期从事古代史的教学和研究，在历史学和古文字学方面成就卓著。他在《黄帝之传说》一文中，依据文献和《陈侯因資敦》《铸公簠》，对中国的古史系统作出自己的诠释：

铸器之《铸公簠》出于齐东……铸之所在，无论其在蛇丘（今肥城县东），在青州，或在齐东，当战国之初，此诸地皆已属齐，铸为黄帝后，黄帝即铸民族所构成之传说。此犹之后稷之于周，契之于商，禹之于夏，舜之于陈，少昊之于郯，太昊之于风姓，盘古之于南蛮，原皆为各民族之传说。中国历史自商周以来始用文字写起定，同时此民族乃又黄河流域渐次同化其邻近不同之民族，因此邻近民族固有之传说，乃随其同化先后，而渗入中国文化中，使之渐次构成一荒远古史系统。其同化愈后者，其在古史系统中之年代，转愈高而愈远，故中国商周以前

---

① 丁山：《中国古代宗教与神话考》，上海文艺出版社 1988 年版。

之古史，实即一部古代民族史。吾人如由商周上溯，夏民族当最先同化，陈民族次之，铸民族又次之，郑及风姓民族又次之，最后南风之蛮族，至东汉时乃渐次同化于中国，故盘瓠之传说，最初乃见于东汉应劭之《风俗通》。①

这种解释，可能比较接近史实。它在认定尧舜为传说中人物的前提下提供了另外一种对远古史的诠释框架。

黎东方(1907～1998)，河南正阳人。1931年8月回国，在北京大学、清华大学主讲历史哲学、法国大革命史和西洋通史。抗战期间，曾在成都中央军校讲战史。又应教育部长陈立夫之聘，至渝主持史地教育委员会工作，兼大学用书编辑委员会常委。同时在中央、朝阳、复旦等大学兼课。1947年9月任纽约布鲁克林学院客座教授，兼私立亚洲研究院指导教授。1948年归国任贵州大学历史学系主任。1949年再次赴美，先后在密苏里州坎萨斯市大学、劳伦斯城坎帕萨斯州大学、伊斯诺州波奥哩阿城布雷德来大学任教。1954年与林语堂博士在新加坡共创南洋大学。1955年3月赴台湾，任国际文教合作委员会主任委员。1963年又赴美国，在迈地森城威士康辛州大学任客座教授。主要著作有《细说三国》《细说元朝》《细说明朝》《细说清朝》以及《细说民国创立》等书。在《被否认的古代中国》一文中，他对禅让给出了自己的解释：

尧既是陶唐大族的君长，何以与有虞氏的舜发生禅让的关系？我以为禅让二字，是后人加于他们的名词。实际上这两大部族当时或是结了同盟条约的，或是本为一大同盟之中的两个份子，相当于今日内蒙古的各盟。尧是盟长，舜是副盟长，帝尧帝舜的"帝"字，诚然是自称或被称为"上帝"，为神：……神祖制度的起源，本由于原始人以为万物皆神；其后成为制度，便各以一神为祖，到了突破氏族的范畴，结合为大部落或部族的时候，不免又以祖为神。那末，尧舜若非自称为帝，至少是先有其人经后世尊称为帝。②

此一解释显然是注入了现代史学的意识，是对原始社会部落联盟首领更替方式的解读。在同一篇文章中，黎东方解读"舜耕于历山，渔于雷泽，陶于河滨，作什器于寿丘，就时于负夏"，认为这些"颇能表现出当时的社会程度。舜已从事耕稼(当然只是初步的)，从事陶土的副业，作成了什用器

① 徐中舒：《黄帝之传说》，《历史语言研究所集刊》第3卷第4分册，1934年。

② 黎东方：《被否认的古代中国》，《文史学研究所月刊》1934年第2期。

具，甚至拿出来贩卖或至各地交易，'舜'在此就代表了虞氏全族的活动"。最后得出结论是，"中国人在尧舜的时候，已经不单单在游牧，而且有农业，有陶土业"。

吴泽（1913～2005），江苏武进人。抗战时期，先后执教于复旦大学和朝阳法学院。1945 年任教于在贵州赤水的大夏大学。1949 年 5 月上海解放后，参与接管大夏大学的工作，并任大夏大学校务委员会委员、教务长和文学院院长。1951 年，大夏大学与光华大学等校合并为华东师范大学，从此长期担任历史系主任。他参与创建中国史学会和上海历史学会，并先后担任中国史学会理事和常务理事、上海历史学会党组书记和副会长。20 世纪 80 年代以后，又创建了上海市华侨历史学会，并任首任会长。主要学术著作有《中国历史研究法》《中国原始社会史》《中国历史简编》《康有为与梁启超》《儒教叛徒李卓吾》《中国历史大系·古代史·殷代奴隶制社会史》《地理环境与社会发展》《历史人物的评判问题》《中国通史基本理论问题论文集》《东方社会经济形态史论》《中国历史大辞典·史学史卷》《史学概论》《中国近代史学史》《吴泽文集》等。他用母系氏族社会男子出嫁的婚俗解释禅让：

（一）"尧"之不传丹朱而传"舜"，是母系社会的男子出嫁，女子承继家系的特质。"舜"理当继"尧"之位，不是"舜"之贤，更不是"丹朱"之不肖。

（二）不是儒家所说因为"舜"去继"尧"（尧试舜）位嫁二女与舜，而是"舜"早已嫁于"尧"之二女为夫，是则舜宜其继"尧"之位为母系氏族内规定的权利。换言之，与儒家恰恰相反，"舜"娶"尧"女在前，"舜"继"尧"位在后。……

儒家不懂得这种古代社会实有所谓母系氏族社会的组织，财产继承法则也不懂得。故叙述古史时，碰到这样一个问题，"尧"不传子（丹朱）而传女婿（舜），于法于理，在所不通。一方面要宣扬尧舜之贤，为崇古心理所迷；一方面问题实在讲不通，无路可走，两重矛盾自祟的思想便有意无意地认"舜"的娶"尧"之女为妻是由"尧"试"舜"才而来。惟为此，越觉得"尧"之圣，"舜"之贤。这种丕鈇曲解历史的儒家，在当时也是一件不可避免的错误。

尧舜禅让问题，在此可以得到一个总的解答：传说中尧舜禹时代，都是行的二头军务总司令官制度。尧死后，由禹补缺，而为舜禹二头。

不是尧继挚,舜继尧和禹继舜,而是舜继挚、禹继尧的这一错综方式。①

吴泽在这里将尧舜禹的时代拉回母系氏族社会,是为了给禅让的解释提供一个准确的时代背景。这种诠释的危险在于:一旦这个时代背景被否定,他的结论也就坍塌了。目前,考古学提供的资料似乎不太支持这种观点。

刘仰之是一位法律学者。他在《唐虞刑法考》一文中,对尧舜在中国法律发展史上的贡献进行了探索。他认为,中国刑法的制定,应当以《尚书·尧典》"所揭为嚆矢",而"刑法之制成",约为公元前2350年。其条文就是舜摄政之初制定的"象以典刑,流宥五刑,鞭作官刑,扑作教刑,金作赎刑,眚灾肆赦,怙终贼刑",展示了七个方面的内容:

> 第一句为刑法总则之纲领;第二句至第五句为刑法种类之规定,而有"眚灾"行为者,则全免其刑;第七句为刑之适用之规定,凡于"怙终"场合者,则加重其刑。②

这个刑法的来源或根据是什么呢,就是"天讨有罪",而天意的依据就是"民心",正如皋陶的回答:"天意在民心,知民心始知天意,天依人民之视听为视听,天依人民之向背为向背,人民谓可赏者,天赏之,人民谓可罚者,天罚之;换言之,为多数人民之赏罚者,即为天之赏罚。故掌赏罚者,视人民之多数意向而为赏罚,乃奉行天意也。依皋陶所言,当时国民之思想,可以想见矣。"关于刑法与道德的关系,刘仰山认为,唐虞的刑法与道德目的完全一致,"即道德上之善恶与国法上之善恶直相一致,法律与道德系属完全同一"。其刑罚实施的目的,"类似一般豫防及特别豫防之并合",实质上"可谓纯报应主义,同时似亦为实利主义"③。这里对唐虞刑法的内容分析和实质揭示,应该说都是比较切中肯綮的。但所谓唐虞刑法是否达到刘仰之所认定的高度,可能在学术上还存在比较大的争议。

第七节 柳诒徵、陈安仁、姚永朴的虞舜观

柳诒徵(1980~1956),江苏省镇江丹徒人。先后执教于清华大学、北京女子大学和东北大学,1929年重返南京,任教中央大学(1949年更名南

---

① 吴泽:《尧舜禹禅让说与三皇五帝世系新考》,《文化批判》1936年第3期。

②③ 刘仰之:《唐虞刑法考》,《文化批判》1935年第1期。

京大学)，并曾任南京图书馆馆长、考试院委员、江苏省参议员。他一生著作宏富，主要著作有《中国文化史》《国史要义》《东亚各国史》《印度史》《南洋群岛史》《国学图书馆小史》《中国版本概论》《中国教育史》《中国商业史》《中国财政史》《柳诒徵史学论文集》《柳诒徵史学论文续集》等。在其代表作《中国文化史》一书中，对尧舜时代作了较全面的述论。他不仅肯定尧舜的存在，而且认定由于他们的禅让之举，使中国形成了源远流长的“让”文化：

> 吾国圣哲之教，以迨后世相承之格言，恒以让为美德。远西诸国，无此礼俗，即其文字，亦未有与吾国“让”字之义相当者。故论中国文化，不可不知逊让之风之由来也。……中土之民……积千万年之竞争，熟睹惨杀纷乱之祸之无已，则憬然觉悟，知人类非相让不能相安，而唐、虞之君臣遂身倡而力行之。高位大权，巨富至贵，靡不可以让人，而所争者惟在道德之高下及人群之安否。后此数千年，虽曰争夺劫杀之事不绝于史册，然以逊让为美德之意，深中于人心，时时可以杀忿争之毒，而为和亲之媒。故国家与民族，遂历久而不蔽。此非历史人物影响于国民性者乎?

接着，他列举《尚书》《孟子》《史记》等书的记载，认定“尧、舜、禹之让国皆为实事，无可疑”。至于其他记载，如《庄子》记尧、舜的数让，柳诒徵批其为“附会”；《韩非子》记载之尧、舜、禹之争位，他批其为“纯以俗情度尧、禹”；至于刘知几对禅让的怀疑，他则认为是由于“后世奸雄，假借禅让”，引得人们怀疑“禅让饰其争夺”。还有近世人们以禅让为“共和”，纯粹是一种附会了：

> 至于今世，民主之制勃兴，遂有谓尧、舜为首倡共和者。夫共和根于宪法，选举多由政党，总统任事，必有年限，唐、虞之时胥无之，正不容以史事相傅会也。

显然，柳诒徵对古今政治制度的区别是清晰的，已经完全超脱了康有为等人任意附会古今史事的今文经学传统了。最后，柳诒徵论及“唐虞之政教”，对该时代政治和社会的进步给予高度评价。他认为那时的政教已经“施之于其直辖之地”，同时推行了“统治各国之法”。其中，分全国为十二州，实行五服制，分阶级为公、侯、伯、子、男五等，建立中央官制，定期巡狩，确立税收制度，初步建立学校教育制度和礼乐制度，确立法律惩罚制度等。他认为“唐虞之政教”最大的贡献是留给后世“敬天爱民”的理念：

唐、虞政教……其尤重要者，则敬天爱民之义为后世立国根本。虽有专制之君、暴虐之主，刚愎自用之大臣，间亦违反此信条，而自恣其私意，然大多数之人诵习典谟，认为立国惟一要义，反复引申，以制暴君污吏之毒焰。于是柄政者，贤固益以自勉，不肖亦有所惩。即异族入主中国，亦不能不本斯义，以临吾民。故制度可变，方法可变，而此立国之根本不可变。①

这里柳诒徵对"唐虞之政教"的估价显然是偏高了，不过，这种偏高的估价主要是后世儒家学派的不断推尊形成的。柳诒徵的缺点是他对传统文化中过多的粉饰缺乏清醒的识断，他不知道，尧、舜、禹身上的许多光环是后人有意或无意附加的。

陈安仁是在中国上古文化史领域有成就的学者。在其《中国上古中古文化史》一书中，对"尧舜时代的文化"进行了评述。他认为尧舜之世应该存在，是中国上古前期的文化，因为属于神话传说，找不到"正确的信据"。不过根据传说资料，也可以推断黄帝是首出的大人物，自他开始，中国在治术、生产、乐制、历法、地域区划等方面都有明显的进步。"尧的时代是上古政治安定的时代"，他之禅让帝位于舜，经由四岳的推荐和同意。而舜在位期间办了不少大事，推进了中国历史的发展。不过，由于这一时期证据稀少，文字记载缺乏，我们能够知道的，恐怕"亿不得一"。他特别欣赏《列子·杨朱》的一段话："太古之事灭矣。孰志之哉？三皇之世，若存若亡，五帝之事，若觉若梦；三皇之事或隐或显，亿不识一；当身之事，或闻或见，万不识一；目前之事，或存或废，千不识一。"显然，陈安仁对待尧舜禹的时代的认识是理性而谨慎的，因为他知道，传说神话的资料距离历史的真实不可以道里计。

姚永朴(1861～1939)，安徽桐城人。曾任清学部咨议官。入民国，任北京大学文科教授。主要学术著作有《尚书谊略》《诸子考略》《群经考略》《群儒考略》《十三经述要》《七经问答》《大学古本解》等。他认为尧、舜禅让说完全是出于史家的附会。他说：

自己有一种思想，或引古人以为重，或引过去事实以为重，皆是附会。这种方法，很带有宣传意味，全不是事实性质。古今史家，皆不能免。例如提倡孝道，把大舜作个榜样，便附会出完廪浚井等等事实来。

① 柳诒徵：《中国文化史》，《民国丛书》第2编第42册，正中书局1947年版。

想提倡夫妇情爱，便附会出杞梁哭夫的事实，一哭会把城墙哭崩了。愈到近代，附会愈多。关于政治方面，如提倡共和政体，就附会到尧舜禅让，说他们的"询于四岳"，就是天下为公，因说我们古代也有共和政体，民主精神。……即如尧舜禅让，有没有这回事，尚是问题；勉强牵合到民主政治上去，结果两败俱伤。①

姚永朴指出的倾向，其实是近代今文经学家们普遍存在的弊端，以康有为最为典型。但将尧舜禹的禅让完全说成附会，实在是将复杂的历史简单化了。它不仅难以拨开历史的迷雾，而且容易让历史真相擦肩而过。

第八节 杨筠如、孔君诒的虞舜观

杨筠如对舜葬苍梧之说尽管持肯定说，但他对苍梧的地望提出自己的看法，认为"不见得是长沙以南的地方"，而应该就在长沙附近：

《史记》止说他在江南，不见得是长沙以南的地方，《山海经》便直接的说他是长沙零陵了。不过苍梧我觉得不会远在汉时长沙的零陵，看《国策》吴起说三苗之居，左有洞庭右有彭蠡，舜如果是征三苗而道死，应在洞庭彭蠡的东北，至多也不过在洞庭彭蠡之间，那能远到桂林一带？大致西汉时候的苍梧，还不过指的江南一带，后来因为南方的开辟，逐渐把他移到岭南去了？这是因为苍梧和幽都、昧谷一样，止是代表南方或北方、西方的名辞，他原来没有实在地方的原故。但是无论苍梧在那个地方，总是承认舜死在南方的。②

这种观点在学术上似可备一说。

孔君诒在《虞舜耕地葬地的探讨》一文中，解释了为何舜的故事四处传播且版本大同小异的原因：

一件故事，一个人，为一般人所传诵时，他的故事就会像流星似的四散分布，遗留于各地，还有一民族分布之时，此地的形式，每会整套的活略加变化的迁徙于另一地……因此某某数地的同样传说，我们不能像前人样的必须确定于一地。

对舜其人，他表达了这样的看法：

① 姚永朴：《史学研究法》，《民国丛书》第1编第73册，商务印书馆1938年版。
② 杨筠如：《舜的传说》，《中山大学语历所周刊》1928年第12期。

舜是蛙是龟，依文字说，他根本不是一个人，舜是否有此一人，现在无从检探；但即使舜在古代确有其人，而他的各种功迹，各种事业，决不是古代真实的一大名人的舜的正确史实，这是应属可信的；舜的传说全部，我们应视为某一族的综合的故事（历史）或是一族的某时期进程的缩影（如舜植陶），或是某一制度故事式的代表记事（如舜娶尧二女是服务婚姻之代表传说），这些故事或与别一人发生影响，或与别一事互生关联……

应该说，他的这种认识是比较接近史实真相的。接着，他列举舜耕渔之地的不同记载，最后认定在山东濮县可能最接近事实：

以各方面互证而得的结果，我们可知舜耕于历山，以在山东濮县相近的说法为最可靠，无锡惠山、安徽和县也颇可信，但故事的各部门，不及濮县菏泽的完全，因此我暂时予以假定，以为舜的故事的中心地应在今山东濮县、菏泽县、郓城、曹县一带（再扩大些说为苏鲁交壤地）。①

这种看法在改革开放后的学术界颇有市场，舜及其部落作为东夷人重要的一支，在这一带地方活动的可能性是相当大的。

第九节　陈顾远、瞿同祖的虞舜观

陈顾远在《中国法制史》一书中，对尧舜时代的法制持怀疑态度：

周秦两代，距古较近，学者记尧舜以后之事似属可信；然因儒家托古改制，故神其绩，遂多设法之辞。孔子祖述尧舜，正与农家之宗神农，道家之称黄帝，墨家之法夏禹为同一旨趣，各求有所本耳。《尧典》所称“克明俊德，以亲九族；九族既睦，平章百姓；百姓昭明，协和万邦”，纯然儒家之中心思想。《尧典》所称之五典、五礼、五刑、无品、五教，又与儒派末流五行说为似。而舜时职官，若百揆、司空、司徒、士、虞、秩宗、典乐、纳言等更非其时所能完备如是。②

这里展示的是陈顾远清醒的理性，尧舜作为中国古代法制的创始时代，肯定粗疏不完备，后世的叙述，既有附加的东西，也有加以整齐的成分，全信

① 《吴越文化论丛》，《民国丛书》第5编第38册，江苏研究社1937年版。

② 陈顾远：《中国法制史》，《民国丛书》第1编第28册，商务印书馆1935年版。

全否都不是科学的态度。

瞿同祖在《中国法律与中国社会》一书中，对“儒家之德治”和“法家之法治”进行比较研究，将舜的“以德化民”，即农人“让畔”、渔人“让居”、陶人提高陶器质量，作为德治“积极的精神”。将孔子拘押相讼的父子作为“消极的精神”，但认为二者都是“以德化民”，没有本质的区别：“其实两者的精神都以教化为中心，不肯不教而诛，本质上并无差别。”这里瞿同祖并未对尧舜本身的真实性表示自己的态度，似乎既未肯定其有，亦未否定其无，基本上是将其作为儒家所举事例而用的。其中，他特别指出舜对刑法建设的贡献：

> 儒家祖述尧、舜、禹、汤、文、武、周公、孔子。儒家的记载上说尧舜时曾殛鲧、流共工、放驩兜、窜三苗，迁四凶之族。舜曾任命司法官，皋陶是史前最早最著称的士，五刑、鞭扑之刑、赎刑，都是这一时期制定的。传说中的灵兽——獬豸，也是皋陶时期的产物。①

瞿同祖肯定尧、舜、皋陶对这个法制建设的贡献还是有见地的。只要我们承认尧、舜时代是中国社会初步迈入文明门槛的时期，法制建设就是重要内容之一。具体情况虽未必如《尧典》记载的那么全面和规范，但法制在这一时期产生应该是不能否认的。

---

① 瞿同祖：《中国法律与中国社会》，《民国丛书》第 1 编第 29 册，商务印书馆 1947 年版。

第四章　马克思主义史学的崛起及其对虞舜的记述和评论

第一节　马克思主义史学的崛起

“十月革命一声炮响,给我们送来了马克思主义。”尽管在十月革命前,中国最先进的思想家和学者也开始接触马克思主义学说,如梁启超就曾介绍过《共产党宣言》等马克思等经典作家的文章,但他们的介绍只是作为一种思想和学术,全然没有将其作为一种世界观和革命理论。只有到了十月革命以后,才真正将马克思主义的立场观点和方法介绍给中国第一代的无产阶级革命家和思想家。其中,陈独秀和李大钊是这批人中的杰出代表。

陈独秀(1879~1942),字仲甫,安徽怀宁人。早年留学日本,1915年因主编《新青年》杂志而声名鹊起,成为北京大学教授。1918年与李大钊一起创办《每周评论》,积极宣传马克思主义,由激进的资产阶级革命派转变成第一代马克思主义者,领导创建中国共产党,被选为总书记。在第一次国内革命战争中,他错误接受共产国际(实际是苏联共产党和斯大林)的不符合中国实际的指导思想,犯了右倾机会主义错误,之后由于坚持托派观点和立场,被开除出党。抗日战争中,他坚持抗战爱国立场,从事学术研究。1942年病逝于四川江津。陈独秀接受马克思主义以后,通过讲学和写文章,努力宣传马克思主义的基本原理,如阶级斗争和无产阶级专政学说,批判资本主义,鼓吹社会主义革命。在1920~1921年对张东荪、梁启超宣传的反对阶级斗争、主张阶级调和论和基尔特社会主义等进行了猛烈批判,认定只有社会主义能够救中国,只有苏联十月革命的道路才是中国应该走的唯一正确的道路。陈独秀对中国史学的最大贡献是对唯物史观的宣传。他认为唯物史观主要有两项内容:

> 其一,说明人类文化之变动。大意是说,社会生产关系之总和为构成社会经济的基础,法律政治都建筑在这基础上面。一切制度、文

物、时代精神的构成都是跟着经济的构造变化而变化的。经济的构造是跟着生产资料之生产方法变化而变化的。不是人的意识决定人的生活,倒是人的社会生活决定人的意识。

其二,说明社会制度之变动。大意是说,社会的生产力和社会制度有密切关系,生产力有变动,社会制度也要跟着变动,因为经济的基础(即生产力)有了变动,在这个基础上面的建筑物自然也要或徐或速的革起命来,所以手臼造出了封建诸侯的社会,蒸汽制粉机造出了资本家的社会。一种生产力所造出的社会制度,当初虽然助长生产力的发展,后来生产力发展到这社会制度(即法律经济等制度)不能够容他更发展的程度,那时助长生产力的社会制度反变为生产力的障碍物,这障碍物内部所包含的生产力仍是发展不已,两下冲突起来。结果,旧社会制度崩坏,新的继起,这就是社会革命;新起的社会制度将来到了不能与生产力适合的时候,他的崩坏亦复如是。①

这就把马克思主义的经济基础与上层建筑、生产力与生产关系的关系初步说清楚了。

1923 年,在思想界发生的科学与人生观的论战中,陈独秀又对胡适等唯心主义的多元史观进行了批评,同时阐明了社会存在与社会意识的关系。他说:

第一,唯物史观所谓客观的物质原因,在人类社会,自然以经济(即生产方法)为骨干。第二,唯物史观所谓客观的物质原因,是指物质的本因而言,由物而发生之心的现象,当然不包括在内。世界上无论如何彻底的唯物论者,断不能不承认有心的现象即精神现象这种事实……唯物史观的哲学者也并不是不重视思想文化宗教道德教育等心的现象之存在,惟只承认他们都是经济的基础上面之建筑物,而非基础之本身。……在社会的物质条件可能范围内,唯物史观论者本不否认人的努力及天才之活动,我们不妄想造一条铁路通月宫,但我们却不妨妄想造一条铁路到新疆;我们不妄想学秦皇汉武长生不老,但我们却不妨极力卫生以延长相应的寿命与健康的身体。人的努力及天才之活动,本为社会进步所必需。然其效力只在社会的物质条件可能以内。思想知识言论教育,自然都是社会进步的重要工具,然不能

---

① 陈独秀:《马克思学说》,《新青年》第 9 卷第 6 期。

说他们可以变动社会解释历史支配人生观和经济立在同等地位。①

在这次论战中,陈独秀同时还对阶级斗争、社会主义革命和无产阶级专政等问题进行了论证,初步传播了马克思主义最基本的原理,给社会学家和历史学家一个全新的观察人类历史和社会的世界观和方法论。

在中国最早的一批马克思主义者中,与陈独秀齐名的是李大钊(1889~1927),字守常,河北乐亭人。曾留学日本早稻田大学,回国后任北京大学教授和《新青年》编辑,积极参加和领导了五四运动。他于1920年参与组织北京共产主义小组。中国共产党成立后,负责中共北方局的工作。1924年参加国民党第一次全国代表大会,促成了国共合作。他一直参与领导北方的工人和学生运动,积极从事反对北洋军阀的斗争。1927年4月6日,被奉系军阀张作霖逮捕,当月28日英勇就义。

李大钊是由激进民主主义者转变为共产主义者的。十月革命后,他发表了《法德革命之比较观》《庶民的胜利》《布尔什维克主义的胜利》等文章,欢呼十月革命的胜利,认定帝国主义必然灭亡,社会主义必然在全世界取得最后的胜利。他通过《新青年》《每周评论》《新潮》等杂志,积极宣传马克思主义的基本原理,如经济基础与上层建筑、生产力与生产关系的理论:

> 基础是经济的构造,即经济关系,马氏称之为物质的或人类的社会的存在。上层是法制、政治、宗教、艺术、哲学等,马氏称之为观念的形态,或人类的意识。从来的历史家欲单从上层上说明社会的变革即历史,而不顾基础。那样的方法不能真正理解历史。上层的变革,全靠经济基础的变动,故历史非从经济关系上说明不可。这是马氏历史观点的大体。②

> 人类社会生产关系的总和,构成社会经济的构造。这是社会的基础构造。一切社会上政治的、法制的、伦理的、哲学的,简单说,凡是精神上的构造,都是随着经济的构造变化而变化。③

> 在经济构造上建立的一切构造,如法律等,不是绝对的不能加些影响于各个的经济现象,但是他们都是随着经济全进路的大势走的,都是辅助着经济内部变化的,就是有时可以抑制各个的经济现象,也

① 陈独秀:《科学与人生观》,亚东图书馆1932年版。

② 《李大钊选集》,人民出版社1960年版,第293页。

③ 《李大钊选集》,人民出版社1960年版,第185~186页。

不能反抗经济全进路的大势。①

这就将经济基础与生产力的决定作用、上层建筑与生产关系的反作用讲清楚了。运用这个基本原理,李大钊进而肯定阶级斗争推动历史发展的作用和人民群众作为历史主人的地位,分析中国当时的现实,提出“劳工神圣”的口号,对推动当时的革命运动起了重要的作用。

由于陈独秀和李大钊大力宣传马克思主义的历史唯物论,就在全国学术界树立起一面比所有资产阶级史学理论更科学更先进的旗帜,提供了观察社会、研究历史的最先进的理论和方法。一批先进的知识分子接受这种理论和方法,开始对中国的学术,尤其是历史进行新的研究,从而开始了历史研究的新时代,即马克思主义的时代。马克思主义的历史研究尽管一开始参与人数不多,观点和方法的运用也显得稚嫩,论点也不无牵强附会之处,但它却显示了强大的生命力,在科学与玄学、中国社会史等问题的论战中展示了巨大的影响力,涌现出郭沫若、范文澜、翦伯赞、吕振羽、侯外庐、邓拓、李亚农等第一批具有坚实功力的学术大师,写下了中国马克思主义史学辉煌的第一章。由此开始,对中国远古历史的研究也开启了新的阶段,对三皇五帝的认识也开始建立在唯物史观的观照之下。

第二节　郭沫若的虞舜观

郭沫若(1892～1978),四川乐山人,原名开贞,号尚武,留学日本时期,因他居住的沙湾镇地处大渡河(古名沫水)、青衣江(古名若水)的交汇处,他取两江的古名作自己的名字。从此,郭沫若的名字在中国现代史留下了深深的印记。他是中国继鲁迅之后最有影响的作家、诗人和学者,在哲学和社会科学的诸多领域,如文学、艺术、哲学、历史学、考古学、金文甲骨文研究,都取得了举世瞩目的成就。他最早运用马克思主义的理论和方法研究中国历史,在1927～1937年流亡日本时期,他在极其困难的条件下坚持研究工作,推出了《中国古代社会研究》《甲骨文字研究》《两周金文辞大系图录考释》《殷周青铜器铭文研究》《金文丛考》《卜辞通纂》《殷契粹编》等具有开拓意义的著作,奠定了他在中国史学和考古学方面泰山北斗式的地

① 《李大钊选集》,人民出版社1960年版,第193页。

位。抗日战争中,他又写出《十批判书》《青铜时代》《历史人物》等著作。新中国成立后,他常年担任中国教育和科学方面的领导工作,继续进行学术研究,推出了《奴隶制时代》等论著,主编了《中国史稿》《甲骨文合集》等大型著作,产生了蜚声中外的影响。

郭沫若在读了恩格斯的《家庭、私有制和国家的起源》以后,决心写出中国的《家庭、私有制和国家的起源》,这就是后来的成名之作《中国古代社会研究》。在该书中,他运用恩格斯的理论,对五帝和尧、舜的问题都给出了自己的诠释。他首先对记载尧舜事迹的最早文献《尚书》的时代进行鉴定,他认定该书是"后世儒家的伪托",理由"第一点是大头症的征候":"开始的《帝典》《皋陶谟》《禹贡》的三篇,那真是堂哉皇哉的文字,而继后的二十五篇,除《洪范》一篇比较有一个严整的结构之外,差不多都是一些零碎的记录。这单从文字进化的理论上说已经是很大的不合理。""第二点是《禹贡》的夸张":

> 中国古代的疆域只在黄河的中部,就是河南、直隶、山西、陕西一部分的地方。直隶、山西的北部是所谓北狄,陕西的大部分是所谓西戎,黄河的下游是所谓东夷,一直到周宣王的时候,长江流域的中部都还是所谓蛮荆,所谓南蛮,淮河流域是所谓淮夷、徐夷。而在《禹贡》里面所谓荆州、青州、扬州、徐州等等,居然已经画土分贡了。这是绝对不可能的事情。并且所画的土如像甸、侯、绥、要、荒的五服,每服规规整整的五百里。这除最近世有以经纬度为疆界的近似的办法外之外,任何民族的历史上都不曾有过这样的事实。所分的贡也有许多不近情理,譬如中国的铁器时代一直到周初才萌芽了的。而在梁州的贡赋上便已经有"铁",这和《山海经》的《中山经》上假托夏禹王的话,说是"出铁之山三千六百九十",是一样的荒唐,同时正是一样的为后人所假托。

接着,他指出,"第三点,人格发展的阶段",认为尧的人格完全是儒家修齐治平的一套,"完完全全是后代儒家的口吻"。"第四点,天人一致观的表现。""第五点,折衷主义的伦理。""第六点,三年之丧的出现。""第七点,大一统的观念之表现。"根据这七点,他得出结论:"《帝典》《皋陶谟》《禹贡》的三篇,完全是儒家的创作,在研究儒家的哲理上是必要的资料,但要作为古代的信史,那是断断乎不可!”①

郭沫若虽然认定《帝典》《皋陶谟》《禹贡》等三篇记载五帝事迹的文献为儒家的伪托,但他同时认定中国历史上确实存在三皇五帝那样的一个时代,而那个时代正是中国传说的时代。他认为“中国的传说大抵可分两种:一种是人为的传说,一种是自然发生的传说”:

人为的传说如盘古,天地人三皇,有巢氏,燧人氏、伏羲氏、共工氏,神农氏等,那个邃古的传说系统显然是周秦之际的学者们所拟议的一种考古学般的推察,而且是很合理的(!)一个推察。便是在宇宙开辟之前只有混沌,继后才有天,继后才有地,继后也才有人。有了人之后最初只是和禽兽一样穴居野处,稍微进步了一点才有鸟巢式的住居。更稍微进步一点才有火的发明才脱去茹毛饮血的生活。伏羲氏在字面上便表示着牧畜的发明,共工便是表示着各种器械制作的出现,神农便是农业的发明。这真是十二分合理的一种有科学性的推察,然而也就是那个传说系统完全是人造的证明。

黄帝以后的传说,那性质便稍有不同,那儿有一部分是自然发生,有一部分依然是人造。例如五帝和三王祖先的诞生都是感天而生,知有母而不知有父,那便是自然发生的现象,那暗射出一个杂交时代或者群婚时代的影子。又如五帝三王是一家,都是黄帝的子孙,那便全是人为。那是在全国统一的前后(即嬴秦前后)为消除各种氏族的畛域起见所生出来的大一统的要求。

最后,他总结说:

要之,(一)五帝三王同出于黄帝之说为周秦间的学者所造,(二)五帝古无叠承之迹,其发生祖孙父子之关系当在五行生胜说发生以后,后人言五帝者亦无定说……故中国有史以前之传说,其可信者如帝王诞生之知母而不知有父,而且均系野合,这是表明社会的初期是男女杂交或血族群婚。递降如二女传说则是表明社会已进展到亚血族群婚的阶段。娥皇、女英为姊妹而以舜为公夫。舜与象为兄弟而兄弟“并淫”。

这正表明娥皇、女英为彭那鲁亚,舜与象亦互为彭那鲁亚。②

在认定五帝时代的婚姻制度是血族群婚之后,郭沫若进而推定唐虞时

---

① 《郭沫若全集·历史编》第1卷,人民出版社1982年版,第91~95页。

② 《郭沫若全集·历史编》第1卷,人民出版社1982年版,第222~228页。

代是原始共产社会，实际上就是母系为中心的时代，因为男子出嫁，酋长的选举由一族的评议会掌控和操作，这就是禅让的真相：

这样的社会只是母系中心的社会，私有财产权还没有成立。平常各人随身动用的东西，如炊爨的家具是属于女人的，渔猎的武器是属于男子的。女人是一家之主，男子是附属物，两情一不相合，男子便只好拿着自己的武器走自己的路。生下的儿子自然是女人的。儿子一长大了，又要嫁给他族的女儿去作丈夫，所以父子不能相承。假使父亲是作过酋长的，儿子也当然不能继任为酋长。酋长的产生是由一族的评议会选出来，评议会的代表便是一族中各姓各氏的宗长。在原始氏族社会，一些政治的萌芽，是一种民主的组织。

这便是唐虞时代的禅让传说的实际了。

尧的帝位不能传给丹朱，舜的帝位不能传给商均，禹的位置也不能传给启，并不是尧、舜、禹是大公无私的圣人，也不是丹朱、商均都是十恶不肖的儿子，事实上是氏族评议会不能再举丹朱、商均，而丹朱、商均也嫁到别的氏族去做女婿去了。所以当着尧皇帝要"明扬侧陋"的时候，四岳、群牧都走来会议，你说这个好，我说那个好，结果是举出了舜来。舜皇帝要组织政府的时候，他也遍咨四岳群牧，又由大家同意举出一个大贤人夏禹来，而后来又把帝位让给众人所举的夏禹去了。

这场戏景不就是氏族评议制度的反映吗？那一些四岳、十二牧、九官二十二人不都是当时的各族各氏的家长宗长吗？像这样的事实并不稀奇，在北美的土著民族中一直到近代都还有保存着的。不过在我们中国的汉族是在三千年前已经退下了舞台，所以在我们总觉得非常的神圣。二千年前的儒者想来也觉得非常的神圣，故更有意识地把它神圣化了。①

郭沫若在这样诠释了禅让制度之后，进而就认定所谓禅让其实就是儒家将氏族评议会选举酋长的制度理想化：

儒家的理想是哲人政治，就是物质上的贵族阶级要是精神上的贵族阶级，一国的王侯天子要就是那一国的贤人圣人。《中庸》上说的"有德者必得其位，必得其禄，必得其名，必得其寿"，便是这个思想的

① 《郭沫若全集·历史编》第1卷，人民出版社1982年版，第98~99页。

结穴了。

这种政治在父子相承的制度之下是不能够适合的:因为父是圣人,子不必便是圣人。所谓“君子之泽五世而斩,小人之泽五世而斩”,世世代代的圣人在事理上是办不到的,因此在位者便不必有德,而有德者也就不必在位。要主张有德者必在位的哲人政治,论理便非高唱禅让不可。于是尧、舜、禹便成为儒家理想的圣人,唐、虞、夏便成为儒家理想的时代了。

这正是儒家要托古改制的原因。时代远隔容易作弊,又加以有禅让的传说适合于自己的理想。本来无论是怎样的传说,多少都是有点实际上的影子的。禅让也是这样。①

郭沫若一方面承认禅让制度是儒家的理想,一方面也承认“这种制度并不是儒家的创说,而是原始社会或未开化民族中的一种普遍存在的民主雏形”,这是韩非在《五蠹》篇中道破了的原始社会的事实,“儒家是根据这种事实把它夸大了起来,发挥为‘选贤举能’的禅让说,公平地看来,是站在人民立场的对于父子相承的奴隶统治权的革新理论”②。最后,他对儒家创造出尧舜的目的给予极高的评价:

保卫人民的德政思想成了普遍的潮流,在消极的方面反对不利的战争,反对不义的刑戮,反对世袭制度,而在积极方面则主张“选贤举能”,主张“有德者必在位”,主张“为政以德”。而为统一全中国起见,极力主张消弭各个民族集团的个别的传统,特别是个别的氏族血统,而倡导出整个中国民族的大公祖以为统一的基点,道家捧出的黄帝,儒家捧出尧舜,墨家捧出夏禹,都是这个用意。这黄帝尧舜的出现,我们是不可轻略看过的。在以前,各个氏族集团各有它的小公祖,例如我们在卜辞中所见到的殷代祖先只有上甲、王亥、高祖夔(王国维谓即帝喾)诸人,周代金文中数到的周人祖先只及文武,周诗中也只见到公刘、太王、后稷,唐尧虞舜是连痕迹都没有的,不用说更古的黄帝了。故尔黄帝尧舜的出现在当时也实在是革命的出现,主要的目的就是在企图泯却各族的差别观,而在政治上求得中国的大一统。③

至此,郭沫若对尧舜问题作了比较完整的论述,这是中国马克思主义史学家以历史唯物论为指导对尧舜时代的性质、禅让的真相等作出的第一

① 《郭沫若全集·历史编》第1卷,人民出版社1982年版,第97页。

②③ 郭沫若:《先秦学术述林》,《民国丛书》第4编第1册,东南出版社1945年版。

次科学的回答。尽管这个回答是初步的,也还有许多可商榷之处,如认定尧舜时代为母系社会等,但它开拓了中国上古历史研究的新时代,其理论意义远大于实际学术价值。

第三节　范文澜的虞舜观

范文澜(1893～1969),字仲澐,号芸台,浙江绍兴(清代属山阴县)人,毕业于北京大学中文系。五四运动后,参加中国共产党,先后在南开大学、北京大学、北京师范大学、北平大学女子文理学院、河南大学等学校教书。抗日战争爆发后,积极参加河南地区的抗日斗争。1940年到延安,全面学习马克思主义,开始以马克思主义的历史唯物论指导自己的历史研究,先后撰写的《中国通史简编》《中国近代史》等著作,被视为中国马克思主义史学的经典之作。新中国成立后,历任中国科学院学部委员、近代史研究所所长、中国史学会副会长、全国人大常委会常委、全国政协常委、中国共产党中央委员等要职。他的著作在中外学术界都产生了重要影响。在《中国通史简编》中,他认定中国古代存在原始社会:

> 中国历史同任何民族的历史一样,也就是说,依照历史一般的发展规律,在上古时代,存在过原始公社制度(也称为原始共产制度)。从中国历史开端(黄帝)到"禅让"制度崩溃,正是实行着这个制度的时代。①

他对狄、戎、蛮、夷等族群以及传说中的五帝进行考辨,认为他们的活动正是原始社会时代的反映。其中的尧舜禹传说较为丰富,"似乎比黄帝以下诸帝,较富于真实性"。但《史记》记载的世次,"显然有很大的错误"。不过,《尧典》所记载尧、舜、禹的事迹及禅让制度,应该是存在的:

> 《尧典》等篇,大概是周朝史官,掇拾传闻,组成有系统的记录,虽然不一定有意捏造,夸大虚饰,却所难免。其中"禅让"帝位的故事,在传子制度实行已久的周代史官,不容无端发此奇想,具为远古留下来的史实,大致可信,据说尧在位,咨询四岳(炎帝族),四岳推举虞舜(虞部落酋长的长子)为继位人。舜受各种试验后,摄位行政。尧死,舜正

① 范文澜:《中国通史简编》,人民出版社1949年版,第98页。

式即位。舜也照样咨询众人，选出禹来摄行政事，舜死，禹即位。禹在位时，众举皋陶作为继位人。皋陶死，又举皋陶子益（似乎已有父死子继的意义）。禹死，子启夺益位自立。

"禅让"制度，从此废弃。

尧舜禹当氏族社会末期，选举方式已不十分民主，最后决定权，握持在首领的手中，所以启攻益夺位，并不是偶然发生的现象。

所谓"禅让"制度，实际就是氏族社会的会议选举制度。这种制度在后世落后种族中如乌桓、鲜卑、契丹、女真、蒙古都曾行施，有记载可以考见。

"禅让"是一种选举方式，尧舜以前，这种方式应该早已存在。

尧舜"禅让"就是黄帝族许多部落的联盟，共同选举一人当大酋长。孔子说尧"民无能名"，舜"正南面而已"，大概他们没有什么政治实权，主要任务是主持祭祀及对苗黎的防御。……

"禅让"的传说，在政治上思想上起了很大的影响。"天下为公"成为革命的口号。统治阶级自相篡夺，"禅让"成为一种篡位的公式。……"禅让"是中国旧式的最高政治理想。①

范文澜对尧、舜、禹时代与禅让的解释，与郭沫若大同而小异，都是将他们放置于原始社会，都是将禅让诠释为部落联盟的选举，这种解释成为新中国史学的一种经典解释，被写进各类教科书，影响了中国几代人的历史认知。

第四节　翦伯赞的虞舜观

翦伯赞（1898～1968），湖南桃源县人，维吾尔族。20世纪20年代留美期间，读了《反杜林论》《家庭、私有制和国家的起源》《共产党宣言》等马克思主义的经典著作，开始用唯物史观观察社会和研究历史。回国后，积极参加北伐战争，加入国民党。大革命失败后，他思索中国革命的道路，参加30年代开始的中国社会性质的论战，与当时最先进的马克思主义史学家站在一起，认定当时的中国是半殖民地半封建社会，中国革命的性质只能是

① 范文澜：《中国通史简编》，新知书店1947年版。

反帝反封建的民主革命。九一八事变后，他写文章，猛烈抨击日本帝国主义的侵略野心，同时遵照党的指示，从事对国民党上层的统战工作，对促成国共合作的统一战线建立作出了积极贡献。1937 年，他参加共产党。抗战爆发后，他一直在大后方从事抗日救亡工作，同时进行历史研究，写了大量的史学论文。1938 年出版的《历史哲学教程》，是我国第一部系统宣传历史唯物主义原理的著作。20 世纪 40 年代初，他又开始《中国史纲》的撰写，这部书成为国统区马克思主义史学的代表作，与范文澜的《中国通史简编》构成当时中国通史著作的双璧，在对青年人进行正确的历史教育上起了重要作用。新中国成立后，他担任中央人民政府文化教育委员会委员、中央民族事务委员会委员、北京大学副校长、中国科学院学部委员、中国史学会常务理事、《历史研究》编委等重要职务。1957 年后，在学术界极“左”思潮愈演愈烈的情势下，他大声疾呼，要求史学回归马克思主义的正确轨道。“文化大革命”中，他遭受严重迫害，自杀身亡。

翦伯赞关于尧、舜、禹时代的论著并不多。在《论中国的母系氏族社会》一文中，他运用马克思主义唯物史观，认定那是中国的母系氏族时代：

> 根据许多传说的暗示，中国确曾有过母系氏族社会，而其时代，则在传说中之“神农皇帝”或更早的伏羲时代以至“尧舜禹”的时代，亦即中国历史上之蒙昧末期以至野蛮中期的时代。①

他从中国古代文献中找到男子出嫁的外婚制传说，以及“在家从母，出嫁从妻的传说”，断定“黄帝、祝融、尧、舜、禹的儿子，都由本族出嫁外族，故各以所嫁之族而得姓”，进而断定尧舜禹的禅让就是“二头军长制”。他在回答神农黄帝至尧舜禹是男子执政，何以这传说时代是母系氏族社会时，理由是：

> 母系氏族社会之最主要特征，第一是氏族共有财产掌握在女子手中，其次是婚姻以女子为中心，最后是氏族评议会掌握在女子的姊妹手中。但为了公共事务的处理，尤其是对敌人的防御，男子可以被选为军务酋长……因为婚姻以母系为中心，男子皆来自外族，这些男子的儿子，也同样要嫁到外族，所以军务酋长，不能父子相传。郭沫若氏首先指出传说中的尧舜、舜禹为二军务酋长，这对于中国母系氏族之说明，是最有力的一个发见。

---

① 翦伯赞：《中国史论集·论中国的母系氏族社会》，《民国丛书》第 2 编第 72 册，文风书局 1947 年版。

在根据《史记·五帝本纪》列出黄帝至尧、舜、禹的世系之后，他认定文献中记载的所谓“荐于天”，所谓“禅让”，都是选举的意思。而这种选举产生的首领，也就是二头军务酋长：

> 从这个世系表中，我们可以看出黄帝与颛顼二头，颛顼与帝喾二头，帝喾与帝挚二头，帝挚与帝尧二头，帝尧与帝舜二头，舜帝与帝禹二头。至帝禹曾与皋陶为二头，《史记》云“帝禹立，而举皋陶，且授政焉”，“皋陶卒……而后举益任之政”，故帝禹又曾与益为二头。
>
> 尧舜共同执政三十一年，舜禹共同执政十七年，禹益共同执政十年，皆有传说可考。……总之我们要知道的不是谁与谁为二头，而只是证明从传说之神农黄帝以至尧舜禹的时代，曾有过二头军长制之存在，而这正是中国母系氏族社会特征之一。①

翦伯赞这里提供的对于尧舜禹及禅让的解释，不管是否符合实际，都是唯物史观指导下的一种解释。

第五节　吕振羽的虞舜观

吕振羽(1900～1980)，湖南邵阳(旧属武冈县)人。青年时期积极参加五四运动，在湖南大学读书时深受著名马克思主义理论家李达影响，开始走上以马克思主义理论研究历史的道路。1926年大学毕业，参加北伐战争。大革命失败后，到中国大学任教，积极参加中国社会史问题的论战，是马克思主义史学的杰出代表之一。他发表的大量文章，论述了中国社会半殖民地半封建性质，批判了胡适、陶希圣、李季等人对中国社会性质的歪曲，捍卫了中国共产党关于中国民主革命的理论。其间，他出版了《中国社会史纲》《中国政治思想史》《中国简明通史》等著作，奠定了他在中国马克思主义史学上的地位。新中国成立后，他先后担任大连大学校长，东北教育委员会副主任，东北人民大学校长、党委书记，中国科学院学部委员。1962年遭冤案拘捕达四年之久。出狱后任中国社会科学院顾问等职。

吕振羽在《中国社会史纲》第一分册《史前期中国社会研究》中，对尧舜

---

① 翦伯赞：《中国史论集·论中国的母系氏族社会》，《民国丛书》第2编第72册，文风书局1947年版。

禹问题阐述了自己的观点。他认为,尧、舜、禹时代是母系氏族社会,在中国的古文献中可以看到不少母系制度存在的依据,如男子出嫁,兄弟不同姓等。再就是对偶婚的存在,“共夫”和“共妻”,舜、象共妻,娥皇与女英共夫。当时每个男子有一个正妻,只有这个妻子生的儿子才是习惯承认的他的儿子,如舜九子,只有商均是他被承认的儿子。另外,舜还有其他许多可与别人共有的妻子,如女英和四妃等。“禹传子,家天下”,标志了男系本位的氏族社会的建立。他还认定尧舜的时代与考古学上的仰韶文化相当。“‘唐虞禅让’的传说,是两个军务酋长的选举和原始民主制度的说明。”①他最后的结论是:

> 其一,在这一传说时代的人物,大抵都是传说中之氏族的酋长。他们都是一例的被称为“后”,在《国语》《左传》以及其他许多古书中也都于他们的名字之上附加一个“后”字,如“后稷”,“后夔”,“后羿”,“伯夷、伯益二后”,其例甚多。……
>
> 其二,传说中之主要人物如“尧”如“禹”等,在地下没有更多的发现以前,我们还只能把其当作神化的人看。但是和他们结合着的传说,并不能因这些人物的神化而丧失其真实的背景;相反的,这些人物如果真是神化的人,则他们倒是因为先有神话传说的张本而后才被选造出来的。再则,如果他们是神化的人,传说中所载和他们有关的氏族,却未必是虚构的。如陶唐氏,《左·哀六年》说夏书曰:“惟被陶唐,帅彼天常,有此冀方,今失其行,乱其纪纲,乃灭而亡。”又荀匄曰:匄之祖在“尧”时为“陶唐氏”,在“夏”为“豢龙氏”,在商为韦顾氏。所以在古代,其有“陶唐氏”这一氏族,应该是确实的。②

这里吕振羽的解释,大体与郭沫若、翦伯赞相近,都认定尧、舜、禹为母系氏族社会。现在看来,他们对当时社会性质的认定,可能不尽准确,因为后来许多考古资料证明,此时最少也是父系氏族社会甚至已经进入阶级社会了。

---

① 吕振羽:《中国历史论集》,《民国丛书》第2编第72册,东方出版社1945年版。
② 吕振羽:《中国社会史纲》,《民国丛书》第2编第72册,东方出版社1945年版。

第六节　侯外庐的虞舜观

侯外庐(1903～1987),山西平遥人,早年在北京法政大学和北京师范大学攻读法律和历史。1924年结识我国马克思主义的先驱李大钊,受其影响,逐步确立了对马列主义的信仰。1927年赴法国留学,开始翻译《资本论》。九一八事变后回国,任北平大学、北平师范大学教授。抗日战争中先在山西人民革命大学教书,后长期在重庆,在周恩来指导下从事统战和文化工作,并开始撰写有关中国思想史的论著。新中国成立后,历任全国人大代表、全国政协常务委员、中央人民政府文化教育委员会委员、北京师范大学历史系主任、北京大学教授、西北大学校长、中国科学院学部委员、中国社会科学院历史所所长等职务。主要著作有《中国古代社会与老子》《中国古代思想学说史》《中国古代社会史论》《中国近世思想学说史》,主持多卷本《中国思想通史》的编著。"文化大革命"以后,主编《中国近代哲学史》《中国思想史纲》《宋明理学史》等著作,是蜚声中外的中国思想史方面的权威学者,被誉为中国马克思主义史学的五老之一。

侯外庐没有直接论述尧、舜的文章,只是借孔子、墨子对尧舜的论述表明自己的观点。他既没有肯定尧、舜、禹的存在,也没有否定他们的存在,而只是认为他们是"先王既附加了人性,所以他就成为一个人性的理想尺度。《论语》言尧舜禹汤,都是依据了道德观,便因了这一秘密","尧舜禹在孔子的学说中是开始作为道德理想的规定"。而在墨子那里,尧舜禹就成为真实存在的"常人"了。在比较孔子、墨子在尧舜禹观点上的差异时,他说了这样一段话:

> 墨子之未能解脱天志明鬼的思想,亦有他的局限,仅就先王思想而言,其引《大雅》文王既没在帝左右之句而明鬼神之有,正如孔子明禘治国的话,这是因中国古代思想解放,在氏族组织约束尚存之下,未能跳出现实历史的支配。但孔墨二家的先王观,却有区别,孔子仅把先王附加了人性,墨子则把他目为常人,孔子仅把先王作为文明的决定创成者,墨子则把他作为人类理想的代表者,孔子仅以继承先王为己任,墨子则把先王法仪等于他自己的主义。先王在孔子思想中还保留了氏族祖先神的形式(入太庙每事问,知礼),而在墨子思想中则不

但毫没有氏族祖先神的影子，而且如《尚贤》《兼爱》二篇所言，先王以“富贵为贤”，反而是反对氏族的。墨子的尧舜禹不是神人，而是普通的劳苦工作的渔夫耕夫陶工。①

显然，在侯外庐看来，尧舜禹这些先王，不管他们是否真实存在，当他们在孔子、墨子等学者的文章中出现的时候，他们身上已经被附加了许多理想的思想和理念，他们已经变成了思想文化符号，与历史真实拉开了距离。

郭沫若、范文澜、翦伯赞、吕振羽、侯外庐五位著名的马克思主义史学家对尧舜禹的观点尽管也有差异，但他们的共同点则是十分明显的，这就是以马克思主义的五种社会更替的理论为指导，将其放在原始社会发展阶段加以论述，从而提升了它的科学性和准确性，也与非马克思主义的学者展示了明显的区别。

① 侯外庐：《中国古代社会史》，《民国丛书》第1编第76册，新知书店1948年版。

第五章　改革开放以来空前活跃的虞舜研究

第一节　雨后春笋般出现的社团组织和研究基地

一、山东大舜文化研究会及其学术成就

1976年“文化大革命”结束之后，尤其是中共八届十一中全会以后，中国思想学术界开始了声势浩大的思想解放运动，许多禁区被冲破，学术呈现空前活跃的局面：各种学术会议频繁召开，许多以前视为禁区的学术问题被提出重新研究，开拓了一些新的学术领域。与此同时，为学术研究建立的各种学会和研究基地更是雨后春笋般地破土而出。在李学勤等学者提出的“走出疑古时代”口号的感召下，学术界不断有人反思“古史辨派”疑古的理论和方法，对他们的一些结论提出重新估定。2005年9月5～7日，全国虞舜文化学术研讨会暨中国先秦史学会第八届年会在山西运城市盐湖区隆重召开。来自全国26个省、市、自治区的100多位专家学者与会。他们围绕虞舜文化和中国文明起源、形成等一系列问题展开了深入热烈的讨论，同时对运城境内有关虞舜文化及地理进行了实地考察。与会学者认为，山西运城是虞舜文化的主要发祥地，这里有帝舜的生地、活动遗迹和陵寝，有大量文献记载、民间传说和文物遗存。与会者一致认定，晋南地区是中国文明发祥的中心区域之一，在中国文明起源与形成的过程中占有独特的历史地位，起了非常重要的作用。此后，山西成为研究虞舜文化的重要基地，而运城成为不少学者认定的虞舜文化发祥地。

2007年5月1日，山东大舜文化研究会在济南成立。在时任济南市市长谢玉堂的关照下，著名先秦秦汉史专家安作璋教授任会长，济南文史专家徐北文教授任副会长。2009年12月9日召开第二届会员代表大会，选举第二届理事会，此时已从山东省政协副主席职务退下来的谢玉堂当选新

一届会长,毕泗生、袁庆宏、孟祥才任副会长。2013 年,召开第三次会员代表大会,增选李鲁烟、王钧林、高峰岗为副会长。会员超过 200 人。山东大舜文化研究会成立后,做了许多工作,取得了显著成绩。

第一,支持著名评书艺术家刘兰芳将王金铃创作的长篇历史小说《虞舜大传》(作家出版社 2000 年版)改编为评书,并在 2008 年 12 月 26 日开始在中央人民广播电台播讲,受到广大听众的好评。

第二,筹划拍摄了《大舜》电视连续剧,已于 2015 年在山东电视台播映,受到社会广泛的好评。

第三,支持出版了《甲骨文书法〈论语〉精选》《甲骨文〈论语〉名言》和剪纸《新编二十四孝》,出版中小学课外读物《虞舜》。

第四,支持策划诸城多次举办"大舜文化艺术节"。

第五,多次举办大舜文化的学术研讨会。如 2010 年 9 月在诸城召开的大舜文化学术研讨会,2010 年 10 月在烟台召开的大舜文化学术研讨会,2014 年 11 月在青岛召开的海峡两岸五帝年代学术研讨会等,在学术上均取得了较为丰硕的成果。

第六,支持湖南舜文化研究会出版《虞舜大典》古代文献卷,共同编辑出版《虞舜大典》近现代文献卷。谢玉堂会长和其他学会成员还多次赴湖南参加省政府主办的祭祀舜陵的大典和学术研讨会。

第七,推出了一批舜文化的研究成果。

安作璋(1927 ~ 2019)教授是著名先秦秦汉史专家,担任山东大舜文化研究会第一任会长。2009 年后担任名誉会长。他在《大舜、龙山文化与中华早期文明》一文中,认定"虞朝应是中国历史上第一个朝代",而"龙山时代的城子崖很可能就是大舜时代某一邦国的国都"①。在《虞朝的建立与夏商周三代文明》一文中,他根据《史记·五帝本纪》和《路史》的资料,认为"可以确认有虞氏一个大致可信的世系:虞幕—穷蝉—敬康—句望—乔牛—瞽叟—舜"。虞国在舜之前只是众多方国中的一员,而在大舜时代,"已不再是一个普通方国","而是一个高居于万邦之上,能够'协和万邦',号令万邦的大国了。这样一个大国,由于是第一次出现,给予世人以深刻的印象,以至于将其与后来继续出现的夏、商、周相提并论,成为夏、商、周之前中国历史上第一个王朝"。他列举"虞舜朝国家政权建设"的三个重要

① 张福秀、许传平编:《诸城大舜文化研究》,人民出版社 2010 年版。

方面:(1)加强对夷夏方国联盟的管理,赏罚分明而能服众。(2)加强对夷夏方国联盟政权建设,设官分职,并将其与虞国政权合而为一。(3)加强虞朝的制度建设,如祭祀制度、礼乐制度、刑法制度、政区划分等。最后的结论是:

总之,舜的历史创造业绩,远远大于尧,因为舜开辟了一个新的时代,将虞从一个小小的方国扩充为“方五千里,至于荒服”的泱泱大国。“四海之内,咸戴帝舜之功”。这样一个大国,自然可以和以后的夏、商、周并列,成为中国历史上第一个独立的朝代。

虞朝的建立,是国家形成的标志,是中华文明的开端,并为夏、商、周三朝的建立奠定了基础,为三代文明开了先河。①

谢玉堂是山东大舜文化研究的倡导者和组织者,他自己也身体力行地从事研究工作,出版的《论大舜》(山东人民出版社 2010 年版)一书,是他长期关注和努力从事大舜文化研究的代表作,全面展示了他对虞舜的认识和理解。他认定:(1)“大舜确有其人”,根据是《尚书》《史记》和《竹书纪年》《中庸》《大学》《孝经》《邓子》《商子》《列子》《老子》《荀子》《韩非子》《慎子》等书对舜的记载。(2)“大舜是山东人”,根据是《孟子·离娄》记载的“舜生于诸冯(今山东诸城)……卒于鸣条(今河南封丘东),东夷之人也”。而中国著名的史学权威郭沫若的《中国史稿》、范文澜的《中国通史简编》都承认《孟子》的记载。(3)推定了大舜的年龄是 100 岁,生于公元前 2317 年,死于于公元前 2217 年。根据主要是皇甫谧的《帝王世纪》和邵雍的《皇极经世》关于五帝年代的记载。(4)探索“尧嫁二女于舜的历史动因”。在承认尧嫁二女于舜是真实的前提下,他认为真正动因是尧“选择了用和平手段来真正地征服东夷”:

面对强大而且在政治上若即若离的东夷族,用什么手段去真正征服呢?用黄帝战蚩尤的战争手段去解决,还是用和平友好的手段去争取这是当时摆在尧帝面前的两个选择。

用战争手段解决,显然是不可能的。东夷族是一个十分强悍而且勇猛的部族。黄帝战蚩尤,起初也是九战九败,东夷的八十一个部族进行了长期而且十分顽强的抵抗,最后黄帝杀掉了蚩尤,打败了东夷,但有些部落仍然反叛,黄帝只得将蚩尤的头颅像挂出来,用以恐吓反叛部落。后来,秦始皇、汉高祖都立祠祭祀蚩尤,把他作为“战神”“兵

① 山东大舜文化研究会编:《第三届中国大舜文化研究研讨会论文集》,2011 年。

主"加以崇拜,以利战事。战争付出的代价太大,而且当时东夷的经济实力、军事实力并不弱于华夏。尧帝经过深思熟虑,最后还是选择了用和平手段来真正地征服东夷。他选择了大舜,而且把两个女儿嫁给他,最后再把领袖地位让给他。……这样从传统的部族意识上,大舜是他的爱婿,把权力交给他,首先华夏部族不会反对;从政治上考虑,大舜是东夷人,选他为婿,定他为接班人,整个东夷也不会反对,这就是两全其美且带有浓厚政治色彩的联姻!

(5)研判了虞舜和大禹的治水重点,"应该在黄、淮、海三大流域"。(6)探索了大舜的执政理念:终生勤政;德法兼治;唯贤是举,这其中包括保举大禹、启用八恺八元、知人善任等内容;重在教育;重谏纳言;中央集权,其中包括改九州为十二州、规定了巡狩制、规范了地方官的任命制度、规定了官员的述职制度、统一了"五礼"、制定和统一了刑法、建立了上下统一的考核制度、给统管全国的22位大臣作了明确分工、划定五服以定税赋、统一治理了全国的大江大河等。(7)证明尧舜是夏商周三代文明的奠基人,认为尧、舜、禹的时代是一个进入国家发展雏形的时代。其标志是:从中央到地方的统治网络已基本形成;有了一支全国统一的军队;有了统一的法律;文字可能已得到应用。认为城、邑、村的组织网络已经形成,作为上层建筑重要组成部分的文化进入空前繁荣时期,最终完成了对三苗的统一,以家庭为单位的生活方式是夏王朝建立的社会基础。(8)确定舜都在山东阳谷景阳冈古城。最后,作者特别注重历史与现实的联系,努力发掘舜文化的基本精神影响对当今构建和谐社会的借鉴作用,突出舜文化在思想层面的转化,搭建传统文化推向现实的桥梁。

山东大舜文化研究会支持孟祥才、王永波、胡新生、吴志刚研究并出版了《大舜文化与夏商西周历史》(山东人民出版社2013年版)。在该书《序言》中,作者述及他们追求的目标说:

我们力求在对现有文献和考古资料深入研究的基础上,在充分消化和吸收前贤研究成果的前提下,对有关虞舜的历史传说神话、相关古帝与虞舜族缘的衍化轨迹、大舜的历史文化与发展迁徙以及虞代社会发展状况及其考古学文化、夏、商、西周三代历史及其对虞舜文化的弘扬等问题,进行全方位的述论和探颐,以便最大限度地再现文明曙光初照年代中国的真实历史。

同时,对虞舜的历史地位作了概括性评价:

在《五帝本纪》的记载中，黄帝和虞舜的事迹最为丰富。而作为五帝殿军的虞舜，在其他文献中的记载，更是远远超迈前面的四帝。不仅在经书《尚书》《易传》《诗经》《礼记》《大戴礼记》，史传《左传》《国语》《战国策》等典籍中有其事迹和思想的记载，在先秦至魏晋南北朝的诸子如《论语》《墨子》《管子》《孟子》《荀子》《尹文子》《商君书》《韩非子》《吕氏春秋》《新书》《淮南子》《法言》《列子》《颜氏家训》等书中，虞舜也是频频出现的人物。虽然炎、黄二帝是海内外中国人达成共识的最具代表性的人文始祖，但实际上，虞舜在政治、思想、道德等诸多方面对后世的影响却是任何夏代以前的圣帝名王所不可比拟的。他在从尧那里以禅让的方式取得帝位的三十年中，选贤任能，建立制度，在政治、经济、军事和文化等诸多领域推进了中国由原始社会向文明社会转化的步伐，对历史的发展和进步作出了不可磨灭的贡献；他在思想文化上有着划时代的创造，对君民关系、君臣关系、民族关系提出了很有价值的理念，以大孝双亲、友爱兄弟诠释了孝悌观念的真谛，对后世中国传统思想文化，尤其是儒学的形成和发展产生了不可估量的影响。所以，理清虞舜时代的历史真相，研究他在推进中国文明进程中的各种制度建设、推动经济发展的各项措施和促进思想文化道德进步的种种具体办法，探索虞舜文化对夏、商、周三代历史的影响，就是一个具有深远意义的课题。因为它能够揭橥中华民族的祖先在人类历史走向文明进程中筚路蓝缕的开创之功、展现他们无与伦比的卓越贡献、揭示他们创造的文明成果如何惠及子孙和中国的未来。

该书以4章37节70万字的篇幅，论述了大舜与夏商西周的历史，特别贯串着舜文化对三代政治、经济和思想文化的影响。其中以差不多三分之一的篇幅论述了“虞舜时代的史学定位”，舜所在的“有虞氏的族缘衍化轨迹”。在详细论述了“舜的出仕与生平”之后，又考辨了舜的家族世系，继而对虞舜时代的考古学文化进行梳理，同时认定“虞代政体的国家文明属性”是开中国文明社会之端。因为舜有十二项功绩：

（一）观天道：用璿玑玉衡，观测天象，制定大政方针。（二）享百神：类于上帝，禋于六宗，望于山川，遍于群神。（三）改革吏治，“揖五瑞”以为属臣、群牧和诸侯的印信。（四）巡狩朝觐和奖励制度。（五）统一历法，“协时月正日”。（六）同律度量衡。（七）定典修礼。（八）厘定行政区划，设十二州牧，封有十二镇山。（九）刑法改革：明慎用刑，刚宥相济，推行德治，治四罪、惩四凶。（十）广开言路，举贤任能。（十一）设官分职，广纳四方贤士，命九官。敬授民时，厚德服众。（十二）推行三载考绩，九年三考，论绩黜陟的人事任免制度。①

最后，得出结论说："虞舜时代之所以成为'四代'效法的国家政体楷模，主要得益于上述十二项典章制度和礼仪规范层面的创新。文献记录显示，夏、商，包括西周王朝的权力运行模式和礼仪规范，除王位继承由'官天下'的'推选让贤'转变为'家天下'的'子弟继承'外，从总体上并没有超出虞舜时代的基本格局。'四代'联举，则是春秋以来学界对中国'古史分期'的一种基本共识。"由于虞舜时代的资料主要是神话传说，在本章的最后也对这种神话传说的来源和价值作出自己的解释：

> 春秋战国时期，"天子失官，学在四夷"，周族之外的异姓知识分子开始追溯自己的族源，封尘已久的"历史口碑""历史传说"，乃至于"神话故事"逐步被发掘面世。宽松的社会政治环境，为"百家争鸣"提供了难得的历史机遇，各种新说的不断推出，为"还历史本来面目"，保留了大量处于濒于失传状态的珍贵史料。但远古时期，部族林立，此衰彼兴，无计其数。加之年代久远，那些没有文字的"口碑"和"传说"，也在历史长河的冲刷磨砺中，变成了卵石，甚至是沙子，隐没在社会基层的不同人群之中。求知者在这种境况之下，你蒐我辑，相互传抄。张冠李戴，自相诘误也就在所难免了。另一方面，受此条件的限制，人们追忆历史只能由近及远，从近世先祖溯起。是以帝尧、虞舜、夏禹的事迹依次渐为详细，而帝喾以前，就只有笼统的记述。这应是"时代愈早文献所见愈少"等倒装现象的主要成因。而少皞、太皞等称谓，原是本族的自称，且常与炎帝相混；作为神话人物，太皞又被称作帝俊。周人所传正史，又把少皞族裔统统在颛顼名下，把太皞记为帝喾、帝舜，是以文献所见较少。与黄帝族系关系较为密切、以及强势的秦人对先祖的追颂，则是少皞所传略多于太皞的主要原因。②

该书在夏商西周历史的论述中，也比较注重虞舜文化在本代的影响。如第三章"商朝的历史与文化"，就认定"无论是从历史延续的角度还是从诸部族共处交流的角度说，虞舜文化都必然对商文化产生深刻的影响"③。然后从国家机器、用人制度和用人理念、勤政惠民、法律刑罚、伦理道德、礼

①② 孟祥才等：《大舜文化与夏商西周历史》，山东人民出版社 2013 年版，第 167 页。
③ 孟祥才等：《大舜文化与夏商西周历史》，山东人民出版社 2013 年版，第 202 页。

乐文化等方面详细论述了这种影响。在第四章“西周的历史与文化”中，也详细记述了“周文化对大舜文化的继承和弘扬”：

虞舜是中国历史上由原始社会向奴隶社会过渡时期的关键人物之一。后经历代学者和文人不断地或有意或无意地衍义，使之成为一个内涵极其丰富的文化符号，从而对以后的历史产生了巨大而深远的影响。据《尚书·虞书·舜典》和《史记·五帝本纪》等文献的记载，舜是东夷之人，生在一个“父瞽叟顽，母嚚，弟象傲，皆欲杀舜”的家庭，但他却“顺事父及后母与弟，日以笃谨，匪有解”，成为一个对父母至孝、对兄弟友善，从而达到家庭和谐的典型。舜以身作则提升的父义、母慈、兄友、弟恭、子孝等观念在周文化中得到了明显的继承和弘扬。在集周代礼制之大成的《周礼》《仪礼》《礼记》等著作里，在其所涉及的宗庙之礼、丧葬之礼和冠礼、婚礼、乡饮酒礼、射礼中，这些观念得到明显的贯彻。如果说，在舜的时代尊老孝亲意识只是得到初步的规范，那么，在周人那里，这种意识已经凝结在制度中。

舜的美德传到尧那里，尧于是委他以摄政的重任，“慎徽五典，五典克从；纳于百揆，百揆时叙；宾于四门，四门穆穆；纳于大麓，烈风雷雨弗迷”，意思是叫他掌管教化，他能够谨慎地宣扬父义、母慈、兄友、弟恭、子孝这五常之教，使人人乐于遵行；分派他各种职务，他都能胜任愉快，使工作走上正轨；让他管理四门迎送宾客，他能使四门和和气气；送他到深山丛林中去，遇上狂风雷雨，他也不会迷失方向。这说明舜有着强烈的勤政意识和卓越的行政能力。周人一直将舜的勤政意识和行政能力这一执政者应该具备的素质要求他们的子孙，如周公就告诫成王要像文王那样“克自抑畏”，那样“卑服，即康功田功”，“自朝至于日中昃，不遑暇食，用咸和万民”。同时更要“以万民惟正之供，无皇曰今日耽乐”。不要贪图安逸，不要大兴游观，不要无休止地田猎，更不要聚徒狂饮。这里正是要求执政者具备舜那样的素质和能力。四年的考验之后，舜正式接受尧的付托，代行摄政，在尧的祖庙里举行了交接仪式。舜首先检查测天的仪器璿玑玉衡，以便核准日月和金木水火土五星运行的轨度与时数。于是举行类祭告天，举行禋祭告四时、寒暑、日、月、星、水旱六种神祇，又以望祭祀名山大川，遍及群神。随即收验过去发给群后象征联盟关系的五种玉器。这年的二月，舜依照当时的礼制进行巡狩活动。他先到泰山，举行柴祭礼，并依次望祭东方的名山大川。于是接见东方群后,跟他们协调四季和月的大小、日的先后,使无差异;统一音律和度量衡单位;修订吉凶军宾嘉五种礼仪,规定群后贽见的礼物应包括珪璧琮璜璋五种玉器,纁玄黄三色丝帛,一只生羔,一只生雁,一只死雉;同时,还划一弓矢、殳、矛、戈、戟五种兵器的规格。接着,分别于五月、八月、十一月对南岳、西岳和北岳进行巡守,礼仪和泰山一样。此后,又规定五年之内帝巡守四方一次,各邦君来朝四次,让他们回报自己的工作。通过这些活动了解他们的工作,并根据其事功进行奖惩。舜还根据河流形成的地域分割,划全国为十二州进行治理。舜的这一系列的祭祀、巡守活动,意在接续和规范具有悠久历史的祭祀礼仪和治理方式。这既表明他执政的合法性,又表明他对古老仪轨的遵循和对治理方式的规范化。西周的礼仪制度是三代最完备的,《周礼》《仪礼》《礼记》中记载的许多祭祀礼仪明显源自于舜所规范和实施的制度。舜实行的巡守和朝见的制度在西周也得到了继承和进一步的规范化。①

舜是中国古代刑法的奠基人之一。"象以典刑,流宥五刑,鞭作官刑,扑作教刑,金作赎刑,眚灾肆赦,怙终贼刑。"他制定刑法,以象刑为常刑,用来处罚普通的刑事罪犯,给他们穿上不同的衣履,使之感到羞耻,自动改恶从善。又普遍实行流放来代替各种酷刑,用鞭挞作为官府的刑法,用榎楚作为教学的刑法。凡是罪情可原的,允许用黄金赎罪;因过失和天灾致罪的,给以缓免;坚持害人到底的,则刑杀勿赦。这些制定刑法的基本原则和内容,在西周时期的刑法中基本上都得到遵循。周朝的九刑,即墨、劓、刖、宫、大辟五刑加上流、赎、鞭、扑四刑,在很大程度上是舜以及夏商两朝刑法的损益。

舜在尧手下兢兢业业服务 28 年后,尧寿终正寝,舜顺利地继承了他的位子。第二年正月一日,舜在举行即位典礼的时候,"询于四岳,辟四门,明四目,达四聪。咨十有二牧,曰:'食哉惟时!柔远能迩,惇德允元,而难任人,蛮夷率服'"。这等于在即位典礼上宣布自己的政纲。他广泛征求四岳的意见,并大开四门,招纳贤哲了解下情,倾听四方呼声。他与十二牧商议施政措施,认为民食是头等大事,一定要不误农时。对远方采取怀柔政策,对近邻加强驯化工作。要厚待有德的

① 孟祥才等:《大舜文化与夏商西周历史》,山东人民出版社 2013 年版,第 539 页。

人,信任仁厚的人,拒用包藏祸心的人。如此,四夷都会相率归服了。舜的这个施政纲领包括三项内容,一是民以食为天,作为当政者必须重视农业生产,使百姓衣食无虞。这其中已经蕴含了民本意识。周人思想中也有强烈的民本意识,周公的“敬德保民”观念,“民为邦本,本固邦宁”的理性诉求,显然是对舜的民本意识的继承和弘扬。二是对周边方国的政策。舜的时代正是中国社会由野蛮进入文明的过渡阶段,众多的氏族部落刚刚迈入文明的门坎,初具国家的雏形。而当数以千百计的方国出现在华夏大地的时候,彼此间的冲突是不可避免的。作为中原地区最发达的中央之国,舜所制定的对待周边方国的“柔远能迩”的政策无疑是正确的。因为柔远能减少距中原地区较远方国的侵扰,对邻近的方国采取积极的驯化措施能较快地扩大中原先进文化的覆盖面,有利于中原文明迅速向周边地区辐射。西周王朝对舜的“柔远能迩”的政策继承是很明显的,其“五服”地域的划分及不同政策的实施,说明它已经把握了这一政策的精髓。三是在用人政策上的任贤拒佞。这一思想在周人那里得到更明显的发扬光大。如周公就特别注意人才的选用,提出“任人惟贤”的主张。要求“继自今立政”,必须坚持屏弃无德无才的“憸人”,选取“克明俊德”、智能卓异的“吉士”“常人”,从而达到“劢相我国家”,“以觐文王之耿光,以扬武王之大烈”的目的。舜在其当政的数十年中,曾任用了一大批品格高尚、才能卓异的人担任重要官职,如任禹为司空,负责平治水土;弃为后稷,负责指导民众进行农业生产;契为司徒,负责以五常之教教化百姓;皋陶为士官,负责司法事务;垂为共工,负责指导百工进行手工业生产;益文虞官,负责管理山林、保护草木和驯养鸟兽;伯夷为秩宗,负责主持天地人的各种礼仪;夔为典乐,负责音乐舞蹈等艺术工作;龙为纳言,负责上传下达,特别是听取民众的真实意见。正是由于任贤拒佞,舜在其即位十年之后就使天下达到太平盛世的境界。而周人正是接受舜的成功经验,在武王当国时期,任“太公望为师,周公旦为辅,召公、毕公之徒左右王,师修文王绪业”,才取得伐纣之战的胜利,继商之后建立起又一个规模更大的王朝。周朝建立不久,武王病逝,太子姬诵幼小,周公姬旦摄政,更是全面继承舜的思想和建立的制度。通过“二次东征”,彻底平定了东方的反叛势力;通过继续推行“封邦建国”的政策,一方面将周的势力推进到黄河中下游的广大地区,另一方面又调整和协调了周与原有方国的关系，从而稳定了周朝在全国的统治；通过“制礼作乐”，全面继承和弘扬了舜的思想遗产，推出了以“敬德保民”为核心的完整的思想体系，不仅对周朝政治起了直接的指导作用，而且深深影响了中国以后历史和文化的发展。正是在周公思想的指导下，加上各种条件的配合，中国历史上出现了第一个“盛世”——“成康之治”。①

由于大舜文化研究会在成立后的近十年间进行了许多卓有成效的工作，在社会上和学术界产生了较为广泛的影响，使研究会作为舜文化研究的重镇的声名广为人知。

二、湖南舜文化研究会和舜文化研究基地

湖南舜文化研究会2007年5月25日在湖南永州湖南科技学院宣告成立，与此同时，挂靠湖南科技学院的湖南舜文化研究基地以及湖南社科院舜文化研究分院也举行挂牌仪式。湖南省人大常委会副主任唐之享任会长，湖南学术界著名专家学者朱有志、何强、董天桂、管天球、袁家荣任副会长。2007年5月25～26日举行了舜文化的学术研讨会，会后由湖南人民出版社出版了《舜文化论文集》第1辑。在此前后，永州舜文化研究会、九嶷山舜文化研究会也相继成立。此后，湖南舜文化研究会整合湖南的研究力量，在舜文化的研究领域推出一系列具有较高学术水准的资料和著作，成为国内外瞩目的学术团体。其主要成就是：

第一，编辑出版了《虞舜大典》古代文献卷（岳麓书社2009年版）和《虞舜大典》近现代文献卷（岳麓书社2011年版）。古代文献卷共220万字，收录了自先秦至清朝有关虞舜及与之相关的文献资料，内容以传统的经、史、子、集划分排列，基本上囊括了中国古代文献中有关虞舜的资料。这些资料经过精心选择和按年代先后的排序，给学者的研究工作提供了很大的方便。可以说，对于从事虞舜研究的学者来说，这部资料大全性质的文献汇编是不能跳过去的工具书。近现代文献卷收录了1912年至2011年有关虞舜研究的资料，共612万字，主要是摘要汇集了研究专著、专论的观点，也有少量民间故事、诗歌散文等非学术著作。全书共分三编，即“论说编”“考据编”“纪述编”。“论说编”共分历史、哲学、文艺、政法和经济五个门类；“考

① 孟祥才等：《大舜文化与夏商西周历史》，山东人民出版社2013年版，第668～671页。

据编”共分方舆地望、相关人物、典籍文献、帝舜身世、典章制度、舜裔姓氏六个门类;“纪述编”共分民间故事、陵庙祭颂和采风报道三个门类。近现代以来,中国学术界研究虞舜的论著可谓汗牛充栋,这部资料书基本上将这些成绩作了客观而准确地反映。经过精选的这些论著,既汇集了众多名家的学术成果,也几乎细大不捐地将所有各具特色的观点予以收存,展现了中国近现代庞大丰饶的学术阵营,同样也是研究者跳不过去的工具书。

第二,在虞舜文化的研究领域推出了一批具有很高学术价值的研究成果,显示了学术上“湘军”的实力和水平。湖南舜文化研究会会长唐之享,原任湖南省副省长和人大常委会副主任,他也写了一批有关舜文化的著作。在湖南舜文化研究会成立会上,他认为舜文化的研究具有重要的现实意义:可以为和谐的政治环境提供理论和实践的支撑,可以为和谐的经济环境提供理论和实践的支撑,可以为和谐的文化环境特别是精神文明建设提供资鉴,可以为湖南旅游经济和引进外资提供宣传效应。其中特别强调应该把握舜文化的内涵,用于协调各种关系,如把握“太和”的含义,正确处理人与自然的关系;把握“人和”的含义,协调好人与人的关系;把握“中和”的含义,协调好人与自身的关系;把握“协和”的含义,协调好邦国与邦国的关系;把握“共和”的含义,协调全球和平与大同的关系。① 这些意见对于强化舜文化研究的具有指导作用。

王田葵的两部专著《中国伦理的贞下起源——哲学语境中的舜文化》和《中国伦理的轴心突破——历史语境中的舜文化》,是互补互证的姊妹篇,分别从哲学和历史的视角论证了虞舜文化在中国伦理发展史上的贡献,及其现代转化对于重建中国现代伦理的意义。

《中国伦理的贞下起源——哲学语境中的舜文化》着重发掘舜帝的德文化和政治文化的内涵及其现代转化。其中,系统梳理了舜帝的德治与孝道、“神人以和”思维、中和之道、人性传统、民本传统、“天下为公”、普世传统等舜帝伦理与政治理念中的核心内容,而将其中的每一项都试图与现代社会接轨,从中开掘出其现代价值。在第五章“民本传统与现代民权观念”中,他探索了中国历史上从舜帝开始的“以民为本”到“民之所本”,再到“主权在民”的演化,进而结合西方的人权理念,由人的存在逻辑、人的本质、人的道德观念出发,以证实人权是人类普遍的社会理想:

---

① 《舜文化研究论文集》第1辑,湖南人民出版社2008年版。

人权应然性与实然性的完美结合是人类共同的理想。它既要求人权内涵的全面性与丰富性与人的全面性与丰富性相一致,又要从实际出发,一步一个脚印地走下去。从现实性看来看,人权又只能也必须片面性与有理性地表现在一系列包括法律在内的社会的规范群与制度束当中。申言之,法律制度必须确认人权神圣和绝对不可侵犯,绝对不可让渡的客观事实,并宣布一项基本性的不证自明的原则,而且还必须明确确认所有社会公权力的拥有者与行使者尤其是国家(政府)的绝对不可推脱、绝对不可豁免的人权保障义务。从人的生活层面看,人权不仅体现为一系列物质性的规范、制度和组织结构,而且更为重要和更为深刻的是,它同时也是或应当是人的一种生活态度、立场,一种精神与信仰,这就是把人真正地当作人,或者说不仅自我尊重其为人而且尊重所有的人为人。①

这种论述,就与视人权为洪水猛兽、非把人权打成资产阶级自由化之类的极左观点划清了界限。再如,在第七章"普世传统与文化多元并存"和第八章"明德转化与公民社会道德建设"中,作者一方面认定由舜文化开始的中国传统文化有着丰富的"普世伦理资源",如"和而不同""仁者爱人""天人合一""忠恕之道""道德金律"等,而这些资源既是中国走向现代伦理的重要凭借,也是中国与世界对话、吸收世界优秀伦理资源的基础。一方面又认定中国传统的伦理资源必须通过吸收外来优秀文化和伦理资源,实现向现代的转化,才能在不断创新中立于不败之地:

追求普世伦理和共同价值,是全球化背景下的世界文明走向。经济全球化为这一走向提供了强劲的动力。它给所有的民族和区域的文化带来了适应压力和效益压力。前者使民族文化在文化全球化潮流中保存生机和活力,后者使民族文化产业在大趋势潮流中争取自己的一块份额。生存的竞争是激烈的。正是这种生存竞争,促使文化全球化高歌猛进。舜文化,儒家文化不能回避这一历史进程。它们必须面对,必须在全球文化大潮中积极吸收其他文化的优秀成果,主动实现自己的现代转化,使自己立于不败之地。

文化全球化的基本走向是选择,重构符合人性和人类社会共同需要的普世伦理和共同价值。这些伦理价值是各个民族共同的精神财

① 王田葵:《中国伦理的贞下起源——哲学语境中的舜文化》,湖南人民出版社2011年版,第168页。

富，它们不可能是东方价值或西方价值，也不应被贴上某个地区的、民族的、阶级的标签。文明的差异源于社会生产水平和生活方式的差异，在文化全球化进程中有融合也会有冲突，有创新也会有堕落。舜文化将通过吸收、转化，促进自身的再生，也将通过文化的交流、对话促进全球各种文化的共同繁荣。经历过四千年余年生生不息的舜文化，为了适应人类文明大趋势，必须振作精神再出发。①

这里展示的是作者对舜文化，扩而大之是对中国传统文化面对全球化大潮的信心和开放的胸襟。因为只有如此，中国传统文化才能转化，并且在转化中不断跃升自己的层次，立于世界民族之林。

王田葵的另一力作《中国伦理的轴心突破——历史语境中的舜文化》，从舜帝葬所、舜帝陵庙和舜德入手，纵论中国思想史，论述舜德在中国历史上伦理的轴心突破进程中的贡献。作者认定，德国存在主义哲学雅斯贝斯在20世纪40年代末提出的“轴心时代”的概念，即公元前800～前200年是人类伟大轴心文明在地球上几个地区出现文化突破的时代，中国自然包括在内。而这个时代基本相当于中国的春秋战国时期，而恰恰是在这个时代，以诸子为代表的中国思想文化突破了商周以来的礼乐文明。开启了中国历史的一个新时代。在这一轴心突破进程中，舜文化，尤其是它的德治理论，成为诸子构筑自己学说的最重要的思想资源。在历数诸子百家“祖述尧舜，宪章文武”的史实之后，作者认定：“孔子开创的儒学不是凭空产生的，它是对舜帝德治文明的继承与创新，舜帝的‘明德’为孔孟提供了又‘述’又‘作’的实践理性基础。”进而论述说：

春秋战国时期的中国社会，处在政治、经济、文化发展的重要变革和转型时期。周天子推进分封制出现了影响中国几千年文明进程的双重结果：一方面，殷周以来确立的宗法等级政治制度遭到了巨大冲击和破坏，周天子的“家天下”统治失去自己的权威性，周王朝出现礼崩乐坏的政治危机。所谓“弑君三十六，亡国五十二，诸侯奔走不得保其社稷者，不可胜数”。另一方面各诸侯国的政治统治力量却在急剧加强着。当诸侯政治权力与诸侯个人的绝对权威和更大经济利益联系在一起的时候，这把诸侯争夺政治统治权和抢占领土的欲望极大激化了，各诸侯国之间的战争必然趋于频繁和激烈。大一统的军政局面

① 王田葵：《中国伦理的贞下起源——哲学语境中的舜文化》，湖南人民出版社2011年版，第250页。

> 被打破，官师一体、政教合途的文化学术结构也随之解体。一个具有相对独立性的中国知识分子"士"阶层出现了。官方一统的学术局面自然也随着宫廷的分裂，官员的分散流落民间，形成百家争鸣、私家著述的风气。这真是一个理论思维、学术自由大拓展的时代，也是一个理论巨人涌现的时代。其提出的理论之多，牵涉的范围之广是前所未有的！然而，无论拯救礼崩乐坏和适应诸侯国之间的战争的需要，政治关怀与社会道德关怀几乎成了春秋战国时期中国文化的基本走向。①
>
> 尧、舜传说成为先秦诸子所有重要学派普遍援引、资以论证人际关系和治国之道的一项共同题材。舜文化不仅涵盖了儒家道统的内涵，成为后来国学不断阐释的儒家义理，而且也融摄了道家、法家、墨家诸子以及后来的佛教的内涵，可以说，舜文化是中国国学核心之源。②

这一结论在学术上是有相当见地的。不过，把舜文化视为"中国国学核心之源"，在有些学者看来，可能不无拔高之嫌。因为"中国国学核心之源"的形成至少要到春秋战国时期一大批元典出现之后吧？

蒋华在舜文化的研究中也贡献了两部专著《〈十三经〉中舜文化内涵研究》和《神话传说中舜文化探颐》。在《〈十三经〉中舜文化内涵研究》一书中，作者认为"舜文化核心主要表现在民本思想、孝、中和、礼法等方面"③。由此入手，他系统地梳理了舜文化与"十三经"的继承关系，依次发掘"十三经"中的民本思想、孝德观念、"中和"意识、礼的观念、法治理想、诚信思想和爱国主义思潮。这样就把舜文化与中国国学中最主要的元典连接起来，从而凸现舜文化在中国国学中的万流归宗的崇高地位。

在《神话传说中舜文化探颐》一书中，作者仍然围绕着舜文化核心内涵梳理其在中国神话中的体现，将神话中的爱民思想、孝顺思想、和谐思想、中庸之道、实用主义、自强不息等，统统与舜文化的基本内涵连在一起，由此彰显舜文化在中国神话的创始和发展中的地位与作用。作者还特别汇

---

① 王田葵：《中国伦理的轴心突破——历史语境中的舜文化》，湖南人民出版社 2011 年版，第 105 页。

② 王田葵：《中国伦理的轴心突破——历史语境中的舜文化》，湖南人民出版社 2011 年版，第 110 页。

③ 蒋华：《〈十三经〉中舜文化内涵研究》，湖南人民出版社 2011 年版，第 1 页。

集和评述了永州的与舜有关的神话传说，认定它们与舜文化核心内涵相联系的内容多达77处。在介绍舜命令鲧治水、鲧斩孽龙、舜救孽龙之子小白龙的故事之后，作者认为这个故事体现了舜的“仁爱”精神：

孽龙掀起了天下洪水，害得百姓苦不堪言，因此舜命鲧杀掉此作恶之物，自然也是为了人民的幸福，是为民除害。鲧为民办事，杀死了那条作恶的孽龙，这无疑是值得颂扬的。但是很不幸的是，他波及了无辜，还要杀死刚刚出生的小白龙，这显然是过了，不符合中庸之道。相对于为民办事的舜来说，他的所作所为恰到好处，也正恰如其分，挽救了小白龙是仁，是爱，刚刚产生没有危害社会，为什么要杀掉他呢？这于情于理都讲不通啊！放了他们，让他们呼风唤雨，助人农桑，这可以看出，舜的话语中饱含着民本思想，这里也可以看出，鲧是臣子，而舜是皇帝，两者还是有差距的，这同时也表明了舜在人们心目中有着美好的形象。在中国汉语中常有“尧天舜日”“人皆可以为尧舜”之类说法即可以作为引证。“尧天舜日”认定尧舜为理想社会的圣主贤君，是百姓的救星。“公者千古，私者一时”，一心为公的虞舜大帝却永远如日月中天，彪炳千秋，尧舜情结在中国人的心灵上打下了深深的烙印，难以磨灭。①

将神话故事纳入舜文化的传承系统，渗入发掘其中蕴含的政治与伦理内涵，并使之与现代政治与伦理相衔接，是作者的创造，其学术价值是不言而喻的。

陈仲庚研究舜文化的著作《舜文化传统与和谐世界》《寻根文学与舜文化根源性地位》，也是湖南人民出版社2011年出版的精品力作。全书分章论述了“德自舜明”与道德始祖、舜歌《南风》与“观风”传统、“解愠”“阜财”与民本思想、瞽瞍“声教”与“诗教”传统、《诗经》的功用与诗歌的地位、诗性思维与诗化世界、“后妃之德”与士人心态、“忠义之道”与士人心态、和谐共存意识与人格培养、“诚”以修身与心境和谐、“孝”以齐家与家庭和谐，“中”以治国与社会和谐、“仁”平天下与世界和谐、“和”育万物与宇宙和谐等14个问题。将舜文化的政治伦理思想全部纳入“和谐”的框架进行全面、系统和深入的梳理和论述，显示了作者新的独特而开阔的视野。同时，作者通篇洋溢着对现实的关照，力图将舜文化的伦理资源

① 蒋华：《神话传说中舜文化探颐》，湖南人民出版社2011年版，第55页。

转化为现实社会的资鉴。他认为，“舜帝的一生，不仅建立了以仁义孝悌为内核的公众伦理，而且自己率先垂范，以身作则，始终践行”仁“这一道德规范。他的‘禅让’，正是‘权为国家之公器’仁爱思想的最好体现，也是‘权为民所用，情为民所系，利为民所谋’的最佳范例”①。他进而认定，“公而无私”是圣人的道德境界，对一般人而言，“仁”的道德境就是“忠恕之道”。它是“儒家所要追求的一种合理的社会存在，也是建立在客观现实之上的一种社会理想。……能搭建通向公而无私、和谐美满社会的桥梁。从这一意义说，忠恕之道也是联结民众道德境界和圣人道德境界的中介，是理想与现实之间的合力”②。作者特别醉心于“仁”之最高理想的“世界大同，和而不同”。他说：

> 舜文化是中华民族道德文化的真正源头，几千年世代相传、根深叶茂地屹立于中华大地。中华民族本身本是由众多民族组成的，由于舜推行的道德教化，形成了空前的民族团结，这就是舜文化所形成的民族凝聚力。在今天经济全球化和文化多元化的背景下，舜文化中“天下为公”“和而不同”的原则，应该更好地发挥其作用，如果我们希望中国文化今后能对人类文明有所贡献，就必须以“和而不同”的态度对待其他民族的文化，充分吸收它们的文化成果，更新自己的传统文化，以创造适应现代社会生活的新文化。③

这种人文关怀一直贯穿全书中，成为核心精神底蕴。作者的另一部专著《寻根文学与舜文化根源性地位》，将发轫于 20 世纪 80 年代、一时蔚为大观的“寻根”文学与舜文化联系起来，进行深入而沉潜的思考。在认真评析了寻根文学的代表性作家韩少功、陈忠实、莫言的创作之后，作者提出要进一步追寻中国文化的“根”之所在，“绝不是单纯的文化挖掘和文化继承，而是固本与创新的辩证统一：‘固本’是从文化传统的精华出发，‘创新’是从现实需要出发，二者的结合，也就是中华文化的魅力所在”④。他进而力图从舜文化那里找到中华民族的文化之根：

> 要“固本”首先就得找到“本”之所在。中华文化源远流长，博大精深，要追溯其渊源，探究其精髓，则无疑要到被称为“中华人文先祖”的

---

① 陈仲庚：《舜文化传统与和谐世界》，湖南人民出版社 2011 年版，第 113 页。
② 陈仲庚：《舜文化传统与和谐世界》，湖南人民出版社 2011 年版，第 115 页。
③ 陈仲庚：《舜文化传统与和谐世界》，湖南人民出版社 2011 年版，第 119 页。
④ 陈仲庚：《寻根文学与舜文化根源性地位》，湖南人民出版社 2011 年版，第 127 页。

舜帝那里去寻找答案，或者说，舜文化就是中国文化传统的“本”亦即“根”之所在。《史记》称：“天下明德皆自虞帝始。”考虑到中国传统文化主要就是一种伦理政治文化，所以这一句话其实包含了两层含义：一是反映了上古农耕文明由萨满（巫）政治向德治政治的转型；二是说明了由舜帝所奠定的文化传统——中华道德文化的主流特征。①

最后作者认定，舜文化的核心价值观，就是“以德治国”：

> 舜文化主要是一种道德文化，其价值取向就是“以德治国”，这已经成为中华民族几千年以来的共同价值目标。舜文化核心价值观，其观念形态主要有“诚”“孝”“中”“仁”“和”等范畴，将这些理论范畴与政治实践结合起来，体现在个人奋斗与国家治理的共同目标中，就是儒家所总结的“修身、齐家、治国、平天下”的实践路径。②

如此归纳，反映了作者对舜文化的深层认识和现实追求，他认定“以德治国”是中国永远绕不过去的话题，而其内涵和外延构筑了中国全部的传统的政治文化和伦理文化，其中蕴涵着丰富的与现代接轨的政治伦理资源。

周甲辰，湖南东安人，湖南科技学院教授。在《论舜帝之和》一文中，历数舜的事功，从中总结出舜的精神内核为“和”。而这个和，“对中国文化，对中国人的人格心理，对中国的文学艺术都产生了无比深远的影响”。不过，他也认为，后来在中国人民心目中的舜，“已不完全是一个实实在在的历史人物，在经过无数思想家、理论家净化和美化之后，在某种程度上他早已经蜕化成了一个完美无缺的圣帝先王。舜的事迹究竟有几分史实，几分虚构，哪是史实，哪是虚构，几千年前人们就有些模糊不清了”。在指出舜之明德对中国社会的正面影响之后，作者也尖锐地批判了其负面作用：

> 几千年来，中国人一直强调道德……自唐以来，中国人道德观念在不断地强化中，最后竟沦落成了束缚人性，残害人情的罪魁祸首，成了有良知的知识分子猛烈批判的标靶。礼本来是用来调整、规范人际关系的，发展到后来，也逐渐成了徒具形式的空壳，成了可笑的繁文缛礼。中国人一直强调人际关系的处理，而不注重发展艺术、宗教和科学。中国人一直强调内在的人格修养，而对外在的客观事务不够关心，而且，这一趋势不断深化。……以王阳明为代表的心学，更是成了

① 陈仲庚：《寻根文学与舜文化根源性地位》，湖南人民出版社 2011 年版，第 127 页。
② 陈仲庚：《寻根文学与舜文化根源性地位》，湖南人民出版社 2011 年版，第 128 页。

一无实际用处的内省之学。与实际生活，与活生生的人生离得越来越远。①

这相比于一味地颂扬舜的明德可能更具有启迪意义，因为由虞舜开其端的中国传统伦理道德体系毕竟是精华与糟粕杂糅，不是简单的好或坏能够概括的。这里最需要的应该是历史的科学的辨析。

周甲辰研究舜文化的专著《舜帝传说与传统道德的深层建构》，也是将舜帝与传统道德联系起来考量的。作者认为，舜帝传说经过儒家的诠释，形成了“以家为核”“以孝为先”“以和为贵”“以礼为绳”“以利为归”的非常宽泛的内容，“但其核心却只有一个，那就是道德”：

> “家”是个人道德修养的起点，“孝”是整个道德体系的核心与根本，“和”是加速道德修养的重要目的，“礼”是确保个人坚守道德规范的准绳，“利”是必须置于道德规范的观照之下。因此，可以说，舜文化的核心与本质是一种道德文化，舜是中华道德文明的始祖，所谓“德自舜明”，其意义也在于此。②

可贵的是，作者在指出了舜文化对中国历史和文化的正面影响之外，也看到了“舜的性格蕴含着复杂的内在矛盾，比如他既践行天下为公，又坚持家庭至上；既勤于政事，又超脱无为；既自强不息，又忍耐退让；既有高度的道德自觉，又得到了丰厚的功利回报等。由此出发，传统文化关于理想人格的理念也呈现出多种矛盾”：

> 一面是先天下之忧而忧，后天下之乐而乐，另一面是人不为己，天诛地灭；一面是大丈夫顶天立地，宁愿站着死，不愿跪着生，另一面是识时务者为俊杰，好死不如赖活着；一面是视金钱如粪土，情义值千金，另一面是人为财死，鸟为食亡；一面是任重道远，发愤忘食，焚膏继晷，另一面是得过且过，今朝有酒今朝醉；等等。受此影响，中华民族的民族性格也以复杂、矛盾和难解而出名。③

不唯如此，在作者看来，由于后来经过儒家不断强化的舜文化中的道德指归，令人遗憾地使道德追求的极端化异化为它的反面，其负面影响是不容忽视的：

---

① 周甲辰：《论舜帝之和》，《零陵学院学报》2002 年第 1 期。

② 周甲辰：《舜帝传说与传统道德的深层建构》，湖南人民出版社 2011 年版，第 4 ~ 5页。

③ 周甲辰：《舜帝传说与传统道德的深层建构》，湖南人民出版社 2011 年版，第 5 页。

长期对极端道德的孜孜追求,也使得道德的极端化在某种程度上成了一种泛化的思维模式,深深地烙进了中国人的灵魂和中国文化的骨髓。……具体说来,中国人追求极端的道德,明显地带来了四个方面的后果:

一是人格畸形。当道德素养被无限地放大后,个人其他方面的机能就会相应地萎缩和退化,这样就造成了人格的病态。鲁迅就说过像老莱子娱亲这样的孝子故事是以"不情为伦纪,诬蔑了古人,教坏了后人",使人不解,反感乃至害怕。

二是人性伪善。当一个人的道德修养无法达到"人伦之至"的高度,而社会文化又要求他必须达到的时候,当道德修养水准和政治、经济利益有了紧密联系的时候,个人往往会不自觉地走向伪善。老庄早在几千年前就指出,圣人出,有大伪,圣人不死,大盗不止。孟德斯鸠在《论法的精神》中说:"中国人的生活完全以礼为指南,但他们却是地球上最会骗人的民族。"

三是人的自我否定。由于无法达到极端道德所标举的境界,中国人往往充满了罪感意识,习惯于称自己为罪臣,为不孝子,为贱妾,为愚生,在强权面前甘愿伸首就戮。

四是法制的弱化。由于迷信权力的教化作用,迷信统治者的道德素养,中国人往往听任统治者以个人意志来管理社会,而很少想到要以法制来规范社会。出了贪官污吏,也首先去追究个人道德修养的原因,而不是着力使制度变得更完善。所以,中国的法制一直不健全,有法不依、执法不严的现象也一直没能得到很好的治理。

综合上述几个方面,我们认同这种观点:"中国道德文化传统实际上同时是一种道德异化传统",中国人的文化人格从根本上看是病态的、畸形的。在这一病态畸形的文化背景下,中国文学所塑造的英雄大都是道德的英雄,他们都是以超人的道德而不是以超人的本领、相貌、才学来使人折服,刘备、唐僧、宋江等都是如此,从精神实质来看,他们都是舜的化身。他们的道德虽然极其高尚,但是,却并不讨读者喜欢,有的批评家甚至指责他们是狡诈、伪善、不近人情的伪君子,是十恶不赦的坏蛋。同时,在中国历史上,凡是反对封建礼教和封建道德的人也无不以真情为武器,以个人人格的独立、健全为旨归,等等,所有这些都是很值得人深思、回味的。①

这种说法，或许有走偏之嫌。但比之对舜文化和传统文化，尤其是其道德资源不加分析地盲目崇拜和一味地歌颂来说，更是一种深层次的人文关怀。只有既看到中国传统文化优长，又能正视其缺失的态度，才能清醒而审慎地对待中国传统文化的科学转化和吸收外来文化的优长，才能使中国文化的未来发展避免剑走偏锋。

雷运福、蔡建军撰写的《舜帝与九疑山》，重点虽然是研究舜与九疑山的关系，但视野却是开阔的，涉及了对尧、舜、禹时代的认识和舜文化在中国历史上的地位和作用。作者在《自序》中对该书这样自我评价道：

> 是书对虞舜时代、舜帝、舜帝与九疑山等问题进行了深入探讨。认为虞舜是一位具有天文特长的首领，如《尚书》所言舜“在璇玑玉衡，以齐七政”，是天文历法的中兴者和传播者，舜帝在南巡途中测量了以国都为原点的中国正南子午线，确定九疑为“日中无影”的“天地之中”并设立观象台。虞舜长于天文、精于科学、纯于道德的思想贯穿全书。对尧舜禹禅让、虞舜联邦王国、“天下明德皆自虞舜始”等问题的研究有新思想、新观点；对舜帝晚年南巡苍梧九疑科学考察，西汉《地形图》九疑山核心区解读、对古籍所记九疑山、九水等问题有新认识、新发现。正确认识与科学认识舜的南巡九疑、崩葬九疑，对中国文明社会、科学技术史、国家起源等方面的研究具有划时代的里程碑意义。

该书认定，“虞舜时代是信史时代”，特别突出虞舜在天文学方面的成就，认为虞舜建立的是一个“联邦王国”。虞舜确实南巡苍梧，居住在香炉石，死后也葬于这里。虞舜的南巡不是一般意义的按制度规定的正常行政活动，而“是远古时期的一次科学大考察”②。作者对舜文化中的“科学管理思想”似乎情有独钟，将其归纳为：以德化人是科学管理的一种领导方法、举贤任能是科学管理的用人原则、“车服以庸”是科学管理的激励原则、“三载考绩”是科学管理的控制措施、设置政事部门和十二州是为了充分发挥其组织职能作用，而流放凶族奸臣，则是排除干扰、确保计划与决策得以顺利实施的重要措施。如此概括和论述，确实给人一种新颖之感，但能否反映虞舜的真实历史和发展水平，恐怕还有商榷的余地。

---

① 周甲辰：《舜帝传说与传统道德的深层建构》，湖南人民出版社 2011 年版，第 36～37 页。

② 雷运福、蔡建军：《舜帝与九疑山》，湖南人民出版社 2011 年版，第 47 页。

唐曾孝主编的《舜文化与九疑山民间传说》(湖南人民出版社2011年版),是众多学者撰写的一部流传于九疑山地区的虞舜民间故事的合集。其中,有张泽槐、尤慎、黄阳艳等人从民俗学研究的角度对有关虞舜民间故事的解读,一方面肯定虞舜不是传说人物而是真实的历史人物,另一方面则对传说的民间故事与真实历史的关系作科学的说明,为人们通过民间故事认识历史提供一种指导原则。该书的主体是50则有关舜帝及亲属、臣子、周围有关人物和九疑山地名、九疑山动植物的故事。这些故事,有些是具有史实根据的再创造,大多数是一种纯粹文学的创作,反映的是历代百姓的历史观和价值观。他们将虞舜作为圣帝名王的代表进行歌颂,把他塑造成法力无边的神灵,处处时时为了百姓的利益同各种恶势力斗争,最后以身殉职。舜的精神使山川河流、动物植物也带上灵气,鲜活起来,演绎出许多动人的故事。从这些故事中,可以窥见九疑山丰厚的民俗资源,作为传统文化的一部分,它们也可以为现代文化建设提供重要资鉴。

张京华撰写的《湘妃考》,是彰显作者较强功力的一部考论并重的学术著作。该书检视湘妃传说的六大文献系统,得出这样的结论:《尚书·二典》,即《尧典》和《舜典》,"确定虞舜与二女的婚姻并赋予'至孝'的重大主题";《山海经》,"确定湘妃处江为神与神灵不死的主题";《孟子》,"最早记载'完廪''浚井'的故事情节并确定夫妻共患难的治家典范";《楚辞》,"确定湘妃故事在文学中的歌咏形式与凄清幽艳的风格意象";《史记》,"确定了湘妃故事在史学中的正统地位";《列女传》,"确定湘妃故事在古今列女传记专史中的'元始'地位"。[①] 这就将记载湘妃故事文献的基本指向作了科学的定位。然后,作者细密论证了《列女传·有虞二妃传》的文本结构,就其资料来源进行详细辩证,认为"《孟子》《史记》《列女传》三书文献推测为同一来源,其来源可能是上古佚书。三书取舍不同,各自独立引用"[②]。在其他章节,作者就顾颉刚论宋育仁《虞初小说》问题,对他的"层累地造成的中国古史说"从方法论的角度提出了批评。还就湘妃、洛妃、河伯、《九歌·山鬼》、娥皇、女英名称以及永州潇湘庙等进行了考释。总起来看,这部书是近年来关于湘妃问题最深入系统梳理和详尽考辨的著作,提出了许多与前人迥然不同的见解,其学术价值是不言而喻的。

近年来,湖南研究舜文化的队伍中,出现了一支由永州当地学者组成

---

① 张京华:《湘妃考》,湖南人民出版社2011年版,第1页。

② 张京华:《湘妃考》,湖南人民出版社2011年版,第37页。

的新军,他们推出的研究成果显示出独特的地方优势,这就是因为掌握丰富的地方文献和民间故事而彰显的地域文化特征。这其中,郑国茂及其著作具有一定的代表性。他的著作涉及史学、小说、戏剧,与舜文化有关的著作就有长篇小说《千古舜帝》,电影专题文学脚本《九疑山漫话》《九疑山》《千秋舜德》《九疑山朝圣》,电视连续剧本《尧天舜日》,歌舞实景剧本《九疑山·舜帝魂》,水幕电影剧本《舜帝斩孽龙》《凤凰涅槃》,史学专著《德圣舜帝》《舜帝之谜》《舜帝释疑》等。其中《舜帝释疑》是他研究舜文化的代表作。这部著作共设计了108个问题,包括“至德至孝”36问,“南巡苍梧”18问,“舜陵之谜”18问,“爱德流芳”18问,内容几乎囊括了舜文化的所有问题,他在择善吸收前人成果的基础上都作了自己理解的回答。如对舜出生的四种说法:山东诸城冯诸、河南濮阳、山西冯诸、湖南永州冯诸,他认定“河南濮阳与山东菏泽是舜帝出生地的说法,似乎较为合理”,理由是:“濮阳今属河南,菏泽今属山东,而菏泽与濮阳紧邻,可以想见古时菏泽与濮阳实际上地望相同。”①又如对舜南巡之事,作者肯定其有:“舜帝南巡不容置疑!理由明明白白。其一,关于舜帝南巡的传说故事生动而具体;其二,关于舜帝南巡的理由系统而详尽;其三,考古发现与传说故事,史籍记载十分吻合。传说故事,史籍记载,考古发现三位一体,我们就应该没有任何理由对舜帝是否南巡过提出质疑。”②进而对舜南巡的动因作了这样的诠释:

> 1. 了却心愿。舜帝曾有过多次巡狩,但是南巡也只到过南岳衡山,没有到过真正的南疆。因此老来决心南巡,直达苍梧九疑山,甚至南疆交趾,以解愠阜财。
>
> 2. 感化南蛮。散落在南方的少数三苗中的顽固分子和炎帝后裔对当朝怀有强烈的敌对心理,不少滋扰社会。一向反对舍仁义任诛杀的舜帝拟进一步以仁德感化三苗,实现“普天之下,莫非王土,率土之滨,莫非王臣”的抱负。因此,《竹书》说舜南巡不返;《淮南子》说舜南征三苗而道死苍梧;《帝王世纪》说舜使禹摄政时三苗叛,舜南征崩葬于苍梧。
>
> 3. 凭悼亡灵。舜封其弟象于湖南道县北的有庳,经舜教化在有庳做了不少好事,死后当地人立有象祠。有庳遥远,舜从未去过,象老来心感不安,有心到有庳凭吊其弟。

---

① 郑国茂:《舜帝释疑》,光明日报出版社2015年版,第14页。

② 郑国茂:《舜帝释疑》,光明日报出版社2015年版,第103页。

4. 回避矛盾。鲧治水不力,酿成大患,舜殛鲧于羽山,与禹结下了杀父之仇。大禹治水成功,摄政以后,功高震主。据《书·皋陶谟》和《史记·夏本纪》记载,禹言词中不时流露出对舜帝的不恭。《韩非子·说疑》亦认为"禹逼舜"的结果,使得舜与商君南迁。舜帝圣明贤达,耄耋之年毅然决定远避南疆,免得矛盾激化后难于收拾当在情理之中。

舜帝毕生"勤民事""苦忧人""只为苍生不为生",毕生推行"父义、母慈、兄友、弟恭、子孝"的五常教化,他是绝对不可能长呆蒲坂或者死守"离宫"安享清福的。舜帝的德行和修为,决定了他不会因为"路远江隔"的所谓交通问题而放弃南下苍梧九疑,这正如当年红军不会因为万水千山的阻隔和敌人的围追阻截而放弃二万五千里长征一样。①

如此解释在学术上可备一说。但这些说法基本上都是出于推理,直接的证据似乎还难以找到。所有这种说法似乎还须进一步寻找证据。再如在回答"舜帝精神的内核是什么"的设问时,作者认定:"我们说舜帝精神是一种忍辱负重的自我牺牲精神;艰苦奋斗的实践精神;自强不息的创业精神;公而忘私的奉献精神。而舜帝精神内核是一个'和'字。"②他认为"和"字主要表现在四个方面:(1)在家庭生活中"和"为本,争取了家庭和睦。(2)在社会行为中"和"以外众,促进了社会和谐。(3)在民族关系中,以"和"为贵,赢得了国家和平。(4)在宇宙道德中以"和"为规尺,实现人与自然的和美。③

这种论述还是颇有见地的。再如关于"禅让"的问题,作者也给出了自己的见解。他首先肯定尧舜"禅让"是真实的历史,而禅让本身"是顺帝德治的一个重要内容"。其意义就在于它是对"世袭"制的"一种挑战与讽刺":

在中国,从黄帝至今五千年文明史,除尧舜时代出现过超越血缘的"禅让"外,漫漫岁月直到清末,所推行的都是"父传子"的血缘政体……充分说明舜帝时代的政治是选贤而让的"公天下",而"父传子"的政治是"私天下"。

① 郑国茂:《舜帝释疑》,光明日报出版社 2015 年版,第 104 ~ 105 页。

② 郑国茂:《舜帝释疑》,光明日报出版社 2015 年版,第 241 页。

③ 参见郑国茂:《舜帝释疑》,光明日报出版社 2015 年版,第 241 ~ 243 页。

舜帝的禅位于贤的历史意义在于它反映了舜帝时代的“古国”实行“公天下”而赢得政治清明，国运隆昌，国与人、人与人、人与自然都能和谐相处的史实。从这个意义上说，“禅让”是对“世袭”的一种挑战与讽刺。①

这样理解“禅让”在学术上固然也可以备一说，但应该看到，即使“禅让”真的存在，也应该就历史条件的制约进行诠释，否则，过于现代化的理解可能已经远离本真了。《舜帝释疑》中类似这样现代化的理解还有一些。同时，由于作者是湖南永州人，凡地望牵扯到永州的问题，他基本都站在永州地域的立场上立论，这种地域局限可能影响了作者客观科学的思考。

尽管《舜帝释疑》一书有多多少少的缺陷，但作为一种普及读物，它在社会上普及和传播舜文化的功用还是应该充分肯定的。除了郑国茂以外，永州还有一批致力于舜文化研究的学者，推出了一大批学术性和普及性相结合的著作，作为一个活跃的学术群体，他们在舜文化的研究和宣传上起到的独特作用，是值得赞扬的。

第三，多次举办全国性的舜文化学术研讨会，举办舜陵的祭祀典礼和舜姓后裔的联谊活动，极大地推动了全国的舜文化研究。湖南在改革开放以后不久，就整修了舜帝陵。从2005年起，省政府就定期举行祭陵大典，地方和群众性的祭祀活动更是经常进行。加上媒体的广泛宣传，不仅提升了舜的知名度，使越来越多的人了解弘扬舜文化的积极意义，而且大大提升了永州和零陵的知名度，推动了当地旅游事业的显著发展，为地方的经济建设作出了重要贡献。

三、济南市和其他地区的大舜文化研究会

2010年8月日，济南市舜文化研究会在舜耕山庄成立，张华松任会长，郑军任副会长，挂靠济南社会科学院。时任济南市委副书记徐长玉在致辞中，讲到济南研究舜文化的独特优势时说，“大舜文化是儒家文化和齐鲁文化的重要源头，是中华文化的重要组成部分”：

大舜是我们济南人的骄傲。“舜耕历山”，历山在济南。济南的大舜文化源远流长、底蕴深厚，时至今日，大舜文化遗迹仍然是济南城市景观中的亮点，济南三大名胜的千佛山、趵突泉、大明湖等景区中都留

① 参见郑国茂：《舜帝释疑》，光明日报出版社2015年版，第250～260页。

有大舜文化的遗迹,老城中舜井街上的舜井,更是闻名遐迩。更好地发掘、整理和利用丰厚的舜文化资源,是当前济南城市文化建设中的重要课题。舜文化研究会的成立,为我市继承和弘扬大舜文化,搭建了良好的平台,标志着大舜文化研究工作进入了更为专业化的新阶段,必将对大舜文化研究工作起到积极的促进作用,对于提高济南的知名度和美誉度,提升济南文化软实力,推动省会文化事业大发展大繁荣具有重要的现实意义。①

张华松会长在发言中肯定两点:一是全国虽然有不少历山,但只有济南的历山是舜耕的那个历山。从空间上说,舜为东夷人,而东夷人的主要活动地域在山东境内;从时间上说,各地历山的得名,以济南历山最早,不仅春秋战国时期已经出现,而且西周青铜铭文也可以佐证。二是"大舜政权兴起于济南所在的古济水中下游流域",证据"一是史籍记载的大舜耕稼渔猎制陶做家具做买卖的地点,都在济水中下游流域;二是古代典籍记载的大舜集团的古国也都在济水中下游流域"②。

济南市学术界开展大舜文化的研究起步较早。徐北文在20世纪90年代出版的《海岱小品》一书中,就收入了他写的一组有关济南与舜关系的文章,其中的《大舜遗址——济南景观的主旋律》一文,认为舜是传说中的历史人物,其观点明显受古史辨派的影响:

其实,即使是舜,也不一定是历史中的具体人物,甲骨文的"舜"字被写成一个鸟首人身的样子,舜原是殷商部落的始祖神——图腾只是经过儒家的加工才成为一位人间圣王的。然而,图腾也并非古人向壁虚造的,而是将自己氏族的最早的威望最大的领袖加以神化,还是反映了历史的一定真实的。

稍后,他撰写的小说《大舜传》于2009年出版,对普及大舜文化起了重要的推动作用。他的论文《古代圣王大舜》论述了舜的行状、舜的美德和政绩以及与济南的密切关系。其《大舜行迹考》进一步通过梳理有关文献,将大舜的一生行状和主要功绩作了认真的勾勒。他的《大舜文化与济南》则将大舜与济南的密切联系作了较全面的清理。他特别认定"济南历山(又

① 徐长玉:《发挥济南市舜文化研究优势,促进省会文化大发展大繁荣》,《济南职业学院学报》2010年第5期。

② 张华松:《"舜城"济南应该成为中国大舜文化研究的基地》,《济南职业学院学报》2010年第5期。

名舜山、舜耕山,俗呼千佛山)应为舜所耕之历山"。理由是:(1)舜是上古夷人之领袖,济南在泰山之北,古济水之南,属东夷地区;(2)此地之命名最早;(3)济南历山有关舜的遗迹传说最早而承传有序。① 在这些论文中,他已经确认舜是一个真实的历史人物了。其他学者如张华松、李永祥等也有关于大舜文化的论著问世。特别应该指出的是,位于历山脚下的舜耕小学很早就在学生中普及舜的有关知识。为此,该校专门编撰了《大舜故事集》作为课外读物供学生阅读,同时还通过举办大舜文化节、故事会、图片展等形式,宣传舜的美德,为提升小学生的德育水平作了有益的尝试。

与山东、湖南地区舜文化研究会成立的同时,其他地区的舜文化研究会也相继成立。例如,山西垣曲舜文化研究会、浙江绍兴市上虞区舜文化研究会、江苏常州舜文化研究会等。

这些群众性学术研究团体经常举行关于舜文化的学术研讨会,就舜文化的有关问题进行研讨,出版内部刊物、学术论文集以及一批论著。这些活动推动了舜文化的研究,大大活跃了学术空气。其中,山西垣曲舜文化研究会依托本地区丰富的尧舜文化资源,承办和协办了一些全国性的学术会议,也出版了一批学术专著和民间文学作品,如创办《舜文化研究》杂志,由中央文献出版社出版了吕步震主编的"舜乡文化系列丛书",包括《舜乡珍宝传奇》《舜乡之谜》《舜乡百年民谣》《舜文化寻踪》《舜乡览胜》《舜乡情》《史前探源》《文明之根》《大舜故事》《帝舜故里始载垣曲》《中国历山颂》《垣曲舜王庙研究》《垣曲世纪曙猿》《人类之链》等。这些著作充分利用山西南部地区丰富的尧舜文化的资源,如考古资料、文物古迹、民间传说等,从不同方面开拓尧舜文化的研究,取得了显著成绩。其中吕步震,山西垣曲人。作为垣曲县舜文化研究会会长,除了挖掘、整理、主编出版了"舜乡文化系列丛书"外,还对尧舜的一些学术问题进行认真探索。在《舜帝故里》一文中,他认定舜的故里在山西垣曲县,因为《孟子》和《史记·五帝本纪》所记载的与舜有关的地名如诸冯、鸣条、历山、雷泽、河滨、寿丘、负夏等,都能在垣曲找到相对应的今地,而且这里发现了大量龙山文化的遗址,出土了众多文物,足以佐证文献的记载。② 通过文献与考古资料的互证,山西垣曲县作为虞舜故里的认证应该是清晰的。

---

① 徐北文:《海岱居文存》,齐鲁书社 2006 年版。

② 参见中国先秦史学会等编:《虞舜文化研究集》,山西古籍出版社 2005 年版。

第二节 研究尧舜文化的众多学者及其观点(上)

一、王玉哲、杨希枚、苏秉琦的虞舜观

改革开放以来,一批年老的学者对尧、舜、禹等所谓五帝时代的问题重新进行探索,提出或更新自己的学术见解。王玉哲、杨希枚、苏秉琦等是其中的代表人物。

王玉哲(1913～2005),河北深县(今河北省深州市)人。南开大学教授、博士生导师。兼任中国先秦史学会副理事长、中国孔子基金会副会长、中国博物馆学会理事、中国殷商文化学会理事等职。著有《中国上古史纲》《中国古代史》《先秦史稿》《中华远古史》等。他在20世纪80年代发表《尧舜禹"禅让"与"篡夺"两种传说并存的新理解》一文中对这两种决然对立的传说提出了自己的见解:

> 尧、舜、禹的王位为什么不像后世帝王那样,以自己的儿子作继承人,而是如此大公无私、让位给其他的圣贤呢?后世儒家说,这是由于尧、舜、禹是"圣人",其子丹朱、商均又不肖,故不传子而传贤。但是,为什么后世千百年来的历史却不再有传贤的事例,而这种禅让制度便成绝响呢?所以,时至今日,对待孔、墨的说教,绝对不能全部轻易听信。欲探讨古代实行禅让制度的是非、根源,应从社会发展规律上去追寻。唐尧、虞舜时的社会还处于原始氏族社会阶段,当时的生产资料是公有制,人们的私有观念极为淡薄,把首领职位视为排他性的绝对私有的想法尚未产生。当时,虽然社会已发展到父系氏族社会末期,但过去母系氏族社会的一些旧传统,不是一下子就能铲除干净的。在母系氏族社会里,由于实行族外婚,子女随母族姓制,儿子是属于他们母亲的氏族,儿子与父亲不属于同一氏族,根据一般氏族的规定,本氏族内的财产是不能外流的(可参看《家庭、私有制和国家的起源》有关章节)。父亲的财产包括职位在内,当然不能传给儿子,因儿子是异族的人。父亲死后,其职位只有从父亲的氏族内选举继承人了。所以,世界各地母系氏族社会里,酋长的更替都是在本氏族内,经过氏族成员的民主选举,没有也不可能实行父死子继。尧、舜、禹是父系氏族

社会的人物，不过母系社会旧传统仍在继续，这就是古史传说中“大同”社会的“选贤与（举）能”（《礼记·礼运篇》），也正是上面所说的“禅让”制度的根源。

王玉哲的这一观点，其实郭沫若已经在《中国古代社会研究》中表述过，其他学者也多次阐发过，这几乎是马克思主义史学家的共识。他学术见解的新颖之处是解释“禅让”与“篡夺”两种传说何以并存：

> 一种低级的社会制度过渡到另一种较高的社会制度，不像刀刃斧砍那样两断截然分明，而是有一个相当长的、前后两种社会因素犬牙相错着的过渡阶段。……我们若以这种过渡阶段理论，去看待唐尧、虞舜、夏禹时的帝位更替流传着的禅让制和篡夺制两种传说的传说，便觉得两种截然相反的传说，其史料价值是相同的，不能有所轩轻，两种都含有几分可靠性。因为禅让和篡夺正是前后两种新和旧的社会因素犬牙相错的过渡阶段的社会现实，正是部落酋长由“传贤”制转变为“传子”制过渡阶段真实的反映。在尧、舜、禹时期，民主选举的旧传统“禅让”制虽然仍在执行，但是，这些酋长已经视其职位为私有，都想传给自己的儿子，另外一些显贵，则利用氏族民主选举的传统，作为进行夺权的借口。一旦夺权成功，他又要效法他的前任，把职位传给自己的儿子。每经过一次这样反复斗争，传统的氏族民主选举制，就要进一步遭到削弱。而父子相传的世袭制，就是在这种反复的斗争中，逐渐产生和加强的。夏禹以后逐渐感到，“选贤与（举）能”，“天下为公”的旧制度，已经过时，于是“各亲其亲，各子其子”的“天下为家”的新时代，正式开始了。①

这种诠释，无疑是比较合理、比较具有说服力的。

杨希枚（1916～1993），北京人。曾任台北“中央研究院”历史语言研究所研究员、人类学组主任。后来就职于中国社会科学院历史研究所。长期从事中国上古史的研究，发表大量学术论文。主要著作有《先秦文化史论集》《中国古代的神秘数字论稿》等。他在先秦史研究方面有自己独到的见解，对尧舜禅让说在春秋战国时期被学者大肆播扬给出这样的解释：

> “五帝”时代在后儒的描绘上，显然是一个国治民安的清平盛世，是一个圣君贤相而唯能是任的完人政治社会，也自然是如许多民族传

---

① 王玉哲：《尧舜禹“禅让”与“篡夺”两种传说并存的新理解》，《历史教学》1986年第1期。

说上的“黄金时代”。对于这样的一个伟大时代，就后世尤其战国乱世的学者而言，也自然就成为缅怀追思的思想安乐社会的典型。正是如此，春秋战国时代的学者，因感于当时社会臣弒君或子弑父的残忍夺权政变及百姓的流离疾苦，也就愈发向往于五帝时代的清平盛世，也就对于尧、舜为人及其禅让之举不能不深致其追慕之思，且在学术思想论辩之际而借题发挥或有所颂扬了。

在作了这样的解释之后，作者全面检视了先秦文献上有关尧、舜的资料，得出这样的结论：

> 尧、舜，甚至五帝传说，是见载于战国晚期以前的文献，且是春秋或西周时代诸侯国卿大夫时常引述的一项古老的传说，尧、舜禅让是普见于战国初期以来诸子学派的一项古老的传说——这两项传说绝非战国诸子任何一派学者所伪造的。至于传说本身是否信史，由于更无其他史料可资参证，虽难以定论……传说可能涉及的古代习俗制度却多见于后代；殊无怪异之处，也决不事涉神话。

在进一步分析了“尧舜传说所反映的古代王权继承制与婚制”之后，作者对尧、舜禅让说提出了六点结论性意见：

> （一）尧舜禅让说应至迟是春秋时代以来就已经流传的古老传说之一；纵不认为传说均为历史，但传说上的父死子继、兄终弟及和禅让的王权继承现象与舜娶尧二女的婚制实迄存在春秋时代，而殊无不同。
>
> （二）禅让说普见于《论语》及战国以来儒、墨、道、法各学派的论著；绝非出于某一学派的伪托。
>
> （三）禅让传说是战国诸子学派共同援引以论证先朝治道的题材之一；由于基本思想的不同，各学派对于禅让传说虽有深信而推崇之或怀疑而贬抑之之分，但其认为尧、舜系古代贤君，则殆无二致。
>
> （四）五帝传说见于《左传》《国语》《管子》《礼记》诸书；自西周穆王时代以来，即为王室及诸卿大夫或史官所引述，甚且是与其祖先世系有关的传说；与尧舜传说应同为古老的传说。
>
> （五）近代学者对于禅让传说的解释均失其实，尤其是治学方法有欠正确；或失之疏忽，未能详考史料，而以偏概全；或失之于套用其他学科理论，任意比附，而致主观的臆测多于本位史料的证明。
>
> （六）中国古代史，尤其社会组织史的研究，亟待发展，尤其在研究

方法上似有改弦易张的必要。①

这种说法自有其稳妥之处，对正统马克思主义史学的尧舜观似也不无启发意义。

苏秉琦(1909～1997)，河北高阳人。长期从事历史与考古学的研究，曾任北平研究院史学研究所副研究员。新中国成立后，历任中国科学院考古研究所研究员，北京大学教授、考古教研室主任，中国考古学会第一、二届副理事长。著名考古学家。主要著作有《斗鸡台沟东区墓葬》《瓦鬲之研究》《辉县发掘报告》《中国文明起源新探》《苏秉琦考古学论述选集》等。他结合考古遗址对应中国古史的传说时代，认定中国历史上应该有一个"唐虞时代"，与这个时代相对应的应该是龙山文化：

传说尧为陶唐氏，舜为有虞氏，尧舜的时代或称为唐虞时代。《孟子·万章》引孔子的话："唐虞禅，夏后殷周继，其义一也。"意思是说唐虞时代实行禅让制度，而夏商周则是父死子继，兄终弟及的家天下制度。一禅一继，把两个时代分得非常清楚。所谓其义一也是说二者又有联系，都是合乎天意即时代的要求。《尧典》中谈到那时除帝尧、帝舜外，还有由四岳、十二牧(或曰群牧)组成的贵族议事会；有以司空为首的包括司徒、后稷、士(类似以后之司寇)、工(百工)、虞、秩宗、典乐、纳言等部门官员的行政组织；有刑法(象以典刑。流宥五刑、鞭作官刑、扑作教刑、金作赎刑、眚灾肆刑、怙终贼刑)；有军队并有显赫的战功。这已经是一种雏形的国家了。当然，《尧典》系后人追述，难免有记不准确而把作者当时的某些情况附丽增加进去的地方，但也不会是向壁虚构。只要看看龙山时代已有很大的城(山东章丘龙山镇城子崖的城内面积就达 20 多万平方米)，就知当时已经有了城乡分化，有了政治、军事和文化的中心，有些两椁一棺的大墓主一定是身份很高的贵族，制铜、制玉和蛋壳黑陶等当时的高技术产业很可能有工商管理。而当时普遍出现的乱葬者坑，死者身首异处或肢体残乱，当是酷刑的牺牲者。如果我们能把这两方面的材料很好地结合起来，特别是把这一阶段的考古工作继续深入地开展下去，把在中国这块土地上如何产生私有制和阶级，最后出现国家的具体进程及其特点阐释得更加清楚。那时我们将有理由说我们所作的确实称得上是恩格斯《起源》一

① 杨希枚：《再论尧舜禅让传说——古史研究方法论例之一》，《食货月刊》复刊第 7 卷第 7、9 期。

书的中国续篇。①

苏秉琦这里揭示出文献与考古相结合是探索尧舜时代真相的方向是很有见地的，因为地下考古资料是未经人工处理的最真实的历史证据，有时它的出现会解决聚讼纷纭的一些历史问题，让辩者折服。可喜的是，中国的不少考古学家都在试图解决这个问题，并为此付出了艰辛的努力。

二、李学勤、李民、朱绍侯的尧舜观

李学勤(1933～2019)，中国考古学和历史学的著名学者，曾任中国社会科学院历史所所长，后在清华大学工作，主持简牍研究中心，主要著作有《殷代地理简论》《东周与秦代文明》《新出青铜器研究》《比较考古学随笔》《周易经传溯源》《走出疑古时代》《中国古代文明与国家形成研究》等。"文化大革命"结束以后，他较早提出"走出疑古时代"的口号，结合大量的考古资料，对中国早期文明进程进行新的探索，指出当年古史辨等疑古学派存在的问题，"其根本缺点在于以古书论古书，不能跳出书本上学问的圈子。限制在这个圈子里，无法进行古史的重建"②。在《〈尧典〉与甲骨卜辞的叹词"俞"》一文中，他更进一步从方法论的角度，对顾颉刚"不能以一部分之真证全部皆真"的观点的偏颇进行评判：

> 其实，对于任何古文献，甚至差不多所有历史文献，要求证明其"全部皆真"，都是不可能的。历史文献的记载，不会"全部"符合历史事实，即使符合历史事实，也不会"全部"能够由"拿证据来"而得到满意的证明。就是近现代文献，也每每如此，然而这一点，并不能否定学者对文献的可信性，包括对整个文献，或文献的一部分，做出合理的估计。具体来讲，对一种文献，如果证明一部分切合事实，其他部分也比较可信的可不能性会增加；相同的逻辑是，如果证明其一部分与事实相背，其他部分的可信性也会受到质疑。③

李学勤要求对以前疑古过头的"冤、假、错案"及时平反，进而结合考古资料，理出一个真实的古史系统。他结合山西陶寺遗址出土的文物，对尧、

---

① 苏秉琦:《重建中国古史的远古时代》,《史学史研究》1991 年第 3 期。

② 李学勤:《走出疑古时代》,辽宁大学出版社 1997 年版,第 345 页。

③ 李学勤:《〈尧典〉与甲骨卜辞的叹词"俞"》,《湖南大学学报》(社会科学版)2008 年第 3 期。

舜、禹的"禅让"问题提出了新的思考:

> 曾有研究者认为,在尧、舜、禹时代财产公有,领袖人物不仅要和普通氏族成员一样胼手胝足、粗饭敝裳,还得吃苦在前,所以领袖职位无须相争,必然相让。现在看来这是对历史的误解。《尧典》赞扬尧的品格有"允恭克让",《史记》作"为富不骄,贵而不舒",已指出领袖人物处于"富""贵"的地位,与一般社会成员拉开了距离是符合历史真实的。而且陶寺墓地揭示,这时已有了实际的"世袭",五代领袖相继出自同一家族,延续时间约在百年上下,这也和文献记载尧、舜、禹的"年龄"均达百岁相合。因为一代领袖虽可能有百年寿命,但在古代社会,同一氏族的继任领袖,往往继承前任的名号,尧执政九十载,应是产生于该氏族或家族若干代执政者的积年。年三十尧举之,年五十摄行天子事,六十一践帝位,执政三十九年,百岁崩于南巡途中的舜也是这样。被尧选中的舜与践帝位的舜及"崩于南巡"的舜应属于同一家族异代同名的几代首领。所以这些文献记载,也透露出当时确实存在实际上的"世袭"。①

这里李学勤对于尧、舜年龄都超过百岁的解释是有说服力的,而他对禅让与世袭关系的诠释也有考古资料的依据。他的观点,尤其是对古史辨派的反思,在学术界产生了很大影响,"文化大革命"以后兴起的对中国文明起源问题的研究热潮显然与其影响不无关系。

李民(1934~),郑州大学教授,曾兼任中国殷商文化学会副会长。主要著作有《夏代文化》《尚书与古史研究》《夏商史探索》《殷商时代的社会生活史》等。他的《〈尚书·尧典〉与氏族社会》一文,对《尧典》一文和尧舜问题进行了探索。他认为,"《尧典》之制作时代虽为春秋时期,虽带有后世的某些色彩,甚或有后人据后世的模式予以修饰和铺张之处,但无论如何,在其主要脉络上还是有它制作的原始依据的"。据此认识,他认定该文可以作为尧舜时代的文献使用。经过分析,他认定,"《尧典》中所反映的氏族制度的发展阶段,既不是它的初级阶段,也不是它的繁荣时期,它所反映的正是氏族制度的解体时期,换句话说,那时的氏族制度已走到它的尽头"。证据是私有制产生、刑出现、战争日益频繁。而所谓"禅让"正是军事民主制这一历史现象的反映。最后作者总结《尧典》所反映的时代说:

---

① 李学勤:《中国古代文明与国家形成研究》上编,云南人民出版社 1997 年版,第 239 页。

> 军事首长的权力确实正在随着氏族制度的解体而向君主转化，这一转化的本身正表明氏族制度已走到坟墓之口，社会历史的发展即将跨入阶级社会的门槛。尽管《尧典》中使用了许多后世的语言并挟带着后世的思想色彩，但是，《尧典》的总体上所打上的过渡阶段的深深的时代烙印，无论如何是阉割不掉的。①

李民提供了认识古代文献的新视角，他对尧舜时代的论述应该说是比较稳妥的。

朱绍侯（1926～），河南大学教授，曾任河南大学历史系主任、河南大学出版社总编辑，兼任中国史学会理事、中国秦汉史学会副会长等职务。长期从事中国古代史的教学和研究，主要著作有《雏飞集》《朱绍侯文集》，主编大学用书《中国古代史》。他在《帝舜故里负夏考》一文中，对有关舜生地与活动地域的各种记载进行辨析，最后认定舜的故里在濮阳。② 此一说法已被不少学者认同。朱绍侯比较谨慎，认为这个结论还是推断，真正的确证，还有待地下文物的证明。

三、田昌五、姚隅冰、许顺湛、吕绍纲、梁绍辉的尧舜观

田昌五（1925～2001），河南郾城人，著名历史学家。曾任中国社会科学院历史所研究员、山东大学历史系教授、博士生导师。著有《王充及其论衡》《古代社会形态研究》《古代社会断代新论》《古代社会形态新论》《中国古代社会发展史论》《中国历史体系新论》等，主编《华夏文明》，与漆侠共同主编《中国封建社会经济史》，与安作璋共同主编《秦汉史》。

田昌五认为，五帝时代的所谓“禅让”和篡夺，都是后人有意的安排，并不是真实的历史。其实这一时期的所谓朝代更替，反映的是几大部落国家或部落国家集团先后称雄中原的历史：

> 早期华夏文化的各个类型反映的是几个不同部落国家或部落国家集团，陶寺类型属于帝尧陶唐氏集团，王由坊类型属于帝舜有虞氏集团，郑洛类型和三里桥类型属于夏后氏集团。后岗类型与商之远祖有关。下王岗类型既与尧子丹朱部有关系，也和被赶到那里的共工部有关系。所谓尧、舜、禹的禅让和篡夺，都出自后人的安排。真实的历

---

① 李民：《〈尚书·尧典〉与氏族社会》，《郑州大学学报》1980年第2期。

② 中国濮阳帝舜文化研讨会编：《舜帝故里考证论文集》，（香港）天马出版社2005年版。

史是,这三个部落国家集团曾先后称雄于中原。尧子丹朱不得继帝位和舜子商均不得在帝位一样,都不是什么肖与不肖和是否为人民所拥护的问题,而是丹朱部离开中原向南方的丹水流域发展了,商均部离开中原向北方的漳水流域甚至更北的地方发展了,均未能称雄中原。共工部兴起的时间并不晚,但被尧、舜赶到羽山去了,所以一度中衰。夏后氏集团继承共工部之后,又重新崛起,并建立了中国历史上第一个统一的奴隶制王朝,结束了各个部落国家集团逐鹿中原的局面。①

田昌五的这一观点,在一定程度上得到了考古资料的支持,提供了观察这个问题的另一种思路。

姚嗎冰承认,“禅让”是历史上真实存在的事实,并不是后世思想家的向壁虚构,并且其存在具有历史的必然性:

> “禅让”是历史的投影,不是凭空的虚构。它反映了原始社会中部落联盟推举领袖的方式,它通过某种会议方式产生自己的领袖,商量重大的事情,领袖出于推举,权位不讲私相授受,这是当时政治生活的特色。不过部落联盟并不是超尘拔俗的存在,它包含着社会矛盾和冲突;它的领袖的产生诚然具有原始社会的民主性质,但是也必然纠结着矛盾,伴随着可能很激烈的斗争。……
>
> 社会生产日渐发展,私有财产日渐积累,氏族贵族的权力日渐强大,部落联盟向着奴隶制国家过渡,“禅让”制度也就为氏族贵族——国王的世袭统治所取代。这就是发生在禹和启父子相承的年代的历史大转折。这个转折的内在动力是生产的发展和社会的前进,任何力量都不能加以阻止。②

这个观点似乎反映了历史学界大多数人的意见。

许顺湛(1928~),著名考古学家,曾任河南博物馆馆长、河南省考古学会副会长兼秘书长。主要著作有《灿烂的郑州商代文化》《商代社会经济基础初探》《中国奴隶社会》《中原远古文化》等。他在《中国历史上有个五帝时代》一文中,认定“黄帝、颛顼、帝喾、尧、舜分别代表一个族团,他们的承袭序列,反映了不同时期在中原地区分别居于领袖地位”。“尧舜时期的考古文化应属龙山文化”,“五帝时代是中国文明社会的初级阶段”。③ 这些

① 田昌五:《对中国文明起源的探索》,《殷都学刊》1986 年第 4 期。
② 姚嗎冰:《“禅让”及其历史变幻》,《文史知识》1986 年第 3 期。
③ 许顺湛:《中国历史上有个五帝时代》,《中原文物》1999 年第 2 期。

意见接近田昌五的观点。在《尧舜邦国是联邦中的宗主国》一文中，他又认为“尧舜是王朝的君主”，舜的发迹地在河东地区，建都在蒲坂。① 在《说雷泽》一文中，他认为传说中的雷泽虽然有许多指向，但将“文献记载的传说与考古学结合起来，我们可以这样说：濮阳雷泽地区是龙源圣地，古代圣教圣地（主要是道教和天象历法），华夏族的祖庭圣地和祖茔圣地。中华第一龙在濮阳”②。

吕绍纲（1933～），吉林大学古籍研究所教授、博士生导师。主要著作有《孔子新传》《周易发微》《周易全解》《周易讲座》等。他认为“中国文化宜从尧舜讲起”，“孔子讲文化史从尧舜讲起，尧舜以前不讲”，而“包牺氏始作八卦之说不可信”，最重要的证据则是“国家及相关制度以及许多重要思想观念萌芽于尧舜时代”。他认定尧舜时代在制度方面已经建立了“天下大国家的准国家形态”，同时，朔政制度、度量衡制度、礼乐制度、刑罚制度、祭祀制度也都建立起来。在思想观念方面，中的思想、民本思想、五伦思想等，也都是这一时期萌芽或出现的。③ 显然，他对尧舜时代所达到的文明高度作了较高的估计。

梁绍辉（1933～），湖南社会科学院研究员。他在《论舜帝文化》中，认为“中国的远古文化是从原始农业发端的，故舜文化从本质上说就是原始农业文化”。与之相联系，在观念上发展了原始的以历法为代表的科技和伦理道德。如果“从社会特点考察，尧舜圣帝的最大特点是禅让制度”，“这是古人给我们留下的关于我国原始共产主义社会的珍贵资料”，“中国历史上的禅让虽然先后仅尧舜两例，但仅此两例其社会性质却已经十分清楚了，实质上它是漫长原始共产主义社会的浓缩。这里的帝也并非国家出现后集大权于一身的皇帝，而是一个部族的首领，最多也不过是‘一种具有执行权力的官员的微弱萌芽’。其所以称帝，只是因为后世皇帝的尊荣而推及上古的一种尊号”④。在他与吕芳文、周亚平合写的《论中华民族和谐社会的历史源头及黄帝时代的国家性质》一文中，他们进而认为“禅让是一种权力传承的方式”，“是中国原始共产主义社会常用

---

① 参见中国先秦史学会等编：《虞舜文化研究集》，山西古籍出版社 2005 年版。

② 中国濮阳帝舜文化研讨会编：《帝舜故里考证论文集》，（香港）天马出版社 2005 年版。

③ 参见吕绍纲：《中国文化史宜从尧舜讲起》，《社会科学战线》1998 年第 3 期。

④ 梁绍辉：《论舜帝文化》，《求索》2002 年第 Z5 期。

的一种方式”。① 而中华民族和谐社会的历史源头就是五帝尤其是尧舜文化,所以这一时期历史的研究不仅关系中国古代文明的起源,更对中国现代文明建设具有重要的借鉴意义。

四、李先登、刘宝才、钱耀鹏、陈泳超、罗新慧的尧舜观

李先登(1938~),中国历史博物馆研究员,曾带队参加几个重要遗址的发掘,主要从事中国文明起源的研究,重要著作有《商周青铜文化》《登封王城岗与阳城》等。他与杨英合写的《论五帝时代》一文,认定随着田野考古的发展和大量原始社会遗址的发现,“使五帝时代在考古学上得到了初步证实,说明五帝时代也应为信史”。对于记载五帝时代的文献,作者认为也是基本可信的。对于古史辨派的疑古,他们这样评判:

> 古史辨派学者之所以不同意五帝时代为信史,还因为在他们看来,这一阶段的记载人、神相混,神话的色彩相当浓厚,作为重视事实和考据的传统历史学家,不接受神话的虚浮以作史料的态度是可以理解的。但我们认为,神话传说与历史记载的分野,是在相当晚近的时候才实现的,无论中外在古代都曾出现过神话、传说与历史记载未曾分野的现象。在古代,有贡献的祖先被后世子孙神化是完全正常的,但祖先毕竟是真实的人,不是神。“五帝”代表的不仅是五位远古的华夏领袖,更重要的是我们民族最初的也是最深刻记忆中最伟大的英雄们,所以华夏后裔最初的衣食住行都源自他们的发明创造,至少在古人的记忆中如此。总之,神话也体现出历史最初阶段的影子,人类历史最初阶段乃是真实的。所以,以科学的态度辨析,以理性的态度对待从神话到历史、从口头传说到文献记载的过程,是研究五帝时代所起码必须的。

他们同时判定,五帝时代相当于考古学上仰韶晚期至夏朝建立前的一段历史。其重要意义在于它“奠定了中国古代文明的基础,孕育了众多中国古代文明的特点,因而它是研究和认识中国古代文明的关键,在中国古史的研究中具有十分重要的意义”②。

刘宝才(1938~),西北大学教授,长期从事中国古代史的教学和研究,

---

① 梁绍辉等:《论中华民族和谐社会的历史源头及黄帝时代的国家性质》,《天津师范大学学报》1999 年第 6 期。

② 李先登:《论五帝时代》,《天津师范大学学报》1999 年第 6 期。

主要著作有《中国思想史》《中国儒学史》等。他根据郭店出土的简牍《唐虞之道》关于禅让的记载，首先认定“三代以前的中国历史上确实存在过禅让制度”，继而诠释这种制度出现的原因：

> 那末，禅让制度存在的历史原因是什么呢？过去研究者多以“军事民主制”作解释，是有道理的。郭店简发现以后，研究进一步深化。……各部落普遍倾向于建立一种能够满足本部落最大利益的秩序，这使得各部落的秩序目标处于矛盾对立之中，唯有凭借武力才能建立一种统治关系，但当时“天下万国”，各部落都是些蕞尔小邦，武力十分有限，谁也不具备征服天下的实力，于是只有偃武修文，寻找共处之道。当时的共主既然没有压倒的实力，行事必然要以取得普遍同意为基础，所能做的事情主要只能是一些公共事业，被后世称为“天子”的尧舜禹实际只是召集人，做事以各部落的公共利益为标准是当“天子”的条件，《唐虞之道》说：“尧之举舜也，闻舜孝，知其能养天下之老也；闻舜弟，知其能嗣天下之长也。”尧禅让于舜是以公共利益为标准的，所以禅让制度叫作“公天下”。

显然，在作者看来，禅让制度就是各部落在势均力敌情况下不得已而为之的“共处之道”。最后，作者分析战国时代禅让思想泛滥的原因说：

> 郭店简《唐虞之道》论证的国家元首继承制度——禅让制度，所讲的既是历史，也是理念。作为历史，我们认为是真实存在过的。它是中国古代传说时代的一种推选制度，带有原始民主性质。作为理念，在以后社会发展中没有实现，被历史条件限制注定不能实现。……战国中期的儒家吸取尧舜禹的历史传说，提出国家元首禅让的学说，本身代表着人类的一种崇高理想。作为具体方案，它在战国以至以后2000年的封建社会历史上没有实现，在未来也不会如预想的样式变成现实。作为理念，它的精神代表着未来，一定会由思想变成制度，只不过形态必然大为改观而已。①

这种观点提供了认识禅让的一种新的思路，在学术上是有充分存在理由的。

钱耀鹏在《尧舜禅让的时代契机与历史真实》一文中认为，尽管先秦诸子对禅让的记述是矛盾的，但他们基本上都承认了它的真实存在，“因此，

---

① 刘宝才：《〈唐虞之道〉的历史与理念》，《人文杂志》2000年第3期。

尧舜禅让这一传说事件的可信度还是很高的,无法彻底否定之”。接着,作者论述了“尧舜禅让故事发生的时代契机”,认定是河水泛滥成灾造成各民族部落的迁移,从而“在一定程度上打破了原来中原及附近地区居民对生存空间占有和利用的平衡状态”,于是战争频繁发生,英勇善战的勇士受到普遍尊敬。为了各部落的生存,除了战争之外,人们开始推出部落联盟作为协调各自利益的机构。“禅让制当是势力相当的诸政权组成的联盟体产生其领袖的方式。即尧舜禅让可能就是这几个势力相当的集团不得不结成联盟时,为了协调各集团的关系、维系联盟体的存续而采取的一种领袖和新政权的诞生的更替方式。”①在《尧舜禅让故事与考古学研究》一文中,作者认为陶寺遗址为中心的晋东南一带是陶唐氏部落的聚居地。分布于山东和河南东部地区的龙山文化遗址反映的是有虞氏部落的活动轨迹。在分析了两地的文化遗存所反映的社会发展状况之后,作者认为“平等式联盟是尧舜禅让故事发生的社会基础”:

> 概括起来,以城址为中心的扇形聚落群结构,不仅为我们认识中原地区社会集团规模的扩大方式乃至社会政治的演进过程提供了必要的考古学证据,同时也从聚落考古学的角度证实了陶唐氏、有虞氏和夏后氏诸集团平等式联盟体的存在,以及尧舜禅让故事的可信性与历史真实,表明中国早期国家已经处在形成和发展过程之中。联盟体内最高权力世袭制的确立,表明中国古代国家已经进入了一个新的发展阶段。②

陈泳超在《尧舜时代:政治理想的远古投影》一文中,分析了尧、舜事迹在历史上出现的年代是春秋时期,后经战国诸子,尤其是儒、墨二家的铺陈和煽扬,事迹就越来越丰富复杂了。他最后认定尧舜事迹不过是儒家政治理想的寄托,不能当成真正的历史:

> 我们认为《五帝本纪》所记载的尧、舜事迹,固然反映了一些新石器时代晚期的社会特征,但它大多应属于传说性质,最多也只能说是蕴含着一些上古史的痕迹。这种过于完善的上古史记载,是经过诸子百家尤其是儒墨两家长期渲染改造而成的。而且,由于墨家后学渐衰,所以后世通行的尧舜事迹,更多反映的是儒家的政治理想,是儒家托古改制策略下形成的一个假想的黄金时代。史学界向以“传疑时

---

① 钱耀鹏:《尧舜禅让的时代契机与历史真实》,《社会科学战线》2000 年第 5 期。
② 钱耀鹏:《尧舜禅让故事与考古学研究》,《中原文物》2002 年第 4 期。

代”称之,可谓名副其实。①

这种观点基本上与顾颉刚一致。

罗新慧在《〈容成氏〉〈唐虞之道〉与战国时期的禅让学说》一文中,分析了《容成氏》和《唐虞之道》两篇简牍在论述禅让学说的差异,得出结论说:

> 总体来看,《容成氏》对禅让的倡导和叙述比较质朴,主要是借古史的形式肯定禅让的可行性、典范性,并借对理想社会的描述渲染禅让的必要性,以启示当世君主尊贤、授贤。这说明战国时期在禅让学说的发展中,有相当一部分是借讲述古史而进行宣传的,它本身并没有形成理论体系。
>
> 与《容成氏》不同,楚简《唐虞之道》是就禅让问题进行理论总结的专篇,代表了战国时期比较成熟的禅让理论。
>
> 战国中后期的思想界,既有百家争鸣又有百家融会,禅让学说应当是战国时期百家思想融会的一个典型,它以儒家思想为主,而在形成的过程中又吸收了其他各派理论如墨家、道家等,在这个意义上,《容成氏》与《唐虞之道》可以说是对战国时期流行于社会中的古史传说及禅让思想的总结。②

如此论断,基本上符合《容成氏》和《唐虞之道》的本意,在学术上是站得住的。

五、郝仰宁、何红斌、梁韦弦、马世之、马兴、赵东升、孟世凯、杨东晨的尧舜观

郝仰宁在他与仝毅合写的《试论舜帝的历史功绩》一文中,列举了舜的五大功绩:使中国社会由原始部落向中央集权的国家形式过渡;开诚议政,颁布历法,统一律法,安定天下;治水安民,功记千秋;注重于道德教育,发展文化艺术推动社会走向文明;抚民相安,伟绩卓著。③ 郝仰宁还对舜的故里、葬地和一生行状进行考释,认定故里在今山西的永济,证据是与之有关的妫汭、历山、雷泽、河滨、蒲坂等均在永济境内。④

---

① 陈泳超:《尧舜时代:政治理想的远古投影》,《文史知识》2000 年第 3 期。

② 罗新慧:《〈容成氏〉〈唐虞之道〉与战国时期的禅让学说》,《齐鲁学刊》2003 年第 6 期。

③ 参见中国先秦史学会等编:《虞舜文化研究集》,山西古籍出版社 2005 年版。

④ 参见郝仰宁:《舜帝故里考》,《沧桑》1994 年第 5 期。

在《虞舜之墟在永济》一文中，他认为舜晚年的南迁（南巡）并不是什么壮举，而是不得已而求其次的一种无奈之举：

> 自禹治水功告天下，天下太平治，“舜荐禹于王，为嗣”，禹代舜行天子之政，到舜晚年，禹的势力日益强盛，便“逼舜”让位。虞夏两族便发生了权利之争，禹为使舜让权，在鸣条岗为舜修有牧宫，《竹书纪年》说：“舜暮年居于鸣条”，这与舜在尧后期“囚尧”交权一样，都是古代帝王政权交替时期产生的尖锐矛盾难以调和的结果。《竹书纪年》说：“昔尧德衰，为舜所囚也。”尧舜禹虽言禅让，但在政权交替之中，不可能没有一点矛盾冲突。所以，言舜在南方巡狩，死于苍梧之野，只不过是禅让史话中的一种文学处理手法。真正使“帝舜葬于江南苍梧九疑山”的原因，其实就是舜禹矛盾白热化，舜为求安率部落南迁奔弟象之邑，其实也是舜为避免以后与夏后氏族发生大的冲突和斗争，求得民族平安的一种贤德之举。①

如此解释舜的南迁自然可备一说，但其中的推测成分太多。

何红斌、王田葵在《舜文化的阐释与演进》一文中，对舜文化自春秋以降学者至近代新儒家的论述进行了系统梳理，认定“从整体而言，舜文化不可能断裂。这是因为舜文化既是阐释的历史，又是对历史的阐释。这种阐释永远没有终结，如果一旦终结，舜文化的生命就将终结，如果它能成为现代人以至未来人的文化资源和精神资源，它就不可避免地需要再阐释。但它的未来走向绝不是像新儒家那样，是把儒家文化作为中华主体文化的复活，而是舜文化精神的现代理性转化”②。如此认识具有相当见地。不过这是一个十分复杂的问题，因为它牵扯到如何对待中国传统文化以及如何使之向现代转化的问题。

梁韦弦在《郭店简、上博简中的禅让学说与中国古史上的禅让制》一文中，认为“不是战国儒家的社会理想编造了禅让的故事，而是历史上关于尧舜禅让的传说启发了战国儒家的社会理想，不要把中国古史上存在的禅让制与某家的学说或理想混为一谈，从而否认中国古史上曾经存在的禅让制”③。

---

① 郝仰宁：《虞舜之墟在永济》，《山西师范大学学报》1996 年第 2 期。

② 何红斌、王田葵：《舜文化的阐释与演进》，《新国学研究》2005 年第 1 期。

③ 梁韦弦：《郭店简、上博简中的禅让学说与中国古史上的禅让制》，《史学集刊》2006 年第 3 期。

马世之(1937～)，曾任河南省博物馆副馆长、《中原文物》主编、河南省社会科员考古所研究员。主要著作有《郑韩故城》《中原楚文化研究》《暴君的末日》等。在《五帝时代的城址与中原早期文明》一文中，认定“中原地区发现早期城址中的郑州西山、濮阳高城、襄汾陶寺、辉县孟庄和登封王城岗等，就是五帝时代城邑的历史见证”，而“公认为尧、舜之都平阳所在的陶寺，为中国早期城市化的里程碑”①。这就从考古文化的角度证实尧、舜是真实的历史存在。在《虞舜的王都与帝都》一文中，他认定蒲坂是“有虞氏古国之都”，平阳是“华夏联盟之帝都”②。在《濮水流域虞舜史迹探索》一文中，他对与舜有关的诸冯、姚墟、历山、雷泽、河滨、负夏、顿丘一一进行考释，认定这些地方都在濮水流域，所以断定“舜故里位于濮水之阳，即今河南濮阳县境”③。

马兴在《从尧舜禅让的实质看传子制的确立》一文中认为：

> 上古帝王实行禅让制由来已久。尧、舜禅让实质上是在陶唐氏、有虞氏和夏后氏三大族邦首领之间进行。这一时期，发生了罕见的大洪水，为对付这场自然灾害，各个不同血缘关系的族邦联合进来，组成族邦联合体，尧、舜、禹先后担任了族邦联合体的首领。与此同时，代表华夏集团的陶唐氏、夏后氏及古代宗教集团代表有虞氏利用其当首领职务之便，为己谋私利，尧、舜已有了传子的思想；而禹利用治水之机，并借人民的拥护，扩充“启人”势力，最终确立了传子制，夏王朝因之建立。④

这里作者承认，禅让是一种普遍实行的制度，同时又认定尧、舜、禹是族邦联合体的首领，他们之间的禅让与共同对付洪水有关。

马兴在《古代尧舜祭祀与民族认同》一文中，较详细地考察了自先秦至明清从国家层面对尧舜的祭祀活动，认为所有这些祭祀活动都有明确的目的，是为了从血缘认同达到民族和国家的认同：

> 古代祭祀尧舜分两种：一种是对尧或舜单独进行祭祀，如汉、莽新、魏、晋等执政者，他们或以尧的后代自居，或以舜的后人自称，对其

① 马世之：《五帝时代的城址与中原早期文明》，《中州学刊》2006年第5期。

② 马世之：《虞舜的王都与帝都》，《中原文物》2006年第1期。

③ 中国濮阳帝舜文化研讨会编：《帝舜故里考证论文集》，(香港)天马出版社2005年版。

④ 马兴：《从尧舜禅让的实质看传子制的确立》，《天府新论》2007年第1期。

先祖进行祭祀。另一种是对尧、舜二帝的同时祭祀，这主要表现在东晋以后的各个朝代。不管尧舜祭祀以何种形式进行，都脱离不开基本含义，即血缘认同和民族文化认同，这两方面密不可分，紧密相连。从本质上来说，古代尧舜祭祀的目的是试图通过血缘认同、民族文化认同来获得政治上的认同，从而获得政权的合法性。具体来说，祭祀尧舜是古代帝王在血缘认同的基础上，通过认祖归宗的形式以获得其他民族、集体的认可，最终达到政治上的认同，而对尧舜文化道德的认可是后代帝王宣传孝、德、义等思想，巩固政权、获得臣民效忠的手段之一。①

这一认识无疑是正确的。

赵东升(1978～)，南京博物院考古研究所研究员，发表考古报告和学术论文20余篇。出版《一看就懂的考古学》和《青铜时代江淮、鄂东南和赣鄱地区中原化进程研究》。在《虞舜南巡狩与太湖东部平原》一文中，他一方面同意李伯谦、田昌五关于“分布于鲁西、豫东地区的王油坊类型即有虞氏文化”，一方面又对有虞氏的迁徙提出自己的看法。他认为，近年太湖东南部地区发现王油坊类型遗址，再联系这里丰富的有关虞舜的传说，说明当年有虞氏在华夏族的逼迫下南迁至太湖东南部平原的可能性很大。他的结论是：

在太湖东南部平原上存在的最大的三个传说是关于有虞氏、防风氏和夏禹氏的，那为什么不同族属会同时出现于这个地区呢？我们认为：华夏族侵占了有虞氏在豫东南的居地后迫使有虞氏南迁，有虞氏先后到达了江淮平原东部的太湖东南部。在太湖东南部与本地固有的防风氏集团联合形成了一股反抗夏族的强大力量，从而招致了夏族统治者的诛杀。②

这种解释似乎可备学术上的一说，较之虞舜南巡狩而死于苍梧、归葬零陵的说法可能更具合理性。

孟世凯(1936～2014)，中国社会科学院历史所研究员，曾兼任殷商文化研究会副会长兼秘书长。参与《甲骨文合集》编纂，主要著作有《甲骨学小辞典》《甲骨学辞典》等。他在《古史文化与“户口”之争》一文中，对我国各地争抢名人故里之事进行评述，其中涉及尧、舜、禹等远古帝王。他指

① 马兴：《古代尧舜祭祀与民族认同》，《贵州民族研究》2008年第1期。
② 赵东升：《虞舜南巡狩与太湖东部平原》，《南方文物》2007年第4期。

出,“尧、舜、禹是华夏部落联盟领袖,处于由联盟过渡到王朝的时期。尧、舜因禅让被史家尊为圣人,因此尧、舜户口之争较之炎、黄更多,真可谓‘天下皆尧舜’”。关于舜的生地和葬地,历来聚讼纷纭。他列举《史记·五帝本纪》有关记载后说:

其中涉及冀州、历山、雷泽、河滨、寿丘、负夏、苍梧、九疑、零陵九个地方。仅就《史记》“三家注”所注的地方就出现在东西南北四方,这九个地方的今地又有不同之说。《孟子·离娄下》说:“舜生于诸冯,迁于负夏,卒于鸣条,东夷之人也。”又涉及诸冯、鸣条两个具体地名和东夷这样大的区域,给后世研究虞舜历史文化造成不少麻烦。两汉以来历代地方史家修志或在著书中都写入当地是舜故里,有舜耕的历山、舜打鱼、制陶、做什器、做买卖、打井的传说,有后人纪念舜或舜二妃的祠、庙建筑。于是今山西、河南、山东、江苏、浙江、湖南等省的一些市、县都认为当地是虞舜正宗故里。今山西运城鸣条岗有舜陵,湖南永州有舜陵,山东菏泽有舜冢等,葬地也是争论之焦点。①

面对这些分歧,孟世凯主张“先祖大家祭”,不必争论谁是谁非,因为一些争论是永远也难以得到确切定论的。这种意见是有道理的。其实,由于五帝基本上是传说中的人物,他们被视为中华民族的共同祖先,所以人人觉得有份,“拉祖配”就成为司空见惯的现象,看来,只有“先祖大家祭”才是正确的处理办法。

杨东晨(1941~),陕西历史博物馆研究员,主要著作有《中华都城要览》《秦人秘史》《战马上的伟人》《黄土都城学》《周人秘史》《华夏始祖尧舜禹时代》等。在《华夏始祖尧舜禹时代》一书中,他对虞舜作了全面系统的论述。他认定,“舜的祖族有虞氏部落为东夷族”,其出生地是“东夷居地姚墟”,即今山东鄄城县。舜是母亲握登的非婚生子。诸城是其后来的迁居地。正是在这里,握登携他嫁给瞽叟,遂演变出种种遭遇。对于尧、舜、禹帝位传递是禅让还是篡弑的不同记载,他认为两种记载都是真的,“姬姓帝尧与虞姓舜发生了”政变式“的帝位之争,实质是部落或民族之间争夺最高权力的斗争。可见禅让是发生在异姓交替间的事情,传统的民主选举与传位于子的斗争相交织”。他充分肯定了舜的历史功绩,认为他是将中国带进文明之域的最重要人物之一。在《中华古帝虞舜的

---

① 孟世凯:《古史文化与“户口”之争》,《文史知识》2007年第7期。

传统美德和献身精神》一文中，他将舜的美德归结网“孝敬父母与爱护兄弟”“吃苦耐劳与热爱农耕”“善于用人和团结各部落”“实行仁政和造福于民”①等。在《帝舜“明德”五说》一文中，他又将舜之德概括为“勤劳勇敢”“仁慈孝义”“勤政爱民”“教化万民”“德法并行”②等五个方面。在《帝舜何以葬在湖南》一文中，他认为“实际上舜帝无陵，是以山脉为陵”。由于在永州市西黄山铺发现宗教纪念物石棚属于东夷风俗，而玉琯岩出土的玉琯箫又可能是舜的遗物，由此证明舜帝南巡和死后葬九疑是可能和可信的。所以，舜陵应该是“我国国家形成阶段的第一个帝陵”③，地位重要，值得珍视。

六、黄崇岳、刘兴林、钱宗范、王汉昌、杨安平、殷伟仁、侯玉臣、唐冶泽的尧舜观

黄崇岳在《虞代与龙山文化》一文中，认定“中国夏代以前，有一个虞代，夏代和虞代是一脉相承朝代，古史向来按尧舜禹顺序排列，说明禹所开创的夏代是以尧舜为首的虞代的继承和发展”。而虞代从存在的时间上看，恰与考古学上的龙山文化相对应。他进而认为，文献记载舜一支曾多次迁徙，“舜是有虞氏中最著名的一位首领，舜以后建立了王朝，人们就把有虞氏许多活动集中于他的一身，甚至带上神话色彩。有虞氏的这种迁徙过程，从一个侧面反映了黄炎族与东夷族的融合过程……华夏族就是由原黄帝、炎帝部族与东夷族融合而成的”④。

刘兴林（1963～），现任南京大学历史系教授、博士生导师，从事“战国秦汉考古”“中国古代钱币”“先秦两汉农业考古研究”和“战国秦汉考专题”的教学和研究，结合教学工作，主要从事战国秦汉考古和先秦两汉时期的农业、纺织和钱币等专题研究。兼任国家文物局考古领队、江苏省考古学会理事、中国农业历史学会理事、江苏省农史研究会常务理事、江苏省甲骨文学会副会长、江苏省钱币学会理事、江苏省社科联理事。主要著作有《长江丝绸文化》《史前农业探研》，合著《甲骨文与南京》《中国考古通论》等。在《尧舜“禅让”与对偶婚的演变》一文中，他认为“传说中的尧舜时代尚处于”但知其母，不知其父“的母系社会……中国的原始社会，自尧舜以

①③　九嶷山舜文化研究会编：《舜德千秋》，海南出版社2001年版。

②　九嶷山舜文化研究会编：《德治理念》，人民日报出版社2001年版。

④　黄崇岳：《虞代与龙山文化》，《中原文物》1987年第2期。

后,至禹即已过渡到父系时代。故我们有理由断定,尧舜"禅让"一事发生于母系时代的末期"。对于《史记·五帝本纪》与《竹书纪年》记载"禅让"问题的差异,作者给出这样的解释:

当尧之时,母系继承制尚未解体,一切反传统的行为极易招致社会各方面的对抗,尧传子与丹朱继父的动机可能早已被舜觉察,在舜本人还没有涉及自己子女继承权的问题时,未能设身处地面对这一变革,为了不使尧的传子阴谋得逞,借故反叛也是情理中的事。记载中的禹舜之争也是舜尧之争的重演。

通过考察,我们认为所谓传贤、禅让已非尧舜之本意,丹朱、商均不能继父而立并不是不贤、不肖的缘故,禹传子也非德衰的表征,而是历史的必然。尧舜禅让既发生于对偶婚从妻居到从夫居的转变时期,其传位就不免有着新旧两重色彩,表现为传"贤"习俗开始动摇,传子制又尚未得到社会广泛认可的种种矛盾。自然,在继承制度的复杂变革中,权力的更替也不排除诉诸武力的可能,这使我们进一步认识到禹时期父权制的确立不是突然发生的,它经历了由对偶婚从妻居到对偶婚从夫居转变的曲折过程。只有把尧舜"禅让"放在这一转变的特定时期,才能对其禅让本义以及母系社会末期知母又知父等相关问题得出合乎历史发展规律的认识。①

作者从母系氏族社会向父系氏族社会过渡的角度认识禅让与篡夺问题,似乎比单纯论述禅让有无更能说明问题,因而是比较深刻的。

钱宗范(1937~),广西师范大学历史系教授,主要著作有《周代宗法制研究》《康乾盛世三皇帝》《中国民族政策史鉴》等。在《试论大舜籍贯及大舜文化与东夷文化、仁学思想的关系》一文中,他认为"大舜为东夷之人无可争辩","孔子倡导的仁学思想源于大舜和东夷文化"②。在《试论舜帝统治时期我国早期国家的形成及其基本特色》一文中,他认为舜帝统治时期我国国家统治机构已经形成,因为已经有了军队、刑法、官职和贡赋制度。进而认为舜帝统治时期我国早期国家的基本特色:一是"部落宗族的征服殖民是形成统治阶级和国家级机构的主要途径";二是"宗法性的等级隶属的专制统治";三是"原始民主制与帝王专制制的并存";四是"暴力统治与

① 刘兴林:《尧舜"禅让"与对偶婚的演变》,《东岳论丛》1992 年第 4 期。

② 钱宗范:《试论大舜籍贯及大舜文化与东夷文化、仁学思想的关系》,《超然台》2009 年第 4 期。

德化怀柔两种统治方法并存”。[①] 他显然是扣紧了尧舜作为早期国家时代的特征进行论述的。

王汉昌在《禅让制研究》一文中，对学术界给禅让制的诠释提出疑义：“对禅让制的一种最新也是最古老的解释，是把它说成选贤让位制度，认为尧舜的品德高尚得不得了，他们选贤让位的做法为历代选官和我们今天选拔干部树立了榜样。”这种把禅让简单解释成“让位”的意思是不准确的。他认为，尧舜禹的所谓禅让已经破坏了原始社会选取部落联盟首领“一致同意”的基本原则，个人权力开始膨胀，舜当部落联盟首长时，四岳作用下降，在决定九人的职务时，他只就禹、垂、益、伯夷四人征求四岳的意见，而其他五人弃、契、皋陶、夔、龙的职务都是他一人决定的。“帝舜荐禹于天为嗣”就是“自己说了算”。因而对禅让应该有新的认识：

> 这就是说，个人权力开始出现了，部落联盟酋长开始有了一些特殊的地位，并依仗这些特殊地位来扩充自己的势力，四岳的销声匿迹，说明尧舜禹时代的原始民主选举制，正在跨越“一致同意”的原则，说明到了那个时代，“我们就走到文明时代的门槛了”。[②]

杨安平在《关于尧舜禹“禅让”制传说的探讨》一文，认为尧舜禹时代根本就不存在“禅让”，实际是“氏族公社早期的民主制度由于‘时间错位’被错误的放到了尧、舜、禹时代”：

> 尧、舜、禹三位部落联盟盟主次序相接，这期间中原各部落主要以联盟形式共同对付南方三苗势力，中原基本没有发生黄帝、炎帝、蚩尤时期那种大规模的战争，同时，水患促进了各部族的“团结”，所以，早在炎、黄时代已不复存在的所谓“禅让”制，在后人的传说中被安放在尧、舜、禹时代就成为很自然的事了。儒家正是在这样的传说基础上把尧、舜、禹“禅让”说加以肯定化、制度化及经典化的。[③]

这种观点似也言之成理。

殷伟仁(1960~)，苏州科技学院教授。在《黄河流域古代国家形成的过程与特点》一文中，他认定：“虞舜正处于禅让制度消亡和世袭制度确立之际，他依靠实力因尧称尊，‘以有天下’，使传统的‘禅让’名存实亡；从禅

---

① 参见钱宗范：《试论舜帝统治时期我国早期国家的形成及其基本特色》，山东大舜文化研究会编：《第三届中国大舜文化研讨会论文集》，2011 年。

② 王汉昌：《禅让制研究》，《北京大学学报》(哲学社会科学版)1987 年第 6 期。

③ 杨安平：《关于尧舜禹“禅让”制传说的探讨》，《中国史研究》1990 年第 4 期。

让到世袭，历来被视为中国国家起源的重要标志之一。”他比较尧与舜从“治天事”到“治人事”的转变，认为这反映了舜时期“国家职能的出现”：

唐尧以前的“治天事”，反映了人们在共同利害关系下，一起同自然作斗争；虞舜开始的“分命九官”“治民事”，反映了少数人对大多数“民”的治理或管理。这一点，反映了国家职能的出现。①

这种观察的角度显然也有一定道理，作为一种学术观点也有存在价值。

侯玉臣在《古代中国由氏族社会向国家的过渡——试析尧舜禹的“禅让”》一文中，认为尧舜禹的“禅让”仅是“权力交接的一种特殊方式”，标志着“由祖先崇拜向‘天命’理论的过渡”：

从严格的意义上讲，黄帝以来的时代，已不存在原始氏族社会的“民主选举制”，而只能看作“掠夺战争加强了最高军事首长以及下级军事首长的权力习惯地由同一家庭选出他们的后继者”这种向世袭制过渡阶段的传位方式。尧与舜的“禅让”则是在部落联盟出现政治危机的情况下，部落首领与帝尧争夺帝位的复杂政治斗争中，权力交接的一种特殊方式。也可以说明是由祖先崇拜向“天命”理论的过渡。……帝舜在鬼神信仰的基础上创造了最早的“天命”理论，使古代社会的祖先崇拜观念之外，又多出了一个代表最高统治者统治天下的思想理论：“受命于天。”由此，就形成了沿袭几千年的王权政治理论。②

这里作者最早指出舜是“天命理论”的创造者，是值得肯定的，因为尧舜时代还是人神相混，不可能产生无神论。

唐冶泽（1953～），四川乐山人，现为重庆中国三峡博物馆研究员、《长江文明》编辑部主任、馆学术委员会委员兼办公室主任，重庆师范大学客座教授，重庆师范大学博物馆特约研究员，重庆巴文化研究会秘书长。主要著作有《甲骨文字趣释》《重庆老城门》等，发表了《欲与洪秀全“平分地土”之“洋鬼”考》《周原新出甲骨卜辞考释》《重庆三峡库区出土神人手抱鱼带钩考》等30多篇论文。在《略论禅让制的性质》一文中提出，禅让制度绝对不是一种民主制度。他从三个方面论证：

第一，禅让制下存在着由于地位不同而产生的人与人之间在政

---

① 殷伟仁：《黄河流域古代国家形成的过程与特点》，《铁道师院学报》1992年第2期。

② 侯玉臣：《古代中国由氏族社会向国家的过渡——试析尧舜禹的“禅让”》，《甘肃社会科学》1994年第6期。

治、经济上的不平等关系。

第二，更明显的是在部落集团内部，部落与部落之间的关系不是建立在平等基础上的血缘同宗关系，而是建立在武力征服基础上的统治与被统治的关系。

第三，为了维护这样一个庞大集团的内部秩序，必然会产生一个庞大的社会管理机构。……担任公职者已形成一个特权阶层——贵族。官职、刑律和贵族的出现，说明等级分化不仅已经存在，而且阶级斗争也相当激烈了。

他进而特别指出，“最能说明禅让缺乏民主性，不能反映公众意志的事实是帝位的继承方式”：“帝位继承人不是自下而上从选举中产生，而是自上而下由帝个人指定。”“在禅让制下，个人意志起决定作用，公众意志难以得到体现。”他最后的结论是：“禅让制是一种由民主制向君主专制制度过渡的形态，类似于个人独裁制。”①这种独特的视角，另辟蹊径的论述，显然能够引起人们进一步地深入思考。不管其观点是否正确，作为一种学术见解完全具有存在的价值。

七、金景芳、吕文郁、谢宝笙、郭永秉、杜勇、王震中、王钧林的尧舜观

金景芳（1902～1995），吉林大学古籍研究所教授、博士生导师。主要著作有《易通》《春秋释要》《中国奴隶社会的几个问题》《中国奴隶社会史》《古史论集》《金景芳古史论集》等。

吕文郁（1945～），吉林大学古籍研究所教授，主要著作有《周代采邑制度研究》《孔子新传》《春秋战国文化志》等。在他们师生合作撰写的《论尧舜禹时代是由原始社会向国家过渡的中间环节》一文中，认定“尧舜禹时代是由原始社会向国家过渡的中间环节”：

尧舜禹时代的部族联合体是中国在部落联盟之后产生的一种新的社会组织，是中国从原始社会向国家过渡的一个中间环节。部族联合体的组成、管理和领导机构与后世的国家机器相比，尽管还很原始、很简单，但在某些方面已初步具备了国家机器的基本特征，我们称之为准国家或半国家，实质上就是中国的早期国家。②

---

① 唐治泽：《略论禅让制的性质》，《史学月刊》1998年第6期。

② 金景芳、吕文郁：《论尧舜禹时代是由原始社会向国家过渡的中间环节》，《学习与探索》1999年第3期。

吕文郁在《论尧舜禹时代的部族联合体》一文中，重申了他们在上文中的观点。他们的独特之处在于创造了“部族联合体”这个概念。

谢宝笙在《尧舜禅让与五帝文化》一文中，认为“尧、舜历史事迹的重点是在‘禅让制’之上”。在他看来，禅让的实行是特殊历史条件下的特例，不是正常的继承制度：

> 事实上禅让制度并不是传说时代的正常制度，在后代，如春秋之世，并非完全没有类似的禅让事件。五帝时代的王权继承似无定制；黄帝虽未传位其二子昌意和玄嚣，但却传于其孙、昌意之子颛顼。颛顼虽不传位于孙，但传位于族子喾。至于喾，乃传位于子挚，而挚以不善终，才由其弟尧继位。尧之继位，是所谓兄终弟及。直至尧传位给舜，既不传位于子，也不传位于孙，而是传位于原是庶民而后成为摄政的宰辅舜。这才是后世所美谈的禅让制之首次创举。所以传子传孙之世袭制才是五帝时代的正常继承制。在联盟帝位继承之外，还有族内的继承制度，这些制度仍不乏世袭的。所以不应将五帝时代的两次禅让制当作是原始社会酋长制度现象，因而将五帝时代定义为原始社会的末期。……
>
> 禅让制乃是尧首创的，而传子传孙之世袭制才是五帝时代的正常继承制度。尧禅让给舜后，舜又禅让给禹，这是五帝时代最后的一次禅让事件。其后就是禹之子继承禹，开创夏朝，再恢复世袭继承制，不过这次恢复的不是部落联盟的继承制，而是变成朝代的世袭继承制。

在作者看来，所谓禅让在历史上只不过成功地实行了两次，并且还只是在联盟的“帝位”继承中实行，并不是部族内部首领的继承，所以根本不能看成是传说时代或五帝时代的固定制度。禅让制度之所以能够实行，除了与尧、舜、禹三人的个人因素有关外，更是由于当时特殊的形势所促成：

> 禅让事件的关键是在尧传位给舜上。尧传位给舜，其意义除是首创性之外，还包含着将权传给另一部族的性质。……（舜是东夷人）所以舜即位要“之中国”，所以尧让位给舜，实是将权力自“西方”转让给“东方民族”。尧传位给舜大体上是和平进行的，没有东方民族打败西方民族的历史迹象。这可能反映尧、舜、禹时代，因为洪水和治水的大事件，出现了另一次民族大融合。舜“之中国”即位，反映舜从家乡到“中国”——联盟中央政府所在地任职，反映“共识中国”已容纳东夷民族的人，并且让他们的代表人物作“盟主”。如果舜是东夷人，他履天子之职多少体现东方民族的利益。在尧的时代，在民族和平大融合的

> 前提下,也反映东方民族之兴起,其势力在一定的程度上压倒原先占统治地位的"西方民族"。东西民族之势力兴衰交替和洪水成灾、治水的成败有密切关系。①

这种观点前面已有所述及,这里作者的表述更加清晰。作为一种学术观点,是有充分理由存在的。

郭永秉(1980~),上海人。复旦大学出土文献与古文字研究中心教授。有《帝系新研:楚地出土战国文献中的传说时代古帝王系统研究》《古文字与古文献论集》等著作出版。他的《帝系新研》(北京大学出版社2008年版)一书,是21世纪初年出版的一部很有分量的中国上古史研究著作,它充分运用文献、考古资料,特别是近年出土的郭店简、上博简等简、牍、帛书资料,同时检视自古史辨以来的大量研究成果,力图对三代以前的帝系清理出一个新的统绪。同时对古史辨派和以李学勤为代表的"走出疑古时代"的思潮及其研究成果也进行了评判。郭永秉对尧舜禅让传说是这样认识的:

> 尧舜禅让传说是战国以来学者有相当共识的古史传说,不是某一家派为宣扬理论而创造出来的。尧舜二人都属于虞代。尧属陶唐氏,曾为有虞氏诸侯。"陶唐氏"可简称"唐","有虞氏"可简称"虞",合称"唐虞",在战国时代指的就是"尧舜"二人,不能据此认为"唐"是"虞"前的一个朝代。"虞"是"虞、夏、商、周"四代古史系统的第一个朝代。……"虞、夏、商、周"四代系统是战国时代普遍的古史观念,并不是某一家派所创造的。……尧舜传说并非来源于上帝传说的分化,而可能确实反映了一定的历史实际(但其中的故事元素很可能有附会、捏造的成分,比如舜的平民出身)。但是《帝系》所谓尧出自帝喾,在挚之后为帝的说法,和舜先祖穷蝉、敬康、句芒、蟜牛等人的世系,在出土文献中没有找到任何可靠的证明。……这说明从尧舜传说的角度看,大一统帝王世系也应该是晚出的。

由于尧舜传说的内容层累构成,时代愈后内容愈丰富,这种现象现代学者给予多种解释。郭永秉也给出了自己的解释:

> 尧舜二人是春秋战国时代盛传的古之名王,尧舜传说中的相关元素,在我们看来有不少都是时人用生活中的实际情况去想象、发挥甚

① 谢宝笙:《尧舜禅让与五帝文化》,《许昌师专学报》1997年第4期。

至杜撰的。……《史记·五帝本纪》等文献记舜耕、渔、陶等事迹的来源，这是在“德治”背景下的一种附会；而尧舜传说中涉及礼制、风俗的内容同样容易受到文献著作时代的情况潜移默化的影响。墨子和禽滑厘在艰苦环境下“时菜坐之”，谈守城备梯之法，是老师和弟子之间的谈话；尧和舜则是时王和继任者之间的关系，虽然他们所谈的礼、乐、政、天地人民之道，相比守城备梯而言要“形而上”得多，但“草茅而坐”的谈话，则必须与春秋战国时代的习俗合拍，“芰芥而坐”的情节就是这样产生的。这是不是为了让邈远的尧舜传说对春秋战国时代的读者也能产生一种历历在目的现场感受呢？①

这种解释基本上属于“合理推断”，究竟这种推断在多大程度上接近历史真实还是不易确定的。

杜勇（1956～），四川旺苍人。现为天津师范大学历史文化学院教授、博士生导师，兼任中国先秦史学会副会长。主要著作有《〈尚书〉周初八诰研究》、《金文断代方法探微》（合著）、《中国早期国家的形成与国家结构》、《金文史话》（合著）等。在《从陶寺文化看尧舜部落联合体的性质》一文中，认为陶寺文化遗存特别丰富，它是尧都的展示，因而对研究尧舜时期的文明程度和国家性质具有很高的价值：“从陶寺文化的发展程度看，古文明因素是相当明显的。社会的分层，阶等的区分，权力中心的出现，都意味着尧舜部落联合体已不再适合用部落联盟来描述。”对于“近年来人们比较多地引用有关酋邦的人类学理论来说明尧舜时代的前国家形态”，他认为也不尽合适。在对陶寺文化遗存作了全面系统的分析之后，作者认定用“贵族国家联盟”这一概念可能更接近其实质：

贵族国家联盟处于向统一的中央集权的贵族国家过渡阶段，还不是真正意义上的贵族国家。这种联合体有两个显著的特点，一是内部小邦林立，各为相对独立的政治实体，构成一个个贵族统治单元；二是其最高首领虽有支配天下万国的某些特殊权力，但自身宗主国的地位并不稳固。

尧舜时代的国家形态比较接近这些特点。而从陶寺遗址的墓葬分析，“似乎最高首领并不是禅让而是世袭”，“所谓尧舜禅让很可能是舜部落用暴力取代尧部落成为联合体宗主国过程的一种粉饰性传说”。最后，作者

① 郭永秉：《帝系新研——楚地出土战国文献中的传说时代古帝王系统研究》，北京大学出版社2008年版。

对尧舜部落联合体的性质作了这样的结论：

> 尧舜部落联合体并非血缘团体，而是高度政治化的带有中央集权性质的暴力组织。其内部有一个宗主国凌驾于众多部落国之上，其首领作为天下共主主宰着联合体的重大事务，享有支配其他部落国的某些特殊权力。尽管联合体中的宗主国还缺乏稳定性，但一个高高在上的政治权力中心无疑是始终存在的。这样的联合体既不是带有平等色彩的部落联盟，也不是由血缘亲属关系决定其社会阶等的酋邦，而是正在形成中的贵族国家，我们称之为贵族国家联盟。①

"贵族国家联盟"是否就是对尧舜联合体的科学抽象，似乎还大有商量的余地。不过提出此一概念并进行充分的论证，对于引导问题的讨论深入发展肯定是有益的。

王震中（1957～），中国社会科学院历史所研究员，主要著作有《中国文明起源的比较研究》《性崇拜——一种宗教民俗现象》等。在《大舜文化与中华早期文明》一文中，他考定"大舜文化的发祥地在诸城"，后来逐步迁徙到中原和南方地区。而"尧舜禹禅让实为邦国联盟盟主转换说"。他认为邦国联盟已经高于部落联盟，是"早期国家"：

> 用……早期国家两项显著特征——强制性的权力与社会分层的政治结构——来衡量"族邦"社会，我们认为尧舜禹时期的"族邦"就是初始国家或者说是早期国家，也就是最初的"邦国"，由此，尧舜禹部落之间的结盟也属于邦国结盟，而不属于所谓的"部落联盟"，尧、舜、禹首先是本邦即本国的邦君，也都曾担任过邦国联盟的"盟主"，亦即"霸主"，夏商周三代王朝之王的"天下共主"地位，就是由尧舜禹时期邦国"盟主"或"霸主"转化而来。②

这种观点当然可备学术上之一说。

王钧林（1956～），山东师范大学齐鲁文化研究院研究员，曾任《孔子研究》主编、《海岱学刊》主编，长期从事中国古代史、思想史的研究，主要著作有《中国儒学史·先秦卷》《山东通史·先秦卷》等。他在《舜与虞朝的建立》一文中，力主舜建立了虞朝，是夏朝之前的一代王朝。他认为，"国家的产生与发展演变，经历了城邦—方国—帝国三个阶段"，而虞朝就是接近帝国的一代王朝，因为舜的行政措施远远超过尧的时代，主要表

---

① 杜勇：《从陶寺文化看尧舜部落联合体的性质》，《中华文化论坛》2009 年第 3 期。

② 王震中：《大舜文化与中华早期文明》，《超然台》2010 年第 1 期。

现在：

首先，舜加强了夷夏方国联盟的管理，赏罚分明而能服众。

其次，舜加强了夷夏方国联盟政权建设，设官分职，并将其与虞国政权合而为一。

第三，舜加强了有虞一朝的制度建设，如祭祀、礼乐、刑法政区建设等。

所以结论是：

舜的历史创造性事业远远大于尧，所以舜开辟了新的时代：将虞从一个方国扩大为泱泱大国："方五千里，至于荒服。……四海之内，咸戴帝舜之功。……天下明德皆自虞帝始。"这样一个大国，自然与夏、商、周一样，在地域上占居天下的中心，在政权性质上属于一族一姓之兴，在持续时间上有始有终，构成了与他族他姓政权有区别的完整的一代，因此，很自然的，虞被视为我国历史上第一个独立的统一王朝。①

这种观点已经有不少人述及，在很大程度上接近于相当多学者的共识了。

八、李德勋、张盈、周九疑、翟满桂、马士远、曹松罗、孔祥龙的尧舜观

李德勋在《舜文化初探》一文中，着重从伦理道德方面探索舜文化的内涵和意义。他认为舜文化是"道德文化的集合体"，其中包括伦理道德、社会道德、职业道德和政治道德，由于它"基本上构成了完整的道德文化体系"，从而成为中国的"道德文化之源"：

舜文化产生于原始社会晚期……是具有原始共产主义思想的、朴实的道德文化，也是中国道德文化之源……孔孟之道，实际上是舜道德文化的继承与发展。在孔子及诸子百家的著述中，论及道德，很多都是以舜帝的行为为论据的。这充分证明了舜文化是道德文化之源。②

这一观点也已有许多学者论及，看来舜在中国古代道德文化发展史上的地位和作用已经被学术界肯定并形成共识。

张盈在《唐虞之道如何可能》一文中，认为郭店楚简《唐虞之道》是论述最高统治权传承中"禅让说"的最早的文献，它从"人伦实践层面"和"德性

① 山东省大舜文化研究会编：《第三届中国大舜文化研讨会论文集》，2011 年。

② 李德勋：《舜文化初探》，《湖南社会科学》1998 年第 5 期。

层面”上论证了“禅让”的理论通道：

> 既然在“禅而不传”的“上德受贤”、贤贤相授的交接链条中已强调了每一环的接受者双方的德行及德性，就可以通过“德行”把“爱亲”原则与“尊贤”原则统一起来，而不是失之偏颇，“爱亲忘贤，仁而未义也。尊贤遗亲，义而未仁也”。从德行的角度看，爱亲与尊贤仍是有分隔的，它们的内在统一性只有在生命态度以及爱与尊的德性精神上才能实现，乃至完全相同。“德”正是打破爱亲与尊贤的隔阂，使之统一起来的根本东西，德性的沟通与相融是爱亲与尊贤相统一成为可能的基础。……
>
> 总之，唐虞之道是以“德”为本，以德相传、上德授贤的贤人政治，“仁”“圣”二德和“利天下而弗利”是其重要的、也是必要的条件。①

应该承认，张盈对《唐虞之道》在禅让问题上的开掘和研究是相当深入的。

周九疑在《试论舜文化的凝聚力》一文中，论述了舜的道德文化在家庭群体、社会群体和民族群体方面所具有的永恒的凝聚力，认为这些凝聚力正是当前我国伦理文化建设所必须，因而具有重要的现实意义。②

翟满桂（1956～），湖南科技学院科研处处长、中国柳宗元研究会副会长、湖南省古代文学学会常务理事。出版专著《中国浪漫主义文学史》《诗词曲散论》《一代宗师柳宗元》等。他和蔡自新在《舜文化是中华民族道德文化之源》一文中，认为舜的道德文化具有丰富的内涵，主要体现在：

> （一）持家在德。舜尊重家庭，孝顺友悌，身体力行，德行于世。
>
> （二）为人在德。舜修身为本，待人诚实，乐于助人，踏实做人。
>
> （三）治政在德。舜实施善举，推行五教，擢贤任能，用人唯绩，心怀天下。③

进而认定，作为一种道德资源，对于构建“全球伦理”有着重要的资鉴作用。

马士远（1970～），曲阜师范大学文学院儒家文学研究所、孔子研究所教授，圣地非物质文化研究中心副主任，山东省儒学研究基地儒家文献研究方向负责人。主要著作有《两汉尚书学研究》等。在《〈尚书·虞书〉“克谐”思想摭谈》一文中，认定《尚书·虞书》中包含了八种“克谐”理念，这就是“同构互赢”的和谐自然观、“舍己从人”的和谐治事观、“慎乃在位”的

---

① 张盈：《唐虞之道如何可能》，《中国哲学史研究》2001 年第 3 期。

② 参见九嶷山舜文化研究会编：《舜德千秋》，海南出版社 2001 年版。

③ 翟满桂、蔡自新：《德治理念》，人民日报出版社 2001 年版。

“克谐”用人观、“明试以功”的考绩观、“惟刑之恤”的刑罚观、宽爱礼让的人际观、“八音克谐”的文教观、“怀德柔远”的民族观等。认为这些思想资源对于建设当今和谐社会具有重要资鉴意义。①

曹松罗在《〈舜典〉用五及其文化区域》一文中，对《舜典》中的“用五”现象从文化心理的角度进行了探索，认为当时“处在向文明过渡的方国联盟时代……空间范围……在海岱东夷地区”。其基本论点是：

> 五典、五瑞、五祭、五刑等涉及当时社会的伦理、礼制、宗教、政治、哲学、刑法等多个方面，至少在社会上层，对内而言，其家族成员是五分的，其行为要符合五礼。如果把五等身份视为对于社会成员奖赏的话，那五刑五流则是对其五等处罚的规定。哲学在当时还处于萌芽状态，但五方、五祭场所及五流范围的规定，说明空间是五分的；就时间观而言，联盟集团大祭的月份是五分的，分别是一月、二月、五月、八月和十一月，大祭也是五年为一周期的，最后，连舜平生最重大的政治活动也是五的倍数，“舜生三十征庸（用），三十在位，五十载陟方而死”。用五分类、举数为五自然而然地就会导致人们以五行事：敷布五教、颁还五玉、行用五礼、五行、五流、五宅，特定月份五方大祭……于是乎我们的祖先就把自己对事物的认识、分类，把自己的社会活动、宗教信仰与数字五联系起来，五成了人类划分事物的一种标准思想模式，成了人类安排其重要行为（尤其包括宗教、政治活动）的一个固定周期、一个重要原则。换句话说，好像用五去思维才是合理的，用五去行动才会带来成功！于是乎一个对数字五的崇拜就自然而然地产生了。可见《舜典》用五的记录绝非用词的巧合或当时孤立的社会现象，而应是当时社会存在的一种文化心理和行为习惯的反映。②

这种认识应该是很有道理的。因为反复出现的数字背后一定隐藏着某种寓意，至少蕴含着人们对未来吉利的预期。这种认识对于探求舜时期人们的文化心理和行为习惯显然是有积极意义的。

孔祥龙（1988～），山东曲阜人，在曲阜师范大学工作，发表了《子思哲学思想研究》《贡赋制度与虞朝的建立》《章学诚谱牒入志思想浅析》等论文。在《虞舜“允执其中”论》一文中认为，“‘允执其中’的思想虽然发端于尧帝，但真正能按照‘允执其中’的原则躬行实践，并将其内涵丰富完善的，

① 马士远：《〈尚书·虞书〉“克谐”思想摭谈》，《社会科学家》2005年第4期。

② 曹松罗：《〈舜典〉用五及其文化区域》，《扬州教育学院学报》2007年第4期。

则是被孔子称赞为‘其大知也与’,能‘隐恶而扬善,执其两端,用其中于民’的舜帝。舜帝一生躬行‘允执其中’之道,司马迁在《史记》中称之为‘天下明德皆自虞帝始’”。进而作者将“允执其中”分解为本体之“中”、中和之“中”、中正之“中”和“时中”四个方面加以诠释。他认为,本体之“中”“不仅指心之主体,更是心之主体所秉持的最后标准,即‘道’‘天道’”。中和之“中”主要体现在两个方面:“首先,人与人之间的和谐。……第二,人与自然、天地间的和谐。”中正之“中”的原则是“用其中于民”,突出表现在两个方面:

> 其一是正名目。所谓正名目,是指按照名实相符的原则制定事事物物的名称,以及相应的典章制度,用以作为施政的依据。……
>
> 其二是处理任何事务,既能恪守中正原则,不偏不倚;又能坚持公正原则,无党无偏。中正原则,是指在左与右、过与不及之间,不偏不倚,坚持中道立场,这就是孔子所赞扬的“执其两端,用其中于民”。

对于“时中”的解释,作者也分成两个方面:

> 一个重要含义是“使民以时”,也就是遵守天时,能够按时间、时令做事。遵守天时的最重要的要求,就是守农时。……
>
> “时中”的另一个重要含义,是在动态中坚守中正,也就是无论在什么情况下,包括顺境、逆境,都能够时时、处处秉持中正……

最后,作者总结认为,“所谓‘允执其中’,是指道德和政治实践的主体之心依循天道,通过时时处处不懈到秉持中正之道,以达至中和之境的过程,它既是政治范畴,也是道德范畴,是尧、舜、禹、汤、文、武、周公共同发明的‘道统’的一以贯之的核心范畴”①。如此深入的理解,在学术上给人以耳目一新之概,自然可备一说。

九、王和、葛志毅、雷运福、刘清平、薛丽珍、贺福安、刘玉娥、楚刃的尧舜观

王和(1953～),《历史研究》杂志社编审。在《尧舜禹时代再认识——关于中国国家起源问题的几点思考》一文中,他将尧舜所处的五帝时期定位为“躁动于酋邦母体中的文明时代”,并将这一时代的基本特征作了这样的概括:

---

① 山东大舜文化研究会编:《第三届中国大舜文化研讨会论文集》,2011年。

> 首先,就相对发达的黄河流域中游地区来说,具有一定规模、由来源于不同族姓的强大部族共同组成的、属于酋邦性质的部落联合体不但久已出现,而且其内部的运行机制已经相对稳定。这种运行机制的相对稳定主要表现于这些势力强大的部族之间不再动辄以激烈的外部冲突的形式(例如发动大规模战争)来争夺酋长的最高领导权,而是已经具有和能够运用相当成熟高明的政治智慧,提高相对和平的方式达到必要的妥协,以完成最高领导权的交接的嬗替。……
>
> 其次,从唐尧到虞舜再到夏禹的领导权交接,我们都不应看作个人之间的权力转移,而应视作是部族定位变更的反映。……
>
> 所以,尧、舜之所以被舜、禹所取代,并不在于当时尚未出现部落联合体最高首领的世袭制,而是由于陶唐氏部族和有虞氏部族在经过一段时期的统治以后,其力量已经逐渐衰弱,被后起的有虞氏和有夏氏部落赶上或超过,从而不得不让出部落联合体的最高领导权。故而尧舜禹之间的斗争并不如许多学者所分析的那样,是新的王权和旧的氏族制度的斗争。

作者依据以上的判断,认定"以部落联合体的最高首领是否世袭作为判断我国上古社会由前国家时期进入国家时期的分野,并不恰当",因为"首领世袭制度必须与其他因素结合在一起,才能成为正确判定前国家时期与国家时期分野的标志"。由此出发,他"认为把尧舜时代看作是酋邦社会的末期,是由前国家形态向国家形态过渡的阶段。不仅如此……不但是尧舜时代,甚至包括禹、启乃至启的儿子太康时代,仍然属于由前国家形态向国家形态过渡的阶段"。① 这样的认定虽然有点低估中国文明的发展进程,但在学术上还是"言之成理,持之有故"的。

葛志毅(1947 ~),大连大学教授,主要著作有《周代分封制度研究》等。在《论尧舜时代与国家》一文中。他认定"孔孟所传尧舜古史应该是不容置疑的",当时中国已经进入"文明初始阶段"的酋邦时代:

> 在孔孟的传述中,尧舜是中国古代圣君的楷模,其时代是中国古代国家文明的初始阶段。……尧舜所创各种制度不仅使当时初步确立了国家的性质,而且又多为是后的三代国家所继承和发展。只是尧舜国家尚未十分成熟,仍带有很大过渡性质。……称尧舜为酋邦也许

---

① 王和:《尧舜禹时代再认识——关于中国国家起源问题的几点思考》,《史学理论研究》2000 年第 3 期。

更为合适。①

这一观点已为当代不少学者论及，作者论述的特点在于肯定孔孟所传尧舜事迹为信史，并据此立论。

雷运福在《舜文化富含科学管理思想》一文中，认为“在舜文化产生的同时科学管理基本职能的思想也初步形成”，既而认定，“以德化人是科学管理的一种领导方法”，“举贤任能是科学管理的用人原则”，“‘车服以庸’是科学管理的激励原则”，“‘三载考绩’是科学管理中的控制措施”，“设置政事部门和十二州是为了充分发挥其组织职能作用”，“流放凶族奸臣，是排除干扰、确保计划与决策实施的重要措施”。② 这样归纳舜的管理思想是否准确，是否具有拔高之嫌，都是应该进一步讨论的问题。

刘清平（1956～），复旦大学社会科学高等研究院教授。已出版学术论著、译著6部，发表论文120多篇。在《美德还是腐败——析〈孟子〉中有关舜的两个案例》一文中，对以下两个案例进行分析：

> 桃应问曰：“舜为天子，皋陶为士，瞽瞍杀人，则如之何？”孟子曰：“执之而已矣。”“然则舜不禁与？”曰：“夫舜安得而禁之？夫有所受之也。”“然则舜如之何？”曰：“舜视弃天下犹弃敝屣也，窃负而逃，遵海滨而处，终身䜣然，乐而忘天下。”（《孟子·尽心上》）
>
> 万章曰：“舜流共工于幽州，放驩兜于崇山，杀三苗于三危，殛鲧于羽山，四罪而天下咸服，诛不仁也。象至不仁，封之有庳。有庳之人奚罪焉？仁人固如是乎？在他人则诛之，在弟则封之。”孟子曰：“仁人之于弟也，不藏怒焉，不宿怨焉，亲爱之而已矣。亲之欲其贵也，爱之欲其富也。封之有庳，富贵之也。身为天子，弟为匹夫，可谓亲爱之乎？”（《孟子·万章上》）

刘清平根据这两个案例，得出的结论是“孟子肯定的舜的举动，都是典型的腐败行为”，而孟子之所以如此明目张胆地肯定腐败，根源于“孔孟儒学始终坚持的‘血缘情理’精神”。这种精神就是“情大于理”“情大于法”的观念，儒家将这种观念推到“至高无上”的地位，这就使儒家在腐败问题上处于一种矛盾惶遽状态：

> 儒家的这种根本精神一旦贯彻到底，人的个体性存在和社会性存在就必然会受到至高无上的血亲团体性存在的挤压，在出现冲突的情

---

① 葛志毅：《论尧舜时代与国家》，《管子学刊》2000年第4期。

② 九嶷山舜文化研究会编：《舜德千秋》，海南出版社2001年版。

况下甚至还会受到后者的根本否定,以致人的整体性存在最终被归结为血亲团体性存在。

不可否认,儒家的一些观念,尤其是它对见利忘义的严厉批判,的确可以在某些方面为我们提供反对腐败的思想资源。然而,同样不可否认的是,对于现实生活中某些屡见不鲜的腐败现象的滋生蔓延,儒家的血亲情理也应该说是难辞其咎,无法推卸它所承担的那一部分责任。①

与刘清平持相同意见的还有周甲辰,他在《舜封象弟论》一文中支持了刘清平的观点,认定舜之封弟是“违反法制”的腐败,其负面影响是“腐蚀了人际关系”,“污染了官场风气”,“养育了依赖性人格”②,这显然是儒家的局限。所以,刘清平对于孟子的“血缘情理”精神作出的推论,并非没有道理。晁福林则提出不同意见:

孟子对于舜的两个事例阐述并没有歌颂腐败,或者说是把腐败当美德来赞美,而只是在为儒家的孝悌伦理寻找历史的证据,寻找“圣贤”贯彻孝悌原则的事例。孟子的相关认识与分析不仅合乎情理,而且接近历史实际。③

与晁福林意见相接近的是薛丽珍的观点,她在《舜文化对中国古代法律的影响》一文中,认为“窃负而逃”是“亲亲相隐”观念的来源,其法律价值还是有值得肯定的地方:

首先,它符合人类本性的需求,是法律人性化的体现。

人类社会最基本的组成单位是家庭,家庭成员之间的爱是家庭得以维持与延续的基本要素,亲属之爱是人类感情联系的基础,是一切爱的出发点。……舜之“窃负而逃”是一种对父亲的爱,是人类本性的直接体现,即便是这种行为与国家大义相矛盾,在亲情与国家大义面前的选择前者为后人所推崇。

其次,它契合了为政治国者的需要,实现法律效益的最大化。中国的政教俱以伦常为本,所以政治与家族的关系密切无比,为政者以政治力量来提倡伦常,奖励孝节,是人们所熟知的。正所谓以家为国,

---

① 刘清平:《美德还是腐败——析〈孟子〉中有关舜的两个案例》,《哲学研究》2002 年第 2 期。

② 周甲辰:《舜封象弟论》,《零陵学院学报》2004 年第 6 期。

③ 晁福林:《试谈历史认识论的一个问题》,《史学理论研究》2003 年第 4 期。

以国为家，家国一体，国家是宗法家庭的扩大，皇帝上为天子，下为黎庶父母，家治父权，国治君权互为表里。舜之"窃负而逃"所蕴含的容隐观，其实就是孝。①

其实，刘清平与晁福林、薛丽珍论述的问题基本上不是舜本身的问题，而是儒家伦理的问题。应该承认，儒家的政治观点和伦理思想的基本面具有强烈的反腐败意识，但其中的"亲亲相隐"的理念并非十全十美，而是带有明显的时代局限，孟子对两件事的论述正是他局限的反映。可以理解，却没有必要过度为之辩护。

贺福安（1956～），湖南人，中南大学政治学院教授。在《论舜文化中的行政伦理思想》一文中，将舜的行政伦理归结为勤政服务、敬德慎罚和上下相谐三个方面，认为这些原则对"今天中国的行政管理改革和行政管理伦理的建构不乏启示意义"②。

刘玉娥（1955～），河南舞钢人，郑州学院教授、中原文化研究所所长。主要著作有《曹操传》《廖仲恺》《晁错传》等。在《论尧舜治国方略及其历史贡献》一文中，她将尧舜的治国方略归纳为：以德治国，恩威并施；分工明确，各司其职；单均刑法，有法必依。将其贡献归纳为：观察天象，制定历法；治理洪水，造福百姓；协和万邦，精神永存。③

楚刃在《虞舜用人在历史上的开创》一文中，将虞舜用人归纳为举贤任能、秉公用人、注重德教、建章立制四个方面。④

十、杨永俊、李仲立、陈新、张广志、曹定云、许兆昌的尧舜观

杨永俊（1966～），江西万载人，历史学博士，宜春学院文学与新闻传播学院教授、副院长，赣西历史文化研究所所长。在《论尧舜禹禅让的政治原则与历史形态》一文中，对尧舜禹禅让提出三点质疑：一是禅让时间无法界定，如果舜、禹的所谓禅让是在尧、舜死后进行，是否还叫"禅让"？二是尧舜禹禅让没有改正朔、易服色，似内禅；而他们又是异姓相继，似外禅。三是在禅让对象的选择上有很大的随意性。最后，作者得出这样的结论：

尧舜禹时代的民主选举制是一种正处于嬗变之中的原始部落民

① 薛丽珍：《舜文化对中国古代法律的影响》，《沧桑》2008 年第 4 期。

② 贺福安：《论舜文化中的行政伦理思想》，《湘潭大学学报》2003 年第 4 期。

③ 参见刘玉娥：《论尧舜治国方略及其历史贡献》，《洛阳大学学报》2005 年第 1 期。

④ 参见中国先秦史学会等编：《虞舜文化研究集》，山西古籍出版社 2005 年版。

主选举制度(即原始禅让政治)的晚期形态。贤能与否往往建立在人们很主观的判断上,民心向背又完全可以被私属的政治势力所左右,在这种政治势力操纵下的民主选举难免不流于形式。……尧舜禹时代的民主选举制度正在向世袭继承制度方式逆转。所谓的尧舜禹禅让其实是原始部落民主选举制度的一种晚期形态。舜囚禁尧帝,禹逼死虞舜、启诛杀后益,所有这些佚史中的传说都折射出了尧舜禹禅让政治已着上了较多的篡逆色彩。

不过,杨永俊认为尧舜禹禅让政治对后世仍不乏积极影响,"尧舜禹禅让政治所遵循的、并为后世儒家归纳为'选贤与能'与'得民心者得天下'的基本原则奠定了中国封建社会皇权专制制度下的禅让政治的基本原则"①。如此认识还是比较深刻的。

李仲立(1936~),甘肃庆阳学院教授,主要著作有《陇东老区教育史》《王符〈潜夫论〉译注》等。在《"禅让制"是邦国式国家承传的一种形式》一文中,他认为禅让制是五帝时代帝位的一种承传方式,它是在姬姓一家中传递的,而这种制度之所以长期存在,是因为"德治"的路线左右了当时的政治运作:

德治是五帝时代邦国制国家实施的根本的治国路线,是制定各项政策、制度的总依据。"德治"的要害和核心是以德选人,以德居住,而"禅让制"是实施"德治"的必然要求,也是"德治"的外部表现形式。

虽然这种"禅让制"的承传是在以黄帝为代表的姬姓大家族内进行,反映了家庭公社组织还比较顽强存在的事实,但不能因此而否定邦国式国家之存在,更不能否认"禅让制"是邦国式国家承传的一种形式,而把它说成是原始社会末期部落联盟的军事民主制。②

此一结论的一个前提是不存在的:禅让并不是在一姓中进行,司马迁把五帝统统归为姬姓是在大一统观念指导下的强行归并,是显而易见的失误。作者将司马迁的失误作为正确前提立论恐怕是难以成立的。

陈新在《尧舜时代禅让钱说》一文中认为"尧舜时代的社会形态仍然是氏族社会","形成尧舜时代禅让机制的思想文化基础,是国家文明出现前的原始民主与公仆意识的结合"。他引述上博简《唐虞之道》的"唐虞之道,

① 杨永俊:《论尧舜禹禅让的政治原则与历史形态》,《信阳师范学院学报》2005年第4期。

② 中国先秦史学会等编:《虞舜文化研究集》,山西古籍出版社2005年版。

禅而不传,尧舜之王,利天下而不利(己)也”,传达的是儒家的基本理念:尊贤、尚德,“就是尊重和关爱社会,即利天下而不利己。尧舜时代实行的是公仆政治,以利天下作为‘圣权’的目的,是禅让的基本文化内涵”。而正是禅让的理念,孕育了孔子的大同思想,其积极意义应该充分肯定。[①] 如此评价禅让是否有拔高和理想化之嫌?值得思考。

张广志(1937~),曾任青海师范大学校长、教授,主要著作有《奴隶社会并非人类历史发展必经阶段研究》等。在《尧舜禅让之再认识》一文中,他认为,“在尧、舜时代,在最高权力的传承、转移上,既存在所谓的‘禅让’,也存在‘篡夺’;前者是形式上的,逐渐削弱的,后者是实质性的,逐渐强化的;启承禹后,后者才从形式到内容上全盘取代了前者”。他特别指出,尧、舜的所谓“让贤”,完全是自己说了算,这“标志着到了尧、舜、禹时代,中国原始社会已进入了它的晚期,正迅速向阶级社会转变,原始民主也早已变了味,徒剩下些形式、残迹。所以,备受称道的‘禅让’制也已远不是典型的氏族民主,而只不过是原始社会末期已无多少民主内容可言的氏族民主的残存形式罢了”[②]。这种认识代表了学术上相当多的一部分人的意见。

曹定云(1939~),中国社会科学院考古研究所研究员。在《舜“都”蒲坂及其“德”政思想探讨》一文中,他结合文献与考古资料,认定舜是真实存在的历史人物,他建都的蒲坂就是今山西省永济市的蒲州镇,今之山西南部的运城、平陆、解州、虞乡、永济一带,“实为有虞氏的故土”。他对尧舜“禅让”也给出了自己的解释:

> 尧舜禅让,一直被儒家经典所颂扬。但在私有制已经产生,阶级已经形成的原始公社制末期,真正的“禅让”,只不过是一种美好的传说而已;“禅让”的后面实际上充满着斗争。舜之所以能取得权力,一方面是靠他多年的“德”政和威望;另一方面,也是充分运用他手中的权力和武力。诛鲧和共工、囚尧和偃塞丹朱,没有实力和武力作后盾是不行的。舜与丹朱的这场斗争,是我国原始公社制末期,国家形成前夕的一场争夺权力的斗争:舜代表的是一种原始的公有制,丹朱代表的是新产生的私有制。斗争的结局是舜战胜了丹朱。但就历史而言,这只是暂时的胜利,斗争尚未结束。当历史发展到禹的时代,“禅让”之制宣告结束。禹的儿子启依靠势力夺取了政权,开始来中国历

---

①② 中国先秦史学会等编:《虞舜文化研究集》,山西古籍出版社2005年版。

史上的“家天下”，揭开了中国历史上阶级社会的一页。①

这种观点接近张广志的意见，看来相当多的学者将“禅让”作为由原始社会向奴隶社会过渡的一种帝位传承方式了。

许兆昌(1968～)，安徽繁昌人。吉林大学历史系教授、奥地利萨尔斯堡大学和维也纳大学访问教授。主要著作有《周代史官文化》《先秦史官制度与文化》《先秦乐文化考论》《魏晋南北朝简史》《夏商周简史》等。在《前现代国际体系与尧舜时代》一文中，试图运用英国学者巴里·布赞的“完全国际体系”理论来规范尧舜时代的性质。按照这个理论，尧舜时代属于“国际次体系”：

> 尧舜禹集团所处的时代社会形态的主要特征，是文明初曙，是文明与野蛮并存共生。这一历史时期，一些较先进的“方国”可能已经跨入文明时代，建立起早期国家。而与此同时，也仍会有大量所谓的“方国”或“诸侯”，实际上仍处于原始社会晚期的社会发展阶段，并没有建立起具有国家性质的社会组织，因此，具体到尧舜集团而言，无论是强调这一跨方国集团作为部落联合体、酋邦或部族联合体等种种前文明形态社会组织的性质，还是强调它作为早期国家联盟所具有的文明形态社会组织的性质，都难免以偏概全之嫌。
>
> 国际次体系是指“一个国际体系内的单位群，由于它们的特殊本质或者它们彼此相互作用、相互依存的强度，使其有别于整个体系”。很明显，尧舜禹跨方国集团，正具备这种国际次体系的主要特征。……使用“国际次体系”来指称尧舜禹集团，就既可以避开由于其内部的构成单位社会性质不一所造成的对整个集团的社会性质难以判断的难题，同时又可以清楚说明它作为联盟体的组织及在当时区域性国际体系中的位置。②

引进“国际次体系”的理论以求解决尧舜禹的时代定位问题，当然是一种可以接受的尝试，但这种尝试能否得到中国文献和考古资料的有力支撑，能够在多大程度上为中国学术界接受，还需要经过时间的检验。

---

① 中国先秦史学会等编:《虞舜文化研究集》，山西古籍出版社2005年版。

② 许兆昌:《前现代国际体系与尧舜时代》，《史学集刊》2008年第6期。

第三节　研究尧舜文化的众多学者及其观点(下)

十一、孔君诒、侯崇义、李聚宝、竹川、李厚之、邵九华、张放鸣、诸焕山、董治安、戚焕丽、董琦、邵军、王雪樵、景以恩、蔡建军、冯浩菲、孟昭民、仝晰纲的尧舜观

孔君诒在《虞舜耕地葬地的探讨》一文中,列举了文献记载的 10 处历山,地域涉及今之河北、山东、山西、江苏、安徽、浙江六省。他经过仔细考辨,认定舜耕的历山,"以在山东濮县相近的说法最可靠,无锡惠山、安徽和县也颇可信,但故事的各部门,不及濮县菏泽的完全,因此我们暂时予以假定,以为舜的故事中心地应在今山东濮县、菏泽县、郓城、曹县一带(再扩大些说为苏鲁交壤地)"①。

侯崇义(1930 ~),山西榆次人。河北大学、山西晋中学院教授。在《苍梧舜陵考略》一文中,通过对《山海经》《尚书》《礼记》《孔子家语》《国语》《孟子》《竹书纪年》《史记》《安邑县志》等文献中有关部分相互参证,"证明舜的卒葬处在今山西安邑的鸣条山上,与岭南苍梧无关。苍梧,不是战国及秦汉之际的苍梧九疑山。在漫长的历史岁月中,山川不断在兴衰演变,当鸣条苍梧山被湮没之后,把舜的卒葬处附会到岭南苍梧九疑山,时间一久假的就变成'真'的了"②。

李聚宝在《"舜窜三苗三危"之"三危"在敦煌》一文中,列举了记载三危的 10 处地方,他认为,"舜既然下决心采取强大的军事行动,将三苗族分而治之,就决不会把他们放逐到其本来活动的范围'洞庭、彭蠡之间的山地'。否则,三苗族的这部分骨干力量,并没有从根本上和其根据地分离,还可以较方便地和其他未被放逐的成员联合起来反叛,那么,舜采取的这次军事行动就没有多大意义。所以我们认为流放三苗的'三危'肯定是远离江淮、荆州的其他地方,不可能是'洞庭、彭蠡之间的山地'"。他经过考证,特别是结合甘肃火烧沟文化所展现的齐家文化特征,推测是"三苗文化居民来到河西走廊西部以后,受当地地理环境、气候条件及西北固有戎羌

---

① 《吴越文化论丛》,《民国丛书》第 5 编第 38 册,江苏研究社 1937 年版。

② 侯崇义:《苍梧舜陵考略》,《晋中师范高等专科学校学报》1986 年第 1 期。

部落影响，而独立发展起来的一支地方文化”①。这推测是十分大胆的，也不是没有一定道理，但仅凭推测就断定三苗被放逐到今之甘肃敦煌县的三危山，恐怕其说服力还是远远不够的。

竹川在《“舜耕历山”考异》一文中，考察了关于历山的多种说法，对舜曾耕田的历山究竟在什么地方持比较谨慎的态度，认为“舜耕历山”“究竟在何地犹待以后考古新发现，也许是解不开的千古之谜。不过以东夷范围而论，皇甫谧言菏泽济阴历山（即濮州之南）似乎比济南历山为舜耕之山的可能性要大一点”②。

李厚之在《帝舜踪迹在安康》一文中，根据《水经注》《元丰九域志》和《帝王世纪》等文献关于西城—安康—妫墟的记载，以及安康有不少虞舜纪念物、碑碣和传说的情况，断定虞舜的出生地与活动地域均在今之陕西安康：“舜出生于柳家河（妫墟），耕于鲤鱼山下张家坝（历山），陶于河滨（中渡台）。”③

邵九华在《河姆渡文化和舜耕历山》一文中，以河姆渡出土器物与大汶口出土器物有几件特别相似为证据，提出“河姆渡遗址为古代所传之姚墟”④的结论。

张放鸣在《禹舜故里考》一文中，考证出与舜有关的历山、雷泽、河滨均在今之浙江余姚，舜作为中国最早的“隐者”，被道家“奉为无为而治的神明”，同时得到儒家的赞许，他隐居的地方就是姚东的大隐山。⑤

诸焕山在《虞舜故里在余姚》一文中，认为“《孟子》所说‘东夷’之‘诸冯’，只能在吴越之境内”。他特别引证黄宗羲在《孟子师说》中的一段话：“今余姚、上虞两县，皆以舜得名。其水之经余姚者曰姚江，亦曰舜江。其水之经上虞者曰百官江。余姚有历山。上虞有握登山，舜母之名也。有虹漾，握登见大虹，意感而生。有象田，其土中耕者往往得见古陶器。舜之古迹在此两县为最多。……大概舜之生在余姚、上虞，故曰‘东夷之人’。”再结合河姆渡的遗址，他认定“舜出生在余姚的姚墟”⑥。

---

① 李聚宝：《“舜窜三苗三危”之“三危”在敦煌》，《敦煌研究》1986 年第 3 期。
② 竹川：《“舜耕历山”考异》，《东岳论丛》1993 年第 3 期。
③ 李厚之：《帝舜踪迹在安康》，《安康师专学报》1994 年第 2 期。
④ 邵九华：《河姆渡文化和舜耕历山》，《浙江社会科学》1994 年第 6 期。
⑤ 参见张放鸣：《禹舜故里考》，《寻根》1995 年第 2 期。
⑥ 诸焕山：《虞舜故里在余姚》，《宁波师院学报》1996 年第 2 期。

董治安（1936～2015），山东大学教授，著名中国古代历史、文学和古文献专家。曾主编《两汉全书》。他在《关于“舜耕历山”的一些查考》一文中，考察了关于“舜耕历山”的文献资料，认为“舜耕历山”的传说起自先秦，历史悠久，具有很大的合理性。但承认在学术上诸说并存，互相切磋是必要的，不必以一种说法否定另一种说法。① 这种观点应该是比较稳妥的。

戚焕丽（1972～），山东泰安人，泰山学院管理学院副教授、行政管理教研室主任。出版专著两部，发表论文20多篇。在《舜的活动中心应在神童山地区》一文中认为，舜的活动中心应在今之山东宁阳神童山地区，这可与大汶口遗址相佐证。

董琦（1952～），上海人，中央民族大学教授、博士研究生导师，中国博物馆学会副理事长。在《虞夏时期中原文化区的历史探索》一书中，不同意虞舜时期已经进入文明社会，更不同意将它作为一个独立的朝代：

> 夏代之前的龙山文化时期，尚未进入国家文明社会，与唐虞时期部落联合体的社会形态相吻合，虽呈现国家文明的雏形，但仍包裹在氏族社会形态的卵壳之中。夏之前的唐虞时期，与三代处于两种不同的历史发展阶段，社会形态有质的区别，不宜并称虞代。

他认为“尧舜禹禅让的传说……完全是原始社会末期军事民主制下部落联盟选贤举能的场景”，将具备虞这种特殊地位的考古文化对应为豫东大平原为中心的造律台文化。他最后的结论是：

> 唐、虞、夏、商、周五者之间有着双重关系：一是横的关系，即唐虞时期的部落联合体关系和三代时期的并列方国关系；二是纵向的关系，即从唐虞时期的氏族社会发展到夏、商、周王朝的阶级社会的前后相继关系。纵横向关系的十字标落在夏代开国之际，大致相当于考古学上的龙山文化时期与二里头文化的交替之间。②

这种观点，与将虞舜时期列为文明时期第一朝的意见相比，显然将虞舜时期的文明程度估计偏低了一点。

邵军在《舜帝南巡质疑》一文中，认为司马迁在《史记·五帝本纪》中记载的舜“南巡狩，崩于苍梧之野，葬于江南九疑，是为零陵”之说“疑窦甚多，实难为据”。他列举的理由，一是衡山不是当时的五岳之一的南岳，当时的

---

① 参见董治安：《关于“舜耕历山”的一些查考》，《岱宗学刊》1999年第2期。

② 董琦：《虞夏时期中原文化区的历史探索》，科学出版社2000年版。

南岳是霍山；二是南巡之地如是霍山或衡山，舜死在苍梧就很奇怪，死而不就地安葬要安葬零陵就更奇怪；三是舜已百岁，还要统兵千里远征，不近情理，所以南巡之事纯属子虚乌有；四是“陟方乃死”不能解释成崩于苍梧之野；五是舜封其弟于有庳，该地应在靠近中原的地方，远到永州亦不合情理。据此数端，他认定“舜帝南巡说不能成立”①。

王雪樵在《虞舜文化考论》(山西古籍出版社 2003 年版)一书中，对安邑舜迹的地名进行考证，认为安邑就是禹为安置舜晚年的生活而建造的鸣条牧宫，所以安邑就是舜的旧都。这里的很多地名与舜关系密切，因而是舜生前活动和死葬之地的可能性最大。

景以恩(1942～)，山东菏泽人，山东社会科学院研究员。在《帝舜有虞氏》一书中，认为尧舜时期是中国原始社会末期的“方国大联盟时代”，这些方国基本上都分布在今之山东全境：“尧居昌乐之唐；舜居诸城之诸冯；禹居沂南之阳城；契居寿光之商丘；稷居章丘之郃邑；四岳居莒县之吕国；皋陶与伯益居蒙山之阳的偃、费等地，各有自己独立的方国……它的国家性质已经十分明显。”②所以给虞舜时代定位为“方国大联盟”比较适宜。

蔡建军在《舜帝生葬湖南永州考辨》一文中，系统地论定舜的出生地和死葬地只能是永州：舜帝之名号考证表明，舜出生于永州并有着深厚的“故乡情结”；舜帝之籍贯考证表明，“诸冯”“冀州”实为永州；虞舜时代的图腾崇拜考证表明，舜帝生于永州；从尧子丹朱、舜弟象跟永州生死相依的渊源关系来看，舜帝曾经生活于永州一带；舜帝陵庙的考古发掘表明，舜葬九疑不可疑。③

湖南的何红斌、王田葵也与表达了同样的观点。何强在《印证“舜葬九疑”的考古发掘》一文中，以在湖南宁远县发掘的舜帝陵遗址为根据，认为舜葬九疑确定无疑。④

冯浩菲(1942～)，山东大学教授，古典文献学专家，主要著作有《毛诗训诂研究》《中国训诂学》等。在《舜帝出生地考》一文中，他在列举了舜帝出生的六种记载之后，认定舜出生于冀州蒲坂诸冯姚墟。而这个地方就在

---

① 邵军：《舜帝南巡质疑》，《求索》2002 年增刊。

② 景以恩：《帝舜有虞氏》，中国文联出版社 2001 年版。

③ 参见蔡建军：《舜帝生葬湖南永州考辨》，《求索》2004 年第 9 期。

④ 参见何强：《印证“舜葬九疑”的考古发掘》，《光明日报》2005 年 8 月 17 日。

今山西永济县境内。①

孟昭民在《舜生诸冯在垣曲》一文中，以孟子记述的舜出生地诸冯为根据，论定该地在今山西垣曲的上堡村，这里舜的遗迹特别多，如雷泽、历山、娥皇女英居住的皇姑幔、舜瞽冢等。②

仝晰纲（1962～）山东郓城人。山东师范大学齐鲁文化研究院研究员。已出版《中华伦理范畴》等专著6部。在《虞舜相关地名辨正》一文中，对与舜有关的负夏、鸣条、冀州、历山、雷泽、寿丘等地名进行考证，认为所有这些地名都在今菏泽境内。也就是说，舜是菏泽一带人，生于斯，长于斯，葬于斯。③

十二、陈昌远、化建华、柳方来、魏嵩山、柴继光、蔡运章、李元庆、杨善群、王晖、李明杰、侯仰军、胡立秀的尧舜观

陈昌远（1933～），重庆大足人。河南大学教授，长期从事中国古代史、历史地理的教学和研究。主要著作有《赤壁之战》《官渡之战》《历史地理与先秦史研究》《中国历史地理简编》等。在《姚舜故里探寻》一文中，他列举文献记载的各种不同的虞舜故里，结合考古发现和对濮阳的实地考察，认定虞舜故里在濮阳比较合乎实际：因为在山西永济的说法无法解释他是东夷人；在浙江余姚的说法无法解释他是冀州人，只有在濮阳的说法才能说明虞舜既是司马迁记载的冀州人，又是孟子所说的东夷人。而更确切的虞舜出生地"以今濮阳徐镇为确"，证据是"舜在青年时代从事农、渔、商、陶的活动，除顿丘外，其他历山、雷泽、负夏、河滨，都在今河南濮阳，都与姚墟（徐镇）相距不远。在当时的历史条件下，相互依存是可信赖的"④。王德英也持相同的观点。

化建华在《帝舜故里在濮阳，舜裔祖根出姚墟》一文中，认定"舜的出生地和主要活动地都在濮阳境内"。在《舜耕历山考》一文中，他又详细论证，得出四个结论：

一、从古帝王迁都地分析，舜践天子位以前的活动区域在濮阳县

---

① 参见冯浩菲：《舜帝出生地考》，《晋阳学刊》2005年第1期。

② 参见孟昭民：《舜生诸冯在垣曲》，《文史月刊》2005年第4期。

③ 参见仝晰纲：《虞舜相关地名辨正》，《山东师范大学学报》2005年第6期。

④ 中国濮阳帝舜文化研讨会编：《帝舜故里考证论文集》，（香港）天马出版社2005年版。

一带，根据当时的生产条件和交通条件，舜绝不可能到更远的地方耕作。

二、从舜的出生地分析，舜生于姚墟，今濮阳徐镇集。作为濮阳人，所耕之历山在今濮阳县胡状乡是合情合理的，也应是不争之实。

三、从舜早期活动范围分析，舜耕历山在濮阳县境内的胡状乡确实可信。

四、从舜居住地判定，舜耕历山在濮阳县境内的胡状乡历山无疑。①

如此论证者已有不少学者，看来濮阳作为舜的出生和活动地域已经找到不少文献和考古学上的证据，因而成为一批学者的共识。

柳方来在《虞舜活动地望考》一文中，认为虞舜作为东夷之人，其出生地只能在当时的东夷，即今之山东地区，平邑县既有诸冯，又有桃（姚）墟，作为舜的出生地，似较合理。由于舜为代表的东夷之人时常迁徙，他最后都于蒲坂，“卒于鸣条”，这些地方应在今之山西运城。②

魏嵩山在《虞舜行迹地望分析》一文中，认为虞舜部落发源自今之晋南中条山，因洪水迁至今之豫鲁平原，所以历山就是今之菏泽市北历山和济南历山，所渔雷泽当即今菏泽市东北古雷夏泽，河滨作陶之所当在今山东定陶县西南古陶丘亭。后来舜部落迁回中条山，历山就是今山西永济县南历山（一名雷首山）和今翼城县东南历山，雷泽就是今晋南的涑水，一名雷水，作陶之处在今永济县北古陶城。舜的死葬之地应该在今之湖南宁远九嶷山。③

柴继光在《虞舜在河东之解读》一文中，认为舜的出生地“诸冯”，一是永济县张营乡舜帝村，一是垣曲县同善村。其耕、渔、陶之地均在河东境内，而他作《南风歌》之地在运城盐池，他安息之地的鸣条就在运城盐湖区的鸣条岗。所以结论是：“虞舜是出生于河东，活动于河东，建功立业于河东，而最后又安息于河东的一代贤王。”④

蔡运章（1942～），河南洛阳人，现任洛阳市文物管理局研究员、洛阳蔡运章易经学会会长、洛阳文物收藏学会会长、洛阳河洛文化研究会会长、河

① 中国濮阳帝舜文化研讨会编：《帝舜故里考证论文集》，（香港）天马出版社 2005 年版。

② 参见中国先秦史学会等编：《虞舜文化研究集》，山西古籍出版社 2005 年版。

③④ 中国先秦史学会等编：《虞舜文化研究集》，山西古籍出版社 2005 年版。

南省文物鉴定委员会委员、河南省东方文化研究会副会长、河南省文字学会副会长、洛阳理工学院教授兼易学考古研究所所长、河南科技大学教授、中国文物保护基金会鉴定与修复委员会委员、中国殷商文化学会理事、中国钱币学会理事兼学术委员、中国艺术投资协会名誉副会长、中国先秦史学会副会长等职。主要著作有《甲骨金文与古史研究》《中国钱币大辞典·先秦篇》《甲骨金文与古史新探》《洛阳钱币发现与研究》《洛阳北窑西周墓》等。在《虞舜故里及其相关问题》一文中,他对诸冯、姚墟、历山、雷泽、寿丘、负夏、东夷之人、冀州之人等与舜有关的地望进行详细的考证,最后认定"虞舜故里当在今山西垣曲县东北诸冯山至绛县、闻喜县定涨水沿岸"①。

李元庆(1934~2009),山西万荣人,中国哲学史专家,曾任山西社科院研究员、哲学所所长。主要著作有《中国逻辑史》《中国逻辑史教程》《明代理学大师薛瑄》等。他在《关于虞舜活动多地说的文化学思考》一文中,认为"洪水时期的部族迁徙,可能是虞舜部族多地活动的主要历史背景和动因"②。所以虞舜的生地、死葬地和活动地域产生诸多歧异,说明这些地方很可能真的都与舜有关系。

杨善群(1937~),上海社会科学院研究员,主要著作有《孙子评传》《越王勾践新传》《兵圣孙武》,发起编纂《孙子兵法大全》。他在《虞舜的活动地域与历史功绩》一文中,认为舜为东夷之人的说法"不近情理",如"陶于河滨"之河只能是黄河,不会是济水,所以历山、河滨都不能在济南。特别是根据《史记·五帝本纪》和《大戴礼·帝系》记载,舜是黄帝后裔,颛顼的六世孙,只能属于黄帝集团。再结合陶寺遗址的文化遗存,可以判定,他的"出生地、青少年活动场所及其执政后的中心……唯有河东说证据充分……最具有说服力"③。

王晖(1953~),陕西师范大学教授,主要从事古文字学、先秦史和文化史的研究。在《舜族早期居地及三迁考》一文中,他认为"舜为上虞人的说法是可信的"。他的结论是:

> 浙江上虞应为舜族最初居地,为今曲阜的寿丘及山东定陶至郓城之间的"雷泽"一带是舜族首次迁徙之地。而在卫地的"负夏"可能就是舜族的再次迁徙之地了。而"历山""河滨"一带的晋南就应是舜族

①②③ 中国先秦史学会等编:《虞舜文化研究集》,山西古籍出版社 2005 年版。

迁徙的最终居地了。①

李明杰(1971～),江西丰城人,武汉大学《图书情报知识》杂志社编辑、教授、美国威斯康星大学麦迪逊分校访问学者。出版了《中国古代图书著作权研究》《中国古籍版本文化拾微》《中国出版史》《宋代版本学研究》等著作。他在《舜迹琐议》一文中,认为“舜部落早期活动范围不会出泰山以南,汶泗流域及鲁西、鲁西南与之交界的豫、皖边境远古东夷之地”。但后期就发迹于晋南。舜的遗迹之所以在很多地方都有,一是因为“族迁名随”,二是因为虞舜帝并非一代,而是主盟百年。在古学人“抢舜”意识的作用下,各地就纷纷出现舜的遗迹了,“虞舜传说遗迹散布地广,说明虞舜族团创造的大舜文明是多元的”②。这种解释大体上可以自圆其说。

徐映基、曲辰在《虞舜的出生地》一文中,认定舜的出生地河北涿鹿县的保岱乡。

侯仰军(1966～),山东郓城人,历史学博士,中国书籍出版社副总编辑、编审。一直致力于历史学、考古学与中国传统文化的研究、出版、教学工作。发表论文50余篇,主要著作有《考古发现与夏商起源研究》等。他在《海岱龙山文化与尧舜之乡考辨》一文中,认为“尧舜在其一生的主要活动中,都与今菏泽结下不解之缘,说菏泽为尧舜之乡或尧舜故里一点也不为过”③。

胡立秀在其所著《龙乡帝都——濮阳》(中国经济文化出版社2006年版)一书中,将舜的产生地姚墟、舜的躬耕地历山,舜的迁居地负夏,舜的渔猎处雷泽以及舜的制陶处河滨,统统考证在濮阳。

十三、周苏平、黄炘佳、何驽、张国硕、王恒展、刘晓洁、纯生、牧文、李家福、徐义华的尧舜观

周苏平(1958～)陕西丹凤人,山东大学历史学博士,曾在西北大学历史系任教,现任肇庆学院教授、副院长。长期从事中国先秦秦汉考古和历史研究。出版《中国历史》《中国古代丧葬习俗》《三晋文化》《周秦汉唐文明》《秦汉法制史》《宗教人类学》等专著、译著、古籍整理、高校教材15部。在《历史研究》《中国史研究》《考古》《世界宗教研究》等刊物发表学术论文40余篇。在《尧舜“禅让”的历史背景》一文中,他认为历史上关于尧舜继

①② 中国先秦史学会等编:《虞舜文化研究集》,山西古籍出版社2005年版。

③ 侯仰军:《海岱龙山文化与尧舜之乡考辨》,《齐鲁学刊》2006年第1期。

位有“禅让”、篡夺和自然继承等不同的说法,各种说法“互有矛盾,甚或针锋相对。他们对尧舜禹关系的种种理解,除根据各自所属学派的思想和政治主张进行演述外,还犯了一个共同的错误,即都是按照自己的时代观念去理解尧舜禹时期,把当时想象成统一的中央王朝,尧舜禹是统一王朝中先后继位的君主,只是继位的方式有所不同而已”。实际上,“尧、舜、禹并非确有其人,而是陶唐氏、有虞氏、夏后氏三大部族的代称,它们先后在中原地区形成了几个早期城市国家——部落奴隶制王国,并相继充当部落王国联盟的盟主”。在对陶唐氏、有虞氏、夏后氏三大部族的真实历史进行辨析后,他得出这样的结论:

1. 传说中的尧舜禹并不一定具有真实的人格,他们分别代表的是陶唐氏、有虞氏、夏后氏等部族。尧舜禹之间不存在所谓的君臣关系,也不是统一的中央王朝主依次继位的君主。他们所代表的部族分属不同的族系,各有其历史渊源,经历了漫长的发展过程,先后在中原地区的晋南、豫东和豫西建立起几个早期城市国家。

2. 陶唐氏、有虞氏和夏后氏之所以能够从众多的部族中脱颖而出,较早进入文明社会,建立国家,并相继主盟中原,这与他们高度发达的物质文化是分不开的。相形之下,他们所创造的文化在当时均居于领先地位。

3. 早期城市国家并不是在和平的气氛中建立的,而是武力征服的结果。传说中的尧除十日、舜流四凶和禹征三苗,就是当时部落王国征服战争的反映。同样,舜代尧、禹代舜,相继主盟中原,也不是而且也不可能是通过和平“禅让”的方式完成的,其间必然发生激烈的斗争。从这个意义上讲,“舜囚尧”之类的篡夺说倒是更接近于历史实际。

4. 早期城市国家的内部社会结构具有家族奴隶制的特点,国家政权以父权大家族的形式出现,世袭制业已确立。……

5. 早期城市国家的外部关系主要表现为两种形式:一是以武力征服敌国,互相兼并;而是与友邦和臣服者结为城邦联盟。①

这种认识,基本上是综合前人的研究成果,但论述更加全面深入和系统,或许较为接近历史的真实。

---

① 周苏平:《尧舜“禅让”的历史背景》,《西北大学学报》1993 年第 2 期。

黄圻佳在《三皇五帝及华夏文化探源——中国上古神话谱系的文化人类学研究》一文中，认为“三皇五帝既不是实在的历史人物，也不是只有虚无缥缈的意义的神话传说，而是具独特的文化意义的体系。这个体系隐藏着华夏民族（汉族）文化起源的秘密”。这其中，夏禹是夏族的始祖神，炎帝是商族的始祖神，黄帝是周族的始祖神。夏朝建立后，建立自己的神话谱系：禹—启……在商人征服了夏朝之后，建立了自己的神话谱系：炎帝—尧—舜—禹。而当周族征服商朝以后，他们就建立起自己的神话谱系：黄帝—颛顼—喾—尧—舜—禹。显然，在作者看来，所谓三皇五帝的古史系统，并不是真实的历史，而是周人构筑的一个中国上古史的神话体系。后人的错误在于将神话认作真实的历史，力求进行世俗的诠释：

> 对于三皇五帝的阐释的危险之一是将其世俗化，如司马迁摒弃“缙绅先生难言之”的神话真实而将其人化，以及现代众多史学研究者之确信黄帝族与炎帝族的真实存在。只有还神话以神话的本质，才有可能理解神话。①

这种区分神话与真实历史的思路，对于廓清历史的迷雾或许具有启示意义。不过，真正将真实的历史与神话清晰切割开来，同时又将它们之间的关系梳理清楚，实在不是容易的事情。

何驽（1963～），湖北通城人。曾任湖北荆州市荆州博物馆考古部主任、美国旧金山州立大学人类学系客座教授，现在中国社会科学院考古研究所工作。他已经发表了大量考古方面的论文。他写的《陶寺文化遗址——走出尧舜禹“传说时代”的探索》一文，在对陶寺遗址所展现的文明水准进行恰切估定的基础上，特别对发现的扁壶朱书“文尧”加以新的认识，认为“尧都平阳”不仅是真实的历史，而且尧舜“禅让”也应该是真实的史话。通过对陶寺晚期社会动乱的具有阶级斗争意义的辨析，确认它是“中国早于二里头文化夏王朝的最早国家”②。

张国硕（1963～），河南叶县人。现为郑州大学历史学院教授、博士生导师、考古系主任、考古学及博物馆学学科学术带头人，兼任中国殷商文化

---

① 黄圻佳：《三皇五帝及华夏文化探源——中国上古神话谱系的文化人类学研究》，《史学月刊》1993年第5期。

② 何驽：《陶寺文化遗址——走出尧舜禹“传说时代”的探索》，《中国文化遗产》2004年创刊号。

学会理事、中国古都学会理事、河南省文物考古学会理事及夏商周三代考古专业委员会副主任、河南省炎黄文化研究会理事、河南省传统文化促进会常务理事等职。出版独著或合著《夏商时代都城制度研究》《夏商周三族源流探索》《豫东杞县发掘报告》《文明起源与夏商周文明研究》等学术著作8部。发表学术论文近80篇。在《陶寺文化性质与族属探索》一文中，认为不应该将陶寺文化简单归类为某一族群的文化，而应该考虑到它的长期性和复杂性。通过分析陶寺文化遗址各个时期的不同，推断早期主要是陶唐时代的文化，中期的变异"应与有虞氏舜的强势进入有直接关系"，"晚期发生变异的原因当与夏后氏禹对有虞氏的政治颠覆活动直接相关"。"随着夏后氏禹之军事、政治势力的逐渐增强，最终战胜了有虞氏商均的势力。陶寺文化晚期发生的城垣被废弃，宫殿、墓葬和具有观象授时功能的大型建筑被毁坏，各类遗存中充满暴力色彩等现象，应该是夏后氏禹与有虞氏发生争战，胜利者禹对失败者有虞氏的报复行为所导致的。"①如此深入细密的解释似乎更能切中陶寺遗址所展示的历史信息的复杂性，也更具有说服力。

王恒展(1948～)，山东潍坊人，山东师范大学中系教授、博士生导师。他与刘晓洁在《大舜文化与儒家"大学"教育》一文中，认为"大舜文化作为一种道德文化，是儒家'大学'教育的基础"，"它的主要内容便是对圣人人生历程的归纳总结"：

> 朱熹针对《大学》提出的关于修身的"三纲八目"可以说是对舜养性和成圣成王历程的完美概括。"三纲"即"明明德""亲民""止于至善"。"八目"即"格物""致知""诚意""正心""修身""齐家""治国""平天下"。其实"明明德""亲民""止于至善"是舜一生一直在不断追求和执着遵循的三大原则，而"格物""致知""诚意""正心""修身""齐家""治国""平天下"则是舜道德品质不断升级的八个层次。②

这种估计显然是将舜文化作为中国传统文化的道德源头看待的，这当然没有错。然而，虞舜时期的道德文化是否达到作者认定的水准还是应该认真研究的问题。

纯生、牧文在《尧舜禹为夏商周三代王朝的建立奠定了基础》一文中，从"拥有一支强大的军队""法律观念开始形成""比较完善的官吏选拔制

---

① 张国硕:《陶寺文化性质与族属探索》,《考古》2010年第6期。

② 参见王恒展:《大舜文化与儒家"大学"教育》,《超然台》2010年第2期。

度”和“抽象等级差别”四个方面入手分析，认定“尧舜禹时代已经具有了国家的特征”。进一步认定，“家天下”取代“公天下”的变革奠定了夏商周三代奴隶社会的基础。①

李家福在《尧舜禹关系刍议》一文中，反驳了古史辨派关于禅让是后人编造的观点，认为“尧舜禹是一组性质相同的历史人物，他们的相同，就是同处在原始共产主义时代，同是禅让的奉行者”②。显然，作者在这里对尧舜禹时期文明程度的估计是偏低的。

徐义华，山东临朐人。中国社会科学院历史所研究员，甲骨文专家。他在《从古文献反映的历史演进看中国上古史的信与疑》一文中，比较全面系统地考察了中国上古史在传说的五帝时代物质生产、制度文明和思想观念的演进，认定“古文献记载的上古史具有相当的合理性，并不能轻易地予以完全的否定”。但也应该肯定古史辨派在廓清古史迷雾的贡献，他们将中国古史中有意或无意“伪造”的内容加以认真清理，对于还原古史的真相是有帮助的。但由于他们“对西方史学理论的套用”，又忽略了中国古史纪录的人文特点，因而就疑古过头，从而否定了许多本来不该否定的东西，使历史研究呈现虚无主义弊端。③如此认识传说中的上古时代，显然是比较冷静、理性和客观的。

十四、席瑜、姚恩健、李鼎荣、郑梅玲、万光军、孙文礼的尧舜观

席瑜在《舜文化与中华传统道德之关系》一文中，认为“五帝绝不是传说史，舜文化当然也不是虚构的文化”。舜帝对中华传统道德所作的贡献主要表现在：(1)实施五品之教，改善社会秩序。(2)统一盟族法律，建立新的社会。(3)推行礼乐教化，转移社会风气。而舜在施政过程中，“以‘中’作为修身治事的圭臬”，“以十六字心法，作为教育施政方针”，并且接受“中”道文化，因而使其政绩大放异彩。④

姚恩健在《略论明德》一文中，认为舜是中国古代“明德”之始，而这个“明德”也就是王守仁解释的“良知”。在列举了舜明德的十三个要点之后，作者得出如下结论：

> 舜帝明德，指不胜屈。纵览舜帝从“微为庶人”到“征庸”、摄政、即真，盛世不衰，德配昊天，都是由于舜帝勤于修身、修德、修政；修身为

---

①②③　山东省大舜文化研究会编：《第三届中国大舜文化研讨会论文集》，2011 年。

④　九嶷山舜文化研究会编：《舜德千秋》，海南出版社 2001 年版。

修德，修德为修政，修政为惠民。……这是圣祖舜帝明德的理论基础和仁政的逻辑过程。①

李鼎荣在《孔孟说舜》一文中，认为“孔孟对舜帝的看法具有无与伦比的权威性”，在他们那里，舜的才能和品格被标以大知（智）、大孝大德、重视人才、重视民生、无为而治、与人为善、取之有道、忠诚敬主、婚姻自主、行仁义、用工作实践证明自己、苦心志劳筋骨、从善如流。②这种估定显然将虞舜时期的道德水准推尊至一个很高的境地。

郑梅玲在《浅析舜帝与民本思想》一文中，认为舜的民本思想由三个方面组成。一是“亲亲而仁民，仁民而爱物”，以之作为道德文化的基础；二是实践民本思想，将亲亲仁民思想推及社会大众，德刑教化爱民恤民；三是德泽教化，以和为贵，即以民为本，创造和谐社会。他的结论是：

天下明德皆自虞舜始。舜文化是中华文化的重要里程碑，而舜的民本思想是舜文化的基础和立足点，是先秦民本思想的渊源。舜帝心系万民，是民本思想的真正实践者，他是无阶级的……③

这里作者首次提出舜是无阶级的，他的民本对象是全民，虽然颇有见地，但也不无可议之处。因为国家本身就是阶级专政的工具，全民国家是否存在？还是值得研究的问题。

万光军（1973～），山东新泰人，山东政法学院政治与行政管理系副教授、哲学研究所所长。在《孟子让舜“窃负而逃、乐忘天下”的寓意》一文中，认为孟子所以让舜“窃负而逃”，是出于他“家先国后，仁先义后”的伦理观念。这里，“孟子与舜的立场不但偏离了孔子的一般立场，也有悖世人的一般立场。孟子的立场虽然并非完全没有道理，但多是偏而不全或以偏概全，如果孟子的观点成了儒学的主流，是非常不利于儒学全面健康发展的”④。作者显然认为在亲情和公正问题上孟子是远离了公正。

孙文礼（1974～），湖北鄂州人，武汉纺织大学人文社科学院教授。主要著作是《严复与道家思想》。在《友爱还是公正——“舜父杀人”案例分析及其他》一文中，对这一现代人面对的难题作出了自己的结论：

---

①② 九嶷山舜文化研究会编：《舜德千秋》，海南出版社 2001 年版。

③ 中国先秦史学会等编：《虞舜文化研究集》，山西古籍出版社 2005 年版。

④ 万光军：《孟子让舜“窃负而逃、乐忘天下”的寓意》，《孔子研究》2007 年第 5 期。

作为人子的友爱与作为天子的公正,两种追求就这样地集中于舜一人之身。……作为一次两难抉择他没有双赢的可能,选择其中任何一方都意味着对另一方的放弃。

在没有更好选择进行比较的情形下,孟子的选择方式似乎是合理的,他维护了家族的友爱,同时以舜携父逃往法律之外"遵海滨而处"的方式来暂时地维护(逃避)了国家的公正,而这是任何普通人同样能够做到的。孟子的关键在于以"舜视弃天下犹弃敝屣"方式放弃权力时也表现了对权力的蔑视。孟子对友爱的维护实质上肯定了家族在国家中的地位,这也与当时的社会实际情形相吻合的。"亲亲互隐"的设定与其他文明早期的"容隐制度"都是在家族势力比较强大的情形下对家族既得利益和地位予以承认,并同时保持了友爱与公正之间的相对稳定。孟子试图让舜以放弃天子之位的重大牺牲来重新在友爱与公正之间找到平衡,而当舜放弃天子之位的行为成为关注焦点时,孟子已经巧妙地转移了问题的重心,他试图让人们专注于权衡舜主动放弃天子之位作为代价是否能够弥补国家公正的损失。不过孟子为舜所作出的选择实质上在"舜视弃天下犹弃敝屣"表达中已经抛弃了舜作为天子本应履行公正的表率作用,他也就失去了以天子之位作为代价来弥补国家公正的资格。①

这种诠释是比较深入且有说服力的。与万光军认为孟子"偏离了孔子的一般立场"不同,他认定孟子其实是接续了孔子,这种认识似乎更接近历史真实。

十五、逸群、刘明涛、高民政、赵燕姣、裘士京、张江洪、郭文芬、吕光玉、张文生、姬可周、张纯良的尧舜观

逸群在《从军事民主到方国酋邦制》一文中,通过对近期考古学成就的梳理,证明以尧、舜、禹时代类比古希腊、罗马和摩尔根记述的美洲土著居民的社会制度具有不可克服的矛盾。因为远在尧舜禹之前的仰韶文化、红山文化、大汶口文化、龙山文化显示的贫富差别和阶级斗争的酷烈,已经远远超过古希腊罗马所谓军事民主时代的程度:

第一,这个时代贫富差别日益显著和普遍。……第二,发现了人

① 孙文礼:《友爱还是公正——"舜父杀人"案例分析及其他》,《社会科学论坛》2007年第5期。

殉和人牲。……第三,宗教祭祀活动兴起。……第四,发现了城堡、垒和围墙。所有这一切说明,远在尧舜禹及其以前的年代,也就是新石器晚期的时代,黄河中下游的各氏族部落,不仅产生了贫富不均的社会冲突,而且也产生了人奴役人的残酷行为,甚至更产生了凌驾于社会之上的组织机构,有人将这种组织和机构称作古城古国,以区别夏王朝以后的阶级国家。上面的种种挑战表明,把尧舜禹时代社会管理的机构和制度,同古希腊罗马的军事民主制互相挂钩的论述,日益站不住脚了。

由此认识出发,作者认为,中国古代社会的发展有自己的特点,绝不能拿希腊罗马硬套:

出于过渡阶段的华夏中国,客观条件远不如古希腊罗马那么优越,那么从容不迫和无往不胜。它险恶得多,残酷得多,也急剧得多。它不能宽松裕如地去发展社会经济,也不能优哉游哉地去保存氏族社会的民主制传统,从而自在地演变出三权鼎立的军事民主制来。它需要集中统一,需要权威强力,它过早而又急剧地迈进了私有制的奴隶社会。①

这种突出中国社会发展自身特点的意识和思考,显然这值得称许的。因为任何外来的理论只是在能够诠释中国实际的前提下才具有启迪意义,否则,生吞活剥地类比,削足适履地强求一致,很难凸显中国本身的特质。不管作者这里的结论是否符合实际,他的论述方向和方法还是值得肯定的。

刘明涛、高民政在《在历史与理想之间:对〈史记〉中尧舜禹时期政治形态的解读》一文中,认为《史记》一书对尧舜禹的记载,将其时的政治充分理想化,“折射着儒家民本理想的政治建构”。这其中,“重民利民的思想”“德法并治的思想”是“民本政治思想的体现”;“最高权力的承继”“政治权力的分工”展示的是“民本政治的运作”;而“民主决策制度”“考行考功制度”“培养‘试用’制度”和“让辟制度”,则展现了“民主政治的‘制度’建设”。然而,在作者看来,儒家的民本政治实际上却是可望而不可即,从来没有在中国历史上实行过,原因就在于:

其一,儒家的民本政治淡化或回避了个人利益的追求。

其二,儒家的民本政治是不完全的,小范围的“民主”。

---

① 逸群:《从军事民主到方国酋邦制》,《孝感师专学报》1995年第3期。

其三，儒家的民本政治是人治体系。民本政治内含着森严的等级性，而且从体制建设上讲是不完善的，或是和人治体系相配合的。

其四，儒家民本政治的“减压阀”的弹性太大。换一句话表述，也即保证这种政治体系的条件太宽泛。①

这里的论述从尧舜禹引申至整个中国古代政治体制的弊端，虽然具有启示意义，但失之简单化，因为中国古代社会政治体制的优长和缺陷是一个十分复杂的问题，而民本思想始终发挥着比较积极的作用。尽管完全的理想的民本政治在中国历史上从来没有实行过，但在一些时代，民本的部分内涵还是得到了贯彻。

赵燕姣在《尧舜禅让浅谈》一文中，通过对传世文献和上博简、郭店竹简的爬梳辨析，认为“禅让”不仅存在，而且“势在必行”。许多关于禅让的文献记载并非虚构，战国后期随着列国间剧烈的竞争和社会专制主义理论的兴盛，禅让因不合时宜而消沉，但这不能成为禅让不存在的根据。②

裘士京（1947～），浙江绍兴人，安徽师范大学历史与社会学院教授。主编或参与编撰《江南铜研究》《中国古代史》（十院校本）、《中国考试通史》《中国文化史纲》《中华古玩通鉴》等著作。在《“选贤与能”和先秦尚贤观念的形成》一文中，认为“选贤与能”在中国的原始社会广泛存在，尧舜禹的禅让就是最有力的证明。而这种观念在春秋战国时期得到最普遍的弘扬，不仅列国统治者不拘一格选拔人才，而且众多思想家也着意这一理念的阐发，由此“形成了中国传统的尚贤思想和任人唯贤的人才选拔观念”③。

张江洪在《论舜帝的为政之道》一文中，将舜帝的为政之道归结为“勤政爱民，心怀天下”，“任人唯贤，量才定职”，“集思广益，推行民主之风”，“制定律法，安定民生”，“推行五教，以德育人”等内容，最后的结论是：

“大道之行，天下为公”，这是舜帝执政为人的根本出发点。舜帝受命于危难之秋，他以救民、安民、治民为己任。为了消弭四方诸侯的对立与斗争，他四方奔走，考察巡行，协调各方利益，化解矛盾，广泛团结一切可以团结的人，使虞国的政权有了更为广泛的、牢固的民众基础。他制定法律，果敢地处置朝廷中的黑恶势力“四凶”，天下百姓额

---

① 刘明涛、高民政：《在历史与理想之间：对〈史记〉中尧舜禹时期政治形态的解读》，《探索与争鸣》2005 年第 11 期。

② 参见中国先秦史学会等编：《虞舜文化研究集》，山西古籍出版社 2005 年版。

③ 中国先秦史学会等编：《虞舜文化研究集》，山西古籍出版社 2005 年版。

> 手称赞。他大胆地启用贤能之人任官设职，使天下各行业治理得井井有序，特别是提拔、任用大禹治水，使多年泛滥成灾的洪水得以有效治理，使老百姓有了一个安定有利的生产、生活环境。舜帝广开言路，设立“诽谤”之木，认真听取民众意见，诚恳地接受民众的监督。他任人唯贤，反对任人唯亲，主动禅位给贤德闻名的大禹，是为中华文明的典范。舜帝推行五教，以德育人，使人们明人伦、辨美丑、知贤愚。是为中华文明发展史的重要篇章。①

这种评价显然将虞舜政治提高到一个相当的高度，比之司马迁已经有过之而无不及了。但如此评价，总给人以类比“现代化”之感。

郭文芬在《论“尧天舜日”之颂和“和谐社会”之追求》一文中，认为在尧舜时期已经有了人与自然和谐的思想，例证是历法制定，“敬授人时”；以“决”“浚”之法治理洪水和打井抗旱。尧舜时期通行朴素的道德文化，以孝、悌为核心的家庭伦理，以“邻里相亲，乐助谦让”为核心的社会公德，以“诚实守信，敬业求精”为核心的职业道德，以“广开言路、举贤任能、惩恶扬善、亲睦九族、维护统一、勤政爱民、天下为公”为核心的政治道德。而所有这些道德伦理的提倡，都是为了实现“和谐社会”的理想。②

吕光玉在《“天下明德皆自虞帝始”解读》一文中，认为舜帝的“明德”主要体现在“创立并推行以‘孝’为核心的伦理道德”，“倡导并建立以‘信’为本的社会规范”，“确立并实施以‘仁’为核心的治国理念”，“确立并践行以‘和’平天下的民族融合政策”。正因为如此，舜帝才当之无愧地成为道德文化的鼻祖：

> 舜帝作为“五帝”中的最后一位，处在中华文明成立并繁荣发展的重要时期，他的“明德”思想集中体现为重德治、行教化、主张入世、讲求社会和谐和孝道，坚持以伦理道德作为维系社会道德的根本，主张刚健自强的人生态度，提倡“和而不同，执两用中”，具有强大的同化力和顽强的生命力。而儒家思想的核心“仁”和“孝悌”，即起源于舜帝之德，并继承发扬舜帝思想，成为中国传统文化的核心。因此，舜是道德文化的鼻祖，舜文化是中华传统文化的重要母源。③

---

① 《舜文化论文集》第1辑，湖南人民出版社2008年版。

② 参见郭文芬：《论“尧天舜日”之颂和“和谐社会”之追求》，《宁夏区委党校学报》2008年第3期。

③ 吕光玉：《“天下明德皆自虞帝始”解读》，《超然台》2008年第3期。

这些观点都充分考虑了舜帝在中国传统道德建构中的奠基作用。

张文生(1957～),内蒙古土默特左旗人,内蒙古师范大学历史文化学院教授,长期从事史学理论与中国北部边疆史的教学和研究工作。出版了《李大钊史学思想研究》《史学要论》等学术著作。他与姬可周在《论〈舜文化对构建和谐社会的意义〉》一文中,着重论述了舜德对构建和谐社会的积极作用。他认为,"孝道敬亲思想是舜文化的基本内容",而他的政治道德主要体现在他的"天下为公"的思想和行为。这些思想和行为对后世中国历史的发展均起了积极作用。而"发掘和弘扬中华舜文化优秀传统",正是"构建社会主义和谐社会"所必需的。①

张纯良在《舜文化是中华优秀思想文化之祖根说》一文中,认为"大舜身上的'和、善'是中华优秀思想文化的'根'",而他的这个理念进一步发展为"和而不同",成为儒家的宇宙观;发展为"人性本善",成为儒家的人生价值观。这其中包括了"积极进取,追求平衡与和谐的人性","以孝悌为基础,以仁爱为纲常的情义性","遵理循序性","继承和革新的精神"。只有这些精神得到发扬光大和认真实践,中国和世界才能够最后达到世界大同的目标。③

十六、李荫光、丁学贤、食古、过常宝、钱玉趾、刘范弟、宋会群、白国红、周光敏、刘文松的尧舜观

李荫光在《鲧的罪状的讨论》一文中,认定"鲧致死的原因是'强谏',完全与'治水不成'无关"。后来,在经历了"强谏罪的退化和治水罪的扩张"之后,鲧的死因就主要是"治水无功"了。可是,记载鲧因"强谏致死"的文献《离骚》《韩非子》《吕氏春秋》都是战国的作品,而记载鲧因"治水无功"而死的文献《尧典》《史记》《越绝书》《拾遗记》《述异记》等皆是秦末以后的作品。这其中的奥秘是战国时期的儒家学派尚未独尊,所以讲鲧因"强谏致死"并不影响尧舜的光辉形象;而到汉代,已经实行"罢黜百家,独尊儒术"的思想文化政策,尧舜已经成圣成天,再讲鲧因"强谏致死"就有损尧舜的形象了。② 作者这样解释鲧的所谓罪案似乎还能自圆其说,看来不是全无道理。

---

①③ 参见张福秀等主编:《诸城大舜研究》,人民出版社 2010 年版。

② 参见李荫光:《鲧的罪状的讨论》,《中山大学语言历史研究所周刊》1928 年第 5 卷第 53、54 期合刊。

紧接李荫光的文章,丁学贤写了《关于鲧禹问题的讨论》,他的结论是:

似乎鲧不是尧的臣子,禹也好像不是鲧的儿子,鲧是一个部落的酋长,禹是一个阴险的叛徒,说什么君臣父子,都是假的,大半是后人伪造出来的。

之后,他列出证据,证明以下六点结论:第一,鲧与共工一定是某一部落的酋长,并不是尧的臣子。第二,鲧的罪状是儒家造出来的,"受了几千年的大冤枉"。第三,由于鲧帮助共工与尧争天下,所以被尧杀死。第四,从禹对尧的顺从和膜拜,证明他同鲧不可能是父子关系。第五,鲧化黄熊的故事,是鲧的氏族在他死后编造的,寄托着族人对他的怀念。第六,尧杀伐成性,他在殛鲧的同时也兼并了鲧的部落。① 作者如此推测虽然与传统观念大相径庭,但同样能够引发人们的思考。

食古在《尧舜传说之歧异》一文中,对尧舜以及与之有关的问题进行考证,得出这样几个结论:《论语》《孟子》《荀子》《大戴礼记》等文献对于尧舜衣服宫室的记载是失实的,"尧舜之世,犹在洪荒时代,断无黼黻文章和鸾武像之制度,且亦未必有黍稷葛衣如墨氏所云之文明也"。所谓尧嫁给舜的二女,"皆向壁虚构,不足为据"。而"尧命羲和云云,乃后世儒家所臆造"。至于"尧殛鲧羽山",他认为"皆后人耳食傅会之说"。"四罪"共工、驩兜、三苗、鲧以及皋陶、伯夷等,其人其事也都不可信。② 显然,这里食古所坚持的显然是古史辨的路子,宁信其无不信其有,将五帝及其相关的几乎所有人物皆归入编造系列。如此一来,真实的古史又是什么?

过常宝(1964~),安徽含山人,北京师范大学文学院院长、教授、博士生导师,韩国高丽大学中文系访问教授。代表性著作《中国文学史》《原史文化及文献研究》《依然旧时明月——唐宋诗词中的情感和生命》《柳永》《中国古典文学接受史》《楚辞与原始宗教》等。在《湘君、湘夫人新考》一文中,经过详细考辨,认为湘君、湘夫人最初实为一神的两种称呼,"最原始的原型应像何伯、山鬼一样是一以山川命名的女性神,由于舜妃死于湘水的传说,人们逐渐将他们结合起来"③。而《楚辞》中的《湘君》不过是一个

---

① 参见丁学贤:《关于鲧禹问题的讨论》,《中山大学语言历史研究所周刊》1929年第7卷第81期。

② 参见食古:《尧舜传说之歧异》,《中山大学语言历史研究所周刊》1929年第7卷第81期。

③ 过常宝:《湘君、湘夫人新考》,《文史知识》1998年第9期

神、人（巫）恋爱的故事而已。

钱玉趾（1937～），江苏金坛人，四川省科学技术协会高级工程师。著有《三星堆文化》《巴蜀史与古文字探》《九歌全新解译》《屈原楚辞全新解译》《探真古今诗文》等。在《湘君、湘夫人身份考》一文中，得出的结论与过常宝较为接近：

在古史、神话传说范畴里帝之二女即舜之二妃，是俗称的湘君、湘夫人。在屈原《九歌》的人物形象塑造中，湘君、湘夫人是湘水水神；湘君为男神，湘夫人是女神，应是一对配偶神。因此，分析《九歌》时，将湘君、湘夫人说成帝之二女、舜之二妃以及将湘君说成舜，将湘夫人说成舜妃皆不妥，将湘君说成湘水神（男），将湘夫人说成舜妃也属不妥。《湘君》是写湘夫人（女神）寻觅、爱恋湘君（男神）的爱情诗，《湘夫人》是写人间男子（男巫）寻觅、爱恋湘夫人（女神）的爱情诗。①

刘范弟在其著作《善卷、蚩尤与武陵》一书中，对于尧舜有关联的善卷进行了考释。他认为，善卷根本就不是尧舜的臣民，他与蚩尤都是三苗的首领，是为苗族的发展、为中华民族的发展做出巨大贡献的英雄人物。而后来善卷的隐者形象完全是后世道家文化，尤其是庄子改造的结果。②

宋会群，河南大学历史文化学院历史系教授。在《炎帝文化》一书中，对丹朱和驩兜进行了考释，他认为丹朱就是驩兜，也就是驩头。尽管史书记载的驩兜事迹有许多歧异之处，但有一点是明确的，即驩兜处于我国原始社会末期或阶级社会初期。其事迹中有两点值得注意：

一是其作为南方苗民之祖先，多次以驩兜之名（或苗民）与中原尧、舜、后稷、禹等部族发生战争，并战败流窜于崇山；二是其作为中原尧部族的子族，被认为是“不肖子”，被流放于丹水。史料所显示的这种传说显然矛盾重重，但如果究其史影，可能是中原尧部族的一支因种种原因被迫南迁，与当地的驩兜、苗民融合或结为同盟，故丹朱与驩兜被视为同一人，驩兜具有北方华夏、南方苗蛮的双重族性；后又与尧舜禹等中原部族长期战争，故其所属时代跨越尧舜禹各代。③

白国红（1970～），河北人，天津师范大学历史文化学院教授，兼任中国先秦史学会常务理事兼副秘书长。主要从事中国古代史尤其是先秦史

---

① 钱玉趾：《湘君、湘夫人身份考》，《西南民族学院学报》2000年第2期。

② 参见刘范弟：《善卷、蚩尤与武陵》，湖南大学出版社2003年版。

③ 宋会群：《炎帝文化》，中华书局2005年版。

研究，近年来研究重点是先秦时期的家族和礼制。主要著作有《孝经孔子家语译注》《赵国史稿》《春秋晋国赵氏研究》等。在《大费史实考辨》一文中，对大费其人其事进行了考辨。他认为，许多学者认定史书中出现的益、柏翳、柏益、伯翳虽然称呼不一，但其实就是一个人，即秦人的始祖大费：

> 他们的称呼虽然不一，但是却有众多的共同特征：一是与舜、禹同时，而且是其得力助手；二是官职相同，都是舜的虞官；三是事迹相同，皆为受舜命协助禹治水之人。据此，我们得出的结论是：益、柏翳、柏益、伯翳是同一人的不同称谓。
>
> 伯益最突出的贡献就是佐助禹平治水土。……洪水的平治，是我国古代的华夏集团与东夷集团密切合作的伟大成就，有利于促进我国的民族融合。伯益不仅治水卓有成就，而且在治水过程中还立下了其他功劳。①

周光敏，河南人，在许昌市政府从事经济技术工作。主要著作《华夏龙根觅源》《中华上古十二帝》。他与刘文松在《华夏“龙根”觅源——人祖伏羲、炎黄二帝、禹故里览胜》一书中，对三皇五帝所代表的时代、名位进行了较为详尽的考证，他认为，“伏羲、神农和黄帝各代表一个不同的时代”：“伏羲带领中华先民由原始的蒙昧社会进入了早期的文明社会会”，“而神农则代表着农业时代的到来”，“黄帝时代已奠定了中国国家的雏形，使古老的华夏迈入了初级的文明社会”。所以应将伏羲、炎帝、黄帝定为“三皇”，而五帝依次应该是黄帝子孙的少昊、颛顼、喾、尧、舜。② 如此排列组合，作为一种学术观点自有其合理性，但似乎还不能解释尧、舜不同族属的矛盾。

十七、臧振、黄怀信、田旭东、王瑜、温玉春、张敏、韩明芳、张介立、陈瑞苗、蒋南华、何崝、张培莲的尧舜观

臧振（1943～），四川乐山人，陕西师范大学历史系教授。主要著作有《蒙昧中的智慧：中国巫术》《中国古玉文化》等。在《〈虞夏书〉成书年代考》一文中，他认为“《尧典》中强调‘克明俊德，以亲九族’‘协和万邦’的思想，很明显的是周初思想”，而《舜典》是从《尧典》分出，自然也是周初无

---

① 中国先秦史学会等编：《虞舜文化研究集》，山西古籍出版社 2005 年版。

② 周光敏等：《华夏“龙根”觅源——人祖伏羲、炎黄二帝、禹故里览胜》，大象出版社 2005 年版。

疑。《皋陶谟》与《益稷》同属一篇文章，“观其内容，如安民、惠民，行有‘九德’（宽、柔、愿等），‘浚明有家’‘同寅协奏和衷哉’等，宗族社会、重民思想，仍是西周文字，至迟不晚于春秋，不应出自以法为教、耕战为务、驰骋言说、伏尸百万的战国、秦代和汉初”。《禹贡》中九州的地理观念，至迟在西周已有，所以其成书也也应该在西周时期。《甘誓》“也必定在西周时期”。他最后的结论是：

> 《虞夏书》诸篇“必为周初人所作”，反映了殷周人的历史观念，是研究殷周历史可以信赖的史料！①

黄怀信（1951～），陕西岐山人，曲阜师范大学特聘教授，现任专门史专业博士生导师。主要著作有《逸周书汇校集注》《鹖冠子汇校集注》《逸周书校补注译》《尚书注训》《论语新校释》《尚书正义》（黄怀信整理）、《儒家文献研究》《逸周书源流考辨》《小尔雅汇校集释》《尚书古文疏证》（黄怀信、吕翊欣校点）、《大戴礼记汇校集注》《上博竹书〈诗论〉解义》等。在《从〈舜典〉看舜帝时代的社会文明》一文中，认为“‘舜帝’可以作为一个时代的代称，而且这个时代，在中国古代确实存在”。在考察了当时的政治文明、教化文明、礼仪文明、法律文明、农业文明、手工业文明和科学文明之后，认定当时的中国社会已经进入文明社会的初级阶段。②这一看法已经是相当多学者的共识。

田旭东（1954～），西北大学历史学教授，主要从事上古史，尤其是《孙子》等兵书的研究。主要著作有《逸周书汇校集注》《司马法浅说》《孙子》等。她与王瑜在《〈容成氏〉所见舜帝事迹考》一文中认定，“《容成氏》的记载虽然在语言上有其自身特色，但在内容上并没有超出我们从传统文献中得到的古史知识的范畴”。由此得到以下认识：

> 一、与传世文献《尚书》及诸子著作的记载相比，《容成氏》关于古代帝王的记载可以说整体上系统化、局部上概括化，大量细节性的信息很可能是人为地省略了。二、与许多传世文献的记载相比，《容成氏》的文字比较平实，没有往古代帝王身上附会神异之事。三、《容成氏》作为出土的原本形态的古书，具有较高的可信度，可以帮助我们重新审查在传说时代的中国历史。四、《容成氏》具有的文献价值可以帮助我们重新考察传统文献的真实性。五、《容成氏》及其他古书的发现

①② 中国先秦史学会等编：《虞舜文化研究集》，山西古籍出版社2005年版。

可以帮助我们纠正"古史辨"派盛行以来的许多流弊,引导我们找到研究中国历史的新方向。①

这里对《容成氏》的估价应该是比较准确和恰切的。

温玉春,现为河北师大历史文化学院教授。主要著作有《吴——让国先贤后裔之姓》《燕赵历史文化名人》等。在《古籍所载尧舜年代资料辨析》一文中,对许多资料记载的五帝及禹、汤、文、武这批圣帝名王都几乎高寿的情况进行分析评判。他说:

黄帝、颛顼、喾、禹、文王、武王,要么是在位百年,要么是享年百年,要么是在位或享年接近百年。不但漫长而且十分规整(都和神秘数字100有关),非常不合理。和《尧典》所云尧寿百年以上、舜寿百年联系起来,我们不难看出,即使它们都不是最原始的资料,即使不是出自一人一书,所以这些有关的年代数也必是根据同一指导思想(尊崇五帝三王)而人为创造出来的,绝不可能是引自事实或可靠文献。既然是伪造,自然造十的整倍数要比造非整倍数要省劲得的。

由于认定《尚书·尧典》出于伪造,所以他就彻底否定了它的价值:

同时我们也更加确信,《尚书·尧典》就是约在春秋末战国初伪造的,不可能是原文或者对原文的简单改造。这样,我们也就可知,对于研究真实的尧舜年代来说,伪造的《尚书·尧典》是毫不足凭的,几乎没有任何史料价值。②

顺此前进,作者也否定了《孟子》和《史记》有关尧舜记载的史料价值。在20、21世纪之交对"古史辨"派几乎一片否定的氛围中,作者显然是力挺该派的少数人之一。他的观点仍然可以作为一种学术见解而存在。

张敏(1975~),江西吉安人,湖北大学历史文化学院历史系教授。主要著作有《生态史学视野下的十六国北魏兴衰》等。他与韩明芳在《虞舜南巡与勾吴的发端》一文中,通过对江苏兴化南荡遗址考古资料的分析研究,认定其与北方相对应的舜的考古遗存有许多相似之处,再结合对《孟子》《史记》《山海经》等文献所载舜最后去处的解读,认为虞舜部落在与夏后氏部落竞争中原地区统治权失败后,辗转南逃,最后落脚于今之南京镇江地区的南荡一带,成为后来勾吴的祖先。他的结论是:

《史记》中所言"南巡狩"未必不是"春秋笔法",目的是掩盖一个

① 中国先秦史学会等编:《虞舜文化研究集》,山西古籍出版社2005年版。

② 温玉春:《古籍所载尧舜年代资料辨析》,《河北师范大学学报》2008年第3期。

失败的史实,然欲盖弥彰。虞舜的"南巡狩"亦同样是一次政治权力斗争失败之后的大逃亡。然而,正是华夏国家文明的诞生,导致了虞舜的"南巡狩";正是虞舜的这次异乎寻常的"南巡狩",导致了宁镇地区勾吴文明的发端。①

应该承认,紧密结合文献与考古资料的论述方向是正确的,但作者将虞舜与勾吴连在一起是否顺理成章,似乎还有待进一步的论证。

张介立在《舜崩何年》一文中,认定舜享年百岁是可信的。而根据《史记·五帝本纪》和"尧陵"碑的记载,推断舜"崩于公元前 2272 年岁次己巳"②。这个结论可备一说。事实上,由于年代久远,且其生活经历年代的节点又都是推断而来,所以确定舜真实的生卒年是十分困难的,似应该慎之又慎。

陈瑞苗(1936~),浙江诸暨人。《绍兴日报》总编辑、绍兴市社会科学界联合会主席、绍兴市社会科学院院长。在《虞舜为帝纪年考》一文中,他认为舜在帝位的时间为 19 年,享年 78 岁:

舜继尧为帝的第三年"荐禹于天,为嗣十七年而崩",在帝位十九年。据此推算,舜年七十八,并非"年百岁",更不是"寿一百一十二岁"。中国古代"百年曰期颐",意为长寿。所谓黄帝"在位百年而崩",舜、禹"年百岁"而崩,均非实指,而是一种理想化的传说和记载。③

这一说法比之认定尧、舜、禹等皆百岁人瑞似乎更具合理性,显然可备一说。

蒋南华(1939~),湖南桃江人,曾任贵州省社会科学院院长、教授。主要著作有《苗楚文化研究》《楚辞典研究》《屈原生年考辨》等。在《尧舜及其生活年代》一文中,推定尧舜的确切生卒年:

我们知道尧生于甲申,舜生于"尧之二十一年甲子",尧 118 岁"辛巳"去世的第二年,即舜"七十九年壬午即真"之时,舜比尧刚好年轻 40 岁。而尧是公元前 2317 年甲申出生的,那么舜的生年当是公元前 2277 年(2317-40=2277)。查《中国历史纪年表》之《公元前甲子检查表》,得知公元前 2277 年甲子,与皇甫谧"舜以尧之二十一年甲子生"正合。舜生于公元前 2277 年甲子,"百岁癸卯崩"其卒年是公元前

---

① 张敏:《虞舜南巡与勾吴的发端》,《南京大学学报》1999 年第 3 期。

②③ 九嶷山舜文化研究会编:《舜德千秋》,海南出版社 2001 年版。

2178 年(2277－100＋1＝2178)。查《中国历史纪年表》之《公元前甲子检查表》:公元前 2178 年正是"癸卯"。

舜如果实有其人,他活多大年纪肯定是唯一的。然而,由年代久远,且各种记载都难以置信,非要给他确定一个确切的生卒年,几乎是不可能的。在文中,作者还认为中国文明史长达七千年,尧舜禹时代只是"中续":

> 尧舜时期,国家实行的是一种"禅让"制度……可谓是一种"议会民主制"……的美政,成了我们中华民族共同认可和向往的道德规范和行为准则。
>
> 尧舜禹时代的天文历术,也在前人"敬顺昊天数法日月星辰,敬授民时","以闰月正四时"成岁的基础上,进一步推向了更为系统、科学和精微的法制阶段。此时期"礼制的复杂化也达到了先夏时期的顶峰阶段"。在中华文明的发展史上,"龙山文化"的尧舜禹时代,绝不是文明的起点,而是中华远古文化七千年的中续,它上承炎黄,下启汤武,是一个承前启后继往开来的辉煌时代。①

如此估计尧舜禹时代的文明水平,可能在学术界是最超前的。究竟正确与否,似乎还有待考古学提供新证据。

何崝(1947～),四川成都人,曾任四川省人民政府文史馆馆员,主要著作有《商文化窥管》,参与《甲骨文辞典》的编辑工作。在《尧舜禹史迹新探》一文中,对舜的史迹进行了考辨。他认为舜的生地应该在"山东西南和河南东北一带,这一片地区是风姓诸氏族分布地区,孟子所说的舜的生地,应该在这一地区"。舜属于有虞氏这一部族,在考古学上属于山东龙山文化。他的早期活动地区应在山东的定陶、鄄城一带。后来西进,势力达到河北、山西,于是与尧部落结为联盟,这是华夏族与东夷族的联盟。但这个联盟存在的时间不长,尧族与虞舜族发生分裂和竞争,虞舜族用武力打败尧族,一时取得支配地位。再后,西羌族的首领鲧禹一支进入伊洛地区,并与此地的华夏族涂山氏联盟,禹在治水取得成功之后,联合鲧氏族打败了盟主舜族迫使其东逃。鲧禹族融入华夏族,建立了夏王朝。② 这样结合文献与考古资料的论述,提供了一个对虞舜一族活动时间和地域的比较合理的解释,具有相当的说服力。

张培莲在《舜帝祖籍考证》一文中,认为舜的先祖幕封国在山西平陆,

---

① 九嶷山舜文化研究会编:《舜德千秋》,海南出版社 2001 年版。

② 参见中国先秦史学会等编:《虞舜文化研究集》,山西古籍出版社 2005 年版。

“舜是黄帝集团而非东夷集团”。因为他是黄帝的九世孙,同时一个重要的佐证是,“有虞氏部落以仁兽驺虞为图腾。而东夷集团则以鸟为图腾”。孟子所说的东夷实际上指的是山西永济。《史记·五帝本纪》记载舜是冀州人,而当时的山西蒲州永济属于冀州。所以,诸冯在永济,诸冯里有姚墟村,这就是舜的生地和祖居。[①] 在学术界,有相当多的人认为舜的生地和主要活动地区在今山西南部,张培莲是将这种观点论述比较充分的学者之一。

十八、贠创生、叶予青、罗琨、王树明、李衡梅、周延良、马光的尧舜观

贠创生在《舜帝业绩及其文化遗存》一文中,列举存在于今山西运城市的盐湖区、永济市、垣曲县、芮城县的舜帝文化遗存,认定这里是舜的活动地域:

> 盐湖区有舜帝庙和舜帝陵墓(在西区马村),舜帝弹五弦琴并吟咏《南风歌》处(在运城盐池之畔),舜帝卒崩处(在境内鸣条岗);永济市有舜帝都城蒲坂(在今蒲州附近),舜的出生地诸冯(在今舜帝村附近),舜耕历山(即今雷首山)处,舜渔雷泽(在今中条山脚下小溪中)处,舜陶河滨(在今永济境,原为陶城)处,舜之二妃娥皇、女英墓(在今韩阳镇山底村东)等;垣曲县有舜王庙(在今历山乡境),舜的父亲瞽叟冢(在今同善镇神后村),舜耕之地历山和舜王坪(在今历山乡境),舜石瓮(在今历山乡马马渠河中央),舜井(在今同善镇神后村),姚墟(在县境诸冯山),舜的出生地诸冯(在县境诸冯山),舜迁于负夏(在今同善乡境)处,舜之双妃(娥皇、女英)潭(在望仙乡三潭景区)等等;芮城县有舜帝庙(在今杜庄乡境),舜耕历山(在今原村乡东历山村)处,还有大舜耕历山的传说等等。(这些区县姚姓人口众多)……他们很可能都是舜帝的后裔。总之,这些地域留给后世的舜帝文化资源十分丰富,加之一些史籍的记载,足以证明舜帝大半辈子的活动足迹就在这些地域。[②]

应该说,无论是文献还是考古资料、民间传说和文化遗存,山西运城地区都是尧舜主要活动区域之一。

叶予青在《舜南巡狩考证》一文中,认为舜的疆域仅限于冀州,根本到

---

① 参见中国先秦史学会等编:《虞舜文化研究集》,山西古籍出版社 2005 年版。

② 中国先秦史学会等编:《虞舜文化研究集》,山西古籍出版社 2005 年版。

不了长江以南,不可能有巡狩四岳之举。所以,他的死地苍梧只能在冀州境内,而绝非广西之苍梧,这个苍梧在今之运城鸣条岗一带最接近事实。①如此判断当然可备一说。

罗琨(1940~),浙江上虞人,中国社会科学院历史所研究员,长期从事甲骨文和先秦史的研究。主要著作有《中国军事史·夏商西周》《国学大师丛书·罗振玉评传》等。她在《"有虞氏"谱系探析》一文中,理出周以前有虞氏的世系:

> 昌意……颛顼……幕—穷蝉—敬康—句望—桥牛—瞽叟—重华(舜)—商均……虞思—箕伯—直柄……虞遂……伯戏……虞阏父……胡公满。

她认为,在幕至商均的清晰传承系列中,"反映了这个古族在尧舜禹时代达到的较高文明程度",应该通过进一步的研究,"修一篇比较翔实的'虞本纪'"②。这种期待由于历史和考古学界的努力,正在逐步实现中。

王树明(1939~),山东考古所研究员。他在《文献记载与考古发现中的帝舜》一文中,认定文献记载中的帝舜、太昊一族,是东夷人的一支,他们在山东的活动已经被诸城前寨、莒县陵阳河遗址发现的刻画图像文字与大量器物证实。这个族属西徙和南迁的历史,也被安徽蒙城尉迟寺发掘出的陶文"煜"和大量鸟形器,湖北天门邓家湾、肖家屋脊发掘出的号角刻文"戊""火"字以及大量陶器、耒耜、号角等与诸城前寨、莒县陵阳河遗址发现的有联系的器物证明。③ 这些考古遗址组成的链条,清晰而鲜明地展示了虞舜一族发展与活动的轨迹。

李衡梅(1942~2001),烟台师范学院教授。他在《礼仪起源于有虞氏说》一文中,以文献和考古资料互证的方法,以《尚书·尧典》《礼记》《史记·陈杞世家》等资料,对应山东龙山遗址、山西陶寺遗址所出土器物,认定礼仪起源于有虞氏时代。④ 这就将虞舜时期通过礼制与三代紧密联系起来。

周延良(1950~),山东青岛人,天津师范大学古典文献研究所所长、教授,历史文化学院博士生导师。主要著作有《重广会史笺证》《廉吏传会证》

---

① 中国先秦史学会等编:《虞舜文化研究集》,山西古籍出版社 2005 年版。

② 罗琨:《"有虞氏"谱系探析》,《中原文物》2006 年第 1 期。

③ 参见张福秀等主编:《诸城大舜研究》,人民出版社 2010 年版。

④ 参见李衡梅:《礼仪起源于有虞氏说》,《烟台大学学报》1997 年第 4 期。

《诗经学案与儒家伦理思想研究》《夏商周原始文化要论》《〈文木山房诗说〉与〈诗经〉学案丛考》等。在《夏商周原始文化要论》一书中，对唐虞时代的婚姻形态进行研究。他从尧以二女嫁给舜一事，认定是一种“伙婚”形态也即“对偶婚”形态。这种婚姻关系本来主要存在于原始社会，而到文明社会则应被一夫一妻制（同时存在一夫多妻制为补充）代替。虞舜时期虽然已经进入文明社会，但这种婚姻却依然存在，这既说明婚姻的变化相对于社会其他方面发展的滞后，也说明婚姻受诸多因素的制约，由是展现婚姻与社会发展的不同步。① 作者的这种认识实际上反映了对一个带有规律社会历史现象的感悟：世界上各个国家和民族，由于各种条件的差异，一定会出现文明各种因素不同步发展的状况。这表明，传统一旦形成，其力量往往顽强地展示出来。

马光的博士论文《尧舜时代研究》，对尧舜时代的经济、政治和思想文化进行了全方位的研究。他充分利用文献与考古资料的结合，从细节出发诠释该时代的方方面面。他认定，“尧舜时代社会生产发展程度已经达到史前时代所能达到的最高水平”，“农业在社会经济生活中占主导地位……是当时人们生存的基础”。生产工具如耒耜、铫耨、石铲、石斧、骨器、蚌器等以及广泛使用。粮食产量已有较大提高，出现了储藏粮食的仓廪。住室出现了地上建筑、半地穴式建筑和窑洞三种形式，不少村落挖掘了水井。家畜饲养发展，猪、狗、牛、羊鸡成为主要品种。狩猎作为农业和养殖业的补充还占有一定地位，这表现在各种石制、骨制和蚌制箭镞的制造和使用。手工业获得显著发展，制铜、制陶、纺织、石器、骨器、玉器、木器等行也皆达到一定规模。与此同时，尧舜时代的制度文明也有了显著进步，首先是礼制的出现，吉礼、凶礼、朝觐、会同之礼相继诞生。官制初步建立，各种官员的设置日益增多，官员的选拔和考核制度亦建立并运作。人们对天文历法有了初步认识，也有了较为完整的刑罚制度。在精神文明方面，尧舜时代更有着明显的进步，如陶寺遗址朱书“文”的出现，说明文字已经产生。同时诞生了较完整的礼乐制度，有了五弦之瑟、铜铃、陶鼓、石磬、鼍鼓等乐器以及专门的乐章。彩陶和木器彩绘的出土，说明绘画艺术已经出现。马光进而探索了尧舜时代的社会形态。他认定尧舜时代的社会组织是“族邦联合体”。这种联合体具有这样几个特征：第一，族邦联合体中设有首领，首

① 参见周延良：《夏商周原始文化要论》，学苑出版社 2004 年版。

领拥有最高权力,组成联合体的族邦在地位上具有不平等性。第二,族邦联合体中出现了人力、物力等资源的管理机构或管理者。第三,族邦联合体中出现了社会分层现象。根据这些特征,他认为这种族邦联合体就是"酋邦社会",其主要特征表现在四个方面:第一,酋邦社会是不平等的氏族社会。第二,酋邦社会不存在政府,但有集中管理机构或管理者。第三,酋邦社会不存在私有制,但再分配不均等。第四,酋邦社会有阶等划分,但无正式和合法的强制性的暴力镇压工具。最后的结论是:"尧舜时代已处于酋邦社会晚期,国家产生的前夜,早期国家即将破茧而出。"

该论文也讨论了尧舜禅让问题。作者认为,禅让是尧舜禹时代存在的事实,这种制度是在陶唐氏、有虞氏和夏后氏三大族邦首领之间实行的,"作为上古帝王实行的一种纳贤传能制度,包含两层含义:第一层是授贤不授子;第二层是不同族邦首领担任族邦联合体领导者"。

该论文还梳理了历代皇朝对尧舜的祭祀活动,并对其内容、形式的变异及其原因进行了有意义的探索。①

作为一篇博士论文,《尧舜时代研究》应该是近年来研究上古历史尤其是文明起源问题的重要成果。其中对尧舜的时代定位"族邦联合体"——"酋邦社会"的论述,其全面、系统、细密和深入,都达到了当代学术水准的前沿。

十九、朱士光、吴广平、王子今、韩玉德、王福银、涂元济、王建、刘宗迪的尧舜观

朱士光(1939~),湖北武汉人。1965年大学毕业后,先在陕西省水土保持局工作。1982年1月,调入陕西师范大学任陕西师范大学西北历史环境变迁与经济社会发展研究中心主任、教授、博士生导师。他主要从事历史地理研究,是1949年以后从事历史地理研究并取得较显著成绩的学者之一。他在与王社教一起写的《尧都平阳的传说和华夏文明的起源》一文中,认为尧都平阳的传说与山西襄汾陶寺遗址所展示的文明水平基本上能够照应契合,由此他认定,"黄帝、尧、舜、禹是我国历史发展的直接源头,而黄帝、尧、舜、禹的活动中心便在今山西西南一带":

> 尧都平阳虽然仅仅是历史传说,目前还没有得到考古学上的直接

① 参见马光:《尧舜时代研究》,东北师范大学博士学位论文,2007年。

> 证明,但历史文献的有关记载和已有的考古成果已间接表明尧都平阳并非空穴来风,纯属杜撰,而是有一定的历史背景的。帝尧时代的中国社会正在发生演化,尧都平阳已不完全是部落组织对其中心居地的选择,实际上已具备了真正意义上的国家或政权首都的性质。尧都平阳的传说表明,包括今临汾地区在内的晋西南地区是华夏文明的直接起源地,是中国历史的主要源头,华夏文明是以今晋西南地区的远古文化为内核,不断吸收、融合周边其他类型的文化而逐渐形成并发扬光大的。①

这一观点代表了学术界相当一部分人的意见。

吴广平(1962～),湖南汨罗人。现为湖南科技大学人文学院中文系教授,湖南省屈原学会副会长。主要从事神话、楚辞、汉赋、文学人类学和湘潭当代文学的研究。已出版《宋玉研究》《宋玉集》(校注本)、《楚辞全解》《楚辞图文本》等著作多部。在《尧舜二帝原型破译》一文中,认定尧帝就是窑神,也就是男性生殖器。其论证逻辑是:尧帝是传说中的原始社会末期部落或部落联盟的领袖,尧就是窑,是古人居住和繁衍生息的地方,尧其实就是窑神,而这个窑,就与生殖关系密切:

> 要而言之,窑、遥、媱、瑶、蓔、谣等字都系䍃的孳乳,是一组同源字,其核心义都是淫佚、淫缅。从䍃这组文化字群来看,尧帝这位窑神原是一位风流的男性生殖神。

而舜帝也就是俊鸟,同样是男性生殖器。舜帝是东夷殷商族的始祖神,他的"本名是夋,其本义为鸟,而鸟是男性生殖器的象征"。结论是:"拨开舜帝头上的层层圣洁光环,还他以本相,那么他的原型就是男性生殖器。"②如此破译,究竟在多大程度上反映历史真实?似乎还需进一步证明。不过,生殖崇拜在许多原始社会时期的民族中都存在过,作者的观点作为一种学术见解还是有价值的。

冷德熙在《超越神话——纬书政治神话研究》一书中,对三皇五帝被纬书纳入圣王神话系统进行了分析。他认为,"三皇五帝是圣王政治神话的英雄谱",他们受制于天皇和天帝的政治神话的诸神谱。在纬书中,三皇五帝有多种说法。虽然最早的来源不乏先秦典籍的记载,但主要出于汉代纬

---

① 王社教、朱士光:《尧都平阳的传说和华夏文明的起源》,《中国历史地理论丛》2000 年第 2 期。

② 吴广平:《尧舜二帝原型破译》,《湘潭师范学院学报》1996 年第 4 期。

书作者的创造。它们将三皇五帝时期的美政“作为社会政治和道德理想的黄金时代”，让其“一再重复出现于纬书中”，是汉代特殊政治社会状况的反映：

首先，这种远古的美政神话是神圣的，具有最高权威；其次，这种美政神话为现实政治生活提供了理想的典型范式，既包含对现实中虐政的批判，也包含对现实中善政的维护和证明。但是，对这种美政神话的重复叙述，还具有一种巫术的功能，这就是美化现实的功能。因为对这种神话的叙述本身能够使操作者们相信，或许他们自己及他们生活的这个时代与所叙述的美政神话发生本质的认同，即他们已经生活于神话中的那个黄金时代了。①

这样认识纬书中的三皇五帝美政神话，将其拉到两汉时代的政治背景下，可以看作是一种比较深入的开掘。但是，将三皇五帝美政完全看作是纬书制造出来的，恐怕还值得商榷。因为他们的事迹在先秦典籍中已经有着广泛的记载，纬书中出现的三皇五帝的形象更多的是有意的扭曲。

王子今（1950～），河北武安人，西北大学历史系毕业，曾任中共中央党校教授、北京师范大学历史学院教授，中国秦汉史研究会会长，现为中国人民大学历史学院教授，有《中国古代交通文化》《秦汉交通史稿》等多种著作面世，在《历史研究》《中国史研究》等刊物发表论文数百篇。在《史记的文化发掘》一文中，他认为舜的传说与东夷部族的鸟图腾崇拜有密切联系，与之对应的考古文化应是龙山文化。“舜管理天下大政的时代，可能正是东夷部族文化逐步影响中原文化面貌的历史时期”②。这一结论得到相应的考古资料的支持，也与较多历史学家的认识相近。

韩玉德（1939～），青岛大学师范学院教授。他在《韶乐考论》一文中，认为“夔制《韶》乐：华夏第一乐章”。在引证大量先秦和两汉文献关于《韶》乐的记载后，推定“《韶》乐为最古之雅乐”。后来，由于附会三皇五帝，曾出现一批舜帝之前的所谓雅乐，但均不见演奏的记载，说明这些所谓雅乐，都是好事者附会出来的，实际上并不存在。经常演奏的只有《韶》乐。而“季札和孔子对《韶》乐的极度推崇，表达了先秦时人对《韶》乐的最高评价，亦是对中国传统美学价值标准的最早最完整的表述”。他进而认定：

《韶》为虞、夏、商、周四代帝王处理军国大事时演奏的重要乐舞，

① 冷德熙：《超越神话——纬书政治神话研究》，东方出版社1996年版。

② 王子今：《史记的文化发掘》，湖北人民出版社1997年版。

秦汉以降则演变为皇帝专用以祭祀先帝之庙乐,成为宗庙制度、皇帝制度的一个重要成分,其地位升至极致。

在这一过程中,秦二世皇帝开始以《韶》乐祀极庙,从而开皇帝以《韶》乐为庙乐的先河。后来几经继绝,折衷为《大唐乐》:

> 《韶》乐产生于虞舜时期,其传承过程伴随着王朝盛衰兴亡,几经兴灭继绝,最终于盛唐时期与当时的其他雅乐及四方乐等"折衷"为大唐十五和乐,并于开元二十九年(741)六月由玄宗正式定名为《大唐乐》(《通典·乐七》)。传承约三千余年的《韶》乐从此销声匿迹于中华乐坛。①

这就基本上把《韶》乐的产生及其历史演变的脉络梳理清楚了。

王福银在《对〈尚书·益稷〉所载〈韶〉乐的质疑》一文中举出三点理由,认定所谓《韶》乐绝不可能是虞舜时期的乐章,"首先,礼仪性的等级色彩不符合虞舜的时代特征",因为虞舜时期没有阶级和剥削,不可能产生等级色彩的乐章。"第二,从乐舞的结构上看,也绝非舜时之作。"《韶》乐分三部分,"乐舞层次清晰、结构严谨、高潮突出。类似这样的乐舞,没有相对发达的生产力和经济基础,没有与此相应的文化水平,是难以出现的"。第三,《韶》乐所使用乐器如琴、瑟、笙、箫、镛等在虞舜时期还没有出现。所以结论是:

> 《尚书·益稷》所载的《韶》,既不完全是舜《韶》,也不完全是齐《韶》,而是众儒士依据孔子学说,远借上古传说,近采孔子所闻齐《韶》,附会而成的一个假古董。②

这个结论起码在学术上是讲得通的,因为纯粹的舜《韶》即使存在,其在流传过程中也必定经过不断的改造和损益。后世整理成雅乐演奏时,已经距舜时相当久远了。其间一定变化众多,能保留当时的一些乐舞的元素就难能可贵了。

涂元济在《舜象神话与古代婚俗》一文中,对屈原之问"舜闵在家,父何以鱞?尧不姚告,二女何亲"进行诠释,认为尧舜时期盛行着"有妻而若无妻的一种特殊婚姻形态",妻与鳏是相容的。对《尧典》的"观厥刑于二女,厘降二女于妫汭"进行诠释,认为这段话揭示了一个秘密,那就是禅让与婚姻的关系:

---

① 韩玉德:《韶乐考论》,《学术月刊》1997 年第 3 期。

② 王福银:《对〈尚书·益稷〉所载〈韶〉乐的质疑》,《管子学刊》2000 年第 3 期。

明确了舜是出嫁到二女氏族的事实，禅让的真相也就大白了。原来，选择继承人与招婿是一件事的两个方面，被儒家百般理想化的禅让制度，实际不过是原始社会的既定继承法而已。在母系社会，男子是要从自己的氏族嫁到妻子氏族去的，所以，他失去了本氏族的继承权。尧传位给舜，即翁及婿的继承制度，实质是母系社会或母系家庭中母及女继承制度的变相或发展。……舜之所以能继天子位，是由于他嫁给了尧氏族的缘故。这，就是禅让所由产生的契机。①

另外，象要求与舜共妻，反映的是普那路亚婚姻状况，即兄弟共妻和姊妹共夫。而此时，正是普那路亚婚俗向对偶婚过渡，象坚持前者，舜坚持后者，二者的斗争就不可避免，但这里的斗争与道德无关：

象站在亚血族群婚的立场上，要求与舜共妻二女，舜却站在严格对偶婚的立场上，抵制象的染指，这抵制是进步的表现，舜虽多妻，但是稳固的，是向一夫一妻过渡的一种婚姻形态，而象则是保守的。②

这里涂元济对一些文献记载的解释，是尽量还原历史真相，将后人附加给历史的东西剥离。这种努力是可贵的，起码方向是正确的。而在尧舜问题上，后人附加的东西实在太多，特别是将他们作为道德完人，将本来与道德无关的事情硬是纳入道德的规范，从而使当时的所有人都站到道德的审判台上接受审判，从而也就严重扭曲了他们的形象。历史学的首要任务就是尽最大努力还原历史真相，对被神话传说严重改铸的远古社会的历史看来尤其应该如此。

王建在《“重瞳子”新解驳议》一文中，针对《武汉大学学报》1987 年第 4 期发表的《“重瞳子”新解》将“重瞳子”解释为“童子”，进而将舜和项羽解释为“英姿飒爽的少年英雄”，提出不同见解。他认为，虽然根据现代医学和光学原理，“重瞳子”是不可能存在的，但传说和神话却可以将不可能造出来，所以《新解》将“重瞳子”解释为童子是站不住脚的：

《新解》的作者之所以得出这结论，是由于他将传说与历史事实混同起来，错误地认为史实中不可能出现的奇异现象在传说中也不应出现。其实传闻自是传闻，史实自是史实，有时两者差距很大。生活中的人固然不会目含重瞳，但传说中的人却不妨有两眸两瞳，而尧舜所

①② 涂元济：《舜象神话与古代婚俗》，《民间文艺学刊》1988 年第 3 期。

处的远古历史恰恰具有强烈的传说色彩。①

看来，用纯粹科学的观点去解释古代的神话和传说容易走偏，神话和传说只能用神话和传说的理论加以解读。

刘守一在《"象田""鸟田"补考兼答〈"象耕鸟耘"再论〉问》一文中，认为"象耕鸟耘"的记载，与动物象和鸟没有关系，而是舜与弟象的故事：

所谓"象为之耕"，不是野象为舜陵耕田，而是舜的弟弟象为舜陵耕田即守陵的意思。当地的百姓知道这一点，故为象立祠、亭以示纪念。外地的百姓不了解这种情况，根据传闻想象成野象为舜陵耕田。而且，越远的地方传得越神奇。于是把捕鸟的"鸟田"加进去，变成"鸟耘"，合起来变成"象耕鸟耘"。至于舜帝驯顺野象一事，按上述考证来看，应为野蛮的舜帝弟象。舜弟象为了感谢舜生前的教导，为舜帝耕田守陵，是符合中国传统礼仪的。后世的守陵制度，也许始于斯。耕田的目的，为守陵之生计也。②

这个论断在学术上可备一说。不过，"象耕鸟耘"作为神话传说，让自然界的象和鸟来为舜服务，以彰显舜的神圣灵光，显然也符合神话创造者的意愿。

民俗学家、山东大学教授刘宗迪认为，"人类的原始叙事神话都有其巫术仪式原型，也就是说，巫术仪式是人类最原始的叙事方式。一件故事，在被用口头语言或书面语言讲述或记载之前，就已被人们用仪式这种动作语言表演着了，人类最初的语言叙事只是对巫术仪式的描述或'翻版'"。由此基本理论出发，他认定《尚书·尧典》是一篇古老的傩戏"剧本"。他分析说"文献中关于舜放四凶的记载，在许多方面都体现出其与驱傩仪式之间的渊源关系"：

1. "宾于四门""流四凶族"以及"投诸四裔"，这种形式上的对称，反映了驱傩仪式"四门磔禳"的做法。

2. "舜舞干戚而有苗服"的记载反映了傩仪表演中对敌人的象征性征服。

傩仪本是一种巫术仪式，但当它成为国家盛典之后，自然就具有了政治意义，它既可厌服冥冥中的魑魅魍魉，也能用来吓唬现实世界

---

① 王建：《"重瞳子"新解驳议》，《古汉语研究》1989 年第 2 期。

② 刘守一：《"象田""鸟田"补考兼答〈"象耕鸟耘"再论〉问》，《中国农史》1992 年第 4 期。

的敌对势力，在此意义上，傩仪与那种炫耀武力的阅兵仪式并无本质区别，傩仪于是成了一种维持社会政治制度和公共秩序的政治——巫术。

再后，作者论述了舜巡四岳与傩戏《坐后土》的关系，其中不少与历法演示仪式有关。他最后的结论是：

> 整篇《尧典》，以“舜巡四岳”和“舜放四凶”两事为中心，开头的尧命羲和和四兄弟分宅四方，“历象日月星辰，敬授民时”，不过是历法戏的“帝尧版”，篇末的舜廷群臣济济一堂、设官分职的景象，虽经儒家的增饰，仍掩不住“百兽率舞”的傩戏之风，至于贯穿全篇的君臣酬答揖让，则更明显地留下了舞台上生旦净末唱念做打的神韵。因此，完全可以说，整篇《尧典》是一篇原始傩戏的“剧本”。
>
> 不过，这个“剧本”并非是在戏剧上演之前拟就的“脚本”，而只是对早已存在的仪式表演活动的剧情描述。①

这里刘宗迪提供了审视《尧典》的另一种视角，这对于探索远古时期的历史真相还是极其有益的。

第四节　与尧舜有关的文艺作品和通俗故事

在中国古代社会，与尧舜有关的文艺作品基本上都属于神话的范围，而且大多数与舜的二妃有关，大概因为这其中的爱情故事最能展示作家的想象和诗情吧。不过，从屈原的《九歌》起，至后来的不少神话作品，在舜、湘君、湘夫人的关系上就一直聚讼纷纭了。其他接近世俗的小说之类，如唐朝的变文，也编有虞舜的故事，里面掺杂不少佛教轮回报应的理念。光绪三十一年(1905)，在《讲学类钞》一书中，刊有宋育仁的《虞初小说》，写有二十四回的目录，从中可以窥见作者的构思：

第一回　妫汭流虹，握登符圣瑞。历山争畔，瞽瞍信谗言。

第二回　纯孝格天，灵通象鸟。至诚动物，化及陶渔。

第三回　兴工艺，负夏就时。辟商途，傅墟救败。

第四回　鹿豕偕游，深山闻至道。龙蛇并出，洪水告奇灾。

① 刘宗迪：《〈尚书·尧典〉：一篇古老的傩戏“剧本”》，《民族艺术》2000年第3期。

第五回　壅圣明，共驩互称荐。轻天下，巢许并逃名。
第六回　盗息壤，共鲧堙鸿水。举都君，岳牧荐鳏夫。
第七回　为国访贤，皇子就农学。馆甥贰室，二女降民家。
第八回　妒采地，傲象谋夺嫡。解鸩毒，夥首护同胞。
第九回　焚廪，掩井，二女解重围。纳揆，宾门，重华历诸职。
第十回　圣贤相逢，五臣起四代。元恺并举，八伯庆同朝。
第十一回　告封神，雷雨示休征。窥神器，干戈萌异志。
第十二回　诛四凶，重修刑律。辑五瑞，更定朝仪。
第十三回　神禹治水，宛委梦玄夷。伯益焚山，疏属刑贰负。
第十四回　产奇胎，涂山化石。降怪物，淮水安澜。
第十五回　教稼，明伦，功垂万世。阜财，解愠，利普群生。
第十六回　璇玑齐七政，肇建明堂。玉帛贡九州，遍巡方岳。
第十七回　避河南，丹朱失政。封岭表，傲象回心。
第十八回　朝太公，万方受养。建宗庙，七祖升天。
第十九回　西母献图，四夷齐向化。南蛮逆命，群后大兴师。
第二十回　显神异，黄熊化羽渊。听箫韶，有苗奔印度。
第二十一回　成地，平天，大功归帝力。凤仪，兽舞，文运表中天。
第二十二回　甘隐遁，善卷入山。耽歌舞，义均就国。
第二十三回　万国来王，涂山再就禅。九疑遗蜕，湘水共登仙。
第二十四回　明伦教，孔子删《书》。爱国心，屈原入梦。①

对于宋育仁拟定的这个回目，韩叔信评论说："舜的故事，是古代最大的故事，时地的参差，毁誉的杂异，都令人目眩心乱，捉摸不定。宋先生这个回目，竟把许多不同的故事联串起来，成为很整齐的一套，他的魄力确可佩服。"不过，宋育仁只留下这个回目，并没有写出全文。韩叔信于是根据这个回目，分四十八节，将文献根据和故事梗概写下来，使这一小说初具眉目。平心而论，宋育仁拟定的回目和韩叔信编写的故事梗概，都是费了一番心思，他们想方设法将历代流传的有关尧舜禹的文献巧妙地糅合于一炉，使神话传说和真实历史互相搭配，组成了跌宕起伏、引人入胜的生动故事。这部小说，从严格意义上讲，是一部神话小说，它传达的并不是真实的历史，而是经过千百人之手创造的尧舜禹的神话故事，塑造的是他们作为

① 韩叔信：《虞初小说回目考释》，《史学年报》1931 年第 3 期。

圣帝名王的理想形象。

尧舜禹的历史和神话传说,成为历代文学艺术创作的重要题材之一。改革开放以来,王金陵创作了两卷本的《虞舜大传》。1996 年,剧作家冯思德为河北梆子创作了剧本《尧天舜日》,得到戏剧界的好评。孙志英、王仲德在《试论河北梆子〈尧天舜日〉的艺术魅力》一文中,赞扬作者"刻意追求抒情性和诗化特征的统一"①。艾冀在《天下大位德者居》中更是颂扬了该剧的立意和演出获得的成功:

> 编剧冯思德将尧舜禅让,大禹治水,娥皇、女英为夫殉情,"斑竹一枝千滴泪"等古代传说巧妙地联缀在一起,以浪漫抒情的笔调和强烈、鲜明的现代意识,重新演绎了一个优秀动人的故事:唐尧暮年,借防治洪水考察其子丹朱和贤士虞舜,丹朱为求继承王位,不择手段,陷害虞舜,娥皇误以为舜亡,悲愤投江。舜从大禹之策,改堵为疏,治洪水,救黎民、平叛乱,深得民心。尧选贤任能,传位于舜,尧舜禅让成为千古佳话,尧天舜日成为太平盛世的象征。导演张奇虹、刘式海很好地把握全剧的风格和基调,将戏排得大器磅礴,厚实凝重,借燕赵大地丰厚的文化底蕴,凭河北梆子高亢激越的阳刚之声,抒发了"天下大位德者居"的民心民意,既符合剧中的规定情景,又带有鲜明的时代特征,引起观众的强烈共鸣。②

进入 21 世纪,与尧舜有关的文艺作品应该是电视连戏剧《大舜》的创作和播映。该电视剧是根据谢玉堂的《论大舜》一书的主要内容编写的,重点是在中国原始社会向阶级社会、野蛮向文明过渡的背景下,展现尧舜禹三个历史人物的事功和品格,绘制出中国先民与自然和社会邪恶势力斗争的一幅烽烟滚滚的时代画卷。在山东电视台放映后,获得较好的评价。

新中国成立后,尤其是改革开放以来,与尧舜禹有关的民间故事的收集和通俗故事的创作也取得了显著的成绩。

李茂生的《害不死的大舜》,将各种文献记载的象、后母、瞽瞍几次三番地加害他的事迹进行通俗化的演义,其中又加上土地爷、龙王爷在他危难时刻的出手相救,从而使故事更加生动形象,具有吸引力和感召力,教育人们不可做坏事,应该保持善良的本性,好人总是有好报。尤其适合青少年

---

① 孙志英、王仲德:《试论河北梆子〈尧天舜日〉的艺术魅力》,《大舞台》1996 年第 6 期。

② 艾冀:《天下大位德者居》,《戏剧艺术》1999 年第 4 期。

阅读。①

著名学者袁珂是研究中国古代神话传说的专家，曾出版过这方面的权威专著。20 世纪 80 年代，他又出版了《中国神话传说》一书，以通俗流畅的文字将中国神话传说进一步故事化。其中的《尧舜篇》，将尧舜以及与之相关的人物，如“帝俊”“帝喾”“四岳”“四凶”“八恺”、禹、稷、夔等人物，通过生动跌宕的故事栩栩如生地展现出来。特别应该指出，由于袁珂是史学专家，他编撰的故事既有充分的文献根据，也有作者的理性推断。例如，他认为帝俊、帝喾和帝舜实际上是一个人幻化出来的：

中国这地方，在古代，原住着好些不同的民族，每个民族都有他们奉祀的上帝鬼神和他们所传说的神话。随着时间的进展，民族和民族间的宗教和文化不断地被彼此吸收、改变，上帝鬼神的数目加多了，传说的神话渐渐演化做了历史，也常复杂而矛盾了。一件事情可能分派到几个人身上，一个人也可能化身做几个人，像帝俊、帝喾和舜就是一个人化身做几个人的具体的例子。②

袁珂善于将各种文献记载的神话传说资料，加以有机地整合，组成动人心扉的故事。例如，他将《史记・五帝本纪》《尚书・尧典》《博物志・史补》《水经注・湘水》《楚辞・九歌》《山海经・中次十二经》的资料加以整合，就编撰出舜的死于苍梧和二妃的变成湘水神的曲折而动人故事：

舜晚年的时候，到南方各地去巡视，不幸中途死在苍梧之野，噩耗传来，全国人民都像死了爹妈一样的悲哀。他的两个曾经和他共患难的妻子，听到不幸的消息，尤其是悲恸得连肝肠都快要断裂了。她们马上坐了车和船奔丧到南方去，路上看到异乡风物，止不住伤心地哭泣，眼泪像泉水般地奔涌。这些伤心的眼泪，洒在南方的竹林上，竹林上便通挂着了她们的斑斑点点的泪痕，所以以后南方便有了斑竹又叫“湘妃竹”的这一种竹。当她们走到湘水，不幸风波起来，弄翻了船，她们就遗恨地淹死在江中，成了湘水的神灵。当她们心境和悦的时候，就在秋风袅袅、木叶飘坠的光景中，出来在浅滩上徐舒地巡回，远远就可以看到她们那令人惆怅的美丽的眼睛的闪耀。但倘使遇到心境不好，惹起了从前的悲恨的时候，她们进出江水，定就会伴随着猛烈的风，狂暴的雨，而且在风雨中，还有许多形状像人的怪神，站在蛇上，左

① 参见李茂生:《害不死的大舜》,《民间文学》1964 年第 3 期。

② 袁珂:《中国神话传说》,中国民间文艺出版社 1984 年版。

手右手握着蛇，腾跃在浪涛之上；一群群怪鸟也趁机会出来在雾雨昏濛的天空乱飞乱叫。我们可以想见这情景是多么的愁惨和惊心呵！

再如，他将《吕氏春秋·古乐篇》《史记·夏本纪》《尚书·益稷》《论语·八佾》《尸子》的资料编织起来，使舜作为一个音乐大师的形象丰满起来：

> 舜的一生，非常喜欢音乐，所以尧把两个女儿嫁给舜的时候，还特别赐给他一张琴。到他做了天子，便叫乐师延把他父亲瞽叟过去制造的十五弦瑟添了八弦，成为二十三弦的瑟。又叫乐师质整理帝喾时代乐师咸黑所作的《九招》《六英》《六列》……几支乐曲，成为新的乐曲。其中《九招》又称《九韶》乃是使用箫、笙等细乐器配合着演奏的一种乐曲，所以又叫《箫韶》。这种乐曲演奏起来，清扬婉转，好像天上百鸟的歌呢。后来孔夫子在庙堂上听了这种音乐，也止不住连连称赞说："《韶》这种乐呀，是尽美又尽善了；至于《武》（周武王制的乐曲）这种乐，虽说是尽美了，却还没有尽善，远不如《韶》的感动人啊！"至于舜一个人独居的时候，就只是喜欢弹五弦琴，伴随着琴音的弹奏，唱一首他自己写作的叫作《南风》的歌曲：
>
> 南方吹来的清凉的风啊，
> 可以消除人民的烦愁啊！
> 南方吹来的及时的风啊，
> 可以增长人民的财富啊！①

这样的编撰显示出学者的功力和文艺才能。

郭首涛的《舜·舜耕山·舜耕山庄》，介绍了舜的事迹，认为今日济南的千佛山即是传说中舜耕田的历山，又名舜耕山，根据是这里有与之配套的舜井等古迹。②

湖南东安县志编纂委员会收集整理的《舜皇与寿佛》，是一个舜皇与寿佛争地盘的故事。因为该县有一座风景秀丽的红云山，同时被舜和寿佛看中，贪婪的寿佛施法将该地六座山峰赶走，结果是南海观音出手相助舜，使寿佛的图谋没有得逞。因此，红云山也就改名为舜皇山，山脚下也建起舜皇庙，永世享受人间香火。③ 这个故事让法力无边的佛也参与进来，显然是

---

① 袁珂：《中国神话传说》，中国民间文艺出版社1984年版。

② 参见郭首涛：《舜·舜耕山·舜耕山庄》，《文史知识》1987年第10期。

③ 参见《东安县志·附录四·传说》，湖南人民出版社1995年版。

魏晋以后的作品。

湖南省志编纂委员会收集整理的《九嶷舜殿》，记述舜是家居九嶷的盘姓人家的独子，以放羊奉养双目失明的母亲。他背母进了一个世外桃源般的山洞，结果是母亲被关在洞中再也无法出来。但阴阳先生预言“葬了活人出天子”，于是这个盘姓少年就被接到京城继承了皇位，他就是后来闻名的舜皇。再后，他从京城来山洞为母亲扫墓，进洞后再也没有出来。二妃寻夫九嶷山，知道舜已离世，就为之修建了九嶷舜庙。

冯安泽编撰的《尧舜禹的传说》，记述舜的两个女儿宵明、烛光，在得知舜的死讯后，随母亲登北氏千里寻父到九嶷，面对父亲的衣冠和玉琯，知道舜已经升天。二女哭得死去活来，泪水不禁染红了湘江水，而且给竹子染上斑斑点点，这些竹子就成了后来的湘妃竹。二女将父亲的遗物葬于九嶷山麓，返程经过潇水和湘水汇合处，登舟顺湘水北行，九月望日月夜，二女忽闻美妙的音乐自天上传来，就伫立船头褅听，随后跃入水中。她们二人后来就成了湘水神，一个是湘君，一个是湘夫人。这个故事将舜的两个夫人娥皇、女英换成两个女儿宵明、烛光，目的显然是想将故事编得合理一点：因为娥皇、女英当时皆是九十以上高龄的老妇，再去南方寻夫，在生理上似乎难以承受。

《尧舜禹的传说》还载有《有苗迎舜》的故事，主要是围绕着“舜舞干戚而有苗服”展开，将有苗君臣塑造成明大义识大体的贤明之辈：

> （舜一行南巡）那三苗国君听说帝舜突然到了云梦大泽，心中大惊，不知来干什么，忙召集群臣商议。那时，成驹已死，新继任的谋臣平和有远见，他说：“帝舜南巡是履行公事，放他们过去吧，不要刁难。”三苗国君说：“虞舜好久不巡狩了，这次突然来南方会不会有什么阴谋？”那继任大臣说：“有庳国是他的胞弟，听说正在患病，虞舜这次来带的人不多，又没有军队护送，一定去看望病情的，不会有什么阴谋，还是不要阻挡为好。”一位大臣当即反对说：“依臣看来不能放他过去。等他过来时，我们先把他逮住软禁起来做人质，再派人去与伯禹说，平分天下。他们要保全虞舜性命，一定会答应的，这不是很好吗？”那继任谋臣说：“我看这样不妥。虞舜向来以德服人，人人皆知，诸侯们都拥护他。况且他是天下人共同的天子，如今年岁大了，轻车简从到此，并没有伤害我们的形迹。我们无故将他扣禁起来，四方诸侯必然群起反对，我们就会陷于孤立之境。再说伯禹早已有即位之心，碍着虞舜

> 不死,他登天子之位不能实现。如果我们将虞舜扣禁起来或者弄死,正中伯禹下怀。一是可以促他早日登位,二是可以借此此罪名来讨伐我们,岂不是对我们大大不利吗?再者,虞舜已一百多岁了,风烛残年,他还能够活几日?如果在我们国内出个好歹,朝廷大臣、天下诸侯能放过我们吗?因此,我们不但应放他过去,还要以隆重的礼节去迎接他,叫四方诸侯看看,我们是恭敬地服从中央,并没有不臣之心,那么将来伯禹用不法的政策来钳制我们,我们起来反抗,诸侯们也会同情支持我们的。"三苗国君听了这番话,觉得很有道理,于是吩咐准备礼物,亲自到云梦大泽南岸迎接舜帝。①

如此处理虞舜、三苗与中央王朝的关系,似乎考虑了各方面的利益,显然是大一统视野下中华民族是一家理念的反映。

马长泰等编撰的《舜的传说》,比较全面地反映了山西运城一带民间对舜的感情和理念。其中,"怒斩小龙"反映了舜为百姓不惜得罪导致天下大旱的小龙王的大无畏精神,"掌火驱兽"反映了舜帮助百姓防止野兽为害的利为百姓所谋的情怀,"以真治假"反映了舜的诚信意识和以身作则,树立了诚信观念的实践精神。"建都蒲坂"记述了舜与各大族同甘共苦一起建设蒲坂为都城的故事。其中特别记述舜为百姓劳苦不倦的感人事迹:

> 一个隆冬之夜,窗外是鹅毛大雪,北风呼啸,夜已深沉,蒲坂城内,万籁俱寂。一位年过半百的更夫,途经舜帝草屋前,见窗内还亮着火光。他隔窗看去,只见舜帝一人在细心地一粒粒挑选豆子,裸露的手脸,冻得通红发亮,不时地在嘴边哈哈气,又继续挑拣豆子。
>
> 更夫看得心疼,便推门而入,问舜帝寒夜不眠,拣豆子做什么?
>
> 舜帝告诉他:"肥大色正的豆种,种在田里,才能长出好苗,结出更好更多的果实。种不好,收成就不会好。"更夫说:"现实是隆冬,又不种豆,挑它何用?"舜帝说:"蒲坂地域辽阔,来年需要很多豆种,冬不备就会误春时。"更夫点点头,就与舜帝一起拣。

"载舟覆舟"记述舜帝的君民观:

> 舜由一个贫苦百姓而做了帝王,他深知百姓疾苦,深晓百姓的生活状况与心思爱憎对帝君的权位的重要。他最恨把老百姓不当回事

① 参见冯安泽:《尧舜禹的传说》,海潮出版社 1999 年版。

的官吏。舜帝常常告诫朝臣,帝王的天下在民众心里,民众手里,你为百姓着想,百姓就会拥护你,你才有真正的权威;你心里没了百姓,百姓心里也就没了你,百姓就会憎恨你,推翻你。因此,水可载舟,亦能覆舟,就是这个道理。舜帝让一位在百姓心目中形象很好的大臣起草了一部法典,规定了明确的戒条,并在大臣与百姓中广为宣传,让人人知晓,互为监督。尽管如此,也还有把律条与百姓不当回事的官吏。一次,有人报告舜帝,有个大臣上山考察民情,却让两名山民用两条木杠夹捆了一把椅子,抬他上山。一山民因山路陡峭而跌倒,脚部骨折。这个大臣不仅不先料理山民的伤病,反而让人用鞭子抽打这个山民。舜帝听后,极为愤怒。他把这个大臣叫来,喊手下人:"你给我狠狠用鞭子抽他。"于是,鞭刑便成了封建社会沿用多年的一道刑罚。①

其他如"舜帝朝父""舐目复明""惩恶扬善""舜帝巡盐""德教典范""舜帝择贤""德化东夷""舜帝南巡""封象南疆"记述的是舜的功业和品格,"湘妃斑竹""鸣条英魂"记述的是舜与二妃的生死不渝的爱情和位于山西运城鸣条的舜帝遗迹。总起来看,这是流传于山西运城一带舜的民间故事,这些故事,经过数以千年的历代文人的不断增删改铸,融入了越来越多的后代人的意识和理念。例如,上面关于舜冬夜挑豆种和载舟覆舟理论的叙述,都是经不起推敲的:作为帝王的舜何必一人拣豆种?一人拣豆种能够满足全国播种的需求吗?"载舟覆舟"的观念最早出现于《荀子》,舜帝时代不可能出现。显然,人们将许多后世才出现的理念加到舜的头上,无非是显示一种理想、一种愿景而已。而实际上这种故事已经与真实的虞舜拉开的距离何止十万八千里!

吕步震、安泽峰编撰的《舜文化寻踪》,收集整理的也是流传于晋南一带的民间故事。其中包括"舜生诸冯的传说""舜上学的传说""舜迁宋家湾的传说""舜迁卫地的传说""舜耕历山的传说""舜娶妻的传说""舜捕鱼的传说""舜建负夏的传说""尧王访贤的传说""舜孝文化的传说"等。这些故事,有的根据古文献记载的舜的事迹加以演化,更多的是后人想当然的编撰。如"虞舜上学":

舜十岁那年,邻居秦老伯与舜父瞽叟说合让舜上下庠小学读书。并把舜家庭情况告诉给务成先生:"家庭虽穷,但舜聪颖过人,相貌也

① 马长泰等:《舜的传说》,(香港)国际友人出版社 2001 年版。

好，是块好料。”务成先生很愿意接受对舜的教育，但瞽叟和妻子商量后，却改变了主意，推说家境不好，无礼敬师，更难拿费上学。秦老师听后说：“那就让舜在我家放牛吧！我一日三餐还是过得去的。逢年过节再送些酬劳。不知老哥肯帮这个忙？”瞽叟与壬女商定后，便答应了。

舜到秦老家后，便牵牛到北坡下庠学堂见务成先生，舜跪拜礼后，务成先生夸赞说：“果然一表人才，满眼灵巧，满脸才气。”务成先生很高兴地接受了，秦老说：“你一边放牛，一边学习，听从务成先生授业，先生愿意教你，将来可不能忘了这位恩师。”舜连连答谢，向务成先生拜了四个响头，又向秦老拜谢致礼。

舜在务成先生的教育下，一读便三年过去，务成看舜聪颖过人，是块好料，便亲心授业。舜天资聪颖，自然声入心通，一教就会，舜读书目过而不忘，并能倒背如流，使其他学生十分敬慕。

通过三年授业，舜学到了不少知识，天文地理人生之道，自然规律，道德礼教，人际关系，使舜学到很多常规知识和道德观念，这对他后来治理天下起了很大作用。

这段记述，显然将后世贫苦人家儿童入学刻苦读书的故事移植到舜的身上。再如“龙击蜘蛛”的故事：

舜耕历山时，有个蜘蛛成了精，其大如盆，害人不浅。舜决心除掉它，便去造访龙王。龙宫就在五里坡后边龙潭里的石窟。舜说明了来意，龙王决定派小龙去抓蜘蛛精。

一日，狂风飞沙，云卷雷鸣。蜘蛛前边跑，小龙后边追。蜘蛛躲进石洞，小龙劈碎山岩，便钻进了舜王坪西边半山腰的乱石中。小龙不见了蜘蛛，急得在空中翻腾。这时，舜站在舜王坪西沿观看，见小龙找不到蜘蛛，就指给小龙：“蜘蛛躲进了石垄。”小龙大发神威，钻进石垄，顿时乱石垄像开了锅，石块飞舞，小龙有点畏难了。刚想飞去，猛然看见舜威严的目光盯着它，它不敢退却，再鼓神威，钻入石垄，石垄崩开，乱石喷向半空，落地如雨，堆成了一座在小山。

雷停了，云散了，被砸成肉酱的蜘蛛精，再也不能害人了。①

这个故事好像出自《封神演义》《西游记》，显然，没有这些小说的启发，

① 吕步震等：《舜文化寻踪》，中央文献出版社 2005 年版。

人们不会编纂出这样的故事。

化建华整理的《舜帝传说》,主要是流传于河南湖南的民间故事。其中如“韶山的来历”:

据传在4000多年以前,舜帝南巡,用一种十分动听的至善至美的音乐来教化三苗,播施古老的文明。据说这种音乐能召来凤凰,“箫韶九成,凤凰来仪”。因为这种音乐是“音”和“召”而组成的,所以人们称之为“韶”。

根据清康熙《湘潭县志》记载,舜帝南巡苍梧,沿湘水南下,经过湘中山野,来到了一个遍地苍松翠竹,到处杜鹃争艳,泉水涓涓的地方,舜帝感觉心旷神怡,随即演奏“韶乐”,钟磬咚咚,琴瑟铮铮,时而是高山流水,时而是石破天惊那至善至美的旋律,在千山万壑中回荡,在蓝天白云间飘扬。远近的百姓闻声而来,聚集在这美妙欢乐的音乐声中,感受这美妙乐曲的熏陶,沉浸在欢乐幸福之中,祭祀天地,欢呼圣明。神奇的音乐使得凤凰抖动着华丽的羽毛,婉转地唱着歌,百鸟和鸣着在山上搭起了一道绚丽的彩虹,从此三苗百姓不再敌视舜帝,而是以朴实的心态和行动,接受着舜的教化,友好相处,学习先进的耕作技术,创造着三苗地区的古老文明。

后人为了纪念这件事,将舜帝演奏韶乐的地方叫“韶山”,山峦绵亘下的山冲叫“韶山冲”,山间涓涓小溪叫“韶水”,陡峭的山尖叫“韶峰”……

舜帝南巡,身体力行,教化三苗,播施文明,呕心沥血,勤民事只为苍生不为身的精神在韶山一带广为流传,代代相济。在舜帝文化和品德的熏陶下,这块神奇的土地走出了一代伟人,开创了中华民族一个崭新的时代,他就是毛泽东。①

这个关于舜帝与韶山关系的传说,尽管有古代文献的演释,但更多揉进了丰厚的现代意识,处处展示着当代人对领袖的歌颂。显而易见,每个时代的民间故事无不打上当时的印记。大概只有如此,民间故事才能代代流传并不断更新。

又如“舜封弟象”的故事,也揉进不少后世的制度理念:

异母弟象见兄长做了帝王,前呼后拥,威风十足。心想,如今全国

① 《舜帝传说》,(香港)天马出版社2006年版。

上下，各地诸侯都由兄长分封，如果能封自己个诸侯，我这一辈子就威风富足了。可是他心里又知道，自己过去和父母是怎样对待兄长的，想方设法算计和加害他，自己直接对兄长提出要求，恐怕分量不够，也无法开口，于是便找父母商量，希望父母出面向兄长提出封侯的要求。父母知道象从小娇生惯养，好吃懒做，没有什么本事，同意出面向舜请求"封侯"。舜是个厚道孝悌之人，此前父母和象对自己刻薄加害，他从不计较，何况已经成为往事，现在一家人一团和气，有说有笑，心里甚感欣慰，就主动地问父母有什么困难和要求。父亲瞽叟趁机对舜帝说："有一件事要求你，我们知道你为难，但也不能不管。你弟象在家里闲人一个，无所事事，你现在是帝王了，那就封他当个诸侯吧！"

舜帝听后，就为难地说："一家人生活有什么困难我一定解决好，全家人的生活我都会尽量满足要求，至于封弟象为诸侯，这个关系到国家大事，此事不好办！"

…………

"你父母的心在象身上，你不把象安排好，你对父母再好，也是不好的。我和你母亲都会死不瞑目的。"父亲似乎有些不耐烦地对舜帝说。

"你是帝王，象是庶民，天下哪有不安排自己亲兄弟的帝王呢！将来你弟弟又怎么和你交往呢？"后母恳求舜帝说。

舜帝左思右想，认为此事要慎重对待。对父母要尊重，父母的话要听要服从。……但是，象无功无能怎么封侯呢？这时，舜想到了三苗的南边需要加强建设，先祖黄帝曾经为了加强边防，安排自己的亲信缙云氏，从泾渭流域迁往三苗国（今湖南、湖北一带），现缙云氏之后反对"尧舜禅让"，一部分被流放到三危（今甘肃敦煌一带），一部分被改封到浙江一带，三苗南面有鼻（今湖南九嶷山一带）是个好地方，土地肥沃，农业和制陶都比较先进，只是离京城太远，这一带一直不太稳定，需要加强力量，治好边防。选了几个人，都不愿意去做有鼻的诸侯。若封弟象为有鼻的诸侯有几大好处：一是对父母尽孝；二是符合兄友弟恭的原则，给弟象一个立功建业的机会；三是国家南疆建设正是用人之际，封弟象做有鼻的诸侯，有利于加强边防建设，对国家有利。舜想这样安排于公于私都是可行的，于国于家都是好事，不放心的是象的德性是否改好了，他会不会暴虐当地百姓。

想到这些,舜帝便对父母说:"如果象的德行改好了,我想封他到有鼻去当诸侯,不知道象愿意不愿意去?"象走过来说:"只要是封侯,远近都行。我已经改好了,请兄长放心,我愿意为国家效力。"

舜严肃地对象说:"我封你做诸侯,派官吏帮你治理有鼻,收其赋税。你要好好对待当地百姓。"象说道:"我一定会遵照兄长的嘱咐的!"

舜返回京城后,就发布了封令,封弟象为有鼻诸侯……据说,经舜帝教化后的象在有鼻忠于职守,与地方官员互相监督,为国效力,为民做了不少善事。象死后,当地人为他立有象祠、象亭。舜帝晚年,南巡死于苍梧,葬到了有鼻附近的九嶷山,弟象变成一座石山,永远陪伴舜帝。①

由此,舜封象的故事就这样演化成像周秦以后皇帝封兄弟为王的模式。另外,《舜帝传说》中还有不少二妃的故事,主要是颂扬二妃与舜帝之间至死不渝的爱情。

周桂成整理出版的《人皆可以为尧舜》,汇集了不少舜的民间传说故事,其中的《舜帝审案》则揉进了更多的后世元素:

相传舜治理天下时,万民安居乐业。九嶷山是一座宝山,前有藏银洞,后有流金河,老百姓在此耕种渔樵,有时进洞挖点银,下河淘点金,作器物打首饰,日子过得挺快活。后来九嶷山出金银的消息被朝中的两位大臣知道了,这两个人一个是国舅叫汤新,一个是皇亲叫吴里。他们向舜奏请要到九嶷山镇守,舜答应了他们的请求。

两人一到任就发告示下命令,宣布金银矿官办,老百姓以为他们是为了国家理财聚宝,十分高兴。不想这汤新、吴里财迷心窍每天要百姓挖银淘金,却据为己有。汤新用一百斤金子铸了一颗大印,吴里用一百斤银子打了一个秤砣互相弄权显威。被害苦的老百姓忍无可忍,一纸状词送到舜帝面前:"刮尽白银打秤砣,吴里真无理;搜光黄金铸印信,汤新太贪心。"还有一横批:"百姓遭殃。"舜帝见状,勃然大怒,立即驾临九嶷山,设帐箫韶峰下,审问汤吴二人。开始这两个贪官支支唔唔要抵赖。舜取出状纸,传来证人,摆出事实,两个人才哑口无言。汤新苦丧着脸说:"请看舍妹娥皇面子,求圣上宽容。"吴里拉长着

① 《舜帝传说》,(香港)天马出版社2006年版。

脸说："念家父与圣上手足之情，求叔王开恩。"舜帝将袖袍一指："王子犯法，与庶民同罪。"提笔写下判词："搜刮金银为害，致令黎民遭殃，革除官职顶戴，交与百姓安排。"老百姓见舜帝公正圣明，大义凛然，执法如山，个个高兴得手舞足蹈，唱起了欢快的山歌。舜左手提金印，往南三十里一掷，变成金山。右手拿银砣向北一抛，化为一座银山，人称秤砣山。从此，金山银山又成了老百姓的财源，九嶷山又是一派歌舞升平景象。①

这样的民间故事，只能在清朝时期编撰出来。因为它描述的舜帝审案颇似清朝公案小说描绘的清官审案，而所谓"顶戴"也只有清朝才有。显然，民间故事的编撰者只是借用舜的名号表达自己的意愿，至于它是否符合历史实际，那根本不是他们所关注的。

由于山东诸城相传是舜的出生地，所以也流传不少民间故事。经苑丰廷整理，发表在《超然台》上。其中《披虹而生》就将舜的降生描绘得精彩异常：

（在描绘了诸冯村东西南北天空出现四道彩虹之后，靠卜卦为生的妫老爷子就预言有贵人降生）妫老爷子正说着，就见住诸冯北街东头一个叫喇叭嘴柔弦的人边往这边跑着，边高兴地嚷道："我有儿子啦，我有儿子啦……"这人是有名的弹唱艺人，擅长各种乐器，带嘴的他都会吹，带弦的他都会弹。各种喇叭一到他嘴里就能吹出欢畅动人的乐曲；各式琴瑟，经他一弹，曲调就悠扬动听。用他自己的话说："带弦的不会弹丝弓，带眼的不会吹筛子。"因而人们称他喇叭嘴柔弦。他原先也住妫家墟落，论辈分应叫妫老爷子为大爷，他是和妫老爷子一起搬来诸冯的。他老婆也是妫水那儿人，叫握登。去年夏天，妫水又闹水患，握登家断了粮，握登去田里拔野菜充饥她刚拔满篮子，一阵风把她的篮子吹到深水里，她忙去捞篮子，又一阵风把她吹倒，掉到河里冲到潍河这边。柔弦演唱回家，过河时，看到上游冲下一个人，就泅水捞上来，一看，是个姑娘，只剩下一口气儿。柔弦赶紧把姑娘抱回家，好歹救醒。姑娘把自己的情况一五一十地告诉了柔弦，为了报答柔弦的救命之恩，便嫁给了他。这不，今年就生下了大胖儿子。柔弦刚得了儿子异常兴奋，特向乡亲们报喜。这正应了刚才妫老爷子说的，有

① 周桂成：《人皆可以为尧舜——中学生舜德修炼读本》，人民日报出版社 2004 年版。

大贤大智大能者降生那句话，乡亲们一齐上前祝贺他喜得贵子。这一来，倒把柔弦闹得丈二和尚——摸不着头脑，不知咋说好了，幸而一眼看到了妫老爷子，想起妻子吩咐他找妫大爷为儿子起名这件事，便对妫老爷子说："妫大爷，不管我这儿子贵贱，快去给起个名吧。"

妫老爷子心想，若这孩子果真是个贤能之辈，为他起个名，是无上荣幸，再说乡情难却，就一口应下，和柔弦往他家走去。众乡亲为了看看这个披虹而生的大贤大智大能的孩子有啥异象，也随后跟去了。

进了柔弦家的大门，妫老爷子在前，一眼看到住室窗前有株舜华树，又叫吉祥树，粗壮葱茏，雨过后，正开出一树鲜花，光彩夺目。妫老爷子心里一动，高兴地对柔弦说："孩子有名子啦，就叫舜，想叫得俏，就叫舜华，舜华树是吉祥树，这名字最好不过了。"

随来的众人听了，也都叫好，这样，众人未进屋，孩子的名字便起好了。

在炕上躺着的握登，听着妫大爷和众多乡亲来了，就坚持着爬起来，把孩子抱在怀里，众人一进屋，她便抱着给人看.不知谁惊奇地说："快看，这孩子眼里还有两个瞳人哩，奇了，奇了！"

柔弦因刚刚生下大胖儿子，激动得忙活这忙活那，没顾上细看，一听这话。忙挤进去往孩子脸上看。他的目光刚与孩子的目光接触，就觉得双眼似有钢针刺了一下，顿觉生疼，但为了不让乡亲们扫兴，强忍着没吱声，还以为过分刺激所致，坚持着把来看孩子的人们送走后，赶紧找人医治，但久治无效，最终成了瞽目，后来人称瞽叟。有人说，他眼中的瞳人儿是儿子夺去了。这个目生双瞳的孩子，就是后来造福天下，创造了光辉灿烂舜文化的虞舜大帝。①

这个故事将舜出生时的神异以及其父瞽目的原因作了交代，其他还有《应梦而生》，说舜是黑龙转生，所以才那么才智超群、能力卓越和品德高尚。而《风雨背娘亲》则记述了舜解救惹是生非被窑主关进监牢的象和在风雨中背回后娘的故事。你看舜回家后与瞽叟见面的场面：

舜顺从地坐在了爹的身旁，边给爹装上烟，给爹点着火让爹抽着说："爹，您就快说家里的事吧，我等着见娘呢。"

瞽叟抽口烟，仍叹口气说："你娘和你媳妇今儿都下地干活了，本

① 苑丰廷：《披虹而生》，《超然台》2008 年第 3 期。

来家中有你弟弟象主持着，你媳妇加把手，用不着你娘再下地了干活了，该享几天福了，可你弟弟象他……他……”①

这个故事显然是编撰于明清时期之后，因为抽烟是明代烟草传入中国以后人们才有的习惯。而这些故事使人看到发生的时代背景：只能是小农经济占支配地位时期的中国，这就把舜的故事发生的时代大大拖后了。

黄勋会等编撰的《尧舜禹演义》，叙述了钱铿奉尧之命暗访舜的故事：

钱铿谢过老者，向农舍走去，远远就听见吵嚷之声。待走到门前，望见院内树上捆着一个小伙，树下有一少年男子手持木棍正在抽打那个小伙。院中站着一位妇人，一手叉腰，一手指着小伙喷着唾沫叫骂。旁边木凳上坐着个瞎眼老头，用拐杖点着地面恶狠狠地叫着：“给我往死里打……”

钱铿正要往里进，却被隔壁邻居一位老汉拉住悄声说：“千万别进去，这家的事管不得的。”

钱铿问其故，老汉说：“那个瞎老头叫瞽叟。”

钱铿说：“我认出来了，他曾任过司天官。”

老汉点点头接着说：“那个妇人是瞽叟的续弦，人称姚婆，那个打人的小伙，是姚婆的亲生儿子叫象。……捆在树上被打的小伙是瞽叟的前房儿子，叫舜。唉，舜勤劳吃苦，精明能干，却多次被姚婆赶出门，他就去历山开荒种地，到雷泽去打鱼，到河滨去制陶器，挣下钱，收下粮食、瓜果就送回来孝敬父母。可这个姚婆就是不领情，回来一次就打一顿，回来两次就挨两顿，还不让邻居劝、乡人栏，谁要劝解拦阻，就会遭到姚婆辱骂，真是气死人！你若前去，定会让她骂了出来。我劝你还是走吧，别自找气受……”②

这样的场景，在明清时期几乎是所有中国农村司空见惯的现象，舜挨后母虐待的故事也就如此活灵活现地编排出来。

由湖南文学艺术联合会编撰的《人物传说四则》，收集整理了“舜帝降九龙”“舜帝见许由”“舜和后娘”“娥皇女英”四个故事。其中“舜帝见许由”记述了虞舜对隐逸者许由的改造：

一天，舜帝在一个小村的后山上发现一个小山洞，周围长满了常青树，一条小溪从洞口流出，在溪边有一片竹林，风景十分优美。舜帝

---

① 苑丰廷：《风雨背娘亲》，《超然台》2009 年第 2 期。

② 黄勋会等：《尧舜禹演义》第十五回，山西人民出版社 2009 年版。

信步进去看看，刚进洞口，就见一位老者在洞中闭目养神。仔细一看，原来是很久没有见面的老前辈许由。

这许由是尧帝时候一位很有才能的人。但他却很自私，不愿替人民办事，又脱离群众。相传，尧帝见许由有才能，想把帝位让给他。可是许由不愿干，他心里想："要我称帝，又没有什么特殊享受，还要日夜劳苦。我才不干哩！"于是，就逃到登封县的箕山，自耕自食。过了不久，尧又去请他出来为老百姓办理政事。许由又不答应，他说："我不喜欢你这些话。"后来他又逃到疑谷去隐居，每天都到颍水里去洗耳朵。有一天，许由的老朋友巢父牵了一头小牛来到颍水边饮水，正好碰见许由在水里洗耳朵，就问他什么缘故。

许由说："我听了尧的话，弄脏了耳朵。"巢父一听很生气，便说："这都怪你自己，只想得名誉，不想为老百姓办事，本来是你自己的耳朵脏，把我小牛的嘴也弄脏了。"说着牵了小牛到上游去饮水。

许由被巢父说得又羞又气，后来又听说尧将位让给了贤能的舜，便远逃到南方的九嶷山，住到这个小山洞里来。舜帝看到许由，心中好不高兴，忙上前施礼问好。许由见到分别好久的舜，心里也感到十分温暖，连忙起身让座。舜帝说："早听说前辈隐居九嶷山，我曾四处打听，想不到今又在这里相见。"……

一天，许由看到许多人挑土，在地上砌成一条纵横交错的泥路，便问一个青年汉子："你们这是干什没？"

那汉子眉飞色舞地说："哎呀！你不知道，这是舜帝教我们砌的田埂，这样可以装水，昨天舜帝还和我们一起干了一整天哩！"……

舜帝处处替老百姓着想，使许由受到很大教育，从此，他果然也为百姓办起事来。每天都到村子里去，教山民们挖塘蓄水，造田种谷，引水灌田、垦荒和种菜，很受人民的尊重和敬爱。

后来，许由听到舜帝斗孽龙，负伤身亡的消息，悲痛万分，身染重病，在洞中仙逝。

为了纪念他的功德，人们把山洞边这座小村叫"许由村"，村旁那条河叫"许由水"。①

许由和尧舜的故事，是庄子一派道家的创造，目的是彰显道家的基本理

---

① 湖南文学艺术联合会编：《湖南民间故事集成》，湖南文艺出版社 2009 年版。

念:对国家权力的鄙视和不屑,对隐逸生活的向往与歌颂。到了这个故事里,许由却被舜帝的言行感动,由道家的出世变成了儒家的入世。这个故事显然是作者从儒家入世的立场出发,对许由的形象进行了彻底的改造。

《大舜的故事》收录了《舜耕历山》《渔于雷泽》《大井村、小井村的由来》《舜帝禅让》等故事,基本上都是根据以往的文献资料加以故事化的改编,只有其中的《大井村、小井村的由来》一个故事是新编的:

在河南开封有两个村子,一个叫大井村,一个叫小井村。

远古时代,这里曾发生过一次严重的旱灾。太阳像一个滚烫的大火球,炙烤着大地。大地一片干涸,地里的庄稼都枯死了,牲畜也因缺水而渴死了。没有粮食,没有水,很多人远走他乡,逃往别处。

正当大家走投无路时,大舜来到这里,他看到了百姓们痛苦的生活,于是主动带领大家到附近的地方寻找水源。

他们来到曾经流淌过小河的地方,掘地三尺也没有见到一滴清水;他们又来到曾经盛产庄稼的田地,深挖硬刨也没有看到一点湿润的土地。一天过去了,两天过去了……寻找水源的人越来越少。人们开始绝望了,可是大舜还是仔细地寻找着每一处有可能存在水源的地方,他甚至还扒在地面上,不放过有一丁点绿色的地方。

有一天,天刚蒙蒙亮,昏睡在路旁的大舜和伙伴们被一阵从远处传来的鸟叫惊醒。"走,大家往前走,顺着鸟叫的方向走"。大舜叫醒一起寻找水源的伙伴,朝着远处的目的地前进。

就这样,他们在第七天循着鸟叫声找到了一株生长一片豆粒大小叶片的小草。

大舜命令大家赶紧从长有小草的地方往深处挖。虽然已经筋疲力尽,大舜还是带领大家打起精神,不断地挖。

太阳落下去的时候,大家在挖井;太阳升起来的时候,大家还在挖井……挖出的土足有一座小山那么高了,人们终于看到了有些潮湿的泥土。

"继续挖,快挖到水了!继续!"大舜喊道。

就这样,十天以后,第一眼水井终于冒出水来!

"有救了!村子有救了!"

"有水了!我们看到水了!"

大家争相传告,欢呼雀跃。

人们像迎接圣水一样,一个挨一个站在水井的周围,手捧着还有些浑浊的水，你看看我看看你，都流下了激动的眼泪。

全村人一道来感谢大舜的救命之恩，其中一个孩子双手捧着水，送到了大舜的嘴边。

品尝着甘甜的救命水，大舜疲惫的脸上也有了几天以来难得一见的欣慰的笑容。

就这样，大舜帝带领大家挖出的水井解救了一村人的性命。

为了防止这口井干涸，大舜又领着乡亲们挖出了另一口井。

为了纪念大舜，后人特意将这两个村子分别改名为“大井村”“小井村”。①

这个故事将后世打井的技术揉了进去，某些情节有点像“大跃进”年代的战天斗地，这说明故事编制的年代已经很晚了。

罗兴振主编的《舜耕历山在洪洞》收集了流传于晋南的有关尧舜的民间故事，其中吴克勇的《二姑姑庙揭秘》记述了二姑姑即娥皇和女英战胜水蛟的故事：

不说娥皇回家省亲问安，当说女英提枪策马溯汾水而上，直到赵城辖区东侧沟里、湾里、西侧安定地方，一桥飞架东西，桥头之上不知何物，只见其头不见其身，眼似金灯，闪闪发光，浪头弄潮，河水如截，随其平升。二姑开启天眼，仔细观瞧，见物不走，其水不流，方知其乃水蛟。水中若出此物，必致水患。这种东西疑心最大，从不在桥下孔中潜行，而是聚水越桥从上而过。二姑姑观看明白，心中有数，下马扎枪，拴住马匹，抽剑手，抛起一方手帕，化作一朵祥云，冉冉而上。待云与浪齐，身高浪头，喝声：好孽畜，安敢如此。声落剑到，直望颈项砍来，老蛟见有人犯，张牙舞爪来搏，同时运用本等的伎俩，卷起浪头，向二姑姑盖来，二姑姑掐定避水诀，风浪不能侵。人蛟会战，搅得波翻浪涌，老蛟齿爪并用，头尾缠绞，使出遍身解数，以图一逞。二姑姑腾叱挪移，气运丹田，剑走偏锋，智杀巧劈，老蛟猛扑，二姑姑滑翔，擦身之际，二姑姑伸手揭下老蛟项边一片红鳞，老蛟负痛，大叫一声，甩尾掀起巨浪，思欲乘机潜逃。二姑姑瞅准时机，挽了一朵剑花，向蛟腹部狠扎，老蛟腾避，肋中利刃，化阵烟云逃遁，霎时风平浪静，泥沙渐沉，河石不滚。到燕家堡地方一石俱无，后人名其地石止。老蛟远去，二姑

① 胡爱红：《大舜的故事》，山东文艺出版社2010年版。

姑追之不及，按落云头，收了锦帕，乘马而归。此时天尚甫明，二姑姑在村外蒲草地上，将息假寝。①

这段人蛟大战的故事，只能产生于唐宋传奇之后，因为如此生动传神的细节描绘，只有在小说创作比较成熟的时候才能出现。

王尧在其硕士学位论文《民间传说的内部写本研究》中收录了叶健的《娥皇、女英平叛》，记述了尧帝与鄎陵国的战争：

娥皇、女英领兵至界，安下营寨，遣使入城，投递战书，相约三日后决战。至期，两阵对垒，鄎陵夫人催马向前，扬声道："陶唐人马听着，尔主无故侵凌，以大欺小，践踏吾土，惊我百姓，请汝主将答话。"

陶唐营门旗开处，娥皇、女英并辔而出，娥皇举手致意而说道："皇系闺阁一介弱女，不精武行，今奉父命特来修好，何言侵凌，且尔邦轻信苗蛮，毁约寻衅在前，我们兴师御侮在后，其言践土惊民、以大欺小之说亦不能立。况吾父为君，内修政理，外结盟好，以和合为纲，邦国同他，共拓人间正道，尔我彼此友好，特恤有加，何负于汝，乃敢刀兵相向，却又反舌相讥耶？"……

（鄎陵夫人）说罢手舞龙硕彩绘棒，直取娥皇，女英见状抖枪催马敌住厮杀，战无数合，女英枪起，敌将落马，鄎陵夫人骤骑冲刺，救起那将，返身复出，一言不发，挥刀便砍。女英举枪架过，分心而刺。两员女将交战，互不相让，两只纤手弄云，八个马蹄翻盏。战到间深里，鄎陵季氏风卷残云，横道斜劈，女英鞍桥蹬里藏身，二马交叉，女英鞭啸雷鸣电闪，直砸天灵，鄎陵季氏天王托刀，急架忙迎。争战多时，鄎陵求胜心切，祭起日月乾坤印，瑞气千条直罩下来欲伤女英，女英有备，头上紫霞烈焰冠祥云万缕托迎上去，其身无虞。女英暗伸云里手欲擒鄎陵，鄎陵巧施无形术，机智躲避。二人均无停手，振威再战，苦斗一日，战个平手，两下收兵，相约明日再战……

文中关于战争场面的描述，显然是受了《三国演义》等小说的影响，而其编制的年代只能是"文化大革命"以后，因为"和合"概念出现并广泛流传是在 20 世纪 80 年代以后。

《永州之野的传说》《舜文化与九疑山民间传说》等书，收录了流传于九疑山一带的民间传说。内容虽然与尧舜有勾连，但多涉及后世的秦始皇、

① 罗兴振：《舜耕历山在洪洞》，三晋出版社 2009 年版，第 301 页。

徐霞客、何绍基等人，而用尧舜的显圣与他们串联起来，主旨是鞭挞暴政，歌颂正义和善良。如《鬼火吓秦皇》：

尉屠睢奉命南下时，秦始皇把他召进密室，吩咐说："传言舜帝葬于九疑，用不少国宝陪葬，你去九疑后，第一件大事就是掘坟取宝，事成之后，我大大有赏。"

这年秋天，尉屠睢率兵五十万南行，自领十万大军驻守九疑寨。安营扎寨未毕，就率兵四处找寻舜帝的坟墓了。找呀找，找呀找，九疑山数百里方圆，坟墓那么多，又那么相似，哪座是舜的坟墓呢？找来当地的百姓查问，一个个都摇头不讲。尉屠睢气得眼睛翻白，将乡民关进监牢，严加拷打。并决意将所有坟墓都挖个透底，非找到舜帝坟不可。

消息传开，九疑山人敢怒而不敢言，街弄里，田角落，一片的哭声。那天晚上，舜源峰上忽然出现了一盏茶杯大小的银色灯火，那灯火滚来滚去，又变得斗子般大小。尉屠睢闻报，高兴得喝了三壶酒。心想，那一盏灯火必然是宝气呀！有宝气的地方必是舜帝的坟墓。哈哈！该我尉屠睢升官发财啦！随即传令几个兵勇前去探看。可也怪，那盏灯火眨眼间不见，奇迹般出现在右边山上。尉屠睢急急赶去，那灯火又蓦地失踪，出现在左边山上。赶至中途，那灯火变成两盏、四盏、八盏……整个舜源峰上灯火点点，不下百余盏。尉屠睢大惊，抬眼四扫，娥皇峰、女英峰上也出现了无数灯火。正在这时，四下里又传来一声声鬼哭，那声音幽幽的、凄凄的（实际上是猫头鹰的叫声）。吓得个五军主帅面如土色，慌忙地逃进大营。半夜里，尉屠睢又得一梦。梦见一位头戴平天冠、身穿赭黄袍的舜帝，怒斥他说："你来九疑，竟敢掘我坟墓，欺我山民，你到底是想死还是想活？"说罢，手执皮鞭打得他鲜血淋淋。醒来惊恐万分，冷汗湿透了衣裳，忙传令放出被关押的百姓，哪还敢挖掘舜帝的坟墓呢？

这里舜帝显圣的情节是后世志怪小说才有的内容，说明这类故事的出现起码在魏晋南北朝以后。另外还有《许仙戏秦皇》的故事，对"焚书坑儒"的暴行进行了辛辣的揶揄和讽刺。

由永涓、四牛、乃棼编，济南市儿童艺术剧院演出的四幕儿童剧《少年大舜》，塑造了大舜、尧王的儿子有良、舜的异母弟壮壮、继母通灵、娥皇、女英几个人物形象，展现了少年大舜不怕困难、乐于承担、胸怀大志、勇往直前的故事。如第一场，大舜领唱：

咱们一起跺跺脚，/大地也颤抖。/失去母爱的忧愁，/缠绕在心头，

咱们一起跺跺脚，/痛苦抛脑后。

众（齐唱）：

男子汉有硬骨头，/肩扛日月和星斗；/咱们一起跺跺脚，/风里雨里走！

跺跺脚，拍拍手，/风里走，雨里走，/风雨抽打出硬骨头。

这表现了少年舜不屈的意志和决心。再如第四场，大舜救有良王子，两人有以下对话：

有良　想当英雄——悬崖边救王子，对吧？

大舜　谁都有软弱的时候，我也想过死。

有良　你？哼！

大舜　对，我。你以为只有王子才有尊严吗？你看（撩开衣服，让有良看前胸，后背）砍柴摔的，野猪咬的，后娘打的，晚上打，白天打，背着人打，当着人打，什么时候是个头呢？撑不住了，就想到……一咬牙一跺脚，算啦！

有良　结果是没勇气，对吧？

大舜　一咬牙一跺脚，只需要一小会儿勇气。没完没了的磨难和挫折，要长长远远的勇气，我问自己：大舜，你有这样的勇气吗？没勇气，死去，当个胆小鬼。

有良　硬撑着，不委屈吗？有意思吗？

大舜　我还有个窍门：实在憋得头部过气，就大声说：你好，我好，大家都好。……

大舜（唱）你好，我好，都好。/忘掉忧伤的烦恼，/困难的时候说一声好，遇到挫折时轻轻一笑。/你好，我好，都好，忘掉忧伤的烦恼，/要活就活个轻松开心，/要活就活个不屈不挠。

如此，少年大舜过人的智慧和坚强不屈的品格就呈现在舞台上，让少年男女感悟和奋进，也像他那样不屈不挠，去迎接任何挑战！

李述民编撰的《公仆尧舜禹》将娥皇、女英之死归罪于象的谋杀，从而使象的形象进一步恶化：

公元前2212年9月，一个秋风萧瑟、阴雨连绵的日子，华夏朝廷大理大臣皋陶正在彭蠡地区考察刑狱工作，突然接到荆州牧彭鄂快马送来的一份报告，说娥皇、女英猝然死亡，被人在君山下的洞庭湖发现了尸体。……

皋陶当下看着白绫上的报告，如遇五雷轰顶，浑身瑟瑟抖动，脸色煞白，泪水扑簌簌地滚落下来。

皋陶心里的震惊和悲痛是无法用语言来形容的。那感觉就像眼见一片青天折了顶梁柱似的。是啊，舜以几十年的奋斗，带领天下民众，创造了这样一片带给千千万万家幸福的青天，老百姓都称是舜撑起了这片青天。但是皋陶和天下百姓都知道，舜是直上九天的大鹏，而娥皇、女英是大鹏的一双翅膀；舜是渡过惊涛骇浪的大船，而娥皇、女英是大船的两支桨；舜是给千里旱田洒下甘露的祥云，而娥皇、女英是吹送这祥云的风；舜是照耀万物欣欣向荣的太阳，而娥皇、女英是托起这太阳的彩霞。带给人们幸福的青天是要不断地开拓的，舜正和民众一起继续开拓这片青天。舜离不开他的翅膀、桨、风和彩霞，而娥皇、女英这两颗巾帼巨星却陨落了！这难道不是折了青天的顶梁柱吗？……皋陶一边侧耳倾听大家的谈话，一边认真地分析归纳，认为大家对娥皇、女英死因的怀疑，主要有以下几个方面：

一是从两人钱袋里仅有两枚石贝，怀疑凶手是象。……

二是从两人胳臂被绑在一起，怀疑凶手是朝廷内外"硕鼠"或边远氏族作乱分子的余党。

三是从娥皇、女英泪洒斑竹，对当朝皇帝禹提出怀疑。……

皋陶听完大家的想法，深感此案突兀离奇，扑朔迷离之至。但他对大家保证：一定尽快侦破此案，给天下民众一个满意的交代。……

皋陶擦干泪水，对大理衙门的官吏们说：侦破此案，首先要找到象。……①

这里作者将传说投水而殉夫的娥皇、女英自杀案，变成他杀案，从而将象变成一个终生都坏、一坏到底的不可救药的恶魔，同时也将皋陶变成一个破案的圣手，展示他作为法官的聪明才智。

张秋燕写的《湘妃竹》塑造了娥皇、女英和她们的弟弟鲲于的形象。娥

---

① 李述民：《公仆尧舜禹》，中国文史出版社2003年版。

皇、女英坚决不将象征权力的毛执笔交给自己的弟弟鲲于，而是按照大舜的意旨交给了大禹，两人千里寻夫，来到湘江边：

> 风雨中，娥皇、女英携手站在湘江江边，回身看着华夏大地，一片繁荣祥和，想起大舜，想起那个英明的君主，想起那个心灵相通的男人，二妃哀伤地看着远方，眼角慢慢裂开，渗出鲜红的血泪，血泪滚落，滴到江边的竹子上，发出悲伤的噼啪声。二妃看了看远方，又看了看站在远方的禹，慢慢转过身，面向江水，纵身而下……
>
> 雨骤然大了，冲散了二妃的血泪，却在竹子上留下了斑斑泪痕，世上从此有了湘妃竹。①

如此一来，娥皇、女英的大义无亲和对舜的忠贞爱情就有了进一步的升华。

张秋燕在他写的另一篇《虞舜义教鲲于》中，记述了舜让位于尧的儿子鲲于，而鲲于又知难而退的故事，将舜与鲲于的形象一同升华了：

> 侍卫们睡觉去了，二人面对面坐着，鲲于低着头，不敢看舜。
>
> "鲲于"，舜温和地说，"其实，我知道你是个有良知的人，你父亲在的时候，你曾帮他出了很多为民谋福的办法，你想做大王可以，我可以把这个位子让给你，但你要一心一意为天下百姓奔走卖命，干好事，你要是能做到的话，我决不食言。"
>
> "不，不，大王，刚才那是我鬼迷心窍，现在我知道我错了。"鲲于不相信舜能轻易把位子让给自己，随口这样说，也顺便试探舜是不是真的想让位于自己。
>
> "不，鲲于，我认为谁做大王都一样，只要能把我刚才所说的目的达到了，谁做都可以，当初我之所以接任大王的位子，是因为我想带领大家稳定下来，过上富足平安的生活，现在目标基本上实现了。只要做个以百姓疾苦为重的人，他就是人们心中的大王。但是有一点，要是觉得自己不能给百姓带来幸福，做了大王有啥用？"听了这些，鲲于点头认可了舜的话，他向往大王的位子太久了。
>
> 后来，鲲于果然做了大王，不过，不到一个月就自动退位了，因为大王要做的事太多了，要解决的问题太多了，他受不了这个苦，他退位时，很坦诚地告诉舜："大王，我如今真正体会到了做大王不易，你真不容易啊，这个位子还是你来坐吧。"②

---

① 张秋燕：《湘妃竹》，《超然台》2008 年第 4 期。

② 张秋燕：《虞舜义教鲲于》，《超然台》2010 年第 2 期。

这个故事没有任何古文献的根据,完全是作者自己的杜撰,其目的一是表彰舜的"大公无私",视大王的尊位如敝屣;二是表彰鲲于的知错能改,一旦明白自己没有做大王的资质和能力,立即退而让贤。

以上这些所谓民间故事,有些或许是从民间采集来的,其作者很可能是农村的知识分子;有些则纯粹是有名有姓的作者的创作。这些民间故事和创作,都打上鲜明的时代印记,反映作者创作当时的政治观和伦理道德观,尤其是当事人对历史的认识。总的倾向,一是对尧舜禹以及他们周围那批贤臣如皋陶、后稷、伯益、夔等功业和品格的推尊和阐扬;二是对二妃与虞舜爱情的歌颂与表彰;三是对反面人物的鞭挞和谴责;四是将尧、舜、禹等人物神化为超越尘世的神灵,使之成为百姓意愿的代表和百姓安宁生活的守护神。然而,这些故事的缺陷也是显而易见的,由于这些作者在很大程度上都缺乏中国上古史的基本知识,对尧舜时代的基本状况知之甚少,因而所有的创作内容几乎都超越了尧舜时代的真实,把许多后世才有的事物、作者想当然的事迹和理念附会到他们身上。这些民间故事只是借用尧、舜、禹的名字展示作者的意愿而已。

第五节　近代以来的陵庙祭祀

在中国古代社会,对虞舜陵庙和其他纪念地的祭祀从汉代就开始了,以后对湖南九嶷山等地的舜陵的祭祀逐渐上升为国家级的大典。各地陵庙的祭祀也逐渐形成一套较为复杂和规范的程式,并配以乐舞,同时留下大量祭文和凭吊的诗词文章。

民国时期,由于军阀混战频繁,再加上新文化运动的冲击,散布于各地的虞舜陵庙和纪念地的建筑及各种设施几乎都荒废损毁,祭祀也难乎为继。只有个别地方的祠庙有好事者筹资修葺。如山西安邑县鸣条冈的舜庙在民国初年修葺一次,并在民国七年(1918)树碑,留下这样一篇纪念文字:

维颛顼之由裔兮,嬗七叶而重华;鳏在下而侧陋兮,耕于深山之中;乃明扬于唐室兮,试诸艰而登庸;纳百揆俾时叙兮,明四目而达聪;熙帝载以受命兮,富天下而民足;维至诚其感神兮,七旬苗格而景从;繄阜财与解愠兮,被万姓以薰风;既勤倦而禅禹兮,潜龙德于牧宫;五十载乃陟方兮，悲攀号之臣工；辨宅兆而聚讼兮，传疑始自《檀弓》；诵邹峄之明训兮，山陵信奠于河东；仰兹冈之崔巍兮，气佳哉其郁葱；欣寝庙之重新兮，极万世馨香俎而虞崇。①

这应该是民国时期山西仅存的一篇纪念虞舜的碑文，尽管未超出古代那些碑文的内容，文采也远不及古代那些名碑镌刻的华章，但却因为其稀有而弥足珍贵。同时也说明即使在战乱时期，人们依然没有忘记虞舜这个历史伟人，稍有机会，就以行动展示自己对他的崇敬和怀念之情。其间，在湖南，省县官员曾对舜陵祭祀过九次，其中以当时的湖南省主席薛岳名义进行的四次祭祀较为隆重。1940 年春祭，薛岳献上的祭文是：

於乎！万物人贵，曰有人伦。帝处境艰，克孝于亲。人伦之至，玄德升闻。尧荐于天，用康我民。康民伊何？命禹治水。可居可耕，教养事起。命契教民，命稷司稼。更命皋夔，刑弼乐化。惟尧则天，惟帝绍尧。知人善任，帝视尧高。元恺毕登，四凶尽去。最弗可企及，殛鲧用禹。公而匪私，共鉴此心。无为而治，颂仰到今。帝昔巡狩，尝陟南岳。苍梧九疑，辙迹攸托。既崩于南，陵寝在兹。民不能忘，祀典昭垂。忝主湘政，会国多故。矧总戎重，鞅掌兼顾。帝尚默佑，穆穆在上。俾殄岛夷，且芟伏莽。我民幸苏，殚虑教养。牲醴致虔，望古遐想。尚飨！②

可能由于戎马倥匆，这位第九战区总司令身边也缺乏文章高手，再加上是战争年代的急就章，所以这篇祭文就写得词彩平平，刻板干瘪，缺乏酣畅淋漓之气。

新中国成立以后至“文化大革命”时期，由于“左”的政治路线逐渐笼罩了一切领域尤其是意识形态和思想文化领域，所以期望对虞舜的祭祀由国家和政府主持是根本不可能的，因为它显然属于“封、资、修”的内容之列。只是到了改革开放以后，尤其是 20 世纪 90 年代以来，随着思想领域的相对开放和中央对传统文化的重视，对虞舜的祭祀才开始由分散逐渐规范化，由舜陵所在地的湖南宁远、永州地方政府主持的祭祀，逐渐发展为由湖南省政府出面主持举行的规模宏大的国家级祭祀。1990 年清明节时，湖南省人民政府参事室舜源峰谒陵团开启了大规模祭祀首端。一批退居二线的

---

① 运城市盐湖区虞舜文化研究会编：《鸣条舜陵古碑录》，山西古籍出版社 2003 年版。

② 张介立：《历代祭舜》，方志出版社 2008 年版。

省部级官员领衔,送上了一篇声情并茂的祭文:

节序清明,缅怀祖源。恭谒九疑。拜展灵前。伏维舜帝,大德大贤。父顽母嚚,终无尤嫌。以天下养,大孝谐全。弟象凶傲,封而常见。不怒不怨,忧喜同弦。初于历山,侧微在田。耕稼陶渔,善于人咸。闻善则拜,见佞则迁。历试诸难,靡不绩现。重华协帝,四岳举荐。视德自民,天人与选。询岳咨牧,辟门纳言。柔远能迩,惇德允元。知人善任,与民同欢。礼乐教刑,农工虞田。不违民时,无为而恬。流放四凶,天下平宴。庶绩咸熙,如日中显。老而南巡,深入瘴烟。苍梧之野,陟方登仙。两妃悲恸,湘竹泪涟。人称尧舜,圣世相连。千古祭奠,亿万仰焉。人心惟危,道心惟微;惟精惟一,允执其中。十六字铭,圣教法宪。传统文化,一脉相延。可爱非君?可畏非民?众需后戴,后需众援。无稽勿折,弗询勿践。至理明训,至今新鲜。党导正确,继承发衍。党群关系,血肉相连。人民建国,史写新篇。卌年成就,崭新面颜。九十年代,振兴关键。改革深化,治理细纤。团结稳定,人和政廉。独立自主,制裁岂陷?中流砥柱,何惧浪险?风云万变,我自岿然。域中海外,爱国同坚。炎黄子孙,人争贡献。慎终追远,勿忝祖先。读典忆祖,祭祀诚虔。维我舜帝,灵爽式瞻。美言美德,永世恒衍。伟陵伟典,万古流传。福我传人,龙飞鹏骞。佑我华夏,国祚长绵。大同之路,日月经天。人类前途,光明无限。一统中华,亿斯万年。尚飨!①

以后,自2000年起,湖南宁远县、永州市、世界舜裔宗亲联谊会几乎每年都举行祭祀舜陵的活动。2005年9月15日,湖南省举行公祭舜陵仪式,全国政协副主席张梅颖出席,湖南省省长周伯华宣读由湘潭大学教授蒋长栋、湖南师范大学教授蔡镇楚共同撰写的祭文:

伏维舜帝,圣哉吾君。成一代之教化,启万古之文明。父瞽嚚顽,未失晨昏之礼;弟象倨傲,仍怀手足之情。居妫汭而和宗亲,内行笃谨;耕历山而睦邻里,外德芬馨。三十发于畎亩,辅君无爽;六十践于帝位,秉政有方。举八恺与八元,国多贤哲;流四凶于四裔,民享安康。五教昌明,德育由之兴盛;五刑肃清,法制因以成章。设官定职,政体规整有范;制礼作乐,民风和乐无央。奏《九招》,歌《南风》,弹五弦,来

---

① 张介立:《历代祭舜》,方志出版社2008年版。

凤凰。号大同之世，称明德之邦。讵知驾巡南国，梦断苍梧；礼葬九疑，魂系潇湘。圣哉舜帝，其德周洽；伟哉舜帝，其业辉煌。缅前贤之雅韵，谱当世之华章。忝一省之重托，诚惶诚恐；兴三湘之伟业，亦豪亦壮。视听维民，清廉是尚。锐意进取，敢为天下先行；夙夜匪懈，力求乘时而上。奔小康而臻大同，安天心而顺民望。灵兮不昧，鉴我赤忱。绵绵瓜瓞，万世其昌。尚飨！①

以此为标志，对舜帝的祭祀跃升至国家级层面。同年9月6日，中国先秦史学会第八届年会在山西运城市盐湖区召开。同时，举行祭祀这里的舜帝陵仪式，先秦史学会理事长李学勤撰写了两篇祭文，宣读于舜帝陵前：

一

盛皇虞舜，千古圣帝。睿哲文明，万世崇尊。承尧传禹，拓新人文。
功德丰伟，立极乾坤。事亲尽孝，感动天地。以德化民，淳风普世。
施政以仁，万邦来仪。至孝仁德，天下驰誉。举禹治水，开凿龙门。
命弃稼穑，稷山教民。制定刑律，以法治本。功在社稷，泽被后昆。
高歌南风，勤政爱民。禅位大禹，天性公心。创建政体，为国奠基。
大道光炎，盛德清馨。

二

黄河浩荡，中条崔嵬，圣帝之乡，万象呈辉。英雄儿女，同德同心，
强市强区，图宏业伟。放眼世界，风生云起，圣帝之裔，傲立寰宇。
艰苦创业，勤劳智慧。竭诚报国，可歌可泣。中华美德，长存永续。
民族精神，终不失弃。尊祖爱国，勿忘根本。传承文明，和谐社会。
尧天舜日，世代永追。太平世界，人类翘企。仰帝圣灵，光我河东。
祈帝福庇，强我华裔。吾侪今齐聚陵前，奠酒焚香，共祭圣帝，
特表万般景仰，伏惟尚飨！②

2009年，当时的湖南省省长周强代表省政府主持公祭舜陵仪式。由此开始，省政府主持的祭陵仪式每两年举行一次，基本成为定制。

2009年7月8日，在山东省诸城市召开的大舜文化研讨会上，山东大舜文化研究会会长，原山东省副省长、省政协原副主席谢玉堂宣读了他撰写的祭文：

百川弘壮，尚美黄河！五岳峻极，独尊泰山！孔孟大同，唯称尧舜！

---

① 张介立：《历代祭舜》，方志出版社2008年版。

② 《先秦史研究动态》总第42期，2005年12月。

禅让文明，百代盛赞！孝道第一，天下归焉！孝施亲外，德被人间。
舜生诸冯，耕于历山。钓于雷泽，陶于河畔。尧帝传位，民间访贤。
嫁其二女，夏夷结缘。三十摄政，温良恭俭。聚邑成都，教民谷蚕。
璇玑玉衡，五教垂范。亲和万民，推行五典。命禹治水，九河开源。
重划九州，四海皆安。暮年南巡，魂落嶷山。葬身求和，长隐江南。
南抚交趾，北和戎犬。西至昆仑，东平海渊。万邦和睦，歌舞礼赞。
箫韶九成，琴瑟和弦。诸冯之城，龙睛虎眼。舜帝故里，旧貌新颜。
清清潍河，森森绿原。平原广泽，潋水醴泉。椒丘兰渚，蒂白茎丹。
垂条扶疏，落英纷繁。城如海市，楼似摩天。车掣风火，人曳纱纨。
政通人和，百代罕见。以人为本，科学发展。琴歌南风，舞动葛仙。
潜龙浮景，扛鼎翘天。风举云摇，盛世再现！敬拜舜帝，告慰祖先。

新时期的祭文较多反映中国人民新时代的愿景，地方政府的祭文也反映地方特点和当地百姓的愿景。其中特别突出的是对尧舜为代表的中国传统文化精华的阐发和弘扬，显示着中华民族伟大复兴的热切期望。

第六节　近代以来歌咏九嶷山舜陵的诗词创作

自古以来，九嶷山舜陵以及虞舜事迹就是文人墨客歌咏的对象，留下了大量的诗词和散文创作。在上面的篇章中，已经对远古至清朝的有关这一内容的诗词和散文进行了评述。下面对近代以来歌咏九嶷山舜陵的诗词创作加以简单评介。

民国时期留存的歌咏九嶷山舜陵的诗词不多，其中萧志仁和郑谦的诗词有点特色。萧志仁 1931 年参加政府组织的祭陵仪式，写下《辛未与祭虞陵重游九嶷山》七律一首：

> 南巡一去不生还，揖让风流宇宙间。五指望峰齐拜倒，双妃洒泪尚成斑。梳妆美女鸡声起，歌舞瑶娃鸟道攀，三十年来重到此，心心相印九嶷山。

诗中将历史人物和现实景物交织在一起，抒发自己的感悟和情愫。郑谦的《忆江南·疑山舜冢》同样情景交织，赞颂舜与二妃忠贞不渝的爱情：

> 疑山好，大舜此长眠。斑竹千滴寻帝泪，红霞万朵染妃裳。绝顶插云天。

1949 年以后的歌咏九嶷山舜陵的诗词创作,最著名且传诵不衰的当然数毛泽东 1956 年写的《七律·答友人》:

九嶷山上白云飞,帝子乘风下翠微。斑竹一枝千滴泪,红霞万朵百重衣。洞庭波涌连天雪,长岛人歌动地诗。我欲因之梦寥廓,芙蓉国里尽朝晖。

诗中让舜帝和二妃从天上降临人间,尽情沐浴芙蓉国里的灿烂朝晖,从而打破了天上人间的界线,展示了浪漫主义的家国情怀。王建文写的《水调歌头》也是贯通今古,借古颂今,展现今日湘南大地的新气象:

望众峰神秀,看异石凌空,莺飞草长蝶舞,万象竞争雄。豪爽东畴耕汉,巧笑西坡锄女,同奋岁新丰。四化有成日,策马骋春风。

舜之陵,妃之泪,象之农。苍梧万古,多少骚人兴正浓。凭吊南巡之帝子,咏赏多情斑竹,题石颂前功。长颂白云句,文采跃寰中。

任光椿的《访九疑舜帝庙》主要歌颂舜帝的历史功绩:

上古有虞舜,天下以为公。胼胝治中原,天戈殛四凶。茅茨常不翦,功高不居功,禅外于大禹,让贤树新风。衰年勤民事,万里赴南封。殉职苍梧野,葬身九疑峰。我来潇湘源,寻碑蔓草中。仰望青峰顶,万古一云松。

陈大络的《舜帝颂》同样是歌颂舜帝的历史功绩:

皇皇舜帝,功格苍穹。继天立极,王道孔彰。泽被苍生,敷教纲常。
孝思不匮,至仁无方。天下为公,布德八方。庶政清明,孝悌馨香。
雅乐和鸣,九韶铿锵。贵义尚齿,道统有光。德和天地,焕乎文章。
龙腾京畿,协和盟邦。孔作虞书,骏业隆昌。千秋明德,百姓吉祥。
巨烈昭垂,圣庙堂皇。儒生作颂,旨在维扬。

王田葵的《千禧年清明登九疑山怀古》则从咏歌舜帝的功绩出发,引申出对国家民族未来的深沉思考,期盼着真正的民主政治的实现:

山川难尽洗,圣迹尚存留。孝仁感天地,明德昭千秋。仲尼若未降,道德何传统?扭曲儒道统,皇胜更皇囚。周期辗转率,谁解其中由?千年一俯仰,均是为权谋。乌托梦寥廓,百姓空忧愁。何时民作主,权利或能纠。帝灵岂有悟,风雨满重楼。

张泽槐的《登三分石》通过对舜帝功绩的歌咏,展现作者对民族道德复兴的殷殷纯情:

山之高兮岩岩,水之流兮潺潺。风之歌兮萧瑟,云之舞兮翩跹。

虞舜之陵兮何处，铜碑之字兮不传。帝子之泪兮千滴，荆篁之斑兮万年。我今登攀兮绝顶，犹自长啸兮向九天。道德文化兮明后世，中华复兴兮慰先贤。①

总起来看，民国后的歌咏舜帝的诗词不是很多，原因可能是唯物史观指导下的历史研究已经将尧舜禹之类古代圣帝名王从神灵还原为真实的历史人物，从他们身上再也难以激发出古代人那样的诗情。而诗歌作为一种文学体裁，也难以引起社会广泛的关注，人们的热情已经大大减退了。

① 《九疑山志》，方志出版社2005年版。

第六章　虞舜研究的学术观点梳理

第一节　虞舜的有无和时代定位

自古至今，虞舜研究中劈头遇到的第一个大问题，就是虞舜在历史上究竟存在不存在？他是真实的历史人物，还是后世编造的传说与神话？如果他真实存在，那么，他的时代如何定位？

对虞舜存在与否的争论在古代就出现了，近代以来更是考古和历史学界辩论的热门话问题之一，历久不衰，至今也还是个悬而未决的学术难题。在确切的考古资料被发掘出来之前（也可能永远发掘不出来），这个学术问题肯定会永远争论下去。

近代第一个否认虞舜是真实历史人物的是康有为，他在《新学伪经考》《孔子改制考》等著作中，认定尧舜等三皇五帝全是孔子等春秋战国时期诸子百家为了论证自己的理想而编造出来的人物。紧随其后的康门大弟子梁启超则从否定古文献的真实性入手否定尧舜的真实性。他特别揭示《史记·五帝本纪》在编排五帝世系时显露的明显破绽，判定虞舜是古人的伪托。紧随其后的是顾颉刚，他创建了影响深远的古史辨派，以严密的考证得出尧舜等人物是儒家和墨家伪托的结论。顾颉刚的老师胡适，同事钱玄同等为古史辨派擂鼓助威，充分肯定他们的观点。而他的弟子和侪辈杨宽、杨向奎、童书业、孟世杰、魏建功等则更为其汨泥扬波，从不同角度论证三皇五帝属于子虚乌有。童书业一面与顾颉刚共同著文，论证尧舜是墨家的伪托，一面又自己撰文，进而认定舜是战国时代齐国田氏自诩舜的后代为取代姜齐而编造出来的。郭沫若比较认同顾颉刚的结论，他也认定《尚书·尧典》记载的尧舜事迹纯属伪托。考古和古史专家丁山则认定尧是春神的化身，舜是夏神的化身。改革开放以来，也还有不少人认同并进一步阐发古史辨派的观点，如刘起釪、王煦华等。黄忻佳也认为，三皇五帝都不是真实的历史人物，而是神话中人转化而来的人间帝王。也有的学者，如孙君诒，认定尧舜十之八九是出于附会，即使实有也不是一个人而只能是一个族群的代表。再如温玉春，他从文献记载尧舜的高寿之难以成立否定他们的真实存在，认为《尧典》没有丝毫史料价值。更有吴广平，考证出尧舜皆由远古的生殖器崇拜转化而来。

与否定尧舜存在的观点相反，从古至今更有大批学者认定尧舜是真实存在的圣帝名王。就在古史辨派声势最盛的20世纪二三十年代，有一批学者就批评古史辨派疑古过头。王国维、钱穆坚决否定古史辨派的观点，认为不管文献记载的尧舜事迹有多少破绽，他们作为真实的历史人物都是不能否定的。与古史辨派相对的刘掞藜、胡廑人、柳诒征、陈安仁等人，更是一再论证记载尧舜事迹的古籍的真实性和尧舜事迹的真实性。改革开放以来，众多学者对古史辨派疑古过头的偏颇进行批评，认定五帝特别是尧舜是真实历史人物的学者越来越多，有些考古学家列出与虞舜相对应的考古遗存以兹证明。

在认定五帝真实存在的前提下，学者们也需要对文献记载中许多显而易见的破绽作出合理的解读，如尧舜等人过百岁的年龄，舜与二妃的辈分差异，五帝在辈分上的混乱等。不少学者认为，《史记·五帝本纪》之所以出现如此多明显的破绽，是因为司马迁是从大一统出发硬性规范传说和流传的文献资料，硬将不同氏族部落的传说资料纳入大一统的谱系。事实上，中国历史真正实现大一统是秦朝统一六国的公元前221年，在此之前，中国历史还谈不上真正的统一。真实的情况应该是，五帝时期的中国正处于原始社会向奴隶社会过渡阶段，众多的氏族和部落以万国即各自独立的形态分布于中华大地，尧舜禹各自代表着不同的族群，他们更可能是氏族的名称而不是一个人，他们通过所谓“禅让”的方式轮流担任部落联盟的首领，他们不可能是黄帝一个祖宗的后代，舜与二妃更不可能是祖姑奶奶与侄儿孙的关系。

承认尧舜是真实存在的历史人物或族群，还必须给他们所处的时代一个确切的定位。在这个问题上，学者们的分歧也是很大的。

有的学者认定，尧舜时期是母系氏族社会，盛行族外婚，尧嫁二女给舜就是族外婚的证明，而“禅让”又恰恰是族外婚条件下部落联盟首领继承的方式。也有的学者认为尧舜时期正处于母系氏族社会向父系氏族社会的过渡阶段，因而两种社会的特征交织在一起。

有的学者认为,尧舜时期已经是父系氏族社会,尽管母系氏族社会的遗存还明显存在,但从整体发展情况看,这时的文明发展水平已经远高于母系氏族社会。

比较多的学者认为,尧舜时期处于原始社会向奴隶社会过渡阶段,或者说是原始民主制向君主制的过渡阶段,也有说是原始社会向国家过渡的中间环节。还有说是前国家形态向国家形态的过渡阶段,是"躁动于酋邦母体中的文明时代",是"酋邦社会",或"部族联合体""族邦联合体"等。

更有学者认为,尧舜时期与古希腊、罗马和美洲土著社会大不一样,尧舜时期的文明程度远远高于后者,已经完全进入文明社会,在夏朝之前应该有一个虞朝。对当时社会发展程度估计最高的学者甚至认定,中国早在七千年前即"三皇"时期就已经进入文明社会,尧舜时代已经是文明程度相当高的阶级社会了。

所有这些论点,跟着都要回答一个问题:尧舜时期的政体如何定位?

有的学者认为这时的政体是部落联盟,有的学者认为是"邦国联盟",有的学者认为"贵族国家联盟",有的学者认为是"部落奴隶制王国",有的学者干脆认为就是奴隶制国家的贵族专政体制。

以上这些观点,从学术讲,都是言之成理、持之有故的。我们的看法是,五帝时代尤其是尧舜时期,中国历史虽然已经初步迈入文明社会的门槛,但原始社会的残余还明显保存着。按照侯外庐先生的观点,中国古代社会的发展走的是一条"维新路径",是在血缘纽带还比较强固存在的情况下,在"死的拖住活的"的特殊历史条件下迈入文明社会的门槛的。因此,对这个社会的性质的估计就不免有相当大的差距:看原始社会残余重的学者认为这个时代依然是母系氏族社会,至多是母系氏族社会向父系氏族社会的过渡时期;看文明社会特征多的学者就认定这一时代已经进入文明社会,甚至认为是文明发展程度较高的社会,国家的各种职能都已存在并正常运转了。

那么,究竟应该如何认识这个时代呢?

我们认为,将五帝时代尤其是尧舜时代定位为由原始社会向奴隶社会的过渡时期可能比较符合实际,在学术上比较稳妥,比较有说服力。因为这个时代的显著特征是新旧杂陈,原始社会的残余在某些方面还相当显著,如族外婚、氏族民主制度、禅让制度、贫富分化程度不高等。同时,文明社会的特征也初露端倪:贫富开始分化并有日益加剧之势;部落联盟首领的权力越来越大;禅让制度尽管保存了原始民主的形式;但内容已经是权势者的私相授受;社会的管理机构逐渐变成脱离社会的国家权力;围绕着尧舜的一大批官吏组成了权力越来越大的行政机构;地方的管理由血缘联结的氏族、部落的议事会变成为以州命名的政府;成文法代替了习惯法;礼乐制度也开始萌芽;对"不臣"者的战争愈演愈烈;残忍的杀伐日益成为惩罚罪犯的手段;等等。在大多数学者达成共识的尧舜时代对应的考古文化如龙山遗址、大汶口遗址、陶寺遗址等,都明显展现了这种新旧相纠结的特点。在这样认识的基础上,我们似乎可以对五帝特别是尧舜时代作如下的描绘:

在距今5000年左右,中国历史已经初步进入文明的门槛。这时,在中国广阔的原野上,由氏族转化而来的大大小小的部落联盟,以封国的形式存在着。东方是太昊,少昊为代表的东夷族的部落联盟,虞舜是其中最强有力的族群。西方是黄帝等为代表的西戎族部落联盟,唐尧是其中最强有力的族群。中原地区是夏族为代表的华夏部落联盟,禹是其中最强有力的族群。南方是苗蛮族的部落联盟,三苗是其中最强有力的族群。这些族群的社会经济已经有了相当发展,主要以木、石、骨、蚌为原料制作生产工具,开发出繁盛的原始农业,北方的小麦、谷类、豆类作物,南方的水稻等作物,为生民提供了主要的食物来源。北方草原地区牧业发达,采集、渔猎作为农业、牧业经济的补充仍然起着一定的作用。以制陶业、工具制造业为代表的手工业也达到相当规模,为生民的生产与生活提供了最必需的用具。个别比较先进的地区已经出现冶铜,说明金属工具开始展示它的优越性能。这些部落联盟随着人口的增加和生活的需要,彼此的交往不断增加,矛盾也就不断发生。通过不断的交流,其中不乏诉诸武力的战争,在民族融合的道路上不断前行。由于各部落之间日益密切的交往,互相往来的人群愈来愈多,他们感到往日部落联盟的组织形式已经难以管理如此庞大的人群,于是在部落联盟之上再组成一个新的管理机构,这就是所谓"邦国联盟""贵族国家联盟""部落奴隶制王国"。其最高统治者往往由最具权势的族群推出,随着各族群势力的此消彼长,他们依次由不同族群推出的黄帝、颛顼、帝喾、尧、舜等担任,其首领被后来人称作"帝"。司马迁根据不同来路的传说资料,写出了中国历史的开篇第一章《史记·五帝本纪》。尽管由于传说的来路不一,将其整合在一起的历史不可避免地露出不少破绽,多有互相抵牾之处,但应该承认,这是中国史学家第一次使中国远古的历史纳入规范化的努力，给后世留下了关于先民历史的最初的内容和叙述模式。

第二节　虞舜的籍贯、葬地、活动区域及南巡问题

虞舜的籍贯、葬地、活动区域，古代文献的记载已经出现众多歧义。近代以来，学者们由于对古文献的不同理解，所对应考古遗址的不同选择，更是歧义纷呈。大体可以归纳为以下几种意见：

一、虞舜为东夷之人，生于诸冯（今山东诸城），尧禅位后登帝位，成为当时中国最高的统治者，活动于中原地区，晚年禅位于禹，继而南巡，死于苍梧，葬于九疑。

二、虞舜为东夷之人，生于冀州（今河北涿鹿一带），活动于晋南，死葬于晋南。

三、虞舜为东夷之人，生地、死地、活动地区皆在晋南运城一带。

四、虞舜为东夷之人，生地、死地、活动地区皆在今之山东与河南交界的濮阳一带。

五、虞舜为东夷之人，生地、死地、活动地区皆在今之山西垣曲一带。

六、虞舜为东夷之人，生地、死地、活动地区皆在今之山东菏泽一带。

七、虞舜为东夷之人，生地、死地、活动地区皆在今之山东济宁一带。

八、虞舜为东夷之人，生于今之山东平邑，卒于今之山西运城。

九、虞舜为东夷之人，生于今之河北涿鹿，死于今之山东菏泽。

十、虞舜生地、死地、活动地区皆在今之湖南永州。

十一、虞舜生地、死地、活动地区皆在今之浙江余姚。

十二、虞舜生地、死地、活动地区皆在今之陕西安康。

这 12 种说法中，几乎每一种之中都有两种或数种微小的不同。比之古文献的记载有着更多的差异。

这种情况为什么自古已然，于今为烈呢？

因为五帝大体上都是传说中的人物，在这五帝之中，尽管虞舜的资料是最丰富的，但也仍然基本上是传说中人物。对于传说中的人物，其传说事迹的来源是多头的，传说是一个民族的口述历史，经千百年多头的口口相传，其间的添枝加叶，想当然的再创造，不知凡几。特别是，由于传说来

自不同的族群,他们的传说必然打上自己族群的印记,这就出现了对各色人物不同的褒贬评价。司马迁整合这些资料,将其纳入黄帝一系的中国大一统历史后,所有这些传说中的人物,都变成了中华民族统一的祖宗。既然是中华民族统一的祖宗,那就人人有份,于是各地域的“拉祖配”现象也就愈演愈烈了。这里,历史事实的唯一性与记载和看法多样性的矛盾突显出来,学术上的百家争鸣也就再沸腾了。

那么,对虞舜的生死之地和活动地区如何认定比较稳妥呢?如果舜就是一个人,他的生死之地和活动之地域就只能是唯一的。作为东夷之人,他的生地不会超出晋、冀、鲁、豫。作为曾经做过中原王国君主的圣帝名王,他的活动地域应该在黄河中下游地区,他的死地一般也应该在此地域。由于中原王国曾与南方的苗蛮发生过激烈的斗争,战争和友好交往并存交替,所以他去南方巡狩的可能也存在,因而死于南方苍梧的传说也不能当子虚乌有而视之。这就是说,上面不少观点在学术上可备一说,但是,事实上它又确实是唯一的,这个唯一只能等待一次发掘的文字资料或实物资料作出谁也不能发出不同声音的证明。然而,这样的文字和实物资料是否存在,却是谁也无法断定的。在目前情况下,只能多说并存,让学者继续争论下去。如果我们认定虞舜是东夷族中一个有势力的族群,它曾在一近百年的时段执中原政治权力之牛耳,而后被夏后氏取代,其族群散而之四方,它的传说和遗迹遍布晋、冀、鲁、豫、陕、皖、苏、浙、湘、鄂、桂,就更容易理解了。就目前我们掌握的文献和考古资料看,确定唯一还是相当困难的,让诸说并存竞争看来是唯一可行的。

与生死之地相联系的是南巡问题。有一种意见认为,虞舜的活动地域只能是黄河中下游地区,他不可能越过长江,南巡苍梧绝无可能;再说,记载虞舜南巡时他已经百岁有余,从生理极限上看亦无可能。还有学者认为,三苗既是占据中原地区的尧舜等族群的敌人,而它的根据地又在南方,当它北上中原竞争失败后,被赶去的地方就不可能是它的原有根据地,而只能是更荒远的地方。这个叫三危的地方就在河西走廊,虞舜巡视,也只能去河西走廊巡视,不可能去南方。另外一种意见认定,虞舜南巡确凿无疑。他的南巡是为了民族和睦,当时三苗虽然被赶到南方,但还有相当大的实力,对自己的失败并不服气。虞舜南巡就是为了安抚三苗,实现民族和解。也有的学者认为虞舜南巡是被禹逼迫,是不得已的躲祸之举。更有学者认为,虞舜一族在与夏禹一族争夺中原地区的统治权失败后,全族向南大逃亡，所以虞舜一族分散于今之两湖和江浙等地。这一族的后世子孙为了掩饰自己祖先的失败，于是将这次失败后的大逃亡变成威风凛凛的南巡。我们认为，虞舜个人百岁南巡的事迹显然难以成立，但他的族人辗转南迁则基本上被考古资料证明。所以，南巡的不必是真实的虞舜一人，南迁的却是虞舜的族人。他们到了今之两湖和江浙等地，也把祖宗的故事带到那里，并建立起祖庙祖坟，作为祭祀的对象。久而久之，这些地方也就变成虞舜的生地、死地和葬地了。

学者们往往对各地存留的虞舜陵庙等纪念物和其他遗迹进行认真考辨，这种学术上的较真精神当然是值得提倡的。但历史上存留的虞舜陵庙和其他遗迹都是一种文化现象，是一种可贵的祖宗和民族认同观念的体现。虞舜既然是祖宗，他就应该同我们在一起，至于他是否生于斯长于斯，那是他们不予考虑的，他们要的只是祖宗的象征。这只要看湖南宁远的舜陵几次搬家，人们为了祭祀的方便就随便找一个山头在其阳面树碑立庙，就将其认作舜陵，由此也明白人们追求的是什么了。早在宋朝，学者罗泌就在其著作《路史》中断定中国许多地方的尧陵是“仪墓”，显然，中国各地的舜陵基本上也都是仪墓，最大的可能是哪一个也不是真的。

第三节　“禅让”的有无和性质

与尧舜禹相联系的“禅让”问题一直是研究上古史的热门话题之一。这一话题包含着两个主要议题，一是“禅让”是真实的历史存在还是思想家的虚构？二是如果“禅让”是真实的历史存在，对其性质如何定位？

认定禅让根本不存在的观点，以康有为、顾颉刚为代表。他们认为，所谓禅让，是儒、墨等思想家为了阐发自家的理想而编造的。古史辨派的学者大都认同这一观点并进行各自的诠释。如刘仁航、姚永朴也认定禅让是出于后世的附会与编造。陈泳超认为禅让是儒墨政治理想的寄托，冷德熙认为禅让是两汉纬书编造的政治神话。李学勤认定尧舜时代领袖人物的产生方式主要是世袭而非禅让，田昌五则认为历史上所谓尧舜禹“禅让”和“篡夺”的说法皆是后人的精心安排，真实情况是部落集团首领的“轮流称雄”。总之，他们认为，所谓“禅让”在中国历史上压根就不存在，所有关于它的说法都是思想家们出于明确目的而实施的精心编造。

同时,也有的学者认为"禅让"和"篡夺"都是真实存在的,二者在一定条件下互相转化。

更多的学者认为禅让是历史上真实存在的现象,王国维和钱穆为代表的一批学者认定古代文献对禅让的记载是完全可信的。郭沫若、范文澜、翦伯赞、吕振羽等马克思主义权威史学家也认定禅让曾在历史上真实存在过。改革开放以来,有更多的学者肯定禅让的存在。但是,对禅让如何解释,则存在很多分歧。

郭沫若、范文澜、翦伯赞、吕振羽等学者比较一致地认为,禅让是母系氏族社会的"二头军长制"选举。郭沫若特别指明,尧嫁二女给舜反映当时处于群婚状态,禅让是氏族评议会民主选举首领的形式。吴泽认为禅让反映的男子出嫁习俗,氏族酋长只能由外氏族人担任。王震中认为当时的政治制度是"邦国联盟",禅让是"邦国联盟"盟主的传位方式。王和认为禅让是"前国家形态向国家形态的过渡"时期"部族定位变更的反映"。周谷城认为禅让存在,"反映贵族专政的力量",因为禅让是部落联盟首领之间的私相授受。陈登原认为禅让存在,其性质是部落酋长的"自然承袭"。黎东方则认为禅让是两个部落结盟,轮流担任联盟首领。钱耀鹏认为禅让是平等的部落联盟领袖的产生方式,而刘宝才却认为禅让是多个部落都无武力统一的实力,不得已而采取的一种相互妥协的选取首领的办法。陈新对禅让的评价较高,认定它是原始民主与公仆意识的反映。不少学者尽管承认禅让的存在,但拒绝从道德的高度去评价,而是更多地从历史必然性的角度说明它存在的合理性。如刘兴林认为禅让是母系氏族社会向父系氏族社会过渡时期的特有现象,侯玉臣认为禅让是部落联盟首领在激烈斗争的情况下采取的特殊的传位方式。王汉昌认为禅让是氏族酋长个人权力膨胀,私相授受,破坏了氏族部落议事会"一致同意"原则,杜勇也认为禅让是对"暴力夺位的粉饰",唐治泽认为禅让是由原始民主制向君主制的过渡,类似个人独裁。张广志也认为,禅让虽是原始民主残余的体现,但实际上"篡夺的意义更多"。谢宝笙虽然认为禅让存在,但指出它不是固定的制度,而是一种特例,因为它在历史上仅实行了两次,就是《史记·五帝本纪》记载的帝位传承,也是世袭多于禅让。许兆昌将"国际次体系"的概念引进禅让的研究,认为禅让是"国际次体系"时代特有的首领产生方式。更有学者如刘宗迪认定,禅让来源于巫术,实际上不过是一种傩戏的表演。

究竟如何认识禅让,的确是一个相当棘手的学术问题。因为从春秋战国以来,中国的历史学家和思想家对此就有决然相反的认识,形成"禅让说"和"篡夺说"的对立。三千多年过去了,今天的学者仍然围绕着这两个命题争论。马克思主义历史唯物论观点和方法的运用,也只是使双方的辨析进一步细化和深入,但并没有达成共识,看来这个问题还要继续辩论下去。

事实上,无论是"禅让"还是"篡夺",都是后人对五帝时期首领传承方式的概括,而且是根据自己当时的历史和社会经验得出的不同概括。近代以来,随着西方社会学和历史学理论的传入,尤其是马克思主义历史唯物论的传入,摩尔根的《古代社会》和恩格斯的《家庭、私有制和国家的起源》两书产生的影响越来越大。学者们力求用新的观点和方法对其进行重新诠释,努力将禅让纳入合乎或体现历史发展规律的轨道。在马克思主义历史唯物论看来,社会历史是按照原始社会—奴隶社会—封建社会—资本主义社会—共产主义社会(包括社会主义社会和共产主义社会两个阶段)这样五种生产方式依次发展的。因为在原始社会有一个军事民主时期,实行所谓"二头军长制"选举,部落联盟的首领不是一姓世袭而是通过选举贤人产生,这种形式与禅让十分贴近,于是学者们就将禅让纳入了这个诠释框架。必须承认,到目前为止,这个诠释框架还是最有说服力的。但对其提出疑义者也逐渐增多,因为如果"二头军长制"经历一个相当长的时期,何以禅让只在尧—舜—禹的承袭中实行了两次,而此前此后都是世袭呢?禅让作为特例而不是通例,岂不是更符合事实?如果禅让只是特例,它就不能作为合乎规律的现象,就只能是偶然出现的溢出常规的一次偶然展示。

人类历史的发展显然有着不以人的意志为转移的客观规律,但这个规律在各个国家民族又显示出千姿百态的个性。世界几大文明古国,古希腊、古罗马、古巴比伦、古埃及、古印度,与中国有迥然不同的发展特点,他们似乎都没有中国的"禅让"。中国境内的各少数民族,在从原始社会向奴隶社会转化时期,似乎也没有"禅让"。看来禅让作为特例而不是作为规律似乎更符合实际。所以,与其花大力气证明禅让符合规律,倒不如将其作为特例看待,进而在文献和考古资料的结合上尽最大努力地发掘五帝时期"帝位"传承的真相,做出更符合实际的概括。

第四节　虞舜时代的考古学定位

迄今为止,虞舜时代还找不到确切的可以在学术界达成共识的对应的考古文化,而只能找到与之相近的或疑似的考古文化。而在这种对应中,考古学家们也各有自己不同的认定。我们认为,在承认虞舜为东夷之人并且其出生地定为诸冯(今山东诸城)的前提下,王永波在《大舜文化与夏商西周历史》一书中对虞舜时期相对应的考古文化的认定,可能比较接近历史的真实。有必要在此加以复述。王永波认为,和虞舜相对应的考古文化主要存在于海岱为主的地区,他较系统深入和细致的比照,对于坐实虞舜与东夷文化的血脉关系具有启示意义。

他认为,为了更准确地将虞舜时期与相对应的考古学文化进行比较,首先要对虞舜时代在考古学上的年代位置作出较为明确的界定。海岱地区新石器时代考古学文化年代序列从早到晚依次为:扁扁洞·后李文化(距今约10000~7700年)→北辛文化(距今约7300~6100年)→大汶口文化(距今约6100~4600年)→龙山文化(距今约4600~4000年);中原地区"泛仰韶文化"考古学文化编年序列大致依次为前仰韶时代(距今约10000~7000年,包括密县李家沟、徐水南庄头、磁山文化、贾胡·裴李岗、老官台等)→仰韶文化时期(7000~5000年)→庙底沟二期文化时期(5000~4500年)→龙山文化时期(4500~4000年)。

他指出,目前学术界通用的"龙山时代"与"龙山文化时期"是有明显区别的两个概念。"龙山文化时期"仅限于距今4600~4000年左右的与海岱龙山文化年代相近或相同的各类考古学文化,如山东龙山文化、河南龙山文化(王湾类型、煤山类型、后岗类型、王油坊类型)、陕西龙山文化(客省庄二期文化)、湖北龙山文化(石家河文化或青龙泉三期)和陶寺文化等。而"龙山时代"则有两种含义,一种是较为流行的"龙山时代",包含了"龙山文化时期"和"仰韶文化向龙山文化过渡"两个发展阶段;另一种概念使用频率较低,大致等同于"龙山文化时期"。所谓"向龙山文化过渡"的阶段,是指庙底沟二期及时代相同的各类考古学文化,大致可与大汶口文化晚期相对应。

仰韶时代又分为三个时间段,早期半坡类型(距今约7000~6000)→中期庙底沟类型(距今约6000~5500)→晚期秦王寨类型[1](距今约5500~5000);分别与海岱北辛文化、大汶口文化早期和中期三个阶段相对应。后岗一期文化的年代大致与北辛文化晚期阶段相对应。在龙山文化时期,远古中国域内的各大民族文化区的物质文化面貌表现出空前的趋同性。所以,此前的许多学者都认为"中原逐鹿"和尧舜所处时代大致可与龙山文化相对应。最近,通过对整个古史传说时代和相关考古学文化年代分期的全面梳理,可以发现虞舜所处的时代似乎应当更早一些,大约应处于大汶口文化晚期和龙山文化早期这一发展阶段。得出这一结论的基本依据有以下几点:

其一,伏羲时代的文献特征与旧石器时代晚期比较接近,而炎帝神农氏的始播百谷则是新石器时代开始的标志。故炎帝所处时代不应晚于新石器时代早期,海岱地区的扁扁洞·后李文化、洛颍地区的密县李家沟、贾胡·裴李岗文化和桑卫地区的徐水南庄头、磁山文化等大致相当于炎帝时代的文化遗存。

其二,黄帝所处时代比炎帝晚了数百年,与末代炎帝榆罔为更准确地与相应时期的考古学文化进行比较,首先要对虞舜时代在考古学上的年代位置作出较为明确的界定。海岱地区新石器时代考古学文化年代序列从早到晚依次为:扁扁洞·后李文化(距今约10000~7700年)→北辛文化(距今约7300~6100年)→大汶口文化(距今约6100~4600年)→龙山文化(距今约4600~4000年);中原地区"泛仰韶文化"考古学文化编年序列大致依次为前仰韶时代(距今约10000~7000年,包括密县李家沟、徐水南庄头、磁山文化、贾胡·裴李岗、老官台等)→仰韶文化时期(距今约7000~5000年)→庙底沟二期文化时期(距今约5000~4500年)→龙山文化时期(距今约4500~4000年)。

其三,中原逐鹿,黄帝族系击败炎帝族系(包括蚩尤、少皞部),取得了压倒性优势。这一结果体现在考古学物质文化面貌上,即应表现为仰韶文化对北辛文化(含后岗类型)和大汶口文化早期文化产生的强烈影响,而这种现象恰恰集中出现在北辛文化转化为大汶口文化之际。最初是北辛文化(后岗类型)西拓,进至仰韶文化重要分布区河套一带,随后是半坡文化和其后续的庙底沟文化的大举东进,后岗类型的居地全部失守。

---

① "泛仰韶文化"论者以大河村文化为仰韶文化,把"大河村文化"三、四期称为秦王寨类型,而以第五期属于"庙底沟二期"遗存。

中原“仰韶文化”早期出现了明显的东方因素，如鼎、折腹盆、大口斜腹平底盆、小口双耳罐等；海岱地区的北辛文化出现了诸如瓮棺葬、细颈瓶杯形口小口双耳罐、圆腹小平底瓶、器座等半坡类型的陶器；大汶口文化早期出现了源自仰韶类型的钵、碗、盆、器等的器形和圆点、弧线三角、勾叶、月牙、豆荚、对弧、圆圈等彩陶装饰母题纹样，以及由这些母题纹样组成的花瓣纹、回旋勾连纹图案等①，均应为中原逐鹿在考古学文化上的反映。

相关考古学文化分布地域的变化，以及不同文化因素的消长表明：在仰韶时代早期，东西两大族群的文化交流和碰撞以东方稍占上风。早期后段至中期前段，亦即北辛文化晚期至大汶口文化早期前段，形势开始发生逆转，中原地区的强势地位已开始显露。中期后段，中原文化对东方的影响明显增强。时间进入距今 5800 ~ 5500 年左右的仰韶时代晚期（相当于大汶口文化中期），是庙底沟文化最为强势、文化传播的辐射力最强的时期，中原地区对东方的影响急剧扩大，大汶口文化中的庙底沟文化因素显著增多。张忠培先生曾概括说：后冈一期文化在半坡、西阴文化（即庙底沟文化）的步步进逼之下，表现得十分被动乏力，以至在整个黄河以西地区逐步被取代。只是当其仅存黄河以东的山东地区时，似乎才稳住阵脚。在与西阴文化的抗衡中，调整内部机制，积蓄力量，最后在西阴文化的影响下，过渡为大汶口文化。②

王永波将相关考古学势力消长变化的这些现象与中国古史整体时空框架中的重大历史事件相比较之后，认定唯有“中原逐鹿”期间，炎帝族系西拓→黄帝族系反攻→炎帝战败→黄帝征服蚩尤→黄帝与少暤联手共治的过程，堪可以与之相对应。

其四，距今约 5500 ~ 5000 年前后的仰韶时代晚期，也就是大汶口文化中期，形势再次发生逆转。首先大河村文化对东方的影响迅速回落并趋于消失。到此期后段，大汶口居民开始了“挺进中原”的大举西迁，这种情形一直持续到大汶口文化晚期，在中原地区形成了大汶口文化“颍水类型”。当地土著即所谓的秦王寨文化（大河村文化的三、四期）和后继的庙底沟二期文化，也被学界看成是在大汶口文化的强烈影响下形成的。郑州西山发现的距今约 5300 ~ 4800 年的秦王寨文化城址，即应为海岱民族帝喾部的入

① 参见栾丰实：《试论仰韶时代东方与中原的关系》，《考古》1996 年第 4 期。

② 参见张忠培：《仰韶时代——史前社会的繁荣与向文明时代的转变》，《文物季刊》1997 年第 1 期。

主中原的物质文化遗存。①

大汶口文化晚期和庙底沟二期文化时期,中原地区的各类考古学文化,都深深地打上了海岱文化的烙印。如庙底沟二期及良渚等文化居民制造空三足器,是受大汶口文化晚期居民发明的空三足陶鬶影响的产物。②龙山时代(距今约4600~4000年)的王湾类型、后岗二期文化、王油坊类型,乃至于陶寺文化和更为偏西的客省庄二期文化,无不印有海岱鼎鬶文化的标记。帝喾部所处时代在大汶口文化中晚期之交(距今约5300~4800年),其后还有帝尧一朝的标记。帝喾部所处时代在大汶口文化中晚期之交(距今约5300~4800年),其后还有帝尧一朝的间隔,故帝舜部的入主中原的时间应大致相当于大汶口文化晚期后段到龙山文化早中期这一阶段。

其五,龙山时代晚期已进入夏代积年范围,帝舜之后还有大禹、伯益、夏启、或不包括后羿、寒浞等著名历史人物。他们所处的时代大致相当于龙山文化后期及其稍后的一段时间。从夏代积年的角度界定了帝舜一代的年代下限不应晚至龙山文化晚期。

从历史传承的角度说,"五帝时期"黄帝族系东拓,少皞族裔由汶泗流域向东撤退到今沂沭河一带,地势低洼,相对人口密度较小的"东海之外大壑",建立了新的"少皞之国"。大汶口文化晚期"陵阳河类型"在该地区的突然崛起就是少皞族裔东迁在考古学物质文化上的反映。太皞有虞氏部族便是从这里开始谱写自己的发展历程。

文献关于有俊坛、舜渊的记述表明,太皞族系的帝喾、句芒、帝挚(培伐)、帝舜都在这里留下了活动的足迹,说明"东海之外大壑"的"少皞之国"已衍化为"太皞之族"。颛顼时代后期,由于大汶口文化的快速发展,黄帝族系的势力逐步退出海岱地区,太皞帝喾部则顺势西进,拉开了海岱民族大规模挺进中原的序幕,并于距今5300~4800年期间,在郑州一带建立起稳固的桥头堡。在此期间,帝舜部得到了休养生息的大好时机,迅速崛起为一支强势文化集团,并追寻着先祖帝喾的足迹,沿泰沂山系南北两侧的东西通道,向中原地区挺进,在鲁豫皖结合部,原住民相对较少的狭长低

---

① 参见《新石器时代考古获重大发现,郑州西山仰韶时代晚期遗址面世》,《中国文物报》1995年9月10日;许顺湛:《郑州西山发现黄帝时代古城》,《中原文物》1996年第1期。

② 参见张忠培:《仰韶时代——史前社会的繁荣与向文明时代的转变》,《文物季刊》1997年1期。

洼地带建立起新的家园,最终再次从黄帝族裔帝尧手中接过了酋邦联盟的主导权。

显然,帝舜作为“五帝系统”中的最后一位古帝,文献的相关记载,包括生平经历、道德操守、历史功绩和家族轶事都更为具体详细,其人物形象也远比包括帝尧在内的其他古帝更为清晰。即使是时代略晚一点的夏代开国之君大禹,其主要的业绩也是在帝舜执政时期实现的,其人物形象亦不及虞舜鲜明生动。

因此,人们有充分的理由相信,帝舜所代表的社会发展阶段已踏入文明社会的大门,相应考古学反映的社会发展状况,如同期古城址、图像文字、阶级的出现,以及手工业(如制玉、制陶、牙雕)与农业的分离(社会分工)等现象,无不表明虞舜时代已步入国家文明的阶段。

至此,就可以揭示考古学展现的虞舜时期的社会发展,特别是物质文化发展的状况了。

海岱大汶口文化是持续发展1600余年的强势考古学文化,长时期处于文化扩张的状态之中,并于晚期阶段达到全盛。从物质文化面貌的角度说,大汶口文化又可以分为若干个地方类型。栾丰实综合已有的研究成果,将大汶口文化晚期阶段分为七个类型①,其中杨家圈、三里河、陵阳河,分布在鲁东和鲁东南沿海地带;半岛以西地区自北而南依次为尚庄类型、西夏侯类型、赵庄类型,分布于今鲁西北、鲁中南汶泗流域和苏北地区;尉迟寺类型分布于鲁西南、豫东和皖北地区。

需要说明的是,迄今的考古学文化类型划分,大多是以文化小区内典型遗址的文化内涵来确定和命名的。由于缺乏公允的量化标准和尺度,加之田野考古工作开展的不平衡等种种局限,目前学界对相关类型的命名、分布区域、内涵特征都有不同的看法。同一地区早中晚各期的类型和名称也多不相同,无法有效对接,故而很难对类型与类型间的关系做出准确的文化人类学界定。可以肯定的是,在通常情况下,这些不同类型应该是同一族系中的亚群(部族、部落或酋邦)。换言之,大汶口文化在总体上应属于皞族(少皞、太皞)的物质文化,不同的地方类型则应为两皞之族的不同支系。在这里我们着重讨论大汶口文化晚期鲁中南汶泗流域、鲁东南地区和豫东、皖北及其邻近地区,也就是西夏侯类型、陵阳河类型(含三里河类

---

① 参见栾丰实:《海岱地区考古研究》,山东大学出版社1997年版,第107页。

型)和尉迟寺类型的主要特征和相互关系。

大汶口文化晚期,聚落遗址的面积差异明显,大者几十万甚至近百万平方米,小者数万甚至不足 1 万平方米。在五莲丹土、滕州市西康留①、安徽固镇垓下遗址②分别发现了大汶口文化晚期的城址。墓葬以单人仰身直肢葬为主,流行头部人工变型、拔牙和手握獐牙、用猪头、龟甲随葬的习俗;社会贫富差别加剧,具体表现为墓葬规模大小、葬具的有无、随葬品的多寡和优劣差距迅速扩大。大型墓随葬品可达数百件,而且葬品精美;小型墓葬品数量极少而且简陋;出现了椁内套棺的大型墓葬。这些现象表明,大汶口文化晚期社会已分裂为不同的阶级。

陶器制作多采用快轮拉坯成型技术,素面磨光陶器多见,黑陶、灰陶比例上升,白陶较为多见,红陶较少;汶泗流域的彩陶艺术较为发达,所占的比例远远高于其他地区;装饰图案有菱纹、涡纹、三角纹等,黑白二彩兼施。主要器类有平底折腹鼎、细柄豆、宽肩壶、背壶、高柄杯、单把杯;双层盘豆、筒形豆、壶形单把杯、壶形三足盉、瓶、宽肩三喙突罐、觯形壶、篮纹鼎等。

陵阳河类型与三里河类型地域相邻,文化面貌也较为接近,除了大汶口文化晚期的一般特征外,还有一些明显的区域特征,如用残陶鬶足随葬的习俗不见于其他地区,而其他地区陵阳河类型与三里河类型地域相邻,文化面貌也较为接近,除了大汶口文化晚期的一般常见的头骨人工变形、拔牙和手握獐牙的习俗在这里较为少见。尚酒习俗较为突出。在陵阳河的 45 座墓葬中,高柄杯一类饮酒器具竟多达 663 件,约占全部出土物的 45% 。陶尊文字是陵阳河、三里河类型最为突出的特征,除尉迟寺类型外,大汶口文化发现的所有图像文字,均出自这一地区。这类文字均刻画在大口尊的特定部位,可能与祭祀活动有关。特征性器类主要有宽折沿深腹平底罐形鼎、双腹盆形鼎、圈足盘、大口深腹尊和大口漏缸和各种镂孔高柄杯、实柄高柄杯、觯形壶、觯形杯、壶形盉等。还发现了储存谷物的粮仓。

尉迟寺类型是有虞氏挺进中原地区的前哨基地。尉迟寺遗址规模宏大,中心区域有一个南北跨度 240 米,东西跨度 220 米,宽 25 ~ 30 米,深 4.5

---

① 参见山东省文物考古研究所鲁中南考古队等:《山东滕州市西康留遗址调查、发掘简报》,《考古》1995 年第 3 期;张学海:《浅说中国早期城的发现》,《长江中游史前文化暨第二届亚洲文明学术讨论会论文集》,岳麓书社 1996 年版。

② 参见安徽省文物考古研究所:《安徽固镇县垓下发现大汶口文化晚期城址》,《中国文物报 · 文物考古周刊》2010 年 2 月 5 日。

米的大型围壕环绕。居住遗址多为成组的连间排房建筑，建筑形式以半地穴式为主，平面形状有长方形和方形两种，多呈东南西北向，门向南，个别为东北西南向；经过开挖基槽、立柱、抹泥、烧烤几个步骤，最终形成既防潮又保温的居住空间。与同时期其他类型的居住遗址有显著的不同。

每排房址都由大间和小间组成，分别为居住和储藏之用。相邻的房间用土墙隔成单间或双间；每一套房屋之内均设有灶台，灶台高出居住面2～3厘米，与居住面连为一体。有的灶台与后墙连接，前面有两个立柱，直通房顶；有的灶台与后墙分开，四角立有立柱，还有的在立柱之间加工出一道矮墙，作为防火墙。每排房子的前面，都有面积不等、用红烧土铺垫而成的活动场地，一般为数10平方米，最大的有230平方米。2002年发掘时，在遗址中心南部一排四连间的房址前面，发现了总面积为1300多平方米的圆形广场，地表铺垫厚约10厘米的红烧土，坚硬、光滑、平整，应是氏族成员集体活动的公共场合。尤为值得注意的是，广场中心有一处直径约4米、烧结程度很高的红烧土面，应是举行篝火晚会或进行祭祀活动留下的痕迹。在广场的东侧，还出土了一件十分罕见的鸟形神器。①

墓葬均为土坑竖穴，方向多为头东脚西，以单人仰身直肢葬为主；儿童瓮棺埋葬不见或少见于大汶口文化的其他类型，应是受中原地区的影响所致。贫富差别明显；其他类型流行的死者生前头骨人工变形、拔牙和手握獐牙的习俗少见或不见。在尉迟寺遗址的192座墓葬中，头骨变形仅有2例，拔牙现象3例。未见手握獐牙的实例。②

陶器的地方特征较为明显。陶质可分为夹砂和泥质两大类，夹砂陶可占陶片总数的70%～90%，并有羼扣少量碎蚌壳的现象：陶色以红褐色居多，有少部分黑陶和白陶。器形主要为日常生活中的实用器皿，器物主要是三足、平底器、带柄器和圈足器，圜底器少见，很多器物带有流口、把手、长颈、三足、附耳、器柄等：有代表性的陶器有鼎、豆、壶、鬶、甗、罐、长颈壶、短颈壶、高柄杯、尊、碗、盆、钵、缸、甑、筒形杯等。纹饰以篮纹为大宗，在整个陶器中占到80%～90%，其次有附加堆纹、绳纹、方格纹、刻划纹，镂孔，弦纹等，素面陶一般经过磨光。

安徽固镇垓下遗址地处淮河流域中游，与蒙城尉迟寺遗址处于同一纬度，相传为楚汉战争的所在地，西距固镇县城约24公里。遗址位于沱河岸

---

① 参见王吉怀等：《大汶口文化惊现罕见器物》，《中国文物报》2002年5月1日。

② 参见中国社会科学院考古所：《蒙城尉迟寺》，科学出版社2001年版。

边台地，沱河环遗址西、北两侧向东流去。2007 年至 2009 年，安徽省文物考古研究所，对遗址进行了钻探和连续三次发掘，揭露面积 1000 余平方米。发现了大汶口文化晚期城址，现存墙体仍然高出地面 2 ~ 3 米。城垣平面呈不甚规则的圆角长方形，城墙内圈面积约 15 万平方米。东城墙墙基宽约 24.7 米，残存高度最高达 3.8 米。北城墙墙基宽约 22.5 米，残高约 2 米。城墙上还发现大汶口文化晚期至龙山文化初期排房一组，城内发现一座较大的台形基址、11 座大汶口文化晚期至龙山文化初期的墓葬和成片红烧土、窑址、水井、沟槽等。文化面貌与尉迟寺遗址相类。

由于豫东、皖北和鲁西南地区，地势低洼，尉迟寺类型的遗址多位于较高的丘岗和堌堆之上。同鲁东南地区的情况相似，该地区的大汶口文化遗存，大多属于晚期阶段，个别的可早到中期后段，如亳县付庄①、周口市区烟草公司仓库②的大汶口文化中晚期墓葬；早期阶段的遗存基本不见。这些现象表明，该地区原著居民相对较少，并非大汶口文化的固有领地。这应是有虞氏所部迁徙至此并驻留的主要原因之一。

新的地理环境和文化氛围，使尉迟寺类型较多地接受了周边文化的影响，形成了鲜明的地方特色：如连间排房的建筑基址，有一定数量的瓮棺葬，陶器中的瓦足盆形鼎、双曲腹浅盘豆、粗高颈罐、高颈鼓肩壶（罐）、瘦长背壶等不见或少见于大汶口文化其他类型；与其他类型拔除上颌侧门齿不同，尉迟寺遗址发现了上下颌骨都有牙齿被拔除的现象。图像文字则是尉迟寺大汶口文化最重要的发现，其中由日轮、金乌、山岚构成的复合符号发现多件。此外，其中期阶段存在一定数量多人同性合葬墓。用大口尊作为儿童瓮棺葬的葬具也是该类型的一大特色。这些现象为我们探讨尉迟寺类型的来源，提供了清晰的线索：

鲁中南汶泗流域，是大汶口文化遗址分布最为密集的地区，考古工作相对较为充分，与尉迟寺类型的地理距离最为接近。但是在已发现的众多大汶口文化中期墓葬中，尚未发现多人同性合葬墓；未见上下颌骨都有牙齿被拔除的现象；没发现图像文字；而该地居民口含陶、石质小球，导致齿弓严重变形的现象，也不见于其他类型。耐人寻味的是，距离更远一些的

① 参见杨立新：《安徽淮河流域的原始文化》，《纪念城子崖遗址发掘六十周年国际学术讨论会文集》，齐鲁书社 1993 年版。

② 参见周口市文化局文物科：《周口市大汶口文化墓葬清理简报》，《中原文物》1986 年第 1 期。

鲁东南地区却有着不同寻常的表现：两地均少见或不见头骨人工变形、拔牙和使用獐牙等的习俗；邻近地区的胶州三里河①和莱阳于家店②则发现了个别上下颌都有牙齿被拔除的现象；诸城呈子③、潍坊前埠下④和栖霞杨家圈⑤的大汶口文化中晚期遗存也发现了多人同性合葬墓；凌阳河、大朱家村遗址也使用大口尊作为儿童瓮棺葬的葬具；该地区发现的图像文字，在器类载体、刻画方式、图像结构、涂朱等方面与尉迟寺遗址几乎完全相同。这些现象表明，较之鲁中南地区，尉迟寺类型大汶口文化晚期遗存与鲁东南地区的同类遗存关系更为密切，从考古学物质文化特征的角度证实了"东海之外大壑"的陵阳河、三里河类型与鲁西南、豫东、皖北地区尉迟寺类型大汶口文化的渊源关系。

或认为，鲁东南和皖北、豫东地区的大汶口文化晚期遗存均来自苏北地区。其基本依据是：鲁东南到皖北距离较远，中间尚有苏北地区的间隔；苏北地区的大汶口文化早中期遗址较多，鲁东南和皖北地区则基本不见，仅有少量属于中期晚段的遗存；苏北地区基本上不见大汶口文化晚期前段以后的遗址，鲁东地区南部和皖北、豫东地区的大汶口文化遗址则呈现迅速增多的趋势。认为大汶口文化中期中后段，南方良渚文化在苏北地区（花厅遗址）与大汶口文化居民的大规模的部落战争，导致了苏北大汶口文化晚期居民大量外迁，所以皖北、豫东和沂沭河上游地区的大汶口文化遗存的来源"只能是苏北地区"。进而推测说，也可能是因为黄河夺淮改道，引发严重水灾，从而导致大量的人口外徙。⑥ 我们认为，花厅遗址反映的情况应与尧舜时期的三苗事件有关。苏北地区大汶口文化中期居民因战争的原因而北上、西迁，在理论上是没有问题的。但是，在长达数百年的时间里，若没有事实上的密切交流，鲁东南与皖北两地区即便是两支完全同源的文化，也不可能始终保持高度一致的图像文字和如此之多的近似特征。

---

① 参见中国社会科学院考古研究所：《胶县三里河》，文物出版社 1988 年版。

② 参见严文明：《胶东原始文化初论》，《山东史前文化论文集》，齐鲁书社 1986 年版。

③ 参见昌潍地区文物管理组等：《山东诸城呈子遗址发掘报告》，《考古学报》1980 年第 3 期。

④ 参见山东省文物考古研究所：《配合潍莱高速公路考古发掘获重要成果》，《中国文物报》1998 年 3 月 8 日。

⑤ 参见山东省文物考古研究所：《山东栖霞杨家圈遗址发掘简报》，《史前研究》1984 年第 3 期。

⑥ 参见栾丰实：《太皞和少皞传说的考古学研究》，《中国史研究》2000 年第 2 期。

鲁西平原黄泛区内大量清末民初移民的民俗风情与原居地大相径庭就是很好的实证,况且两地之间还有鲁中南西夏侯类型的间隔和影响。如果是因为水患外迁,则苏北的大汶口文化居民只能北上,而不能西迁。原因在于鲁西南、豫东、皖北同苏北地区一样,至今还是一片低洼地,不可能为躲避水患的人们提供帮助。该地区大汶口文化晚期居民,选择较高的丘岗和堌堆建设自己家园就是明证。最重要的反证还在于,苏北地区至今未见任何可以作为陵阳河和尉迟寺类型的先源或相似的文化遗存,这就从根本上否定这种推论。

可以肯定的是,鲁东南和豫东皖北两地大汶口文化的特殊密切关系,表明二者的确存在着文化和族属上的同源关系,学界对此的看法也是一致的;文献研究揭示的黄帝族系东渐占领曲阜少昊旧地,少昊被迫东迁,选择原住民稀少的"东海之外大壑"建立新的"少皞之国",并在吸收周边同期文化某些因素的过程中,衍化为太昊帝喾、帝舜部族的历史大背景及文化遗存。尉迟寺类型只能来自鲁东南地区;两地发现的"昊""风"徽识,则为陵阳河、尉迟寺类型大汶口文化晚期遗存的族源归属提供了最为确切的强力内证。

从时间顺序和文化内涵的角度说,陵阳河类型和尉迟寺类型都不是当地固有文化,均在大汶口文化中期后段才逐步进入这两个地区,并繁盛于整个晚期阶段。另一方面,尉迟寺遗址属于大汶口文化末期的遗存,相对年代晚于诸城前寨、凌阳河、大朱村等遗址的遗存。结合图像文字出土情况推测,以凌阳河类型为代表的有虞氏部族在其先祖帝喾部入主中原之时便开始了西迁中原的准备工作:先将其部族成员的一部迁至皖北、豫东地区,开辟领地,待站稳脚跟,并得到长足发展之后,部族的主体才陆续动迁;鲁东和鲁东南地区的图像文字发现较多,时代也略早,皖北、豫东地区的图像文字仅见于大汶口文化末期的尉迟寺遗址,似乎表明有虞氏部族的主体可能是在此时才正式迁入皖北、豫东地区,故而上层社会所"独占"的"文字"也随之出现在这一地区。固镇垓下遗址城址晚至龙山文化时期也有助于这种推测。

在前面的叙述中,我们曾推测,蒙城尉迟寺、固镇垓下遗址很可能是帝舜在"践天子位"之前,避尧之子于南河之南的"南河"。也就是说,帝舜为了实践自己确立的"政治伦理",在为帝尧服丧期间返回了有虞氏部族在中原的大本营,以"避让"尧子丹朱。

需要说明一点，所谓的入主中原，执掌“联盟主导权”，并不代表整个部族的全部迁移至新的地区，而是指部族上层的代表人物和部分骨干，参与或主导联盟的日常运行。如虞舜、四岳、皋陶、伯益同在帝尧之朝为官，又同为帝舜之朝的骨干幕僚，就属于这种情形。凌阳河类型和尉迟寺类型在各自的故地继续发展，并形成新的文化类型。尉迟寺类型与后续的龙山文化王油坊类型是连续发展的两个阶段，王油坊早期阶段也应属于有虞氏即帝舜之族的物质文化。仍然在“东海之外大壑”地区的太昊部族其他支系，则在当地发展为龙山文化尧王城类型。《左传》僖公二十一年：“任、宿、须句、颛臾，风姓也。实司大皞与有济之祀，以服事诸夏。邾人灭须句”；“二十有二年春，公伐邾，取须句”。杜注：“任，今任城县也，颛臾在泰山南武阳县东北，须句在东平须昌县西北，四国封近于济，故世祀之。”须昌县即今山东东平县，邾地在今邹城市。据此可知，太昊后裔仍活动在古济水流域。《论语·季氏》：“季氏将伐颛臾。冉有、季路见于孔子曰：季氏将有事于颛臾。孔子曰：求！无乃尔是过与？夫颛臾，昔者先王以为东蒙主，且在邦域之中矣，是社稷之臣也。何以伐为？”颛臾为春秋时期鲁国附庸，故址山东平邑东北20公里处的柏林乡颛臾村，今改为固城村。据《读史方舆纪要》记载，西汉时曾在颛臾故城西南设南武阳县，属泰山郡；东汉及晋因之；隋开皇十八年(598)改为颛臾县，属沂州；唐贞观初省入费县；1946年后入平邑县。任城县即今山东济宁市任城区；古宿国也在平东境一带，后徙安徽宿县。

就目前所知，陵阳河类型和尉迟寺类型是大汶口文化晚期最为繁盛的地方类型之一。城市的出现，文字的发明和阶级的产生，显示这两支考古学文化已进入文明社会。陶尊文字的“昊”“风(凡)”，临沂大范庄、五莲上万家沟、沂南罗圈峪村南山发现的早期瑞圭，诸城前寨、郯县三里河等地发现的“璇玑玉衡”，则将大汶口文化陵阳河、尉迟寺类型和后续的龙山文化与太皞的族姓、虞舜的“在璇玑玉衡，以齐七政”“辑五瑞”“班(颁)瑞于群后”等联系在一起；大汶口文化普遍存在的内装石子或骨棒的龟甲器，以及泰安大汶口遗址26号墓出土象牙梳上的透雕“三”形刻纹①则与太皞伏羲氏的八卦和“爻象”相关联；大汶口文化特有的“獐牙勾形器”又是三代之

① 山东省文物管理处：《大汶口——新石器时代墓葬发掘报告》，文物出版社1974年版，图版90。

“牙璋”的滥觞[1],大型的围濠、城址、成排成组的且为单间红烧土建筑、大型的活动广场以及鸟形神器,不仅显示出尉迟寺遗址的中心聚落地位,也体现了尉迟寺、垓下遗址的主要文化特征和社会属性,并为太暤有虞氏与少皞之族的族缘关系提供了新的实物证据。

第五节 虞舜的历史功绩

虞舜作为五帝之一的圣帝名王,他的历史功绩从古至今一直为中国的史书所赞誉,被万千的政治家、思想家和文学家以浓笔酣墨所颂扬。近代尤其是改革开放以来,中国的历史学界和考古学界,对中国远古历史的研究有着许多新的突破,对虞舜历史功绩的认识也达到了新的高度。

《史记》开篇第一章《五帝本纪》,记述了我国历史由野蛮走向文明进程中的五位人文始祖——黄帝、颛顼、帝喾、唐尧、虞舜。在近代以来的中国传统历史编纂学中,五帝被认定为传说中的历史人物,他们的时代被定位为国家正式出现前的原始社会末期。20 世纪 80 年代以后,随着考古发掘的新进展,大量与之相对应的遗址和丰富的文物促使历史学家和考古学家重新认识五帝和他们所代表的时代。不少学者将中国进入文明的时代提前,认定黄帝已经站在了文明的起点上,中国五千年文明史的说法具有可靠的考古学的依据。

在《五帝本纪》的记载中,黄帝和虞舜的事迹最为丰富。而作为五帝殿军的虞舜,在其他文献中的记载,更是远远超迈前面的四帝。不仅在经书《尚书》《易传》《诗经》《礼记》《大戴礼记》,史传《左传》《国语》《战国策》等典籍中有其事迹和思想的记载,在先秦至魏晋南北朝的诸子如《论语》《墨子》《管子》《孟子》《荀子》《尹文子》《商君书》《韩非子》《吕氏春秋》《新书》《淮南子》《法言》《列子》《颜氏家训》等书中,虞舜也是频频出现的人物。虽然炎、黄二帝是海内外中国人达成共识的最具代表性的人文始祖,但实际上,虞舜在政治、思想、道德等诸多方面对后世的影响却是任何夏代以前的圣帝名王所不可比拟的。他在从尧那里以禅让的方式取得帝位的三十年中,选贤任能,建立制度,在政治、经济、军事和文化等诸多领域

---

① 参见王永波:《牙璋新解》,《考古与文物》1988 年第 1 期。

推进了中国由原始社会向文明社会转化的步伐,对历史的发展和进步做出了不可磨灭的贡献;他在思想文化上有着划时代的创造,对君民关系、君臣关系、民族关系提出了很有价值的理念,以大孝双亲、友爱兄弟诠释了孝悌观念的真谛,对后世中国传统思想文化,尤其是儒学的形成和发展产生了不可估量的影响。

具体而言,虞舜的功绩表现在政治、经济、军事和思想文化的诸多方面。在儒墨两家,特别是孔孟的传述中,舜是中国古代圣君的最初楷模,是中国古代国家文明始初阶段的一个标志性人物。这个阶段的国家形态可用"酋邦联盟"概括,一批学者将视为国家起源的肇始阶段。

至迟到仰韶时代,远古中国域内每个考古学文化区,都形成了由多个小区或文化类型组成的族群群体,即所谓部落或酋邦;每个部落或酋邦内部都有自己的"圆锥体"结构:首先是氏族内部的阶级分层,然后是都、邑、聚形式的政治结构分层,形成了不同的部落或酋邦。到"后仰韶文化时代"的庙底沟二期文化时期,亦即海岱大汶口文化晚期,这些部落或酋邦(文化类型)进一步整合,形成了更大规模的"酋邦联盟"。与传统文化人类学的"部落联盟"相比,"酋邦联盟"的最显著内涵,就是"具有多阶的社会分层,享有合法暴力的圆锥体结构"。五帝时期的"部族轮值"就属于这种"圆锥体结构"的酋邦联盟,是为中国早期国家形态的雏形,标志着中华先民已登上文明社会的门阶。

尽管早期"酋邦联盟"的权力体系还处于"平铺的圆盘结构"状态,与后世具有"立体结构"的国家形态尚有一定的距离。但黄帝"以兵师为营"、少皞挚的"鸟官分职",特别是《史记·五帝本纪》关于"黄帝乃征师诸侯,擒杀蚩尤"的记录,都清晰地显示出当时已产生了"凌驾于社会之上",且日益与社会脱离的"特殊公共权力"。黄帝仅凭"蚩尤不用帝命"的借口,便可以堂而皇之地"诛杀"另一显赫部族的首领,"诸侯"也因此而"咸尊轩辕为天子",无可争辩地证明了"特殊公共权力"所拥有的"合法暴力"。

虞舜创造性的执政风格及其建立的各项政治制度,特别"肇有十二州,立四岳、群牧、群后"的行政措施,在顶层权力层面之下,以"十二州牧"的形式,设立了相当于后世郡、州、路、省的中层权力体系,州牧之下又有群牧、方伯一类的部族首领,创立了中央、州牧、方伯(群后)三级行政体系框架,使酋邦联盟形式下的"五帝共和轮值"权力体系,首次具备了真正意义上的"立体分层圆锥结构"。虞舜的二十二位幕僚,包括"十二州牧"分别来自不同的族群，则显示出某种“按地域划分他的国民”的社会属性。

帝舜所“命九官”则是后世朝廷三公六部“内阁”制度的雏形。如“禹作司空，平水土”；“弃作后稷，播时百谷”；“契作司徒，敬敷五教”；“皋陶作士（刑部）”；“垂作共工，主工师百工”；“益作朕虞，主山泽草木鸟兽”；“伯夷作秩宗，典朕三礼”；“夔作典乐”“龙作纳言（主宾客）”。这分别相当于现代的“水利部”“农业部”“民政部”“司法部”“工业部”“林业部”“礼仪部”等。与《左传》昭公十七年少皞“鸟王国”所谓“历正也、司分、司至、司启、司闭、司徒、司马、司空、司寇、司事、鸠民、五工正、农正”相比较，其渊源关系十分清楚。应当说虞舜开创性的政治制度乃是得益于少昊、太昊之族较高的社会发展水平和先进的执政理念。任命各与盟部族首领担任要害部门的首长，不仅可以采众家之长，更有利于酋邦联盟团结合作和正常运行。

舜臣尧，宾于四门，流四凶族浑敦、穷奇、梼杌、饕餮，投诸四裔，以御魑魅。（《左传》文公十八年）

昔秦人负恃其众，贪于土地，逐我诸戎。惠公蠲其大德，谓我诸戎，是四岳之裔胄也，毋是翦弃。（《左传》襄公十四年）

犹有散迁懈慢而著在刑辟，流在裔土，于是乎有蛮夷之国。（《国语·周语上》）

夫莒太子杀其君而窃其宝来，不识穷固，又求自迩，为我流之于夷。（《国语·鲁语上》）

以上征引表明，两周时期的“流徙罪人于四夷”，与虞舜创立的“流四凶族、投诸四裔”刑辟制度是一脉相承的。所谓“四夷”乃是“四裔”的衍变，用以指代被流徙到边远地区的方伯诸侯之裔。如果说黄帝“擒杀蚩尤”还属于对外战争的性质，虞舜的“治四罪”“惩四凶”“殛鲧于羽山”，亦即刑部首长“士”的设立，则是“特殊公共权力”在“体制内”行使“合法暴力”的体现。

天子适诸侯曰巡狩，诸侯朝于天子曰述职。春省耕而补不足，秋省敛而助不给。入其疆，土地辟，田野治，养老尊贤，俊杰在位，则有庆，庆以地。入其疆，土地荒芜，遗老失贤，掊克在位，则有让（惩戒）。一不朝，则贬其爵；再不朝，则削其地；三不朝，则六师移之。（《孟子·告子下》）

这里比较清楚地说明了“国家公共权力”与“合法暴力”的使用条件。

这些现象完全符合文化人类学所定义的国家文明属性。《孟子》所记，乃是晏子对齐景公"吾何修而可以比于先王观也"之问的回答，春秋之时周室式微已久，根本无力行使"天子"权利，故晏子之言至晚也是西周时期的情状。这与虞舜时代的行政体制、礼仪规范和"五载一巡守，群后四朝，敷奏以言，明试以功，车服以庸""三载考绩，三考黜陟幽明"等巡守、朝觐、述职、考绩、奖励制度①何其相似，表明虞舜创立的国家运行模式大多被夏商周三代，乃至于秦汉时期的统治者继承和发展。周代"封建亲戚，以蕃屏周"之外所设的大区之"监"、秦汉时期的郡、县，也无不脱胎于"州牧、方伯（群后）"的三级模式。

虞舜的主要政绩归纳为如下十二项：

一、观天道：用璿玑玉衡，观测天象，制定大政方针。

二、享百神：类于上帝，禋于六宗，望于山川，遍于群神。

三、改革吏治，"揖五瑞"以为属臣、群牧和诸侯的印信。

四、巡狩朝觐和奖励制度。

五、统一历法，"协时月正日"。

六、同律度量衡。

七、定典修礼。

八、厘定行政区划，设十二州牧，封有十二镇山。

九、刑法改革：明慎用刑，刚宥相济，推行德治，治四罪、惩四凶。

十、广开言路，举贤任能。

十一、设官分职，广纳四方贤士，命九官。敬授民时，厚德服众。

十二、推行三载考绩，九年三考，论绩黜陟的人事任免制度。

虞舜时代之所以成为"四代"效法的国家政体楷模，主要得益于上述十二项典章制度和礼仪规范层面的创新。文献记录显示，夏商，包括西周王朝的权力运行模式和礼仪规范，除王位继承由"官天下"的"推选让贤"转变为"家天下"的"子弟继承"外，从总体上并没有超出虞舜时代的基本格局。"四代"联举，则是春秋以来学界对中国"古史分期"的一种基本共识。

西方社会学理论的传入和疑古学者的清算，从某种程度上动摇了这一"共识"。伴随着考古学的证据不断涌现和数十年来对"疑古思潮"的反思，矫正"矫枉过正"的条件已经具备。换言之，如果我们承认"夏商周"三代处

---

① 曾运乾："敷奏以言，述职也；明试以功，考绩也；车服以庸，酬庸也。"（《尚书正读》，中华书局1964年版）

于国家文明阶段,就不应该将创立这种政体结构形态和运行模式的“四代”王朝之首的“虞代”排除在国家文明之外。虞代的执政理念、道德行为规范也显示出同样的情形。历代圣贤所强调和遵循的“修身、齐家、治国、平天下”行为修养模式,就是对虞代道德行为规范的充分肯定。

古之欲明明德于天下者,先治其国;欲治其国者,先齐其家;欲齐其家者,先修其身;欲修其身者,先正其心;欲正其心者,先诚其意;欲诚其意者,先致其知,致知在格物。物格而后知至,知至而后意诚,意诚而后心正,心正而后身修,身修而后家齐,家齐而后国治,国治而后天下平。

所谓治国必先齐其家者,其家不可教而能教人者无之。故君子不出家而成教于国。孝者,所以事君也;弟(悌)者,所以事长也;慈者,所以使众也。……一家仁,一国兴仁;一家让,一国兴让;一人贪戾,一国作乱,其机如此。此谓一言偾事,一人定国。尧、舜率天下以仁,而民从之。(《礼记·大学》)

修身以道,修道以仁。仁者人也。亲亲为大;义者宜也。尊贤为大。亲亲之杀,尊贤之等,礼所生也。……故君子不可以不修身;思修身,不可以不事亲;思事亲,不可以不知人,思知人,不可以不知天。(《中庸》)

先儒之所以强调必须“格物、致知、诚意、正心”,才能达到修身、齐家、治国、平天下的理想状态,其基本依据就是虞舜的成长、执政经历。对此,各类文献的描述基本相同。

天下之达道五,所以行之者三。曰:君臣也,父子也,夫妇也,昆弟也,朋友之交也,五者天下之达道也。知、仁、勇三者天下之达德也,所以行之者一也。……子曰:好学近乎知,力行近乎仁,知耻近乎勇。知斯三者,则知所以修身;知所以修身,则知所以治人;知所以治人,则知所以治天下国家矣。(《中庸》)

“天下之达道五”,就是所谓“君臣、父子、夫妇、昆弟、朋友”的五常之教,亦即虞舜的“慎徽五典,五典克从”的“五典”;所谓“知、仁、勇三者天下之达德也”,则是对文献所记虞舜经历的理论概括,也是大舜文化的核心内容。知者,智也,帝舜侧微,不见爱于父母兄弟,屡遭迫害;又有帝尧的“历试诸难”,虞舜都能沉着应对,化险为夷,并始终坚持自己的伦理道德标准,恭敬孝悌“不失子道”,最终感化了父母兄妹,表现出临危不惧、果敢刚毅的

“智勇”双全,因而成为中国家庭伦理道德的典范,入列“二十四孝”之首。《大学》所谓“其家不可教而能教人者无之”,亦以虞舜的事迹作为其立论的范本。《孟子·告子下》所载“尧舜之道,孝弟(悌)而已矣”;“亲之过大而不怨,是愈疏也;亲之过小而怨,是不可矶也。愈疏,不孝也;不可矶,亦不孝也”,即是对虞舜“往于田,日号泣于旻天、于父母”等相关行为的剖析,并引孔夫子的话总结说“舜其至孝矣,五十而慕”。

“仁者爱人”,“力行近乎仁”。面对“耕稼渔陶”之“侵畔”“争坻”“器苦窳”的民众利益,虞舜身体力行,“仁义”当头,把好的土地、渔场让给他人,无私地传授制陶技艺,以德化众,深受人民爱戴。舜居住在哪里,民众便向哪里集聚。《管子·版法》载“不取其利以教百姓,百姓举利之”;《韩非子·难一》载“舜其信仁乎！乃躬耕处苦而民从之,故曰:圣人之德化乎!”即此之谓也。凡此种种就是“格物、致知、诚意、正心”的具体体现,构成了“修身、齐家、治国、平天下”的修为基础。

儒家的相关著述还从“修身、治国”的角度,对虞舜生平进行了概括的评价:

> 帝舜“谨权量,审法度,修废官,四方之政行焉。兴灭国,继绝世,举逸民,天下之民归心焉。所重:民、食、丧、祭。宽则得众,信则民任焉,敏则有功,公则说(悦)。”(《论语·尧曰》)

> 修身则道立,尊贤则不惑,亲亲则诸父昆弟不怨,敬大臣则不眩,体群臣则士之报礼重,子庶民则百姓劝,来百工则财用足,柔远人则四方归之,怀诸侯则天下畏之。齐明盛服,非礼不动。所以修身也;去谗远色,贱货而贵德,所以劝贤也;尊其位,重其禄,同其好恶,所以劝亲亲也;官盛任使,所以劝大臣也;忠信重禄,所以劝士也;时使薄敛,所以劝百姓也;日省月试,既廪称事,所以劝百工也;送往迎来,嘉善而矜不能,所以柔远人也;继绝世,举废国,治乱持危。朝聘以时,厚往而薄来,所以怀诸侯也。(《中庸》)

中国自古以农业立国,“民以食为天”是人类社会不可动摇的基本法则。《尚书·洪范》“八政”以食为首,《舜典》虞舜敕戒幕僚,首先强调“食哉惟时”,孔氏传“所重在于民食,惟当敬授民时”,都把“食”作为治国、平天下的首要任务。而农时的把握,则直接关乎谷物的收成。《周语上》所谓:夫民之大事在农,古者“先时(立春)五日,瞽告有协风至”,清楚地说明了古人对把握农时的重视程度。所以虞舜在当政之初,立即到各地调研,着手进行“协时月正日,同律度量衡”的工作,把关系民生的重要事项优先纳入议事日程。《论语·尧曰》的这段话,就是对虞舜的执政特色和主要政绩的综合评价,并强调执政者必须重视民生的具体细节。

帝舜以仁政平治天下,重教化,以道德先行,推行五常之教;以民生为本、任人唯贤、量才定职,集思广益,推行民主之风,制定律法、惩恶扬善,开中华文明之先河。“举众贤”“治死罪”“去四凶”“德化三苗”等行政行为充分体现了国家公共权力的导向作用和“合法暴力”的威慑作用。

> 尧以不得舜为己忧,舜以不得禹、皋陶为己忧。夫以百亩之不易为己忧者,农夫也。分人以财谓之惠,教人以善谓之忠,为天下得人者谓之仁。是故以天下与人易,为天下得人难。(《孟子·滕文公上》)
>
> 尧舜之道,不以仁政,不能平治天下……孟子曰:规矩,方圆之至也;圣人,人伦之至也。欲为君尽君道,欲为臣尽臣道,二者皆法尧舜而已矣。不以舜之所以事尧事君,不敬其君者也;不以尧之所以治民治民,贼其民者也。孔子曰:道二,仁与不仁而已矣。(《孟子·离娄上》)

《孟子》对有虞氏一代的评价,虽然以议论时政为着眼点,却也不遗余力地强调治国、平天下的君臣之道“皆法自尧舜”。其所述尧舜古史,内容亦不尽同于《尚书》,赵岐注即谓《孟子》所述尧舜事迹,亦有出自“逸书”者。如《孟子·万章上》“舜往于田,号泣于旻天”及涂廪、浚井诸事;《孟子·离娄上》“舜尽事亲之道而瞽瞍厎豫,瞽瞍厎豫而天下化,瞽瞍厎豫而天下之为父子者定”;《孟子·滕文公上》“洪水横流,泛滥于天下。草木畅茂,禽兽繁殖,五谷不登,禽兽逼人。兽蹄鸟迹之道,交于中国。尧独忧之,举舜而敷治焉”等等,均不见或不同于《尚书》通行本。有关尧舜“税赋”制度的记述也不见于《虞书》。

> 夫貉,五谷不生,惟黍生之;无城郭、宫室、宗庙,祭祀之礼;无诸侯、币帛、饔飧,无百官有司,故二十取一而足也。今居中国,去人伦,无君子,如之何其可也?陶以寡,且不可以为国,况无君子乎?欲轻之于尧舜之道者,大貉小貉也,欲重之于尧舜之道者,大桀小桀也。(《孟子·告子下》)
>
> 济河惟兖州……桑土既蚕……厥田惟中下,厥赋贞……厥贡漆丝,厥篚织文……;海岱惟青州……厥田惟上下,厥赋中上。厥贡盐絺,海物惟错。岱畎丝、枲、铅、松、怪石。莱夷作牧。厥篚檿丝……;

海岱及淮惟徐州……厥田惟上中,厥赋中中……;淮海惟扬州……厥田唯下下,厥赋下上,上错。厥贡惟金三品,瑶、琨筱、簜、齿、革、羽、毛惟木。岛夷卉服。厥篚织贝,厥包桔柚,锡贡。(《尚书·禹贡》)

禹乃行相地宜所有以贡,及山川之便利……致慎财赋,咸则三壤成赋……令天子之国以外五百里甸服:百里赋纳总,二百里纳铚,三百里纳秸服,四百里粟,五百里米。(《史记·夏本纪》)

《尚书·禹贡》和《史记·夏本纪》所述均为帝舜命伯禹治水,区划九州故事。其各州所贡赋税是按土地的肥沃程度和物产种类确定的,与《孟子》所论正相呼应。值得注意的是,其中的"金三品"和"织贝"等相当于后世货币,而货币的出现标志着交易市场的发育。《孟子》以尧舜的"税赋"制度为评价标准,阐述"大貉小貉",以及当时的"中国"和"大桀小桀"与"尧舜之道"在税收制度上的根本区别。大意是说:"大貉小貉"还是一个尚未开化、仅有"黍"而"无城郭、宫室、宗庙,祭祀之礼;无诸侯、币帛、饔飧,无百官有司"等国家公共权力机关和相关设施的"部族"社会,故其"税收"轻之于尧舜之道,"二十取一而足也";"今居中国"(泛指包括齐国在内的中原各诸侯国)如果也按"二十取一",就会导致"如之何其可也"和"不可以为国"的局面,故而应该仿效尧舜,征收适当的"税赋"。同时强调,像"大桀小桀"那样"重之于尧舜之道"的横征暴敛也是不可取的。

《孟子》虽然没有说明尧舜"税赋"的具体比例,却明确地告诉我们:尧舜时代是"有城郭、宫室、宗庙,祭祀之礼;有诸侯、币帛、饔飧和百官有司"等国家权力机关的"文明"社会。这样的社会当然必须依靠相应的税赋支撑才能正常运作。他并以尧舜的税赋制度作为参考标准,对具有国家机器及相适应赋税制度的"中国"与尚未开化的"大貉小貉"作了明确的区分,这就等于把中原先进的国家文明与四裔落后的部族社会区分开来。西周铜器"遂公盨"的铭文中,有所谓:禹受命治水,"拂方执征",有的学者就将其解读为"差地设征",就是说虞舜时代根据"地力"的不同征收"税赋"。从出土金文的角度,为《孟子》之说提供了有力的佐证。

《孟子》的这些论述已涉及野蛮与文明的理论分界问题。恩格斯在阐述国家组织与氏族组织之间的区别时曾经指出:"为了维持这种公共权力,就需要公民缴纳费用——捐税。"①2000 多年以前的孟子与现代社会人类

① 《马克思恩格斯选集》第 4 卷,人民出版社 2012 年版,第 188 页。

学经典作家在“文明界标”上的这种不谋而合,使我们在钦佩之余,不得不承认先儒对于中国早期国家的认知,远比我辈后人想象得更为透彻、准确。

因此,我们有充分的理由相信,帝舜所代表的社会发展阶段已踏入文明社会的大门,相应考古学反映的社会发展状况,如同期古城址、图像文字、阶级的出现、手工业(如制玉、制陶、牙雕)与农业的分离(社会分工)等现象,无不表明虞舜时代已步入国家文明的阶段。

显然,虞舜的最重要的历史功绩,是在远古中国社会由野蛮向文明艰难的转化进程中,以自己无与伦比的执政能力、改革决心、制度建设、法律礼仪规则建设和道德人格魅力,起了促进和加速的无可替代的积极作用。他创建的虞朝,作为中国文明的开端应该是当之无愧的!

第六节 虞舜“明德”的现代价值

司马迁在《史记·五帝本纪》中明确认定:“天下明德皆自虞帝始。”当时,这个“德”的内容应该就是“五教”。

《尚书·虞书·舜典》:“慎徽五典,五典克从。”“五典”也就是“五教”。《尚书·虞书·大禹谟》:“帝曰:‘皋陶,惟兹臣庶,罔或干予正。汝作士,明于五刑,以弼五教,期于予治。’”那么,这个“五教”的内容是什么呢?

《左传·文公十八年》的解释是:“布五教于四方,父义、母慈、兄友、弟恭、子孝,是布五常之教也。”

司马迁的《史记·五帝本纪》认同《左传》的解释:“举八元使布五教于四方,父义、母慈、兄友、弟恭、子孝。内平外成。”索隐:“契为司徒,司徒敷五教,则契在八元之数也。”

《孟子·滕文公上》:“使契为司徒,教以人伦,使父子有亲,君臣有义,夫妇有别,长幼有序,朋友有信。”孟子这里讲的“人伦”亲、义、别、序、信,并没有标识是“五教”,但后来的一些学者则认定孟子的“人伦”就是“五教”。如宋代林之奇撰写的《尚书全解》卷三《虞书·舜典》这样说:

> 自其可以为万世常行之法而言之,谓之五品;自其设而为教言之,则谓之五教,其实一也。但史官异其文耳。《左氏传》与孟子论五典皆本于舜典,而其文不同。《左氏传》云:舜举八元,使布五教于四方,父义、母慈、兄友、弟恭、子孝。而孟子曰:“使契为司徒,教以人伦,使父

子有亲，君臣有义，夫妇有别，长幼有序，朋友有信”，此二说皆本于《舜典》，而其文则大同小异。窃谓《左传》之言不如孟子之说为尽。

宋代的夏僎也支持林之奇的观点，他在《尚书详解》卷二《舜典》中说：

五教即父子教以亲，君臣以义，夫妇以别，长幼以序，朋友以信者也。要之，品乃自然之秩，教乃因其秩而施其教也。《左传》以父义、母慈、兄友、弟恭、子孝为五典，不若孟子以父子、君臣、夫妇、长幼、朋友为五典，足以尽人伦之道。

元代的黄镇成也认同林之奇和夏僎的解释，他在其所著《尚书通考》卷五《五礼》中说：

五品：父子、君臣、夫妇、长幼、朋友。五者之名位等级也。五教：有亲、有义、有别、有序、有信。以五者当然之理而为教令也。

不管后人怎么解释，虞舜作为“五教”的创造者是没有疑义的。西周的创建者武王，对“五教”又有所发展。《尚书·周书·牧誓》记载他的话说：“重民五教，惟食、丧、祭，惇信明义，崇德报功，垂拱而天下治。”对此，宋代时澜撰写的《增修东莱书说》卷十六作了如下解释：

教者，五常之教也。食者，衣食足而后知礼节也；丧者，慎终追远之义也；祭者，报本反始之义也。惟于此三事教之者，皆良心之所自发也。王者之治不过教养而已。武王至此，夫何文哉？有信者则惇之，有义者则明之，有德者则崇之，有功者则报之，使万物各得其所，垂拱而天下自治。可以见武王能还唐虞风俗于千载之下。

据传，周公旦制礼作乐所定的《周礼》一书，将“五教”发展为“十二教”，该书《地官·司徒上》记载：

一曰以祀礼教敬则民不苟，二曰以阳礼教让则民不争，三曰以阴礼教亲则民不怨，四曰以乐礼教和则民不乖，五曰以仪辨等则民不越，六曰以俗教安则民不愉，七曰以刑教中则民不虣，八曰以誓教恤则民不怠，九曰以度教节则民知足，十曰以世事教能则民不失职，十有一曰以贤制爵则民慎德，十有二曰以庸制禄则民兴功。

对于这“十二教”与“五教”的关系，清代李钟伦在其所撰的《周礼纂训》卷五《地官·司徒第二》中这样解释：

临川吴氏曰：“唐虞司徒所敷者五教，而周司徒施十有二教，盖五教举其纲，十有二教则详其目。自一至六是德礼之属也，自七至十二是刑政之属也。”

应该说,这种解释是很有见地的。

究竟如何看待“五教”解释上的分歧呢?不少人认为《左传》的解释更符合虞舜的原意。五帝时代,正是中国社会由野蛮进入文明的过渡阶段,众多的氏族部落刚刚迈入文明的门坎,当然是各种政治、经济制度和道德伦理原则初步确立的重要时期。作为中央之国和众多方国联盟的首领,虞舜特别注重各种制度和道德伦理原则的创立。他在接受尧四年的考验正式代行摄政后,即在祖庙举行交接仪式:检查测天的仪器璿玑玉衡,以便核准日、月和金、木、水、火、土五星运行的轨度与时数;举行类祭告天,举行禋祭告四时、寒暑、日、月、星、水旱六种神祇;又以望祭祀名山大川,遍及群神。随即收验过去发给群后象征联盟关系的五种玉器。接着,舜依照当时的礼制进行巡狩活动。他先到泰山,举行柴祭礼,并依次望祭东方的名山大川。于是接见东方群后,跟他们协调四季和月的大小、日的先后,使无差异;统一音律和度量衡单位;修订吉凶军宾嘉五种礼仪:同时,还划一弓矢、殳、矛、戈、戟五种兵器的规格。接着,分别于五月、八月、十一月对南岳、西岳和北岳进行巡守,礼仪和泰山一样。此后,又规定五年之内帝巡守四方一次,各邦君来朝四次,让他们回报自己的工作。通过这些活动了解他们的工作,并根据其事功进行奖惩。舜还根据河流形成的地域分割,划全国为十二州进行治理。舜的这一系列的祭祀、巡守活动,意在接续和规范具有悠久历史的祭祀礼仪和治理方式。这既表明他执政的合法性,又表明他对古老仪轨的遵循和对治理方式的规范化。同时,舜也十分注重刑法建设:“象以典刑,流宥五刑,鞭作官刑,扑作教刑,金作赎刑,眚灾肆赦,怙终贼刑”(《史记·五帝本纪》),成为中国古代刑法的奠基人。在规范各种制度的同时,虞舜似乎更重视确立各种道德规范,所以就有“举八元使布五教于四方”的重要举措。由于中国社会由野蛮进入文明的过渡是在保留和强化血缘纽带的条件下进行的,所以道德伦理也首先是家庭伦理,社会伦理则由家庭伦理的逐步扩展而形成。所以,《左传》和司马迁对“五教”作“父义、母慈、兄友、弟恭、子孝”的解释似乎更符合当时的实际状况。

然而,家庭伦理毕竟难以适应日益发展、日趋复杂的社会生活,它必须逐步扩大、增益其内涵以适应社会生活的需要。因此,周武王就在“五教”之外加了“惟食、丧、祭,惇信明义,崇德报功”,《周礼》又将“五教”发展到“十二教”,而在这个“十二教”中,正如李钟伦所指出,已经包含了“刑政”的内容。到孟子那里,对“五教”的解释就进一步突破家庭伦理,增加了“君臣有义”“朋友有信”的社会伦理的内容。这显示了家庭伦理向社会伦理、政治伦理和制度化方向的扩展和深化。

应该充分肯定,“五教”的明确提出和有意识地向全国的播扬,是虞舜对中国古代伦理道德文化发展的重大贡献之一。

人类从野蛮进入文明有许多关键性的标志,如金属工具的出现,文字的出现,城市的出现,私有财产的出现,贫富分化、阶级产生和城乡对立的出现,高居于社会之上的国家权力机构,包括政府、军队、法院的出现等,而伦理观念作为意识形态的一部分,随着文明发展引起的社会关系的新调度,也必然有所调整和更新。虞舜在此节点上提出和播扬“五教”,正是适应文明的发展在继承既有伦理道德观念基础上的创新。

第一,虞舜认识到,良好的道德风尚不仅对于家庭和谐至关重要,而且对于社会和谐更加重要。一个社会不能没有各种制度和法律的强制规范,但也需要伦理道德的调节,只有二者互相配合,互相促进,社会和谐才能持久地维系。在中国历史上,“五教”的提倡表明,虞舜是第一个意识到伦理道德重要性并自觉进行伦理道德建设的圣帝名王。作为中国传统伦理道德奠基人,他的地位是无可替代的。

第二,侯外庐先生认为,由于中国社会由野蛮进入文明走的是“维新路径”,个体家庭虽然出现,但宗法血缘纽带还强固存在,“死的拖住活的”,所以原始社会形成的伦理道德观念的更化还是比较缓慢的。虞舜认识到这一情势,所以他倡导的伦理道德观念就紧紧扣住家庭伦理,“父义、母慈、兄友、弟恭、子孝”,对原始社会的伦理观念更多的是继承而不是创新。家庭伦理显然是从氏族社会形成的集群伦理发展而来的:从母系氏族社会到父系氏族社会,“父义”是指成年男子自觉承担艰难险重劳动的义务;“母慈”是指所有母亲自觉承担抚育下一代的义务;“兄友、弟恭”是指少年男子自觉和谐相处的义务;“子孝”则是指子女对共同的父母辈尊仰和赡养的义务。家庭伦理与集群伦理衔接密切,比较容易为整个社会所接受,减少推行的阻力。

第三,在原始社会末期,个体家庭已经产生并且呈现旺盛的发展势头,进入文明社会后家庭逐渐成为社会的基本细胞。家庭伦理虽然是从氏族社会形成的集群伦理发展而来,但已经有了明显差异,即集群意识被逐步弱化和淡化,而家庭伦理则有逐步增强之势。虞舜强调“五教”,正是适应这一变化的形势。正因为家庭成为社会的基本细胞,社会的和谐就应该建立在家庭和谐的基础之上。“父义、母慈、兄友、弟恭、子孝”,就是要求所有家庭成员都自觉遵守自身的角色应该具备的道德规范。虞舜如此重视家庭伦理,也与他本人的经历和遭遇有关,因为他生在一个“父瞽叟顽,母嚚,弟象傲,皆欲杀舜”实在说不上和谐,甚至是“凶险”的家庭,但他却以自己顽强的努力,“顺事父及后母与弟,日以笃谨,匪有解”,即以不倦地对父母尽孝、对兄弟友善的真诚的行动,感动顽父、嚚母和傲弟,使他们回归自己角色应负的道德责任和义务,从而达到家庭和谐。

第四,虞舜是实践孝伦理的楷模,被后世推尊为二十四孝之首是当之无愧的。在“父义、母慈、兄友、弟恭、子孝”一组伦理观念中,“子孝”最为重要。因为父义、母慈,大多数家庭都能做到,顽父、嚚母并不多见。唯独“子孝”具有一定难度。而“子孝”却又是构成家庭和谐的核心。因为“子孝”,儿女辈就比较容易建立与父母辈的和谐关系,也给自己的儿女树立榜样,从而使家庭伦理形成优良传统代代相传。虞舜以自己的孝行诠释了“子孝”的关键意义。虞舜以后的中国后世王朝几乎都不遗余力地提倡和宣扬孝行,就是认识到这一伦理观念的核心意义。

第五,家庭伦理的向外的扩展比较容易形成社会伦理。如“移孝作忠”,形成了中国古代社会第一道德信条“忠”,“父义”延伸为另一重要信条“义”,“兄友、弟恭”延伸为另一重要信条——朋友之间的“信”,家庭伦理凝聚的和谐理念,最后延伸为另外两个重要信条——“仁者爱人”的“仁”和“礼之用,和为贵”的“礼”。而作为子女精心妥善处理家庭关系的聪明睿智则延伸为另一重要信条“智”。随着这种自然延伸,再经过春秋战国时代众多思想家,尤其是儒家代表人物的总结提炼,中国古代社会最重要的伦理道德信条——忠、孝、节、义、仁、礼、智、信就成为整个社会的共识,对保证国家社会的稳定和有秩序地运行起了重要作用。

第六,孝伦理的影响尤其巨大而深远。到两汉时期,以《孝经》的出现为标志,“孝”观念的内涵已臻完善。朝廷对孝伦理的重视已经达到空前的程度,这主要表现在三个方面:一是自惠帝始所有皇帝的谥号都加“孝”字,这等于将“以孝治天下”作为招牌昭示全国;二是置《孝经》博士,将《孝经》钦定为各级各类学校的教科书,使儿童自发蒙始即接受孝伦理的教育;三是各种奖励措施:赐爵、赐帛、免除赋役、下诏表彰,特别是将举孝廉定为选官制度,孝行成了进入官场的门票。这些激励机制在当时产生了巨大影响。就其主要的积极方面讲,是孝伦理作为“天之经,地之义”的观念,经过广泛的宣传已经成为全社会的共识，由此形成强大的舆论氛围，深深影响了社会风气的走向，对形成尊老行孝的良风美俗起了促进作用。两汉以后，孝伦理的影响历久不衰，成为中华民族最重要的美德之一。从总体上看，无论对国家、社会和家庭，其作用的主导倾向都是积极的。

第七节　虞舜的历史影响

在五帝为代表的中国远古帝王中，虞舜对以后中国历史的影响无疑牢牢地占据了首位。

在舜族后裔及其邦国传承虞舜文化的同时，商朝的王室贵族对虞舜文化中的政治制度及相关观念、法律制度及相关观念、道德观念以及技术、文艺等成就也都有所继承和发展。商朝和虞、夏王朝之间是一种先后接续的历时的关系，商族和虞族、夏族之间则是一种同时并存共处的关系。无论是从历史延续的角度还是从诸部族共处交流的角度，虞舜文化都必然对商文化产生深刻的影响。

据《尚书·尧典》等书描述，在虞舜执政时期，禹任司空，平治水土；弃任后稷，负责农业；契任司徒，负责教化人民；皋陶任士，掌管刑狱；垂掌管百工；伯益掌管草木鸟兽；伯夷任祭司（秩宗）；夔任乐师；龙负责传达王命和进谏。《尧典》所述虞舜朝的国家机构如此完整严密，官名和西周时期的职官如此相似，都可能出自后世史官的追拟和夸饰，但虞舜一朝已经初步形成了一套国家机器，已经设官分职管理民众，则是无可置疑的事实。夏朝和商朝的国家机构就是在有虞氏国家机构的基础上发展起来的。传说商族的始祖契担任过虞舜朝的司徒之官，先商时期的冥曾担任夏朝治水的水官，这些政治经历对于商朝国家机构的建设必然会产生很大的影响。据《尚书·洪范》说，商朝已有八种最重要的官职，号称“八政”，包括掌管农业的“食”官，掌管金帛的“货”官，掌管祭祀的“祀”官，掌管工程的“司空”，掌管民众教化的“司徒”，掌管刑狱的“司寇”，掌管外交接待的“宾”官，掌管军事的“师”官。其中，“食”官相当于虞舜朝的后稷，“祀”官相当于虞舜朝的秩宗，“司寇”相当于虞舜朝的士，司空、司徒之官则相当于虞舜朝中禹、垂、契所担任的官职。商王朝的官职名称，因受本族传统的影响而带有自身的特点（如甲骨文所见“臣”“尹”“马”“亚”等），但就实际职掌来说，商朝的官员分工状况大部分应是继承虞朝、夏朝而来。在中国古代,前一王朝的政治文明成果大部分会被下一王朝所继承,新建立的王朝不会也不可能完全抛弃前朝积累的政治经验在政治制度上另起炉灶。在这点上商朝也不例外,它的很多制度渊源有自。孔子曾指出:"殷因于夏礼,所损益可知也。"历史上"虞夏"往往联称,传说夏禹就曾被舜任命为司空之官,夏朝的很多制度实际上来自虞朝,所以"殷因于夏礼"一语也可以理解为商朝文化继承了虞、夏文化特别是两朝的政治文化。

在有关虞舜的传说中,举贤授能、知人善任一直被视为大舜政治的突出亮点。《论语·泰伯》说:"舜有臣五人而天下治。"《论语·卫灵公》篇说:"无为而治者,其舜也与!夫何为哉?恭己正南面而已。"这是说舜放手任用贤才,故能垂拱而治。《荀子·解蔽》说:"昔者舜之治天下也,不以事诏而万物成。"与《卫灵公》"无为而治"诸语表达的是同一个意思。这些关于虞舜用人的传说是以舜广求辅佐、信用贤臣的政治事迹为基础的,可能在虞夏时期就已经形成。此类事迹、故事一旦传播开来就会为后来的政治家提供施政样板。商朝开创者成汤重用有莘氏陪嫁来的奴仆伊尹,商高宗武丁重用操筑于傅岩的傅说,都是商朝历史上天子破例提拔微贱的著名事例。这些事例虽然不是商朝最高统治者有意识地效法虞舜的结果,但客观上却成为虞舜政治的翻版。《论语·颜渊》载子夏之言:"舜有天下,选于众,举皋陶,不仁者远矣;汤有天下,选于众,举伊尹,不仁者远矣。"《吕氏春秋·不苟论·赞能》说:"舜得皋陶而舜受之,汤得伊尹而有夏民,文王得吕望而服殷商。"这都是强调虞、商用人事例之间存在一定的历史联系。舜的举贤授能事迹及其体现的政治精神已成为一种无形的历史文化资源,融入了商朝统治者的政治实践之中。

虞舜的勤政惠民事迹对商朝政治家也产生了深远的影响。《尚书·尧典》说舜三十岁时被尧任用,摄帝位三十年,即帝位五十年。一生致力于安抚内外,宣示德教。摄政时即巡视四方,最后死于湘水流域、苍梧之野。这些传说中包含着一个古老的观念,即越是勤政爱民的君主,其寿命和在位时间也越长久。在《尚书·无逸》中,周公历数商朝在位长久的君王,把三位商朝君主列为政治家学习的榜样:

> 昔在殷王太宗,不义惟王,旧为小人。作其即位,爰知小人之依,能保惠于庶民,不敢侮鳏寡,肆太宗之享国三十有三年。其在中宗,严恭寅畏,天命自度,治民祗惧,不敢荒宁,肆中宗之享国七十有五年。

其在高宗，时旧劳于外，爰暨小人。作其即位，乃或亮阴，三年不言，其惟不言，言乃雍。不敢荒宁，嘉靖殷邦，至于小大，无时或怨，肆高宗之享国五十有九年。

周公对商朝三位圣君贤王的赞扬应是依据商朝人的历史记载。在商朝人看来，正是由于具备爱护庶民、不侮鳏寡、敬畏天命、不敢荒宁等优秀品质，这些商王才能够长期享受政治权力所带来的威望和荣华。从以上有关商太宗、中宗、高宗的描述中，可以隐隐看到虞舜的影子。虞舜是古史传说中神明式的人物，他的品德和事迹自然会被后世统治者视为楷模。古代王室子弟要接受多种教育，其中就包括学习古代历史、效仿古代圣人等内容。商朝是“有册有典”的王朝，设有多种研习历史文献和熟谙历史知识的史官。通过学习古代历史，商朝王室子弟包括后来继承王位的人同时也养成了效法古代圣君的政治理念。商太宗、中宗、高宗可以说是这种贵族教育培养出来的优秀君主，尧、舜等古代帝王的政治品德在这些优秀人物的身上得以重现并通过他们一代代传递下去。

虞舜时期的法律观念和刑罚制度在商文化中同样留有印记。《尚书·尧典》指出，虞舜摄政期间大力整肃社会政治秩序，对刑罚制度作了改进：“象以典刑，流宥五刑，鞭作官刑，扑作教刑，金作赎刑。眚灾肆赦，怙终贼刑。”意思是说，舜主张用图像标志的方法即象征性的惩罚方法作为主要的刑罚，用流放之法宽宥犯罪以代替五刑，以鞭笞作为惩罚官员之刑，以楸木、荆条抽打作为惩罚受教者之刑，以罚金作为赎罪之刑。过失犯罪者可直接赦免，怙恶不悛者则严予惩罚。《尧典》这段文字侧重于美化舜的宽宥政策，这只是事实的一个侧面。在另一方面，舜对危及社会政治秩序的行为毫不含糊地予以严厉打击。《尧典》下文接着说，舜“流共工于幽州，放驩兜于崇山，窜三苗于三危，殛鲧于羽山，四罪而天下咸服”。在春秋时期的传说中，舜处罚的“四凶”是浑敦、穷奇、梼杌和饕餮，他们都是尧无力铲除的大恶大凶，最终被舜全部流放：

昔帝鸿氏有不才子，掩义隐贼，好行凶德，丑类恶物，顽嚚不友，是与比周。天下之民谓之浑敦；

少皞氏有不才子，毁信废忠，崇饰恶言，靖谮庸回，服谗搜慝，以诬盛德。天下之民谓之穷奇；

颛顼有不才子，不可教训，不知话言，告之则顽，舍之则嚚，傲狠明德，以乱天常。天下之民谓之祷杌。此三族也，世济其凶，增其恶名，以至于尧，尧不能去。

缙云氏有不才子，贪于饮食，冒于货贿，侵欲崇侈，不可盈厌，聚敛积实，不知纪极，不分孤寡，不恤穷匮。天下之民以比三凶，谓之饕餮。

舜臣尧，宾于四门，流四凶族，浑敦、穷奇、梼杌、饕餮，投诸四裔，以御螭魅。是以尧崩而天下如一，同心戴舜，以为天子，以其举十六相，去四凶也。①

这类传说反映了虞舜时期刑罚严酷的一面。又据《尧典》说，舜即帝位后，命令皋陶说："皋陶，蛮夷猾夏，寇贼奸宄，汝作士，五刑有服，五服三就，五流有宅，五宅三居。惟明克允。"舜任命皋陶维掌管刑狱的"士"官，要求五刑的使用各当其罪，实施五刑分别在原野、市场和朝廷三种地点，为身受五种流刑者安排远、中、近三种居处，明察案情，维持公允。这里的"五刑"一般认为是指甲兵、斧钺、刀锯、钻笮（凿）和鞭扑。对比商朝的刑罚来看，这五种刑罚手段以及流放等刑罚都被商朝人所沿用。《尧典》所说的"五刑"和商朝已实施的墨、劓、刵、宫、大辟"五刑"是从不同角度说的刑罚名称，前者侧重于施刑的工具，后者是根据犯罪等级确定的法律意义上的刑名。斧钺之刑对应于"大辟"刑名，刀锯、钻笮则与墨、劓、刵、宫等肉刑相对应。商朝的流放之刑也见于文献记载，如武丁之子孝己，传说就曾被处以流放之刑。舜主张对贵族实行宽宥慎罚的政策，这种观念事实上是三代统治者一贯的共同观念，在商朝统治者那里也有所体现。《尚书・盘庚上》所说"古我先王暨乃祖乃父胥及逸（肆）勤，予敢动用非罚"，强调的就是商王不敢滥施非分之刑的意思。据战国人所作《世本》记载，中国历史上最早创制刑罚的人是皋陶，一说是伯夷②，这两人在传说中都是虞舜朝的大臣。虞舜时期的法律文化历经夏、商、周传衍不绝，正是因为它在中国法制史上具有历史源头的地位。

虞舜时期形成的一些道德观念也成为商文化的重要来源和组成部分之一。舜是著名的孝子。《尚书・尧典》通过四岳之口赞颂说，舜作为瞽瞍之子，处在"父顽，母嚚，象（舜之异母弟）傲"的家庭环境内，仍能调除和谐，"以孝烝烝，乂（治理）不格（至）奸"。《孟子・万章上》引逸《书》曰："祗载见瞽瞍，夔夔齐栗，瞽瞍亦允若。"是说舜侍奉瞽瞍小心谨慎，恪敬无怠，故能感化瞽瞍，使其平和顺理。《孟子》该篇还有大段文字引述了瞽瞍和象多

① 顾颉刚、刘起釪：《尚书校释译论》第3册，中华书局2005年版，第1532页。

② 参见雷学淇辑：《世本八种》，商务印书馆1957年版，第80页。

次谋害舜而舜终不以为意的故事。这些关于舜的孝行传说,必有一定的历史事实为基础。“孝”是父家长制家族发展到一定阶段时形成的道德范畴,舜的孝行受到四岳的赞扬,说明孝顺家长在虞舜时期已经成为一种道德,尽管这时可能还没有文字来表达“孝”的观念。孝的概念一旦形成,就会对宗族生活产生深远的影响,成为人们世代遵奉的道德信条。《吕氏春秋·孝行》引《商书》曰:“刑三百,罚莫重于不孝。”高诱注说:“商汤所制法也。”这一规定可以视为对虞舜时期孝德的继承和发展。在商朝历史上,还有一位家庭情况、父子关系都和舜特别相似的人物,这就是武丁之子孝己。孝己对父亲武丁的孝敬已达到“一夜而五起,视衣厚薄、枕之高下”(《困学纪闻》卷十引《尸子》)的程度。据《帝王世纪》记述:“高宗(即武丁)有贤子孝己,其母早死。高宗惑后妻言,放而死,天下哀之。”孝己对武丁的孝敬与虞舜对瞽瞍的孝敬如出一辙,只是结局悲惨,没有虞舜那样幸运。同商朝贤王勤政无逸的行为不完全是个人努力的结果一样,孝己的孝行也不完全是天性使然。孝己应是商朝孝道教育方面成功的典型,商朝人对孝道的重视会培育出很多这样的人物,孝己的名声特别显赫,不过是由于他的经历比商朝的其他孝子具有更强的悲剧性和传奇性。从孝道传承的角度说,孝己就是虞舜在商朝的翻版。通过商朝“罚莫重于不孝”的法律条文和孝己等人的孝行,可以清楚地看到虞舜时期形成的孝观念在商朝得到了延续和发展。《荀子·大略》说:“虞舜、孝己,孝而亲不爱。”《汉书·武五子传》所载壶关三老茂的上书中也说:“昔者虞舜,孝之至也,而不中于瞽瞍;孝己被谤,伯奇(西周大臣尹吉甫之子)放流,骨肉至亲,父子相疑。”虞舜和孝己是同一种孝道文化的产物。他们的孝行和“孝而亲不爱”的相同遭遇,说明从虞舜时期历经夏、商,孝道的正面价值和负面影响(《吕氏春秋·必己》所谓“亲莫不欲其子之孝,而孝未必爱”)一直是同时存在的,遵奉孝道的人在享受“孝”的美名的同时,也要接受可能遭遇的“孝而亲不爱”的命运。

虞舜时期的制作成就特别是虞舜族所具有的某些技术专长,在商朝依然发挥着重要的作用。舜以制作陶器而闻名,“舜陶于河滨”,“东夷之陶者器苦窳,舜往陶焉,期年而器牢”(《墨子·尚贤下》《韩非子·难一》)等,是先秦时代世代相传的故事。直到商周之际,舜的后代仍以“利器用”而著称,所以周武王会任命虞族的虞阏父担任周邦的陶正。春秋时期,陈公子完从陈国逃奔齐国,齐桓公任命公子完为工正,这是负责工程建筑和器物制作方面的官职,可见虞舜族后裔一直保持着技术方面的特长。商周之际的周邦有本族的工师，齐桓公时期的齐国当然也有本国世职的优秀工程技术人员，但当虞舜族的后代到来后，周、齐的统治者马上把陶正、工正等职务赋予这些远来的姚姓、妫姓的异姓工师，如果不是虞舜族人具有极其高超的技术水平，很难想象会出现这种特殊的任命。虽然现在很难找到商朝统治者吸收利用虞舜族传统的制陶技术和其他制作技术的实例，但这种可能性是存在的。虞舜族后代既然长期保持着“利器用”的优势，商朝统治者不会无动于衷而不加利用。殷墟出土的大量精美的器物，特别是那些在商朝高规格墓葬中发现的精美绝伦的白陶，不排除其中一部分就是虞舜族工匠的作品。

虞舜时期创作的乐舞不但被商朝的虞舜族方国长期传用，而且成为商王朝宫廷音乐的一部分。虞朝在音乐创作方面取得过辉煌的成就。舜的父亲瞽瞍就是乐师出身（“瞽瞍”在先秦又是乐师之官名）。相传，瞽瞍在唐尧时代曾参与乐器和音乐的制作：“瞽瞍乃拌（分）五弦之瑟，作以为十五弦之瑟，命之曰《大章》。”大舜即位后，在此基础上又有所发展：

> 舜立，命延乃拌瞽叟之所为瑟，益之八弦，以为二十三弦之瑟。帝舜乃令质修《九招》《六列》《六英》，以明帝德。（《吕氏春秋·仲夏纪·古乐》）

这里说的音乐《九招》，就是著名的舜乐《韶》乐，也就是《尚书·皋陶谟》所说的夔为舜创作的“《箫韶》九成”。《史记·五帝本纪》记载：

> 四海之内，咸戴帝舜之功。于是禹乃兴《九招》之乐，致异物，凤皇来翔。天下明德皆自虞帝始。

唐司马贞《索隐》：“招音韶。（《九招》）即舜乐《箫韶》。九成，故曰《九招》。”协助虞舜创作《韶》乐的人，或说是质，或说是禹，或说是舜任命的乐师夔，这属于传闻异词。《尚书·尧典》记载，夔受命总管乐舞之前，虞舜曾向其说明自己的音乐思想：

> 帝（即舜）曰：“夔，命汝典乐，教胄子。直而温，宽而栗，刚而无虐，简而无傲。诗言志，歌永言，声依永，律和声。八音克协，无相夺伦，神人以和。”
>
> 夔曰：“於！予击石拊石，百兽率舞。”

《吕氏春秋·慎行览·察传》也说：

> 昔者舜欲以乐传教于天下，乃令重黎举夔于草莽之中而进之，舜以为乐正。夔于是正六律，和五声，以通八风，而天下大服。

这些记述都特别强调,在夔受命创作的《韶》乐等乐舞之中,贯穿着虞舜的道德观念和政治理想。中原龙山文化陶寺遗址墓地(时代约在公元前2500~前1900)中曾发现鼍鼓、特磬等乐器,时代更早(距今约7000年)的河南舞阳贾湖墓葬中发现有骨笛,这些新石器时代的乐器可以证明文献所记虞舜创制《韶》乐的传说不尽是后人的夸大之词。值得注意的是,虞舜创作的《韶》乐并未因虞、夏的更替而消亡,它到商朝仍被王室采用为宫廷音乐。

《墨子·三辩》记载:

汤放桀于大水,环天下自立以为王,事成功立,无大后患,因先王之乐,又自作乐,命曰《濩》,又修《九招》。

《吕氏春秋·仲夏纪·古乐》也说:

殷汤即位,夏为无道,暴虐万民,侵削诸侯,不用轨度,天下患之。汤于是率六州以讨桀罪,功名大成,黔首安宁,汤乃命伊尹作为《大濩》,歌《晨露》,修《九招》《六列》以见其善。

历代王朝使用的宫廷音乐大都包括新创和因袭两部分。商汤所"修"的《九招》,显然就是从虞舜朝沿袭下来的《韶》乐。《大濩》《晨露》是商朝新创,故称为"作",《九招》《六列》之类属于改编旧乐,故称为"修"。由此可见,虞舜朝的乐舞《韶》乐确已被商朝统治者所继承,从而成为商朝宫廷乐舞的一部分(上古乐、诗、舞三者结合,统称为"乐")。与此同时,虞舜族后裔陈国也一直保留着使用《韶》乐的传统,后来陈公子完出奔齐国后又将这种古乐传到了山东地区,以至孔子"在齐闻《韶》,三月不知肉味"。一部《韶》乐流传史,就是一部虞舜文化历经夏商周三代传衍不绝的历史。商朝统治者在这一历史过程中扮演的角色极其重要,他们虽然不是虞舜族的后裔,却同样成为虞舜文化火炬的传递者,而且从其特殊的政治地位来说是更重要的传递者。

虞舜对周文化的影响更为明显。例如,据《尚书·虞书·舜典》和《史记·五帝本纪》等文献的记载,舜生在一个"父瞽叟顽,母嚚,弟象傲,皆欲杀舜"的家庭,但他却"顺事父及后母与弟,日以笃谨,匪有解"(《史记·五帝本纪》),成为一个对父母至孝、对兄弟友善,从而达到家庭和谐的典型。舜以身作则提升的父义、母慈、兄友、弟恭、子孝等观念在周文化中得到了明显的继承和弘扬。在集周代礼制之大成的《周礼》《仪礼》《礼记》等著作里,在其所涉及的宗庙之礼、丧葬之礼和冠礼、婚礼、乡饮酒礼、射礼中,这些观念得到明显的贯彻。如果说,在舜的时代尊老孝亲意识只是得到初步的提倡和规范,那么在周人那里,这种意识已经凝结在制度中。

又如,舜的美德传到尧那里,尧于是委他以摄政的重任,他都勇于担当并且展示了超常的创造能力。叫他掌管教化,他能够谨慎地宣扬父义、母慈、兄友、弟恭、子孝这五常之教,使人人乐于遵行;分派他各种职务,他都能胜任愉快,使工作走上正轨;让他管理四门,迎送宾客,他能使四门和和气气;送他到深山丛林中去,遇上狂风雷雨,他也不会迷失方向。这说明舜有着强烈的勤政意识和卓越的行政能力。周人一直将舜的勤政意识和行政能力这一执政者应该具备的素质要求他们的子孙,如周公就告诫成王要像文王那样"克自抑畏",那样"卑服,即康功田功","自朝至于日中昃,不遑暇食,用咸和万民"。同时更要"以万民惟正之供,无皇曰今日耽乐"(《尚书·无逸》)。不要贪图安逸,不要大兴游观,不要无休止地田猎,更不要聚徒狂饮。这里正是要求执政者具备舜那样的素质和能力。

再如,四年的考验之后,舜正式接受尧的付托,代行摄政,在尧的祖庙里举行了交接仪式。接着,进行了一系列的祭祀、巡守活动,并根据河流形成的地域分割,划全国为十二州进行治理。所有这一切,意在接续和规范具有悠久历史的祭祀礼仪和治理方式。这既表明他执政的合法性,又表明他对古老仪轨的遵循和对治理方式的规范化。西周的礼仪制度是三代最完备的,《周礼》《仪礼》《礼记》中记载的许多祭祀礼仪明显源自舜所规范和实施的制度。舜实行的巡守和朝见的制度在西周也得到了继承和进一步的规范化。

再如,舜是中国古代刑法的奠基人之一。他制定刑法,以象刑为常刑,用来处罚普通的刑事罪犯,给他们穿上不同的衣屦,使之感到羞耻,自动改恶从善。同时,又普遍实行流放来代替各种酷刑,用鞭挞作为官府的刑法,用榎楚作为受教者的刑法。凡是罪情可原的,允许用黄金赎罪;因过失和天灾致罪的,给以缓免;坚持害人到底的,则刑杀勿赦。这些制定刑法的基本原理和内容,在西周时期的刑法中基本上都得到遵循。周朝的九刑,即墨、劓、刖、宫、大辟五刑加上流、赎、鞭、扑四刑,在很大程度上是舜以及夏商两朝刑法的损益。

舜在尧手下兢兢业业服务二十八年后,尧寿终正寝,舜顺利继承了他的位子。第二年正月一日,舜在举行即位典礼的时候,"询于四岳,辟四门,明四目,达四聪。咨十有二牧,曰:'食哉惟时!柔远能迩,惇德允元,而难任人,蛮夷率服'"(《尚书·虞书·舜典》)。这等于在即位典礼上宣布自己的政纲。他广泛征求四岳的意见，并大开四门，招纳贤哲了解下情，倾听四方呼声。他与十二牧商议施政措施，认为民食是头等大事，一定要不误农时。对远方采取怀柔政策，对近邻加强驯化工作。要厚待有德的人，信任仁厚的人，拒用包藏祸心的人。如此，四夷都会相率归服了。舜的这个施政纲领包括三项内容：一是民以食为天，作为当政者必须重视农业生产，使百姓衣食无虞。这其中已经蕴含了民本意识。周人思想中也有强烈的民本意识，周公的“敬德保民”观念，“民为邦本，本固邦宁”的理性诉求，显然是对舜的民本意识的继承和弘扬。

二是对周边方国的政策。舜的时代正是中国社会由野蛮进入文明的过渡阶段，众多的氏族部落刚刚迈入文明的门坎，初具国家的雏形。而当数以千百计的方国出现在华夏大地的时候，彼此间的冲突是不可避免的。作为中原地区最发达的中央之国，舜所制定的对待周边方国的“柔远能迩”的政策无疑是正确的。因为柔远能减少距中原地区较远方国的侵扰，对邻近的方国采取积极的驯化措施能较快地扩大中原先进文化的覆盖面，有利于中原文明迅速向周边地区辐射。西周王朝对舜的“柔远能迩”的政策继承是很明显的，其“五服”地域的划分及不同政策的实施，说明它已经把握了这一政策的精髓。

三是在用人政策上的任贤拒佞。这一思想在周人那里得到更明显地发扬光大。如周公就特别注意人才的选用，提出“任人惟贤”的主张。要求“继自今立政”，必须坚持屏弃无德无才的“憸人”，选取“克明俊德”、智能卓异的“吉士”“常人”，从而达到“励相我国家”，“以觐文王之耿光，以扬武王之大烈”（《尚书·立政》）的目的。舜在其当政的数十年中，曾任用了一大批品格高尚、才能卓异的人担任重要官职，如任禹为司空，负责平治水土；弃为后稷，负责指导民众进行农业生产；契为司徒，负责以五常之教教化百姓；皋陶为士官，负责司法事务；垂为共工，负责指导百工进行手工业生产；益文虞官，负责管理山林、保护草木和驯养鸟兽；伯夷为秩宗，负责主持天地人的各种礼仪；夔为典乐，负责音乐舞蹈等艺术工作；龙为纳言，负责上传下达，特别是听取民众的真实意见。正是由于任贤拒佞，舜在其即位十年之后就使天下达到太平盛世的境界。而周人正是接受舜的成功经验，在武王当国时期，任“太公望为师，周公旦为辅，召公、毕公之徒左右王，师修文王绪业”（《史记·周本纪》），才取得伐纣之战的胜利，继商之后建立起又一个规模更大的王朝。周朝建立不久，武王病逝，太子姬诵幼小，周公姬旦摄政,更是全面继承舜的思想和建立的制度。通过"二次东征",彻底平定了东方的反叛势力。通过继续推行"封邦建国"的政策,一方面将周的势力推进到黄河中下游的广大地区,另一方面又调整和协调了周与原有方国的关系,从而稳定了周朝在全国的统治;通过"制礼作乐",全面继承和弘扬了舜的思想遗产,推出了以"敬德保民"为核心的完整的思想体系,不仅对周朝政治起了直接的指导作用,而且深深影响了中国以后历史和文化的发展。正是在周公思想的指导下,加上各种条件的配合,中国历史上出现了第一个"盛世"——"成康之治"。

虞舜是中国历史上由原始社会向奴隶社会过渡时期的关键人物之一,也可以认作是打开中国文明社会之门的第一人。他的功绩、德行和人格魅力可以说是五帝之班首。由于这些得天独厚的条件,再加上以后历代学者和文人不断地或有意或无意地铺陈和衍义,使之自然而然、理所当然地成为一个创造了黄金盛世的圣帝名王的代表,一个内涵极其丰富的文化符号,从而对以后的历史产生了巨大而深远的影响。在中国浩如烟海的古代文献中,他的名字和事迹出现的次数排在所有人的前列,歌咏他的诗词文章更是汗牛充栋、积案盈箱,而有关纪念他的文物古迹几乎遍布中华大地的所有重要区域。

虞舜对后世的影响是多方面的。首先,是政治的影响。因为他创造了中国文明初始时期的国家政治法律制度,定典修礼,统一历法度量衡,建立了设官分职的中央政府和划分为十二州的地方政府,改革吏治,同时设定巡狩朝觐制度,使国家和政府初步开始了比较规范化的运行。他的当政时期被人们倾情歌颂,"尧天舜日"成为不可企及的黄金时代。后世对"尧天舜日"的呼唤透出的是对美好政治的追求和向往。其次,是思想的影响。舜的事功和思想是后世许多思想家构筑自己理论体系的最重要的思想资料。春秋战国时代参与"百家争鸣"的思想家,哪一个不是把舜作为自己理想君王的代表?哪一个又不是把自己改造过的所谓舜的思想作为构筑自己理论的根据?秦汉以后的思想家,哪一个不在自己的著作中提及舜?又有谁不把舜的思想推尊为中国传统思想的源头?显然,对中国历史和思想文化影响最大的儒家思想,是虞舜思想的直接承继者,这从孔子和孟子两位儒学大师"言必称尧舜"的超常举动已经能够看出端倪,而在韩愈排列的中国道统传承序列中,舜更是居于举足轻重的位置。而后来宋明理学家对所谓"人心惟危,道心惟微,惟精惟一,允执厥中"的十六字心传的推崇和诠释，更进一步推高了舜在中国思想史上的地位。舜的思想体系中所包含的民本理念、仁政理想、法制意识、廉政思想和伦理情操，一直被中国历代思想家所弘扬，并演化成为中国古代社会的主流意识形态。最后，“天下明德自虞帝始”，舜从孝推而广之的伦理道德思想，确立了中国思想的伦理本位特征，对中国社会的发展、民族心理的构建，都打上了不可磨灭的印记。如此一来，舜文化就成为一笔丰富、厚重、博大、精深的文化遗产，由于它根植于中华民族心灵的深处，又在历史的长河中经历了血与火的不断熔炼，不仅曾经对促进中国古代社会的发展和进步起过积极作用，而且其进一步的开拓和弘扬必将对中国未来的发展和进步发挥更积极的作用。作为中国软实力的重要组成部分，它也必然随着中国改革开放的步伐走向世界，潜移默化地对全人类产生越来越大的影响。

第八节　虞舜研究学史的展望

应该说，虞舜研究学史贯穿着整个中国历史，尤其是思想学术史，粗略算起来，已经有四千多年的悠长岁月。由于虞舜是五帝中最具代表性并且是事迹最丰富的圣帝名王，因而他在中国的古文献中被屡屡提及。仅在四库全书收集的文献中，他的名字出现的频次就稳居榜首：“舜”字在41044卷中出现了155933次，“虞舜”在2692卷中出现了3305次。对比其他政治文化名人，“黄帝”在9096卷中出现了24563次，“尧”字在31677卷中出现了102837次，“孔子”在23757卷中出现了111641次，“孔丘”在783卷中出现了1260次。“孟子”在14732卷中出现了62717次，“孟轲”在2651卷中出现了3946次。他们出现的频次显然都赶不上虞舜。这些数字表明，虞舜作为中国知名度最高的非凡人物在历史上占有多么重要的地位！正因为如此，他在历史上受到的关注度也是任何人不可比拟的，进而也就造成对他事迹记载的纷纭繁复，对他事功和品格认识的歧义纷呈。

四千多年来，虞舜的研究已经取得了极其丰硕的成果，积累了巨量的资料。这些前人的成果既奠定了未来研究的基础，又开拓了未来研究的领域。正因为如此，今天和后来的历史学家、考古学家和文化学者在这个领域就有了比前人更高远的视野，更广阔的天地，更大有作为的空间。

虞舜研究未来研究的课题或者说方向，其实主要集中在三个方面。

首先,还是历史事实的继续清理和求真。这里碰到的问题是所有历史学都需要面对的根本的、永恒的问题之一:史实的唯一性与记载歧义的矛盾。如果虞舜是一个真实存在的历史人物,与他有关的所有史实绝对是唯一的。然而,迄今为止,我们面对的记载他的文献却给出了多种多样甚至十分矛盾的记述;我们面对的考古发掘,同样给出了多种疑似的对应遗址;而学者的诠释更是令人眼花缭乱,歧义频出。例如,虞舜是真实的存在还是后人的伪造?如果是真实的存在,那么,他是一个人还是一个族群?如果他是一个真实的人,他的生地和死所究竟在哪里?他的年龄真的超过一百岁吗?他帝位的获取是通过禅让还是由于篡夺?尧嫁二女是真实的历史还是后人的杜撰?虞舜对所谓"四凶"的惩罚是诛杀还是流放?流放地址的确址在哪里?虞舜南巡是真的吗?如果真有南巡一事,其所到达的苍梧地望应该是什么地方?虞舜的时代到底如何定位?禅让究竟怎样诠释?其对应的考古文化又如何确认?……这一系列的谜底都需要通过研究给出令人信服的答案。从严格的哲学意义上说,绝对的真实的虞舜是恢复不起来的,但学术研究却能够应该向绝对的真实的虞舜无限靠近。我们的求真就是一个无限靠近的过程。为了这一目标的实现,学者显然应该一方面继续对有关虞舜的文献进一步爬梳决剔,从中分拣出最能反映或最接近真实的资料并进行科学的诠释;一方面对现有考古资料仔细对应文献作进一步的考释,并在最有希望的地区不断进行新的发掘,以期找到更具代表性的虞舜的考古文化。也许有一天,一个惊人的发掘能够坐实文献记载中的最基本的史实,或发现展示虞舜真实历史的新的文字记载的确切史实,使虞舜彻底摆脱传说和神话的色彩,以一个真实的历史人物无可辩驳地呈现在读者面前。我们期盼这一天尽早到来,但这一天也许永远不会到来。不过,无论如何,学术界对虞舜真实历史的追寻和探索会一直不间断地进行下去。

其次,是对虞舜和他所处时代科学认定的进一步深入研究和深化诠释。在不断对虞舜真实历史清理的基础上,对他所处时代的认识肯定不断深化,也必定会不断做出新的概括,进而推进虞舜研究的学术创新和进步。在这一过程中,既可能产生新的分歧,亦可能出现各种观点的趋近或趋同。无论出现那种情况,都是学术的进步。从一定意义上讲,学术求异恰恰是学术发展和深化的动力。因为所谓"异"就是矛盾,而学术的创新恰恰就是在不断对矛盾进行清理和陈述中完成的。

再次，是虞舜作为内涵丰富的文化符号意义的开拓和在现实中的应用与转化。由于虞舜是以一个具有卓著事功、超常智慧和崇高品格的形象出现的圣帝名王，是远古理想的“黄金盛世”的杰出代表，所以从三代开始，万千的历史学家、政治家、思想家、文学家就不断赋予他新的内涵，致使他身上附丽的东西越来越多，由是逐渐脱离本真变成一个内涵十分丰富的文化符号。正因为如此，舜文化的开拓和应用就有了十分广阔的空间。因为虞舜是圣帝名王的最卓越代表，他身上就汇集了中国古代帝王所应具有的几乎全部智慧和品格：高瞻远瞩的视野，为国利民的情怀，严格制度法纪的行政，勤政廉政的作风，协和万邦的民族政策，都可以找到与现代政治的交汇和相通之点；因为他是中国传统思想的源头之一，是一统、民本、仁政、法制、德治、清官意识等中国古代政治思想精华的主要创始者，这些理念同样是建构现代主流意识形态的宝贵资源，能够为现代核心价值观的建构和诠释提供有益资鉴；因为他是中国古代道德的楷模，他的孝行列为二十四孝之首而取得感天动地的效果，“百善孝为先”，“天下明德自虞帝始”，伦理观念超越时空的特点可以使之直接导向中国现代伦理建设的轨道。所有这一切，无不展示舜文化广阔的开拓空间和应用前景。特别是，由于虞舜的民间知名度在中国的历史人物中几乎无人堪比，他流传于世的那些故事又具有贴近生活、贴近时代的品格，他的事迹和德行在民间的普及更是无比顺畅，这就能够使他代表的传统文化的传播获得得天独厚的条件。从一定意义上说，虞舜文化作为中国传统文化最精华部分的代表，不仅其中相当多的内容能够直接成为构筑中国当代社会主义文化的因子，而且其中也有相当部分可以经过现代转化成为中国现代社会主义文化的重要组成部分。显然，虞舜文化的不断开拓和弘扬能够发挥永不枯竭的正能量，对于延续、丰富和扩展中华民族那奔腾不息的文化血脉具有永恒的积极意义。